KB124828

중국사상사 2

7세기에서 19세기까지
중국의 지식과 사상,
그리고
신앙세계

中國思想史

거자오광 葛兆光 지음 ─ 이등연, 심규호, 오만종, 양충렬, 김기현, 진성수, 주광호, 송인재 옮김

신앙세계

중국사상사 2

7세기에서 19세기까지
중국의 지식과 사상,
그리고

일빛

❚ 일러두기

1. 원주와 역주를 함께 일련 번호를 매기되, 주석의 일련 번호를 간략화하기 위하여 양쪽 펼친 면마다 새로 번호를 매겼음을 알려둔다.

2. 다만 원주 외에 역자가 부연 설명을 한 역주(譯註)는 괄호 안에 '역자 주'라고 표시해 구별했다.

3. 번역 어투는 가능한 원전의 문맥에 따랐다.

4. 명사와 명사는 한 말이 아닌 경우에 모두 띄어쓰기를 했다. 단 고유명사나 간혹 책 이름의 경우는 예외로 했다.

5. 중국의 인명과 지명은 한국 한자음으로 읽었다. 단지 타이베이(臺北), 베이징(北京), 홍콩(香港) 등 출판사 지역명은 원지음을 최대한 따라 표기했다. 일본의 인명과 지명은 일본어 표기법에 따라 읽었다.

이 책은 한국에서 번역 출간된 나의 네 번째 저서다. 이 책 『중국사상사』는 앞서 출간된 『선종과 중국문화』, 『도교와 중국문화』, 『중국경전십종』에 비해 분량이 상당히 많다. 그만큼 많은 정력을 소모하고 오랜 시간이 걸렸다. 쓰는 데만 7~8년이란 세월이 흘렀으니, 자료를 준비하고 검토하는 시간까지 합한다면 그보다 훨씬 많은 시간이 걸렸다고 말할 수 있다. 그렇기 때문에 이 책이 한국어로 번역되어 중국사상사 연구를 통해 나름의 터득한 내용들에 관해 직접 한국의 학자들과 교류할 수 있게 되어 정말 기쁘다.

이 책 『중국사상사』가 1998년과 2001년 완간된 후 중국 학계에 적지 않은 논쟁을 불러일으켰다. 내가 본 것 만해도 30여 편에 달하는 서평이 국내외 정기간행물이나 신문 등에 발표되었는데, 이는 각종 논저 중에 반복 인용되거나 토론된 것을 제외한 숫자다. 그 가운데 몇 가지 문제에 관한 토론이 특히 격렬했다.

첫째는 '일반 지식과 사상, 그리고 신앙세계'를 사상사에 집어넣을 수 있느냐에 관한 것이다. 이는 사상사의 자료 범위를 확장시킬 것인가, 사상사의 배경을 새롭게 중건할 것인가 여부와 관련된 문제라고 할 수 있는데, 사상사가 사상의 제도화, 상식화, 풍속화 등의 문제를 서술해야하는가에 관한 문제이자 과거에 문화사 내용으로 간주되던 것들을 사상사에 과연 포함시킬 수 있겠는가라는 질문이기도 하다.

둘째는 지식과 사상사의 관계를 어떻게 처리할 것인가에 관한 논쟁이다. 만약 사상사 저작물에서 사상의 지식 토대를 논의하게 된다면 반드시 수술(數術)·방기(方技)에 관한 전통적인 지식, 즉 지금의 과학사나 기술사, 학술사, 심지어는 교육사 내용까지 모두 사상사에 끌어들일 수밖에 없다. 그렇다면 과연 사상사가 그러한 것들을 다루어야만 할 것인가?

셋째는 사상사에서 '가법(加法)'과 '감법(減法)'에 관한 논쟁이다. 이는 사상사에서 시간이 흐르면서 점차 사람들의 기억 속에서 희미해진 내용들을 다시 토론해야 하는가라는 문제와 관련된다. 삭제된 내용을 다시 역사 위로 끌어올리는 것은 당시 진실한 문화 환경을 반영하는 일인가? 만약 이러한 내용을 발굴하지 않을 경우 우리는 계속되는 '후견지명(後見之明 : 나중에 생각나는 묘안)'으로 과거를 오독할 수 있지 않겠는가? 이런 질문이 주된 논제가 되었다.

넷째는 '사람' 또는 '책'으로 장절이나 단원을 구분하지 않고 사상사를 서술하게 될 경우 역사의 연속 맥락을 제대로 표현할 수 있겠는가와 관련된 논쟁이다. 기존의 장절 형식의 사상에 익숙한 독자들에게 곤혹감을 줄 수도 있다는 인식이 이러한 논쟁의 바탕에 깔려 있다.

다섯째는 사상사의 시기를 어떻게 구분할 것인가에 대한 논쟁이다. 이와 관련하여 다음과 같은 의문이 제시되었다. 왜 7세기 초(초당初唐에 해당한다)와 1895년을 사상사 시대 구분의 표지로 삼았는가? 이처럼 기존의 것과 다른 시기 구분법은 특별한 의미를 암시하고 있는가?

이상 여러 가지 문제들은 중국 대륙에서 여전히 쟁론 중이다. 흥미로운 점은 이러한 문제와 논의가 어느 정도 고대 중국에 관한 논설을 자극하여 결국 '철학(哲學)'인가 아니면 '사상(思想)'인가라는 문제까지 야기했으며, 또한 간접적으로 이른바 '중국 철학의 합법성' 문제에 관한 쟁론을 일으켰다는 점이다. 이러한 논쟁은 서양 학계에도 큰 반향을 일으켜, 2002년 뉴욕에서 출간된 『당대 중국 사상 (Contemporary Chinese Thought)』 33권 봄호와 여름호에 관련 내용이 실렸고, 일부 내용의 영문 번역문이 연재되었으며, 유럽 학자들도 장편의 서문을 발표하여 논쟁에 참가하였다.

확실히 내가 제시한 여러 문제들이 자극적이기는 하다. 아마도 이러한 논쟁은 앞으로도 계속될 것이고, 생각하기에 단시간 내에 최종 결론이 나기는 어려울 것이다. 다행인 것은 이러한 토론이 중국 학계를 자극하여 보다 심층적인 문제들을 사고하게 만드는 계기가 될 것이라는 점이다. 이런 면에서 나는 몇 마디 말을 덧붙이고자 한다. 그것은 한국 학자들의 관심과 주목을 바란다는 점이다. 앞서 말한 여러 가지 논쟁은 분명 '중국'의 사회, 사상, 학술 배경에서 나온 것이다. 『중국사상사』에서 내가 짊어지고 있는 고민이나 생각하고 있는 문제, 나름의 책략 등이 모두 '중국'에 대한 사고에서 온 것과 마찬가지이다. 아마도 현재 한국 사회나 사상, 학술 상황이 중국의 그것과 서로 다르기 때문에 중국사상사

연구를 대하는 한국 학자들은 나와 같은 걱정이나 문제의식, 또는 책략 등이 굳이 필요 없을 수도 있다. 그러나 나는 여전히 내가 쓴 『중국사상사』를 통해 한국 학계에 다음과 같은 정보, 즉 이런 쟁론이 벌어지는 것은 중국의 특정적인 배경에서 야기된 것으로 가까운 거리에 있는 이웃(중국)에서 일어나고 있는 주목할 만한 학술사 동향이며, 그 동향의 배후에 대단히 심각한 정치와 사회와 생활 배경이 존재하고 있다는 것을 전달하고자 한다.

공교롭게도 최근 몇 년 동안 나는 '근세'에 중국과 일본, 그리고 한국이 서로 얽혀 있는 문화사와 사상사에 특별히 관심을 갖기 시작했다. 나는 특히 '이역(異域)의 눈'으로 명청(明淸) 시대의 중국 사회와 사상과 학술을 살펴야 한다고 주장한 바 있다. 그렇기 때문에 때때로 조선시대의 한문 사료를 읽으면서 『연행록(燕行錄)』과 같은 역사 문헌에서 당시 조선 학자들의 중국에 대한 관찰이 상당히 예리했음을 알게 되었다. 그들은 우리들에게 중국 사료에서 볼 수 없는 것들을 제공하였다. 이와 마찬가지로 현재 한국 학계의 중국에 대한 연구도 우리 중국인들에게 반드시 필요한 '이역의 눈'으로 진지하게 살피고 상대해야 할 것이다. 그렇기 때문에 양국 학술의 상호 교류와 번역이 각별히 중요하다고 생각한다.

이런 점에서 나는 이등연, 심규호, 양충렬, 오만종, 김기현, 진성수, 주광호, 송인재 등 여덟 분의 교수께서 내 책을 번역해 준 것에 대해 깊이 감사한다. 번역은 문화의 교량이다. 이를 통해 다른 언어를 사용하는 학자들이 서로 만나고 소통할 수 있으며, 서로 이해할 수 있다. 특히 심규호 교수에게 감사드린다. 그는 내 책 두 권을 번역한 역자다. 비록 10여 년 동안 서로 만날 기회가 그리 많았던 것은 아니었지만, 지금도 나는 1995년의 어느 날을 생생하게 기억하고 있다. 그 해 나는 북경의 한 병원에서 수술을 받았다. 때마침 그도 북경에 체류하고 있었는데, 무더운 여름날 오후 직접 내 병실로 찾아와 병문안을 해주었다. 그 일로 나는 학술 교류가 때로 감정의 소통을 가져다주며 학술에 대한 상호 이해는 때로 서로 다른 나라의 학자들을 벗으로 만든다는 사실을 확인할 수 있었다.

그리고 두 번째 권인 『중국사상사—7세기에서 19세기까지의 중국의 지식과 사상, 그리고 신앙세계』가 마침내 번역 출간되었다고 하니, 진심으로 한국 친구들의 비판과 가르침을 기대하고 있겠다.

상해 복단대학(復旦大學)에서

● 추천의 글

리쉐친(李學勤이학근)
청화대학 교수 겸 인문학원 사상문화연구소 소장. 고고학 특히 청동기 연구에 정통한 대표 학자

『중국사상사』는 비록 정영(精英 : 엘리트)과 경전의 사상사를 서술하고 있기는 하지만 작가가 짙은 색채로 묘술한 것은 '일반 사상사'이다. 이로 인해 본서는 방법적인 면뿐만 아니라 서술 시각 면에서도 완전히 새로운 면모를 지니게 되었다. ……이 책은 참신한 각도와 영역에서 대부분의 사람들에게 그다지 익숙하지 않은 사상 세계를 선보이면서 더욱 광범위하고 깊이 있는 연구의 새로운 의미를 구현하고 있다.

싱번쓰(邢賁思형분사)
철학자, 이론가, 국제역학(易學)연합회 부회장, 전 중앙당교(中央黨校) 부교장, 잡지 『구실(求實)』전 편집장

지금까지 청장년 학자들에 의해 수많은 가치 있는 작품들이 편찬 또는 독자 연구를 통해 출간되었다. 이는 중국 인문과학 연구를 뒷받침할 수많은 후배 학자들이 존재한다는 의미이기도 하다. 예컨대 거자오광 교수의 『중국사상사』는 방대한 문헌 조사, 상세하고 확실한 자료, 참신한 관점, 성실한 연구 등을 토대로 어려운 작업을 완성하였으니, 그 뜻이 참으로 기특하다. 내가 생각하기에 독창적인 연구 업적을 격려하고, 독립적으로 완성시킨 우수한 저작에 대해 특별한 관심을 표명해야 할 것이다.

왕위안화(王元化왕원화)
문예이론가, 화동(華東) 사범대학 교수 겸 중국작가협회 고문, 중국 문심조룡학회 및 중국문예이론학회 명예회장

거자오광 교수의 사상사는 자료가 상당히 풍부하다. 우리들의 사상사, 학술사 편찬은 여전히 부족한 것이 사실인데, 과거에도 문학사를 다시 써야 한다는 말을 했던 이들이 있다. 어떤 의미에서 새로운 문학사나 사상사를 쓴다는 것은 그것이 어떤 것이든지 간에 '다시 쓰기(重寫)'라고 할 수 있다. 내가 지금 말하고자 하는 '다시 쓰기'는 이러한 사상사가 사상 관념에서 과거와 다른 방법, 관념, 체계를 건립하여 새로운 발전과 성과를 얻어야 한다는 것을 의미한다.

주웨이정(朱維錚주유쟁)
복단대학 역사과 교수 겸 중국사상문화사 연구실 주임. 중국 경학사(經學史) 연구에 조예가 깊다.

이 책의 특색은 총체적인 사고뿐만 아니라 치밀하고 구체적인 견해가 적지 않다는 점이다.

학술사의 경우 때로 누군가 전혀 낯설은 영역으로 들어가 기존의 연구를 통해 발견하지 못한 새로운 문제를 발견하기도 한다. 거자오광의 이 책을 읽으면서 이런 느낌이 들었다. 거자오광 교수는 성실한 학자이며 학풍도 상당히 근엄하다. 그가 쓴 『중국사상사』는 이전 학자들이 갖추지 못한 몇 가지 성과를 얻었다고 생각한다. 물론 책 내용 가운데 약간 논의할 부분이 없는 것은 아니지만 나 역시 그가 이처럼 자신의 큰 역량을 발휘하여 사상사를 탐구한 것에 대해 탄복한다.

거젠슝(葛劍雄갈검웅)
복단대학 교수 겸 중국역사지리연구소 소장, 중국 진한사(秦漢史)연구회 부회장

우리들이 말하는 사상사는 너무 좁았는데, 거자오광 교수가 지금 사상사의 범위를 넓혀 놓았다. 적어도 그가 말한 신앙과 지식의 구조까지 넓어졌다. 혹자는 이러한 글쓰기 방식이 국외에 이미 존재한다고 말하지만, 나는 그의 방법이 창신(創新)하다고 생각한다. 학술 평가도 이러한 창신성을 격려하고 있다. 국제적인 학술 성과를 반영했다거나 어떤 깨우침을 수용했기 때문이 아니다. 그렇다면 창신이라고 할 수 없다. 적어도 지금까지 중국에는 이러한 사상을 체계적으로 관철시켜 사상사를 쓴 사람이 없었다. 아니 아직 없었다고 말해야 할 것이다. 바로 이 점이 대단한 것이다.

저우전허(周振鶴주진학)
복단대학 역사지리연구소 교수. 중국지리학회 역사지리전문위원회 회원, 상해역사학회 이사

거자오광 교수의 『중국사상사』가 지닌 기본적인 의의는 사상사도 이렇게 쓸 수 있으며, 또한 이렇게 연구될 수 있다는 것을 알게 해주었다는 점이다. ……사상을 역사의 역사로 삼게 된 것은 그다지 오래된 일이 아니다. 이미 출판된 중국사상사는 수량적으로 그다지 많지 않기 때문에 또 다른 쓰기나 다시 쓰기의 공간이 비교적 넓다고 할 수 있다. 나는 이 책의 중요한 학술적 의의가 바로 여기에 있다고 생각하지 어떤 이들이 이야기하는 것처럼 자신의 저작이 이미 "한 권의 책을 써서 다른 모든 책들을 폐기할 정도"의 수준에 도달했기 때문은 아니라 생각한다. 또한 거자오광 교수가 집필한 이러한 일반적인 의미의 사상사 역시 다시 쓰게 될 가능성도 있다. 이것이 바로 학술 발전의 정상적인 길이 아닌가 한다.

거자오광(葛兆光) 교수의 『중국사상사』는 제1권 '7세기 이전 중국의 지식과 사상, 그리고 신앙세계(七世紀前中國的知識, 思想與信仰世界)'와 제2권 '7세기에서 19세기까지의 중국의 지식과 사상, 그리고 신앙세계(七世紀至十九世紀中國的知識, 思想與信仰世界)'으로 이루어져 있다. 각 권 앞부분에 '사상사의 서술 방법(思想史的寫法)'과 '속 사상사의 서술 방법(續思想史的寫法)'이라는 제목의 글이 실려 있는데, 이 번역서는 이를 「도론」으로 권두에 넣고 첫 번째 권과 한데 엮었다.

「도론」은 중국사상사 연구에 중요한 이론과 방법에 관한 문제를 논구하고 있다. 이는 기존의 『중국사상사』와 다른 글쓰기를 시도하고 있는 거자오광 교수의 『중국사상사』의 특질과 관련된 것으로 다음과 같은 내용을 담고 있다.

사상사는 엘리트, 경전 사상의 세계와 일반 지식과 사상, 그리고 신앙세계를 어떻게 다루어야 하는가? 지식사와 사상사 간의 문제, 고대 중국 사상의 궁극적인 근거나 기본 예설(預設)은 무엇인가? 과거의 전통적인 글쓰기 방식과 훈도성(訓導性)이 강한 교과서식 장절(章節) 구조를 어떻게 바꿀 것이며, 이를 통해 사상사의 진정한 맥락과 정신을 어떻게 찾아나갈 수 있을 것인가? 사상사는 '무사상(無思想)', 즉 사상이 없던 시대의 경우 그림을 그리지 않은 곳에서도 그림을 볼 수 있는 것처럼 묘사해야 할 것인가, 아니면 하지 말아야 할 것인가? 역사 속의 기억인 전통 지식과 사상은 어떻게 새롭게 해석되어 새로운 사상 자원이 되는가? 사상사 연구에 고고학적 발굴 자료나 문물 자료는 어떻게 처리할 것인가?

이러한 문제의식 속에서 거자오광 교수는 기존의 중국사상사 글쓰기와 전혀 다른 새로운 글쓰기 방식을 해결책으로 삼아 '7세기 이전 중국의 지식과 사상, 그리고 신앙세계'와 '7세기에서 19세기까지의 중국의 지식과 사상, 그리고 신앙세계'에 대해 논술하고 있다. 이번에 출간되는 책은 시기적으로 상고시대부터 당대(唐代) 이전까지 사상의 역사를 다루었던 '중국사상사 — 7세기 이전 중국의 지식과 사상, 그리고 신앙세계'에 이어 7세기에서 1895년까지 사상의 역사를 다루고 있는데, 이 제목 역시 '중국사상사 — 7세기에서 19세기까지의 중국의 지식과 사상, 그리고 신앙세계'라고 칭한 것은 「도론」에서 언급한 바대로 기존의 교과서식 장절 구조에서 벗어나 사상사의 연속성을 확보하는 한편, 사람과 전적 중심의 글쓰기가 아닌 논제 중심의 글쓰기를 채택하고 있기 때문이다. 또한 '일반지식'과 '신앙세계'의 내용을 사상사의 중요 논제로 다룸으로써 지식과 사상의 문제를 해결하고, 엘리트 사상이나 경전 사상에 치우친 기존의 사상사의 부족한 점을 보완하고 있다.

차례

● 제3편

제 1 편

中國思想史

서언 : 권력, 교육과 사상 세계

중화제국 역사에서는 보편적으로 받드는 문화 규범의 지지가 이루어져야만 정치적 지배가 성공할 수 있고, 정부의 행위도 보편적으로 받아들여질 수 있었다.

아서 라이트(Arthur F. Wright : 1913~1976년, 예일대학 역사학과 교수)는 『수(隋)나라 왕조 : 중국의 통일, 581~617년』이란 책에서 수나라 역사에 대해 다음과 같은 점들을 밝힌 바가 있다. 즉 수나라 황제는 북주(北周 : 557~581년)로부터 정치권력을 탈취할 때 위조된 유조(遺詔)를 썼고, 스스로에게 구석(九錫 : 황제가 신하에게 내리는 아홉 가지 최고의 하사품)을 내리면서 이전 왕조의 황제에게 퇴위 조서를 반포케 하였으며, 이어 교외에서 천자(天子)가 친경의식(親耕儀式)을 거행하고 도참(圖讖)을 위조하는 등 일련의 과정을 통해 새로운 황권의 합법성과 합리성을 수립하였다는 것이다. 그러나 이런 일들만으로는 부족하였던 모양이다. 그는 중화제국 역사에서는 보편적으로 받드는 문화 규범의 지지가 이루어져야만 정치적 지배가 성공할 수 있고 정부의 행위도 보편적으로 받아들여질 수 있는 바, 이는 거의 아주 당연한 이치였음을 지적하였다. 이 때문에 황제가 된다는 것은 반드시 보편적인 도량형, 통일된 화폐, 표준 문자, 모든 건축물의 규범과 체제, 한층 표준화된 음계(音階), 보편적으로 적용될 수 있는 새로운 역법(曆法), 실제 생활에 관한 갖가지 규범 따위를 반드시 중시해야만 하였다.[1]

막스 베버(Max Weber : 1864~1920년, 독일의 정치학자)의 고찰에 따르면, 권력이 지배의 합법성과 합리성을 확보하는 방식은 전통형, 법제형, 카리스마형 등 세 가지가 있다. 그러나 고대 중국의 황권은 이보다 한층 더 복잡하였다. 그것은 역사적 전통, 군사 권력, 사상, 종교, 문화와 정신적 권위 등을 함께 결합한 복합적인 '보편적 황권(Universal Kingship)'이었다. 바로 이렇기 때문에 권력의 합법성과 합리성

고대 중국의 황권은 한층 더 복잡하였는데, 그것은 역사 전통, 군사 권력, 사상, 종교, 문화와 정신적 권위 등을 함께 결합한 복합적인 '보편적 황권'이었다.

---

1) 아서 라이트(Arthur F. Wright), 『The Sui Dynasty : Unification of China, A. D. 581~617』, 일역본 『수대사(隋代史)』, 누노메 쵸후(布目潮渢)와 나카야마 츠토무(中川努) 역, 135쪽, 법률문화사, 교토, 1982.

을 확보하는 과정 또한 상당히 복잡하였다. 예컨대 의식을 통해 스스로에게 '상천(上天)'의 천명(天命)과 그 상징적인 허락이 내려졌음을 증명하여야 하였으며, 앞왕조의 굴복을 통해 새로운 정권에 대한 민중의 신임을 얻어야 하였으며, 역사 찬술을 통해 전통의 지지를 확보하여야 하였으며, 시대에 따르는 정책으로 시간의 흐름 속에서 정권의 안정을 유지할 수 있어야 했다. 특히 문화와 사상 면에서 지도력을 갖춰야 하는데, 문화와 사상을 이끌어나가는 권력을 확보하려면 당연히 정치 담론의 합법성과 합리성을 심층적으로 지지하는 것이 필요하였다. 중국의 경우 가장 중요한 것은 경전 사상에 대한 해석의 독점적 장악, 교육과 인재 선발 제도의 수립, 그리고 새로운 관념 계통과 이에 상응하는 문화 풍조의 수립 등이었다.[1]

수나라에 이어 등장한 당나라 역시 앞의 왕조와 마찬가지였다. 7세기 상반기에 당나라의 통치자는 정권의 합법성과 합리성에 대해서 처음부터 상당히 심각하게 우려하였다. 특히 부친을 도와 합법적인 수나라에서 천하를 탈취한 그리고 비합법적인 자격으로 황위를 탈취한 당나라 태종(太宗) 이세민(李世民)은[2] 정치에서 상당히 효과적이면서도 개명(開明)한 방책으로 업적을 세운 것 외에도 변경

7세기 상반기에 당나라의 통치자는 정권의 합법성과 합리성에 대해서 처음부터 상당히 심각하게 우려하였다.

1) 베버(Max Weber)의 『지배의 유형(支配的類型)』, 강락(康樂) 중역본(윤신출판사允晨出版社, 타이베이, 1985)과 임육생 (林毓生)의 『사상과 인물(思想與人物)』 149쪽(연경출판사업공사聯經出版事業公司, 타이베이, 1983) 등을 참고할 것. 국가의 이러한 합리성과 합법성의 일반적 수립 과정에 관해서는 왕건문(王建文)의 『봉천승운(奉天承運) ― 고대 중국의 '국가' 개념과 그 정당성 기초(古代中國的 '國家' 槪念及其正當性基礎)』(동대도서공사東大圖書公司, 타이베이, 1995)를 참고할 것.
2) 이세민 즉위의 합법성에 대한 문제는 그 자신도 상당히 우려한 바가 있다. 비록 사관 앞에서는 "무릇 좋은 일이면 반드시 논할 필요는 없고, 옳은 일이 아닐 경우 또한 감계의 의의를 따져 스스로 수양해 고쳐나가게 하면 될 뿐이니, 그대는 이들을 기록해 올리도록 하라(蓋有善事, 固不須論, 若有不善, 亦欲意味鑑戒, 使得自修改耳, 卿可撰錄進來개유선사, 고불수론, 약유불선, 역욕의미감계, 사득자수개이, 경가찬록진래)"고 말하긴 하였지만, 사관이 실제로 무덕(武德) 말년에 그가 친형제를 모살하고 황위를 확보한 일을 기록하였을 때 사실 그는 몹시 마음이 걸렸는지 사관의 기록이 지나치게 번잡하고 애매하다고 불만을 표시하면서, 암시적으로 형제를 살해하고 천하를 얻은 고사 하나를 언급하며 사관의 수정을 요구하였다. "짐이 한 일이 이들과 비슷하다면, 무릇 사직을 안정시켜 만인을 이롭게 하려는 것일 따름이었는데 사관이 집필할 때 숨길 게 뭐 있겠는가? 마땅히 허망한 단어를 없애고 고치되, 그 일은 직접적으로 쓰라(朕之所爲, 義同此類, 蓋所以安社稷利萬人耳, 史官執筆, 何煩有隱, 宜卽改削浮詞, 直書其事짐지소위, 의동차류, 개소이안사직이만인이, 사관집필, 하번유은, 의즉개삭부사, 직서기사)." 『정관정요(貞觀政要)』 권7, 사부총간 속편본(四部叢刊續編本), 10쪽. 아울러 『구당서(舊唐書)』 권2에 기록된 정관 11년(637) 2월의 조서(詔書)를 참고할것. 이는 합법성을 제대로 얻기 위한 표출인 것이다.

지역을 개척하여 사이(四夷)를 평정하는 과정을 통하여 '천가한(天可汗)'[3]이란 칭호를 확보하는 방식으로 위세와 명망을 세우고, 수나라의 옛 신하를 공격하고 억압하는 방식으로 의심할 여지없는 군주로서의 정당성을 확립하였다.[4] 이와 함께 또한 상당히 총명한 문화 책략을 채용하였는데, 예컨대 오경(五經) 정본(定本)을 반포하면서 새로운 오례(五禮)로 경전 담론에 대한 해석상의 권력을 임의로 장악하였고,[5] 삼교(三教)의 순서를 배정하여 정치권력의 사상 세계에 대한 권위를 높이는 등의 조치를 취하였다.[6] 이런 노력들은 헛되지 않아 정관(貞觀) 10년(636) 무렵에 이러한 새 왕조의 합법성과 합리성이 차츰 수립되어 나갔고, 천자 개인의 권

3) 북방의 유목 민족들이 중국의 황제를 지칭하는 용어이다. 고대 투르크어로 '텡그리 카간Tengri gaghan'의 음사다. 당나라 태종이 동돌궐을 630년에 무너뜨린 이후에 당태종을 불렀던 칭호로 이후 관습적으로 굳어졌다(역자 주).

4) 『구당서(舊唐書)』 권2에 정관 2년 6월의 '임금이 임금답지 못해도 신하는 신하가 아닐 수 없다(君雖不君, 臣不可以不臣군수불군, 신불가이불신)'에 관한 대화와 배건통(裴虔通 : 수양제를 시해하여 작위를 삭탈 당함, 역자 주)에 관한 조서, 34쪽. 정관 7년 우문화급(宇文化及 : 583~619년, 수나라의 무신이고 우문술宇文述의 아들로 양제煬帝와 그의 아들 호호浩를 죽이고 제위에 올라 국호를 허許라고 칭하였으나 두건덕竇建德의 침공으로 패하여 죽음, 역자 주) 등 이전 왕조의 신하에 관한 조서, 42쪽을 참고할 것. 필자가 살피기에 이 조서가 『전당문(全唐文)』 권5에는 「난신 자손의 제거·처리에 관한 조서(禁鋼亂臣子孫詔금고난신자손조)」라 되어 있는데, 원래 당나라의 수립에 조력하느라 수나라를 배반한 신하들을 모조리 비판하고 있다. "비록 전대의 일이라 세월이 오래되었지만, 천하의 악행은 고금을 막론하고 처단하는 법이다(雖事是前代, 歲月已久, 而天下之惡, 古今同棄수사시전대, 세월이구, 이천하지악, 고금동기)." 21쪽, 상해고적출판사(上海古籍出版社) 영인본, 1990. 또한 정관 3년에서 4년 사이 돌궐을 공격하기로 결정하고, 7년에 「파진악(破陣樂 : 태종의 즉위 뒤로는 연회 때 반드시 이 음악을 연주케 하였고, 후에 칠덕무七德舞라고 이름을 고침, 역자 주)」을 제정하였고, 9년에 토욕혼(吐欲渾 : 4세기경부터 663년 토번의 침공으로 완전히 멸망하기 전까지 존속한 몽골계 유목 민족인 선비족이며, 또한 그들이 세운 국가명이다. 지금은 투족으로 불리며 중국의 소수 민족의 하나이다. 역자 주)을 공격하였는데, 이런 일들은 사실 권위를 확립하려는 의미를 지닌다.

5) 새로 정한 오경과 오례를 반포한 의미에 관해서는 이 책의 제1권 제4편 제7절의 논술을 참고할 수 있다. 또한 문정식(文廷式)의 『순상자지어(純常子枝語)』 권14에서도 지적한 바 있다. "당나라 사람은 시부를 중시하였기에 『오경정의』가 이미 정해졌지만 경학은 황폐해지고 말았다. 당시 경전을 논하는 사람은 겨우 몇 사람에 지나지 않았다……(唐人以詩賦爲重, 故五經正義旣定, 而經學遂荒, 一代談經之人, 寥寥可數……당인이시부위중, 고오경정의기정, 이경학수황, 일대담경지인, 요요가수……)", 213쪽, 강소광릉고적각인사(江蘇廣陵古籍刻印社) 쌍조루본(雙照樓本)의 영인본, 1990. 다카세 다케지로(高瀨武次郎)의 『지나철학사(支那哲學史)』 하(下) 책에서도 이렇게 언급한 바 있다. "『오경정의』를 과거 과목으로 삼게 하면서 경에 대한 논설이 정해지자 여러 가지 논쟁이 그치게 되었다. 혹자는 그저 『오경정의』를 암송하는 것으로 스스로 충분하다고 여기면서 더 이상 새로운 학설에 힘쓰지 않았으니, 이 또한 사람들 마음에서는 자연스런 일이었다." 조남평(趙南坪) 중역본 『중국철학사』, 119쪽, 기남학교출판부(曁南學校出版部), 1925.

6) 삼교의 순서를 정함으로써 문화 사상과 이념의 권력을 확립하려던 것에 관해서는 『전당문』 권6의 당나라 태종의 「도사를 승려 앞에 두게 하라는 조서(令道士在僧前詔영도사재승전조)」, 「사문 법림을 꾸짖는 조서(詰沙門法琳詔힐사문법림조)」 등을 참고할 것.

력의 상징성 또한 보편적으로 인정되어 나가자 그는 상당히 자신감 있고 자랑스럽게 선포하였다.

> 이전에 천하를 통일하여 네 오랑캐를 제압한 예로는 진황(秦皇 : 진시황), 한무(漢武 : 한나라 무제)가 있을 뿐이다. 짐이 석자 검을 들어 사해를 평정시키고 멀리 오랑캐를 복종케 한 일은 이 두 임금에 뒤지지 않는다(囊之一天下, 克勝四夷, 惟秦皇, 漢武耳, 朕提三尺劍定四海, 遠夷率服, 不減二君者낭지일천하, 극승사이, 유진황, 한무이, 짐제삼척검정사해, 원이솔복, 불감이군자).[1]

수십 년이 지나자 새 왕조의 황권의 합법성과 합리성은 차츰 더 이상 문제가 되지 않았고, 시간의 경과에 따라 사람들도 점점 이전 왕조의 옛일들을 잊게 되었다. 특히 『오경정의(五經正義)』의 찬수 작업이 완결되었고, 『정관례(貞觀禮)』와 『현경례(顯慶禮)』가 이미 반포되었으며, 『진서(晉書)』, 『제서(齊書)』, 『주서(周書)』, 『양서(梁書)』, 『진서(陳書)』, 『남사(南史)』, 『북사(北史)』와 『수서(隋書)』 등이 연달아 편찬되었다. 유·도·불(儒道佛)의 논쟁은 이미 강대한 정치적 압력 아래 서서히 사그라져 버렸기 때문에 새로운 이념과 새로운 제도 규범과 새로운 역사가 수립되고 서술된 후에는 당나라의 합법성이 완전히 확립되었다. 특히 수나라 시대의 제도를 계승한 교육과 고시와 과거제도는 권력을 빌어 일반적 세속 이익과 경전에 대한 지식 담론의 연계성을 수립함으로써 강렬한 이념적 형태와 색채를 지닌 지식과 사상, 그리고 신앙을 지식 계층인 귀족이 필히 거쳐야 할 대상으로 만들었다. 그리하여 이러한 지식과 사상, 그리고 신앙은 권력을 지닌 담론 체계가 되어 실제적으로 '천하의 영웅이 나(태종)의 천막 안에 모여 들게(天下英雄入吾彀中천하영웅입오구중)'[2] 만들었다. 이때 새로운 정치와 문화의 합리성 또한 마침내 지지를 확

---

1) 이는 정관 9년의 상황이다. 『신당서(新唐書)』 권221 「서역 상(西域上)」, 6233쪽.
2) 왕정보(王定保)의 『당척언(唐摭言)』 권1 「진사에 관해(述進士) 상편」, 3쪽. 이 기록이 반드시 역사적 진실은 아니겠지만 상징적 의미는 크다. 당나라 태종의 이 득의만만한 말과 좋은 대비를 이루는 것은 사인들의 어쩌할 길 없다는 이런 탄식이다. "태종 황제 참으로 좋은 방책, 영웅들은 온통 흰머리 되고 말았네(太宗皇帝眞長策, 賺得英雄盡白頭태종황제진장책, 잠득영웅진백두)."(같은 책 권1 「산서진사散序進士」, 5쪽, 상해고적출판사, 1978). 그리고 미야자키 이치사다(宮崎市定)의 『과거사(科擧史)』를 참고할 것. 그는 「서론」에서 과거가 육조의 귀족 제도를

보하여 통일된 국가에 통일된 사상과 문화가 세워지게 되었다.[3]

　　그러나 통일된 국가에 통일된 사상과 문화가 세워진 것은 극히 다행스런 일
이었지만 보이지 않게 불행을 담고 있는 일이기도 하였다. 고대 중국에서 보편적
으로 유지된 관념의 하나는 인류는 궁극적, 합리적 '질서'를 지니며, 이러한 질서
에 대해서 아주 원만한 해석 계통을 지녀왔다는 점이다. 고대 중국에서 주류 사
상계의 중심은 바로 이러한 해석 계통을 논증하고 수립하는 데 있었다. 이는 천
지(天地)의 공간과 시간(時間)의 구성, 제왕과 제국의 정치적 구조, 인간의 사회적
윤리 도덕, 자연의 모든 사물이 어떻게 완전하게 이 질서 안에 포용되는가 등을
설명할 수 있어야 하였다. 국가의 분열, 민족의 위기, 도덕적 문란 따위 문제가 시
종 해결될 수 없을 때 보편적으로 혼란된 사회 상황에서 이러한 '질서'를 중심으
로 하는 사상이 심각하고도 첨예한 비평의 힘을 지녔고, 의심할 바 없는 이상(理
想), 진리와 정의를 확보하였던 것이다. 그러나 한 나라의 조대(朝代)가 세워질 때
'사해가 평정되고 이적들이 조공을 바칠(四海承平, 夷狄朝貢사해승평, 이적조공)' 뿐만 아
니라 '만민이 고루 부유하고 조정이 깨끗하고 평안하며(萬民富庶, 朝廷淸平만민부서,
조정청평)' 모든 것들이 그처럼 완미(完美)하게 보일 때 사상의 사명은 끝나버린 것
만 같다. 사상이 비평할 대상을 상실한 것처럼 보이기 때문이다. 그리하여 그것
은 신속하게 경전에 종속되는 지식으로 전락하고, 고시(考試) 제도의 위협 아래
무의미한 텍스트나 공식으로 간략화되어 그저 기억하고 암기하는 내용으로만
존재하게 될 것이다.[4]

와해시키고 새로운 관리의 선발 제도를 확립시켜 중앙 집권을 강화시킨 의의는 지적하였지만 사상과 학술에
끼친 영향에 대해서는 논의하지 않았다. 이후 과거사 연구자들도 대부분 이와 마찬가지였다(『궁기시정전집宮
崎市定全集』 15권, 11쪽, 암파서점岩波書店, 1993). 당나라의 과거와 교육 상황에 관해서는 부선종(傅璇琮)의 『당대
과거와 문학(唐代科擧與文學)』(섬서인민출판사陝西人民出版社, 1986)와 염문유(閻文儒) 저·염만균 교보(校補)의 『당
대 공거 제도(唐代貢擧制度)』(섬서인민출판사, 1989) 등을 참고할 것.

3) 『신당서』 권198 「유학(儒學)」 '상(上)'의 기재에 의하면, 정관 6년(『구당서舊唐書』 권189 「유학」 '상'에서는 2년이라
함. 4941쪽)에 "조서를 내려 주공사(周公祠)를 없애고 공자를 선성(先聖)으로, 안씨(顔氏 : 안회顔回)를 선사(先師)
로 모시게 하였다(詔罷周公祠, 更以孔子爲先聖, 顔氏爲先師조파주공사, 갱이공자위선성, 안씨위선사)", 5636쪽. 어째서
이세민은 특별히 당나라 고조가 세운 주공사당 방식을 바꾸려 하였을까? 이것은 아주 중요한 상징적 사건이
겠지만 그 심층적 의미에 관해서는 아직 제대로 된 연구나 해석이 보이지 않는 것 같다.

4) 『통전(通典)』 권17에 기재된 바로는 상원(上元) 원년 유요(劉嶢)가 상소문에서 말하길, "국가는 예부를 인재
뽑는 문으로 삼되 문장으로 순위를 따지기 때문에 천하가 이에 부응해 재예(才藝)에만 치달리고 덕행에 힘쓰

'사방의 인재들이 책략의 문장을 들고 수도로 모여드니(四方秀艾, 挾策負素, 坌集京師사방수애, 협책부소, 분집경사)' [1] 지식 계층은 온 나라가 태평스럽고 천하가 통일된 이런 시대에 지금까지 이어왔던 자유로운 선택의 공간과 사상의 자유스런 토론의 여지를 점차 상실하거나 방기해버린 채 그저 그토록 비좁은 벼슬길에만 다투어 모여들 수밖에 없다. 게다가 당나라가 상대적으로 다양하면서도 느슨한 경로로 사인(士人)을 선발하였기에 [2] 그들은 지식과 사상을 고시에 관련된 범위 안

지 않습니다. ……그러므로 아침에 갑과(甲科)로 등용되자마자 저녁에 형벌을 받는 자도 있습니다. ……날마다 만 마디 말을 암송하는 게 어찌 이치에 상관되며, 일곱 걸음에 문장을 지을지라도 사람을 교화하는 데는 부족합니다. ……초목 사이에서 마음을 애태우고 안개구름 사이에서 붓을 맘껏 놀리는 게 하나의 풍속이 되었으니, 이는 크게 잘못된 일입니다(國家以禮部爲考秀之門, 考文章於甲乙, 故天下響應, 驅馳於才藝, 不務於德行 ……故有旱登甲科而夕陷刑辟 ……日誦萬言, 何關理體, 文成七步, 未足化人. ……勞心於草木之間, 極筆於烟雲之際, 以此成俗, 斯大謬也국가이예부위고수지문, 고문장어갑을, 고천하향응, 구치어재예, 불무어덕행 ……고유조등갑과이석함형벽 ……일송만언, 하관이체, 문성칠보, 미족화인. ……노심어초목지간, 극필어연운지제, 이차성속, 사대류야)", 406~407쪽. 또한 천수(天授) 3년에 올린 설겸광(薛謙光)의 상소문은 한층 격렬하였다. "향리의 이론은 소인의 붓에 막힌 채 빌 것 없는 자의 의론을 닦으니, 그러한 책략들이 주부(州府)에서 요란하게 경쟁하고 있고, [황제의] 은총을 기원하는 일이 [다른 사람에게] 엎드려 절하는 것보다 못합니다. ……이 때문에 세속에서는 거인(擧人)을 '멱거(覓擧)'라 부릅니다. 무릇 '覓'이란 스스로 구한다는 뜻이고 다른 사람이 나를 알아주는 게 아님을 가리키는 것입니다(鄕議決小人之筆, 行修無長者之論, 策第喧競於州府, 祈恩不勝於拜伏 ……故俗呼擧人爲覓擧, 夫覓者, 自求之稱, 非人知我之謂也), 410쪽. 조광(趙匡)은 「거선의(擧選議)」에서 말하기를, "구류(九流)와 칠략(七略) 등 서적은 하고 많은데, 주사(主司)가 질문할 때는 정도와 한계를 정하지 않는다. 때문에 공부할 때는 그저 대략적인 걸 베껴 쓸 뿐 어느 정도 됐다 싶으면 과거에 나가 운이 맞으면 합격하기를 바란다. 학업이 이루어지지 않는 바는 바로 여기서 비롯되는 것이다. ……경전을 밝혀 독서하느라 고생이 아주 심하지만 입으로만 그 의미를 따지면서 주소(注疏) 문장을 암송하며 그저 그 정수(精髓)만을 다할 뿐 중요하지도 않은 학업만 익힌다(九流七略, 書籍無窮, 主司徵文, 不立程限, 故修習之時, 但務鈔略, 比及就試, 偶中是期, 業無所成, 固由於此 ……明經讀書, 勤苦已甚, 其口問義, 又誦疏文, 徒竭其精華, 習不急之業구류칠략, 서적무궁, 주사징문, 불립정한, 고수습지시, 단무초략, 비급취시, 우중시기, 업무소성, 고유어차 ……명경독서, 근고이심, 기구문의, 우송소문, 도갈기정화, 습불급지업)", 419쪽. 『통전』 권17 「선거(選擧)」의 '후론(後論)'에서 말하기를, "무릇 사람들이 학문하면서 서첩(書帖)이 암송하기 쉽고 암송이 강론하기에 쉽다고 여긴다. 이제 입으로 질문하고 풀어 강론하게 할 때 제대로 익히지 않았다면 어떻게 응대할 수 있겠는가? 이는 그 어려운 바를 가려 뽑는 일이니, 어찌 서첩으로 될 일이겠는가! 또한 서첩에만 힘쓰면 [경전의] 의미에 전념하지 못하게 되는지라 지식을 연마하는 방도가 못됨이 이미 분명한 것이다. 대저 서첩이란 어린아이를 위한 것인데, 이제 관직을 내리면서 어린아이의 유치한 바로 처리한다면 도리에 맞지 않는 것이다(夫人之爲學, 帖易於誦, 誦易於講, 今口問之, 令有講釋, 若不精熟, 如何應對? 夫擧其難者, 何用帖爲. 且務於帖, 則сильно義不專, 非識智之術, 固已明矣. 夫帖者, 童稚之事, 今方授之以職, 而待以童稚, 於理非宜부인지위학, 첩역어송, 송이어강, 금구문지, 영유강석, 약불정숙, 여하응대? 차거기난자, 하용첩위. 차무어첩, 즉어의부전, 비연지지술, 고이명의. 부첩자, 동치지사, 금방수지이직, 이대이동치, 어리비의)", 428쪽.

1) 『신당서』 권198 「유학」 '상(上)', 5636쪽.
2) 『신당서』 권44 「선거지(選擧志)」 '상(上)'의 내용에 따르면, 당나라 고조(高祖) 때 이런 칙령을 내렸다. "생원을

으로 한층 집중시켰다. 남조(南朝) 후기에 서광(徐曠)이라는 사람이 대유학자 심중(沈重 : 500~583년, 남조 양梁나라 문제 때 오경박사五經博士)의 학문을 두고 "선생이 말씀하신 바는 탁상지론(卓上之論)일 뿐이오, 오묘한 경지란 그도 보지 못한 바가 있는 것이니 도리어 무엇을 더 볼 수 있겠는가?(先生所說, 紙上語耳, 若奧境, 彼有所未見者, 尙何觀?선생소설, 지상어이, 약오경, 피유소미견자, 상하관?)"[3]라고 대담하게 비판한 바 있다. 그러나 이 시기의 사인들은 이미 이른바 '오묘한 경지'에 깊이 젖어들 겨를이 없었고, 모든 지식과 사상, 그리고 신앙세계는 '고시'라는 이 지력(智力)의 비교 과정이 통제하였다. 이러한 지력의 비교는 사람과 사람 사이의 공평한 비교가 아니라 권력의 완전한 통제 아래 권력을 향하여 자신의 복종을 표현하는 것이었다.

지식과 사상, 그리고 신앙세계는 '고시'라는 이 지력의 비교 과정이 통제하였다.

학관으로 나가기 전, 수재 고시의 경우 "방략 계책의 시험은 다섯 가지로 나누어 문리가 통하는 정도에 따라 상상·상중·상하·중상 등 네 등급을 급제로 한다(試方略策五道, 以文理通粗爲上上, 上中, 上下, 中上, 凡四等爲及第시방략책오도, 이문리통조위상상, 상중, 상하, 중상, 범사등위급제)." 명경 고시는 "먼저 문장을 올린 다음 구술 시험을 치르는데, 경전의 대의 열 가지를 묻고 시무책 세 방도를 답한다(先帖文, 然後口試, 經問大義十條, 答時務策三道선첩문, 연후구시, 경문대의십조, 답시무책삼도)." 개원례 고시는 "대의 백 조항을 통달하고 책략 세 방도를 낸 자로서 자질이 뛰어난 자에게 관직을 내

둘 때 경사에서 주현에 이르기까지 숫자를 정한다. ……이민(吏民) 자제로서 학업에 들어서는 자는 모두 수도 학교로 보내고, 과거 과목에 관한 법을 정하여 주·현·향에도 다 학관을 설치하게 하였다(置生員, 自京師至於州縣皆有數 ……吏民子弟學藝者, 皆送於京學, 爲設考課之法, 州, 縣, 鄕皆置學焉치생원, 자경사지어주현개유수 ……이민자제학예자, 개송어경학, 위설고과지법, 주, 현, 향개치학언), 1163쪽. 과목을 보면 당나라 때 과거 선발은 "대부분 수나라 옛 제도를 따랐으나 그 대강은 세 가지였다. 학관 출신은 '생도(生徒)'라 하였고, 주·현 출신은 향공(鄕貢)이라 하여 모두 유사에게 선발되어 진퇴가 결정되었다(多因隋舊, 然其大要有三, 由學館者曰生徒, 由州縣者曰鄕貢, 皆升於有司而進退之다인수구, 연기대요유삼, 유학관자왈생도, 유주현자왈향공, 개승어유사이진퇴지)." 과거 과목으로는 수재(秀才)·명경(明經)·준사(俊士)·진사(進士)·명법(明法)·명자(明字)·명산(明算)·일사(一史)·삼사(三史)·개원례(開元禮)·도거(道擧)·동자(童子) 등이 있었다. 이밖에도 제거(制擧)가 있었는데, "천자께서 직접 하명한 경우를 '제거'라 하였으니 남다른 재능을 지닌 자를 대우하려는 것이었다(其天子自詔者曰制擧, 所以待非常之才焉기천자자조자왈제거, 소이대비상지재언)", 1159쪽. 이처럼 과목 수가 적지 않았다. 사람 숫자를 볼 때 규칙에 따르면 당시 진학하는 사람의 숫자는 국자학 300명, 태학 500명, 사문학(四門學) 1300명, 율학(律學) 50명, 서학(書學) 30명, 산학(算學) 30명 등이었다. 지역에 따라 살펴보면 경도의 학생이 80명, 상주(上州) 60명, 중주(中州) 50명, 하주(下州) 40명, 경현(京縣) 50명, 상현(上縣) 40명, 중현(中縣)과 중하현(中下縣) 각 35명, 하현(下縣) 20명 등으로 그 숫자가 분명 적지 않았다.

3) 『신당서』 권198 「유학」 '상', 5638쪽. 『구당서』 권189, 4943쪽.

리고, 대의가 칠십에 통달하고 책략 두 방도에서 통과한 자를 급제시킨다(通大義百條, 策三道者, 超資與官, 義通七十, 策通二者, 及第통대의백조, 책삼도자, 초자여관, 의통칠십, 책통이자, 급제)."

학관에 들어선 후, 열흘에 한번 고시를 쳐서 "박사 고시는 독서의 경우에는 천 마디 말로 한 첩을 시험하고 첩은 세 마디 말로 한다. 강술의 경우는 이천 마디 말로 대의 한 조를 묻고 총 세 조 가운데 두 가지를 통과한 자는 급제시키고 미치지 못한 자는 벌을 내린다(博士考試, 讀者千言試一帖, 帖三言, 講者二千言問大義一條, 總三條通二爲第, 不及者有罰박사고시, 독자천언시일첩, 첩삼언, 강자이천언문대의일조, 총삼조통이위제, 불급자유벌)." 연종대고(年終大考)는 "구술로 대의 열 개의 조를 질문하여 여덟을 통과하면 상, 여섯을 통과하면 중, 다섯은 하로 평가한다(口問大義十條, 通八爲上, 六爲中, 五爲下구문대의십조, 통팔위상, 육위중, 오위하)." 세 번 하를 맞으면 귀가시킨다. 이익(利益), 전도(前途), 이상(理想)은 한편으로는 동력이지만 한편으로는 여기서 무거운 압력이 되어 지식 계층의 지식과 사상은 이 고시에 속박당하고 만다.[1] 때문에 당나라 고종 시대에 이러한 지력 비교에 참여할 때 외면적 공평성에서 이미 문제가 드러났다. "시험일에 대신 들어가거나 혹은 곁에 앉아 손짓을 하거나, 다른 사람을 빌어 밖에서 도움을 받는 등 그 실제와 맞지 않는 일이 허다하였다. ……대개 열 사람이 관직 하나를 다투었다……(試之日, 冒名代進, 或傍坐假手, 或借人外助, 多非其實……大率十人競一官……시지일, 모명대진, 혹방좌가수, 혹차인외조, 다비기실 ……대솔십인경일관……)."[2] 영융(永隆) 2년(681) 공원외랑(功員外郞)에 응시한 유사립(劉思立)은 이미 "명경과에서는 대의 조를 많이 베끼고 진사과에서는 옛날 책략을 그저 암송해대니, 모두가 실제 재주는 없고 관장하는 이들은 사람 수로 급제를 채우는 것이라

---

1) 『통전』 권15에서도 이렇게 지적한 바 있다. "시간이 지날수록 선발 인원이 많아졌기 때문에 시험 문제가 쉬워 어려울 게 없었다. 경적의 옛 의미를 가져와 순서를 매겨 놓고 이를 판단하게 하는 식이었다. 참가한 사람은 많아졌으나 경적을 제대로 해석하는 질문을 하기에는 부족하였기에 흔치 않은 책, 왜곡된 학문, 숨겨진 뜻 따위를 뽑아내 질문하였으니, 사람들이 제대로 알지 못함을 걱정하였기 때문이었다(日月寢久, 選人猥多, 案牘淺近, 不足爲難, 乃采經籍古義, 假設甲乙, 令其判斷. 旣而來者盆衆, 而通經正籍又不足以爲問, 及徵僻書, 曲學, 隱伏之義問之, 唯懼人之能知也일월침구, 선인외다, 안독천근, 부족위난, 내채경적고의, 가설갑을, 영기판단. 기이래자익중, 이통경정적우부족이위문, 내징벽서, 곡학, 은복지의문지, 유구인지능지야)", 361~362쪽.
2) 『신당서』 권45 「선거지」 '하(下)', 1175쪽.

(明經多抄義條, 進士唯誦舊策, 皆亡實才, 而有司以人數充第명경다초의조, 진사유송구책, 개망실재, 이유사이인수충제)"고 느꼈다. 그러나 개원(開元) 13년(725) 이후 관방에서는 지식 계층을 완전히 수용하는 관료 제도를 수립하였고, 동시에 지식 계층을 전체적으로 통제하는 고시 제도를 만들어 각종 방대한 도서 수집, 유서 편찬 등 방식으로 지식과 사상, 그리고 신앙을 흡수해 들였다. 당나라 현종은 『효경』, 『금강경』, 『도덕경』에 단 주석에서 한층 간략한 전통 방식으로 사람들에게 '삼교(三敎) 융합'이라는 대단원(大團圓)을 암시하였고, 이로써 사상의 경계를 표시하였다. 이 때문에 뒷날의 심기제(沈旣濟 : 750?~800년?, 당나라 중기 때 전기 작가이며 역사가)가 말하길, 개원과 천보 연간에 천하가 태평하여 "집집마다 풍족하니 사람들이 고통을 모르고, 사이(四夷)가 귀순하여 전국이 안정되었다. 거대한 책략이 바쳐졌지만 실시된 적이 없었고, 기이한 모략이나 빼어난 무예가 쓰인 적이 없었다. 백여 년 동안 생산이 늘어나 전쟁의 북소리나 봉화의 불빛을 모른 채 노년을 맞았다. 이 때문에 태평 시절 군자들은 집안마다 선발되었고, 문장과 책략을 바쳐 봉록과 지위를 얻었다(家給戶足, 人無苦窶, 四夷來同, 海內晏然, 雖有宏獻上略無所措, 奇謀雄武無所奮, 百餘年間, 生育長養, 不知金鼓之聲, 烽燧之光, 已至於老. 故太平君子唯門調戶選, 徵文射策, 以取祿位……가급호족, 인무고유, 사이래동, 해내안연, 수유굉유상략무소조, 기모웅무무소분, 백여년간, 생육장양, 부지금고지성, 봉수지광, 이지어로. 고태평군자유문조호선, 징문사책, 이취록위……)."

　　이 시기는 분명 "거대한 책략이 바쳐졌지만 실시된 적이 없었고, 기이한 모략이나 빼어난 무예가 쓰인 적이 없었다." 8세기 전기의 사회 상황을 한번 살펴보기로 하자. 개원(開元) 10년(722), 화조사(花鳥使)를 두어 천하의 미인을 골라 후궁으로 들였고, 개원 13년(725) 동쪽에서 태산(泰山)을 책봉할 때 "수십 리에 걸쳐 사람과 동물이 벌판에 가득하고 담당관의 수레에 실린 공물이 수백 리 이어졌다(數十里中人畜被野, 有司輦載供具之物, 數百里不絕수십리중인축피야, 유사련재공구지물, 수백리부절)." 개원 17년(729), 현종의 생일을 맞아 하악루(花萼樓)에 백관을 초대하였을 때 천추절(千秋節)을 세웠고, 개원 18년(730) 봄에 다시 백관에게 열흘간의 휴가를 내렸다. "무릇 열두 잔치에서 각각 오천 민(緡)을 하사하고 임금은 화악루에 납시어 돌아가는 기마대를 불러들여 술을 마시고 연이어 일어나 춤을 추게 하면서 한껏 즐긴 후에야 떠나갔다(凡十二筵, 各賜錢五千緡, 上或御花萼樓邀其歸騎留飮, 迭使起舞, 盡歡而去범

당나라 현종은 『효경』, 『금강경』, 『도덕경』에 단 주석에서 한층 간략한 전통 방식으로 사람들에게 '삼교 융합'이라는 대단원을 암시하였고, 이로써 사상의 경계를 표시하였다.

십이연, 각사전오천민, 상혹어화악루요기귀기류음, 질사기무, 진환이거)."

경성이 사치 풍조에 깊이 빠졌을 때 진홍(陳鴻)의 조부(祖父)가 썼다는『동성노부전(東城老父傳)』의 내용에 따르면, 당나라 현종 개원 시대에 "계방(鷄坊 : 닭 관리처)을 두 궁전 사이에 설치하고 장안의 건장한 닭을 구하게 하였다. ……위에서 즐기니 민간에서의 유행도 갈수록 심해져서 여러 왕손 집안, 외척 집안, 공주 집안, 제후 집안들이 금전을 쏟아가며 집안이 기울어지도록 닭을 사들여 그 값을 치르대면서 수도 안의 남녀가 닭싸움을 일거리로 삼았다(治鷄坊於兩宮間, 索長安雄鷄……上之好之, 民風尤甚, 諸王子家, 外戚家, 貴主家, 侯家, 傾帑破産市鷄, 以償鷄直, 都中男女以弄鷄爲事치계방어량궁간, 색장안웅계 ……상지호지, 민풍우심, 제왕자가, 외척가, 귀주가, 후가, 경탕파산시계, 이상계직, 도중남녀이롱계위사)." 그리하여 누군가는 "아들을 낳아도 문자를 알 필요가 없다고 여기고, 닭싸움 말 타기가 독서보다 낫다(生兒不用識文字, 鬪鷄走馬勝讀書생아불용식문자, 투계주마승독서)"[1]고 말하였다. 진홍의『장한전(長恨傳)』의 내용 중에서도 양귀비가 총애를 받자 "숙부와 형제들이 모두 귀족 반열에 올라 통후(通侯)의 작위에 오르고, 자매들은 국부인(國夫人)에 책봉되었다. ……경사의 고관들이 이 때문에 눈을 흘겼다(叔父昆弟皆列在淸貴, 爵爲通侯, 姊妹封國夫人 ……京師長吏爲之側目숙부곤제개열재청귀, 작위통후, 자매봉국부인……경사장리위지측목)." 그리하여 어떤 이들은 "딸을 낳아도 슬퍼하지 말고, 아들 두었다고 기뻐하지 말게나(生女勿悲酸, 生男勿歡喜생여물비산, 생남물환희)", "사내는 후작 못되어도 딸은 비가 되니, 딸이 외려 가문의 문기둥 되는 걸 아는가?(男不封侯女作妃, 君看女卻爲門上楣남불봉후여작비, 군간녀각위문상미)"[2]라 하였다.

사인들의 경우 닭싸움에 빠진 무리들처럼 졸부가 될 수 없었고, 양씨 집안 딸처럼 갑자기 귀하게 될 수는 없었지만 그들 역시 활짝 열린 벼슬길에서 풍류와 부유한 생활 속에 깊이 빠지게 되었다. 조평창(趙昌平)은 「개원 15년 전후(開元十五年前後)」란 글에서 지적하기를, 개원 연간에 사치 풍조가 시작되어 "궁정과 관청의 사치 풍조가 신속하게 민간에 파급되었다"[3]고 하면서『개원천보유사(開元天寶

1)『태평광기(太平廣記)』권485, 3992~3993쪽.
2)『태평광기』권486, 3999쪽.
3) 사실 이런 풍조의 변화는 한층 일찍부터 이미 시작되었을 것이다. 『구당서』권100 「필구전(畢構傳)」에서 당나

遺事)』 중의 "장안의 부호 왕원보(王元寶)·양숭의(楊崇義)·곽만금(郭萬金)…… 등이 저마다 사방에서 많은 선비를 불러들여 다투어 바치니 조정의 명사들이 대개 그 집안에서 나왔다. 매번 과거에서 문사들이 몇 집안으로 집중되자 당시 사람들이 이들을 '호우(豪友 : 부호 동료)'로 여겼다(長安富民王元寶, 楊崇義, 郭萬金 ……各以延納四方多士, 競於供送, 朝之名寮, 往往出於門下, 每科場, 文士集於數家, 時人目之爲豪友장안부민왕원보, 양숭의, 곽만금 ……각이연납사방다사, 경어공송, 조지명료, 왕왕출어문하, 매과장, 문사집어수가, 시인목지위호우)."[4] 이 가운데 왕원보는 집안에 "침향목·박달나무 따위 향목으로 문지방을 만들고 무부석(硃砆石)을 지면에 깔고 금문석(錦文石)을 주춧돌로 사용하여(以沈檀爲軒檻, 以硃砆甃地面, 以錦文石爲柱礎이심단위헌함, 이무부추지면, 이금문석위주초)" 예현당(禮賢堂)을 짓고 사방의 빈객을 끌어들이니 "사람들이 제 집처럼 여기며 들어왔다(所至如歸소지여귀)."

사인들은 이미 예전에 지녔던 비판 정신이나 독립적인 의식이 없었고, 또한 이미 썩어버린 사회에 더 이상 진단을 내리거나 비평을 가할 수가 없었다.

이들 부호나 귀족 주위에 의지하는 사인들은 이미 예전에 지녔던 비판 정신이나 독립적인 의식이 없었고, 또한 이미 썩어버린 사회에 더 이상 진단을 내리거나 비평을 가할 수가 없었다. 온 사회의 사인들은 대부분 천박한 만족감에 깊이 빠진 채 안정된 시대와 풍족한 생활을 열정적으로 노래하고, 사방에 떨치는 제국의 위엄을 칭송할 뿐 우려와 두려움을 깊이 느끼거나 숨겨진 위기를 살피는 이는 극히 드물었다. 어떤 학자는 '깨어있는 한 사람과 취한 여덟 사람'이란 주제로 두보의 「음중팔선가(飮中八仙歌)」를 사회사상의 측면에서 분석하면서 두보만이 '침잠 속에서 각성하기 시작하여' 당시 사회의 위기에 경각심을 지녔다고 지적한 바 있지만,[5] 나는 이렇게 지적하지 않을 수 없다. 그렇게 깨어있는 것처럼 보이는 두보 또한 그 사회의 병폐를 치료할 약 처방은 마련하지 못하였다. 왜냐하면 그가 처했던 8세기는 전체 사상 세계가 아직 효과적인 처방을 찾아내지 못한 상태였기 때문이다.[6] 그렇지만 한 시대가 진단과 비평 목표를 상실하였을 때

라 예종(睿宗)의 말을 인용하여 "함형·수공 이후로 맑은 기풍이 점차 바뀌었다(咸亨, 垂拱之後, 淳風漸替함형, 수공지후, 순풍점체)"고 하였다. 3114쪽.

4) 『중국문화(中國文化)』, 「개원 15년 전후」, 1990년 제2기.

5) 『정천범시론선집(程千帆詩論選集)』, 199쪽. 장백위(張伯偉) 편, 산서인민출판사(山西人民出版社), 1990.

6) 진약수(陳弱水)는 「사상사 속의 두보(思想史中的杜甫)」란 글에서 두보의 "사상은 사실 비교적 새로운 모습에

지식은 대체물이 되고 사상은 장식이 되고 언어는 유희에 지나지 않게 되니, 사상 세계 또한 날이 갈수록 평범하고 용속(庸俗)해지기 시작하지 않겠는가?

지식은 대체물이 되고 사상은 장식이 되고 언어는 유희에 지나지 않게 된다.

속하며, 중대한 사조 변화의 시작 부분이라 할 수 있다"고 하였다. 특히 '유가 가치의 실천을 인생의 첫 번째 목표로 삼았음'은 중당(中唐) 때 유가 부흥의 선구적 인물임을 나타낸다고 강조하였다. 그러나 나는 이런 관점을 결코 수용할 수 없다. 그렇게 시문으로 표현된 '대중 담론'은 결국 평범한 언급에 지나지 않기 때문이다", 『역사어언연구소집간(歷史語言研究所集刊)』 69본(本) 제일분(第一分), 타이베이, 1998.

성세 속의 평범과 용속 : 8세기 상반기의
지식과 사상 상황

755년 이후의 안사의 난
은 당나라 더 나아가서는
중국 역사에서 하나의 전
환점일 것이다.

    755년 이후의 안사의 난(安史之亂 : 755~763년, 당나라 현종 때 안록산安祿山과 사사명史思明이 일으킨 반란으로 두 사람의 이름을 따 '안사의 난'이라 칭함)은 당나라, 더 나아가서는 중국 역사에서 하나의 전환점일 것이다.[1] 그러나 사상사에서 이 정치사적인 사건은 그저 기억하기 편한 상징으로 역사 기억 속에서 서로 다른 두 시대를 가르지만, 실제적인 사상사의 변화는 상당히 긴 일단의 시간으로 이어지게 된다. 이른바 "석자 두께 얼음은 하루 추위로 언 게 아니다(氷凍三尺, 非一日之寒빙동삼척, 비일일지한)"라는 옛말은 아마 어떤 사상사에서도 보편적 진리가 될 수 있을 것이다. 천재 사상가가 나타나 허공을 가르며 지나갈 때를 제외하고는 일반적 지식과 사상, 그리고 신앙세계의 변화는 사실 아주 점진적인 것이라 긴 시간이 지난 후에야 그 의미가 드러날 수 있는 것이다. 이 때문에 고대 중국의 지식과 사상, 그리고 신앙세계에 나타난 심각한 전환의 큰 윤곽은 이후 한 세기가 지나고 나서야 차츰 표면에 떠올랐던 것이지만, 그러나 전환의 징조는 바로 그 세기에 이미 나타났다. 그리하여 우리는 여전히 8세기 상반기부터 이후 중국의 지식과 사상, 그리고 신앙세계의 심각한 전환의 배경 역사로 여기며 되돌아보게 된다.

---

1) 이는 많은 학자들이 공인하는 관점이다. 예를 들어 진인각(陳寅恪) 선생은 「당대 이·무·위·양 혼인 집단에 관한 기술(記唐代之李武韋楊姻集團)에서 "당대의 역사는 전후 두 시기로 나눌 수 있는데, 현종 때의 안사의 난을 그 분계선으로 삼는다"고 말한 바 있다. 『금명관총고초편(金明館叢稿初編)』, 237쪽, 상해고적출판사, 1979.

8세기 초 당나라는 사실 사상과 질서 방면에서 이제 막 이중적 위기를 한차례 겪은 상태였다. 무측천(武則天 : 재위 690~705년, 고종 사후 690년 스스로 황제로 칭하며 낙양洛陽을 신도神都, 국호를 주周로 개명하고 연호를 천수天授라고 하였다. 이를 무주武周라고 한다)이 이(李)씨 천자를 대신하고 대주(大周)로 대당(大唐)을 대체하여 불가사의하게도 여자의 몸으로 황제가 되었던 것이다. '암탉이 우는 새벽은 집안에서나 찾아볼 수 있는(牝鷄之晨, 惟家之索빈계지신, 유가지색)[1] 법, '여인은 바깥 정치에 간여하지 않는(婦人不得預外政부인불득예외정)' 전통은 이미 효력을 잃었고, "하늘은 존귀하고 땅은 낮은 법, 이에 건곤이 정해지고 고하가 펼쳐지며 귀천의 지위가 나눠진다(天尊地卑, 乾坤定矣, 卑高以陳, 貴賤位矣천존지비, 건곤정의, 비고이진, 귀천위의)"는 우주론 근거조차도 엄중한 도전을 받게 될 정도였다.[2] 왕조가 바뀐 후의 대주는 '기치를 금색에서 자색에 여러 무늬가 섞인 장식으로 바꾸면서(旗幟改從金色, 飾以紫, 畵以雜文기치개종금색, 식이자, 화이잡문)' 왕조의 근거가 되었던 오행·오덕·오색의 상징 또한 새로운 권력으로 나아가는 쪽으로 변화되었고, 천문 시간 속에서 왕조의 합리성을 상징하던 역법도 재초(載初) 원년에 변화시켜 "주 제도에 따라 자월(子月)을 정월(正月)로, 십이월을 납월(臘月)로 삼고, 이전 정월을 일월로 고쳤다(依周制建子月爲正月, 十二月爲臘月, 改舊正月爲一月의주제건자월위정월, 십이월위납월, 개구정월위일월)." 부서(符瑞)는 대개 상천(上天) 보호의 암시로 원래 전설에서 상천이 부서를 이당(李唐)에 내렸던 것인데, 이제는 무주(武周)에게 내린 것으로 바뀌었다. 훗날에 '천수성도(天授聖圖 : 하늘이 내린 성스러운 그림)'라 불리게 되는 돌을 낙수에서 발견하였는데, 전하기로 그 위에 "성모께서 인간 세상에 강림하시어 영원히 제업을 창성케 하리라(聖母臨人, 永昌帝業성모임인, 영창제업)"고 씌어있었다고 한다. 역대로 천지 신령과 소통하면서 상천의 허락을 획득하였던 것을 상징하였던 명당대제(明堂大祭)조차도 무씨가 친히 거행하였다.[3]

---

1) 『신당서』 권120 「환언범전(桓彦範傳)」에서 그가 중종(中宗) 복위 후에 올린 상소문을 참고할 것, 4311쪽. 또한 『구당서』 권91, 2929쪽.
2) 『주역(周易)』 「계사(系辭)」 '상(上)', 『십삼경주소(十三經注疏)』 75쪽, 중화서국(中華書局) 영인본, 1980.
3) 『구당서』 권6 「측천무후(則天武后)」, 117~120쪽.

이와 동시에 '도가가 불가 앞(道在釋前도재석전)'이라는 원칙을 '불교를 도교의 법 위에 두게 하도록(令釋教在道法之上영석교재도법지상)' 고치자 사상의 경계가 이미 혼란스러워지고 말았다. 이전에 상당히 엄격하게 선비를 뽑았던 경로 또한 갑자기 아주 느슨하게 변하였기에 귀족 자제가 아닌 상당수 사인들이 주변에서 중심으로 진입하면서, 과거 등급이 분명하였던 귀족 사회와 그들이 수립한 질서의 예법, 전통적 윤리와 도덕 또한 차츰 구속력을 상실하게 되었다. 당시 이 강인한 여성은 천·지·일·월 같은 글자들의 쓰는 법까지 바꿔버렸는데, 이는 하나의 상징이라 할 수 있다. 즉 전통 사상과 질서가 맞닥뜨려야 할 천지가 붕괴되고 일월이 전도되는 상태를 상징하는 일이었다.[4]

전통 사상과 질서가 맞닥뜨려야 할 천지가 붕괴되고 일월이 전도되는 상태를 상징하는 일이었다.

비록 그렇기는 하지만 이 모든 일들은 8세기 초에 이미 끝난 것처럼 보인다. 신룡(神龍) 원년, 즉 705년에 당나라 중종(中宗 : 재위 683~684, 705~710, 고종과 무측천의 아들 이현李顯)이 복위한 것이다.

> 국호를 다시 당으로 복원하고, 교묘·사직·능묘·백관·기치·복색·문자 등 모든 면에서 영순 시기 이전의 모습을 되찾았다(復國號曰唐, 郊廟, 社稷, 陵寢, 百官, 旗幟, 服色, 文字皆如永淳以前故事복국호왈당, 교묘, 사직, 능침, 백관, 기치, 복색, 문자개여영순이전고사).[5]

그러나 사실상 사상과 질서 붕괴의 관성은 여전히 지속되었고, 결코 '교묘·사직·능묘·백관·기치·복색·문자'의 회복에 따라 원래의 궤도로 다시금 회복된 것은 아니었다. 8세기 초에 발생한 아래 사건을 보면 잘 알 수 있다. 원래 유학에 정통하였던 학술 영수 공영달(孔穎達 : 574~648년, 당나라의 유학자이며, 자는 중달仲達이다)이 담당하였던 국자감제주(國子監祭酒)라는 직책을 신룡 원년(705)에 엽정능(葉淨能)이라는 도교 신도가 맡게 되면서 사상 세계의 주도권에 혼란이 지속된다. 누군가 무씨 사후에 경전을 반복적으로 인용하면서 "왕이 명령을 낼 때는 반드시 대도를 따라야만 선을 좇고 악을 멀리하는 게 분명해진다(王者發號出令, 必法大道, 善

---

4) 이 점과 관련하여 청나라 때 사람(李汝珍, 역자 주)이 쓴 소설 『경화록(鏡花緣)』을 보면 아주 흥미롭다.

5) 『자치통감(資治通鑑)』 권208, 6583쪽. 영순(永淳)은 당나라 고종의 연호(682~683)이다(역자 주).

善著, 惡惡明也왕자발호출령, 필법대도, 선선저, 오악명야)"[1]고 강조하였지만, 무삼사(武三思 : ?
~707년, 당나라의 권신으로 측천무후의 이복 오빠 무원경武元慶의 아들)는 여전히 자신의 마
음대로 할 수가 있었고, "세대를 이어 어떤 사람을 선인이라 하고, 어떤 자를 악
인이라 말하는지 난 모르겠다. 나에게 좋은 사람이면 선인이고, 나에게 나쁜 자
는 악인일 뿐이다(我不知代間何者謂之善人, 何者謂之惡人, 但於我善者則爲善人, 於我惡者則
爲惡人耳아부지대간하자위지선인, 하자위지악인, 단어아선자즉위선인, 어아악자즉위악인이)"고 하였
다. 선악과 시비의 윤리가 한편으로는 여론을 제약할 능력을 상실하였고, 한편으
로는 보편적으로 적용될 수 있는 힘을 상실한 것이다. 안락공주(安樂公主)도 스스
로 "관직과 옥살이를 거래하고, 직접 칙령을 만들어 그 문장을 가린 채 주상이 서
명하게 하였다(賣官鬻獄 自爲制敕, 掩其文, 令上署之매관죽옥 자위제칙, 엄기문, 령상서지)." 정치
질서가 이런 식의 도전 아래 이미 어린애 장난처럼 되고 말았던 것이다.

당나라 예종(睿宗 : 재위 684~690년, 710~712년)이 다시 막 제위에 오른 경운(景雲)
원년(710),[2] 그가 일군의 후비를 대동하고 이원(梨園) 구장에 갔을 때 "삼품 이상
문무 신하에게 명하여 공을 던지고 무리를 나누어 줄다리기를 시키니 노쇠한 위
거원, 당휴경이 밧줄을 끌다가 넘어져서 한참이 지나도록 일어나지 못하자 임금
과 황후·비빈·공주들이 다가가 구경하면서 박장대소하였다(命文武三品以上抛球及
分朋拔河, 韋巨源, 唐休璟衰老, 隨緪踣地, 久之不能興, 上及皇后, 妃, 主臨觀, 大笑명문무삼품이상포
구급분붕발하, 위거원, 당휴경쇠로, 수긍북지, 구지불능흥, 상급황후, 비, 주림관, 대소)."[3] 임금과 신하
사이에 응당 갖추어야 할 장중함과 엄숙성의 상실에 따라 과거에 받들어졌던
'신하는 충성으로 임금을 섬기고, 임금은 예로 신하를 부렸던(臣事君以忠, 君使臣以
禮사군이충, 군사신이례)' 원칙은 이미 이런 장난 속에서 와해되고 말았던 것이다. 얼마
후 원래 합법성과 합리성을 충분히 지녔던 당나라 예종과 당나라 현종 부자 사이
의 세대교체 또한 사실은 서로가 서로를 속이면서 작심하고 투쟁하는 과정이 가
득하였다. 이런 잔혹함이 드러나는 현상을 보면 부자와 군신 사이의 천경지의(天

---

1) 『신당서』 권118 「위주전(韋湊傳)」, 4265쪽. 『구당서』 권101 「위주전(韋湊傳)」에는 '必法夫天道' 아래에 '使三
  綱攸敍, 十等咸若者(사삼강유서, 십등함약자)'가 더 있어 의미가 더욱 명확하다(3142쪽).
2) 원서에는 중종(中宗)이라 표기하였으나 경운 원년(710)은 예종 때이므로 수정하였다(역자 주).
3) 이상 『자치통감』 권208, 6606쪽, 6608쪽. 권209, 6640쪽.

經地義)와 같던 윤리 질서 또한 권력과 이익의 충돌 속에서 이미 붕괴된 것처럼 여겨진다.[4]

8세기 초 중국 관방 쪽에서 사상과 질서 전통을 재건하려는 바람이 없었던 것은 결코 아니었다. 이러한 바람은 당나라 현종 개원 시대에 한 차례 아주 강렬하게 일어났다.[5] 개원(開元) 2년(714), 그는 명령을 내려 12,000명의 '망령되고 허위적인' 승려라며 없애 버렸을 뿐만 아니라 장정규(張廷珪)와 원초객(袁楚客)의 상소를 받아들여 "경학 학술을 존숭하고 올바른 선비를 가까이하며 소박함을 숭상하였다(宜崇經術, 近端士, 尙樸素의숭경술, 근단사, 상박소)." 개원 4년(716)에는 다시 '궁정에서 고시를 펼쳐(殿庭策試전정책시)' 천하의 현령(縣令)을 평가하여 45명이란 많은 사람으로 하여금 관직을 내놓고 '학문으로 돌아가도록(放歸學問방귀학문)' 조치하였다.[6] 이후 몇 년 동안 그는 줄곧 직접 나서서 가장 중요한 명경과와 진사과의 학풍을 정리하였고,[7] 신하들로 하여금 사부(四部) 도서를 정리하게 하면서 원행충(元行沖)으로 하여금 『군서사록(群書四錄)』을 편찬하게 하고 여정서원(麗正書院)을

---

4) 이 문제에 관해서는 이금수(李錦繡)의 「당 예종과 현종의 지위선양에 관한 시론(試論唐睿宗, 玄宗地位的嬗代)」을 참고할 것. 『원학(原學)』 제3집, 161~162쪽, 중국광파전시출판사(中國廣播電視出版社), 1995.

5) 예컨대 당나라 예종 또한 일찍이 「풍속을 경계하고 권장하는 조서(誡勵風俗詔)」, 「예속을 펼치고 권면하는 조서(申勸禮俗詔)」 등을 계속 내려 '백성은 흐트러진 마음이고 관청은 경각의 뜻이 없음'을, '제사의 위엄과 관혼의 예법이 이어지지 않음'을 비판하였지만 전혀 소용이 없었다. 『전당문』 권19, 92쪽, 상해고적출판사 영인본, 1990. 당나라 현종 개원 초년에 이르러서야 이러한 상황에 비로소 변화가 생겼다. 이점과 관련하여 다수의 역사 저작들은 이를 당나라 현종 집정 초기에 나라를 잘 다스릴 방법을 강구한 것으로 간주하였을 뿐 전통 귀족 사회의 사상과 질서의 회귀로 여기지 않는다. 학계는 줄곧 무측천에서 당나라 현종에 이르는 성당(盛唐)까지를 서족사인(庶族士人) 혹은 외정사인(外廷士人)이 흥기한 연속 과정으로 보기 때문에 이 기간이 갖는 특별한 의미에 그다지 주의를 기울이지 않는 것이다. 필자가 알기로 최서덕(崔瑞德)이 『캠브리지 중국수당사(劍橋中國隋唐史) : 589~906』 제7장에서 "8세기 20년대 초기 가장 중요한 정치적 변화는 아마 하나의 정치 세력으로 활약하였던 관중(關中) 옛 귀족이 다시 흥기한 일일 것이다. ……엄격한 한계가 있는 귀족의 구사상이 부활하고 있었던 것이다"라고 언급한 것뿐인 듯하다. 중국어본, 380쪽, 중국사회과학출판사, 1990.

6) 『자치통감』 권211, 6694쪽, 6695쪽. 『구당서』 권100 「노종원전(盧從原傳)」, 3124쪽.

7) 그는 일찍이 조서를 내려 당시 "진사과에서 성운을 학문으로 삼아 고금에 어둡고, 명경과에서 서첩 암송을 공부로 여겨 취지를 궁구함이 드무니 어찌 근본을 도탑게 하고 옛날을 회복할 수 있겠는가?"라고 비판하였다. 「고시 명경·진사 제도에 힘쓸 것을 알리는 조서(條制考試明經進士詔)」 등에 보인다. 『전당문』 권31, 146쪽. 그러나 당시 집정하였던 송경(宋璟)이 이옹(李邕)·정면(鄭勉)·원행충에 대해 "재략과 문사를 함께 지녔으나 성정에 이단이 많고 시비가 쉽게 변한다(幷有才略 文詞, 但性多異端, 好是非改變병유재략문사, 단성다이단, 호시비개변)"는 말로 폄하고 비난한 것은 이 시기 문화적 보수 경향이 반영되어 있다. 『자치통감』 권212, 6734쪽.

건립하여 일군의 문학하는 선비를 모아 천하의 모범으로 삼았다.[1]

그 가운데 특히 사상과 질서의 합법성과 합리성을 새롭게 확립하려는 일련의 상징적 행동이 있었다. 예를 들어 개원 9년에서 13년 사이(721~725)에 명을 내려 승려 일행(一行 : 683~727년, 당나라 시대의 밀교 승려이며 천문학자)에게 새로운 역법을 다시 만들게 하고, 남궁열(南宮說 : ?~?년, 당나라 중기의 천문학자)에게 천지를 새로 측량하여 수운(水運)·혼천(渾天)을 제조함으로써 왕조에 대한 합법성과 합리성의 상징성을 우주 천지에 근거하여 새롭게 확인하고자 하였다.[2] 개원 13년(725) 11월, 당나라 현종이 태산에서 봉선(封禪)할 때 "주상께서 호천상제를 산에서 제사하고, 군신들은 오제·백신을 산 아래 제단에서 제사하였다. ……사수에서 황지기를 제사하고 ……공자 고택에 행차하여 제사를 드렸다(上祀昊天上帝於山上, 君臣祀五帝百神於山下之壇 ……祭皇地祇於社首 ……幸孔子宅致祭상사호천상제어산상, 군신사오제백신어산하지단 ……제황지기어사수 ……행공자택치제)." 국가의 봉천승운(奉天承運 : 하늘을 받들어 운세를 이어감)의 신성성과 정치 이념의 통일성을 재삼 강조한 것이다.[3] 개원 20년

---

1) 『자치통감』 권212, 6756쪽. 나중에 '집현원(集賢院)'으로 이름을 바꿨다. 같은 책, 6764쪽. 아울러 『구당서』 권102 「마회소전(馬懷素傳)」, 「저무량전(褚無量傳)」, 「원행충전(元行沖傳)」 등을 참고할 것. 3164쪽, 3167쪽, 3176쪽.

2) 문인군(聞人軍)·이뢰(李磊)의 「일행·남궁열의 천문대지 측량에 관한 새로운 고찰(一行, 南宮說天文大地測量新考)」은 당나라 때 조정의 행위 배경과 과정에 대해 상당히 자세하고 깊은 연구를 진행하였으나 그 정치적 상징 의미에 관해서는 언급이 없다. 『문사(文史)』 32집, 93~103쪽, 중화서국, 베이징, 1990.

3) 『자치통감』 권212, 6766쪽, 6767쪽. 고대 중국에서 봉선이 형성된 역사와 그 정치, 사상사적으로 중요한 의의에 관해서는 오늘날 각종 사상사 저작에서 충분하게 토론되지 못하고 있다. 적어도 사상사에서 등한시하는 현상과 고대 중국에서 봉선이 융성하였던 것과의 대조에 대해 나는 의아하게 여기지 않을 수 없다. 사실 일본 학자 후쿠나가 코오지(福永光司)는 「봉선설의 형성(封禪說의 形成)」에서 이미 상세하게 연구한 바 있다. 그는 전국 말기에 형성된 봉선이 원래는 제(齊)나라 방사가 태산의 고제(古祭)를 원형으로 삼아 만든 것으로, 제왕의 제사로서 이는 후세로 갈수록 정치와 종교성이란 새로운 의미가 부여되었다고 지적하였다. 『동방종교(東方宗敎)』 제7호, 63쪽, 일본도교학회, 1955. 당나라 현종 시대의 봉선의 의의에 관해서는 『신당서』 권126 속의 「장구령론(張九齡傳)」을 참고할 수 있다. 장구령은 "자고로 적통을 잇는 임금은 반드시 교배(郊配)를 갖추어야 하는데, 이로써 천명을 받들고 내려주신 것에 보답함이다." 아울러 주나라와 한나라의 역사를 인용하여 이처럼 '해를 맞아들이면서 자색 단에 올라 채색 자리를 펼치고 천위를 정하는' 상징적 의식이 왕조의 합법성과 합리성을 확인하고, 국가 응집력을 증가시키며 질서를 새롭게 건설하는 의의를 강조하였다. 4424~4425쪽. 또한 『구당서』 권99, 3097쪽~3098쪽. 이밖에 당나라 현종이 봉선할 때의 옥첩(玉牒 : 祭文) 중에서도 이러한 의도를 살필 수 있다. "하늘이 이씨를 열어 토덕(土德)을 흥케 하셨다. ……삼가 대보(大寶)를 이루어 13년이다. 하늘의 뜻처럼 우러르니 사해가 평안하여 대악에 책봉하고 제사하니 하늘에 대한 감사함이 이루어진다(天啓李氏, 運興土德 ……恭致大寶, 十有三年. 敬若天意, 四海宴然, 封祀岱岳, 謝成於天천계이씨, 운흥토덕 ……공성대보, 십유삼년. 경약천의, 사해연연, 봉사대악, 사성어천)" 유숙(劉肅) 『대당신어(大唐新語)』 권13, 198쪽, 중화서국, 1984.

(732), 『개원례(開元禮)』가 찬수되자 제사에서 고조는 환구(圜丘)·방구(方丘)에 배향되고, 태종은 우사(雩祠)·신주지기(神州地祇)에 배향되고, 예종은 명당(明堂)에 배향되었는데, 기곡(祈谷)·대우(大雩)·명당의 의식 모두 호천상제(昊天上帝)에 제사해야 하였다. 그는 마침내 '천'과 '인'의 질서를 다시 세우는 일을 완성하여 우주, 신령과 인간 제왕 사이의 질서는 다시 국가 전례 속에서 고정된 것처럼 보인다.[4]

그러나 『개원례』는 대체적으로 『정관례(貞觀禮)』와 『현경례(顯慶禮)』의 복사판에 지나지 않았다. 봉선과 공자에 대한 제사에서 비록 이전 제도에 따라 상천(上天)의 취지와 사상의 권력을 강조하였지만 그 또한 옛날 것의 재연에 지나지 않았다. 천지를 새로 측정하고 역법을 새로 정할 때 옛날 사고방식에 따라 정치적 측면에서 왕조의 합리성과 합법성을 확인하긴 하였지만 일반 지식과 사상, 그리고 신앙의 세계에서는 이미 어떤 새로운 관심을 일으킬 수가 없었다.

이는 전통적인 지식과 사상이 이미 매력을 상실한 시대로, 내가 「서언」에서 말한 바와 같이 7세기 중엽부터 8세기 중엽까지 중국은 그야말로 '성세의 평범과 용속함' 속에 처해 있었기에 당나라 현종 개인 작풍의 변화 추구는 사실상 필요가 없었다. 사실 이는 주류 지식사상이 더 이상 스스로 조정할 능력을 갖지 못하였기 때문이며, 이에 그것은 더 이상 당시 사회 문제를 판단할 통찰력을 지니지 못하였던 것이다. 주류 지식과 사상이 당시 사회 문제를 진단하고 치료할 능력을 점차 상실해 갔고, 또한 우주와 인생 문제에 대한 해석과 비판 능력을 상실하였기에 매우 이상한 현상이 자주 등장하였다. 예를 들어 그것은 한편으로는 모든 것을 휘어잡고 의심할 여지가 없는 이념으로 높은 위상에 섰지만, 또 한편으로는 전혀 사고할 필요가 없는, 사상을 상실한 암기 지식으로 차츰 전락하여 그저 정치권력과 세속 이익에 의지한 채 지식 계층을 끌어들이는 역할을 유지하고 있었다. 온통 정치(精緻)하고도 화려한 언어 기교 속에서 지식 계층은 억지로 기이함을 펼쳐내면서 그 생산과 재생산을 유지해 나갔다. 당나라 현종이 스스로 말한 바와 같이 "예의를 따지고 시를 말할 때 오로지 편장 위주이고, 단어를 펼치고 널리 이야기를 할 때 대부분 조소와 해학을 능사로 삼기에 결국 강좌가 배우들

이는 전통적인 지식과 사상이 이미 매력을 상실한 시대이다.

---

4) 『자치통감』 권213, 6798쪽.

마당이 되고 학당이 조롱의 방이 되고 말았다(問禮言詩, 惟以篇章爲主, 浮詞廣說, 多以嘲
謔爲能, 遂使講座作俳優之場, 學堂成調弄之室문예언시, 유이편장위주, 부사광설, 다이조학위능, 수사강
좌작배우지장, 학당성조롱지실)."[1] 그러나 이와 서로 대조적인 것은 8세기 상반기에 과
거에는 주변이었던 불교와 도교가 오히려 그 시대의 가장 활동적이고 생기가 충
만한 지식과 사상, 그리고 신앙이 되었고, 이전에는 결코 주류에 들지 못했던 이
족 생활 방식과 관념 형태 또한 차츰 그 시대의 가장 신선하고 가장 큰 흐름을 타
는 유행이 되었다. 춘추전국 시기의 이런 말과 비슷하다고나 할까. "남이와 북적
이 교류하면 중국은 곧 끊길 실처럼 위급하게 되고 만다(南夷與北狄交, 中國不絶若線
남이여북적교, 중국부절약선)"[2] 주류에 대한 지맥, 중심에 대한 주변이 이미 무언의 위협
으로 다가온 것이다.

주류에 대한 지맥, 중심
에 대한 주변이 이미 무
언의 위협으로 다가온 것
이다.

항상 '성세'라는 명예가 주어지기는 하지만 과거 사상사나 철학사에서는
'공백'을 이루었던, 그리고 교과서 속에서는 그저 스쳐지나가게 되는 8세기,[3] 나
는 이하에서 다룰 당시 지식과 사상, 그리고 신앙세계에 강렬하지는 않지만 아주
깊이 영향을 끼친 현상들에 대해 독자 여러분이 주목하기를 바란다.

1

먼저 지식은 이 시대에 점차 교조적이고 단순화 되었다. 역사에는 마치 다음
과 같은 관례가 있는 것 같다. 무릇 주류 지식과 사상은 이미 권력의 지지 아래 농
단의 성격을 지닌 정치 이데올로기로 완성된 후 과거고시의 내용, 승진의 근거로
서 개인의 이익과 직접적으로 관계를 맺게 된다. 이때 이러한 지식과 사상은 아
주 빠르게 하나의 교조로 자리 잡고 급속도로 간략한 형태로 변화된 뒤 사람들이

먼저 지식은 이 시대에
점차 교조적이고 단순화
되었다.

---

1) 「석전례를 시행하라는 령(將行釋奠禮令)」, 『전당문』 권20, 97쪽.
2) 『춘추공양전(春秋公羊傳)』 희공(僖公) 4년, 『십삼경주소』, 2249쪽.
3) 당나라 시대의 사상, 특히 7세기에서 8세기까지 유학을 중심으로 삼은 주류 이데올로기에 관해 대부분 사상
사나 철학사 저작에서는 거의 공백 상태다. 이 책 「도론」 제5절 '그리지 않은 곳도 모두 그림이다' 부분의 논
의를 참고할 것.

중복 서술하고 암송하는 내용이 되고 만다. 이와 동시에 이러한 강경한 형태의 교조적인 지식과 사상을 전달과 복제한 간략한 텍스트가 등장하여 교육·고시·사회적 교제의 수요에 따라 급속도로 대량 복제되고 암송된다.

물론 줄곧 전통 텍스트의 완정성과 권위성을 고집스럽게 지키는 사람들도 있다. 예컨대 일찍이 문단 권력을 장악하였던 장열(張說)이 전통 예교 경전을 분류하여 개편하는 것에 극력 반대하면서 "분류하여 서로 비교하는 것은 책을 베끼는 짓과 마찬가지다(以類相比, 有同抄書이류상비, 유동초서)"라 여기며, "이전 유학자들의 체제와 어긋나고 장구가 단절된다(與先儒第乖, 章句隔絶여선유제괴, 장구격절)"고 통렬하게 반대하였지만, 이러한 고상한 보수적 태도로 끝내 세속의 보편적 요구를 막을 수는 없었다.[4] 유혹과 영향력이 넘치는 과거시험은 사인들의 지식과 사상의 향방에 매우 중요하였고, 당시 명경과 고시제도에서 "담당관이 명경 시험을 관장할 때 큰 지향점을 서술하는 것을 구하는 데 힘쓰지 않고 오로지 알기 어려운 쪽으로, 흔치 않은 경전의 편벽한 구절이나 연월일을 묻는 식이었다(諸司帖試明經, 不務求述作大指, 專取難知, 問以孤經絶句或年月日제사첩시명경, 불무구술작대지, 전취난지, 문이고경절구혹년월일)." 그 뿐만 아니라 진사를 뽑는 고시제도 역시 '성운을 학문으로 삼아 대부분 고금에는 어두운(以聲韻爲學, 多昧古今이성운위학, 다매고금)'[5] 상황이었다. 게다가 이들 고시 제목의 범위와 평가 방향은 대개 사인들에게 학술과 사상의 방향을 암시해 주기 마련이었다. 예컨대 그 시대에 가장 우수한 인재로 여겨지던 진사 시험에서 제목은 응시자를 공허한 생각과 상상에 의한 온갖 건조한 단어를 찾아내는 쪽으로 이끌어갔고, 제한된 운각(韻脚)은 의도적이든 아니든 사상과 내용

---

4) 『구당서』 권102 「원행충전(元行沖傳)」, 3178쪽.

5) 『자치통감』 권213, 6784쪽. 『전당문』 권31 당나라 현종 「명경·진사 시험 제도에 관한 조서(條制考試明經進士詔)」, 146쪽. 『통전』 권15 「선거3(選擧三)」 중에서 언급하길, 당시 이부(吏部) 출제 고시는 원래 관리를 선발하는 방식으로 "주와 현의 관청 문서를 취하여 뜻을 묻고 그 처리를 시험하였다(取州縣案牘疑議, 試其斷割취주현안독의의, 시기단할)." 이후 응시자가 많아져 "관청 문서는 쉬워서 어렵게 하기에는 부족하다(案牘淺近, 不足爲難안독천근, 부족위난)"고 느껴 "경서의 옛 뜻에 갑을 순서를 설정하여 이를 판단케 하였다(經籍古義, 假設甲乙, 令其判斷경적고의, 가설갑을, 령기판단)." 후에 응시자가 더 많아져 "경서에 통달한 것만을 질문하는 것으로는 부족하였으므로, 이에 흔치 않은 서적이나 왜곡된 학문, 숨어있는 뜻을 물으니 오직 사람들이 알아내지 않을까만 걱정하는 방식이었다(通經正籍又不足以爲問, 乃徵雜書, 曲學, 隱伏之義問之, 惟懼人之能知통경정적우부족이위문, 내징벽서, 곡학, 은복지의문지, 유구인지능지)", 361쪽

의 방향을 제한하였다. 문사아려과(文詞雅麗科)와 박학굉사과(博學宏詞科)의 제목 역시 마찬가지로 이러한 지식과 사상의 장식적 성격으로 나아가도록 이끌어[1] 철인기사은륜도조과(哲人奇士隱淪屠釣科)·현량방정과(賢良方正科)·지합손오가이운주결승과(知合孫吳可以運籌決勝科)의 대책(對策)의 취사 또한 마찬가지로 문장으로 우열을 따졌기에 실질은 없이 화려하기만 한 색채가 넘쳤다.[2] 그리하여 조광(趙匡)이 『거선의(擧選議)』에서 말한 바와 같이 "공부할 때는 그저 요약하고 베끼는 데만 힘쓰다가 시험에 임해서는 운 좋게 합격하기만 기대한다(修習之時, 但務鈔略, 比及就試, 偶中是期수습지시, 단무초략, 비급취시, 우중시기)"[3]는 식이었다. 대다수 일반 지식 계층은 이미 더 이상 문화 귀족이 향유해온 조용히 독서하는 한가로움, 공리를 따지지 않는 경전에 대한 소양, 문벌 세족(世族)으로서의 문화 전통 등을 지닐 수 없었고, 고시에 응시해서 이록(利祿)을 얻어낼 수 있는 실용 지식이 절실히 요구되는 시대에서 예전의 지식은 이처럼 교조적이고 단순화로 나아가는 운명을 피할 수가 없게 되었다.[4]

지식은 이처럼 교조적이고 단순화로 나아가는 운명을 피할 수가 없게 되었다.

1) 개원과 천보 연간을 예로 들면, 진사과의 제목은 「기부(旗賦)」('風日雲野, 軍國淸肅풍일운야, 군국청숙'을 운으로 함, 개원 2년), 「단증부(丹甑賦)」('周有豊年주유풍년'을 운으로 함, 개원 4년), 「지수부(止水賦)」(개원 5년), 「북두성부(北斗城賦)」('池堂生春草지당생춘초'를 운으로 함, 개원 7년), 「황룡송(黃龍頌)」(개원 11년), 「고공잠(考功箴)」(개원 14년), 「빙호부(冰壺賦)」('淸如玉壺冰, 何慚宿昔意청여옥호빙, 하참숙석의'를 운으로 함, 개원 18년), 「재재부(梓材賦)」('理材爲器, 如政之術이재위기, 여정지술'을 운으로 함, 개원 22년), 「화악루부(華萼樓賦)」(개원 25년), 「의공융천미형표(擬孔融薦彌衡表)」(개원 26년), 「망량부(罔兩賦)」('道德希夷爲美도덕희이위미'를 운으로 함, 천보 6년), 「표석부(豹鳥賦)」(천보 10년) 등이다. 문사아려과(文詞雅麗科)의 대책(對策)은 개원 7년 형거(邢巨) 등이 쓴 5편이 존재하고, 박학굉사과(博學宏詞科)는 개원 22년의 제목이 「공손굉개동각부(公孫宏開東閣賦)」이며, 현재 왕창령(王昌齡) 등이 쓴 네 편이 전한다. 이상 예로부터 외형상 장식성의 문사를 추구하는 경향이었음을 알 수 있다.

2) 철인기사은륜도조과(哲人奇士隱淪屠釣科) 중 개원과 천보 연간의 대책(對策)으로는 현재 개원 2년의 3편이 존재한다. 지합손오운주결승과(知合孫吳運籌決勝科)는 개원과 천보 연간의 책문(策問)이 현존하고, 대책은 개원 9년의 3편이 남아 있다. 현량방정과(賢良方正科)의 대책은 개원 14년의 2편이 현존하며, 『등과기고(登科記考)』와 『전당문』에 두루 보인다.

3) 『통전』 권17 「선거5(選擧五)」에 인용됨. 419쪽.

4) 장유고(張由古)가 '반맹견(班孟堅)'이 '반고(班固)'인줄 몰랐던 것에서부터 소경(蕭炅)이 '복랍(伏臘)'을 '복렵(伏獵)'으로 읽었던 일까지 학풍이 이미 크게 변하였음을 말해 준다. 인재 선발을 주관하는 이부시랑(吏部侍郎) 강회(姜晦)가 "눈으로는 글자를 알지 못하고 손으로는 책을 깨닫지 못하였다(眼不識字, 手不解書안불식자, 수불해서)." 때문에 사람들은 "올해 뽑는 인원 때마침 적당하니 이 모두 좌주가 문장 모르기 때문이네. 책상 너머 얼린 돼지 한 마리 있으니, 이로써 강시랑이라 불리게 되었다네(今年選數恰相當, 都由座主無文章. 案後一腔凍豬肉, 所以名爲姜侍郎금년선수흡상당, 도유좌주무문장. 안후일강동저육, 소이명위강시랑)"라며 풍자하였던 바, 이러한 불학무술(不學無術)의 풍조가 더욱 심해졌음을 알 수 있다. 『대당신어』 권11, 171쪽과 『신당서』 권129, 4483쪽에 보인다.

몇 가지 예를 들어보자. 7세기 이후로 여러 가지 인적 교제나 예법 법도에 관한 예의수책(禮儀手冊)이 유행하였다. 현존하는 이들 유서(類書) 가운데 P. 3900과 P. 3681만 7세기에서 8세기 사이의 것으로 확인되지만, 나는 이러한 간략한 예의수책이 8세기에도 크게 유행하였다고 믿는다.[5] 원래 모든 사인들마다 필독해야 할 경전 중에서 『의례』에는 '향음주례(鄕飮酒禮)', '사상견례(士相見禮)'가 있고, 『예기』에도 '소의(少儀)', '내칙(內則)', '향음주의(鄕飮酒義)' 따위가 있었다. 그러나 당시 신분에 부합하는 예의에 아주 자연스럽게 친숙한 귀족 세가들은 이미 많지 않았고, 대부분 사람들은 상대적인 재부(財富)와 신분에 의지하는 상황 아래에서 그저 귀족 세가의 고상함과 전아함을 모방할 필요가 있었기에 암송과 기억에 편리한 간략하게 요약된 문건이 필요하였고, 이를 통해 스스로는 신분 지위를 유지할 수 있도록 환기시키고 한편으로는 여러 가지 수시로 발생하는 교제에 응용하였던 것이다.

훗날의 『신집양친가접객수월시경의(新集兩親家接客隨月時景儀)』의 서문에서 "예경(禮經) 삼백 가지, 위의(威儀) 삼천 가지는…… 급박한 임시 상황에서 어찌 행동해야 될지 몰라(禮經三百, 威儀三千…… 臨時倉猝, 目不知所措예경삼백, 위의삼천……임시창졸, 목부지소조)"[6]라고 한 것처럼 보편적인 세속의 필요성 때문에 이처럼 간략하게 만든 안내 책자가 전문적인 경전의 조항을 대신하게 되었던 것이다.

위진 시대 귀족 세가의 시원스러움과 서두르지 않는 풍격을 표현하였던 서찰은 이런 보편적 세속 사회에서 장식성, 모방성이 매우 강한 규범 서책으로 대체되었다. 전하는 바로는 허경종(許敬宗)이 편찬한 『서의(書儀)』는 절기 때 사용하

장작(張鷟) 『조야첨재(朝野僉載)』 권4, 90쪽, 『수당가화(隋唐嘉話)』 「조야첨재」 합간본, 중화서국, 1979.

5) 주일량(周一良)·조화평(趙和平)의 『당오대 서의 연구(唐五代書儀研究)』 2~5쪽, 중국사회과학출판사, 1995. 이 책에서는 이른바 '서의(書儀)'가 "서의(書儀)라는 명칭으로 서례(書禮)와 예의(禮儀)를 모두 포함하는 것인지 의문이 든다"고 하였다. 즉 작자가 칭한 붕우서의(朋友書儀)와 종합서의(綜合書儀)를 포괄하는지 의문을 표시하는데, 전자는 사인들이 편지 쓸 때 본보기로 삼게 한 것이고, 후자는 사인 사이 교류 규범용으로 제공한 것이다. 나는 이곳에서는 잠시 전자와 후자를 통속적 명칭인 '척독범본(尺牘範本)'과 '예의수책(禮儀手冊)'이라 부르고자 한다.

6) 나바 토시사다(那波利貞), 「중당·만당 시대 접객용 사의류 저서의 출현 과정에 대해(中唐晚唐時代に於ける接客辭類の著書の出現に就きて)」, 일문본, 『관서대학동서학술연구소논총(關西大學東西學術研究所論叢)』 제9집, 오사카, 1953.

는 상투적 표현, 달에 맞춰 문안을 표현하는 문장들을 열거하면서 당시 사회에서 유행하던 변문으로 꼭 필요한 수미(首尾) 격식을 제공하여 친구와 친척을 향한 그리움이나 생각, 계절의 변화에 따른 감성적 느낌을 온통 화려한 단어로 구성해 늘어놓았는데, 이 또한 예전 사람 사이 교류의 진정한 감정과 여유 있는 표출로 이뤄졌던 문인 서찰을 표준 격식의 자질구레한 형식으로 변화시킨 것이다.[1]

한층 흥미로운 예로서 아마 돈황 문건 중에 적지 않게 보존된 8세기 전후에 유행하였던 소형 유서 겸 아동교육용 읽을거리는 사상사에 남겨진 당시 일반적인 지식 수준과 보편적인 사상의 상황을 살필 수 있는 텍스트라 하겠다.[2] 돈황에서 발견된 문건 가운데 이전에 그저 문헌 학자들만 중시하였고 사상사 연구에 활용된 문헌은 아주 적었던 것들이 있는데, 바로 지식 수준이 결코 높지 않은 소형 유서들이다. 멋진 말과 단어를 분류하여 한 곳에 베껴 쓰는 전통은 아마 일찍부터 있었을 것이다. 『일주서(逸周書)』의 「주축(周祝)」, 마왕퇴(馬王堆)에서 발견된 예전 황제서(黃帝書) 『칭(稱)』, 『회남자(淮南子)』 속의 「설산(說山)」과 「설림(說林)」 등등이 이 사실을 증명한다. 최근 공개된 『곽점초묘죽간(郭店楚墓竹簡)』 속에도 「어총(語叢)」이라 명명된 네 가지 문헌이 들어 있는데, 이들은 다른 몇 가지 죽간과 모두 다르다. 첫째 죽간의 길이가 겨우 15 내지 17센티미터이고, 둘째 묶은 선이 세 갈래이며, 셋째 내용이 여러 가지를 모아 놓은 것으로, 정리한 사람 또한 "『설원(說苑)』「담총(談叢)」이나 『회남자』「설림」과 유사하다"[3]고 여겼는데, 아마 휴대하기 편리한 초록 선집 종류였을 것이다.

그러나 그러한 문건들은 결코 이 당시처럼 그렇게 유행하였던 것은 아니었다. 7세기에서 8세기까지 관방에서 편찬한 유서는 이미 그 분류 질서를 통해 지식 세계의 판도를 기본적으로 확정하였고, 상당수 사인(私人) 편찬 유서가 이러한

1) 주일량(周一良)은 「돈황사본서의고(敦煌寫本書儀考)」에서 서의(書儀)의 "문장이 비교적 우아하고 아름다우며 감정을 띠고 있다." "생활과 시대의 정취가 비교적 농후하다"고 하였으나 반드시 그런 것 같지는 않다. 원래 『돈황토로번문헌연구논집(敦煌吐魯番文獻研究論集)』 제4집에 실렸고, 후에 주일량(周一良)·조화평(趙和平) 『당오대 서의 연구(唐五代書議研究)』 73쪽에 수록되었다.
2) 필자는 일찍이 『예문유취(藝文類聚)』 등 7세기에 출현한 유서(類書)에 대해 사상사적으로 분석한 바 있다. 이 책 제1권, 943~950쪽 내용을 참고할 것.
3) 『곽점초묘죽간(郭店楚墓竹簡)』, 석문(釋文), 193쪽, 문물출판사, 1998.

판도에 따라 계속 편찬되면서 무의식중에 그렇게 제시된 우주와 사회의 질서를 강화하고, 그러한 질서 속의 지식을 반복 서술하였다. 현존하는 돈황의 각종 유서들은 바로 이렇게 이루어진 판도에 따라 각종 지식을 간략화한 다음 그 틀 속에 채워 넣은 것이다. 그 가운데 대략 고종 연간(652~658년 무렵)에 나온 두사선(杜嗣先)의 『면원책(免園策)』, 무명씨의 『유림(類林)』과 『수신보(隨身寶)』, 무후 시기의 이약립(李若立)의 『영금(籯金)』, 대략 8세기 중엽이나 약간 뒤에 이루어진 『몽구(蒙求)』, 『대어(對語)』, 『신집문사구경초(新集文詞九經鈔)』 등이 있다.[4]

이들 유서에는 사인들이라면 수시로 말로 표현할 수 있어야 할 국가에 관한 지식, 역사 계통에 관한 지식, 우주에 관한 지식, 도덕과 질서에 관한 지식, 심지어 일반생활을 두루 포괄하는 지식 등을 담고 있다. 나바 토시사다(那波利貞)가 『수신보』를 논의할 때 말한 바와 같이 이는 "서민들의 상식 백과전서로, 천지개벽 이래의 전설, 일월성신에 관한 지식, 인민 종족, 사시팔절(四時八節)의 순서 셈법, 산천의 형세, 왕조의 교체, 음식·기용(器用)의 기원, 충신·효자에 관한 고사, 음양 보답에 관한 실화, 사교 요령, 도덕 실천 방법 등을 두루 포괄한다."[5]

현존하는 『면원책부(免園策府)』 제1권은 변천지(辨天地)·정역수(正歷數)·의봉선(儀封禪)·정동이(征東夷)·균주양(均州壤) 등으로 우리가 그 전모를 볼 수는 없지만 이 제1권의 목록만 보더라도 이 책이 모든 지식을 두루 포괄하고자 한다는 사실을 알 수 있다. 『수신보』 역시 '천지개벽 이래(天地開辟以來)'에서 시작하여 크게는 일월성신, 음양과 한서(寒暑), 사시팔절, 삼황오제, 삼천팔수(三川八水), 오악(五嶽)과

---

4) 이상 각종 유서(類書)의 연대는 왕중민(王重民) 『돈황고적서록(敦煌古籍敍錄)』(중화서국, 1979)과 왕삼경(王三慶) 『돈황유서(敦煌類書)』 상권 69~119쪽, 타이베이, 여문문화사업공사(麗文文化事業公司) 참고. 또한 이들 가운데 『토원책부(兎園策府)』는 혼다 세이이치(本田精一)의 「토원책고·수서의 연구(兎園策考-樹書の研究)」(『규슈대학 동양사논집』 21집, 일본 후쿠오카, 1993)를 참고할 수 있다. 『수신보(隨身寶)』는 또한 『주옥초(珠玉鈔)』, 『익지문(益智文)』이라고도 한다. 그 초록(抄錄)은 비록 늦게 완성되었지만 책이 제작된 연대는 상당히 이르다. 이것은 『연경학보(燕京學報)』 35기, 205~211쪽에 실린 주일량(周一良)의 「돈황사본잡초고(敦煌寫本雜鈔考)」에 근거한 것이다. 『주일량집(周一良集)』 제3권, 271~279쪽, 요녕교육출판사(遼寧敎育出版社), 1998. 『신집문사구경초(新集文詞九經鈔)』에 관련된 상황은 『당대연구논집(唐代硏究論集)』 제4집, 633~671쪽(신문풍출판공사新文豊出版公司, 타이베이, 1992)에 실린 정아재(鄭阿財)의 「돈황사권(敦煌寫卷) '신집문사구경초(新集文詞九經鈔)' 연구」를 참고.

5) 나바 토시사다(那波利貞), 『당대사회문화사연구(唐代社會文化史硏究)』, 일문본 225쪽, 창문사(創文社), 도쿄, 1974, 1977.

사독(四瀆)까지, 작게는 사인이 피해야 할 열 가지 '부실의 일(笥室之事차실지사)', 열 가지 '하지 말아야 할(無去就무거취) 일', 다섯 가지 '적절치 못한(不達時宜불달시의) 일', 다섯 가지 '알지 못하는(無所知무소지) 일', 다섯 가지 '스스로 가늠치 못하는(不自思度부자사도) 일', 그리고 '육치(六痴)'와 '팔완(八頑)' 따위로써 그야말로 없는 게 없을 정도이다. 연대가 불확실한 『공자비문서(孔子備問書)』는 '천지란 무엇인가(何謂天地하위천지)', '하늘을 어째서 금이라 하는가(天何謂禁천하위금)', '하늘이 땅을 덮는다 함은 무엇 때문인가(天爲地盖者何천위지개자하)', '하늘은 어째서 둥글고 땅은 어째서 네모인가(天何以圓地何以方천하이원지하이방)' 등에서부터 '천자란 누구인가(何爲天子하위천자)', '오행이란 무엇인가(何謂五行하위오행)'에 이르기까지, 심지어 구체적인 사회생활 문제에 이르기까지 당시의 지식과 사상의 모든 근본적 문제를 두루 담아냄으로써 경전에서 제공하는 자연, 역사, 사회 지식에 관해 확정적인 해석을 가하고 있다.[1]

이 때문에 『영금』과 『신집문사구경초』의 서문에서는 이렇게 말한다. "서술 저작이 여러 갈래로 나뉘고 여러 제도가 함께 일어날(述作多門, 衆制蜂起술작다문, 중제봉기)" 때 이 책들은 "아홉 경전을 포괄하고 내외를 담아내며, 세 역사를 밝혀내고 그 요지를 다 펼쳐내 고금의 일을 상세하게 갖추면서 예의가 두루 구비되었다(包括九經, 羅含內外, 通闡三史, 是要無遺, 今古參詳, 禮儀咸備포괄구경, 라함내외, 통천삼사, 시요무유, 금고참상, 예의함비)."[2] 이와 동시에 이러한 소형 유서들은 또한 아동 계몽용 교재의 역할도 겸비하였다. 상당수 사인들의 기초 지식은 바로 이런 교재에서 얻어진 것으

---

1) 『수신보(隨身寶)』에 관해서는 황영무(黃永武) 편 『돈황보장(敦煌寶藏)』 129책, P. 3649, 459~462쪽과 37책, S. 4663, 271~272쪽 등을 참고할 수 있다. 그 중 123책, P. 2721 『잡초일권병서(雜鈔一卷幷序)』를 두고 '토원책부(兔園策府)'라고 하였으나 잘못이다. 『공자비문서(孔子備問書)』는 『돈황보장(敦煌寶藏)』 122책, P. 2579, P. 2581, P. 2594, 214~215쪽, 230~231쪽에 보인다. 그 중 P. 2581은 완질본이다. 타이베이, 신문풍출판공사.

2) 왕삼경(王三慶)은 소형 유서가 "사람들이 문장을 쓰면서 급할 때 사용하느라 유행한 참고자료였기 때문에 『응기초(應機鈔)』란 서명은 바로 임기응변을 위해 만들었다는 뜻이고, 『주옥초(珠玉鈔)』란 여러 문장을 두루 초록하여 주옥을 꿰듯 엮어내 지식을 늘릴 수 있게 하였다는 뜻이다. 또한 몸에 지니면서 귀하게 사용할 수 있기에 『익지문(益智文)』 또는 『수신보(隨身寶)』라 한 것이다"고 지적한 바 있다. 또한 이 유서들은 "시대의 실제 수요와 일상생활에 부합하여 편제되었기 때문에 작문과 대책, 문장(文場)에서 참고하는 것 외에도 백과전서식의 기능을 갖추고 있어 독자로 하여금 간단한 방법으로 어려운 일을 해결할 수 있도록 하였다." 『돈황유서(敦煌類書)』 135쪽, 105쪽.

로 우리가 지금 아주 수준 높고 심오하다고 여기는 철학자와 문사들도 예외가 아니었다. 저명한 이화(李華)는 『몽구』에 쓴 서문에서 이런 작은 유서가 "경사 백가의 요체를 열에 네다섯은 구비하였기에 이를 근원으로 삼아 펼쳐나가면 학습에 손쉽고 문장으로 잘 드러나게 된다(經史百家之要, 十得其四五矣, 推而引之, 源而流之, 易於諷習, 形於章句경사백가지요, 십득기사오의, 추이인지, 원이류지, 이어풍습, 형어장구)"[3]고 칭찬하였다. 이런 열독 방식이 그처럼 유효하다고 여겼기에 당나라 현종 또한 장열(張說)·서견(徐堅)·위술(韋述) 등에게 『초학기(初學記)』를 편찬하게 하면서 "책을 엮을 때 일과 문장을 요약하고 같은 부류를 서로 연결시켜 살피기에 편리하도록 힘써서 아이들이 쉽게 성과를 낼 수 있게(撰集要事幷要文, 以類相從, 務取省便, 令兒子等易見成就也찬집요사병요문, 이류상종, 무취성편, 령아자등역견성취야)"[4] 하라고 하였던 것이다.

그건 어쩔 수 없는 일이었다. 이들 유서가 고대 지식인 계층 사대부의 문장에서는 자주 조롱과 풍자의 대상이 되긴 하였지만 학문이나 문장 구상력이 없는 사람들이 아무리 쥐어짜 봐도 적당한 단어를 생각해 내지 못할 땐 어쩔 수 없이 이를 가지고 적절히 때울 수밖에 없었다. 그러나 사상사의 각도에서 보자면 유서는 하나의 텍스트로서 확정된 공통 인식을 간략한 방식으로 표현해 낸 것이며, 휴대하고 암송하기에 가장 편리한 방식으로 사람들의 기억을 채워주었으며, 이와 동시에 교육 받은 사람들의 계몽용 독서물이 되어 처음부터 곧장 그들의 지식과 사상, 그리고 신앙의 기저가 되었고, 이후로 아무리 대강만 담았다 할지라도 굳세게 그 모습을 드러냈다. 그것은 동년(童年)의 경험일 뿐만 아니라 기본 지식이었던 것이다. 그러나 8세기에 이들 지식과 사상은 비록 가장 중요한 경전에서 정확하게 채집한 것이었지만 이미 암송과 웅변의 문건이 되고 말았기에 내재적인 신앙 역량이 결핍되고 실제 생활의 의미를 잃은 채 한갓 장식성 항목이 되어 그것과 부합하는 사회 질서와 구조를 상실하고 말았다. 그리하여 이들은 생활 세

8세기에 이들 지식과 사상은 비록 가장 중요한 경전에서 정확하게 채집한 것이었지만 이미 암송과 웅변의 문건이 되고 말았다.

---

3) 돈황권자본(敦煌卷子本), P. 2710, 왕삼경(王三慶) 『돈황유서』 503쪽에서 재인용. 사실 이름난 재상 요숭(姚崇)조차도 유서로 배움을 시작하였다. 역사 기록에 따르면 그가 "처음에는 배우길 좋아하지 않았으나 나이 약관이 넘었을 때 일찍이 친구에게 갔다가 『수문전어람』을 보게 되자 즐겨 열독하였고, 마침내 역사 전적 읽기에 깊이 빠져 문장 재능으로 이름을 날리게 되었다(初不悅學, 年逾弱冠, 常過所親, 見『修文殿御覽』, 悅之喜, 遂耽玩墳史, 以文華著名초불열학, 연유약관, 상과소친, 견『수문전어람』, 열지희, 수탐완분사, 이문화저명)." 『대당신어』 권6, 91쪽.

4) 『대당신어』 권9, 137쪽, 중화서국, 1984.

계 위를 떠도는 문자 형식이 된 채 당시 사회 문제를 진단, 비판할 수 있는 능력을 갖추지 못하였다.

2

다음으로 사상 역시 지식 계층의 구조적 변화에 따라 날이 갈수록 장식화되고 표면화되었다. 이는 당시 지식의 세속화 추세와 당연히 불가분의 관련이 있다. 진인각(陳寅恪 : 1890~1969년, 중국의 역사학자)이 일찍이 지적한 바처럼 무측천에서 당나라 현종 시대에 이르기까지 당나라 사회의 큰 변화는 바로 '외부 조정의 사대부(外廷之士大夫)'가 원래의 '관롱 귀족(關隴貴族)'[1]을 대신하여 흥기하였던 일이다.[2] 관직 진출이 개방됨에 따라 교육이 나날이 보급되고, 이는 다시 관직 진출을 다양하게 만들어 수많은 사인이 '관리 선발'의 길에 모여들 때 지식과 사상의 성격도 점차 변화하고 있었다. 서방의 한 사상사 학자는 일찍이 어떤 사람이 실제적으로 교육을 받았고, 변화된 교육 제도에 부응하였는지, 교육의 목표가 사회 풍조에 어떤 변화를 일으켰는지 등에 주목한 바 있다. 원래 교육사에 속한 현상인 이런 문제들은 지식사와 사상사에 상당히 깊은 영향을 일으킨 바 있기에[3] 이런 측면에서 당나라 시대의 사상사를 살펴보아도 마찬가지이다.

원래 과거에 합격한 이들은 다시 엄격한 고시를 거쳐야만 비로소 관원으로 선발될 수 있었다. 그러나 무측천 시대 이래로 "거인이 고시를 거치지 않아도 다 관직을 내리니 어사·평사·습유·보궐 등 관직에 오른 자가 셀 수 없을 정도였다(舉人不試皆與官, 起家之御史, 評事, 拾遺, 補闕者, 不可勝數거인불시개여관, 기가지어사, 평사, 습유, 보궐자, 불가승수)." 이를 장작(張鷟 : 660?~740?, 당나라 때 학자)은 가요로 이렇게 풍자하

사상 역시 지식 계층의 구조적 변화에 따라 날이 갈수록 장식화되고 표면화되었다.

---

1) 섬서 관중(陝西 關中)과 감숙 롱산(甘肅 隴山) 일대의 귀족 집단으로 당나라 건국의 배경이 되었다(역자 주).
2) 『당대정치사략고(唐代政治史略稿)』, 37쪽, 상해고적출판사 영인수사본(影印手寫本), 1988.
3) 탈봇(John E. Talbott), 「사상사와 사회사 중의 교육 문제(思想史與社會史中的教育問題)」, 이풍빈(李豊斌) 역 『당대사학연구(當代史學研究)』(『Historical Studies Today』, edited by Felix Gilbert and Stephen R. Graubard) 187~213쪽, 명문서국, 타이베이, 1982.

였다.

　　보궐 실은 수레가 연달아 이어지고, 습유는 말(斗)로 헤아려야 할 정도라네. 갈퀴로 모은 듯 흔한 게 시어사요, 주발에서 쏟아낸 듯 무수한 게 교서랑이네(補闕連車載, 拾遺平斗量, 杷推侍御史, 椀脫校書郎보궐연거재, 습유평두량, 파추시어사, 완탈교서랑).

또 이렇게 풍자하였다.

　　평사는 율령을 읽지 않고, 박사는 장법을 찾지 않네. 바보가 오히려 무사가 되니, 성스러운 황제가 눈병 든 것이리(評事不讀律, 博士不尋章, 面糊存撫使, 瞇目聖神皇평사불독율, 박사불심장, 면호존무사, 미목성신황).[4]

　　원래 "개원 이전에 진사는 양감(兩監 : 국자감과 태학)을 거치지 않으면 대단히 수치로 여겼다(開元已前, 進士不由兩監者, 深以爲恥개원이전, 진사부유양감자, 심이위치)."[5] 양감의 학생은 대부분 귀족 자제였다. 그러나 『신당서』「선거지(選擧志)」에 의하면 개원 17년 국자제주(國子祭酒) 양역(楊瑒)의 상소문에서 말하길, 당시 천하의 명경과와 진사과에 급제한 사람이 해마다 백 명을 넘지 않았으며, 양감에는 겨우 일이십 명만 있었고, 향공과 진사 출신은 양감의 다섯 배 내지 열 배에 달하였다. 그런데 '외부에서 관직에 오른 이민족들(流外人仕諸色人等유외인사제색인등)', 즉 다른 경로로 관리가 된 자는 이천 명이나 되었다. 이는 명경과와 진사과의 스무 배로, 등급 질서가 분명한 귀족 사회는 점차 와해되고 있었다.[6] 진인각이 지적한 바처럼 대략 무후 시대부터 신흥 계층이 과거를 통해 진입하여 이전 귀족을 속속 대체한 것이다. 그러나 신흥 계층의 지식 관심과 사상 경향의 세속적 의미와 실용적 추세는 원래 귀족 사인과는 매우 다른 것이었다. 이조(李肇)가 『국사보(國史補)』에서 말한 바와 같이 개원 이후로 "사태가 경박하여 세상 봉록에만 몰두하면서 경조

---

4) 『조야첨재』 권4, 89쪽.

5) 왕정보(王定保) 『당척언(唐摭言)』 권1, 5쪽. 상해고적출판사, 1978.

6) 『자치통감』 권213, 6784쪽. 『등과기고(登科記考)』 권7, 개원 17년, 253쪽, 중화서국, 1984.

(京兆)에 근무함을 영광과 미덕으로 여기고 동주(同州)와 화주(華州)에서 근무함을 이익을 추구하는 일로 삼아 실제를 버리고 화려함을 좇으며 근본을 버리고 지엽을 추구하였다(物態澆灕, 稔於世祿, 以京兆爲榮美, 同華爲利市, 莫不去實務華, 棄本逐末물태요리, 임어세록, 이경조위영미, 동화위이시, 막불거실무화, 기본축말)" [1]

이러한 신흥 계층의 지식 관심과 사상 경향이 보편적 사회 풍조가 되도록 촉진시킨 원인 중의 하나는 당시 사회의 유동성이었다. 유동은 전통 사회 속 귀족들의 성씨와 종족을 바탕으로 한 고정된 지역 성격의 공간 구조를 와해시켰고, 장기적 사회 안정과 재부(財富)의 증가는 8세기, 특히 이 시기 전반기 사인들이 아주 수월하게 이사하거나 여행할 수 있게 만들었다. "남으로 형양을 유람하고 북으로 태원과 범양에 이르도록 곳곳마다 상인과 여행객들을 위한 객점이 있었고, 천 리 길 멀리까지 갈 때에도 작은 칼 하나 지니지 않아도 되었다(南游荊襄, 北至太原, 范陽, 皆有店肆以供商旅, 遠適千里不持寸刀남유형양, 북지태원, 범양, 개유점사이공상려, 원적천리부지촌도)." 이런 사회 구조의 거대한 변화와 문화 공간의 확대가 사상사에 끼친 영향은 아주 깊었다. 훗날 유방(柳芳)이 씨족을 논할 때 말한 바와 같이 수나라 이래로 과거의 지역·신분·재부·직업 등이 상대적으로 안정되었던 사회는 이미 차츰 해체되었고, '향거를 그만두고 토착 지역을 벗어났기(罷鄕擧, 離地著파향거, 리지착)' 때문에 "사인에게는 향리가 없고 마을에는 선비가 없었으며, 사람들은 염치를 모르는 채 사족은 난을 일으키고 서민은 함부로 굴었다(士無鄕里, 里無衣冠, 人無廉恥, 士族亂而庶人僭사무향리, 리무의관, 인무염치, 사족난이서인참)." [2] 이들은 이전에 상대적으로 안정되었던 질서와 이런 질서를 유지하던 관념에 커다란 혼란을 야기하였다. 육조(六朝) 시대 거대 세족이 거주하던 공간의 일치성과 귀족 지식 분자 출신이 전도(前途)를 독점하였기 때문에 오히려 세속적 고려를 벗어나 사상적으로 초월을 추구하던 습관이 있었다. 그러나 귀족 사회의 해체에 따라 더 이상 이런 사

사회의 유동성이 전통 사회 속 귀족들의 성씨와 종족을 바탕으로 한 고정된 지역 성격의 공간 구조를 와해시켰다.

---

1) 금본(今本) 『국사보(國史補)』가 이미 실전되었기 때문에 이 원문은 왕정보의 『당척언』 권1에서 재인용하였다. 5쪽.
2) 『신당서』 권199 「유학(儒學)」 상 '유충전부(柳沖傳附)'. 유방(柳芳)은 '지역 문벌과의 연계(繫於地望계어지망)', '성씨 추구(質之姓氏질지성씨)', '혼인 연결(綴之婚姻철지혼인)' 등 세 방식으로 문벌·성씨·계층 관계를 명확하게 한 뒤 이러한 기초 위에 사회 질서를 다시 세우고자 하였다.

상이 존재하지 않았다. 8세기에 가족이 종족을 대신하여 사회와 국가의 기초가 되었고, 종족의 와해는 찰거(察擧)와 추천을 통해 입사(入仕)하는 방식을 실제에 맞지 않는 공상으로 만들었다. 벼슬길의 개방은 또한 문화 주변부에 있던 낮은 출신의 사인들로 하여금 대거 현실 정치 생활로 진입하여 권력과 이익을 위한 각축전에 뛰어들도록 만들었다. 현실 정치 생활 중의 권력과 이익의 필요성 때문에 과거 귀족식 위엄과 자중은 포기되기 시작하였고, 일부 세속적인 이상이 공개적인 시대 흐름이 되었다.

이 시기에 사인의 생활은 더 이상 전통적으로 존숭되던 검소와 장중함을 따르는 게 아니라 화려한 사치와 부박함 쪽이었고, 이상 또한 더 이상 세속을 초월하는 고상함과 초탈이 아니라 세속적 지위와 재부의 추구였다. 사회적 명성을 얻을 수 있는 자본 또한 더 이상 지식의 박식함과 사상의 심도가 아니라 문사의 화려함과 상상의 풍부함이었다. 기억과 암송의 능력이 한 사람을 평가하는 중요한 표준으로 자리 잡았고, 단어와 운율 구사의 능숙함이 명성을 널리 얻게 되는 강력한 수단이 되었다. 예컨대 '하필성장(下筆成章 : 문장을 잘 쓰는 자)', '재고위하(才高位下 : 지위는 낮지만 재능이 높은 자)', '사표문원(詞標文苑 : 문장이 뛰어난 자)' 등을 뽑는 세 과거에 합격하고, '일곱 번 응시하여 네 번 합격하면서 판책이 모두 갑제과에 올랐기에(七應擧, 四參選, 其判策皆登甲第科칠응거, 사참선, 기판책개등갑제과)' '만간만중(萬揀萬中 : 시험마다 두루 합격한 사람)'이라 불리면서 '천하제일(天下第一)'로 여겨지던 장작(張鷟)은 사실 '해학적 시부를 잘 짓는(好爲俳諧詩賦호위배해시부)' 화려한 문사에 뛰어난 문인에 지나지 않았다.[3] 또한 상경충(常敬忠)은 '한 번에 천 마디를 암송할 수 있어(一遍能誦千言일편능송천언)' 장열(張說)에게 인정받아 "동궁아좌에 임명되고도 더불어 집현시강 직을 맡았다(拜東宮衛佐, 乃直集賢侍講배동궁아좌, 내직집현시강)." 소영사(蕭穎士)는 옛날 비문을 한 번만 보고도 다 암송할 수 있어 두세 번 읽어야 하였던 이화(李華)와 육거(陸據)로 하여금 그 아래임을 인정하게 하였을 뿐만 아니라, 이러한 암송 능력은 사회 평가의 기준 요소가 되어 "논의하는 이들은 세 사람의 재능 품격의 상하 또한 이와 같이 여겼다(議者以三人才格高下亦如此의자이삼인

---

3) 『대당신어』 권8, 129쪽. 『조야첨재』 권3, 61쪽. 『태평광기』 권250, 1940쪽.

재격고하역여차)." [1]

　이런 보편적인 사회 풍조 속에서 사인들은 "어려서 공부를 시작할 수 있게 되면 다들 당대의 시를 암송하였고, 자라서는 문장에 해박하더라도 제가(諸家)의 문집을 벗어나지 않은 채 서로 무리를 지어 공허한 명성을 자랑하며 여섯 경전은 열어보지도 않고 세 가지 역사서는 하나같이 벽에 걸어두었다(幼能就學, 皆誦當代之詩, 長而博文, 不越諸家之集, 遞相黨與, 用致虛聲, 六經則未嘗開卷, 三史則皆同掛壁유능취학, 개송당대지시, 장이박문, 불월제가지집, 체상당여, 용치허성, 육경즉미상개권, 삼사즉개동패벽)." [2]

　중당 사람 심기제(沈旣濟)는 이를 뼈아프게 반성하면서 절박하게 말하기를, "태평 시대 군자들은 그저 문호(門戶)에 따라 선발하여 문장과 책략으로 관직과 봉록을 얻는다. ……높으면 대각에 오르고 낮으면 군현에 임명되어 자신과 집안을 꾸려 그 풍족함을 얻기에 오척 동자도 문장 말하지 못함을 수치스러워한다. 이 때문에 진사가 사림에서 화려하게 선발되고 나면 사방에서 보고 듣고 그 풍채를 흠모하며, 해마다 급제한 사람은 얼마 지나지 않아 온 천하에 두루 이름이 전해진다. 때문에 충성스런 현인, 특출한 선비, 재능 있는 인재, 훌륭한 행실을 갖춘 사람들이 모두 여기서 나오지만, 그러나 걸왕(桀王)과 같이 간악하고 무능한 사람 또한 간혹 그 사이에 섞여 있게 된다. 그리하여 시비가 엇갈리고 서로를 추켜세우며 기세를 떨치니, 혹은 패거리 무리를 형성하여 사사롭게 맹약을 통해 과거 급제를 얻어내어 명성을 천하에 떨친다. 때로는 상대의 가려진 일을 들추어내어 조소하는 편장을 지어 길거리에 내걸고 돌아가며 비난하는 일이 그 어디나 흔하디흔할 정도다(太平君子, 唯門調戶選, 徵文射策, 以取祿位 ……大者登臺閣, 小者任郡縣, 資身奉家, 各得其足, 五尺童子恥不言文墨焉. 是以進仕爲士林華選, 四方觀聽, 希其風采, 每歲得第之人, 不浹辰而周(聞)天下, 故忠賢雋彦韞才毓行者咸出於是, 而桀奸無良者或有焉, 故是非相陵, 猷稱相騰. 或肩結鉤黨, 私爲盟毁, 以取科第, 而聲名動天下; 或鉤摭隱匿, 嘲爲篇詠, 以列於道路, 迭相談誓, 無所不至焉태평군자, 유문조호선, 징문사책, 이취록위 ……대자등대각, 소자임군현, 자신봉가, 각득기족, 오척동자치불언문묵언. 시이진사위사림화선, 사방관청, 희기풍채, 매세득제지인, 불협진이주천하, 고충현

---

1) 『봉씨견문기(封氏聞見記)』권10, 『구당서』권190 「문원(文苑)」하 '소영사전(蕭穎士傳)', 5048쪽.
2) 『구당서』권119 「양관전(楊綰傳)」, 3430쪽.

준언온재육행자함출어시, 이걸간무량자혹유언, 고시비상롱, 삽칭상등. 혹견결구당, 사위맹훼, 이취과제, 이성 명동천하; 혹구척은닉, 조위편영, 이열어도로, 질상담자, 무소부지언).”[3]이들 새로 생겨난, 즉 사방 에서 중앙으로 끊임없이 유입되는 사인 무리 속에서 전통 사회 속 종족과 지역이 겹쳐졌던 사회 구조는 점차 해체되었고, 예법을 기초로 삼는 생활 방식과 관념 계통 또한 이미 붕괴되어 주변으로 밀려날 처지가 되고 말았다.

예법을 기초로 삼는 생활 방식과 관념 계통 또한 이미 붕괴되어 주변으로 밀려날 처지가 되고 말았 다.

　　그러나 온 나라가 이러한 신흥 계층을 존숭하고 위아래 할 것 없이 이러한 지위와 명상을 두루 추구함에 따라 상당수 주변 사인들은 여기에 자극 받아 서로 오가며 이를 추구하게 되었다. 이런 지식 계층의 대대적인 이동은 비록 과거에는 그저 장안의 바깥 구역 범위 안을 맴돌며 지냈던 상당수 주변 사인들로 하여금 원래의 제한된 좁은 범위를 벗어나 지식의 생산과 유통 영역에 진입하게 하였고, 또한 당시 사상과 신앙세계의 중심에 진입하여 사회 이상을 뿌리 깊게 변화시키 게 만들었다. 그러나 과거의 단일한 담론 세계가 이제 수많은 사람들의 뒤섞인 소리로 변하긴 하였지만 지식은 결코 옛것을 버리고 새것을 받아들인 건 아니었 다. 사상 또한 현실적 비평을 벗어난 채 과거 숭배되어온 독실하고 장중한 경학 이 차츰 부박하고 화려한 문학으로 대체되었다. 사책(射策 : 국가 경영에 관한 책략) 제 목과 답안은 대개 어린아이 장난 수준이었고, 행권(行卷 : 과거 이전에 미리 시험관이 될 가능성이 있는 고관에게 투고한 문장)의 문장이 오히려 엄숙한 저술보다 한층 명성을 얻는 데 수월하였다. 시가(詩歌) 창작이 온 힘을 바치는 주요 공부가 되었고, 성운 (聲韻 : 음운)을 따지는 부체(賦體)가 깊지 못한 의미를 드러내게 되었다. 문학은 이 시대가 숭상하는 기풍이었고, 지식과 사상의 생산과 재생산은 줄곧 장식적인 문 학 단어의 신진대사에 의지하여 그 과정을 유지하고 있었다. 사람들은 대부분의 정력을 문사의 연마, 이야기 구상, 성운의 퇴고에 쏟았고, 문학에서의 새로움과 아름다움을 다투는 일은 지식을 장식이 충만한 의미로, 사상을 포장의 수단으로 변화시켜 사회는 온통 비학술적 추세로 뒤덮였다.[4]

---

3) 『통전』 권15 「선거3(選擧三)」, 358쪽.

4) 나바 토시사다(那波利貞)는 그의 뛰어난 논문 『당 개원 말 천보 초기 교체 시대 전변기에 관한 고찰(唐の開元末, 天寶初期の交が時世の一變轉期たるの考證)』에서 “귀족적인 것에서 서민적인 것으로, 보수 전통에서 창조적 탈 바꿈으로, 장중하고 전아한 것에서 가볍고 저속한 것으로, 이것이 바로 중국 중세사 시기에서 근세사 시기로

3

마지막으로 신앙의 경계가 모호해지고 혼란되기 시작하였다. 이러한 경계의 모호함과 혼란이 물론 8세기부터 시작된 것은 결코 아니다. 위진남북조 이래로 불교와 도교는 유교사상과 충돌하고 협조하며 적응하는 과정을 통해 줄곧 주류 영역을 침식해 왔다. 그러나 7세기에는 새로운 왕조의 합법성과 합리성을 확립하려는 필요성에 따라 유학을 근간으로 삼는 정치 이념으로 지식과 사상, 그리고 신앙을 정리하는 과정이 새롭게 전개된 적이 있었다. 『오경정의(五經正義)』의 편집, 역사 서적의 편찬, 사인 고시 과목과 내용에 관한 엄격한 규정, 불교와 도교 사상의 상류 계층 전파에 대한 엄격한 제한 등의 조치로 이단(異端)의 만연을 한차례 억제한 바 있었다.[1] 그러나 8세기 상반기의 부유하고 느슨해진 사회 환경 속에서 순수한 정통적인 유학은 오히려 제방(堤防)의 능력을 상실하였고, 사인과 민중 속에서 유학이 불교 그리고 도교와 2세기를 거쳐 진행해 왔던 충돌, 협조, 적응 과정은 점차 가속화되는 듯하였다.[2] 특히 유학자들을 제외한 일부 종교 인사들이 깊이 총애를 받고 무형(無形) 중에 시대 조류의 상징이 되면서 신앙세계의 변화를 이끌고 있었다.

당나라 예종 시기에 도교의 사마승정(司馬承禎)·엽법선(葉法善)·양태희(楊太希), 불교의 보제유지(菩提流志) 그리고 현종 시대에 도교의 이함광(李含光)·장과(張果)·윤음(尹愔)·오균(吳筠), 불교의 보적(普寂)·의복(義福)·선무외(善無畏)·일행(一行) 등은[3] 모두 황제의 특별한 포상을 받았다. 때문에 당국에서 몇 차례 법령을

의 변화이다"라고 지적한 바 있다. 또한 이러한 변화는 사회 속 사인 가문의 교양 교육이 쇠락하고 서민 사회에서 보편적 지식 교육이 흥성하였던 것과 관련이 있다고 설명하였다. 『당대사회문화사연구(唐代社會文化史研究)』, 196쪽.

1) 『구당서』 권63 「소우전(蕭瑀傳)」에 일찍이 당나라 태종이 직접 쓴 조서가 실려 있는데, 불교에 대한 비판이 상당히 엄중하다. "불가의 가르침에 관해서는 따라야할 바가 아니다. 나라에 마땅히 지켜야할 도리가 있건만 세속은 허망한 술법의 폐해가 있으니 어찌된 일인가? 그 도를 구하는 자는 장래에 복이 있을지 경험하지 못하였고 그 가르침을 닦는 자는 과거에도 수차례 죄를 입었다(至於佛敎, 非意所遵, 雖有國之常經, 固弊俗之虛術. 何則? 求其道者, 未驗福於將來, 修其敎者, 飜受辜於旣住지어불교, 비의소준, 수유국지상경, 고폐속지허술. 하즉? 구기도자, 미험복어장래, 수기교자, 번수고어기왕)."

2) 이러한 사회와 사상 현상에 관해서는 별도의 다른 글에서 논의할 것이다.

마지막으로 신앙의 경계가 모호해지고 혼란되기 시작하였다.

내려 백관과 승려와 도사와의 왕래, 저자에서 불상을 주조하거나 경전 쓰는 일, 사대부 부녀자가 화도사(化度寺)·복선사(福先寺) 등 사묘에 금전을 시주하는 일 등을 금지하고, 심지어 20년 간 승려 허가를 하지 않으면서 사찰과 도관의 인원을 엄격히 정돈하고자 하였다.[4] 개원 15년에는 또한 "칙령을 내려 천하의 시골 불당 가운데 작은 것은 없애 불상은 근처 불사로 옮기고, 불당 가운데 큰 것은 모두 폐쇄하도록 하라(敕天下村坊佛堂, 小者並拆除, 功德移入側近佛寺, 堂大者皆令封閉칙천하촌방불당, 소자병탁제, 공덕이입측근불사, 당대자개령봉폐)"[5]고 하였다. 그러나 관방 특히 황실 스스로는 끊임없이 불교와 도교와 가까이 지냈고, 관원과 사인의 영수들도 시종 불교와 도교와 밀접한 관계를 맺었기에[6] 당나라 초기 관방에서 애써 건설하려던 지식과 사상, 그리고 신앙세계의 경계는 무형 중에 점점 모호해지고 말았다.

도교의 상황   먼저 도교의 상황을 살펴보자. 개원 19년, 관방은 오악(五嶽)에 각각 노군묘(老君廟)를 건립하였고, 21년에는 천하 사인과 서민 집집마다 『노자』 한 권씩을 소장하도록 하면서, 공거인(貢擧人) 선발에서는 『노자』 책문(策問) 시험을 추가하였

---

3) 그 중 일부 종교 인사들은 중요한 정치적 변화에 상당히 커다란 영향을 주었는데, 엽법선(葉法善)의 경우 『구당서』 권191 「엽법선전(葉法善傳)」, 『전당문』 권20 「봉엽법선월국공제(封葉法善越國公制)」, 『태평광기』 권26 「엽법선」 등에 두루 보인다.

4) 『전당문』 권21 당나라 현종의 「백관과 승려와 도사의 교류를 금함(禁百官與僧道往還制금백관여승도왕환제)」, 권26 「거리와 시장에서 불상을 주조하고 불경 쓰는 것을 금하는 조서(禁坊市鑄佛寫經詔금방시주불사경조)」, 권28 「사대부 집안 부녀자가 절에 시주하는 것을 금하는 조서(禁士女施錢佛寺詔금사녀시전불사조)」, 「승려와 도사를 숨겨주는 것을 금하는 조서(禁僧道俺匿詔금승도엄닉조)」, 권30 「불사를 정리하라는 조서(澄淸佛寺詔징청불사조)」, 「승려의 환속을 금하는 조서(禁僧俗往還詔금승속왕환조)」, 101쪽, 126쪽, 135쪽, 137쪽, 144쪽.

5) 『태평광기』 권104에 인용된 「기문(紀聞)」 부분.

6) 선승(禪僧)을 예로 들면, 보적(普寂)은 도성의 사인들이 깊이 존경하여 "천하에 석씨(釋氏 : 석가모니)를 좋아하는 자 모두 그를 스승으로 삼아 섬겼다(天下好釋氏者, 咸師事之천하호석씨자, 함사사지)." 입적 후에는 "도성의 사인과 서민 중에 알현하는 사람 모두 제자의 복색을 갖추었다(都城士庶謁者皆制弟子之服도성사서알자개제제자지복)." 『송고승전(宋高僧傳)』 권9, 198쪽, 중화서국, 1987. 의복(義福)은 개원 연간에 "벼슬아치, 사인, 서민이 하나 되어 귀의하였고, "막대한 금액을 시주하여 모두들 그것을 맡기고는 떠나갔다(縉紳土庶翕然歸依, 擅施巨萬, 皆委之而去진신사서흡연귀의, 천시거만, 개위지이거)." 그가 낙양(洛陽)가는 길에 포주(蒲州)와 괵주(虢州) 두 곳을 지날 때 "자사와 관리, 사대부 집안 부녀자들 모두 깃발을 들고 꽃으로 그를 맞으니, 사람들이 그곳 도로를 가득 메운 채 분분히 절하며 예를 표하였다(刺史及官吏士女皆齎旛花迎之, 所在途路充塞, 拜禮紛紛자사급관리사녀개재번화영지, 소재도로충새, 배례분분)." 당시 병부시랑(兵部侍郎) 장균(張均), 중서시랑(中書侍郎) 엄정지(嚴挺之), 형부시랑(刑部侍郎) 방관(房琯), 예부시랑(禮部侍郎) 위척(韋陟)은 "늘 예로써 알현하였다(常所禮謁상소예알)." 『송고승전』 권9, 197쪽, 『태평광기』 97, 645쪽.

다. 29년에는 수도 두 곳과 여러 주에 각각 현원황제묘(玄元皇帝廟)를 건립하면서 현학을 받들고 생도를 받아들여 『노자』, 『장자』, 『열자(列子)』, 『문자(文子)』 등을 공부하게 하였다. 현종 시대부터 궁내 도사를 7인에서 21인까지로 늘렸으며, 삼원일(三元日 : 上元·中元·下元)에는 학사에게 『도덕경』과 『남화경』을 강연하게 하였다. 천하 각 군과 주마다 도교 자극궁(紫極宮)이 있었고, 도교의 궁관(宮觀 : 도관)은 이전 역사에서 전례가 없이 1687곳에 이르렀다. 사마승정부터 시작하여 8세기에 많은 도교도가 쉽사리 관직에 올라 사인들에게서 깊이 추대되었다.[1] "개원 시기에 징(徵 : 申元之)을 불러 이르자 개원관에 묵으면서 깊은 은총을 받았다. 그 당시 또한 형화박, 나공원, 엽법선, 오균, 윤음, 하사달('逢'을 '遠'이라 표기한 곳도 있음), 사숭, 윤숭, 비희언 등도 도가의 현풍(玄風)으로 성주를 보좌하고 모셨다. ……한나라 무제, 북위가 도교를 숭상한 것과는 비교되지 않을 정도였다(開元中, 徵[申元之]至, 止開元觀, 恩渥愈厚, 時又有邢和璞, 羅公遠, 葉法善, 吳筠, 尹愔, 何思達, 史崇, 尹崇, 秘希言, 佐佑玄風, 翼戴聖主, ……雖漢武, 元魏之崇道, 未足比方也개원중, 징[신원지]지, 지개원관, 은악유후, 시우유형화박, 나공원, 엽법선, 오균, 윤음, 하사달, 사숭, 윤숭, 비희언, 좌우현풍, 익대성주, ……수한무, 원위지숭도, 미족비방야)."[2]

　　이런 상황에서 관방에서 확립한 정통 유학을 시비의 기준으로 삼는 한계는 이미 모호해졌다. 특히 영원한 생명을 허락받을 수 있다는 교리는 이미 풍요로운 생활을 누리고 있던 사인들을 갈수록 더 끌어들였다.[3] 또한 『노자』와 『장자』 등 전통 주류 지식과 사상 그리고 다른 서적들 역시 과거 고시에 포함되고, 이들을 통해 공명과 재물을 구할 수 있게 되었을 때 본디 강한 유혹의 힘을 지녔던 이들 경전은 사인들로 하여금 전통적인 지식과 사상에서 벗어나게 만들었다. 적어도

---

1) 예를 들어 사마승정(司馬承禎)은 일찍이 예종(睿宗)과 현종(玄宗)의 신임을 얻었다. 『태평광기』 권21, 143~144쪽, 『대당신어』 권10, 158쪽.

2) 『태평광기』 권33에 인용된 『선전습유(仙傳拾遺)』 부분.

3) 8세기 초에 세상을 떠난 진자앙(陳子昂)이 그런 경우이다. 『전당문』 권214, 955~956쪽에 실린 「별중악이삼진인서(別中岳二三眞人序)」와 「묘명군고분기명서(渺冥君古墳記銘序)」를 참고. 또한 8세기의 이기(李頎)는 "성격이 자유분방하였고, 세상의 책무는 싫어하면서 신선을 흠모하여 단사를 먹고 가볍게 날아오르는 법을 꿈꾸면서 속세를 벗어난 이들과 즐겨 교류하니 당시 저명한 무리들이 그를 중시하지 않는 이가 없었다." 『당재자전(唐才子傳)』 권2, 『당재자전교전(唐才子傳校箋)』 356쪽, 중화서국, 1987.

그들에게 원래는 매우 분명했던 사상 세계의 경계는 이미 혼란스럽게 변하기 시작하였다.[4]

　　다시 불교 쪽 상황을 보기로 하자. 당나라 시대의 불교사에는 상징적 성격이 짙은 두 가지 상황이 존재한다. 첫째, 궁정 안에 송독(誦讀), 재회(齋會), 강경(講經), 법회(法會) 등 행사를 진행하는 내부 도량(道場)이 건립되었다. 비록 이들은 수나라 때의 것을 계승한 것이지만 당나라 때에는 무덕(武德) 원년(618)부터 승려와 도사를 궁중으로 불러 태극전(太極殿)에서 종교 행사를 거행하게 하였다. 정관(貞觀) 원년(627)에는 또한 수도의 승려를 궁전 안으로 불러들여 행사를 벌였고, 무측천 시기에는 설회의(薛懷義), 법명(法明), 처일(處一) 등 승려가 장안과 낙양에 내부 도량을 수립하였으며, 상당수 고승이 이런 방식을 통해 산림에서 도시, 심지어 궁

---

4) 천보 13년(745), 즉 안사의 난이 발생하기 1년 전 당나라 현종이 특별히 개설한 동효현경과(洞曉玄經科) 고시에 출제한 문제는 이러하다. 태상현원황제(太上玄元皇帝)가 말하건대 "잘 심어져 뽑히지 아니하고 잘 싸여 벗어나지 아니하면 자손이 제사를 지내며 끊이지 않는다(善建不拔, 善抱不脫, 子孫以祭祀不輟선건불발, 선포불탈, 자손이 제사부철)." 그렇다면 요(堯)는 매우 현명하였는데 어찌하여 단주(丹朱 : 요 임금의 아들. 현명하지 못하여 요가 제위를 순舜에게 선양禪讓하였다고 전해짐, 역자 주)에게 왕위를 이어주지 못하였고, 재위 기간이 짧았던가? 또한 『도덕경(道德經)』에서 언급하길 "현자를 숭상하지 않는다고 하였는데, 그 뜻은 왜 그러한 것인가?(不尙賢者, 其旨何哉?불상현자, 기지하재?)" 또 묻기를 이미 경전에 "기를 집중하여 부드러움에 이르렀다(專氣致柔전기치유)"는 말이 있는데, 또한 '조목이 마음대로 했던 것(朝穆肆任조목사임)'을 옳다고 여긴다. 이미 '섭생을 잘하는 자(善攝生者선섭생자)'는 늘 길하고 상서롭다고 하였으면서 또한 단표(單豹)가 '바위에 거처하며 물이나 마셨지만(岩居水飮암거수음)' 결국에는 거친 공격의 피해를 면할 수 없었다(不免嚙搏불면서박). 어찌하여 삶을 보전함이 서로 다르고, 이해가 사뭇 달라졌는가(何衛生之不異, 而利害之頓殊하위생지불이, 이이해지돈수)? 이러한 문제들은 보기에 상당히 까다로운 것 같다. 하지만 노자가 현원황제(玄元皇帝)인 까닭에 『도덕경(道德經)』은 이미 경전의 지위에 올랐던 것이고, 따라서 문제는 비록 경전 사상의 표현 중의 모순점에서 시작하였으나 답안은 오히려 반드시 그 '보완'과 해석이어야 한다. 현존하는 독고급(獨孤及)의 대책은 바로 여러 이유를 들어 노자의 방패막이가 되어 노자의 이치들이 현실에 대해 원만하면서도 실제적임을 드러내었다. 예컨대 첫 번째 문제에 대해서는 요는 비록 후대에 제사를 지낼 자손이 없었으나 그는 아주 위대했기 때문에 지금 황제 또한 사당을 지어 제사를 지내는 바, 이야말로 '자손이 제사를 지내며 끊이지 않는 것(子孫祭祀不輟)'과 마찬가지다. 요에 대한 유가의 가송(歌頌)과 노자의 언급이 합치를 이루는 것이다. 현자를 숭상하지 않는 것에 대해 그는 설명하길, "가까운 신하의 임무를 폐하는 것이나 신하가 도우려는 것을 단절한다는 것을 말하는 것이 아니라(非謂廢股肱之任, 絶臣補之力비위폐고굉지임, 절신보지력)" 만약 "때맞춰 공을 다하고, 의에 따라 일(세상을 다스리는 데에 필요한 세 가지 일, 즉 삼사三事로 正德·利用·厚生을 가리킴, 역자 주)을 세우고자(因時致功 因義立事인시치공 인의입사)" 한다면, 현인을 담담하게 대하고, 사람들로 하여금 다투지 않게 하니, 하는 바도 일도 없는(無爲無事) 상황에 이른다는 것이다. 유가의 성현(聖賢)의 정치사상과 도가의 무위무사(無爲無事)라는 생각의 방향이 바로 이렇게 보완되고 있다. 이상 『등과기고(登科記考)』 권9, 330~336쪽. 참고로 '선건(善建)' 구절은 『노자(老子)』 5장에, '불상현(不尙賢)' 구절은 『노자(老子)』 제3장에, '선섭생(善攝生)' 등은 『노자(老子)』 15장에 보임.

정에 곧장 진입할 수 있게 되었다. 8세기 상반기에 불교도들은 이미 궁정 속으로 진입하였고, 상당히 오랫동안 합법화 기간이 있었다. 특히 사람들이 점차 상층에 존재하는 그들의 존재에 습관이 되었을 때 이는 상부 이데올로기 속에서 점점 합리화되었다.

둘째, 불교는 장안과 낙양에 상당수 사묘를 세웠을 뿐만 아니라[1] 합법적으로 각 주마다 관방 사묘를 세운 후 관방의 위탁을 통해 승려 관리를 파견하여 관리하였는데, 이 또한 당나라가 건국되자마자 시작된 일이었다. 『속고승전(續高僧傳)』 권11 「길장전(吉藏傳)」에 "무덕 초기에 승려가 지나치게 많아 십대 대덕(大德: 승려)을 두어 법무를 관장하고 의론에 완전히 따랐다(武德之初, 僧過繁結, 置十大德綱維法務, 宛從物議무덕지초, 승과번결, 치십대덕강유법무, 완종물의)." 8세기에 불교 사원은 점점 많아지기 시작하는 듯하였다. 적인걸(狄仁杰 : 630~700년, 당나라 때 정치인)은 8세기가 시작되던 해(700)에 올린 상소문에서 "마을 거리마다 경전 서점이 많고, 성문 거리마다 정사가 세워졌다(里陌多有經坊, 闤闠亦立精舍리맥다유경방, 환궤역립정사)"[2]고 지적한 바 있다. 그리하여 현종 때는 지방에 '승통(僧統)'을 추가 설치하여 국가에서 영을 내려 각 주에 절을 짓고 승려를 받아드릴 때 이들 관방의 허락을 받아 건립된 불교 사묘와 도첩을 발급받은 승려들은 관방 종교의 대표가 되었다. 예를 들어 당나라 때 각지마다 보편적으로 세워졌던 개원사(開元寺)의 중요한 임무 중의 하나는 다름 아닌 황실의 기일이나 생신 때 이를 위해 도량을 열고 재를 지내는

---

1) 단옥명(段玉明), 『중국사묘문화(中國寺廟文化)』, 상해인민출판사(上海人民出版社), 1994, 참고. 더 세밀한 연구를 볼 필요가 있다면 손창무(孫昌武) 「당장안불사고(唐長安佛寺考)」에서 일찍이 지적한 바와 같이 장안 일대에서만 200여 개의 사원이 있었고 승려는 수만 명에 이르렀다고 한다. 『당연구(唐研究)』 제2권(북경대학출판사, 1996)에 수록. 그러나 일본학자 시즈카 시게노이(滋野井恬)의 『당대불교사론(唐代佛教史論)』에서는 『고승전(高僧傳)』에 의거하여 밝히길, 714년부터 755년 사이에 장안에서 활약한 저명한 고승으로 후세의 『고승전』에 기록된 경우는 단지 53명 뿐이며, 그 중에 율사(律師)로는 도선(道宣)·문강(文綱), 법사(法師)는 현일(玄逸)·도인(道氤), 선사(禪師)는 보적(普寂)·의복(義福)·영저(靈著) 등이다. 그러나 756년부터 800년 사이에는 103명이 있었는데, 그 중 법사(法師)는 양분(良賁)·잠진(潛眞)·양수(良秀), 율사(律師)는 여승(如乘)·원조(元照), 경전을 번역한 고승으로는 불공(不空)·오공(悟空) 등이 있었다(平樂寺書店, 1973). 불교 사원이 많은 재산을 끌어 모았던 것과 관련해서 프랑스 학자 후금랑(侯錦郎)의 『돈황 용흥사의 기물력(敦煌龍興寺的器物歷)』을 참고할 수 있다. 이는 한 변두리 사원에 관한 사례 연구로 이 사원의 재산 수치는 손실을 입은 후의 통계이다. 중역문(中譯文), 경승(耿升) 역, 『프랑스학자 돈황학 논문 선집(法國學者敦煌學論文選粹)』 83~84쪽, 중화서국, 1993.

2) 『자치통감』 권207, 6550쪽.

일이었으며, 아울러 세속 사회의 수요에 따라 재액을 제거해야 할 때는 사람들을 위해 의식을 거행함으로써 그들에게 정신적으로 평안과 위로를 제공해주는 일이었다.[3]

마니교, 경교, 배화교 등도 한족 문명 중심 지역에서 갈수록 광범하게 전파되었다.

사실상 불교와 도교 두 종교만 그러했던 게 아니었다. 8세기 전후에 이민족이 한족 지역에 유입되어 섞여 살게 됨에 따라 오래 전부터 이미 중국에 전래된 이른바 '삼이교(三夷敎 : 세 오랑캐 종교)'인 마니교(摩尼敎), 경교(景敎), 배화교(拜火敎) 등도 한족 문명 중심 지역에서 갈수록 광범하게 전파되었다. 저명한 「대진 경교의 중국 전파를 담은 비문과 송문(大秦景敎流行中國碑幷頌)」에서 말하기를, 선천(先天) 말기(713)에 당나라 현종이 "영국(寧國) 등 다섯 왕으로 하여금 직접 그 복우(福宇)에 나아가 제단을 세우게 하셨다(令寧國等五王, 親臨福宇, 建立壇場령영국등오왕, 친림복우, 건립단장)"고 하였다. 천보(天寶) 초(742)에는 다시 "대장군 고력사를 시켜 다섯 성인의 진영(眞影)을 보내 사찰 안에 안치하게 하였다(令大將軍高力士, 送五聖寫眞, 寺內安置령대장군고력사, 송오성사진, 사내안치)."[4] 『전당문』 권33에는 당나라 현종의 「파사사를 대진사로 개명하는 칙령(改波斯寺爲大秦寺詔)」이 수록되어 있는데, 당시 두 수도의 파사사를 모두 대진사로 고쳐 부르게 하면서 '천하의 여러 부, 군 또한 모두 이에 따르도록(天下諸府郡亦宜准此천하제부군역의준차)'[5] 하였다. 그렇다면 전국 각 지역마다 이미 대진사가 있었단 말인가? 후대 연구에 따르면 적어도 당시 장안, 낙양, 영무(靈武), 주지(周至), 사주(沙州), 광주(廣州) 등에는 대진사가 건립되어 있었다고

---

3) 불교 사찰의 영향에 관해 사화내(謝和耐)의 『중국 5~10세기의 사원경제(中國五-十世紀的寺院經濟)』에서는 일찍이 "도시 부근 지역이나 상업이 가장 흥성한 거리, 향촌과 산간 지역 곳곳마다 무수한 작은 사찰이 두루 세워졌다. 명절 기간에는 수많은 일반 백성들이 다함께 묘회(廟會)로 몰려들었다. ……주요 활동은 시주와 기부 할당금을 내는 것인데, 이로부터 우리는 농민들의 실제 옛 생활상을 살필 수 있다. 또 하나 전혀 다른 계층 속에서 불교에 대한 열정은 길상에 관한 전설과 거액을 지불하는 뚜렷한 습성이 서로 관련 맺고 있었음을 살필 수 있다. 정치와 경제에 대한 관심, 종교 습관과 미학적 애호, 이러한 모든 것들은 돈을 물 쓰듯 쓰는 이들에게 집중되어 있으며, 동시에 이러한 추세를 담은 복잡한 공연 가운데 표현되고 있다. 우리는 이로부터 그들이 불문(佛門)에 들어서는 일에 열중하는 원인을 엿볼 수 있다." 경승(耿升) 중역본, 10쪽, 감숙인민출판사, 1987.

4) 서자강(徐自强), 「대진경교유행중국비고(大秦景敎流行中國碑考)」, 『향달(向達)선생 기념 논문집』, 312~329쪽, 신강인민출판사, 1986.

5) 『전당문』 권33, 152쪽.

한다. 그리고 마니교와 배화교 또한 점차 흥성하고 있었다.[1] 『불조통기(佛祖統記 : 1269년 송나라 때 지반이 저술한 중국불교사)』 권39에서 불교도 지반(志磐)의 말을 인용하여 이러한 상황에 관해 정확하지는 않지만 상당히 개괄적으로 서술한 바 있다.

태종 때 페르시아 목호[2]가 배화교를 들여오니 칙령을 내려 대진사를 세웠다. 측천무후 때 페르시아 불다탄이 『이종경』을 진상하였다. 그 후 대력 연간에 형주, 양주, 홍주, 월주 등 지역마다 각기 마니사를 세웠기에 이 사악한 가르침에 어리석은 백성들이 점차 감염되기에 이르렀다(太宗時, 波斯穆護進火祆敎, 勅建大秦寺. 武后時, 波斯拂多誕進『二宗經』. 厥後, 大曆間, 荊, 揚, 洪, 越等州, 各建摩尼寺, 此魔敎邪法, 愚民易於漸染태종시, 파사목호진화천교, 칙건대진사. 무후시, 파사불다탄진『이종경』. 궐후, 대력간, 형, 양, 홍, 월등주, 각건마니사, 차마교사법, 우민역어점염).[3]

여기서는 8세기 상반기 상황에 대해서는 언급하지 않았다. 하지만 당나라 태종과 무측천 시기에는 그저 사묘 건축과 경전 진상만 이루어졌으나 8세기 하반기 대력 연간(766~779)에는 각 주마다 일시에 사묘를 세웠으니 개원과 천보 시대 이들 이민족 종교의 유행 정도를 가늠해볼 수 있다.[4] 물론 이들 이민족 종교

1) 서송(徐松), 『당양경성방고(唐兩京城坊考)』 권5. 낙양의 수선방(修善坊)·회절방(會節坊)·입덕방(立德坊) 모두 화천사(火祆寺 : 배화교 사묘)가 있었으며, 『조야첨재』 권3에도 하남부(河南府)와 양주(凉州)의 천신묘(祆神廟 : 배화교 사묘)에 관련된 기록이 보인다. 비록 마법과 관련된 고사 기록이 주를 이루지만 이러한 지역들에도 최소한 천교(祆敎 : 배화교)가 존재하였음을 설명할 수 있는 것이다. 64~65쪽.
2) 고대 페르시아의 마구시(magush), 중세의 무그(mugu) 또는 마기(magi)로 배화교의 사제계급을 뜻함(역자 주).
3) 『불조통기(佛祖統紀)』 권39, 『대정신수대장경(大正新修大藏經)』 49권, 370쪽, 신문풍출판공사.
4) 백희화(伯希和)·사완(沙畹), 『마니교의 중국 전파 고찰(摩尼敎流行中國考)』, 풍승균(馮承鈞) 중역문(中譯文), 상무인서관, 1931. 풍승균 『서역남해사지고증역총(西域南海史地考證譯叢)』 제2권, 제8집, 43~104쪽(상무인서관 중인본, 1995)에 재수록. 나향림(羅香林), 『당원 두 조대의 경교(唐元兩代之景敎)』, 홍콩, 1966. 진원(陳垣), 『배화교의 중국 전래에 관한 고찰(火祆敎傳入中國考)』, 『진원학술논문집(陳垣學術論文集)』, 303~328쪽, 중화서국, 1986. 진원은 일찍이 마니교와 경교가 중국에서 적지 않게 전파되었으나 배화교는 "결코 교리를 전도하지 않고 경전을 번역하지도 않아 교인들은 호인(胡人)들만 있고 당인(唐人)은 없었다(幷不傳敎, 亦不飜譯, 故其敎祇有胡人, 無唐人병불전교, 역불번역, 고기교지유호인, 무당인"고 보았다. 그러나 근래 임오수(林悟殊)의 연구에서 지적하길, 경교와 마니교의 전파가 상당히 광범하였을 뿐만 아니라 배화교 또한 일찍이 당나라 때 중국인들 사이에서 널리 퍼졌다고 하였다. 「당인봉화천교고변(唐人奉火祆敎考辯)」, 『문사(文史)』 30집, 101~107쪽, 중화서국, 1988. 「당조세 이교에 관한 정책 약론(唐朝三夷敎政策略論)」, 『당연구(唐硏究)』 제4권, 1~14쪽, 북경대학출판사, 1998.

는 불교와 도교의 수량에 크게 미칠 수 없었다. 그렇지만 8세기가 20년 지난 후 서원여(徐元興)라는 사람이 그 시대 각종 사묘의 성황을 회상하며 말하기를, 먼저 불교 사묘가 가장 흥성하였고, "열 족벌이 사는 마을, 백 가문이 사는 여염집마다 필히 부도를 세우고 이를 장식하였다(十族之鄉, 百家之間, 必有浮圖爲其粉黛십족지향, 백가지려, 필유부도위기분대)." 그러나 다른 종교의 사묘도 마찬가지였고, "온 나라가 근래에 이를수록 심해졌고, 또한 여러 이족을 받아들여 마니교, 대진사, 천신 등이 있게 되었다(國朝沿近古而有加焉, 亦容雜夷而來者, 有摩尼焉, 大秦焉, 祆神焉국조연근고이유가언, 역용잡이이래자, 유마니언, 대진언, 천신언)." 물론 "천하의 세 이족 사묘를 합한다 하더라도 작은 고을에 있는 우리 불교 사찰 수에도 미치지 못하였다(合天下三夷寺, 不足當吾釋寺一小邑之數也합천하삼이사, 부족당오석사일소읍지수야)."[5] 하지만 이들 역시 불교와 마찬가지로 관방에서 아무리 제약하더라도 한족 문명 바깥에서 들어온 이 종교들은 시종 사람들의 신앙세계에 침투하여 그들의 생활 속에 영향을 일으켰다. 그리하여 이들의 존재와 전파는 또한 전통적 지식과 사상, 그리고 신앙세계의 제방을 갈수록 취약하게 만들었다.

사상사에서 특별히 중시해야 할 사안이 하나 있는데, 그것은 개원 10년(722)에 당나라 현종이 천하에 자신이 만든 『효경주(孝經注)』를 반포한 일이다. 그는 기풍이 순박하던 상고 시대는 이제 다시는 돌아오지 않으리라 여기며, 인의가 이미 갖춰진 시대에는 '효도가 덕의 근본이 되고(孝者德之本효자덕지본)', '효도'만이 사람들을 교육할 수 있는 길이라 믿었다. 아울러 "엄격하게 공경을 가르치고 친근하게 친애를 가르쳐야(因嚴以教敬, 因親以教愛인엄이교경, 인친이교애)"만 질서가 재건되고 도덕이 회복될 수 있다고 보았다.[6] 그러나 개원 20년부터 21년까지(732~733) 당나라 현종은 다시 『도덕경어주(道德經御注)』[7]를 완성하였다. 도가와 도교에서 함께 활용하는 이 경전에 대한 주석 속에서 그는 의식적이건 무의식적이건 불교 이치

---

5) 「당악주영흥현중암사비명병서(唐鄂州永興縣重岩寺碑銘幷序)」, 『전당문』 권727, 3323쪽.

6) 당나라 현종, 「효경서(孝經序)」, 『효경주소(孝經注疏)』 2540쪽. 이 주석본에 대한 상황과 관련해서는 『사고전서총목(四庫全書總目)』 권32, 중화서국영인본, 263쪽(1965, 1981)을 참조할 것.

7) 『도덕경어주(道德經御注)』가 쓰인 연대에 관해서는 유존인(柳存仁) 「도장본 삼성주도덕경의 득실(道藏本三聖注道德經之得失)」에 근거하였음. 『화풍당문집(和風堂文集)』 상책, 475쪽, 상해고적출판사, 1991.

를 끌어들여 '성(性)'과 '정(情)', '심(心)'과 '경(境)'에 관한 문제를 논의하면서, 이런 철리에 관한 토론으로 인성과 도덕의 기초를 확립하여 질서를 세우고자 하였다. 곧이어 개원 22년(734), 당나라 현종은 또다시 자신이 주석한 『금강경(金剛經)』을 반포하였다. 그는 『금강경』을 『도덕경』, 『효경』과 함께 "무너지지 않는 법, 영원무구한 성이 진실로 이 경전에 있다(不壞之法, 眞常之性, 實在此經불괴지법, 진상지성, 실재차경)" [1]고 강조하였다.

이처럼 세 차례나 황제의 이름으로 경전 독본을 반포한 일은 아마 이 시대 사상사에서 가장 상징적 의미를 띤 일일 것이다. 이 세 가지 경전에 대한 주석의 수준 주체가 어느 정도인가는 차치하고서라도 정통 사상과 질서를 상징하는 황제가 이처럼 각각 불교, 도교, 유가에 속하는 경전을 선택하였다는 점, 이 세 경전은 각종 사상 경전 가운데 가장 간략한 내용의 서적이라는 점, 이 세 서적 내용은 우주 본원과 인심 심층을 탐구하는 경전인데 이들을 관방 명의로 주석을 가해 사인과 서민이 두루 읽게 하였다는 점 등은 그 자체로 이미 지식과 사상의 풍조가 8세기 이후로 서로 융합되고, 간략화 되고, 내부 심층부로 전환되고 있음을 암시하는 게 아니겠는가? [2]

지식과 사상의 풍조가 8세기 이후로 서로 융합되고, 간략화 되고, 내심 심층부로 전환되고 있음을 암시한다.

1) 「어주금강반야경서(御注金剛般若經序)」, 『방산운거사석경(房山雲居寺石經)』, 문물출판사, 1987. 『전당문』 권37, 당나라 현종 「어주 금강경에 대한 장구령의 경하에 답하여(答張九齡賀御注金剛經批)」 176쪽. 참고로 당나라 초기에 이미 유초해(庾初孩)와 혜정(慧淨)의 『금강반야경주(金剛般若經注)』가 있었다. 저량(褚亮)의 「금강반야경주서(金剛般若經注序)」, 『전당문』 권147, 653쪽에 보인다.

2) 『효경(孝經)』은 개원 7년부터 유지기(劉知幾)의 상서(上書)가 있었는데, "청하옵건대 정자(鄭子 : 鄭玄)의 『효경』을 폐하고 공(孔 : 孔穎達)의 주석을 따라주십시오(請廢鄭子『孝經』, 依孔注청폐정자『효경』, 의공주)." 정현의 주는 위탁(僞託)임에도 "후위·북제 때는 학관에 모셨는데 무릇 오랑캐 풍속이 무식한 탓에 그런 잘못이 있었던 것입니다(後魏北齊之代, 立於學官, 蓋虜俗無識, 故致斯謬후위북제지대, 입어학관, 개로속무식, 고치사류)"고 하였다. 『대당신어』 권9, 135쪽. 『등과기고(登科記考)』 권6, 193쪽.

<u>4</u>

"사상은 언제나 사회의 약처방이다(The ideas always is the prescription of society)." 지나치게 실용적인 이런 이해 방식은 아마 사상의 의의는 낮게 평가하고 사상의 용도를 높게 평가하게 될 것이다. 벤자민 슈워츠(Benjamin Schwartz)는 일찍이 사상 사가 연구하는 '사상(ideas)'은 인류 자신이 처한 '환경(situation)'에 대한 '의식적인 반응(conscious responses)'이라 지적하였는데,³⁾ 이른바 '의식적인 반응'이란 물론 반 드시 실제로 사회를 치유하는 약처방이 될 수 있는 것은 아니다. 이는 반드시 의 식 형태의 확인을 거쳐서만 비로소 조작 가능한 제도, 법률, 정책 따위로 전화될 수 있으며, 실제로 사회를 치유하고 구제하는 데 실효를 거둘 수 있기 때문이다. 그렇긴 하지만 활력을 지닌 어떤 사상은 또한 사회의 갖가지 문제에 심각한 진단 을 내릴 수 있어야 한다. 비록 실제로 수술 칼이 되어 사회라는 육체를 해부하고 사회의 병의 근원을 도려낼 수는 없을지라도 선택 가능한 적용 가능한 비평을 제 시할 수 있으며, 첨예한 비평을 통해 사람들로 하여금 사고하게 만든다. 사회란 언제나 어떤 병증과 다른 병증이 교차적으로 발생하고 있기 때문에 한 시대의 지 식과 사상, 그리고 신앙세계는 이에 대해 진단과 비평을 내려야만 한다. 그러나 8 세기 중국 지식과 사상, 그리고 신앙세계는 이미 그렇게 진단하고 비판하는 능력 을 상실해버린 듯 보인다.

먼저 국가와 사회 질서를 유지하는 합리성의 최종 근거로서의 우주 천지가 그 기능을 잃고, 당시 질서의 혼란에 대해 비평할 능력을 상실하였다. 원래 "하늘 은 변치 않고 도 역시 변치 않는다(天不變, 道亦不變천불변, 도역불변)"는 사상은 한나라 때부터 제시되었는데, 중국의 국가와 사회 질서는 줄곧 아무런 근심 없이 이러한 질서 정연한 우주에 의지하여 의심할 여지없는 합법성과 합리성을 유지해 왔다. 고대 중국에서 사람들은 원래 자연스럽게 질서(order)와 층차(Hierarchy : 계층)를 추

8세기 중국 지식과 사상, 그리고 신앙세계는 이미 그렇게 진단하고 비판하 는 능력을 상실해버린 듯 보인다.
먼저 국가와 사회 질서 를 유지하는 합리성의 최 종 근거로서의 우주 천지 가 그 기능을 잃고, 당시 질서의 혼란에 대해 비평 할 능력을 상실하였다.

---

3) 벤자민 슈워츠(Benjamin Schwartz), 「중국 사상사에 관한 약간의 초보적 고찰(關於中國思想史的若干初步考察)」, 중 역문, 장영당(張永堂) 역, 『중국 사상과 제도 논집(中國思想與制度論集)』 3~4쪽, 연경출판사업공사, 타이베이 (1976, 1977)에 수록되어 있다. *벤자민 슈워츠(Benjamin Isadore Schwartz : 1916~1999)는 미국의 중국사 연구자이 다(역자 주).

구하고 믿는 경향 아래 우주 천지의 운행 질서와 공간 층차를 일종의 합리성의 암시와 상징으로 간주하면서 사회 권력과 계층에 대한 합법성으로 지지해 왔다. 전통적 우주 천지는 일종의 상징으로서 원래 지지하는 것은 분명한 계층 등급, 중심에서 주변으로 점차 확산하면서 문명 등급 또한 이에 따라 점차 감소해가는 국가와 사회의 질서 등이었다. 이런 질서를 유지하고 보호하는 것은 바로 '천도에 의거해 세워진(依天道而立의천도이립)' 예법이었고, 예법이야말로 이런 우주라는 상징의 지지 아래 합법성과 합리성을 지니는 것이었다.[1]

위진 이래로 유학의 여러 경전 가운데『예』에 관한 학문과『춘추』에 관한 학문이야말로 줄곧 사회 질서와 가장 밀접한 학문이었다.『춘추』학문은 역사 시간에서 정치 이데올로기와 정치적 통제 권력에 도움을 제공하였고,『예』는 사회 공간에서 계층 간의 질서를 수립하였다. 때문에 상당히 오랜 동안『예』는 가장 중요한 지식이었고, 8세기에 이르러서도 여전히 마찬가지였으며, 당나라 고종 현경(顯慶 : 656~661년) 연간에서 당나라 현종 개원과 천보 연간까지 줄곧 이어지고 있었다. 거의 모든 저명한 문사와 신하가 두루 참여하였던, 종묘 제기와 상복 제도에 관한 대대적인 토론,[2] 성력(聖曆 : 698~700년, 측천무후의 10번째 연호) 연간 삼년상은 과연 36개월로 해야 할지 아니면 25개월로 해야 할지에 관한 논쟁,[3] 서견(徐堅)과 장열(張說)이 임금의 명을 받들어 총체적 성격을 띤『삼교주영(三敎珠英)』을 수찬할 때 "『문사박요(文思博要)』를 근본으로 삼고 다시『성씨』와『친족』두 책을 보탰다(以『文思博要』爲本, 更加『性氏』, 『親族』二部이『문사박요』위본, 경가『성씨』, 『친족』이부)"[4]고 하였던 점 등은 사실은 정치 이데올로기의 지식 배경으로서의 예학의 중요성을 증명하는 일들이다. 사회 질서는 이미 갈수록 변화가 발생하였지만 학술과 사상의 관성은 이를 여전히 중심 지위에 두고 있었다.

---

1) 이것은 고대 중국의 매우 오래되었으면서도 상당히 핵심적인 관념이다. 예컨대『예기(禮記)』「예운(禮運)」에 "무릇 예는 반드시 대(大)와 일(一)에 근거한다(夫禮必本於大一부예필본어대일)"라고 하였는데 공영달(孔穎達)의 소(疏)에서는 "지극히 큰 것을 일컬어 '하늘'이라 하고, 아직 분리되지 않은 것을 '일'이라 한다(極大曰天, 未分爲一극대왈천, 미분위일)"고 하였다. 본서 제1권 276쪽 참고.
2) 『신당서』권122 「위안석전에 첨부된 위도전(韋安石傳附韋紹傳)」을 참고할 것.
3) 『구당서』권91 「장간지전(張柬之傳)」, 2936쪽.
4) 『구당서』권102 「서견전(徐堅傳)」, 3175쪽.

'예'(의식의 상징과 암시를 포함하면서 또한 행위 윤리와 생활 도덕의 규정을 포함하며 또한 모든 정치 제도를 포함)에 의지하여 사회가 그 질서를 유지하였고, '예'는 또한 고대 중국에서 세운 우주 천지 공간의 상징에 의거하여 모든 합리성을 지니고 있었다. 고대 중국인의 이해에 따르면 천지와 음양은 서로 짝을 이루고 중심과 사방은 오행과 상응한다. 하늘은 존귀하고 땅은 비천하며, 천지에는 중심과 사방이 있으며, 중심과 사방은 여전히 중심과 떨어진 거리에 따라 문명에서 차등이 있다. 사회 또한 우주의 공간적 상징에 따라 결코 변할 수 없는 완전무결한 국면을 세우게 된다. 하늘, 땅, 신, 인간 사이에는 극도로 분명한 대응 관계가 존재하며 인간과 인간 사이에도 분명한 계층 구분이 존재한다. 이러한 국면과 관계는 제사 의식과 대상, 복장 양식과 색채, 행위 규칙과 예절 등을 통해 권력을 지니는 지식 담론을 구성하여 현존하는 사회와 사상의 질서를 지탱하며, 이런 질서를 지닌 국가와 정권을 유지하고 보호한다.

그러나 이렇게 한나라 때에 완전하게 수립된 이후 줄곧 어떤 심각한 도전도 받지 않았던 우주와 사회에 관한 사상은 오히려 이 시대의 일련의 어지러운 변화에 대해 어떤 해석도 내릴 수가 없었다. 경룡(景龍) 3년(709), 막 복위한 지 얼마 되지 않은 중종이 남쪽 교외에서 대제(大祭)를 거행할 때 문화 사업을 관장하는 축흠명(祝欽明)과 곽산운(郭山惲) 두 관리가 상소문에서 이렇게 아뢰었다.

전하는 바로 천자는 하늘을 아버지로, 땅을 어머니로, 태양을 형으로, 달을 누이로 삼기에 남쪽 교외에서 하늘께 제사하고, 북쪽 교외에서 땅께 제사하고, 동문 밖에서 태양을 조배하면서 신을 섬기는 일을 밝히고 인간사를 가르쳐야 합니다. 임금은 반드시 스스로 경배하여 예의를 갖춰야 하며, 그렇게 한 연후에야 직무를 총괄하게 되는 바 이것이 그 의입니다(舊說以天子父天, 母地, 兄日, 姊月, 所以祀天於南郊, 祭地於北郊, 朝日於東門之外, 以昭事神, 訓人事, 君必躬親以禮之, 有故然後使攝, 此其義也구설이천자부천, 모지, 형일, 자월, 소이사천어남교, 제지어북교, 조일어동문지외, 이소사신, 훈인사, 군필궁친이예지, 유고연후사섭, 차기의야)[5]

---

5) 『구당서』 권189 「축흠명전(祝欽明傳)」, 4966쪽.

이 글에서 '전하는 바'라 함은 당연히 이미 오래된 전통 학설에 따른다는 것이며, 이런 전통 학설 속에는 우주 천지와 국가와 사회 질서에 관한 관념이 포함되어 있다. 이런 관념에 따라 등급의 차이와 순서가 분명한 국가와 사회가 건설되는 것이며, 그 안에서 생활하는 사람마다 모두 이렇게 건설된 질서 속에서 본분에 맞게 질서 정연하게 생활하여 국가라는 이 금자탑 속의 사회 구조와 등급 구조의 안정성을 유지해야 한다. 그러나 사실상 이러한 질서는 오히려 끊임없이 파괴되고 있었다. 무측천 시대 이래로 태평공주(太平公主), 중종의 위(韋) 황후, 상관완아(上官婉兒), 장녕공주(長寧公主), 안락공주(安樂公主) 등은 모두가 정치에 적극적으로 간여해 왔고, 심지어 일부 궁녀들까지도 정치 사건에 개입하기도 하였다.[1]

예컨대 환언범(桓彦範)이 중종의 복위 때 "음으로서 양을 태우는 것은 하늘에 위배되는 일이다. 부인으로서 지아비를 능욕함은 인사에 위배되는 일이다. 하늘에 위배되면 상서롭지 못하고, 인사에 위배되면 의롭지 못하다(以陰乘陽, 違天也, 以婦凌夫, 違人也, 違天不祥, 違人不義이음승양, 위천야, 이부릉부, 위인야, 위천불상, 위인불의)"[2]고 말하였던 바와 같았다. 그러나 어쩔 것인가? 하늘과 땅이 이미 뒤집혔고 질서가 전도되었으니 불변의 원칙은 이미 엎어지고 만 것이다. 그동안 역사는 이미 하늘을 무너뜨리고 땅이 갈라지게 만들었고, 회복되는가 싶더니 바로 이어 710년부터 713년 사이에 예종과 현종 부자지간의 권력 투쟁이 발생하였다.

이금수(李錦繡)의 연구에서 밝힌 바에 따르면, "예종 때의 정치는 예종이 그 누이 태평공주를 이용하여 이융기(李隆基 : 예종의 아들이며 훗날의 현종) 세력을 흔들어 그 제위를 공고히 한 정치였고, 또한 이융기가 온갖 계책을 써서 그 부친을 몰아붙여 완전히 정권을 내놓게 만든 정치였다. ……궁정 정변은 줄곧 고대 정치의 가장 은밀한 곳에서 이루어졌고, 현종이 그 부친을 핍박하여 퇴위시킨 것은 한층 유가의 치국 근본인 효도에 부합될 수 없는 일이었다. 이 때문에 지금 전해지는 수정된 사적 속에서는 현종에게 효도라는 광채 나는 장식테를 씌웠고, 예종 또한 이를 양보한다는 겉옷을 걸치게 하였다. 태평공주가 정치에 개입하여 반역을 도

---

1) 혜령(耿慧玲), 「신룡 궁녀 묘지로 살펴본 정변 중의 그 작용(從神龍宮女墓誌看其在政變中之作用)」, 『당연구(唐研究)』 제3권, 231~258쪽, 북경대학출판사, 1997.
2) 『신당서』 권120 「환언범전(桓彦範傳)」, 4310~4311쪽.

모하자 현종은 태평공주를 주살하면서 합리적 합법성을 부여하였다."[3]

'천위지강 부위자강(天爲地綱, 父爲子綱 : 하늘은 땅의 벼리, 아버지는 아들의 벼리)'이 구축한 '예'는 이미 어떤 구속력을 지니지 못한 채 '효우孝友'도 사실상 이미 사람들이 그 진실성을 믿지 못하는 상태가 되었다.

특히 당시 사회에서 권력 중심과 계층 구조의 변화는 한층 전통 질서를 향해 도전하였고 궁극적 근거로서의 전통적 우주 천지의 의의에 의문을 제기하였다. 원래 저마다 거대 가문, 거대 성씨에 속했던 백성들은 끊임없이 "그 고향 마을을 버린 채 외부 주현으로 이주하였고, 쉽사리 고향 마을을 떠나버리고 다함께 부박하고 게을러졌다(棄其井邑, 逋竄外州, 輕去鄕邑, 共爲浮惰기기정읍, 포찬외주, 경거향읍, 공위부타)"[4] 이는 과거 거대 가문, 거대 성씨들로 하여금 끊임없이 분화의 길로 나아가 더 이상 귀족 혈통이나 거대 성씨 신분이 아닌 하층 사인이 되게 만들었다. 사방팔방에서 '과거 선발장(選官場)'에 진입하여 변화된 과거제도를 통해 중심부에 진입한 그들은 귀족과 더불어 원래 귀족에게만 독점되었던 권력을 나눠 누리게 되었다. 또한 원래 귀천의 질서가 있던 사회 구조를 변화시켰다.[5]

안사의 난 전후에 일어난 번진(藩鎭), 특히 일부 이족 출신이나 하층 출신의 봉강대리(封疆大吏 : 변방에 봉해진 높은 관리)와 그들 주위에 모여든 사인 집단들이 정치 문화상에서 중앙과 지방의 중심축을 점차 기울게 만들었다. 그리하여 중심과 주변, 귀족과 한문(寒門), 고귀함과 비천함, 문명과 저속, 한족과 이민족의 경계가 이미 모호하게 되었기 때문에 종족, 지역, 문벌, 성씨, 문명이 상호 중첩되고 등급 질서가 분명하였던 사회 질서는 이미 해체되어 가고 전통적 우주 천지 공간의 등급 차이를 계통을 지지하는 예법으로 삼던 학문이 점차 붕괴되었다. 예법 관념을

---

3) 이금수(李錦繡), 「당 예종과 현종의 지위 선양에 관한 시론(試論唐睿宗·玄宗地位的嬗代)」, 『원학(原學)』 제3집, 161~162쪽.

4) 당나라 예종의 「풍속을 경계하고 장려하는 조서(誡勵風俗敕)」와 당나라 현종의 「여러 주 도망자 금지에 관한 조서(科禁諸州逃亡制)」, 『전당문』 권19, 92쪽, 권22, 107쪽.

5) 『자치통감』 권213에 의하면, 개원 21년(733)에 관원은 삼사(三師) 이하가 이미 17,686명에 달하였고, 관리는 좌사(佐史) 이상이 57,416명으로, 국가와 사회 전체의 권력 분배와 계층 구조가 이미 크게 변화하였다. 이에 사마광(司馬光)은 "벼슬로 나아가는 길이 너무 많아 다 기록할 수 없을 정도다(入仕之途甚多, 不可勝紀입사지도심다, 불가승기)"고 하였다. 6802쪽.

지지 배경으로 삼던 성씨 관련 학문 또한 이미 사회에 대한 진단과 비평 능력을 상실하고 말았다.

다음으로 권력에 의해 확인된 역사 지식 또한 이미 당시 중국의 종족 집단과 문명의 우월성을 증명해낼 수 없었고, 마찬가지로 당시 국가 내 각종 이민족의 문명에게도 존재하는 합리성을 비평할 길이 없었다. 연구자들이 늘 빠트리는 한 가지는 북주(北周)와 수나라 왕조를 계승한 당나라 시대는 원래 비한족(非漢族) 문명이란 사실이다. 이점은 원래 이씨 당나라 왕조를 처음으로 열었던 이들도 말하기를 꺼렸던 사실이지만 그러나 이런 문명사 속 비한족 출신에 대해 그들은 결코 강력하게 대한 것만은 아니었고, 정치사 속 조대가 이어지는 정통론에 입각하여 자신들이 권력을 가져야 한다는 합법성에 대한 믿음을 유지하였다. 농서(隴西) 지방 출신으로 개종하여 자신이 이민족 출신임을 가린 역사를 통해 스스로 문명 혈통을 지닌 정통적 지위임을 유지한 것이다.

무덕(武德) 5년 12월, 당나라 고조는 일찍이 「수사조(修史詔)」를 반포하면서 북제(北齊), 양(梁), 진(陳)나라가 스스로 정통임을 내세운 것을 비판하였지만, 그러면서도 북위(北魏), 북주(北周), 수(隋)나라 등 당나라의 정통이 되는 앞 왕조와 마찬가지로 그런 나라들의 역사도 같이 편찬하였다. 물론 이것은 어느 정도 남북을 포용한다는 의미도 있었지만, 그러나 역사 계보에서 당나라 초기는 여전히 북방을 정종으로 삼아 자신의 합법성을 합법적인 주(周)와 수(隋) 왕조의 후대라는 데 세웠다. 또한 어느 정도 일부 한족 문명의 유일한 정통적 의미를 해소시킬 수 있어 이민족 출신인 천자가 역사 계보 속에서 똑같이 권력을 취할 수 있다는 합법성을 지니게 하였다. 그러나 이후의 고종과 현종 시대에 이런 역사 계보는 오히려 엄중한 도전을 받게 되었다.[1]

다음으로 권력에 의해 확인된 역사 지식 또한 이미 당시 중국의 종족 집단과 문명의 우월성을 증명해낼 수 없었다.

---

1) 이보다 더 일찍이 당나라 태종 시대에 법림(法琳)이 이당(李唐) 왕조가 자신의 출신을 감춘 일에 대해 비판하였는데, 「당호법사문법림별전(唐護法沙門法琳別傳)」 중에 그 내용이 인용되어 있다. "제 생각에 탁발 북위와 북방 왕조 신군 달도달 계통은 음산의 귀족 혈통입니다. 경전에서 이르길, 황금을 [그와 색이 비슷한] 황동으로 바꾸고, 비단을 거친 베옷과 바꾸는 것은 귀한 여인을 버리고 하녀와 교접하는 일과 같다고 하였습니다. 폐하가 바로 그런 분이니, 북방 왕조를 버리고 농서를 인정하니 폐하는 바로 그런 분이 되는 것입니다(竊以爲拓跋元魏, 北代神君達闍達系, 陰山貴種, 經云 : 以金易鍮石, 以絹易縷褐, 如舍寶女與婢交通, 陛下卽其人也, 棄北代而認隴西, 陛下卽其人也절이위탁발원위, 북대신군달도달계, 음산귀종, 경운 : 이금역유석, 이견역루갈, 여사보녀여비교통, 폐하즉기인야, 기북대이인농서, 폐하즉기인야)." 『대정장(大正藏)』 제50권, 198~213쪽.

왕발(王勃 : 647~674년, 노조린, 낙빈왕, 양형과 함께 초당初唐의 4걸四傑이라고 일컬음)은 「대당천세력(大唐千歲曆)」에서 당대가 직접적으로 한대를 계승할 것을 건의하였는데, "위진에서 주(北周)와 수나라 왕조까지는 모두 정통이 아니며 오행이 역행한 기세이기에 계승할 수 없는 것입니다(魏晉至於周隋, 咸非正統, 五行之沴氣也, 故不可承之위진지어주수, 함비정통, 오행지려기야, 고불가승지)"라 강조하였다. 또 다른 사람 최창직(崔昌則)은 「대당오행흥운력(大唐五行興運曆)」에서 역시 비슷한 문제를 제시하였는데, "왕으로서 50대이면 일천 년인데, 국가가 주와 한나라를 계승하고 주(北周)와 수나라를 그 다음으로 삼게 해야 합니다(以王者五十代而一千年, 請國家承周, 漢, 以周, 隋爲閏이왕자오십대이일천년, 청국가승주, 한, 이주, 수위윤)." 주목할 점은 이러한 건의는 천보 9년(750) 11월에 황제의 인준을 받은 것으로 보인다.[2]

원래 정통을 북조에서 남조로 옮긴 일은 당연히 별 논의거리가 되지 않는다. 다만 배후에서 무의식적으로 역사를 고쳐 쓴 것은 아마 왕조 수립 백여 년이 지난 시점에서 더 이상 이민족 출신이란 점을 꺼릴 필요가 없었기 때문이고 또한 한족 문명에 대한 추종이 그들로 하여금 의식적으로 순수 혈통에 의지하게끔 만들었던 것이다. 이렇게 해서 문명의 혈통에 자연적인 계승 절차가 있게 되었고, 왕조는 정치면에서 합법성을 갖출 수 있었을 뿐만 아니라 문명 측면에서도 합리성을 보유하게 된 것이다. 그러나 이처럼 역사 서술을 고쳐 쓴 본래 의도는 아마 당시 현실을 목표로 삼아 비평하려는 것이었지만 결과적으로는 그야말로 당시 현실을 회피하는 일이 되고 말았다.

한족 문명이 갈수록 사람들 마음속에서 독점의 우선권을 명확하게 상실하고 있던 시기였다.

당시 현실이란 어떤 상태였는가? 여러 이민족 문명의 포위 아래 한족 문명이 갈수록 사람들 마음속에서 독점의 우선권을 명확하게 상실하고 있던 시기였다. 당대는 상당히 개방된 시대였고, 8세기의 개방 정도는 특히 심했다. 당나라 제국 판도 안에 각종 이민족이 함께 거주하였을 뿐만 아니라 해상과 서남과 서북의 각종 통로를 통해 먼 이국 문화와 밀접한 관계가 이루어지고 있었다. 조금만 역사

2)『구당서』권190 「왕발전(王勃傳)」, 5006쪽.『구당서』권24 「예의지(禮義志)」, 916쪽.『구당서』권9 「현종기(玄宗紀)」 '하(下)', 224쪽 등에 각각 보임. 이 부분에 관하여 사예(史睿) 「북주 후기에서 당초까지 예제의 변천과 학술 문화의 통일(北周後期至唐初禮制의變遷與學術文化의統一)」(『당연구唐研究』제3권, 176쪽, 북경대학출판사, 1997)도 참고할 수 있다.

를 회고해 본다면 한(漢)과 위(魏)나라 시대에는 『사기』 「대완열전(大宛列傳)」에 안식(安息 : 페르시아), 엄채(奄蔡 : 里海 동북 지역의 국가),[1] 여헌(黎軒 : 즉 大秦, 고대 로마), 조지(條支 : 아라비아), 신독(身毒 : 인도) 등과 같이 멀고 먼 문명 구역에 대한 기재가 들어있고, 산서(山西) 등지에서 발굴된 고대 로마 황제 티베리우스(Tiberus : 14년 즉위)의 고대 화폐가 발굴되었고, 『후한서』 「서역전(西域傳)」에도 한 환제(桓帝) 연희(延熹) 9년에 로마 안돈왕(安敦王 : Marcus Aurelius Antoninus)의 사자가 중국에 와서 상아, 물소뿔, 대모(玳瑁)를 헌상한 기록이 보이는[2] 등 중국이 세계 사방을 이해하는 수준은 이미 상당하였지만 당시 중국인이 진정으로 마음에 둔 주변은 여전히 '천하' 주변의 '사예(四裔)'나 '사이(四夷)'에 집중되어 있던 것 같다. 즉 직접적으로 전쟁이나 평화에 연관되었던 흉노와 발해 등이었다. 이런 '사이'의 존재가 민족과 국가의 주변 경계에 대한 명확한 의식을 불러일으키긴 하였지만, 그렇다고 중국 고대 주류 문명 구조에 결코 특별한 위협이 될 수는 없었다. 바꿔 말해 지식과 사상, 그리고 신앙 방면에서 중국에 결정적인 동요를 일으키기는 어려웠다. 그렇기 때문에 문화 의식 면에서 고대 중국인들은 결코 그들을 마음에 두지 않았고, 사상사에서도 이러한 외부 영향의 흔적을 발견하기 어렵다.

2세기가 지난 후 불교가 전래되긴 하였지만, 이 또한 2~3세기가 지난 후에야 비로소 중국인의 지식과 사상, 그리고 신앙에 심각한 충격을 불러일으켰다. 같은 시대에 도교가 일어났으나 이 역시 상당한 시간이 지난 후에야 주류 지식과 사상에 엄중한 도전을 일으킬 수 있었다. 이렇게 충격과 도전이 이뤄졌을지라도 근본적으로는 고대 중국 문명의 주류를 변화시킬 수 없었다. 고대 중국의 정치권력과 이데올로기와 사상과 학설은 아주 강하게 일체를 이루며 권력을 좌지우지하였기 때문에 불교와 도교는 세속 정권에서 독립된 교단과 신권을 전혀 형성하지 못한 채 빠른 속도로 정복당한 후 변화되거나, 아니면 서로 대치를 이루다가 굴복되면서 중국의 사상 세계에 녹아들었다. 그렇기 때문에 이 시대에 이질적 문

---

1) 이해(里海)는 Caspian Sea. 러시아 남서부, 아제르바이잔, 투르크메니스탄, 카자흐스탄, 이란 북부로 둘러싸인 세계 최대의 내해(內海). 엄채(奄蔡)는 서구에서는 Alans, Alani, Alauni · Halani 등으로 표기되며, 고대 중앙아시아에 있었던 유목민족 국가이다(역자 주).
2) 장성랑(張星烺) 편 『중서교통사료휘편(中西交通史料彙編)』 제1책, 42쪽.

명이 근본적으로 중국인 고유의 주류 문명에 대한 자신감을 동요시키기에는 여전히 역부족이었다.

　　7세기 이후, 생활의 풍요로움과 빈번해진 교통에 따라 여러 이민족이 갖가지 이질적 문명을 신속하게 들여왔다. "개원과 천보 사이에 천하가 태평하니…… 장안에 오랑캐 문화가 한 바탕 크게 흥성하였다(開元天寶之際, 天下承平…… 長安胡化盛極一時개원천보지제, 천하승평…… 장안호화성극일시)", 아울러 "서아시아의 배화교, 경교, 마니교 또한 당나라 때에 앞 다투어 장안에서 흥성하였다(西亞之火祆敎, 景敎, 摩尼敎, 亦於唐代先後盛於長安서아지화천교, 경교, 마니교, 역어당대선후성어장안)."[3] 그러나 이는 사람들의 마음을 조정하지 못하였다. 당시 사람들의 마음속에서 지리적 의미를 띤 세계 그림은 여전히 문명적 의미에서의 세계 그림과 기본적으로 중첩되었고, 그저 "우리 종족이 아닌 부류는 그 마음이 분명 상이하다(非我族類, 其心必異비아족류, 기심필이)"는 전통 관점만이 약화되고 있는 중이었다. 자부심이 강하던 당나라 사람들이 보기에 중국을 중심으로 하는 문명이 이미 멀리 '사예(四裔)'까지 전파되었고, 중심에서 주변으로 나가다 보면 문명의 등급 차이가 존재하긴 하지만 이러한 문명의 자장(磁場) 속에서 어느 정도는 문명의 혜택을 일부 받기 마련이다. 때문에 8세기에 이를 때까지 그들은 여전히 자신만만하게 중국 문명의 우월성이 멀리까지 두루 미칠 것이며, 이민족도 응당 "조공의 예를 갖추고 번국으로서의 위상을 받아들일 것이다(修職貢之禮, 受藩落之寄수직공지예, 수번락지기)"라고 여겼다.

　　개원 5년, 발률(勃律) 국왕을 책봉할 때의 책문에서 말하기를, "역대로 수령이 마음을 다해 충성하고 멀리서 정성을 다 바쳐 조공의 직무에 충실하였다(歷代酋渠, 執心忠肅, 遙申誠款, 克修職貢역대추거, 집심충숙, 요신성관, 극수직공)." 때문에 그들은 결코 이민족이 중국에 진입하는 것을 거절하지 않았고, 봉강대리(封疆大吏)라는 중요 직위까지도 이민족 인물이 담당할 수 있게 하였다.[4]

---

3) 향달(向達), 『당대 장안과 서역문명(唐代長安與西域文明)』 41쪽, 삼련서점, 1987. 이 방면의 연구와 관련해서 쉐퍼의 『사마르칸트의 황금복숭아─당왕조의 수입품연구(撒馬尔汗的金桃─唐朝的舶來品研究)』(E. H. Schafer, The Golden Peaches of Samarkand─A study of Tang Exotics, 오옥귀(吳玉貴) 중역본 『당대의 외래문명(唐代的外來文明)』, 중국사회과학출판사, 1995)을 참고할 수 있다.

4) 개원 천보 연간에 활동하였던 고선지(高仙芝)는 고려인이며, 왕모중(王毛仲)도 고려 혈통이다. 가서한(哥舒翰)은 투르기시(突騎施) 사람이고, 안록산(安祿山)은 소그드(粟特)사람으로 배화교(祆敎)를 신봉하여 스스로를 '광

그들은 또한 모든 '견당(遣唐)'과 '직공(職貢)'을 거절하지 않았으며, '사이'가 무력으로 덤벼들지만 않는다면 먼 곳에 사는 회유된 사람들로 여길 수 있었다. 더욱 먼 곳의 중국과 소통할 수 없는 문명의 경우, 인도를 제외하고는 그들이 결코 이해하지 못하는 것도 아니었지만[1] 결코 관심을 두지 않았다.

그러나 문명의 충돌과 힘겨루기는 오히려 조용히 진행되고 있었다. 각 민족 문명 사이의 교류와 융합의 결과 가운데 하나는 바로 전통적 한족 문명 중심의 윤리 규범이 보편적 구속력을 상실하게 되었고, 전통적 행위 방식이 점차 보편적 합리성을 잃게 되었다는 점이다.[2] 한족 생활 속의 근면과 검소, 문화와 우아, 예의범절 등 유가에서 확립한 인륜 법도는 이제 이민족 생활에서 숭상하는 구속되지 않는 호방함, 한없이 호화로운 사치, 자연스럽고 임의적인 경향 따위로 교체되었다. 상당수 귀족과 사인들은 이를 개인적으로 모방하였고, 불교 이외에도 각종 대진사와 배화교 사묘의 존재는 당시 사람들의 눈앞에 또 다른 문명이 지식과 사상, 그리고 신앙 면에서 매력으로 다가왔다.

성당(盛唐 : 당나라 시의 발전 단계로 618~712년까지의 초당初唐, 713~765년까지의 성당

명의 신(光明之神)'이 화신(化身)한 종교 영수(領袖)라 칭하였다. 송신강(宋新江) 「안록산의 종족과 종교 신앙(安祿山的種族與宗教信仰)」,『제3회 중국 당대 문화학술세미나 논문집(第三屆中國唐代文化學術研討會論文集)』, 241쪽, 타이베이, 1997.

1) 7세기 초, 동로마의 역사학자 테오필락투스 시모카타(Theophylactus Simocata)의 『모리스황제 대사기(莫利斯皇帝大事記)』 가운데 중국에 대해 이미 기록한 바가 있다. '타우가스(Taugas-Tavas)는 국가의 군주를 泰山(Taissan)이라 부르는데, 상제의 아들이란 말과 같다. 나라 안이 안녕하고 조용하며 어지러운 일이 없는 것은 권력이 항상 군주 일가에서 세습되어 쟁탈하려는 자가 없는 까닭이다. ……중앙에는 큰 강이 있어 나라가 두 구획으로 나뉜다. 선대에 전국이 두 부분으로 나뉘어 강을 경계로 삼으니 때때로 서로 공격하였다. ……현재 모리스황제가 로마에 들어설 시기에 '검은 옷 나라'가 '붉은 옷 나라'를 공격하여 승리해 마침내 전국을 통일하였다(陶格司Taugas-Tavas國主號泰山Taissan, 猶言上帝之子也. 國內寧謐, 無亂事, 因威權皆由國君一家世襲, 無人爭奪故也. ……中央有大河, 分國爲二部, 先代全境, 裂爲二國, 以河爲界, 時相攻伐 ……當今莫利斯皇帝君臨羅馬之際, 黑衣國渡河, 攻紅衣國, 克之, 遂統一全境도격사Taugas-Tavas국주호태산Taissan, 유anda상제지자야. 국내영밀, 무란사, 인위권개유국군일가세습, 무인쟁탈고야. ……중앙유대하, 분국위이부, 선대전경, 열위이국, 이하위계, 시상공벌 ……당금막리사황제군림라마지제, 흑의국도하, 공홍의국, 극지, 수통일전경).' 타우가스(Taugas-Tavas)는 프랑스인 드귀뉴(Deguignes), 영국인 기본(Gibon)과 독일인 클라프로트(Klaproth)의 연구에 따르면 '대위(大魏)' 혹은 '대한(大漢)'이다. 당시 상당히 원활한 소식 전파 경로를 가지고 있었음을 알 수 있다. 8세기에 이르러 이러한 소식 전파 경로는 한층 원활해졌다. 장성랑(張星烺)의 앞 책 참고.

2) 사념해(史念海), 「당대 전기 관동지구 무예 숭상 풍조의 근원 탐구(唐代前期關東地區尚武風氣的溯源)」,『중화문사논총(中華文史論叢)』1982년 제3집, 상해고적출판사.

盛唐, 766~835년까지의 중당中唐, 836~907년까지의 만당晚唐의 4시기로 구분된다. 성당은 현종 2
년, 즉 713년부터 대종 때까지 당나라 시가 가장 융성한 시기로 이백李白, 두보杜甫, 왕유王維, 맹호
연孟浩然과 같은 위대한 시인이 나옴) 시대에 이역에서 들어온 여러 가지 복장, 애완물,
유희, 가무 또한 다른 문명이 생활 속에서 인심을 유혹하는 일면이 되었음을 암
시하고 있었다.[3] 무측천 말년에 유행한 '발한호희(潑寒胡戲 : 추위를 몰아내기 위해 물
을 뿌리며 노는 이역 지방 놀이)'를 당나라 중종과 현종 모두 좋아하였다. 하지만 이런
오랑캐 놀이는 한족 윤리와는 크게 다른 것이어서, 장열(張說)이 비평한 바처럼
"벌거벗고 뜀박질을 해대니 큰 덕이라곤 찾아볼 길 없으며, 물 뿌리고 진흙에 뛰
어드니 심히 체통 깎이는 짓(裸體跳足, 盛德何觀, 揮水投泥, 失容斯甚나체도족, 성덕하관, 휘수
투니, 실용사심)"[4]이었다. 개원 시기에 마을마다 '합생(合生)'이라는 불리는 가무가
유행한 적이 있는데, 전하는 바로는 호악(胡樂)에서 나온 이 가무는 "새롭고 색다
른 노래 가락으로, 애절한 그리움과 음탕함이 넘쳤다(異曲新聲, 哀思淫溺이곡신성, 애사
음익)."

또한 중국에서 전통적으로 남녀를 구분하고 비천한 자가 존엄한 이를 범하
지 않는 것과는 달리 "때로 비빈과 군주의 애정 형상을 담아내고, 왕공의 빼어난
품성을 늘어놓았다(或言妃主情貌, 或列王公名質혹언비주정모, 혹열왕공명질)." 그리하여 상
하 사이의 예법을 붕괴시켰다. 그러나 사람들이 이를 한사코 몹시 즐겨하여 "처
음에는 왕공에서 시작해 점차 마을 골목까지 이르러 요염한 가기와 호인 그리고
길거리 저자의 어린아이들까지(始自王公, 稍及閭巷, 妖妓胡人, 街童市子시자왕공, 초급여항,
요기호인, 가동시자)" 온통 거기에 미친 듯 빠져들었다.[5] 이 밖에도 '혼탈대(渾脫隊)'와
'소막차(蘇莫遮)'가 있어 이민족의 '소리 지르며 치달리는(騰逾喧噪등수훤조)' 전쟁 장
면과 '준마와 호복(駿馬胡服)'의 용맹스런 기세에 대한 숭상을 표현하는 것이었지
만 당시 마을마다 아주 유행하였다. 이들 한족 문명과 아주 다른 습속의 배후에

---

3) 고고학 발견 중에서 당나라 때의 생활 세계에 나타난 호인(胡人)들이 상당히 많았음을 알 수 있다. 특히 상인
(商人), 무사(武士), 악인(樂人) 가운데 요녕(遼寧) 서대영자(西大營子)의 무측천 수공(垂拱) 3년 당묘(唐墓) 속 무
사, 서안(西安) 동쪽 교외의 당나라 소사욱(蘇思勖) 묘 벽화의 무인(舞人) 등은 분명 호인 형상이다. 『문물(文
物)』 1959년 제5기와 『고고(考古)』 1960년 제1기 참고.

4) 『구당서』 권97 「장열전(張說傳)」, 3052쪽.

5) 『신당서』 권119 「무평일전(武平一傳)」, 4295쪽.

는 한족 문명과는 매우 다른 윤리적 경향이 존재하였다. 때문에 여원태(呂元泰)라는 사인은 이에 대해 우려를 표시한 바 있다. 그는 아주 단순한 것처럼 보이지만 사실은 아주 심각한 문제라고 말하였다.

예의를 지키는 조정으로서 어찌 오랑캐의 풍속을 본뜰 수 있단 말입니까?(安可以禮義之朝, 法胡虜之俗?안가이예의지조, 법호로지속?)[1]

그러나 과거의 역사 지식은 결코 사람들에게 어째서 한족 문명이 이민족 문명보다 뛰어난지 설명할 수 없었다. 또한 그것은 역사 서술을 통해 한족 문명의 이민족 문명에 대한 우월성을 증명할 수도 없었고, 역사 서술을 통해 한족 문명의 유구하면서도 찬란한 계보를 구축함으로써 한족 문명에 대한 자신감을 지원할 수도 없었다. 물론 중국을 통치하는 황제는 역사가 이미 자신의 정치와 문명에 이중의 합리성을 부여하였고, 자신이 문명 세계의 중앙에 서 있기에 상대를 응징하고 토벌할 권력을 지녔다고 자신하는 상황이긴 하였다. 예컨대 당나라 현종은 「설눌 등의 토번 토벌에 내리는 조칙(命薛訥等討吐藩詔)」에서 "이전 역사에 기록되기를 오랑캐가 난을 일으키면 선황께서 반드시 정벌하셨으니, 그 침략을 처벌하고 응징하여 귀순케 만드셨던 것이다(前史嘗載, 夷狄爲亂, 先王必征, 所以罰其浸驕, 徵其卽敍전사상재, 이적위란, 선왕필정, 소이벌기침교, 징기즉서)"[2]고 하였다.

그러나 '이전 역사' 시대에는 이민족 문명이 결코 이처럼 깊숙이 중국에 진입하였던 것은 아니었고, '이전 역사' 시대에는 그처럼 강약이 분명하였던 국력의 대비 또한 이미 옛 추억이 되고 말았다. 한족 문명은 이미 사면팔방에서 닥쳐오는 위협과 도전을 여실히 느끼고 있었다. 이처럼 국가가 이미 더 이상 조용히 이민족의 궐기 현상을 보고만 있을 수 없을 때 과연 마음속으로 한족 문명이 유일하게 우월하다는 점을 불식시키고 여러 문명의 공존과 공생을 받아들여야 할 것인가, 아니면 역사 서술을 다시 세워 그곳에 새롭게 한족 문명의 우월적 의미

---

1) 『신당서』 권118 「송무광전에 첨부된 여원태전(宋務光傳附呂元泰傳)」에 인용된 여원태의 상소문. 4277쪽.
2) 『전당문』 권26, 128쪽.

와 정통으로서의 계보를 재확립해야 할 것인가? 당시 사인들은 결코 이 문제에
관해 진지하게 사고하지 않았던 것이다.

마지막으로 전통적 예법
제도와 윤리와 도덕 관념
은 이미 사회생활에 대해
규범을 세우거나 비판할
수가 없었다.

　　마지막으로 전통적 예법 제도와 윤리와 도덕 관념은 이미 사회생활에 대해
규범을 세우거나 비판할 수가 없었고, 나날이 방종으로 나아가는 정감과 갈수록
통제를 상실한 욕망 앞에서 몹시 난처한 처지에 놓였던 것 같다. 당시 사람들의
도덕적 규범 상실에 관해서는 수많은 예증을 나열해볼 수 있다. 예컨대『조야첨
재(朝野僉載)』권4의 기록에 따르면, 나이든 후지일(侯知一)이 퇴직하지 않게 되자
'조정에서 좋아서 뛰며 달려 나가는(於朝堂踊躍馳走어조당용약치주)' 짓을 하였고, 장
종(張悰)은 부모상을 당한 후 [탈상이 끝나지 않았음에도] '스스로 복직을 요청하
였으며(自請起復자청기부)', 고균(高筠)은 모친이 세상을 떠나자 친척 모두 애통해 하
는데도 오히려 [관직을 내놓지 않기 위해] "난 효도를 다 할 수 없다(我不能作孝아불
능작효)"고 하였으며, 장서정(張栖貞)은 모친이 작고하였다고 거짓말하며 [윗사람을
향해] '일어서서 면대하지 않아(不肯起對불긍기대)'[3] '인면수심(獸心人面)'이라 불렸
다. 과거 삼가며 지켰던 '효'는 이미 공염불이 되고만 것이다.

　　이백(李白 : 701~762년)이 '천자가 부르셔도 배에 오르지 않았던(天子呼來不上船
천자호래불상선)' 일은 사람들에게 아주 익숙한 고사였지만, 왕한(王翰 : 687~726년)은
일찍이 개원 초에 "은밀하게 국내 문사 백여 명을 아홉 등급으로 나누면서 자신
을 높이 내세워 장열, 이옹과 더불어 첫째에 넣고 [이백을 포함하여] 나머지는 모
두 배제해버린 다음, 이를 새벽에 이부 동쪽 거리에 펼쳐놓았다(竊定海內文士百有餘
人, 分作九等, 高自標置, 與張說, 李邕立居第一, 自餘皆被排斥, 陵晨於吏部東街張之절정해내문사백
유여인, 분작구등, 고자표치, 여장설, 이옹병거제일, 자여개피배척, 릉신어리부동가장지)." 이 일로 그는
벼슬길에서 약간의 좌절을 맛보기도 하였지만 결국 이런 소문 때문에 그에 대한
평가는 높아질 수 있었다. 그야말로 본분을 지키며 삼가는 전통적 태도를 이미
생각 뒷전으로 밀쳐놓은 듯한 일이다.[4]

　　장역지(張易之)는 모친 아장(阿臧)을 위해 일곱 보석으로 장식한 휘장을 만들

---

3)『조야첨재』권4, 93쪽.
4)『봉씨견문기(封氏聞見記)』권3.

었는데, "금은, 주옥, 보배들이 없는 게 없을 정도로, 자고이래로 보고 듣지도 못한 것들이었다(金銀, 珠玉, 寶貝之類罔不畢萃, 曠古以來, 未曾聞見금은, 주옥, 보패지류망불필췌, 광고이래, 미증문견)." 종초객(宗楚客)이 새 저택을 짓는데 "무늬 있는 측백나무로 들보를 만들고, 침향과 홍분(紅粉)을 벽에 칠하였기에 문을 열자마다 향내가 진동하였다. 마문석을 계단돌로 써서 지면에 깔았기에 길막화(吉莫鞾 : 가죽으로 만든 장화처럼 통이 높은 신)를 신은 사람은 그곳을 걷다가 미끄러져 드러눕게 될 지경이었다(文栢爲梁, 沈香和紅粉以泥壁, 開門則香氣蓬勃, 磨文石爲階砌及地, 著吉莫鞾者, 行則仰僕문백위량, 침향화홍분이니벽, 개문즉향기봉발, 마문석위계체급지, 저길막화자, 행즉앙부)." 안락공주(安樂公主)가 수많은 새털로 치마를 만들자 "그 뒤로 백관이나 백성의 집마다 이를 본떠 만드느라 산림의 기이한 금수를 산과 계곡을 뒤져가며 남김없이 찾았고, 그물 치고 포획한 수가 헤아릴 수 없었다(以後百官, 百姓家效之, 山林奇禽異獸, 搜山蕩谷, 掃地無遺, 至於網羅殺獲無數이후백관, 백성가효지, 산림기금이수, 수산탕곡, 소지무유, 지어망라살획무수)."

개원과 천보 연간에 이런 사치스런 풍조가 이미 널리 퍼져서 수많은 사인들마다 호화로운 생활을 추구하면서 마침내 일부 '호화로운 백성'의 주위를 둘러쌌다. 『개원천보유사(開元天寶遺事)』의 기재에 따르면, "장안의 부호 왕원보, 양숭의, 곽만금…… 등이 저마다 사방의 여러 선비를 초빙하여 다투어 바치자 조정의 저명한 각료가 자주 그 문하에서 나왔다. 매번 과거가 열리면 문사가 몇 집안으로 집중되니 당시 사람들이 그들을 '부호 집단'으로 여겼다(長安富民王元寶, 楊崇義, 郭萬金 ……各以廷納四方多士, 競於供送. 朝之名僚, 往往出於門下, 每科場, 文士集於數家, 時人目之爲豪友장안부민왕원보, 양숭의, 곽만금 ……각이정납사방다사, 경어공송. 조지명료, 왕왕출어문하, 매과장, 문사집어수가, 시인목지위호우)."

그중에 왕원보는 집안에 "향내 나는 침양목과 단목으로 난간을 만들고, 옥 같은 무부석으로 바닥을 깔고, 금문석을 주춧돌로 써서(以沈檀爲軒檻, 以碔砆甃地面, 以錦文石爲柱礎이심단위헌함, 이무부추지면, 이금문석위주초)" 예현당(禮賢堂)을 마련하고 사방의 빈객을 불러들이니 "다투어 몰려들었다(所至如歸소지여귀)." 사인 육경양(陸景暘)은 집이 한층 호화롭기 그지없었으나 출신은 '똥 치우는 일을 하던(剔糞爲業척분위업)' 장안의 부호 나회(羅會)라는 자와 왕래하였으니,[1] 과거 사인들이 일관되게 숭상해 왔던 근검 정신은 이제 물욕 넘치는 풍조 속에서 더 이상 자취를 찾을 수가 없게 된 것이다.

천보 연간에 최성보(崔成甫)라는 하찮은 현령이 위견(韋堅)에게 잘 보이기 위해 "노래 열 수를 짓고 스스로 [좌우 깃을 개방한] 결고식 푸른 장삼, 짧은 비단 소매옷에 한쪽 어깨를 드러낸 채 이마에는 붉은 비단띠를 두른(作歌詞十首, 自衣缺膀綠衫, 錦半臂, 偏袒膊, 紅羅抹額작가사십수, 자의결과녹삼, 금반비, 편단박, 홍라말액)" 모습으로 '아름답게 단장한(鮮服靚妝선복정장)' 여인들과 '오랑캐 고적을 연주하는(鼓笛胡部고적호부)' 악단으로 구성된 거대한 함대를 마련하여 한 사람이 노래하면 여러 사람이 이어 부르는 식으로 강물을 따라가며 한 바탕 요란을 떨었다. 관청 행위가 그야말로 세속의 놀이가 된 것이다.[2] 또 다른 관료 왕거(王琚)는 여러 차례 폄적(貶謫 : 벼슬자리에서 내쳐져 귀양을 가게 됨)되기도 하였지만 "법도를 준수하지 않은 채 주에서 관속이나 하찮은 벼슬아치들과 어울려 진탕 마셔대고 놀고, 저포놀이나 장구놀이를 즐겼다. 매번 관직을 옮길 때면 거마가 몇 리에 걸치도록 이어지면서 빈객과 기녀가 줄지어 따랐으니, 40년이나 그렇게 이어갔다(不能遵法度, 在州與官屬小史酋豪飲謔, 摴博, 藏鉤爲樂, 每徙官, 車馬數里不絶, 從賓客女伎馳弋, 凡四十年불능준법도, 재주여관속소사추호음학, 저박, 장구위악, 매사관, 거마수리부절, 종빈객녀기치익, 범사십년)."[3]

법도를 지키는 일은 차치하고라도 유가의 가장 전통적인 입세(入世) 정신이 이미 더 이상 사인들의 책임감을 불러일으키지 못할 때 옛날 훌륭한 관리나 악랄한 관리할 것 없이 공통적으로 지녔던 치세 전통은 이미 사라져버렸고, 그들은 더 이상 사회 업무에서의 성공을 최고 이상으로 삼지 않게 되었던 것이다.

그러나 당시 사인들은 이처럼 신속하게 변화된 사회생활에 효과적인 치유 방법을 제시하기에는 무력하였다. 그들은 여전히 오래된 경전을 끊임없이 반복하며 근검과 경외, 극기복례(克己復禮), 친정애민(親政愛民) 등 전통적 처방을 제시할 뿐이었다. 8세기 초에 노회신(盧懷愼)이라는 사람이 세 차례 상소문을 올려 시정을 논의하면서, 공자의 "나라를 백년 다스리며 잔악한 자를 감화시켜 더 이상

1) 이상 『개원천보유사(開元天寶遺事)』 권상, 하 그리고 『조야첨재』 권3, 69쪽, 70쪽, 71쪽, 75쪽에 보인다. 또한 조창평(趙昌平) 「개원 15년 전후(開元十五年前後)」, 『중국문화(中國文化)』 1990년 2기 참고.
2) 『구당서』 권105 「위견전(韋堅傳)」, 3233쪽.
3) 『신당서』 권121 「왕거전(王琚傳)」, 4334쪽.

사형이 없게 할 수 있으니, 진실로 나를 쓰려는 자가 있다면 한 해면 가능하겠고 삼 년이면 온전하게 이룰 수 있으리라(爲邦百年, 可以勝殘去殺, 苟有用我者, 期月而已, 三年有成위방백년, 가이승잔거살, 구유용아자, 기월이이, 삼년유성)"[1]는 말을 인용하면서 관원의 임기가 너무 짧아 안심하고 직무를 다할 수 없다는 걸 비판하였다. 또한 『상서』 중의 "요임금과 순임금은 옛날을 상고하여 백 명의 관리를 세우셨으니, 여러 벼슬을 폐하지 마소서(唐虞稽古, 建官惟百, 無曠庶官당우계고, 건관유백, 무광서관)"[2] 등등의 말을 인용하면서 관원들이 공무 처리는 하지 않으면서 봉록이나 축내는 일을 비평하였다. 또한 『상서』 중의 "착한 이를 표창하고 악한 자를 구별하며, 잘못한 자는 축출하고 잘한 이는 승급시킨다(旌別淑慝, 黜陟幽明정별숙특, 출척유명)"[3]는 대목을 인용하여 정부 관원의 부패를 비평하였다.

　　그러나 이런 경전이라고 해서 정부 관원의 전반적 부패와 무능에 대해 결코 직접적인 처방을 제시할 수는 없었다. 당시 정치에 대한 그의 진단은 틀림이 없는 것이었겠지만 사회를 치유할 약방문 제시는 오히려 탁상공론일 뿐이었다.[4] 원초객(袁楚客)이란 사람이 위원충(魏元忠)에게 올린 문장에서 당시 사회의 열 가지 문제점, 즉 태자를 세우지 않은 일, 여성이 남자 직분을 맡은 일, 승려 신분을 핑계로 돈을 챙긴 일, 배우가 관직을 받은 일 등을 제시하였는데, 사회에 대한 진단 근거 자체가 여전히 예전의 질서 시대의 예법인지라 그가 제시한 약방은 마찬가지로 상당히 진부한 것이었다.[5]

　　그렇다고 이런 전반적인 용속함과 타락 현상을 투시한 사람이 전혀 없었던 것만은 아니었다.[6] 8세기 전체를 두고 볼 때 이 현상에 대해 비평한 사람들이 부

---

1) 『논어(論語)』 「자로(子路)」 편에 나오는 구절이다(역자 주).
2) 전자는 『상서』 「주서(周書)」 '주관(周官)' 부분에, 후자는 「우서(虞書)」 '고요모(皐陶謨)' 부분에 나오는 구절이다(역자 주).
3) 앞 4구는 『상서』 「주서(周書)」 '필명(畢命)' 부분에, 뒤 4구는 「우서(虞書)」 '순전(舜典)' 부분에 나오는 구절이다(역자 주).
4) 『구당서』 권98 「노회신전(盧懷愼傳)」, 3064~3067쪽.
5) 『신당서』 권122 「위원충전(魏元忠傳)」, 4345~4348쪽.
6) 어느 학자가 일찍이 이 시대 사풍(士風)의 붕괴 현상을 다음 몇 가지로 지적한 바 있다. 즉 공허하고 화려한 문체를 문재(文才)로 여기고, 스스로 노리개 신하가 되어 귀족과 왕실에 빌붙었으며, 붕당을 결성하여 암투를 벌이고, 보편적인 도덕이 타락하였던 점 등이다. 대정농(臺靜農), 「당대사풍과 문학을 논함(論唐代士風與文

단히 이어졌는데, 두 차례 가장 유명한 경우를 들 수 있다. 첫 번째는 개원 초로 내가 앞에서 언급하였던 바와 같이, 장열(張說)에서 장구령(張九齡)에 이르기까지 하나같이 사상과 사회 질서를 회복시키려는 노력을 기울인 바 있었다. 이들은 실제로 사상과 사회를 단기간 내에 일신시켰기에 많은 사람들이 "문장 체제 한번 변하자 예악의 도 한층 널리 퍼지고, 조화로운 기운 하나로 모이니 풍습이 태초에 가까워졌네(文章體一變, 禮樂道逾弘, 化將和氣一, 風與太初鄰문장체일변, 예악도유홍, 화장화기일, 풍여태초린)"[7]라 여겼던 것 같다. 어떤 학자는 장열과 장구령의 정치 개혁 주장과 예악과 문화 제창은 "한편으로는 정관 시기 응제시(應制詩)로 태평을 노래하면서 시정을 충고하던 전통을 회복시킨 것이고, 다른 한편으로는 ……개량을 펼쳐낸 것"[8]이라 지적한다. 물론 맞는 말이다.

그러나 이때의 '회복'은 결국 옛날 예법으로 새로운 문제에 대응하였던 것일 뿐이며, '개량' 또한 그저 살을 떼어내 상처를 응급조치하거나 다음 해의 식량을 우선 먹고 보는 식의 임시방편에 지나지 않았다. 원행충의 『석의(釋疑)』에서 살필 수 있듯이 이런 '복고'로서의 책략은 일정 정도 '수구적'이며, 경전을 고수하는 방법 또한 일정 정도 '가르침의 취지를 밝히는(原敎旨)' 의미이다. 때문에 원행충은 마침내 비애에 젖어 "경박한 학문을 어리석게 고수하는 게 다들 한결같고, [자신과 다르다고] 배척하면서 펼치지 못하게 하고 새로운 것이라 의심한다(浮學守株, 比肩皆是, 擯壓不申, 疑於知新부학수주, 비견개시, 빈압불신, 의어지신)"[9]고 탄식하였으니, 결국

學)」, 『문사철학보(文史哲學報)』 14기, 대만대학, 1965. 『정농논문집(靜農論文集)』 105~118쪽(연경출판사업공사, 타이베이, 1989)에도 수록되어 있다.

7) 소숭(蕭嵩)의 「성군께서 지으신 '집현학사가 된 장열을 전송하는 연회'에 화답해 바침(奉和聖製張說上集賢學士賜宴)」, 장열(張說)의 「성군께서 지으신 '하상공의 사당을 지나며'에 화답해 바침(奉和聖製經河上公廟應制)」, 『전당시(全唐詩)』 권108, 권88. *하상공은 도가 사상을 연마하며 집대성하였다는 전설적 은자(隱者)이다(역자 주).

8) 갈효음(葛曉音), 「개원 시단을 논함(論開元詩壇)」, 『당연구(唐研究)』 제3권, 58~59쪽. 북경대학출판사, 1997.

9) 원행충(元行沖)이 위징(魏徵)의 『유례(類禮)』를 『의소(義疏)』로 만들라는 칙령을 받았으나 장열(張說)의 반대에 부딪혔다. 그는 "서로 비슷한 것을 늘어놓으니 책을 베끼는 일과 마찬가지다(以類相比, 有同鈔書이류상비, 유동초서)"고 여기면서 경전은 결코 고칠 수 없다는 관점을 견지하였다. 왜냐하면 그렇게 고쳐서 학관에서 쓰게 한다면 사인들이 배우는 교재가 "이전 유학자들의 체제와 어긋나고 장구가 단절되고 만다(與先儒第乖, 章句隔絶여선유제괴, 장구격절)"는 이유 때문이었다. 이처럼 그는 '이전 유학자'와 '장구'를 견지하는 일은 결코 변할 수 없는 이치라 여겼음을 알 수 있다. 『신당서』 권200 「유학(儒學)」 '중(中)', 5691~5693쪽, 『구당서』 권102 「원행충전(元行沖傳)」, 3179~3180쪽.

예법은 날이 갈수록 방종해가는 인심을 결코 구속할 수 없었던 것이다. 전통 역시 새로운 사회 변동에 대해 해석하거나 비평할 길이 없었다. 예법과 국가 질서 규범에 대한 전통적 우주 관념의 지지, 민족 혼융 문제에 대한 전통적 하이론(夏夷論)의 처리, 사족(士族) 와해 이후 인간 관계에 대한 전통적 도덕 관념의 조정 등등, 이 모두가 시의에 맞지 않게 되고만 시대에 그저 원래 있던 지식과 사상만을 동원하는 것으로는 상황을 되돌리기에 이미 무력하였던 것이다.

두 번째는 8세기 중엽 이후 보응(寶應) 연간(762~763) — 주목해야 할 것은 이때는 전국을 휩쓸었던 안사의 난이 막 끝난 시기였다 — 에 양관(楊綰)이 상소를 올린 일이다. 그는 상소문에서 진시과를 비판하기를, "고종 때 유사립이 진사과에 잡문을, 명경과에 첩문 채우기를 추가하였기 때문에 진사가 되려는 자들은 하나같이 당시의 문장을 암송할 뿐 경사 문장에는 통하지 않게 되었습니다. 명경과를 보는 자들은 그저 요약된 첩문을 외우거나 서첩을 투고하여 스스로를 천거하였습니다(高宗朝, 劉思立加進士雜文, 明經墳帖, 故爲進士者, 皆誦當代之文, 而不通經史; 明經者但記帖括, 又投牒自擧고종조, 유사립가진사잡문, 명경전첩, 고위진사자, 개송당대지문, 이불통경사; 명경자단기첩괄, 우투첩자거)." 그는 인재를 고을에서 현으로, 현에서 다시 주로 추천하여 그곳에서 시험을 치른 후 성으로 보내는 고대 효렴 추천 방식을 회복시킬 것을 건의하면서 스스로 서첩을 [관련 인사에게] 올리지 못하도록 하고 경전에 통달하게 해야만 "대의를 취하여 여러 학자의 학문을 두루 이해하게 된다(取大義, 聽通諸家之學취대의, 청통제가지학)"고 여겼다.

첫째는 암기하고 기억하는 학문 방식을 고쳐야 하며, 둘째는 어느 일가만 시종 고집하는 일을 고쳐야 하며, 셋째는 규범에 맞게 인재를 골라 뽑아야 한다는 것이다. 당시 양관은 사대부 문화 정신의 상징적 지도자라 할 수 있어 '천하 선비들의 의론이 갈수록 양관에게 쏠리는(天下士議益歸綰천하사의익귀관)' 상황이었다.

그러나 그의 건의는 결코 실제로 실현될 수가 없었다. 이런 현상의 배후에는 사회 변동이라는 배경이 자리 잡고 있었기 때문이다. 내가 앞에서 언급한 바와 같이 육조 시대 거대 세족이 거주하던 공간의 일치성, 귀족의 지식 분자 출신들이 [정치의] 앞길을 독점하는 상황, 이를 통해 세속적 관심에서 벗어나 사상적 초월을 추구하던 일 등은 귀족 사회의 해체에 따라 더 이상 존재하지 않게 되었고,

8세기에는 가족이 종족을 대신하여 국가의 기초가 되면서 종족의 와해는 찰거(察擧)와 추천을 통한 인재 선발 방식을 현실에 맞지 않는 공허한 것으로 만들고 말았다. 이 때문에 이 건의가 이서균(李栖筠) 등에게 전달되어 논의가 전개될 때 이서균 역시 그 의견에 동의하면서 "오늘날 고시에서 학인들은 첩문을 정통으로 삼아 [경전의] 의미를 깊게 따지지 않는다. 그러니 어찌 '자신의 화를 다른 사람에게 옮기지 않고, 두 번 반복해 잘못하지 않는 도리'를 알 수 있겠는가? 이 때문에 위로는 그 원천을 잃고 아래로 흐름을 답습해 가기에 선왕의 도가 행해질 수 없게 된다(今試學者以帖字爲精通, 不窮旨義, 豈能知遷怒貳過之道乎? 是以上失其源, 下襲其流, 先王之道莫能行也금시학자이첩자위정통, 불궁지의, 기능지천노이과지도호? 시이상실기원, 하습기류, 선왕지도막능행야)"고 지적하였다. 그러나 '대다수 사람들이 거주지를 옮겨' 사인의 유동성이 이미 크게 늘면서 향리의 관적이 혼란스러워졌고, 원래의 종족 계통 또한 더 이상 영향력을 상실한 상황에서 '찰거' 방식을 실행할 수가 없었기 때문에 이를 일부 개량할 수밖에 없어 "명경과, 진사과 고시와 효렴 방식을 병행하도록 조치하였다(詔明經, 進士與孝廉兼行조명경, 진사여효렴겸행)."[1]

가지(賈至)가 양관의 이 상소문을 읽은 후 그 역시 "도로 이끄는 차이가 있다(誘道之差也유도지차야)"고 인정하면서도 아주 흥미로운 비유를 들어 말하였다. "무릇 달팽이와 지렁이 미끼를 섞어 너른 바다에 [낚싯대를] 드리우고 배를 삼킬 듯한 물고기를 기다리는 것은 또한 어찌 어렵지 않은 일이겠는가! 결국 그렇게 드리운 미끼를 먹는 것은 하나같이 작은 물고기에 지나지 않는 법이고, 과거 과목에 들어오는 것도 모두 하찮은 기예를 지닌 자들 뿐이다(夫以蝸蚓之餌雜垂滄海, 而望吞舟之魚, 不亦難乎! 所以食垂餌者皆小魚, 就科目者皆小藝부이인지이잡수창해, 이망탄주지어, 불역난호! 소이식수이자개소어, 취과목자개소예)." 그러나 그 또한 "향리에 거주하는 선비가 백에 한둘도 되지 않고, 관직 집안에 인연을 맺어 거기에서 경작하고 거주하며 수백 년 동안 지역의 명망 있는 집안과 연결된 경우를 제외하고는 그 신분이 모두 동서남북 [타지]에서 온 사람들이다(士居鄕土, 百無一二, 因緣官族, 所在耕築, 地望系之數百年之外, 而身皆東西南北之人焉사거향토, 백무일이,인연관족, 소재경축, 지망계지수백년지외, 이신개동서남북지인언)"고

1)『신당서』권44 「선거지(選擧志)」 '상(上)', 1166~1168쪽.

여겼으며," 그러니 찰거 제도를 실행하는 것은 아주 어려운 일이었다.[1]

　그리하여 과거 선발제도의 표면적인 공평성을 유지하기 위해 '고시'가 여전히 보편적 방식이 되었고, 이를 통해 모든 사인들마다 고시의 힘을 확보하고 문화 엘리트 행렬에 진입하였다. 그러나 귀족 엘리트의 우월감은 그들의 한가로움, 부유함, 자연적 지위의 상실과 함께 소멸되었고, 귀족 엘리트를 대신하여 문화의 책임자가 된 것은 과거시험를 통해 상층으로 진입한 사인들이었다. 그렇지만 그들 자체는 타고난 재부나 여유나 세대를 이어온 교육 소양이 없었기 때문에 좁디좁은 벼슬길에서의 경쟁은 그들로 하여금 줄곧 사회 현실에 대해 극히 실제적인 태도를 취하면서도, 한편으로는 관방 이데올로기에 대해 협조적 태도를 취하지 않을 수 없게 하였다. 그들은 이미 사상 쪽은 돌볼 겨를이 없었고, 사상을 지녔다 하더라도 그 또한 늘 실용에 바탕을 둔 태도를 취하였다. 이런 배경 아래 사상은 어쩔 수 없이 갈수록 평범하고 용속해질 수밖에 없었다.

　나는 물론 이른바 '상서로움'이니 '재난이나 이변'이니 하는 걸 믿지 않는다. 그러나 때로 일부 사회의 이상 현상은 오히려 시세 변화의 상징으로 여길 수가 있다. 우리는 8세기 전후 역사 속에서 일부 기이한 사건을 쉽사리 찾아볼 수가 있다. 개원 27년(739), 명당(明堂)을 수리할 때 당시 뜬소문이 돌기를, 관부에서 어린아이를 명당 아래에 묻어 "'재액막이'로 삼는다고 하니 시골 아이들이 산골짜기에 숨어들었다(以爲厭勝, 村野童兒藏於山谷이위염승, 촌야동아장어산곡)." 그리하여 "도성이 시끌벅적해지면서 다들 전쟁이 닥칠 거라 하였다(都城騷然, 咸言兵至도성소연, 함언병지)." 천보 3년(744), 경사에 다시 뜬소문이 퍼졌는데, "관에서 악귀 같은 자들을 파견하여 사람들의 간을 꺼내오게 해 '천구'에 제사한다고 하자 백성들이 공포에 빠졌는데, 경사 인근에서 특히 심하였다(官遣根捕人肝以祭天狗, 人相恐, 畿內尤甚관유정포인간이제천구, 인상공, 기내우심)."[2] 이런 예들은 당시 사회에 일종의 잠재적 병증이 존

이런 배경 아래 사상은 어쩔 수 없이 갈수록 평범하고 용속해질 수밖에 없었다.

---

1) 이상 『신당서』 권142 「양관전(楊綰傳)」 기록에 두루 보임. 4664쪽; 『구당서』 권119 「본전(本傳)」, 3430~3431쪽, 3433쪽.

2) 『구당서』 권9 「현종(玄宗)」 '下(하)', 212쪽, 218쪽. *이는 모두 당나라 현종(재위 712~756년) 때의 일로 원문에서 '정(根)'은 사람 내장을 꺼내 먹는다는 악귀. '천구(天狗)'는 고대 신화를 많이 담고 있는 『산해경(山海經)』에서는 원래 흉액(凶厄)을 막는 길수(吉獸)의 형상이었으나 후세에 와서는 불길함의 상징인 혜성(彗星)이나 유성(流星) 등 흉성(凶星) 형상으로 변환되었다(역자 주).

재하였음을 상징한다.

　　그러나 이 시대의 주류 지식과 사상 세계는 오히려 이런 위기를 정시(正視)하거나 심지어 제대로 파악할 수가 없었다. 마침내 8세기 중엽에 "놀라움 속에 「예상우의곡(신선들의 세계인 월궁月宮의 음악을 본떠 만들었다고 하는 곡조로 나공원羅公遠이 지었다고도 하고 당나라 현종玄宗이 지었다고도 함)」을 내던지는(驚破霓裳羽衣曲경파예상우의곡)" 일막이 전개되고, 이 일막이 휘장을 내리게 될 때까지, 심지어 이 세기가 끝날 때까지도 주류 지식과 사상 세계는 여전히 사회를 구해낼 약처방을 찾지 못하였던 것이다. 우리는 다음 세기 초인 정원 19년(803), 당시 좌승상 가탐(賈耽)이 어떤 조치도 별 수가 없는 상황에서 『권선경(勸善經)』을 반포한 일을 고찰해 볼 수 있다. 당시 민심이 날로 악화되자 그는 할 수 없이 불교 정토문(淨土門)의 방책을 써서 "중생이 날마다 아미타불을 천 번씩 외워서(勸諸衆生, 每日念阿彌陀佛一千口권제중생, 매일염아미타불일천구)" 악한 욕망을 끊어내도록 권하거나, 도교 경전에서 배운 다섯 가지 병사(病死)의 위협을 빌어 선행을 권하면서 "이 경전을 베껴 써서 일련의 난관을 벗어나기를(寫此經本, 免一門難사차경본, 면일문난)" 기원할 수밖에 없었다.[3] 원래 유가를 핵심으로 하는 주류 이념은 이미 이러한 사회 윤리와 도덕의 붕괴에 속수무책이었던 것이니 어쩔 수 없이 자리를 비켜서서 불교와 도교가 옆문을 통해 지식과 사상, 그리고 신앙세계의 주류 세계로 진입하도록 용인하였던 것이다.

5

성당의 기상　　후세 사람들은 '성당(盛唐)의 기상'이 어떠어떠하다는 말들을 자주 하는데, 사실 생활의 풍성함 수준을 가지고 본다면 맞는 말이다. 시부의 정채(精彩)를 이룬 의의에서 볼 때도 맞는 말이며, 사람들이 각종 문명을 수용한 개방적 심리 측면에서 볼 때도 틀림이 없다. 그러나 사상의 심각성 면에서 보자면 전혀 상반된

---

3) 『권선경(勸善經)』 1권, P.2608, 『돈황보장(敦煌寶藏)』 122책, 427쪽.

다. 사상이 평범하고 용속한 시대에 문학이 번영하는 상황이 나타나지 말라는 법은 없으며, 아마 그건 바로 일종의 흥미로운 '보상'이라 할 것이다. 내가 다른 곳에서 여러 차례 언급한 바와 같이 먼저 수나라 때부터 당나라 초에 등장한, "정삭이 단일하지 않아 삼백 년 동안 중론이 분분하여 정론을 취할 길이 없었던(正朔不一, 將三百年, 師說紛綸, 無所取正정삭불일, 장삼백년, 사설분륜, 무소취정)" 역사는 이미 종결되었고,[1] 7세기에 이루어진 지식의 정합, 사상 주변계의 확립, 사상 질서의 정돈은 모든 것을 포괄적으로 이끌어가는 지식과 사상, 그리고 신앙세계를 세웠을 뿐만 아니라, 그 결과 8세기 지식 계층으로 하여금 갑자기 문제를 상실한 채 어떤 도움을 기대할 곳이 없는 상황으로 떨어지게 하였다.

다음으로 지식 계층과 실제 정치 운용 사이의 간격 때문에 그들의 사상은 줄곧 탁상공론에 머물고 말았으며, 그들의 지식 또한 항상 그저 이익을 도모하는 수단에 지나지 않았다. 수나라 때의 이른바 현명한 군주로 평가되는 수나라 문제(文帝)가 "그대 독서인은 이 일을 평가 처리하기에 부족하다(君讀書人, 不足平章此事군독서인, 부족평장차사)"고 한 말에서 이 점을 잘 살필 수 있다.[2] 더 이상 문벌 사족이 아닌 지식 분자들이 정치에서 사실상 차츰 '주변화' 되면서, 특히 당나라 고종 시대 이래로 "유가 학술을 경시하고 유달리 문관에 치중하면서 순수함이 날로 사라지고 부화한 경쟁이 갈수록 강화되었으니, 이는 화염이 살을 태우는데도 느끼지 못하는 것과 마찬가지였다(薄於儒術, 尤重文吏, 於是醇醲日去, 華競日彰, 猶火銷膏而莫之覺也박어유술, 우중문리, 어시순농일거, 화경일창, 유화소고이막지각야)."[3]

1) 『수서(隋書)』 권75 「유림전(儒林傳)」, 1706쪽.

2) 『수서』 권42 「이덕림전(李德林傳)」, 1199쪽. 참고로 이덕림은 당나라 때 역사가 이백약(李百藥)의 부친으로 특히 그와 최고 권력 간의 관계 면에서 깊이 연구해 볼만한 인물이다.

3) 『구당서』 권189 「유학(儒學)」 '상(上)', "고종이 왕위를 잇자 정치적 가르침이 점차 쇠락하고 유가 학술을 경시하고 유달리 문관에 치중하면서 순수함은 날로 사라지고 부화한 경쟁이 갈수록 강화되었으니, 이는 화염이 살을 태우는데도 느끼지 못하는 것과 마찬가지였다. ……(무후 시대에) 박사와 조교의 경우, 그저 학관의 명목만 남은 채 대부분 고상한 유학의 실체가 아니었다. ……이 때문에 학생들은 더 이상 경학에 뜻을 두지 않고 단지 요행만을 추구하였다. 그리하여 20년 동안 학교는 순식간에 황폐해지고 말았다(高宗嗣位, 政教漸衰, 薄於儒術, 尤重文吏, 於是醇醲日去, 華競日彰, 猶火銷膏而莫之覺也. ……(武後時代)至於博士, 助教, 唯有學官之名, 多非儒雅之實 ……因是生徒不復以經學爲意, 唯苟希僥倖, 二十年間, 學校頓時隳廢矣고종사위, 정교점쇠, 박어유술, 우중문리, 어시순농일거, 화경일창, 유화소고이막지각야. ……(무후시대) 지어박사, 조교, 유유학관지명, 다비유아지실 ……인시생도불복이경학위의, 유구희요행, 이십년간, 학교돈시휴폐의)." 4942쪽.

그러나 지식 계층 또한 다들 이런 노선에 떼 지어 모여들었으니, 장구령(張九齡)이 개원 3년의 상주문에서 말한 바와 같이 "이익이 나오는 곳이라면 무리 지어 달려갔던(利之所出, 衆則趨焉이지소출, 중즉추언)" 것이다. 공사(貢士)의 길을 작위와 관직 가진 자제들이 마음대로 점유하였기 때문에 다른 사인들은 출세를 구하기 위해 모두들 이 길로 나아가고자 하였다. 그 결과 "개원 이후로 온 나라가 평안하자 사인은 현명과 우둔의 구분이 없이 문장으로 출세하지 못함을 부끄럽게 여기고, 조령에 따라 추천된 자가 많을 때는 이천 명, 적더라도 천 명 이하로 줄지는 않았다(開元以後, 四海晏淸, 士無賢不肖, 恥不以文章達, 其應詔而擧者, 多則二千人, 少猶不減千人개원이후, 사해안청, 사무현불초, 치불이문장달, 기응조이거자, 다즉이천인, 소유불감천인)." [4] 지식과 사상은 사인들의 이런 치열한 경쟁 상황 속에서 동력 넘치는 생명력이나 예리한 비평 능력을 상실하고 말았다.

마지막으로 일단 이러한 침체와 약화된 사유가 지식과 사상, 그리고 신앙에 수정이나 보충이나 비평할 수 없게 되면 결국 사람들을 크게 놀라게 만드는 데 주력하는 문학으로 다양하게 표현된다. 그리하여 사유의 표현은 산문으로, 지혜는 시로 변화되고, 사상은 권력이 제약된 상황 아래서 차츰 평범과 용속 쪽으로 나아간다. 지력(智力) 또한 바로 이처럼 전혀 쓸 데가 없는 추세 속에서 차츰 시부의 탁마와 구상에 골몰하는 쪽으로 전환되고 만다.

---

4) 『통전』 권17, 414쪽; 권15, 357쪽.

2절

이론적 흥미의 쇠퇴 : 8세기에서 10세기까지
중국 불교의 전환(상)

중국 사상사에서 자세히 연구해 볼 가치가 있는 다음과 같은 현상이 있다. 즉 8세기 중엽 이후 한때 상당히 흥성하였던 불교의 의미에 대한 관심이 다소 식게 되었으며, 지식인들은 진정한 불교 신앙이 경전을 읽거나 익히는 데 있지 않고 참선을 하거나 계율을 지키는 가운데 얻어진다고 점차 믿게 되었다는 점이다. 다시 말해서 계율로 자신의 몸과 마음을 엄격히 지킴으로써 오염을 막고, 그런 후에 선정(禪定)을 통해 자신의 심령의 근원을 체험하거나 혹은 본래 청정한 자신의 심령계를 체험하고, 그 후 조심스럽게 계율을 지키면서 체험한 경지를 보호하여 잃지 않는다는 것이다. 이런 심령에 대한 실천적 종교 신앙이 불교의 정도라고 믿었다.

8세기 중엽 이후 한때 상당히 흥성하였던 불교의 의미에 대한 관심이 다소 식게 되었다.

이화(李華 : 715?~774년)는 「항주여항현용천사고대율사비(杭州餘杭縣龍泉寺故大律師碑)」에서 말한다. "법에는 높고 낮음이 없으나, 근기에는 얕고 깊음이 있다. 그렇기 때문에 선나(禪那)[1]를 통해 진리의 세계를 증입(證入)하는 문을 열고, 율을 섭호(攝護)해서 율장을 세우는 것은 흙이 물이 있어야 그릇이 되고 불이 땔감이 있어야 타오르듯이 선종과 율종은 더욱 서로 쓰임이 된다(法無高下, 根有淺深, 由是啓禪那證入之門, 立毗尼攝護之藏, 土因水而成器, 火得薪而待燃, 惟此二宗, 更相爲用법무고하, 근유

---

1) 선나(禪那)는 타연나(馱衍那)라고도 하며, 선(禪)이라고 약칭한다. 진정한 이치를 사유(思惟)하고 생각을 안정케 하여 산란치 않게 하는 작용이다(역자 주).

천심, 유시계선나중입지문, 입비니섭호지장, 토인수이성기, 화득신이대연, 유차이종, 경상위용)." [2] 왜인가? 그 이유는 "율법을 엄격하게 행하여 받들면 마음이 맑아져 허물이나 결함이 없게 되고, 계율을 지켜 선정에 들어 밝은 빛으로 깊게 비추면 그 마음의 본원을 헤아려 볼 수 있으니, 순서에 의해 선정의 문을 닦으면 스스로 악한 마음이 조절되어 없어진다(律行嚴用奉, 則淨無瑕缺, 戒定光深照, 則測見本源, 次修定門而自調伏율행엄용봉, 즉정무하결, 계정광심조, 즉측견본원, 차수정문이자조복)."

그래서 이화는 「양주용흥사경율원화상비(揚州龍興寺經律院和尙碑)」에서 다시한 번 말한다. "계율은 본성의 근원이며 선정을 통해 본성을 볼 수 있다. ……선종과 율종의 두 문은 좌우 날개와 같다(戒爲性源, 因定見性 ……禪律二門, 如左右翼계위성원, 인정견성 ……선율이문, 여좌우익)" [3]라고 한다.

이는 물론 이화 한 사람만의 생각이 아니다. 그보다 앞선 시기의 장열(張說)은 「당진주용흥사비(唐陳州龍興寺碑)」에서 이미 말하고 있다. "부처는 삼계[4]가 생겨 없어짐에 모두 껍질로 되어 있음을 보고 계율의 부리로 쪼아 부수었으며, 중생이 선악의 업보에 따라 육취[5]에서 윤회하는 것이 무명의 그물임을 보고 선정의 칼날로 끊었다(聖人有以見三界成壞, 皆有爲殼, 故剖之以戒觜, 聖人有以見六趣輪回, 是無明網, 故決之以定刀성인유이견삼계성괴, 개유위각, 고부지이계자, 성인유이견육취윤회, 시무명망, 고결지이정도)." [6]

그러나 8세기 중엽 이후의 선비들은 이 점을 더욱더 흥미로워 하였다. 곽식(郭湜)은 「당소림사동광선사(700~770)탑명(唐少林寺同光禪師塔銘)」에서 말한다. "수행의 근본은 율의보다 큰 것이 없고, 궁극의 마음은 선정에 드는 것이다(修行之本, 莫大于

2) 이 글은 이화(李華)가 도일율사(道一律師)를 위해 쓴 비문이다. 도일율사는 천보(天寶) 13년(754)에 앉아서 입적하였다. 이 비문은 그 몇 년 후에 쓰였을 것이다. 『전당문』 권319, 1429쪽.
3) 『전당문』 권320, 1434쪽. '좌우 날개'의 개념은 아마 왕유(王維)로부터 왔을 것이다. 왕유는 「대당대안국사고대덕정각사탑명」에서 말하길, "계율을 세세히 행하면서 주도면밀하게 보호하며 지키고, 경전의 깊은 뜻을 자세히 분석하면 부처의 가르침의 경지에 들 수 있다." 『전당문』 권327, 1465쪽.
4) 삼계(三界)는 유형과 무형의 전체 세계를 말한다. 즉 욕계(欲界), 색계(色界), 무색계(無色界)로서 삼유(三有)라고도 한다. 혹은 과거, 현재, 미래 삼세(三世)를 삼계라고도 한다(역자 주).
5) 육취(六趣)는 중생이 선악의 업에 따라 윤회하는 곳으로 천(天), 인(人), 아수라(阿修羅), 아귀(餓鬼), 축생(畜生), 지옥(地獄) 등의 6처를 말한다. 육도(六度)라고도 한다(역자 주).
6) 『전당문』 권226, 1008쪽.

律儀, 究竟之心, 須終于禪寂수행지본, 막대우율의, 구경지심, 수종우선적)."[1] 그리고 유가(劉軻)는 여산(廬山) 동림사(東林寺) 상굉(上宏 : 739~815년)의 사상을 서술하면서 "부처님께서 설한 계율인 비나야를 조술하고, 부처님의 가르침을 전한 경전인 수드라를 본받아 마음은 혜능을 본받고 행적은 도선율사(道宣律師)를 본받았네(祖述毗那耶, 憲章修多羅, 心同曹溪, 事同南山조술비나야, 헌장수다라, 심동조계, 사동남산)"라고 하였다.[2] 이는 결코 세속의 불교 신자들만 그렇게 인식한 것이 아니고, 이 시기의 불교도 가운데 심지어 율법을 익히는 승려 중에도 선종과 율종을 겸수하려는 경향 즉 율종에 입문하나 선을 종극의 귀착으로 삼으려는 사상이 점차 두드러졌다. 예를 들면 북종(北宗)의 9대조사인 담진(曇眞 : 704~763년)이 바로 율종에서 선종으로 들어갔다. 전하는 말에 의하면, 그가 율종의 문하에 있을 때 "동학들이 그를 스승으로 우러러보았으나(同學者仰之爲師동학자앙지위사)", 그는 도리어 탄식하며 말하길 "대성현의 중요한 깨달음의 길은 해탈에 있으니, 그 문에 들어서지 못하면 불자가 아니다(大聖要道, 存乎解脫, 不入其門, 非佛之子대성요도, 존호해탈, 불입기문, 비불지자)"라고 하며, 의연히 "장로 대조에게 찾아가서 미혹에서 깨어나고 속박에서 벗어났다(詣長老大照, 醒迷解縛예장노대조, 성미해박)." 그리고 광덕대사(廣德大師)를 찾아가 마침내 북종의 선사가 된 것이다.[3]

　　유명한 계미(契微 : 720~781년) 스님 역시 "마음은 진실로 경계 따라 변화하고 진리는 망상으로부터 벗어나니, 벗어나다 보면 진실 또한 다하게 되고 변하다 보면 마음도 마침내 맑아진다(心實境化, 眞由妄遣, 遣之而眞亦隨盡, 化之而心乃湛然심실경화, 진유망견, 견지이진역수진, 화지이심내담연)"고 여겼다. 그래서 그는 "밖으로는 율법의 의례를 내보이고, 안으로는 선정의 희열을 추구하였다(外示律儀, 內循禪悅외시율의, 내순선열)."[4] 심지어 줄곧 율종을 근본으로 삼는 스님들, 예를 들면 율사신주(律師神湊 : 744~817년)는 "남악 희조대사(希操大師)에게서 구족계를 받고, 종릉(鍾陵) 대적대사(大寂大師)에게서 참선을 배웠으며(具戒于南岳希操大師, 參禪于鍾陵大寂大師구계우남악희조대사, 참선우

이 시기의 불교도 가운데 심지어 율법을 익히는 승려 중에도 선종과 율종을 겸수하려는 경향 즉 율종에 입문하나 선을 종극의 귀착으로 삼으려는 사상이 점차 두드러졌다.

---

1) 『전당문』 권441, 1990쪽.
2) 『전당문』 권742, 유가(劉軻) 「여산동림사고임단대덕탑명병서(廬山東林寺故臨壇大德塔銘幷序)」, 3404쪽. 상굉(上宏)은 상홍(上弘)으로 쓰기도 한다. 그의 사적에 대해서는 『백거이전집(白居易全集)』 권41, 「당고무주경운사율대덕상홍화상석탑비명(唐故撫州景雲寺律大德上弘和尙石塔碑銘)」, 913~915쪽 참조. 중화서국, 1979년.
3) 왕진(王縉), 「동경대경애사대증선사비(東京大敬愛寺大證禪師碑)」, 『전당문』 권370, 1662쪽.
4) 권덕여(權德輿), 「당고동경안국사계미화상탑명(唐故東京安國寺契微和尙塔銘)」, 『전당문』 권501, 2261쪽.

종릉대적대사", 율사지여(律師智如 : 749~834년)는 "담준율사에게 사분율을 배우고, 법응대사에게 마음의 가르침을 이어『능가』, 『사익』에 통달하였다(學四分律于曇濟律師, 通『楞伽』, 『思益』心要于法凝大師학사분율우담준율사, 통『능가』, 『사익』심요우법응대사)." [5]

불교계의 이런 경향에 관해 특별히 설명할 가치가 있는 다음의 내용이 있다. 담비(曇毗 : 723~797년)는 대력 14년(779) 대중에게 선포하기를, "나는 율종에 힘써 스스로 경전을 익히는 데 부끄러움이 없다고 말할 수 있으나, 성문의 속박으로부터 여전히 벗어나지 못하였다(吾以律從事, 自謂無愧于篇聚矣, 然猶未去聲聞之縛오이율종사, 자위무괴우편취의, 연유미거성문지박)"라고 하며, 남종선(南宗禪)과 우두선(牛頭禪)의 종지를 깊이 연구하였다. 그 다음 해에 공곡선사(空谷禪師)에게 가서 마침내 깨달음을 얻고, "대장부라면 이와 같이 마음을 이해해야 한다(大丈夫了心當如此대장부료심당여차)"라고 깊이 탄식하였다. [6]

여기서 마땅히 언급하고 넘어가야 할 점은 종교사에서 불교 종파를 서술하는 데 습관적으로 불교도들이 당동벌이(黨同伐異)적인 '교상판석(敎相判釋)' [7]을 하면서 사후에 미루어 판단한 결과에 근거하기 때문에 각 종파의 구분이 너무 분명하여 후대의 독자들은 당시의 불교도들이 이론에서나 교파의 계통에 있어서 시작부터 분명하게 나뉘어 마치 우물물이 강물을 넘볼 수 없는 것처럼 한계가 분명

---

5) 「당강주흥과사율대덕주공탑갈명(唐江州興果寺律大德湊公塔碣銘)」, 「동도십율대덕장성선사발탑원주지여화상다비당기(東都十律大德長聖善寺鉢塔院主智如和尙茶毗幢記)」, 『백거이전집』권41, 916~917쪽, 권69, 1462~1463쪽 참조.

6) 담비(曇毗)는 희유(希喩), 감진(鑒眞)의 제자이다. 유가(劉軻) 「서하사고대덕비율사비(棲霞寺故大德毗律師碑)」, 『전당문』권742, 4303쪽 참조. 사실 후기 남종선(南宗禪) 중에 가장 격렬하였던 홍주(洪州) 계열의 선사 중 대부분은 유사한 경력을 갖고 있다. 예를 들면 유명한 남천(南泉) 보원(普願)은 먼저 율법을 배우고 뒤에 의미를 익혔으며 마지막에 비로소 선문(禪門)에 귀의하였고, 염관(鹽官) 제안(齊安)은 먼저 '밖으로 율법의 의례를 점검하며, 안으로 실상을 비추어보고(外檢律儀, 內照實相외검율의, 내조실상)' 후에 마조(馬祖)의 문하에 들어갔다. 항주(杭州) 환중(寰中) 또한 먼저 '율법을 익혀 널리 통달하였으나, 홀연히 대승을 흠모하여(肄習律部, 于玆博通, 忽慕上乘이습율부, 우자박통, 홀모상승)' 백장산(百丈山)으로 갔다. 소주(蘇州) 장익(藏益)은 '율법의 규범을 받아들이며 두루 경전을 섭렵하였으나(因聽律範, 旋窮篇聚인청율범, 선궁편취)' 후에 도반에게 말하길, "교종의 문은 번잡하고 넓으나 통괄하는 문이 있기 마련이다. 통괄하는 문을 찾는 데 가장 급한 일은 뗏목을 버리는 시기를 놓치지 않는 것이다(敎門繁廣, 然有總門, 總門之急, 勿過舍筏교문번광, 연유총문, 총문지급, 물과사벌)"라고 하며 선종을 두루 익혔다. 『송고승전』권11, 255쪽, 261쪽, 권12, 273쪽, 281쪽 참조.

7) 교판(敎判)이라고도 약칭한다. 석존이 일생에 설한 교설을 그 말한 시기의 차례와 내용의 얕고 깊음에 따라 분류 판별한 것이다(역자 주).

하였다고 여기게 되었다.[1]

　　그러나 각종 문헌의 기록에 근거하여 당시의 정황과 언어 환경을 새롭게 구성하여 본다면, 나의 판단으로는 당시의 불교도들이 생각하는 양자 간의 분별이 당나라 때 사람들이 스스로 불렀던 '법사(法師)', '율사(律師)' 그리고 '선사(禪師)'의 호칭에서 드러난 만큼 분명하지 않았다고 본다.[2] 이들 간 중요한 차이는 경전의 의리(義理)를 번역하거나 해석하는 사람을 법사라 불렀고, 계율을 전하여 익히게 하고 세속 신앙인들의 윤리와 불교도들의 행위를 감독하는 것을 자신의 임무로 여기는 사람을 율사라 하였으며, 선사는 선정(禪定)과 심령의 체험을 불교 신앙의 깊은 세계로 들어가는 중요한 길로 여기는 사람을 말한다. 비록 남북조(南北朝)와 당나라 초기에 불교의 의리(義理)를 밝히는 학문이 크게 성행하여, 법사 즉 역경(譯經)이나 의리의 해석에 힘쓴 스님들이 종종 극진한 대우를 받았으며, 특히 당

'법사(法師)', '율사(律師)' 그리고 '선사(禪師)'

---

1) 불교의 종파에 관해서 이미 비교적 공정한 학계의 학설이 존재한다. 여징(呂澂)의 『중국 불교원류약강(中國佛敎源流略講)』에서 언급하기를 각 종파라는 것은 "당시 유명한 학자의 자료 선택의 다름이나 중시하는 측면의 다름에 따라 후에 여러 종파가 형성되었다. 그러나 모두 중재나 조절을 하려는 색깔을 띠고 있다." 분명한 점은 결코 '종파'를 시작부터 확실히 다른 종교 단체로 여기지 않았다는 것이다. 335쪽, 중화서국, 1979. 그러나 탕용동(湯用彤)은 『수당불교사고(隋唐佛敎史稿)』에서 '종파'라는 것은 두 가지 뜻이 있다. "하나는 종지(宗旨)의 종(宗)으로 학설이나 학파를 지칭하고, 하나는 교파를 지칭하는데 창시자가 있고 전수자도 있으며, 신도와 교의(敎義)도 있고, 교규(敎規)가 있는 종교 단체를 지칭한다." 그러면 중국 불교의 각 종파는 처음부터 학설이나 종지가 대부분 차이는 조금 있었으나, 결코 처음부터 서로 통하거나 넘을 수 없는 종파는 아니었다. 뒤에 하나의 종교 단체가 되고 점차 변하여 종파간의 구별이 생기게 된 것은 그 후에 지속적으로 구축된 것이다. 200~201쪽, 중화서국, 1982.

2) 사실 당나라 때 사람들 스스로 불교도들에 대한 구분도 이와 같았다. 예를 들면 유종원(柳宗元)은 「송예상인귀회남근성서(送睿上人歸淮南覲省序)」에서 말한다. "불교의 도가 중국에 가르침과 계율을 폈지만 정도에서 멀어진 이교의 가르침이니, 선과 법과 율이다(金仙氏之道 ⋯⋯其敷演敎戒于中國者, 離爲異門, 曰禪, 曰法, 曰律금선씨지도⋯⋯기부연교계우중국자, 리위이문, 왈선, 왈법, 왈율)." 『유종원집』 권25, (683쪽, 중화서국, 1979. 외국인의 느낌도 대체적으로 같았는데, 일본 승려 원인(圓仁)은 『입당구법순례행기(入唐求法巡禮行記)』 권1에서 기록하고 있다. 당나라 사람들은 "말하길 세간에는 일정한 고통이나 공허함의 이치가 없다고 남녀 제자들을 교화하고 인도하며 도를 외치며 세속을 변화시키는 사람을 법사라 한다. 경전을 강독하고 율법을 논하며 주석을 기술하면 좌주화상대덕이라 하고, 가사를 입고 마음을 수렴하면 선사라 하였으니, 또한 불도를 수련하는 사람들로 율법을 지킴이 많으면 율대덕이라 하고 강의하는 사람은 율좌주라 하며 그 외는 모두 이 구분을 따른다(說世間無常苦空之理, 化導男子女弟子, 呼道化俗法師也; 講經論律記疏等, 名爲座主和尙大德; 若衲衣收心, 呼爲禪師; 亦爲道者, 持律偏多, 名律大德, 講爲律座主, 餘皆準爾也설세간무상고공지리, 화도남제자여제자, 호도화속법사야; 강경론율기소등, 명위좌주화상대덕; 약납의수심, 호위선사; 역위도자, 지율편다, 명율대덕, 강위율좌주, 여개준이야)." 『입당구법순례행기교주(入唐求法巡禮行記校注)』, 71~72쪽, 백화문등교주본(白化文等校注本), 화산문예출판사(花山文藝出版社), 석가장(石家莊), 1992.

시 정치와 문화의 중심지였던 장안이나 낙양 같은 지역에서는 더욱 이론에 대한 세속 사회의 보편적 흥미를 불러일으켰다.

그러나 8세기 말에서 9세기 초에 이르러서는 상황이 크게 변하였다. 이때에 율종과 선종은 불교 신앙에서 가장 매력 있는 두 종파였고, 선을 익히는 자들 중 특히 남종(南宗), 우두(牛頭), 천태(天台)를 중심으로 한 선사들은 그 당시에 가장 활동적인 불교 전파자들이 되었고, 율법을 익히는 스님들 중에는 인격적인 역량으로 선비들을 끌어들이는 고승들이 줄곧 존재하였으며, 여러 문인'학자들과 상당히 친밀한 관계를 유지하였다.

남종선의 경우를 예로 들면, 단하천연(丹霞天然 : 739~824년)은 남양(南陽), 아호대의(鵝湖大義 : 746~818년)는 신주(信州), 백장회해(百丈懷海 : 720~814년)는 홍주(洪州), 오설영묵(五洩靈墨 : 747~818년)은 무주(婺州), 부용태육(芙蓉太毓 : 747~826년)은 상주(常州), 동사여회(東寺如會 : 744~823년)는 장사(長沙), 천황도오(天皇道悟 : 748~807년)는 형주(荊州), 남천보원(南泉普願 : 748~834년)은 지주(池州), 약산유엄(藥山惟儼 : 751~834년)은 풍주(灃州), 황벽희운(黃檗希運 : 大中 2년에 죽음)은 홍주(洪州), 복우산자재(伏牛山自在 : 741~821년)는 낙양(洛陽), 화엄지장(華嚴智藏 : ?~835년), 흥선유관(興善惟寬 : 755~817년), 장경회휘(章敬懷暉 : 756~815년)는 장안(長安)[3]에서 활동하였으니 그 세력이 전 중국을 휩쓸었다.

그리고 율사 중에 상홍(上弘 : 739~815년), 혜개(惠開 : 733~797년), 영우(靈佑 : 727~800년), 일오(日悟 : 736~804년), 명원(明遠 : 765~836년), 여신(如信 : 750~824년), 법증(法證 : 724~801년) 등은 또한 당시 최고 권력을 가진 관원과 최고의 선비들, 즉 제영(齊映), 안진경(顏眞卿), 이필(李泌), 유종원(柳宗元), 유우석(劉禹錫), 백거이(白居易) 등과 깊은 교류를 하였고 선비들의 존경을 받았다. 법사들은 냉대를 받았는데, 이는 경전 지식에 대한 흥미가 쇠퇴한 현상과 관계가 있을 것이다.

그렇다면 이는 도대체 무슨 이유 때문인가? 한편으로는 남북조에서 당나라 초기까지 중시되었던 불경 의미의 배움에 대한 이론적 관심이 이 시기에 점차 약

---

3) 이상 자료는 갈조광의 『중국 선 사상사—6세기에서 9세기(中國禪思想史—從6世紀到9世紀)』, 북경대학출판사, 1995, 참조. 또한 『송고승전』, 권10~권11, 중화서국, 1987. 진원(陳垣) 『석씨의년록(釋氏疑年錄)』, 중화서국, 1964, 1988, 참조.

화되고 자아 체험식의 신앙에 대한 흥미가 점차 생기게 되었고, 또한 사람들로 하여금 불교의 자유스럽고 산만한 분위기에 대한 경각심과 함께 계율을 엄격히 지키는 고상한 행위가 또한 선비들이 추구하는 이상인가에 대한 의구심이 생긴 것이 아닐까?

이 문제에 대한 답을 조급하게 할 것이 아니라, 먼저 다음 자료를 하나 보기로 하자. 9세기 전반기에 화엄종과 선종 모두에 정통한 종밀(宗密 : 780~841년)은 중국에서의 불교 전파 역사에 대한 비판적 회고를 하면서 약간의 불만을 나타냈다. 그는 말하길 "이 땅의 계승자들은 석가모니의 탄생 시기로부터 멀리 떨어져 원류가 더욱 다르게 되었으며, 하물며 지역이 멀리 떨어져 풍속이 다르며 번역의 유통 과정에 어려운 부분이 누락되거나 잃어버린 부분이 적지 않았고, 계승되고 전해지면서 각기 자기의 종파만을 중심으로 모였다(此土承襲者, 良以出聖時遙, 源流益別, 況方域隔遠, 風俗攸殊, 飜譯流通, 三難五失, 相承傳襲, 各黨其宗차토승습자, 양이출성시요, 원류익별, 황방역격원, 풍속유수, 번역유통, 삼난오실, 상승전습, 각당기종)." 그러나 그는 그 시대의 불교에 대해 여전히 경외감을 갖고 있었기 때문에 "위진 이후 여전히 이관(理觀)을 숭상하여 불경을 번역하는 데 뜻을 중시하고, 불교를 전파하는 데 마음을 근간으로 하여, 이 때문에 큰 스님들이 이어지고 고승들이 끊이지 않았다(然魏晉以來, 猶崇理觀, 譯經貴意, 傳教宗心, 是以大德架肩, 高僧繼踵연위진이래, 유숭이관, 역경귀의, 전교종심, 시이대덕가견, 고승계종)"라고 말한다. 그러나 이어서 당나라 시기에 대해 이야기 할 때에는 적지 않은 원망의 말을 토로한다.

정관 연간에 이르러 명상(名相)들이 번잡하게 일어나 엎어지고 뒤집혀 부박하고 와전되어 방편을 실상이라 여겨, 진실의 취지가 이단에 굴복하게 되었다(爰及貞觀, 名相繁興, 輾轉遶訛, 以權爲實, 致使眞趣屈于異端원급정관, 명상번흥, 전전요와, 이권위실, 치사진취굴우이단).[1]

여기서 비판하려는 것은 7세기 불교 상황인데 드러난 것은 9세기 불교인들

---

1) 『원각경대소(圓覺經大疏)』권상(卷上) '일(一)', 『속장경(續藏經)』 14책(冊), 227쪽.

의 생각이 되었다. 그러면 그가 말하는 뜻과 마음을 잃었다고 하는데, 다시 말해서 불교의 진정한 신앙적 의미의 "명상(名相)들이 번잡하게 일어나 엎어지고 뒤집혀 부박하고 와전되어 방편을 실상이라 여겼다"에서 잃어버린 것이 도대체 무엇을 지칭하는 것인가?

1

불교가 중국에 전래되던 초기에 선비들이 불교를 받아들인 중요한 수단은 경전을 읽는 길이었다.

　　불교가 중국에 전래되던 초기에 선비들이 불교를 받아들인 중요한 수단은 경전을 읽는 길이었다. 서역의 다른 나라에서 온 이런 학설이 고대 중국 사상을 크게 초월한 정치함과 세밀함과 심오함 때문에 일찍이 고대 중국 지식 계층의 이론적 관심을 크게 불러 일으켰으며, 많은 경전들 심지어 학술적 원류가 다르며 학술적 이치가 모순된 경전들조차도 목마른 사람들처럼 배우고 토론하였다. 그러나 몇백 년의 전파 기간을 거치면서 대추를 통째로 삼키듯 무비판적으로 받아들이는 상황은 점차 바뀌었고, 6~7세기 이후에 이르러 중국 불교의 지식과 사상 세계가 점차 일정한 풍조를 형성하였으니, 주로 한 권의 경전이나 아니면 한 부류의 경전에 근거하여 불교의 이치를 밝히려 하였다. 일부 중국 승려들은 경전 속의 명사 개념이나 사고방식과 이치를 철저하게 분석하고 논리적으로 파악함으로써 불교 전체의 지식과 사상 체계를 관통하고 아울러 가장 심오하고 근원적인 불교의 종지를 깊게 이해하고자 하였다. 당연히 승려들의 사승(師承) 관계, 학풍, 습관이 다르며, 그들이 해석하고 서술할 때 근거한 배후 경전이 다르기 때문에 각자 해석과 서술 시각, 사고방식, 그리고 지향점 또한 달랐다.

　　그러나 남북조 시기 상류 계층에 유행하였던 불교교의학(佛敎敎義學)은 비록 의견이 분분하고 서로 차이가 있었으나, 상류 귀족들 사이에서 유행하였던 대승불교의 사상은 대체적으로 두 종류로 구분된다.[2] 초기에 용수(龍樹 : 150?~250?, 인

---

2) 사실 의정(義淨)의 『남해기귀내법전(南海寄歸內法傳)』 권1에서 말하길, 대승불교는 "두 종류에 불과한데, 첫째는 중관이고 둘째는 유가이다. 중관은 세속에도 진정한 공이 있으니 모든 형체는 비어있어 환영과 같다하고, 유가는 밖은 없으나 안은 있으니 사물은 모두 오로지 인식인 것으로 여긴다(無過二種, 一則中觀, 二乃瑜伽. 中觀

도의 승려 나가르주나Nagarjuna)와 제바(提婆 : 2~3세기 남인도 바라문 출신의 승려로 용수의 제자인 데바deva) 계열은 실상(實相)의 관점에서 이론을 세워 "법체는 항상 공하다(法體恒空법체항공)"라고 여긴다(이를 불교 용어로 제법공상諸法空相이라 한다. 즉 일체의 모든 존재는 인과 연의 결합으로 이루어진 것이기 때문에 공하다고 한다). 이 사상은 대승반야 계열의 경전인 구마라집(鳩摩羅什)이 변역한 『유마힐(維摩詰)』, 『반야(般若 : 반야심경)』, 삼론(三論), 『법화(法華 : 법화경)』 등을 기본 문헌으로 삼는다. 그중 각자의 해석에 약간의 차이는 있으나, 이들 불교 사상은 중국 선비들에게 익숙했던 노장현학(老莊玄學)으로 서로 해석과 이해가 가능하여 쉽게 받아들여졌으며, 특히 수나라와 당나라 교체기에 『법화(法華)』를 기본 경전으로 삼았던 지자(智者 : 523~597년)와 삼론(三論)을 기본 경전으로 삼았던 길장(吉藏 : 549~623년)은 각기 조정과 민간에서 극진한 추앙을 받았으니, 이들 문파 후계자들의 세력이 컸을 뿐만 아니라 학설 또한 한 시기를 풍미하였다.[1]

그러나 인도에 또 다른 무착(無著), 세친(世親) 계열이 있는데, 이들은 연기의 관점에서 이론을 세워 "만법이 유식이다(萬法唯識)"는 개념을 학설로 삼는다. 하지만 이들의 지식과 사상은 매우 복잡하여 비록 남조시기 진(陳)나라 때의 진제(眞諦)가 『섭대승론(攝大乘論)』을 번역하여 유식론의 지식과 사상을 점차 전파하였고, 또한 당시에 북방에는 『지론(地論)』 그리고 남방에는 『섭론(攝論)』이 전파되었으나, 당나라 시기 정관 19년(645) 이후에 현장법사가 유식 경전을 번역하여 해설하고, 규기(窺基), 원측(圓測) 등이 유식 학설을 해석하고 찬술으로써 비로소 심오하고 복잡한 유식론 학설이 당시 불교 교학의 중심 화제의 하나가 되었다.

현장법사가 유식경전을 번역하여 해설하고, 규기, 원측 등이 유식 학설을 해석하고 찬술하였다.

사실 현장(玄奘 : 600~664년) 본인은 결코 인도 유식론 학설을 중심으로 하여 스스로 해설을 한 것이 아니다. 그는 물론 '전체 불교에 대한 통일된 해석(全體佛學統一解釋체불학통일해석)'을 하려는 포부가 있었다.[2] 그러나 그는 각종 경전의 원본을 번역하는 일에 주력하였으며, 그의 주도하에 번역한 75부 230여 권의 불교 경

則俗有眞空, 體虛如幻; 瑜伽則外無內有, 事皆唯識무과이종, 일즉중관, 이내유가. 중관즉속유진공, 체허여환; 유가즉외무내유, 사개유식)." 왕방유(王邦維) 『남해기귀내법전교주(南海寄歸內法傳校注)』, 21쪽, 중화서국, 1995.

1) 여기서 말하는 두 종파는 일반적으로 이야기하는 삼론종과 법화종을 가리킨다.

2) 여징(呂澂), 『중국불학원류약강(中國佛學源流略講)』, 338쪽.

전 중 유식론의 중요한 경전인 『유가사지론(瑜伽師地論)』, 『불지경론(佛地經論)』, 『성유식론(成唯識論)』 등이 있다. 진정으로 유식론을 해석하고 설명한 사람은 그의 제자인 규기(窺基 : 632~682년, 당나라 초기의 승려로 유식종 창시자 가운데 한 사람), 원측(圓測 : 613~696년, 당나라로 건너가 유식학의 대가로 명성을 떨쳤던 신라의 고승으로 중국어와 산스크리트어에 능통하여 경전 번역에 참여하였으며 인도에서 돌아온 현장에게도 사사를 받음) 등이다.

『성유식론(成唯識論)』, 『현양성교론(顯揚聖敎論)』 등의 경전 원문의 서술과 규기의 『성유식론술기(成唯識論述記)』, 『대승법원의림장(大乘法苑義林章)』에 보인 유식론에 대한 새로운 체계 구성과 해설에 의하면 그 내용은 다음과 같음을 알 수 있다. 유식론은 팔식(八識 : 안식眼識, 이식耳識, 비식鼻識, 설식舌識, 신식身識, 의식意識, 말나식末邪識, 아뢰야식阿賴耶識), 삼성(三性 : 변계소집성遍計所執性, 의타기자성依他起自性, 원성실자성圓成實自性), 삼능변(三能變 : 이숙異熟, 사량思量, 요별경식了別境識), 오위백법(五位百法 : 심법팔心法八, 심소유법오십일心所有法五十一, 색법십일色法十一, 분위법즉심불상응행법이십사分位法卽心不相應行法二十四, 무위법육無爲法六)과 의식을 전환시켜 지혜를 이룬다는 오위(五位 : 자량위資糧位, 가행위加行位, 통달위通達位, 수습위修習位, 구경위究竟位) 등등 일련의 복잡한 개념, 분석, 추리, 체험으로 구성된 방대한 체계이다.[3]

팔식, 삼성, 삼능변, 오위 백법

유식론에 의하면 일체의 '법(法)' 즉 우주의 사물 현상은 모두 '식(識)'으로 말미암아 구성되는데, 그것은 이 '식'이 사람이 갖고 있는 통찰, 지혜 그리고 인지 능력이기 때문이다. 본래 사람은 제8식인 아뢰야식이 있으며, 이 아뢰야식은 사람이 소유한 지혜와 지식의 본원으로 마치 자생 번식 하는 씨앗과 같이 일체의 가능성을 내포하고 있다. 그래서 이를 '종자식(種識)'이라고도 하는데, 이 씨앗은 두 개의 중요한 가능성이 있다.

첫째는 "무시이래로 제8식 가운데 존재하니, 또한 본성 주종이라 한다(自無始以來存于第八識中, 亦名本性住種자무시이래존우제팔식중, 역명본성주종)." 이것은 또 '본유(本有)'라 하는데, 그것은 각종 인(因) 때문에 생긴 과(果)가 아니기 때문이다. 또 '무루(無漏)'라고도 하는데, 그것은 사람의 의식과 감각을 스스로 변화는 종종 환상에

---

3) 『현양성교론(顯揚聖敎論)』 권1에서 권4 「섭사품(攝事品)」 '제일(第一)', 『대정장(大正藏)』 제31권, 480~501쪽 참조.

빠져들지 않게 막고 끊어 주어 사람들로 하여금 누설(漏泄)에 빠져 삼계의 번뇌 속으로 이르지 않게 하기 때문이다.[1]

둘째는 "무시이래로 점차적 훈습으로 말미암아 생겨나며, 또한 습으로 명명되어진 종자이다(自無始以來漸由熏習而生, 亦名習所成種자무시이래점유훈습이생, 역명습소성종)." 이것은 훈습 때문에 번식하여 7식이 되니, 또 '시기(始起)'라고 부르는 것은 모든 것이 그로부터 생겨나기 때문이다. 또 '유루(有漏)'라고 부르는 것은 이런 의식과 감각이 망상을 실제로 여기게 하여 사람들로 하여금 종종 번뇌의 누설(漏泄) 속으로 빠져들게 하기 때문이다. 이 씨앗은 '능변(能變)'하기 때문에[2] 훈습과 감염으로 인해 중생들은 자각적으로 아뢰야식의 자아 본연의 상태를 유지할 수 없게 된다. 그래서 말나식으로부터 의식계 즉 '사량식(思量識)'으로 들어가고, 그런 후 각종 감각, 즉 색(色), 성(聲), 향(香 : 후), 미(味), 촉(觸)으로부터 안(眼), 이(耳), 비(鼻), 설(舌), 신(身)을 경유하여 마음에 각종 환상을 만들게 되어, 모든 상에 대해 '요별경식(了別境識)'이 있게 된다.[3] 이런 분별 의식(了別)이 생기게 됨으로써, 각종 좋고 싫음과 애욕의 마음이 있게 되어 번뇌가 생기게 된 것이다.

유식론은 사람의 심령(心靈 : 마음) 상태를 세 종류로 나눈다.[4] 첫째는 변계소집성(遍計所執性), 즉 의식 자체와 현상 객체의 진실성에 집착하는 것으로 모든 사물 현상의 보편적 실체에 대해 분별의 관념을 갖는 것이다. 그래서 모든 사물과 현상에 모두 실재 본성이 있다고 여기고 각기 분별을 하게 되는데, 이것은 가장 황당한 생각이다. 둘째는 의타기자성(依他起自性), 즉 일체의 모습이 "뭇 인연에 의해 나타난 심과 심소[5]가 허망하게 변화하여 나타난 것이다(衆緣所引心, 心所虛妄變現중연소인심, 심소허망변현)"는 것을 의식하는 것이다. 그래서 환상이나 변화가 실재

---

1) 『성유식론(成唯識論)』 권2, 『대정장(大正藏)』 제31권, 8쪽.
2) "저 현상계는 의식에 따라 변하고, 이 능변하는 주체는 오직 셋이 있을 뿐이니, 이숙(아뢰야식)과 사량(말나식) 그리고 요별경식(의식)이다(彼依識所變, 此能變唯三, 謂異熟思量, 及了別境識피의식소변, 차능변유삼, 위이숙사량, 급요별경식)." 호법(護法) 등 『성유식론』 권1, 『대정장』 제31권, 1쪽.
3) 『성유식론』 권2, 『대정장』 제31권, 7쪽. 규기 『성유식론술기(成唯識論述記)』 권1본, 『대정장』 제43권, 238쪽.
4) '삼성(三性)'에 대해서는 『성유식론술기』 권9본, 『대정장』 제43권, 540쪽 참조.
5) 심소(心所)는 심소유법(心所有法)을 말한다. 의식 작용의 본체, 즉 마음을 심왕(心王)이라 하고, 마음의 작용, 즉 객관 대상을 인식하는 정신 작용을 심소라고 한다(역자 주).

가 아니며 있는 것 같으나 있지 않다는 것을 믿는다. 그러나 이렇게 현상을 부정하고 심령을 확인하는 깨달음이 철저하지 못한 것은 '마음(心)' 또한 아뢰야식(藏識)이 누설하여 생겼기 때문이다. 셋째는 원성실자성(圓成實自性), 즉 일체 현상은 본래 너와 나의 구분이 없고 또 법과 나의 구분도 없으며, 법과 내가 모두 공(空)이니 모든 것이 오직 의식의 산물인 것이다. 이때 비로소 진여실성(眞如實性)이 드러나는데, 이것만이 유일하게 존재하고 사람은 이런 심령의 경지에 처하였을 때만 원만해질 수 있다.[6]

전체 유식론의 핵심 사상은 어떻게 사람으로 하여금 이런 번뇌로부터 해탈하여 원초의 아뢰야식으로 돌아가게 하는 가에 있다. 유식론에서 생각하는 해탈의 길은 '팔식(八識)'에서 파생하여 역행하는 자아 구제의 과정, 즉 아뢰야식에서 시작하여 말나식을 거쳐 의식과 오식이 생겨나는 것과 정반대의 길이다. "의식을 전환시켜 지혜를 이룬다(轉識成智전식성지)"라고 하는데, 『섭대승론(攝大乘論)』, 『불지경론(佛地經論)』, 『성유식론(成唯識論)』의 해석에 근거하면 '전식성지(轉識成智)'는 "식온이라는 의를 전환하여 네 가지 무루지에 상응하는 마음을 얻은 것이다(轉識蘊依, 得四無漏智相應心전식온의, 득사무루지상응심)." 이 '식(識)'은 유루(有漏)의 팔식과 현상에 대한 요별(了別)이니, '식'이 얻은 것은 감각, 경험, 지식이며, '사무루지(四無漏智)'는 네 종류의 지고무상한 지혜이니, '사무루지'가 얻은 것은 불가사의할 정도로 명철하게 비춰주는 심령 세계인 것이다.

---

6) 『성유식론』 권8, "세 종류의 자성은 마음에서 멀리 떠나지 않으며 마음이 법으로 삼는 바이다(三種自性, 皆不遠離心, 心所法삼종자성, 개불원리심, 심소법)." 이어서 각각 설명하기를 "마음과 마음 작용 그리고 변하여 나타나는 바에 의해 뭇 인연이 생겨나므로 환상의 일과 같으며 있지 않으며 있는 것 같아 어리석은 사람을 현혹하여 일체 모든 것을 이름 짓게 하니 의타기생이고, 어리석은 이가 나와 법에 집착하여 있고 없음과 하나와 다름, 갖춤과 갖추지 않음이 빈 꽃과 같아 성과 상이 모두 없는데 모든 것을 이름 지으니 변계소집이라 하며, 의타기가 생겨나 현상계의 망상에 집착한 바이나 나와 법 모두가 공이며, 이 공이 드러난 바이니 식과 진성은 같은 것이므로, 원성실이라 이름 한다(謂心, 心所, 及所變現, 衆緣生故, 如幻事等, 非有似有, 誑惑愚夫, 一切皆名, 依他起生; 愚夫于此, 橫執我法, 有無一異, 俱不俱等, 如空花等, 性相都無, 一切皆名, 遍計所執; 依他起上, 彼所妄執, 我法俱空, 此空所顯, 識等眞性, 名圓成實위심, 심소, 급소변현, 중연생고, 여환사등, 비유사유, 광혹우부, 일체개명, 의타기생; 우부우차, 횡집아법, 유무일이, 구불구등, 여공화등, 성상도무, 일체개명, 변계소집; 의타기상, 피소망집, 아법구공, 차공소현, 식등진성, 명원성실)." 『대정장』 제31권, 46쪽.

아뢰야식을 바꾸어서 대원경의 지혜를 얻게 되고,

오염된 말나식을 바꾸어서 평등성의 지혜를 얻게 되며,

의식을 바꾸어서 묘관찰의 지혜를 얻게 되고,

오식을 바꾸어서 성소작의 지혜를 얻게 된다.

(轉阿賴耶識故, 得大圓鏡智전아뢰야식고, 득대원경지

轉汚染末那識故, 得平等性智전오염말나식고, 득평등성지

轉意識故, 得妙觀察智전의식고, 득묘관찰지

轉五識故, 得成所作智전오식고, 득성소작지)

현대어로 해석하면 '대원경지'는 청정원융(淸淨圓融)하고 일체의 현상을 드
러내는 심령이고, '평등성지'는 청정심으로 일체의 현상을 평등 자애의 마음으로
대하는 지혜이고, '묘관찰지'는 대천세계의 일체 현상의 변화를 통찰하는 지혜이
며, '성소작지'는 마음이 바라는 바대로 일체 현상을 보여주는 신통력이다.[1] 이
사정지(四正智 : 네 가지 바른 지혜)를 합한 것이 불타의 경지다. 이는 또한 불교에서
신도들이 돌아가기를 바라는 순수한 원초적 심령 상태이다.[2] 여기에 바로 불교
에서 추구하는 모든 것과 최고의 가치 그리고 궁극의 목표가 포함되어 있으니,
즉 "불지를 총섭하여 일체의 유위공덕을 다 없앤다(總攝佛地一切有爲功德皆盡총섭불지
일체유위공덕개진)"는 의미이다. 이렇게 보면 유식론의 핵심은 이성적 분석과 논리적
추리를 통해 "의에 따라 식이 이뤄지니, 식을 바꿔 지를 이루어야 한다(緣意爲識 轉
識成智연의위식 전식성지)"는 것이다. 따라서 유식론은 외부 세계에 대한 관찰, 접촉,
체험, 분석을 통한 지식으로부터 내심에서 스스로 증명하고 깨달은 지혜의 세계
로 들어가야 하는 밖으로부터 안으로 들어가는 진리 추구의 노정을 보여준다.

---

1) 이상은 『섭대승론(攝大乘論)』 권9, 『성유식론』 권10, 『불지경론(佛地經論)』 권3 등을 참조하였다.

2) 『유식삼십론송(唯識三十論頌)』, "이것이 곧 무루의 경지고 불가사의하며 선하고 상주하며 안락하고 해탈의 몸
이며 대모니이니 법신이라 한다(此卽無漏界, 不思議善常, 安樂解脫身, 大牟尼名法차즉무루계, 불사의선상, 안락해탈신,
대모니명법)." 『대정장』 제31권, 61쪽.

2

    현장, 규기, 원측 등 유식론을 위주로 하는 승려들처럼 당나라 전기에는 『화엄경(華嚴經)』을 위주로 하여 경전을 해석하고 설명하는 불교도들이 있었다. 후세에 그 근원을 거슬러 올라 찾아본 결과 두순법사(杜順法師 : 557~640년)가 이 부류의 창시자로 밝혀졌다. 전하는 바에 의하면, 그는 『법계관문(法界觀門)』 1권, 『망진환원관(妄盡還源觀)』 1권을 저술하였다고 한다. 그는 '화엄경을 전심전력으로 널리 알렸으나(專弘『華嚴』)',[3] 실제로 화엄 이론의 틀을 점차 형성시킨 사람은 그의 제자 지엄(智儼 : 602~668년)이고, 이 경향을 조야(朝野)에 풍미하게 만든 사람은 그의 재전(再傳) 제자인 법장(法藏 : 643~712년)이었다. 법장은 성력(聖曆) 2년(699)에 무측천(無則天)에게 화엄경을 강의하면서 "궁전 모퉁이의 금사자를 가리키며 비유를 들자 측천무후가 확연히 깨닫게 되어, 법장을 현수보살계사로 봉하고 그의 말을 모아 『금사자장』이라 하였다(指殿隅金獅子爲譬, 后豁然領解, 封師爲賢首菩薩戒師, 集其言曰『金獅子章』지전우금사자위비, 후활연영해, 봉사위현수보살계사, 집기언왈『금사자장』)"고 한다.[4] 이 사건이 바로 화엄종을 신봉하는 불교도들의 세력을 점차 두드러지게 하였다. 그리고 그들은 화엄경으로 불교의 종지를 해석하고 설명하려는 생각으로 '육상원융(六相圓融)', '사법계(四法界)', '십현문(十玄門)' 그리고 '오교십종(五教十宗)' 등 몇 가지 이론 체계를 갖고 이를 서술하려 하였다.

    "삼계에 존재하는 것은 오직 이 일심이다(三界所有, 唯是一心삼계소유, 유시일심)"는 『화엄경』의 말씀처럼 "마음은 뛰어난 화공 같아서 세간의 모든 것을 그려낸다. 오온이 다 마음으로부터 생긴 것이니, 어떤 법도 마음이 만들지 않은 것이 없다(心如工畫師, 能畫諸世間, 五蘊悉從生, 無法而不造심여공화사, 능화제세간, 오온실종생, 무법이부조)."[5] 그들은 이 근본 개념에서 출발하여 분석하기를 현상세계는 마음에서 생겨나고, 현상세계의 모든 것은 동시에 6종류의 상태를 갖추고 있다. 이는 일체의

'육상원융', '사법계', '십현문' 그리고 '오교십종'

---

3) 『불조통기』 권29, 『대정장』 제49권, 293쪽.
4) 『불조통기』 권39, 『대정장』 제49권, 370쪽.
5) 『대방광불화엄경(大方廣佛華嚴經)』 권19 「승야마천궁품제십구(升夜摩天宮品第十九)」, 『대정장』 제10권, 102쪽.

연기(緣起) 현상이 자성(自性)이 없으며, 사람의 의식, 지각, 감각으로부터 생기며, 사람의 '식(識)'은 각기 다른 '근(根)'의 많은 작용에서 비롯된다. 그래서 각각의 연기는 모두 각종 감각의 성분을 갖고 있으며 이를 '총상(總相)'이라 한다. 총상은 "하나가 여러 속성을 포함하고 있다(一含多德일함다덕)"는 것이다.

그러나 반대로 말하면 각종 감각의 성분이 다르고 차이가 있기 때문에 '총상'과 상대되는 '별상(別相)'이 있고, '별상'은 "여러 속성이 동일하지 않다(多德非一)." 이런 서로 다른 감각 성분은 서로 의지하며 총체를 이루니, '동상(同相)'이라고 한다. 이는 "여러 대상이 서로 어긋나지 않아 함께 하나의 총체를 이루기 때문이다(多義不相違, 同成一總故다의불상위, 동성일총고)." 그러나 총체는 결국 여러 서로 다른 성분을 포함하고 있어 각기 다름이 있으니, "많은 대상들이 서로 의지하며 각각 다르기 때문이다(多義相望, 各各異故다의상망, 각각이고)." 그래서 '동상(同相)'과 상대되는 '이상(異相)'이 있는 것이다. 이런 감각 성분의 다름과 종합적으로 구성된 현상세계의 각종 형상 때문에 이것은 '성상(成相)'이라고 부른다. 이 '성상'은 '이런 모든 연기(緣起)로 말미암아 이루어지나(由此諸緣起成유차제연기성)', 그러나 이런 성분들은 결코 본위(本位)와 정체(整體)를 떠나지 못한다. 이들은 반드시 "각기 자법에 머물며 이동하지 않는다(各住自法不移動각주자법불이동)." 일단 떠나면 자신도 존재하지 않게 되니, 이것을 '괴상(壞相)'이라 한다. 이들의 이해 방식에 따르면 전체 현상세계는 이 6상(六相)이 원만하게 융합된 상태가 드러난 모습이고, 이 6상의 원융한 세계가 바로 인간 앞에 전개되는 '법계(法界)'이다.[1]

그러나 소위 '법계'는 본래 실상과 현상 두 측면을 상통하는 개념이다. 이는 한편으론 진여(眞如), 실상(實相) 혹은 여래장자성청정심(如來藏自性淸淨心)을 지칭하지만, 그러나 한편으로는 인연 따라 변현하는 분별의 현상세계이기도 하다. 그렇

---

[1] 6상의 개념은 법장(法藏)의 『화엄일승교의분제장(華嚴一乘教義分齊章)』 권4, 『대정장』 제45권, 507~509쪽 참조. 그러나 이 6상의 개념은 일찍이 『십지경론(十地經論)』에서 『화엄경』 「십지품(十地品)」을 해석할 때 창조적으로 사용한 것이다. 전하는 바에 의하면, 혜광(慧光) 계열의 징영혜원(淨影慧遠 : 523~592년)도 6상은 "대승의 연원이 되는 강령으로 원통의 경지에 드는 묘문이니, 만약 이 묘미를 잘 깨달으면 같음과 다름을 같이 잠을 수 있어 초연히 집착의 흔적이 없게 될 것이다(大乘之淵綱, 圓通之妙門, 若能善會斯趣、一異等執, 逍然無迹대승지연강, 원통지묘문, 약능선회사취, 일이등집, 소연무적)"라고 하였다. 『대정장』 제26권, 123~203쪽. 이것으로 보아 6상의 개념은 북방 지론종(地論宗) 승려들에게 지식의 원천이었음을 알 수 있다.

기 때문에 '법계'는 또한 세간과 출세간의 일체를 통섭한다. 이런 의미에서 보면 세간과 출세간의 일체 현상은 모두 '마음(心)'의 작용이라 할 수 있다. 그 이유는 각종 현상은 하나같이 마음에서 비롯되기 때문에 이들 사이에는 서로 관련이 있고 서로 비추어 드러나며, 근원적으로 어떤 공통된 성질을 갖고 있다. 이 점은 지엄(智儼)의 『화엄일승십현문(華嚴一乘十玄門)』에서 말하는 인타라망(因陀羅網)과 잘 비유된다. 전하는 바에 의하면 제석 궁전에 보배로 된 그물 덮개가 있는데, 그물의 구멍마다 보석 구슬이 매어 있고, 보석 구슬마다 다른 구슬의 그림자를 반사하고 있다. "구슬 하나를 들어 올려 머리로 삼으면 뭇 구슬이 그 가운데 드러나니, 한 구슬이 이와 같으니 모든 구슬의 드러남도 이와 같다(舉一珠爲首, 衆珠現中, 如一珠卽爾, 一切珠現亦如是거일주위수, 중주현중, 여일주즉이, 일체주현역여시)."

이는 바로 후인들이 묘사한 "맑은 그물 구슬 각기 구슬 그림자 드러내는데, 하나의 구슬에 뭇 구슬의 그림자 드러나니 구슬마다 모두 이와 같이 서로 그림자를 드러내고 있네(網珠玲玲, 各現珠影, 一珠之中, 現諸珠影, 珠珠皆爾, 互相影現망주영영, 각현주영, 일주지중, 현제주영, 주주개이, 호상영현)"의 의미와 같다. 따라서 그들은 일체의 "원융(圓融) 자재함에는 하나가 모두이고 모두가 하나다(圓融自在, 一卽一切, 一切卽一원융자재, 일즉일체, 일체즉일)"는 것을 확신한다.

그러나 세속 지식인들은 이 점을 의식하지 못하는데, 그것은 허무하고 환상적이며 끝없는 분별의 세계인 '사법계(事法界 : 즉 현실의 미혹의 세계로 우주는 차별이 있는 현상 세계라는 세계관)'를 먼저 의식하기 때문이다. 여기서의 '계(界)'는 분별 혹은 차별의 의미인데, 그것은 사람들이 거짓을 진실로 여기고 현상세계를 정말로 천차만별의 상태로 인식한다는 것이다. 만약 일체의 모든 것이 단지 마음이 변화되어 드러난 것임을 의식하고 현상세계의 공통된 근원이 '공(空)'이라는 점을 파악한다면, 모든 현상이 동일한 본성의 세계라는 의식에 이를 것이며 그럼으로써 '이법계(理法界 : 즉 진실에 대한 깨달음의 세계로 우주의 모든 사물은 진리가 현현顯現된 것이라는 세계관)'에 도달할 것이다. 이 경지에 이르면 "계(界)가 곧 성(性)의 뜻이니 무진사법계가 동일의 성인 까닭이다(界則性義, 無盡事法同一性故계즉성의, 무진사법동일성고)."

그러나 이런 현상세계에 대한 이해도 그 깊이와 주도면밀함에 있어 부족한 점이 있다. 왜냐하면 모든 현상세계를 공성으로 귀속시킴으로써 여전히 '공과

유로 양분되고(空有兩別공유양별), "사(현상)와 이(본질)가 서로 나누어지게 된다(事理相分사리상분)." 따라서 제3의 중첩의 경계는 '이사무애법계(理事無礙法界 : 이상으로서의 깨달음의 세계가 현실의 미혹의 세계와 떨어져서는 존재할 수 없다. 즉 번뇌즉보리煩惱卽菩提, 현실즉이상現實卽理想의 세계로 모든 현상과 진리는 일체불이一體不二의 관계에 있다는 세계관)'이다. 다시 말하면 현상과 심령, 사와 이, 개별과 전체가 비록 "사물이 본래 서로 방해가 되고 대소가 다르지만(事本相礙, 大小等殊사본상애, 대소등수)", 동시에 존재하고 서로 연계되며 서로 막거나 방해하지 않는다. 단지 마지막으로 구분되는 것은 '이름(名)'의 분별인데, '사(事)'와 '이(理)'의 분별이 있게 되면 여전히 원만하게 관통될 수 없게 된다. 그래서 사람들은 마땅히 이런 최후의 이름의 분별로부터 초월하여 불교의 궁극적 경지인 '사사무애법계(事事無礙法界 : 4개의 법계 가운데 하나로 모든 존재는 걸림 없이 서로 서로를 받아들이고 서로가 서로를 비추면서 융합하고 있다는 세계로 현상계는 서로 교류하여 한 개와 여러 개가 한없이 관계하고 있다는 세계관. 이것을 화엄의 법계연기法界緣起, 법계무진연기法界無盡緣起라고도 함)'를 추구해야 한다.

그렇다면 이런 경지에 도달하여 법계가 일마다 무애하고 모습마다 원융함을 통찰하고, 우주가 서로 교류되고 조화롭게 공존한다는 것을 깨닫는 데는 열 가지 법문(法門)이 있으니, 모두 사람들로 하여금 불타의 경지에 이르게 할 수 있는 방법들이다.

첫째는 '동시구족상응문(同時具足相應門)'이다. 이는 각종 불법이 비록 각기 중시하는 측면이 다르지만, "동시에 상응하여 하나의 연기를 이루어 전과 후, 시와 종의 차별이 없으니(同時相應成一緣起, 無有前後始終等別동시상응성일연기, 무유전후시종등별)", 모두 다른 불법의 정수를 충분히 포함하고 있어 사람들로 하여금 성불할 수 있게 한다.

둘째는 '일다상용부동문(一多相容不同門)'이다. 즉 어떤 하나의 법문도 "과거의 인과와 이사의 일체 법문을 모두 통섭한다(具攝前因果理事一切法門구섭전인과이사일체법문)." 각각의 하나의 뜻은 모두 인과와 이사의 연계망을 포함하고 있다. 비록 같고 다름이 있으나, 고립적이거나 떨어져 있는 것이 아니고 "하나와 여럿이 서로 포함되고 수용된다(一多互相含受일다호상함수)."

셋째는 '제법상즉자재문(諸法相卽自在門)'이다. "하나가 일체이고 일체가 하나이며 원융자재하여 장애가 없이 이루어지니(一卽一切, 一切卽一, 圓融自在, 無礙成耳 일즉일체, 일체즉일, 원융자재, 무애성이)", 일체의 모든 것은 무수히 반복되고 중첩된 인과 관계이다. 그러기 때문에 불법을 이해하기 위해 하나의 법문에 들어서면 일체의 법문을 관통할 수 있고, 처음 법문을 접하여도 바로 무궁한 깊은 경지로 들어갈 수 있으니, "시작이 곧 끝이고, 궁극의 끝이 곧 원래의 시작이다(得始卽得終, 窮終方 原始득시즉득종, 궁종방원시)." 그러므로 "초발심의 보살이 곧 부처다(初發心菩薩卽是佛초 발심보살즉시불)"라고 말한다.

넷째는 '인타라경계문(因陀羅境界門)'이다. 이 방법은 제석천 보석 그물의 비유를 빌어 다시 한 번 불교의 각종 법문이 서로 그림자처럼 비추면서 피차간 원만한 상태에 있음을 지적하고 있다.

다섯째는 '미세상용안립문(微細相容安立門)'이다. 일체의 법문은 "마치 한 묶음의 화살과 같아 그 촉들이 함께 모여 있는 것과 같다(猶如束箭, 齊頭顯現유여속전, 제두현현)." 즉 한 생각 중에 동시에 드러남이 마치 터럭만한 공간에 장엄하고 청정한 무량의 불국토가 안주하고, 조그만 티끌에 미세 국토의 일체의 진애가 들어있는 것과 같다.

여섯째는 '비밀현은구성문(秘密顯隱俱成門)'이다. 이상의 각종 함의가 드러나든 숨든 모두 일시에 성취할 수 있다는 것이다.

일곱째는 '제장순잡구덕문(諸藏純雜具德門)'이다. 즉 신도가 단순하게 하나의 법문을 사용하든 여러 종류의 법문을 섞어서 사용하든 모두 깨달음의 경지에 들수 있다는 것이다. 따라서 "번잡하게 일어난 법계에는 순수하고 번잡함이 자재한다(繁興法界, 純雜自在번흥법계, 순잡자재)"고 말한다.

여덟째는 '십세격법이성문(十世隔法異成門)'이다. 시간의 간격은 수행에 장애가 되지 않는다. 이유는 시간이 본래 현상과 동시에 일체처럼 존재하기 때문이다. 즉 현상이 일념이고 시간 또한 일념일 뿐이니, "백천대겁의 시간이 일념이 되며 일념이 백천대겁의 시간이 된다(百千大劫爲一念, 一念卽百千大劫백천대겁위일념, 일념즉백천대겁)." 다시 말해서 십세(十世)의 세월을 격하여도 원만하여 아무런 장애가 없을 수 있는 것이다.

아홉째는 '유심회전선성문(唯心回轉善成門)'이다. 모든 법문은 "유일한 여래장의 자성청정심으로 전환된 것일 뿐이다(一如來藏爲自性淸淨心轉也일여래장위자성청정심전야)." 여러 종류의 뜻을 말하는 것은 단지 '욕망의 드러남이 끝이 없는(欲顯無盡옥현무진)' 상황에서 결국은 '이 여래장자성청정심의 자재작용을(此心自在作用차심자재작용)' 깨달아야 한다는 것이다.

열째는 '탁사현법생해문(托事顯法生解門)'이다. 서로 다른 각종 법문은 단지 의탁하는 일의 양상이 다르기 때문에 그 길이나 경지가 다르게 드러난 듯이 보이나, 그 나타난 도리는 사실 다르지 않다. 그러므로 불교에서 말하는 '삼승(三乘)'[1]은 사실 '일승(一乘)'인 것이다. 만약 '동시에 회융(同時會融)'한다면 "일법계연기구덕문을 이루게 된다(成一法界緣起具德門)."[2]

불교의 최종 목표에 대한 이들의 인식에 의하면, 모든 불교는 불법의 이해 정도에 따라 5교 10종으로 나뉘고 배열할 수 있다. 이 점은 그들이 불교를 판단하는 원칙을 내포하고 있으며, 실제로 그들의 각종 경전의 불교 사상에 대한 일천한 이해에서 깊은 이해로 그리고 낮은 곳에서 높은 곳으로 향해 가는 각 단계에 대한 역사적 평가를 의미한다. 법장의 견해에 의하면, 5교 중 첫째는 '소승교(小乘敎)'로 '인아(人我)'와 법아(法我), 현상세계와 정신세계 모두를 실제로 있는 것으로 보는 '아법개유종(我法皆有宗)', 현상세계와 시간의 흐름, 우주의 본체를 실제로 있는 것으로 보고 '인아(人我)'를 있지 않는 것으로 보아 마음(心)과 사물(物)을 양분하는 '법유아무종(法有我無宗)', 현상세계의 현재는 실제로 있고, 과거와 미래는 있지 않다고 여기고, 그럼으로써 현상세계를 시간으로부터 양분하는 '법무거래종(法無去來宗)', 오온(五蘊)의 진실성에는 집착하나 현상세계의 진실성을 부정하고, 그럼으로써 의식과 세계를 양분하는 '현통가실종(現通假實宗)', 출세법(出世法)은

---

1) 3승(三乘)은 세 가지 탈것이라는 뜻으로, 성문승(聲聞乘), 연각승(緣覺乘), 보살승(菩薩乘)을 통칭하는 낱말이다.
2) 이상의 설명은 법장(法藏)의 『화엄일승교의분제장』 권4의 해설을 취한 것이다. 『대정장』 제45권, 500~509쪽. 지엄(智儼)의 순서에 의하면, 첫째가 마땅히 동시구족상응문(同時具足相應門)이고, 둘째는 인타라경계문(因陀羅境界門)이며, 셋째는 비밀현은구성문(秘密顯隱俱成門)이고, 넷째는 미세상용안립문(微細相容安立門)이며, 다섯째는 십세격법이성문(十世隔法異成門)이고, 여섯째는 제장순잡구덕문(諸藏純雜具德門)이며, 일곱째는 일다상용부동문(一多相容不同門)이고, 여덟째는 제법상즉자재문(諸法相卽自在門)이며, 아홉째는 유심회전선성문(唯心回轉善成門)이고, 열째는 탁사현법생해문(托事顯法生解門)이다. 지엄 『화엄일승십현문(華嚴一乘十玄門)』, 『대정장』 제45권, 514~518쪽 참조.

진실하나 세속법(世俗法)은 진실하지 않다는 것을 인정하고, 그럼으로써 출세간(出世間)과 세간(世間)을 둘로 나누는 '속망진실종(俗妄眞實宗)', 일체 현상이 균일하게 '이름(名)'은 있으나 '실재(實)'은 없어 현상세계는 이름으로 구성된다고 여기고, 그럼으로써 '명'과 '실'로 양분된다고 여기는 '제법단명종(諸法單名宗)'이다. 그들은 『아함(阿含)』 등과 같은 초기 불교 경전을 근거로 하고, '사제(四諦 : 사성제)', '십이연기(十二緣起)' 등과 같은 기본적이고 일천한 교의를 신봉한 것이다.

둘째는 '대승시교(大乘始敎)'로 일체의 모든 법이 환상이고 실재하지 않다고 주장하는 『반야(般若)』 공종(空宗) 계열과 일체의 모든 법이 의식의 변화 현상이라고 주장하는 『유식(有識)』 유종(有宗) 계열을 지칭한다. 전자는 비록 '일체의 모든 것이 공(一切皆空일체개공)'이라는 개념으로 '유무(有無)' 사이의 혼적을 없애려고 하지만, 그러나 이들은 심령 깊은 곳의 '공'을 찾는데 집착한다. 후자는 비록 '모든 법이 오직 의식의 발현(諸法唯識제법유식)'이라는 개념으로 현상세계의 본질을 드러내려 하지만, 그러나 그들은 여전히 아뢰야식으로 회귀하는 것을 고집한다.

셋째는 '대승종교(大乘終敎)'로 진여연기(眞如緣起)를 지칭하여 말하면서 모든 중생이 다 성불할 수 있다고 보는 계열이다. "정성이승[3]과 무성천제가 모두 성불해야 비로소 대승의 지극한 설법을 다한다(定性二乘無性闡提悉當成佛, 方盡大乘至極之說정성이승무성천제실당성불, 방진대승지극지설)"라고 보기 때문에 '종교(終敎 : 대승종교)'라고 부른 것이다.

넷째는 '돈교(頓敎)'로 앞 두 종류가 모두 점수(漸修)일 수밖에 없지만, 그러나 "한 생각 일지 않으면 즉 부처라 말하고, 단계와 순서에 의하지 않고 설법한다(一念不生卽名爲佛, 不依位地漸次而說일념불생즉명위불, 불의위지점차이설)." 즉 『사익(思益)』,『능가(楞伽)』에서 말하는 단계와 차례를 초월하여 돈오를 주장하는 불승 계열로 점교(漸敎)와 상대되므로 '돈교'라 칭할 수 있다.

다섯째는 '원교(圓敎)'로 '한 자리가 모든 자리이며 모든 자리가 한 자리임을 밝힘으로써(明一位卽一切位, 一切位卽一位명일위즉일체위, 일체위즉일위)', 교파의 구분을 깨

---

3) 성문(聲聞)이나 연각(緣覺) 또는 보살(菩薩)이 될 만한 결정적 종자본성(種子本性)을 가진 이다. 이승은 정성성문(定性聲聞)과 정성연각(定性緣覺)을 말한다(역자 주).

트리고 각종 유파의 한계를 넘어서려는 원통무애의 『화엄(華嚴)』계열이다. 소위 '원(圓)'은 원융, 원만, 원통의 뜻으로 이들의 사고에 따르면 이 단계에 이르러 불교의 도리가 비로소 원숙하게 되었다고 한다.[1]

3

    7세기에서 8세기 상반기까지 중국 북방 문화 중심에서 활약한 법사들의 불교 해석 중에 비록 『반야(般若)』를 강해하거나 『열반(涅槃)』을 강해한 법사들이 있었으나, 가장 중요하고 이론적 색채가 풍부한 해석은 앞에서 언급한 유식과 화엄 두 체계이다. 비록 불교의 또 다른 유파인 밀종(密宗)이 8세기 중엽 장안에 유행하였으며, 일찍이 선무외(善無畏 : 637~735년), 금강지(金剛智 : 669~741년) 그리고 불공 (不空 : 705~774년) 등의 보급으로 조정과 재야에 상당히 유행하였으며,[2] 그리고 밀종이 비록 고대 중국의 지식 세계를 풍부하게는 하였으나 고대 중국 사상의 주류에 용해되어 들어오기가 어려웠으며, 사상사에 큰 자취를 남기지 못한 것은 아마 밀종의 교의와 주류 사상 사이에 존재하는 도덕적 충돌과 신비주의적인 수행 실천과 전통 인문 정신과의 이론적 차이 때문일 것이다.

    법사들의 해박함과 불교 이론의 심오함은 확실히 지식 계층의 이론에 대한 열정을 불러일으켜, 8세기 전후에 절에서 종종 불교 이론을 토론하는 대회가 열렸고, 반복적인 변론공박은 마치 위진남북조 시기의 현담(玄談)[3]을 생각하게 하

---

1) 이상의 내용은 법장(法藏) 『화엄경탐현기(華嚴經探玄記)』 권1 참조. 두순(杜順) 『화엄오교지관(華嚴五教止觀)』에서 말하는 오교(五教)는 '법유아무문(法有我無門)'(소승교), '생즉무생문(生卽無生門)'(대승시교), '사리원융문(事理圓融門)'(대승종교), '어관쌍절문(語觀雙絶門)'(대승돈교), '화엄삼매문(華嚴三昧門)'(일승원교)이다. 『대정장』 제45권, 509~514쪽 참조.

2) 밀종이 중국에 전파되어 유행한 기간이 이렇게 짧은 것은 아마 중국인들이 복잡한 이론과 신비한 수행을 받아들이는 데 익숙하지 않은 것과 관계가 있다고 여긴다. 당나라 때의 한족(漢族) 출신의 밀종 승려들 중 특히 유명한 승려들이 이처럼 적은 것은 이 같은 문제점을 시사해 주는 듯하다. 밀종에 대해서는 주일량(周一良)의 『당대밀종(唐代密宗)』, 중역본, 전문충(錢文忠) 역, 상해원동출판사, 1996, 참조.

3) 이런 변론은 종종 한 승려가 주가 되어 약간의 의제를 세운 후 다른 상대 법사들이 공박하는 방식으로 이는 인도에서 전해온 이론 변론 형식일 것이다. 그러나 이는 중국에도 이미 있었으니, 예를 들면 당나라 때의 신

였다. 각종 경전에 대한 연구와 강론은 많은 선비들의 주목을 끌었는데, 『유식』, 『화엄』을 포함하여 『반야』, 『열반』, 『법화』, 『해심밀(解深密)』은 모두 대도시의 불교 사찰에서 강론되었으나 이런 열기는 곧 식었다. 유식 계열은 과도하게 '본원의 취지(原旨)'를 추구하며 불교의 고향인 인도와 이론에서 어깨를 나란히 하고 싶어 하였다. 그리하여 우주와 인간의 마음을 가장 세밀하고 복잡한 수준까지 분석하려고 하였다. 그러나 한어(漢語)를 중심으로 하는 중국의 언어 세계에서는 사실 실상과 부합하지 않는 환상이었다. 따라서 이런 '원지주의(原旨主義)'의 불교 지식은 여러 차례 전파된 후 단지 도시에서 몇 십 년쯤 흥성하고는 전하는 사람이 없게 되었다.[4] 이 점은 아마도 그들 자체의 학술 귀족화 경향 탓으로 돌릴 수 있을

형(神逈)은 종종 "이론을 세울 때에 반드시 네다섯 명으로 하여금 따로 논박을 하게 한 후 총괄하여 의미가 통하게 하였다(竪論之時, 必令五三人別難, 後乃總領通之수론지시, 필령오삼인별난, 후내총령통지)"는 기록이 있다. 『속고승전(續高僧傳)』 권13, 『대정장』 제50권 526쪽에 보임. 후에 이런 방식이 더욱 보편화되었다. 예를 들면 『송고승전』 권5(97~98쪽)에 기록하기를, 현종(玄宗) 때 복선사(福先寺) '대건론장(大建論場)'에서 도인(道氤)이 '대의 6과를 세워(竪立大義六科)' 논변을 거행한 것이 그 한 예이다. 그 외에도 『신회어록(神會語錄)』에 기록된 신회가 활대(滑臺)에서 조직한 선종 종지와 관련한 변론과 드미에빌(Paul Demieville)의 『토번승쟁기(吐蕃僧諍記)』에서 돈황 권자(卷子) P.4646 『돈오대승정리결(頓悟大乘正理訣)』의 기록을 근거로 라사(拉薩)에서 거행된 불교 이론의 변론 등은 사실 모두 선종이 발명한 것이 아니고, 주로 법사들이 조직한 정기 모임이었던 것이다. 중역본, 경승(耿升) 역, 감숙인민출판사(甘肅人民出版社), 1984.

4) 『송고승전』 권5 기록에 도인(道氤 : 668~740년)은 일찍이 장안의 유명 사찰인 청룡사(青龍寺)에 머물면서 『유식소(唯識疏)』 6권 등을 지었다고 하는데, 이것이 유식 계열의 전인(傳人)에 대한 마지막 기록이다. 그러나 위로 규기(窺基 : 632~682년), 원측(圓測 : 613~696년) 등과의 거리는 단지 수십 년밖에 되지 않는다(98쪽). 그러나 그렇다고 이 이후 유식학을 익힌 사람이 없다는 것은 아니다. 사실 『송고승전』 권6에 기록하기를, 서명사(西明寺)의 승은법사(乘恩法師)는 안사의 난 이후에도 『백법론소(百法論疏)』와 『초(鈔)』를 저술하여 서량(西凉) 일대에 전하였고, 당나라 문종(文宗) 때에 이르러서는 사천 승려인 지현(知玄 : 811~883년)도 "안국신법사에게서 유식을 배웠다(學唯識于安國信法師)"라고 한다(128~129쪽). 그리고 8세기 중엽에 서명사의 또 다른 승려 담광(曇曠)의 저작도 돈황에서 일찍이 유행하였으며 돈황 권자 중에 보존되어 있다. 우에야마 다이슌(上山大峻)의 『돈황불교의 연구』, 제1장, 「서명사학승담광과 돈황의 불교학(西明寺學僧曇曠と敦煌の佛敎學)」, 17~83쪽(법장관법장관, 교토, 1990)에 보인다. 아울러 유식 계통의 이론과 저서는 최소한 송나라와 금나라시기에 여전히 전해졌으니, 예를 들면 요(遼)나라 때에 전명법사(詮明法師)가 있었다. 그러므로 후에 발견된 금장(金藏) 가운데 규기의 저작 10종이 들어 있다. 예를 들면 『성유식론술기(成唯識論述記)』, 『성유식론장중추요(成唯識論掌中樞要)』, 『법원의림(法苑義林)』 등이다. 쓰카모토 센유(塚本善隆)의 『중국근세불교사의 제문제(中國近世佛敎史の諸問題)』 후편 『당송시대의 미전희구의 유식종관계장소(唐宋時代の未傳稀覯の唯識宗關係章疏)』, 『쓰카모토 센유 저작집(塚本善隆著作集)』 제5권, 129~163쪽(대동출판사, 도쿄, 1975)에 보인다. 또한 1962년 산서(山西) 곡옥(曲沃) 광복원(廣福院)의 불상 배(腹)에서 금송(齊) 부창(阜昌) 연간(1137전후) 시기의 『성유식론료의등초(成唯識論了義燈鈔)』 두 종류가 발견되었다. 『문물』, 1994년 7기. 이런 소개의 의미는 영향력이 있었던 불교 체계가 당나라 중기 이전에 이미 쇠퇴하였다는 것을 보여주는 것이다.

것이며,[1] 이론 체계의 번잡함은 청중을 잃게 만든 것이다. 이는 마치 『송고승전(宋高僧傳)』에서 규기와 원측을 언급한 부분에서 말하길, "경전은 모두 강론을 하여 주석을 이루지 않은 것이 없었다(有經皆講, 無疏不成유경개강, 무소불성)"와 "장구학에 자못 뛰어났고 주석과 평어의 이치도 매우 풍부하였다(章句之學頗長, 釋簽之理何富장구지학파장, 석첨지리하부)"[2]라고 한다.

이는 학문을 추구하는 일종의 분위기였으나, 그러나 또한 상당히 귀족화 경향을 보여준다. 현장이 "불경 번역은 그 직분이 승려에게 있으나, 가치를 빛내는 것은 결국 조정의 귀히 여김에 달려 있다(譯經雖位在僧, 光價終憑朝貴역경수위재승, 광가종빙조귀)"고 한 말과 저명한 고관과 문인들을 끌어들여 역경에 참여하게 한 데서 볼 수 있듯이,[3] 처음부터 이런 분위기의 창도자들이 예상한 신앙인들은 바로 귀족들과 조정의 고관 계층이었다. 그래서 시작부터 소수 상층 인사들의 학문이 된 것이다. 불경을 읽는 데 각종 번쇄하고 복잡한 명상(名相)들과 추구하고 탐색하는 데 각종 심오한 종인유(宗因喩) 분별, 사색하는 데 상당히 유원(幽遠)하고 곡절(曲折) 있는 길 등이 불교의 이치에 정통한 일부 학승들의 수요를 만족시켜주었을 뿐만 아니라 이전의 이론적 수준을 초월하려는 목적을 확실히 실현하였다.

그러나 한(漢)나라 왕조의 경학이 번쇄한 장구 때문에 사람들로 하여금 '늙도록 경을 파게(皓首窮經호수궁경)' 하여 사상적 비평과 진단 능력을 잃게 하였듯이, 이런 명상(名相)에 빠진 이론 체계의 성립은 도리어 종교로 하여금 점차 신앙의 힘을 잃게 하였다. 권축(卷軸) 첨지(簽識) 간의 전(箋), 석(釋), 주(注), 논(論)의 내용은 비록 중국인들의 지식과 사상 세계를 풍부하게 하였으나, 도리어 중국인들의 신앙적 요구와는 멀어지게 되었다. 명상(名相), 인명(因明), 법위(法位)의 번쇄하고 복

---

1) 예를 들면 당나라 초기의 도악법사(道岳法師)는 단지 『구사(俱舍)』 경문만을 익혔으나 "한번 익히는 데 5년 동안 방문을 나오지 않았다(一習五載, 不出住房일습오재, 불출주방)"고 한다. 그리고 '문외의 뜻과 내재된 의미를 알기 위해서 주석이 없으면 이해할 수 없어서(外義伏文, 非疏莫了외의복문, 비소막료)', 도처로 각종 주소(注疏)를 찾아다녔으니, 귀족식 학문 경향이라 할 수 있다. 『속고승전』 권13, 『대정장』 제50권, 527쪽.

2) 『송고승전』 권7 「의해편(義解篇)」의 '논왈(論曰)' 중의 말이다. 166쪽.

3) 도선(道宣)의 『속고승전』 권4 「현장전(玄奘傳)」, 『대정장』 제50권, 457쪽.

잡한 체계 속에서 사실 불교는 이미 심령을 구제하는 종교가 아니라 지적 능력을 비교하는 종교가 되었다. 지나친 이론적 심오함으로 말미암아 불교는 이미 구제해야 할 중생으로부터 멀어졌고, 지적 능력이 뛰어난 소수의 자랑거리가 되어 출가한 승려들조차도 점차 길을 잘못 들었다고 느끼게 되었다.[4] 예를 들면 성당(盛唐) 시기의 승려인 지봉(智封)은 『유식론』을 종합적으로 익혔는데(綜習『唯識論』), 대략 배움이 무르익었을 때 그 지역에서 강단을 열었다. 그러나 생각지도 않게 사람들로부터 "명상에 집착하였다(滯于名相체우명상)"는 질책을 받고 "분하여 강단을 없앴다(憤而罷講분이파강)." 그리고 선종의 신수(神秀 : ?~706년, 선종의 제5조인 홍인弘忍의 제자)를 만나고 나서야 비로소 '의심의 결빙이 녹고(疑冰解泮의빙해반)', 선종으로 개종하였다.[5]

사실 화엄 계열의 명상(名相)의 이치는 번쇄하고 심오하여 유식 계열과 비교하여도 결코 손색이 없다. 이들은 불교의 사상 체계를 전체적으로 관통시키고 각종 해석에 대해 층층의 초월을 추구하였기 때문에 그 이론이 방대하고 번무(繁蕪)함을 면치 못하였다. 이들의 '체(體)', '용(用)', '이(理)', '사(事)', '명(名)', '상(相)'에 대한 갖가지 분석은 설령 불교 이론에 대해 깊게 연구한 불교도조차 매우 세분되어 있고 번쇄하다고 여겼다. 이론적 밑그림에 대한 대칭 형식을 지나치게 추구하다보니, 독자들의 눈에 비친 이들의 해설은 형식화하고 기계적이며 경직된 모습을 면하지 못하였다. 예를 하나만 들어보면, 그들은 특히 '십(十)'이라는 숫자에 빠져서 "십이라는 수는 원만의 수이므로 다함이 없음을 드러내고자 한다(十者欲應圓數顯無盡십자욕응원수현무진)"라 여기고, 상당히 여러 곳의 분석 가운데 평행적 혹

---

4) 그래서 동시대 자은사(慈恩寺)의 다른 불교 법사인 의포(義襃)는 '당나라의 후학은 대부분 명제를 숭상하고 성불하는 데 탐닉하고 미혹되어 고집스럽고 어리석게 그것만을 고집하는(唐朝後學, 多尙名體, 眈迷成性, 膠住守株당조후학, 다상명체, 탐미성성, 교주수주)' 현상에 불만을 가져, 자은사에서 또 다른 불법 강단을 열었다. 『속고승전』 권15, 『대정장』 제50권, 547쪽. 그리고 『속고승전』의 작자 도선도 이런 경향에 불만이어서, 의해편(義解篇)의 논술 중에 말하길 "뭇 법사들의 주석과 논술은 모두 장구의 주석 방식을 일로 삼았으니, ……불경 가르침이 미치는 바는 그것을 받아 지키는 것이 으뜸인데, ……요즘은 아름다운 장구 해석이 그 의미를 변화시켜 부박하게 되었으니, 종종의 불경 주석이 정업이 되지 못한다(衆師注述, 通以章鈔爲工, ……經誥所被, 元在受持, ……今則婆娑章句, 流演澆浮, 黼種諸有, 未爲靜業중사주술, 통이장초위공, ……경고소피, 원재수지, ……금즉파사장구, 유연요부, 번종제유, 미위정업)." 앞의 책, 549쪽.

5) 『송고승전』 권8「거방전(巨方傳)」부(附), 189쪽.

은 점진적 논술에서 십문(十門)의 논리를 전개한다. 십문이 부족하면 각 문(門)에 또 십문을 둔다. 지엄(智儼)의 『화엄일승십현문(華嚴一乘十玄門)』은 "하나하나의 문에 모두 다시 십문을 갖추니 모아서 백이 된다(一一之門, 皆復具十, 會成一百일지문, 개복구십, 회성일백)"고 하고, 법장(法藏)의 『화엄경의해백문(華嚴經義海百門)』에서는 "총괄하여 십문을 들어 따로 백 가지 뜻을 펼쳤다(總擧十門, 別開百義총거십문, 별개백의)"고 한다.

법장의 『화엄일승교의분제장(華嚴一乘敎義分齊章)』을 예로 들면, 일승교의분을 '십문(十門)'으로 나누고, 하나하나 세세하게 나누어 말하지 않고, 단지 그중 제9문 '명제교소전차별문(明諸敎所詮差別門)'을 또 십문으로 나누었다. 그리고 여기에서 제6문 '단혹분제(斷惑分齊)'를 또 소승(小乘)과 삼승(三乘)의 설법에 따라 '약위멸혹상(約位滅惑相)'과 '기혹현위상(寄惑顯位相)' 두 종류로 나누고, 제2종인 '기혹현위상(寄惑顯位相)'을 또 '기이장이현이위(寄二障以顯二位)', '기피등삼혹현삼승지(寄皮等三惑顯三僧祇)', '이차삼혹기현지삼심부동(以此三惑寄顯地三心不同)' 등과 같은 18문을 두었고, 그중 제8문인 '기사장이현사위(寄四障以顯四位)'를 또 먼저 2의(二義)로 나누는데, 1의는 '약정사기현지전사위, 사행, 사인, 사보(約正使寄顯地前四位, 四行, 四因, 四報)'이고 2의는 '이사장습기현지상사위, 사정, 사덕, 사보(以四障習寄顯地上四位, 四定, 四德, 四報)'이다. 그리고 전자 중에서 또 '사위(四位)', '사행(四行)', '사인(四因)', '사보(四報)'를 분석하고, 최후에 "천제불신의 업장을 멸하여 없어지게 하고 십신위를 뒤집어 나타내어 신과 낙의 대승행을 이루니 정덕인과 철륜왕보가 된다(闡提不信障使滅已, 飜顯十信之位, 成信樂大乘行爲淨德因, 及鐵輪王報천제불신장사멸이, 번현십신지위, 성신락대승행위정덕인, 급철륜왕보)" 등의 내용을 하나하나 펼쳐 나열하였다. 비록 누에에서 실을 뽑듯 층층이 깊이 있게 파고들었으나 불필요한 중복을 피하지 못하였다.

불교에 대해 전체적이고 원만한 해석을 하려는 희망을 품은 화엄 계열의 승려들은 모든 불교 이론을 포함하고 포용하며 초월하기를 바랐기 때문에 그들의 해석은 방대하고 장황할 뿐만 아니라 번쇄하고 심오하며 복잡하고 난해하게 되어 중국의 사상 체계 속으로 깊이 들어가기 어려웠다. 이 점은 법사들조차도 잘 알고 있었으며, 법장은 자신의 세세한 해설을 받아들이지 못하는 무측천(武則天)

을 상대로 단지 언설의 비유와 행동 상의 도구를 사용하여 이론의 심오한 의미를 직접 찾아들어갈 수밖에 없었다. 『송고승전(宋高僧傳)』 권5에 기록하기를 법장은 무측천 앞에서 '우뚝 솟은 금사자를 가리키며 비유를 삼고(指鎭殿金獅子爲喩지진전금사자위유)', 학자들을 상대로는 '10면체의 거울을 취하여 8방에 안배하고(取鑒十面, 八方按排감십면, 팔방안배)' 복잡한 이론을 최대한 간략하게 설명하였다.

전자의 비유에서는 비록 십문을 열거하였으나, 각 문(門)마다 단지 몇 마디 말 뿐이고 시종일관 금사자의 비유를 벗어나지 않았다. 천자(千字) 가운데 화엄학설의 '법계연기(法界緣起)', '삼성(三性)', '오교(五敎)', '십현(十玄)', '육상(六相)' 등 거의 모든 기본 이론을 언급하고 있다. 예를 들면 '삼성(三性)'에 관하여 단지 '사자정유(獅子情有)', '사자사유(獅子似有)', '금성불변(金性不變)'의 삼구로써 '변계소집성(遍計所執性)', '의타기자성(依他起自性)', '원성실자성(圓成實自性)'의 근본 차이가 무엇인지를 드러내고 있다.

후자의 비유에서는 상하 팔방에 각각 거울을 걸어 각 면이 서로 마주보게 하고, 그 사이에 불상을 안치하여 불빛을 비추면 각 그림자가 서로 빛을 발하여 중첩되어 비춰 무수한 불상이 나타나게 된다. 이는 불법이 끝이 없고 서로 교차되어 하나가 일체이고 일체 원융함을 상징한다. 일설에 의하면 "배우는 자가 찰해(刹海 : 세계)의 끝없음을 이해하듯 불법의 끝없는 의미 속으로 들어간다(學者因曉刹海涉入無盡之義학자인효찰해섭입무진지의)"고 한다. 문제는 이런 간단한 비유가 일단 받아들이는 자의 가장 흥미로운 화제가 되며, 또한 이를 통해 불교의 정수로 깊이 들어갈 수 있다고 하는 데 있다. 그러면 번쇄하고 복잡한 명상(名相) 분석과 심오하고 어려운 논리적 추리 그리고 애매하고 난해한 사상의 의미 등은 신도들 입장에서 보면 무슨 필요가 있겠는가?

4

고대 중국인들도 일찍이 뛰어난 이론적 사유 능력이 있었다. 현장(玄奘)이나 규기(窺基)든 지엄(智儼)이나 법장(法藏)이든 모두 이런 지적 능력의 수준을 증명하였다. 그러나 고대 중국의 선비들은 특히 복잡하고 번쇄한 순수 이론의 사유 습관을 좋아하지 않았으며, 성당(盛唐) 이후에 실용적 지식을 선호하는 분위기가 보편화되면서 이론에 대한 관심의 감소를 초래하였고, 또한 간접적으로 선풍(禪風)의 성행을 가져왔다. 사실 어떤 의미에서 보면 이런 성향은 잠시 동안 불교를 구제하는 기능을 하였다. 왜냐하면 종교는 결국 순수한 이론적 체계 속에 빠져있을 수만은 없기 때문에 단지 추상적 부호에 의존하여 심령, 의식, 감각을 분석하거나 우주 본원에 대한 논리적 탐구만을 의지한다는 것은 사실 종교 신앙의 목표를 허공에 매달아 놓은 격이 된다. 종교는 필시 정신 추구의 주체(신성의 주체), 목표(구속救贖 혹은 초월), 기능(생명에 대해 전체적 의미와 인정 그리고 응집된 역량의 부여)을 통해 그 의의를 드러내는 것이다.

이런 이론적 흥미에 대한 감소를 초래한 주요 원인은 최소한 세 가지가 있다. 먼저 귀족 지식 계층의 와해와 일반 지식 계층의 흥기이다. 실용 정신과 진취 정신으로 충만한 선비 계층의 궐기는 전체 사회에 실용성이 없는 순수 학문에 대한 관심이 다시는 일어나지 않게 하였다. 그들은 지식의 습득을 통해 신분과 존재 상황을 바꾸었으며, 이런 상황은 지식의 간명함과 실용적 분위기를 이끌어 냈다.[1] 당나라 현종이 『금강경』을 어주본(御注本)으로 선택한 것은 어느 의미에서 불교계의 사상적 본질화(本質化)와 지식의 간략화를 추진하려는 경향이었다고 나는 의심한다.[2] 그리고 불교계에서 선종의 경우 분량이 적은 경전을 열독하고 주

고대 중국의 선비들은 특히 복잡하고 번쇄한 순수 이론의 사유 습관을 좋아하지 않았고 이론에 대한 관심의 감소를 초래하였다.

이런 이론적 흥미에 대한 감소를 초래한 주요 원인은 최소한 세 가지가 있다.

---

1) 예를 들면 『송고승전』 권5 「당중대운사원휘전(唐中大雲寺圓暉傳)」에 기록하기를, 가증(賈曾)과 원휘(圓暉)가 보광(普光)법사의 『지관통례(止觀統例)』에 대해 토론하면서 "번잡함이 극에 달해 의미를 알기가 어렵다(繁極難尋번극난심)"라는 4자를 사용하여 "그 어려운 부분은 생각하고 보면서 생기는 의혹이 아니고, 번잡한 부분은 합당한 해석의 장구가 아님을 얻었다(其難者則非想見惑, 繁者則得非得章句난자즉비상견혹, 번자즉득비득장구)"라 생각하여 멀리 내다보고 옛 주소(注疏)를 '간략(節略)'하게 하였다. 95쪽. 또 『불조통기』 권10에 기록하기를 양숙(梁肅 : 753~793년)도 일찍이 '마가지관(摩訶止觀)'의 문의가 크고 넓어 보기에 날을 소비하여(止觀文義弘博, 覽者費日)', 이 경전을 삭감하고 간추려 『지관통례(止觀統例)』를 지었다. 『대정장』 제49권, 203쪽.

석하는 데 열중한 점이 사람들을 자극하여 길고 방대한 경전에 대해 냉담하게 하였는지 모르겠다.[3]

　　다음으로 이론적 흥미에 대한 감소를 초래한 상당히 중요한 원인은 전란이다. 8세기 중엽 이후 빈번한 전란 속에서 모여 이론적 탐색을 추구한 대형 사원들은 자주 과거와 같은 성황을 유지하기가 어렵게 되었다. 천보 14년(755)의 안사의 난이 일어나 후 사회가 혼란 속으로 빠져들었고, 불교도 이런 대란을 면할 수 없었다. 현재 서안 비림(碑林)에 보존되어 있는 서대(徐岱)의 「당고초성사대덕혜성선사비명(唐故招聖寺大德慧聖禪師碑銘)」에 기록하기를, "북쪽 유릉 지역이 난을 만났고, 이천 지역에 전쟁이 나서 왕성이 침략 당하고 사찰조차 전쟁의 소용돌이에 휩싸였다(幽陵肇亂, 伊川爲戎, 憑陵我王城, 蕩焚我佛刹유릉조란, 이천위융, 빙릉아왕성, 탕분아불찰)"하고, 『전당문(全唐文)』 권36의 이화(李華)의 「고중악월선사탑기(故中岳越禪師塔記)」에 당시의 상황에 대해 말하길, "광분한 오랑캐들이 하늘의 뜻을 어기고 장안과 낙양을 함락하니 불교의 장로들이 심인[4]을 받들고 사방으로 흩어졌다(狂虜逆

2) 앞의 제1절 「성세 속의 평범과 용속 : 8세기 상반기의 지식과 사상 상황(盛世的平庸 : 八世紀上半葉的知識與思想狀況」 참조. 물론 그렇다고 『금강경』이 개원과 천보 연간에 비로소 중시되었다는 것을 의미하지는 않는다. 사실 그 이전 고종(高宗), 무후(武后) 시기에 『금강경』이 이미 매우 유행하였다. 예를 들면 『구당서』 권101 「장정규전(張廷珪傳)」에 기록하기를, 장안(長安 : 701~704년) 연간에 불사를 닦으면서 이미 『금강경』의 "만약 색으로 나를 보고 음성으로 나를 구하면 이 사람은 사도를 행하는 것이니 여래를 볼 수 없다(若以色見我, 以音聲求我, 是人行邪道, 不能見如來약이색견아, 이음성구아, 시인행사도, 불능견여래)"는 구절을 인용한다(3151쪽). 같은 권(卷)에 「신체부전(辛替否傳)」에 기록하기를, 그가 경룡(景龍 : 707~710년) 연간에 불사를 닦으면서 또한 『금강경』의 "모든 유위법은 꿈과 환상과 거품과 그림자 같고, 이슬 같고 또 번개 같다(一切有爲法, 如夢幻泡影, 如露亦如電일체유위법, 여몽환포영, 여로역여전)"의 구절을 인용한다. 그러나 당나라 현종의 『금강경』 어주(御注)는 확실히 당시에 영향이 상당히 컸다. 이에 대해서는 왕중민(王重民)의 『돈황변문연구(敦煌變文硏究)』를 참고할 수 있다. 그 중에 언급하기를 개원과 천보 연간에 당나라 현종이 『금강경』을 어주(御注)하였기 때문에 돈황에 적지 않은 『금강경』과 관련된 문자가 나타났는데, 예를 들면 『개원황제찬금강경공덕(開元皇帝贊金剛經功德)』은 4개의 권자(卷子)가 있다. 『중화문사논총(中華文史論叢)』, 1981년 2기, 상해고적출판사.

3) 예를 들면 8세기 중엽의 선종의 혜충선사(慧忠禪師)의 「반야심경서(般若心經序)」가 있는데 이곳에서 직접적이고 본원적인 깨달음을 특히 강조하며 말하길, "법성은 가가 없으니 어찌 마음의 헤아림을 빌어 알 수 있겠는가? 진여는 상이 아니니 어찌 언어를 빌어 설명할 수 있겠는가?(法性無邊, 豈藉心之所測, 眞如非相, 詎假言之所詮법성무변, 기자심지소측, 진여비상, 거가언지소전)"라고 하고(『당문속습문文續拾』 권8), 지선선사(智詵禪師)의 「반야바라밀다심소서(般若波羅蜜多心疏序)」에서 말하길, 이 짧고 짧은 경전은 "오승의 깨달음의 보배이다(五乘的寶運)"라고 한다. 돈황권자본(敦煌卷子本), P.4940, S.554.

4) 언어 문자로 표현할 수 없는 부처님 자내증(自內證)의 심지(心地)를 말한다(역자 주).

天, 兩京淪翳, 諸長老奉持心印, 散在群方광로역천 양경윤예, 제장로봉지심인, 산재군방)"고 한다. 반란군들이 마음대로 노략질을 하였을 뿐만 아니라 관군조차도 마찬가지로 살육을 일삼아 불교 승려들이 긴장감과 다급한 상황에 빠져 깊이 있는 학문의 세계를 돌아볼 틈이 없었다. 대력(大曆) 9년(774)에 일찍이 고향에서 『유식(唯識)』, 『구사(俱舍)』를 배웠고, 장안에서 『기신(起信)』과 『금강(金剛)』을 익혔다고 자칭하는 승려 담광(曇曠)은 분연히 지적하여, "천박한 시기는 힘들고 근심이 많은 시대에 속하니 도를 흠모하는 자들이 의식에 급급하고 배우는 자들이 윗사람 모시는 데 매달리며, 짧은 경론을 읽고 현묘한 생각 내기를 숭상하고 크고 많은 분량의 장소(章疏)는 모두 거절하려는 마음을 품는다(當淺薄之時, 屬艱虞之代, 慕道者急急于衣食, 學者役役于參承, 小經小論, 尙起懸崖之想, 大章大疏, 皆懷絶爾之心당천박지시, 속간우지대, 모도자급급우의식, 학자역역우참승, 소경소론, 상기현애지상, 대장대소, 개회절이지심)"라고 말한다.[1] 그가 말한 것은 사실이었으며 그런 힘든 상황에 대도시의 큰 사원에서 흥성하였던 불교의 의학(義學)은 그 이후 다시 흥성하지 못하였다.[2]

그 다음 원인으로 이런 변화된 사회 속에서 서로 갈고 닦는 논변을 통해 비로소 이론적 분석을 분명히 할 수 있고 또한 여유 속에서 몰두하며 고민하는 것을 통해 비로소 순수 이론을 서술할 수 있는데, 이들은 모두 당시 사회에 적합하지 않은 사치였으며 신앙을 벗어난 실용 가치가 없는 도룡지기(屠龍之技)[3]같은 학문이었다.

이는 어쩔 수 없는 일이었다. 만약 이전의 불교 역사를 회고해 보면 알 수 있

<hr />

1) 담광(曇曠)의 『대승백법명문론개종의결(大乘百法明門論開宗義決)』권수서(卷首序), 『대정장』 제85권, 1068쪽.
2) 불교 사상 측면에서 대사원의 의의에 대해서는 손창무(孫昌武)의 「당장안불사고(唐長安佛寺考)」에서 이미 지적하기를 "방대한 역경 사업이든 풍부한 불학 관련 저술이든 모두 수준 높은 경원의 학술 활동이었다. 소수의 학문적 소양이 있는 고급 승려들은 장안의 사원이 제공하는 조건을 이용하여 이런 일들을 하였고…… 문화사와 학술사에 있어서의 공헌은 상당히 컸다(無論是龐大的譯經事業還是豊富的佛學著述, 都是高層次的經院學術, 少數有學養的高級僧侶利用長安寺院提供的條件從事這些工作…… 在文化史, 學術史上的貢獻是相當巨大的무론시방대적역경사업환시풍부적불학저술, 도시고층차적경원학술, 소수유학양적고급승려이용장안사원제공적조건종사저사공작…… 재문화사, 학술사상적공헌시상당거대적)". 반대로 여기서 나는 사원을 경원 불학의 의지처로 설명하고 있는데, 일단 전쟁 중에 쇠퇴한 후 불교의 경원 학술 활동과 이론적 절차탁마의 조건을 상실하게 되었다. 『당연구(唐研究)』 제2권, 31쪽. 북경대학출판사, 1996.
3) 『장자』 「열어구(列御寇)」에 주평만(朱泙漫)이 천금의 가산을 탕진하며 지리익(支離益)에게 도룡의 기술을 3년간 배웠으나, 그것을 사용할 곳이 없었다는 고사에서 유래한 말이다(역자 주).

듯이 불교의 이론적 능력을 유지하고 제고하는 데는 역경(譯經), 강경(講經), 논변(論辯), 조소(造疏) 등 일련의 형식을 통해 보장되었다. 소위 역경(譯經)이라는 것은 단지 한 개인의 역경 행위만을 지칭한 것이 아니고, 국가나 사원에서 상당히 많은 사람들을 모아 집단으로 분공합작(分工合作)을 통해 불경을 번역한 것을 지칭한다. 예를 들면 태종과 고종 때 현장의 역경 장소와 무후(武后) 시대에 의정(義淨)의 역경 장소, 현종 시대에 금강지(金剛智 : 669~741년, 당나라 때 인도에서 건너온 불교승이자 밀교 경전의 역경자로 원명은 바즈라보디Vajrabodhi이다)의 역경 장소 등에서는 번역하는 과정 중에 더욱 많은 이론들이 중국의 불교 사상으로 용해되어 들어갈 수 있었다.

소위 강경(講經)이라는 것은 특히 사원에서 조직된 고승들이 영향력 있는 선비, 귀족 혹은 황제에게 경전을 강설한 것인데, 이런 강좌는 반드시 이론적으로 상당한 소양을 갖춰야 하였고, 매우 현묘하고 고차원적인 이론을 강론하는 과정 중에 강론 자와 듣는 자의 이론적 의식이 자극받아 살아나고, 자기 일상생활의 경험 세계를 벗어나 순수하게 언어와 논리로 구성된 추상적 세계로 들어갔다. 소위 논변(論辯)이라는 것은 조직적인 이론의 토론을 가리킨다. 이것은 아마 인도 불교에서부터 있었던 관습으로 변론 중에 일반적으로 한 사람이 하나의 의제를 세우고 다른 사람들로 하여금 각각 여러 방면에서 공박을 하도록 하는데, 마치 수레바퀴 전쟁처럼 논제의 주인이 사방으로 응답하는 방식이다. 만약 논제가 '부셔(破)'지지 않으면, 이 '의제(義)'는 '세워진(立)' 것이다.[4] 이것이 불교 사원의 학습과 교류의 형식이었고, 후에 궁중으로 들어가 유, 불, 도 삼교의 논변 형식이 되었다. 예를 들면 현경(顯慶 : 당나라 고종高宗 때 사용한 연호) 연간(656~661)에 있었던 궁중의 변론 중에 도사 이영(李榮)이 먼저 '본제의(本際義)', '도생만물의(道生萬物義)'를 세우고, 불교도인 회은(會隱) 등이 반박과 반론을 진행하여 따로 '오온의(五

---

[4] 예를 들면 규기(窺基)는 현장에게서 인명(因名)을 배웠는데, "삼지(宗, 因, 喩)에 크게 능통하여 종횡으로 세우고 파하였다(大善三支, 縱橫立破대선삼지, 종횡입파)"고 하는데, 소위 '입파(立破)'는 변론 중에 정반의 두 입장을 취하는 것이다. 또 순경(順璟)은 현장에게서 진유식량(眞唯識量)을 배웠는데, "결정상위부정량을 세웠다(乃立決定相違不定量내입결정상위부정량)." 혜원(慧苑)은 『보성론』에 의거하여 4종류의 가르침을 세웠다(依『寶性論』立四種敎)"고 한다. 이런 '세우다(立)'의 이론은 조용히 다른 사람의 공격과 반박을 기다렸다가 곧 '파한다(破)'는 것이다. 각각 『송고승전』 권4, 권6, 64쪽, 71쪽, 115쪽에 보인다.

蘊義', '구단지의(九斷知義)'를 세웠다.[1] 또 예를 들면 개원(開元 : 당나라 현종玄宗 때 사용한 연호) 연간(713~741)에 도인(道氤)이 낙양 복선사(福先寺)에서 "대의 6과를 세워 여러 법사들과 논변하여 망연히 굴복시켰다(樹立大義六科, 敵論諸師茫然屈伏수립대의육과, 적론제사망연굴복)"[2]고 한다. 그리고 선종의 신회(神會 : 670~762년)가 연출한 저명한 '활대대회(滑臺大會)'도 신회가 하나의 의제를 세우고 그 후 숭원법사(崇遠法師)가 공박을 진행하였는데, 최후에 신회가 하나하나 반박을 하여 그의 주장이 불패의 지위에 서게 되었다.[3]

그러나 이런 주고받는 변론 과정에서 이론은 점차 세련되고 사고 또한 점차 정밀해졌다. 소위 조소(造疏)라는 것은 본래 매우 난해한 이론에 대해 주소(注疏)를 통해 더욱 세밀하게 밝히고 해석하며 기술하는 방식이다. 『출삼장기집(出三藏記集)』 권8에 승예(僧叡)의 『비마라힐제경의소서(毗摩羅詰堤經義疏序)』를 인용하여 기록하기를 "지묵으로 그 문외의 말을 기록하고 뭇 청중의 소리를 빌어 전례의 이야기를 모았다(因紙墨以記其文外之言, 借衆聽以集其成事之說인지묵이기기문외지언, 차중청이집기성사지설)"[4]라고 하였다. 즉 그들이 이해한 경전의 의미를 기록하고 아울러 문구의 의미를 서로 소통시켰다.

7세기에 이르러 『법화(法華)』, 『반야(般若)』, 『유마(維摩)』, 『열반(涅槃)』, 『십지(十地)』, 『성실(誠實)』 등 상당히 많은 불교 경전이 모두 매우 세세한 주(注)와 소(疏)가 있게 되었다. 어떤 경론(經論)은 주(注) 외에 소(疏)도 있고, 심지어 여러 종류의 소본(疏本)도 동시에 유행하였다. 혹은 주(注)와 소(疏)가 갈수록 더욱 세밀해져 도리를 분석하고 또 분석하였으며 혹은 더욱 정련(精煉)되어 각종 도리를 종합하고 또 종합하였다. 주(注)와 소(疏)를 읽는 방식이 신앙인들의 불교를 이해하는 법문(法門)이 되었다. 주소(注疏)를 저술하는 방식은 불교인들의 지식의 다소를 나타내는 징표가 되었다. 당나라 초기에 "글에 숨어 있는 문외의 뜻은 소가 없으면 이

---

1) 『불조통기』 권39, 『대정장』 제49권, 367쪽. 『속고승전』 권15 「당경사자은사석의포전(唐京師慈恩寺釋義褒傳)」, 『대정장』 제50권, 547~548쪽. 『송고승전』 권21 「당정도부법취사법강전(唐程度府法聚寺法江傳)」, 551쪽 참조.
2) 『송고승전』 권5, 98쪽.
3) 『남종정시비론(南宗定是非論)』, 『신회화상유집(神會和尙遺集)』, 호적기념관(胡適紀念館), 타이베이, 1970, 참조. 또 갈조광의 『중국 선 사상사6세기에서 9세기』 제4장, 233~236쪽, 북경대학출판사, 1995.
4) 『대정장』 제55권, 597쪽.

해할 수가 없다(外義伏文, 非疏莫了외의복문, 비소막료)"는 의식은 대단히 많은 불교 신앙인들의 공통된 인식이었던 듯하며, 소(疏) 해석의 의미를 장악하는 것이 마치 진리를 장악하는 권력이었던 것 같다.[5] 그래서 소(疏)를 지을 수 있으면 바로 지식과 지위를 표명하는 것이었다. 이점은 어느 정도 이론적 흥미를 자극하였을 것이다.

7세기에서 8세기의 장안과 낙양 등 대도시의 자은사(慈恩寺), 홍선사(興善寺), 장경사(章敬寺), 복선사(福先寺) 등의 대사원에서 역경(譯經), 강경(講經), 논변(論辯), 조소(造疏)와 같은 여러 활동이 유행하여 불교 법사들은 상당히 높은 이론적 수준을 유지하고 불교 또한 점차 상층의 귀족 사회로 침투해 들어갔으며 상층 지식인들과 가까워지는 추세였다. 이렇게 학자화(學者化)된 불교 사상은 심오한 의리에 빠졌고, 복잡하고 번쇄한 이론과 공허하고 현묘하며 난해한 종극의 경지에 특별한 애착을 가졌다. 그들은 부단히 각종 명상(名相)들을 와해시키고 일체의 본원을 추궁해 들어갔으며, 이 본원이 인생을 구제할 수 있는 유일한 실재(實在)라고 여겼다.

그러나 이런 경향은 8세기 중엽 이후 전환점을 맞이한 것 같다. 귀족의 쇠락과 실용적인 분위기가 팽창하고, 전쟁이 도시와 사원을 파괴함에 따라 대규모의 역경(譯經), 강경(講經), 논변(論辯), 조소(造疏) 등의 활동은 이전의 지지 기반을 잃게 되었다. 그래서 8~9세기 사이의 불교 문헌 중에는 불교 이론에 대한 흥미가 갑자기 사라졌음을 볼 수 있는데, 법사들이 담당하였던 불교 이론들이 돌연 지난날의 흡인력을 잃어버린 것 같다. 사람들은 도리어 율사(律師)와 선사(禪師)들의 실천적 수행 방식과 해탈의 길을 받아들이기를 더욱 원하였다. 말하자면 원래 형이상학을 추구하고 형이하학을 소홀하였던 이론적 경향의 성행은 종교를 유지하는 입장에서 보면 꼭 축하받을 일은 결코 아니었다. 종교가 만약 대다수 사람들의 종교이며 소수인의 이론이 아니라면, 종교로서의 의식, 방법 그리고 신앙이 없을 수 없다. 마치 기독교에서 희생, 참회 그리고 기도(Sacrifice, Confess and Prayer)가 필요하듯이 이런 것들이 신앙을 불러일으키고 신심을 유지하며, 해탈을 얻고 혹은 신앙

---

5) 『속고승전』 권13 「도악전(道岳傳)」, 『대정장』 제50권, 527쪽.

인들과 연결하는 데 유일한 실재적이고 구체적인 길이다. 불교가 만약 진정한 신앙이라면 인간 생활 속에 파고들어 그들의 영혼을 위로하는 방법이 있어야 한다.

마치 8세기 중엽의 한 북종 선사의 말처럼 "석가모니의 중요한 도는 해탈에 있으니 해탈의 문에 들지 못하면 불제자가 아니다(大聖要道, 存乎解脫, 不入其門, 非佛弟子대성요도, 존호해탈, 불입기문, 비불제자)." 그래서 이론 분석과 경전 읽기와 같은 일에 이렇게 많은 신앙적 관심이 차지해서는 안 된다.[1] 신앙인들이 무엇을 믿는 까닭은 항상 생활의 필요 때문이다. 종교가 만약 다수 신앙인들의 생활과 신심을 지지하려 한다면, 반드시 간략하면서 쉽게 이해할 수 있는 약간의 교리가 있어야 한다. 대부분의 사람들은 자신의 지식으로 그렇게 심오하고 복잡한 도리는 이해할 수 없을 것이며 논증 과정이 생략된 교조(教條)나 비유는 쉽게 받아들일 것이다. 두 가지 예를 들어보면, 유식학설에 의해 논증된 매우 복잡한 '유루(有漏)'와 '무루(無漏)'에 대해 선사들은 말하기를, 무엇이 '유루'인가? 울타리 같은 것이다. 무엇이 '무루'인가? 나무 수저 같은 것이다.[2] 화엄학설에서 매우 심오한 이(理), 사(事), 이사무애(理事無礙), 사사무애(事事無礙) 등 '사법계(四法界)'의 개념은 선사의 입을 통해서 단지 '산하대지(山河大地)', '만상삼라(萬象森羅)', '동서남북', '상하사유(上下四維)'로 표현되었다.[3]

이와 같은 이유는 아마 불교의 종교적 역량의 율문이 불교의 엄정한 기율, 소박한 생활 그리고 강인한 의지로써 숭고한 인격과 신앙의 의미를 표현하였기 때문일 것이다. 이 점은 유식 이론이 화려하다 할지라도 단지 탁상공론의 순수 이론에 비해 교내교외(教內教外)의 신앙인들에게 더욱 정신적 감화력이 있었다. 당시 점점 흥기하고 있었던 선종은 남종과 북종을 막론하고 이론에 대해서는 멸시하였으며, 불교 이치의 이해에 있어서 직접적이고 명쾌하였을 뿐만 아니라 심령 구제에 대한 강한 관심은 경전을 강론하는 것에 비해 신앙인들의 더욱 큰 흥미를 불러일으켰다.[4]

---

1) 왕진(王縉)의 「동도대경애사대증선사비(東都大敬愛寺大證禪師碑)」, 『전당문』 권370, 1662쪽.

2) 『오등회원(五燈會元)』 권5, 청평령준(清平令遵) 선사에 관한 장절(章節)이다.

3) 『고승전』 4집 권4 「담주대위산사문석법태전(潭州大潙山沙門釋法泰傳)」.

4) 사실 8세기 상반기에 아마 이런 분위기가 이미 나타났을 것이다. 신앙인들의 숭배를 깊이 받았던 신수(神秀)

이론적 흥미의 쇠퇴는 고
대 중국인들의 추상적 세
계에 대한 장악 능력과
철학적 언어의 창조 능력
을 손상시킨 것은 확실해
보인다.

그러나 이론적 흥미의 쇠퇴는 고대 중국인들의 추상적 세계에 대한 장악 능력과 철학적 언어의 창조 능력을 손상시킨 것은 확실해 보인다. 눈앞의 우주는 자명한 존재이지만, 이 우주에 대한 깨달음과 이해는 심령 속에 대응되며 언어 부호로써 관계망을 구성하는 세계가 필요하다. 이렇게 지식에 대한 새로운 모방, 분석, 구성의 과정 중에 사람들은 언어 속에서 그 자재하는 우주를 떠오르게 한다. 인도 불교에서는 눈앞의 현상세계(法)가 내심에 자생하는 일련의 감각(識)의 구성이라는 것이다. 그들의 일련의 매우 세밀한 명사, 추론 그리고 판단(名)은 이런 지성과 감각 과정에 대한 묘사이며, 이는 그들 눈앞의 현상세계와 무관하다. 그러나 현상세계는 이것에 의지해서 드러날 수밖에 없다. 그렇기 때문에 이 이론의 틀의 구성이 복잡하고 세밀할수록 인간의 경험과는 어긋나게 되고 사람들의 일상 언어와 분리되어, 보기에는 중국어 같지만 실제로는 한자로 구성된 생소한 언어들의 연결에 불과하다. 그리하여 이는 순수하게 추상적이며 철학적 느낌이 가득한 분석 이론이 된다.

아마 이것은 후세의 소위 '순수철학(metaphysics)'으로 나아가는 초기 단계일 것이며, 세밀하고 복잡한 이론 구성일수록 사람들의 이론적 흥미와 사유 능력을 연마하게 하여 그들로 하여금 조목조목 세밀하게 분석하고 현묘한 세계를 사고할 수 있는 철학적 탐구 습관과 정확한 지식 묘사와 표현 능력을 형성하게 하였다. 그러나 후세의 중국 사상사가 증명하기를 경험과 감각 세계의 직접적 연관, 우주와 인생 문제에 대한 모호한 깨달음 그리고 언어의 예술적 운용 등은 고대 중국의 지식과 사상, 그리고 신앙세계의 오랜 전통이 되었다. 그리고 불교 자체에서 온 지혜에 대한 추숭(推崇)과 지식에 대한 멸시 또한 고대 중국 사상의 새로운 전통을 구성하였다. 이런 전통이 지속된 결과는 강하고 심원하여, 후세 중국의 지식과 사상 세계에는 이 영향을 어느 정도 간직하게 되었다. 그러나 문제는 보편적으로 세속화된 시대에 이론이 비록 심오하고 정치하며 세밀하다 할지라

와 그의 제자 보적(普寂), 의복(義福) 등은 말할 필요도 없고, 남방에서 한때를 풍미하였던 혜능(惠能)과 후기의 신회(神會) 등도 또한 말할 필요도 없으며, 현대 각종 선종 역사에서 잘 언급되지 않은 법현(法現)과 같은 선사들도 경전이론에 집착한 의미학(義學)에 대해 상당히 멸시하는 태도를 보였다.

도 이런 귀족화된 지식주의 분위기는 유지해가기가 확실히 어려웠다. 사회 속에 불교 진리를 전파하는 과정에서 심오하고 복잡한 이론은 쉽고 간략한 깨달음으로 빠르게 대체되었다.[1]

5

이적지(李適之 : ?~747년, 당나라 현종 때 정승)는 「대당기주용흥사고법현대선사비(大唐蘄州龍興寺故法現大禪師碑)」에서 법현선사(法現禪師)에 대해 회상하면서 기록하기를, "불교의 의학을 구하여 밝히고자 한 어떤 사람이 인취(人趣), 천취(天趣), 삼론(三論) 등에 대하여 담설하고 구부경전에 대해 구변을 늘어놓으며 그 오묘한 이치에 대해 자랑하다가, [법사에게] 진리의 뜻을 물어 얻어듣게 되면서 자기도 모르게 뛰어난 무당에게 정신이 경도되듯 하여 뗏목을 버리고 기를 거두듯 강론을 폐지하며 주석을 불사르고 밀실로 물러나 오로지 마음을 닦는 데 매진하였다(有求明義學, 談說人天三論, 飮其辨才九部, 矜其理窟, 及乎詢眞賾, 不覺神醉大巫, 舍筏靡旗, 廢講焚疏, 因而退窗, 專至攝心유구명의학, 담설인천삼론, 음기변재구부, 긍기이굴, 급호대순진색, 불각신취대무, 사벌미기, 폐강분소, 인이퇴밀, 전지섭심)."[2]

또 다른 문장으로 위고(韋皐)는 「보원사전수비니신소기(寶園寺傳授毗尼新疏記)」에서 비록 율소(律疏)의 의의를 표창하지만 또 "박학하여 요체에 어두운 것이 세상 유생도 병폐로 여기니, 간략함으로 도에 가까이 가는 것이 진실한 승법이 먼저 하는 바이다(夫博以冥要, 世儒猶病, 簡以鄰道, 眞乘所先부박이명요, 세유유병, 간이린도, 진승소선)"라 말한다. 그래서 특별히 불교는 마땅히 "청정하여 법에 오래 머무르게 해야 하니, 어찌 번잡한 글로 그 청정의 바름을 어지럽게 하겠는가(淸靜, 令法久住, 胡可以

---

1) 그러나 후기에 간단해 보인 많은 이야기가 사실은 이런 복잡한 이론들을 개괄하고 있다고 말할 수 있다. 예를 들면 임제(臨濟)의 '사빈주(四賓主)', 동산(洞山)의 '오위군신(五位君臣)', 그리고 분양선소(汾陽善昭)의 '삼현삼요(三玄三要)', 섭현귀성(葉縣歸省)의 '의(意)'와 '구(句)'의 4종 관계 등은 모두 화엄 계열의 '이(理)', '사(事)' 이론으로부터 나왔다는 느낌이 들게 한다.
2) 『전당문』 권304, 1367쪽. 법현(法現 : 643~720년)은 동산선문(東山禪門) 홍인(弘忍)의 문하로 신수(神秀), 혜능(惠能)과 동년배이다.

繁文而撓其靜正청정, 영법구주,호가이번문이요기정정)"라고 지적한다.[3]

　특히 당나라 중기에 접어들면서 가장 영향력 있던 관료 문인인 권덕여(權德輿)는 홍주종(洪州宗)의 조사 마조도일(馬祖道一)의 비문에서 그의 주장을 인정하며, "깨달음이 사람을 멀리한 것이 아니니 곧 마음에서 증명하여야 한다. 법은 집착할 것이 없고 닫는 경계가 모두 진실 모습으로 여여하니 어찌 여러 갈림길이 있어 배우는 자를 흐리게 하겠는가(佛不遠人, 即心而證, 法無所著, 觸境皆如, 豈在多歧, 以泥學者불원인, 즉심이증, 법무소저, 촉경개여, 기재다기, 이니학자)"라고 말한 후,[4] 이렇게 오로지 수심에만 힘쓰는 종교 신앙이 진정으로 추구하든 허위로 전가하든 불교도와 세속 신앙인들 사이에서 매우 유행하였다. 그 이유는 사람들이 모두 번쇄한 이론에 염증을 느꼈고 심오한 교의, 정교한 추리 그리고 세밀한 언어 등에 대해서도 확실히 매력을 잃었기 때문이다.

원화 5년, 조정에서는 관방에서 추진하는 대규모 역경 사업을 정지하였는데, 이는 불교사에 있어서 하나의 상징적 의미를 갖는다.

　원화(元和 : 당나라 헌종憲宗 때 연호) 5년(810), 조정에서는 관방에서 추진하는 대규모 역경 사업을 정지하였는데,[5] 이는 불교사에 있어서 하나의 상징적 의미를 갖는다. 새로운 이론은 이미 중국인들의 흥미를 끌지 못하였고, 삼론(三論), 유식(唯識), 화엄(華嚴) 등 경전의 강론도 점차 쇠퇴하였다. 비록 당시에 징관(澄觀 : 738~839년, 일설에 원화元和 년에 죽고 70여세였다고 한다)과 같은 불교 의학(義學)의 특출한 승려가 있었으나, 그의 번쇄하고 복잡한 주소(注疏)와 해설은 이미 사람들의 이론에 대한 격정을 자극할 수 없었다. 그리고 모든 이론과 기술을 포함하려는 그의 포부는 당시의 사유 경향과 정반대의 길을 가는 것이었다. 그래서 그 자신은 비록 삼론(三論), 율부(律部), 기신(起信), 화엄(華嚴), 법화(法華), 유마(維摩) 등 사람들이 놀랄 만한 양의 불경을 섭렵하고 남종 선법(南宗禪法)과 북종 현리(北宗玄理)를 연구하였지만,[6] 그 이후에는 의학(義學)에 통달한 그만한 승려가 다시 나오지 않았

---

3) 『전당문』 권453, 2050쪽.

4) 「당고홍주개원사석문도일선사탑명병서(唐故洪州開元寺石門道一禪師塔銘幷序)」, 『전당문』 권501, 2261쪽.

5) 『송고승전』 권3에서 칭하기를, "조정에서 역경 사업을 그만두었으니 당나라 헌종 원화 5년부터 주조周朝까지 150년가량 세월이다(朝廷罷譯事, 自唐憲宗元和五年至于周朝, 相望可一百五十許歲조정파역사, 자당헌종원화오년지우주조, 상망가일백오십허세)", 57쪽.

6) 『송고승전』 권5 「당대주오대산청량사징관전(唐代州五臺山清凉寺澄觀傳)」, 104~107쪽.

다. 『불조통기(佛祖統紀)』권41에 이런 이론적 홍미의 쇠퇴를 말해주는 이야기가 있다.

법사는 지혜롭고 달변이었으며 저술이 많았으나 청중은 매우 적어 강론을 포기하고 형악사에 기거하였다. 어느 날 한 범상한 늙은이가 이르러 법사가 지은 책을 읽고 말하길, 당신이 지은 책은 부처님의 뜻에 꽤 부합하나 사람 인연이 부족합니다(法師智辯多所著述, 而聽徒絶少, 因棄講居衡岳寺, 一日, 有耆宿至, 而閱師所著, 曰 : 汝所述頗符佛意, 而關人緣법사지변다소저술, 이청도절소, 인기강거형악사, 일일, 유기숙지, 이열사소저, 왈 : 여소술파부불의, 이궐인연)[1]

이런 언어 환경 속에서 아마 이 글의 앞부분에서 인용한 종밀(宗密)의 "정관 연간에 이르러 명상들이 번잡하게 일어나 엎어지고 뒤집혀 부박하고 와전되어 방편을 실상이라 여겼다(爰及貞觀, 名相繁興, 輾轉遺訛, 以權爲實원급정관, 명상번흥, 전전요와, 이권위실)"와 같은 비평이 있게 되었고, 8세기 이후 선종을 익히는 풍조가 만연하게 된 것이다.

짚고 넘어갈 점은 후대의 선사들이 '불법(佛法)'과 '도(道)'를 하나의 대립적인 사유 개념으로 삼았는데, 그들은 심오하고 복잡한 이론으로 세운 불교 의학을 문자, 언어, 부호로 나타낸 '불법(佛法)'으로 보고, 또한 경시하듯 이런 '불법(佛法)'을 '이장(理障)'으로 보고, '지혜(智)' 즉 경전에 대한 지적 이해로는 '도(道)'를 깨달을 수 없다고 여겼다. 관건은 궁극적 경지에 대한 심령의 깨달음에 있으며, 이런 깨달음은 찰나지간에 얻을 수 있으니, '돈오(頓悟)'라고 하며 직접 심령을 가리키는 불법이 비로소 불교 최종의 진리라는 것이다.

전하기를 육조 혜능은 어떤 사람과 다음과 같은 대화를 나누었다고 한다. "어떤 승려가 묻기를, 조사들의 뜻을 누가 얻을 수 있습니까? 법사가 말하길, 불법을 아는 자가 얻을 수 있다. 승려가 말하길, 스님께선 얻으셨습니까? 얻지 못하셨습니까? 법사가 말하길, 나는 얻지 못하였네. 승려가 말하길, 스님께선 왜 얻지

---

1) 『대정장』 제49권, 381쪽.

못하셨습니까? 법사가 말하길, 나는 불법을 알지 못하네(有人問: 黃梅意旨何人得? 師

云: 會佛法者得. 僧曰: 和尙還得也無? 師云: 我不得. 僧曰: 和尙爲甚麽不得? 師云: 我不會佛法유

인문: 황매의지하인득? 사운: 회불법자득. 승왈: 화상환득야무? 사운: 아불득. 승왈: 화상위심마불득? 사운:

아불회불법).”[2]

    후대 선사의 상상에 의한 이 조사(祖師) 어록은 '불법(佛法)'과 '도(道)'를 대립
시키고 이성적 분석과 직관적 깨달음의 차이를 드러냈으며, 후대의 선종 특히 남
종선의 방향을 암시하고 있다. 예를 들면『조당집(祖堂集)』권16「남천보원(南泉普
願)」에서 말하길, "오조대사 아래에 599명이 있었는데, 모두 불법을 알았다. 오직
노행자 한 사람만 불법을 모르고 단지 도를 알아 제불들이 세상에 나온 뜻에 도
달하여 사람들에게 도를 아는 것을 가르쳤을 뿐 다른 일을 하지 않았다(五祖大師下

有五百九十九人, 盡會佛法, 唯有盧行者一人不會佛法, 他只會道, 直至諸佛出世來, 只敎人會道, 不

爲別事오조대사하유오백구십구인, 진회불법, 유유로행자일인불회불법, 타지회도, 직지제불출세래, 지교인회

도, 불위별사).”[3]

    또『경덕전등록(景德傳燈錄)』권14「석두희천(石頭希遷)」에서 기록하길, "당시
문하 제자가 도의 깨달음에 대해 묻기를, '조계 혜능의 뜻을 누가 얻었습니까? 법
사 희천이 말하길, '불법을 아는 사람이 얻었을 것이네.' 묻기를, '법사님은 얻으
셨습니까? 얻지 못하셨습니까?' 법사가 말하길, '나는 불법을 알지 못하네'(時門人

道悟問: 曹溪意旨誰人得? 師曰: 會佛法人得. 曰: 師還得不? 師曰: 我不會佛法시문인도오문: 조계의

지수인득? 사왈: 회불법인득. 왈: 사환득부? 사왈: 아불회불법)”[4]라고 한다. 그들은 불법 즉 이지
적 이해로 얻은 불교의 진리를 눈 안의 '병(翳)'과 '금가루(金屑)' 같은 것으로 본다.

    그 이유는 이런 이해는 '기억하여 얻은 것(記得)'이니, 이 기억한 것은 단지

---

2)『조당집』권2, 96~97쪽, 일본경도화원대학선문화연구소영인본(日本京都花園大學禪文化研究所影印本).

3)『조당집』권16, 587쪽.『종경록(宗鏡錄)』권6에 남천(748-834)의 말을 인용하기를, "단지 499인이 모두 불법을 이
해하였으나 오직 노행자 한 사람만 불법을 이해하지 못하고, 그 도만 알았으니, 이것이 의발을 얻을 수 있는
소이이다.(只爲四百九十九人皆解佛法, 只有盧行者一人不解佛法, 只會其道, 所以得衣鉢.)"『대정장』제48권, 444쪽.
『고존숙어록(古尊宿語錄)』권12,「남천어요(南泉語要)」에 유사한 기록이 있는데, 마조(馬祖)에 이르러 말하길,
"또한 사람을 가르쳐 이 도를 알게 한다(亦敎人會這個道)", "단지 노행자 한 사람만 불법을 이해하지 못하고 문
자를 알지 못하니, 그는 단지 도만 안다.……지혜는 도가 아니다.(只有盧行者一人不會佛法, 不識文字, 他家只會
道……智不是道.)" 중화서국점교본(中華書局點校本), 198쪽~200쪽, 1994.

4)『경덕전등록(景德傳燈錄)』권14,『대정장』제51권, 310쪽.

"제6식으로 언급할 가치가 없다(第六識, 不堪無事珍重제육식, 불감무사진중)." 그들은 사람들이 삼승(三乘)과 오성(五性)의 명상(名相)에 집착할까 걱정하여 말하기를, "한 가림이라도 제거하지 않으면 나서도 갈 길이 없다(一翳不除, 出身無路일예부제, 출신무로)"고 하고, 눈의 가림을 제거한 사람만이 진정으로 자유를 소유할 수 있으니, "행주좌와에 무슨 방해가 되리(橫眠直臥有何妨횡면직와유하방)"라 하였다. 그러나 만약 삼승(三乘)과 오성(五性)의 명상(名相)에 빠지면, "눈에 한 가리개라도 있으면 헛된 꽃이 어지럽게 떨어지게 된다(一翳在目, 空花亂墜일예재목, 공화란추)"고 하였다. 그들은 분분히 풍자하기를, "금가루가 귀하기는 하나 눈에 들어가면 가리는 병이 된다(金屑雖貴, 落眼成翳금설수귀, 락안성예)" 하고, "금가루가 비록 귀하나 눈에 붙어있을 수 없다(金屑雖貴, 眼着不得금설수귀, 안착불득)" 하며, "도를 보지 못하였으니 금가루가 비록 귀하다고 하나(不見道, 金屑雖貴불견도, 금설수귀)"라고 하였다.[1] 그 시대에는 확실히 심오하고 번쇄한 의리지학(義理之學)이 크게 필요치 않았던 것이다.

---

1) 『조당집(祖堂集)』 권17 「부용영훈(芙蓉靈訓)」에 귀종지상(歸宗智常) 선사의 말을 인용함, 640쪽. 또 권16 「남천(南泉)」, 598쪽, 또 권11, 435쪽.

3절

선종의 승리와 불교의 실패 : 8세기에서 10세기까지
중국 불교의 전환(중)

8세기 중엽에 선사가 법사와 율사를 점차 초월하게 되었고 선법 또한 점차 신앙인들의 가장 큰 흥밋거리가 되었으며, 선(禪) 또한 점차 이론과 실천을 아우르는 방대한 체계를 이루게 되었다.

　　만약 8세기 전반기 이전에 전통적 의미에서의 선사들이 단지 의학(義學)을 중시하는 법사와 계율을 지키는 것을 중시하는 율사와 삼분되었다고 말한다면, 선법(禪法)은 불교의 각종 수행 중 잡념을 없애고 마음을 고요하게 하는 방법일 뿐이었다. 그리고 『능가(楞伽)』를 경전으로 삼은 동산선문(東山禪門)은 선사(禪師)들 가운데 비교적 주목을 받았던 일파였다. 그런데 세속적 문화인들 중 불교 신앙인들의 이론에 대한 흥미가 쇠퇴하고 또 북종선의 신수(神秀 : ?~706년), 보적(普寂 : 651~739년), 의복(義福 : 658~736년) 그리고 남종선의 혜능(惠能 : 638~713년), 신회(神會 : 684~758년), 본정(本淨 : 667~761년), 혜충(惠忠 : ?~775년) 등의 수십 년간 걸출한 활동을 통해,[1] 8세기 중엽에 선사가 법사와 율사를 점차 초월하게 되었고 선법 또한 점차 신앙인들의 가장 큰 흥밋거리가 되었으며, 선(禪) 또한 점차 이론과 실천을 아우르는 방대한 체계를 이루게 되었다. 그중에서도 특히 남종 계열의 혜능은 "자심이 곧 불성이다(自心卽佛性)"를 본원으로 삼고, "생각이 없고 형상이 없고 집

---

1) 신회(神會)의 생몰 연대는 『문물(文物)』(1992년 3기)에 실린 낙양시문물공작대(洛陽市文物工作隊)의 「낙양당신회화상신탑탑기청리(洛陽唐神會和尙身塔塔基淸理)」의 논문에 부록된 혜공(慧空)이 지은 「대당동도하택사몰고제칠조대덕우용문보응사용수복건신탑명병서(大唐東都荷澤寺歿故第七祖大德于龍門寶應寺龍首腹建身塔銘幷序)」를 근거한다. 문물출판사, 베이징, 1992. 본정(本淨)의 몰년은 『조당집』 권3 「사공산본정화상(司空山本淨和尙)」에 상원(上元) 3년이라 하는데, 상원 3년은 보응(寶應) 원년(762)이다. 136쪽(일본화원대학선문화연구소영인본日本花園大學禪文化硏究所影印本, 1994). 『경덕전등록(景德傳燈錄)』 권5, 『송고승전』 권8에 상원 2년(761) 5월 5일에 입적하였다고 기록되어 있다. 여기서는 후자의 기록을 따른다.

착함이 없다(無念無相無住무념무상무주)로서 돈오(頓悟)의 길과 '공(空)'을 차별을 초월한 경계로 자기 학설의 주맥(主脈)을 삼은 『반야』 사상으로 전통적 능가 선법을 수정하였다. 즉 한편으로는 자심이 곧 불(깨달음)이라는 불성 사상을 계승하고, 한편으로는 '공'의 궁극의 경지를 추구하며 후대 선문(禪門)의 길을 열었다.[1]

그러나 선문은 단번에 그 이론적 사유의 길을 관통하지 못하고, 각종 해석들은 모두 각자의 이론적 근거, 생각 그리고 의미 등을 드러낼 뿐이었다. 8세기 초에 서촉(西蜀)의 지선(智詵) 계열이든, 북종의 신수(神秀) 계열이든, 동오(東吳)의 우두(牛頭) 계열이든 여전히 남방의 혜능 계열이었고, 그들은 모두 우주의 본원과 궁극의 경지와 소통하고 종교 생활과의 사이를 관통할 수 있는 길을 세우고자 하였으며, 다른 각파의 학설을 포함하거나 초월하려고 하였다. 그러나 8세기 중엽까지 이 관통의 길은 여전히 수립 중이었다. 선문 종파의 분화와 사상의 분화는 해탈의 길을 찾으려는 후대 사람들에게 몇 가지 선택의 길을 제공하였고, 그들이 선택하는 과정에 중국의 지식과 사상, 그리고 신앙세계에 적합하고, 우주 본원, 종교적 실천에서 궁극의 경지에 이르기까지 서로 관통하는 선(禪)사상 체계를 수립하였다는 데 그 의의가 있다. 그래서 그 후 8세기 말에서 9세기 초까지 선문(禪門) 심지어 중국 불교의 전체 모습에 있어서 매우 중요하고 의미 있는 변화가 생겨났다.

후세의 선적등록(禪籍燈錄)에서 그 시기의 불교사를 선종사(禪宗史)로 묘사하고, 선종사는 또 축약하여 남종선의 전등사(傳燈史)라 하기도 하였다. 근대 이후의 불교사 저술에서도 이 시기에 관한 기록에는 그 유파의 선사들이 많은 편폭을 차지하고 있다. 그러나 이 점은 문제가 있다고 본다. 매우 영향력이 있었던 문인인 위처후(韋處厚 : 773~828년, 헌종, 목종, 경종, 문종 네 황제를 섬긴 현상賢相으로 이름이 높았음)가 9세기 초에 썼던 「홍복사내도량공봉대덕대의선사비명(興福寺內道場供奉大德大義禪師碑銘)」에 당시 선종의 상황에 대해 다음과 같이 묘사한다. 오조 홍인(五祖弘忍) 후 선종에 대해 위처후는 말하길,

8세기 말에서 9세기 초까지 선문 심지어 중국 불교의 전체 모습에 있어서 매우 중요하고 의미 있는 변화가 생겨났다.

---

1) 이 시기 선종의 역사와 사상에 대해서는 갈조광 『중국 선 사상사—6세기에서 9세기』, 북경대학출판사, 1995.

맥이 흩어지고 실이 나뉘듯 혹은 진으로 숨고 혹은 낙에 거하며 혹은 오로 가고 혹은 초에 살았다. 진에 숨은 선사는 신수인데 방편으로 드러났고 보적선사가 가장 뛰어났다. 낙에 거한 선사는 신회인데 혜능의 총지의 승인을 얻어 홀로 빛나는 구슬 같았고…… 오로 간 선사는 법융인데 우두선으로 이름이 났으며 경산선사가 그 뒤를 이었다. 초에 산 선사는 도일인데 대승을 지켰다……(脈散絲分, 或遁秦, 或居洛, 或之吳, 或在楚. 秦者曰秀, 以方便顯, 普寂其允也; 洛者曰會, 得總持之印, 獨曜瑩珠……吳者曰融, 以牛頭聞, 徑山其裔也; 楚者曰道一, 以大乘攝……맥산사분, 혹둔진, 혹거락, 혹지오, 혹재초. 진자왈수, 이방편현, 보적기윤야; 낙자왈회, 득총지지인, 독요영주……오자왈융, 이우두문, 경산기예야; 초자왈도일, 이대승섭).[2]

거의 같은 시기의 다른 문인인 백거이(白居易 : 772~846년)는 「전법당비(傳法堂碑)」에서 홍선유관(興善惟寬 : 754~817년) 선사의 말을 인용하여 선종의 역사에 대해 서술한다.

선사들의 도속(도의 계통)에 대해 묻자, 유관이 말하길 사조 이후로 비록 정법을 이었으나 적통이 있고 지파가 있게 되었으니, 마치 (유가에) 대종과 소종이 있는 것과 같다. 세족 관계로 비유하자면, 선사와 서당장, 감천현, 륵담해, 백암휘는 모두 대적선사를 아버지로 섬겨 형제와 같고, 장경징은 종부형제(사촌 형제)와 같으며, 경산흠은 종조형제(아버지의 사촌 형제)와 같고, 학림소, 화엄적은 백숙과 같다. 당산충, 동경회은 백숙조와 같고, 숭산수, 우두융은 증백숙조와 같으니 미루어 순서를 매기면 그 도속을 알 수 있다(有問師之道屬, (惟寬)曰 : 自四祖以降, 雖嗣正法, 有家嫡, 而支派者, 猶有大宗小宗焉. 以世族譬之, 卽師與西堂藏, 甘泉賢, 勒潭海, 百岩暉, 俱父事大寂, 若兄弟然; 章敬澄, 若從父兄弟; 徑山欽, 若從祖兄弟; 鶴林素, 華嚴寂, 若伯叔然; 當山忠, 東京會, 若伯叔祖; 崇山秀, 牛頭融, 若曾伯叔祖. 推而序之, 其道屬可知矣유문사지도속, (유관)왈 : 자사조이강, 수사정법, 유총적, 이지파자, 유유대종소종언. 이세족비지, 즉사여서당장, 감천현, 륵담해, 백암휘, 구부사대적, 약형제연; 장경징, 약종부형제; 경산흠, 약종조형제; 학림소, 화엄적, 약백숙연; 당산충, 동경회,

---

2) 『전당문』 권715, 3258쪽, 상해고적출판사 영인본, 1990.

약백숙조: 숭산수, 우두융, 약중백숙조. 추이서지, 기도속가지의).[1]

이런 언급들과 8세기 이화(李華)가 현랑(玄朗)을 위해 쓴 「고좌계대사비(故左溪
大師碑)」 중에 선문의 계보를 열거하면서 말한 북종, 남종, 우두(牛頭), 천태(天台)와
9세기에 배림(裵林)이 종밀(宗密)을 위해 쓴 『선원제전집(禪源諸詮集)』 서문 중에 뭇
인물들의 사상에 대해 열거하면서 말한 "하택의 신회선사(神會禪師)의 직지지견
과 강서의 도일선사(道一禪師)의 일체개진, 천태의 지자선사(智者禪師)의 전의삼관,
우두의 법융선사(法融禪師)의 무유일법(荷澤直指知見, 江西一切皆眞, 天台專依三觀, 牛頭無
有一法하택직지지견, 강서일체개진, 천태전의삼관, 우두무유일법)"을 서로 참조하여 보면,[2] 8세
기 후반기 이래 사람들의 선문에 대한 공통된 인식, 다시 말해서 당시 대다수 사
람들의 마음속에 선문은 대체로 다섯 종파[3] 즉 북종(北宗), 하택(荷澤), 우두(牛頭),
천태(天台), 홍주(洪州)가 있었다는 것을 알 수 있다.

당시 대다수 사람들의 마
음속에 선문은 대체로 다
섯 종파 즉 북종, 하택, 우
두, 천태, 홍주가 있었다
는 것을 알 수 있다.

위에서 볼 수 있듯이 8세기 말에서 9세기 초 시기에 각지에 널리 퍼져있던
율문(律門)은 말할 것도 없고, 단지 선문의 상황만도 후세의 선적등록(禪籍燈錄)의
묘사보다 훨씬 복잡함을 알 수 있다.

1

먼저 보적(普寂)과 의복(義福) 이후의 북종에 대해 살펴보자. 남종의 전등기록
에 전해온 각종 내용과 또 후대 선종사(禪宗史) 연구자들에 의해 확대된 오해의 하
나는 사람들로 하여금 남종선이 흥기한 후 북종선은 발전해가지 못하고 곧바로
연기처럼 사라졌다고 생각한다는 것이다. 사실 8세기 후반에 보적(普寂) 문하 즉

---

1) 「전법당비(傳法堂碑)」, 『백거이집(白居易集)』 권41, 고학힐교점본(顧學頡校點本), 911쪽, 중화서국, 베이징, 1979.
2) 이화(李華)의 「고좌계대사비(故左溪大師碑)」, 『문원영화(文苑英華)』 권861. 배림(裵林)의 「선원제전집서(禪源諸詮
集序)」, 『대정장』 제48권, 398쪽.
3) 갈조광의 『중국 선 사상사─6세기에서 9세기』 제5장, 「선 사상사적 대변국(禪思想史的大變局)」, 308~314쪽,
북경대학출판사, 1995.

신수(神秀)의 제2대 제자들 중에 적지 않은 뛰어난 인물들이 있었다. 독고급(獨孤及 : 725~777년)은 「서주산곡사각적탑수고경지선사비명(舒州山谷寺覺寂塔隋故鏡智禪師碑銘)」에서 말하길, "보적의 제자들은 1만 명에 달하는데 일정 수준에 이른 승당자는 63인이었다(普寂公之門徒萬, 升堂者六十有三보적공지문도만, 승당자육십유삼)"[4]라고 한다. 당시 불교계에서 여전히 중심을 차지한 가장 저명한 선사인 광덕(廣德)과 굉정(宏正) 외에 8세기 후반까지 생존하였던 법완(法玩), 동광(同光), 경공(景空), 항월(恒月) 등도 모두 매우 유명하였다.[5]

그중 사공(思公 : 701~784년) 같은 선사는 협석산(夾石山)에서 "배우는 무리가 많아 향나무에 둘러싸인 듯하였다(學衆侁侁, 若栴檀之圍繞焉학중신신, 약전단지위요언)"고 하고, 우승유(牛僧孺)의 관심을 사기도 하였다. 진량(眞亮 : 701~788년)은 용문산(龍門山)에서 "도를 묻는 자가 서로 모여들어 명성이 날로 흥성하였다(問津者交集, 聲望日隆문진자교집, 성망일융)"고 하고, 왕탁(王鐸)의 존경을 받았다. 혜공(慧空 : 696~773년)은 수춘(壽春)에서 지방 관리로부터 예우를 받았을 뿐만 아니라, "대종황제도 그가 도가 있다고 듣고 조서를 내려 경사에 있는 광덕사에 거주하게 하였고 조정의 공경대신들이 그에게 경도되고 신뢰하지 않은 이가 없었다(代宗皇帝聞其有道, 下詔俾居京師廣福寺, 朝廷公卿罔不傾信대종황제문기유도, 하조비거경사광복사, 조정공경망부경신)."

담진(曇眞 : ?~791년)은 중승(中丞) 이풍(李諷)이 중시하여 "때때로 풍정월관에 모여 아침까지 도에 대해 이야기하였다(時聚風亭月觀, 談道達旦시취풍정월관, 담도달단)." 그 후 이풍이 경사에 들어가 경윤(京尹)이 된 뒤에도 당나라 덕종에게 담진을 추천하여 덕종이 조서를 내려 그를 입경하게 하였으나, 담진은 끝내 조서를 받들지 않았다. 석장(石藏 : 713?~800년)은 정주(定州)에 살았는데, "동호인들이 소문을 듣고 이르러 많은 무리를 이루었고 도화, 박릉 사람들이 모두 그를 받들었다(同好者望風而至, 蔚成叢衆, 陶化博陵, 人咸欣戴동호자망풍이지, 울성총중, 도화박릉, 인함흔대)." 주수(州帥)였던 이탁(李卓)도 "산에 올라 [석장을] 방문하여 정성스럽고 친밀한 교담 가운데 혼미함을 깊이 열었다(登山訪問, 款密交談, 深開昏昧등산방문, 관밀교담, 심개혼매)"[6]고 한다.

---

4) 『문원영화(文苑英華)』 권864.
5) 갈조광의 『중국 선 사상사6세기에서 9세기』 제3장, 「북종선 재인식(北宗禪再認識)」, 183쪽.
6) 사공(思公)과 진량(眞亮)은 『송고승전』 권10, 238쪽. 혜공(慧空)은 같은 책 권9, 213쪽. 담진(曇眞)과 석장(石藏)은 같은 책 권10, 238~239쪽, 범상옹교점본(范祥雍校點本), 911쪽, 중화서국, 1987.

이런 예에서 볼 수 있듯이 북종선의 역사가 결코 단번에 끝나지 않고, 9세기 전반까지 선종사에 그들의 행적을 여전히 남기고 있다. 신수(神秀)의 제3대 즉 보적(普寂)의 2대 제자 중에 수춘(壽春)에서 초가집을 짓고 살았던 도수(道樹 : 734~825년), 이덕유(李德裕)의 신뢰를 받고 북종의 본고지인 낙양에서 '신수를 본원으로 할 것을 제창(宗[神]秀之提唱宗[신수지제창])'한 숭규(崇珪 : 756~841년), 회남(淮南) 도량산(都梁山)에 초가집을 짓고 살았던 전식(全植 : 752~844년), 양주(揚州)에서 '한 소리로 상응한 천 명의 무리(同聲相應僅于千衆동성상응근우천중)'들을 교화하였던 숭연(崇演 : 764~837년), 그리고 함통(咸通 : 당나라 의종懿宗 때 연호) 연간(860~874)까지 살면서 천하에 '앙두조(昂頭照)' 선학(禪學)으로 불리던 형산(衡山) 앙두봉(昂頭峰) 일조선사(日照禪師 : 755~862년) 등이 있다.

아마도 9세기 상반기에 북종선은 여전히 선문 중 영향력이 있는 종파의 하나였을 것이며, 그래서 당시에 선종의 연원을 기술하였던 종밀(宗密)은 「중화전심지선문사자승습도(中華傳心地禪門師資承襲圖)」에서 말하길, 북종선은 "후학들이 계승되고 이어져 지금까지 끊이지 않고 있다(子孫承嗣, 至今不絶자손승사, 지금부절)"라고[1] 하였다. 일본의 학자인 우이 하쿠주(宇井伯壽 : 1882~1963년, 불교학자이며 인도철학자)는 반세기 조금 전에 쓴 『선종사연구(禪宗史硏究)』에서 제시하기를, 북종선은 일반인이 상상하듯 그렇게 짧은 시기만 존재하였던 게 아니고, 사실은 신수(神秀)가 낙양에서 입적한 706년부터 일조(日照)가 입적한 862년까지 150여 년 동안 지속되었다. 하물며 9세기 중엽 후에도 여전히 활동한 정순(正順), 보장(寶藏), 여천(如泉) 등 북종 제자들이 있었고, 비록 사료(史料)의 결핍으로 그들의 사적을 자세히 고증할 길이 없지만, 그렇다고 북종선이 이미 자취를 감췄다는 것은 아니다.

다음으로 신회(神會) 문하의 하택종(荷澤宗)에 대해 살펴보자. 전등록에 관한 사적(史籍) 중에 신회 계열 문인(門人)에 대한 기록이 극히 미미하다. 『조당집(祖堂集)』 권6에는 종밀의 서술을 베껴서 신회(神會)를 위해 '자주여(磁州如)', '익주유충(益州惟忠)', '수주원(遂州圓)'에서 종밀에 이르는 한 가닥의 사세제자(四世弟子)를 열

9세기 상반기에 북종선은 여전히 선문 중 영향력이 있는 종파의 하나였을 것이다.

---

1) 「중화전심지선문사자승습도(中華傳心地禪門師資承襲圖)」, 『중국 불교 사상 자료 선편(中國佛敎思想資料選編)』 제2권 제3책, 460쪽.

거하고 있다. 『경덕전등록(景德傳燈錄)』 권13에는 신회의 18명의 제자가 등록되어 있으나, 그중 16명은 이름은 있으나 다른 기록이 없고, 다만 황주(黃州) 대석산(大石山)의 복림선사(福琳禪師)와 기수(沂水) 몽산(蒙山)의 광보선사(光寶禪師)에 대한 소량의 사실(事實)이 보존되어 남아 있어 신회의 후전(後傳)인 하택종도 이미 기운 듯이 보인다. 사실 이는 중당(中唐 : 대종代宗 때부터 문종文宗 때까지의 약 70년간)의 역사적 사실과 부합하지 않는다. 왜냐하면 대부분 선종의 후인들은 당동벌이(黨同伐異)하여 의도적으로 은둔하고 감추었기 때문이다. 실제로는 당시에 저명하였던 종밀 외에도 9세기 중엽 이후에 원소(圓紹 : 811~895년) 등과 같은 사람이 종맥을 이었고, 이 점에 대해서는 『중국 선 사상사(中國禪思想史)』에서 이미 상세하게 고증하였으니 여기서 다시 언급하지 않겠다. 그러나 중당 초에 하택종은 여전히 당시에 영향력이 있었던 선문이었다는 점만은 강조해 둔다.

    그러나 하택종은 홍주(洪州) 계열의 성세(盛勢)에 비춰봤을 때 날로 쇠락한 것은 확실하다. 선종사 연구자들은 모두 규봉종밀(圭峰宗密)의 「선원제전집서(禪源諸詮集序)」, 「중화전심지선문사자승습도(中華傳心地禪門師資承襲圖)」 그리고 『원각경대소초(圓覺經大疏鈔)』에 대해 주목을 하였으나, 「선원제전집서(禪源諸詮集序)」 권상(卷上)의 다음 문구에 대해서 주의하지 못한 것 같다. 즉 "어찌 남종 혜능과 북종 신수 사이에 물과 불 같은 거리낌이 있으며 하택신회와 홍주황벽 사이에 서로 만날 수 없는 참성(參星)과 상성(商星)의 별자리 같은 틈이 있을 수 있겠는가?(何以南能北秀水火之嫌, 荷澤洪州參商之隙하이남능북수수화지혐, 하택홍주참상지극)"

    그러나 이 문구는 우리에게 중당(中唐) 때 같은 남종선에서 나왔던 큰 두 종파가 당시에는 매우 날카롭게 충돌하였다는 사실을 시사한다. 하택종은 중당 초 개원(開元), 천보(天寶) 시기에 북종선이 홀로 이루던 성황에 이르지 못하였고, 홍주 계열과의 경쟁에서 곧바로 패전하여 매우 빨리 쇠퇴한 것으로 보인다. 가속(賈餗)은 「양주화림사대비선사비명(揚州華林寺大悲禪師碑銘)」에서 말하길, "조계종이 몰락하고 그 법을 이은 자는 신회와 회양인데, 또 두 종파로 나뉘었다(曹溪旣沒, 其嗣法者, 神會, 懷讓, 又析爲二宗조계기몰, 기사법자, 신회, 회양, 우석위이종)"고 한다. 여기에서 보듯이 중당 초기에 남종선의 무대에서 주도적 역할을 하였던 인물은 하택(荷澤)과 홍주(洪州)임을 알 수 있다. 그러나 두 영웅이 양립하지 못하듯 서로 적시하는 심리와 선문의 정종(正宗) 지위를 쟁탈하려는 문파 간의 악습으로 인해 '하택과 홍주 사이에 서로 만날 수 없는 참성과 상성의 별자리 같은 틈(荷澤洪州參商之隙하택홍주참상지극)'이 생기게 되었다. 앞서 인용한 위처후(韋處厚)의 「홍복사대의선사비(興福寺大義禪師碑)」의 한 단락에서도 홍주종의 하택 문하에 대한 경시를 볼 수 있다. 위처후의 이 비문은 마조(馬祖 : 홍주의 마조 도일대사) 제자인 아호대의(鵝湖大義 : 746~818년)를 위해 지은 것인데 완전히 홍주 사상을 반영한 것으로 중당 초기의 선문 4종파를 나누어 기술하면서 북종선과 우두(牛頭)에 대해서는 폄사가 없었으나 유독 같은 조계 문하인 하택에 대해서는 말투와 태도를 삼가지 않았다. 신회에 대해 약간 찬양을 하고 필치를 바꾸어 신회의 후인들에 대해서는 엄격한 비평을 가하였다.

> 배우는 무리들이 진에 미혹해서 귤이 탱자로 체가 변하듯 마침내 단경을 전해서 종지를 이루니 우열이 상세히 드러났다(習徒迷眞, 橘枳變體, 竟成檀經傳宗, 優劣詳矣습도미진, 귤지변체, 경성단경전종, 우열상의).

이 문단의 말 중에 분명하지 않은 부분이 있으나 문투 중에 보이는 경시의 뜻은 쉽게 알 수 있다.[1] 현존 자료로 보면, 신회 계열의 후인들은 성당(盛唐)과 중당(中唐) 사이에 유명한 선문 종파들의 계승이 안정되게 이루어진 후 자주 각 종파를 초월하는 자세를 보였으나 남종선의 예리하고 간명한 특색은 도리어 드러나지 않았다.

예를 들면 서경(西京) 혜견(慧堅)은 정원(貞元 : 당나라 덕종 때 연호로 785년부터 805년) 중에 조서를 받들어 각 종파들과 논쟁을 하여 '남북 양종을 정하였으나(定南北兩宗)', 그는 또 돈과 점의 두 뜻을 합하여 "법이 공하니 법에 옳고 그름이 없고, 종지를 깨달으면 종지에 남북이 없게 된다(法空則法無邪正, 悟宗則宗無南北법공즉법무사정, 오종즉종무남북)"는 견해를 제시하여 자못 환영을 받았다.[2] 양기(楊岐) 승광(乘廣 : 717~798년) 또한 중재의 논리로 제가(諸家)의 윗자리를 차지하려 하면서 "두 종파로

---

1) 『전당문』 권715.
2) 서대(徐岱)의 「당고초성사대덕혜견선사비(唐故招聖寺大德慧堅禪師碑)」, 서안(西安) 비림(碑林)에 보존되어 있다.

나누는 것은 중생에게 돈점의 식견을 두는 것이고, 삼승을 말하는 것은 여래께서 방편의 문을 연 것이니, 각기 밖으로 얻어서 분별이 생긴 것이고 도를 안으로 증험하면 같고 다름이 없다(分二宗者, 衆生存頓漸之見, 說三乘者, 如來開方便之門, 各自外得, 故生分別, 道由內證, 則無異同분이종자, 중생존돈점지견, 설삼승자, 여래개방편지문, 각자외득, 고생분별, 도유내증, 즉무이동)"3)라고 말하였다. 더 늦은 시기의 종밀(宗密) 본인은 더욱 선종과 교종이 화합하기를 바라며 주로 경설을 근거로 장황하게 늘어놓으니, 이는 남종선의 본래면목을 실추한 것이었다. 도리어 "마음이 곧 부처다(卽心是佛)", "마음도 아니고 부처도 아니다(非心非佛)", "일체가 모두 진여다(一切皆眞일체개진)", "마음 닿는 곳이 바로 도이다(觸類是道촉류시도)"를 제창하며 점차 "평상심이 도이다(平常心是道평상심시도)"를 주장한 마조 계열의 간명하고 통쾌함으로 나아가 단도직입적으로 도를 찾는 것이 더욱 자신의 독특한 면모를 유지할 수 있었을 것이다.4)

그래서 9세기 초에 하택종은 매우 고상하고 초월적인 원융사상 속에 끝내 자신을 용해시켜버렸다. 기세등등하였던 마조선(馬祖禪)과 비교해서 그들의 형상은 손색이 있었으며 매번 기반이 축소되고 끝내 기울게 되었다. 신회의 2대 제자나 양기(楊歧) 승광(乘廣)의 수석제자 양기 견숙(甄叔 : ?~820년) 등조차 모두 종파를 바꾸어 홍주문하에 들어가 마조(馬祖) 도일(道一)의 제자가 되었다.5)

---

3) 유우석(劉禹錫)의 「원주평향현양기산고광선사비(袁州萍鄕縣楊歧山故廣禪師碑)」, 『유우석집(劉禹錫集)』 권4, 중화서국교점본, 56쪽, 1990.

4) 예를 들면 종밀(宗密)은 하택종의 입장에 서서 선종을 넓은 의미의 7개 종파로 나누고, 하택종만이 '스스로 그러한 본래 있는 법(自然本有之法)'을 얻었다고 여기며, 하택종의 법을 따라야만 비로소 각파를 "원만하게 융화하여 하나로 할 수 있다(圓融爲一)"고 생각하였다. 「중화전심지선문사자승습도(中華傳心地禪門師資承襲圖)」에서 그는 또 명주로 심령을 비유하며 말하길, 홍주는 '단지 구슬이 어둡다고 말하고(但云珠是黑단운주시흑)', 북종은 '어둠을 떠나 구슬을 찾으려 하며(擬離黑覓珠의리흑멱주)', 우두는 '밝고 어둠이 모두 없다(明黑都無)'고 하는 것은 단지 치우치고 협애한 견해일 뿐이다. 하택은 "명주는 자현하는 물체이며 영원히 변하지 않는 것을 인식하니(認得明珠是能現之體永無變異인득명주시능현지체영무변이)" 가장 고명하다.

5) 유우석(劉禹錫)의 「원주평향현양기산고광선사비」에서 승광(乘廣) 제자를 기록하면서, 견숙(甄叔)은 "근면하게 따르고 법을 듣는 데 가장 뛰어났다(服勤聞法之上首복근문법지상수)"라고 칭한다. 그러나 『송고승전』 권10, 『전당문』 권919의 지현(至賢)의 「양기산견숙대사비명(楊歧山甄叔大師碑銘)」, 『경덕전등록』 권8에 근거하면, 견숙은 "마조의 선문을 두드려 한결같이 가물은 도의 세계로 나아가 온갖 생각이 모두 적멸하게 되어(扣大寂馬祖禪門, 一造玄機, 萬慮都寂구대적마조선문, 일조현기, 만려도적)" 마조의 제자가 되었다. 우이 하쿠주(宇井伯壽)의 『선종사 연구(禪宗史研究)』(253쪽)에서 견숙은 먼저 하택 문하에 있었으나 뒤에 홍주에게 투신하였다고 하는데, 이 견해가 비교적 사실일 것이다.

다음은 우두종(牛頭宗)이다. 중당(中唐) 때 또 다른 큰 선문 종파는 혜충(慧忠 : 683~769년), 현소(玄素 : 668~752년)의 제자 불굴(佛窟) 유칙(遺則 : 713~770년), 경산(徑山) 법흠(法欽 : 714~792년)을 위시로 한 우두종이다. 유칙과 법흠의 시기에 우두 계열이 자못 흥성하여 앞에서 언급하였듯이 북종, 하택종, 홍주종 등과 함께 어깨를 나란히 한 중당 초기의 사대문파였다. 법흠은 일찍이 대력(大歷) 초년에 대종(代宗) 이예(李豫)의 요청으로 장안에 왔으며, 이길보(李吉甫)의 「항주경산사대각선사비명병서(杭州徑山寺大覺禪師碑銘幷序)」에 당시의 성황(盛況)에 대해 "어깨 수레를 보내 내전으로 맞아들이니, 장막이 이미 설치되고 용상에 둘러싸여 있어 천자의 순풍 같은 초빙의 뜻과 백성들의 이슬 같은 인덕을 베풀기를 갈망하는 마음이다(授以肩輿, 迎于內殿, 旣而幡幢設列, 龍象圍繞, 萬乘有順風之請, 兆民渴灑露之仁수이견여, 영우내전, 기이번당설열, 용상위요, 만승유순풍지청, 조민갈쇄로지인)"라고 기록하고 있다.

일설에 의하면 당시에 "왕공으로부터 서인에 이르기까지 그에게 간 사람이 날마다 천 명은 되었다(自王公逮于士庶, 其詣者日有千人자왕공체우사서, 기예자일유천인)"하고, 심지어 신앙인들은 만약 "그의 문지방을 밟아보지 않으면 벙어리나 귀머거리 같이 부끄럽게 여겼다(不踐門閾, 恥如瘖聾불천문역, 치여음롱)"고 전한다. 그는 천자에서 백성에 이르기까지 모든 사람들로부터 존경을 받았던 것 같다.[1] 특히 당시에 많은 문인 사대부들이 그에 대해 완전히 오체투지의 공경심을 보였으니, 『송고승전』 권9에 그가 낙양과 절강에 있을 때 모든 "군주, 절도사, 주읍의 명현들로 하여금 제자의 예를 갖추게 하였으니(令仆公王節制州邑名賢執弟子禮령부공왕절제주읍명현집제자예)", 최환(崔渙), 배도(裴度), 제오기(第五琦), 진소유(陳少游) 등이 이들이다.

그리고 유칙(遺則)은 비록 법흠처럼 선풍을 일으킬 정도의 영향은 없었으나 선의 이치에 대해서는 자못 조예가 깊었다. 그는 법융(法融)의 유문(遺文)을 정리하고 적지 않은 저술을 하였는데, 예를 들면 『송고승전』 권10에서 말한 "보지석 제24장과 『남유부대사유풍서』 그리고 『무생』 등의 뜻을 지었다(爲寶志釋題二十四章, 『南游傅大士遺風序』, 又『無生』等義위보지석제이십사장, 『남유부대사유풍서』, 우『무생』등의)." 원화(元和) 연간에 '불굴학(佛窟學)'이란 명칭이 생겼는데, 일설에 의하면 유칙이 천

---

1) 『전당문』 권512, 2305쪽.

태종 대본영에 와서 불법을 전하면서 줄곧 천태의 국청사(國淸寺)와 서로 대립하였으며 우열을 가리기 어려웠다고 한다. 『송고승전』 권16 「당천태산국청사문거전(唐天台山國淸寺文擧傳)」에 말하길, 문거(文擧)는 신도들의 존경을 한 몸에 받고 그의 설법을 듣는 이도 매우 많았으나, 그러나 "불굴 [위]칙공과 선도가 비슷하거나 높았다(佛窟[遺]則公禪道幷驅而相高也불굴[위]칙공선도병구이상고야)"라고 한다. 그리고 『전당문』 권721에 호적(胡的)의 「대당고태백선사탑명병서(大唐故太白禪師塔銘幷序)」에서 말하길, 중당 우두종 선사 관종득(觀宗得)의 시기에 "우두종의 신도들이 만 명에 육박하였다(牛頭法衆, 欲近萬人우두법중, 욕근만인)"고 한다.

하택종과 같은 선문에서 나온 홍주종과의 관계는 다소 긴장감이 감돌았으나, 혈맥의 전승 관계가 뚜렷하지 않은 우두종과 홍주종과의 관계는 도리어 사이가 꽤 좋았다. 『송고승전』, 『조당집』, 『경덕전등록』 안에서 홍주 문하생과 우두종 선사와의 교류 관련 자료들을 찾아볼 수 있다. 예를 들면 부용태육(芙蓉太毓: 747~826년), 서당지장(西堂智藏: 735~814년), 천황도오(天皇道悟: 748~807년), 복우자재(伏牛自在), 동사여회(東寺如會), 단하천연(丹霞天然), 초안(超岸), 명각(明覺) 등은 모두 경산법흠(徑山法欽), 우두충(牛頭忠), 학림현소(鶴林玄素) 등과 교류가 있었다.[2]

---

2) 부용태육(芙蓉太毓)은 "우두산 충선사를 예우하여 스승으로 섬기고, 용맹정진하며 현묘한 불법을 구하였다(禮牛頭山忠禪師而師事焉, 于是勇猛精進, 求其玄旨예우두산충선사이사사언, 우시용맹정진, 구기현지)"하고, 『송고승전』 권11, 251쪽 참조. 『경덕전등록』 권7에는 "나이 12살에 우두산 제6세 충선사를 예우하여 스승으로 모시고 삭발하였다(年十二, 禮牛頭山第六世禪師落髮연십이, 예우두산제육세충선사락발)" 한다. 서당지장(西堂智藏)은 "대적선사를 따라 공공산에 옮겨가 살면서, 후에 경산 국일[법흠]선사를 알현하고, 그와 두루 담론하고 사람이 바뀌었다(隨大寂移居龔公山, 後謁徑山國一法欽禪師, 與其談論周旋, 人皆改觀수대적이거공공산, 후알경산국일[법흠]선사, 여기담론주선, 인개개관)"고 한다. 『송고승전』 권10, 223쪽, 『조당집』에는 기록이 없고, 『경덕전등록』 권7에는 마조의 명을 받들어 법흠선사에게 서신을 전달하러 왔고, 같은 책 권4 경산법흠 조목 아래에 지장과 법흠의 대화가 실려 있다. 천황도오(天皇道悟)는 "경산 국일선사에게 투신한 후 깨달음의 예를 처음 마치고 종파의 가르침의 요체를 남몰래 전수 받으며 대화중에 자기 옷 속에 구슬이 있음을 알고 몸과 마음이 뚫린 듯 열려 진념과 망념을 모두 놓아 보낼 수 있었다(投徑山國一禪師, 悟禮足始畢, 密受宗要, 于語言處, 識衣中珠, 身心豁然, 眞妄皆遣투경산국일선사, 오례족시필, 밀수종요, 우어언처, 식의중주, 신심활연, 진망개견)"고 한다. 『송고승전』 권10, 231쪽. 복우자재(伏牛自在)는 "경산에 투신하여 출가한 후 승려가 되어 백방으로 배우며 남강 도일을 따랐다(投徑山出家, 于新定登戒, 及諸方參學, 從南康道一투경산출가, 우신정등계, 급제방참학, 종남강도일)"고 한다. 『송고승전』 권11, 245쪽. 『경덕전등록』 권7, 『조당집』에는 기록이 없다. 동사여회(東寺如會)는 "대력 8년에 국일선사의 문하에 머물었으며 후에 대적선사에게 귀의하였다(大曆八年, 止國一禪師門下, 後歸大寂法集대력팔년, 지국일선사문하, 후귀대적법집)"고 한다. 『송고승전』 권11, 249쪽. 『경덕전등록』 권7, 『조당집』 권15에 "대력 8년에 국일선사 문하에 머물렀다(大曆八年止國一禪師門下대력팔년지국일선사문하)"라고 기록되어 있다. 569쪽. 단하천연(丹霞天然)은 "강서대적선사의

그중 홍주종의 중요 인물인 서당지장과 경산법흠 또 우두종의 제공선사(制空禪師) 등은 모두 서로 왕래하였으며, 『경덕전등록』 권4에 의하면, 지장이 마조의 명을 받들고 경산법흠에게 가서 묻기를 "하루 종일 무엇을 경계로 삼고 계십니까?(十二時中, 以何爲境심이시중, 이하위경)"하자, 법흠이 말하길 "그대가 돌아갈 때 서신이 있으니 갖고 가시게(待汝回去時有信대여회거시유신)"하였다. 지장이 답하길 "지금 곧 돌아가려고 합니다(如今便回去여금변회거)"하자, 법흠이 말하길 "말을 전하시게 필요하다면 조사이신 혜능선사께 물으시라고(傳語却須, 間取曹溪전어각수, 문취조계)"하였다. 아마 지장은 경산의 심법에 상당한 깨달은 점이 있어, 후에 어떤 사람이 그에게 '제가 일찍이 경산스님을 참배하였을(某甲曾參徑山和尙來모갑증참경산화상래)' 때 그가 추궁하여 묻기를, "경산스님께서 당신에게 어떤 도를 알려주셨는가?(徑山向汝作麼生道경산향여작마생도)"하자, 그 사람이 말하길, "경산스님께서 일체가 모두 무(無)라고 말씀하셨습니다(他道一切總無타도일체총무)"하였다. 지장은 곧 그 사람을 한바탕 꾸짖어 말하길, 경산스님께서는 '무(無)'라고 할 수 있으나, 자네는 '무'라 말할 수 없네. 그 이유는 아마도 지장은 경산스님이 이미 심경이 맑아 사물에 구애되지 않은 경지에 이른 것을 명백히 안 까닭일 것이다.

이 현상에서 연구자들의 주의를 요하는 점은 우두종 사상에서 '공(空)'과 '무(無)'를 종극의 경지로 말하고 그 수행도 즉각적 방임의 행위를 방편으로 삼는데, 이 점에서 그들은 남종 혜능 계열에 비해 더 멀리 온 것이다. 그러나 마조선은 후에 점차 이 사상과 접근하였고, 끝내 "마음도 아니고 부처도 아니다(非心非佛)"의 경지까지 갔으며, 완전히 정신과 행위의 자유로부터 종극의 목표를 추구하고 가볍고 편안한 자연스런 마음으로 수행의 수단을 삼으며, 반야의 공사상(空觀)에서 묘사된 무차별 경지를 종극의 경지로 삼았다. 그러면 마조선은 우두선과 직접적

법회에 갔고…… 다음으로 천태화정산에서 3년 머물면서 또 국일대사를 은사의 예로 섬겼다(造江西大寂會…… 次居天台華頂三年, 又禮國一大師조강서대적회…… 차거천태화정삼년, 우례국일대사)"고 한다. 『송고승전』 권11, 250쪽. 초안(超岸)은 "먼저 학림 현소선사를 만나 대중과 함께 하며 묵언할 뿐이었다(先遇鶴林[玄]素禪師, 處衆拱默而已선우학림[현]소선사, 처중공묵이이)"고 한다. 『송고승전』 권11 「당남악서원난약담장전(唐南岳西園蘭若曇藏傳)」 부록, 253쪽. 명각(明覺)은 "다시 경산에게 마음을 머물고 여러 해 동안 결제를 청하고 나무하며 얼굴에 기미가 끼고 손에 굳은 살이 생겼다(復于徑山留心請決數夏, 負薪面黚手眠복우경산유심청결수하, 부신면간수지)"고 한다. 『송고승전』 권11, 254쪽.

인 관계가 있는 것일까? 그리고 우두 계열은 후에 점차 사라졌는데, 그 이유가 우두선이 마조 계열의 선에 대한 철저한 깨달음과 자연스런 선수행의 추구라는 측면에서 유사하여 점차 융합된 것과 관계가 있는 것일까?[1]

천태종

마지막으로 전혀 선문으로 간주되지 않은 천태종을 살펴보자. 과거 연구자들은 모두 천태종과 선종을 나누어 중국 불교에서 첫 번째 독립된 유파로 간주하였다. 그러나 당나라 때 사람들의 개념과 생각으로 보면 그들은 천태종의 승려들을 모두 선사라 불렀으며 또한 모두 선을 익히는 것을 구도의 중요한 길로 보는 불교 신앙인들이었다. 지자대사(智者大師 : 538~579년)가 "공(空), 가(假), 중(中)의 삼제가 원융하며, 일념 가운데 삼천세계가 들어 있다(三諦圓融, 一念三千삼제원융, 일념삼천)"는 개념과 '지관(止觀)'의 법으로 '일심(一心)'에 매진하는 수행법을 제창하고, 관정(灌頂 : 561~632년)이 남악지자(南岳智者)의 전기를 저술하였는데, 그 후 점차 천태종문(天台宗門)의 법통이 형성되었다.

그러나 각 선문 중에서 천태종은 그다지 큰 세력과 영향력이 없었다. 8세기에 영향력이 있었던 승려는 당양홍경(當陽弘景 : 634~712년), 남천혜진(南泉惠眞 : 673~751년), 대원초금(大圓楚金 : 698~759년), 좌계현랑(左溪玄郎 : 673~754년), 형계담연(荊溪湛然 : 711~782년) 그리고 지형산도준(支硎山道遵 : ?~784년) 등이다.[2] 9세기 초에 이르러서는 단지 원호(元浩 : ?~817년), 지원(志遠 : 768~844년) 등이 남종선이 성행하는 가운데 고군분투하는 국면이었다.[3] 후세의 지반(志磐)은 이 시기 천태종문(天

---

1) 8세기 말에서 9세기 초에 홍주종 선사들이 점차 우두 계열의 지역인 강녕(江寧), 진강(鎭江), 소주(蘇州), 상주(常州), 지주(池州), 영국(寧國), 회남(淮南), 봉양(鳳陽) 즉 지금의 강서, 절강, 안휘(皖) 지역으로 들어가 우두종을 점차 사라지게 한 역사에 대해서는 스즈키 데츠오(鈴木哲雄)의 『당오대선종사(唐五代禪宗史)』 제4장 제3절, 「우두종의 소멸, 홍주종의 발전(牛頭宗の消滅洪州宗の發展)」, 260~273쪽, 산희방불서림(山喜房佛書林), 도쿄, 1985, 참조.

2) 천태 계열의 이런 인물들에 관해서, 당양홍경(當陽弘景 : 634~712년)은 『송고승전』 권5 「당형주옥천사항경전(唐荊州玉泉寺恒景傳)」, 90~91쪽 참조. 혜진(惠眞)은 이화(李華)의 「형주남천대운사고란약화상비(荊州南泉大雲寺故蘭若和尙碑)」, 『전당문』 권319, 1431쪽 참조. 대원초금(大圓楚金 : 698~759년)은 『송고승전』 권24 「당경사천복사초금전(唐京師千福寺楚金傳)」, 618~619쪽 그리고 잠훈(岑勛)의 「서경천복사다보탑감응비(西京千福寺多寶塔感應碑)」, 『전당문』 권379, 1701쪽 참조. 좌계현랑(左溪玄郎)은 『송고승전』 권26, 「당동양청태사현랑전(唐東陽淸泰寺玄郎傳)」, 662~663쪽 참조. 형계담연(荊溪湛然)은 『송고승전』 권6 「당태주국청사담연전(唐台州國淸寺湛然傳)」, 116~118쪽 참조. 지형산 도준(支硎山道遵)은 교연(皎然)의 「소주지형산보은사대화상비(蘇州支硎山報恩寺大和尙碑)」, 『전당문』 권918, 4241쪽 참조.

3) 원호(元浩)는 『송고승전』 권6 「당소주개원사원호전(唐蘇州開元寺元浩傳)」, 119~120쪽 참조. 지원(志遠)은 『송

台宗門)의 역사를 회고하면서 일찍이 분개하여 말하길, "당나라 이래로 선종의 의발을 전하는 자는 강서 유령지역에서 나왔고, 화엄의 법계를 말하거나 법상의 명상을 닦는 자는 장안에서 성행하였다. 이 세 종파는 도행이 뛰어나 명성이 궁중까지 퍼져 제왕의 사표가 되기도 하였다. 그리하여 분수에 넘게 그것을 배우려는 자들이 많아져 일가를 이루게 된 것이다(自唐以來, 傳衣鉢者起于庾嶺, 談法界, 禪名相者盛于長安, 是三者皆以道行卓犖, 名播九重, 爲帝王師範, 故得侈多其學, 自名一家자당이래, 전의발자기우유령, 담법계, 선명상자성우장안, 시삼자개이도행탁락, 명파구중, 위제왕사범, 고득치다기학, 자명일가)." [1] 반대로 말하면, 천태종은 제왕의 호감을 얻지 못하였기 때문에 선종, 유식종, 화엄종보다 흥성하지 못하였던 것이다. 단지 이화(李華)와 양숙(梁肅) 같은 저명한 선비들의 믿음과 지지가 있었기 때문에 비로소 9세기 초에 동남 지역에서 그들의 지위를 줄곧 유지할 수 있었다. [2]

8~9세기 때의 천태종은 비록 천태종문의 유심(惟心) 사상을 답습하고 "일념 가운데 삼천세계가 들어있다(一念三千)"와 "공(空), 가(假), 중(中)의 삼제가 원융하다(三諦圓融)"의 개념을 설법으로 삼으며, '지관(止觀)'의 법문을 제창하였으나 그들의 지식과 사상의 연원과 구성은 사실 더욱 더 방대해졌다. 특히 그들은 줄곧 모든 이론과 실천을 포함하고 초월하려고 시도하였고, [3] 그래서 또한 항상 의학(義學)과 선학(禪學) 사이에서 중심을 잡지 못하고 흔들거렸다. [4] 그리하여 학설들

고승전』 권7 「당오대산화엄사지원전(唐五台山華嚴寺志遠傳)」, 139~140쪽 참조. 이후 "천태종의 가르침은 당나라 무종 회창 연간에 폐지되어 문의가 손상되고 교의를 설명하는 글들이 이름을 드러내지 못하였다(天台宗教, 會昌毁廢, 文義殘缺, 談妙之辭, 沒名不顯천태종교, 회창훼폐, 문의잔결, 담묘지사, 몰명부현)." 『송고승전』 권7 「대송항주자광원오은전(大宋杭州慈光院晤恩傳)」, 162쪽 참조.

1) 『불조통기』 권7, 『대정장』 제49권, 188쪽.

2) 탕용동의 『수당불교사고(隋唐佛教史稿)』 제4장에서도 말하길, "천태종은 담연(湛然) 이후 안사의 난을 겪고 회창 연간의 법난을 당하면서 심하게 시들었다(天台敎于荊溪以後, 經安史之亂, 至會昌法難, 亦甚式微천태교우형계이후, 경안사지란, 지회창법난, 역심식미)"고 한다. 140쪽, 중화서국, 1982.

3) 양숙(梁肅)의 「천태법문의(天台法門議)」에서 비평하여, "설법자들은 문자에 매어 스스로 깨달아 알지 못하고, 선을 익힌 자들은 성과 상을 허무하다고 여기고 정법으로 돌아오지 못한다(說法者桎梏于文字, 莫知自解, 習禪者虛無其性相, 不可牽復설법자질곡우문자, 막지자해, 습선자허무기성상, 부가견복)"고 하듯이 두 측면에 모두 불만이었던 같다. 『전당문』 권517, 2327쪽.

4) 종밀(宗密)의 『원각경약소초(圓覺經略疏鈔)』 권2에서 말하길, 남종과 천태종은 비록 모두 돈오점수를 주장하지만, "남종은 돈오가 드러나고 점수는 감추며, 천태종의 돈오의 이치는 또한 경론의 의미에 속한다(南宗頓顯漸密, 天台頓理又便屬經論中義남종돈현점밀, 천태돈리우편속경론중의)"고 한다. 『속장경』 제15책, 219쪽.

이 더욱 어지러워 보였고 이론도 자못 번잡하였다.[5] 항경(恒景)은 일찍이 『순료의론(順了義論)』, 『섭정법론(攝正法論)』, 『불성론(佛性論)』 등의 저술을 하였는데, 사실은 의학(義學) 승려 중 일류였으며, 혜진(惠眞)은 의정(義淨)으로부터 율법을 배웠고 담연은 먼저 율법을 배운 후 나중에 지관(止觀)을 배웠으며, 일찍이 '전하는 장구 십 수만의 언어를 본받아 천명하여(祖述所傳章句凡十數萬言조술소전장구범십수만언)' 저작이 많았다. 그리고 또한 계(戒), 정(定), 혜(慧) 세 개념을 합일하려고 시도하였다. '의리를 분석하고 유파를 합치려는(分析義理, 派流川注분석의리, 파류천주)' 원호(元浩)와 화엄 계열의 징관(澄觀)은 일찍이 사람들로부터 공자 문하의 자유(子游)와 자하(子夏)로 불렸다. 원호가 주석을 한 『대열반경(大涅槃經)』의 서문에 종합하고 회통하려는 경향을 보이고 있다.[6]

이런 경향은 지자선사(智者禪師)가 각 종파의 판교(判敎) 이론을 초월하려 하였던 데서 이미 서두를 열었고, 8세기 중엽에 보문자(普門子)는 「지관보행전홍결서(止觀輔行傳弘訣序)」에서 각 종파에 대해 하나하나 비평하며 탄식하듯 "큰 가르침이 이처럼 쇠락하였다(大敎陵夷若是대교릉이약시)"고 하였다.[7] 담연의 속가 제자 양숙(梁叔)이 쓴 『천태법문의(天台法門議)』에서도 여전히 이런 성향이 이어지는데, 그는 비평하기를 각 종파는 "각기 방편으로 얻은 바가 서로 모순이 되나, 더욱 그 모순 중에서 혹은 삼매를 중생에게 보이고 혹은 사의를 가지고 나오나 상황에 대한 반응이 같지 않고 주장하는 논이 달랐다(各權所得, 互爲矛盾, 更作其中, 或三昧示生, 四依出現, 應機不等, 持論亦別각권소득, 호위모순, 갱작기중, 혹삼매시생, 사의출현, 응기불등, 지론역별)."

---

5) 그들은 문자를 배척하지 않았다. 형계 담연(荊溪湛然)은 말하길, "문자는 문이다. 즉 문자로써 이치를 통하니 어찌 문이 아니겠는가?(文卽門也, 卽文以通其理, 豈非門乎?문즉문야, 즉문이통기리, 기비문호?)"라고 하였다. 『불조통기』 권25, 『대정장』 제49권, 258쪽.

6) 원호(元浩)는 원호(元皓)로 쓰기도 한다. 그가 쓴 『대열반경(大涅槃經)』 주(注)는 『불조통기(佛祖統紀)』 가운데 『열반기(涅槃記)』 12권으로 기록되어 있고, 또한 행만(行滿)은 『열반소(涅槃疏)』가 있으며, 보문(普門)은 『보행(輔行)』을 주석하였으니 의학(義學)이 느낌이 강하다. 『불조통기』 권10, 『대정장』 제49권, 203쪽.

7) 그의 선종에 대한 비판은 "허무를 종주로 하는 자는 명교의 가르침을 폐하고 문자를 버리는 자는 저술의 뜻과 괴리된다(宗虛無者, 名敎之道廢, 遣文字者, 述作之義乖종허무자, 명교지도폐, 유문자자, 술작지의괴)"고 하였다. 『대정장』 제46권, 141쪽. 서문 뒤의 기록에 의거하면 이 글은 영태(永泰 : 당나라 대종의 연호) 원년(765)에 지어졌다. 또 종감(宗鑑)의 『석문정통(釋門正統)』 권2, 『불장요적선간(佛藏要籍選刊)』 영인본, 제13책, 237쪽. 상해고적출판사, 1994.

그래서 "『섭론』, 『지지』, 『성실』, 『유식』 종류는 길을 나누어 함께 일어나니, 비유비공(非有非空)의 담론이 일관되지 않았다(『攝論』, 『地持』, 『成實』, 『唯識』之類, 分路并作, 非有非空之談, 莫能一貫『섭론』, 『지지』, 『성실』, 『유식』지류, 분로병작, 비유비공지담, 막능일관)." 근세에 이르러 "설법자들은 문자에 매어 스스로 깨달아 알지 못하고, 선을 익힌 자들은 성과 상을 허무하다고 여기고 정법으로 돌아오지 못하게 되었다(說法者桎梏于文字, 莫知自解, 習禪者虛無其性相, 不可牽復설법자질곡우문자, 막지자해, 습선자허무기성상, 불가견복)."[1]

그러나 그들의 이런 원융하고 초월적인 주밀한 이론은 모든 종파의 학설을 진실로 포함하지 못하였고, 도리어 각종 간결하고 명쾌한 선풍(禪風)의 영향 속에서 그 기반을 잃게 되었다. 게다가 폐불(廢佛)의 재난과 당나라 말기의 혼란 속에서 대부분의 이론적 저술은 일실되어, 경전의 근거를 잃게 된 천태 계열은 종맥조차 거의 단절될 뻔하였다. 10세기에 이르러 비로소 오월의 왕인 전류(錢鏐 : 852 ~932년, 중국 5대 10국 시대의 오월의 창건자)가 해외로부터 잃어버린 이론의 저작들을 찾아오면서 나계희적(螺溪義寂 : 919~987년) 등이 다시 궐기하였다.[2]

2

모든 선문(禪門) 가운데 남종 혜능에서 나온 홍주 마조도일 계열이 9세기부터 점차 남북을 풍미하기 시작하였다.

남종 혜능에서 나온 홍주 마조도일 계열이 9세기부터 점차 남북을 풍미하기 시작하였다.

---

1)『전당문』권517, 2327쪽.

2)『불조통기』권8에 말하길, 당나라 문종 회창 연간 이후 "외(外), 수(琇), 송(悚) 세 선사만이 지관의 도를 전하고, 나계 의적선사(義寂禪師) 시기에 오월 왕이 해동 고려에서 불교 서적을 구함에 힘입어 고려 승려 제관이 고려에서 천태종 서적을 지니고 중국에 돌려주니, 천태조사의 도가 다시 진작되었다(外, 琇, 悚三師唯傳止觀之道, 螺溪之世, 賴吳越王求遺書于海東, 而諦觀自高麗持教卷用還于我, 于是祖道復大振외, 수, 송삼사유전지관지도, 나계지세, 뢰오월왕구유서우해동, 이체관자고려지교권용환우아, 우시조도복대진)."『대정장』제49권, 189쪽. 그러나 이번의 새로운 궐기조차도 남종 선문의 협조에 의한 것이었다. 『오등회원』제10에 기록하기를, 나계 의적은 당시 국사가 되었던 법안(法眼) 계열의 천태 덕소선사(德韶禪師)를 통해 오월 왕 전씨에게 신라에 가서 천태의 구서적을 베껴올 것을 제안하였다. 567쪽.

중당(中唐) 때 사람들의 기록으로 보면, 정원(貞元 : 785~805년, 당나라 덕종 때 연호)과 원화(元和 : 806~820년, 당나라 헌종 때 연호) 연간(785~820)에 마조 문하에서 가장 유명한 선사들은 서당지장(西堂智藏), 흥선유관(興善惟寬), 장경회휘(章敬懷暉) 등인데, 전등록(傳燈錄) 계통과는 전연 다르다.[3]

서당지장(西堂智藏 : 738~817년)은 마조도일의 수행 제자였으며, 마조가 입적한 후 공공산(龔公山)에서 문하의 뭇 승려들을 수습하여 결속시킨 계승자였다. 『조당집』 권15의 기록은 자못 간략하고 또 "그의 행적에 관한 기록을 볼 수 없으며, 생몰연대를 판단할 수 없다(未睹行錄, 不決終始미도행록, 불결종시)." 『경덕전등록』 권7의 기록은 조금 상세하나 틀린 부분이 꽤 있다. 다행스럽게도 당기(唐技)가 지은 「공공산서당칙시대각선사중건대보광탑비명(龔公山西堂敕諡大覺禪師重建大寶光塔碑銘)」 중에 기록하기를, "대각선사는 성은 요이고 호는 지장이다. 남강군에서 태어났고 13세에 처음으로 임천 서리산에서 대적선사를 스승으로 섬겼고, 7년이 지난 후 그에게 법을 전하였다. 대적선사가 입적하려 하자 종릉에서 공공산으로 와서 초가집을 짓고 사니 문인들 중에 더욱 중시되었다. 대적선사가 입적하자, 대각선사는 순수한 신도들을 모아 가르치니 마치 대적선사가 생존하신 것과 같았다(大覺禪師, 廖姓, 智藏號, 生南康郡, 年十三, 首事大寂于臨川西里山, 又七年, 遂授之法. 大寂將欲示化, 自鍾陵結茅龔公山, 于門人中益爲重. 大寂沒, 師敎聚其清信衆, 如寂之存대각선사, 요성, 지장호, 생남강군, 년십삼, 수사대적우임천서리산, 우칠년, 수수지법. 대적장욕시화, 자종릉결모공공산, 우문인중익위중. 대적몰, 사교취기청신중, 여적지존)."[4] 이 글은 『경덕전등록』 권7에 기록된 "연의 장수 노사공이 대적선사를 청하여 자기 집에 기거하게 하여 시간에 따라 교화를 펴

---

3) 지금까지 선종사에서 따르고 있는 전등의 전통 견해는 마조 제자 중에 백장회해(百丈懷海 : 720~814년)를 가장 중요한 인물로 여기고 논술한다. 예를 들면 우이 하쿠주(宇井伯壽)의 『제2 선종사 연구(第二禪宗史研究)』 327쪽에서 그는 백장이 마조 문하에서 가장 중요한 인물이라고 여긴다. 일문판(日文版), 암파서점, 도쿄, 1941. 아베 죠우이쯔(阿部肇一)의 『중국 선종사의 연구(中國禪宗史の研究)』 제2장에서 남종 선사를 서술하면서, 즉 단독으로 '마조, 백장의 계통(馬祖, 百丈の系統)'이란 한 절을 만들어 백장을 마조의 적통 전승자로 여겼다. 일문판, 성신서방(誠信書房), 1963. 그러나 이것은 오해이다. 백장의 가장 중요한 업적은 아마 황벽희운(黃檗希運), 위산영우(潙山靈佑) 같은 저명한 선사들을 길러냈다는 것이다. 그러나 당시에 백장회해의 지위는 혜해(慧海), 지장(智藏), 유관(惟寬), 회휘(懷暉)에 크게 못 미쳤다.

4) 이 비명은 『동치감주지(同治贛州志)』 권50, 20쪽, 성문출판공사(成文出版公司), 타이베이, 1975. 여기서는 진상군(陳尙君)의 『전당문보편(全唐文補編)』 수고(手稿)에서 인용하였다.

게 하였다. 지장선사가 군으로 돌아오자 대적선사가 가사를 주어 배우는 자들로 하여금 가까이 할 수 있게 하였다(連帥路嗣恭延請大寂居府, 應期盛化, 師[智藏]回郡, 得大寂付授納袈裟, 令學者親近연수로사공연청대적거부, 응기성화, 새지장회군, 득대적부수납가사, 령학자친근)"의 기록과 서로 참고하면 지장이 마조 문하에서 확실히 지정된 계승인이라는 것을 증명할 수 있다.

　　정원(貞元) 4년(788)에 마조가 서거하고, 3년 후 지장은 대중의 거듭되는 강경한 요청에 응답해 강단을 열고 설법하였다. 건주자사(虔州刺史) 이주(李舟)는 그를 "천하의 명인이며 정성으로 스승을 섬기니 마치 공자를 섬긴 안연 같았다(天下名人也, 事師精誠, 如師孔顔천하명인야, 사사정성, 여사공안)"[1]고 한다. 남방에서 또 한 차례 마조의 선풍을 널리 전하였으니 당기(唐技)가 비명에서 지장과 마조 그리고 마조와 불타와의 관계는 마치 동중서와 맹자 그리고 맹자와 공자와의 관계처럼 일맥상승(一脈相承)한 대사이므로 "지장의 큰 명성은 강남의 중생의 스승이었으며, 옛날 생전이나 생후에도 우뚝 솟은 듯 뛰어났다(覺[智藏]之巨名, 江南衆師, 在昔生存, 厥後巍巍각지장지거명, 강남중사, 재석생존, 궐후외외)"라고 말한다.

　　마조 계열에서 또 다른 중요한 선사는 장경회휘(章敬懷暉 : 756~815년)이다. 그는 일찍이 "청량산에 이르고 북방 유도에 가며, 조래산에 오르고 태항산에 들어가기도 하였다(抵淸凉, 下幽都, 登徂徠, 入太行저청량, 하유도, 등조래, 입태항)." 그럼으로써 마조 계열의 선(禪) 사상을 북종과 하택종 기반 지역까지 확대시켰다. 특히 그는 문화의 중심인 장안의 강단을 끝내 차지하였다. 자료에 의하면 '백암대사(百岩大師)'라 불렸던 회휘는 "그가 머물렀던 곳에는 도량이든 속세든 시장처럼 사람이 모였다(凡厥所止, 道俗如市범궐소지, 도속여시)"[2]고 한다. 그는 마조선을 경도 장안에 끌

---

1) 이주(李舟)가 『경덕전등록』에는 이고(李翶)로 잘못되어 있다.

2) 『전당문』 권501에 권덕여(權德輿)의 「당고장경사백암대사비명병서(唐故章敬寺百岩大師碑銘幷序)」, 2260쪽. 또 『당문속습(唐文續拾)』 권8 「백암사봉칙재수중건법당기」, 11261쪽. 그러나 그의 사적은 『조당집』, 『경덕전등록』에서 『오등회원』에 이르면서 점차 적어졌다. 더욱이 그가 장안에서 당나라 헌종의 부름을 받고 면대한 일에 대해 『조당집』 권14에 기록하기를, "선사(懷暉)는 대적선사를 이어 선종으로 승려와 유생을 가르치며 법회를 분주히 다녔다. 스스로 도로써 궁중에 이름이 나고 궁궐에 소문이 퍼졌다. 원화 연간 초에 부름을 받고 면대하는데, 자리를 승려의 수석 자리 아래였다. 황제가 묻자 승려의 수장이 대답하길, '승려는 나이에 따릅니다'하였다. 선사는 당시 60세였다(이 곳의 기록은 잘못이 있다. 회휘는 당시 53세였다-인용자). 칙명을 받들어 수석 자리에 옮겨갔고, 황제와 선문의 가르침에 대해 말하였는데 성상이 크게 기뻐하여 공경하는 마음이 남달랐

어들여 조정의 존경을 받았을 뿐만 아니라, 사대부 학자 중 논설자들과 격렬한 논쟁을 벌였다. 그의 선종사에서의 의의는 『송고승전』 권9, 지본(智本)의 『백암사 봉칙재수중건법당기(百岩寺奉敕再修重建法堂記)』에 기록이 있고, 권덕여(權德輿)가 지은 비문에도 그는 "원화 연간 3년에 조서의 부름을 받고 경사에 이르러 장경사의 연회 자리에 매해 초대되어 인덕전에서 강론하였다(元和三年有詔至京師, 宴坐于章敬寺, 每歲召入麟德殿講論원화삼년유조정지경사, 연좌우장경사, 매세소입인덕전강론)"는 사적(事跡)을 언급하고 있다. 특히 그는 『법사자전(法師資傳)』을 지어 조사들 계보의 순서를 논하고, 남종 혜능과 북종 신수가 나뉘는 분종의 역사를 편찬하였다. 또 "마음은 본래 청정하여 경계가 없는 것이니, 경계를 여의여야 마음을 모을 수 있는 것이 아니고 때를 제거해야 깨끗함을 취할 수 있는 것이 아니다(心本淸淨而無境者也, 非遺境以會心, 非去垢以取淨심본청정이무경자야, 비유경이회심, 비거구이취정)"와 같은 통쾌하고 직접적인 마조의 '심요(心要)'의 가르침으로써 "고급 관리들 중 도를 알고 이치를 깨우치고자 한 자들을 많이 배우게 하였다(薦紳先生知道入理者多游焉천신선생지도입리자다유언)." 때문에 그를 '시대의 인도자(爲代導師)'라 칭하였다.[3]

고 은택이 내려져 장경사에 머물게 하였다. 그래서 경도 지역을 크게 교화하여 불교의 가르침이 높이 빛났으며, 도성의 사대부 학자들이 다투어 모여들었고, 논란 자가 구름 같았다. 선사의 명성이 우레처럼 진동하였고 군중들이 탄복하였으며, 선사의 설법에 만족한 자들은 기뻐하며 말을 잊었다(師懷暉契大寂, 宗敎緇儒, 奔趣法會, 自以道馨天庭, 聞于鳳闕, 元和初, 奉征詔對, 位排僧錄首座已下, 聖上顧問, 僧首對曰, '僧依夏臘', 師當時六十夏[此處所記有誤, 懷暉當時五十三歲-引者], 敕奉遷爲座首, 對聖上言論禪門法敎, 聖顔大悅, 殷敬殊常, 恩澤面臨, 宣住章敬寺. 大化京都, 高懸佛日, 都城明公義學競集, 擊難者如雲, 師乃大震雷音, 群英首伏, 投針契意者得意忘言사회휘계대적, 종교치유, 분추법회, 자이도향천정, 문우봉궐, 원화초, 봉정조대, 위배승록수좌이하, 성상고문, 승수대왈, '승의하랍', 사당시육십하차처소기유오, 회휘당시오십삼세-인자, 칙봉천위좌수, 대성상언론선문법교, 성안대열, 은경수상, 은택면림, 선주장경사. 대화경도, 고현불일, 도성명공의학경집, 격난자여운, 사내대진뢰음, 군영수복, 투침계의자득의망언)." 551쪽. 그러나 『景德傳燈錄(경덕전등록)』 권7에는 단지 몇 마디만 남아 있다. "당나라 원화 연간 초에 헌종이 조서를 내려 장경사에 머물게 하였고, 불법을 배우려는 사람들이 몰려들었다(唐元和初, 憲宗詔居上寺, 玄學者奔湊당원화초, 헌종조거상사, 현학자분주)."『오등회원』 권3에 이르러서는 이 일에 대해서 전혀 언급이 없다. 그리고 『고존숙어록(古尊宿語錄)』에는 회휘의 이름조차 나타나지 않는다. 그러나 장경 회휘는 남종선 더욱이 마조선의 흥성에 있어서 확실히 큰 공신이었으며, 그가 전등의 기록에 점차 희미해진 이유는 후세의 전등 기록이 문호의 편견과 사문(師門)의 사사로움 때문에 서로 경쟁한 때문이다.

3) 『조당집』 권14, 「장경화상(章敬和尙)」 참조. 이 전기는 권덕여의 비문에 의거하여 쓴 것이 아니라, 일찍이 승려였던 가도(賈島)가 쓴 다른 탑명(塔銘)에 근거하여 작성되었다. 가도가 쓴 비명은 현존하지 않고, 『조당집』에 관련 단락 끝에 명문(銘文) 30자가 인용되고 있다. "세속 성은 사이며 승려이다. 법명은 회휘이고 자는 미상이다. 천주 안집리가 고향이고 관직은 없으나 불교계에서의 지위는 있다. 병신년에 태어나 을미년에 입적

장경회휘(章敬懷暉)와 전후하여 장안에 들어가 남종 마조선사의 선(禪) 사상을 크게 전한 또 다른 유명한 선사는 흥선유관(興善惟寬 : 754~817년)이다.[1] 백거이의 「전법당비(傳法堂碑)」에 근거하면, 그는 마조가 입적한 후 민(閩), 월(越) 지역을 다니며 선법을 전파하였고, 정원(貞元) 13년(797) 이후에 북방에 와서 소림사(少林寺), 위국사(衛國寺), 천궁사(天宮寺) 등지에서 주석(住錫)을 맡았다. 원화(元和) 4년(809)에는 회휘선사의 뒤를 이어 당나라 헌종에게 부름을 받아 안국사(安國寺)에서 대면하였다. 다음 해에 헌종에게 또 부름을 받아 인덕전(麟德殿)에서 법을 물었고, 그 후 계속 장안에서 가장 중요한 사찰 대흥선사(大興善寺)에 머물렀다. 백거이의 글에서 알 수 있듯이, 그는 회휘선사와 같이 장안에서 법을 전하면서 첫째는 문답 논변 방식을 사용하여 심성은 본래 청정하니(心性本淨), 닦을 것도 없고 잡념도 없으며(無修無念), 선은 말을 떠난다(禪離言說) 등의 문제에 대해 남종 마조 계열의 선(禪) 사상을 전파하여 적지 않은 사대부의 관심을 샀고, 둘째는 특히 마조선의 전승 계통을 분명히 하고 대중에게 마조가 남종의 적통 사상임을 설명하였다.[2] 비록 그가 선종을 전체적으로 한 대가족처럼 말하며 서로간의 혈연의 정

하였다(實姓謝, 稱釋子, 名懷暉, 未詳字, 家泉州, 安集里, 無官品, 有佛位, 始丙申, 終乙未실성사, 칭석자, 명회휘, 미상자, 가천주, 안집리, 무관품, 유불위, 시병신, 종을미)." 가도도 중당 사람이므로 그가 기록한 내용은 믿을 만할 것이다.

1) 그의 전기가 『조당집』에 왜 수록되지 않았는지 알 수 없다. 백거이가 쓴 「전법당비(傳法堂碑)」가 있어 『경덕전등록』 권7과 『오등회원』 권3에 이를 근거로 기록하고 있다.

2) 비문에 의하면, "어떤 사람이 스승의 법의 전수 계통을 묻자 [유관]이 말하길, 석가여래께서 열반하려 하실 때, 정법과 밀인을 마하가섭에게 주었으며, 마명에게 전해지고 또 12대를 거쳐 사자비구에게 전해졌고, 24대에 이르러 불타선나에게 전해졌으며, 선나는 원각달마에게 전하고, 달마는 대홍가에게 전하며, 홍가는 경지찬에게 전하고, 찬은 대의신에게 전하며, 신은 원만인에게 전하고 인은 대감능에게 전하였으니 이가 6조이다. 혜능은 남악양에게 전하고 양은 홍주도일에게 전하니 도일의 시호는 대적이다. 대적이 스승의 스승이다. 관통하여 차례를 정하니 법통의 전해짐을 알 수 있다(有問師之傳授, [惟寬]曰 : '釋迦如來欲涅槃時, 以正法密印付摩訶迦葉, 傳至馬鳴, 又十二葉, 傳至師子比丘, 及二十四葉, 傳至佛馱先那, 先那傳圓覺達摩, 達摩傳大弘可, 可傳鏡智璨, 璨傳大醫信, 信傳圓滿忍, 忍傳大鑒能, 是爲六祖. 能傳南岳讓, 讓傳洪州道一, 一諡曰大寂, 寂卽師之師. 貫而次之, 其傳授可知矣' 유문사지전수, [유관]왈 : '석가여래욕열반시, 이정법밀인부마하가엽, 전지마명, 우십이엽, 전지사자비구, 급이십사엽, 전지불타선나, 선나전원각달마, 달마전대홍가, 가전경지찬, 찬전대의신, 신전원만인, 인전대감능, 시위육조. 능전남악양, 양전홍주도일, 일시왈대적, 적즉사지사. 관이차지, 기전수가지의'). 어떤 사람이 스승의 도속을 묻자 [유관]이 말하길, 4조 이후로 비록 정법을 이었으나 적통과 지파가 있게 되었고, 대종과 소종이 있게 되었다. 세족 관계로 비유하자면, 나와 서당장, 감천현, 특담해, 백암휘는 모두 대적선사를 섬겨 형제와 같고, 장경정은 종부형제와 같으며, 경산흠은 종조형제와 같고, 학림소, 화엄적은 백숙과 같다. 당산충, 동경회은 백숙조와 같고, 숭산수, 우두융은 증백숙조와 같으니 미루어 순서를 매기면 그 도속을 알 수 있다('有問師之道屬, [惟寬]曰 : 自四祖以降, 雖嗣正法, 有家嫡, 而支派者,

을 옹호하는 것 같지만, 실제로는 보편적 혈연을 인정하는 가운데 마조 계열의 정종(正宗) 지위를 두드러지게 하였다. 소위 선문(禪門)에 "적통이 있고 지파가 있으니, 마치 (유가에) 대종과 소종이 있는 것과 같다(有冢嫡, 而支派者, 猶有大宗小宗焉)"고 하는데, 그러면 누가 적통이고 누가 지파며 누가 대종이고 누가 소종인가? 당연히 마조도일과 그 문하가 선종의 적통이고 대종의 전승자이다. 이런 견해는 아마 당나라의 정치문화 중심에서 문인 사대부들을 향하여 맨 먼저 설명하였을 것이다. 그리고 그곳에 익숙하게 퍼져있던 북종이나 하택종 선사들의 말을 타파하였을 것이며, 경천동지할 동요를 야기하여 격렬하고 날카로운 논쟁을 불러일으켰을 것이다.[3]

마조도일의 선(禪) 사상은 매우 명쾌하고 이치가 간결하며 제자들도 극히 많았다.[4] 『오등회원』 권3에 "입실제자가 139인이었으며 각기 한 곳의 종주가 되어 그 교화함이 무궁하였다(入室弟子一百三十九人, 各爲一方宗主, 轉化無窮입실제자일백삼십구인, 각위일방종주, 전화무궁)"고 말한다. 이 점이 정원(貞元)과 원화(元和) 연간에 마조 계열이 크게 성행한 원인의 하나다.[5] 현존하는 사료(史料)를 고찰해 보면 서

有大宗小宗焉. 以世族譬之, 卽師與西堂藏, 甘泉賢, 勒潭海, 百岩暉, 俱父事大寂, 若兄弟然; 章敬澄, 若從父兄弟; 徑山欽, 若從祖兄弟; 鶴林素, 華嚴寂, 若伯叔然; 當山忠, 東京會, 若伯叔祖; 崇山秀, 牛頭融, 若曾伯叔祖. 推而序之, 其道屬可知矣' '유문사지도속, [유관왈 : 자사조이강, 수사정법, 유총적, 이지파자, 유대종소종언. 이세족비지, 즉사여서당장, 감천현, 륵담해, 백암휘, 구부사대적, 약형제연; 장경징, 약종부형제; 경산흠, 약종조형제; 학림소, 화엄적, 약백숙연; 당산충, 동경회, 약백숙조; 숭산수, 우두융, 약증백숙조. 추이서지, 기도속가지의]"

3) 유관 문하의 제자들은 매우 많았으며 「전법당비(傳法堂碑)」에 말하길, "무리가 천여 명이었고 통달한 자는 39인이었다(徒殆千餘, 達者三十九人도천여, 달자삼십구인)"고 한다. 그러나 북송 시기에 편찬된 『경덕전등록』의 권10에는 단지 6인만 기록되어 있다. '깨달음의 경지에 입실하여 도를 받은(入室受道)' 의숭(義崇)과 원경(圓境)을 빠뜨렸을 뿐만 아니라 기록된 6인조차도 이름만 있을 뿐 어떤 사적도 남기지 않았다.

4) 마조 문하에 지장(智藏)을 제외하고, 아호대의(鵝湖大義)는 신주(信州), 동사여회(東寺如會)는 장사(長沙), 대주혜해(大珠慧海)는 월주(越州), 오설영묵(五洩靈默)은 무주(撫州), 마곡보철(麻谷寶徹)은 포주(蒲州), 명계도행(茗溪道行)과 약산유엄(藥山惟儼)은 풍주(澧州), 귀양무료(龜洋無了)는 천주(泉州), 삼산지견(杉山智堅), 노조보운(魯祖寶雲) 그리고 남천보원(南泉普願)은 지주(池州), 부용태육(芙蓉太毓)은 상주(常州), 무등선사(無等禪師)는 악주(鄂州), 석공혜장(石恐慧藏)은 무주(撫州), 남원도명(南源道明)은 원주(袁州), 귀종지상(歸宗智常)은 강주(江州), 염관제안(鹽官齊安)은 항주(杭州), 대해법상(大海法常)은 명주(明州), 백장회해(百丈懷海)는 봉신(奉新)에 있었으니, 대체적으로 강서(江西)를 중심으로 지금의 호남(湖南), 호북(湖北), 안휘(安徽), 절강(浙江), 절소(浙蘇), 복건(福建)으로 퍼져나갔으며, 중국의 남부 지역을 모두 차지한다.

5) 홍주종이 흥성한 원인은 매우 많다. 안사의 난 이후 강서 지역의 비교적 안정된 사회적 환경이 그 원인의 하나일 것이다. 강서 지역 선종의 성행에 대해서는 엄경망(嚴耕望)의 「당대 불교 지리 분포(唐代佛教地理分布)」

당지장(西堂智藏), 장경회휘(章敬懷暉), 홍선유관(興善惟寬) 등 세 명이 그중 가장 중요한 인물이다. 앞서 인용한 당기가 쓴 지장비명 가운데 다음 한 단락은 주목을 요한다.

상도 홍선사 노선사는 유관인데 시호는 대철이며 도일대적선사의 제자이다. 지장선사와 명망이 비슷하여, 유관선사는 북쪽에서 중심이 되었고 지장선사는 남쪽에서 중심이 되었다. 이는 마치 혜능과 신수가 과거에 나뉘었던 것과 같다(上都興善寺禪老曰惟寬, 敕諡大徹, 亦大寂之門弟子也, 與師[智藏]名相差, 惟寬宗于北, 師宗于南, 又若能與秀分于昔者矣상도홍선사선노왈유관, 칙시대철, 역대적지문제자야, 여사[지장]명상차, 유관종우북, 사종우남, 우약능여수분우석자의).

여기에서 혜능과 신수에 의해 남종과 북종으로 나뉘었음을 이용하여 유관과 지장을 비유하였지만, 그들이 마조선(馬祖禪) 사상을 둘로 나누었다는 것이 아니라, 남과 북에서 선법을 전파한 명성이 이미 마조선을 양자강 남북에 뒤덮게 하였다는 것이다. 사실 남방은 본래 남종선 특히 마조 홍주종의 근거지이니 말할 필요도 없고, 이때 마조 계열의 세력이 이미 북방까지 확장되었으며 북종선과 하택종의 중심 지역까지 침투하였다. 원화 연간에 회휘, 유관이 쌍쌍이 장안으로 들어가서 그 유명한 대장경사와 대홍선사에 거주하였으니, 마조도일의 선법이 승리하였음을 나타낸다. 또한 이 두 선사가 당시 홍주종의 대표 인물이 되었으니, 이 이유로 인해 후대의 『송고승전』에 특별히 기록하기를, "원화 연간에 유관,

---

논문의 통계 가운데 그 흔적을 볼 수 있다. 그는 선종 분포의 상황에 대해 통계한 후 지적하길, "강서 지역의 선사들이 가장 많고 절강 지역이 다음이다(今江西[禪師]最多, 浙江次之금강서[선사]최다, 절강차지)"라고 한다. 그중 강서 206명 중 "홍주가 75인이니 거의 삼분의 일을 차지한다(洪州七十五, 幾占三分之一홍주칠십오, 기점삼분지일)." 『중국 불교사 논집(中國佛敎史論集)』(수당오대편隋唐五代篇), 86~87쪽. 『현대 불교 학술 총간(現代佛敎學術叢刊)』의 6, 타이베이, 대승문화출판사(大乘文化出版社), 1977. 또 강서 지역 선종의 성행은 강서 인구의 증가, 경제적 안정과 관계가 있다. 주진학(周振鶴)의 「당대 안사지란 화북방 인민적 남천(唐代安史之亂和北方人民的南遷)」에서 밝히길, 안사의 난 후 전국 인구가 감소하였고 단지 11개 주의 인구만 증가하였다. 그중 감북(贛北)이 3개를 차지하니, 즉 요주(饒州), 홍주(洪州), 길주(吉州)이다. 홍주 즉 마조선의 근거지는 천보 연간 때 단지 5만5천여 호였는데 원화 연간 때에 이미 9만 천여 호로 늘었다. 『중화문사논총(中華文史論叢)』, 1987년, 2, 삼기합간(三期合刊), 116~137쪽, 상해고적출판사.

회휘선사가 경사에 이르러 남종선을 널리 퍼뜨려 법문이 크게 열렸고 많은 불법의 등불을 전하여 중국에 법보의 계통이 성행하게 되었다(元和中, 惟, 暉至京師, 揚其本宗, 法門大啓, 傳千百燈, 京夏法寶鴻緖, 于斯爲盛원화중, 유, 휘지경사, 양기본종, 법문대계, 전천백등, 경하법보홍서, 우사위성)."[1]

당시 사람으로 장정보(張正甫) 같은 이는 「형주반야사관음대사비명병서(衡州般若寺觀音大師碑銘幷序)」에서 특히 두 차례나 언급하길, "도일선사가 크게 계승하여 그 규모를 드높였고, 유관, 회휘선사가 이어 일어나 그 법규를 심오하게 하였다(一公[道一]丕承, 峻其廊廡, 寬, 暉繼起, 重規疊矩일공[도일]비승, 준기랑무, 관, 휘계기, 중규첩구)"와 "도일선사가 견성동덕하고 종릉에서 널리 가르침을 폈으며…… 유관과 회휘선사에 이르러 심등을 이어 전하니 국토 전역에 퍼졌다(一公見性同德, 宏敎鍾陵…… 施及寬, 暉, 繼傳心燈, 共鎭國土일공견성동덕, 굉교종릉…… 시급관, 휘, 계전심등, 공진국토)"고 한다. 당신(唐伸)은 「풍주약산고유엄대사비명(灃州藥山故惟儼大師碑銘)」에서 대숭경사(大崇敬寺) 대덕의 명성에 대해 말할 때, 이런 성황은 '홍선유관과 장경회휘가 입적한 후(興善寬, [章敬]暉示滅後홍선관, [장경]휘시멸후)'라고 언급한다. 이 점으로 보아 유관과 회휘가 생전에 가졌던 명망이 어느 정도였는지를 알 수 있다. 그러나 이런 명망은 결코 요행으로 얻은 것이 아니다. 왜냐하면 이들은 정치 문화의 중심에 들어가 황제와 대화를 하였고 문인 사대부 사이에 새로운 선(禪) 사상을 널리 전파하였으며, 문호의 다툼을 정리하여 정종 혈맥의 지위를 얻어서 마조선으로 하여금 정원과 원화 연간에 빠른 속도로 궐기하게 하였고 점차 남종선의 주류가 되게 하였기 때문이다.

9세기 20년대에 이르러 중국 불교의 지도에는 이미 상당히 큰 변화가 생겼다. 인도에서 온 우주 본원과 인간의 심령 요소에 대한 언어적 분석과 추리를 통해 세운 순수 이론이 점차 신앙인들의 관심을 잃게 됨에 따라, 원래 경전의 교지(敎旨)를 추구하려는 의학적(義學的) 경향은 불교 신앙인들의 시야에서 시나브로 사라지게 되었다. 반면 신앙인들의 심령과 생활 상태에 관심을 갖는 선종의 사고방식(禪思)과 율종의 계행(律行)이 지식 계층의 인정을 조금씩 얻게 되면서, 이런

9세기 20년대에 이르러 중국 불교의 지도에는 이미 상당히 큰 변화가 생겼다.

---

1) 『송고승전』 권9 「남악관음태회양전(南岳觀音台懷讓傳)」.

상황에 맞게 변신을 통해 적응하였던 선사상은 중국 불교 신앙인들의 관심의 중심에 서게 되었다.

그러나 앞서 말하였듯이 선(禪) 사상은 결코 처음부터 완벽하게 관통하는 사고방식을 갖고 있었던 것은 아니다. 남북조 시기의 선에서부터 전통의 선문(禪門)인 북종, 새로운 선문인 혜능과 신회 계열, 우두, 천태 그리고 홍주 등 선 사상은 줄곧 변화하고 있었다. 깨달음의 이치에 대한 해석은 각 종파가 대체적으로 같으나 각기 조금의 차이점은 있었다. 특히 사람의 심령 본원, 자아 구제의 길과 궁극의 경지에 대해서는 시종 논쟁을 하였다.

이런 논쟁이 때로는 그 언어가 매우 격렬하여 정상적인 이론의 다툼을 넘어서기도 하였다. 이 논쟁은 '선(禪)' 한 글자 아래에 서로 다른 종파를 두게 하였고, 이 종파들은 각자의 조종(祖宗)을 만들고 법맥을 드러내어 하나하나 전법 역사의 계보를 만들었다. 그리하여 당나라 때 불교 특히 중당 불교는 한때 사람들의 주목을 매우 받는 상황이 되었다. 배휴(裴休)가 종밀(宗密)의 『선원제전집(禪源諸詮集)』에 서문을 쓰면서 말하였듯이 그 시대는 "여러 종파의 문하가 소통은 적고 울타리로 나눔이 많아 수십 년 이래로 조사의 법이 더욱 무너져, 이어받음을 문호로 삼고 각자 파문을 열어 놓고 경론을 무기로 삼아 서로를 공격하였다. 사정은 모순된 이치를 따라 변천하고, 불법은 인아에 따라 고저가 나뉘어서 시비가 어지러워 변별하지 못하였다(諸宗門下, 通少局多, 故數十年來, 師法益壞, 以承稟爲戶牖, 各自開張, 經論爲干戈, 互向攻擊, 情隨函矢而遷變, 法隨人我而以高低, 是非紛挐, 莫能辨析제종문하, 통소국다, 고수십년래, 사법익괴, 이승품위호유, 각자개장, 경론위간과, 호향공격, 정수함시이천변, 법수인아이이고저, 시비분나, 막능변석)"[1]고 한다. 이는 당연히 무척 슬픈 현상이다.

그러나 서로 간에 이렇게 상대방을 포함시키고 초월하려고 시도하는 마음속에 선 사상의 "인성과 불성의 관계는 어떠한가(人性與佛性的關係如何인성여불성적관계여하)", "수행의 길은 어떠한가(修行的途徑如何수행적도경여하)", "깨달음의 궁극의 경지는 어떠한가(覺悟的終極境界如何각오적종극경계여하)"와 같은 세 문제를 서로 관련지어 사고하는 가운데 모두 새로운 변화가 있게 되었다. 그리고 홍주 계열이 9세기

---

1) 『대정장』 제48권, 398쪽.

이후 조금씩 주류의 지위를 획득하게 됨에 따라 선 사상도 더욱 자연스럽고 편안한 인생 철학 쪽으로 전환하였고, 점차 중국의 지식과 사상, 그리고 신앙세계 속으로 융합되었다.

3

인성과 불성의 관계는 어떠한가?

인성과 불성의 관계는 어떠한가? 이 문제는 중국 불교에서 줄곧 주목한 중요한 문제였다. 『대반열반경(大般涅槃經)』이 동진 시기 법현(法顯)에 의해 번역된 후 사람들은 "일천제라도 모두 불성이 있다(一闡提皆有佛性일천제개유불성)"는 견해를 인정하였지만, 인성과 불성의 관계는 여전히 해결이 안 되었다. 인성 가운데 비록 불성이 있으나 불성과는 차이가 있다는 것을 인정하고 인성으로부터 불성에 이르는 과정에 계를 지키고, 선정에 들며, 지혜를 익혀야 하고, 힘들고 고통스런 수행을 하는 것이 필요하다고 여겼다. 이런 생각이 불교 집단의 존재나 계율의 엄수 그리고 수행의 견지를 위해 이론적 버팀목이 되었다. 더욱이 신앙의 궁극적 의의를 위해 최후의 방위선을 굳건히 지켰다. 그러나 만약 인성이 곧 불성이라면 사람은 모든 종교적 구속과 학습을 버려버릴 수 있으며, 이는 종교의 세속화에 큰 방편의 문을 여는 것이나 또한 종교 자체가 와해되는 복선을 미리 깔게 된다. 이어서 다가오는 것은 계율도 느슨해지고 수행도 면할 수 있게 되며 신앙은 당연히 붕괴된다. 그러므로 심령의 자유는 때로는 궁극적 의미를 상실한 대가다. 이는 이론 지탱의 매우 중요한 관건이다. 초기 선학에서 후기 선종에 이르는 과정에서 사상의 모든 변화는 이 점과 깊게 연관되어 있다.

일반적으로 말해 전통적 선 사상에서는 모든 사람에게 불성이 있으나 인성은 결코 불성과 같지 않다고 인정한다. 초기 선사들에게 익숙한 경전 가운데 『대반열반경(大般涅槃經)』에서 『능가경(楞伽經)』에 이르기까지 모두 "일천제는 게으르고 태만하여 종일 시체처럼 누워 지내니(如一闡提懈怠懶惰, 尸臥終日여일천제해태라타, 시와종일)" 성불할 수 없으며, 인성은 "탐진치에 의해 실제로 오염되지 않으나 음계에 입고 간 업장에 의해 얽매이게 된다(爲貪嗔痴不實垢染, 陰界入衣所纏裹위탐진치불실구염, 음계입의소전과)"는 것에 동의한다. 사람은 비록 안으로 불성이 있으나 이 값을 매길 수 없는 보배(불성)가 "더러운 옷(업장)에 얽힌 것이다(垢衣所纏구의소전)."

그래서 사람들은 단호히 말하길, "중생의 몸 속에는 금강 불성이 있는데⋯⋯ 오음의 검은 구름이 덮고 있다⋯⋯. 그러나 집중하여 마음을 지켜 망념이 생겨나지 않으면 열반의 법이 자연히 드러난다(衆生身中有金剛佛性⋯⋯ 只爲五陰黑雲所覆⋯⋯ 但能凝然守心, 妄念不生, 涅槃法自然顯現중생신중유김강불성⋯⋯ 지위오음흑운소복⋯⋯ 단능응연수심, 망념불생, 열반법자연현현)"[1]고 한다. 이 단락은 홍인(弘忍)이 지은 『최상승론(最上乘論)』의 말로 줄곧 전통 선의 원칙이었다. 홍인 이후 법여(法如), 신수(神秀), 노안(老安) 이하의 북종은 이 생각을 이어 답습하였다. 신수가 지었다는 유명한 게송 "몸은 이 보리수고 마음은 명경대와 같으니, 시시각각으로 부지런히 닦아 진애가 끼지 않게 하라(身是菩提樹, 心如明鏡臺, 時時勤拂拭, 莫使有塵埃신시보리수, 심여명경대, 시시근불식, 막사유진애)"가 있는데, 비록 다른 계열 선문의 경전인 『단경(壇經)』에 기록되어 있으나 매우 정확하게 전통적 선 사상을 개괄하고 있음이 분명하다.[2] 그래서 장열(張說)은 신수(神秀)의 비문을 쓸 때 그의 사상을 개괄하여 말하길, 관건은 "생각을 오로지 하여 상을 없애고 힘을 다하여 마음을 추스르는 데 있다(專念以息相, 極力以攝心전념이식상, 극력이섭심)"[3]고 하였다. 그래서 선승이 세속 신앙인들을 구제하는 길은 그들을 계도하여 망념을 제거하고 전심으로 생각을 없애 심령을 자각하게 하고, 그들로 하여금 '생각을 여의어서(離念)' 마음을 살피게(觀心) 하는 데 있다. 다시 말해 구제의 길은 선정에 들어 지혜를 발하고 염불과 정심(淨心)을 통하거나 혹은 생각을 추스르고(攝念) 마음을 닦는(修心) 등의 선학(禪學)은 이미 있었던 방법으로 점차적으로 흩어지고 달아나는 심식(心識)을 거두어들여 내성과 체험의 공부를

---

1) 『속장경』 110권, 829쪽.

2) 후에 종밀(宗密)이 북종 사상을 약술하면서 말하길 그들은 "티끌을 닦아 맑음을 보듯 맑은 마음을 보는 방편은 경을 통달하는 것이다⋯⋯. 이 의미는 중생도 모두 깨달음의 본성이 있으니 거울에 맑은 본성이 있는 것과 같다. 번뇌가 덮고 있는 것은 거울에 티끌이 끼어 있는 것과 같으니, 망념을 없애 생각이 다하면 곧 둥글고 맑은 본성이니, 마치 티끌을 다 제거하면 거울이 맑아져 사물이 다 드러남과 같다(拂塵看淨, 方便通經⋯⋯ 意云衆生本有覺性, 如鏡有明性, 煩惱覆之如鏡之塵, 息滅妄念, 念盡則本性圓明, 如磨拂塵盡, 鏡明則物無不極불진간정, 방편통경⋯⋯ 의운중생본유각성, 여경유명성, 번뇌복지여경지진, 식멸망념, 념진즉본성원명, 여마불진진, 경명즉물무불극)." 『원각경대소초(圓覺經大疏鈔)』 권3의 하, 『속장경』 14책, 554~555쪽. 신문풍출판공사 영인본, 타이베이.

3) 『전당문』 권231 「당옥천사대통선사비명(唐玉泉寺大通禪師碑銘)」, 1030쪽.

통해 조금씩 의식을 무념의 상태에 처하게 하고, 그렇게 함으로써 청정한 초월의 세계로 들어가는 것이다.[4]

덧붙일 말은 천태 계열은 사실 이 북종 사상과 차이가 크지 않다. 그들 또한 '마음(心)'을 초월하거나 빠져드는 근본 원인으로 간주한다. 지의(智顗)는 일찍이 명경(明鏡)을 심령에 비유하여 말하길, 사람의 심령은 명경과 같으니 거울의 공명(空明)함처럼 심령의 본원이 '공(空)'인 것이다. 거울이 만상을 비추는 것처럼 심령에 드러난 모습은 '가상(假)'이다. 거울은 본래 공명(空明)하고 비추는 본성이 있는데, 이것이 소위 '중(中)'이다. 이 세 가지가 본래 거울의 한 모습이다. 그러므로 사람은 '가(假)', '중(中)', '공(空)'이라는 삼제(三諦)가 본래 셋이 아니고 하나임을 마땅히 깨달아야 한다. 어지럽게 드러나서 심령을 삼천대천세계의 종종 현상에 미혹되게 하는 것은 완전히 심령 가운데 일념이 드러난 것이니, 종종 환영으로부터 심령을 해탈시키는 것 또한 온전히 심령에 의한 일념의 자각에 달려 있다. 그러기 때문에 그들은 '점차관, 부정관, 원돈관의 세 가지 지관(漸, 不定, 圓頓, 三種止觀)'[5]을 제창하였다.

그러나 깨달음과 깨닫지 못함의 차별이 있다고 하나, 지자대사(智者大師)의 견해에 따르면 지관법을 수행하는 전제로 밖으로 다섯 가지 조건(五緣)을 구비하여야 한다. 첫째는 청정함을 기키고(持戒淸靜지계청정), 둘째는 의식이 갖춰져야 하며(衣食具足의식구족), 셋째는 한가한 거처가 있어야 하고(得閑居處득한거처), 넷째는 모든 인연의 의무를 없애야 하며(息諸緣務식제연무), 다섯째는 선지식을 가까이 해야 한다(近善知識근선지식). 이런 후에 비로소 오욕(五欲 : 신체의 욕망)을 물리치고, 오개(五蓋 : 심리상의 막힘)를 버릴 수 있으며, 그리고 나서 심신을 조화시키는 좌선에 들 수 있다.[6] 이런 이유 때문에 종밀은 「선원제전집도서(禪源諸詮集都序)」에서 말하길, 그

---

4) 『중화전심지선문사자승습도(中華傳心地禪門師資承襲圖)』에 말하길, "북종의 뜻은 중생도 본래 깨달음의 본성이 있으나 번뇌에 가려 보지 못하는 것이니, 마치 거울이 티끌에 가려지는 것과 같다. 만약 선사의 가르침에 의지하여 망념을 제거하여 생각이 다하면 곧 심성을 깨닫게 된다(北宗意者, 衆生本有覺性, 煩惱覆之不見, 如鏡有塵暗, 若依師言敎, 息滅妄念, 念盡則心性覺悟북종의자, 중생본유각성, 번뇌복지불견, 여경유진암, 약의사언교, 식멸망념, 념진즉심성각오)"고 하니, 이것은 "더러움과 맑음이 연기의 모습이며 흐름을 반하고 습기를 거스르는 문이다(染淨緣起之相, 反流背習之門염정연기지상, 반류배습지문)"고 한 것이다.

5) 『마가지관(摩訶止觀)』 권1 상, 『대정장』 제46권, 1~2쪽.

6) 지의(智顗)의 『수습지관좌선법요(修習止觀坐禪法要)』 권상(卷上)에, 예를 들어 '한가한 거처를 얻는다는 것(得閑

들은 "삼제의 이치에 의거하여 3지 3관의 수행법을 닦았으니 그 교의가 비록 가장 원만하고 절묘하나 선종 문호에 드는 순서에서 보면 단지 이전의 여러 선 수행의 모습일 뿐이다(依三諦之理, 修三止三觀, 敎義雖最圓妙, 然其趣入門戶次第, 亦只是前之諸禪行相의삼제지리, 수삼지삼관, 교의수최원묘, 연기취입문호차제, 역지시전지제선행상)." 다시 말해 그들 또한 전통적 선법인 것이다.[1]

이것은 확실히 전통적이며 정종(正宗)의 선 사상이다. 그러나 『기신론(起信論)』과 유사한 즉 사람의 마음을 오염된 것(染)과 맑은 것(淨) 등 두 가지로 나누는 생각은 8세기 초 남종 혜능에 의해 준엄한 도전을 받게 된다. 혜능도 비록 "보리반야의 지혜가 세인도 모두 본래 있다(菩提般若之知, 世人本自有之보리반야지지, 세인본자유지)"는 것을 인정하지만, 진애번뇌가 심령을 실제로 가린다는 것은 인정하지 않는다. 이로부터 혜능은 전통 선(禪)과의 차이를 드러낸다.

돈황본 『단경(壇經)』에 포함된 사상 가운데 사람에게 반야지혜의 12가지가 있다는 것 외에 그가 가장 먼저 언급한 점은 "선정과 지혜를 본으로 삼는다(以定惠爲本이정혜위본)"이다. '정혜(定惠)'는 당연히 선문의 일반적 개념이나 혜능이 말한 '정혜'는 실제로는 전통적 개념과 차이가 있다. 전통적 개념은 "선정을 통해 지혜를 낸다(由定發慧유정발혜)"로 선정은 수단 혹은 과정이고, 지혜가 해탈을 얻기 위한 진정한 깨달음이며 사람의 심령 중에 본래 있는 불성이다. 사람의 심령 중에 있는 불성은 먼저 망념을 멈추어야 비로소 드러나고, 심령 중의 세속적 성정(性情) 또한 망념을 멈추는 수행을 통해 비로소 억제할 수 있다. 그러므로 전통 선문에서는 모두 계율을 지키거나 좌선을 하거나 염불을 하는 등 일정한 수행 방법을 유지한다. 그들이 보기에 선정과 지혜는 시간의 차이와 등차의 차이가 있으며, 신수 계열조차도 모두 "선정으로부터 지혜를 낸다(從定發慧정종발혜)"[2]고 주장한다. 이것이 바

<hr />

居處'은 심산의 인적이 끊긴 곳(深山絶人之處심산절인지처), 세속과 떨어진 고요한 곳(頭陀蘭若之處두타난약지처) 혹은 대중의 머문 데와 멀리 떨어진 청정 가람(遠白衣住處淸淨伽藍원백의주처청정가람) 등 '한가하고(閑)', '고요한(靜)' 곳이 가장 이상적이다. '모든 인연의 의무를 없애는 것(息諸緣務)'은 인간과의 각종 속무, 지식, 사상 그리고 욕망과 멀어져 자신의 심령을 평안하고 고요하게 하는 것이다. 위의 책 87쪽.

1) 『대정장』제48권, 399쪽.

2) 돈황본의 『대승무생방편문(大乘無生方便門)』중의 제2문 '개지혜문(開智慧門)'에 여러 차례 이점을 언급한다. 『대정장』제85권, 1274쪽.

로 전통 선문의 "먼저 신심의 상을 여여 증득함을 근본으로 삼아 지견이 자재하게 되어 육진에 견문각지가 오염되지 않은 후에 얻게 된다(由先證離身心相爲根本, 知見自在, 不染六塵見聞覺知爲後得유선증리신심상위근본, 지견자재, 불염육진견문각지위후득)."

그러나 혜능이 이어 받고 나서 이런 견해를 바로 비판한다. "먼저 선정을 통해서 지혜를 낸다고 하거나, 먼저 지혜를 갖고 선정에 든다고 하거나, 선정과 지혜가 각기 구별된다고 하지 말라(莫言先定發慧, 先慧發定, 定慧各別막언선정발혜, 선혜발정, 정혜각별)." 그의 견해에 따르면 '선정과 지혜는 같고(定慧等)', 마치 등과 빛의 관계 즉 "등이 있으면 빛이 있고 등이 없으면 빛이 없다(有燈則有光, 無燈則無光유등즉유광, 무등즉무광)"와 같다. 다시 말해 선정에 들면 지혜가 생기고 지혜가 곧 선정인 것이니, 선정에 들고 나서야 지혜를 얻는다고 말하는 것이 아니다. 왜냐하면 심령을 오염시키는 세진의 인연은 모두 허망한 환상으로 사람의 망념이 만든 것이고, 사람은 스스로 영명한 각성(覺性)을 갖고 있기 때문에 이러한 '말끔히 제거한다(淸除)' 함은 걸레로 거울을 깨끗이 닦음이 아니라, 의식 속에서 거울이 본래 깨끗하다는 것을 깨닫는 것이다. 진애는 본래 허망한 환영이며 가상이니, 소위 "불성은 항상 청정하니 어디에서 진애를 불러올 것인가(佛性常淸淨, 何處惹塵埃불성상청정, 하처야진애)"라고 한 것이다. 그러므로 그는 전통적 선 사상 중에서 여전히 한 심령을 이분하는 이론적 모순을 수정하여 철저한 열반사상으로 인도하였다.

이분하는 이론적 모순을 수정하여 철저한 열반사상으로 인도하였다.

그러나 이 사고방식은 자연스럽게 다시 이어졌고 선 사상에 있어서 천지개벽할 만큼의 또 한 차례 변화의 국면을 야기하였다. 본래 신회(神會) 계열이 여전히 혜능의 사고방식을 고수할 때까지는 사람 자체에 있는 '반야지(般若知)'로써 개인이 찰나간에 순수한 심령으로 돌아갈 수 있음을 담보하였다. 예를 들면 신회가 예부시랑 소진(蘇晉)과 윤주사마(潤州司馬) 왕유림(王幼琳)의 문제에 대해 대답할 때에 언급하길, "본래 공적한 체에 본래부터 반야지인 능지가 있어서 연기를 시설하지 않는다(本空寂體上, 自有般若智能知, 不假緣起본공적체상, 자유반야지능지, 불가연기)", "반야바라밀은 체에 본래 구비하고 있는 지혜다(般若波羅密, 體自有智반야바라밀, 체자유지)"라 하였고, 후에 종밀이 신회의 이 견해를 해석하면서 말하길 "지가 곧 심체다(知卽心體)"[3]라 하였다. 대체적인 의미는 심령이 본래의 순수성을 유지하면서

---

3) 『원각경약소초(圓覺經略疏鈔)』 권4.

'뜻을 짓지 않는(不作意)' 즉 '무념(無念)'의 상태를 말한다. '무념'에는 일체의 경계가 없으며 일체의 경계가 없으니, 망념이 자연 생겨나지 않는다. 이는 8세기에 유행하였던 남종의 선 사상 중의 '즉심즉불(卽心卽佛)'과 대략 일치한다.

그러나 그는 결코 본원 즉 심령 중의 '더럽힘(染)'과 '맑음(淨)'의 대치 상태를 철저히 제거하지 못하여, 결국 '돈오(頓悟)' 즉 찰나지간의 의식 변화 가운데 심령의 번득임과 정신의 초월을 완성하는 것이 필요하게 되었다. 그러나 이어지는 문제는 만약 사람마다 모두 각각의 심령 즉 '자신의 보물단지(自家寶藏자가보장)'가 있고, 이것에는 모든 것이 갖추어져 불심과 차별이 없다고 한다면 왜 사람들은 여전히 '앎(知)' 혹은 '지혜(智)'로써 괴롭고 힘들게 다시 불심(佛心)을 찾는가? 실로 객진번뇌가 모두 허망한 환영이며 망상이고 객진번뇌가 심령 세계에 사실 존재하지 않는다면, 왜 사람들은 여전히 진여의 그 견고하지도 않은 그 한 줄기 방어선을 사수하는 것인가?

그래서 8세기 말에서 9세기 초의 홍주선(洪州禪)에서 더욱 철저한 자연스럽고 편안한 생활을 주창하면서 혜능과 신회 계열의 선 사상으로부터 전해온 모순이 해소되었고, 여전히 저촉되던 이론의 모순된 부분들이 관통되었다. 마조도일의 사상에서 사람마다 모두 마음속에 불성이 있고, 일체 모든 것이 단지 허망하다 하고, '사람의 마음(人心)'이 일체가 갖추어져 있으며 '불심(佛心)'과 차별이 없다고 한다면, 사람의 마음에 현현하는 세속 세계가 곧 불국정토이고 평상시의 뜻이 곧 불법대의(佛法大義)이며, 사람이 순리에 따라 자연스레 손을 흔들고 발을 들어올리며, 눈썹을 치켜들고 눈동자를 굴리는 사이에 보여주는 것 그 자체가 곧 생활의 진리이고, 말이나 원숭이처럼 집중하지 못하고 들뜬 심식(心識)의 움직임 가운데 또한 심령의 자유가 있으며, 인생의 돈오가 '앎(知)'을 따라 찾아 풀어가는 것이 아니라 '마음(心)'의 자연스런 드러냄으로 본다. 이것이 바로 규봉종밀(圭峯宗密)의 『원각경대소초(圓覺經大疏鈔)』 권3의 아래에서 결론을 지은 "닿는 곳 그 도를 따라 마음을 맡겨라(觸類是道而任心촉류시도이임심)"[1]의 의미이다.

---

1) "마음이 일고 생각이 움직이며, 손가락을 튕기고 기침을 하며 부채를 부치는 것은 짓고 하는 바에 따른 것으로 모두 불성의 온전한 씀이며 다른 주재자가 없으니, 마치 면으로 여러 종류의 음식을 만드나 하나하나 모두 면인 것처럼 불성도 이와 같을 뿐이다(起心動念, 彈指聲咳揚眉, 因所作所爲, 皆是佛性全體之用, 更無第二主宰, 如

그러나 '즉심즉불'의 견해는 끝내 막바지에 다다랐으며 사상사 또한 이 지점에서 큰 전환의 곡선을 그린다. '마음(心)'과 '깨달음(佛)'이 모두 '공(空)'이고 '무(無)'라면, 무엇 때문에 '나아가고(卽)' '구할(求)' 필요가 있겠는가? 『반야』의 생각에 따르면, 일체를 모두 없애야 하고, 선사의 말에 의하면, '마음'이 있으면 곧 '마음'에 의해 속박되며, '깨달음'이 있으면 곧 '깨달음'에 매이니, 심령 가운데 이 두 생각이 있으면 자유롭고 거리낌이 없을 수 없다. 입에 이 두 생각을 담으면 곧 공염불이 된다. 선사들이 자주 인용하는 구마라집 역의 『소품반야바라밀경(小品般若波羅蜜經)』 권4 「탄정품 제9(嘆淨品第九)」에서 말하길, "색이 공이라 분별하여도 집착이라 하고 수상행식이 공함을 분별하여도 집착이라 하며, 과거 미래 현재법을 분별하여도 집착이라 한다(分別色空, 卽名爲著, 分別受想行識空, 卽名爲著, 分別過去未來現在法, 卽名爲著분별색공, 즉명위저, 분별수상행식공, 즉명위저, 분별과거미래현재법, 즉명위저)"[2]라 한다. 마찬가지로 일단 '마음', '깨달음' 두 생각이 있게 되면 또한 일종의 집착이고 분별인 것이며, 진정한 초월의 경지는 무분별의 경지다.

'즉심즉불(卽心卽佛)'의 개념이 반야사상에 크게 섞여든 후 끝내 '비심비불(非心非佛)' 쪽으로 전환하였다.

이렇게 '즉심즉불(卽心卽佛)'의 개념이 반야사상에 크게 섞여든 후 끝내 '비심비불(非心非佛)' 쪽으로 전환하였다. 대력(大曆)과 정원(貞元) 연간에 선 사상사(禪思想史)에서 마조도일선사가 가장 먼저 보기에 지나칠 정도로 허황한 명제를 제시한 것이다. 『경덕전등록』 권6에서 마조도일선사가 말하길, '즉심즉불(卽心卽佛)'은 "어린아이의 울음을 그치기 위한 것이다(爲止小兒啼위지소아제)." 다시 말해 '즉심즉불(卽心卽佛)'의 '즉(卽)'은 사람들이 밖으로 달려가 구하는 것을 방지하기 위한 방편의 표현이다. 『조당집』 권16에 남천보원(南泉普願) 선사가 해석하여 말하길, "강서화상[마조]이 말한 '즉심즉불'은 잠깐 내뱉은 말로 밖으로 달려가 구하는 것을 멈추게 하려는 빈주먹과 단풍잎의 비유로 아이의 울음을 멈추게 하려는 것과 같은 말이다(江西和尙[馬祖]說 '卽心卽佛', 且是一時間語, 是止向外馳求, 空拳黃葉止啼之詞강서화상마조설 '즉심즉불', 차시일시간어, 시지향외치구, 공권황엽지제지사)"[3]고 한다. 이로 보

面作多種飮食, 一一皆面, 佛性亦爾기심동념, 탄지경해양선, 인소작소위, 개시불성전체지용, 갱무제이주재, 여면작다종음식, 일일개면, 불성역이)." 『속장경』 14책, 557쪽.

2) 『대정장』 8권, 552쪽.

3) '공권(空拳)'은 『보적경(寶積經)』 권90에 보인다. "만약 공수로 아이의 관심을 끌어도 사물이 기뻐하게 한 것이

아 '즉심즉불(卽心卽佛)'은 임시방편적 술어로 사람들로 하여금 정말로 불성을 이루게 하는 것은 아님을 알 수 있다. 사람들이 밖으로 달려가 구함을 멈추고 반대로 내심을 관조할 때 마조도일은 말한다. 이때가 바로 '비심비불(非心非佛)'인 것이다.

"비심비불(非心非佛)"의 개념은 즉각 마조 문하의 몇몇 제자들로부터 반향을 얻었다. 남천보원(南泉普願 : 748~834년)은 일찍이 그 문인들에게 말하길, "강서마조는 '즉심즉불'을 말하지만, 나는 그렇게 생각하지 않고 '이 마음도 아니고 이 깨달음도 아니며 이 사물도 아니다'고 생각한다(江西馬祖說卽心卽佛, 王老師[南泉俗姓王]不恁麼道, 不是心不是佛不是物강서마조설즉심즉불, 왕노새남천속성왕]불임마도, 불시심불시불불시물)." 어떤 사람이 도일조사와 서로 어긋나는 보원(普願) 스승의 부정적 표현에 질의를 하자, 보원이 "항변하여 말하길, 네가 만약 부처라면 더 이상 의심하지 말 것이나 도리어 노승에게 어떻게 그렇게 부처를 의심하십니까라고 물으니, 노승 또한 부처가 아니고 조사를 본적도 없으니, 네가 그렇게 말한다면 스스로 조사를 찾아가거라(抗聲答曰 : 爾若是佛, 休更涉疑, 却問老僧何處有恁麼傍家疑佛來, 老僧且不是佛, 亦不曾見祖師, 爾恁麼道, 自覓祖師去항성답왈 : 이약시불, 휴갱섭의, 각문노승하처유임마방가의불래, 노승차불시불, 역부증견조사, 이임마도, 자멱조사거)"[1]라고 하였다. 이로써 '비심비불(非心非佛)' 심지어 '비조사(非祖師)'는 어디도 의탁할 바가 없는 정신을 드러낸다.

복우산자재(伏牛山自在 : 생몰연대 미상)는 일찍이 문인들에게 말하길, "즉심즉불은 병이 없는데 병을 구한다는 구문이고, 비심비불은 약으로 병을 증상에 맞추어 치료한다는 구문이다(卽心卽佛, 是無病求病句, 非心非佛, 是藥病對治句즉심즉불, 시무병구병구, 비심비불, 시약병대치구)." 소위 "병이 없는데 병을 구한다(無病求病)"는 사람의 자

라 말할 수 있고, 손을 펴서 공수가 보이지 않게 되면 아이는 다시 울게 될 것이다(若以空手誘小兒, 亦言有物令歡喜, 開手空拳無所見, 小兒于此復號啼약이공수유소아, 역언유물령환희, 개수공권무소견, 소아우차복호제)." '황엽(黃葉)'은 『대반열반경(大般涅槃經)』 권20에 보인다. "만약 아이가 울 때 부모가 버드나무 단풍잎을 갖고 아이에게 울지 말라고 거듭 말하면서 너에게 광주리의 금을 준다고 하자, 아이가 보고 진금의 생각이 생겨 곧 울음을 그쳤다. 그러나 단풍잎은 사실 금이 아니다(如彼嬰兒啼哭之時, 父母卽以楊樹黃葉而語之言, 莫啼莫啼, 我與汝鑱金, 嬰兒見已, 生眞金想, 便止不啼, 然此黃葉實非金也여피영아제곡지시, 부모즉이양수황엽이어지언, 막제막제, 아여여영금, 영아견이, 생진금상, 편지부제, 연차황엽실비금야)."

1) 『경덕전등록』 권28, 『대정장』 51권, 445쪽.

심(自心)은 본래 구족원만(具足圓滿)하기 때문에 마음을 찾고 부처를 찾는 것은 사족을 다는 것과 같으며, 병이 없는데 병을 찾는 격을 말한다. 소위 "약으로 병을 증상에 맞추어 치료한다(藥病對治)"는 사람들이 마음을 갖고 마음을 찾으며 나귀를 타고 나귀를 찾는 병폐를 치료할 수 있을 뿐만 아니라 무병신음하고 갈증을 해소하기 위해 짐독으로 담근 술을 마셔 중독된 독을 구제할 수 있다는 말이다.

또 다른 동사여회(東寺如會 : 744~843년) 선사는 마조선사가 입적한 후 '즉심즉불(卽心卽佛)'을 고수하는 문하 제자들에게 날카롭게 비판하여 말하길, "마음이 부처가 아니고 지혜가 도가 아니니, 검은 잃은 지 오래 되었는데 너희들은 이제야 배에 새기려 한다(心不是佛, 智不是道, 劍去遠矣, 爾方刻舟심불시불, 지불시도, 검거원의, 이방각주)"라 하였는데, 소위 "마음이 부처가 아니다(心不是佛)"는 마음과 부처가 다 공하니, 일체 모두가 공허한 가상이라는 말이다. 소위 "지혜가 도가 아니다(智不是道)"는 "마음이 곧 부처다(卽心卽佛)"의 개념을 통달한 자들이 온갖 방법을 동원하여 이지(理智)로써 공허한 청정심을 추종하면서 이 마음은 깨끗하고 저 마음은 오염되었으니 깨끗한 마음은 갖고 오염된 마음은 버린다는 생각을 비판한다. 그러기 때문에 그들은 자연스런 상태에서 마음과 부처를 대하지 못하고 자승자박하게 되며, 마음과 부처의 두 개념에 의해 자유를 방해받는다.

『오등회원(五燈會元)』 권3에 마조의 또 다른 제자 반산보적(盤山寶積)이 말하였듯이 "만약 즉심즉불이라 말한다면 금시에 가물고 미묘한 세계에 들 수 없으며, 만약 비심비불이라 말한다면 가리키는 자취가 지극한 법과 같아 더 높은 경지는 천 명의 성인이라도 전할 수 없다(若言卽心卽佛, 今時未入玄微, 若言非心非佛, 猶是指踪極則. 向上一路, 千聖不傳약언즉심즉불, 금시미입현미, 약언비심비불, 유시지종극즉. 향상일로, 천성부전)." 무엇이 '위로 향한 한 길(向上一路)'인가, 즉 일체에 구속됨이 없고 일체를 묻지 않으며, 악을 버리지도 않고 선을 취하지도 않는 '평상심'으로 힘들게 '마음을 응집하여 선정에 들고 마음에 머물러 그 깨끗함을 지키지도(凝心入定, 住心看淨응심입정, 주심간정)' 않고, '생각을 짓지 않음으로써(不作意)' '무념'에 다다라 '돈오'를 얻기를 추종하지도 않으며, '배고프면 먹고 곤하면 자고(饑來卽食, 困來卽眠기래즉식, 곤래즉면)', '더우면 시원함을 취하고 추우면 불로 향하는(熱卽取凉, 寒卽向火열즉취량, 한즉향화)' 평상무사의 마음이다. 즉심즉불의 마음이든 비심비불의 부정하는 마음이든 모두 마음속에서 추구하고 집착하는 목표가 되지 않는다. 그래서 마조도일이 대매법상(大梅法常)의 대답을 들은 후 즉시 그가 이미 삼매 경지를 깊이 얻었음을 알고 찬탄하여 말하길, "매실(대매법상을 가리킴)이 무르익었구나(梅子熟也매자숙야)"라고 하였다.[1]

4

인성에서 불성으로 접근해 가는 과정에서 수행의 방식은 매우 중요하다. 선종의 각 종파에서 다투는 '돈오(頓)', '점수(漸)', '좌선(坐禪)', '좌선하지 않음(不坐禪)', '벽관에 머묾(凝住壁觀)', '자연무위(自然無爲)'의 차이가 있지만 모두 수행을 할 것인가 아니면 수행을 하지 않을 것인가의 큰 문제와 연관된다. 당연히 선종이 존재해야 한다는 전제 하에서 실제로는 모두 수행을 필요로 한다. 이론적으로 극단에 서 있는 남종선에서 수행이 필요 없다고 말하면서 머문 곳이 도이니, 밥을 먹든 잠을 자든 모두 성불할 수 있다고 말하지만 스스로 그러함을 의식하여 그리할 수 있으면 곧 해탈이라는 것도 넓은 의미의 심리 수행이다. 그러므로 선 사상사에서 어떻게 수행하는가는 인성과 불성의 실천 공부와 연관되기 때문에 실천 공부는 인성과 불성의 이론 변화에 의거하여 변하며, 그 변화는 또 사상의 변천을 반영한다. 그래서 외재적인 계율, 선정, 독경 수련을 견지하든, 단지 내재적인 선정에 들어 마음을 고요히 하는 것(禪定靜心)만을 중시하든, 내외적 수련 모두를 중시할 필요 없이 평상심만 챙기든지 또는 인성에 따라 일체에 구속받지 않는다든지, 사실은 줄곧 선 사상사에서 관건이 되는 중요한 문제들이며, 더욱이 선종의 각 종파 사이에서 서로의 경계를 긋는 분수령이 되는 문제들이다.

전통의 선 사상사에서 지계(持戒), 좌선, 염불은 모두 매우 중요한 개념들이며, 소위 '선(禪)'이라는 개념은 종밀의 말을 빌리자면, '선의 이치(禪理)'를 포함할 뿐만 아니라 '선의 수행(禪行)'을 포함한다.[2] 천태 계열을 포함하여 선종에서의

1) 이상의 내용은 각각 『경덕전등록』 권7, 권8, 권28, 『대정장』 51권, 253쪽, 255쪽, 254쪽, 257쪽, 445쪽에 보인다.

지관(止觀) 수행은 먼저 '점수'로부터 시작하여, '먼저 귀계를 수행하고(先修歸戒)', '다음으로 무루를 닦으며(次修無漏)', '그 다음으로 자비를 닦고(次修慈悲)', '그 후에 실상을 닦으니(後修實相)', '처음에는 얕은 곳에서 깊은 곳으로 수련하면서, 점차 상을 지관하여(初淺後深, 漸次止觀相초천후심, 점차지관상)', '부정(不定 : 부정관)[3]'에 이른다. 비록 '단계를 구별함이 없으나(無別階位)', 수행 중 여전히 네 가지 다름이 있으며, 최후에 비로소 원융무애(圓融無礙)하여 '버릴 고통이 없으며(無苦可舍)', '끊을 업이 없고(無集可斷)', '닦을 도가 없으며(無道可修)', '증험할 멸도의 경지가 없는(無滅可證)' 원돈지관(圓頓止觀)의 경지에 이를 수 있다.[4] 그래서 전통의 사선팔정(四禪八定)의 수행 과정은 힘든 역정을 필요로 하며, 그 후 비로소 망념을 멈추게 하고 미혹에서 깨달음에 이를 수 있다.

이것은 많은 선사들의 공통된 인식이며, 중당 시기의 북종의 법완(法玩 : 715~790년)과 같은 승려들에 이르러서도 여전히 이런 이성적 인식을 견지하였다. "법에는 증오와 애착이 없다(法無憎愛)"는 것을 앎으로 '기쁨과 화를 겉으로 드러내지 않고(喜慍不見于色희온불견우색)', "법에 분별이 없다(法無分別)"는 것을 앎으로 '귀천을 하나로 보며(貴賤視之若一귀천시지약일)', "법에는 취하고 버리는 것이 없다(法無取舍)"는 것을 앎으로 '얻고 잃음을 같은 것으로 여기고(齊于得喪제우득상)', "법에는 가고 옴이 없다(法無去來)"는 것을 앎으로 '생멸의 마음이 없어지고(泯于生滅민우생멸)', '생멸의 마음이 없어지므로' 이런 이해 속에서 '마음이 진여에 부합하고, 인식이 미묘한 경지에 통달하게 되며(心契眞如, 識通妙有심계진여, 식통묘유)', 비로소 점차 청정무념의 명징한 경지로 들어갈 수 있게 된다.[5]

2) 「선원제전집도서(禪源諸詮集都序)」 권상(卷上)의 1, 『대정장』 제48권, 399쪽.

3) 천태에서 세운 3종 관문(觀門)의 하나이다. 초관(初觀)인 실상(實相)도 아니며, 또한 얕은 데서부터 깊은 곳으로 순서대로 들어가는 것도 아니다. 어떠한 법을 닦든지 간에 과거 숙습(宿習)이 발(發)한 것으로 활연히 개오(開悟)하여 실상을 증득하는 것이다(역자 주).

4) 지의(智顗)의 『마가지관(摩訶止觀)』, 『대정장』 제46권, 1~2쪽.

5) 『당문속습(唐文續拾)』 권4, 이충(李充)의 「대당동도경애사고개법임단대덕법완선사비명(大唐東都敬愛寺故開法臨壇大德法玩禪師碑銘)」, 상해고적출판사 영인본, 『전당문』 후부(後附), 18쪽. 그러나 남종선은 이런 관점에 대해 반감을 표현한다. 『역대법보기(歷代法寶記)』는 남종 계열의 저서일 것인데, 이 책에서 선사는 '법설을 구성하여 문파를 드러내고, 승려의 규범, 불법 헌장, 수계 법칙을 만드는 것(造構說章門, 作僧尼軌範, 佛法憲章, 受戒法則조구설장문, 작승니궤범, 불법헌장, 수계법칙)'을 거들떠보지 않고 각종 선법이나 관법에 대해 날카롭게 비판하며,

그러나 남종선의 혜능과 신회에게 있어서 '깨달음(悟)'과 '미망(迷)'은 단지 심령 중의 일념의 전환으로 여긴다. 혜능은 말하길, "오성이 있는 사람은 돈수를 하여 스스로 본심을 알고 스스로 본성을 봄에 깨달으면 원래 차별이 없으나 깨닫지 못하면 장겁의 시간을 윤회하게 된다(悟人頓修, 自識本心, 自見本性, 悟卽元無差別, 不悟卽長劫輪回오인돈수, 자식본심, 자견본성, 오즉원무차별, 불오즉장겁윤회)." 만약 사람이 "일체법에 취함이 없고 버림이 없다면 곧 견성하고 성불하는 도다(于一切法不取不舍, 卽見性成佛道우일체법불취불사, 즉견성성불도)"[1]라고 하였다. 신회는 북종과 다투면서 더욱 '돈오'를 강조하고, 숭원법사(崇遠法師)에게 답하면서 "마음을 집중하여 성정에 들고 마음을 머무르게 하여 그 깨끗함을 보며, 마음을 일으켜 밖을 비추고 마음을 추슬러 안으로 증험한다(凝心入定, 住心看淨, 起心外照, 攝心內證응심입정, 주심간정, 기심외조, 섭심내증)"는 보적(普寂)과 항마장(降魔藏) 선사들의 점수 법문은 '보리심을 방해하는 것(障菩提)'이라고 특별히 공격하였다. 그는 줄곧 자기의 '돈오론'을 주장하였는데, 즉 독고패(獨孤沛)가 모으고 서문을 단 『보리달마남종정시비론(菩提達摩南宗定是非論)』의 게송에서 말한 "오직 돈교법만 전하고 세간을 떠나 삿된 종파를 부셔야 한다(唯傳頓敎法, 出世破邪宗유전돈교법, 출세파사종)"고 하였다.

이런 견해는 당연히 그들의 인성과 불성에 대한 생각과 관련이 있다. 그들의 생각에 의하면 사람이 본성은 '공(空)' 즉 '깨끗하다(淨)'. 그러므로 마음이 '선정(定)'에 들 때가 또한 '지혜로울(慧)' 때이고, 찰나간에 의식이 무차별의 자연 상태로 들어간다. 이것이 곧 '정혜(定慧)'이며, 그래서 '돈오'를 할 수 있다. 신회는 사람에게 천성적으로 근본으로 돌아가고 처음으로 회복하며 초심으로 회귀하려는 본래의 지혜가 있고, 이런 지혜가 사람이 도달하고 싶은 불타의 경지라고 생각한다. 인성 가운데 본래 이런 '지혜(知)'가 있기 때문에, 응심(凝心), 주심(住心), 기심(起心), 섭심(攝心)과 같은 각종 방법은 마음에 불필요하게 옥상가옥이며 사족을 다는 격이다. 단지 본래의 지혜로 돌아가기만 하면 곧 해탈이기 때문에 '일반인이 갑자기 황제의 지위에 오르는 것(布衣頓登九五포의돈등구오)'처럼 '불사의(不思議)'한 효과이다.

이런 수행들은 모두 "자심이 전도되어 마의 망에 걸린 것이다(自心顚倒, 繫着魔網자심전도, 계착마망)"라고 하였다. 『대정장』 제51권, 182~183쪽.

1) 『단경교석(壇經校釋)』, 53쪽, 중화서국.

아래의 내용은 바로 신회가 강지원(康智圓)에게 답할 때 한 말이다. "마음이 생기지 않으면 생각이 없고 슬기가 생기지 않으면 앎이 없으며, 지혜가 생기지 않으면 볼 수 없으니 이 이치를 통달한 자는 곧 해탈한다(心不生卽無念, 智不生卽無知, 慧不生卽無見, 通達此理者, 是卽解脫 심불생즉무념, 지불생즉무지, 혜불생즉무견, 통달차리자, 시즉해탈)."

그러나 여기까지의 탐구도 아직 극한에 가지 못하였다. 왜냐하면 '돈오(頓)'든 '점수(漸)'든 미혹과 깨달음의 구분이 있다면 수행은 여전히 필요하며, 이런 사고방식에는 관통하지 못한 부분이 남아 있는 것이다. 먼저 '돈오(頓)'든 '점수(漸)'든 만약 '깨달음(悟)'이 필요하다면, '오염(染)'이 있고 '깨끗함(淨)'이 있다는 것을 인정하는 것이다. 철저한 반야사상이 모든 외적 존재와 심령 현상을 해체하여 공이라 여기고, 심지어 '공 역시 공(空亦是空)'이라면 일체 모든 것이 차별이 없다는 것이다. 그러면 '오염(染)'과 '깨끗함(淨)', '때낌(塵垢)'과 '명철함(明澈)'이 무슨 차이가 있겠는가? 그러니 왜 여기서 저기로 깨달아 가야한다는 것인가?

다음으로 만약 '돈오'를 하기 위해 의지한 것이 인성에 자연적으로 갖추어진 불성 지혜의 드러냄이라면, 이렇게 평소에는 숨겨진 '지혜(知)'가 어떻게 스스로 근본으로 돌아가고 처음으로 회복하며 자기의 청정한 본성을 회복하는가? 통상적으로 사람의 마음을 차지하고 있는 세속적 생각은 또 어떻게 이런 '지혜(知)'로부터 배제되는가? 다시 말해 신앙인은 어떻게 확실히 '지혜(知)'가 단지 안으로 청정한 심령을 찾아가고 밖으로 세속의 욕망과 생각을 엿보지 않게 할 수 있는가? 유식 학설에서 일찍이 이 문제를 해결하기 위해 '아뢰야식(阿賴耶識)'에 '유루(有漏)'와 '무루(無漏)'가 있다는 것을 제시하였다.

그러나 후에 선사들이 풍자하여 말하길, 무엇이 유루인가? 울타리(笆籬) 같은 것이다. 무엇이 무루인가? 나무수저 같은 것이다.[2] 그러나 한편으로 '심체(心體)'의 청정 본원과 자각 능력을 확립하고, 한편으로 '심체'의 세속 현상에 대한 때 낌과 집착을 인정한다면, 여러분은 반드시 이 사이의 모순점을 미봉해야 할 것이다.[3]

---

2) 『오등회원(五燈會元)』 권5, 청평령존(淸平令尊) 조목.
3) 갈조광의 『중국 선 사상사─6세기에서 9세기』 제4장, 「중고하택종(重估荷澤宗)」, 265~267쪽.

그래서 철저한 반야사상의 이치에 따르면, 이런 '깨달음'도 와해된다. 이 점은 우두종(牛頭宗) 사상의 영향임을 주목할 필요가 있다. 우두 계열은 '공(空)'과 '무(無)'를 종극의 경지로 삼고, 수행 방법은 직접 방임을 행하는 것으로 방편을 삼는다. 성당의 혜충(慧忠), 현소(玄素), 현정(玄挺)의 시기와 중당의 법흠(法欽)과 유칙(遺則)의 시기에 이런 사상과 방법이 더욱 자유의 심경을 추구하는 쪽으로 발전해 갔다. 『종경록(宗鏡錄)』 권98에서 혜충의 말을 인용하였는데, "마음에 맡겨 자재하고 억제하거나 그치게 할 필요가 없다. 단지 보고 들으며, 오고 갈 뿐이며, 가야 하면 가고, 머물러야 하면 곧 머문다(任心自在, 不須制止, 直見直聞, 直來直去, 須行卽行, 須住卽住임심자재, 불수제지, 직견직문, 직래직거, 수행즉행, 수주즉주)"라는 견해가 있다. 같은 책에 또 유칙의 말을 인용하고 있는데, "중생의 자성을 이해한다면 근본 이래로 일 법도 얻을 것이 없으니, 누가 속박하고 누가 벗어나겠는가?(只了衆生自性, 從本以來, 無有一法可得, 誰縛誰脫?지료중생자성, 종본이래, 무유일법가득, 수박수탈?)"라고 한다.

이것이 아마 이화(李華)의 「윤주학림사고경산대사비(潤州鶴林寺故徑山大師碑)」에서 말한 우두법융(法融) 선사가 달마로부터 얻은 '스스로 그러한 지혜(自然智慧)'일 것이다. 이런 스스로 그러한 지혜는 하택의 '지혜(知)'와 상당히 다르며, 아마도 홍주 계열에 꽤 깊은 영향을 주었을 것이다. 그래서 마조가 좌선하지 않고 성불할 수 있다는 사상을 펴고 또 '비심비불(非心非佛)'의 개념을 제창한 이래 홍주 계열의 후기 선사들에게서 "바로 쓰고 바로 행하면 일마다 차등이 없다(直用直行, 事無等等용직행, 사무등등)" 등의 수행을 해체하는 말들이 더욱 많았다. 예를 들면 "고프면 밥을 먹고 곤하면 잔다(饑來喫飯, 困來卽眠기래끽반, 곤래즉면)"(대주혜해大珠慧海 선사), "더우면 시원함을 취하고 추우면 불로 향한다(熱卽取凉, 寒卽向火열즉취량, 한즉향화)"(장사경잠長沙景岑 선사), "애써서 부처를 만들지 말라(不費心力作佛去불비심력작불거)"(조주종심趙州從諗 선사), "불법이 공을 쓸 곳이 없으니 단지 평상 무사할 뿐이다(佛法無用功處, 只是平常無事불법무용공처, 지시평상무사)"(임제의현臨濟義玄 선사), "그를 작도인이라 한다면 또한 무사인이라 할 수 있다(喚他作道人, 亦名無事人환타작도인, 역명무사인)"(위산영우潙山靈佑 선사), "본성에 따라 소요하며 인연 따라 거리낌 없이 대범하며, 단지 평상의 마음을 다하고 따로 성스럽다는 알음알이를 없애라(任性逍遙, 隨緣放曠, 但盡凡心, 別無聖解임성소요, 수연방광, 단진범심, 별무성해)"(천황도오天皇道悟 선사).

그러나 여전히 캐물을 만한 점은 만약 신앙이 '무사(無事)'라면 종교적 심령은 '범심(凡心)'과 같고, '평상심'이 '도'이므로 종교적 수행이 무용지물이 된다. 신앙인도 보통사람처럼 '단지 평상심(只是平常心)'만을 유지한다면, 종교적 의미가 성립될 수 있는가? 점수에서 돈오로, 돈오에서 수련하지 않음(不修)에 이른다면, 이때 선종에서 의지하여 지탱해온 '선(禪)'은 사실 이미 조용히 와해되기 시작하고, 불교가 신앙인들의 정신 해탈을 감독하고 지도해온 의미가 점차 퇴색하게 된다. 그리하여 종교가 퇴화하여 생활이 되고, 신앙으로부터 온 정신적 초월은 일상생활의 평상적 이어짐으로 대체된다. 그리고 자연스럽고 쾌적함을 최고의 이상적 생활 경지로 여기는 사고방식은 점차 불교 신앙인들 특히 상층 신앙인들 사이에서 퍼져나간 것이다.

5

인성에서 정말로 불성으로 접근해 간다면 그것은 어떤 경지인가?

끝으로 인성에서 정말로 불성으로 접근해 간다면 그것은 어떤 경지인가? 이런 경지에 이른다면 또한 신앙인들에게 어떤 좋은 점이 있는가? 이것은 수행의 결과이며 또한 불교가 수행자에게 반드시 주어야 할 약속이다. 왜냐하면 종교는 신앙인의 최종 경지에 대해 답을 해야 하고, 그렇지 않으면 그들은 고개를 돌리고 떠나 다시는 뒤돌아보지 않을 것이기 때문이다. 선종은 '상제(上帝)'나 '천당(天堂)'과 같은 종극의 실재가 없는 종교이고, 신앙인에 대한 약속은 '안심(安心)', '자연(自然)', '적의(敵意)'와 같은 순수한 심리적 인생의 경지이다. 그러나 이런 경지의 매력을 어떻게 신앙인들에게 체험하게 하여, 그로부터 편안하고 행복함을 느끼게 할 것인가?

초기 선종은 사람의 마음과 불성이 큰 차이가 있다는 사상에 의거하여 신앙인들로 하여금 수행 중에 자기 심령의 경지를 끝없이 끌어올려 심리적 평정을 얻음으로써 만족하게 하였다. 그러나 후기의 선종은 사람의 마음이 곧 불성이라는 사상에 의거하여 신앙인들로 하여금 자기 마음의 합리성을 끝없이 인정하면서 심리적 이완을 얻음으로써 만족하게 하였다. 어떤 선사는 이런 마음의 경지는 말로 할 수 없다는 점을 강조하고, 어떤 선사는 이런 심리적 경지의 절대적 맑음과 고요함(澄靜)을 중시하며, 어떤 선사는 이런 심리적 경지가 자연스럽고 쾌적한 감각이라고 여기고, 어떤 선사는 이런 심리적 경지가 평상 심경과 차이가 있는 다른 특수한 경지임을 부정한다. 전체 선 사상사에서 이런 문제들에 대한 논쟁이 줄곧 얽혀서 이어왔다.

초기 선 사상에서 '안심(安心)'은 수행 추구의 최고 이상이고,[1] '청정(清淨)'은 선문에서 약속한 궁극의 경지였다. 일찍이 동진 시기에 염불을 선정법문(禪定法門)으로 삼았던 혜원(慧遠)은 「염불삼매시서(念佛三昧詩序)」에서 말하길, 염불은 마음을 오로지 하며 생각을 고요하게 할 수 있고, 마음을 오로지 하며 생각을 고요하게 하면 사람으로 하여금 "세진의 얽힘을 없애고 맺힌 세정을 녹여 맑게 할 수 있다(塵累每消, 滯情融朗진루매소, 체정융낭)"[2]고 한다. 후에 천태 지의(智顗)는 『수습지관좌선법요(修習止觀坐禪法要)』권하(卷下)에서 좌선은 사람으로 하여금 "몸과 마음을 기쁘게 하고 청정하고 편안하게 하며 뭇 나쁜 상이 없게 한다(身心快樂, 清淨安穩, 無諸惡相신심쾌락, 청정안온, 무제악상)"[3]고 말한다.

그리고 달마 계열의 도신(道信), 홍인(弘忍) 또한 신앙인들에게 좌선할 것을 촉구하고, 장기간 '단정한 몸으로 평좌하여 몸과 마음을 느긋하게 내려놓는(端身平坐, 寬放身心단신평좌, 관방신심)' 가운데 '망념이 생기지 않게 되고 나라는 마음이 적어지며(妄念不生, 我所心減망념불생, 아소심감),'[4] '본래의 마음자리가 생긴 이래 공적하고 불생불멸(從本以來空寂, 不生不滅종본이래공적, 불생불멸)'[5]하다는 것을 관찰하고 체험하게 된다. 움직이던 의식이 적멸하게 되면, '그 마음이 곧 비어(其心即虛기심즉허),' 최

---

1) 정각(淨覺)의 『능가사자기(楞伽師資記)』 권1에서 선 사상의 연원에 대한 서술 중 구나발타라(求那跋陀羅)의 사상을 회고하면서 말하길, "부처의 마음을 지으려면 먼저 안심을 배워야 한다(擬作佛心, 先學安心의작불심, 선학안심)"고 한다. 『대정장』 제85권, 1286쪽.

2) 『광홍명집(廣弘明集)』 권39.

3) 『수습지관좌선법요(修習止觀坐禪法要)』 권하.

4) 『능가사자기(楞伽師資記)』, 『대정장』 제85권, 1286~1289쪽. 『도범취성오해진종수심요론(導凡趣聖悟解眞宗修心要論)』 즉 『최상승론(最上乘論)』, 『속장경(續藏經)』 제110책, 829~833쪽.

5) 『능가사자기(楞伽師資記)』, 『대정장』 제85권, 1286~1289쪽. 많은 학자들은 여기에서 인용한 도신(道信)의 3천여 자가 그의 「입도안심요방편법문(入道安心要方便法門)」이라는 것을 믿는다. 인순(印順)의 『중국선종사(中國禪宗史)』 52쪽 이하의 분석 참조. 강서인민출판사(江西人民出版社), 1990.

후에는 "적멸하고 담박하여 교결하고 태연하게 된다(凝寂淡泊, 皎潔泰然응적담박, 교결태연)."[6] 다시 말해 신앙인들은 수행을 통해 청정무구하고 망념이 생기지 않는 심경을 얻을 수 있으며, 이런 심경이 바로 불교에서 추구하는 비어 있고 고요한(空廓寂廖공곽적료) 심령 상태이다. 이런 심령 상태가 퍼져나가 전체 우주까지 확장되면, 사람은 곧 일체 모든 것이 허망하고 만상이 차별 없는 '공'이라는 것을 체험하게 된다.

7세기 말에서 8세기 초에 이르러, 북종 계열의 법여(法如), 노안(老安), 신수(神秀) 등은 여전히 "마음을 써 움직이지 않으면 어지럽혀 잃을 것이 없다(心用弗動, 無所撓失심용불동, 무소요실)", "세속의 경계가 드러나지 않으면 곧 법계다(世界不現, 則是法界세계불현, 즉시법계)"[7]인 경지를 추구하며, 선정을 통해 지혜롭게 되어 심령의 청명함을 얻기를 희망하고,[8] '선정을 얻기 전에는 온갖 인연이 다 가려있으나 지혜가 생긴 후에는 일체가 다 여실하여(趣定之前, 萬緣盡閉, 發慧之後, 一切皆如취정지전, 만연진폐, 발혜지후, 일체개여)'[9] 심령으로 하여금 더러운 상태에서 청정한 상태로 이르게 하니, 이것이 '망념을 버리고 진여로 돌아가는(舍妄歸眞사망귀진)' 귀가의 길이다.

그러나 혜능과 신회의 시기에 이 목표가 이미 조금씩 변화하고 있었다. 그들이 제창한 '무념'이 비록 명징한 심령에 도달하는 것이지만, 근본적으로 '청정'한 심령이라는 궁극의 경지를 부정하지는 않았다. 그러나 그들이 내적 심령과 외적 세속의 인연(塵緣), 오염과 청정을 모두 허망한 것으로 여기는 생각으로부터 시작

---

6) 『도범취성오해진종수심요론(導凡趣聖悟解眞宗修心要論)』 즉 『최상승론』, 『속장경』 제110책, 832쪽.

7) 돈황본의 『전법보기(傳法寶記)』, P.3858, 황영무(黃永武) 편 『돈황보장(敦煌寶藏)』 131책, 315쪽, 신문풍출판공사, 타이베이. 『당문습유(唐文拾遺)』 권67, 궐명(闕名)의 「당중악사문석법여선사행장(唐中岳沙門釋法如禪師行狀)」, 『전당문』 후부(後附), 334쪽.

8) 『당문습유(唐文拾遺)』 권3의 송담(宋儋)의 「대당숭산회선사고대덕도안선사비(大唐嵩山會善寺故大德道安禪師碑)」에 "탁함에 휘둘린 자는 이치의 선정을 통해 맑음에 이르고, 소용돌이가 일어난 자는 마음의 지혜를 통해 밝음에 이르니, 선정으로 돌아가면 어떤가? 만물의 존재를 맑게 비추고 지혜로 돌아가면 어떤가? 거듭 낀 때를 맑게 뚫는다(渾回者理定以之淸, 汩云者心慧以之明, 定復伊何? 淸照萬有, 慧復伊何? 明徹重垢혼회자이정이지청, 운운자심혜이지명, 정복이하? 청조만유, 혜복이하? 명철중구)." 『전당문』 후부(後附), 12쪽.

9) 장열(張說)의 「형주옥천사대통선사비(荊州玉泉寺大通禪師碑)」. 전하는 말에 의하면, 보적선사(普寂禪師)는 심령으로 하여금 '고요하여 부동(寂然不動)'한 상태에 놓이게 할 수 있었으며, 점을 잘 치는 사람들도 그의 마음이 처한 곳을 예측할 수 없게 하였다고 한다. 『유양잡조(酉陽雜俎)』 속집 권4, 236쪽, 중화서국, 1981.

하여 고통스럽게 수행하는 것도 필요 없고 또한 오래도록 좌선하여 돈오할 필요
도 없다는 데 이르러서는 도리어 '청정'의 경지와 '범속'의 경지가 모두 그 의미
를 잃어버린 것 같은 느낌이 들게 하고, 후세의 선문에서 수행하지 않고 방임하
는 자연주의 성향을 열기 시작하였다.

　　사실 혜능의 제자 중에 이미 많은 사람들이 전통적 선 수행을 비판하였는데,
예를 들면 굴다삼장(崛多三藏)의 "괜히 우뚝 앉아 있으면 도에 무슨 도움이 되겠는
가(兀然空坐, 于道何益올연공좌, 우도하익)", 지성선사(志誠禪師)의 "마음에 머물러 고요함
을 보는 것은 병이지 선이 아니며, 길게 앉아 몸을 구속한들 이치를 깨닫는 데 무
슨 도움이 되겠는가(住心觀靜, 是病非禪, 長坐拘身, 于理何益주심관정, 시병비선, 장좌구신, 우리
하익)", 남악회양(南岳懷讓)의 "벽돌을 갈아도 거울이 되지 않듯이 좌선을 한다고
어찌 성불할 수 있겠는가(磨甎旣不成鏡, 坐禪豈得成佛마전기불성경, 좌선기득성불)", 사공산
본정(司空山本淨)의 "무심을 알면 자연히 도에 합치된다(若了無心, 自然契道약료무심, 자
연계도)"[1] 등의 말들이 있다. 이런 생각들은 전통 선학(傳統禪學)에서 주장하는 종교
적 수행과 맞지 않은 듯하다. 그들이 중시하는 것은 자유스런 심경과 자연스런
생활이다. 혜능의 사고 맥락을 따라 이런 암시의 계도하에 우두 사상의 영향을
종합하여, 9세기 초의 홍주선은 더욱더 자연적 생활세계를 그들이 추구하는 궁
극의 경지로 삼았다.

　　종밀은 일찍이 홍주 계열의 사상을 종합 정리하여 말하길, 그들은 "끊지도
않고 짓지도 않으며 따름에 맡겨 자재하는 것을 해탈인이라 이름하고, 또 과량
인(한계를 지나간 사람)이라 이르니, 구속한 법이 없고 지을 깨달음도 없다(不斷不造,
任運自在, 名爲解脫人, 亦名過量人, 無法可拘, 無佛可作불단부조, 임운자재, 명위해탈인, 역명과량인,
무법가구, 무불가작)." 그래서 "단지 마음 가는 데로 닦을 뿐이다(但任心卽爲修단심즉위

（우측 여백 주석）자연적 생활세계를 그들이 추구하는 궁극의 경지로 삼았다.

----

1) 『경덕전등록』 권5, 『오등회원』 권2, 권3, 권4 참조. 돈황에서 출토된 몇몇 남종선 시가 게송에도 적지 않은 이
　 런 종류의 말들이 있다. 예를 들면 S.4173 등 「남종찬(南宗贊)」 중의 "행주좌와에 항상 뜻이 있으면 천지가 불
　 당임을 안다(行住坐臥常作意, 則知四大是佛堂행주좌와상작의, 즉지사대시불당)." P.2629 「남종정사정오갱전(南宗顚邪
　 正五更轉)」 중의 "지음이 있고 구함이 있으면 해탈이 아니고, 지음이 없고 구함이 없으면 공허하다(有作有求非
　 解脫, 無作無求是空虛유작유구비해탈, 무작무구시공허)." S.646 「양주의선사유산우석실견일여자증답시(揚州禪師
　 游山遇石室見一女子贈答詩)」 중에 "속박을 여의나 여전히 속박되고 미혹을 없애나 도리어 미혹된다(離縛還成縛,
　 除迷却被迷이박환성박, 제미각피미)" 등이다.

수)."[2] 매번 "마음이 일고 생각이 움직여 손가락을 튕기고 눈을 움직이는 하는 일이 모두 불성 전체의 쓰임이다(起心動念, 彈指動目, 所作所爲, 皆是佛性全體之用기심동념, 탄지동목, 소작소위, 개시불성전체지용)."[3] 그래서 그들이 표방하는 구호는 '천진하고 자연스러움(天眞自然)'이다. 그러나 '마음에 맡기는(任心)' 심령은 매우 활발한 마음으로 대천세계에서 생활하는 각 개인이 만약 천진하고 자연스런 성정을 따라 드러낸다면, 심령 중에는 모두 세상에 대한 사랑과 한, 애정과 욕망, 경이와 혐오, 집착과 번뇌로 가득하게 될 것이다.

그러나 홍주 계열 선종은 신앙인들에게 말하길, 이런 '마음에 맡기거나(任心)' '평상심' 상태의 모든 것은 합리적이다. 왜냐하면 사람이 특별히 시비를 가리지 않을 때 심령은 도리어 완전히 느슨하고 무념의 상태에 처하기 때문이다. 용담숭신(龍潭崇信)이 일찍이 천황도오(天皇道悟 : 748~807년)를 시봉하면서 몇 년 동안 가르침을 듣지 못해 의혹이 생겨 도오(道悟)에게 문의하자, 도오는 도리어 말하길 네가 차를 가져오면 나는 마시고, 밥을 가져오면 받아먹고, 네가 합장하면 나는 반례하였다. 이런 것들이 모두 너에게 진리를 가르치는 것이 아니었던가? 그러므로 진정한 선종의 진리는 "본성에 맡겨 소요하고 인연 따라 거리낌 없으며, 선정에 안주하여 물들지 않아야 하고, 본성은 본래 구애됨이 없으니 귀를 막고 눈을 숨길 필요가 없다. ……단지 속세의 마음을 다 없애고 다른 성스럽다는 이해를 없애야 한다. 그렇게 할 수 있으면 무엇을 근심할 것인가?(任性逍遙, 隨緣放曠, 不要安禪習定, 性本無拘, 不要塞耳藏睛. ……但盡凡心, 別無聖解, 汝能伊者, 當何患乎?임성소요, 수연방광, 불요안선습정, 성본무구, 불요색이장정. ……단진범심, 별무성해, 여능이자, 당하환호?)"[4] 어쨌든 뜻을 일으켜 자신을 억제하며 고통스럽게 선을 익히는 것은 도리어 이성의 티끌로 본래의 심령을 덮게 되어 고집스럽게 '청정'한 심령을 추구하는 일에 빠지게 된다. 아래는 그 유명한 조주종심(趙州從諗 : 778~897년?)과 남천보원(南泉普願 : 748~834년)의 대화이다.

---

2) 『원각경대소초(圓覺經大疏鈔)』 권3 하(下), 『속장경』 제14책, 557쪽.

3) 종밀의 『중화전심지선문사자승습도(中華傳心地禪門師資承襲圖)』.

4) 『조당집』 권5, 「용담화상(龍潭和尙)」, 188~189쪽.

조주가 묻기를 : "무엇이 도입니까?" 남천이 말하길 : "평상심이 도이네." 조주가 말하길 : "취할 방향이 있습니까?" 남천이 말하길 : "헤아리면 어긋나네." 조주가 말하길 : "헤아리지 않을 때 어떻게 도인지 알 수 있습니까?" 남천이 말하길 : "도는 알고 알지 못함에 속하지 않네. 안다고 하면 망각이고, 알지 못한다고 하면 기억하지 못한 것이니, 만약 진실로 헤아리지 않는 도에 통달하면 태허와 같아 확연히 크게 뚫린 듯할 것이니 어찌 옳다 그르다 할 것인가?"(師問 : "如何是道?" 南泉云 : "平常心是道." 師云 : "還可趣向否?" 南泉云 : "擬則乖." 師云 : "不擬時如何知是道?" 南泉云 : "道不屬知不知, 知是妄覺, 不知是無記, 若也眞達不擬之道, 猶如太虛, 廓然蕩豁, 豈可是非?" 사문 : "여하시도?" 남천운 : "평상심시도." 사운 : "환가취향부?" 남천운 : "의칙괴." 사운 : "불의시여하지시도?" 남천운 : "도불속지부지, 지시망각, 부지시무기, 약야진달불의지도, 유여태허, 곽연탕활, 기가시비?")[1]

그래서 마조 문하의 선사들을 보면, 그들의 자유분방한 대화, 제 마음대로 하는 행위, 속박을 멸시하는 풍조 그리고 "불법은 쓸 곳이 없으며, 단지 평상처럼 무사하게 똥 누고 오줌 싸며 옷 입고 밥 먹으며 곤하면 자면 된다(佛法無用功處, 只是平常無事, 屙屎送尿, 穿衣喫飯, 困來卽眠불법무용공처, 지시평상무사, 아시송뇨, 천의끽반, 곤래즉면)"(임제의현臨濟義玄의 말), "일체를 시의 적절하게 하며 보고 들음에 평상심을 유지하고, 다른 위곡이 없게 하며 또한 눈을 감고 귀를 막을 필요가 없다(一切時中, 視聽尋常, 更無委曲, 亦不閉眼塞耳일체시중, 시청심상, 갱무위곡, 역불폐안색이)"(위산영우潙山靈佑의 말) 등의 사상에서 자연스런 심령의 경지는 이미 초기 선에서 추구하였던 청정한 심령의 경지와 상당히 다름을 볼 수 있다.

---

1) 『조당집』 권18, 「조주화상(趙州和尙)」, 656쪽.

6

승조(僧肇)의 『불진공론(不眞空論)』의 "도가 멀리 있는가, 일에 닿은 곳이 진여이다(道遠乎哉, 觸事而眞도원호재, 촉사이진)"에서 마조와 그 문하의 '비심비불(非心非佛)', "평상심이 도이다(平常心是道)"에 이르기까지 반야사상 중에서 끊임없이 와해하고 집착하는 '공(空)'이 끝내는 중국의 문인 사대부의 마음속에서 가장 동경하는 노장사상의 '스스로 그러함(自然)'과 섞이면서 진정으로 인생에 대한 삶의 태도를 인도하는 일반적 원칙이 되었다. 선종 또한 '굽고 휘고 편(屈曲直굴곡직)' 역정을 거치면서 '반야사상의 생활화(般若的生活化)'를 실현하였다. 마땅히 지적할 점은 불교는 인류의 영혼을 구제하는 것을 목적으로 하는 종교이기 때문에 관심의 대상이 형이상학적인 측면의 철학적 문제, 법률 제도 측면의 사회 문제, 의식주행 측면의 생활 문제 뿐만 아니라 초월적 생명의 궁극적 의미의 문제에도 관심을 갖는다. 처음 시작부터 불교는 빛으로 가득하고 영원한 궁극의 경지를 높이 매달아 놓았는데 이 경지를 불성의 경지라 칭하였다. 이것은 신앙인들을 짧고 고난스런 현실의 세계로부터 인도하여 해탈하게 하려는 것에 다름 아니다.

그러나 마지막에 또 신앙인들에게 평상적이긴 하지만 현실 생활 속에서 매우 매력적이며, 그리고 심령의 자아 조정을 통해 얻을 수밖에 없는 긴장이 없는 느슨한 경지를 설계해 놓고 있다. 즉 불교는 일상생활 세계를 종교의 종극의 경계로 삼고, 사람이 갖고 있는 성정(性情)을 종교가 추구하는 불성으로 여기며, 평상시의 심정을 신성한 심경(心境)으로 간주한다. 이렇게 함으로써 끝내는 인도 불교에서 중국 선종으로의 전환을 완성한다. 또한 본래 종교적 특성이 충만하였던 불교가 점차 인간의 정신생활의 훈도와 경계의 책임을 내려놓고, 심미적 생활의 정취, 언어생활의 지혜와 우아한 삶의 태도를 제창하는 것으로 변하였다. 그래서 불교가 비록 중국인들의 인생과 예술 세계에 깊이 파고들었다고는 하나 긴 시간을 지나오면서 점차 중국의 사상과 신앙세계의 특성을 희미하게 하였다.[2]

불교가 점차 인간의 정신생활의 훈도와 경계의 책임을 내려놓고, 심미적 생활의 정취, 언어생활의 지혜와 우아한 삶의 태도를 제창하는 것으로 변하였다.

---

2) 나는 『중국 선 사상사—6세기에서 9세기』에서 다음과 같은 말을 한 적이 있다. "홍주종으로 대표되는 남종선이 중당 이후에 승리한 것이 선종의 입장에서 보면 행운이기도 하고 불행이기도 하다. 행운인 점은 홍주종이

끝내 선 사상의 중국화 과정을 완성하였으며, 그의 사고방식에 하나의 매듭을 지었다. 그리고 반야의 공(空)과 노장의 무(無)를 융합하여 자연 인생의 최고 경지가 되게 하였으며, 중국 중고 시기의 문인 사대부 생활 속에 파고들었다. 불행한 점은 홍주종 자체도 그로부터 인간의 의식 형태에 대한 직접적 영향력이 감소하였고, 종교성이 스스로 와해되는 내적 요인이 되었다. 그리하여 중당 이후 산란된 인심을 수습할 수 없게 되었고, 역사가 사상으로 인심을 구속하고 시대가 의식으로 질서를 재건할 필요에 직면하였을 때, 홍주종은 마땅히 해야 할 기능을 할 수 없었다. 그래서 홍주종으로부터 전환하여 불교 사상을 받아들이면서 심성(心性) 이론을 주장한 신유가(新儒家) 사상이 점차 역사와 시대의 선택을 받게 되었다. 중당으로부터 북송까지의 사상 대변동 시기를 회고해 보면, 외재적인 여러 요인 외에도 선종에 내재된 사고방식의 결함과 유가에 내재된 사고방식의 변화가 역사와 시대의 선택을 결정하게 한 중요한 원인이었다. 왜냐하면 유가는 여전히 심령의 최후에 그리고 가장 중요한 방위선을 고수하였는데, 심령의 이 방어선이 유지되어야 개인이 도덕과 윤리가 기탁할 의지처가 있게 된다. 개인이 이 의지처가 있어야 인류가 때때로 수신양생하여 사악함을 막을 수 있게 되며, 인류가 수신양생하여 사악함을 막으려는 요구가 있어야 사회가 공존할 수 있는 질서가 있게 된다. 그러나 남종선이 일체의 자연주의를 와해시킨 경지까지 왔을 때, 이런 기능은 도리어 다 사라지게 된 것이다. 비록 남종선이 중국의 문인 사대부들에게 인생과 예술에 대한 뛰어난 사상을 남겼으나, 고대 중국의 의식 형태를 매우 중시하는 사상 세계의 주류 역할을 담당하지는 못하였다." 지금까지도 나는 여전히 이 관점을 갖고 있다. 352쪽.

4절

언어와 의미 : 8세기에서 9세기까지의
중국 불교의 전환(하)

당나라 무종 회창 5년(845)
에 억불사건이 있었다.

　　원화(元和) 10년(815) 장경회휘(章敬懷暉)가 입적하고, 원화 12년(817) 서당지장
(西堂智藏)과 흥선유관(興善惟寬)이 입적하며, 대화(大和) 8년(834) 남천보원(南泉普願),
약산유엄(藥山惟儼)이 이어서 입적하여, 20년 사이에 남종선 혜능 계열 중에서 시
대를 가장 풍미했던 제3대 선사들이 점차 역사의 인물이 되었다. 자연 생활을 그
들의 기치에 새겼던 불교 사조가 당시 문화인들 사이에 보편적으로 유행하였다.
유행이 극에 달하면 반드시 쇠퇴한다고 하였듯이 10년 후, 즉 당나라 무종(武宗)
회창(會昌) 5년(845)에 억불사건이 있었다. 그해 여름에 근거 자료에 의하면 4600
곳의 사찰과 4만여 곳의 불교의 난야(蘭若)와 초제(招提)가 훼손되었고, 26만여 명
의 승려가 강압에 의해 환속하였다.[1] 그러나 환속을 원치 않아 신앙을 견지하였
던 선종 승려들은 어떤 종파를 막론하고 도피와 은익의 방식으로 그들의 종교 활
동을 지속해야만 하였다. 항주대자산환중(杭州大慈山寰中 : 780~862년) 같은 이는
"무종이 불교를 폐지하자 짧은 베옷을 입고 대씨의 사랑채에 거할 것을 청하였
다(屬武宗廢教, [寰]中衣短褐, 或請居戴氏別塾焉속무종폐교, [환]중의단갈, 혹청거대씨별숙언)." 앙두
봉일조(昻頭峰日照)는 "회창 연간에 무종이 불교를 폐지하자 봉일조선사는 암굴로
깊이 들어가 밤을 먹고 흐르는 물을 마시며 목숨을 연명하였다(會昌武宗毀教, 照深
入岩窟, 飯栗飲流而延喘息회창무종훼교, 조심입암굴, 반율음류이연천식)"라고 하고, 낙경광애사

---

1) 『자치통감(資治通鑑)』 권248, 8015~8017쪽, 중화서국, 베이징, 1982.

종간(洛京廣愛寺從諫 : ?~866년)은 "회창 연간 4년에 불교의 탑과 사찰을 폐지하라는 조서가 내려지고 승려들을 고향으로 돌아가게 하여 관례대로 깨끗이 정리하려 하자, 검은 모자와 삼베옷을 입고 황보씨 온천 별장에 숨어 살았다(屬會昌四年詔廢佛塔廟, 令沙門復桑梓, 亦例澄汰, 乃烏帽麻衣, 潛于皇甫氏之溫泉別業속회창사년조폐불탑묘, 령사문복상재, 역례징태, 내오모마의, 잠우황보씨지온천별업)." 경산홍인(徑山洪諲)은 회창 연간에 장사의 신도 나안(羅晏)의 집에 피해 있었는데, 『송고승전』에서 말하는 "범례에 따라 세속의 복장을 입고 불도의 분위기를 느슨하게 하며 용처럼 칩거하여 때를 기다리니 옥과 돌이 함께 타서 구하지 못하듯 하였다(例從俗服, 寧弛道情, 龍蛇伏蟄而待時, 玉石同焚而莫救례종속복, 녕이도정, 용사복칩이대시, 옥석동분이막구)"고 한다. 이와 같은 삶의 방식이 승려들의 공통된 모습이었다.[1]

불교 탄압의 재난이 지난 후, 경전 주석의 전적들과 논변 장소가 필요하였던 의학(義學) 그리고 승단의 힘과 법단의 장소가 필요하였던 율사들이 점차 쇠락하고 상당수의 선종의 종파들도 차례로 시들었다. 북종선의 유명했던 최후의 승려인 일조(日照)는 함통(咸通) 3년(862)에 입적하였고, 하택 계열도 이 시기에 단지 원소(圓紹) 한 사람만 남아 건녕(乾寧) 2년(895)까지 살았다.[2] 우두 계열로는 회창(會昌) 이후 이미 유명한 승려가 나오지 않았다.[3] 천태 계열은 회창 이전의 도수(道邃)와 광수(廣修) 시기에 이미 점차 쇠미하기 시작하였고, 광수(廣修)가 회창 3년(843)에 원적한 후, 물외(物外), 원수(元琇), 청송(淸竦) 등이 아직 국면을 유지하고는 있었으나, 그러나 『불조통기(佛祖統記)』조차 "회창의 재난으로 불교 서적이 흩어

---

1) 『송고승전』권12, 273, 274, 278, 283쪽. 또 권17, 430쪽. 중화서국, 베이징, 1987. 또 무창 연간 억불사건에 대해서 미치다 로슈(道端良秀)의 『당대 불교사 연구(唐代佛敎史の硏究)』제1장 제4절, 161~177쪽, 법장관(法藏館), 교토, 1957, 1981. 스즈키 데츠오(鈴木哲雄)의 『당오대선종사(唐五代禪宗史)』, 390~393쪽, 산희방불서림, 도쿄, 1985.

2) 우이 하쿠주(宇井伯壽)의 『선종사 연구(禪宗史硏究)』제6 「북종선의 인인과 교설(北宗禪の人人と敎說)」, 연파서점, 도쿄, 1939. 갈조광의 『중국 선 사상사-6세기에서 9세기』제3장 「북종선 재인식(北宗禪再認識)」, 187~188쪽, 북경대학출판사, 1995.

3) 『오등회원』권2에서는 조과선사(鳥窠禪師 : 741~824년)를 경산국일(徑山國一)의 직계 전인으로 여겼으나, 그는 장경(長慶) 4년에 입적하였다. 일본 화원대학(花園大學), 선문화연구소영인본, 교토, 105쪽. 『경덕전등록』권4에 그의 제자로 항주회통(會通)이 있다고 기록하지만, 그는 회창 4,5년 사이에 자취를 알 수 없게 되었고, 그후 기록은 거의 없다. 『대정장』제51권, 231쪽(이하 『경덕전등록』인용은 모두 이 판본으로 하나하나 주를 달지 않고 쪽수만 표기하겠다). 신문풍출판사 영인본(新文豊出版社影印本), 타이베이.

져 망실되어, 물외, 원수, 청송 등 세 선사들이 지관의 도를 전할 뿐이었다(會昌之厄, 敎卷散亡, 外, 琇, 竦三師, 唯傳止觀之道회창지액, 교권산망, 외, 수, 송삼사, 유전지관지도)"4)고 적고 있다.

그중 진정으로 새롭게 다시 궐기하였던 선사들로는 남종 혜능 계열의 제4대인 황벽희운(黃檗希運 : ?~855년), 위산영우(潙山靈佑 : 771~853년), 조주종심(趙州從諗 : 778~897년) 그리고 제5대인 임제의현(臨濟義玄 : ?~866년), 동산양가(洞山良價 : 808~869년), 앙산혜적(仰山慧寂 : 807~883년) 등이다.5) 회창 연간의 억불 사건과 중화(中和) 연간 이후 빈번한 전란을 겪었지만, 그들과 그들의 제자 또는 그 제자들은 여전히 이어 일어나 남종 선문이 다시 남북 지역에서 한때를 풍미하였다. 그중 유명한 승려로는 제6대 선사 설봉의존(雪峰義存 : 822~908년), 조산본적(曹山本寂 : 840~901년), 제7대 선사 운문문언(雲門文偃 : 864~949년) 그리고 제9대 선사 청량문익(淸涼文益 : 885~958년) 등이다. 그래서 중국 선 사상사는 일반적으로 '오종시대(五宗時代)'라고 일컬어진 10세기로 접어든다.

9세기에서 10세기 사이, 위앙(潙仰), 임제(臨濟), 조동(曹洞), 운문(雲門), 법안(法眼) 오종의 성립 전후의 역사에는 의문점이 상당히 많다.6) 후대의 선종 신앙인들은 종파를 세우거나 기치를 펴려고 할 때, 자주 위로 거슬러 올라가 혁혁한 선배들에게 빌붙어 [자신들의 정통성을 장식하기 때문에] 선종의 역사에 많은 의혹을 남겼다. 그러나 선종 역사 문헌의 겹겹의 허구와 곳곳의 복병을 고증하는 것은 결코 사상사 글쓰기의 중심 내용이 아니다. 그렇지만 각종 문헌에 기록된 오종 선사들의 말에서 느낄 수 있는 것은 불교 사상이 선종의 영향 하에 일상화되고 생활화된 후 불교 지식과 사상, 그리고 신앙세계는 의미 있는 '언어적 전환'(the linguistic turn)7)이 이루어졌다. 표면적으로 보면 경전 중의 서면어(書面語)가 생활상

중국 선 사상사는 일반적으로 '오종시대'라고 일컬어진 10세기로 접어든다.

---

4) 『불조통기(佛祖統記)』 권8, 『대정장』, 제49권, 189쪽.

5) 예를 들면 "함통(咸通)의 초기(860)에 선종이 흥성하였는데, 그 바람은 대위산에서부터 시작되었다(咸通之初[860], 禪宗興盛, 風起于大潙山也함통지초[860], 선종흥성, 풍기우대위야)『송고승전』 권13, 308쪽.

6) 가령 청량문익의 「종문십규론(宗門十規論)」 중에 혜능 이후의 선종 유파에 대한 서술에서 볼 수 있는 것은 문익(文益)이 살았던 10세기 중엽 이전에 5가라는 말은 성립되지 않았다. 덕산, 설봉선사들조차도 독립된 종문으로 여겨졌다. 소위 '오가(五家)'의 구분은 후인들의 역추(逆追)에 의해 성립된 것이 분명하다.

7) '언어적 전환(the linguistic turn)'은 구스타프 베르그만(Gustav Bergmann : 1906~1987년, 오스트리아 출신의 미국 철학

의 일상어로 대체되었고, 생활상의 일상어는 또 특별히 변화되고 왜곡된 각종 언어로 대체되었다. 이런 언어들은 또 기지와 기묘한 비유로 충만한 예술 언어로 변화하였다. 그러나 깊은 사상적 측면에서 보면 언어는 의미를 담은 부호로서 그 의의가 있게 되고, 진리를 전달하는 도구로써 진리 자체가 된다. 대승불교는 진리가 언어 가운데 있지 않다는 전통적 생각에 대해 이 시기에 큰 사고의 곡선을 그리며 진리가 바로 언어 안에 있다고 한다. 그래서 각종 폭력, 괴이함, 모순 그리고 날카로운 기지와 의도적 곡해로 충만한 대화가 어지럽게 생겨났고, 이런 기이하게 보이는 대화 중에 더욱더 강렬하고 직접적인 진리를 드러내고 있다. 마지막에는 중국 특유의 지식 언어 환경과 사회 배경이 또 이런 사상 영역 안의 종교 언어를 점차 문학속의 언어 예술과 언어 유희로 변화하게 하였고, 종교적 진리에 대한 깊은 사고는 생활 속의 기지와 교묘한 사고로 둔갑하였다. 그래서 9세기에서 10세기 사이에 진리를 해석하고 깨달음을 드러내는 선종의 언어 가운데 표현된 선 사상의 새로운 변화는 사상사의 특별한 주목을 필요로 하게 되었다.[1]

언어는 의미를 담은 부호로서 그 의의가 있게 되고, 진리를 전달하는 공구로서 진리 자체가 된다.

1

9세기 중엽 이전의 선 사상사에서 권위에 대한 공격, 경전에 대한 파기, 언어에 대한 경시 등은 표면적으로 보아 남종 선사들 사이에서 암묵적으로 통하는 일치된 성향이었다.[2] 신앙인들의 이론에 대한 흥미를 다시 끌기는 매우 어려웠고,

9세기 중엽 이전의 선 사상사에서 권위에 대한 공격, 경전에 대한 파기, 언어에 대한 경시 등은 표면적으로 보아 남종 선사들 사이에서 암묵적으로 통하는 일치된 성향이었다.

자)에 의해 사용된 서양 철학의 당시 변화를 서술하는 개념인데, 내가 여기서 필요에 의해 편리하게 이 개념을 가져다 쓰고 있지만, 9세기에서 10세기 선 사상을 현대 서양 철학의 개념과 맞대응하려는 것은 결코 아니다.

1) 사상사에서는 마땅히 이 시기 사상 영역에서의 언어적 전환을 중시하여야 한다. 비록 이런 전환이 단지 언어적 차원에서의 말 돌리기며 또 곧 큰 곡선을 그리며 돌지만, 그러나 최소한 기원전 4세기에서 기원전 3세기에 출현한 묵가와 혜시(惠施), 공손룡(公孫龍) 이후 중국의 지식과 사상, 그리고 신앙세계에서 천여 년 동안 언어에 대한 철학적 자각이 다시 나타나지 않았다.

2) 예를 들면 중당 승려 신청(神淸)은 『북산록(北山錄)』 권6 「기이설제십(譏異說第十)」에서 선종의 사상에 대해 다음과 같이 묘사하고 있다. "불상을 제거하고 경전의 설법을 떠나야 비로소 돈오의 문이라 할 수 있다. 설한 바가 있으면 스스로 생각하고 글에 따라 판단할 뿐 장구와 소론의 주석을 기다릴 필요가 있겠는가(除像設, 去經法, 方稱頓門, 如有所說, 自我胸臆, 臨文裁斷, 何俟章句疏論제상설, 거경법, 방칭돈문, 여유소설, 자아흉억, 림문재단, 하사장구소론)." 영인송각본(影印宋刻本), 1921.

분석 또한 사상의 외피만 겨우 벗겨낼 뿐 진리의 근원까지 추리해 들어가지 못하였다. 이런 현상은 선 사상사 연구자들로 하여금 자주 "부처를 꾸짖고 조사를 욕한다(呵佛罵祖가불매조)"는 이야기는 기억하면서, 이런 이야기 속에 깔려 있는 불교 이론에 대한 생각들은 주의하지 못하게 하였다. 신앙에 대한 세심한 사고와 층층의 추리와 이성적 이해가 통쾌한 직관적 깨달음에 의해 대체되었고, 그럼으로써 '순간적 깨달음(刹那頓悟찰나돈오)'이 사상으로부터 도망쳐 나오는 핑계거리가 되었으며, 또한 종교적 수련이 생활 예술화되게 하였다.

표면적으로 보면 이론에 대한 풍자와 문자에 대한 경시가 확실히 전적의 곳곳에 보인다. 예를 들면 위산영우가 그의 제자 앙산혜적(仰山慧寂)에게 물어 말하길, "『열반경』 40권 중에 어느 정도가 부처의 말씀이며 어느 정도가 마구니 말입니까?(『涅槃經』四十卷, 多少是佛說, 多少是魔說?『열반경』사십권, 다소시불설, 다소시마설?)" 앙산이 대답하길, "모두가 마구니 말이네(總是魔說총시마설)"라고 하였다. 조주종심은 문자의 차이를 논쟁하는 제자들을 풍자하며 '판관'은 될 수 있어도 해탈할 수는 없으니, 단지 "너희들은 모두 글자를 인식할 뿐이다(爲汝總識字위여총식자)"[3]라고 하였다. 향엄지한(香嚴智閑 : ?~898년)이 위산에 있을 때 하루는 망연하게 말하길, "여러 종류의 『어요』를 한꺼번에 불사르고 말하길, '그림의 떡은 허기를 충족시킬 수 없다'(將各方『語要』一時煨盡, 曰 : '畫餅弗可充饑也' 장각방『어요』일시외진, 왈 : '화병불가충기야')"[4]고 하였다.

심지어 선비 신분인 신앙인들조차도 이런 추세의 암시를 받아들였다. 9세기 상반기에 강주 동림사(江州東林寺)에 어떤 법사가 오래도록 『유마경』과 『조론(肇論)』을 강의하였는데, 귀종선사(歸宗禪師)의 조롱과 비웃음을 받은 후 그는 강주(江州)에 고발할 수밖에 없었는데, 강주자사 이발(李渤)은 그를 위로하지 않을 뿐만 아니라 도리어 비평하길 "지혜로써 지혜를 변론하여 쓸데없이 힘을 쓰고, 글로써 글에 집착하니 어찌 큰 잘못이 아니겠는가?(將智辯智, 枉[原誤狂]用功夫, 將文執文, 豈非大錯?장지변지, 왕원오광용공부, 장문집문, 기비대착?)" 또 말하길 당신은 이미 『유마경』과

---

3) 『경덕전등록』 권9, 266쪽.
4) 『송고승전』 권13, 303쪽.

『조론(肇論)』에 정통하였는데, 아직도 "푸르고 푸른 대나무가 모두 진여의 세계이고 울창한 황화가 반야가 아님이 없다(青青翠竹, 盡是眞如, 郁郁黃花, 無非般若청청취죽, 진시진여, 욱욱황화, 무비반야)"는 도리를 알지 못한단 말인가, 알지 못한다면 "어떻게 높은 자리에 앉아 불경을 강론하며 다른 중하의 무리들을 속여 불법을 선양하는가(何用講經高座, 宣揚欺他中下하용강경고좌, 선양기타중하)." 끝으로 그를 비평하길, "선문의 제자가 색이 공함을 알지 못하고, 도리어 고발을 하여 공공 기관에 기탁하여 이치를 판단하게 하다니. 유교에도 집을 나서지 않고도 일체의 일을 알 수 있고, 창문을 보지 않고도 천하를 알 수 있다고 하였으며, 명백히 아는 것을 앎이라 하고, 알지 못하는 것을 아는 것도 앎이라 하니 모두 지혜에 속한다. 지혜를 변별하는 뜻이 이와 같은데 부처를 배우는 사람이 어찌 불성에 미혹되는가(空門弟子, 不會色空, 却置狀詞投公斷理, 只如儒教, 尚有不出戶而知一切事, 不窺窓而知天下, 明知之爲知, 知之不知爲知, 俱歸智也. 辯智之義, 尚以如斯, 學佛之人, 何迷佛性공문제자, 불회색공, 각치장사투공단리, 지여유교, 상유부출호이지일체사, 불규창이지천하, 명지지위지, 지지부지위지, 구귀지야. 변지지의, 상이여사, 학불지인, 하미불성)"[1]라고 하였다.

그러나 실제로는 상당히 많은 선사들이 모두 불교 경전에 매우 정통하였으며 자주 언어문자를 사용하였다. 예를 들면 남천보원(南泉普願 : 748~834년)은 일찍이 숭산고율사(嵩山暠律師)에게 "상부의 구장을 익히고, 계율의 편과 취[2]의 학문을 궁구하였다(習相部舊章, 究毗尼篇聚之學습상부구장, 구비니편취지학)." 또 화엄학을 강설하는 사찰에서 "중론(中論), 백론(百論), 십이문론(十二門論), 지관(止觀)을 이해하는 열쇠를 얻고 소와 론 밖에서 현묘한 기미를 깨달았으니, 그 날카로움은 당하는 자들은 모두 감당하지 못하였다(抉中百門觀之關鑰, 領玄機于疏論之外, 當其鋒者, 皆旗靡轍亂결중백문관지관약, 령현기우소론지외, 당기봉자, 개기비철란)."[3] 얼마 후의 저명했던 임제의현(臨濟義玄) 또한 심오하고 복잡한 불교 철학에 대해 심혈을 기울여 공부한 적이 있

---

1) 『조당집』 권15 「귀종화상(歸宗和尙)」, 577쪽.
2) 비구와 비구니가 지켜야 하는 구족계를 종류로 나눈 것으로 편문(篇門)과 취문(聚門)을 말한다. 편문은 결성(結成)한 죄과와 긴요한 뜻을 따라 5편으로 구별하고, 취문은 그 죄성(罪性)과 인죄(因罪)에 의하여 종류로 모아서 6취와 7취로 나눈다(역자 주).
3) 『송고승전』 권11, 255~256쪽.

었다. 전해지는 바에 의하면 임제는 일찍이 대우(大愚)를 방문하여 야간에 대우 면전에서, "『유가론』을 말하고 『유식』을 이야기하며, 거듭 난처한 질문을 하였다 (說『瑜珈論』, 譚『唯識』, 復申問難설『유가론』, 담『유식』, 복신문난)."[4] 그리고 향엄지한(香嚴智閑) 역시 이론적 표현에 매우 뛰어났으니, 『조당집』에 기록하기를 그는 위산 면전에 서 물 흐르듯 대답을 하였다. 위산은 비록 그가 "부천한 배움으로 아직 근본에 이 르지 못하였다(浮學未達根本부학미달근본)"는 것을 알았으나, 당시 그의 언변을 통제 할 수 없었다.[5]

그리고 투자대동(投子大同 : 819~914년)은 초기에 보당만선사(保唐滿禪師)에게 안 반관(安般觀)을 배우고 또 『화엄』의 불성의 바다(性海)를 구하며, 후에 취미산(翠微 山) 법회에 간 후 복우원통(伏牛元通)에게 '자극받고 도움을 청하고 나서야(激發請益 격발청익)' 비로소 개혁하듯 경소강론(經疏講論)의 의학(義學)을 포기하였다.[6] 법안(法 眼) 계열의 청량문익(淸涼文益)에 이르러서는 『삼계유심론(三界唯心論)』, 『화엄육상 의(華嚴六相義)』를 지었을 뿐만 아니라, 『종문십규론(宗門十規論)』도 지었다. 그리고 그의 제자 천태덕소(天台德韶 : 891~972년)와 영은청용(靈隱淸聳) 중 한 사람은 남한주 (南漢主)를 설득하여 신라에 가서 산실된 천태의 구전적을 베껴오게 하였고, 다른 사람은 "똑똑 물방울이 상좌의 눈 안에 떨어지네(滴滴落在上座眼裏적적낙재상좌안리)" 의 문구를 절차탁마하면서, 『화엄경』을 읽고 나서야 비로소 진의를 이해하였다.[7]

전체 선 사상사에서 전적과 문자는 선사들이 나중에 표명하듯 그렇게 철저 히 저 멀리 버려버리지 않았다. 선사들이 해설한 각종 불법에 관한 '어본(語本)',

---

4) 『조당집』 권19 「임제화상(臨濟和尙)」, 719쪽.
5) 『조당집』 권19 「향엄화상(香嚴和尙)」, 700쪽. 그러나 위산 본인은 또한 화엄 이론을 연구하였으며, 항상 "현상 과 본질은 다르지 않으니 곧 여여한 부처의 경지다(理事不二卽如如佛이사불이즉여여불)"라고 말하였다. 『경덕전 등록』, 264~265쪽. 『위산어록』, 『대정장』 제47권, 577쪽.
6) 『송고승전』 권13, 304쪽.
7) 『오등회원』 권10, 567, 578쪽, 중화서국, 베이징, 1984. 또 같은 책에 기록된 영명도잠(永明道潛)과 청량문익의 대화 가운데, 화엄육상(華嚴六相) 즉 총별(總別), 동이(同異), 성괴(成壞)에 관한 문답도 있다. 581쪽. 그렇기 때 문에 누카리야 가이텐(忽滑谷快天)의 『선학 사상사(禪學思想史)』 하권, 제4편 「선도란숙시대 전기 개설(禪道爛 熟時代 前期 槪說)」에서 법안(法眼) 계열은 "화엄의 원융묘제를 선 사상의 중심으로 삼고, 원융이 변화하여 섞 여 혼합하게 되었다(以華嚴圓融妙諦爲禪思想的中心, 圓融化流而爲混融化이화엄원융묘체위선사상적중심, 원융화류이위혼 융화)"라고 지적한다. 하책, 1~2쪽.

'어요(語要)', '별록(別錄)' 등이 여전히 도처에 유행하였다. 심지어 가장 심하게 문자를 파기하였던 마조의 어록이 도처에서 돌려가며 베껴졌다. 그래서 동사여회(東寺如會)는 매우 걱정하며 "호사들이 '어본'을 베끼지만 통발을 버리듯 뜻을 깨닫지 못한다(好事者錄其 '語本', 不能遺筌領意호사자록기 '어본', 불능유전령의)"[1]는 말을 하게 되었다. 그의 제자 단하천연(丹霞天然)은 더욱 많은 문자를 저술하였으니, 예를 들면 『완주음(玩珠吟)』, 『여룡주음(驪龍珠吟)』, 『농주음(弄珠吟)』 등이다. 그 마음의 구슬은 비록 '예측하기 어려울 정도로 기묘하지만(妙難測)', 그에 의해 문자로 자주 이렇게 저렇게 묘사되었다.[2] 9세기에서 10세기의 선 사상에서 소위 '사빈주(四賓主)', '오위군신(五位君臣)', '삼현삼요(三玄三要)' 등의 개념은 사실 모두 매우 심오하고 복잡한 지식 배경을 갖고 있다. 그러므로 자세히 살펴보면 선문에서는 결코 절대적으로 경전을 배척하고 이론을 폐지하며, 문자를 파기하지는 않았다.

그러나 마땅히 지적할 점은 전통적 경전 해독과 언어의 사용 형식이 확실히 선문에 의해 변하기 시작하였다는 것이다. 우리가 불교 역사를 회고해 보면, 불교 경전 사상의 해석, 선양, 전파 중에 불경의 직접 번역과 해독 외에 본래 두 언어 형식은 전통 속에서 자주 사용되었다.

첫째는 전독(轉讀)과 창도(唱導)이다. 소위 '전독'은 억양돈좌(抑揚頓挫 : 높낮이, 멈춤, 바뀜)의 성조(聲調)로 불교 전적을 음송하는 것이고, '창도'는 통속적 형식으로 불교 교의를 설창(說唱)하는 것이다.[3] 『광홍명집(廣弘明集)』 권27에서 말하길, "경전에 나아가 담긴 가르침을 배우니 연등이 지혜의 밝음을 발하듯 하네. 경전을 익히고 낭송하며 전독하니 뭇 의취가 터지듯 명료해지네(造經流注教, 燃燈發慧明. 習誦及轉讀, 決了諸義趣조경류주교, 연등발혜명. 습송급전독, 결료제의취)"[4]라 하고, 『남해기귀내

첫째는 전독과 창도이다.

---

1) 『조당집』 권15 「동사여회(東寺如會)」, 또 권18 「앙산화상(仰山和尙)」에 말하길, 앙산의 "법요와 화연의 일은 「앙산행록」에 구비되어 있다(法要及化緣之事, 各備「仰山行錄」법요급화연지사, 각비「앙산행록」)", 장백위(張伯偉) 석역(釋譯) 「임제록(臨濟錄)」, 후 부록(後附錄) 「원류(源流)」, 276쪽, 불광산(佛光山), 고웅(高雄), 1997.

2) 『조당집』 권4 「단하천연(丹霞天然)」, 또 권18 「앙산화상(仰山和尙)」에 기록하길, "「법요」와 화연의 일은 「앙산행록」에 구비되어 있다(自餘「法要」及化緣之事, 各備「仰山行錄」자여「법요」급화연지사, 각비「앙산행록」)."

3) 『고승전』 권13 「경사(經師)」 '논(論)'에 말하길, "천축 지역의 풍속은 무릇 법언을 노래하면 모두 찬불(讚佛 : 혹은 염불)이라 칭한다. 중국에 전래되어서는 불경을 노래하면 전독이라 부르고, 노래하여 찬탄하면 범패라 부른다(天竺方俗, 凡是歌詠法言, 皆稱爲唄. 至于此土, 詠經則號爲轉讀, 歌贊則號爲梵唄천축방속, 범시가영법언, 개칭위패. 지우차토, 영경즉호위전독, 가찬즉호위범패)", 탕용동 교주본, 508쪽, 중화서국, 베이징, 1992.

법전(南海寄歸內法傳)』권4에 기록하길, "매번 계곡을 굽어보며 경을 독송하면 영특한 새들이 모여들고, 집 모서리에서 전독을 하면 닭들도 감동하여 소리 내며 모여들어 귀 기울이네(每俯澗誦經, 便有靈禽萃止, 堂隅轉讀, 則感鳴鷄就聽매부간송경, 편유영금췌지, 당우전독, 즉감명계취청)"5)라고 한다.

이것은 '전독'이다. 전독은 소리의 의미에 대한 보조적 역할을 강조한다. 마치 『고승전』권13 「경사전론(經師傳論)」에서 말하듯, "만약 소리만 있고 글이 없으면 도심이 생겨날 수 없고, 글만 있고 소리가 없으면 세인의 감정이 글의 의미를 이해할 수 없다(若唯聲而不文, 則道心無以得生, 若唯文而不聲, 則俗情無以得入약유성이불문, 즉도심무이득생, 약유문이불성, 즉속정무이득입)"라고 하니, 이는 소리의 기교를 사용하여 청중의 불법에 대한 주의력을 높일 수 있음을 말한다. 『속고승전』권30의 「잡과성덕편론(雜科聲德篇論)」에서 말하길, "맑은 밤 좋은 아침에 어두운 사막이 서로 가로막고 있는 듯하여 맑은 소리와 고아한 곡조로 가라앉은 감정을 놀래 일으키네(清夜良辰, 昏漠相阻, 故以清聲雅調駭發沈情청야양신, 혼막상조, 고이청성아조해발침정)"6)라고 하였다. 예를 들면 남조(南朝)의 승려가 몸을 세워 자리에 올라 전독하며, "기침소리를 발하자 돌 부딪치는 뇌성 같은 소리가 났다(創發聲欬, 砰磕如雷창발성해, 팽개여뢰)" 면서, 청중으로 하여금 "출가인이든 세속인이든 놀라고 두려워하며 자정하게 하였다(道俗斂襟, 毛竪自整도속렴금, 모수자정)." 이런 언어 형식은 주로 그 소리 효과로 신도들에게 영향을 주는 것이다.

그리고 소위 '창도'는 현존하는 각종 변문의 정황에 근거하여 판단해 보면 문제를 놓고 답을 풀고 부연 해설을 하며, 또 운문으로 읊조리고 노래하면서 불법을 통속적 언어로 하나하나 자세히 설명하고 불법의 도리를 각종 비유나 혹은 우언으로 이야기하며 불경을 장편의 이야기로 엮어낸다. 그 이야기 중에 운문의 노래를 더하여 "그것으로 불법의 이치를 선양하여 사람들의 마음을 개도한다(蓋以宣唱法理, 開導衆心也개이선창법리, 개도중심야)." 이런 강창(講唱)에서 중시되는 것은 '사

---

4) 『대정장』제52권, 320쪽.

5) 『대정장』제54권, 232쪽.

6) 『고승전』권13, 508쪽. 『속고승전』권30, 『대정장』제50권, 706쪽. 갈조광의 「관우전독(關于轉讀)」, 『인문중국(人文中國)』제5기, 향항침회대학중문계(香港浸會大學中文系), 1998.

부대중의 마음을 놀라게 하는(四衆警心사중경심)' 소리 곡조이며, '한 치의 오차도 없이 모임에 맞는(適會無差적회무차)' 도리의 상세한 설명, '자유분방한 글 솜씨(文藻橫逸문조횡일)'를 드러낸 언어 표현 그리고 '경사(經史)'의 서적을 긁어모으듯(探撮書史채촬서사)'한 광범한 인용 특히 서로 다른 방식을 사용하는데, 출가한 승려에게는 '범사가 무상함을 절실히 말하고 참회의 심정을 힘들게 진술하기를(切語無常, 苦陳懺悔절어무상, 고진참회)' 요구하고, 상층의 사람들에게는 '세속의 전적을 아울러 인용하여 비단을 모으듯 글을 이루기를(兼引俗典, 綺綜成辭겸인속전, 기종성사)' 바라며, 일반 평민들에게는 '일에 따라 형상을 만들어 곧바로 듣고 본 것을 이야기하며(指事造形, 直談聞見지사조형, 직담문견)' 산과 들에 사는 사람들에게는 "형국에 따라 말을 하고 죄목을 나열하여 지적하였다(近局言辭, 陳斥罪目근국언사, 진척죄목)."

둘째는 장구주소(章句注疏)이다. 모윤손(牟潤孫 : 1908~1988년)의 연구에서 표명하길[1], 일찍이 동진남북조(東晉南北朝) 시기에 불교 경론에 이미 몇몇 주소(注疏)가 있었다. 『출삼장기집(出三藏記集)』 권8에 승예(僧叡)의 「곤마라힐제경의소서(昆摩羅詰堤經義疏序)」의 기록을 인용하길, "지묵으로 글 밖의 말을 기록하고 청중의 소리를 빌어 선례의 이야기를 모은다(因紙墨以記其文外之言, 借衆聽以集其成事之說인지묵이기기문외지언, 차중청이집기성사지설)"[2]고 하는데, 즉 그들이 이해한 경전의 뜻을 기록하고 아울러 문구 의미를 소통하게 한다.

둘째는 장구주소이다.

이렇게 지식을 중시하는 풍조는 특히 의학(義學)이 성행한 남방에서 매우 보편화되었는데, 7세기에 이르러 『법화』, 『반야』, 『유마』, 『열반』, 『십지』, 『성실(成實)』 등의 상당히 많은 불교 경전에 모두 꽤 자세한 주(注)와 소(疏)가 있었다. 어떤 경론(經論)은 주(注) 외에 소(疏)도 있고, 심지어 여러 종류의 주소본이 동시에 유행하였으며 혹은 주소(注疏)가 갈수록 더욱 세밀하게 되어 도리에 대한 분석을 다시 분석하여 더욱더 정치하게 되었다. 그리고 각종 도리를 종합한 것을 다시 종합하여 주소를 읽는 방식이 신앙인들의 불교를 이해하는 수단이 되었으며, 주소를 쓰는 방식은 불교인들 중에서 지식의 다소를 가름하는 징표가 되었다. 당나라 초기

---

1) 「논유석양가지강경여의소(論儒釋兩家之講經與義疏)」, 『주사재총고(注史齋叢稿)』, 248~259쪽, 중화서국, 1987.
2) 『대정장』 제55권, 59쪽.

에 "글에 숨은 문외의 뜻은 소가 아니면 알 수 없다(外義伏文, 非疏莫了 외의복문, 비소막료)"는 생각이 대다수 불교 신앙인들 사이의 공통된 인식이었다. 주소 해석의 의리(義理)를 장악하는 것이 진리의 권력을 장악하는 것 같아[3] 소(疏)를 지을 수 있으면 지식과 지위를 나타내는 것이었다. 7세기 때 원측(圓測)이 몰래 스승의 기예를 배우는 방법으로 『유식론』에 대한 주소의 해석을 얻게 되었고, 이 사건은 규기(窺基)로 하여금 "그 뒤에 태어난 것을 부끄럽게 생각하고 원망의 마음을 이기지 못하게 하였다(慚居其後, 不勝悵快 참거기후, 불승창앙)"고 하는데, 후에 규기가 현장법사의 전수를 받고 '온갖 불경의 논주(百部論主)'가 되자 의기양양하였다고 한다. 이는 바로 당시 불교 지식계의 상황을 말해주는 한 예이다.[4]

그리고 유식 계열과 화엄 계열의 각종 주소는 확실히 매우 많은데, 규기 외에도 원측이 지은 주소 해석이 10여 종의 50권에 가까운데 『유식론』, 『해심밀경(解深密經)』, 『인왕경(仁王經)』 등을 포함하고, 법장이 지은 주소 해석은 20여 종인데 『화엄경』, 『밀엄경(密嚴經)』, 『대승기신론』 등을 포함한다. 얼마 후의 징관(澄觀)의 『화엄경소』 한 부(部)가 60권이며, 『화엄경수소연의초(華嚴經隨疏演義鈔)』 한 부는 90권이다. 조금 더 후의 종밀(宗密)에게는 『원각경』 한 부에 『대소(大疏)』와 『약소(略疏)』가 있으며, 『열반』, 『유식』, 『기신』에 대해서도 모두 주소가 있다.[5]

그러나 '전독'은 대체적으로 경전 문구에 대한 독송이며 해설이나 더 깊은 의견을 표현하지는 않는다. 그 자체는 결코 불경의 함축된 의미에 대해 다른 의미를 더하지 않고 경전 원본을 결코 대신하지 않는다.[6] 그러나 '창도'는 비록 해석과 깊은 의미의 표현 그리고 통속화된 비유와 이야기와 운문의 연창(演唱 : 공연)을 더하고 언어도 꽤 복잡하고 변화가 다양해지지만, 이런 전파 형식 속에서 언어의 의미는 여전히 어떻게 하면 교묘하게 불교의 사상을 전달하는가에 있고 형

---

3) 『속고승전』 권13 「도악전(道岳傳)」, 『대정장』 제50권, 527쪽.

4) 『송고승전』 권4 「당경조대자은사규기전(唐京兆大慈恩寺窺基傳)」, 63쪽.

5) 탕용동의 『수당불교사고(隋唐佛教史稿)』 제4장, 149~173쪽 참조, 중화서국, 1982.

6) 『출삼장기집(出三藏記集)』 권15 「도안법사전(道安法師傳)」에 말하길, "매번 강설할 때에 대의만을 서술하고 전독을 할 따름이다(每至講說, 唯敍大意, 轉讀而已 매지강설, 유서대의, 전독이이)" 한다. 『대정장』 제55권, 108쪽. 여기에서 볼 수 있듯이 전독은 『석씨요람(釋氏要覽)』 권하(卷下)의 '도강(都講)' 조목에서 말한 '다만 모두 경문을 노래 부르고 묻지 않는다(但擧唱經文, 而亡擊問也 단거창경문, 이망격문야).'

식 자체에는 그 의의가 없다.[1] 주소의 해설은 단지 불전의 내용과 사상의 연장된 설명이다. 비록 주석은 해석을 통해 지식을 증가할 수 있으나, 주석이 만약 시종일관 경전 의미의 범위에만 국한된다면, 경전의 원본은 그 의미 외연의 확장을 제한하게 된다. 주석은 반드시 경전 문구만을 따라 지식을 생산해야 하기 때문에 도리어 경전 문구를 떠나서 사상을 창조할 수 없게 된다. 비록 주소의 글이 해석을 통해 경전의 뜻을 소통시키지만, 고대에 "소는 주의 의미를 깨뜨리지 않는다(疏不破注소불파주)"는 주소 글의 제한 때문에 줄곧 사상의 복제만을 해왔다. 그래서 마치 확대 복사기로 원문을 복사하듯 비록 문자의 수량은 갈수록 늘어났지만, 의미는 도리어 크게 증가하지 않았고 더욱 경전의 범위를 넘지는 않았다.

그래서 이런 주소의 내용에서 언어는 중요한 의미를 갖지 않고, 단지 의미를 전달하는 부호에 불과한 것이다. 이런 이유 때문에 주류 불교의 언어에 대한 관념 중에는 여전히 언어를 '업장(障)'으로 본다. 언어가 비록 의미를 전달할 수 있지만, 또한 의미를 가려버릴 수도 있다. "뗏목을 버리고 피안에 오른다(捨筏登岸사벌등안)"와 "고기를 잡으면 통발을 버린다(得魚忘筌득어망전)" 등의 개념은 여전히 여기에 적용할 수 있는 적절한 비유이다. 반야학과 현학으로부터 얻은 이 두 분명한 개념은 여전히 언어를 의미 밖에 놓고 있으며, 이는 선종이 처음부터 '불립문자(不立文字)'를 주장한 이유이다. 소위 '불립(不立)'은 문자의 진실성을 확실히 세우지 않는다는 것이다. 그 이유는 '문자가 자성이 없기(文字性離문자성리)' 때문에 문자는 의미가 아니고, 때로는 의미를 가려버릴 수도 있다.[2]

---

1) 『고승전』 권13, 521쪽.

2) 그러나 그렇다고 선(禪)이 언어를 포기한다는 것을 의미하지는 않는다. 때로는 사람들이 선(禪)과 언어의 대립을 너무 심각하게 보기 때문에, 스즈키 다이세쓰(鈴木大拙)가 여러 저서에서 서술하였듯이, 종종 이런 오해의 가능성을 자극하였다. 스즈키 다이세쓰가 『선의 견방과 행우방식(禪の見方と行う方)』에서 말하길, "소위 불립문자는 선이 개념이 아니고 지식도 아니며, 인식 대상도 아니고 대응 범주도 없으며, 사유 이전 상태를 의미한다. 적극적으로 말하면 선은 일종의 직관이다(所謂不立文字, 乃是因爲禪非槪念, 非知識, 非認識對象, 也無對應範疇, 意味着它是一種前思維狀態, 積極地說, 它是一種直觀소위불립문자, 내시인위선비개념, 비지식, 비인식대상, 야무대응범주, 의미착타시일종전사유상태, 적극지설, 타시일종직관)." 7쪽, 대동출판사(大東出版社), 도쿄, 1941. 『선 사상사 연구(禪思想史研究)』 제1 「반규선(盤圭禪)」 제3에서 '깨달음(悟)'에 대해 설명하면서 말하길, "깨달음의 직접적인 서술은 언어의 말살이다(悟の直敍就是言語的抹殺오적직서취시언어적말살)"라고 하였다. 『스즈키 다이세쓰전집(鈴木大拙全集)』 제1권, 93쪽, 암파서점, 도쿄 1968.

2

『조당집(祖堂集)』권18 「앙산화상(仰山和尙)」에 앙산이 완릉도존(菀陵道存)의 물음에 대답하면서 고사 하나를 이야기하였다. 혜능이 조계산에서 설법을 할 때 말하길, "나에게 하나의 물건이 있는데, 본래 글자도 없고 머리도 없으며 꼬리도 없고 피차의 구별도 없고 내외의 구별도 없으며, 방원(方圓 : 모진 것과 둥근 것)의 차별도 없고 대소의 차이도 없으며, 부처도 아니고 물건도 아니다(我有一物, 本來無字無頭無尾無彼此無內外無方圓無大小, 不是佛不是物아유일물, 본래무자무두무미무피무차무내외무방원무대소, 불시불불시물)." 그래서 물어 말하길, "이것이 무엇인가?(此是何物?치시하물?)" 뭇사람이 말이 없었는데, 오직 신회(神會)만이 말하길, "저는 이것을 압니다(神會識此物신회식차물)"라고 하자, 혜능이 호통을 치길, "이 말 많은 사미승아 안다고 해 놓고 무엇을 불러 만드느냐?(這饒舌沙彌, 旣云識, 喚作什麼物?저요설사미, 기운식, 환작십마물?)" 하였다. 신회가 대답하길, "이것이 모든 부처의 본원이고 또한 저의 불성입니다(此是諸佛之本源, 亦是神會佛性차시제불지본원, 역시신회불성)"라고 하자, 혜능이 지팡이를 찾아 그를 몇 대 때리고 말하길, "내가 너에게 이름도 없고 글자도 없다고 하였는데, 왜 본원 불성을 안치하려는가?(我向汝道無名無字, 何乃安置本源佛性아향여도무명무자, 하내안치본원불성)"라고 하였다.

앙산이 이 고사를 해석하면서 말하길, 불교가 중국에 전래된 이래 "전후 제왕들이 경론 번역을 적게 하였는가? 달마가 특별히 온 것은 너의 모든 이들이 삼승오성의 교의에 탐착하여 의미의 바다에 빠져있기 때문에 달마선사께서 모든 이들의 정에 미혹되어 있음을 구제하려는 것이다(前王後帝, 飜譯經論, 可少那作摩? 達摩特來, 爲汝諸人貪著三乘五性敎義, 汨沒在諸義海中, 所以達摩和尙救汝諸人迷情전왕후제, 번역경론, 가소나작마? 달마특래, 위여제인탐저삼승오성교의, 골몰재제의해중, 소이달마화상구여제인미정).[3]

그러나 다시 본론으로 돌아와 말하면 사상의 전파에는 반드시 언어가 필요한데, 문제는 단지 자연적 본성을 '불교의 교의의 바다에 빠지게' 하지 않고, 경론의 언어문자에 의해 구속되지 않게 하는 것이다. 왜냐하면 경론의 언어문자의

---

3) 『조당집』권18, 692쪽.

기능은 단지 의미를 전달하는 데 있고, 그 자체는 결코 의미가 아니다. 마치 '손가락으로 달을 가리키는(指月)' 고사에서 말하듯이 손가락은 달이 아니다.[1] 대주혜해(大珠慧海)가 일찍이 말하길 "경론은 지묵문자이니, 지묵문자라는 것은 모두 공허하게 언어 소리에 기탁하여 설계하고 이름과 문구 등의 법을 세운 것이니 공이 아닌 것이 없다(經論是紙墨文字, 紙墨文字者, 俱是空設于聲上, 建立名句等法, 無非是空경론시지묵문자, 지묵문자자, 구시공설우성상, 건립명구등법, 무비시공)."[2]

그러나 결국은 그런 '마음으로 마음을 전하는(以心傳心)' 것은 단지 심령 간에 '음을 전하여 은밀한 곳으로 들어갈(傳音入密전음입밀)' 수 없기 때문에 경청도부(鏡淸道怤)가 설봉의존(雪峰義存)에게 묻기를, "단지 만약 문자 어구를 세우지 않는다면 스승께서는 어떻게 법을 전할 수 있습니까?(只如不立文字語句, 師如何傳?지여불립문자어구, 사여하전?)"라고 하자, 설봉은 대답할 말이 없었다.[3]

특히 선종이 9세기 이후 불교의 주류가 된 후 제도화된 형식을 통해 불교 지식을 지속적으로 재생산하는 것이 필요하게 되었다. 단지 종주와 제자 간의 마음이 통하는 묵계와 감회로는 사상의 전파와 종맥의 지속을 보장받을 수 없었다. 그래서 선종의 일부 선사들은 경전의 언어에 담긴 사상의 중요성을 인정하고, 심지어 언어 자체에 의미가 있다는 것까지도 받아들였다. 경멸하듯 말하였던 '지묵문자가 모두 공허하게 언어 소리에 기탁하여 설계한 것(紙墨文字俱是空設于聲上)'이라고 하였던 대주혜해도 일찍이 관점을 바꿔 말하길, 자기(自己)의 문자는 "모두 지혜로부터 생겨났고 현실에서 크게 쓰이니 어찌 공허하겠는가(皆從智慧而生, 大用現前, 那得落空개종지혜이생, 대용현전, 나득락공)"라고 하였다. 그리고 유명한 동산양가(洞山良价)는 '삼삼루(三滲漏 : 견삼루, 정삼루, 어삼루)'를 비판하면서 확실히 지혜로부터 드러나며, '삼루(滲漏)'가 없는 언어를 기대하였다.[4]

---

1) 『오등회원』 권10, 청량문익에 관한 기록, 562쪽 참조.

2) 『오등회원』 권3 「대주혜해(大珠慧海)」, 156쪽.

3) 『경덕전등록』 권18, 『대정장』 제51권, 349쪽. 『오등회원(五燈會元)』 권7 「경청도부」, 413쪽.

4) 『오등회원』 권13에 "첫째는 견삼루라 하는데 기민함이 자리를 여의지 못해 독의 바다에 떨어지는 것이고, 둘째는 정삼루인데 향하고 등짐에 집착하여 보는 곳에서 치우치고 메마르며, 셋째는 어삼루인데 궁극이 기묘한 근원을 추구하는 것에 잃어 기민함이 처음과 끝에 어두워 지혜를 탁하게 하여 떠돈다(一日見滲漏, 機不離位, 墮在毒海; 二日情滲漏, 滯在向背, 見處偏枯; 三日語滲漏, 究失妙宗, 機昧終始, 濁智流轉일왈견삼루, 기불리위, 타재독해; 이왈정삼루, 체재향배, 견처편고; 삼왈어삼루, 구실묘종, 기매종시, 탁지유전)."

언어문자가 '공허하게 되지' 않는다는 것은 바로 언어문자가 진리와 의미 자체라는 것을 말한다.

언어문자가 '공허하게 되지(落空)' 않는다는 것은 바로 언어문자가 진리와 의미 자체라는 것을 말한다. 언어문자가 '세어나가지(滲漏)' 않는다는 것은 바로 언어문자가 사람의 마음을 역사와 이성에 의해 구축된 상식 세계로 잘못 끌고 들어가지 않음을 말한다. 본래 8세기에서 9세기의 선문에서 선사들은 항상 말하듯 자연스런 일상 언어로 대화하였으며, 그들의 그런 자연스런 '백화(白話)'는 전아한 '문언(文言)'의 의미 전달에 있어서의 '장애(阻隔)'를 고쳤고, 그 자체로 이미 언어와 심령이 마땅히 일상생활 상태로 모두 돌아가야 함을 암시하고 있다. 이렇게 해야 비로소 '왜곡(扭曲)'과 '조작(造作)'을 면할 수 있고, '왜곡'과 '조작'은 바로 자연스러움과 위배되어 심령을 속박하게 한다.

그러나 동시에 또 다른 문제는 사람이 소박하고 자연스럽게 일상 언어를 사용할 때 또한 일상 언어로 어떤 사실 혹은 의미를 평이하게 말할 때 사람들은 왕왕 말한 내용은 기억하지만 어떻게 말했는지는 잊어버린다. 소위 '귀에 편안하고(順耳)', '평상적(平常)'이라는 것은 실제로는 습관이며, 습관이 자연스러움이 된 것이다. 그러나 자연스러움은 곧 소홀해지게 된다. 그래서 언어문자는 의미의 뗏목이 되며 '피안에 오르면 뗏목을 버리는(登岸捨筏등안사벌)' 운명을 피할 수 없게 된 것이다. 특히 일상 언어로 표현된 것이 만약 일상 경험이고 일상 현상이라면, 불교 진리의 깊은 의미는 드러나 사색을 불러일으킬 수도 없고 평범하고 기이함이 없는 언어에 의해 사라지게 된다. 진리가 소위 자연스러움과 일상성에 의해 사라지게 될 때 불교의 존재 의미 또한 잃게 된다. 이렇게 되면 일상 언어 또한 마찬가지로 '공허하게 되고(落空)', '고기를 잡으면 버려지게 되는 통발(得魚忘筌득어망전)'의 종말을 면할 수 없다. 운문(雲門)의 제자 덕산연밀(德山緣密)의 말에 따르면, 이것이 바로 '사구(死句)'이다. 그러므로 만약 언어문자 자체가 의미가 되려면, 반드시 언어문자가 일상과는 다름이 있게 해야 하며, 아울러 이런 일상과 다른(異常) 어구로 하여금 신앙인들의 언어 자체에 대한 관심을 끌게 해야 한다. 이것이 '활구(活句)'이다. 덕산연밀이 말하길, "단지 활구를 참구하고 사구는 참구하지 말라(但參活句, 莫參死句단참활구, 막참사구)"[5]고 하였다. 그리하여 9세기에서 10세기의 선사

만약 언어문자 자체가 의미가 되려면, 반드시 언어문자가 일상과는 다름이 있게 해야 한다.

---

5) 『오등회원』 권15 「덕산연밀(德山緣密)」, 935쪽.

들은 이런 언어의 활용 중에 일상 언어와 다른 꽤 많은 종류의 '활구'를 만들어 냈다. 아래에서 3종류의 예를 보기로 하자.

첫 번째 종류의 '활구'는 서로 모순되는 것이다.[1] 보기에 모순되는 말이 9세기부터 10세기의 선문에서 매우 유행하였다. 예를 들면 "얼굴은 남쪽으로 하고 북두를 본다(面南看北斗면남간북두)"(운문운언雲門文偃 선사), "토끼 뿔은 쓰임이 없지 않으며 소뿔은 쓰임이 있지 않다(兎角不用無, 牛角不用有토각불용무, 우각불용유)"(조산본적曹山本寂 선사) 등이 모두 이런 예이다. 통상적으로 언어는 항상 이지(理智)의 언어이고 사람의 사고 습관에 부합하는 구법과 생각을 사용하며, 언어는 전력을 다해 현상 세계나 혹은 의미 세계와 부합하는 심리 감각을 묘사한다. 그리하여 사람들이 언어를 받아들일 때 실제로 이미 받아들인 것은 언어가 전달하는 그 현상 세계와 의미 세계로 소위 "이름이라는 것은 생각이다(名者想也명자상야)"이다.

다시 말해서 언어는 사람의 연상, 상상 혹은 사상을 불러일으키고, 이런 상상의 배후는 사람이 갖고 있는 모든 역사와 지식이다. '동쪽(東)'이라고 말하면 해가 떠오르는 곳으로 보고, '서쪽(西)'이라고 말하면 해가 지는 쪽으로 찾는다. 이것이 '동'과 '서' 두 단어에 대한 집착이고, 이것은 마치 성명의 사람과의 관계와 유사하다. 본래 임의로 명명하였으나 사람 자체가 된 것이다. 한번은 위산영우가 '원주(院主)'하고 불렀는데 원주가 대답하자, 위산이 도리어 말하길 "내가 원주하고 불렀는데 네가 와서 무엇 하려느냐(我喚院主, 汝來作什麼아환원주, 여래작심마)"[2] 하였다. 즉 '원주'라는 칭호와 원주 본인과는 다른데 원주가 소리를 듣고 온 것이니, 소위 "어구에 목매단 것이다(死于句下사우구하)." 이런 이해의 시각의 상식 언어가 덕산연밀(德山緣密)이 말한 '사구(死句)'다.

---

1) 모순어(paradox)는 체험적 의미에 대해서 보면 사실 서양 종교에도 있다. 제임스(William James)의 『종교 경험의 다양성(宗敎經驗種種)』(Varieties of Religious Experience)에서 말하길, 서양의 신비주의 전통 중에도 이런 예들이 있는데, '빛나는 어둠(炫耀的暗昧현요적암매)', '번영의 사막(繁榮的沙漠번영적사막)', "영세는 시간이 없는 것이다(永世是無時間的영세시무시간적)", '적막의 소리(靜默的聲音정묵적성음)' 등이다. 당월(唐越) 중역본, 439~441쪽, 상무인서관, 1947.

2) 위산은 같은 방식을 사용하여 '첫 번째 자리(第一座)'라 부르고, 첫 번째 자리의 사람이 오자, 그가 역시 말하길, "내가 첫 번째 자리라고 불렀는데 네가 와서 무엇 하려느냐(我喚第一座汝來作什麼아환제일좌여래작심마)"라고 하였다. 『경덕전등록』권9, 266쪽.

첫 번째 종류의 '활구'는 서로 모순되는 것이다.

그러면 무엇이 활구인가? 보기에 소통되지 않은 모순구가 일종의 활구다. 어떤 사람이 덕산연밀에게 "어떤 것이 활구입니까(如何是活句)"라고 물었을 때, 그가 말한 것은 "페르시아를 얼굴을 들어 보네(波斯仰面看파사앙면간)"이며, 상식적인 이치에 따르지 않고 말하면 "페르시아를 서쪽을 향해 본다(波斯向西看파사향서간)"라 할 것이다. 사실 '동'과 '서', 'EAST'와 'WEST', 'ひがし'와 'にし'는 다를 것이 없고, 단지 두 개의 약속된 부호인 것이다. 북극에서 사방을 바라보면, 어디가 동서남북인가?[3] 마찬가지로 동산양가(洞山良价)도 제자에게 낸 문제가 바로 다음과 같다. "어떤 한 사람이 천인 만인 가운데 있으며 한 사람도 등지지 않으며 한 사람도 향하지 않는다면 이런 이를 어떤 사람이라 불러야 하느냐?(有一人在千人萬人中, 不背一人, 不向一人, 此喚作什麼人?유일인재천인만인중, 불배일인, 불향일인, 차환작십마인?)" 사실 '향(向)'과 '배(背)'도 마찬가지로 고정된 시각 위치가 없다면, 어디가 정이고 어디가 반이겠는가? 면목이 없다면 어디가 향이고 어디가 배이겠는가? 그래서 답안은 상식적으로 생각할 수 없는 "면목이 없는 '사람'이다(無面目[人])."[4] 그러나 사람들은 습관적으로 동서남북이나 향하거나 등지는 것과 같은 방향성에 집착하므로 사람의 상상력은 하나의 고정된 위치에 제한되거나 확정되어 버리고 초월하거나 자유롭게 되지 못한다. 아마 더욱 극단적인 예는 조산본적(曹山本寂 : 840~901년) 선사가 강상좌(强上座)에게 "부처의 진실한 법신은 허공과 같아 사물에 응하여 모습을 드러냄이 물속의 달과 같다(佛眞法身猶如虛空, 應物現形如水中月불진법신유여허공, 응물현형여수중월)"는 도리를 물었을 때, 강상좌는 "나귀가 우물을 쳐다보는 격입니다(如驢覰井여려처정)"라는 비유를 들어 대답하였다. 그러자 조산은 '십에 팔'정도 밖에 말하지 못하였다고 말하자, 강상좌는 "마땅히 어떻게 말해야 합니까" 하고 물었다. 그가 말하길 "우물이 나귀를 비춰내는 격이네(如井覰驢여정처려)."[5] 이것은 분명히 의도적으로 상식을 위배하지만 그 의도는 사람들을 일깨우는 데 있다. 즉 사람들이 추궁

---

3) 『조당집』 권18 「조주화상(趙州和尚)」에 어떤 사람이 "조주선사께서 길을 어느 곳으로 가셨습니까(趙州路什麼處去조주로십마처거)"라는 질문에 노파가 대답하면서 동쪽도 아니고 서쪽도 아니며 "말을 타고 가셨네(驀底去맥저거)"라고 하였다. 665쪽.

4) 『조당집』 권6 「동산화상(洞山和尚)」, 250쪽. 살펴보건대, 『오등회원』 권13과 약간 다르다. 781쪽.

5) 『오등회원』 권13, 792쪽. 이 선문답 어록의 의의에 대해서 스즈키 다이세쓰(鈴木大拙)는 『선의 사상(禪の思想)』 제2편, 「선 행위(禪行爲)」에 해석하고 있다. "이 대화는 의미를 와해하고 분별을 와해하며, 선을 익힌 자는 의

하여 묻는 것에 소홀하고 있지는 않은지, 상식은 도대체 무엇에 근거하여 '상식'이 되는가, 사람들은 왜 반드시 '상식'을 믿어야 하는가, '상식'은 언제부터 말하지 않아도 아는 진리가 되기 시작하였는가.

두 번째 종류의 활구는 의도적으로 오독하는 것이다. 이렇게 의식적으로 묻는 말을 오독하는 것에는 마치 현재 우리들이 자주 말하는 '나귀의 입술은 말의 입에 맞지 않은 듯(驢脣不對馬嘴려순불대마취)'한 경우가 있다. 앙산혜적(仰山慧寂)이 일찍이 방문자에게 묻기를 "관직은 어느 위치에 있소?(官居何位?관거하위?)"하자, 대답하길 "추관입니다(推官)." 앙산은 곧 먼지떨이를 세우고 추궁하여 물었다. "이것을 밀어 움직일 수 있는가?(還推得動這個麼?환추득동저개마?)"[1] 그는 관명의 '추(推)'와 동작의 '밀다(推)'를 의도적으로 뒤섞어 언어상의 명사와 동사의 한계를 넘어서고 또 이념의 '사물'과 '행위'의 차별을 넘어섰다.

어떤 것은 '물 흐름 따라 배를 밀 듯(順水推舟순수추주)'한 경우도 있다. 예를 들면 어떤 사람이 현사사비(玄沙師備)에게 물었다. "어떤 것이 무봉탑입니까?(如何是無縫塔?여하시무봉탑?)" 원래 의도는 선사가 불교의 '무루(無漏)'에 대해 해석해 주기를 바랐다. 그러나 현사사비는 도리어 '무봉(無縫)'의 의미를 따라 말하길, "이 한 땀의 크기는 얼마인가?(這一縫大小?저일봉대소?)"[2] 다른 사람이 또 오진선사(悟眞禪師)에게 묻기를 "어떤 것이 무봉탑입니까?(如何是無縫塔?)"라고 하자, 오진은 그의 물음의 의도에 부합하지 않고 반문하길, "오척인가 육척인가?(五尺六尺?)"[3]라고 하였다. 잠깐 사이에 불교 이치를 추궁하여 묻는 집착을 없애고, 물음이 있으면 반드시 답을 해야 한다는 기대를 깨트려버렸다.

두 번째 종류의 활구는 의도적으로 오독하는 것이다.

가운데서 의미를 읽어내야 한다. 즉 본래 분별이 없는 세계를 분별하는 것이 곧 우리의 의식이다."『스즈키 다이세쓰전집(鈴木大拙全集)』제13권, 125쪽, 암파서점, 도쿄, 1969.

1) 『조당집』권18「앙산화상(仰山和尙)」, 672쪽. 유사한 예로 함택선사(咸澤禪師)와 같은 경우이다. 보복전화상(保福展和尙)이 함택선사에게 묻기를, 너의 이름이 무엇이냐?(汝名什麼?여명십마?)고 하자, 그가 "함택(咸澤)입니다"라고 하자, 보복이 또 묻기를 "갑자기 야위고 마른 자를 만나면 어찌하겠는가?(忽遇枯涸者如何?홀우고학자여하?)" 하자, 그가 반문하기를 "누가 야위고 마른 자입니까?(誰是枯涸者수시고학자)" 보복이 말하길 "내가 그 사람이네(我是)"라고 하였다. 『경덕전등록』권21, 377쪽.

2) 『경덕전등록』권18, 347쪽. 『오등회원』권7, 400쪽.

3) 『오등회원』권10에 또 어떤 사람이 제운우진(齊雲遇臻)에게 묻는 내용이 기록되어 있다. "어떤 것이 무봉탑입니까?(如何是無縫塔?)"라고 묻자, 우진의 대답 또한 "오육척이네(五六尺)"라고 하였다. 617쪽.

또 어떤 것은 우리가 항상 말하는 '미친 듯 어리석은 듯(裝瘋似傻장풍사사)'한 경우도 있다. 함축되고 심오한 문제를 일상의 백화로 간주하고 말하는 경우이다. 예를 들면 어떤 사람이 초경도광(招慶道匡)에게 물어 말하길, "불법의 비가 널리 적시는데 적시지 않은 곳이 있습니까?(法雨普沾, 還有不潤處否?법우보첨, 환유불윤처부?)"라고 하자, 도광이 있다고 말한다. 그 사람이 추궁하여 묻기를 "어디가 적시지 않는 곳입니까?(如何是不潤處?)" 의미는 당연히 부처의 빛이 널리 비추는데 왜 어두운 곳이 여전히 있는 것인가를 묻는다. 이것은 인심의 깊은 곳에 세속적 욕망이 있는지를 추문한 것이지만, 도광은 도리어 "물을 뿌려 닿을 수 없는 곳이다(水灑不着수쇄불착)"고 말한다.[4] 또 어떤 사람이 조주화상(曹州和尙)에게 묻는다. "무엇이 부처입니까?(如何是佛?)" 만약 통상적으로 대답하자면, 당연히 이렇게 해석해야 할 것이다. 부처는 스스로 깨닫고 타인을 깨닫게 하며 깨달음의 행위가 원만한 큰 지혜의 소유자이고, 그것으로 신앙인들의 신심을 개도한다. 그러나 조주의 대답은 "불당 안에 계신 분이다(殿裏底전리저)"라고 하였다. 부처는 신성한 깨달은 자이고 또한 진흙으로 빚고 나무로 조각한 불상이다. 여기에 매우 중요한 의미가 있다. 또 어떤 사람이 조주에게 "어떤 것이 조주의 돌다리입니까?(如何是曹州橋?여하시조주교?)"라고 물었다. 원래 질문자는 조주선사가 해탈의 길은 더욱 깊이 있게 설명해 주기를 바랐는데, 조주는 "나귀도 건너고 말도 건너네(度驢度馬도려도마)"[5]라고 대답하였다. 당연히 '뛰어넘다(超度)'의 '도(度)'의 의미로 쓰였을 것이나, 아마도 '건너다(度過)'의 의미로 쓰였을 수도 있다. 즉 심오한 도리를 생활의 상식 정도로 변하게 하였고, 보기에 생활 상식 같은 말 속에 이념을 버리고 생활 속의 선이라는 심오한 도리를 암암리에 내포시킨 것이다.

세 번째 종류의 활구는 엉뚱한 답을 하는 것이다. 이런 내용은 선문답 관련 기록 중에 곳곳에서 볼 수 있는 언어 현상이다. 예를 들면 "무엇이 부처를 초월하고 조사를 뛰어넘는 대화입니까?(如何是超佛越祖之談?여하시초불월조지담?)"라고 묻자, 대답은 "포주에는 마황이 나고 익주에는 부자가 나지(蒲州麻黃, 益州符子포주마황, 익주

세 번째 종류의 활구는 엉뚱한 답을 하는 것이다.

---

4) 『경덕전등록』 권21, 375쪽.
5) 『경덕전등록』 권10, 278쪽.

부자)"라고 하였다(운문문언雲門文偃 선사). "무엇이 옛 부처의 마음입니까?(如何是古佛心?)"라고 묻자, "담장의 기왓장과 조약돌이니라(墻壁瓦礫是장벽와력시)"라고 대답하였다(동산이 남양충국선사의 말을 인용(洞山引南陽忠國師동산인남양충국사함). "조사께서 서쪽에서 오신 까닭이 무엇입니까?(如何是祖師西來意?여하시조사서래의?)"라고 묻자, "뜰 앞의 잣나무니라(庭前柏樹子정전백수자)"라고 대답하였다(조주화상). "만법이 하나로 돌아가면 하나는 어디로 돌아갑니까?(萬法歸一, 一歸何處?만법귀일, 일귀하처?)"라고 묻자, "노승이 청주에 있을 때 장삼 한 벌을 지어 입었는데 무게가 일곱 근이 나갔네(老僧在淸州作得一領布衫重七斤노승재청주작득일령포삼중칠근)"[1]라고 대답하였다.

사람들에게 익숙하지 않은 이런 대답 중에 매우 중요한 의미가 내포되어 있다. 통상적으로 사람들은 물음이 있으면 답이 있게 된다. 그리고 묻는 말과 답하는 말 사이에 연관성이 있기 마련이다. 불교의 이치에 대한 문답 중에는 불교 이치에 대한 해석을 기대하고, 수련에 대한 문답 중에는 수련에 대한 해석을 기대하게 된다. 이것이 일반적인 생각이다. 하지만 선은 도리어 이런 통상적인 생각을 깨버린다. 그래서 수산성념(首山省念)이 일찍이 말하길, "가깝고 절실함을 얻으려면, 먼저 물음 갖고 와서 묻지 마라(要得親切, 第一莫將問來問요득친절, 제일막장문래문)." 왜냐하면 "물음은 답하는 곳에 있고, 답은 묻는 곳에 있기 때문이다(問在答處, 答在問處문재답처, 답재문처)."[2] 만약 질문자가 기대하였던 대답을 받지 못하면, 질문자는 어색함을 느낄 것이다. 그러나 소위 '어색함'이란 질문자와 사람들의 이성적 습관이 서로 배치됨을 말하며, 선이 추구하는 것은 바로 이런 어긋남이다. 이런 '어긋남(反常)'만이 비로소 '도에 부합(合道)'한다는 것이다. 온갖 방법으로도 그 해답을 찾지 못하게 되자, 사람들은 돌이켜 이성과 논리를 초월하는 새로운 경지를 찾은 것이고, 이것이 바로 후세에 선사들이 화두와 공안을 참구하면서 어떻게 하면 깨달음으로 나갈 수 있을까를 찾았던 까닭이다.

---

1) 각각 『조당집』 권11 「운문화상(雲門和尙)」, 429쪽. 『오등회원』 권13, 777쪽. 『조당집』 권18, 661쪽. 『경덕전등록』 권10, 279쪽. 『오등회원』 권4, 205쪽.

2) 『오등회원』 권11. 후대의 파초계철(芭蕉繼徹) 또한 말하길, "물음을 갖고 오지 마라, 나는 대답하지 않을 것이다. 알겠느냐? 물음이 답 안에 있고 답은 묻는 곳에 있기 때문이다(莫將問來, 我也不答. 會麽? 問在答裏, 答在問處막장문래, 아야부답. 회마? 문재답리, 답재문처)." 『오등회원』 권9, 555쪽. 또 귀종의유(歸宗義柔)도 말하길, "일문일답의 방식은 끝을 기약할 수 없다(一問一答, 也無了期일문일답, 야무료기)"라고 하였다. 『오등회원』 권10, 579쪽.

본래 이렇게 언어로 구성된 세계는 진실한 현상 세계나 의미 세계가 아니고, 단지 인류가 자신의 이성의 역사를 통해 구축한 것으로 사람들이 이미 익숙하고 인정하는 지식과 부합한다. 사람들의 심지(心智)는 유사 이래로 언어로 구축된 지식 세계 속에서 생활하였기 때문에 조금도 어색함을 느끼지 않는다. 그래서 보편적으로 이런 세계의 존재를 받아들이고 인정하게 된다. 언어 표현이 이 세계를 사람의 의식 속에 현현하게 할 때 사람들은 곧바로 '생각(想)'을 하게 된다. 이런 연상, 상상 그리고 사상 속에서 언어와 이성이 구축한 지식 체계는 사람들이 의심하지 않는 이해의 틀이 되고, 심지어 진실의 세계를 대신하기까지 한다. 이런 '상식(常識)'의 틀에서 자유스럽고 초월적인 심령은 자기도 모르게 이미 설정된 '상식' 안에서 속박 받게 된다. 이렇게 날마다 사용하면서도 의식하지 못한 상식 세계 속에서 사람들은 가(假)를 진(眞)으로, 허(虛)를 실(實)로 여기면서 신기루와 같은 세속적 욕망 속에 빠져 각종 허무한 망념의 속박에 갇혀 있는 것이다. 불교는 처음부터 각종 심오하고 세밀한 도리를 사용하여 이런 환영과 속박을 와해하려고 시도하였고, 신앙인들을 유도하여 끊임없이 이런 허망한 환상이 어떻게 생겨나며, 생겨나는 연유가 어디에 있고 사람의 심령은 왜 이런 세속적 망념의 유혹에 빠져들며, 사람의 심령의 본원은 어떤가, 우주의 본원은 또 무엇인가 등을 하나하나 캐묻게 하였다. 이런 추궁은 신앙인들로 하여금 심령을 초월하게 하는 하나의 길이었고, 신앙인들은 이지(理智)와 분석에 의지하여 불교의 이치를 깨달을 수 있었다.

그러나 선종에서 시종 경계하는 현상은 바로 사람들이 불교 이치에 대한 끊임없는 추궁에 빠져드는 것이다. 이런 과정 중에 추궁하는 본래의 의도를 잊어버리고, 불교의 진정한 지향점이 지능 훈련이나 혹은 이론 경합으로 변하는 것이다. 그들이 비웃은 '책을 파고들거나(在冊子上討재책자상토)' 혹은 '글자에서 찾는 것(在文字中尋재문자중심)'은 바로 이렇게 길을 잘못 든 것이다.[3] 동시에 그들도 명백히

---

3) 고산신안(鼓山神晏 : 설봉雪峰의 제자)이 말하길, "경에는 경사가 있고 논에는 논사가 있으며, 율에는 율사가 있고 함, 호, 부, 질에 각기 사람이 전하여 지키며, 또한 불법은 교를 세우는 것이고 선법은 재채기를 그치게 하는 말이다. 다른 여러 성인이 일어난 것은 사람이 마음의 차등이 있기 때문이며 방편의 문을 교묘하게 열어 문이 많아진 것이다. 걸린 병이 다르니 처방도 다르며, 있으면 있는 것을 깨고, 공에 머물면 공을 질책하여 이 두 병을 이미 제거하여 중도에 들더라도 중도를 보내야 한다. 이것이 고산의 도이다. 말구는 상황을 당하지 못하고, 말은 일을 펴내지 못하며, 말을 이으려는 자는 잃고, 말구에 머문 자는 미혹된다(經有經師, 論有論師, 律

알았던 점은 사람들이 이성과 언어를 통한 추궁에 습관이 되었을 때, 자신들이 그것으로부터 벗어나기가 매우 힘들다는 것이다. 언어문자를 떠나거나 언어문자에 대한 이해를 떠나서 그들은 이 세계를 전달하거나 이해하기가 매우 어려웠다. 한번은 수산성념(首山省念 : 926~993년)이 대껍질을 집고 묻기를, "대껍질이라 부르면 명과 물이 일치하게 되고, 대껍질이라 부르지 않으면 명과 물이 어긋나게 되니 무어라 불러야 되는가?(喚作竹篾卽觸, 不喚作竹篾則背, 喚作什麽?환작죽멸즉촉, 불환작죽멸즉배, 환작섬마?)"[1] 다시 말해 대껍질은 대껍질이라 부르면 언어의 울타리에 떨어지고 대껍질을 대껍질이라 부르지 않으면 상식에 위배되어 이해할 수가 없게 된다. 이것이 바로 인류가 직면한 이해의 어려운 점이다.

그리하여 9세기에서 10세기의 선사들은 자주 '귀머거리가 어지럽게 일을 방해하는 듯한(聾子亂打聾농자란타차)' 방법을 사용하였다. 언어를 사용하여 언어를 깨트리는 것은 표면적으로 모순되고 오독이며 틀린 대답 가운데 사람들이 말을 받아들이고 문제를 이해하는 이지(理智)를 와해시킨다. 물음이 있으면 답이 있다는 습관을 깨트리며, 사람들이 기대하는 해석의 방식을 차단한다.[2]

도리는 매우 간단하다. 만약 사람들이 듣게 되는 언어로 전달된 내용이 서로 모순되고 완전히 생소하고 어색하며 이성으로도 해석하거나 이해할 수 없는 현상이어서 돌이켜 그 해답을 찾을 때 자기의 기억 속에서 그것을 받아들일 수 있는 자원이 없다는 것을 발견하게 된다. 그러면 습관적인 연상이나 상상 그리고 사상

有律師, 有函有號有部有帙, 各有人傳持, 且佛法是建立敎, 禪道乃止嗁之說, 他諸聖興來, 蓋爲人心不等, 巧開方便, 遂有多門, 受疾不同, 處方還異, 在有破有, 居空叱空, 二患旣除, 中道須遣, 鼓山所以道 : 句不當機, 言非展事, 承言者喪, 滯句者迷경유경사, 논유논사, 율유율사, 유함유호유부유질, 각유인전지, 차불법시건립교, 선도내지체지설, 타제성흥래, 개위인심부등, 교개방편, 수유다문, 수질부동, 처방환이, 재유파유, 거공질공, 이환기제, 중도수견, 고산소이도 : 구불당기, 언비전사, 승언자상, 체구자미)." 『경덕전등록』 권18, 352쪽.

1) 『오등회원』 권11 「엽현귀성(葉縣歸省)」, 688쪽.
2) 언어학자들도 사실 지적하고 있다. "언어는 일련의 암시다……. 사람들이 듣기를 한 물건이 항상 직거래하듯 그 말로 오고가는 소리를 들으면 곧 염증을 느낀다. 그러나 듣는 사람이 애를 써서 상상하거나 사고를 하여 듣는 비유적 말은 항상 그를 흥분하게 한다." 파머(L.R. Palmer)의 『언어학 개론』 제5장, 중역본, 72쪽, 상무인서관, 베이징, 1983. 이택후(李澤厚)는 『장현선종만술(莊玄禪宗漫述)』에서 『단경(壇經)』에 대해 분석하면서 지적하기를, 선종은 "언어의 다의성, 불확정성, 모호성을 충분히 전개하고 운용하였고, 그렇게 함으로써 선종의 언어와 전도가 매우 주관적이고 임의적이었으며, 일상의 논리나 일반적 규범과 완전히 부합하지 않았다." 『중국 고대 사상사론』, 203쪽, 인민출판사, 베이징, 1985.

이 모두 갑자기 차단되게 된다. 그리하여 언어 자체에 대해 반복해서 깊이 사고하게 되며, 이런 모순의 합리적 근거가 도대체 어디에서 왔는지 주의하게 된다.

만약 사람들이 듣게 되는 언어 전달 내용이 자기의 기대와 같지 않거나 심지어 완전히 위배되는 비정상적인 결과일 때 들은 내용은 시종 이해할 수 있는 합리적 근거가 없게 된다. 그리하여 사람들로 하여금 추궁해 가게 한다. 이런 합리성 자체가 역사의 허구는 아닐까?

만약 사람들이 듣게 되는 대답이 완전히 습관적 기대와 위배되고 심지어 신앙인들의 선의의 희망을 거칠게 끊어버릴 때 사람으로 하여금 놀라움을 느끼게 할 뿐만 아니라 불가사의한 느낌을 갖게 한다. 그러면 그는 부득불 일반화된 언어 습관을 넘어서서 이런 습관의 근원을 하나하나 캐묻게 된다. 이런 캐물음이 일단 성립되면, 서로 간의 모순, 의도적 오독과 엉뚱한 대답과 같은 형식의 의미가 언어 중에 드러나게 된다. 왜냐하면 이런 형식의 의의는 언어로 사람들의 언어에 대한 습관적 집착을 와해하는 데 있으며, 그 이유는 언어에 대한 습관적 집착 속에 인류의 이지(理智)가 개발된 이래 이지, 분별, 명상(名相)에 대한 진실성의 집착의 역사가 있기 때문이다.

기괴하게 보이는 이런 선문답 어구들은 모두 언어문자 자체를 사용하여 사람들의 언어문자에 대한 습관적 집착을 깨트리고, 언어 속의 스며있는 역사와 이성을 초월하려는 시도이다. 마치 구송진일(久松眞一)이 『선의 현대적 의의(禪の現代意義)』에서 말하듯이, 이때에 "역사가 만든 인류가 마침 역사를 벗어나서 인류가 역사를 만들게 되었다(歷史制造的人類正好擺脫了歷史, 成了人類制造歷史 역사제조적인류정호파탈료역사, 성료인류제조역사)."[3]

이때에 사람들은 다시는 언어가 진실로 의미를 전달하는지를 캐묻지 않고 언어 자체에 무슨 의미가 있는지에 관심을 가졌다. 언어 표현 가운데 진리에 대한 왜곡에 대해서는 추궁하지 않고 언어의 이런 불가피한 왜곡 속에 그 의의는 도대체 무엇인가에 관심을 가졌다. 그래서 언어 자체가 또한 의미를 구비하고 있

언어문자 자체를 사용하여 사람들의 언어문자에 대한 습관적 집착을 깨트리고, 언어 속의 스며있는 역사와 이성을 초월하려는 시도이다.

---

3) 스즈키 다이세쓰(鈴木大拙)와 우이 하쿠주(宇井伯壽)의 『현대 선 강좌(現代禪講座)』 제1권, 「사상과 행위(思想と行爲)」, 318쪽, 각천서점(角川書店), 도쿄, 1956.

으므로 언어 가운데 진리가 있는 것이다. 전하는 말에 의하면, 운문문언(雲門文偃) 계열의 저명한 '운문삼구(雲門三句)'가 있는데, 즉 '함개건곤구(函蓋乾坤句)', '절단중류구(截斷衆流句)', '수파축랑구(隨波逐浪句)'이다.[1] 만약 이들을 억지로 연결시켜 보면 서로 간의 모순, 의도적 오독 그리고 엉뚱한 대답의 세 방식과 대응시킬 수 있을 것이다. 그리고 서양의 현대 철학에서 말하는 "서로 간의 모순을 사용하여 상대를 초월하고 절대로 나간다(用自相矛盾超越相對而趨于絶對용자상모순초월상대이추우절대)", "유희를 사용하여 결단적인 엄숙성을 피한다(用遊戲逃避決斷的嚴肅性용유희도피결단적엄숙성)", "웃음을 사용하여 판단의 확정성을 와해한다(用玩笑瓦解判斷的確定性용완소와해판단적확정성)"와 같은 개념은 사실 이런 선문답의 내용과 서로 유사하다.[2]

---

1) 일설에 의하면 운문문언(雲門文偃)의 제자 덕산연밀(德山緣密)은 운문문언의 "천지를 뒤덮고, 눈으로 무게를 헤아리며, 세간의 인연을 밟아 건너지 않다(函蓋乾坤, 目機銖兩, 不涉世緣함개건곤, 목기수량, 불섭세연)"를 '천지를 뒤덮는(평등일색)' 구(函蓋乾坤句함개건곤구), '중류(망상잡념의 상징)를 절단하는 구(截斷衆流句절단중류구)', '파도와 물결을 따르는(수행인의 근기에 따라 가르침) 구(隨波逐浪句수파축랑구)' 등 3구로 변화시켰다. 『경덕전등록』 권22, 385쪽.『오등회원』 권15, 935쪽. 그러나 『오등회원』의 기록으로 보면 후대 각 제자들 간의 이 문구에 대한 해석과 이해는 같지 않다. 연밀(緣密)의 동문인 신주서선흠선사(信州西禪欽禪師)는 이 3구에 대해 다음과 같이 해석한다. "천상의 별들이 모두 북쪽을 향해 두 손을 모은다(天上有星皆拱北천상유성개공북)", "대지가 한없이 평평하다(大地坦然평대지탄연평)", "봄에는 생겨나고 여름에는 자란다(春生夏長춘생하장)", 962쪽 참조. 재전 제자 정주보안도선사(鼎州普安道禪師)의 해석은 각각 다음과 같다. "천지가 만상을 아우르니 지옥에서 천당까지 포함하네. 사물마다 모두 진여를 드러내니 하나하나 상함이 없네(乾坤并萬象, 地獄及天堂, 物物皆眞見, 頭頭altitude不傷건곤병만상, 지옥급천당, 물물개진견, 두두용불상)", "산을 쌓아 만드니 하나하나 모두 진애이듯 현묘한 경지를 헤아려 논하니 얼음이 녹아 물이 되고 기와가 부서져 흙이 되듯 하네(堆山積岳來, 一一盡塵埃, 更擬論玄妙, 氷消解瓦催퇴산적악래, 일일진진애, 갱의논현묘, 빙소해와최)", "주변 좋은 말솜씨와 날카로운 혀로 물으나 고저의 기존 개념은 깨지지 않으니, 병에 따라 약을 처방할 줄 알아 병자를 앞에 두고 진단하네(辯口利舌問, 高低總不虧, 還知應病藥, 診候在臨時변구이설문, 고저총불휴, 환지응병약, 진후재임시)", 971쪽. 그 다음 세대인 일방상좌(日芳上座)는 세 동작으로 표현하였다. "지팡이를 세우다(竪起拄杖수기주장)", "지팡이를 가로로 눕히다(橫按拄杖횡안주장)", "지팡이를 던지다(擲下拄杖척하주장)", 999쪽. 그리고 후대의 운거문경선사(雲居文慶禪師)는 '합(含)', '착(窄)', '활(闊)'로 설명한다. 1013쪽. 귀종혜통선사(歸宗慧通禪師)는 "해가 동쪽에서 떠올라 밤에 서쪽으로 떨어진다(日出東方夜落西일출동방야락서)", "철산이 길에 가로놓여 있다(鐵山橫在路철산횡재로)", "사공이 양주로 내려가네(船子下揚州선자하양주)"라고 설명한다. 1031~1032쪽.

2) 슈테그뮐러(Wolfgang Stegmuller)는 『당대철학주류(當代哲學主流)』에서 '세계를 초월'하는 것에 대해 토론하면서 말하길, 이 '절대자'는 마땅히 "논리상의 모순을 통해 순환적 논증을 함으로써 (범주)를 무너뜨리고, 다시 말해 실패하는 사상 활동을 통해 간접적으로 절대자에게 천명하며, 아울러 그것을 일순간에 면전에 나타나게 한다." 그는 또 야스퍼스의 예를 들어 지적하기를 "추구의 대상이 되기만 하면 그것은 황당무계하게 된다." 왕병문(王炳文) 등 중역본, 상권, 240쪽, 242쪽, 상무인서관, 1989. 이런 경향은 사실 하이데거(Martin Heidegger) 문제의 경향과 서로 같다. 하이데거가 일찍이 말하길, "언어 표현을 초월하기 위해 사실 그 자체로 되돌아와야 하고, 우리들은 반드시 어떻게 그곳의 '있음(有)'을 체험하고 보아야 할 건지를 말해야 한다."『면

(禪)의 언어에 대한 사
고와 운용은 매우 깊이
있게 본질을 파악하고 있
다고 할 수 있다.

3

　　선(禪)의 언어에 대한 사고와 운용은 매우 깊이 있게 본질을 파악하고 있다고 할 수 있다.[3] 일설에 의하면 후대에 '공안을 참구(參公案)'한다는 것은 이렇게 언어를 통해 진리에 다다르는 것이다.[4] 왜냐하면 신앙인이 이런 서로 간의 모순, 의도적 오독 그리고 엉뚱한 대답 방식의 대화 속에서 되풀이하여 사색하고 힘들게 참구할 때 전에 없던 의식의 곤경에 빠져들게 된다. 만약 당신이 선사의 이런 상식에 위배되는 대화가 꼭 그 의의가 있다고 확신한다면, 평소에 사용하는 이해의 역사 자원, 이지(理智) 판단 그리고 언어 습관이 갑자기 효력을 잃을 때, 그는 단지 깊고 깊은 어둠 속에 잠겨서 다시금 새롭게 심령을 초월하는 살길을 찾을 수밖에 없을 것이다. 이는 마치 파초혜청(芭蕉慧清)이 말하였듯이 사람이 여행 중에 "갑자기 앞에 만장의 깊은 구덩이를 만나고 뒤에 들불이 타오르며 양쪽 두둑은 가시밭이면, 이 상황에서 앞으로 가면 구덩이에 떨어지고 뒤로 가면 들불에 몸이 탈 것이며 돌아 측면으로 가면 가시 수풀에 방해를 받을 것이다. 이와 같을 때 어떻게 해야 살 수 있는가? 만약 빠져나온다면 결국 몸이 나올 길이 있을 것이고, 만약 빠져나오지 못한다면 몸이 떨어져 죽게 될 것이다(忽遇前面萬丈深坑, 背後野火來逼, 兩畔是荊棘叢林, 若也從前, 則墮在坑塹, 若也退後, 則野火燒身, 若也轉側, 則被荊棘林碍, 當與麼時, 作麼生免得? 若也免得, 合有出身之路, 若免不得, 墮身死漢홀우전면만장심갱, 배후야화래핍, 양반시형극총

향사적사정(面向思的事情)』, 진소문(陳小文) 등 중역본, 상무인서관, 1996. 또 모순어에 대해 전신조(錢新祖)의 「불도적어언관여모순어(佛道的語言觀與矛盾語)」, 『당대(當代)』 제11기, 제12기, 타이베이, 1987.

3) 『오등회원』 권11, 엽현귀성(葉縣歸省)의 "구는 이르렀는데 뜻은 이르지 않았다(句到意不到)", "뜻은 이르렀는데 구는 이르지 않았다(意到句不到)", "뜻과 구가 다 이르렀다(意句俱到)", "뜻과 구가 다 이르지 않았다(意句俱不到)"의 견해. 689쪽. 같은 권에 분양선조(汾陽善昭)의 "한 구절의 말에 반드시 세 가지 현묘한 문을 갖추어야 하고 일현문에 반드시 삼요를 갖추어야 한다(一句話須具三玄門, 每一玄門須具三要일구화수구삼현문, 매일현문수구삼요)"의 논술. 685~686쪽. 권10의 서록본선(瑞鹿本先)의 문화(問話), 간화(揀話), 대화(代話), 별화(別話), 경론 중의 기이한 언어와 조사의 특이한 말투의 분별. 618쪽.

4) '공안(公案)'은 본래 관부의 공문서(案牘)를 말한다. 후에 선문에서 가져다 신앙인들을 계도하기 위해 자주 쓰는 화두를 지칭하는 것으로 썼다. 스즈키 다이세쓰가 말하길, 공안은 "우리가 그것을 사용하여 분별 인식에 대한 집착에서 벗어나고, 자심 본원의 광명을 확립하는 일종의 공부다"라고 한다. 그리고 공안을 정토종의 명호(名號), 천태종의 제목(題目) 그리고 밀종의 아자관(阿字觀)과 함께 거론한다. 『선 사상사 연구(禪思想史研究)』제4 「공안론(公案論)」 참조, 『스즈키 다이세쓰전집』 제4권, 177쪽, 암파서점, 1968.

림, 약야종전, 즉타재갱참, 약야퇴후, 즉야화소신, 약야전측, 즉피형극림애, 당여마시, 작마생면득? 약야면득, 합유출신지로, 약면불득, 타신사한)." [1]

다시 말해서 만약 그가 역사, 이지 그리고 언어에 의해 아직 둘러싸이지 않은 인류의 원초적 사념처로부터 '부모로부터 태어나기 전의 자기의 본래 모습(父母未生前, 自己的本來面目부모미생전, 자기적본래면목)'을 찾을 수 있다면, 선문에서 말한 언어를 버리는 깊은 뜻을 깨달을 수 있을 것이다. 그는 바로 이런 언어를 위배하는 언어 속에서 자심을 드러내고, 또한 진리를 드러나게 할 것이다. 오직 이런 언어 속에서만 불법의 참뜻을 깨달을 수 있다. 그래서 언어는 이제 단지 물고기를 잡는 통발이 아니고 물고기(魚) 자체이며, 진리고 의의인 것이다. [2]

문제는 이런 언어가 진리를 드러낼 때도 있고, 또한 의의를 가릴 때도 있다는 것이다. 본래 깊은 의미로 가득한 언어는 마음속으로부터 용솟음쳐 나오고 모방의 결과일 수는 없다. 기지와 교묘한 생각은 항상 처음 창조한 사람의 것으로 모방자에 대해서 말하면 단지 우둔함과 고루함을 드러낸 것에 불과하다.

그러나 10세기 초에 기지와 풍취에 찬 많은 대화가 이미 후학들의 모방의 견본이 되었고 사용이 반복되면서 '공안'이 된 것이다. 그중 어떤 화두는 여러 차례 반복해서 사용되었는데, 예를 들면 "얼굴은 남쪽으로 하고 북두를 향하다(面南朝北斗면남조북두)"이다. 이 화두가 처음 제시되었을 때 아마도 공간 방위에 대한 의심을 내포하고 또한 이런 개념을 가리키는 언어 습관에 대한 곤혹스러움을 포함하였을 것이다. 이런 화두를 제시한 자체가 사람의 곤경에 대한 쟁탈이지만, 제2차 제3차 반복적으로 중복되면서[3] 선사들은 또 한 차례 '사구 가운데서 살아 있는 말을 찾는(在死句中討生話재사구중토생화)' 기존의 틀에 떨어진 것이다. 왜냐하면 중복은 자심에서 채득한 깨달음이 아니라 '손가락을 찾고 달을 잃어버린(尋指而亡月심지이망월)' 격이기 때문이다. 첫 번째 대답 "무엇이 불법의 대의입니까?(如何是佛法大

1) 『오등회원』 권9, 551쪽.

2) 조주가 일찍이 말하길, 언어는 '선택(揀擇)'과 '분별(分別)'인데, 이것이 사람으로 하여금 지극한 도를 깨달을 수 없게 하는 까닭이다. 어떤 사람이 묻기를 "어떻게 하면 선택을 하지 않게 됩니까?(如何是不揀擇?여하시불간택?)" 그가 대답하길, "천상천하에 유아독존하면 된다.(天上天下, 唯我獨尊)"라고 하였다. 그 의미는 자심의 독단성을 드러내고 언어의 규정성에 구애받지 않음을 드러낸 것이다. 『오등회원』 권4, 203쪽.

3) 예를 들면 백마행애(白馬行藹), 『오등회원』 권8, 493쪽. 파초혜청(芭蕉慧清), 『오등회원』 권9, 551쪽.

언어는 진리고 의의인 것이다.

意?)"는 천신만고를 격은 사람이다. 아마 불법의 정연한 이성적 이론을 와해하면서 생활 세계 자체가 이론처럼 사각으로 반듯하게 잘린 듯하지 않다는 것을 암시한다. 그러나 두 번째 호로를 의지하여 박을 그리 듯(依葫蘆畵瓢의호로화표) '천신만고(七顚八倒)'를 말하는 선사는 아마 각주구검 격이다. 그는 단지 이 네 자만을 기억하고 네 자 배후에 담긴 깊은 의미를 잃어버렸을 것이다.[4]

선에서 이론 언어가 심령에 대한 가림을 와해할 때, 일찍이 "푸르고 푸른 취죽이 모두 법신이며, 성하고 성한 국화가 반야가 아닌 것이 없다(青青翠竹, 俱是法身, 郁郁黃花, 無非般若청청취죽, 구시법신, 욱욱황화, 무비반야)"를 인용하고, "눈에 닿는 것이 모두 진여이다(觸目而眞촉목이진)"와 "일마다 진여이다(卽事而眞즉사이진)"의 도리를 사용하며, 자연과 생활을 표현하는 많은 문학 언어를 선의 대화에 끌어들여 선의 대화를 생기로 충만하게 하였으며, 또한 예술 언어처럼 느끼게 하였다.

그들은 당나라 때 문인들의 참선을 통한 깨달음의 시구들 "구름은 푸른 하늘에 떠 있고 물은 병에 담겨 있네(雲在青天水在瓶운재청천수재병)", 자연의 산수를 쓴 시구인 "한 가닥의 경계가 청산의 빛을 깨트린다(一條界破青山色일조계파청산색)", 고인의 기성 시구인 "서로 만나 서로 부르고자 하나 묵묵히 말할 수 없네(相逢欲相喚, 脈脈不能語상봉욕상환, 맥맥불능어)" 등을 참선의 깨달음을 위한 화두로 삼았을 뿐만 아니라 자신들이 대화나 해설을 문학성이 농후한 시로 써냈다. 예를 들면 대룡지홍(大龍智洪)의 경구 "산꽃은 비단처럼 피어나고 계곡물은 쪽처럼 맑네(山花開似錦, 澗水湛如藍산화개사금, 간수담여람)", 영명연수(永明延壽)의 게송 "외로운 원숭이 울고 달은 바위 사이에 떨어지는데, 야객은 한밤중 희미한 등불 아래 읊조리네. 이때 이 경치 누가 그 뜻을 얻겠는가? 백운 심처에 좌선하는 승려이겠지(孤猿叫落中岩月, 野客吟殘半夜燈. 此境此時誰得意? 白雲深處坐禪僧고원규락중암월, 야객음잔반야등. 차경차시수득의? 백운심처좌선승)."[5]

---

4) 첫 번째 이 구를 사용한 사람은 아마 초경도광(招慶道匡)이고, 모방자 중에는 대녕가홍(大寧可弘)이 있다. 『오등회원』 권10, 605쪽.
5) 보복가주(保福可儔), 『오등회원』 권8, 469쪽. 소종지원(紹宗智圓), 『경덕전등록』 권21, 376쪽. 귀종의유(歸宗義柔), 『오등회원』 권10, 579쪽. 대룡지홍(大龍智洪), 『오등회원』 권8, 493쪽. 영명연수(永明延壽), 『오등회원』 권10, 604쪽.

후대의 선문답 기록에 보면, 이런 지혜로 가득 찬 깊은 의미의 언어는 그 후 점차 문학적 언어로 사용되었다. 그러나 선사들이 자심으로 체험하고 깊은 생각과 숙련된 사려를 거치지 않고, 단지 선배들이 깨달았던 화두를 모방하며 그리고 그것을 정치한 공안으로 사용할 때 일상생활과 다른 선사의 언어는 반복적으로 복제된 교조가 된다. 선을 배우는 자가 이런 화두를 반복적으로 복제할 때 화두는 단지 지적 능력의 교량이지 지혜의 용솟음이 아니다. 그래서 종종 마음과 힘을 다하여 언어 글귀를 갈고 닦게 된다. 더욱 많은 지식인들은 순수한 심령의 초월과 자유의 세계에 대해 깊게 받아들여서가 아니라 선의 예술생활 방식에 대해 본능적으로 좋아하여 선의 항렬에 들어선 것이다. 그들은 문인의 본능적 예술 추구와 문학적 애호 성향을 대화에 들여와서 본래 매우 깊은 철학적 사유가 담겨야 할 대화가 기지와 교묘한 사고를 표현하는 문학 훈련이 되게 하였다. 선사들과 신앙인들이 선을 진정으로 엄숙한 사상 문제로 여기지 않고, 이런 언뜻 보기에 유희 같은 날카롭고 기민한 언어 훈련을 진정한 유희로 여기면, 선은 대량으로 문학가들의 예술 창작 소재를 충당할 수 있을 것이나, 우주와 인생에 대한 사고에 대해서는 진정한 계시를 줄 수 없을 것이다. 스즈키 다이세쓰(鈴木大拙)가 말하였듯이 선종은 중국 문학이 구비하고 있는 모든 특징을 망라하였으니, 예를 들면 의도적으로 논리와 어법을 와해하고 경구를 운용하여 대화를 매우 심오하고 비틀며 함축성 있게 하고, 매우 날카롭고 의미 깊게 뜻을 말하였다. 이는 선과 중국어가 공유하는 특징이다. 본래 중국어의 매력은 어법에 구애받지 않음에 있으며, 단어 사이의 관계가 느슨하고 자유스러워 언어에 암시성, 몽롱함 그리고 황홀함이 있게 한다. 그리하여 그 가운데 어떤 어슴푸레하고 가물가물한 느낌을 만들어 낸다. 이것이 선과 맞물리는 점이다.[1]

이런 견해는 모두 맞는 말이지만, 이런 일치감이 선의 언어를 시의 언어로 전향하게 한 것이다. 제기(齊己)가 용아화상(龍牙和尙)의 게송집에 서문을 지으면서 선문의 게송시를 짓는 풍조에 대해 언급하길, 함통 초(860)에 신풍과 백애 두

---

1)『선 사상사 연구(禪思想史研究)』 제4 「日本禪思想史の一斷面−大燈百二十則に因みて著語一般のもつ意味」, 『스즈키 다이세쓰전집(鈴木大拙全集)』 제4권, 9~10쪽, 암파서점, 도쿄, 1968.

대사가 지은 계송시가 선림에 많이 퍼졌다(咸通[860]初, 有新豊, 白崖兩大師所作, 多流散于禪林함통[860]초, 유신풍, 백애양대사소작, 다유산우선림)"라고 하였으며, 용아화상의 게송은 실제로 더욱 예술적 느낌이 풍부하다.[2]

선의 문학화 풍조가 이 시기에 시작되었는지의 여부는 아직 더 심도 있는 연구가 필요하지만, 9세기에서 10세기 사이에 선을 익혔던 자들 중에는 확실히 상당한 문학적 재능을 구비한 사람들이 많았다. 예를 들면 향엄지한(香嚴智閑)에게는 "계송이 2백여 편이 있는데, 인연 따라 상황에 맞추어 성률에 구애받지 않으며 게송을 짓는 여러 방식이 성행하였다(有偈頌二百多篇, 隨緣對機不拘聲律, 諸方盛行유게송이백다편, 수연대기불구성율, 제방성행)"[3]

조산본적(曹山本寂)은 『대한산자시(對寒山子詩)』에 주석을 달면서 "국내에 유행하고…… 그 문사는 힘 있고 아름다워 법재가 뛰어났다고 불렸다(流行寓內……文辭遒麗, 號富有法才유행우내…… 문사주려, 호부유법재)." 청량문익은 "서예와 글쓰기를 좋아하여 특히 지둔(支遁)과 혜림(惠林)의 지탕체를 흠모하였고 때때로 게송과 찬어를 지었다(好爲文筆, 特慕支湯之體, 時作偈頌眞贊호위문필, 특모지탕지체, 시작게송진찬)."[4]

일설에 의하면, 남당(南唐)의 군주가 일찍이 청량문익과 함께 모란을 감상하면서 그에게 시를 짓게 하자, 문익은 즉석에서 '옹취대방총(擁毳對芳叢)'이라는 시를 지었다.[5] 그들의 대화 중에 상당히 화려하거나 혹은 청아한 언사를 자주 볼 수 있다. 예를 들면 "취죽이 바람에 흔들리고 찬 소나무에 달 걸려 있네(翠竹搖風, 寒松鎖月취죽요풍, 한송쇄월)", "성채 위의 흰 구름 삼간 초가집(一塢白雲, 三間茅屋일오백운, 삼간모옥)", "그윽한 계곡의 샘물 맑고, 높은 봉우리 달빛 희네(幽澗泉淸, 高峰月白유간천청, 고봉월백)", "구름이 푸른 산봉우리 암혈에서 생겨나고 비는 푸른 하늘에서 내리네(雲生碧岫, 雨降靑天운생벽수, 우강청천)", "탑과 비단 같은 소나무 드리운 푸른 바다 바라보네(一塔松羅望海靑일탑송라망해청)", "눈 내리는 밤에 밝은 달 바라보네(雪夜觀明

---

2) 『선문제조사계송(禪門諸祖師偈頌)』 권1, 제기(齊己)의 「용아화상계송서(龍牙和尙偈頌序)」, 이 서문은 『전당문』에 수록되지 않았다.
3) 『경덕전등록』 권11, 286쪽. 또 『송고승전』 권13에 말하길, 그는 "남몰래 증험한 바가 있으면 게송을 지어 노래하였다(冥有所證, 抒頌唱之명유소증, 서송창지)"고 한다. 304쪽.
4) 각기 『송고승전』 권13, 308쪽, 314쪽 참조.
5) 『오등회원』 권10, 565쪽.

月설야관명월)" 등등이다.[1]

그들은 산림의 깊은 곳에 살면서 갖는 한적한 심경이 그들로 하여금 시적 정취를 풍부하게 하였고, 그래서 자신의 심경과 처한 환경을 묘사하는 언어 속에 자주 시가의 느낌이 나는 각종 어휘나 경지가 묘사되었으며, 혹은 본래 시가였다. 단지 현사사비(玄沙師備), 장경혜릉(長慶慧稜) 등의 제자뻘 사람들의 대화만 예로 들어도, "원숭이 소리 자주 끊기는데 만리타향 나그네 수심 겹게 듣네(三聲猿屢斷, 萬里客愁聽삼성원루단, 만리객수청)", "까치 날아와 머리 위에서 울고, 구름은 눈앞으로 날아가네(鵲來頭上語, 雲向眼前飛작래두상어, 운향안전비)", "사자석 앞 신비로운 물소리 울리고 계룡산 위 흰 원숭이 우네(師子石前靈水響, 鷄籠山上白猿啼사자석전령수향, 계룡산상백원제)", "계곡에 만뢰 소리 일고 늙은 소나무에 오색구름 걸쳤네(谷聲萬籟起, 松老五雲披곡성만뢰기, 송로오운피)", "세진 속의 사람은 절로 늙는데 하늘의 달은 항상 밝네(塵中人自老, 天際月常明진중인자로, 천제월상명)", "슬프게도 정원 앞 붉은 비름나무 해마다 잎 피우고 꽃은 피우지 않네(惆悵庭前紅莧樹, 年年生葉不生花추창정전홍현수, 연년생엽불생화)", "성 위에 새해 피리 소리 이미 불고, 창 앞에는 여전히 지난 해 등불 켜져 있네(城上已吹新歲角, 窓前猶點舊年燈성상이취신세각, 창전유점구년등)", "만리의 백운 상서로운 산을 향하고 미미한 가랑비 발 앞에 뿌리네(萬里白雲朝瑞岳, 微微細雨灑簾前만리백운조서악, 미미세우쇄렴전)", "바람 따라 물소리 머리맡에 들려오고 달 따라 산 그림자 침상 앞에 이르네(風送水聲來枕畔, 月移山影到床前풍송수성래침반, 월이산영도상전)" 등 어느 하나 좋은 시가 아닌 것이 없다.[2]

시가 형식의 예술 언어가 철학적 이치를 표현하거나 드러낼 수 없다는 것이 결코 아니다. 현대 서양 철학에서도 모두 시가와 예술 형식을 사용하여 언어로 형용할 수 없는 절대적 존재를 드러내려는 경향이 있다. 마치 하이데거가 횔더린(Johann Christian Friedrich Hlderlin : 1770~1843년, 독일의 서정시인)의 시를 분석한 것이

1) 이상은 용화계영(龍華契盈), 광엄함택(廣嚴咸澤), 보자문흠(保慈文欽), 만안청운(萬安淸運), 봉황종침(鳳凰從琛)의 말이다. 『오등회원』 권8, 468쪽, 643쪽, 470쪽, 471쪽.
2) 이상은 선종계영(仙宗契盈), 경심법도(傾心法瑫), 광엄함택(廣嚴咸澤), 상광징정(祥光澄靜), 후초경(后招慶), 건산징(建山澄), 서암사진(瑞岩師進), 대룡지홍(大龍智洪)의 대화중의 말이다. 『오등회원』 권8, 451쪽, 462쪽, 463쪽, 467쪽, 473쪽, 474쪽, 481쪽, 493쪽. 선사들 게송의 상황에 대해서는 스즈키 데츠오(鈴木哲雄)의 『당오대선종사(唐五代禪宗史)』, 후편 제5장의 통계 참조, 535~542쪽, 산희방불서림, 도쿄, 1985.

한 예이다. 슈테그뮐러(Wolfgang Stegmuller)는 『당대철학주류(當代哲學主流)』에서 말하길, "진리의 완성은 종교, 예술 그리고 시가 중의 원초적 직관에 의해 실현된다"[3]라고 하였다. 문제는 그러기 위한 전제 조건은 시가를 창작하거나 감상하는 자가 반드시 마음속에 철학적 이치를 이해하려는 성향이 미리 있어야 한다는 것이다. 그리하여 시가 언어가 눈앞에 전개되었을 때 그것이 사람을 우주와 인생의 깊은 문제에 대해 되돌아보도록 인도하게 하고, 그것을 정경에 대한 문학적 묘사나 혹은 단순한 감회로 여기지 않게 한다. 예를 들면 "낙화 흐르는 물 따르고 명월 높은 산봉우리에 떠오르네(落花隨流水, 明月上高峯낙화수류수, 명월상고잠)"[4]와 같은 시구에 대해 이를 자연에 순응하고 자심을 드러내는 의미로 이해할 것인가, 혹은 이를 정적이 감돌며 맑고 그윽한 자연 경관으로 감상할 것인가? 비록 시가 언어 속에서 자연 경관을 감상하면서도 우주와 인생에 대해 느낄 수 있다고 말할 수 있으나, 이것과 종교 언어 사이에는 상당히 다른 점이 있다. 즉 종교 언어라는 것은 항상 신앙인들을 초월과 절대에 대해 사고하도록 인도한다. 앞에서 인용한 제기(齊己)의 「용아화상게송서(龍牙和尙偈頌序)」에서 비록 독자에게 반복해서 상기시키고 있는 선의 게송 "모습은 시와 같으나 그 맛은 시가 아니다(體同于詩, 厥旨非詩체동우시, 궐지비시)"가 있다.

그러나 언어가 비슷하기 때문에 사람들은 쉽게 게송을 시가로 여긴다. 그래서 독자들의 체험과 사고의 실마리를 인생, 자연 그리고 생활의 일반적 감정으로 끌고 간다. 앞에서 말하였듯이 이론에 대한 흥미의 감소는 8세기 이후 중국 불교의 뚜렷한 추세였다. 지나치게 번잡한 개념 정의와 층차 분석과 지나치게 추상적인 연산부호 등에 대해 신앙인들은 이미 상당한 염증을 표현하였는데, 유식학과 화엄학의 운명이 그 좋은 예증이다. 종교 생활을 일상생활로 전환하고, 종교적 언어를 예술적 언어로 삼아 체험하며, 깊은 철학적 이치를 담고 있는 어구를 시가로 변환하면서, 선은 다시 한 차례 종교적 엄숙성과 이론적 심각성을 와해하였다.[5]

선은 다시 한 차례 종교적 엄숙성과 이론적 심각성을 와해하였다.

---

3) 슈테그뮐러(Wolfgang Stegmuller)의 『당대철학주류(當代哲學主流)』 상권, 255쪽.

4) 동산(洞山)의 제자 백수본인(白水本仁) 선사의 말, 『오등회원』 권13, 804쪽.

5) 스즈키 다이세쓰의 『선과 염불의 심리학적 기초(禪と念佛の心理學的基礎)』 제10장, 「看話工夫に關する諸種の一般的敍述」 참조. 그는 "하나가 일체고 일체가 하나다(一卽一切, 一切卽一)"를 예로 들며, 인도의 표현과 비교하

대중(大中 : 당나라 선종宣宗의 연호, 847~860년) 연간 이후 선문은 무종(武宗)의 멸불(滅佛)정책으로 인한 인고의 칩거 상황에서 점차 벗어나 회복하기 시작하였으며, 이미 중앙의 황족 권력 혹은 지방 제후들 간에도 상당한 묵계가 이루어져 불교의 주류가 되었다. 그리고 상당히 많은 신앙인들을 끌어들였으며, 많은 문인과 관료 귀족들도 선에 대해 특이할 정도의 열정을 보였다. 설봉의존(雪峰義存)이 함통(咸通 : 당나라 의종懿宗의 연호, 860~874년) 11년(870)부터 건부(乾符 : 당나라 희종僖宗의 첫 번째 연호, 874~879년) 2년(875)까지 설봉산을 개간한 후, "천하의 불자들이 어느 지역 누구를 막론하고 부르듯 그에게로 쫓아갔다(天下之釋子, 不計華夏, 趨之若召천하지석자, 불계화하, 추지약소)." 그리고 일련의 관원들과 심지어 황제의 총애까지 받았다.[1]

그 후 북방의 후당(後唐), 후진(後晉), 후한(後漢) 그리고 남방의 여러 나라인 전씨(錢氏), 이씨(李氏), 유씨(劉氏) 등은 모두 선에 대해 큰 흥미를 가졌고,[2] 그들이 참선 스승을 방문할 때는 선사들과 지적 능력과 언어 능력을 겨루기도 하였다. 선사들과 기지를 다투며 공안을 참구하면서 기교와 유머가 풍부한 말들을 하였다. 그러면서 사람들은 정신을 언어의 암시성, 다양성 그리고 포용성에 집중하고, 중국어의 특징을 충분히 잘 운용하면서 생활 가운데서 의미가 깊은 말들을 이야기하거나 혹은 함축적이며 유머가 있는 시구들을 써냈다. 이런 풍조가 더욱 상층 문화인들의 여가 기호가 되었다. 이렇게 되자, 선의 종교성은 신앙인들의 계층 구성과 문화 성향의 변화 속에서 점차 엷어졌다. 도리어 선의 언어 예술과 생활 취미가 날로 신앙인들 관심의 중심이 되었다. 그래서 그런 기막히게 뛰어난 대화와 철학적 이치가 풍부한 날카로운 기지는 점점 선이 갖는 상식 세계와 이성적 대화에 대한 초월성과 비판성을 잃게 되었으며, 문인들의 생활 청취와 문학 지혜를 표현하는 언어 기교가 되었다.

선의 종교성은 신앙인들의 계층 구성과 문화 성향의 변화 속에서 점차 엷어졌다.

면 중국 선의 표현이 얼마나 평상적인지 느낄 수 있다고 여긴다. 『스즈키 다이세쓰전집』 제4권, 278쪽, 암파서점, 도쿄, 1968. 그는 자주 이런 선택을 중국인들의 사유 방식과 생활 방식의 탓으로 돌린다. 그러나 이런 추상적 사고를 좋아하지 않는 습관 자체 또한 역사에 의해 세워졌다. 실제로 7세기에서 8세기 사이 중국에 이미 유행하였던 유식과 화엄사상은 사실 매우 추상적이며 세밀하고 번쇄하다.

1) 『송고승전』 권12, 287쪽.
2) 예를 들면 현사사비(玄沙師備), 청량문익(淸涼文益), 천태덕소(天台德韶), 화엄휴정(華嚴休靜), 천룡중기(天龍重機), 청량태흠(淸涼泰欽), 용흥종정(龍興宗靖) 등은 모두 일찍이 남당(南唐), 남한(南漢), 민(閩) 그리고 후당(後唐) 등 정권의 지지를 받았다.

국가 권위와 사상 질서의 재건 : 8~9세기 사상사의 재인식

8세기 말에서 9세기 초는
당나라에 있어서 매우 어
려운 시기였음에 틀림없
다.

8세기 말에서 9세기 초는 당나라에 있어서 매우 어려운 시기였음에 틀림없다. 강력한 힘을 가졌던 국가가 권위를 잃어가는 듯하였다. 이처럼 권위를 상실한 정치 상황은 연쇄적으로 지식과 사상의 질서를 혼란시켰다. 우선 당나라의 내란부터 살펴보기로 하자. 8세기 중엽 안사의 난 이후 형성된 번진(藩鎭)은 이미 그 세력이 중앙 정부를 능가할 정도가 되어 수시로 당나라의 존립을 위협하였다.

덕종(德宗) 건중(建中) 3년(732)에 주도(朱滔), 전열(田悅), 왕무준(王武俊), 이납(李納) 등은 스스로 왕을 자처하며 자신을 '고(孤)' 혹은 '과인(寡人)'이라고 칭하였다. "(자신이) 거처하는 집(堂)을 일컬어 '전(殿)'이라고 하고, (자신이 내리는) 처분을 '령(令)'이라고 하고, 여러 신하들이 올리는 글(書)을 일컬어 '전(箋)'이라고 하였으며, (자신의) 아내(妻)를 '비(妃)'라고 부르고 (자신의) 장자를 '세자'라고 칭하였다. 각기 자신이 다스리는 고을(州)을 부(府)로 삼아 유수(留守) 겸 원수(元帥)를 두어 그에게 군정을 맡겼다. 또한 동서조(東西曹)를 설치하여 중서성(中書省)과 문하성(門下省)을 살피고 좌우 내사(內史)가 시중(侍中)과 중서령(中書令)을 살피도록 하였다. 나머지 관직은 모두 천자의 조정을 모방하여 그 명칭을 바꾸었다."[1]

---

1) 『자치통감』 권227, 7336쪽 "所居堂曰殿, 處分曰令, 群下上書曰箋, 妻曰妃, 長子曰世子, 各以其所治州爲府, 置留守兼元帥, 以軍政委之, 又置東西曹, 視中書·門下省; 左右內史, 視侍中·中書令; 餘官皆仿天朝而易其名소거당왈전, 처분왈령, 군하군하상서왈전, 처왈비, 장자왈세자, 각이기소치주위부, 치류수겸원수, 이군정위지, 우치동서조, 시중서·문하성; 좌우내사, 시시중·중서령; 여관개방천조이역기명)."

고대 중국에서 "이름(名)이나 그릇(器)만은 남에게 함부로 빌려주어서는 안된다(唯名與器不可以假人유명여기불가이가인)"는 전통에 의하면, 소속 부하들의 배속과 명칭을 바꾸는 이러한 방법은 확실히 대역무도하고 참람한 행위이다. 다른 한편으로 이는 방자하기 그지없는 도전이기도 하였다.

이후 각 번진들은 왕조의 권위를 무시하고 서로 경쟁하듯 중앙 정부에 도전하였다. 이희열(李希烈 : ?~786년)은 같은 해 12월에 '천하도원수(天下都元帥) 태위(太尉) 건흥왕(建興王)'이라고 칭하였으나, 아직 조대만은 바꾸지 않아서 당나라에게 정통성의 체면은 살려주었다. 그러나 이듬해(783) 경원(涇原) 절도사 도령언(姚令言)의 추대 속에 주비(朱泚)는 마침내 꾀꼬리가 까치의 집을 차지하듯 천자를 장안에서 내쫓고 당나라의 수도에서 스스로 "대진황제(大秦皇帝)라고 칭하며 연호를 응천(應天)으로 고쳤다."

당나라 덕종이 다시 천명을 되찾기 위해 이듬해에 흥원(興元) 원년으로 연호를 변경하고 침울한 어조로 "위에서 하늘이 책망해도 짐이 깨닫지 못하고, 아래에서 백성들이 원망해도 짐이 알지 못하여 나라가 혼란에 이르게 되었도다. 변란이 도읍에서 일어나 모든 벼슬아치들(구품)이 질서를 잃고 구묘(九廟 : 제왕의 종묘)가 진동하고 깜짝 놀라게 되었도다(天譴于上而朕不寤, 人怨于下而朕不知, 馴致亂階, 變興都邑, 萬品失序, 九廟震驚천견우상이짐불오, 인원우하이짐부지, 순치란계, 변흥도읍, 만품실서, 구묘진경)"라고 탄식하며, '자책하는' 식의 낡은 방식으로 위로는 하늘의 뜻을 얻고 아래로는 백성들의 마음을 되돌리고자 하였다.[1]

당나라의 국운이 좋아 여러 차례의 위기 속에서도 정통성의 상징인 수도 장안을 다시 되찾았지만, 당나라 부흥에 대한 믿음은 9세기 초반까지도 회복하지 못하였다.

다음으로는 외환을 살펴보자. 당나라의 큰 위협은 역시 사방의 이민족에서 비롯되었다. 『신당서』「돌궐전」의 서문(小序)에서 "당나라가 흥하자 남쪽과 동쪽의 오랑캐들이 번갈아 흥망성쇠를 거듭하였다. 그 중 일찍이 중원과 대립 관계에 있던 오랑캐가 넷 있는데, 돌궐, 토번, 회골(回鶻 : 회흘回紇, 위구르), 운남이 그들이다

---

1) 『자치통감』 권229, 7391쪽.

(唐興, 蠻夷更盛衰, 嘗與中國相亢衡者有四, 突厥, 吐蕃, 回鶻, 雲南是也당흥, 만이경성쇠, 상여중국상항형자유사, 돌궐, 토번, 회골, 운남시야)"[2]라고 적고 있다. 이처럼 당나라의 전성 시기에도 사예(四裔 : 사방의 변경지대)에 대해 어찌 할 수 없었거늘, 당나라가 크게 혼란스러워 기운이 쇠락한 상황에서 외부 세력의 위협은 백성들에게 크나큰 걱정거리가 아닐 수 없었다.

비록 돌궐의 위협은 사라졌다 할지라도, 서역의 토번은 도리어 당나라가 마음 편히 먹고 자지도 못할 만큼 위협적인 존재였다. 정원(貞元) 3년(787), 이비(李泌)는 덕종(德宗)에게 "북으로는 회흘과 화의하고 남으로는 운남과 통하고 서로는 대식국(大食國)과 천축국(天竺國)과 협약할 것(北和回紇, 南通雲南, 西結大食, 天竺북화회흘, 남통운남, 서결대식, 천축)"[3]을 건의하였는데, 이는 토번의 위협에 대응하기 위한 것이었다. 당시 토번은 운남, 검남(劍南), 서산(西山) 일대의 강족(羌族)을 하나로 통일한 다음, 당나라를 자주 침범하고 있었다. 민간에서는 변방을 방어하고 싶다는 희망을 상상력을 통해 진나라 명장 백기(白起 : ?~기원전257년, 진나라의 전국 통일에 크게 기여한 백전백승의 명장)를 되살려 그에게 그러한 바람을 기탁하기에 이르렀다. 그리고 황제 또한 백기 장군을 위해 도성에 사당을 세우려 하였던 것 같다.[4]

그러나 변방 이민족의 침략은 토번에 그치지 않았고, 중앙 정부에 대한 위협 또한 군사적 침략 외에도 민중들의 심리적 불안감이나 심지어 문명에 대한 신뢰감의 상실까지를 포함한다. 당나라에서 상대적으로 세력이 약했던 대종(代宗)과 덕종(德宗) 시기는 물론이고, 점차 강성해져 가던 헌종(憲宗) 시기조차도 이민족의 갖가지 간섭으로부터 자유롭지 못하였다. 원화(元和 : 당나라 헌종의 연호, 806~820년) 14년(819)에 토번은 15만 대군을 이끌고 당항강(黨項羌)과 함께 염주(鹽州)를 포위 공격하였을 뿐만 아니라 안남(安南)의 양청(楊淸) 또한 안남의 도호부를 공격하여

---

2) 『신당서』 권215, 6023쪽.

3) 사마광, 『자치통감』 권233, 7502쪽.

4) 이 일은 당나라 덕종 정원(貞元) 4년(788)에 있었던 일로서 『자치통감』 권233, 7511쪽에 보인다. 『신당서』 권216 「토번전」에 찬하여 말하길, 토번은 "하·황 일대를 모두 빼앗고 경기 지역을 동쪽 경계로 삼아 경사를 침범하고 경기 인근을 약탈하고 중원 사람들을 모두 배웠다(盡盜河湟, 薄王畿爲東境, 犯京師, 掠近輔, 殘臧華人진도하황, 박왕기위동경, 범경사, 략근보, 잔괵화인)"라고 하였다. 후세 역사가의 눈에는 그 또한 줄곧 마음속의 큰 걱정거리였다.

도호 이상고(李象古)의 전 가족과 관속 부하 천여 명을 죽였다. 이렇듯 골칫거리인 변방의 외환은 9세기에도 계속해서 그치지 않았다. 예를 들어 장경(長慶 : 당나라 목종穆宗의 연호, 821~824년) 3,4년(823~824)에는 황동만(黃洞蠻)이 옹주(邕州)와 흠주(欽州)를 공격하였고, 태화(太和 : 당나라 문종文宗의 연호, 827~836년) 3년(829)에는 남조(南詔)가 수주(巂州), 융주(戎州), 공주(邛州)를 공격하고 성도(成都)까지 직접 쳐들어오는 등의 일이 발생하였다.

이 시기에는 이러한 내우외환들이 백성들을 상심하게 만들었을 뿐 아니라 당나라의 사회 상황 역시 많은 실망감을 안겨주었다. 오랜 시간 동안 황권은 권위와 위엄을 지키지 못하였기에 일부 지역의 관리들은 제각기 정사를 돌보았다.[1] 관원의 급료는 매우 박하였고, 사람들 사이에 불신도 팽배하였다. 국가가 위기 상황이었기에 실용성을 중시하는 분위기가 성하고 도덕과 윤리는 땅에 떨어졌다. 순수한 사상과 지식도 이미 지난날과 같은 권위가 없어졌으며, 사대부들조차도 매우 난처한 입장에 놓이게 되었다. 심지어 도성에서도 생활에 안정감이 없었고 중요한 국가 관원조차도 생활고를 면하기 어려웠다.

원화(元和) 10년(815) 장안에서는 무원형(武元衡)과 배탁(裵度)이 살해되는 사건이 연이어 발생하여 "경성(京城)이 발칵 뒤집혔다. 이에 조칙을 내려 재상으로 하여금 출입할 때는 금오위(金吾衛) 기사(騎士) 수를 늘리고 활과 칼로 무장하고서 그를 호위하도록 하였다. 방문(坊門)을 통과할 때는 검문검색이 매우 엄하여 조정의 관리들도 아직 날이 밝지 않아서는 감히 문을 통과할 수 없었고 황제 또한 어전에 계신 지 오래되었고 반우(班尤)는 아직 다스려지지 않았다(京城大駭, 于是詔宰相出入, 加金吾騎士張弦露刃以衛之, 所過坊門呵索甚嚴, 朝士未曉不敢出門, 上或御殿久之, 班尤未齊경성대해, 우시조재상출입, 가금오기사장현로인이위지, 소과방문가색심엄, 조사미효불감출문, 상혹어전구지, 반우미제)."[2] 일개 도적이 공개적으로 서신을 보내 "서둘러 나를 추포하려 하지 말

---

1) 예를 들어 일찍이 양주(襄州)의 지방 장관 간돈(干頓)은 "교만하고 바르지 못하였기에 품행이 방정한 지휘관이면 본받아서는 안될 사람을 '양주의 절도사'로 불렀다(驕蹇, 故方帥不法者號 '襄州節度' 교건, 고방수불법자호 '양주절도')." 이 또한 각 지방들이 조정을 멸시하는 하나의 본보기라고 말할 수 있을 것이다. 『신당서』 권172 「간돈전(干頓傳)」, 5200쪽 참조.
2) 『통감』 권239, 7713쪽.

라. 내가 먼저 너희를 죽이겠다(毋急捕我, 我先殺汝무급포아, 아선살여)"[3]고 금오위와 부현을 위협하는 일도 있었다.

이 당시의 지식과 사상, 그리고 신앙세계에도 점차 극심한 변화가 나타났다. 상류사회에 불교의 침투, 사회적으로 이민족 풍습의 만연, 전통 사상에 대한 지식인의 멸시는 실용의 정치와 경제 및 군사적 필요로 인해 학술계에 나타난 현상이다. 제자백가와 같은 이단적인 학술에 대해 보편적으로 흥미를 보였다는 사실은 전체 주류 사상의 질서가 이미 붕괴에 가까워졌음을 의미한다.

그렇지만 이 시기에는 마침 당나라 부흥의 계기가 마련되고 있었다. 이 무렵 회흘(回紇), 운남(雲南), 사타(沙陀 : 서돌궐의 일파)가 때마침 토번을 배신하고,[4] 위고(韋皐) 또한 20여 년 동안 토번을 여러 차례 격파함으로써[5] 당나라는 점차 서역 최대의 걱정거리에서 벗어나고 있었다. 원화 초기 이래 여러 가지 원인들로 인해 조정에서는 번진을 통제함에 있어 하나의 전기가 마련되었고 중앙의 재정 또한 차츰 넉넉해져 갔다. 이러한 상황 하에서 국가 질서를 회복하고자 하는 헌종의 결심 또한 갈수록 강해졌다.[6] 원화 10년 여름 무원형의 피살로 말미암아 마침내 경성에서는 대대적인 수색 작업이 이루어졌고, 공경대부들 가운데 복벽(復壁)이나 중료(重樑)가 있는 경우도 모두 수색하는 정부의 대대적인 감찰이 있었다. 중앙 정부의 권력이 마침내 그 힘을 발휘하기 시작한 것이다.

---

3) 『통감』 권239, 7714쪽.

4) 대식(大食)과 토번이 적대 관계가 된 것은 대략 정원 연간이었다. 당시 대다수의 토번군이 대식국을 방어하는 쪽으로 전략을 바꾸어 당나라에 대한 위협이 감소하였다. 『당회요(唐會要)』 권100 참조. 회흘이 당나라와 연합하여 토번과 적대 관계를 형성한 것 또한 대략 정원 연간이었다. 『신당서』 권217, 6123~6124쪽 참조. 유미숭(劉美崧 : 리우메이쑹)의 『양당서 중 회흘전과 회골전 고증(兩唐書回紇傳回鶻傳疏證)』, 베이징, 중앙민족학원출판사, 1989년, 62~63쪽 참조. 남조는 토번과 적대 관계가 되어 "토번을 당나라와 남조와 기각지세를 이루어 난처하게 함으로써 감히 남조를 도모하지 못하도록 하였다(吐蕃苦唐, 詔掎角, 亦不敢圖南詔토번고당, 조기각, 역불감도남조)." 이것 또한 대체로 정원 연간의 일이다. 『신당서』 권222 「남만(南蠻)」, 6277쪽 참조. 그리고 부락성(傅樂成)의 「회흘의 말과 변방의 병사(回紇馬與朔方兵)」, 『한당사논집(漢唐史論集)』, 타이베이, 연경출판사업공사, 1977년, 1995년, 316쪽 참조.

5) 위고(韋皐)가 토번을 격파한 일은 대개 덕종 정원 17년에서 18년 사이(801~802)로 보인다. 『통감』 권236, 7589~7590쪽.

6) 진인각(陳寅恪)의 『당송 정치사 논집(唐宋政治史述論稿)』(상해고적출판사, 1980년, 95쪽)에서 당나라 헌종 시대 "정치의 궁극적 취지는 대력과 정원 연간 잠시 눈앞의 안일에 빠졌던 지난날의 잘못을 바로잡는 데 있었다. 다시 말하자면 무력을 사용하여 번진을 평정하고 중앙 정부의 위엄을 다시 떨치게 하는 것이었다"라고 하였다.

같은 해 권덕여(權德輿 : 당나라 헌종 때 시인이며 문학가)는 『격식율령사류(格式律令事類)』 30권을 편찬하였는데, 이는 질서를 새롭게 정립하고자 하는 상징적 의미로 볼 수 있다. 또한 같은 해 마침내 회서(淮西)를 평정하는 전쟁을 시작하기로 결정하였다. 원화 12년(817)에는 회골(回鶻)의 마니승을 그 나라로 돌려보내는 일이 있었다. 이는 그가 장안의 서시(西市)에서 상인과 간통하였기 때문이라고 알려지고 있다.[1] 이 해에 관군이 채주(蔡州) 정벌에 나서면서 오원제(吳元濟)가 평정되었고, 이사도(李師道)는 기주(沂州), 밀주(密州), 해주(海州) 등 세 주를 헌납하며 병합되기를 청하였다. 한유는 배탁에게 건의하여 왕승종(王承宗)에게 항복을 권할 것을 요청하였다. 원화 13년 초 왕언위(王彦威)는 개원에서 원화 연간의 예의 제도를 정리하였고, 이미 혼란에 빠진 예의 제도를 거듭 정리하길 희망하였다.[2] 같은 해 왕승종은 두 아들을 인질로 삼아 덕주(德州)와 체주(棣州) 두 주를 헌납하고 "조세를 운반하고 관리를 청하였다."[3] 당나라 헌종 원화 연간에 유벽(劉闢)·이기(李錡)·전계안(全季安)·노종사(盧從史)·오원제(吳元濟)·유총(劉總) 및 이사도(李師道) 등 강력한 제후들이 계속해서 평정되고 병합됨으로써 당나라의 정세에 하나의 전기가 마련되었다.

후세 사상사에 영향을 미치는 많은 중대 변화들은 마침 이런 복잡하고 미묘한 기간에 출현하였다.

후세 사상사에 영향을 미치는 많은 중대 변화들은 마침 이런 복잡하고 미묘한 기간에 출현하였다.

1

당송(唐宋) 사상사의 변화를 논할 때는 늘 한유(韓愈 : 768~824년, 당나라를 대표하는 문장가, 정치가, 사상가로 자字는 퇴지退之, 호는 창려昌黎이며 당송 8대가의 한 사람)에서 출발한다. 그러나 한유가 큰 명성을 얻게 된 데는 문장 한 편이 중요한 역할을 하였

---

1) 사마광(司馬光), 『자치통감』 권240, 7730쪽 참고.

2) 『당회요』 권37 「오례편목(五禮篇目)」, 중화서국, 671쪽.

3) 사마광, 『자치통감』 권240, 7749쪽 참고.

다. 그것은 「회서 지역 평정 비문(平淮西碑)」이다. 사상사가들은 이 비문에 그다지 주목하지 않은 듯하다. 뒷날 닳아 없어졌지만 칭찬이 자자하였던 이 비문에서 적어도 한유와 같은 사인들이 강대한 국가와 권력에 대해 얼마나 강한 열망을 가지고 있었는지를 잘 보여준다. 이러한 국가 권력은 황제 한 몸에 집중되었다. 또 황제 및 황권은 그것의 '천명(天命)', 즉 자연 합법성과 합리성이 강조되었다.

비문의 첫머리에서 당나라의 역사를 서술한 대목이나 명문의 첫머리에서 "당은 천명을 계승하여 사방 여러 나라를 신하로 삼는다(唐承天命, 遂臣萬邦당승천명, 수신만방)"라고 한 것은 『상서』를 모방하여 엮은 "하늘은 우리에게 이미 온 천하를 내려주시고 다스리게 하시어 지금은 차례에 따라 내게로 왕위가 전해졌다(天旣全付予有家, 今傳次在予천기전부여유가, 금전차재여)", "하늘과 조상님들께서 내게 막중한 임무를 부여하신 까닭이다(惟天惟祖宗所以付任予者유천유조종소이부임여자)' 등과 같은 황제의 말들은 비록 상투적인 것이기는 하지만, 그가 반복적으로 드러내는 주제이기도 하다. 그러므로 그는 회서 지방을 평정하는 과정을 과장해서 묘사한 다음, 반은 가송하고 반은 암시하는 말투로 다음과 같이 결말을 지었다. "무릇 이 채주 정벌의 공은 오직 결단으로 이루어진 것이다. 회서의 채주를 안정시키고 나니 사방의 오랑캐들까지도 모두 내조하게 되었다. 이에 명당을 열어놓고 앉아서 나라 다스리게 된 것이다(凡此蔡功, 惟斷乃成, 旣定淮蔡, 四夷畢來, 遂開明堂, 坐以治之범차채공, 유단내성, 기정회채, 사이필래, 수개명당, 좌이치지)"[4]라고 하였다. 여기에는 그와 몇몇 문인들의 국가와 황권에 대한 기대가 담겨 있고, 사방 오랑캐를 위협하여 굴복시키고자 하는 그들의 열망이 담겨 있다. 또한 말하지 않아도 알 수 있는 그들의 권위와 질서에 대한 바람이 실려 있다.

당나라 덕종(德宗) 시대 이후 많은 사인(士人)들은 국가 권위의 재건을 꿈꾸고 있었다. 앞에서 말하였듯이[5] 심각한 위기를 겪고 난 뒤에는 과거와 같이 새로운 역법을 반포하고 태산에서 봉선의식을 행하고 천지에 제사하고 공자에게 제사하는 등과 같은 국가가 하늘(天)을 떠받들어 국운을 계승하는 신성성과 정치 이데

말하지 않아도 알 수 있는 그들의 권위와 질서에 대한 바람이 실려 있다.

_____

4) 한유, 『한창려문집교주(韓昌黎文集校注)』 권7(상해고적출판사, 1986년, 476~485쪽).
5) 이 책의 제1편 제1절 「성세 속의 평범과 용속」 참조.

올로기의 통일성을 확인할 수 있는 그런 낡은 방법은 이제 더 이상 유효하지 않았다. 성당(盛唐) 시기의 늙은 서생이 상투적인 말만 늘어놓는 식의 정치 방식, 예를 들어 과거에 장원 급제하여 칭찬이 자자하였던 장열(張說)이 "사람에 따라 법을 만들고 때에 맞추어 가르침을 베풀고 문(文)으로써 일(事)을 통제하고 예로써 마음을 통제한다(因人以設法, 乘時以設教, 以文制事, 以禮制心·인인이설법, 승시이설교, 이문제사, 이예제심)"라고 한 것과 같은 방식은 유약하고 무력하게 느껴졌을 뿐만 아니라 세상 물정에 어두운 견해로 이미 판명되었다.[1]

당시 명성이 높았던 재상 육지(陸贄)가 말한 바 당장 시급한 일이란 가령 "여러 사람의 마음을 살펴보면, 악에 물들고자 하는 것이 한결 같다. 그러므로 여러 백성들로 하여금 본래의 마음으로 되돌아오게 하여 국가를 안정시켜야 한다(審察群情, 同其欲惡, 使億兆歸趣, 以靖邦國·심찰군정, 동기욕악, 사억조귀취, 이정방국)." 그리고 "천하의 지혜를 모아 총명함을 돕고 천하 사람들의 마음에 순응하여 가르침을 베풀어야 한다(總天下之智而助聰明, 順天下之心以施教令·총천하지지이조총명, 순천하지심이시교령)"고 말한다. 이러한 주장 또한 현실성이 없고 공허하고도 보수적으로 느껴졌다.

그리하여 당나라 덕종조차도 그렇게 믿고 싶지 않았지만,[2] 천하에 대대적인 사면령을 내리고 '자책하는' 식으로 민심을 응집시키는 그런 태도 또한 나무에서 물고기를 구하는 식으로 가능하지 않음이 입증되었다.[3] 백성의 집에 찾아가서

---

1) 『전당문』권224. 이는 장열(張說)이 「대사표문원과(對詞標文苑科)」에서 "적시의 임무는 무엇이 먼저일까, 나라를 다스리는 계획은 무엇이 최고일까, 제황의 도는 어찌하여 옳고 패왕지도는 어찌하여 옳지 않은가(適時之務何先, 經國之圖何最, 帝王之道奚是, 王霸之理奚非·적시지무하선, 경국지도하최, 제왕지도해시, 왕패지리해비)"에 대해 대답한 내용이다. 그렇지만 이러한 사고가 존재하지 않았다고는 말할 수 없다. 도리어 그것은 늘 매우 책임감이 강한 사인들의 통상적인 사고였다. 가령 백거이는 원화 원년의 대책(對策)에서 "백성을 편안하게 하려면 먼저 원정을 줄일 생각을 해야 하고, 원정을 줄이고자 한다면 먼저 전쟁을 멈추게 해야 하며, 전쟁을 멈추게 하려면 먼저 병기를 녹일 생각을 해야 한다. 병기를 녹이고자 한다면 먼저 정치 교화를 행할 생각을 해야 한다(欲安黎庶, 先念省征徭, 將欲省征徭, 先念息兵革, 將欲息兵革, 先念銷寇戎; 將欲銷寇戎, 先念修政教·욕안여서, 선념생정요; 장욕생정요, 선념식병혁, 장욕식병혁, 선념소구융; 장욕소구융, 선념수정교)"(「재식겸무명우체용과책才識兼茂明于體用科策」, 『백거이집』권47, 989쪽)고 주장하고 있다. 이 또한 군주와 조정의 내재적 윤리와 도덕을 정리하는 것으로부터 시작하여 이러한 방식으로 '천하를 평정하길' 희망한다. 또한 그의 저명한 『책림(策林)』2 「책항(策項)」을 참고할 만하다. 여기서 그 또한 군주 개인의 도덕 행위를 '혼란을 다스리는 근원(理亂之源)'으로 간주하고 있다. 『백거이집』권62, 중화서국, 1979년, 1985년, 1289쪽.

2) 이 일은 당나라 덕종 건중(建中) 4년(783)에 있었던 일이다. 당나라 덕종은 천자는 진심을 추구하고 간언을 받아들임에 늘 간사한 인물들에게 기만을 당하였다라고 여겼다. 『자치통감』권229 참고.

시 정치적 폐단에 대한
평과 진단은 점차 실추
권위를 회복하는 데
중되었다.

'백성에게 즐거운지' 묻고 민간의 원성을 청취하였을 때 '군주는 구중심처에 머물기에 민심을 잘 모른다'는 의견을 적극 피력하는 민중들에게 있어서, 이와 같은 행위들은 결코 무너진 질서를 바로잡을 수 없는 것으로 비쳤을 것이다.[4] 그러므로 당시 정치적 폐단에 대한 비평과 진단은 점차 실추된 권위를 회복하는 데 집중되었다. 이렇듯 권위를 다시 세우는 데 있어 당장 시급한 일은 밖으로 강한 적을 물리치고 안으로는 번진을 평정하고 사상과 문화의 계보를 다시 세움으로써 황권을 강화하는 것이었다.

정원(貞元) 연간에 당나라는 점차 국력을 회복하고 외환도 거의 평정되고 나자 예관 출신의 문사들이 점차 재정 출신의 관리들을 밀어내고 그들의 자리를 대신 차지하였다.[5] 조정에서 국정 의론의 주제 또한 점차 책략적 현실의 관리 대신 이상적인 질서의 재건이 주된 것이었다. 이러한 변화는 '의론을 절충하고 의식의 예법에 손익을 따지도록' 만들었다. 즉 조정 내에서 재조정된 생각들은 갈수록 사인의 여론이 되어 현실 정치에 영향을 미쳤고, 심지어 당시 사인들 가운데에는 집권을 바라는 경향이 나타나기도 하였다.[6]

원화(元和) 원년(806)에 등극하여 재위에 오른 당나라 헌종은 두황상(杜黃裳)과 번진의 문제를 의논하였다. 당시 두황상의 말은 비록 번진 문제를 두고 한 것이지만, 그중 군주에게 '모든 일은 법도로써 다스리길' 바라는 기대는 분명 당시 사인들의 보편적인 생각을 표현한 것임에 틀림없다.

---

3) 가령 당나라 덕종 홍원(興元) 원년(784)에 연호를 바꾸고 천하에 대사면을 시행하고 '성신문무(聖神文武)'란 칭호를 취소하라는 조칙을 내린다. 비록 일시에 '사방의 인심이 크게 기뻐하지만' 끝내는 허사가 되고 말았다(『자치통감』 권229).

4) 이는 정원(貞元) 3년(787)의 일로서 사마광의 비평을 참고할 것. 『자치통감』 권233 참고.

5) 가령 정원(貞元) 후기에 조정에서 활약하던 권덕여(權德興), 위거모(韋渠牟), 양우릉(楊于陵) 등이 여기에 속한다. 이 점에 대해서는 장인(蔣寅)의 『대력시인연구(大曆詩人研究)』 상편(중화서국, 1995년, 411쪽)을 참고할 만하다.

6) 가령 이한(李翰)의 「통전서(通傳序)」에서 처음부터 유가는 "넓기만 하고 요체가 없으며 수고롭기만 하고 공은 없다(博而寡要, 勞而少功박이과요, 로이소공)"고 하였다. 비록 전인의 기성 담론을 계승하여 후세 유학자들에 대해 "적중함은 취하였으되 그 근본은 알지 못한다(擧其中而不知其本거기중이부지기본)"라고 비판하였지만, 그는 '치용(致用)'과 '경국(經邦)' '입사(立事)'의 생각을 특히 강조하며 현실 정치에 참여하였다. 이는 자칫 법가의 길로 빠지기 쉽다. 『통전』 권1, 중화서국, 1994년, 1쪽.

덕종은 스스로 우환을 겪고 잠시의 편안함에 힘쓰고 아무런 연고 없이 절도사를 파면하지 않았고 연고가 있으면 먼저 중사를 보내 조사하였으며 군정의 여건을 살펴 필요한 것을 베풀어 주셨습니다…. 폐하께서 반드시 국가의 기강을 들어 떨치시고자 한다면, 의당 법도로써 번진을 다스린 즉 천하가 다스려질 것입니다(德宗自經憂患, 務爲姑息, 不生除節帥, 有物故者, 先遣中使, 察軍情所與則授之… 陛下必欲振擧綱紀, 宜稍以法度裁制蕃鎭, 則天下可得而理也덕종자경우환, 무위고식, 불생제절수, 유물고자, 선견중사, 찰군정소여칙수지… 폐하필욕진거강기, 의초이법도재제번진, 즉천하가득이리야).[1]

같은 해 거란 또한 방금 즉위한 헌종에게 유벽(劉闢)이 반란을 일으켰는데도 '풀어주고 죽이지 않고서(釋不誅석불주)' 일시의 평안함을 도모한 정책을 이렇게 비판하였다.

효문제 때 법도가 사라지고 사람들이 게을러졌으니, 국왕의 위엄으로서 이를 다스려야 합니다. 지금 유벽을 주살하지 않는다면 부릴 수 있는 곳은 수도 두 곳(兩京)뿐일 것입니다(孝文世, 法廢人慢, 當濟以威, 今不誅辟, 則可使者唯兩京耳효문세, 법폐인만, 당제이위, 금불주벽, 즉가사자유량경이).[2]

여기서 말한 '법(法)'과 '위(威)'의 이면에 감추어진 의미는 황제의 권위를 새롭게 확립하고자 하는 것이다. 그리고 황제 권위가 천하에 위엄을 떨치지 못하고 단지 '양경(兩京)'으로만 국한되는 일에 대해 상당수의 사인들이 우려하였다.

국가 권위에 대한 바람은 사인들 사이에서 상당히 뜨거웠다. 권위의 실추에 대한 경각심은 두 가지 면에서 이루어졌다. 하나는 역사의 기억에서 연유하였다. 정원(貞元)과 원화(元和) 연간에 문단을 주도한 권덕여(權德輿 : 759~818년, 당나라 덕종德宗과 헌종憲宗 연간의 정치가이며 문학가)는 「양한변망론(兩漢辯亡論)」에서 한나라 왕조

권위의 실추에 대한 경각심은 두 가지 면에서 이루어졌다.

---

1) 사마광, 『자치통감』 권237. 이러한 의견은 황제의 윤허를 얻었을 뿐만 아니라, 후세 정치에도 지대한 영향을 미쳤다. "임금이 심히 그렇다고 여겼기 때문에 비로소 군대를 동원하여 촉을 토벌하고 그 위용이 양하(兩河)에 미치게 하였다. 이는 모두 두황상이 건의한 것이다(上深以爲然, 于是始用兵討蜀, 以至威行兩河, 皆[杜]黃裳啓之也상심이위연, 우시시용병토촉, 이지위행양하, 개[두]황상계지야)."
2) 『신당서』 권197 「순리위단전(循吏韋丹傳)」.

의 멸망을 예로 들어 "지난날 서한 시대에 왕망(王莽)을 견제하고 벌하여 임금을 높이고 신하를 낮추는 기풍을 세웠더라면, 아마도 애왕(哀王)과 평왕(平王) 때 나라가 멸망하는 일은 없었을 것이다. 동한 시대에 청하왕(淸河王) 유산(劉蒜)이 재위에 올랐더라면 임금이 현명하고 신하가 충성스러워 영제(靈帝)와 헌제(獻帝) 때의 혼란은 없었을 것이다. 한나라 대제국의 국운도 어떻게 되었을지 알 수 없다(向若西京抑損王氏, 尊君卑臣, 則庶乎無哀, 平之壞. 東京登庸淸河, 主明牙忠, 則庶乎無靈, 獻之亂. 大漢之祚, 未易知也향약서경억손왕씨, 존군비신, 즉서호무애, 평지괴. 동경등용청하, 주명아충, 즉서호무령, 헌지란. 대한지조, 미역지야)"[3]라고 하였다.

비록 여기서는 단지 대신의 책임을 강조하고 있을 뿐이지만, "군주를 존경하고 신하를 낮추어 보고", "군주가 현명하고 신하가 충성스럽다"는 말에는 분명 국가의 질서를 새롭게 확립하고자 하는 상당한 기대가 엿보인다. 그들의 마음속에 황권이 상징하는 국가 질서는 무엇보다도 우선한다. 국가 질서가 붕괴될 위기에 직면해서는 심지어 유가의 수사적 담론 또한 생략될 수 있다. 그렇지 않으면 가식적인 유가의 학술로써 그들의 사악한 마음을 펼 수 있고, 육경(六籍)의 문을 자유자재로 구사하여 그 사악한 생각을 펼 수 있다.

다른 하나는 현실에서 연유한다. 사방 오랑캐들의 중국에 대한 오만과 번진(藩鎭)의 중앙 정부에 대한 위협 및 중앙에 있는 조정 관리들의 붕당 싸움은 모두 황권을 약화시켰다. 배탁(裴度)이 걱정하는 바 "환관들이 전횡을 일삼고 천자는 허울 뿐인 황제자리만 차지하고 선비의 도가 사라졌다"는 것은 당시 사인들의 마음속에 자리 잡은 최대의 근심거리였다. 그는 번진을 토벌할 생각과 함께 황보박(黃甫鎛 : 당나라 헌종 때 탁지사), 정이(程異 : 당나라 헌종 때 염철사), 토돌승최(吐突承璀)에 대한 분노를 전하면서 시종 조정 내 붕당의 경향을 없애려는 마음을 품고 있었다. 즉 "밖을 정벌하려면 먼저 안을 안정시켜야 한다"고 생각하였다. 그 또한 권력을 통일하고 권위를 확립하려는 데 목적이 있었다.[4]

---

3) 권덕여(權德輿), 「양한변망론(兩漢辯亡論)」.

4) 『신당서』 권173 「배탁전(裴度傳)」 및 『신당서』 권174 「원진전(元稹傳)」에 기록된 배탁의 "폐하가 적을 평정하고자 하신다면 의당 먼저 조정부터 깔끔이 정비하심이 옳을 것입니다(陛下欲平賊, 當先淸朝廷乃可폐하욕평적, 당선청조정내가)"라고 한 말을 참고할 만하다.

당시 일부 사인들은 양세법(兩稅法 : 토착이나 새로 전입하거나 연령을 구별하지 않고 현거주지의 자산에 따라 세금을 징수함)에 찬성하여 국가가 직접 호적을 관리하길 원하였고, 군현제도는 찬성하는 한편 고대 종법제의 봉건성에 대해서는 비판을 가하였다. 또 훗날의 혁신 세력은 번진이 농단하던 염철 운영권을 조정으로 되돌리고 환관이 장악한 병권을 중앙 정부가 관장하도록 요구하였다. 거기에는 유종원(柳宗元)이 「봉건론(封建論)」에서 주장한 중앙 집권의 군현제도에 대한 옹호도 포함되어 있다. 그렇지만 사실은 강력하면서도 효과적인 황제의 권위를 요구하여 국가의 질서를 수립하고자 하는 당시 사인들의 보편적 심리가 담겨 있다.[1] 마찬가지로 이고(李翱)는 과거의 진사 시험을 출제하면서 주로 "나라가 부유하면 백성이 굶주리지 않는다(國富而百姓不虛국부이백성불허)"라는 세수에 관한 문제와 변방의 오랑캐에 관한 문제를 집중적으로 물었다. 아울러 그는 상소를 통해 이 두 문제를 집중적으로 논의함으로써 국가의 재정을 늘려 어려운 국면을 전환하길 바랐고, 또 군비를 늘려 변경의 걱정거리를 없애고자 하였다. 이러한 사실을 놓고 볼 때, 사인들이 중앙 정부의 권위에 대해 얼마나 고심하였는지를 가히 알 수 있다.[2]

---

1) 두우(杜佑), 『통전』 권31 「직관십삼(職官十三)」 '왕후총서(王侯總書)', "봉건은 한 집안을 이롭게 하고 군국은 만백성을 이롭게 한다(建國利一宗, 列郡利萬姓건국리일종, 열군리만성)." 그는 비록 유질(劉秩)의 『정전(政典)』의 영향을 받았지만, 유질의 분봉제를 찬양하는 입장에서 입장을 바꾸어 국가의 질서를 수립하고자 하는 경향을 뚜렷히 보여주었다(849쪽). 그런데 한유의 「우임금에게 묻는다(對禹問)」라는 글에서 우임금이 자식에게 왕통을 전한 것은 공평치 못하다는 전통적인 주장에 반하여 하늘이 황제의 권위를 준다는 것과 가족 제도의 자연적 합법성을 특별히 강조하였다. 또한 군권을 신장시키기 위해 "자식에게 전해주면 다투지 않는다. 이는 먼저 정해지기 때문이다(傳之子則不爭, 前定也전지자칙불쟁, 전정야)"는 규칙을 주장하였다. 사실 국가 질서와 정치 권위를 유지하는 의미를 암암리에 내포하고 있다. 『한창려문집교주』 권1, 30~32쪽. 방개(方介, 팡지에)의 「한유의 '우임금에게 묻는다'는 글의 의미분석(韓愈 '對禹問' 析義)」(『한학연구漢學研究』 11권 1기, 타이베이, 1993년)에 대한 분석을 참조할 것. 유종원(柳宗元)의 「봉건론(封建論)」(『유종원집柳宗元集』 권3, 중화서국, 1979년, 74쪽), "지금 국가에서는 군읍의 제도를 모두 정비하여 지방관을 두었는데, 이를 바꿀 수 없음은 분명합니다. 군사제도를 잘 정비하고 좋은 사람을 골라 잘 다스리도록 하면 나라가 평안할 것입니다(今國家盡制郡邑, 連置守宰, 其不可變也固矣, 善制兵, 謹擇守, 則理平矣금국가진제군읍, 연치수재, 기불가변야고의, 선제병, 근택수, 즉리평의)." 폴리블란크(Edwin G. Pulleyblank), 「신유가와 신법가 및 당대 지식인의 생활(新儒家, 新法家和唐代知識分子的生活)」(Neo-Confucianism and New-Legalism in T'ang Intellectual Life, 755~805), 황보화(黃寶華) 중역본, 예호사(倪豪士) 편, 『미국 학자의 당대 문학론(美國學者論唐代文學)』(상해고적출판사, 1994년)에 수록되어 있다.

2) 이고, 「진사책문의 두 가지 길(進士策問二道)」, 「세법 개정을 위한 상소(疏改稅法)」, 「변방 군사력 강화를 위한 상소(疏厚邊兵)」(『전당문』 권634, 2834쪽, 2836쪽 참고). 이고는 결코 양세법을 반대한 것이 아니고 경제 상황이 화폐와 곡물과 비단의 가격 변화에 대해 정황과 초행 양세에 차이가 있으므로, 징세의 방법을 고칠 것을 건의한 것이다. 그리고 그 목적은 국가의 역량을 증가시키는 것이었다.

한유의 「회서 지역 평정 비문(平淮西碑)」에서 말한바 "무릇 이 채주 정벌의 공은 오직 결단으로 이루어진 것이다(凡此蔡功, 惟斷乃成범차채공, 유단내성)"라고 하였을 때의 '결단'이란 그가 원화(元和) 10년 상소하여 말한 바 "그렇지만 아직 모르는 일은 폐하께서 결단을 하느냐 하지 않느냐는 것뿐입니다(然所未可知者, 在陛下斷與不斷耳연소미가지자, 재폐하단여불단이)"라는 것이다.[3] 국가 경영의 문제를 직접 논의한 「본정(本政)」이란 글에서 그가 신랄하게 비평한 "실속 없는 말로 바른 말인 척 꾸미고 현란스럽게 함으로써 백성들의 화합을 해치고 백성들의 혼란을 야기한다(枝辭琢正, 紛紊糾射, 以僻民和, 以導民亂지사탁정, 분문규사, 이벽민화, 이도민란)"는 현상이나, 그가 적극적으로 제창한 "교화하되 교화하는 도는 보여주지 않는다(化之不示其所以化之之道화지불시기소이화지지도)", "바꾸되 바꾸는 도는 보여주지 않는다(易之不示其所以易之之道역지불시기소이역지지도)"고 한 것은 그의 정치적 취향을 암시하는 듯하다.

그것은 국가의 행위 가운데 '장차 천리를 가려다가 대문에 이르러 문턱도 넘지 못하고 되돌아오는' 식의 이러한 결단성 없는 정황을 청산하고픈 마음을 나타낸 것이다.[4] 이처럼 널리 만연된 혼란의 정황 속에서는 혼란과 무질서를 용인하느니 차라리 '황제의 결정과 독단'에 구걸하는 편이 낫다. 그러므로 저 유명한 「원도(原道)」에서 특별히 "제(帝)는 왕(王)과 그 명칭이 다르지만 그 성스러운 바는 하나이다(帝之與王, 其號雖殊, 其所以爲聖一也제지여왕, 기호수수, 기소이위성일야)."[5] "임금이란 명령을 내리는 자이고, 신하는 임금의 명령을 행하여 백성에게 이르게 하는 자이다. 백성이란 각종 곡물과 직물을 생산하고 그릇을 만들고 재물을 유통시켜서 그 윗사람을 섬기는 자이다(是故君者, 出令者也, 臣者, 行君之令而致之民者也, 民者, 出粟米麻絲, 作器皿, 通貨財, 以事其上者也시고군자, 출령자야, 신자, 행군지령이치지민자야, 민자, 출속미마사, 작기명, 통화재, 이사기상자야)"[6]라고 말하였던 것이다. 아마 이것이 한유가 「진사책문(進士策問)」에서 처음부터 황제에게 국가 대사가 있으면 마땅히 "다른 사람과

---

3) 사마광, 『자치통감』 권239, "그렇지만 아직 알 수 없는 사항은 폐하가 결단하느냐 하지 않느냐에 달려 있을 따름입니다(然所未可知者, 在陛下斷與不斷耳)." 이 구절을 주석하여 "이는 대력과 정원 연간 이래의 고질적인 습관을 두고 말한 것이다(此以大曆貞元以來積習言也차이대력정원이래적습언야)"라고 해설하였다.
4) 한유, 『한창려문집교주(韓昌黎文集校注)』 권1, 50쪽.
5) 같은 책, 권1 「원도(原道)」.
6) 같은 책, 권1 「원도(原道)」.

함께 해야 하는가(與人共之여인공지)," 아니면 "다른 사람과 함께 하지 말고 혼자 독단적으로 결정해야 하는가(不與人共之而獨運者불여인공지이독운자)"를 따져 묻고 싶은 심리적 배경일지도 모른다.[1]

2

그렇지만 9세기 초 이래 배탁(裵度)으로부터 이덕유(李德裕)에 이르기까지 모두 국가의 권위와 질서를 근본적으로 재건하고자 하였고, 일련의 사인들도 분명 이러한 재건 과정에 참여하였다. 하지만 당시 사대부들의 국가의 정치적 권위에 대한 바람은 대체로 사상 질서에 대한 개선 요구로 표현되었다. 그들은 때로 정치와 정책의 집행자이기도 하였다. 하지만 국가 정치의 핵심적 사항은 늘 지식 계층이 간여할 수 있는 바가 아니었다. 그러므로 중앙에서 직접 현실 정치에 간여할 수 있는 기회를 제외하면, 그들의 논의는 대부분 사상의 권위와 질서를 둘러싸고 전개될 수밖에 없었다. 사회 사상의 전수를 담당하는 문화인으로서 그들은 늘 모종의 전통 사상에 대한 동일시와 모종의 사회 이상에 대한 홍보를 통해 국가가 나아갈 바에 대한 희망을 표현하였다. 당시 전통 유학의 권위 회복을 외치는 것은 이들 사인이 지향하는 바 였다. 그리고 이와 같은 이상적 상태를 '천하에 도가 살아있는' 것으로 여겼다. 황제의 권력이 제후의 권력보다 절대적으로 큰 것과 마찬가지로, 한유 같은 사인들은 '도'를 반드시 따라야 할 진리라고 강조하며 절대적인 경지로까지 승화시켰다. 이는 실로 무언 중에도 알 수 있는 절대불변의 '도'가 존재하여 세상 모든 것을 지배하고 있어서, 변용이 가능한 어떤 실

국가의 정치적 권위에 대한 바람은 대체로 사상 질서에 대한 개선 요구로 표현되었다.

---

1) 같은 책, 권2, 「진사책문(進士策問)」, 101쪽 참조. 왕예생(王藝生)의 「한유와 유종원(韓愈與柳宗元)」(『신건설(新建設)』, 1963년 제2기, 베이징, 57쪽)에서 일찍이 「원도」와 「구유조(拘幽操)」를 예로 들어 "군권을 숭배하는 것은 한유의 중심 사상이다"라고 하였다. 비록 이 글은 정치 이념적 색채가 짙어 그 비판적 문장의 내용은 취할 만한 것이 못되는 것 같지만, 그의 이러한 지적은 틀림없는 말이다. 소공권(蕭公權)의 『중국 정치사상사(中國政治思想史)』 상책(『소공권전집(蕭公權全集)』 권4, 타이베이, 연경출판사업공사, 1986년, 434쪽)에서도 한유는 '유독 전제정치를 옹호한 대표적 인물'이라고 평하였으며, "임금을 떠받들고 백성을 억누르고 있다"고 지적한 바 있다.

용적인 책략도 '도'를 벗어나서는 안 된다고 여기는 듯하다. 이는 마치 이고가 말한 "군자는 도를 쫓아야지 무리를 쫓아서는 안 된다(君子從乎道, 不從乎衆也군자종호도, 부종호중야)"[2]는 말과 유사하다.

　여기에는 물론 그만한 이유가 있다. 앞에서 언급한 바와 같이 성당(盛唐) 시대 이래 지식과 사상 세계는 보편적으로 평범함을 지향하였고, 사상 세계의 권위도 실추되고 경계도 모호한 상황이 이미 출현해 있었다. 이처럼 권위의 실추 현상과 함께 출현한 것은 지식과 사상을 업으로 삼는 사인의 시대가 더 이상 찾아오지 않았다는 사실이다. 이관(李觀)의 「처주의 이태수에게 보내는 글(與處州李使君書)」에서 중앙에서는 재능 있는 사인을 등용할 수 없었기 때문에, "사인들 중에는 재능과 기예를 갖추었음에도 불구하고, 북으로 락(洛) 땅이나 서로 진(秦) 땅(이들 땅은 각각 지난날의 도읍지로서 여기서는 중앙 정부를 의미함)에도 들어가지 못하고 끝내 버림받았다(士之有才與藝, 而不北入洛, 西入秦, 終棄之矣사지유재여예, 이불북입락, 서입진, 종기지의)"[3]라고 적고 있다. 권력의 문은 시종 그들에게 열리지 않았기에 사인들은 하는 수 없이 번진(藩鎭) 절도사의 막사라도 들어갈 수밖에 없었다. 이처럼 당시 사인들의 지위는 결코 상상한 만큼 그렇게 높지는 않았다.

　서원여(舒元輿)의 「인재 천거를 논하는 글(上論貢士書)」에 사인들이 과거시험에 참가할 때 '하급관리가 제멋대로 큰소리로 자신의 성씨와 이름을 부르던' 상황을 기록하면서 그 당시에도 현실 정치에서 관리를 스승으로 삼은 경우는 있어도 스승을 관리로 삼지는 않았다고 하였다. 국가 경영의 권력이 실용적 관리들에 의해 장악되면서 "천하에 인재를 천거함이 이와 같고 관리가 인재를 대우함도 이와 같았다(天下貢士旣如此, 有司待之又如此천하공사기여차, 유사대지우여차)."[4] 그러므로 사람들은 "성인의 말을 불신하는 일이 더욱 심해졌다(益多不信聖人言익다불신성인언)."[5]

---

2) 이고(李翶), 「종도론(從道論)」(『전당문』 권636).
3) 이관(李觀), 「처주의 이태수에게 보내는 글(與處州李使君書)」(『전당문』 권532). 아울러 이관의 「이부의 해원외에게 주는 글(與吏部奚員外書)」(『전당문』 권532)을 참조할 것.
4) 서원여(舒元輿), 「인재 천거를 논하는 글(上論貢士書)」(『전당문』 권727). 서원여의 「문국학기(問國學記)」의 기록을 참조할 것.
5) 서원여, 「인재 천거를 논하는 글(上論貢士書)」(『전당문』 권727).

훗날 이상은(李商隱)도 「영호 습유와 이별하며(別令狐拾遺書)」에서 다음과 같이 그의 시대를 묘사하였다. 즉 "사내아이는 성인이 되어 집을 나갈 때가 되어도 그 아비는 그 자식이 바른지 어떤지를 알지 못하고, 딸아이가 시집갈 때가 되어도 그 어미는 딸아이가 정숙한지 어떤지도 모른다. 이러한 현실이니 부모를 친하게 여긴다는 풍속 역시 변하지 않을 수가 없는 것이다. 부모는 그래도 좀 낫지만, 부모 아닌 경우는 더더욱 아무런 틈도 없기를 바랄 수 있겠는가? 그러므로 요즘 사람들 간의 교유라는 것은 거의 없어지고 말았다(兒冠出門, 父翁不知其枉正, 女笄上車, 夫人不保其貞汚, 此于親親, 不能無異勢也, 親者尚爾, 則不親者, 惡望其無隙哉? 故近世交道, 幾喪欲盡아관출문, 부옹부지기왕정, 여계상차, 부인불보기정오, 차우친친, 불능무이세야, 친자상이, 즉불친자, 악망기무극재? 고근세교도, 기상욕진)" 1)라고 하였다. 사회적으로 일찍이 존중받던 그런 예법들도 붕괴되었다. 대중(大中 : 당나라 선종宣宗의 연호, 847~860년) 연간에 유탈(劉蛻)은 「강남에서 향음주례를 논하는 글(江南論鄕飮酒禮書)」에서 관리 천거의 자리에 놓인 대례의 그릇인 "제기는 깨어지고 술동이와 시루는 구멍이 뚫려 물이 새고 유생들은 대부분 게으른 듯하고 차려입은 옷은 그 자리에 어울리지 않고, 손님과 주인은 마주하지 않으니 그 용모가 형편없구나(籩豆破折, 尊盂穿漏, 生徒殆倦, 不稱其服, 賓主向背, 不㓝其容변두파절, 존우천루, 생도태권, 불칭기복, 빈주향배, 불습기용)" 2)라고 기록하고 있다. 이는 아마도 사상과 질서의 해체 혹은 붕괴를 상징하는 듯하다.

뿐만 아니라 그 당시 경전 또한 더 이상 권위가 없었다. 과거에 그 가치가 인정되었던 유가의 전적들도 이제는 관방의 시험에서조차 의심을 받았다. 원결(元結)이 쓴 「진사에게 묻다(問進士)」의 다섯 문항 중 마지막 한 문항에서 "삼례(三禮 : 『예기』, 『주례』, 『의례』의 세 책을 아울러 이르는 말) 중 어느 것을 없애는 것이 좋겠는가? 삼전(三傳 : 『춘추』에 관한 주석서인 『좌씨전左氏傳』, 『공양전公羊傳』, 『곡량전穀粱傳』을 아울러 이르는 말) 가운데 어느 것을 폐하는 것이 낫겠는가? 묵가에서는 음악을 비판하였는

---

1) 이상은, 「영호 습유와 이별하며」, 『번남문집樊南文集』 권8, 청풍호(淸灃浩) 상주(詳注), 전씨전주본(錢氏箋注本), 상해고적출판사, 1988년, 438쪽).

2) 유탈, 「강남에서 향음주례를 논하는 글」(『전당문』 권789). 『인화록(因話錄)』 권4에 성당과 중당 사이의 유원범(劉彦范)은 유가 경전에 정통한 출가 불교도로서 사회적으로 유가가 쇠락하는 것을 보고 느낀 바가 있어 "근래 유가와 도를 존중함에 전혀 선배의 풍조가 없다"고 하였다. 불가의 중이 이렇듯 유가의 쇠락을 탄식한 것은 매우 상징적인 의미를 지닌다.

데, 그럼 예를 어찌할 것인가? 유가에서 목숨을 맡긴다(委命) 하였는데, 이런 말이 가당한가?(三禮何篇可刪? 三傳何者可廢? 墨家非樂, 其禮何以? 儒家委命, 此言當否?삼례하편가산? 삼전하자가폐? 묵가비락, 기례하이? 유가위명, 차언당부?)"[3]라고 말한 것이 있다. 비공식적으로는 경전에 대한 비난이 이보다 훨씬 많을 것이다. 유태진(劉太眞)의 「소영사를 동부로 보내며 쓴 서문(送蕭穎士赴東府序)」에서 "지난날 『좌씨전』은 번잡한 것이 단점이고, 『곡량전』은 짧은 것이 단점이고, 『공양전』은 속된 점이 단점이다. 그런데 선생(소씨)이 그러한 점들을 절충하였다. 왕공귀족들이 서로 초빙하였으나 거부하고 응하지 않았다(昔左氏失于煩, 谷梁失于短, 公羊失于俗, 而夫子[蕭氏]爲其折衷, 王公交辟, 拒而不應석좌씨실우번, 곡량실우단, 공양실우속, 이부재소씨위기절충, 왕공교벽, 거이불응)"[4]고 하였다.

널리 실용성을 추구하는 당시 사회적 배경 하에서 지식과 사상 세계 또한 일종의 실용성을 중시하는 심리의 지배를 받았다.

　　그러므로 후세 사상사 연구자들의 주목을 받고 있는 육지(陸贄) 등의 『춘추』 삼전에 대한 고찰 또한 당시 전혀 동떨어진 사상사적 사건이 아니다. 아울러 널리 실용성을 추구하는 당시 사회적 배경 하에서 지식과 사상 세계 또한 일종의 실용성을 중시하는 심리의 지배를 받았다. 그 당시 상황에서 직접 정치 일선에 나아가길 희망하는 사인들에게 어떻게 과세를 추징하고 군사는 또 어떻게 보급할 것인가 하는 문제와 정부의 효율성 및 관리의 청렴결백 같은 문제들이 그들의 주된 관심사였다. 가령 유방(柳芳), 심기제(沈旣濟), 두우(杜佑) 등은 모두 이와 같은 정치적 책략에 특히 관심이 많았다. 또 정이(程異)나 황보박(皇甫鎛)처럼 '말과 재물로 은혜를 베풀어 재상의 자리를 차지한' 관원들은 더더욱 이상주의의 길을 달가워하지 않았고, 다만 당시 국면을 그대로 유지하고자 하였다.[5]

---

3) 원결(元結), 「진사에게 묻다(問進士)」(『전당문』 권380). 그러므로 후세에 어떤 이는 원결이 공자를 스승으로 삼지 않았다고 비판하였지만, 이상은은 그를 위해 다음과 같이 공공연히 변호한 바 있다. 즉 "공자에게는 인의도덕 외에 달리 무엇이 있는가? 수천만 년 동안 성현들은 길거리에서나 한가하게 이를 서로 전수하였을 따름이었다(孔氏于仁義道德外有何物? 百千萬年, 聖賢相隨于途中耳공씨우인의도덕외유하물? 백천만년, 성현상수우도중이)."(「번남문집(樊南文集)」 권7, 「용주경략사 원결의 문집 후기(容州經略使元結文集後書)」)라고 하였다. 또 얼마 뒤 독고급(獨孤及) 또한 원결과 유사한 문제를 제기한 바 있다. 『전당문』 권384 참조.

4) 유태진(劉太眞), 「소영사를 동부로 보내며 쓴 서문(送蕭穎士赴東府序)」(『전당서全唐文』 권395).

5) 『신당서』 권173 「배탁전(裵度傳)」과 『신당서』 권174 「우승유전(牛僧孺傳)」을 참고할 것. 그 당시 배탁으로부터 이덕유에 이르기까지 주된 흐름은 황제 권력을 강화하고 국가 질서를 재건하는 것이었다. 그러나 이봉길(李逢吉), 우승유(牛僧孺), 이종민(李宗閔) 등은 이와는 다른 비교적 현실주의적이고 국면을 유지하는 위주로 한 책략을 주장하였다. 과거 우이당쟁에 관한 구설, 가령 진인각(陳寅恪)의 우당은 진사(進士)를 중시하고 이당은 가문(門第)을 중시하였다는 주장은 매우 영향력 있는 견해이긴 하지만, 오늘날에는 이에 대해 많은 이의가 제

훗날 정권을 잡은 이종민(李宗閔)과 우승유(牛僧孺)까지를 포함해서 당시 사인들은 또 지극히 이상적으로 '성세'와 '태평'을 추구할 필요가 없다고 생각하였다. 그러므로 "왕 노릇을 할 만하기에 왕이 되고, 패권을 잡을 만하기에 패권을 잡은 것이다(可以王而王, 可以霸而霸가이왕이왕, 가이패이패)"라는 말은 현실 문제를 적절히 잘 처리하기만 하면 된다는 것이다. 이러한 심리적 배경이 상대적으로 조작하기 용이한 사상 자료를 역사의 기억을 통해, 가령 재산이나 세금을 관리하는 방법, 법과 제도를 강화하는 사유 방법, 병법과 권모술수의 지식 등과 같은 것들을 한순간에 복원시켰다. 특히 유가의 권위가 실추된 상황에서 과거 버려졌던 주변의 역사 자료들이 재차 활용되기 시작하였다.

예를 들면 당시 두우(杜佑)가 풀이한 『관자』, 양경(楊倞)이 주석한 『순자』, 노중현(盧重玄)이 주석한 『열자』, 가대은(賈大隱)이 주석한 『공손룡자(公孫龍子)』, 등보(騰輔)가 주석한 『신자(愼子)』, 윤지장(尹知章)이 주석한 『한비자』와 『귀곡자(鬼谷子)』, 두목(杜牧)이 주석한 『손자』 등이 이에 해당한다.[1] 덕종(德宗) 시대의 왕진(王眞)은 또 『도덕경』에서 용병의 비결을 발견하여 『도덕경 병법 논술 요강(道德經論兵要義述)』을 작성하여 조정에 받쳤다.[2] 유가(劉軻)가 묘사한 바와 같이 "오늘날 천하의 가난한 사인들 중에 뛰어난 자들은 혹은 도가 사상을 말하고 혹은 유가 사상을 말하고 혹은 법가 사상을 말하였다(今天下白屋之士有角立秀出者, 或能以黃老言, 或能以儒術言, 或能以刑法言금천하백옥지사유각립수출자, 혹능이황노언, 혹능이유술언, 혹능이형법언)."[3] 과거 통일되었던 담론 질서와 분명했던 지식 세계는 이미 분열되었다. 과거 '주변부'에 억눌려 있던 이단적인 것들이 오늘날에 와서는 어이없을 만큼 점차 '중

기되고 있다. 예를 들어 부선종(傅璇琮)은 이는 '서로 다른 두 정치 집단과 서로 다른 두 가지 정치적 견해의 원칙적 차이'라고 지적하였다(『이덕유연보李德裕年譜』, 제노서사齊魯書社, 1983년, 5쪽). 또한 다카하시 도우루(高橋撤), 「이덕유시론－그의 진사관을 중심으로(李德裕試論－その進士觀を中心に)」(『중국의 전통사회와 가족中國の傳統社會と家族』, 도쿄, 급고서원汲古書院, 1993년)

1) 두우와 두목은 모두 변방의 문제에 많은 관심을 가지고 있었는데, 이는 『신당서』 권215 「돌궐전(突厥傳)」 '상(上)', 6026～6027쪽에 보인다.

2) 「도덕경 병법 논술 요강 서문(道德經論兵要義述序)」와 「도덕론 병법 논술 요강표를 바치다(進道德經論兵要義述表)」(『전당문』 권683)에 보인다. 이 점에 관해서는 필자의 「두우와 중당 역사학(杜佑與中唐史學)」(『사학사연구』, 1981년 1기, 베이징)을 참조하기 바란다.

3) 유가(劉軻), 「위우승에게 올리는 글(上韋右丞書)」(『전당문』 권742).

심부'로 접근하였고 사상 세계의 주류에도 파고들기 시작하였다. 이른바 "정원 (貞元) 연간의 풍조는 '얽매임이 없음(蕩)'을 중시하고 원화(元和) 연간의 풍조는 '기괴함(怪)'을 중시한다(貞元之風尚蕩, 元和之風尚怪정원지풍상탕, 원화지풍상괴)"라고 한 것은 비록 문학을 두고 한 말이기는 하지만, 정도에서 벗어나려는 경향은 문학 영역에만 국한된 것이 아니었다. 각종 지식과 사상, 그리고 신앙이 상당히 활발히 전개되던 시기에 사상 세계는 실로 권위를 잃었고 경계 또한 모호해졌다.[4]

보다 쉽게 이러한 유학의 부흥을 자극하였던 것은 불교의 흥성이었다.

의심할 바 없이 보다 쉽게 이러한 유학의 부흥을 자극하였던 것은 불교의 흥성이었다. 요시카와 타다오(吉川忠夫)는 일찍이 성당 시기 요숭(姚崇)이 「유령(遺令)」에서 경전을 베껴 쓰고 불상을 주조하고 서재를 만들고 사물을 배치하는 것을 허망하다고 엄격하게 비평하면서도 도리어 사후에 세속의 풍습에 따라 초이레에서 마지막 이레까지 칠승제(七僧齋 : 재물과 논밭을 사원에 기증하고 7명의 승려로 하여금 상시 제식을 올려 공양하도록 하는 것)를 베풀 것을 요구한 것이나, 중당 때 양수(楊垂)는 『상의(喪儀)』를 저술하였음에도 불구하고 유가가 가장 중시하고 자랑하는 상례에서 '사십구제에 그날 망자의 옷을 불교 사원에 보내 망자의 축복을 기원할' 것을 주장하였던 사실을 예로 들며, 당시 불교가 일상생활에 상당히 깊숙이 침투해 있었음을 설명하였다.[5]

심아지(沈亞之)의 「홍손사를 보내며(送洪遜師序)」에서는 "불교가 중원 땅에 들어온 이래 백성들 가운데 불학을 공부하는 사람들이 많아져 유학자의 숫자와 엇비슷할 정도였다. 그러나 사제지간의 예절은 엄격히 전해져 오늘날에 이르러서도 유가의 도는 거의 사라지지 않아 그와 대등할 수 없다(自佛行中國以來, 國人爲緇衣之學多, 幾于儒等, 然其師弟子之禮傳爲嚴專, 到于今世, 則儒道少衰, 不能與之等矣자불행중국이래,

---

4) 예를 들어 당시 어떤 사람이 의론이 뛰어나다고 자랑하며 "과연 천하의 장은 나에게 귀결되는구나 하고 스스로 말하며, 끝내 성인의 도를 경시하였다(果自謂天下之文章歸我, 遂輕傲聖人道과자위천하지문장귀아, 수경오성인도)"라고 하였다. 이는 서원여(舒元輿)의 「비섬계고등문(悲剡溪古藤文)」(『전당문』 권727)에 보인다. 또한 "우주 안에 나만한 사람이 없다(常稱字內無人상칭우내무인)"고 말하며 극단적으로 자부심을 나타내는 사람도 있다. 그는 유불도 삼교에 정통한 듯 행세하며 늘 성현을 비난한다. 이는 『운예우의(雲溪友議)』 권4에서 옹주(邕州) 사람 채경(蔡京)의 일을 기록한 부분에서 보인다.

5) 요시카와 타다오(吉川忠夫), 『사회와 사상(社會與と思想)』(『위진남북조와 수당 시대사의 기본 문제魏晉南北朝隋唐時代史の基本問題』, 도쿄, 급고서원, 1997년, 515~516쪽)

국인위치의지학다, 기우유등, 연기사제자지례전위엄전, 도우금세, 즉유도소쇠, 불능여지등의)"[1] 라고 하였다. 이는 불교를 동정하는 사람의 주장이다. 황보식(皇甫湜)의 「손생을 보내며(送孫生序)」에서 말하길, "불가의 법이 중국에 들어온 지 6백년이 지나 세상 사람들이 불교와 더불어 생활하며 그것에 교화되었다. 불교를 숭봉하는 자들은 대부분 공경대부들이었다. 들녘은 갈수록 황량해 졌고 사람들은 더욱 굶주리고, 유교의 교화는 더욱 쇠퇴하고 천하가 장차 황폐해짐에도 불구하고 윗사람이나 아랫사람 모두 불교에서 안식을 찾기 시작하였다. 이는 마치 성명(性命)이 실로 그러한 것과 같다(浮屠之法, 入中國六百年, 天下胥而化, 其所崇奉, 乃公卿大夫, 野益荒, 人益饑, 教益頹, 天下將蕪, 而始渾然, 自上下安之, 若性命固然也부도지법, 입중국육백년, 천하서이화, 기소숭봉, 내공경대부, 야익황, 인익기, 교익퇴, 천하장무, 이시혼연, 자상하안지, 약성명고연야)"[2]라고 하였다. 이 것이 반불교파들의 불만이다. 어느 주장이든 간에 이는 모두 불교의 세력이 상당 히 커졌음을 말해준다.

당시의 많은 사인들은 불교에 상당한 열정을 가지고 있었다. 그 중 가장 영 향력 있는 인물로는 이화(李華), 양숙(梁肅), 권덕여(權德輿), 배휴(裵休), 유종원(柳宗 元), 백거이(白居易)를 들 수 있다. 이들은 모두 불교에 대해 상당한 호감을 가지고 있어서 개인의 정신적 초월과 생활 속의 순응이란 측면에서 뿐만 아니라 사회 질 서의 재건과 관련해서도 불교가 상당히 유용하다고 여겼다. 백민중(白敏中:792~ 861년. 자는 용회用晦이고 시인 백거이의 종제다)은 선정(禪定)과 '선왕의 공묵무위(恭默無 爲)의 도', 자비와 '충서측은(忠恕惻憫)의 가르침', 보응(報應)과 '권선징악의 법', 재 계(齋戒)와 '욕망과 사악함을 막는 예' 사이에 등호를 긋고 불교 또한 "백성의 마 음을 인도하고 왕의 교화를 도울 수 있다(掖誘人心, 輔助王化액유인심, 보조왕화)"고 하였 다.[3] 이는 대개 불교를 신봉하는 많은 사인들의 생각이다.[4]

---

1) 심아지(沈亞之), 「홍손사를 보내며(送洪遜師序)」(『전당문』 권735).

2) 황보식(皇甫湜), 「손생을 보내며(送孫生序)」(『전당문』 권686).

3) 백민중(白敏中), 「골주 명복사 중설 부도기(滑州明福寺新修浮圖記)」(『전당문』 권739).

4) 얼마 뒤 최암(崔黯)은 「복동림사비(復東林寺碑)」에서 불교는 '공(空)'을 가지고 고집을 타파하고, 복리(福利)를 가지고 욕망을 해소하며, 연업(緣業)으로 망념을 타파하고, 지옥으로 우매함을 타파함에 "그 법을 사용하고 그 마음을 사용하지 않으며(用其法而不用其心용기법이불용기심)", "국가를 다스리는 자는 다른 사람에게 유익한 것을 취하고 사리사욕을 추구하는 사특한 마음을 버려야 한다(爲國者取其有益于人, 去其蠹物之病위국자취기유익우

많은 사인들이 아무리 이념적으로 불교의 의의를 마음 수련과 정신적 초월이란 면에 국한시켜, 예를 들면 불교를 꽤 신봉하는 백거이 같은 이는 황제에게 올린 『책림(策林)』에서 불교가 "백성의 마음을 인도하고 왕의 교화를 도울 수 있다"는 점에 동의했다고 할지라도, 유가 학설은 삼라만상을 포함하고 있으므로 불교의 선정, 자비, 보응, 제개(齋戒)란 개념으로는 핵심을 찌르지도 못하고 겉돌거나 주제넘게 참견하는 것에 불과할 뿐이라고 여겼다.[5] 유종원도 불교의 사상이 "왕왕 『역』이나 『논어』와 일치한다(往往與易, 論語合왕왕여역, 논어합)"고 말하였을 뿐, 정신적인 면에서는 불교의 의의를 보다 중시하였다. "불교는 성정에 있어서는 매우 내용이 풍부하여 공자와 길을 달리하지 않는다…. 그러므로 성인이 다시 태어난다 할지라도 배척하지 않을 것이다(其于性情奭然, 不與孔子異道… 雖聖人復生, 不可得而斥也기우성정석연, 불여공자이도… 수성인복생, 불가득이척야)"[6]

그러나 다른 나라에서 전래된 종교 신앙은 결국 전통의 사상계에 위협이 되었다. 표면적으로 유교와 불교가 다르지 않다는 것은 사실 지식 권력의 유가 독존이 사상계의 문호 개방으로 바뀌었고, 과거 유가 독존의 국면이 불교와 유교가 공생하는 공간으로 바뀌었음을 의미한다. 게다가 당시 도교와 황노(黃老) 사상 및 법가의 이단적 사조가 계속해서 출현함으로써 사상계의 지도가 한층 더 불분명하고 애매하게 바뀌었다.

사상의 권위 확립과 정치 질서의 재건은 일치하기 마련이다. 원화(元和) 말년에서 회창(會昌) 연간(820~846)의 20여년 동안 지식 계층 내의 붕당의 다툼과 궁정

사상의 권위 확립과 정치 질서의 재건은 늘 일치한다.

인, 거기두물지병)'고 건의하였다(『전당문』 권757). 이절(李節)은 「전담주가 선사가 태원에 가서 장경을 구한 일을 말한 시서(錢潭州疏言禪師詣太原求藏經詩序)」에서 또한 불교는 "마음이 청정하고 고요함을 선정(禪定)으로 삼고 겸손하고 물러나 사양하는 마음을 인욕(人慾)으로 삼으며(以淸淨恬虛爲禪定, 以柔謙退讓爲人慾이청정념허위선정, 이유겸퇴양위인욕)", "변변치 않게 고생하는 것을 수행으로 삼고 부귀와 빈궁함, 장수와 단명을 인과로 삼는다(以菲薄勤苦爲修行, 以窮達壽天爲因果이비박근고위수행, 이궁달수요위인과)"고 말하였다. 그리하여 원망과 다툼을 잠재울 수 있고 천하고 보잘 것 없는 곳에서도 편안히 할 수 있다. 다시 말해서 사회 질서를 바로 잡을 수 있다(『전당문』 권788). 이보(李輔)의 「위주 개원사의 유리계단비(魏州開元寺琉璃戒壇碑)」에서도 불교와 유교는 "모두 도에서 나왔지만 도로써 갈리었다(出乎道而道以支출호도이도지)"라고 하였는데, 그 의미는 유교나 불교는 모두 뿌리는 같으나 줄기가 다르며 인과 의는 유교나 불교가 모두 가지고 있는 사상이라는 것이다(『전당문』 권745).

5) 백거이, 『책림』 67 「불교를 풀이하다(議釋教)」(『백거이집』 권65).

6) 유종원, 「호초 스님을 보내며(送僧浩初序)」(『유종원집』 권25, 673~674쪽).

내의 황위 다툼은 갈수록 심해졌다.[1] 일찍이 중흥의 군주로 간주되던 당나라 헌종의 죽음은 당시 많은 사람들에게 큰 충격이었다. 그것은 황제의 분발과 정치적 개량 및 대신들의 노력에 힘입어 나라를 다시 중흥시키고자 하였던 꿈이 또다시 물거품이 되었기 때문이었다. 그렇지만 동시에 다시 한 번 부흥의 계기가 찾아왔다. 즉 회골(回鶻)이 쇠락하고 토번(吐蕃)이 내란에 휩싸인 틈을 타서 하황(河湟)의 4진 18주를 수복함으로써 당나라의 태평성대 희망을 다시 세웠고 또 사인들이 꿈꾸던 국가주의 경향을 자극하였다.[2] 이 무렵 사람들은 사상과 질서의 의미를 재건함에 있어서 생생한 체험을 하였다. 이것이 당시 지식과 사상, 그리고 신앙 세계가 전환하는 내적 요인이다. 이에 역사 자료를 다시 발굴하고 분명한 지식 계보를 수립하고 사상의 경계를 확립하여 각종 이단적 주장을 물리치는 것이 당시 새로운 지식과 사상, 그리고 신앙 세계의 질서를 재정립하는 데 있어 급선무이자 당시 사인들의 초미의 관심사였다.[3]

3

이러한 상황에서 가장 먼저 나타나는 것은 대개 뿌리 깊은 문화적 민족주의 정서이다. 이른바 '민족주의'란 근대적인 의미에서 볼 때 "일종의 사상이며, 정치 조직의 이상적 형식으로서의 국가는 문화의 창조력과 경제 번영의 근원이라

대개 뿌리 깊은 문화적 민족주의 정서이다.

1) 이 단락의 정치 역사에 관해서는 진인각의 『당대정치사술론고(唐代政治史述論稿)』, 『순종실록여현괴록(順宗實錄與玄怪錄)』 및 황영년(黃永年)의 「당 원화 후기 당쟁과 헌종의 일(唐元和後期黨爭與憲宗之事)」(『중화문사논총(中華文史論叢)』 49집, 1992년, 197~210쪽)을 참고하였다.
2) 사마광, 『자치통감』 권247, 7999쪽 참조.
3) 예를 들어 위처후(韋處厚)는 황보식(皇甫湜)을 추천하면서 추천의 이유를 그가 "온갖 잡다한 주장들을 물리치고 여러 유파의 다양한 견해들을 판가름해 놓았기 때문이다(排百氏之雜說, 判九流之紛藩배백씨지잡설, 판구류지분당)"라고 하였다. 또 「육경과 법언을 진언하는 표(進六經法言表)」에서 재차 글을 바치는 이유를 표명하면서도 "제자백가의 온갖 사특한 주장이나 육국의 종횡가, 진한시기의 형명가(刑名家), 위진시기의 경박한 문장들을 태평성대의 도라고 생각해서는 안 된다(不能以百家邪說, 六國縱橫秦漢刑名, 魏晉倫薄爲盛時道불능이백가사설, 육국종횡진한형명, 위진륜박위성시도)"(『전당문』 권715 「상재상천황보식서(上宰相薦皇甫湜書)」과 「육경과 법언을 진언하는 표(進六經法言表)」)라고 하였다.

할 수 있다. 인간은 누구나 마땅히 국가에 한없는 충성심을 바쳐야 한다는 사실은 인간의 생명이 단지 국가의 생명과 국가의 흥성 속에서만 존재할 수 있기 때문이다."[4] 그러나 이러한 민족주의 감정은 종종 또 다른 의미를 갖는다. 즉 자신의 민족 혹은 국가에 대해서는 맹목적인 충성심을 갖을 수 있지만, 동시에 '타자'인 기타 민족과 국가에 대해서는 과도한 경계와 적의를 품을 수도 있다. 만일 우리가 '민족주의'란 말을 지나치게 정치적 의미에만 국한시키지 않고 문화적 의미로까지 확대한다면, 고대 중국의 '문화적 민족주의'는 종종 "나의 종족이 아니면 그 마음이 틀림없이 다를 것이다"는 것에 해당할 것 같다. 다시 말해서 지식과 사상, 그리고 신앙의 합리성과 합법성의 경계는 늘 민족과 국가의 범주에 한정되어 있다.

불교 및 기타 다른 민족의 신앙에 대해 한족 문화인들은 일찍이 민족적 우월 감에서 비롯된 배척 심리를 가지고 있었다. 가령 위진남북조 시기의 반불교적 비판에는 야만적이라고 배척하는 주장이 상당히 많다.[5] 당나라 초기에도 부혁(傅奕) 같은 이가 "벼슬아치들의 문하에서 대머리 땡중의 사특한 계율을 받아들였으며, 유학자들의 학설에서도 요망하고 야만적인 말을 사용하였다"[6]라고 대단히 비판적인 언급을 한 바 있다. 그렇지만 당나라 시대 전반기에 화이(華夷) 구분이 '천하가 한 가족'이라는 낙관주의 정서 속에 점차 사라지면서 이러한 비판은 그다지 많이 보이지는 않았다. 일반적으로 사인들의 불교에 대한 공격은 늘 불교 사원과 중앙 정권 간에 경제적 이익을 다투는 것에 집중된 나머지 이러한 비판이 신앙 세계에는 별다른 영향을 미치지 못하였다.

8세기 중엽 이후에는 안사의 난에 자극을 받아 사실상 이민족 문화는 이민족의 진입과 함께 갈수록 번성하였다. 그렇지만 사인들의 관념상 "화이의 구분

---

4) 한스 콘(Hans Kohn), 『민족주의 : 그 의미와 역사(*Nationalism : Its Meaning and History*)』, New York, Van Nostrand Co, 1965년. 홉스봄(Eric J. Hobsbawm), 『1780년 이후 국가와 민족주의(*Nations and Nationalism Since 1780*)』 참조.

5) 갈조광, 「7세기 이전 중국의 지식과 사상, 그리고 신앙세계(七世紀前中國的知識,思想與信仰世界)」 『중국사상사』 제1권, 제4편 제6절, 914~920쪽.

6) 부혁(傅奕), 「불교 승려들의 사상을 폐할 것을 상소하는 글(上廢省佛僧表)」 『광홍명집(廣弘明集)』 권11, 사부비 요본(四部備要本), 89쪽.

은 또 그로 인해 보다 엄격해졌다."[1] 근본적으로 이민족 종교가 주류사상을 위협하고 있는 이런 문제를 해결하고자 하는 몇몇 사인들은 또 문화적 민족주의를 새롭게 제기하였다.

부처란 오랑캐의 한 가지 법일 뿐이다. ....부처는 본시 오랑캐 땅의 사람으로 중국과 언어가 통하지 않고 의복의 제도도 다르다. 입으로는 선왕의 가르침을 말하지 않고 몸으로는 선왕이 정하신 의복을 입지도 않으며, 군신 간의 의나 부자지간의 정도 알지 못한다(佛者, 夷狄之一法耳. ......佛本夷狄之人, 與中國言語不通, 衣服殊制, 口不道先王之法言, 身不服先王之法服, 不知君臣之義, 父子之情不者, 이적지일법이. ......불본이적지인, 여중국언어불통, 의복수제, 구불도선왕지법언, 신불복선왕지법복, 부지군신지의, 부자지정).[2]

오랑캐의 학술이 중국에서 유행하게 되었기에 길흉의 예가 문란해지고 오랑캐의 예가 아닌 것이 거의 없다. ......불법에서 말하는 바는 대부분 열자와 장자에서 한 말이고, 그 나머지는 모두 오랑캐의 도이다. 부처가 중국에서 태어났다면 그 행위는 분명 이와 달랐을 것이다. 그런데도 중국인으로 하여금 그 가르침을 행하도록 해야 할 것인가? 불교의 가르침에 빠진 자는 오랑캐의 풍으로 중화를 바꾸려 하는 것이니, 그것이 미치는 재앙의 큼은 오랑캐가 안 되면 다행이겠지요(使夷狄之術, 行于中華, 故吉凶之禮謬亂, 其不盡爲戎禮也無幾矣. ...... 佛法之所言者, 列御寇, 莊周所言詳矣, 其餘則皆戎狄之道也, 使佛生于中國, 則其爲作也, 必異于是, 況驅中國之人擧行其術也? ......溺于其敎者, 以夷狄之風而變乎諸夏, 禍之大者也, 其不爲戎平幸矣!사이적지술, 행우중화, 고길흉지예류란, 기부진위융예야무기의. ...... 불법지소언자, 열어구, 장주소언상의, 기여즉개융적지도야, 사불생우중국, 즉기위작야, 필이우시, 황구중국지인거행기술야? ......닉우기교자, 이이적지풍이변호제하, 화지대자야, 기불위융호행의!).[3]

이처럼 매우 극단적인 민족주의 정서는 당시 별다른 호응을 얻지 못하였을

---

1) 부락성(傅樂成), 「당대 중화 관념의 변화 발전(唐代夏觀念之演變)」, 『한당사논집(漢唐史論集)』, 214쪽 참조.
2) 한유(韓愈), 「부처의 유골을 논한 표(論佛骨表)」(『한창려문집교주(韓昌黎文集校注)』 권8, 613~616쪽).
3) 이고(李翶), 「부처님 제사 소멸론(去佛齋論)」(『전당문』 권636, 2846쪽).

지도 모른다. 하지만 그것이 이후 무종(武宗)과 이덕유(李德裕)의 회창(會昌) 연간 척불(斥佛) 정책에 영향을 미쳤는지 미치지 않았는지는 아직 단정할 수 없다. 그렇지만 당시 이처럼 극단적이면서도 격렬한 정서는 분명 사인들의 보편적인 동의를 얻을 수 없었을 것이다. 게다가 그들과 상당히 가까운 많은 사람들 또한 그들의 견해에 전적으로 동의할 수는 없었을 것이다. 그들 자신조차도 이미 상당히 중국화된 이민족 종교를 여전히 '근본도 없는 오랑캐의' 종교로 간주하고 철저히 배척하지는 않았다. 오히려 그들은 개인적으로 승려들과 교류하며 이미 상당한 교분을 쌓았다. 가령 한유와 대전(大顚), 이고(李翱)와 유엄(惟儼)의 교류가 그러하다.[4] 이는 그 당시 이러한 극단적 민족주의 사상 담론이 이미 제기되었음을 보여준다. 그런데 보다 중요한 의미는 전통 주류 이념의 권위를 새롭게 확립하고 사회와 정치 질서를 재차 정리하는 자세를 보여주었다는 점이다. 이는 일종의 사상적 경향의 상징이자 선언이라 할 수 있다.

문제는 이민족 신앙을 배척함과 동시에 역사 자원을 적극 발굴해야 한다는 것이다. 역사 자원의 도움 하에서만 비로소 주류 지식과 사상 그리고 신앙의 권위를 재정립할 수 있다. 여기서 간략히 사상사의 지식적 배경의 변화를 회고하고자 한다. 당나라 사람들은 주로 주류 사상의 지식 체계 혹은 전적의 텍스트로서 경학을 택하였고 거기에 의존하였다. 그리고 경전 가운데 직접 사회와 정치와 사상까지 폭넓게 다룰 수 있는 것은 대개 춘추학과 의례학이다. 전자는 역사적 지식으로 정치의 합법적 근거를 제공하며, 후자는 의식의 법도로서 사회의 질서를 정리하는 것이다. 그러나 그 당시 춘추학 중 삼전(三傳)은 이미 권위를 잃었고, 이미 명맥이 끊어진 『춘추』 텍스트에 대해 일시에 해석의 원칙을 제공하기는 어려웠다. 의례학 또한 사회적으로 종족이나 가문이 점차 해체되고 지역적 관계도 날로 느슨해져 가는 사회 구조의 변화 속에서 불필요한 요소를 깨끗이 정리하는 실

---

4) 『송고승전』 권17 「당 낭주 약산 유엄전(唐朗州藥山惟儼傳)」, 중화서국, 1987년, 424쪽. 이고가 유엄(惟儼)이나 자옥(紫玉) 같은 선종승과 교유가 있었던 것은 확실하다. 그렇지만 어떤 학자는 이고가 「복성서(復性書)」를 쓴 것이 유엄과 연관이 있다고 말하는 것은 잘못이라고 말한다. 왜냐하면 이고가 유엄과 어울린 것은 원화(元和) 15년에서 장경(長慶) 원년 사이이고, 「복성서」는 정원(貞元) 연간에 이미 씌어졌기 때문이다. 이 점에 대해서는 진약수(陳弱水)의 「복성서 사상 연원 재탐-한당 심성관념사의 한 장(復性書思想淵源再探-漢唐心性觀念史之一章)」(『역사언어연구소집간歷史言語研究所集刊』 제69본 제3책, 타이베이, 1998년)을 참고할 것.

용성은 사라지고, 단지 기록하고 암송하는 학문으로 변질되었다.

8세기 상반기에 어떤 사람은 "의례가 폐지되어 비록 사대부라 할지라도 그 것을 행할 수 없었다(儀禮廢絶, 雖士大夫不能行之의례폐절, 수사대부불능행지)"[1]라고 한탄 하였다. 9세기 때 이러한 경향은 갈수록 심해졌다. 아무리 조정에서 예학이 여전 히 지식의 중심이어서 각종 예의 문제를 두고 논쟁이 그치지 않았다 할지라도,[2] 사인들에게는 지난날과 같은 의미를 지니지는 못하였다. 여온(呂溫)의 「집안 형 님 고에게 춘추를 배우길 청하다(與族兄臯請學春秋書)」에서 일찍이 "'예'란 술잔을 올리거나 술잔을 주고받는 방법이나 옷 입는 풍속만을 말하는 것이 아니고, 반드 시 건곤을 경영하고 음양을 운행하며 인간의 정리를 관장하고 천하를 조치할 수 있는 것이기에 아무개가 예를 배우기를 원하는 것이다(所曰禮者, 非酌獻酬酢之數, 周 旋褐襲之容也, 必可以經乾坤, 運陰陽, 管人情, 措天下者, 某願學焉소왈예자, 비작헌수초지수, 주선갈습 지용야, 필가이경건곤, 운음양, 관인정, 조천하자, 모원학언)"[3]라고 하였다.

이런 말의 숨은 의미는 도리어 '예'가 '술잔을 올리거나 술잔을 주고받는 방 법이나 옷 입는 풍속'이 되었음을 의미한다. 그래서 그는 '건곤을 거치고 음양을 운행할 수 있다. 인간의 정리를 관장하고 천하를 조치할' 수 없는 학문을 하기를 원치 않는다. 한유의 이른바 "(『의례(儀禮)』에서) 오늘날 행해지는 것은 거의 드물고 계승되는 것이라 해도 같지 않으며, 돌아가고자 해도 어디에 근거해야 할지 모른 다. 지금에 비추어 고찰해 보면, 실로 쓸 만한 것이 없다(『儀禮』行于今者盖寡, 沿襲不 同, 復之無由, 考于今, 誠無所用之『의례』행우금자개과, 연습부동, 복지무유, 고우금, 성무소용지)"[4]는

---

1) 『구당서』 권185 하(下) 「어진 관리 양창의 전기(良吏楊場傳)」, 4820쪽.

2) 예를 들어 정원 연간에 헌종과 의종 두 황제가 서협실(西夾室)로 천도한 것이 마땅한 일이었는가에 대한 논쟁 이 있었고, 태자가 소덕황후를 위해 상복을 입어야 하였는가에 관한 논쟁이 있었고, 원화 연간에는 두 황제 의 비빈을 합동으로 제사할 것인지에 관한 논쟁이 있었다. 이것들은 모두 『신당서』 권200 「유학전(儒學傳)」 '하(下)', 5710~5722쪽에 보인다. 또한 강백근(姜伯勤)의 「당 정원·원화 연간 예의 변천(唐貞元, 元和間禮の變 遷)」이란 글에서 "정원과 원화 연간의 35년 동안은 상례에서 벗어난 변례(變禮)가 자주 나타나고 나라의 전례 절차를 적은 의주(儀注)가 흥행하는 변화무쌍한 시대였다"라고 지적하였다. 강백근은 중당 시기 예의의 변화 의 배후에 권력의 집중을 강화하고 생활 속에 파고든다는 의미에 비교적 주의하였다. 그러나 필자는 도리어 중당 시기 예의 지식이 권위를 상실한 뒤 그로 인해 야기된 사상의 혼란과 질서의 붕괴에 관심을 가지고 있 다. 『돈황의 예술 종교와 예악 문명(敦煌藝術宗教與禮樂文明)』, 중국사회과학출판사, 1996년, 455~456쪽 참조.

3) 여온(呂溫)의 「집안 형님 고에게 춘추를 배우길 청하다(與族兄臯請學春秋書)」(『전당문』 권627, 2805쪽).

것과 유종원이 말한 바 "(관례(冠禮)는) 성인(聖人)이 특히 중시하였던 바인데, 수백 년 동안 사람들이 이를 더 이상 행하지 않는다(冠禮是聖人所尤用心者也, 數百年來, 人 不復行[관례시성인소우용심자야, 수백년래, 인불복행])"[5]는 것은 사실 이 같은 지식이 이미 가 치를 상실하였음을 보여준다.[6]

그리하여 그들은 일체의 구체적인 지식을 초월한 '도'를 높이 받들고 '도'를 일체 모든 것보다 우선한 근본적 위치에 두고서 이런 초월적 '도'의 초석 위에서 지식과 사상, 그리고 신앙의 질서를 재정립하기를 희망하였다. 한유의 「원도」설 에 의하면, 이러한 '도'는 중국 유가 특유의 것으로 도가나 불교의 '도'와 확연히 다르다. "널리 사랑하는 것을 '인'이라고 하고, 행하되 마땅한 것을 '의'라고 한 다. 이것으로부터 미루어 나가는 것을 일러 '도'라고 한다(博愛之謂仁, 行而宣之之謂 義, 由是而之焉之謂道[박애지위인, 행이선지지위의, 유시이지언지위도])." 이는 일체 인의의 원칙 에 의거하여 일을 진행하는 것이 곧 '도'라고 본 것이다. 이러한 원칙은 모든 것 을 뛰어넘고 또 모든 것을 포괄한다. 문자로 드러나면 『시경』, 『서경』, 『역경』, 『춘추』가 되고, 의법으로 드러나면 예(禮)·악(樂)·형(刑)·정(政)이 되고, 민중 속에 서 드러나면 사·농·공·상의 질서가 된다. 등급으로 나타나면 군신, 부자, 스승과 벗, 주인과 손님, 형제, 부부의 관계가 되고, 의복에 나타나면 마와 비단이 된다. 거처에 드러난 것이 궁실이며, 식물에 드러난 것이 조, 쌀, 과일, 채소, 물고기, 육 고기이다. '도'는 또한 일체의 합리성을 지탱하고 있어서, '도'가 자신의 수양에 사용되면 '온순하면서도 두루 마음을 쓸' 수 있고, 인간됨에 사용되면 '친밀하게 대하면서도 사사로움 없이 공평할' 수 있다. 영혼 속에 '도'가 존재하면 '조화로 우면서도 평온할' 수 있고, 국가의 정치를 폄에 있어서 '도'에 의거하면 '처하여 부당한 바가 없을 것이다.'[7] 그렇다면 우선적으로 이러한 '도'를 재인식하고 부 각시켜서 일체의 합법적이고 합리적인 본원으로 삼아야 한다.

---

4) 한유, 「의례를 읽고(讀儀禮)」, 『한창려문집교주(韓昌黎文集校注)』 권1, 39쪽.

5) 유종원, 「위중립과 스승의 도리를 논하다(與韋中立論師道書)」, 『유종원집(柳宗元集)』 권34, 872쪽.

6) 소에지마 이치로(副島一郞)의 「중당에 있어서 유학의 발전과 그 배경(中唐における儒學の演變とその背景)」(『집간 동양학集刊東洋學』 제77호, 동북대학東北大學, 일본선대日本仙臺, 1997년)을 참고할 것.

7) 한유, 「원도(原道)」, 『한창려문집교주(韓昌黎文集校注)』 권1, 18쪽.

그러나 이러한 형이상학적이고 초월적인 '도'는 또 무엇에 근거해서 그 자체의 합법성과 합리성을 확립할 것인가? 그리고 그러한 '도'가 개인의 수양과 사회규범에 일관되게 적용됨은 물론 국가와 사회의 질서를 확립할 수 있을까? 본래한유는 교육과 법률에 바탕을 두고 인성을 계발하고 규제하고자 하였다.

한유의 「원성(原性)」에 의하면, 인간의 본성은 인(仁)·예(禮)·신(信)·의(義)·지(智)로 이루어져 있고, 거기에는 상중하 3품이 있다. 인간의 감정 또한 기쁨, 노여움, 슬픔, 두려움, 사랑, 미움, 욕망으로 이루어져 있으며, 거기에도 상중하 3품이있다. 그 중 상급의 본성을 지닌 사람은 '배우면 배울수록 더욱 명석해지고' 하급의 본성을 지닌 사람은 '위협을 두려워한 나머지 거의 죄를 짓지 않는다'고 하였다.[1] 다시 말해서 교육에 있어서 상급에 속한 사람은 자각적으로 '도'를 추구하고자 하는 경향이 있고, 형법에 있어서 하급에 속한 사람은 '도'를 잘 따르는 경향이 있다.

당시 이러한 주장에 일부 찬동하는 사람들이 있었다 할지라도 이러한 주장은 한나라 시대 유학자, 특히 동중서(董仲舒)의 견해를 계승한 것이어서 그다지 심각하지 않다. 그것은 이러한 생각이 '본성을 회복하자(復性)'라는 명제로 하여금결코 보편적 의의를 갖지 못하도록 만들 것이고, 중급에 속한 인간에게나 의미가있는 자각적 수양을 주장하는 꼴이 되기 때문이다. 특히 『대반열반경(大般涅槃經)』에서 "일천제인은 모두 불성을 가지고 있다(一闡提人皆有佛性일천제인개유불성)"라는관념에 대해 불교의 보편적 동의를 얻은 이후, 그리고 불교의 사고방식을 수용한『본제경(本際經)』이 도교에서 가장 영향력 있는 텍스트가 된 이후,[2] 불교와 도교는 인성을 보편화하였다. 이러한 지식적 배경 하에서 유학자들은 이에 대해 호응해야만 하였다.

그리하여 이고의 「복성서(復性書)」에서는 이러한 주장을 새롭게 바꾸어 '본성을 회복하자'는 것은 인간의 본성에 의거하여 "인간이 성인이 될 수 있는 것은

한유의 「원성」

이고의 「복성서」

---

1) 한유, 「원도」, 『한창려문집교주』 권1, 22쪽.
2) 가령 황보식의 「맹자와 순자의 성론(孟子荀子言性論)」에서도 "본성에는 삼품이 있는데, 어리석은 이(下愚)와
    중간 정도의 사람(中人) 그리고 총명한 사람(上智)이 그것이다(性之品有三, 下愚中人上智是也성지품유삼, 하우중인상
    지시야)." (『전당문』 권686)

성 때문이다(人之所以爲聖人者, 性也인지소이위성인자, 성야)"라고 진지하게 주장하였다. 그리고 인간은 누구나 그 본성이 순수하며, 이러한 순수한 본성은 천부적인 것이어서 자연 합법성과 합리성을 갖는다. 이것이 바로 이른바 "성은 선하지 않는 것이 없다(性無不善성무불선)"는 것이다. 인간이 본성을 거스르고 사회 질서의 혼란을 야기하는 까닭은 인성이 단지 외부 세계의 자극만으로도 기쁨·노여움·슬픔·두려움·사랑·미움·욕망의 감정을 갖게 되고, 또 그것에 가리게 되기 때문이다. 그러므로 중요한 것은 자각적으로 '본성을 회복하는(復性)' 데 있다.

일찍이 초기 유학에서 이미 성정에 대해 논의한 바 있다.

    이는 물론 이고가 처음 제기한 독특한 주장이 결코 아니다. 사실 일찍이 초기 유학에서 이미 성정에 대해 논의한 바 있다. 근래 출토된 곽점(郭店)의 전국(戰國) 시기 초간(楚簡) 중에 「성자명출(性自命出)」은 "무릇 인간은 성을 가지고 있지만, 마음속에 일정한 생각이 없고 사물을 기다린 후에 생겨나는데, 기쁨을 기다린 이후에 행하고 학습을 기다린 이후에 일정해진다(凡人雖有性, 心亡奠志, 待物而後作, 待悅而後行, 待習而後奠범인수유성, 심망전지, 대물이후작, 대열이후행, 대습이후전)"[3]는 문제를 논한 바 있다. 그리고 『어총(語叢)』 '2'에서도 "정은 성에서 생겨나고 예는 정에서 생겨나며(情生于性, 禮生于情정생우성, 례생우정)", "사랑은 성에서 생겨나고 친애함은 사랑에서 생겨나고 충은 친함에서 생겨난다(愛生于性, 親生于愛, 忠生于親애생우성, 친생우애, 충생우친)"는 주장을 한 바 있다. 대체로 초기 유학에서 인간의 '성'과 '정'의 관계에 대한 분석은 후세 사람들의 명쾌한 분석과는 달리 '성'에 대해 그저 '호오(好惡)'의 감정을 언급하는 정도였다.

    그렇지만 초기 유학 텍스트에 나타난 인간 본성에 관한 사상은 지금 우리가 알고 있는 것보다 훨씬 내용이 풍부하고 이론적 깊이가 있다. 인성이 외부의 자극에 의해 감정과 욕망을 낳는다는 생각 또한 이미 그 형태를 갖추었으며, 한나라 시대 유학자들의 해석과 설명을 거쳐 역사의 자원이나 사상적 논제가 되었다. 사상이 사회를 만나 그 문제를 새롭게 제기할 필요가 있다면, 그것은 자연스럽게 역사의 기억 속에서 떠오를 것이다. 아울러 불교가 중국에 전래된 뒤에는 인성의 문제가 곧 불성론(佛性論)에 상당하였고, 이것이 또한 중국 사상계의 인간 성정 문

---

3) 곽점초간(郭店楚簡), 「성자명출(性自命出)」.

제에 대한 반응을 자극하였을 것이다.

「대승기신론(大乘起信論)」에서 '지관(止觀)' 학설에 이르기까지 선정(禪定)의 지식과 기술에서 남북 선종의 '명심견성(明心見性 : 마음을 밝히면 본성이 보인다)'과 '불진간정(拂塵看淨 : 먼지를 털고 깨끗함을 본다)'의 사상에 이르기까지 모두 불교에서 연유한 성정론이 9세기 사상계에 그 자원을 제공해 주었다.[1] 그리고 수당(隋唐) 시대 도가와 도교의 '성정정동(性靜情動 : 성은 정적이고 정은 동적이다)'과 '수심복성(收心復性 : 마음을 거두고 본성을 회복한다)' 사상은 수행자에게 생명의 초월성을 추구하도록 하는 측면이 보다 많지만, 그것은 절대 순수의 '본성'을 추구하고 욕망의 상징인 '정'을 배격하고자 하는 관념과 관련하여 다같이 "본성을 회복하자"는 주장을 자극하였다.[2]

역사적으로 여러 차례 성, 명, 정, 욕에 관한 논쟁이 있을 때마다 다른 사상에서는 "공자는 성명(性命)을 거의 언급하지 않았다"는 구실을 들어 이러한 주장을 교묘하게 변형시키거나 유학 이념의 틈새를 노리는 계기로 삼았다. 이는 도리어 현학과 불학의 부흥을 자극하였다. 그런데 이번에는 "유가는 중용의 도를 가지고 백성들을 다스리고 본성과 명에 대해서는 거의 언급하지 않았다. 그로 인해 세상이 쇠락해짐에 따라 점차 사라지게 되었다(儒以中道御群生, 罕言性命, 故世衰而寢息유이중도어군생, 한언성명, 고세쇠이침식)"는 점을 보편적으로 인식한 유학자들은 유가의 입장에서 기타 사상의 요소를 수용하여 자체적으로 심성에 관한 유가의 담론을 수립하였다. 이에 초기 유학, 위진남북조 시대의 불교와 현학, 수당 시대의 도교 등 심성에 대한 각종 견해를 수용함과 동시에 당시 시대적 배경 속에서 이런 요

---

1) 성정과 관련된 불교의 학설은 매우 풍부하고, 그 영향력도 깊을 것이다. 성당과 중당의 한 예를 들자면, 방관 (房綰)의 「용흥사비서(龍興寺碑序)」에서 "무릇 동은 예와 서로 어긋나고 정은 도와 어울린다. 시·서의 취지는 총명함을 중시하여 궁극적으로는 움직임(動)을 통해 어그러지는 데 있고, 불교 승계의 취지는 보고 듣는 것을 되돌려 궁극적으로는 고요함(靜)을 통해 편안함을 얻는 데 있다. 그런 즉 선왕의 저작이 무궁무진하겠는가? 아니면 석가여래의 도가 지고무상하겠는가?(夫動與禮違, 靜與道遇. 詩書之義, 尙乎聰明, 其終動以乖, 乘戒之旨, 反乎視聽, 其終靜以適. 然則先王之作, 其未盡歟, 如來之道, 其無上歟?......부동여예위, 정여도우. 시서지의, 상호총명, 기종동이괴, 승계지지, 반호시청, 기종정이적. 연즉선왕지작, 기미진여, 여래지도, 기무상여?......)"라고 하였다. 이것은 불교로부터 배운 성정의 동정에 대한 사유이다. 『전당문』권332, 1489쪽.
2) 성정과 관련해서 당나라 때 도교의 인물 중에는 가령 오균(吳筠)의 「현망론(玄網論)」, 사마승정(司馬承禎)의 「천은자(天隱子)」 같은 경우가 유사한 주장을 하였다.

소들을 종합하여 다음과 같은 성정의 관념을 형성하였다.[3] 즉『대학』,『중용』등 유가 전적에 바탕을 두고 사맹(思孟) 학파식의 표현으로 고쳤다.

한유와 돈독한 관계의 구양첨(歐陽詹)은 "본성(性)으로부터 우러나서 대상에 다가가는 것이 정성됨(誠)이요, 공부를 통해 정성됨에 도달하는 것을 명확함(明)이라 한다. 뛰어난 성인은 정성됨을 풀어서 명확함을 밝히고 그 이하의 사람들은 자신의 명확함에 의지해 정성됨을 획득한다(自性達物曰誠, 自學達誠曰明, 上聖述誠以啓明, 其次考明以得誠자성달물왈성, 자학달성왈명, 상성술성이계명, 기차고명이득성)"[4]고 하였다. 이는 순명(純明)한 경지에 있는 사람은 순수한 성심(誠心)을 통해 스스로 명징한 상태에 도달할 수 있음을 말해준다. 보통 사람은 학습과 모방을 통해서만 스스로 성심에 도달할 수 있다.

이고는 몸가짐을 바르게 하고 심성을 고요히 함으로써 본디 무념무상의 순수한 경계를 깨닫고, 일체의 상념을 제거함으로써 동정(動靜)이 모두 격리되는 지성(至誠)의 상태에 도달할 수 있다고 말한다. 이렇게 해서 정욕의 얽힘을 피하고 본래의 심성을 회복할 수 있다는 것이다. 듣건대 성인의 심령 경계는 이렇듯 '일체의 움직임이 없이 고요하고 광대하고 깨끗한' 상태이다. 그러므로 이고는 한유가「원성(原性)」이란 글에서 인간을 자신이 타고난 본성에 근거하여 지나치게 억지로 등급화하려는 사고방식을 성정의 차이에 따라 인간의 도덕적 수준을 평가하는 사고방식으로 바꾸어 놓았다. 그가 이해한 바에 의하면, "본성(性)이란 천(天)의 명(命)이다. 성인(聖人)은 본성(性)을 깨달았기에 현혹되지 않는다. 정(情)이란 성의 동(動)이다. 백성들은 정에 빠져 그 근본을 깨닫지 못한다(性者, 天之命也, 聖人得之而不惑者也; 情者, 性之動也, 百姓溺之而不能知其本者也성자, 천지명야, 성인득지이불혹자야; 정자, 성지동야, 백성닉지이불능지기본자야)."[5] 그러므로 만일 인간이 외부의 각

한유가「원성」이란 글에서 인간을 타고난 본성에 근거하여 지나치게 억지로 등급화하려는 사고방식을 성정의 차이에 따라 인간의 도덕적 수준을 평가하는 사고방식으로 바꾸어 놓았다.

---

3) 이고의 심성론의 연원에 관해서는 진약수(陳若水)의「복성서의 사상적 연원 재탐구─한당시기 심성 관념사의 한 장(復性書思想淵源再探─漢唐心性觀念史之一章)」을 참고하기 바란다. 진약수는 각종 자료를 자세히 고증한 뒤『복성서』는 한대 유학자들의 성선정악설(性善情惡說)을 바탕으로 하여 불교 사상의 틀을 빌리고, 도가나 도교적 요소를 가미하여 유가의 기본 가치 체계에 따라 일종의 참신한 유가의 심성수양론을 구성한 것이다."

4) 구양첨(歐陽詹),「자명성론(自明誠論)」,『전당문』권598, 2676쪽.

5) 이고,「복성서(復性書)」.

종 유혹에 마음이 흔들리지 않고 타고난 본성의 깨끗함을 추구한다면,[1] 그러한 사람이 바로 '천지의 마음'에 부합하는 성인인 것이다. 그리고 성인은 "인간으로 하여금 좋아하고 즐거워하는 마음을 잊고 성명(性命)의 도(道)로 돌아가라고 가르친다."[2] 바로 자연스러운 본성을 수립하는 바탕 위에서 '도'는 진리의 보편성을 지녔고, 인간의 심리에서 사회의 도덕과 질서에 이르기까지 일체 모든 것에 일관되게 적용되며 또 그것을 지배할 수 있다.

4

지식과 사상의 권위를 새롭게 확립하는 일은 고대 중국에서도 늘 역사의 근원에서부터 체계적인 도움을 필요로 한다. 역사의 근원으로부터 지지를 받지 못하고, 경전 텍스트 그것도 유가 경전에 근거한 증명이 없다면 해석의 합리성은 계속해서 의심받게 될 것이다. 그 시대에 유가의 역사적 자원을 새롭게 발굴하다 보면, 종족의 문제, 지역적 경계, 의식과 전례의 구체성을 뛰어넘어 보다 근원적인 측면에서 인간 내면의 사상과 행위에 호소하고 또 그것을 통해 사회 질서와 국가 권위를 확립하고자 하였던 '마음(心)'을 『대학』과 같은 전적에서 발견할 수 있다. 인성 속에 존재한다고 여겨지는 보편적 원칙인 '도(道)' 또한 그들이 역사적 계보를 재정립하는 과정에서 『중용』과 연계하기 시작하였다. 『대학』에서 "옛날에 밝은 덕을 천하에 밝히려는 사람은 먼저 자기의 나라를 다스렸고, 자기 나라를 다스리려는 사람은 먼저 자기의 집안을 바로잡았고, 자기의 집안을 바로잡으려는 사람은 먼저 자기의 몸을 닦았고, 자기의 몸을 닦으려는 사람은 먼저 자기의 마음을 바로 하였고, 자기의 마음을 바르게 하려는 사람은 먼저 자기의 생각을 성실히 하였다(古之欲明明德于天下者, 先治其國 欲治其國者, 先齊其家. 欲齊其家者, 先修

역사의 근원으로부터 지지를 받지 못하고, 경전에 근거한 증명이 없다면 해석의 합리성은 계속해서 의심받게 될 것이다.

---

1) 이고의 「학가진(學可進)」에서도 인간은 누구나 '마음(心)'을 가지고 있어서 성인과 차별이 없으므로 만일 인간이 성인을 따르지 않겠다고 한다면, 이는 '스스로 자신의 성을 버리는(自棄其性)' 것이라고 하였다. 『전당문』 권637, 2849쪽.

2) 이상은 이고의 「복성서」 상중하(『전당문』 권637, 2849~2851쪽)에서 인용하였음.

其身. 欲修其身者, 先正其心. 欲正其心者, 先誠其意고지욕명명덕우천하자, 선치기국. 욕치기국자, 선제기가. 욕제기가자, 선수기신. 욕수기신자, 선정기심. 욕정기심자, 선성기의)"3)라고 한 말은 마음의 도덕적 배양과 국가 질서의 경영을 소통시키는 사유 방식과 사물을 규명하고 앎에 도달하고 생각을 정성되게 하고 마음을 바르게 하고 몸을 닦고 집안을 다스리고 나라를 다스리며 천하를 평화롭게 하는 일련의 과정을 보여주고 있다.

또한 과거 우주와 천지의 공간을 근거로 종법윤리(宗法倫理)의 질서를 수립하고, 종족의 예법을 기초로 국가 질서를 정립하려는 사유 방식을 전체적인 면에서 새로운 방향으로 전환하였다. 즉 국가와 민족과 사회의 질서 수립은 밖에서 안으로 향한다고 하는 오랜 관념에서 안에서 밖으로 향하는 새로운 자각으로 바뀌었다. 이처럼 모든 합법성과 합리성에 관한 궁극적 근거는 '우주와 천지'에서 '심리와 성정'으로 바뀌었다. 『중용』 첫머리의 이른바 "하늘이 명한 것을 성(性)이라 하고, 성에 따르는 것을 도(道)라 하고, 도를 닦는 것을 교(敎)라 한다. 도라는 것은 잠시도 떠날 수 없는 것이니, 떠날 수 있다면 도가 아니다(天命之謂性, 率性之謂道, 修道之謂敎. 道也者, 不可須臾離也, 可離非道也천명지위성, 솔성지위도, 수도지위교. 도야자, 불가수유리야, 가리비도야)"4)라는 말은 불교에 깊은 영향을 받았을 법한 이들 사상을 위해 유가 정통의 경전 텍스트를 제공해 주었다. 뿐만 아니라 천명과 인성, 인성과 보편성의 원칙, 보편성의 원칙과 개인, 가족, 국가의 행위를 연계시킴으로써 도덕과 윤리 및 정치적 합리성의 해석적 기초를 마련하였다.

『대학』과 『중용』 중 "군자는 홀로 있을 때 스스로 삼가한다(君子愼獨)"라거나 "희노애락이 아직 발하지 않는 것을 일러 중(中)이라 한다(喜怒哀樂之未發謂之中희노애락지미발위지중)"5)라는 주장, "머무름을 안 뒤에야 정(定)함이 있고 정한 뒤에야 고요함이 있을 수 있고, 고요한 다음에야 안정될 수 있고. 안정된 뒤에야 생각할 수 있고. 생각한 뒤에야 얻을 수 있다(知止而後有定, 定而後能靜, 靜而後能安, 安而後能慮, 慮而後能得지지이후유정, 정이후능정, 정이후능안, 안이후능려, 려이후능득)"6)는 생각의 방향 및 격

합법성과 합리성에 관한 궁극적 근거는 '우주와 천지'에서 '심리와 성정'으로 바뀌었다.

---

3) 『대학』.
4) 『중용』.
5) 『중용』.
6) 『대학』.

물치지(格物致知)와 수신성명(修身誠明)의 방법은 개인 심성의 맑고 깨끗함을 극단적으로 강조하는 사고방식을 유가의 문건을 통해 그것이 결코 불교 선종과 도교 현학의 특허가 아니고 유가의 텍스트로도 합법적으로 입증이 가능함을 보여주고 있다.[1]

---

1) 사유를 『대학』이나 『중용』과 연관 지으려는 이러한 발상은 불교나 도교와의 연관성을 벗어나기 위한 것일지도 모른다. 이러한 발상은 일찍이 권덕여(權德輿)에게 엿보인다. 권덕여는 유가의 경전을 통해 불교 사상을 해석한 바 있다. 「고 장경사 백암대사 비문(故章敬寺百岩大師碑)」에서 그는 회휘(懷暉)의 '마음의 요체(心要)'를 인용하여 "마음은 본디 청정하여 경(境 : 대상)이 없다. 이는 경을 제거하여 마음을 모으는 것도 아니고 티끌을 제거하고 깨끗함만을 취한 것도 아니다. 신묘하게 홀로 서서 외부 사물과 더불어 함께 하지 않는다(心本清淨而無境者也, 非遣境以會心, 非去垢以取淨, 神妙獨立, 不與物俱심본청정이무경자야, 비유경이회심, 비거구이취정, 신묘독립, 불여물구)"라고 하였다. 이 말의 중심은 "경을 제거하여 마음을 모으는 것도 아니고 티끌을 제거하고 깨끗함만을 취한 것도 아니다"는 것이다. 다시 말해서 마음은 어떤 상황 하에서도 순수하고 깨끗하기 때문에 근본적으로 잡념을 없애거나 오염된 것을 깨끗이 제거할 필요도 없다. 이것이 홍주선(洪州禪)의 사상이다. 그러나 권덕여는 그 밑에 일단의 해설을 덧붙여 "『중용』의 '성으로 말미암아 밝아진다(自誠而明)'라는 말로 만물의 속성을 다 설명하였고, 『대역』의 '움직임 없이 고요함(寂然不動)'을 가지고 감응하여 마침내 통한 즉 승려의 가사와 포의는 그 극치가 하나이다(以『中庸』之 '自誠而明', 以盡萬物之性, 以『大易』之 '寂然不動', 感而遂通, 則方袍, 褒衣, 其極致一也이『중용』지 '자성이명', 이진만물지성, 이『대역』지 '적연부동', 감이수통, 즉방포, 포의, 기극치일야)"라고 하였다. 사실 『중용』의 '자성명(自誠明)'은 '유성이명(由性而明)'을 뜻한다. 그것은 그 자체로 선악의 도덕적 선택을 포함한 자각적 이성이지, 선도 없고 악도 없는 도덕과 윤리를 초월한 청정한 본성은 아니다. 『역』「계사」의 "움직임 없이 고요하다" 함은 조역자의 무념무상하고 무위하여 신(神)과 천지인이 상통하여 절묘하게 합일된 상태를 지칭한다. 그것은 인간 심리의 티끌 하나 없이 깨끗한 원초적 본질이 아니다. 그러나 권덕여의 해석을 통해 그것은 하나의 사건이 되었고 인간의 사람됨의 기초가 되었고 안신입명(安身立命)의 소재가 되었으며, 인간의 원초적 기점이자 궁극적 경계가 되었다. 그러므로 이러한 '적연부동'의 본성으로 회귀하는 것이 인간이 추구하는 궁극적 목표가 되었다. 「신주남암초의선사연좌기(信州南岩草衣禪師宴坐記)」에서 그는 또 이렇게 말했다. 즉 인간의 마음은 본래 "온갖 떠들썩하게 다투려는 것이 있는데, 이러한 마음은 바뀌지 않는다(萬有囂然, 此心不動만유효연, 차심부동)", 그렇지만 "세상 사람들은 사물에 감응하여 마음이 움직이고 마음이 사물에 움직인 즉 사리사욕이 생겨나고 길흉이 나타나서 이런저런 일로 연관되고 얽매여서 혼탕하여 (본성을) 회복할 수 없게 된다(世人感物而游心, 心遷于物, 則利害生焉, 吉凶形焉, 牽攣羈鎖, 蕩而不復세인감물이유심, 심천우물, 즉리해생언, 길흉형언, 견련기쇄, 탕이불복)." 때문에 진정한 초월자가 되려면 '(본성으로) 되돌아가야' 한다. 통상적으로 사람들은 '움직임에서 고요함으로 돌아가고 감정으로부터 본성을 회복하기(返靜于動, 復性于情반정우동, 복성우정) 때문에, '장수와 단명, 어짊과 비루함의 차이(天壽仁鄙之殊천수인비지수)'가 생겨난다. 『전당문』 권494에 보인다. 그러나 「송도의자여귀무주서(送道依闍黎歸婺州序)」에 불교와 같은 사유 방식에 대한 신앙을 보다 명백하게 표현하였다. 즉 "나는 일찍부터 부러워하는 마음을 버리고 명성을 추구하려는 마음을 내려놓으려 하였다. 그래서 세상의 번거로움이 내 영혼을 어지럽히지 않고자 하였다. 때문에 벼슬아치들과 함께 하면 정신이 흐트러지고 의(依)나 혜(惠) 같은 승려들과 더불어 노닐면 본성이 회복되는 것을 느꼈다. 이것이 바로 본분을 따라 움직이는 것이 곧 경계가 말미암은 것이라는 의미이다(予嘗欲黜健羨, 遺名聲, 不使塵機世相滑湑靈府, 故每隨縉紳士則神怠, 與依惠游則性勝, 蓋循分而動, 亦境所由然여상욕출건선, 유명성, 불사진기세상활서영부, 고매수진신사즉신태, 여의혜유즉성승, 개순분이동, 역경소유연)." 『전당문』 권492.

하나의 사상사적 계보가
있어야 한다.

　　그렇지만 오래된 경전만을 근거로 삼기에는 불충분하고 하나의 사상사적
계보가 있어야 한다. 하나의 관습화된 지식과 사상, 그리고 신앙세계가 근본적으
로 위협받게 되면, 역사를 거슬러 올라가서 근원에서부터 역사를 재구성함으로
써 개인, 민족, 정권의 공동체 의식을 정의하는 것이 관용적인 방법이다.

　　역사를 거슬러 올라 근원을 찾는 데는 두 가지 길이 있다. 하나는 본원으로
거슬러 올라가 회고하는 방식이다. 이는 자신이 위대한 역사의 공간과 종족의 문
화 속에 존재하고 있음을 확인하고, 그러한 역사와 문화에 의거하여 귀속할 곳을
찾음으로써 자신감을 얻게 한다. 이러한 방식은 늘 사상사를 '근원'으로 이끌어
간다. 다른 하나는 개인적으로 사상과 문화의 변화와 차이를 인정하고 환원적 태
도를 취하지 않지만, 표면적으로는 도리어 '복고'의 명분하에 합법화함과 동시에
역사의 자원을 빌어 역사를 새롭게 재구성한다. 이와 같은 새로운 체계 속에서
새로운 지식과 새로운 경험을 융합해 넣고 또 이러한 새로운 지식과 새로운 경험
을 통해 자신이 오랫동안 속했던 역사를 재구성한다. 이러한 방식은 늘 사상사를
'혁신'의 길로 이끌어간다.

　　8, 9세기에 사인들이 구성한 사상의 역사적 계보는 후자에 속한다. '도(道)'와
'심(心)'에 관한 사상을 역사적으로 보완함으로써 지금의 사상에 역사적 합리성
을 부여하였을 뿐만 아니라, 동시에 이러한 사상의 계보와 다른 이단적 지식과
사상, 그리고 신앙의 계보를 구분해서 순수한 진리의 전통 체계를 새롭게 확립하
였다. 여기에는 심지어 정치권력의 체계 외에 달리 사상 권력의 체계가 독립적으
로 존재하였다는 의미를 내포하기도 한다. 한유와 이고가 살았던 시대에 불교와
도교는 이미 그 나름의 선교 체계를 확립하고 있었다. 이러한 선교의 체계는 제
사의 체계란 의미에서 볼 때, 공자묘에서 행하는 국가적인 제사와 다르지 않다.
상징성을 지닌 한 세대 한 세대의 인물 체계를 통해 일종의 진리의 정통성과 합
리성을 확립하고 있다. 가령 선종의 전등(傳燈 : 불법의 정맥正脈을 주고받는 일을 등불에
비유하여 이르는 말)의 경우, 선종에서는 일찍이 불교 선종의 자료를 통해 반복적으
로 그들의 사승과 종맥 관계를 강조하였고,[2] 심지어 이러한 상징적 전승 체계를

---

2) 『전당문』 권738, 심아지(沈亞之)의 「영광사의 승려 영우의 탑 비문(靈光寺僧靈佑搭銘)」에서 "불교에서는 제자

획득하기 위해 죽음도 불사하였다.[1]

그리하여 9세기에는 각기 자기 종파와 진리를 전승하는 많은 상이한 판본의 뚜렷한 계보들이 형성되었다.[2] 도교에서 천사도(天師道)는 시종 자신의 천사 계보를 확립해 두고 있었는데, 상청파(上淸派), 즉 당나라 때의 주류인 모산종(茅山宗)은 정원 21년(805년)에 또 이발(李渤)의 「진계(眞系)」를 얻었다.[3] 그러므로 9세기 이후 한유나 이고 등도 이와 마찬가지로 유가 자체의 역사적 계보를 만들었다. 이때 관건이 되는 인물이 맹자이다. 맹자를 새롭게 발굴한 것은 결코 한유나 이고 등이 아니지만, 안사의 난 이후 유가에서 공자 이래 이름난 학자로서 맹자를 거론한 사람들이 이들이다.[4] 8세기 말 9세기 초의 불교 문헌에서 이따금 유가의 전승 관계를 거론하면서 맹자가 공자를 잇는 인물로 보는 언급들이 여러 차례 보인다.[5] 하지만 9세기 초의 한유나 유종원이나 이고 등과 같은 사인들은 예전과 달

가 스승을 계승하여 스승이 돌아가셨을 때는 마치 죽은 부모를 장례 지내 듯하고 글을 남겨 그를 칭송하며 항시 이름을 쓰고 성을 쓰지 않는다. 지금 모두들 성씨를 석(釋)이라고 하는 것은 그 조상이 부처로부터 왔음을 표현한 것이고 분파가 있지만 그들은 모두 칠조에서 연유하고 있다고 생각한다. 이름은 스승이 지어준 것을 이어받아서 쓰는데 모두들 그것을 존경해야 할 것으로 여긴다(釋家之法, 以弟子嗣師, 由猶子其事死送葬禮如 父母, 由是籍書贊記之, 常名而不姓, 今通氏言釋者, 必祖自佛, 派分諸系于七祖, 各承其師之傳, 以爲重望石가지법, 이제자사사, 유유자기사사송장례여부모, 유시적서찬기지, 상명이불성, 금통씨언석자, 필조자불, 파분제계우칠조, 각승기사지전, 이위중망)."

1) 예를 들어 신회(神會)는 북종 선문과 맞서 칠조(七祖)의 칭호를 얻었다. 필자의 『중국 선 사상사—6세기에서 9세기까지』 제4장, 북경대학교출판사, 1995년.

2) 이러한 종류의 책은 돈황에서 출토된 두루마리 가운데 「능가사자기(楞伽師資記)」, 「전법보기(傳法寶記)」 등 매우 많다.

3) 『운급칠감(雲笈七籤)』 권5, 제노서사 영인본, 1988년, 21쪽 참고.

4) 안사의 난이 막 끝난 보응(寶應) 2년(763)에 예부상서 양관(楊綰)은 맹자는 '유가의 달인'이라고 주장하며 효렴 (孝廉) 과목은 『논어』, 『효경』과 함께 『맹자』를 배워야 한다고 주장하였다. 이것이 맹자가 새롭게 조명을 받게 된 시초일 것이다. 이후 건중(建中) 원년(780)에는 호주(濠州) 자사(刺史) 장일(張鎰)이 『맹자음의(孟子音義)』를 저술하였다. 이는 『당시회요(唐詩會要)』 권76과 권36에 보인다. 9세기 이전 초당 시기와 성당 시기에는 맹자 는 아무런 영향력도 없어서 『맹자』를 언급하거나 인용한 사람도 거의 없었다. 『구당서』 권94 「최융전(崔融 傳)」에 그가 장안 연간에 관시(關市)에 세금을 매기자고 상소하면서 『맹자』 「진심(盡心)」하편의 다음과 같은 구절을 인용한 바 있다. "옛날에 관문을 만든 것은 그렇게 함으로써 포악한 일을 막기 위해서였는데 지금 관 문 만드는 것은 포악한 짓을 하기 위해서다(古之爲關也, 將以御暴, 今之爲關也, 將以爲暴고지위관야, 장이어폭, 금지위 관야, 장이위폭)." 이는 매우 드물게 보이는 하나의 사례일 뿐이다.

5) 『동치공주지(同治贛州志)』 권50, 당지(唐技)의 「공공 산서당 칙익대각선사 대보광탑 중건 비명(贛公山西堂敕諡 大覺禪師重建大寶光塔碑銘)」에 삼교합일에 대한 사상을 새겨 넣을 때 비문에 다음과 같이 말하였다. 즉 "대적 선사와 석가의 관계는 마치 맹자와 공자의 관계와 같고, 대각선사와 대적선사의 관계는 맹자와 동중서의 관

리 맹자를 자주 거론함으로써 유가의 역사적 전승 관계에서 관건적 인물로 간주하였다. 맹자가 위를 계승하여 아래로 이어주는 유가의 계보가 바로 후세 사람들이 말하는 이른바 '도통(道統)'이다. 이러한 '도통'은 불가와 도가 같은 이단과는 확연히 다른 진리 전통을 상징하고 있다.

　　이러한 도는 무슨 도인가? 말하길 이것이 내가 말한바 도로서 지난날의 이른바 노장과 불가의 도가 아니다. 요임금은 이것을 순임금에게 전하였고 순임금은 이것을 우임금에게 전하였으며, 우임금은 이것을 탕임금에게 전하였고 탕임금은 이것을 주의 문왕과 무왕 및 주공에게 전하였으며, 문왕과 무왕 및 주공은 공자에게 전하였고 공자는 맹자에게 전하였다. 그런데 맹자가 죽자 그 전함을 얻을 수 없었다(斯道也, 何道也? 曰斯吾所謂道也, 非向所謂老與佛之道也. 堯以是傳之舜, 舜以是傳之禹, 禹以是傳之湯, 湯以是傳之文武周公, 文武周公, 傳之孔子, 孔子傳之孟軻, 軻之死, 不得其傳焉사도야, 하도야? 왈사오소위도야, 비향소위노여불지도야. 요이시전지순, 순이시전지우, 우이시전지탕, 탕이시전지문무주공, 문무주공, 전지공자, 공자전지맹가, 가지사, 불득기전언).[6]

　　이러한 주장은 당시 반복적으로 강조되었다. 한유는 첫째는 "바야흐로 나는 맹자의 글을 읽은 연후에야 공자의 도가 존엄함을 알았고, 성인의 도는 행하기 쉽다는 것을 알았다. 왕은 왕 노릇 하기가 쉬웠고 패(霸)는 패 노릇하기가 쉬웠다. 공자의 무리가 세상을 뜨고 나서 성인을 존경하는 자는 맹자뿐이라고 생각한다(始吾讀孟軻書, 然後知孔子之道尊, 聖人之道易行, 王易王, 霸易霸. 以爲孔子之徒沒, 尊聖人者, 孟氏而已시오독맹가서, 연후지공자지도존, 성인지도역행, 왕역왕, 패역패. 이위공자지도몰, 존성인자, 맹씨이이)"[7]라고 하였다. 둘째는 "공자가 죽은 이후 여러 제자들 중 저서를 남기지 않은 사람이 없었지만, 오직 맹자가 전수한 학문이 그 정통성을 유지하고 있어서 나는

계와 같다. 저들 유가는 서로 간의 간격이 아주 멀고, 우리 불가는 서로 간의 간격이 아주 짧다(大寂于釋, 若孟于孔, 大覺于寂, 猶孟之董, 彼儒遠焉, 此其接踵대적우석, 약맹우공, 대각우적, 유맹지동, 피유원언, 차기접종)"라고 하여 공자와 맹자 그리고 동중서를 함께 거론하고 있다.

6) 한유, 「원도」(『한창려문집교주韓昌黎文集校注』 권1).
7) 한유, 「독순(讀荀)」(『한창려문집교주』 권1).

어려서부터 그의 책을 즐겨 보았다(自孔子沒, 群弟子莫不有書, 獨孟軻氏之傳得其宗, 故吾少而樂觀焉자공자몰, 군제자막불유서, 독맹가씨지전득기종, 고오소이락관언)."[1] 그러므로 "성인의 도를 구현하려는 자는 반드시 맹자로부터 시작해야 한다(求觀聖人之道者, 必自孟子始구관성인지도자, 필자맹자시)."[2] 셋째는 "만약 맹자가 없었다면 모두들 옷도 좌임을 하고 말도 오랑캐 말을 하게 되었을 것이다. 그러므로 한유가 일찍이 맹자를 추존하여 그 공이 우임금의 아래에 있지 않다고 하였는데, 바로 이 때문이다(向無孟氏, 則皆服左衽而言侏離矣, 故愈常推尊孟氏, 以爲功不在禹下者, 爲此也향무맹씨, 즉개복좌임이언주리의, 고유상추존맹씨, 이위공부재우하자, 위차야)."[3]

사실 이상의 인용문은 단순히 한유 자신을 "합당한 지위를 얻지 못하였기에 공연히 말만 하고 실천은 하지 못하는 처지(不得位, 空言無施불득위, 공언무시)"[4]의 맹자와 비교하는 데 그 의의가 있지도 않고, 맹자를 추종하고 양주와 묵자를 배척하고 불가와 노장의 이단을 배척하는 자신의 입장을 설명하는 데 있지도 않다. 사실은 다음 두 가지 의미를 가지고 있다. 즉 하나는 합법적(validity) 사상의 역사 계보를 확립하여 사제(四帝), 이왕(二王), 주공, 공자 이후의 정통성을 맹자를 통해 오늘날까지 지속되도록 하는 데 있다. 즉 "자신의 도가 곧 공자, 맹자, 양웅이 전하는 바의 '도'이다(己之道, 乃夫子孟軻楊雄所傳之道기지도, 내부자맹가양웅소전지도)"[5]라고 하여 이러한 허구적 역사 계보를 통해 자신을 중심으로 하는 사상사적 권위를 확립하였다. 다른 하나의 측면은 합리성(rationality) 사상의 역사적 연원을 확립하여 맹자 일파의 사유 방식이 내면의 심성으로부터 외부의 정치로까지 확장하는 데 있다. 즉 "성인이 사람다움을 실천한다(踐形)는 설은 맹자가 그의 책에 상세히 밝혀 놓았으니 응당 처음부터 끝까지 궁구해 봐야 할 것이다. ……사람다움을 실천하는 길은 다른 것이 아니고 바로 '성(誠)'이다(聖人踐形之說, 孟子詳于其書, 當終始究之, ……踐形之道無他, 誠是也성인천형지설, 맹자상우기서, 당종시구지, ……천형지도무타, 성시야)."[6]

1) 한유, 「왕수재를 보내며(送王秀才序)」(『한창려문집교주』 권4).
2) 한유, 「왕수재를 보내며(送王秀才序)」(『한창려문집교주』 권4).
3) 한유, 「상서 맹간에게 드리는 글(與孟簡尙書書)」(『한창려문집교주』 권3).
4) 『맹자』.
5) 한유, 「장적에게 거듭 답하는 글(重答張籍書)」, 『한창려문집교주』 권2, 136쪽.
6) 한유, 「후생이 논어에 대해 묻는 말에 대답하는 글(答侯生問論語書)」, 『한창려문집교주』 부록 「유문(遺文)」, 727쪽.

이러한 허구적 역사 계보를 통해 자신을 중심으로 하는 사상사적 권위를 확립하였다.

이렇듯 사상의 정확한 계보 또한 자연스럽게 이어지고 있다. 이러한 합법성과 합리성을 가지고 맹자의 도를 계승한 한유는 당연히 유가의 진리를 홍보할 독점권을 갖게 되었다.[7] 이러한 권력은 상당한 것이어서 당나라 시대 내내 불교와 도교가 줄곧 서로 끊임없이 논쟁하고 경쟁하며 간혹 유가를 능가할 때도 있었지만, 최종적으로 지식 담론의 권력을 체현하는 관리의 임용 시험에서는 줄곧 유가의 전적이 주가 되었다. 정부 주도의 제사 명단 가운데 공자는 물론이고 제사에 함께 모셔진 여러 선현들도 줄곧 특수한 지위를 누리고 있었다.[8] 그러므로 유가는 당나라 정부에서 공식적으로 인정하는 유일한 이념이었다. 이러한 권력에 기대어 한유는 이민족 종교의 영향력을 배제하고 유가 학설이 지식과 사상, 그리고 신앙세계에서 독점적 지위를 회복할 수 있다고 믿었다. 또한 사상 세계가 중심이 잡히고 그 경계가 뚜렷한 국면이 새롭게 확립될 때 정치 세계 또한 그에 따라 본래의 권위와 질서를 회복할 수 있을 것이라고 확신하였다.[9]

---

7) 그래서 후세 조덕(趙德)의 「창려문록서(昌黎文錄序)」에서는 그렇듯 정중하게 "창려 선생은 성인의 대열에 드는 인물이로다. 그의 문장은 출중하여 남아 전하는 과거의 문장들과 견주어 볼 때 서로 상하를 논하기 어렵다. 그의 문장에 담긴 도는 모두 요·순·우·탕·문왕·무왕·주공·공자·맹자·양웅이 전수한 바이다(聖人之徒歟, 其文高出, 與古之遺文不相上下, 所覆之道, 則堯舜禹湯文武周公孔孟楊雄所授受성인지도여, 기문고출, 여고지유문불상상하, 소복지도, 즉요순우탕문무주공공맹양웅소수수)"(『전당문』 권622)라고 선언하였던 것이다.

8) 공묘 제사 제도와 제사 명단에 대한 변화가 고대 사상사에서 갖는 의미는 황진흥(黃進興)의 「학술과 신앙 : 공묘의 종사제와 유가의 도통 의식을 논하다(學術與信仰 : 論孔廟從祀制與儒家道統意識)」(『우입성역優入聖域』, 섬서사범대학출판사, 1998)를 참고하기 바란다. 같은 저자의 「성현과 성도 : 유교 종사제와 기독교의 봉성제의 비교(聖賢與聖徒 : 儒教從祀制與基督教封聖制的比較)」(미간행 논문) 또한 참고할 만하다.

9) 마지막으로 지적해야 할 것은 이러한 사상 세계의 질서를 재건할 때 이러한 사상을 전달할 서술 언어의 권위성을 재정립해야 한다는 점이다. 당시 이른바 한유 일파의 '고문운동의 부흥'이란 결국 전아(典雅)한 고대 언어로 이미 장식화된 고시용 언어에 대항하자는 것이었다. 히라다 쇼오지(平田昌司)의 연구는 과거에는 주목받지 못하였던 문제를 제기한 듯하다. 즉 남북방 사인들의 지방 사투리의 차이는 남북방 사인들의 운에 대한 파악에 영향을 미쳤고, 진사 시험을 통해 관계에 진입하는 비율에도 영향을 미침으로써 권력 분배의 불균형을 야기하였다. 이는 운을 중시하지 않는 '고문' 풍조를 부르짖는 하나의 원인이 조성되었다. 「당송 과거제도 변화의 방언 배경―과거제도와 한어사 6(唐宋科擧制度轉變的方言現象―科擧制度與漢語史之六)」, (『오어와 민어의 비교연구吳語和閩語的比較研究』, 상해교육출판사, 1995년)에 보인다. 그러나 사상의 전달로서의 언어는 갈수록 분명하고도 자각적으로 '문이재도(文以載道)'의 구호를 제창하기 시작하였다. 이에 이러한 전아한 고문을 제창함으로써 구체적인 목표를 뛰어넘어 사상과 지식의 담론 권력을 농단하거나 쟁취하였다는 의의를 갖는다.

5

진인각(陳寅恪) 선생은 「한유를 논함(論韓愈)」이란 글에서 '도통(道統)을 세워 계승의 연원을 증명하였고', '인륜을 직접 언급하여 장구(章句)의 번거로움을 제거하였고', '불가와 노장을 배격하여 정치 풍속의 폐해를 바로잡았고', '석가모니를 비판하여 문명과 야만 간의 규율을 분명히 하였고', '문체를 개진하여 선전의 효과를 널리 거두었고', '후진들을 장려하여 학설의 계승과 발전을 도모하였다'는 이 6가지 측면은 사상과 문화 그리고 학술의 계승 발전에 있어서 한유의 공헌이라고 종합적으로 평가한 바 있다. 진인각 선생의 이러한 사유 방식과 결론에 대해 후대 많은 학자들이 의문을 제기하기도 하고 심지어 비판하기도 하였다.[1] 하지만 진인각 선생의 가치 성향이 뚜렷한 용어를 지나치게 쫓지만 않는다면, 이 여섯 가지는 확실히 한유 및 당시 일련의 사인들의 공통의 사상적 경향이다.

지금 우리가 보다 주목해야 할 사항은 안사의 난 이후 사인들 중에 줄곧 '유신'을 통해 '옛 풍조를 혁신하여' '정도로 돌아가길' 희망하는 이들이 있었다는 사실이다.[2] 이는 이길보(李吉甫), 배탁(裴度), 이덕유(李德裕) 등이 정치적인 면에서 밖으로는 이민족을 방비하고, 안으로는 번진을 평정함으로써 황제의 권력을 지키고 국가 질서를 재건하고자 하는 사상과도 부합한다. 또한 한유, 이고 및 당시 일련의 사인들도 사상적인 면에서 유가 학설의 권위를 새롭게 확립하여 사상 세계의 질서를 정리하고자 하는 생각을 가지고 있었다. '도'의 보편적 합리성을 부각시킴과 동시에 이를 '인성'에 기초하도록 하여 자각적으로 본성을 회복함으로써 도덕과 정치의 질서를 재정립하였다. 이러한 지식과 사상, 그리고 신앙세계의 재정립을 통해 그들은 풍조가 순후하고 사상이 단순하며 편안하고 질박한 고대로 회귀하길 희망하였다.

---

1) 예를 들어 왕예생(王藝生), 정담주(鄭潭洲), 황운미(黃雲眉) 등은 각기 『신건설(新建設)』, 1963년 제2기, 『광명일보』 1955년 8월 28일, 『문사철』 1955년 제8기에 보인다. 그러나 이들 비판들은 모두 뚜렷하게 당시 정치 이데올로기의 영향을 받는다.

2) '유신(維新)'이란 말은 대력 13년(778) 팽언(彭偃)이 올린 글들 가운데 이미 제기되어 『구당서』 권127 「팽언전(彭偃傳)」, 3580쪽.

가의 권위와 사상의 질
를 재정립하는 일은 당
일종의 극단적 이상주
발상임에 틀림없다.

그리고 각 개인의 순수한 본성 가운데 '정적인 요소(靜)'에 의존하여 각 개인의 자연스러운 욕망 속의 '동적인 요소(動)'를 억제함으로써 사회는 이상적으로 질서를 지켜나갈 수 있기를 원하였다. 국가의 권위와 사상의 질서를 재정립하는 일은 당시 일종의 극단적 이상주의 발상임에 틀림없다. 어떤 의미에서 그들은 기본적으로 현실 세계의 기본 요소를 고려하길 원치 않았고, 실제 개인의 정서를 고려하길 원치도 않았다. 매우 극단적으로 '도'를 보편 진리로 삼아 절대화하고, '성(性)'을 기본적인 인성으로 여겨 '정(情)'을 부정하였다. 유가 학설을 사상 세계의 유일한 진리라고 간주한 나머지 일체의 이단을 배격하고, '사회 질서'를 유일하게 우선시하고 지고무상하다고 여기는 것을 합리적이라고 생각함으로써 기타 어떠한 정치적 선택의 합리성도 부정하였다. 심지어 황제의 권력을 무엇보다도 우선시함으로써 매우 심한 배타성을 드러내었다. 그것은 극단적인 근심과 긴장 속에서 생활하는 사인들이 늘 일종의 '유토피아'와 같은 이상주의 사상을 널리 통용되는 사상으로 간주하였기 때문이다.

이처럼 한껏 부풀려진 사유 속에는 분명 또 다른 경향이 내포되어 있기 마련이다. 이상화된 사유가 극단으로 치달아 국가 권위와 사상 질서의 통일성과 우선성을 강조하게 되면, 개인의 정감 수요와 사회의 자유 공간, 민족의 문화적 향유, 대중의 다원적 선택, 심지어 사상과 문화 방면의 정치적 타협과 같은 일체 다른 수요들은 모두 이러한 이상화된 진리 앞에서 존재의 이유를 상실하게 된다. 그렇기 때문에 거기에는 극도로 권위주의적인 경향이 숨어 있다. 극도로 권위적인 사상의 최고 단계는 전체 사회를 지배하고 있는 매우 보편적인 규범을 형성함과 동시에 결코 거부할 수 없는 복종을 요구한다. 권위적 사상은 군사적인 힘도 육체적 폭력이나 신체적 구속도 필요 없는 감시 체계를 통해 사상을 통제한다. 그러한 사회에서 도덕과 여론의 도움으로 형성된 감시 체계를 통해 감시의 눈길이 미치지 않는 곳이 없을 정도로 사람들의 실제 행동은 물론 심리적 활동까지 감시한다. 사람들은 자신의 상상과 허구적인 '눈빛'의 감시 속에 각자 이러한 감독과 규범을 자신의 심리 속에 내화함으로써 스스로 자신의 감시자가 된다. 각 개인들은 모두 이처럼 '개인' 혹은 '자신'을 초월하는 한편, 자신에 대해서도 감시권을 행사한다. 사상의 '권력'은 전체 사회에서 이와 같은 방식으로 존재하고 사회의 질

극도로 권위주의적인 경
향이 숨어 있다.

서를 유지한다.

원화(元和)와 장경(長慶) 연간은 물론 그보다 뒤늦은 시대에도 이러한 사상은 결코 극단으로 치닫지는 않았다. 모든 이상주의적 사고가 고도의 권위성과 배타성을 가지려면 정치권력의 후원을 받고 정치 이념이 되어 담론의 절대적 권력을 지녀야 한다. 9세기 초의 사상계에서 한유를 영수로 하는 신흥 사상 집단은 처음부터 단번에 여론의 보편적 인정과 보편적 담론 권력을 얻지는 못하였다. 왜냐하면 그들은 결국 하나의 문인 집단이고, 그들이 표현하는 것 또한 그 의미가 매우심오하고 현실과 맞지 않는 하나의 이상주의에 지나지 않기 때문이다.

원화 초기(806~810) 한유가 장안과 낙양에 머물렀을 때, 그는 맹교(孟郊), 장적(張籍), 장철(張徹), 장서(張署), 후희(侯喜), 노동(盧仝), 마이(馬異), 유차(劉叉), 가도(賈島), 황보식(皇甫湜), 이고(李翶) 등과 서로 왕래하며 일종의 문학 세력을 형성하여 문단에서 상당한 영향력을 행사하였다. 그렇지만 이는 단지 문학 영역에 그쳤을 뿐이다. 한유가 진정으로 사상계에서 영수가 된 것은 원화 6년(811), 그가 장안으로 돌아온 이후의 일이다. 이 시기 이후 노동(盧仝), 이하(李賀), 맹교(孟郊)가 잇달아 세상을 떠났지만, 한유는 관청에서 그 지위가 날로 높아졌고 사교의 범위 또한 더욱 넓어져서 다른 사람의 사표가 될 만하였기에 그의 사상은 많은 영향을 미쳤다.[1]

그러나 원화 10년(815), 한유는 고공랑중(考功郎中)과 지제고(知制考)의 벼슬에 부임하여 일련의 정치 책략에 참여하였고 회서(淮西) 지역의 평정과 관련하여 그가 상소를 올리면서 그의 사상은 보다 주류 정치에 호응하였다.[2] 이러한 사고는 사실상 고대 중국의 '존왕양이'의 구호를 계승하고 있기 때문에 그의 사상 또한 '복고'의 기치를 빌어 그 합법성과 합리성을 강화할 수밖에 없었다. 동시에 그의 사상은 당시의 현실에도 호응하여 그 당시 보편적인 근심이 반영되어 있다. 당시 몇 차례 과거시험의 경향과 태학생이 몇 차례 글을 올린 것은 모두 사인들 가운데 일종의 걱정하고 긴장하는 마음을 보여주었다.[3] 이후 대화(大和) 2년(828) 유분

원화와 장경 연간은 물론 그보다 뒤늦은 시대에 이러한 사상은 결코 극으로 치닫지는 않았다.

---

1) 이러한 현상에 관해서는 가진화(賈晉華)의 「한유와 맹교 집단을 논하다(論韓孟集團)」, 『중화문사논총(中華文史論叢)』 51집, 상해고적출판사, 1993년, (68~72쪽 참고.

2) 사마광, 『자치통감』 권239, 7712쪽.

(劉蕡)의 대책(對策) 속에 다음과 같은 말이 보인다. "궁궐이 장차 변하려고 하고 사직이 위태로워지려고 하고 천하가 장차 기울어가고 온천하가 혼란스러워지려고 하면", 그것은 "국가가 이미 그렇게 될 조짐"을 보인 것이지 다른 사람을 놀라게 하고자 일부러 과격하게 말한 것은 아니다.[4] 한유 또한 이러한 생각에 대체로 동의하였다.

그렇지만 한유와 그의 친구들의 이러한 생각이 점차 다른 사람의 주목을 받게 되면서 다른 한편으로는 여러 가지 면에서 격렬한 비판을 받기도 하였다. 비판하는 사람들 속에는 지식 계층에서 그와 같은 길을 가는 몇몇 친구도 포함되어 있었다. 특히 한유의 사상과 언론의 절대적이고 극단적인 경향은 많은 사인들의 저항을 받았다. 불교를 편애하고 있는 사람은 의식적이든 무의식적이든 간에 그의 절대적 배불 정책에 대해 옳지 않다는 비판적 견해를 제기하였다.[5] 한유와 관련해서 "다른 사람의 사표가 될 만하다"라고 그를 칭송하는 식으로 그의 사상과 문학을 전파하는 것에 대해 심한 반감을 갖는 사람도 있었다.[6] 또 그가 뛰어난 언변과 훌륭한 문장력을 가졌다는 식의 평이나 언어를 '도'를 실어 전달하는 도구로 보는 그의 발상과 마치 진리를 터득한 듯 높은 곳에 앉아 아래를 굽어

---

3) 조수엄(趙守儼), 「당대 과거시험장의 풍파(唐代的科場風波)」, 『조수엄 문집(趙守儼文存)』, 중화서국, 1998, 87~98쪽.

4) 『신당서』 권178 「유분전(劉蕡傳)」, 5296~5297쪽 참조.

5) 가령 유종원의 「호초 스님을 보내며(送僧浩初序)」는 한유가 두 차례에 걸쳐 그의 '기부도(嗜浮圖)'를 비판한 일을 기록하고 있다. 그렇지만 그는 여전히 불교에는 "배척할 수 없는 것이 있다"는 견해를 견지하였다. 왜냐하면 불교는 "왕왕 『역』이나 『논어』의 뜻과 합치된다. 불교는 성정에 있어서 논의가 풍부하여 공자와 도를 달리 하지 않는다(往往與『易』『論語』合, 其于性情奭然, 不與孔子異道왕왕어『역』『논어』합, 기우성정석연, 불여공자이도)"(『유종원집』 권25)고 보기 때문이다.

6) 손초(孫樵)의 「친구와 문장을 논하다(與友人論文書)」에서 "원화와 장경 연간 관직에 올라 문장으로 명성을 떨친 사람은 조정에 부지기수이며 모두 문호를 개설하며 후진에게 영향력을 행사하였다(元和長慶間, 達官以文聯名者, 接武于朝, 皆開設戶牖, 主張後進원화장경간, 달관이문치명자, 접무우조, 개개설호유, 주장후진)"(『전당문』 권794)라고 극도로 칭찬하였다. 그러나 당시 몇몇 사인들에게 있어서는 도리어 붕당과 같은 방식을 좋아한 것은 아니어서 유종원조차도 한유가 다른 사람의 사표가 될 만하다는 식의 추존 방식에 대해서는 그다지 좋아하지 않았다. 「위중립과 스승의 도를 논하다(與韋中立論師道書)」, 「엄후와 수재가 스승의 도를 논하는 것에 답하다(答嚴厚與秀才論師道書)」, 「수재 원군진이 스승의 명예를 피하는 것에 답하다(報袁君陳秀才避師名書)」 등에 보인다. 여기서 스승이란 호칭을 수용하고 싶지 않은 생각의 이면에는 사실 깊은 뜻이 있다. 『유종원집』 권34 참조.

보는 식의 태도에 대해서도 이해하지 못하는 사람들이 상당수 있었다.[1] 그렇듯 지나칠 정도의 도덕적 이상주의나 맹자에 대한 지나친 칭송에 대해서도 일부 다른 견해들이 있다.[2] 그가 '도'를 부각시키고 이러한 도덕 원칙을 보편화하고 절대화하고자 하는 발상 및 이러한 발상의 이면에 숨어있는 사회와 정치의 질서를 재정립하려는 이상주의 경향에 대해서는 정치적인 면에서 비롯된 비판을 보다 많이 받았다.

그 가운데 가장 엄격하고도 가장 분명한 비판은 당시 정치적 지위가 상당히 높고 배탁(裴度)이나 이덕유(李德裕) 일파와는 관점이 서로 다른 이종민(李宗閔)에게서 비롯되었다. 이종민은 그의 「수론(隨論)」에서 당시 맹자를 추존하는 풍조에 대해 상당한 반감을 표현하였다. 상편에서 그는 "맹자가 말한 바는 선인들이 남긴 옛 자취이다. 군자는 역시 도를 말해야 하거늘 어찌하여 옛 자취를 답습하려 하는가?(軻之所言, 前王之遺迹矣, 君子亦云道而已矣, 何必履其故迹也?가지소언, 전왕지유적의, 군자역운도이이의, 하필리기고적야?)"[3]라고 반문하였다. 왜 그런 것일까? 그는 응당 시대의 대세에 따라 책략을 결정해야지 일정한 '도'에 근거하여 사회를 지탱하려고 해서는 안 된다고 여겼기 때문이다. 그래서 그는 "인간은 누구나 시대 변화에 맞추어 도를 행해야지 '도'에 맞추어 시대를 만들 수는 없다(人皆奉時以行道者也, 不能由道以作

---

1) 가령 배탁(裴度)의 「이고에게 보내는 글(寄李翱書)」에서 한유는 "문으로써 제도를 세우지 않고 문을 장난거리로 여겼다(不以文立制, 而以文爲戱불이문립제, 이이문위희)"(『전당문』 권538)라고 비판하였다. 장적(張籍) 또한 한유가 '불가와 노장을 배척했을'때 '왁자지껄 말이 많다'고 비판하였다. 또한 그는 호승지심이 매우 강하여 "문제를 두고 논쟁을 할 때면 때로 다른 사람의 단점을 용인하지 않는다(商論之際, 或不容人之短상론지제, 혹불용인지단)"라고 비판하였다. 장적의 「한창려에게 올리는 글(上韓昌黎書)」, 「한창려에게 올리는 두 번째 글(上韓昌黎第二書)」(『전당문』 권684)과 한유의 「장적에게 답하는 글(答張籍書)」, 「장적에게 두 번째 답하는 글(重答張籍書)」(『한창려문집교주』 권2) 참조.

2) 총체적으로 볼 때 유종원과 한유는 동일한 사상의 진영에 속하지만 상이한 점도 여전히 많다. 가령 '천'에 대한 견해도 다르고, '도'에 대한 이해도 상이하다. 진약수(陳弱水)는 그의 「유종원과 중당 유가의 부흥(柳宗元與中唐儒家復興)」이란 논문에서 일찍이 유종원이 생각하는 '도'가 중시하는 바는 '정치, 사회생활의 영역… 기본적으로 정치를 행하는 도이자, 세상을 구하고 백성을 구제하는 도로서,' 한유 등이 말하는 절대적 보편의 '도'와 다르다고 하였다(『신사학新史學』 제5권. 제1기, 타이베이, 1994년). 맹자에 관해서도 유종원은 대대적으로 칭송하기도 하였지만, 그를 비판한 것도 다소 있다. 예를 들어 맹자는 "도를 좋아하지만 정이 없으므로, 그의 공은 보잘 것 없다(好道而無情, 其功緩而疏호도이무정, 기공완이소)"(『유종원집』 권20, 「리상吏商」).

3) 이종민(李宗閔), 「수론(隨論)」(『전당문』 권714).

時者也인개봉시이행도자야, 불능유도이작시자야)"[4]라고 말하였던 것이다. 그의 생각은 대체로 현실적이고 실용적인 편이다. 그는 '변화를 만나도 변하지 않고, 때를 얻었음에도 쫓지 않고' 옛것에만 집착하는 사람을 풍자하여 기러기발을 아교로 붙여놓고 비파를 타는 격이라고 비아냥거렸다. 그는 "지난날 법을 행함에 있어서 어찌 일정함이 있었겠는가?"라고 질문하고,「수론」하편에서 또 조롱하듯 사회에 위기가 발생할 때면 위기를 구할 임시방편의 법이 생기기 마련인데도 도리어 "요순의 일이 아니면 나는 차마 그것을 행할 수 없다"라고 목청을 높이는 것은 지나치게 거짓된 공언에 불과하다고 하였다. 맹자의 그러한 도덕적 이상주의는 "사람들로 하여금 각기 선을 행하도록 할 수 있을 뿐, 어찌 천하를 다스릴 수 있으리오?(人之相率獨其善而已矣, 惡能理天下?인지상솔독기선이이의, 오능리천하?)"[5]

이와 같은 사상사의 논쟁에는 분명 정치적 관념과 현실적 책략의 그림자가 드리워져 있기 마련이다. 당시 '융통성'과 '원칙' 간의 사상적 차이의 이면에는 사실 기존의 국면을 옹호하는 입장에서 각종 정치와 경제의 위기에 대응하려는 일파와 현실을 변혁하고 질서를 다시 정비하며 권위를 재정립할 것을 강력히 주장하는 일파가 존재하여 형세의 판단과 현실의 책략상 의견을 달리할 수 있다. 국가의 권위가 실추되고 질서가 붕괴되었다고 생각하여 급진적으로 재건하려는 사상가들은 '도'에 근거하여 붕괴된 국가의 황제 권위를 새롭게 확립할 것을 주장함과 동시에 또 '도'에 바탕하여 무너진 사회의 윤리와 도덕의 질서를 재정립할 것을 요구하였다. 아울러 장식화된 언어를 '문이재도(文以載道)'의 고문 형태로 되돌려 그 '의의'를 드러낼 것을 주장하였으며, '태평'이란 말을 통해 사회 정치의 목표를 극도의 이상주의에 설정해 두었다. 이고가 '태평시대를 부흥시킬 큰 책략'이라 말하였던 상소에서 언급한 바와 같이, 그는 무공이 초보적으로 효과를 보인 이상 황제가 지난날의 병폐를 혁파하고 고조와 태종의 옛 제도를 회복하기만 한다면, "무덕(武德)과 정관(貞觀)의 치세에는 어렵지 않게 미칠 것이고 태평성대도 가히 쉽게 도달할 수 있을 것이다(武德貞觀不難及, 太平可覆掌而致무덕정관불난급, 태

---

4) 같은 책.
5) 같은 책.

평가복장이치)."[1]

　이러한 생각은 오래도록 억압받아온 사인들의 심리를 보여준다. 이들 사인의 주장은 때로는 황권에 영합하여 지지를 받기도 하였지만, 때로는 현실을 초월한 나머지 세상 물정에 어두워 실제 현실에 부합하지 않는 이상을 내세우기도 하였다. 이러한 이상은 때로 종이 위에서 병법을 논하는 식의 탁상공론이었다. 따라서 또 다른 사상에서는 이러한 비관적 우려와 지나친 이상주의를 부정하였다. 당시 중앙 권력까지 장악하였던 우승유(牛僧孺)의 형세 판단은 "오늘날 변방 오랑캐들이 들어와 소요를 일으키지 않으니 백성들이 안심하고 생업에 전념하며, 사실에 강한 세도가가 없으니 위로는 임금의 뜻을 가리어 막지 않고 아래로는 원망함이 없다. 비록 극도의 성대함에는 미치지 못할망정 족히 잘 다스려지는 세상이라 할 만하다(今四夷不內撓, 百姓安生業, 私室無强家, 上不壅蔽, 下不怨讟, 雖未及至盛, 亦足爲治矣금사이불내요, 백성안생업, 사실무강가, 상불용폐, 하불원독, 수미급지성, 역족위치의)"[2]는 것이다. 그러므로 이들은 황제나 사인들이 '태평' '성세'를 추구하고자 하는 이상에 대해 별다른 흥미를 느끼지 못하는 듯하였고, 심지어 황제를 원망하기도 하였다. "위를 책망함이 이와 같으니 내가 어찌 이곳에 오래도록 머물 수 있겠는가?(上責成如是, 惡可久處此耶?상책성여시, 오가구처차야?)"[3]

　심아지(沈亞之)는 「한정략에게 보내는 글(送韓靜略序)」에서 일찍이 다음과 같은 매우 흥미로운 이야기를 한 바 있다. "집 안에 집을 지으며 옛 재료를 엮어 사용할 경우, 그 위나 아래가 그 덮개를 넘지 못하는 것은 한정된 바에 얽매인 까닭이다. 틈새의 좁은 땅이라도 마련하여 굳건히 잘 다듬어진 좋은 재료를 찾아낸 다음 남보다 잘 짓는다면, 어찌 높다고 도달하지 못하겠는가? 제주(한유)께서는 앞에서 저 높은 곳으로 이끌었건만 뒤에는 수령으로 흐르고 말았구나(構室於室下, 茸之故材, 其上下不能逾其覆, 拘於所限故也. 創之隙空之地, 訪堅修之良, 然後工之於人, 何高不可

또 다른 사상에서는 이러한 비관적 우려와 지나친 이상주의를 부정하였다.

1) 『신당서』 권177, 「이고전」, 5281쪽.

2) 『신당서』 권174, 「우승유전(牛僧孺傳)」, 5231쪽.

3) 『신당서』 권174, 「우승유전」, 5231쪽. 이 점에 관해 송대 석개(石介)가 우승유를 격렬히 비판한 문장에서 당나라 때부터 송나라 때까지 걸쳐 한유 일파의 이상주의자들이 그들에 대해 품었던 불만을 가히 볼 수 있다. 『조래석선생문집(徂徠石先生文集)』 권11 「우승유론(牛僧孺論)」, 중화서국, 1986년, 122쪽.

者? 祭酒導其涯於前, 而後流蒙波구실어실하, 즙지고재, 기상하불능유기복, 구어소한고야. 창지극공지지, 방견수지량, 연후공지어인, 하고불가자? 제주도기애어전, 이후류몽파)."[4] 만일 실용과 현실을 추구하려는 생각이 그저 '집 안에 집을 짓는' 식의 책략적 사고에 지나지 않는다면, 한유 등 일련의 사인들의 생각은 "어찌 높다고 도달하지 못하겠는가"라고 말한 것처럼 기필코 이상 세계에 도달하고자 하는 것이었다. 필자가 보기에는 한유와 이고 등은 국가 역량이 상대적으로 쇠약해진 상황에서 황제의 권위를 강화하고 질서를 재건하려는 생각을 가지고 있었다고 판단된다. 그렇다면 실제 현실에 부합하지 않는 고상하고 이상주의적인 그들의 정치 추구는 당연히 비교적 현실주의적인 또 다른 일파의 공격을 받을 수밖에 없었다.

6

의심할 바 없이 한유 및 9세기 초의 사인들이 국가의 권위와 사상 질서를 새롭게 정립하고자 하는 바람은 당시 민족과 국가와 사회 상황에 대한 깊은 우려에서 비롯되었고, 고대 중국의 '존왕양이(尊王攘夷)'의 생각을 답습하였다. 그들은 원래의 전통에서 역사의 기억을 발굴하고 이러한 역사의 기억 속에서 역사적 시간, 지리적 공간과 민족 집단의 정체성을 찾고 있다. 그들은 원래의 전적에서 역사적 자원을 발굴하고 이들 자원 속에서 각종 이단과 대항할 수 있는 지식과 사상 체계를 만들고자 하였다.

9세기 초 그들은 지나치게 허구화된 이른바 '도통' 속에 역사를 새롭게 서술함으로써 그들의 새로운 사상을 합법화하고 합리화함과 동시에 지식과 사상, 그리고 신앙세계에서 주도권을 확립하였다. 새롭게 서술된 '도통'설은 지식과 사상 계보의 재정립을 가능하게 하였고, 재차 해석된 '성정'설은 전통의 사상과 학설을 변화시킬 궁극적 근거를 찾는 새로운 초석이 되었다. 거듭 거듭 강조되는 새로운 전적은 또한 이후 사상의 변화에 새로우면서도 권위 있는 경전 텍스트를

새롭게 서술된 '도통'설, 재차 해석된 '성정'설, 문학적 의미 이상의 가치를 가진 언어인 '고문'

---

4) 『신당서』 권177, 「이고전」, 5281쪽. 심아지(沈亞之), 「한정략에게 보내는 글(送韓靜略序)」(『전당문』 권735).

제공할 것이며, 문학적 의미 이상의 가치를 가진 언어인 '고문'은 마치 옛 지식과 신사상의 상징이 되며 '도'의 소재를 상징하기도 한다. 이 모든 것은 고대 중국의 지식과 사상, 그리고 신앙의 전통이 존재할 수 있도록 함과 동시에 권위의 합법성과 질서의 합리성을 확보하였다. 그와 동시에 강렬한 보편성과 절대성 추구의 사상 경향을 은근히 암시하였다.

그렇지만 앞에서 말한 바와 같이 이러한 경향은 그 당시 일종의 사상사적 가능성으로서 존재할 뿐이다. 그것은 시종 권력을 지닌 담론이 되지 못하였을 뿐만 아니라, 강력한 왕권의 지지를 얻지도 못하였기 때문에 만당오대(晚唐五代)에 이르기까지 줄곧 이와 같은 급진적인 이상주의적 사고는 그다지 많은 호응과 지지를 얻지 못하였다. 사분오열된 당나라 후기에 이 같은 사고는 단지 당시 지식 계층의 이상주의 및 권위와 질서에 대한 그들의 갈망을 표현하고 있을 뿐이다. 한 가지 예를 들자면 관방의 제사 명단에는 항상 맹자가 없었다. 가령 처주(處州)와 같은 지방의 공자 사당에 일찍이 맹자와 순자를 함께 배향하는 유학자들의 대열에 둔 적이 있는데, 이는 그저 특별한 경우에 지나지 않는다. 아무리 9세기 중엽의 함통(咸通) 연간에 육구몽(陸龜蒙)이 맹자가 순자보다 훌륭하다고 거듭 말한 바 있고, 피일휴(皮日休) 또한 『맹자』를 학습 과목으로 삼고 한유를 태학에 배향할 것을 적극적으로 주장한 바 있다.[1] 그렇지만 맹자가 진정으로 관방에 의해 승인 받고 배향의 지위를 확립한 것은 도리어 송나라 때 희녕(熙寧)과 원풍(元豐) 연간, 즉 11세기 7,80년대였다.[2]

그러므로 한유와 9세기의 이 같은 이상주의적 정치 경향과 보편적인 '도'를 추구하는 급진적 사조와 인성의 자각을 부각시켜 질서를 확립하고자 하는 도덕 사상 그리고 이단을 배척하고 주류를 확립하고자 하는 민족 정서 또한 일종의 사장된 역사적 자원이 되었다. 이러한 것들은 송나라 때 학자들의 재발굴과 재해석

---

1) 육구몽(陸龜蒙)의 「대유평(大儒評)」(『전당문』 권801). 피일휴(皮日休)의 「한문공을 태학에 배향하길 청하는 글(請韓文公配享太學書)」과 「맹자를 배워야 할 교과목으로 삼길 청하는 글(請孟子爲學科書)」(『전당문』 권796) 참고. 손광헌(孫光憲), 『북몽쇄언(北夢瑣言)』 권2, 상해고적출판사, 1981년, 7쪽 참고.

2) 『송사(宋史)』 권16, 311~312쪽. 『송사』 권105, 2548쪽 참조. 황진흥(黃進興)의 「학술과 신앙 : 공묘 종사제와 유가의 도통 의식을 논함(學術與信仰 : 論孔廟從祀祭與儒家道統意識)」, 『우인성역(優人聖域)』, 276~277쪽 참조.

사상사는 이처럼 한 차례 한 차례 역사 자원을 발굴하고 역사의 계보를 구성하고 새롭게 재해석을 가하는 과정이다.

을 거쳐서 비로소 새로운 사유를 구성할 수 있었다. 아마도 사상사는 이처럼 한 차례 한 차례 역사 자원을 발굴하고 역사의 계보를 구성하고 새롭게 재해석을 가하는 과정 속에서 지식과 사상, 그리고 신앙세계는 점차 변화해 갈 것이다.

6절

회창 멸불과 9세기 도교

당나라 무종(武宗) 회창(會昌) 4년(844)말, 막 장안에 도착한 일본 승려 원인(圓仁)은 황제가 천하의 작은 사찰을 모두 없애고 경전과 불상을 큰 사찰로 옮기며, 불사의 종(鐘)도 도관(道觀)으로 모두 이전하라는 명을 내렸다는 소식을 접하였다. 또한 도사 조귀진(趙歸眞)의 건의에 따라 금중(禁中)에 높이 150자에 달하는 '망선대(望仙臺)'를 세운다는 이야기도 들었다. 이듬해인 845년 초 망선대가 완성되었을 때 그는 차마 믿기 어려운 소식을 들었다. 황제가 "양가(兩街) 승니(僧尼)들을 군영에 몰아넣고 참수하여" 깊은 구덩이에 파묻었으며, 이에 놀란 "여러 도시의 승니들이…… 혼비백산하여 어디로 가야할지 몰랐다"는 것이었다. 이는 절대로 우스갯소리가 아니다. 당시 거의 2년이란 세월 동안 심지어 이역에서 온 마니교 승려조차 강제로 "삭발하고 가사를 걸쳐 사문(沙門)처럼 보이게 한 후 살해하였다."[1]

종교 박해에 따른 심리적 불안감은 일본에서 온 승려의 경우는 물론이고 당시 중국 승려의 경우도 마찬가지였다. 더군다나 불교에 대한 박해는 이미 몇 년 전부터 시작된 것이기 때문에 더욱 그러하였다.[2] 도교를 독실하게 숭배하였던

---

1) 원인(圓仁), 『입당구법순례행기(入唐求法巡禮行記)』 권4, 권3, 『입당구법순례행기교주』, 459쪽, 416쪽, 오노가쯔 도시(小野勝年) 교주, 백화문(白化文) 등 수정(修訂), 화산문예출판사, 1992.
2) 원인, 『입당구법순례행기』 권1에 따르면, "대당 대화(大和) 2년, 여러 주(州)에서 대부분 비밀리에 수계(受戒)를 행하였고, 하부제주(下符諸州)하여 백성들이 삭발하여 승려가 되는 것을 허락하지 않았다(大唐太和二年以來, 爲諸州多有密與受戒, 下符諸州, 不許百姓剃髮爲僧대당태화이년이래, 위제주다유밀여수계, 하부제주, 불허백성체발위승)." 오노가쯔도시는 대화는 원화(元和)의 착오라고 하면서 불교에 대한 멸시가 당나라 헌종(憲宗) 원화 2년(807)에 이미 시작되었다고 주장하고 있다. 55쪽.

당나라 무종 시대에 이르러 이러한 멸시와 박해가 더욱 심해졌다. 마침내 그 해 여름 당나라 무종은 정식으로 조서를 내려 불교 사원 4천 6백여 곳을 철폐하고 승니 26만 5백여 명을 강제로 환속시켰으며, 초재(招提 : 민간 사찰)와 난야(蘭若 : 수행처) 4만여 곳을 모두 없애버렸다. 그리고 수천만 경(頃)에 달하는 전답과 15만여 명의 노비를 모두 국가 소유로 바꿔버렸다. 동시에 대진국(大秦國 : 로마)의 목호(穆護 : 사제)나 천교(祆敎 : 배화교)와 관련된 3천여 명을 모두 환속시켰다.

　　『신당서』와 『구당서』 및 『자치통감』에 당시 멸불에 관한 기사가 실린 것을 보면 실록임에 틀림없다. 원인(圓仁)도 자신의 일기에서 다음과 같이 기록하고 있기 때문이다. "천하 주현(州縣)마다 칙령에 따라 승니에 대한 조류(條流 : 조례)를 정하여 이미 환속을 완료하였으며, 천하의 불당과 난야(蘭若)를 철폐하여 사원이 모두 사라졌고, 천하의 경전과 불상과 승복 등도 모두 불에 타서 없어졌다. 또한 천하의 불상에 입힌 금박도 모두 사라지고, 청동이나 철로 만든 불상도 모두 깨뜨려 무게를 재어 수거하였다. 천하 주현마다 사찰의 재물과 장원을 몰수하였으며, 사찰 노비들을 모두 빼앗았다(天下州縣准敕條流僧尼, 還俗已盡. 又天下毀拆佛堂, 蘭若, 寺舍已盡. 又天下焚燒經像, 僧服罷盡. 又天下剝佛身上金已畢. 天下打碎銅鐵佛, 稱斤兩收檢訖. 天下州縣收納寺家錢物, 庄園, 收家人奴婢已訖천하주현준칙조류승니.　환속이진. 우천하훼탁불당, 난야, 사사이진. 우천하분소경상, 승복앵진. 우천하박불신상금이필. 천하타쇄동철불.　칭근량수검흘. 천하주현수납사가전물, 장원.　수가인노비이흘)." 여기서 말하는 천하는 당시 황하 이북에 중앙의 통제를 듣지 않는 몇 개의 번진을 제외한 대부분의 당시 중국 지역을 망라한다.[3] 당시 불교는 거의 치명적인 타격을 받았으며, 불교도들 뿐만 아니라 심지어 상당히 저명한 고승들까지 포승줄에 묶이거나 환속을 강요받았다. 그래서 권문에 숨어들거나 깊은 산림에 은거하는 이들이 속출하였다.[4] 이것이 바로 유명한 '회창멸불(會昌滅佛)'로 고대 중국 역사에서 마지막으로 이족(異族)에 대한 적대감을 정부가 직접 나서서 대규모 반(反) 불교 활동으로 전화시킨 사건이었다.[5]

'회창멸불'은 고대 중국 역사에서 마지막으로 이족에 대한 적대감을 정부가 직접 나서서 대규모 반(反) 불교 활동으로 전화시킨 사건이었다.

---

3) 원인, 『입당구법순례행기』, 권4, 496쪽.

4) 『송고승전』 권12, 273, 274, 278, 284쪽. 권17, 428, 430쪽 참조, 중화서국, 베이징, 1987.

5) 『구당서』 권18 상, 「무종기」, 605~606쪽. 원인의 『입당구법순례행기』 권4, 양주에 관한 기록, 479쪽. 회창멸불에 대한 현대 연구와 논술은 다음을 참고하시오. 탕용동의 『수당불교사고』 제1장 제6절 「회창법난」, 41~

당시 '멸불' 사건의 배후에는 의심할 여지없이 도교도의 획책과 민족 감정에 따른 부추김이 존재하였다. 많은 역사 문헌에 기록되어 있듯이 당나라 경종부터 무종에 이르는 20여 년 동안 일군의 도교도들이 일찍이 없었던 황제의 총애를 받았다. 우선 경종 보력(寶歷) 2년(826) 8월 자칭 백수십 년을 살았다는 주식원(周息元)이 입궐하여 황제를 알현하였고, 같은 해 11월에는 도사 조귀진이 양가(兩街) 도문(道門 : 도교)의 교수 박사가 되었다.[1] 하지만 문종 시대에 들어와 그들 대부분이 쫓겨나거나 유배되어 채 10년이 되기도 전에 원래 상태로 돌아가고 말았다.

당나라 무종 즉위 초년(840) 다시 도사 조귀진을 비롯한 81명을 금중(禁中)에 들어오도록 하였고, 이듬해인 회창 원년(841) 형산의 도사 유현정(劉玄靖)을 은청광록대부(銀青光祿大夫), 숭현관(崇玄館) 학사로 임명하였으며, 아울러 광성선생(廣成先生)이란 호를 하사하였다. 그리고 조귀진에게 금중에서 법록(法錄)을 시행토록 하는 한편 마고산(麻姑山) 도사 등연강(鄧延康)이 감도(監度)가 되어 "삼전에서 금록도장을 만들어, 황제가 친히 삼전에 나아가 구천단에서 법록을 받았다(于三殿修金錄道場, 帝幸三殿, 於九天壇親受法錄 우삼전수금록도장, 제행삼전, 어구천단친수법록)." 회창 4년(844) "귀진(조귀진)이 황제의 총애를 입어 알현할 때마다 석씨(석가모니 부처)를 비방하면서 중국의 종교가 아니라 생명을 갉아먹는 것이니 마땅히 제거해야 한다고 말하였으며, 황제가 그를 자못 신임하였다."[2] 이덕유(李德裕)를 비롯한 많은 사대부들이 무종에게 조귀진을 가까이해서는 안 된다고 간언하였으나[3] 무종은 여전히 그를 신임하였으며, 마침내 조귀진, 등원기, 유현정 등의 부추김에 따라 "석씨

51쪽, 중화서국, 1982. 미치하다 묘슈(道端良秀)의 『당대불교사의 연구』, 제1장, 제4절, 161~177쪽, 법장관(法藏館), 교토, 1957, 1981. 스즈키 데츠오(鈴木哲雄)의 『당오대선종사(唐五代禪宗史)』, 390~393쪽, 산회방불서림, 도쿄, 1985.

1) 『구당서』 권17, 521~523쪽. 송나라 사람은 주식원이 이덕유의 추천을 받아 조정에 들어왔다고 하였으나 믿기 어렵다. 부선종(傅璇琮), 『이덕유연보』, 187쪽, 제로서사(齊魯書社), 1988.

2) 원인, 『입당구법순례행기』 권4, 451쪽에 조귀진이 건의한 내용이 기록되어 있다. "부처는 서융(西戎 : 서쪽 오랑캐) 출신으로 불생(不生)을 가르치고 말한다. 무릇 불생이란 사망일 따름이다. 사람에게 열반으로 돌아가라고 하는데, 열반이란 곧 사망이다. 무상이나 고공을 열심히 이야기하니 요상하고 괴이한 일이며, 오히려 무위나 장생의 도리에 대해서는 다루지 않는다(佛生西戎, 教說不生, 夫不生者只是死也, 化人令歸涅盤, 涅盤者死也, 盛談無常苦空, 殊是妖怪, 未涉無爲長生之理불생서융, 교설불생, 부불생자지시사야, 화인령귀열반, 열반자사야, 성담무상고공, 수시요괴, 미섭무위장생지리)."

3) 『구당서』 권174 「이덕유전」, 4517, 4518쪽.

를 배척하고 사원을 철거해야 한다는 요청을 실행에 옮겼다(排毀釋氏, 而拆廟之請行焉배훼석씨, 이탁묘지청행언)."[4]

무종의 멸불 사건은 불교사나 도교사에서 이미 많이 연구되어 있다. 하지만 반드시 논구해야 할 부분은 불교를 배척하였던 관방의 행위 속에 과연 어떤 사상사적 배경이 존재하고 있는가에 관한 것이다.

1

세기 전반부의 도교 상

우선 고찰할 부분은 9세기 전반부의 도교 상황에 관한 것이다.

당나라 초기부터 모산(茅山) 상청(上清) 일파를 중심으로 한 도교도들이 점차 지식과 사상, 그리고 신앙세계의 중심에서 주류로 떠오르기 시작하였다. 8세기 중엽 신원지(申元之), 장과(張果), 엽법선(葉法善), 형화박(邢和璞) 등 도사들이 중용되고,[5] 아미(峨眉)의 왕선경(王仙卿), 청성(青城)의 조선보(趙仙甫), 한중(漢中)의 양허주(梁虛舟), 제국(齊國)의 전선료(田仙寮) 등 각지 다양한 계파의 도사들도 경성의 부름을 받아 모산의 도사들과 마찬가지로 존중되었지만,[6] 상층 인사들에게 가장 영

---

4) 『구당서』 권18상, 「무종기」, 585~603쪽. 당시 불교와 도교 논쟁의 제목은 "신선은 배울 수 있는 것인가?(神仙爲可學不可學)" "큰 나라를 다스리는 것은 작은 생선을 굽는 것과 같다(治大國若烹小鮮치대국약팽소선)"는 것이었는데, 이는 황제가 의도적으로 제시한 것으로 불교도의 입장에서 볼 때 곤란한 문제가 아닐 수 없었다. 『송고승전』 권6 「당팽주단경산지현전(唐彭州丹景山知玄傳)」, 130쪽 참조. 전하는 말에 따르면 원인이 일본으로 가지고 온 문서 중에 『회창황제강탄일내도장논형(會昌皇帝降誕日內道場論衡)』 1권이 있었다고 하는데, 애석하게도 망실되었다. 만약 현존한다면 불교와 도교의 논쟁에 관한 더 많은 정보를 얻을 수 있었을 것이다. 마키타 타이료(牧田諦亮)의 『중국 불교사 연구 제1(中國佛敎史硏究第一)』 제10장 5절 「삼교논형의 실태(三敎論衡の實態)」, 326~327쪽 참조(대동출판사, 도쿄, 1981). 『송고승전』 권17에 따르면 조귀진이 경종 시절에 황제의 총애를 받아 황궁을 출입하였는데, 나중에 사건이 발발한 후 "경읍(京邑)의 여러 승려들이 앞 다투어 비방하자 귀진이 이를 통절하게 마음에 새기고 잊지 않았다." 그래서 나중에 유현정과 등원기 등이 "석문(釋門 : 불교)을 비난한 것은 승려들의 비방을 되갚은 것이다." 435쪽, 중화서국, 1987.

5) 『태평광기』 권33 「신원지」, 210쪽(중화서국, 1961)에 인용된 『선전습유(仙傳拾遺)』에 개원 연간 황실 주위에서 신원지, 형화박, 나공원, 엽법선, 오균, 윤음(尹愔), 하사원(何思遠), 사숭(史崇), 윤숭(尹崇) 등이 활동하였다고 기록하고 있다.

6) 채위(蔡瑋), 「당동경도문위의사성진현원양관주청허동부영도선대정원선생장존사유열비(唐東京道門威儀使聖眞玄元兩觀主淸虛洞府靈臺貞元先生張尊師遺烈碑)」, 『전당문』 권927, 4285, 상해 고적출판사 영인본, 1990. 이화(李華), 「당고대동법사제국전선료묘지(唐故大洞法師齊國田仙寮墓志)」, 『전당문보유』 제1집(삼진출판사三秦出版社, 1994) 참조.

향력이 있는 이는 역시 사마승정(司馬承禎)부터 이함광(李含光)에 이르는 모산 상청파 계열이다.[1] 대력 연간에 안진경(顔眞卿)이 이함광을 위해 비명(碑銘)을 쓰고, 정원(貞元) 연간에 이발(李渤)이 『진계(眞系)』로 그들 계파의 역사를 소급한 것은 모두 그들을 도교의 정통으로 간주하였기 때문이다. 그들은 마치 불교의 전등(傳燈)과 마찬가지로 도교의 정종을 육수정, 도홍경으로 소급하였으며, 수당 시기의 왕원지(王遠知 : 580~667년),[2] 반사정(潘師正 : ?~682년),[3] 사마승정(司馬承禎 : 647~735년),[4] 이함광(李含光 : 683~769년)[5] 등을 그 뒤로 배열하였다. 물론 이처럼 영광스러운 계보는 사후에 이루어진 것이다.[6]

모산 상청 일파가 당나라 때 얼마나 흥성하였는가는 황제가 끊임없이 표창하고 위문한 것에서도 여실히 증명된다. 『전당문』에 수록된 도교에 대한 관방의 표창과 책봉 문건을 보면, 고종 시절에 「왕원지 태중대부에게 보내는 조서贈王遠知太中大夫詔」(권13), 중종 시절에 「왕원지 금자광록대부에게 보내는 칙서(贈王遠知金紫光祿大夫詔)」(권16), 예종 시절 「천사 사마승정에게 보내는 세 가지 칙서(賜天師司

1) 모산 일파에 관한 비교적 간략한 소개는 이빈성(李斌城)의 「모산종초탐(茅山宗初探)」(『중국사연구』 1983년 제2기, 베이징) 참조.

2) 강민(江旻), 「당국사승진선생왕법주진인입관비(唐國師升眞先生王法主眞人立觀碑)」, 『전당문』 권923, 4263~4264쪽. 우경지(于敬之), 「동백진인모산화양관왕선생비명(桐栢眞人茅山華陽觀王先生碑銘)」, 『전당문』 권186쪽 참조.

3) 진자앙(陳子昂), 「속당고중악체현선생반존사비송(續唐故中岳體玄先生潘尊師碑頌)」, 『전당문』 권215, 960쪽. 왕적(王適), 「체현선생반존사갈(體玄先生潘尊師碣)」, 『전당문』 권282, 1262쪽. 무명씨, 「도문경법상승차서(道門經法相承次序)」 권상에 기록되어 있는 당나라 고종과 반사정의 대화, 『도장』 태평부, 제(諸)1, 24책, 785~787쪽(문물출판사, 상해서점上海書店, 천진고적출판사 영인본, 1988) 참조.

4) 최상(崔尙), 「당천태산신동백관송서(唐天台山新桐柏觀頌序)」, 『전당문』 권304, 1365쪽. 위빙(衛憑), 「당왕옥산중암태정일선생묘갈(唐王屋山中岩台正一先生墓碣)」, 『전당문』 권306, 1373~1374쪽.

5) 안진경(顔眞卿), 「유당모산원정선생광릉이군비명(有唐茅山元靖先生廣陵李君碑銘)」, 『전당문』 권340, 1523~1524쪽. 『모산전지(茅山全志)』 권4에 따르면 당나라 대종(代宗) 대력(大曆) 12년에 찬술하고 서를 병기하였다. 유식(柳識), 「모산자양관현정선생비(茅山紫陽觀玄靜先生碑)」, 『전당문』 권377, 1694쪽 참조.

6) 현대에 사상사나 종교사를 연구하는 많은 학자들은 이러한 계보나 원류에 대해 의심하기 시작하였다. 후대의 전등(傳燈), 통기(統紀), 종보(宗譜)를 지나치게 맹신하고 이를 근거로 종교의 혈연 관계를 찾는 방법은 많은 이들이 지적하고 있듯이 후대의 자료를 통해 역사를 만들어가는 작업이자 기원이 되는 우상(偶像)을 찾고자 집착하는 것으로 사학계에 만연한 일종의 직업병과 같기 때문이다. 명의상 상동한 '기원(起源)'을 찾는 데 주력하는 방식은 자칫 행동과 목적이 상반되는 결과를 낳을 수 있다. 왜냐하면 명칭이 우연하게 같은 경우도 있을 수 있기 때문이다. 이에 대해서는 다음을 참고하시오. 죠셉 에서릭(Joseph W. Esherick, 중국명 주석서周錫瑞), 『의화단 운동의 기원(The Origins of the Boxer Uprising), 장준의 역, 6쪽, 362쪽, 강소인민출판사, 1994.

馬承禎三敕)』,「동백관 복건에 관한 칙서(復建桐柏觀敕)」(권19), 현종 시절 「사마승정은청광록대부에게 보내는 제(贈司馬承禎銀青光祿大夫制)」(권22),「사마승정에게 보내는 칙서(贈司馬承禎敕)」(권36) 등이 있다. 특히 이함광은 황제의 각별한 은총을 입었는데, 현종은 「이함광을 영접하는 칙서(迎李含光敕)」,「이함광에게 모산 단우 건립을 명하는 칙서(命李含光建茅山壇宇敕)」,「이함광에게 현정선생이란 호를 하사하는 칙서(賜李含光號玄靜先生敕)」,「이함광이 자양관도를 진상한 것에 답하는 칙서(答李含光進紫陽觀圖敕)」,「이함광이 영지를 진상한 것에 답하는 칙서(答李含光進靈芝敕)」,「이함광을 봉사예단진사로 명한 칙서(命李含光奉詞詣壇陳謝敕)」(이상 권36) 외에도「이함광이 금단으로 갈 때 보낸 시서(送李含光赴金壇詩序)」1편과 「이함광이 광릉으로 돌아왔을 때 보낸 시서(送李含光還廣陵詩序)」 2편(권41) 등을 보낸 바 있다.

전하는 말에 따르면 반사정(潘師正)은 고종 시절 "고종이 매번 난가(鑾駕)에서 내려 친히 정려를 찾아갔으나 존사는 당 아래로 내려오지 않고 손만 내밀 뿐이었다(高宗每降鑾駕, 親詣精慮, 尊師身不下堂, 接手而已고종매강란가, 친예정려, 존사신불하당, 접수이이)"[7]고 한다. 뿐만 아니라 사마승정은 예종과 현종 시절에 "입궐하여 성상을 뵐 때 구중(황제)은 광성자를 알현하듯 엄숙했고, 나와서 당시 현인을 응대할 때는 뭇 공경들이 자식처럼 가르침을 청하였다(入覲聖上, 九重肅廣成之謁, 出應時賢, 群公交子訓之請입근성상, 구중숙광성지알, 출응시현, 군공교자훈지청)."[8] 또한 이함광은 개원과 천보 연간에 지극한 지위에 올랐다. 당시 현종이 그에게 보낸 조서를 보면, 처음 조서에서는 현종 자신이 "도의 요체를 구하고 진정한 선인을 생각하는 것"을 희구한다고 말하였고, 두 번째 조서에서는 이함광에 대한 경모의 정을 드러내면서 "존사가 체도한 요체는 빛의 조화를 머금고 간략하고 청아하며 무위한 것이 나와 뜻이 부합한다"고 말하였다. 그리고 세 번째 조서를 통해 친절하게 "초가을에 접어들었다고 하나 아직 날씨가 더운데 존사께선 평안하십니까?"라고 안부를 물었다. 확실히 안진경이 말한 것과 같이 "뛰어난 자질로 임금의 스승이 되어 명정(明庭 : 조정)에 출입하며, 은총을 입어 견여(肩輿 : 가마)를 탈 만큼 존귀해졌다."[9]

---

7) 진자앙,「속당고종악체현선생반존사비송」,『전당문』 권215, 960쪽.

8) 위빙,「당왕옥산중암태정일선생묘갈」,『전당문』 권306, 1373~1374쪽.

9) 이함광에 관한 연구는 커클런드(J. Russell Kirkland)의 「당제국의 최후 도교 대사 : 이함광과 당나라 현종(The

"모산은 천하 도학의 근본이 되었다."[1] 8세기 중엽의 전란이 끝난 후 대력 4년(769) 이함광이 세상을 떠나고, 정원 원년(785)에는 위경소(韋景昭)가 사망하면서 모산 상청 일파에는 더 이상 탁월한 도교 활동가가 남아 있지 않았다. 하지만 그 영향력은 여전히 모든 도교 교문(敎門)을 훨씬 능가하였기 때문에 9세기 중엽까지 특히 사인들에게 모산은 도교에서 가장 신성한 곳으로 여겨졌다. 그래서 "매년 봄과 겨울에 수천 명의 인파가 정성을 다해 몸과 마음을 깨끗이 닦은 후 그 산을 찾았다(每歲春冬, 皆有數千人, 潔誠洗念來朝此山매세춘동, 개유수천인, 결성세념래조차산)."[2]

당대 시인 황보염(黃甫冉)은 "여악 고승은 게송을 남기고 떠나시고, 모산 도사에게 서신이 왔네(廬岳高僧留偈別, 茅山道士寄書來여악고승유게별, 모산도사기서래)"[3]라고 읊었는데, 앞에 나오는 이는 동림혜원(東林慧遠)으로 불교의 상징적인 인물이고, 뒤에 나오는 모산은 도교의 상징이다. 이렇듯 당시 사인들의 마음속에 모산은 도교의 정통 본산으로 간주되었다. 이는 "도문의 화양(華陽)은 또한 유문의 수사(洙泗)와 같다(道門華陽, 亦儒門洙泗도문화양, 역유문수사)"[4]는 유식(柳識)의 말에서도 확인할 수 있다.

당시 도교와 관계를 맺고 있던 저명 사대부들은 기본적으로 모산 일파의 숭배자들이었다. 예를 들어 서예로 이름을 날린 안진경이나 유명자(遺名子)로 자호(自號)했던 위거모(韋渠牟)[5] 등은 모두 이함광과 밀접한 관계를 유지하였고, 시인으로 유명한 고황(顧況)과 그의 아들 비웅(非熊) 역시 모산에서 도를 닦고 부록(符籙)을 받았다. 특히 주목할 만한 사람은 나중에 회창멸불과 관련이 있는 이덕유(李德裕)이다. 그 역시 모산 일파의 숭배자로 '옥청현도대동삼청제자(玉淸玄都大洞三淸弟子)'로 자칭하였을 뿐더러 그의 처 유씨와 첩 서씨 역시 부록을 받고 도교에

Last Taoist Grand Master at the T'ang Imperial Court: Li Han-kuang and T'ang Hsuan-tsung)」, 『당연구唐研究(T'ang Studies)』 4, 43~67쪽, 1986.

1) 안진경, 「유당모산원정선생광릉이군비명」, 『전당문』 권340. 위의 책에서 재인용.

2) 유식, 「모산백학묘기(茅山白鶴廟記)」, 『전당문』 권377, 1694쪽.

3) 황보염, 「추일동교작(秋日東郊作)」, 『전당시』 권249, 2811쪽, 중화서국, 1961.

4) 유식, 앞의 책.

5) 권덕여(權德輿), 「우간의대부위군집서(右諫議大夫韋君集序)」 및 「당고태상경증형부상서위공묘지명(唐故太常卿贈刑部尙書韋公墓誌銘)」, 『전당문』 권490, 506, 2215, 2279쪽 참조.

입문하였다. 특히 처 유지유(劉知柔)는 "중년에 모산 연동궁에서 상청 법록을 전하였다"고 하며, 모산의 연사(煉師)가 되었다.[6]

하지만 9세기에 이르자 모산 상청 일파는 더 이상 황실 조정에서 우선적인 지위를 독점할 수 없었다. 물론 상층 사인들의 마음속에 모산 상청 일파가 여전히 최고의 자리를 차지하고 있긴 하였으나 도교 계보가 혼잡해지면서 다른 계파의 도사들이 점차 중앙으로 진입하기 시작하였다. 무종 시절 훼불에 가장 적극적이었던 도사들 가운데 앞서 언급한 조귀진과 등원기 이외에 헌원집(軒轅集)이나 "부록(符籙)을 잘 쓰고 변환술에 능해 귀신을 부릴 정도였다"는 금릉 사람 허원장(許元長)과 왕경(王瓊) 등은[7] 모산 상청 일파의 직계 도교도가 아니었던 것이다. 유현정(劉玄靖)처럼 모산 상청 일파의 도교도라고 전해지는 인물도 사마승정이나 이함광 등과 취향이나 풍격이 그다지 일치하지 않으며 출신 또한 그다지 믿을 만하지 않다.

2

기존의 도교사는 도교의 지역 분포나 유파 존재에 대해 그다지 관심을 두지 않았으며, 도교도들이 사회생활사에서 실제 어떻게 행동하였는가에 대해서도 그다지 주목하지 않았다. 또한 도교도에 대한 신앙인들의 흥취나 도교도의 전교(傳教 : 선교) 풍격에 관한 영향에 대해서는 거의 탐구하지 않았다.

사실 8세기 후반부터 9세기 중반까지 활약하였던 도교도들은 오로지 이함광 일파의 후계자들만이 아니었다. 설사 모산 일파라고 할지라도 왕원지부터 이함광까지 단일 계보로 전수된 것이 결코 아니다. 적어도 현존하는 자료로 볼 때 모산 일파의 계보는 의문점이 적지 않다. 예를 들어 왕원지의 제자 중에 반사정

---

6) 「묘지명」, 『당사여심(唐史余瀋)』 권3 참조. 이덕유와 도교 모산 일파의 관계에 관해서는 다음을 참조하시오. 부선종의 『이덕유연보』, 수나야마 미노루(砂山稔)의 「이덕유와 도교(李德裕と道教)」, 『수당 도교 사상사 연구』, 389~415쪽, 평하출판사(平河出版社), 1990.

7) 『태평광기』 권74, 「당무종조술사(唐武宗朝術士)」에 인용된 『열선담록(列仙譚錄)』, 467쪽, 중화서국, 1961.

의 위상이 부각된 후 모산 화양관(華陽觀) 왕궤(王軌 : 580~667년)의 중요성이 약화된 것 같다. 사실 왕궤 이후로 포방광(包方廣), 포법정(包法整), 포사영(包士榮)이 있고, 포사영 이후로 거의 동시에 이함광 문하에서 나왔다고 알려진 위경소(韋景昭 : 694 ~785년)[1] 및 황동원(黃洞元) 지파가 존재하였다.[2] 그러나 반사정의 10대 제자들 가운데 초기에 가장 중요한 이는 역시 영천의 위법소(韋法昭)이다. 설사 『선감(仙鑒)』에 근거해 볼지라도 제자들의 순서는 '위법소(韋法昭), 사마자미(司馬子微), 곽숭진(郭崇眞)'으로 이어지는 것이 마땅하다.[3] 하지만 이후 역사를 거꾸로 되돌아가면 사마승정이 지나치게 부각되고, 위법소나 곽숭진은 거의 사라지고 만다.

그의 또 다른 제자로 상청 일파의 저명한 인물 가운데 하나인 오균(吳筠 : ?~778년)의 경우도 계보상 약간의 문제가 있기는 하지만 당연히 포함되어야 한다. 단일 계보에서 오균의 위치는 상당히 난처한 부분이 있다. 왜냐하면 사마승정과 비교할 때 방계처럼 보이기 때문이다.[4] 또한 사마승정의 제자 중에 이함광을 제외하고 여진(女眞) 초정진(焦靜眞)과 사자연(謝自然) 그리고 이후 도교사에서 특히 중요한 인물인 설계창(薛季昌)이 있다. 전하는 말에 따르면, 설계창은 현종의 명을 받아 남악 형산 사마승정의 옛 집에 살면서 9세기에 상당한 영향을 끼친 남악 지파를 발전시켰다고 한다.

동시에 8, 9세기에 가장 저명한 도교도 가운데 모산 상청 일파에 속하지 않는 각파의 도사들도 있다. 예를 들어 많은 이들의 존경을 받았던 승현(升玄) 선생 유종정(劉從政)과 그의 제자 성진관(聖眞觀)의 관주(觀主) 정우진(鄭遇眞)(元一) 및 정

모산 상청 일파에 속하지 않는 각파의 도사들

---

1) 육장원(陸長源), 「화양삼동경소대법사비」, 『전당문』 권501, 2297쪽 참조. 필자가 생각하기에 포방광은 왕원지의 제자이다. 우경지(于敬之), 「동백진인모산화양관왕선생비명」, 『전당문』 권186쪽 참조. 하지만 동시에 위경소는 이함광의 문인이기도 하다. 안진경, 「유당모산원정선생광릉이군비명」 참조.

2) 부재(符載), 「황선사구동기(黃仙師瞿童記)」, 『전당문』 권689, 3128쪽 참조. 수나야마 미노루(砂山稔), 「구동등선고(瞿童登仙考)」, 『수당도교사상사연구』 364~388쪽 참조. 황씨는 모산 15대 종사로 정원 5년 여산 자소봉(紫霄峰)에서 모산으로 이주하였다. 온조(溫造), 「구동술(瞿童述)」, 『전당문』 권730, 3336쪽 참조. 하지만 동정(董挺), 「염정범선생비(閻貞范先生碑)」의 기록에 따르면, 그는 염씨에게 "추분날 밤에 동신정일권을 주었다(秋分中夜, 授以洞神正一券추분중야, 수이동신정일권)." 『전당문』 권684, 3103쪽.

3) 『역세진선체도통감』 권25, 『도장』 동진부(洞眞部) 기전류(記傳類), 담(淡)5, 5책, 246쪽.

4) 권덕여의 「종현선생문집서」에 따르면, 오균은 경사에서 "풍존사 제정에게 정일의 법록을 받았다(馮尊師齊整受正一之法풍존사제정수정일지법)", 『도장』 태현부, 존(尊)3, 23책, 653쪽, 『전당문』 권489. 풍존사는 반사정의 제자이다. 이렇듯 당시 도교도들은 이미 상청과 정일이 혼합된 상태였다.

씨의 제자 정도원(鄭道源)[5]이 있으며, 또한 권덕여(權德輿), 귀충지(歸沖之)와 유소지(劉素芝) 등 상당히 존경을 받고 있던 태청궁(太淸宮) 삼동도사(三洞道士)도 있고, 충허신(沖虛申 : 이름은 신보申甫) 선생의 제자로 '『영보』를 연구한' 오선경(吳善經 : 733~815년)과 그의 제자 백거이 등과 삼교에 관한 논쟁에 참가하였고 칙명을 받들어 투룡(投龍) 의식을 진행하였던 조상영(趙常盈) 등도 있다.

전하는 말에 따르면, "무릇 유학과 현학에 박식하고 도와 인을 갖춘 인물, 관직이 없는 왕공 귀족, 귀족 부녀, 남부와 여사로 삼경의 진록을 전수한 이가 5백여 명이었다(凡儒玄宿學, 有道仁人, 貴游象服, 男夫女士, 傳三景眞錄者, 五百餘人범유현숙학, 유도인인, 귀유상복, 남부녀사, 전삼경진록자, 오백여인)."[6] 이외에도 강서 일대에 상당히 유명하여 '법술이 남쪽 초(楚) 땅까지 전파되어 뭇 사람들을 감동시켰으며(法播南楚, 聲動人群법파남초, 성동인군)', 전후로 제오기(第五琦)와 노사공(路嗣恭) 등이 존경해 마지않았던 유굉산(劉宏山)[7]이 있으며, 강서 무주(撫州) 마고산(麻姑山)에서 온 등연강(鄧延康)[8]도 있다. 그는 신검(神劍)을 잘 다루었는데, 그의 도법은 현종 시대 이후로 대

5) 소현상(蘇玄賞), 「당성진관관주고정존사지명병서(唐聖眞觀觀主故鄭尊師志銘幷序)」, 『당대묘지휘편』, 2220쪽, 상해 고적출판사, 1992.

6) 권덕여, 「당고태청궁삼동법사오선생비명(唐故太淸宮三洞法師吳先生碑銘)」, 『전당문』 권501, 2262쪽. 이 비명에 근거하면 오선경의 계보는 만군(萬君)—내군(來君)—청간천군(淸簡泉君)—충허신(沖虛申) 선생으로 이어진다. 그의 무리인 조상영이 당나라 문종 대화(大和) 원년(827) 조정의 삼교 논형에 참가한 내용은 『구당서』 권166 「백거이전」, 4353쪽에 나온다. 이외에 주금성(朱金城)의 『백거이연보』, 178쪽, 상해고적출판사, 1982, 참조.

7) 『전당문』 권534, 이관(李觀), 「도사유굉산원벽기(道士劉宏山院壁記)」.

8) 등씨 일파는 무주 마고산의 등자양(鄧紫陽 : 702~739년, 현종 시절 복당관福唐觀에 머물렀다), 등사관(鄧思瓘 : ?~739년), 등덕성(鄧德誠 : 현종 시절 화봉관華封觀에 머물렀다)까지 거슬러 올라간다. 이에 대해서는 다음을 참고하시오. 이옹(李邕), 「당동경복당관등천사갈(唐東京福唐觀鄧天師碣)」, 『전당문』 권265, 1190쪽. 안진경, 「무주남성현마고산선단기」, 『전당문』 권338, 1514쪽. 「역세진선체통감」 권32, 『도장』, 동진부 기전류, 담(淡)12, 5책, 284쪽. 왕상지(王象之), 『여지기승(輿地紀勝)』 권35의 기록에 따르면 마고산은 원래 채경(蔡經)의 주택이었는데, "도사 등자양이 단(壇) 옆에 사당을 세울 것을 주청하여 현종이 이에 따랐다." 또한 정전(鄭畋)의 「당고상도룡흥관삼동경록사자법사정선생묘지명(唐故上都龍興觀三洞經籙賜鳥紫法師鄧先生墓誌銘)」의 기록에 따르면, 등연강이 일찍이 '삼경오아(三景五牙), 이성팔도(二星八道)'의 비책과 운장용전재원초회(云章龍篆齋元醮會)의 법술'을 받았으며, "종릉(鍾陵)에서 크게 활동하였다." 보력 연간에 상공(相公) 원씨(元氏) 부인이 등연강의 도움으로 질병을 치유한 후 법록을 받았다. 이후에도 등연강은 "명위, 상청의 도로써 광릉에서 추평공주에게 법록을 수여하고 이문에서 양공 봉길에게 법록을 수여하였다(明威上淸之道, 授鄒平公主於廣陵, 涼公逢吉於夷門명위상청지도, 수추평공주어광릉, 량공봉길어이문)." 또한 대화 8년에는 조서를 받들어 경성으로 가서 용흥관을 세우고 개성(開成) 초엽까지 경사에 머물렀다. "신도(神都)의 위의(威儀)를 갖추고 덕망이 있는 도사들이 거의 절반 넘게 그의 문하에서 나왔으며, 법교가 흥성하였으니 근자에 이런 적이 없었다(神都威儀與名德道士, 半出於門下. 法教

대로 전수되어 중당 무렵 이봉길(李逢吉)과 당나라 무종이 추존하였다. 전설에 나오는 등선객(鄧仙客) 이래로 등자양(鄧紫陽 : 702~739년),[1] 등사명(鄧思明), 등덕성(鄧德誠) 등도 대대로 '명위의 도와 상청의 도(明威上淸之道)'에 능하였다. 물론 연원이 장구하고 당나라 무종 회창 원년(841)에 또다시 무종을 알현하고 전록단우(傳錄壇宇 : 부록을 전수하는 제단) '진선관(眞仙觀)'의 편액을 하사받은 20대 정일천사 장심(張諶)[2]도 있다.

그 가운데 9세기 초엽 남악 형산의 한 갈래가 점차 영향력을 발휘하였는데, 『인화록因話錄』 권4(卷四) 각부(角部)에 다음과 같은 내용이 적혀 있다.

남악 형산의 일파

> 당나라 원화 초년 남악 도사 전량일과 장함홍의 도술이 가장 높아 원근의 사람들이 그들을 존경하여 그들의 이름을 합하여 전장(田蔣)이라고 불렀다. 전량일은 청정허무를 마음의 경지로 삼아 사물을 온화하게 대하고 허례허식을 삼갔으며, 천성이 고결하고 준수하며 사람들이 그를 만나면 편협하고 인색한 마음이 모두 사라졌다. 시랑 여위(呂渭)와 양빙(楊憑)이 호남으로 그를 찾아 가서 스승으로 모셨다. ……장혼원(蔣混元 : 장함홍)의 재기는 비록 전량일을 따르지 못하였으나 수행이나 취향은 서로 비슷하였다. 그는 전량일을 형으로 대하면서 막역지교를 나누었다(元和初, 南岳道士田良逸蔣含弘, 皆道業絶高, 遠近欽敬, 時號田蔣. 田以虛無爲心, 和煦待物, 不事浮飾, 而天格淸峻, 人見者褊吝盡去. 呂侍郎渭, 楊侍郎憑, 相繼廉問湖南, 皆北面師事. ……蔣君混元之氣, 雖不及田, 而修持趣尙亦相類. 兄事于田, 號爲莫逆원화초, 남악도사전량일장함홍, 개도업절

之盛, 近未有也신도위의여명덕도사, 반출어문하. 법교지성, 근미유야)." 『전당문』 권767, 3537, 3538쪽. 또한 『삼동군선록(三洞群仙錄)』 권13의 기록에 따르면 등덕성은 신검(神劍)을 얻었으며, 북두와 같은 칠등(七燈)을 가지고 현종이 석보(石堡 : 당나라와 토번의 전쟁을 말함)의 우환을 없애는 데 도움을 주었다고 한다. 『도장』, 정일부(正一部), 설(設) 3, 32책, 323쪽.

1) 등자양이 바로 등사관이다. 그의 전(傳)은 다음을 참조하시오. 이옹의 「당동경복당관등천사갈」, 『전당문』 권265, 1190~1191쪽. 『역세진선체도통감』 권32, 『도장』, 동진부 기전류, 담12, 5책, 284쪽. 중국 도교 협회와 소주 도교 협회에서 편찬한 『도교대사전』, 326~327쪽을 보면 등자양과 등사관을 각기 다른 인물로 오인하고 있다. 화하출판사(華夏出版社), 1994.

2) 『한천사세가(漢天師世家)』 권2, 『도장』 벽(壁)2, 34책, 825쪽. 장천사 일파는 21대 장병(張秉), 즉 남당(南唐) 시절에 이르러서야 비로소 용호산에 도교 사원을 건축하였다. 하지만 남당 사람 진교(陳喬)가 지은 「신건신주용호산장천사묘비(新建信州龍虎山張天師廟碑)」에 따르면 용호산에 천사의 새로운 사원을 건축한 것은 22대 때의 일이다. 『전당문』 권876, 4061~4062쪽.

고, 원근흠경, 시호전장. 전이허무위심, 화후대물, 불사부식, 이천격청준, 인견자편린진거. 여시랑위, 양시

랑빙, 상계렴문호남, 개북면사사. ……장군혼원지기, 수불급전, 이수지취상역상류. 형사우전, 호위막역)

　　전량일은 전허응(田虛應 : ?~811년)[3]이고, 장사홍(蔣舍弘)은 장함홍이다.[4] 각종
문헌에 근거해 볼 때 9세기 전후 남악 일파로 하존사, 전량일 문파를 다음과 같이
나열할 수 있다. 즉 하존사(何尊師 : ?~743년)는 장태공(張太空 : ?~772년), 전허응, 등중
허(鄧中虛)로 이어지고, 전허응은 풍유량(馮惟良), 진과언(陳寡言), 서령부(徐靈府), 유
현정(劉玄靖 : ?~851년)[5]으로 이어지고, 풍유량은 섭장질(葉藏質), 응이절(應夷節 : 810~
894년), 심관무(沈觀無)이며, 응이절은 두광정(杜光庭)으로 이어진다.

　　그리고 이 가운데 전량일, 풍유량, 응이절은 후세 동현영보 삼사, 즉 '경사(經
師), 적사(籍師), 도사(度師)'[6]로 칭해졌다. 사실 그들 역시 때때로 자신을 상청 일파
라고 칭한 적이 있다. 예를 들어 『동현영보삼사기』나 『역세진선체도통감』 등을 보
면, 그들의 계보를 재차 상청과 연계시켜 하존사의 존재를 희석시키고 있으며, 전
허응을 위로 설계창의 계승자로 간주하고 설계창은 사마승정의 제자로 만들어 모
산 상청계와 연계시키고 있다. 전허응의 제자 풍유량은 이미 천태(天台)의 '인멸된
지 오래된' 사마승정의 동백관(桐柏觀) 상청각과 강진당 등을 중건하였으며, 그 제
자 응이절 역시 무종 시절에 천태 동백관 서쪽에 살았다. 그래서 그의 전기에서
"상청대법이 도은거에서 왕원지로 전수되었고 왕원지가 반선생에게 전수하였으
며, 반선생은 사마연사, 사마연사는 설계창에게 전수하고, 설계창은 전량일, 전량
일은 풍유량, 풍유량은 응이절에게 전수하였다(上淸大法自陶隱居傳王遠知, 王傳潘先生,
潘傳司馬煉師, 司馬傳薛季昌, 薛傳田良逸, 田傳馮惟良, 馮傳夷節也상청대법자도은거전왕원지, 왕전반
선생, 반전사마련사, 사마전설계창, 설전전량일, 전전풍유량, 풍전이절야)"[7]고 말하였던 것이다.

─────────────

3) 이충소(李沖昭)의 『남악소록(南嶽小錄)』에 따르면 전량일은 원화 6년(811) 정월 7일 강진원(降眞院)에서 득도하
　였다.

4) 『역세진선체도통감』 권40 「전허응」에 보면 '장함홍'이라고 적혀 있다. 이는 『태평광기』 권76 『인화록』에서
　인용한 것이다.

5) 장태공은 현화(玄和) 선생을 말한다. 『역세진선체도통감』 권33, 『도장』, 동진부 기전류, 인(鱗)1, 제5책, 292쪽.

6) 『동현영보삼사기』, 『도장』, 동현부(洞玄部) 보록류(譜籙類), 유(有)2, 제6책, 751~752쪽.

7) 『역세진선체도통감』 권40, 『도장』, 동진부 기전류, 인8, 제5책, 328쪽. 8, 9세기경 형산은 이미 도교의 또 다른
　중심지였던 것 같다. 예를 들어 저명한 소영사(蕭穎士)의 외손녀 유(劉) 아무개도 그곳에서 '상청대동삼경필

그러나 무종 시절 궁정을 출입하면서 멸불을 종용하였던 핵심적인 도사들의 출신 계보는 대부분 불분명하다. 그 가운데 조귀진의 내력이 분명치 않은데,[1] 현존하는 각종 문헌에도 그의 이름을 찾아볼 수 없다. 『태평광기』 권18 「원장기(元藏幾)」에 인용된 『두양편(杜陽編)』에 보면, 그와 원장기의 제자 "구화도사(九華道士) 섭통미(葉通微)가 서로 만났으며", 원씨의 사적을 무종에게 상주하였다는 기록이 나온다. 권74 「당무종조술사(唐武宗朝術士)」에 인용된 『열선담록(列仙譚錄)』의 기록에 따르면, 조귀진이 "현기를 깊이 탐구하여 장생불사의 단약을 만들었다(探賾玄機, 以制鉛汞탐색현기, 이제연홍)." 보아하니 연단술에 상당한 조예가 있었던 것으로 보인다. 또한 권404 「마뇌궤(馬腦櫃)」에 인용된 『두양잡편(杜陽雜編)』에 따르면, 무종이 때로 그를 불러들여 '현묘한 이치(希夷之理희이지리)'에 대해 이야기하였다고 한다.[2]

등원기(鄧元起)는 '등원초(鄧元超)'라고도 하는데, 사적은 알려진 바 없으며 다만 사료에 나부산(羅浮山) 도사라는 기록만 남아 있다. 『선감(仙鑒)』에 따르면, 헌원집(軒轅集)도 나부산의 도사인데, 자칭 나이가 수백 세이며 뚜껑을 닫은 항아리에 들어있는 물건을 맞출 수 있으며, "방년 18세의 처녀를 순식간에 노파로 변신시킬 수 있다"고 하였다. 또한 먼 곳에 나는 두구(豆蔲)와 여지화(荔枝花)를 경사로 가져올 수 있다고 하였다.[3] 허원장(許元長)은 금릉 사람으로 왕경(王瓊)과 함께 무종 시대에 황제의 총애를 받았다. 『태평광기』 권74 「당무종조술사」에 인용된 『열선담록』에 따르면, 허원장은 물건을 천리 밖까지 옮겨놓을 수 있고, 환술(幻術)로 동도에서 석류를 가져올 수 있다고 하였다. 권415 「강하종사(江夏從事)」에 인용된 『선실지(宣室志)』에 대화(大和) 시절 그가 강하의 종사로 병을 고쳤다는 기록이 나온다. "허원장이란 이가 귀신을 잘 본다고 하여 종사가 원장에게 명하여 부적과 술수로 고소(考召 : 귀신을 불러 법사를 행하는 것)하도록 하였다(有許元長者, 善視鬼, 從事

록'을 받았다. 「대당왕옥산상청대동삼경여도사유존사진궁지명(大唐王屋山上淸大洞三景女道士劉尊師眞宮志銘)」, 『당대묘지휘편』, 2201쪽.

1) 왕가우(王家佑)는 『당대 도교』에서 "조귀진이 전파한 뇌법(雷法)과 맹후(孟煦)와 팽효(彭曉)가 전수한 단법(丹法)은 청성(靑城)에 있으며 정일파의 옛 법술이다"라는 글이 있다.

2) 『태평광기』 권18, 125쪽, 권74, 466쪽, 권404, 3261쪽.

3) 『역세진선체도통감』, 권42, 『도장』, 동진부 기전류, 인10, 제5책, 344쪽. 『소요허경(逍遙虛經)』 권2, 『속도장』 괴(槐)2, 『도장』, 제35책, 386쪽.

命元長以符術考 검유허원장자, 선시귀, 종사명원장이부술고소)." [4]

왕경도 금릉 사람이다. 『태평광기』 권78에 인용된 『유양잡조(酉陽雜俎)』에 그가 일찍이 은수실(段秀實 : 719~783년, 당대 명장) 집에서 기와를 검은 거북이로 바꾸었는데, "하루가 지나자 다시 기와가 되었다"고 하며, 꽃을 입에 머금고 있다가 "용기에 밀봉해 놓으면 하루 저녁에 꽃이 만개하였다." 또한 같은 책 권74 「당무종조술사」에 인용된 『열선담록』에 따르면, 왕경이 '축물(祝物 : 부적이나 주술로 사물을 변화시키는 무술巫術)'에 능해 겨울에 "약을 복숭아나무나 살구나무 몇 그루에 넣으면 하루 저녁에 꽃이 만개하고 향기가 농밀하여 한 달쯤 돼서야 비로소 진다"고 하였다.

이들 가운데 회창 연간 무종이 수록(授籙)할 당시 감도자(監度者)였던 등연강(鄧延康 : 대략 774~859년)과 수도사 유현정(劉玄靖 : ?~851년)의 출신은 대략 알 수 있다. 정전(鄭畋)의 「당고상도용흥관삼동경록사자법사등선생묘지명(唐故上都龍興觀三洞經籙賜紫法師鄧先生墓誌銘)」에 기재된 바에 따르면, 소숙황제(昭肅皇帝) 즉 무종이 아직 즉위하기 전 등연강을 방문한 적이 있었으며, 또한 소숙황제가 "남악 광성사에게 부록을 받으면서 선생(등연강)에게 감도를 청하였다(收籙於南嶽廣成師, 請先生爲監度 수록어남악광성사, 청선생위감도)." [5] 그는 앞서 언급한 신검술(神劍術)에 정통한 마고산 등씨의 일파이다. 하지만 『동현영보삼사기』나 『역세진선체도통감』에 따르면, 유현정은 어린 시절 입문할 당시 정일파 도사 왕도종(王道宗)의 제자로 "정일파의 부록을 받았다." 하지만 그는 또한 남악 전량일의 제자이기도 하다. 『남악소록』에 부기되어 있는 몽곡자(蒙谷子) 제갈황(諸葛黃)이 전량일을 위해 찬술한 「사진찬(寫眞贊)」에 보면 전씨(전량일)의 "9백 문인(門人)들이 모두 헌면(軒冕)으로 법주를 청하였으며, 그중에 한 명이 제사(帝師 : 황제의 스승)가 되었다(광성 선생을 말함)." 『동현영보삼사기』에서 비록 그를 전량일의 적계로 간주한 것은 아니지만, 그가 전씨의 문하에서 나왔다는 것은 인정하고 있다.

원화 연간에 비록 전씨의 또 다른 세 명의 정통 제자인 풍유량, 진과언, 서령

---

4) 『태평광기』 권415, 3386쪽.
5) 『전당문』 권767, 3536쪽.

부 등이 모두 천태로 갔지만, 오직 그만은 "바위 아래 은거하였다." 대중 연간에
는 형산(衡山)의 석실 은진암(隱眞巖)에서 회창 연간 무종이 징소(徵召)할 때까지 은
거하였다. 전하는 바에 따르면, 그는 "보강답두(步罡踏斗 : 도교에서 재초의식을 행할 때
북두성을 보고 예배하면서 신령을 불러들이는 법술)에 능하였고, 호랑이나 표범 등 맹수
를 쫓아낼 수 있었다(禮斗步罡, 驅逐虎豹예두보강, 구축호표)." [1] 무종이 수록한 후 은청광
록대부(銀靑光祿大夫), 숭현관 대학사가 되었으며, 광성 선생이란 호를 하사받았
다. [2] 또한 『회창투룡문(回昌投龍文)』에 따르면, 그는 자칭 '승도계현소명삼광제자
남악염상진인(承道繼玄昭明三光弟子南嶽炎上眞人)'이라고 하였다. [3]

여기서 주목할 점은 당나라 무종의 멸불 전후로 황실 주위에서 활약하고 있
던 도사들은 조귀진부터 왕경, 유현정부터 등연강에 이르기까지 주로 남악이나
마고산, 나부산 등지에서 온 이들로 반드시 도교의 동일한 계파 출신들이라고 말
할 수 없다. 하지만 그들 모두 공통된 취향과 장기를 지니고 있었다는 점이다. 그
것은 신선술 이외에 특히 재초의식(齋醮儀式 : 도사가 재앙을 멀리하고 복을 구하도록 신에
게 빌어 주는 도교의 제례 의식)을 잘하고, 보강답두나 귀신 쫓기, 연단복식 등에 능하
다는 점이다. 바로 이러한 이유로 그들은 당나라 경종이나 무종의 총애와 신임을
얻을 수 있었다. 하지만 똑같은 이유로 그들은 심지어 도교를 신앙으로 삼고 있
는 사인들에게까지 심각한 비판의 대상이 되었던 것이다.

3

보력 2년(826), 40세에 이른 이덕유(李德裕)는 윤주(潤州)에서 경종에게 상소문
을 올려 조귀진, 두경선, 주식원 등 황제의 부름을 받은 이들에 대해 의심하면서

---

1) 『남악총승집』, 『도장』 동현부 기전류, 국(鞠)9, 제11책, 113쪽. 이 책에 따르면, 유씨는 "대중 5년 동시월(冬十月)
　에 신령스러운 학을 타고 누차 내려왔으며, 아직 세상을 떠나지 않았다"고 한다. 이충소(李沖昭)는 『남악소록』
　에서 석실 은진궁은 대력 연간 유씨가 수행하던 곳이라고 기록하고 있는데, '대력'은 '대중'의 오기인 것 같다.
2) 『역세진선체도통감』 권40, 『도장』, 동진부 기전류, 인8, 제5책, 328쪽.
3) 진선, 『문슬신화(捫虱新話)』 권10에서 인용.

그들은 "괴이한 술사들이자 아첨하는 무리들로 요빙(澆冰 : 약석藥石을 용해하여 냉동시키는 방술 가운데 하나)과 같은 하찮은 술수로 사악하고 편벽된 것을 자랑하며 황상의 총명을 가리고 있습니다"라고 말하였다. 그는 도교는 믿을 수 있지만, 그들은 결코 믿을 만한 이들이 아니라고 단정 짓고, 3년 동안 4차례나 조서를 받들어 이인(異人)을 찾았으나 감히 경술하게 추천하지 못하는 것은 진정으로 은일하고 있는 이를 찾지 못하였기 때문이라고 말하였다. 또한 그는 역대 황제들이 도교를 신앙으로 삼았으나 "복약(服藥)을 하지는 않았습니다(未有服其藥者미유복기약자)"라고 하면서, 마땅히 "보화(保和)의 방술만 물을 뿐 이약(餌藥)의 효과를 구해서는 안 됩니다(唯問保和之術, 不求餌藥之功유문보화지술, 불구이약지공)"[4]라고 하였다. 회창 4년(844) 조귀진 등 도교도들이 심히 기염을 토하고 있을 당시 58세였던 이덕유는 재차 무종에게 조귀진 등을 총애해서는 안 된다고 일깨우면서, "귀진은 경종 시절의 죄인으로 친근해서는 안 됩니다"라고 하였다. 아울러 다음과 같이 말하였다. "소인은 권세와 이익을 좇아 달려가는 것이 밤중에 나방이 등불에 몰려드는 것과 같습니다. 듣건대 열흘 이래로 귀진의 문도들이 수레와 거마를 타고 폭주한다고 하니 원컨대 폐하께서는 이를 깊이 경계하옵소서(小人見勢利所在, 則奔趣之, 如夜蛾之投燭. 聞旬日以來, 歸眞之門, 車馬輻湊, 願陛下深戒之소인견세리소재, 즉분취지, 여야아지투촉. 문순일이래, 귀진지문, 거마복주, 원폐하심계지)."[5]

이덕유의 태도는 상당히 상징적이다.

　　이덕유의 태도는 상당히 상징적이다. 원래 이덕유는 도교를 신봉하던 자였다. 그가 경종에게 상소를 올렸던 보력 2년(826), 그는 도교에서 만든 노군(老君), 공자(孔子), 윤진인(尹眞人) 상(像)을 위해 「삼성기(三聖記)」를 쓴 적이 있는데, 그 안에서 자신을 '옥청현도대동삼도제자(玉淸玄都大洞三道弟子)'라고 칭한 바 있다.[6] 또한 윤주 시절 그의 부인 유씨(치유致柔)와 첩 서씨(천복天福) 역시 도교에 입문하였으며, 그의 부인은 '중년에 모산 연동궁(燕洞宮)에서 상청 법록을 전수받아' 연사(煉師)가 되었으니 상당한 등급에 올랐다고 할 수 있다.[7] 그는 또한 모산 상청파

---

4) 『구당서』 권174, 「이덕유전」, 4517~4519쪽.
5) 『자치통감』 권247에 회창 4년 4월 병자일의 사건에 대해 기록하고 있다. 8000쪽.
6) 『전당문』 권708, 3219쪽.
7) 「당모산연동궁대동연사팽성유씨묘지명병서(唐茅山燕洞宮大洞煉師彭城劉氏墓誌銘幷序)」, 『당대묘지휘편』, 2303쪽.

손지청(孫智淸)과 상당히 밀접한 왕래를 하고 있었으며, 태화 연간에 그가 모산의 영보원(靈寶院)을 중수하는 것을 적극 지지하는 한편,[1] 「모산 손연사에게 주다(寄茅山孫煉師)」, 「모산 손연사에게 절구 두 수를 또 주다(寄茅山孫煉師又二絶)」, 「존사는 도원 황선생전법제자……(尊師是桃源黃先生傳法弟子……)」 등의 시를 써주기도 하였다. 이렇듯 그는 손씨를 진정으로 신임하고 존중하였으며, 회창 연간에 손지청이 죽자 「요상모산현손존자삼수(遙傷茅山縣孫尊師三首)」를 쓰기도 하였다. 그 가운데 "그대를 생각하면 눈물이 흐르니 당장이라도 사립문 두드릴 듯하네(想君旋下淚, 方款里閭屛상군선하누, 방관리여비)"라는 구절이 나온다.[2]

의심할 바 없이 이덕유는 회창 연간의 멸불 사건에서 도교도와 같은 태도를 취하였다. 그러나 그가 도교를 오랫동안 신앙한 것은 주로 멸불 사건의 결과 때문이다. 다시 말해 멸불이 당시 국가의 권위와 사상 질서를 중건하려는 바람과 일치하였다는 것이다. 앞서 언급한 바와 같이[3] 당시 상층 관료나 사인들은 모두 상당히 심각한 우환의식을 지니고 있었으며, 전통적인 '존왕양이' 이념에서 나온 국가의 권위와 사상 질서를 중건하려는 사조가 지속되고 있었다. 그래서 국가 권력을 심각하게 위협하고 있는 사원 경제와 사상 세계 깊은 곳까지 침투하고 있는 불교 신앙을 눈앞의 우환으로 간주하여 불안한 마음을 금할 수 없었다. 이런 이유로 비록 도교도들이 일으킨 멸불 활동을 그다지 신뢰하거나 존중하지 않았으나 그들은 때로 수수방관하거나 심지어 즐기기도 하였다. 때로 지나친 박해에 대해서도 그들은 그다지 놀라거나 부끄럽게 여기지 않았다. 이러한 방임하는 태도가 실제로는 잔혹에 가까운 멸불 활동을 촉진시켰던 것이다.

이덕유는 분명 경건한 도교 신도였으나 다른 한편으로 고집스러운 사대부이기도 하였다. 그래서 조귀진을 비롯하여 무종 주변에서 활약하는 도교도들을 인정하지 않았고, 특히 신비한 기술처럼 보이는 도교의 의식과 방법에 동의할 수 없었

멸불이 당시 국가의 권위와 사상 질서를 중건하려는 바람과 일치하였다는 것이다.

---

1) 왕서하(王栖霞), 「영보원기」, 『전당문』 권928, 4290쪽.
2) 『전당시』 권475, 5396쪽. 이덕유와 도교의 관계는 앞서 언급한 부선종의 「이덕유연보」와 수나야마 미노루의 『수당도교사상사연구』를 참조하시오.
3) 「국가 권위와 사상질서 중건」을 참조하시오.
4) 『송고승전』 권17 「논(論)」에서 말하길, 조귀진은 주로 "황제에게 생명을 연장하는 방술을 전수하였는데, 기이하고 비밀스러운 방술은 고금에 존재하지 않았던 것이다." 435쪽.

다.[4] 그의 비판적인 관점에서 볼 때 유구한 역사를 지닌 이러한 도교의 의식이나 방법은 요망한 무격의 술수일 뿐이었다. 그래서 이덕유는 한편으로 도교 상청파를 경건하게 신앙하면서도 다른 한편으로 무종에게 "방사들은 모두 허황된 거짓과 속임수를 부리기 때문에 믿을 수 없다(方士皆誦詐조誕, 不可信也방사개휼사비탄, 불가신야)" 고 충고하였다.[5] 황제가 지지하는 도교 및 그들의 종교 박해에 대해 용인하는 태도 를 취하면서도 다른 한편으로 조귀진과 같은 허황된 도사들에 대해 고도의 경계심 을 가지고 있었던 것이다. 여기서 한 가지 실례를 들어보도록 하자. 이덕유는 지방 에서 권력을 행사하던 시절 각종 무격이나 음사를 철저하게 금지시킨 적이 있었 다. 일찍이 장경(長慶) 3년(823), 그가 절서 관찰사로 재임하던 시절 관할 지역 내에 있는 음사 1,010여 곳을 정리하였으며, 관가의 허가를 얻지 않은 제사 시설은 모두 철거시켰다.[6] 나중에 그는 이러한 일에 대해 스스로 자부하기도 하였다.[7]

당시 대다수 사인들은 일반적으로 도교의 초월이나 청정 등의 관념과 궁극 적인 이상을 실제 기술과 분리시켜 도가와 동일시하거나 또는 도교에서 액막이 기술에 능한 이들을 방사와 동일하게 치부하여 모두 무격으로 배척하였다.[8] 예 를 들어 8세기 하반기에 양숙(梁肅)은 「신선전론(神仙傳論)」에서 "금을 변화시켜 단 약을 만들고, 호흡으로 신체를 단련한다(化金以爲丹, 煉氣以存身화금이위단, 연기이존신)" 고 주장하는 도교도들에 대해 "덜고 덜어야 한다는 노자의 뜻과 (잘못이 있더라도) 머지않아 돌아와야 한다는 안자(顏子)의 가르침을 생각하지 않고 자신의 지식을 질주하듯이 모두 써버리고 부록(符籙)과 약술(藥術)을 일삼는다(不思老氏撝之之義, 顏 子不遠之復, 乃馳其智用, 以符籙藥術爲務불사노씨손지지의, 안자불원지부, 내치기지용, 이부록약술위 무)"라고 비판하였다. 심지어 그들은 '도류(道流 : 도가의 부류)'라고 칭할 수 없다고 말하기도 하였다.[9]

---

5) 이덕유, 「방사론(方士論)」, '중어(中語)', 『전당문』 권709, 3228쪽.
6) 서응(徐凝), 「절서이상서주훼음혼사(浙西李尙書奏毁淫昏祠)」, "傳閭廢淫祠, 萬里靜山波, 欲慰靈均根, 先燒薪尙祠전 문폐음사, 만리정산파, 욕위영균근, 선소근상사", 『전당시(全唐詩)』 권474, 5376쪽.
7) 탕용동은 『수당불교사고』에서 이덕유가 도교를 신봉하고 불교를 혐오한 것이 무종의 '멸불'이 가혹한 지경 에 이르게 된(至酷烈) 원인 가운데 하나라고 생각하였다. 47쪽.
8) 이 점에 대해서는 갈조광의 『도교와 중국문화』(상해인민출판사, 1987)를 참조하시오.
9) 『전당문』 권519, 2336쪽.

또한 9세기 초엽 원화 연간에 배린(裴潾)은 상서(上書)하여 헌종이 연단과 합약(合藥 : 약물 제조)하는 술사를 신봉하는 것을 비판하였다. 그는 진정으로 "참된 선인이나 도를 지닌 선비는 그 성명을 숨기고 아무 것도 바라지 않으며, 산림에 은거하거나 구름 가득한 계곡에 숨어 그림자조차 볼 수 없다"고 하면서 "약물이나 술수를 지나치게 자랑하는 자는 틀림없이 도를 아는 이가 아니니, 그들은 모두 자신의 이익을 얻기 위해 스스로 비련(飛煉 : 단사에서 잡티를 날려 연단하는 방법)이 신묘하다고 말하는 것일 따름이다"고 말하였다.

장경 연간에 목종이 "또 다시 방사들을 가까이 두자", 처사 장고(張皐)가 상소하여 재차 다음과 같이 권유하였다. "선조(先朝) 말년에 자못 방사를 좋아하시어 불러 모으신 이들이 한 둘이 아니었으며, 시험 삼아 써보신 것도 많았습니다. 그러다가 결국 위급한 지경에 이르렀으니 이미 나라 안팎으로 이런 사실이 널리 알려져 있습니다(先朝暮年, 頗好方士, 徵集非一, 嘗試亦多, 果致危疾, 聞於中外선조모년, 파호방사, 징집비일, 상시역다, 과치위질, 문어중외)."[1] 이덕유와 정치적으로 대립하고 있던 우승유(牛僧孺) 역시 보력 연간 당나라 경종이 '장생에 관한 일을 위해 천하의 도사들을 불러들인 것'에 대해 상당히 반감을 가지고 이렇게 상소한 바 있다. "폐하는 현원황제(노자)의 오천언(五千言 : 『도덕경』)에 나오는 청정(淸淨)을 통한 양생을 읽지 않으셨습니까? 저들 도사라고 하는 자들이 용렬한 이들로 헛되이 허황된 짓거리로 남을 속일 뿐이니 어찌 법도로 삼을 수 있겠습니까?"[2] 이는 이덕유가 "오직 보화(保和)의 방술을 물을 뿐 이약(餌藥)의 공로를 구하지 않으니 설사 황금을 만든다고

---

1) 『구당서』 권171 「배린전」, 4446, 4450쪽, "眞仙有道之士, 皆匿其名姓, 無求於世. 潛遁山林. 滅影云壑(진선유도지사, 개닉기명성, 무구어세. 잠둔산림. 멸영운학)", "所有倚炫其藥術者, 必非知道之士, 咸爲求利而來, 自言飛鍊爲神(소유과현기약술자, 필비지도지사, 함위구리이래, 자언비련위신)." 당시 이와 관련하여 상서한 이들이 상당히 많았다. 예를 들어 개성(開成) 5년(840), 무종 즉위 초년 왕철(王哲)이 상소하여 "왕업 초기에는 도교를 지나치게 숭상하면 안 된다"고 하였다. 그는 회창 원년(841)에 다시 상소하여 진사와 명경에 도사를 포함시키면 안 되며, 신선을 구하고자 하여도 안 된다고 주청하였는데, "그 언사가 심히 절절하고 곧았다"고 한다. 『구당서』 권18, 「무종본기」, 586쪽, 『자치통감』 권246, 7962쪽. 이외에도 회창 연간에 유언모(劉彦謨)가 회창 5년 망선대(望仙臺)를 지은 것에 대해 상소문을 올렸고, 또한 "간관이 상소하여 연영(延英 : 대명전大明殿)에 대해 논하였다." 『구당서』 권18, 「무종본기」, 587, 603쪽.

2) 두목, 『번천문집』 권7 「당고태자소사기장군개국공증태위우공묘지명병서(唐故太子少師奇章郡開國公贈太尉牛公墓誌銘幷序)」, 115쪽, 상해 고적출판사, 1978.

할지라도 보고 즐기는 정도에서 그쳐야 한다"는 말과 대동소이하다.

이상에서 볼 수 있듯이 대체적으로 도교에서 주창하는 정신적 신앙이나 청정한 생활 및 개인의 초월적 이상에 대해서는 찬동하면서도 연단이나 합약, 재초기양(齋醮祈禳)이나 부적이나 주술 등의 의식, 방법, 기술에 대해서는 배척하는 분위기가 지배적이었다. 그들은 이러한 의식, 방법, 기술 등을 '무고(巫蠱)', '요망(妖妄)', '음사(淫祠)', '광패(狂孛)' 등으로 칭하였으며, 이는 '천인(天人)의 이치와 부합하고 경전의 가르침으로 분명한' 문명과 대립하는 야만과 우매함으로 간주하였다.[3] 이미 오래 전부터 종교의 정신적 신은 받아들이되 종교 의식이나 방법 등은 거부하는 행태는 '지식'을 소유하고 '문명'을 상징하는 지식인들의 공통된 취향이 되었다.

종교의 정신적 신은 받아들이되 종교 의식이나 방법 등은 거부하는 행태는 '지식'을 소유하고 '문명'을 상징하는 지식인들의 공통된 취향이 되었다.

4

유가 학설이 국가 이데올로기가 되고, 제국의 정치가 이러한 이데올로기를 토대로 삼았으며, 제국의 관료 제도 또한 이러한 지식을 장악한 이들 중에서 관료를 선발하였기 때문에 이러한 지식과 문명은 중국에서 언제나 무언(無言)의 권력이었다. 그렇기 때문에 도교는 오래전부터 자체 전형(轉型)을 꾀하지 않을 수 없었다. 끊임없이 상층부 사인들의 신앙 대상이 되고 관방 종교가 되기 위해 애써왔던 도교는 처음부터 종교 신앙을 사인들에 의존하는 수밖에 없었다. 4세기부터 이른바 '청정도교'를 시작한 이래로 도교는 주류 문화에 굴복하였다. 도교도들 역시 관방 또는 공개된 장소나 상층부에 전파하는 과정에서 또는 문자로 이루어진 경전 체계 안에서 자신들의 의식성(儀式性)이나 실용성은 애써 숨기고 이론성과 초월성을 부각시키는 데 주력하였다.

수당(隋唐) 도교사에서 연구자들은 적어도 4가지 중요한 현상이 도교의 이러

4가지 중요한 현상이 도교의 추세이다.

---

3) 『구당서』권171 「배린전」에 장경 연간의 상소문이 실려 있다. 4450쪽. 갈조광, 「요도와 요술-소설, 역사와 현실 속의 도교 비판(妖道與妖術-小說, 歷史與現實中的道教批判)」, 『중국문학보』, 55책, 일본 경도대학, 1998.

한 추세를 반영하고 있음을 주목하고 있다. 첫째, 7세기 이래로 도교에서 나타나기 시작한 '중현(重玄)' 설과 이론을 중시하는 경향이다. '중현'이란 『노자』에 나오는 "현지우현, 중묘지문(玄之又玄, 衆妙之門 : 현묘하고 또 현묘하니, 우주 천지만물의 오묘한 문이다)"에 근거한 말이다. 남조(南朝 : 남북조시대의 남조)와 수당 이래로 일부 지식인 계층의 도교도들은 노자가 제시한 이런 경계를 해석하고 부연 설명하여 이를 인간과 우주의 가장 이상적인 경계로 삼았다. 그리고 이를 통해 도교의 인성 관념이나 수행 방식 및 궁극적인 목표를 새롭게 설정하였다.[1] 수당 시대부터 불기 시작한 이론 중시의 기풍은 점차 도교 상층부 인사들까지 파급되었다. 『현문대의(玄門大義)』 및 맹안배(孟安排)의 『도교의추(道教義樞)』는 불교의 자극을 받아 도교의 현리를 새롭게 해석한 작품이다. 여기서 주로 토론하고 있는 자연과 도덕, 법신과 삼일(三一) 등은 실용적인 구속(救贖) 기술이 아니라 상당히 추상적인 종교 이론이다.[2]

둘째, 대략 수나라 때 나온 『본제경(本際經 : 본제는 궁극의 진리이자 모든 차별을 떠난 참모습으로 열반(涅槃), 진여(眞如), 실제(實際)를 의미한다)』처럼 도성(道性)에 대해 깊이 논구하고 있는 경전이 관방에서 중시되면서 점차 사회에 파급되어 보편적으로 주목을 끌게 되었다는 점이다. 돈황에서 발견된 권자(卷子) 가운데 『태현진일본제경(太玄眞一本際經)』 103부가 있는데,[3] 이는 돈황 도교류 권자 493부의 21%에 해당하

---

1) '중현' 사상을 처음으로 중시한 것은 몽문통(蒙文通)의 「교리노자성현영소서록(校理老子成玄英疏敍錄)」이다. 『고학견미(古學甄微)』, 343~360쪽, 파촉서사, 1987. 하지만 이를 부각시켜 중점적으로 토론하여 하나의 학파로 간주한 것은 수나야마 미노루의 「도교중현파표미(道教重玄派表微)」(『집간동양학集刊東洋學』, 43호, 1980)이다. 이 글은 나중에 수나야마 미노루의 『수당도교사상연구』 제2부 제1장에 실렸다. 이와 관련된 중국 학자의 저작은 노국룡(盧國龍)의 『중국중현학』(인민중국출판사, 베이징, 1993)이 있다. 그러나 필자가 생각하기에 '중현'은 수당 도교의 사상적 경향 가운데 하나일 뿐 학파라고 말할 수 없다. 갈조광, 「『수당도교사상사연구』 논평」, 『당연구(唐研究)』 제2집, 북경대학출판사, 1997.

2) 무기타니 구니오(麥谷邦夫), 『남북조 수당초 도교 교의학 관규(南北朝隋唐初道教義學管窺)』, 중역본, 『일본학자의 중국철학사 논의(日本學者論中國哲學史)』, 중화서국, 1986.

3) 돈황 도교 권자(卷子 : 두루마리) 가운데 『본제경』이 상당히 많다. 예를 들어 스타인(Mark Aurel Stein)이 매긴 일련번호 가운데 S. 3135, 3387, 3563, 3831, 펠리오(Paul Pelliot)의 일련번호 P. 2170, 2359, 2361, 2366, 2369(S. 3563과 마찬가지로 개원開元 2년 도사 색동현索洞玄이 쓴 것이다), 2392, 2393, 2398, 2404, 2422, 2425, 2437, 2438, 2463, 2465, 2470, 2475, 2463, 2809, 2827 등이다. 본문에서 언급한 『본제경』은 모두 가마다 시게오(鎌田茂雄)의 『도장내불교사상자료집성(道藏內佛教思想資料集成)』에 근거한 것이다. 그가 수록하고 있는 『본제경』 본문은 오기욱(吳其昱 : 프랑스에서 활동한 화교 한학자)이 정리한 내용에 근거한 것으로 비교적 완전한 형태이다. 대장출판주

는 분량으로 『동연신주경(洞淵神呪經)』(26부), 『태상업보인연경(太上業報因緣經)』(21부), 『태상동현영보승현내교경(太上洞玄靈寶升玄內敎經)』(17부) 등을 크게 앞지른다. 『본제경』이 주로 논의하고 있는 것은 신선 방술이 아니라 '본제(本際 : 본무本無)', '도신(道身 : 도성道性)', '겸망(兼忘 : 수련)', '중현(重玄 : 경계)' 등 상당히 추상적인 문제들이다.[4]

셋째, 황권의 지지를 받았던 상청 일파의 상징적인 자세와 취향이다. 예를 들어 반사정은 "도가에서 증과(證果 : 깨달음의 결과)의 계제(階梯 : 방법, 수단)는 도대체 어디에 있는가?"라는 당나라 고종의 질문에 대답하면서 "법성은 항시 맑고 진리는 고요할 따름입니다(法性常湛, 眞理唯寂법성상담, 진리유적)"라고 말하고, 득도의 최고 경계는 '현각(玄覺)'이라고 하였다.[5] 사마승정이 당나라 예종(睿宗)의 음양에 관한 질문에 답할 때도 노자의 『도덕경』에 나오는 "줄어들고 또 줄어들어 무위의 지경에 이르게 된다(損之又損, 以至於無爲손지우손, 이지어무위)"는 말로 대답을 대신하였다. 또한 예종이 치국에 대해 묻자 『장자』에 나오는 "마음이 담박한 곳에서 노닐고 아득한 곳에서 기와 합치하여 저절로 그러한 대자연에 따르게 되면 사사로움이 없어진다(游心於澹, 合氣於漠, 順於自然, 乃無私焉유심어담, 합기어막, 순어자연, 내무사언)"라는 말의 요지인 '무위의 뜻(無爲之旨)'으로 대답하였다.

또한 이함광은 "음양 술수의 도에 능하지만 예업(藝業 : 작은 기술)에 능한 것은 아니며, 단약이나 복식(轉煉服食)에 관한 방술이 지극한 지경에 이르렀지만 장생(長生)을 목적으로 삼지 않으니, 오직 아득하게 소박함을 품고 오묘하게 현진(玄津)을 맛볼 따름이다"라고 하였다. 그래서 그는 개원 연간에 당나라 현종이 '이화(理化 : 사물의 화학적 변화)'에 대해 하문하자 『도덕경』을 인용하여 대답하였고, '금정(金鼎 : 도사가 연단煉丹할 때 사용하는 솥)'에 대해 묻자 "도덕은 공적인 것이며 경거(輕

식회사(大藏出版株式會社), 도쿄, 1986.

4) 쇼지 오자키(尾崎正治)의 논문 참조. 『돈황과 중국도교(敦煌と中國道敎)』, 183쪽, 돈황강좌 4, 대동출판사, 도쿄, 1983. 『본제경』 사상과 불교의 관계에 관해서는 야마타슌(山田俊)의 『본제의 사상 : 태현경─본제경과 그 주변(本際の思想 : 太玄經─本際經とその周邊)』, 『집간동양학』 60호, 1988. 강백근(姜伯勤), 「돈황본 '본제경' 도성론을 논함(論敎煌本『本際經』的道性論)」, 「본제경과 돈황도교」 등 이는 모두 강씨의 『돈황 예술 종교와 예악 문명』(중국 사회과학출판사, 1996)에 실려 있다.

5) 『도문경법상승차제(道門經法相承次第)』 권상, 『도장』, 태평부, 제(諸)1, 24책, 785쪽.

擧 : 경거망동의 뜻으로 도교의 방술을 폄하한 것)는 공적인 것 가운데 사적인 것" 이라고 대답하였다. 오균은 당나라 현종이 신선과 수련의 일에 대해 하문하자, 이는 "야인(野人)의 일로 오랜 세월 공적을 쌓아 얻어지는 것이지 인주(人主 : 황제)에게 적당한 것이 아닙니다"라고 대답하였다. 또한 그가 불교도나 사인들과 함께 이야기하는 내용은 주로 "명교와 세무(世務 : 세상의 일)에 관한 것이었다." [1]

넷째, 상청파의 최고 인물인 사마승정의 「천은자(天隱子)」, 「좌망론」, 오균의 「현강론(玄綱論)」 및 당시 도교 인사들이 쓴 일련의 저작물은 도교 상층부의 관심과 흥취가 이미 바뀌었음을 나타내고 있다. 사마승정의 「천은자」는 주로 개인의 수련 문제를 다루면서 '귀근복명(歸根復命), 성성중묘(成性衆妙)'를 주장하고 있다. 귀본(歸本), 점수(漸修), 재계, 안처(安處), 존상(存想), 좌망(坐忘), 신해(神解) 등은 사실 후인이 말하는 성(性 : 정신)과 명(命 : 생명)을 함께 수양해야 한다는 뜻이다. 「좌망론」은 종교 수련 과정에서 신경(信敬), 단연(斷緣), 수심(收心), 간사(簡事), 진관(眞觀), 태정(泰定)을 통해 득도에 이르는 과정과 방법에 대해 토론하고 있다. 오균의 「현강론」은 상, 중, 하 등 3편으로 나누어져 있는데, 상편은 도덕, 원기, 진정(眞精), 천품(天稟), 성정 등 인성 방면의 문제를 다루고 있고, 중편은 법교(法教), 즉 도교 수행의 여러 가지 원칙과 규범, 방법, 과정에 대해 논하고 있다. 그리고 하편은 신자들이 궁금하게 생각하는 여러 가지 의문이나 의혹에 대해 설명하고 있다. [2] 이상과 같이 도교사에서 주목을 끄는 현상들은 모두 형이상학적으로 초월을 추구하는 색채를 담고 있으며, 이를 통해 당시 사인들에게 변화된 모습을 보여주고자 하였던 것이다.

양진(兩晉) 남북조 이후부터 당나라 시대까지 도교와 불교의 지식과 사상이 서로 경쟁하면서 도교 상층부 인사들의 풍격 변화를 유도하였다. 공정하게 말해서 도교는 특별히 풍부한 이론이라고 할 것이 없었다. 특히 인성이나 초월에 관한

> 도교와 불교의 지식과 사상이 서로 경쟁하면서 도교 상층부 인사들의 풍격 변화를 유도하였다.

1) 『운급칠첨』 권113, 제로서사 영인본, 632쪽, 1988. 안진경, 「현정선생광릉이군비」, 『모산전지』 권4. 유식, 「모산자양관현정선생비」, 『전당문』 권377. 권덕여, 「오존사전(吳尊師傳)」, 『도장』, 태현부, 존6, 23책, 682쪽. 권덕여의 『오존사전』은 의문스러운 점이 적지 않다. 권씨가 오균의 문집에 쓴 서문과 자못 다르기 때문이다. 다른 사람이 쓴 것인지 여부에 대해 좀 더 고증할 필요가 있다.
2) 사마승정, 「천은자」, 『도장』, 태현부, 심(甚)4, 21책, 699~700쪽. 「좌망론」, 『도장』, 태현부, 거(去)8, 22책, 891~898쪽. 오균, 「현강론」, 『도장』, 태현부, 존6, 23책, 674~682쪽.

이론은 더욱 더 그러하였다. 그렇기 때문에 위진남북조 이래로 도교는 불교의 각종 개념이나 지식과 사상을 차용하면서 고대 도가의 옷을 입고 새롭게 등장하였던 것이다. 앞서 언급한 네 가지 현상에서 볼 수 있듯이 '중현' 사조는 불교의 여러 가지 사상과 술어를 수용하면서 나온 것이다. 예를 들어『태상일승해공지장경(太上一乘海空智藏經)』이란 명칭은 "몸은 바다와 같고 마음은 허공과 같으며, 도리가 사물 밖까지 두루 포함한 것이 지장(智藏)이다"라는 뜻을 지니고 있다. 그 안에 나오는 "법원(法源)에 깊이 이르게 되면 공상(空相)이 밝아진다. 이른바 공상, 불공상(不空相), 무아상(無我相)이라고 한 것은 정해진 상이 아니기 때문이고 실제 상이 아니기 때문이다(深達法源, 明了空相, 所謂空相, 不空相, 無我相, 不定相故, 不實相故심달법원, 명료공상, 소위공상, 불공상, 무아상, 부정상고, 불실상고)"와 같은 구절을 보면 과연 이것이 불교인지 아니면 도교인지 정확하게 구분하기 어렵다.[3]『본제경』은 불교의 불성, 견상(遣相), 이념(離念), 정혜(定慧) 등의 사상을 끌어들였고, 심지어 동자(童子)의 명칭이나 불상의 팔십종호삼십이상(八十種好三十二相 : 부처님이 갖추신 32상을 세밀하게 나눈 것으로 팔십수형호八十隨形好라고도 함)까지 모두 도교 경전에 집어넣었다.[4]

  당나라 때 도교도들이 쓴 저작물에는 불교의 흔적이 더욱 분명하게 드러난다. 비교적 이른 시기에 만들어진『현주록(玄珠錄)』의 경우, 상권 첫머리부터 "시방 세계의 제법(우주만물의 여러 가지 현상)은 말로 얻을 수 있으나 말로 한 것은 모두 허망한 것이다(十方諸法, 幷可言得, 所言諸法, 幷是虛妄십방제법, 병가언득, 소언제법, 병시허망)"라는 불교의 발언을 그대로 싣고 있다. 불교의 '법(法 : 다르마Dharma)'과 불교에서 흔히 쓰이는 '허망'을 그대로 사용하고 있는 셈이다. 또한 상권에서 "중생은 생멸이 있으나 도는 생멸이 없다(衆生有生滅, 其道無生滅중생유생멸, 기도무생멸)." "도와 중생

<hr/>

3) 가마다 시게오(鎌田茂雄)의『도장내불교사상자료집성(道藏內佛教思想資料集成), 30~31쪽.

4)『태진경·본제경』권10,『본제경』권8,「최승품(最勝品)」에 태극진인의 다음과 같은 말이 적혀 있다. "正觀之人, 前空諸有, 于有無著. 大遣于空, 空心亦盡, 乃日兼忘. 而有旣遣, 遣空有故, 心末純淨, 有對治故(정관지인, 전공제유, 우유무저, 차유우공, 공심역진, 내왈겸망. 이유기견, 견공유고, 심미순정, 유대치고)." 거의 불교의 언어나 사고방식과 다를 바 없다. 이 점에 대해 진약수(陳弱水)는「수대(隋代) 당초(唐初) 도성(道性) 사상의 특색과 역사적 의의」에서 이렇게 지적하고 있다. "도성 사상은 남북조 말기 이후 도교에서 적극적으로 불교를 학습하기 시작하면서 출현한 것이다. 이러한 조류는 다음 두 가지 특징을 지닌다. 첫째, 불교에 대해 적의를 보이지 않고 오히려 불교 사상을 대량으로 수용하였다. 둘째, 불학 개념과 언어를 통해 도교 철학을 크게 발전시켰다."『제4회 당대문화 학술 토론회(研討會) 논문집』, 485쪽, 대남(臺南), 성공대학, 1999.

의 가르침은 과거, 현재, 미래의 마음으로도 얻을 수 없다. 과거, 현재, 미래의 마음으로도 얻을 수 없으나 또한 공은 아니다(道與衆生教, 三皆不可得, 三旣不可得, 亦乃非是空도여중생교, 삼개불가득, 삼기불가득, 역내비시공)"라는 발언이나, 하권에서 "공에는 분별이 있는데, 분별이 있는 것도 또한 공이다. 공에는 분별이 없으니 분별이 없는 것역시 공이다(空中有分別, 有分別亦空, 空中無分別, 無分別亦空공중유분별, 유분별역공, 공중무분별, 무분별역공)." "색은 색이 아니고, 굳이 이름을 빌려 색이라고 하는 것이다. ……느낌이나 생각이나 알음알이도 모두 이와 같다(色非是色, 假名爲色……[受]想行識, 亦復如是색비시색, 가명위색……[수]상행식, 역부여시)"라고 한 것도 불경에서 베낀 내용들이다.[1]

모산 상청파 여러 종사들도 불교에 상당히 익숙하였다. 반사정이 당나라 고종과 대화한 내용을 보면 그 일면을 볼 수 있다. "진리는 맑아 항상 있는 것이고 사라지거나 생기지도 않습니다(眞則湛然常住, 不滅不生진즉담연상주, 불멸불생)." "일체의 법에 밝게 통달하여 마음으로 행하면 크고 작음을 분별하여 어긋남이 없고, 다함이 없는 이익을 베풀며 공(空)으로 들어갈 수 있습니다(於一切法, 照了通達, 於它心行, 分別巨細, 無有差失, 利益無量, 入空有際어일체법, 조료통달, 어타심행, 분별거세, 무유차실, 이익무량, 입공유제)."[2] 사마승정이 찬술한 「태상승현소재호명묘경송(太上升玄消災護命妙經頌)」역시 마찬가지이다. "공도 없고 공이 아닌 것도 없으며, 색도 없고 색이 아닌 것도 없다. 만약 색과 공을 알 수 있다면 색과 공을 모두 절로 얻게 될 것이다(無空無不空, 無色無不色, 若能知色空, 色空皆自得공무불공, 무색무불색, 약능지색공, 색공개자득)." "공과 색은 두 가지 모두 보이지 않는 것이니 한 쪽만 들어서는 안 된다. 색과 공은 막힘이 없는 것이니 본성이 본래 그러하다(空色宜雙泯, 不須擧一隅, 色空無滯礙, 本性自如如공색의쌍민, 불수거일우, 색공무체애, 본성자여여)."[3]

이는 불교와 논쟁하면서 부지불식간에 받아들인 것이며, 이러한 융합으로

---

1) 『현주록』, 『도장』, 태현부, 별(別)7, 23책, 619~633쪽. *후반부의 내용은 주로 「반야심경」에서 베낀 내용이다 (역자 주).

2) 「도문경법상승차서」 권상, 『도장』 태평부, 제(諸), 24책, 784쪽.

3) 『도장』 동진부 찬송류, 오(烏)6, 5책, 775, 776쪽. 송오증(宋吳曾), 『능개재만록(能改齋漫錄)』 권5에서 볼 수 있듯이 「좌망론」에 나오는 "惟滅動心, 不滅照物, 不依一物, 而心常住(유멸동심, 불멸조물, 불의일물, 이심상주)"라는 구절은 『동현영보정관경(洞玄靈寶定觀經)』에서 베낀 것이고, 『동현영보정관경』은 불경을 베낀 것이다. 132쪽, 상해고적출판사, 1979.

당나라 때 불교와 도교의 쟁론, 특히 황제 앞에서 진행된 쟁론은 진정한 의미에서 종교적 대결로 볼 수 없다.

인해 도교 상층부 인사들도 점차 형이상학적인 정신적인 문제, 즉 인간의 본성이나 생명, 우주의 본원과 변화, 개인의 초월 가능성 등에 대해 더더욱 관심을 집중시켰던 것이다. 또한 이로 인해 도교 상층부 인사들은 세속을 초월하여 고아하고 담백한 인생 철리와 생활 정취를 표현하는 쪽으로 기울었다. 이러한 문제와 습관은 그들이 상류 사회로 진입하고 있음을 보여주는 하나의 지표가 되었으며, 상층 도교도들이 주목하는 중요한 초점이 되었다. 물론 당나라 때 불교와 도교의 쟁론, 특히 황제 앞에서 진행된 쟁론은 진정한 의미에서 종교적 대결로 볼 수 없다.

예를 들어 50년대 나향림(羅香林)이 「당대삼교강론고(唐代三敎講論考)」에서 이미 지적한 바와 마찬가지로 당나라 때 "조정에서는 일상적으로 삼교(三敎)를 강론하였으며, 마지막에는 삼교의 이론과 주장이 융합하고 합치되는 쪽으로 끝났다." 태종과 고종 시절에는 "삼교가 서로 참관하면서 의견을 교환하도록 하였다." 또한 현종 시대에는 삼교가 점차 조정을 거쳐 합류하는 쪽으로 흘렀으며, 이후 이러한 사상 대결의 의미도 점차 희박해졌다. 대력(大曆) 연간에 오균과 신옹(神邕)이 조정 밖에서 쟁론한 것을 제외하고,[4] 조정의 모든 논형(論衡)은 때로 삼교 간의 기봉(機鋒)을 연출하면서 골계적인 놀이 형식으로 황제를 기쁘게 하는 것이었다.[5] 각종 사상의 상호 융합은 이미 하나의 추세가 되었다. 서로 조롱하기 위

---

4) 비교적 엄숙하고 격렬했던 마지막 쟁론은 대력 연간에 오균이 도발한 것이었다. 『불조통기』 권10에 다음과 같은 기록이 나온다. "중악(衆嶽) 도사 오균이 문장 몇 편을 써서 훼불에 관한 논쟁을 유발하자 관찰사 진소유(陳少游)가 좌계(左溪: 좌계현랑左溪玄朗, 673~754년) 문하의 신옹선사(神邕禪師)를 초청하여 대결하도록 하였다. 신옹선사는 오균 앞에서 그르고 바름을 논하여 깃발을 흔들고 북을 치며 달려가기 무섭게 오균이 무너지고 말았다. 그래서 『번사론(翻邪論)』 3권을 찬술하여 나머지 무리들을 공격하였다." 당시 신옹은 절강에 있었는데, 그의 영향력이 "단양(丹陽) 이남, 금화(金華) 이북까지 두루 미쳤다." 『대장경』 권49권, 202쪽. 『송고승전』 권17, 「신옹전」에도 이와 유사한 내용이 적혀 있다. "먼저 중악 도사 오균이 사악한 논문 몇 편을 지어 불교의 가르침을 비방하자 혼매한 이들이 이에 미혹되었다. 본도 관찰사 진소유가 신옹을 청하여 석노(釋老: 불교와 도교)의 이교 가운데 어느 쪽이 지극한 도인지 결판을 내도록 하였다. ……오균이 패배하였다. (신옹이) 『파도번미론(破倒翻迷論)』 3권을 저술하였다." 422쪽. 송오증은 『능개재만록』 권5, 132쪽에서 홍홍조(洪興祖)의 「천은자발(天隱子跋)」을 인용하면서 오균이 당시 「명진변위(明眞辨僞)」, 「보정제사(補正除邪)」, 「변방정혹(辨方正惑)」 등 3가지 논문을 써서 "석씨를 비방하여 도가의 학문을 높이고자 하였다"고 기록하였다. 하지만 그 논문은 모두 망실되었으며, 당시 논쟁에 관한 기록도 극히 적기 때문에 도교 문헌에 거의 기재되지 않았다.

5) 정원 12년(796), 덕종 생일에 삼교 강론이 거행되었다. 말은 강론이었지만 조수(趙需), 허맹용(許孟容), 위거모(韋渠牟) 등과 불교도 담연(覃延)이 서로 비웃고 희롱하는 것이 전부였다. 이런 방식으로 황제의 생일에 즐거움을 더한 것이다. 태화 원년(827) 10월에 비서감 백거이(白居易), 불교도 의림(義林), 도사 양홍원(楊弘元)이 참

한 것이든 아니면 총애를 다투기 위한 것이든 간에 그들의 논쟁은 정치권력의 보호를 받으며 원만하게 마무리 되어야만 하였다.

그러나 만약 삼교 강론의 심층적인 의미를 좀 더 파고 들어가면 다음과 같은 의미를 찾아볼 수 있을 것이다. 우선 이론적으로 '변방'에 처해 있던 도교가 이미 합법적으로 사상 세계의 중심으로 진입함과 동시에 이처럼 언어나 사상을 통한 힘겨루기에서 도전적인 화제를 제기할 필요가 있었다는 점이다. 예를 들어 현경(顯慶) 연간에 이영(李榮)이 '본제의(本際義)'와 '도생만물의(道生萬物義)'를 제기하였는데, 이는 상당히 심각한 우주 본원의 문제와 더불어 심오한 언어학의 문제를 다루고 있다. 이는 회은(會隱)의 '오온의(五蘊義)'나 '구단지의(九斷知義)'와 같은 불교도의 의제를 반박하고 반론을 제기하기 위함이었다. 그렇기 때문에 도교도들도 불교의 철리나 상당히 복잡한 논증 방식에 대해 깊이 생각하지 않을 수 없었던 것이다.[1] 매번 논변 때마다 중심적인 화제가 심사숙고 끝에 선택되었다. 이처

가하는 강론은 더더욱 의식(儀式) 활동에 불과하였다. 「당대삼교강론고(唐代三教講論考)」, 『당대연구논집』, 제4집, 타이베이, 신문풍출판공사, 1992.

1) 『불조통기』 권39, 『대정장』 제49권, 367쪽. 『속고승전』 권15, 『당경사자은사석의포전(唐京師慈恩寺釋義襃傳)』에 다음과 같은 내용이 기록되어 있다. "현경 3년 겨울, 기설제(祈雪祭)를 위해 복장(福場)을 궁궐 안에 설치하고 승려와 도사들에게 입궁하도록 하여 의포(義襃)에게 동명관의 도사와 의제를 논의토록 하였다. 도사 이영이 '본제'에 관한 의제를 꺼내자, 의포가 물었다. '의제가 본제를 표방하고 있는데, 도를 닦는다는 것은 제에 근본을 둔 것이요 아니면 제를 위해 도에 근본을 둔 것이요?' 답하길, '서로 얻을 수 있소.' 다시 묻기를 '도가 제에 근본을 두고 제가 도의 근본이 된다면, 또한 제가 도에 근본을 두고 도가 제의 근원이 될 수 있다는 말이오?' 답하길, '그 역시 통하오.' 다시 묻기를 '만약 도가 본제와 서로 얻을 수 있고, 상반된 것도 가하다고 하니 자연과 도도 서로 법도가 될 수 있다는 뜻이오? 답하길, '도는 자연을 법도로 삼으나 자연이 도를 법도로 삼는 것은 아니오.' 계속해서 묻기를, '만약 도가 자연에도 법도를 삼고, 자연이 도를 법도로 삼는 것이 아니라고 한다면 도는 본제에 근본을 두지만 본제는 도에 근본을 둘 수 없다는 뜻이 아니겠소.' 이영이 질문에 답하지 못하더니 조롱하듯이 말하였다. '나를 선생이라고 불렀으니 그대는 내 제자가 되는 것이오.' 의포가 말하길, '천자가 말씀하신 것에 대해 사악한 것과 바른 것을 해명하여 황제의 마음을 얻고자 함인데, 그대는 무지하고 어리석은 자의 희학질로 황제의 귀를 막고 있으니 실로 불가한 일이 아닐 수 없다. 비록 대답할 가치가 없으나 말이 나온 김에 그대에게 답하리라. 나는 본시 부처의 제자로 부처를 스승으로 섬기고 있소. 그대를 선생이라고 칭하는 것은 도보다 먼저 태어났기 때문이니 그대는 도조(道祖: 도교 최고 조사)가 되겠구려.' 이에 도사(이영)가 우물쭈물하며 대답하지 못하고 곧 자리 아래로 내려갔다(顯慶三年冬零祈雪候, 內設福場敕召入宮, 令與東明觀士論義. 有道士李榮, 立本際義, 襃問曰, 旣義標本際, 爲道本于際, 爲際本于道邪, 答曰互得. 又問, 道本于際際爲道本, 亦可際本于道道爲際原. 答亦通. 又并曰, 若使道將本際互得相反, 亦可自然與道互得相法. 答曰, 道法自然. 自然不法道, 又問若道法于自然, 自然不法道, 亦可道本于本際本際不本道. 听旣被難不能報, 浪嘲云, 旣喚我爲先生, 汝便成我弟子. 襃曰, 對聖言論申明邪正用簡弄心, 努蕘嘲詭塵瀆天听. 雖然無言不酬, 聊以相答. 我爲佛之弟子, 由以事佛爲師. 汝旣喚爲先生, 卽應先道而生. 汝則, 斯爲道祖, 于時忸怩無對. 便下座現慶삼년동우기설후, 내설복장칙소입궁, 령여동명관도사론의. 유도사리영, 립본제

럼 화제 선택에 유념한 것은 그 자체로 불교나 도교나 유가의 입장에 대한 상세한 확인 작업이 필요하였기 때문이다. 또한 이러한 확인 과정에서 도교는 자신의 위치와 사고방식 및 담론에 대해 거듭 고민하고 검토할 수밖에 없었다. 그래서 이를 통해 "조서(條緖 : 조라나 실마리)가 어지럽게 얽힌 것을 순서대로 힐항(詰抗)하면서 어지러운 것들이 절로 이치에 따라 정리되어 바르고 곧은 쪽으로 귀결되었다(條緖交亂, 相次抗之, 棼絲自理, 正直有歸조서교란, 상차항지, 분사자리, 정직유귀)."[2] 이러한 지식과 사상, 그리고 신앙세계의 논쟁과 정합(整合)을 통해 불교의 심오하고 세밀한 현리(玄理)가 도교로 침투하였으며, 사인들이 보기에 비교적 고상하고 고결한 정신적 초월 사상이 상층부 도교 인사들에게 점차 부각되면서 기존의 주류에 속했던 도교의 실용적인 지식과 기술은 뒤로 물러나기 시작하였던 것이다.

말이 나온 김에 8세기 후반부터 9세기 상반기까지 도교에서 한 가지 주목할 특징이 있다.[3] 그것은 이전까지 분명했던 파벌의 계보가 상당히 혼란스럽게 변질

의, 포문왈, 기의표본제, 위도본우제, 위제본우도사, 답왈호득. 우문, 도본우제제위도본, 역가제본우도도위제원. 답역통. 우병왈, 약사도장본제호득상반, 역가자연여도호득상법. 답왈, 도법자연. 자연부법도, 우병약도법우자연, 자연부법도, 역가도본우본제본제불본도. 영기피난불능보, 랑조운, 기환아위선생, 여편성아제자. 포왈, 대성언론신명사정용간제심, 추요조학진독천은. 수연무언불수, 료이상답. 아위불지제자, 유이사불위사. 여기칭위선생, 즉용선도이생. 여즉, 사위도조, 우시뉴니무대. 편하좌)."『대장경』제50권, 547~548쪽.『송고승전』권21, 551쪽, 「당성도부법취사법강전(唐成都府法聚寺法江傳)」, "현경 연간에 동명관 도사 이영은 본래 파서(巴西) 사람으로 일 벌이기를 좋아하고 천박 무지한 인물로 여러 차례 석자(釋子 : 불교도)와 우열을 다투었다(明[顯]慶中, 東明觀士李榮者, 本巴西人也, 好事薄徒, 多與釋子爭競優劣명[현]경중, 동명관도사이영자, 본파서인야, 호사박도, 다여석자쟁경우열)." 현경 5년(660), 이영은 또 다시 불교도 정태(靜泰)와 '화호(化胡)'에 관한 일로 변론을 벌였는데 성공하지 못하였다. 이영(李榮)이 대표하는 도교는 끝내 승리하지 못하였다. 그런 까닭인지 그의 아들이나 조카들은 모두 불교도가 되었다. 왕유의 「대천복사도광선사비(大薦福寺道光禪師碑)」의 기록에 따르면, 대천복사 도광선사는 면주(綿州) 파서 사람이다. "그의 막내 아비 영(이영)은 도사로 문명(文名)이 있었다."『전당문』권327, 1464쪽.

2)『송고승전』권17, 「당경조대안국사리섭전(唐京兆大安國寺利涉傳)」, 420쪽.

3) 주목할 만한 또 하나의 특징은 비록 문파의 구분이 엄격하지는 않았지만 도교의 가족성은 여전히 지속되었다는 점이다. 도교 연구자들은 이미 주지하고 있듯이 당나라 시대 도교는 명확한 나름의 전통이 있다. 도교의 세가(世家) 전속(傳續), 즉 가족끼리 전승하였다는 뜻이다. 저명한 도사들 가운데 대대로 자신의 일을 업으로 삼은 이들이 적지 않다. 정일천사 장씨(張氏) 이외에도 남양 엽씨(葉氏)씨도 엽국중(葉國重), 엽혜명(葉慧明), 그리고 유명한 엽법선(葉法善) 등 4대가 대대로 도사가 되었으며 특히 소고오룡지술(召老五龍之術)에 정통하였다. 또한 강서 무주(撫州) 마고산(麻姑山)의 등씨(鄧氏)도 전설에 나오는 등선객(鄧仙客) 이후로 등자양(鄧紫陽 : 702~739년), 등사명(鄧思明), 등덕성(鄧德誠), 등연강(鄧延康 : 773~859년) 등이 대대로 "명위(明威), 상청(上淸)의 도에 밝았다." 팽성(彭城) 유씨는 당나라 시대에서 상당히 역사가 있는 도교 세가인 듯하다. 당나라 고종 시절에 유지고(劉知古)는 용삭(龍朔 : 당나라 고종高宗의 3번째 연호) 연간(661~663)에 태청관의 삼동도사가 되었으며, 당나라 현종 시절의 유현호(劉玄和 : 709~794년)는 천보와 정원 연간에 여산에 거주하였다. 9세기로 들어와 유

되고 말았다는 점이다. 남북조 시절에는 부록, 의식, 방법 및 신자들의 활동 구역에 따라 정일(正一), 영보(靈寶), 상청(上淸) 등으로 구분되었다. 하지만 9세기에 들어오면서 각 파벌의 분명한 경계선이 사라지고, 활동 지역도 불분명해졌다. 대신 주로 사제(師弟) 간에 전수가 이루어지면서 각기 다른 법위(法位)가 생겨났다. 남북조에서 수당에 이르기까지 서서히 혼용되기 시작한 과의(科儀), 법록(法籙)에서 정일, 영보, 상청의 지위 고하가 이미 정해졌는데, 상당히 문인화한 상청파가 원래 고하의 구분이 없는 법록에서 최고의 등급으로 올라섰다.[1] 크리스토퍼 쉬퍼(Kristofer M. Schipper)가 「돈황문서에서 보이는 도사의 법위 순서에 대하여」라는 논문에서 이미 지적한 바와 같이 정일록이 가장 낮은 등급의 법록이고, 이후 각기 다른 계율이나 경전을 받는 것에 따라 상승할 수 있었다. 다음은 영보이고, 맨 마지막이 상청록이었다. 상청록을 받으면 '상청현도대동삼경제자무상삼동법사(上淸玄都大洞三景弟子無上三洞法師)'가 되어 비로소 최고의 법위에 이르게 되니, 마치 지금의 학생들이 각고의 노력 끝에 최종 박사 학위를 받게 되는 것과 비슷하다.[2] 이러한 판단의 정확성을 담보하기 위해 8, 9세기에 일어난 3가지 실례를 살펴보고자 한다.

우선 개성(開成) 연간에 무명씨가 쓴 「대당왕옥산상청대동삼경여도사유존사진궁지명(大唐王屋山上淸大洞三景女道士柳尊師眞宮志銘)」을 보면, 소영사(蕭穎士)의 외손녀인 유(柳)모가 "처음에 정일 명위록 영보법을 천태산에서 받은 다음 다시 상청 형악에서 대동삼경필록으로 들어갔다."[3] 회창 연간에 소현상(蘇玄賞)이 지은 「당성진관관주고정존사지명병서」의 기록에 따르면, 정우진(鄭遇眞)은 정원 6년 도사가 되어 "대동존사 승현 유선생의 당(堂)에 올라 정일 명위록을 받고 동현에서 법록을 끝냈다." 다시 말해 최종적으로 상청에 이르렀다는 뜻이다.[4] 그래서

현정(劉玄靖)과 동시대에 살았던 유개(劉介 : ?~873년, 자는 처정處靜) 역시 팽성 사람이다.

1) 『수서경적지』에 이미 다음과 같은 내용이 실려 있다. "도를 받는 방법은 다음과 같다. 처음에는 오천문록을 받고, 다음으로 삼동록, 그 다음에 동현록, 그 다음에 상청록을 받는다(其受道之法, 初受五千文籙, 次授三洞籙, 次受洞玄籙, 次受上淸籙기수도지법, 초수오천문록, 차수삼동록, 차수동현록, 차수상청록)." 『수서』 권30, 1092쪽. 고겐 히로시(興膳宏)와 가와이 고조(川合康三), 『수서경적지상고(隋書經籍志詳考)』, 939~940쪽에 이에 대한 주석이 실려 있다. 급고서원, 도쿄, 1995.

2) 「돈황문서에서 보이는 도사의 법위 순서에 대하여(敦煌文書に見える道士の法位階梯について)」, 『돈황과 중국 도교(敦煌と中國)』, 342쪽, 『강좌돈황(講座敦煌)』 4, 대동출판사(大東出版社), 도쿄, 1983.

3) 『당대묘지휘편』, 2201쪽.

정일, 영보, 상청 등으로 구분되었으나 9세기에 들어오면서 각 파벌의 분명한 경계선이 사라지다.

중당(中唐) 시인 위하경(韋夏卿)은 「송고황귀모산(送顧況歸茅山)」에서 "법존은 대동진경(大洞眞經)에 이르렀으나 천학(淺學 : 시인의 겸사)은 부끄럽게도 이제야 초진계(初眞戒)를 받았네(法尊稱大洞, 學淺忝初眞법존칭대동, 학천첨초진)"라고 읊었는데, 그 아래 다음과 같이 주석이 달려 있다. "저작(著作 : 고황)은 이미 상청필법(上淸畢法)을 받았다(著作已受上淸畢法저작이수상청필법)." "하경(위하경)은 처음으로 정일을 받았다(夏卿初受正一하경초수정일)." 이는 고황이 이미 도교에서 가장 높은 법위의 등급에 이르렀으며, 자신은 이제 막 도교에 입문하였다는 뜻이다.[5]

그렇기 때문에 『요수과의계율초(要修科儀戒律鈔)』 권9에서 『승현경(升玄經)』을 인용하여 다음과 같이 규정하였던 것이다. "재회(齋會)나 행도(行道) 때가 되면 여러 정일(正一) 도사들은 상청(上淸) 대동법사(大洞法師)와 같은 자리에 앉을 수 없으며, 상청 대동법사는 영보(靈寶) 오편법사(五篇法師)와 같은 자리에 앉을 수 없다. 복식, 의물(衣物)을 전할 경우 영보 오편법사는 승현(升玄) 내교법사(內敎法師)와 함께 자리에 앉을 수 없다." 또한 『정일위의경(正一威儀經)』 역시 이상하리만치 엄격하게 "도를 받을(受道) 때는 각기 법위(法位)의 존비에 따라야 하며, 함부로 어긋나게 하면 안 된다"고 규정하고 있다. 다시 말해 법위가 다른 도교도들, 예를 들어 청신제자(淸信弟子), 청신도사, 정일도사, 고현법사(高玄法師), 동현법사(洞玄法師), 동진법사(洞眞法師), 대동법사(大洞法師) 등 차례가 있으니 이를 어지럽혀서는 안 된다는 뜻이다. 또한 "등단(登壇)과 행도(行道), 재계(齋戒)와 강설(講說), 사방(私防)과 별실(別室), 행주좌와(行住坐臥 : 일상 행동거지 및 기거起居 행태) 등도 법위에 따라 존비를 정하였다."[6] 이는 당시 정일, 영보, 상청 등 종파의 구분이 이미 사라지고 서로 다른 단계의 법위로 바뀌었기 때문이다.[7]

---

4) 위의 책, 2220쪽.

5) 『전당시』 권272, 3057쪽. 당나라 때 도사 장만복(張萬福)이 쓴 「동현영보삼사명휘형상거관방소문(洞玄靈寶三師名諱形狀居觀方所文)」을 보면 수도사(授度師)를 열거하고 있는데, 예를 들면 보거법사(保擧法師)부터 시작하여 오천문사(五千文師), 계삼사(戒三師)에서 점차 신축사(神祝師), 동신사(洞神師), 승현사(升玄師), 동현사(洞玄師)를 거쳐 상청사(上淸師)까지 이른다. 『도장』, 동현부 보록류(譜錄類), 유(有)2, 6책, 754~755쪽.

6) 『요수과의계율초(要修科儀戒律鈔)』 권9, 『도장』, 동현부, 계율류, 당(唐)9, 6책, 963쪽. 『정일위의경(正一威儀經)』, 『도장』, 동신부, 위의류, 충(忠)1, 18책, 254쪽.

7) 임계유 주편, 『중국 도교사』 제9장, 「당대 도교 법록전수(法籙傳授)」, 상해인민출판사, 1990.

정일파가 도교에서 비교적 낮은 위치에 놓이고, 상청파가 가장 높은 자리에 오르게 된 것은 당시 사람들의 가치와 취향을 암시한다. 그렇기 때문에 당시에 여러 다양한 유파는 사제 간에 자신들의 도법을 전수할 수 있었지만, 이미 이전 유파나 기술의 구분은 혼유된 상태였다. 물론 도교를 신앙하는 이들의 경우 여러 유파의 지식, 예를 들어 입문자는 정일의 법술을 배워 소고부주(召考符呪 : 소고, 부적, 주술)나 구귀강신(驅鬼降神)에 능하고, 한 단계 더 들어선 자는 영보에 정통하여 재초의식에 능통할 수 있으며, 상청 법록을 받은 사람은 양정보신(養精保身)이나 내외단법을 습득할 수 있었다. 하지만 공개적인 장소에서 사인의 존경을 받기 위해 도사들은 가능하면 자신의 출신을 숨기고 상청의 모습으로 출현하기를 원하였다. 그래서 당시 도교도들은 너나할 것 없이 상청 법록을 얻어 자신이 상청 계파임을 드러내고자 하였으며, 자신이 상청의 지식과 사상을 확보하고 있음을 자랑하고, 공개적인 장소에서 자신이 알고 있는 이론과 실천을 표현하고자 하였던 것이다. 사실 이러한 추향의 배후를 살펴보면, 당시 도교 인사들 역시 도교의 최고 경계는 보기에도 심오한 이론과 청정한 생활, 그리고 고아한 담론에 있다는 것을 인정하지 않을 수 없었음을 알 수 있다.

심오한 이론과 청정한 생활, 그리고 고아한 담론

이는 어쩔 수 없는 일이다. 종교가 상층 사회와 주류 문화에서 자리를 마련하려면 당연히 지식 권력을 장악하고 있는 사인들의 구미와 흥취에 부합하고 공인된 지식 계보에서 자신들이 안심하고 자리할 수 있는 위치를 쟁취해야만 한다. 고대 중국처럼 황권과 신권, 그리고 지식 권력이 고도로 통합되어 있는 세계에서 종교가 상층 사회에서 자리를 잡을 수 있는 것은 바로 이 길밖에 없다. 그래서 9세기 도교 상층부 인사들 역시 이러한 추향을 인지하였으며, 상층부 사인들 또한 이를 인정하게 된 것이다. 그래서 사인들이 도교의 저명 인사의 전기나 비명(碑銘)을 쓸 때 이러한 지식과 신앙이 크게 부각되었던 것이다.

앞서 언급하였던 헌종 시절 도사 전량일(田良逸)과 장함홍(蔣含洪)은 부록이나 재초를 영예로 여기지 않고 항시 조심하여 부적을 그리거나 주술을 외는 일을 숨겼다고 한다. 전량일은 기우(祈雨) 능력이 있었지만 언제나 "허무(虛無)의 마음으로 온화하게 사물을 대하였다(以虛無之心, 和煦待物이허무지심, 화후대물)"고 하며, 장함홍은 "처음에는 부적을 만드는 기술이 뛰어났지만 스스로 그 도(道)를 숨겨 다른

이들이 알지 못하였다(始善符術, 自晦其道, 人莫知之시선부술, 자회기도, 인막지지)." 1)

　도교를 지극히 숭상하였던 선종이나 무종 시절에도 도교도들은 여전히 상층 사회에서 자신이 능한 부분을 굳이 드러내지 않으려고 하였다. 예를 들어 헌원집(軒轅集)은 환술(幻術)에 능하였지만 선종이 "장생이 가능하겠는가?"라고 묻자, "성색을 끊고 자미를 줄여야 하며, 애락(哀樂)을 하나로 여기고 두루 덕을 베풀면 천지와 덕이 합치되고 해와 달이 모두 밝아질 것입니다(絶聲色, 薄滋味, 哀樂一致, 德施無偏, 自然與天地合德, 日月齊明절성색, 박자미, 애락일치, 덕시무편, 자연여천지합덕, 일월제명)"라고 상당히 철리적인 답을 내놓았다.2) 등연강(鄧延康)은 등천사(鄧天師) 세가(世家) 출신이지만 "매번 황제와 담론할 때면 청정(淸淨)으로 귀결하였으며, 공경들과 대화할 때는 자신의 분수를 알아 만족할 것을 경계하고, 장차 들어올 자들에게는 담박(澹泊)에 힘쓸 것을 말하고 제자들에게는 끊임없이 권면하라고 말하였다. ……상(上 : 무종)이 제위를 계승하자 내전(內殿)에서 현언(玄言)에 대해 담론하면서 『도덕』, 『황정』, 『서승(西升)』 등 여러 경전의 뜻으로 차례대로 응대하였으며, 단사(丹砂), 유황(硫黃)에 관한 일(단약 등에 관한 일)은 놔두고 논의하지 않았다."3)

　이외에도 유현정(劉玄靖)은 비록 "두강(斗罡 : 보강의 일종)이나 보강(步罡 : 도교의 중요 의식 가운데 하나인 걸음걸이 형식), 맹수를 쫓아내는 술수(驅逐虎豹)"4)에 능하였지만 지나치게 신기한 술수는 애써 피하였다. 전하는 말에 따르면, 당나라 경종이 장생법에 대해 묻자 "이로운 일을 도모하기 위해 애쓰지 않고 사욕을 줄이며, 몸을 수양하는 것이 요체입니다"라고 말하였다. 경종은 그의 말에 불만을 표시하였다. 그는 무종과도 대화를 나누었는데, 무종이 그에게 '삼맹삽혈(三盟歃血 : 맹서 의식 가운데 하나로 피를 마시는 것)'에 대해 묻자 그는 "세상에서 중시하는 것은 머리카락과 피부인데, 천자는 지극히 존귀하니 단수(丹水 : 단약을 넣은 물)를 마시는 것

---

1) 『인화록』 권4, 각부(角部).

2) 『역세진선체도통감』 권42, 『도장』, 동진부 기전류, 인(鱗)10, 5책, 344쪽.

3) 『전당문』 권767, 정전(鄭畋), 「당고상도용흥관삼동경록사자법사등선생묘지명(唐故上都龍興觀三洞經籙賜紫法師鄧先生墓誌銘)」, 3536쪽.

4) 『남악총승집(南嶽總勝集)』, 『도장』, 동현부 기전류, 국(鞠)9, 11책, 113쪽.

으로 대신할 수 있습니다(世之所重者髮膚, 天子之尊, 止可飮丹代之세지소중자발부, 천자지존, 지가음단대지)"[1]라고 하였다.

5

그러나 도교로 인해 일어난 멸불 사건에서 중요한 작용을 한 것은 오히려 도교의 주류가 아니라 주류 사인들의 환영을 받지 못한 도사들이었다. 그들은 비록 여러 가지 환술로 황권의 지지를 얻었지만 그다지 고명한 것이라고 할 수 없는 멸불 운동도 무종이 단약을 먹고 죽는 바람에 끝나고 말았다.[2] 회창 6년 3월, 당나라 선종이 즉위한 후 곧 조귀진 등 도사를 주살하고 헌원집을 영남으로 유배시켰다. "무종을 현혹시키고 석씨(釋氏 : 불가)를 비방하였다는 이유 때문이었다." 이 듬해인 대중(大中) 원년(847) 윤삼월에 조령을 내려 훼손된 불사를 재건하도록 하였으며, "예전의 명승(名僧)이 그곳에 머물며 불사를 재건하고 한 번 주지를 맡으면 관리들이 금지할 수 없도록 하였다(有宿舊名僧, 復能修創, 一任住持, 所司不得禁止유숙구명승, 복능수창, 일임주지, 소사불득금지)."[3] 멸불 사건은 원래 도교가 야기한 것이었다. 그러나 그 결과는 오히려 당시 사회 상층부에서 도교의 실패로 끝나고 만다. 이

멸불 운동이 무종이 단약을 먹고 죽는 바람에 끝나다.

---

1) 『역세진선체도통감』권40, 『도장』, 동진부 기전류, 인9, 5책, 329쪽.

2) 단약을 복용하였을 때 중독될 위험성이 큰 것은 주로 단약 안에 있는 수은 때문이다. 한유는 일찍이 이우(李于)가 도사 유비(柳泌)의 복약법을 전수받은 것에 대해 기록한 바 있다. 이에 따르면, "납(鉛)을 한 솥(鼎) 가득 채우고 가운데를 비운 다음 그 안에 수은을 넣고 솥을 단단히 봉한 후 불을 때면 단사(丹砂)가 만들어진다." 『한창려문집교주』권7, 「고태학박사이군묘지명(故太學博士李君墓誌銘)」, 554쪽. 특히 과학사 쪽에서 이에 대한 연구가 상당히 이루어졌다. 조셉 니담(Josep Needham) 저, 야마다 게이지(山田慶兒) 역, 『동과 서의 학자와 공장(東と西の學者と工匠)』하권, 하출서방(河出書房), 1977.

3) 『구당서』권18하, 「무종본기」, 615~617쪽. 선종 즉위 이후 피살된 도사 가운데 유현정이 있는지 여부에 대해 의문이 생긴다. 『구당서』의 기록에 따르면, 선종이 죽인 도사 가운데 유현정이 나오지만, 『자치통감』권248은 "도사 조귀진을 장살(杖殺)하고 나부산인(羅浮山人) 헌원집을 영남으로 유배시켰다"고 하였다. 이외에 다른 기록에 따르면, 선종이 그 해 동시월(冬十月) 갑신에 "형산에서 도사 유현정에게 삼동법록을 받았다." 주(注)에 따르면, "회창 5년 유현정이 형산으로 돌아갔다." 8024, 8028쪽. 이렇게 볼 때 유현정은 피살 대열에 끼지 않은 것 같다. 앞서 인용한 당대 이충소(李沖昭)의 『남악소록(南嶽小錄)』을 보면, 광성(廣成) 유현정 선생이 대중 5년(851년) 5월 11일 득도하였다는 기록에 나온다. 또한 사망 연도도 선종 즉위 초 도사를 주살하고 5년이 지난 뒤이다.

러한 좌절과 실패로 도사들이 주살되고 유배되면서 도교에서 중시하던 소고부록(召考符籙), 재초기양, 연단합기(煉丹合氣)에 관한 지식이나 기술 역시 상층 사회와 주류 문명에서 한 걸음 더 후퇴하고 말았다.

일반적으로 무종의 멸불 사건에 관해 경제적인 문제를 중요 원인으로 생각하고 있는데,[4] 물론 틀린 것은 아니다. 하지만 사상사의 측면에서 볼 때 신도들 사이에서 종교 지식과 사상이 점차 분화하게 된 것도 하나의 계기가 된 것 같다. 무종 시절 직접 멸불 활동에 참가한 도교도들은 망선대(望仙臺)를 짓거나 장생약을 만드는 방법으로 권력을 얻었으며, 북주(北周) 시대부터 이미 사용하기 시작한 '흑색(黑色) 참언(讖言)'으로 불교를 훼멸하고 협의의 민족 감정으로 불교 사상을 억제하고자 애썼다.[5] 그렇기 때문에 그들이 실패하자 사인들이 보기에 조악하고 비루한 종교 활동으로 상층 사회에 진입하기 어려웠던 것이다. 특히 아래와 같은 몇 가지 요인도 당연히 거론해야 할 것이다.

첫째, 도교 자체의 범위 등급 관념이다. 소고부록을 중시하는 정일은 가장 아래 등급으로 떨어지고 비교적 문인들에게 가까웠던 상청은 최고 등급이 되었다. 둘째, 관방의 공개적인 자리에서도 청정수련의 사상을 전면에 두었다. 셋째, 도덕과 이성을 지지하는 사인들은 정신적 초월을 존중하고 믿고 받들었다. 넷째, 불교 사상의 도전에 직면하여 도교는 비교적 형이상학적인 이론과 상당히 고아하고 문명적인 실천을 통해 대응하였다. 이러한 요인들이 합쳐져서 후세 도교는 전향의 길로 한 걸음 더 나서게 된 것이다. 유자와 불도의 도전에 대응하고 아울

---

4) 진관승(陳觀勝), 「회창 멸불의 경제적 배경」, 『하버드 아시아연구 잡지(哈佛亞洲研究雜誌)』, 67~105쪽, 1965. 『켐브리지 중국 수당사』, 674쪽, 중역본, 중국사회과학출판사, 1990, 재인용. 부선종, 『이덕유연보』, 580쪽.

5) 원인(圓仁)의 기록에 따르면, 조귀진의 도교 활동은 크게 두 가지로 나뉜다. 첫째, 노천에 구천도장을 만들어 80개의 상을 높이 쌓아 천존에게 제사를 지내고 망선대를 만들어 복락을 기원하는 것이다. 둘째, 무종을 위해 장생약을 만드는 것인데, 만약 약을 만들지 못할 경우 황당한 요구를 하기 일쑤었다. 예를 들면 토번(吐藩)에서 나오는 "이자의(李子衣 : 오얏 껍질) 10근, 복숭아털(桃毛) 10근, 생 닭 막(生鷄膜) 10근, 거북 털(龜毛) 10근, 토끼 뿔(兔角) 10근" 등이 그것이다. 또한 불교에 대해 "부처는 서융(西戎 : 서쪽 오랑캐) 출신으로 불생(不生)에 대해 이야기할 뿐이다. 무릇 불생이란 죽음일 따름이다"라는 식으로 천박한 공격과 비판을 일삼았으며, "천하의 검은 돼지, 검은 개, 검은 나귀나 소(黑驢牛)를 없애야 한다"는 식의 황당한 책략을 이용하기도 하였다(도사는 황색, 불가는 흑색 옷을 입었기 때문이다. 역자 주). 『입당구법순례행기교주(入唐求法巡禮行記校注)』 권4, 456, 451쪽.

러 상층 사인의 구미를 맞추기 위해 도교는 9세기 이후로 적어도 공개적인 장소에서만은 청정양생(淸淨養生)을 신앙의 표시로 삼고, 현허한 내용의 경전 언어를 종교의 구호로 삼으며, 그럴싸하게 세속의 진애를 초월하는 것을 수련의 이상으로 삼지 않을 수 없었다.[1] 그리하여 기존의 소고부록이나 재초기양, 합약연단, 합기과도(合氣過度) 등 도교에서 상당히 중요하게 다루던 내용들은 '주변화'되어 점차 주류에서 지류로 현학(顯學)에서 비밀스러운 술수로 상층에서 하층으로 전락할 수밖에 없었던 것이다.

---

1) 예를 들어 송나라 초기에 숭앙을 받았던 도사들 가운데 진정(眞定) 융흥관(隆興觀)의 소징(蘇澄)이 송나라 태조에게 이렇게 말하였다. "신의 양생은 고요히 생각하고 기를 단련하는 것 뿐이나 제왕의 양생은 이와 다릅니다. 노자가 말하길, 내가 무위하면 백성들이 절로 변화하고, 내가 무욕하면 백성들이 절로 올바르게 된다고 하였습니다. 이것이 바로 무위무욕, 응신태화(凝神太和 : 정신을 집중하여 태화의 기운을 얻음)이니, 예전에 황제와 당요가 오랫동안 재위할 수 있었던 것은 이 도를 얻었기 때문입니다(臣養生, 不過靜思煉氣耳, 帝王養生, 財異於是. 老子曰, 我無爲而民自化, 我無欲而民自朴. 無爲無欲, 凝神太和. 黃帝唐堯, 享國永年, 得此道也신양생, 불과정사연기이, 제왕양생, 재이어시. 노자왈, 아무위이민자화, 아무욕이민자박. 무위무욕, 응신태화. 황제당요, 향국영년, 득차도야)." 『속자치통감장편(續資治通鑑長編)』 권10, 개보(開寶) 2년, 226쪽, 중화서국, 1979. 소징은 '소징은(蘇澄隱)'이다. 그에 관한 기록은 『송사』 권461, 「방기상소징은전(方技上蘇澄隱傳)」, 13511쪽에 보인다. 문영(文瑩), 『옥호청화(玉壺淸話)』 권1, 7쪽, 중화서국, 1984. 만년에 화산(華山) 운대관(雲臺觀)에 거주하였던 진단(陳摶)은 송나라 태종에게 이렇게 말하였다. "신선이나 황백(黃白 : 술사들이 연단하여 금은을 만드는 술법)에 관한 일이나 토납의 이치에 관해서는 알지 못해 다른 이들에게 전수할 방술이 없습니다. 가령 한낮에 위로 올라간들 세상에 무슨 도움이 되겠습니까?(不知神仙黃白之事, 吐納養生之理, 無術可傳于人. 假令白日上升, 亦何益于世부지신선황백지사, 토납양생지리, 무술가전우인. 가령백일상승, 역하익우세)." 『속자치통감장편』 권25, 옹희(雍熙) 원년, 588쪽. 『송사』 권457, 「은일진단전(隱逸陳摶傳)」, 13421쪽. 사인들의 도교에 대한 태도를 가장 잘 보여주고 있는 것은 소식(蘇軾)의 「상청저상궁비(上淸儲祥宮碑)」이다. "도가의 부류는 원래 황제와 노자의 학설에서 나왔다. 그 도는 청정무위를 근본으로 삼고 허명응물(맑고 깨끗함으로 외물에 응함)을 쓰임으로 삼으며, 자검부쟁(자애와 검약으로 다투지 않음)을 행위 준칙으로 여긴다. 진한 이래로 처음 방사들의 언론이 생겨났으며, 비선(飛仙)이나 변화(變化)의 술수가 행해졌고, 황정(黃庭經황정경), 대동(大洞眞經대동진경)을 법도로 삼고 태상, 천진, 목공, 금모라고 호칭하였으며, 천황, 태을, 자극, 북극에 제사를 지냈다. 그 아래 단약이나 기이한 기술, 부록 등 자질구레한 술수도 모두 도가로 귀결된다(道家者流, 本黃老, 以淸靜無爲爲宗, 以虛明應物爲用, 以慈儉不爭爲行. ……自秦漢以來, 始由方士言, 飛仙變化之術, 乃有飛仙變化之術, 黃庭大洞之法, 太上天眞木公金母之號, 天皇太乙紫极北极之祀, 下至于丹藥奇技, 符籙小數, 皆歸于道家자류, 본황로, 이청정무위위종, 이허명응물위용, 이자검부쟁위행. ……자진한이래, 시용방사언, 비선변화지술, 내유비선변화지술, 황정대동지법, 태상천진목공금모지호, 천황태을자겁북겁지사, 하지우단약기기, 부록소수, 개귀우도가)." 『소식문집』 권17, 503쪽, 중화서국, 1986, 1990.

제 2 편

中國思想史

서언 : 이학 탄생 전야의 중국

10세기 60년대를 전후해서 송나라 태조(太祖) 조광윤(趙匡胤)과 태종(太宗) 조광의(趙匡義)는 거의 20년에 걸쳐 북쪽의 북한(北漢)과 남쪽의 남당(南唐), 오월(吳越), 남한(南漢), 그리고 서남쪽의 후촉(後蜀) 등을 하나하나 수복하거나 정벌하였다. 북쪽의 요(遼)나라와 서북쪽의 하(夏)나라를 제외하고는 자고나면 조대가 바뀌는 혼란하기 그지없던 오대십국과 당나라 중기 이후 각 지역을 할거하며 저마다 왕이라 칭하던 대 혼란의 국면은 드디어 이렇게 끝났다.

아직 젊었을 때의 송나라 태조는 주저하는 마음으로 태양을 이렇게 읊조렸다고 한다. "둥그런 해가 하늘에 떠오르자, 뭇 별들과 스러지는 달이 함께 물러나네(一輪頃刻上天衢일륜경각상천구, 逐退群星與殘月축퇴군성여잔월)." 그리고는 다시 달을 이렇게 읊조린다. "바닷가에 잠겼을 제 천지가 어둡더니, 높은 하늘로 떠오르니 온 세상 밝아지네(未離海底千山墨미리해저천산묵, 才到天中萬國明재도천중만국명)."[1] 그러나 막 혼란한 국면을 수습한 송나라 태종은 도저히 참을 수 없다는 듯이 '온 세상이 한 집안'이라는 제목으로 과거에 참가한 수험생들에게 국가를 찬양하는 문장을 짓게 하였다. 왕세칙(王世則)은 이러한 송나라 태종의 입맛에 딱 맞는 문장을 지어 바쳐서 장원이 되었다. 그 문장은 이렇다. "건곤(乾坤)을 엮어다 우리 임금에게 드릴 용과 봉황의 누각을 짓고, 해와 달을 따다가 우리 임금의 금과 옥으로 지은 관문을 삼으리(構盡乾坤, 作我之龍樓鳳閣, 開窮日月, 爲君之玉戶金關구진건곤, 작아지룡루봉각, 개궁일월, 위군지옥호금관)."[2]

하지만 상징이라는 측면에서 말하였을 때 송나라 태조가 자신을 태양에 비

---

1) 려악(厲鶚), 『송시기사(宋詩紀事)』, 권1, 상해, 상해고적출판사, 1983, 1쪽.
2) 오처후(吳處厚), 『청상잡기(靑箱雜記)』, 권2, 중화서국, 1985, 15쪽.

유한 것은 아무래도 지나친 면이 있다. 그가 창건한 송나라는 오히려 달에 더 가
깝기 때문이다. '달은 개인 날도 흐린 날도 있고 차고 이지러지기도 하는데' 북쪽
의 요나라와 서북쪽의 하나라 및 뒷날의 여진과 몽고는 시종 달을 가리는 그늘이
되었다. 송나라 태종의 '온 세상이 한 집안'이라는 표현은 더더구나 허구적인 상
상이거나 자위에 그친다. '온 세상'은 고작하고 유(幽)와 연(燕)¹⁾ 등 동북방 지역은
송나라 전 기간 동안 회복하지 못하여 송나라 사람들에게는 비탄의 대상이 되었
다. 전연지맹(澶淵之盟)에서 정강지변(靖康之變)²⁾까지 송나라는 결코 보름달이 되
지 못하는 달처럼 한 번도 온 천하를 밝게 비춘 적이 없었다. 전종서(錢鍾書)의 뛰
어난 비유처럼 송나라 태조가 생각한 '나 이외의 다른 이는 절대 편안히 잠잘 수
없는 침대'라 할지라도 그것은 "팔 척의 편안한 침대에서 일어나 행군의 야전침
대로 간다(從八尺方床收縮而爲行軍帆布床종팔척방상수축이위행군범포상)"³⁾는 것이었다. 그
는 편안히 잠들지 못한 채 언제나 '이 침대 밖은 모두 남의 집(一榻之外皆他人家也일
탑지외개타인가야)'⁴⁾임을 생각해야 하였다.

　　사실 이러한 상황은 어쩔 수 없는 것이었다. 송나라 태종 태평흥국(太平興國)
5년(980)에 장제현(張齊賢)은 모두들 '하루속히 동북지역을 수복하길 바라는' 상황
에서 이렇게 말한다. "천하를 통일하는 자는 천하를 자신의 마음으로 여기는 자
이니, 어찌 조그만 땅덩어리로 다투며 위세를 드러내려 안달하리요. 때문에 성인
(聖人)은 먼저 근본을 세우고 지엽적인 것은 나중에 하며, 우선 안을 안정시키고

---

1) 유(幽)와 연(燕)은 지금의 하북성과 요녕성 지역에 해당한다(역자 주).

2) 전연지맹은 1004년 요나라와 송나라가 맺은 조약으로서 송나라의 국운이 실제적으로 기울기 시작한 시점이
고, 정강지변은 1126년 후금(後金)이 남하하여 북송을 정복하고서 그 이듬해에 휘종(徽宗)과 흠종을 포로로 잡
아간 사건을 말한다(역자 주).

3) 전종서(錢鍾書), 「서(序)」, 『송시선주(宋詩選注)』, 인민문학출판사, 1982, 2쪽.

4) 소백온(邵伯溫) 『소씨문견록(邵氏聞見錄)』, 권1, 중화서국, 1983, 4쪽. 사실 이러한 어쩔 도리가 없다는 심경은
그 뒤로 꽤 오랫동안 지식인들의 마음을 안타깝게 하였다. 현존하는 남송 순우(淳祐) 연간(1247)의 석각인 『지
리도(地理圖)』의 비문에서 작자 황상(黃裳)은 당시 천하의 지리적 형세를 묘사할 때, 이 천하가 온전한 것이 아
님을 어쩔 수 없이 인정하면서 아무리 "우리나라의 임금께서 비바람을 무릅쓰고 전국을 평정하고, 태종 임금
때 세 번이나 정벌을 하였다(國朝藝祖栉風沐雨平定海內, 太宗之世王師三駕국조예조시풍목우평정해내, 태종지세왕사삼
가)." 그럼에도 불구하고 "동북 지역은 여전히 거란의 점령 하에 있어 수복하지 못하였다(幽薊之地卒爲契丹所
有, 不能復也유계지지졸위계단소유, 불능복야)." 그래서 "□□□□남북의 형세를 살펴보았을 때, 비분강개하지 않을
수 없다.(□□□□南北形勢, 使人觀之. 可以感, 可以憤□□□□남북형세, 사인관지. 가이감, 가이분)"라고 기록하고 있다.

그 다음에 밖을 다스린다(家六合者以天下爲心, 豈止爭尺寸之事, 角强弱之勢而已乎? 是故聖 入先本而後末, 安內以養外가육합자이천하위심, 기지쟁척촌지사, 각강약지세이이호? 시고성입선본이후말, 안내이양외)."[5] 그 이듬해(981)에 전석(田錫)은 군사적 전략과 국가의 기강에 대해 보고하면서, 황제가 동북쪽의 유주(幽州)와 남쪽의 교주(交州)[6]를 수복하려는 생각을 접도록 암시하였다. 그가 보기에 "자고로 변경의 오랑캐를 다스리기란, 그저 권위와 덕망을 보이기만 하면 된다(自古制禦番戎, 但在示以威德자고제어번융, 단재시이위덕)"는 것이고, 남쪽의 교주는 대국의 입장에서 보면 별 것도 아닌 것이었다. "대국이 교주를 얻은들 뭐에 쓸 것입니까? 교주는 소위 풍토병의 고장이라고 하는데, 거기 간 사람들은 기후와 풍습에 익숙하질 않습니다(大國取交州何用? 交州謂之瘴海, 去者不習土風대국취교주하용? 교주위지장해, 거자불습토풍)."[7]

옹희(雍熙 : 송나라 태종太宗의 연호, 984~987년) 3년(986)에 조보(趙普)는 다시 한 편의 상소를 올려 황제에게 동북 지역을 수복하기란 불가능함을 충고한다. 그는 비록 송나라 태종의 권위를 훼손할 수는 없었지만, "밖은 잠시 놓아두고 우선 안을 안정시킨다"는 처방을 내어놓았다. 그러면서 만약 자기만 부강하다면 "오래도록 오랑캐는 준동하지 못하고 영원토록 변경은 안정되어 자연스레 다른 나라가 숭앙하여 모두들 귀화될 것이다"라고 말하였다. 끝으로 그는 누구도 믿지 못할 다음과 같은 허풍스런 말을 한다. "이미 사방의 오랑캐들이 와서 왕으로 섬기는데, 저 거란 따위가 어떻게 하겠습니까? 이런 상황에서 굳이 백성들을 수고롭게 하여 농사짓는 소를 팔아 병기를 사게 해야겠습니까?"[8]

---

5) 『송사(宋史)』, 권26 「장제현전(張齊賢傳)」, 9151쪽. 『송문감(宋文鑒)』, 권41, 중화서국, 1992, 628쪽. 이도(李燾)의 『속자치통감장편(續自治通鑒長編)』의 권21 태평흥국 5년 조목 역시 이 문장을 인용하고 있다(중화서국, 1979, 485쪽).

6) 지금의 광동성 지역에 해당한다(역자 주).

7) 전석(田錫), 「논군국기요조정대체(論軍國機要朝廷大體)」, 『송문감』, 권41, 622~623쪽. 『속자치통감장편』의 권22 태평흥국 6년 조목도 전석의 상소문을 싣고 있는데 『송문감』의 문장과는 약간 차이가 있다(496쪽).

8) 이 상소문은 『송문감』 권41, 618쪽과 『속자치통감장편』 권27, 옹희 3년 조목, 615쪽에 실려 있다. 그러나 각 문장은 조금씩 다르다. 여기서는 조보의 상소문을 직접 목격한 소백온의 『소씨문견록』 권6, 중화서국, 1983, 50쪽에서 인용하였다(長令戶外不扃, 永使邊烽罷警, 自然殊方慕化, 率土歸仁, 旣四夷以來王, 料契丹而安往? 又何必勞民動衆, 賣犢買刀장령호외불경, 영사변봉파경, 자연수방모화, 솔토귀인, 기사이래왕, 료계단이안왕? 우하필로민동중, 매독매도). 이런 식의 논의는 그 뒤로도 아주 많다. 예컨대 왕화기(王化基)는 단공(端拱) 2년(989)에 송나라 태종에게 이렇게 말한다. "천하를 다스리기란 나무를 심는 것과 같습니다. 뿌리가 잘 뻗는지를 걱정해야 합니다. 뿌리만 잘

하지만 왕조의 범위가 축소됨에 따라 제국의 변경은 도드라져 보이게 되었다. 과거에 한나라나 당나라처럼 주변국을 멸시하며 천하에 군림하던 심리는 주변의 압박 하에서 조금씩 변화하게 되었다. 조보(趙普) 스스로 "오성(五星)과 28수, 그리고 오악(五嶽)과 사독(四瀆)은 모두 중국(中國)에 있지 주변의 오랑캐 땅에 있지 않다(五星二十八宿, 與五嶽四瀆, 皆在中國, 不在四夷오성이십팔숙, 여오악사독, 개재중국, 부재사이)"[1] 라고 말한 것처럼 아예 대놓고 자신의 영역을 '중국(中國 : 중앙 지역)' 즉 한당(漢唐) 시기와는 비교도 되지 못할 작은 지역인 한족 지역으로 축소하기에 이르렀다. 그러나 '중국'이 곧 '천하'가 아니라는 것을 알게 되고 다른 나라가 존재한다는 사실에 직면하면서 송나라 왕조는 이민족의 침략에 저항해야 할 뿐만 아니라 자기 국가의 합법성의 근거와 자기 문화의 합리성의 의의를 선양해야만 하였다.

　　이런 우환 의식은 상당히 심각한 것이었으며, 이미 보편적으로 사람들의 사고에 영향을 미치기 시작하였다. 이는 황제나 대신들이나 모두 마찬가지였다. 송나라 태조는 항상 갑자기 대신들에게 지금 시행할 수 있으면서도 후세까지 길이 이익을 미칠 수 있는 정책을 진술케 하였다고 한다. 오랜 의논 끝에 대신들이 수많은 정책들을 건의하였으나, 송나라 태조는 아직도 뭔가 만족스럽지 않다는 듯이 더 좋은 방책을 상주하도록 하였다고 한다. 소위 '더 좋은 방책'이란 좀 더 근본적인 문제와 좀 더 근본적인 정책을 의미한다. 예컨대 송나라 태조는 조보에게 이렇게 질문한 적이 있다. "당나라 말 이후로 수십 년이 지났다. 그간에 황실은 열 번이나 바뀌어 전쟁은 끝나지 않고 백성들은 도탄에 빠졌다. 그 원인은 무엇인가? 나는 전쟁을 종식시키고 오래도록 편안할 수 있는 정책을 세우려 한다. 그

뻗으면 가지는 걱정할 것이 없습니다. 지금 조정만 잘 다스리신다면 변방이야 뭐 걱정하실 게 있겠습니까?(治天下猶植樹焉, 所患根本未固, 根本固則枝幹不足憂, 今朝廷治, 邊鄙何患乎不安치천하유식수언, 소환근본미고, 근본고즉지간부족우, 금조정치, 변비하환호불안)."(『속자치통감장편』, 권30, 687쪽.)

1) 「관혜성(觀彗星)」, 『송문감』, 권41, 619쪽. 『속자치통감장편』, 권30, 685쪽의 기록에 의하면 이것은 단공 2년(989)의 상소이다. 뒷날 남송 사람 주밀(周密)은 조보보다 더 통쾌하게 별자리를 중국의 각 주(州)에 배속하는 것이 "가장 적절하다"고 인정한다. 왜냐하면 중국의 12주는 "동서남북으로 겨우 1～2만 리이고, 외국의 수만 리 밖에는 중국의 몇 배나 되는 세계가 있을지 모를 일이다(東西南北不過綿 亘一二萬里, 外國動是數萬里之外, 不知幾中國之大동서남북불과면 선일이만리, 외국동시수만리지외, 부지기중국지대)"라고 하기 때문이다. 이때부터 중국인들은 점점 지리적 의의에서의 '중국이 곧 천하'라는 관념을 포기하기 시작하였다(『계신잡식癸辛雜識』, 후집後集, 「십이분야十二分野」, 중화서국, 1988, 81～82쪽 참조).

방법은 무엇인가?(自唐季以來, 數十年間, 帝王凡易十姓 兵革不息 生靈塗地, 其故何哉? 吾欲息
兵定長久之計, 其道何如?자당계이래, 수십년간, 제왕범역십성 병혁불식 생령도지, 기고하재? 오욕식병정장
구지계, 기도하여?)" [2] 이렇게 묻는 이유는 문제의 핵심을 찾아 그것을 해결할 수 있는
방법을 찾고자 함이니, 이는 근본적인 문제 해결로 '영원한 태평'을 이룩하고자
해서이다.

　　당나라와 오대(五代 : 907~960년)의 혼란기를 거쳐 국가의 권위는 점점 실추하
고 사상적 질서는 날로 혼란하게 되는 이 시기에 이러한 걱정과 초조함은 송나라
왕조의 내재적 긴장을 나타내며, 국가의 합법성과 합리성에 대한 당시 조야의 강
렬한 요구를 드러내 보여준다. 왜냐하면 상당수의 당시 지식인 계층에게는 외세
의 위협이든 내부의 분열이든 모두 국가와 질서의 합법성에 대한 위기로 보았기
때문이다.

　　국가의 권위와 질서를 중건하는 일은 무척이나 힘든 것이었다. 특별히 송나
라 초기에 있어서는 오대의 혼란과 권위의 실추를 겪은 상황이며 또 무력에 의한
권력 획득을 목도한 터다. 이런 상황에서 합리성을 갖춘 합법적인 권력이라는 것
을 어떻게 믿게 할 것인가? 원래 송나라 왕조의 합법성은 무력으로부터 얻은 것
이다. 천하를 무력으로 진압하였기에 이미 국가의 영토가 왕조의 현실적 존재를
인정하고, "한 잔의 술로 병권을 놓다"라는 식의 모략으로 이미 제도적으로 상당
한 정도로 유효하게 내부로부터 발생하는 위협을 제거한 상태다. 그러나 그렇다
하더라도 자신의 권력이 '하늘의 명을 받았음'을 언제나 증명해 내야 하는 고대
중국에 있어서는 아마도 일련의 문화적 정책으로 자기의 합법성을 지지할 필요
가 있었을 것이다. 고대 사람들은 흔히들 "말 위에서 천하를 얻을 수는 있어도,
어찌 말 위에서 천하를 다스릴 수 있겠는가?(馬上得天下, 焉能馬上治天下마상득천하, 언능
마상치천하)"라고 하지 않는가. 이러한 맥락에서 아래의 몇 가지 조치들은 상당히

'하늘의 명을 받았음'을
언제나 증명해 내야 하는
고대 중국에 있어서는 아
마도 일련의 문화적 정책
으로 자기의 합법성을 지
지할 필요가 있었을 것이
다.

---

2) 『소씨문견후록(邵氏聞見後錄)』, 권1, 1쪽과 『소씨문견록』, 권1, 2쪽 참조. 『속자치통감장편』, 권2, 건륭(乾隆) 2
년, 49쪽의 기록은 이와 조금 차이가 있다. 송나라 태종 역시 자주 이런 모습을 보이곤 하였다. 『속자치통감
장편』, 권29, 649쪽에는 단공 원년의 일을 이렇게 기록하고 있다. "황제께서는 성심으로 정사를 돌보시고자
태평성대를 위해 여러 의견을 듣고자 하셨다. 그러나 뭇 신하들은 자신의 견해를 적극적으로 황제께 진상하
려 하지 않았으니, 성상은 이를 걱정하셨다(上厲精圖治, 欲聞讜論, 以致太平ㆍ患群下莫肯自盡以奉其上상려정도치, 욕
문당론, 이치태평ㆍ환군하막긍자진이봉기상)."

의미 있는 것이다.

첫째, 예제의 회복과 중건을 통하여 권력의 천부적 정당성을 인정한다.

둘째, 권위 있는 국가 체계를 수립하고 정치, 경제 및 문화의 질서를 회복하고 인정함으로써 백성의 동의를 획득한다.

셋째, 지식과 사상, 그리고 신앙세계의 유효성을 회복하고 중건하여 교육과 과거로 계층화된 지식인 그룹을 길러내고 제도화된 문화 지지 시스템을 수립함으로써 사상적 질서를 재확립한다.

고대 중국의 모든 왕조는 일련의 의식과 상징을 빌어 자신의 합법성을 확립해 왔다. 소위 "하늘의 명을 받았다"는 것인데, 국가의 전례나 거대한 의식에서 권력을 쥔 자가 상징의 방식으로 하늘과 소통하여 하늘에 고하며, 동시에 역시 상징의 방식으로 하늘의 도움을 받아 지배하에 있는 백성들에게 일련의 의식을 통하여 자신의 합법성을 암시하는 것이다. 때문에 국가 전례는 언제나 지금 상상하는 것보다 훨씬 중요했다. 바로 그렇기 때문에 교사례(郊祀禮)와 봉선(封禪) 의식 등이 고대의 정치 생활 중에서 그처럼 중요한 위상을 갖는 것이며, 명당(明堂), 환구(圜丘), 종묘(宗廟)[1] 제도가 그렇게 중요한 지식이 되는 것이다.

국가 전례는 언제나 지금 상상하는 것보다 훨씬 중요했다.

그러나 송나라 시대 개국 군주는 처음부터 그저 의식과 상징으로만 보이는 예악의 정치적 의의를 인식하지 못하였다. 그들은 심지어 이상하게만 보이는 이러한 설정들을 전혀 알지도 못하였으며, 별로 중요하지도 않아 보이는 번쇄한 절차와 의식이 우습게만 보였다. 태조는 처음 태묘(太廟)에 들어가서 "진열되어 있는 각종 제기를 보고서 이렇게 물었다. '이런 것들은 뭐하는 것이냐?' 좌우에서 예식에 쓰이는 기물이라고 답하였다. 이에 태조는 '우리 조상들이 이런 것을 어찌 알았겠느냐?'라고 하였다(所陳籩豆簠簋, 問曰 : 此何等物也? 左右以禮器對. 上曰 : 吾祖

---

1) 교사례(郊祀禮)는 황제가 교외에서 천지에 지내는 제사이고, 봉선(封禪)은 고대 제왕이 일반적으로 태산에서 하늘에 지내는 제사이며, 명당(明堂)은 고대 제왕이 조회하고 제사 지내던 곳이고, 환구(圜丘)는 고대 제왕이 하늘에 제사 지내던 곳이고, 종묘(宗廟)는 황제의 조상들의 위폐를 모신 사당이다(역자 주).

宗寧識此소진변두보궤, 문왈 : 차하등물야? 좌우이례기대. 상왈 : 오조 종녕식차)."[2]

그 시대에는 권력을 더 믿었다. 건륭 2년(961)에 임덕(林德)이라는 사람이 기다릴 것도 없다는 듯이 한 편의 찬양문을 바쳤다. "우리 태조께서 나라를 세우시니, 이는 천여 년이나 혼란하였던 천하를 일거에 평정하심이다. 강한 자들은 복종하고 강퍅한 자들은 순종하게 되어, 모두들 앞 다투어 머리를 조아리고 명을 받든다. 번진을 설치하여 국가의 수비로 삼아도 번진이 아무런 이견이 없고, 제후들을 관원으로 써도 제후들이 이견이 없네. 이는 과연 무슨 방법으로 이렇게 될 수 있었던 걸까? 영민함과 무력을 하늘로부터 받으셨음이니, 웅혼하고 과단성 있으심은 마치 귀신과도 같으시네(我太祖之開國也, 以千百年破碎不可爲之天下, 一擧而削平之, 强者服, 狠者順, 俯首聽命, 惟恐或後. 處藩鎭以環衛, 而藩鎭無異辭, 授守臣以倅貳, 而守臣無異意, 是果何道而得此哉? 英武白天, 雄斷如神아태조지개국야, 이천백년과쇄불가위지천하, 일거이삭평지, 강자복, 한자순, 부수청명, 유공혹후. 처번진이환위, 이번진무이사, 수수신이졸이, 이수신무이의, 시과하도이득차재? 영무백천, 웅단여신)."[3] 하지만 오직 황제의 강력한 무력에만 의지한다고 해서 모든 문제가 해결되는 것은 아니다. 한 권력의 합법성 역시 그저 무력에 의해 부여되고 유지될 수는 없다. 역사적으로도 확인되듯이 예악을 제정하고 국가의 큰 의식을 거행하는 것은 여전히 합법성을 확립하는 필요한 과정이었다. 번쇄한 절차와 의식을 대수롭지 않게 보던 송나라 태조 역시 재빨리 이러한 사실을 깨달았다. 고대의 예법은 폐할 수 없음을 알아차린 것이다. 이에 송나라 태조로부터 북송의 황제들은 계속해서 의식을 통하여 황권의 합법성을 확립하고 강화해 갔다.

다만 이러한 의식과 제도는 이미 폐해진 지 오래되었기 때문에 초기의 황제들은 당나라 때의 규칙과 전통적 의식을 그저 답습하는 수밖에 없었다. 예컨대 건륭 초년에 엽숭의(聶崇義)는 의식과 제도를 정비하는 일을 담당하였는데, 이는 오대 후주(後周)의 제도를 답습한 것이다. 그는 삼례구도(三禮舊圖)에 의거해 "그 같고 다름을 고증하여 바로잡고, 별도로 신도(新圖) 20권을 책정하였다(考正同異,

---

2) 『속자치통감장편』, 권9, 개보(開寶) 원년, 211쪽.

3) 『속자치통감장편』, 권2, 건륭 2년 조목 40쪽과 45쪽에서 『송조대사기(宋朝大事記)』를 인용하고 있다.

別爲新圖二十卷고정동이, 별위신도이십권)." 동시에 왕저(王著)의 건의를 받아들여, 과거의
의식에 의거하여 "천지와 종묘와 사직에 고하고, 북쪽 교외에서 산천과 바다에
고하였다(告天地, 宗廟, 社稷及望告嶽 鎮海讀於北郊고천지, 종묘, 사직급망고악 진해독어북교)." 천
지에 대해 제사를 지내는 교천 대례를 포함하여 일련의 큰 예법은 모두 당나라
때의 제도에 의거한 것이다. 범질(范質) 등이 편찬한 『남교행례도(南郊行禮圖)』와
『종사성신도(從祀星辰圖)』 역시 『개원례(開元禮)』와 천성(天成)[1] 시기에 만들어진
『남교로부자도(南郊鹵簿字圖)』에 의거하고 있다. 그래서 "우리나라는 당나라의 제
도에 의거한 것이다. 매해 사방의 교외에서 기를 받아 중앙으로 모아 다섯 방위
의 상제에게 제사를 지내는데, 다섯 사람의 황제를 배속해 역시 제사 지내고 오
관(五官)과 삼신(三辰)과 칠수(七宿)에게도 제사 지낸다(國朝因唐制, 每歲四郊迎氣 及土王
日祀五方上帝, 以五人帝配, 五宮, 三辰, 七宿從祀국조인당제, 매세사교영기 급토왕일사오방상제, 이오인
제배, 오궁, 삼진, 칠숙종사)."[2]

　　이러한 어쩔 수 없는 상황은 계속되다가 건덕 원년에 이르러서 엽숭의가 송
나라는 스스로 "하늘의 명을 받았다"는 이론을 제기하면서 겨우 변하게 되었
다.[3] 그는 "불의 덕으로 정통을 계승하여 오행의 왕기를 받고 삼원(三元)의 명을
받들었다(以火德上承正統, 膺五行之王氣, 纂三元之命曆이화덕상승정통, 응오행지왕기, 찬삼원지명
력)"라고 말하였는데, 황제는 이를 승인하여 개보(開寶) 원년(968)에 태조가 "하늘
의 드넓은 운행에 응하여 문무를 겸비하였으며 밝은 도와 지극한 덕을 갖췄다(應
天廣運聖文神武明道至德)"는 칭호를 받아들이게 된다. 이로써 자신은 확실히 천명을
받았으며 내성외왕(內聖外王)을 도덕적 표준으로 삼아 천하를 다스린다는 것을 보

---

1) 후당(後唐) 명종(明宗) 시기의 연호(926~930년)이다(역자 주).
2) 엽몽득(葉夢得)의 『석림연어(石林燕語)』 권1에는 "우리나라의 예법은 초기에 당나라 개원례를 준용하였다(國
　朝典故, 初循用唐開元禮국조전례, 초순용당개원례)"라고 적혀 있다(중화서국, 1984년, 8쪽). 송나라 시대 사람들이 예법
　을 점점 완성하여 확정하기는 아마도 구양수의 『태상연혁예(太常沿革禮)』에 와서야 끝난다고 봐야할 것 같다.
　『송사』 권98의 '예지(禮志)' '일(一)' 2422쪽은 가우(嘉祐) 연간에 구양수가 예법을 편정한 일을 이렇게 기록하
　고 있다. "『통례(通禮)』를 주로 하되 그 변한 것을 기록하였고, 『신례(新禮)』에서 비슷한 것들을 모아서 분류하
　였다. ……옛 예법과 다른 것이 3~4할에 이르렀다(主『通禮』而記其變, 及『新禮』以類相從 ……異於舊者蓋十三四矣
　주『통례』이기기변, 급『신례』이류상종 ……이어구자개십삼사의)"
3) 이상은 모두 『속자치통감장편』, 권2, 건륭 2년, 45쪽과 권4, 건덕 원년, 101쪽과 권4, 건덕 원년, 108쪽 및 권4,
　건덕 원년 113쪽에 보인다.

였다.[4] 이 해 11월 계묘일에 다시 "남쪽 교외에서 하늘과 땅에 함께 제사 지내고, 대사면을 실시하며 연호를 바꾸고…… 건원전(乾元殿)을 짓고 존호책(尊號冊)을 받든다(合祭天地於南郊, 大赦, 改元…… 禦乾元殿, 受尊號冊합제천지어남교, 대사, 개원…… 어건원전, 수존호책)."[5] 이렇게 송나라 왕조는 "하늘의 명을 받아 실행한다"는 형식의 의식 과정을 비로소 확립하기 시작한 것이다.

"하늘의 명을 받아 실행한다"는 형식의 의식 과정을 확립하기 시작하다.

이러한 과정은 송나라 진종(眞宗) 시기에 이르러 최고조에 이르게 되었다. 대중상부(大中祥符) 연간에는 태산에서 하늘에 제사 지내고 분수(汾水)의 북쪽에서 땅에 제사를 지냈다. 이렇게 두 번 세 번 반복해서 "대동(大同)의 명운을 열고 오직 송나라만이 천명을 받았다(啓運大同, 惟宋受命계운대동, 유송수명)." 그리고 "송나라 황조를 열어 온 천하를 통일하였다(肇啓皇宋, 混一方興조계황송, 혼일방여)"라고 진술하게 된다. 심지어는 하늘에서 빈번하게 문장을 내려 주고 하느님이 꿈에 나타난다고 꾸미거나, 조씨 왕권은 인황(人皇)의 후예이며 헌원(軒轅) 황제의 자손이라는 신화를 만들어 내기까지 하였다. 이렇게까지 하는 것은 송나라 조씨 왕조가 천지와 신령의 비호와 승인을 받아 '정통'을 획득하였음을 보여주고자 한 것이다.[6]

---

4) 『속자치통감장편』, 권9, 개보 원년, 207쪽. 이 황권의 정통 확립의 방식은 응희 원년에 이르러 일개 평민인 조수경(趙垂慶)의 "황제의 집안은 오대를 건너 뛰어 위로는 곧장 당나라 시대의 정통을 이어받았다면 금(金)의 덕이 되어야 한다(皇家當越 五代而上承唐統爲金德황가당월 오대이상승당통위금덕)"는 질의를 받기는 하였으나, 이 역시 중앙 관원의 일치된 반대에 직면하였다. 『속자치통감장편』, 권25, 응희 원년, 577쪽에 보인다.

5) 『속자치통감장편』, 권9, 개보 원년, 212쪽. 이에 상응하는 일은 정부에서 줄곧 민간의 천문과 역법에 관한 학문을 금지한 것인데, 이는 지식 권력을 농단함으로써 정치권력을 장악하고자 한 것이다. 개보 5년 9월에는 "점치는 기물과 천문, 도참(圖讖), 칠요력(七曜曆), 태일뇌공(太一雷公), 육임둔갑(六壬遁甲) 등을 금지하며, 이를 사적으로 소유할 수 없다. 현재 지니고 있는 이들은 모두 관부에 제출해야 한다(禁玄象器物, 天文, 圖讖, 七曜曆, 太一雷公, 六壬遁甲等, 不得藏於私家, 有者竝送官금현상기물, 천문, 도참, 칠요력, 태일뇌공, 육임둔갑등, 불득장어사가, 유자병송관)"라고 하였다(290쪽). 개보 9년 11월에는 막 즉위한 태종 역시 "모든 지역에서 천문과 술수에 능통한 자를 찾아내어 궐로 이송토록 하라. 감히 몰래 은닉하는 자는 처벌하고, 이에 응하는 자에게는 30만 냥의 상을 내린다(令諸州大索明知天文術數者傳送闕下, 敢藏匿者棄市, 募告者賞錢三十萬령제주대색명지천문술수자전송궐하, 감장닉자기시, 모고자상전삼십만)"라고 하였다(위의 책 권17, 385쪽).

6) 하늘과 땅에 제사 지내고 하늘이 문장을 내려 주거나 옥황상제가 꿈에 나타나는 등의 일들은 『송사』, 권104, 「예지」, 2532~2541쪽을 참고할 수 있다. 『송대조령집(宋大詔令集)』, 권117에 수록되어 있는 「등봉태산사천하조(等封泰山赦天下詔)」와 「사분음사천하조(祀汾陰赦天下詔)」 중에서 '하늘의 명을 받았음'에 관한 문장이나 "왕조의 군대가 천하를 관장하여 사해가 깨끗하게 되었다(五兵銷偃, 四海澄清오병소언, 사해징청)"는 표현으로 자신을 긍정하는 문장 등에서 왕조의 합리성과 합법성을 확립하려는 심정을 엿볼 수 있다(중화서국, 1962, 397~399쪽). 또 『송사』 권431의 「유림손면전(儒林孫勔傳)」에서 이를 비판하는 내용 등을 참고할 수 있다(12802쪽).

물론 오로지 상징적인 의식에만 의지해서 합법성의 문제를 모두 해결한다는 것은 불가능하다. 이와 동시에 시행되는 일련의 정치적 조치는 국가의 권위를 강화하는 데 상당한 효과를 지니게 된다. 예컨대 사람들에게 아주 익숙한 "한 잔의 술로 병권을 놓게 한다"는 이야기가 꼭 역사적 사실일리는 없다. 그러나 어찌됐든 그것은 일종의 정치적 상징으로써 중앙 정부가 병권을 직접적으로 통제하면서 당나라 이래 중앙 정부에 대한 지방 번진의 위협은 해결되었다.[1] 또 비록 '부관도 아니고, 예속 관원도 아니지만(既非副貳, 又非屬官기비부이, 우비속관)' 통판(通判)을 설립하여 '모든 고급 관원의 거동을 일일이 제약하게 함(長吏擧動必爲所制장리거동필위소제)'으로써 중앙 정부의 지방에 대한 감시와 통제를 더욱 강화할 수 있었다.[2] 또 재상이 황제 앞에 앉을 수 있거나 재상에게 차를 내려 주던 관례를 없앰으로써 지식인 계층 출신의 대신이 과거처럼 소위 '앉아서 도를 논하던' 모습은 있을 수 없게 되었다. 이는 적어도 황권의 지고함을 상징하고 암시한다.[3]

송나라 초기의 몇 십 년 동안 국가 권력과 질서를 강화하려는 노력은 한 번도 멈춘 적이 없었다. 사료의 기록에 의하면 송나라 태종은 재상에게 다음과 같은 말을 하였다고 한다. "국가의 흥망성쇠 여부는 권력이 어디에 있는가를 보면 알 수 있다. 오대는 당나라 말의 혼란한 정국을 이어받아 권력이 지방 번진에 있었다. 정벌도 중앙 조정에 의해 시행되지 않자 번진들은 세력을 믿고 중앙 정부를 업신여겼다. 그래서 왕실은 미약하고 국가는 오래 지속될 수 없었다. 우리의 태조께서 천하를 다스리시면서 이러한 폐단을 완전히 혁파하셨다. 이제 내가 황제의 자리를 이었으니 나 또한 이러한 혁파를 완성코자 한다. 경들과 함께 법제

1) 『송사』, 권250, 「석수신전(石守信傳)」, 8810쪽 및 왕벽지(王闢之)의 『승수연담록(澠水燕談錄)』, 중화서국, 1981, 3~4쪽 참조.

2) 『속자치통감장편』, 권7, 건덕 4년, 181쪽.

3) 애초에 국가 정무를 논할 때 재상은 앉았다. "재상은 천자를 만날 때 반드시 앉을 수 있도록 하였으며, 중대한 정무가 있으면 마주 앉아 논의하였다. 언제나 조용히 차를 마시고 물러나오곤 하였다(宰相見天子必命坐, 有大政事則面議之, 常從容賜茶而退재상견천자필명좌, 유대정사즉면의지, 상종용사다이퇴)"거나 "당나라와 오대에도 이러한 관례를 고치지 않았다. 오히려 앉아서 도를 논하는 관례가 있었다(唐及五代, 皆不改其制, 猶有坐而論道之遺意 뜻당급오대, 개불개기제, 유유좌이론도지유의연)"라는 말이 있다. 그러나 송나라 태조 때에는 "차를 권하는 예식을 폐하고 앉을 수 없게 하였는데, 후에 이것은 정식의 예법이 되었다(賜茶之禮尋廢, 固弗暇於坐論矣, 後遂爲定式사도지례심폐, 고불가어좌론의, 후수위정식)." 『속자치통감장편』, 권5, 건덕 2년, 118쪽.

를 철저히 지키고 국가의 기강을 세워 태평성대를 이룩하고자 한다(國之興衰, 視其威柄可知矣. 五代承唐季喪亂之後, 權在方鎭, 征伐不由朝廷, 怙勢內侮, 故王室微弱, 享國不久. 太祖光宅天下, 深救斯弊. 曁朕纂位, 亦徐圖其事, 思與卿等謹守法制, 務振綱紀, 以致太平국지흥쇠, 시기위병가지의. 오대승당계상란지후, 권재방진, 정벌불유조정, 호세내모, 고왕실미약, 향국불구. 태조광택천하, 심구사폐. 기짐찬위, 역서도기사, 사여경등근수법제, 무진강기, 이치태평). 그는 '법제'와 '기강'을 '지극히 공적인 도(道)여서, 붕당도 치우침도 없는' 영원한 보편 원칙이라 해석하였다.[4]

국가 권위의 강화에 대한 이러한 생각들은 그 목적이 물론 권력의 합법성을 보호하는 데 있다. 다만 이민족의 침입을 막아내고 생활의 질서를 회복하며 민족의 자신감을 중건해야 할 때에 법제와 기강은 어떤 의미에서 국가에 대한 백성의 인정과 연결되어 있다. 따라서 법제와 기강이 '지극히 공적인 도'로 인정될 때 그것은 국가와 권력에게 더 이상의 증명을 필요로 하지 않는 합법성을 제공한다.

북송 초기 이래 조정의 권위와 제도의 중건 과정은 거의 백 년간 지속되었다. 국가에서 편찬한 역사 기록은 이러한 사실을 이렇게 기록하고 있다. "태조와 태종께서는 엄중한 법제를 쓰심으로써 간특한 무리들을 통제하셨다(太祖, 太宗頗用重典, 以繩奸慝태조, 태종파용중전, 이승간특)." 그러나 "원풍 이래로 형법서는 점점 더 번쇄해졌는데, 그에 따라 법망을 빠져나가는 사악한 무리도 덩달아 늘어났고 형벌이 빈번해졌다."[5] 당시의 사람들은 확실히 이렇게 기록하고 있다. "국가가 세워진 초기에는 오대의 유습을 개혁하였다. 그러므로 국가의 기강이 아직 갖춰지지 않은 상황에서 사람들은 과거로 돌아가지 않을까 걱정하였다. 희녕 연간에 제도가 비로소 갖춰지게 되었는데, 이때에야 모든 백성들이 법률에 의거해 일을 처리하게 되었다(國家初沿革五季, 故綱紐未大備, 而人患因循, 至熙寧制度始張, 於是凡百以法令從事矣국가초연혁오계, 고강뉴미대비, 이인환인순, 지희녕제도시장, 어시범백이법령종사의)."[6] 어떻게 평가하든 이 시대에 정치가들은 국가의 법전으로 국가의 생활 질서를 수립하기를 강력히 희망하였다. 이 시대의 지식인들은 또한 국가의 역량을 통하여 사상

국가에 대한 백성의 인정과 연결되어 있고, 그것은 국가와 권력에게 더 이상의 증명을 필요로 하지 않는 합법성을 제공한다.

---

4) 『속자치통감장편』, 권29, 단공 원년, 662쪽.

5) 『송사』, 권199 「형법지(形法志)」, 4961쪽.

6) 『철위산총담(鐵圍山叢談)』, 권2, 중화서국, 1983, 29쪽.

과 문명의 질서를 실현하기를 강렬히 희망하였다.

여기서 전해오는 이야기 하나 하자. 공승공(孔承恭)이라는 사람이 대리사(大理寺)의 승(丞)이라는 벼슬을 담당하고 있었는데, 어느 날 수도와 지방 각 지역의 요처에 나무판을 세워 두고 거기에 "천한 자는 귀한 이에게 양보하고, 젊은이는 연장자에게 양보하며, 가벼운 수레는 무거운 수레에 양보하고, 가는 자는 오는 이에게 양보하라(賤避貴, 少避長, 輕避重, 去避來 천피귀, 소피장, 경피중, 거피래)"라고 새겨둘 것을 건의하였다고 한다. 그러면서 이 규칙을 어기는 자는 법률에 의거해 처벌할 것을 요구하였다. 그는 이렇게 하면 예절을 꽃피우고 풍속을 좋게 할 수 있을 것이라 생각한 것이다. 이는 '많은 사람들이 그의 물정 모름을 비웃을' 일이지만, 이와 유사한 건의들 중에는 지식 계층의 보편적인 요구가 담겨 있다. 즉 국가 역량의 지지 하에 질서를 정비하고 법률을 예절과 풍속으로까지 확장하고 예절과 풍속을 법률로 승격시킴으로써 사상과 윤리 및 생활의 규칙을 새롭게 확립하려는 것이다.[1]

어찌됐든 북송 시대에 국가 권위와 사회 질서를 중건하는 일은 상당히 유효하였으며 이렇게 기초가 안정되어 가는 국면 속에서 사회는 점점 부유해졌다. 그러나 국가 권위와 사회 질서의 합법성은 오로지 권력의 징벌과 훈계에만 의거해서 이룩될 수 있는 것은 아니다. 문화와 교육의 지지가 필요하다. 송나라 사람 항안세(項安世)는 이렇게 말한다. "천하의 일이라는 게 법을 지키는 것도 중요하지만, 오로지 법에 의지할 수만은 없다(蓋天下之事, 雖貴於守法, 而亦不可一付於法 개천하지사, 수귀어수법, 이역불가일부어법)."[2] 오직 지식 계층이 표출하는 지식과 사상, 그리고 신앙의 시스템에 의해서만이 정치와 윤리의 질서를 효과적으로 구성할 수 있다. 방대하면서도 영향력 있는 지식 계층의 여론이 국가에 미치는 의의라는 것은 충분히 짐작할 수 있다. 때문에 송나라 초기부터 권력을 잡은 이들은 모두 차츰차츰 자신과 지식 계층을 연결해 나갔다. 송나라 태조 자신은 비록 문화인은 아니지만 책 읽기를 무척 좋아하였다고 한다. "전쟁 중에 있을 때도 언제나 손에서 책을 놓

질서를 정비하고 법률을 예절과 풍속으로까지 확장하고 예절과 풍속을 법률로 승격시킴으로써, 사상과 윤리 및 생활의 규칙을 새롭게 확립하려는 것이다.

문화와 교육의 지지가 필요하다.

---

1) 『속자치통감장편』, 권24, 태평흥국 8년, 538쪽.
2) 『문헌통고(文獻通考)』, 「선거지(選擧志)」, 상무인서관, 권32에서 인용.

지 않았으며, 어디에 신기한 책이 있다는 말을 들으면 천금이라도 아까워하지 않고 사들였다(雖在軍中, 手不釋卷, 聞入間有奇書, 不吝千金購之수재군중, 수불석권, 문입간유기서, 불린천금구지)."[3] 그가 제정한 문인 우대 정책은 시대상에 상당히 깊은 영향을 주었다.[4]

송나라 태종의 시기로 접어들면 의도적으로 관리 선발의 범위를 확장시켜 방대한 선비 계층을 형성하게 된다. 송나라 태종 즉위 초에는 관리 선발이 매년 30명에서 109명으로까지 확대되었다. 뿐만 아니라 "연속해서 다섯 번 과거를 실시하여, 모두 801명을 선발하다(自是連放五榜, 通取八百餘一人자시련방오방, 통취팔백여일인)" 등 '당나라 이후로 가장 많은 선발(自唐以來未有也자당이래미유야)'이었다.[5] 태평흥국(太平興國 : 송나라 태종太宗의 첫 번째 연호, 976~984년) 2년에 설거정(薛居正) 등이 "관리 선발이 너무 많아 인재 등용이 점점 없이 너무 빨리 이루어진다(言取人太多, 用人太驟언취인태다, 용인태취)"고 말하였지만, "황제는 문교를 장려하고 무력을 억제하고자 하였기에 듣지 않았다(上意方興文敎, 抑武事, 弗聽상의방흥문교, 억무사, 불청)."[6]

그 후 송나라 진종(眞宗)은 그가 아직 즉위하지 않았을 때 저명한 유학자인 형병(邢昺)이 『상서』 등 경전을 강학하는 것을 들었다고 한다. 즉위 이후에는 "함

---

3) 『속자치통감장편』, 권7, 건덕 4년, 171쪽.

4) 송나라 시대에 사대부를 죽이지 않은 일은 송나라 태조 시기부터 시작되었다고 한다. 태조는 비밀리에 태묘의 침전 옆 협실에 비석 하나를 세웠는데, 거기에는 "사대부와 상소를 올리는 자를 죽여서는 안 된다(不得殺士大夫及支上書言事人불득살사대부급지상서언사인)"는 맹세의 문구가 새겨져 있다고 한다. 육유(陸游)의 『피서만초(避暑漫鈔)』와 「휘주록후록(揮麈錄後錄)」 권1과 『요록(要錄)』 권4 및 『송사』 권379 「조훈전(曹勛傳)」 등에 보인다. 주휘(周輝)의 『청파잡지(淸波雜志)』 권1의 「조종가법(祖宗家法)」에도 역시 보인다. 『청파잡지교주(淸波雜志校注)』, 중화서국, 유영상(劉永翔) 교주본, 1994, 15~18쪽에 보인다.

5) 엽몽득, 『석림연어』, 권5, 중화서국, 1984, 72쪽. 통계에 의하면 『송사』에 기록된 1953명 중에서 55%가 평민에서 선비 계층으로 편입된 경우이다(진의언陳義彦의 「평민의 관료 진출로 본 북송 평민 계층의 사회 유동從布衣入士論北宋布衣階層的社會流動」, 『사여언思與言』, 권9, 4호, 타이베이, 1972). 북송 시기 관료 선발은 그 수가 6만여 명에 달하고, 매년 360명에 달한다. 이는 전후기의 왕조와 비교해도 많은 수이다. 장희청(張希淸), 「북송 과거 합격자 수 연구(北宋貢擧登科人數考)」, 『국학연구(國學研究)』 제2권, 북경대학출판사, 1995 참조.

6) 『속자치통감장편』, 권18, 태평흥국 2년, 394쪽. 그러나 옹희 2년에 이르러서는 송나라 태종 자신도 이러다가는 '조만간 관료의 수가 만여 명에 이를 것이어서, 더 이상 선발할 수 없다(近年籍滿萬餘人, 得無濫進者乎근년적만만여인, 득무람진자호)'고 생각하고는 조칙을 내려 "지금 이후로 모든 과거에서는 정해진 수만을 선발 하라(自今諸科竝令量定入數자금제과병령량정입수)"고 하였다(『속자치통감장편』, 권26, 옹희 2년, 594쪽). 하관환(何冠環)의 『송나라 초기 당쟁과 태평흥국 3년의 관리 선발(宋初朋黨與太平興國三年進士)』, 중화서국, 1994, 7쪽 참조.

평 신축년부터 천희 신유년까지 21년 동안 비록 아무리 멀리 떨어진 곳일지라도 인물과 전적을 구하였으며, 그동안 일 년 내내 강학을 중단하지 않았다(咸平辛醜至 天禧辛酉二十一年之間, 雖車鉻巡封, 遍擧曠世閣典, 其間講席歲未嘗輟함평신추지천희신유이십일년 지간, 수차락순봉, 편거광세활전, 기간강석세미상철)." 그는 풍원(馮元), 사도(査道), 이허기(李虛 己), 이행간(李行簡) 등 덕행과 학문이 있는 유학자들을 선발하여 "편한 복장으로 그들과 함께 앉아서 한가할 땐 차나 과일을 먹고 담소를 나누며, 황제에게 진언 하는 모든 예법을 생략하였고 피곤하면 자리를 파하곤 하였다(便裳頂帽, 橫經竝座, 暇則薦若果, 盡笑談, 削去進說之儀, 遇疲則罷편구정모, 횡경병좌, 가즉천약과, 진소담, 삭거진설지의, 우 피즉파)."[1] 문인을 우대하는 황제 가문의 이러한 취향은 매우 빠른 속도로 방대한 지식인 계층을 조성하였으며, 분명한 지식적 풍토를 조성하였다.[2]

전체적으로 혼란한 시기에 진행된 권력의 강화나 무력에 대한 우대는 문화 의 역량을 눈에 띄게 위축시킨다. 따라서 문화의 영역을 담당하는 선비 계층의 정치적 지위 역시 매우 위험한 처지에 놓이게 된다. 중당(中唐) 대화 9년(835)에 전 전조(田全操)라는 사람은 살기등등하게 이렇게 말한 바 있다. "내가 도성에 들어 왔으니, 유학자의 옷을 입은 자들은 귀천을 막론하고 모두 죽일 것이다."[3] 오대 십국의 지식인들이라 할지라도 늘 자신의 운명에 대해 마음을 놓을 수 없었다.

그러나 송나라 왕조가 개국하고서 첫 몇 십 년간은 황실에서 무를 억누르고 문을 키우는 정책을 견지하고, 정부 역시 문인을 대량 선발하여 임용함으로써 지 식인들은 『태평어람』, 『책부원귀』, 『태평광기』 등과 같은 방대한 분량의 전적을 편찬하는 데 집중할 수 있었다. 이는 지식의 위대한 의의를 다시 한 번 회복하는 것 같았으며, 인쇄술의 발달 역시 지식의 전파를 더욱 편리하게 하였고 사회적으 로 지식적 분위기는 점점 더 창성하게 되었다. 송나라 진종은 국자감에 들러 형 병에게 경판이 몇이나 되냐고 물었다고 한다. 형병은 이렇게 답하였다. "국가 초

1) 문영(文瑩), 『상산야록(湘山野錄)』, 군중(卷中), 23쪽과 『옥호청화(玉壺清話)』, 권2, 중화서국, 1984, 16쪽.
2) 조보(趙普)가 '반 권의 『논어』로 천하를 다스렸다(半部『論語』治天下)'는 전설적인 이야기는 사실 상당 부분 상 징적 의미가 있다. 즉 정치 시스템이 '말 위에서 천하를 얻는(馬上得天下)' 것에서 '말 아래에서 천하를 다스리 는(馬下治天下)' 것으로 변화하고 있음을 상징한다. 『송사』, 권256 「조보전(趙普傳)」, 8940쪽에 기록되어 있는 그가 『논어』를 읽은 정황을 참조할 것.
3) 『자치통감』, 권245, 7921쪽.

기에는 4천이 안 되었지만, 지금은 10여 만이나 됩니다. 경(經), 전(傳), 정의(正義) 등을 모두 갖추었습니다. 신이 어려서 스승에게 유학을 배울 때는 경전 중에 주석을 갖춘 것은 백에 한 둘 정도도 되지 않았으며, 그것을 다 옮겨 적을 만한 힘도 없었습니다. 그런데 지금은 판본이 잘 갖추어져 계층에 상관없이 모두 가지고 있으니, 이는 유학자들에게는 커다란 행운이라 할 것입니다(國初不及四千, 今十餘萬, 經, 傳, 正義皆具. 臣少從師業儒時, 經 具有疏者百無一二, 蓋力不能傳寫. 今板本大備, 士庶家皆有之, 斯乃儒者逢辰之幸也국초불급사천, 금십여만, 경, 전, 정의개구. 신소종사업유시, 경 구유소자백무일이, 개력불능전사. 금판본대비, 사서가개유지, 사내유자봉진지행야)."[4]

특별히 11세기의 첫 해, 즉 함평(咸平 : 송나라 진종의 첫 번째 연호, 998~1003년) 4년(1001)에 진종은 명을 내려 주현에 설치되어 있는 관학 이외에도 지방에서 동일하게 학생을 모집하고 교육하는 기관에 유가 경전 전집인 구경(九經)을 보내주었다. 이는 서원 등 사학의 합법성을 승인하는 것일 뿐만 아니라 더욱더 사회적 문화 사업을 고무함을 의미한다.[5] 수십 년간 진행된 송나라 왕조의 지식 계층에 대한 우대와 문화 사업에 대한 지지는 지식 계층으로 하여금 점점 문화적 자신감을 회복하게 하였으며 지식 계층의 정치적 합법성에 대한 공인을 점차 획득하게 하였다.[6]

---

4) 『송사』, 권431, 「유림」 '형병전(邢昺傳)' 12798쪽에 기재된 경덕 2년(1005)의 일이다. 인쇄술의 발달과 문화의 전파에 관해서는 시미즈 시게루(清水茂)의 「인쇄술의 보급과 송대의 학문(印刷術の普及と宋代の學問)」, 『동방학회창립오십주년기념(東方學會創立五十周年紀念) 동방학논집(東方學論集)』, 도쿄, 동방학회(東方學會), 1997, 707~719쪽.

5) 왕부지(王夫之)는 『송론(宋論)』 권3에서 이것이 바로 송나라 학문 흥기의 배경이라고 주장하고 있다(중화서국, 1964, 1998, 53쪽). 그러나 그 전에 사학은 이렇다 할 특별한 지원을 받지 못하였다. 예컨대 여산의 백록동(白鹿洞)은 남당의 이후주(李後主 : 재위 961~975년, 남당의 3대 왕인 이욱李煜을 가리킴) 시대에 "좋은 농지 수십 경을 떼어주고 해마다 세금을 면제해 주었다. 태학에서 경전에 능통한 자를 선발하여 다른 관직을 내려주면서 이 백록동을 관장하게 하여 날마다 유생들이 강송하다(割善田數十頃, 歲去其租廩給之, 選太學之通經者, 授以他官, 俾領洞事, 日爲諸生講誦할선전수십경, 세거기조름급지, 선태학지통경자, 수이타관, 비령동사, 일위제생강송)." 그러면서부터 비로소 점점 흥기하게 되었다. 송나라 초기 태평흥국 2년에 이미 학생이 항상 수천여 명이었다. 강주(江州)의 지사직을 맡고 있던 주술(周述)이 조정에 "유가 경전을 하사해 주어 그것을 공부할 수 있게 해 달라(乞賜九經, 使之肄習걸사구경, 사지이습)"고 상소하기도 하였다(『속자치통감장편』, 권18, 태평흥국 2년, 402쪽). 그러나 3년 뒤 백록동을 관장하던 명기(明起)는 그곳에 관료를 보내줄 것을 건의하였으며, 황제는 그를 채주(蔡州)의 한 현의 주부로 보냈다. 그러자 재빨리 "백록동은 이로부터 점점 쇄락하기 시작하였다(白鹿洞由是漸廢矣백록동유시점폐의)." (위의 책, 권21, 태평흥국 5년, 476쪽)

6) 송나라 시대의 화덕(火德)에 대한 주장이나 하늘과 땅에 대한 제사 및 구양수 등이 특별히 집중적으로 논의한

어떤 서양의 이론에 따르면[1] 한 국가 혹은 왕조가 자기 권력의 합법성을 세우는 데에는 대략 세 가지의 방법이 있다고 한다. 첫째, 하늘 혹은 신과 같은 초월적 존재의 보호를 획득하는 것이다. 둘째, 관료의 국가 관리 시스템에 의지한 효과적인 통치이다. 셋째, 통치자 개인의 역량에 의한 것이다. 그러나 고대 중국에서 이 세 가지 합법성 확립의 방식은 동시에 존재하였다. 또 권력을 획득한 정부에도 (비슷한 유형의) 세 가지 통치 형식이 존재한다. 첫째, 종교 혹은 전통의 힘에 의지해 피라미드식 구조를 세우는 것이다. 둘째, 무력 행사에 의지해 권력을 통제하는 것이다. 셋째, 일종의 진리 혹은 이상적인 무언가에 의지해 정부에 대한 백성의 동의를 만들어 내고 유지하는 것이다. 그러나 고대 중국에서도 세 종류의 통치 형식은 실제 정치 활동을 진행하면서 동시에 사용되었다. 아마도 연구자가 지적한 것처럼 고대 중국의 왕권은 일종의 '보편황권(Universe Kingship)'[2]이다. 그것은 정치 시스템과 종교 권위 그리고 문화 질서를 한 몸에 모두 갖추고 있기 때문에 일반적인 의의에서 말하는 황제제(imperialization)보다 더욱 뿌리가 깊고 안정적이다. 때문에 고대 중국의 모든 왕조는 천지, 우주와 귀신의 인가와 역사 전통 및 진리 계통의 확보 그리고 군사, 정치의 효과적인 통제와 관리에 의해서만이 비로소 그 합법성을 획득하게 된다. 비록 이러한 합법성이 어떤 의의에서는 황실과 지배 계층과 백성의 일시적인 '공통된 인식'에 불과하더라도 말이다.

비록 태조부터 진종까지 대략 60여 년의 시간이 소요되기는 하였지만, 앞에서 말한 것처럼 예제의 회복과 중건을 통하여 국가와 권력의 합법성은 보편의 인정을 받게 되었다. 일련의 상징적인 의례에 의거하여 송나라 왕조는 권력의 천부적 정당성을 확인할 수 있었다. 또 권위 있는 국가 시스템을 수립하고 정치, 경제

고대 중국의 왕권은 일종의 '보편황권'이다. 그것은 정치 시스템과 종교 권위 그리고 문화 질서를 한 몸에 모두 갖추고 있기 때문에 일반적인 의의에서 말하는 황제제보다 더욱 뿌리가 깊고 안정적이다.

권위 있는 국가 시스템으로 자신의 정통성을 인정받을 수 있었고, 지식과 사상, 그리고 신앙세계를 회복하기 시작하다.

'정통론(正統論)'은 사실상 모두 송나라 왕조가 열망하는 정권의 정당성을 위한 것이다. 『정통론(正統論)』 상하, 『거사집(居士集)』 권16, 세계서국 1936년판에 의거한 중국서점의 영인본, 1992, 116~117쪽 참조. 또 니시 준조(西順藏)의 「북송 이후의 정통론(北宋その他の正統論)」, 『일교논총(一橋論叢)』, 도쿄, 1965와 요종이(饒宗頤)의 『중국 사학에서의 정통론(中國史學上之正統論)』, 상해원동출판사, 1996을 참조.

1) 막스 베버(Max Weber)의 『지배의 유형』, 『베버선집』 III, 강락(康樂) 중역본, 타이베이, 윤신출판공사, 1985. 한나 아렌트(Hannah Arendt)의 『전체주의(極權主義)』, 채영문(蔡英文) 중역본, 타이베이, 연경출판사업공사, 1982, 1992 참조.

2) 임육생(林毓生), 『사상과 인물(思想與人物)』, 연경출판사업공사, 1983, 149쪽 참조.

및 문화적 질서를 회복하고 확인함으로써 송나라 왕조는 지식인 계층으로부터 자신의 정통성을 인정받을 수 있었다. 송나라 왕조의 무력을 억제하고 인문을 숭상하는 정책은 지식과 사상, 그리고 신앙세계를 회복하기 시작하였으며, 교육과 과거로 계층화된 지식인 집단을 배양하고 제도화된 문화 지지 시스템을 수립함으로써 사상적 질서를 다시 한 번 확립할 수 있었다.

그러나 국가가 점점 그 합법성을 확보하고 지식인 계층의 보편적인 인정을 획득하였다고 하더라도 지식과 사상, 그리고 신앙세계의 위기는 여전히 존재하였다. 국가의 권위와 민족의 신뢰감을 근본적으로 확립하기 위해서는 사람들이 동일한 문명과 공통의 윤리를 인정해야만하기 때문이다. 그러나 당시에 사람마다 다른 생각을 하고 공통적인 정통성 인정의 기초가 와해된 것은 사상적 동일성이 존재하지 않고 옛 지식과 사상, 그리고 신앙세계가 이미 그 결속력을 상실하였기 때문이다. 특히 진종 이후로 권력의 합법성을 확인하는 것은 이미 과거의 역사가 되어버렸다. 그러나 사상적 질서의 합리성을 확인하는 것은 내우외환의 자극 하에 새로운 초점이 되어 지식인의 마음속 깊은 곳에 숨어 있던 우환의식은 점점 수면 위로 부상하기 시작하였다. 소옹은 한 시에서 이렇게 읊고 있다. "수많은 군주들이 법과 제도를 만들고, 억만 년의 시간이 흘러 갖추어지게 되었다. 그러나 태평성대가 오래되면 강자의 발호를 두려워하고 시름이 깊어지면 악당의 제거를 생각한다(幾千百主出規制, 數億萬年成規模. 治久便憂强跋扈, 患深仍念惡驅除기천백주출규제, 수억만년성규모. 치구편우강발호, 환심잉념악구제)."[3]

이 시는 이 시대 지식인들의 일련의 분위기의 변화를 보여준다. 소위 "경력과 가우 연간에 세간의 명사들은 법이 바뀌지 않는 것을 항상 걱정하였다(方慶曆, 嘉祐, 世之名士常患法之不變방경력, 가우, 세지명사상환법지불변)."[4] 사실 법만이 아니다. 이러한 우환의식은 지식인 계층으로 하여금 지식과 사상, 그리고 신앙의 유효성에 대해 다시 한 번 생각하게 만들었다. 이렇게 사상의 변화를 요구하는 경향은 점점 분명해지기 시작하였다.

---

3) 소옹의 『서(書)』, 『송문감』, 권25, 380쪽에 실려 있다.
4) 진량, 「전선자격(詮選資格)」, 『진량집(陳亮集)』, 권11, 중화서국, 증보판, 1987.

광범위하게 가치가 혼란
해지는 상황 아래에서는
중국의 지식과 사상, 그
리고 신앙의 의의를 새롭
게 확립함으로써 민족의
자신감과 자존심을 세워
야 하였다.

우선 광범위하게 가치가 혼란해지는 상황 아래에서는 중국의 지식과 사상, 그리고 신앙의 의의를 새롭게 확립함으로써 민족의 자신감과 자존심을 세워야 하였다. 고대 중국인들은 언제나 이런 습관이 있었다. 즉 중국은 공간적인 위치에서만 천하의 중심이 아니라 더 중요하게는 문명의 의의에서 천하의 중심이라는 것이다. 그러나 이 시대에는 비록 그들 스스로 "천하가 한 집안이 되었다"거나 "한당(漢唐) 시기의 옛 영토를 모두 회복하였다"고 말한다 하더라도, 실제로는 이민족들이 시종 강대한 세력을 이루고 있어서 송나라 왕조는 그저 공간적으로 요(遼)나라나 하(夏)나라와 동등한 관계를 유지하고 있을 뿐이었다. 설령 요나라나 하나라가 아니더라도 국가의 공간적 영역은 국경에 의해 정해졌고, 국가의 문명적 의미에서의 중심적 위상은 시종 드러나지 못하였다. 특별히 당시의 중국은 이민족 문명의 충격 하에서 전통 문명이 거의 "팔 척 큰 침대가 전쟁터의 침상으로 변해버렸다(八尺大床變成了帆布行軍床팔척대상변성료범포행군상)"는 것처럼 생활 세계에서 그 지도력을 상실해 버렸다. 그렇기 때문에 이러한 문명적 의의를 다시 한 번 수립할 필요가 있었던 것이다.

송나라 초기의 사상계가 비록 겉으로는 언제나 정치적으로는 '존왕양이'[1]의 문제를 논하고 역사적으로는 '정통'의 문제를 논하는 것처럼 보일지라도 그러한 합리성에 대한 논증이 일단 정치의 영역에서 문화의 영역으로 확대되면, 그 논의는 사상적인 의미에서의 '존왕양이'와 문명 상에서 누가 과연 '정통'이 될 것인가의 문제가 된다. 때문에 송나라 시대의 경학과 역사학은 언제나 이러한 사상적 추구를 표현하곤 한다. 예컨대 손복(孫復)은 『춘추존왕발미(春秋尊王發微)』를 편찬하였을 뿐만 아니라 『유욕(儒辱)』에서 "(불교와 도교가) 인의를 끊어버리고 예악을 폐함으로써 천하의 이목을 막아버렸다([佛老]絶滅仁義, 摒棄禮樂, 以塗塞天下之耳目불노절멸인의, 병기례악, 이도질천하지이목)"며 극력 비판하고 적극적으로 유가의 학설을 옹호하였다.[2]

그리고 송나라 시대 사학(史學)에서의 정통론 논쟁의 유행은 역사를 새롭게

---

1) 중국의 왕을 존대하고 오랑캐를 물리친다는 뜻으로 중화주의를 의미한다(역자 주).
2) 『송원학안(宋元學案)』, 권2, 「태산학안(泰山學案)」, 세계서국, 1936, 58~59쪽.

구성함에 있어서 '존왕양이'가 가장 필요한 순간에 처한 이 왕조를 위해 문화적 민족적 정통성 인정의 기초를 마련해 주었다.[3] 그들은 역사적 사실을 새롭게 선정하여 그 전통적 철학의 함의를 조심스럽게 재해석해 낼 책임을 지게 되었다. 그들은 이 민족이 역사적으로 보이는 일관된 궤적을 묘사하고 경전에 기술되어 있는 유구한 역사의 윤리적 원칙을 드러냄으로써 현재의 이 국가가 천지가 부여한 정당성을 담지하고 있을 뿐만 아니라 역사적으로 계속해서 이어지는 합리성을 확보하고 있음을 증명하고 유일무이한 지고지상의 문명임을 보여야 하였다.

　　석개(石介)의 「중국론(中國論)」과 「괴설(怪說)」은 문명적 중심을 재건한다는 의도를 집중적으로 보여주고 있다. 그는 '중국'과 '오랑캐'의 공간적 차이를 아주 엄격히 구분한다. "천하의 가운데 거하는 자는 중국이요, 천하의 변두리에 거하는 자는 오랑캐다(居天地之中者曰中國, 居天地之偏者曰四夷거천지지중자왈중국, 거천지지편자왈사이)." 또 '중국'과 '오랑캐'의 문명적 차이를 아주 엄격히 구분한다. 군주와 신하의 관계, 관혼상제와 같은 예악 등은 중국의 문명을 보여주는 것이며, 머리를 늘어뜨리고 문신을 하거나 가죽옷을 입고 동굴에서 사는 것은 오랑캐의 야만성을 보여주는 것이다. 만일 공간적으로 치우친 곳에 처할 뿐만 아니라 문화적으로도 혼란이 발생한다면, "그 나라는 이미 중국이 아니다." 때문에 공간적으로 "오랑캐는 변두리에 살고, 중국은 중앙에 살아서 서로 침해하지 않는 것이다(四夷處四夷, 中國處中國, 各不相亂사이처사이, 중국처중국, 각불상란)." 뿐만 아니라 지식과 사상, 그리고 신앙적인 의미에서의 경계를 다시 명확하게 하는 것은 무척이나 중요한 일이다. 그는 "중국은 중국이고 오랑캐는 오랑캐다(中國, 中國也, 四夷, 四夷也)"라고 말한다. 그러나 그 중에서도 가장 절박한 것은 '중국의 일상적인 도'를 와해시키는데 가장 근접해 있는 불교를 제압하는 것이다. 왜냐하면 불교는 "군주와 신하의 도를 없애고 부모와 자식 간의 감정을 끊어버리며, 도덕과 예악 및 인륜을 폐하고 백성들의 일상적인 거처를 떠나게 하며, 중국의 올바른 의관을 변질시키고 조

---

3) 구양수의 「원정통론(原正統論)」과 「명정통론(明正統論)」 등을 참조(『구양수전집歐陽脩全集』, 『거사외집居士外集』, 권 9, 중국서점에서 영인한 세계서국본, 1992, 414~416쪽).

상을 버리고 오랑캐를 제사 지내게 한다"[1]고 보았기 때문이다. 문화적 의의에서 중국은 천하와 동등하기 때문에 비록 공간적으로는 이제 더 이상 천하가 아니라고 하더라도 일단 이단사설을 깨끗이 제거하고 유가의 성인이 만든 학문을 중건한다면, 문명의 보편성과 초월성에 의지하여 중국은 여전히 자신의 자신감을 유지할 수 있으며 고유한 도덕과 윤리는 여전히 동일성과 결속력을 갖추게 될 것이다. 이러한 기대감에서 사상 세계의 의의를 중건하려는 욕구는 더욱 두드러지게 되었다.

다음으로는 사상 세계를 새롭게 수립하고 그것이 사회생활을 총체적으로 지도하도록 하려면, 정치, 경제, 문화를 포함한 일체의 생활 세계가 이러한 원칙에 부합하도록 해야 한다. 송나라 왕조는 이미 성공적으로 지식인 계층이 현존하는 권력에 대해 그 합법성을 인정하도록 하였다. 하지만 지식인들은 이 국가가 문화적 합리성을 갖추기를 더욱 바라기 때문에 그들은 언제나 국가에 좀 더 이상주의적인 요구를 하게 되었다. 송나라 태종은 여몽정(呂蒙正)에게 상당히 의미심장한 말을 한 적이 있다. "선비들 중에 등용되지 못한 자들은 당시의 정치에서 이치에 합치하지 않는 부분이 있으면 마음속으로 불만스럽게 생각한다(凡士未達, 見當世之務戾於理者, 則怏怏於心범사미달, 견당세지무려어리자, 즉앙앙어심)."[2] 이 말은 실제 정치 활동에 참여하지 않은 지식인들이라 하더라도 시종 정치에 대해 상당한 흥미를 지니고 있으며, 고도의 이상주의적 태도로 곧잘 정치의 보편적 합리성을 요구함을 의미한다.[3] 이러한 고도의 이상주의에는 나름의 역사적 근거가 있다.

지식인들은 당나라 중기 이래 국가 권위의 실추는 사회적 도덕의 상실과 윤리의 붕괴 그리고 국가의 합법성과 질서의 합리성에 대한 백성들의 멸시로부터 연유하였다고 생각하였다. 이러한 관념적 결속의 해이와 자각적 의식의 소실이 바로 이러한 역사적 위기를 초래하여 장장 200년에 달하는 혼란을 야기하였으

사상 세계를 새롭게 수[
하고 그것이 사회생활[
총체적으로 지도하게 하[
다.

---

1) 「중국론」, 「괴설」 상·중·하편은 각각 『조래석선생문집(徂徠石先生文集)』, 권10, 권5, 중화서국, 1984, 116쪽과 60~62쪽에 보임.

2) 『송사』, 권265, 「여몽정전(呂蒙正傳)」, 9146쪽.

3) 예를 들어 황제 곁에 있던 형병(邢昺)은 황제에게 경전을 강의할 때에 "주석서의 내용을 인용하는 것 외에 곧잘 당시의 세태로 비유를 들었다(據傳疏數引之外, 多引時事爲喩거전소부인지외, 다인시사위유)"고 한다(『송사』, 권431, 「유림전」, 12800쪽).

며, 지식인들에게는 상당히 고통스러운 기억과 인상을 남겨 이로부터 국가와 사상의 질서를 중건해야 한다는 생각을 자극하게 되었다는 것이다. 때문에 당나라 중기 이후 한유와 같은 일류의 지식인 계층이 계속해서 근심스럽게 여긴 것은 바로 국가 권위의 실추와 사상 질서의 혼란이다. 그들은 또 국가의 권위와 민족의 자신감을 근본적으로 중건하려면, 백성들이 국가의 합법성을 인정할 뿐만 아니라 더 중요하게는 이 국가가 동일한 문명과 공동 윤리의 근거임을 백성들이 인정해야 한다고 믿었다. 백성들이 인정하는 동일성의 기초만이 개체 생명과 정치의 권위 및 지리와 구역을 뛰어넘을 수 있는 보편적 진리이다.[4]

이는 손복이 말한 "그 말단을 다스리고자 하는 자는 반드시 그 근본을 반듯하게 해야 한다(欲治其末者, 必端其本욕치기말자, 필단기본)"는 것이다. 소위 '근본'이란 일찍이 고대의 학자들이 '도(道)'라고 부른 것이고 후대의 학자들이 '리(理)'라고 한 바로 그것이다. 예컨대 소옹이 "천하의 만물은 모두 리를 지니고 있다"(『관물觀物』)고 한 것이나, 이정(二程) 형제가[5] 말한 "하늘에는 리가 있고 성인은 이것을 따라 행동하니 소위 도이다(天有是理, 聖人循而行之, 所謂道也천유시리, 성인순이행지, 소위도야)" (『이정유서二程遺書』 권21)라는 것이 모두 그 의미이다.[6] 바로 이러한 관심에서 자연과 사회를 초월하는 '도' 혹은 정치 국가, 도덕 윤리, 우주 구조, 자연 지식에 제공되는 동일성 근거인 '리(理)'가 제시된 것이다. 소위 '리(理)'란 현실 존재의 관념적 비시간적 측면(the ideational and atemporal aspect of reality)이다. 후대의 연구자들이 지적한 것처럼 이러한 현실 초월의 '리'는 현실 속에 있는 모든 자연과 사회에 대한 지식을 다시 정리하여 새로운 지식과 사상, 그리고 신앙의 시스템을 중건하고서 이러한 새로운 동일성 기초 위에 그 합리성을 부여한다.

마지막으로 지식과 사상, 그리고 신앙세계의 비판력과 유효성을 새롭게 수립하고 문화의 의의와 지식인의 지위를 확립하는 것은 신속히 팽창하는 지식인

지식과 사상, 그리고 신앙세계의 비판력과 유효성을 새롭게 수립하고 문화의 의의와 지식인의 지위를 확립하다.

---

4) 진조무(陳祖武)의 「주희와 「이락연원록」(朱熹與「伊洛淵源錄」)」 역시 이러한 점을 지적하여 "국가를 하나로 통일시키기 위해서 송나라 왕조의 통치자는 '도덕을 하나로 하고 풍속을 같게 한다'는 과제를 제출하였다"고 하였다. 그러나 그 역사적 원인에 대해서는 그다지 깊이 있는 분석을 내놓지 못하였다(『문사文史』, 제39집, 중화서국, 1994, 150쪽).

5) 북송의 정호(程顥)와 정이(程頤) 형제를 가리킨다(역자 주).

6) 『송원학안』, 권2 「태산학안」의 '춘추존왕발미'에서 인용하였다. 43쪽.

계층이 자신의 의지를 표현함으로써 모두 이뤄졌다. 송나라 시대에는 대량으로 지식인을 선발 임용하고 지식인 등용의 다양한 길을 개방함으로써 수도에는 수많은 지식인들이 모여들게 되었다. 그러나 동시에 송나라 시대의 관학 중건 특히 주현(州縣) 소재 학교의 부흥과 학관의 설치 및 사학(私學)에 대한 고무를 통해 지방에도 역시 방대한 지식인 집단을 형성시켰다. 그런데 주현의 학관에서 봉행하는 선현에 대한 제사와 학관의 학술적 경향은 그 지역의 학풍과 경향에 영향을 미쳤다. 학관의 지식인들을 통해 중앙의 도시 문명과 기풍이 지방으로 확장되고 추진되도록 영향을 미쳤지만, 더 중요한 의의는 지방 지식인과 신흥 가족 단위 속에 상당히 많은 수의 지식인 계층의 인사를 배양하였다는 것이다. 이렇게 중앙과 귀족의 지식과 사상, 그리고 신앙에 대한 독점적 국면은 점점 전환하기 시작하였다.[1] 때때로 일련의 지식인 지도자들은 지방 특별히 고향에 상당한 영향력을 행사하고 또 후대의 향신(鄕紳)과 같은 집단적 성격의 세력을 지지함으로써[2] 때로 중앙 권력에 대한 일종의 균형추가 되곤 하였다.

이러한 정황 하에 정치에 참여하고자 하는 지식인들은 언제나 사상적 논의를 통해 자신의 정치적 견해를 표출하였고, 이러한 견해들 또한 종종 지식인 지도자에 의해 행동으로 전개되었다. 이로부터 '치통(治統)'과 '도통(道統)' 사이의 즉 정치권력과 지식권력 사이의 권력의 헤게모니 장악을 위한 분쟁이 점점 첨예해지게 되었다. 11세기 7~80년대에는 정치 중심과 문화 중심의 분리가 발생하였고, 이로부터 이학(理學)이 흥기하게 된다.[3]

---

1) 곽보림(郭寶林)의 「북송 주현의 학관(北宋州縣學官)」, 『문사』, 제32집, 중화서국, 1990 참조.

2) 『석림연어(石林燕語)』, 권1, 8쪽 참조. 예컨대 송나라 시대 사대부 가묘의 설립은 대략 가우(嘉祐) 초에 시작되었는데, 문언박(文彥博) 노공(潞公)이 장안 두우(杜佑 : 735~812년, 당나라 시기의 관료적 학자로서 부국안민의 학술을 연구함)의 옛 묘를 근거로 삼아 그것을 모방하여 지었다. 당(堂) 하나에 네 개의 방을 만들고 양 옆에는 부실을 두는데, 두 곳간 앞에는 큰 문을 설치하였다. 동쪽 곳간에는 제기(祭器)를 보관하고 서쪽 곳간에는 집안에 전해져 오는 서책을 보관하여 네 계절마다 제사를 지낸다. 이후 사신(士紳) 계층은 점점 지방에서 세력의 중심과 문화의 상징이 되었다. 이것과 양송(兩宋 : 960~1279년, 북송과 남송을 말함) 시기 지방 종족 중건과는 긴밀한 연관 관계가 있다. 일련의 연구자들이 지적한 것처럼 송나라 시대는 사당, 문중의 재산, 가족의 규약과 족장의 권위로 지방 권력을 새롭게 수립하던 시대이다. 향신(鄕紳)은 문화적 명망과 종족 단위의 경제라는 이중적 지지를 장악함으로써 사회적으로 중요한 역량이 되어 항상 일정 정도에서 국가와 정부에 제약을 가하기도 하였다. 좌운붕(左雲鵬)의 「사당, 족장, 가족 권력의 형성과 그 작용에 대한 시론(祠堂族長族權的形成及其作用試說)」, 『역사연구(歷史研究)』, 베이징, 1964년 제5기와 6기 참조.

원래 고대 중국에서 지식 계층이 황권을 제약할 수 있는 수단이란 언제나 정치권력을 초월하는 문화 지식을 이용하는 방법 밖에 없었다. 초기에는 동중서가 그랬던 것처럼 황권을 제약할 때 의지하는 것이라곤 오직 '하늘(天)'이었다. 지식인들은 '하늘'이 내리는 재이(災異 : 천재지변)에 대한 해석을 통하여 정치권력의 남용을 제약하였다. 왕을 초월하여 그 위에 있는 것은 하늘이기 때문에 하늘이 내리는 재이는 황권에 대한 유일한 통제 수단이었다. 지식인들은 그저 각종 자연현상에 대한 해석 권한에 의지하여 권력을 초월하는 문화의 이름으로 황권을 비판하고 제약할 수 있었다. 그러나 '재이설'이 점차로 참위설과 함께 지식인들에 의해 배척되면서, 오직 경전상의 도리(道理)에 의해서만이 전제 권력을 변화시킬 수 있었다. 예컨대 황제에 대한 강학은 사대부가 황권에 영향을 미칠 수 있었던 중요한 수단이다. 송나라 시대의 황제들이 겉으로는 문사들을 상당히 존중하였지만 실제로는 그렇지 못하였다. 인종 이후에는 황제에게 강학하는 학자의 의자를 없애고 일어서서 강론하도록 하였다. 비록 말은 "도가 있는 분에게는 특별히 예를 갖춘다(道之所存, 禮則加異도지소존, 예즉가이)"고 하지만, 이 작은 예법의 변화는 황제의 권력이 경전의 권위보다 당연히 우선함을 상징적으로 보여준다.[4]

그러나 지식인 계층에게 그 이외의 방법이란 없었다. 그들은 그저 문화와 지식의 힘만을 믿어야 하였다. 그래서 그들은 보편적으로 적용될 수 있는 '리(理)'가 있어서, 이 '리'가 일체의 자연과 사회적 존재를 초월하는 원칙이기를 희망하였

---

3) 송나라 시대의 황권과 재상권 간의 분쟁은 줄곧 역사 학계의 토론거리였다. 사실 권력 자체는 이쪽이 늘면 저쪽이 줄고 이쪽이 줄면 저쪽이 느는 식이어서 고정된 숫자로 말할 수 없다. 그 어느 때보다 황제권이 팽창하였던 송나라 시대의 정황에서 재상권 역시 어느 정도 증강하였다. 재상권이 일정 정도 지식인 계층의 이익과 취향을 구현하는 상황에서 재상권은 지식인 계층의 '도통'을 상징한다고 할 수 있다. 이들은 지식 권력을 이루어 정치권력에 대치하게 되었으며, 이로부터 황권과 재상권은 어느 정도 상호 제약하는 관계가 되었다. 요대력(姚大力)은 「역사학은 매력을 잃었는가?(歷史學失去魅力了嗎)」에서 다음과 같이 지적한 바 있다. "송나라 시대는 한편으로는 전제 군권이 증강한 시기였으며, 다른 한편으로는 관료 집단이 군주의 권력을 제약하는 데 있어서 그 힘이 증강된 시기였다. 이 두 추세 사이에는 당연히 매우 강력한 장력이 발생하였다." 그는 비록 정치사의 각도에서 분석하였지만, 나의 관점과 상당히 근접해 있다(『학설중국學說中國』, 강서교육출판사, 1999, 195쪽에 실려 있다).

4) 황제에게 경전을 강학하는 신하가 앉아야 할지 서야 할지에 대해서 신종 시대에 격렬한 논쟁이 있었지만, 결국은 일어서서 강학하자는 주장이 우위를 점한 듯하다(주서희朱瑞熙의 「송조경연제도宋朝經筵制度」, 『중화문사논총中華文史論叢』, 55집, 상해고적출판사, 1996, 18~19쪽 참조).

다. 지식인들은 '리'에 대한 해석과 이해 및 이에 대한 실천의 능력을 독점함으로써 비평의 보편적 권력을 획득하고, 비평의 권력이 지식과 사상, 그리고 신앙의 의의와 가치를 구현할 수 있기를 희망하였다. 후대의 지식인들이 격렬히 표출하였던 것처럼 "천하에는 오직 도리가 가장 크다. 그러므로 아무리 황제라 하더라도 필부의 한 마디 말에 굴복하고, 사해를 다 지닌 황제라 하더라도 그것을 자신의 가족이나 친구에게 사적으로 사용할 수 없다(天下唯道理最大, 故有以萬乘之尊而屈於匹夫之一言, 以四海之富而不得以私於其親與故者천하유도리최대, 고유이만승지존이굴어필부지일언, 이사해지부이불득이사어기친여고자)"[1]고 생각하였다. 황제는 '리'의 심판으로부터 면책권을 지닐 수 없다. 그들은 반드시 지식인들과 그들이 상징하는 문화와 대면해야만 하였다. 그래서 "사대부와 함께 천하를 다스리지, 백성들과 함께 천하를 다스릴 수는 없다(爲與士大夫治天下, 非與百姓治天下也위여사대부치천하, 비여백성치천하야)"는 것이었다.[2]

때문에 송나라 시대의 사상사에서 특별히 두드러지는 것은 바로 '천하'와 '태평' 그리고 '도'와 '리(理)' 또는 '심'과 '성' 등이며, 이는 군주, 국가 혹은 개인 등과 같은 구체성을 초월한 개념어들이다. "천하의 눈으로 보니 그 봄이 지극히

'천하'와 '태평' 그리고 '도'와 '리' 또는 '심'과 '성'

---

1) 『중흥양조성정(中興兩朝聖政)』, 권47, 건도 4년 7월.
2) 『속자치통감장편』, 권221, 희녕 4년 3월, 5370쪽. 구양수의 인식처럼 근본적으로 공자의 학문을 존숭하고 예의를 준수하는 것만이 오직 영원한 근본이라고 여겨졌다. 뿐만 아니라 오직 그렇게 해서만이 이 위기에 처해 있는 세계를 개선할 수 있다고 생각하였다. "공자의 도가 밝아져야 다른 학파들이 모두 사라진다(孔氏之道明而百家自息공씨지도명이백가자식)", "참으로 그것을 강학하고 닦아가며 몸소 근실히 실천한 뒤 차츰차츰 변화시켜 백성들로 하여금 모두 즐거이 실천하도록 한 뒤라야 온 천하에 이 도가 가득 찰 수 있다(誠能講而修之, 行之以勤而浸之以漸, 使民皆樂而趣焉, 則充行乎天下성능강이수지, 행지이근이침지이점, 사민개악이취언, 즉충행호천하)." 이러한 '리'는 "사람들에게 구현되는 것이 아주 점진적이기 때문에…… 반드시 오랫동안 시행해야 천하가 태평해진다(入於人者漸…… 必久而後至太平입어인자점…… 필구이후지태평)." 때문에 그들은 황권을 초월하는 일종의 보편적 진리가 존재한다고 믿었다. 이러한 보편적 진리는 황제를 포함하여 그 누구라도 반드시 따라야 한다. 천하의 그 누구라도 마찬가지이다(『거사집』, 권17, 「본론本論」 상·하를 참조. 『구양수전집』, 124쪽에 실려 있다). 그 뒤로 수많은 사대부들이 황제의 언행을 격렬히 비판하였는데, 이는 그 이전에는 잘 볼 수 없던 현상이다. 예컨대 북송 말년의 심장경(沈長卿)은 진동 사건에 대한 송나라 흠종의 처리를 비판하면서 심지어는 "공과 죄가 분명하지 않은데도 멋대로 상과 벌을 시행하여 천하 사람들이 모두 원망한다면, 이는 폭군이라고 불러도 가할 것이다(功罪不明, 而妄興賞罰, 使天下歸願, 則謂之暴君可也공죄불명, 이망흥상벌, 사천하귀원, 즉위지폭군가야)"라고 말하기까지 하였다(정초기程炤奇의 「진동과 정강의 학술 경향陳東與靖康學潮」을 참조. 『중국연구』, 제35기, 도쿄, 1998, 63~81쪽에 실려 있다. 또 황현번黃現璠의 『송대 태학생의 구국 운동宋代太學生救國運動』, 상무인서관, 1936, 71~80쪽 참조).

넓지 않은가? 천하의 귀로 들으니 그 들음이 지극히 멀지 않은가? 천하의 말을 하니 그 담론이 지극히 고원하지 않은가? 천하를 위해 도모하니 그 즐거움이 지극히 크지 않은가?(夫天下之觀, 其於見也, 不亦廣乎? 天下之聽, 其於聞也, 不亦遠乎? 天下之言, 其於論也, 不亦高乎? 天下之謀, 其于樂也, 不亦大乎부천하지관, 기어견야, 불역광호? 천하지청, 기어문야, 불역원호? 천하지언, 기어론야, 불역고호? 천하지모, 기우악야, 불역대호)" 당시의 '중국'을 걱정하는 지식인들이 이 시대를 위해 내놓은 것은 '천하'였다. 즉 '천하'라는 보편적 진리에 부합하는 것으로서, "천하의 정해진 이치는 그 누구도 빠져나갈 수 없다(天下之定理, 無所逃於天地之間천하지정리, 무소도어천지지간)"는 것이었다. '부국강병'을 깊이 걱정하는 지식인들이 이 시대에 내놓은 것은 오히려 "천하가 조석으로 그저 태평한 것이었다."[3] 여기서 말하는 태평은 비단 국가의 부유와 강대를 의미하지 않는다. 그것은 일종의 영원한 행복과 평정의 상태이다.

황권의 지지 하에 실용적 정책이 정치 생활을 지배하는 시대에 지식인들이 내놓은 답안이란 도리어 결코 부국이나 강병이 될 것 같지 않은 '도리'였다. 사회 생활 특히 나날이 부유해져가는 도시 생활이 점차 도덕적 동일성의 기반을 상실해 가는 시대에 지식인들이 내놓은 근본적 구원의 방법이란 즉 '심'과 '성'에 대한 자각이었다. "교육의 내용은 치지(致知)로부터 앎이 완성되는 것이며, 성의(誠意)로부터 평천하(平天下)이며, 쇄소응대(灑掃應對)로부터 궁리진성(窮理盡性)이었다(教人自致知至於知止, 誠意至於平天下, 灑掃應對至于窮理盡性교인자치지지어지지, 성의지어평천하, 쇄소응대지우궁리진성)."[4] 그들은 이렇게 고원한 이상주의를 견지하면서, '도학'이나

---

3) 『송사』, 권306, 10095쪽의 「사필전(謝泌傳)」에서 인용한 진종 연간 초에 올린 상소의 구절이다. 이렇게 '태평'을 제시하는 방법은 매우 많아서 이미 당시 사대부들이 추구하는 이상적인 경지가 되었다. 예컨대 『송사』, 권315, 「한억전(韓億傳)」에서는 다음과 같은 말을 인용하고 있다. "천하가 태평해지길 바라는 것은 성상의 마음이시니, 비록 곤충과 초목 같은 미천한 것들일지라도 모두 자신의 자리를 찾아가기를 원하신다(天下太平, 聖主之心, 雖昆蟲草木皆欲使之得所천하태평, 성주지심, 수곤충초목개욕사지득소)." 채양(蔡襄)의 「사현일불초시오수(四賢一不肖詩五首)」 중에서는 "황제의 가문이 태평한 지 수백 년, 이제는 옛날을 법 삼아 기강을 정비하여야 할 때다(皇家太平幾百載, 正當鑒古修紀綱황가태평기백재, 정당감고수기강)"라고 하였다. 장재에 이르러서는 '도'와 '태평'을 동일시하였다. 그래서 "도를 희구하였으나 보지 못하였으니, 태평을 바라노라(望道而未之見, 望太平也망도이미지견, 망태평야)"라고 하거나 그 유명한 "억만년을 위해 태평을 열다(爲萬世開太平위만세개태평)"라고 언급한 것이다(「장자어록張子語錄中」중에, 『장재집張載集』, 중화서국, 1978, 322쪽).

4) 『송사』, 권427, 「도학전일(道學傳一)」 '정호전(程顥傳)', 12717쪽.

'이학'이라고 불리는 사상이 중국을 구원할 수 있는 유일한 방법이며 국가 정치 생활을 바로잡을 수 있는 유일한 방법이라고 생각하였다.

　　의심할 것도 없이 이러한 이상주의 사조와 사상 부각 운동은 당나라 중기 한유 이래의 생각을 계승한 것이다. 도학자들은 다시 한 번 역사적 근거를 발굴하여 한유와 일련의 새로운 사조를 발견하였다. 앞에서[1] 이미 말하였지만 한유 및 9세기 초의 지식인들은 국가의 권위와 사상적 질서를 새롭게 세우고자 하는 열망을 지니고 있었다. 이러한 열망은 당시의 민족, 국가 및 사회의 상황에 대한 심각한 우려와 고대 중국의 '존왕양이' 관점에 대한 계승으로부터 나온 것이다.

　　그러나 북송 초기의 몇 십 년간 이미 역사적 기억이 되어버린 이러한 근거들은 우환의식에 가득 찬 지식인들에 의해 다시 한 번 발굴되었다. 그들은 한유에 의해 허구적으로 구성된 공자와 맹자로부터 한유로 이어지는 진리의 계보를 반복해서 드러내었고, '가짜가 점점 진짜가 되듯' 새로운 사상의 역사를 서술하기 시작하였다. 그들은 또 『대학』과 『중용』에 대한 한유 등의 새로운 해석을 추숭하고, 과거에 『예』를 중심으로 하던 정치학적 경전의 계통을 바꾸었으며,[2] 『역』을 중심으로 우주의 궁극적 도리를 해석하였으며, 『중용』과 『대학』을 중심으로 본성을 완성하는 방법을 탐색하였으며, 『춘추』를 중심으로 정치의 대의명분을 토론하였다.[3] 이러한 태도는 점점 사람들로 하여금 경전을 읽고 싶게 만들었다. 또 그들은 한유 등의 '고문(古文) 운동' 역시 계승하여, 이러한 진중하고 단아한 문체와 진리 표현을 동일시하였다. 그래서 사람들로 하여금 이러한 문체를 읽을 때 은연중에 진리를 연상하게끔 만들었다. 특히 그들은 당나라 중기 이래의 인성에 대한 생각을 계승 발전시켜 과거에는 그저 도덕적 요구이거나 행동의 규범에 지나지 않던 윤리의 문제를 일체를 초월하는 지고무상의 본원으로 승격시키고,[4]

이러한 이상주의 사조와 사상 부각 운동은 당나라 중기 한유 이래의 생각을 계승한 것이다.

---

1) 이 책의 한당(漢唐) 부분을 가리킨다(역자 주).

2) 송나라 초기까지 『예』학은 여전히 학문의 중심이었다. 요종이의 「송학의 연원-후주의 복고와 송초 학술(宋學的淵源-後周復古與宋初學術)」, 북경대학 '탕용동 학술강좌' 논문집 출력본, 1998 참조.

3) 송나라 시대의 이러한 변화에 대해서는 다케우치 요시오(武內義雄)의 『송학의 유래와 그 특수성(宋學的由來及び其特殊性)』, 『동양사조(東洋思潮)』, 암파서점, 1934 참조.

4) 이택후(李澤厚)는 일찍이 다음과 같이 말하였다. "(이학의) 기본적 특징은 윤리를 본체로 승격시킴으로써 인간의 철학을 중건하였다는 점이다. ……그것(윤리 주체)에 '천지와 함께 참여하는' 초도덕적 본체의 지위를 부

상당히 긴 시간 동안 이
러한 이상주의 사조와 사
상부각 운동은 시종 정치
적 변두리에 머물렀다는
것이다.

그것을 이학의 기초로 확정하였다.

그러나 반드시 짚고 넘어가야 할 것은 상당히 긴 시간 동안 이러한 이상주의
사조와 사상부각 운동은 시종 정치적 변두리에 머물렀다는 것이다. 대부분의 지
식인들은 여전히 과거를 통한 출세의 길에 몰두하였고, 그저 소수의 지식인만이
시종 이러한 초월적 입장을 견지하였다. 따라서 이러한 사조와 운동은 결코 주도
적인 학문이 될 수 없었다. 권력의 지지를 받지 못하였기 때문에 정치 의식의 형
태로 발전할 수 없었고, 그저 일련의 우환의식이 충만한 지식인들이 자신의 사상
을 표현하는 방식이었기에 그것은 그저 지식 계층의 비평 방식일 뿐이었다.

장재는 다음과 같이 매우 심각한 말을 한 적이 있다. "조정에서는 도학과 통
치를 별개의 일로 간주한다. 이것이 바로 예로부터 걱정하였던 일이다(朝廷以道學,
政術爲二事, 此正自古可憂者조정이도학, 정술위이사, 차정자고가우자)."[5] 그들이 생각하기에
'통치'는 응당 '도학'의 보편 원칙에 부합하거나 적어도 그것을 따라야 한다. 천
하의 부모로서 군주와 재상은 백성들에 대해서 당연히 부모가 갖는 권력을 지닐
뿐만 아니라 더더욱 당연히 백성들에 대해서 부모의 사랑하는 마음이 있어야 한
다.[6] 권력자들은 '통치술'을 가지고 있어야 할 뿐만 아니라 '통치의 덕'을 가지고
있어야 한다. 그렇지 않으면 통치술은 그저 '술'일 뿐 결코 '도'일 수 없다. 그렇
게 되면 국가는 합법성은 있을지 몰라도 합리성은 있을 수 없는 것이다.

그러나 장재의 시대에 이르기까지 여전히 "도학과 통치는 별개의 일이었다
(道學, 政術爲二事도학, 정술위이사)." 장재의 말에서 우리는 자고이래로 "도와 술이 나
뉘어 왔다(道術將爲天下裂도술장위천하렬)"는 우환의 목소리를 들을 수 있으며, 당시
중국의 지식인 계층이 '이상과 현실이 둘로 나뉘지 않는' 상황을 기대하였음을
알 수 있다. 그러나 이 시기에 그의 말 중에서 더 직접적으로 표현되는 것은 아마
도 정치권력에 대한 지식인들의 사상 권력적 요구이며 지식인 계층이 사상 권력

여하였다." 이러한 평가는 틀리지 않다. 다만 '본체'니 '철학'이니 하는 개념들은 언제나 서양 철학과의 불필
요한 분쟁을 야기할 수 있다(『중국고대사상사론(中國古代思想史論)』, 베이징, 인민출판사, 1985, 220쪽).

5) 『장자전서』, 권13, 「답범손지서(答范巽之書)」, 사부비요본, 123쪽.

6) 이 역시 정이가 말한 것이다. "(제왕)은 이 마음을 온 천하에 확장시켜야 하니, 제왕이 응당 지녀야 할 도이다
(帝王推此心以及四海, 帝王之要道也제왕추차심이급사해, 제왕지요도야)."(『송사』, 권427, 「도학일」 '정이전', 12719쪽)

을 쟁취하면서 가질 수 있는 유일한 무기가 곧 드높은 이상주의이다. 그들이 권력을 요구하고 공동의 인정을 쟁취하는 방법이란 즉 '리'에 일체를 덮을 수 있는 지고무상의 지위를 부여하는 것이었다.

하지만 이러한 노력이 당시에 거둔 효과는 지극히 미미하였다. 보편적으로 실질적인 효과를 추구하는 분위기 속에서 이러한 이상주의의 사상 부각 운동은 권력의 지지를 얻을 수 없었다. 따라서 처음에는 그저 지식인들 사이에서 유행하는 일종의 존경받을만한 사조에 불과하였다. 그러나 11세기 하반기에 상당한 영향력을 행사하는 일부 지식인 지도자들이 낙양에 모이고 또 일련의 좀 더 분명한 이론과 역사가 기술되면서 처음에는 변두리에 처했던 사상과 권력이 점점 서로를 인정하기 시작하였다. 그럼에 따라 이러한 사상과 운동은 점점 많은 사대부들의 지지를 받게 되었고 점차 이 사조의 영향력은 확장되었다. 이렇게 사상사의 일대 변혁은 배태되기 시작하였다.

1절

낙양과 변량 : 문화 중심과 정치 중심의 분리

    11세기 60년대 말에서 70년대까지 정치적 수도였던 변량(汴粱)에서는 실용적 정책을 견지하는 일단의 관료들이 황제의 지지 하에 그들의 실용적이고 효과적인 새로운 정책을 면밀히 수행하고 있었다. 같은 시기 문화의 중심지인 낙양에서는 여전히 상당한 영향력을 가지고 있었지만 잠시 권력에서는 멀어져 있던 고급 사대부들이 모여들었다. 그들은 문화적으로 상당히 보수적인 입장을 고수하고 있었다. 그들 중에는 전직 재상이었던 부필(富弼 : 1004~1083년), 추밀사 문언박(文彦博 : 1006~1097년), 어사중승 여공저(呂公著 : 1018~1089년) 등 이외에도 수많은 추종자를 지니고 있는 저명한 인물도 있었다. 물론 그 중에서 가장 신망이 있었던 사람은 사마광(司馬光 : 1019~1086년)이었다.[1] 문헌의 기록에 의하면, "사마광은 재능이 뛰어나면서도 덕을 겸비하여 안팎의 신망을 크게 얻었다. 사대부들은 그와 면식이 있건 없건 모두 그를 거론하였고, 아래로는 여염의 백성들까지도 모두들 그에 대해 말하였다. 사마광이 퇴임한지 10여 년이 지난 뒤에도 천하 사람들은 모두 그가 다시 조정에 기용되기를 바랐다(司馬文正公以高才全德, 大得中外之望, 士大夫識與

---

1) 『승수연담록』은 원풍 5년(1082)에 문언박이 서경에 머물러 있으면서, "낙양의 사대부들 중에 현명하면서도 늙어 할 일이 없는 이들이 부필의 집에 모여 함께 술을 마시며 즐겼다(聚洛中士大夫賢而老自逸者, 於[富]韓公第置酒相樂취락중사대부현이로자일자, 어[부]한공제치주상악)"라고 하였으며, 사람들은 이들을 '낙양의 원로회'라고 불렀다. 그 중에는 부필(79세), 문언박(77세), 석여언(席汝言, 77세), 왕상공(王尙恭, 76세), 조병(趙丙, 75세), 유기(劉幾, 75세), 풍행기(馮行己, 75세), 초건중(楚建中, 73세), 왕신언(王愼言, 72세), 장문(張問, 70세), 장도(張燾, 70세), 사마광(64세) 등이 있었고, 널리 이름을 날렸지만 참여하지 않았던 왕공진(王拱辰, 70세)도 있었다(중화서국, 1981, 49쪽).

不識, 稱之爲君實, 下至 閭閻匹夫匹婦, 莫不能道司馬. 故公之退十有餘年, 而天下之人日冀其復用 於朝사마문정공이고재전덕, 대득중외지망, 사대부식여불식, 칭지위군실, 하지 려염필부필부, 막불능도사마. 고공지퇴십유여년, 이천하지인일기기복용어조)"[1]고 한다. 그들을 현대식으로 표현하자면 '그림자 내각'과 비슷하고 사대부들 사이에서 은은하면서도 꾸준한 영향력을 행사하였으며, 많은 사람들은 그들이 다시 흥기하여 정권을 장악하기를 기대하였다. 비록 이러한 바람이 일시에 실현될 가능성은 없다고 하더라도 이는 정치 중심에 필적하는 문화 중심의 존재감을 확인하기에 충분하였고 일부 학자와 문인들을 흡수하였다.

이는 정치 중심에 필적하는 문화 중심의 존재감을 확인하기에 충분하였고 일부 학자와 문인들을 흡수하였다.

"낙양은 사실상 별개의 수도로서 지식인들의 아지트였다(洛實別都, 乃士人之區藪낙실별도, 내사인지구수)."[2] 송나라 시대의 낙양은 문벌 귀족들이 운집해 있던 지역일 뿐만 아니라 지식인 계층이 모여 있던 곳이기도 하였다. 사상사에서 그 위상이 매우 의심스러운 주돈이(周敦頤 : 1017~1073년)와 홀로 서부 지역에 거처하고 있던 장재(張載 : 1020~1077년)를 제외하고는 북송 사상사 특히 이학사에서 가장 중요한 몇몇 학자들, 예컨대 소옹(邵雍 : 1011~1077년), 정호(程顥 : 1032~1085년), 정이(程頤 : 1033~1107년) 등은 모두 같은 시기에 이곳에서 살았다. 이들 학자들은 낙양에서 한가롭게 지내고 있던 사마광, 문언박, 부필 등과 상당히 깊은 관계가 있었다.[3] 후대 사람들의 기억에 의하면 부필, 사마광, 여공저 등은 "무척 소옹을 존경하여

---

1) 『속수연담록』은 또 "(사마광이) 낙양에 거한지 15년이었는데 천하 사람들이 모두 매일같이 그가 재상이 되기를 바랐다(司馬光居洛十五年, 天下之人, 日望以爲相사마광거락십오년, 천하지인, 일망이위상)"라고 기록하고 있다(17~18쪽과 20쪽 및 『송사』, 권336의 「사마광전」, 10767쪽). 또 『송사』, 권314의 「범순인전(范純仁傳)」에서는 범순인이 서경에 머물러 어사대를 맡았다는 구절에서 "당시의 훌륭한 원로들은 낙양에 많이 모여 있었다. 순인과 사마광은 모두 손님 맞기를 좋아하였으나 집안이 가난하여 조촐히 만날 것을 약속하였다. 밥 한 그릇과 술 몇 그릇으로 만났는데, 낙양 지역에서는 이것을 훌륭히 여겼다(時耆賢多在洛, 純仁及司馬光, 皆好客而家貧, 相約爲眞率會, 脫粟一飯, 酒數行, 洛中以爲勝事시기현다재락, 순인급사마광, 개호객이가빈, 상약위진솔회, 탈속일반, 주수행, 락중이위승사)"고 기록하고 있다(10286쪽).

2) 『명도선생행장』 부록 「문인붕우서술병서(門人朋友敍述並序)」, 『이정집(二程集)』, 중화서국, 1981, 332쪽. 소옹의 『낙양회고부(洛陽懷古賦)』 참조. 이 부(賦)는 매우 중요한 자료로 사실 부의 형식을 빌려 역사와 현실에 대한 낙양 사대부들의 관점을 기술한 것이다. 그래서 소옹의 아들인 소백온은 이렇게 말한다. "강절선생(소옹)의 경세학은 대개 이런 형식이다. 사부에 의탁하여 자신의 견해를 드러내 보였다(康節先生經世之學蓋如此, 托賦以自見耳강절선생경세지학개여차, 탁부이자견이)."(『소씨문견록』, 권19, 211~213쪽)

3) 정호의 「증사마군실(贈司馬君實)」과 「제부한공문(祭富韓公文)」과 정이의 「답부공소간(答富公小簡)」 등을 참조(『하남정씨문집河南程氏文集』, 권3,4,9, 『이정집』, 485, 508, 598쪽).

그와 항상 교유하였고, 낙양 시내에 저택을 지어 주었다(雅敬[邵雍, 恒相從遊, 爲市園宅아경[소옹], 항상종유, 위시원댁)."[4] 정호와 정이 형제에 대해서도 상당히 존숭하여 그들 스스로 이 형제와 학문적인 교유를 하였을 뿐만 아니라[5] 젊은 학자들에게도 자주 정씨 형제를 언급하면서 찾아가서 가르침을 받도록 하였다.[6]

　　이렇게 낙양은 점차 당시 학술과 문화의 중심지가 되어 가고 있었다. 기록에 의하면 당시에 소옹의 명성은 매우 높았다. "사대부들이 낙양에 갈 때면 관아에는 가지 않더라도 반드시 소옹에게 들렀다. ……현명한 이들은 그의 덕성을 훌륭하게 여겼고, 현명치 못한 이들도 그에게 교화되었다(士之道洛者, 有不之公府, 必之雍……賢者悅其德, 不賢者服其化사지도락자, 유부지공부, 필지옹 ……현자열기덕, 불현자복기화)." 정호와 정이 역시 점점 사대부들의 존경의 대상이 되었다. "여염의 사대부들은 모두들 이정 형제를 높이 존경하여 즐거이 그들과 교유하였다. 공부하는 이들은 모두 그들을 스승으로 섬겨 도의를 논하였다. 낙양을 지나던 사람들 중에 그들의 이름을 아는 사람이라면 반드시 그들을 찾아봤다(閭裏士大夫皆高仰之, 樂從之遊, 學者皆宗師之, 講道勸義, 行李之往來過洛者, 苟知名有識必造其門려리사대부개고앙지, 악종지유, 학자개종사지, 강도권의, 행리지왕래과락자, 구지명유식필조기문)." "사대부들 중에 그들을 배우려는 자들이 끊이지 않았으며 천리를 마다 않고 찾아온 이들도 있었다(士之從學者不絕於館, 有不遠千裏而至者사지종학자부절어관, 유불원천리이지자)." 수도에서 그리 멀리 떨어지지 않은 이 지역에서는 십여 년간 도덕, 윤리를 표방하고 사상과 학술을 중시하는 일단의 지식인 그룹이 형성되었고, 이들은 당시의 지식과 사상, 그리고 신앙세계에 새로

---

4) 『송사』 권427 「도학1」 '소옹전', 12727쪽.

5) 무척이나 자신감이 넘쳐났던 사마광이라 할지라도 그가 「역대론(歷代論)」이나 『자치통감』을 집필할 때는 소옹이나 정이 등의 의견을 들었다. 물론 그 의견을 취사선택하였지만 여기서 우리는 사마광이 그들을 무척 존중하였음을 확인할 수 있다. 『소씨문견후록』 권9, 중화서국, 1983, 68쪽. 『하남정씨외서(河南程氏外書)』, 권12에서 인용하고 있는 기관(祁寬)의 기록 「윤화정어(尹和靖語)」, 『이정집』, 439쪽 참조.

6) 건안의 임지녕(林志寧)이 문언박의 집으로 찾아왔을 때가 예가 될 수 있겠다. 문언박은 그에게 이렇게 말하였다. "나는 이런 문제에 대해 별 도움이 되지 못합니다. 이정 선생이라는 사람이 있으니 그들에게서 배울만합니다(某此中無相益, 有二程先生者, 可往從之모차중무상익, 유이정선생자, 가왕종지)."(『하남정씨외서』, 권12에서 인용하고 있는 『구산어록龜山語錄』, 『이정집』, 429쪽) 또 『송사』 권313의 「문언박전」에서는 이렇게 말한다. "그가 낙양에 있을 때는 낙양 사람인 소옹, 정호 형제 등이 도를 자부하고 있었는데, 그들과는 신분의 차이에 구애됨이 없이 교유하였다(其在洛也, 洛人邵雍, 程顥兄弟皆以道自重, 賓接之如布衣交기재락야, 락인소옹, 정호형제개이도자중, 빈접지여포의교)."(10263쪽)

운 목소리를 내기 시작하였다.

　역사를 돌이켜보면 , 고대 중국의 역사에서 이렇게 정치 중심과 문화 중심이 현저하게 분리되었던 현상은 아주 드문 일이다. 정치 권위, 종교 권위 그리고 문화 권위의 합일로서의 '보편황권'의 지배 하에서 통상 고대 중국의 황제와 그의 정부는 진리 자체를 상징할 뿐만 아니라 진리에 대한 해석권을 장악한다. 앞에서 이야기하였지만 인간과 초월자 및 천지를 이어주는 일련의 의례와 관료 정부의 효과적인 운용과 관리 그리고 과거제도를 통한 사대부 집단에 대한 통제 및 경전에서 발견되는 의식 형태의 전달을 통하여 고대 중국의 정치권력은 언제나 상당히 성공적으로 문화 권력을 지배해 왔었다. 그런데 황제의 권력이 극도로 팽창되어 있는 북송의 11세기 7~80년대에 오히려 이렇게 정치 중심과 문화 중심의 분리 현상이 발생하였다. 그렇다면 이러한 현상은 어떻게 발생하였으며, 또 중국의 지식과 사상, 그리고 신앙세계에 어떠한 영향을 끼칠 것인가?

1

　송사(宋史)를 연구하는 학자들은 모두 북송 시기에 발생한 진정한 의미에서의 심각한 변화는 경력(慶歷 : 송나라 인종仁宗의 연호, 1041~1048년) 4년(1044)에 시작되었다고 생각한다. 80여 년의 시간이 지나는 동안 정권은 이미 공고해졌고 사회는 점점 안정되었으며 백성들도 부유해지기 시작하였다. 그러나 그 속에 감춰져 있던 문제들은 차츰차츰 드러나기 시작하였다. 수만 많을 뿐 그 효율은 극히 낮은 관원이나 방대하기만 할 뿐 무능하기 짝이 없는 군대 그리고 서북쪽에서 가끔씩 출현하는 외적의 문제 외에도 태평의 시기가 지속되면서 시작된 만연한 부패 역시 점차 수면 위로 드러나기 시작하였으며 경제적인 상황 역시 날이 갈수록 우려할 지경에 이르렀다.[1] 바로 이러한 상황 아래에서 상층 계층 사이에서는 일종의

---

1) 『연익이모록(燕翼詒謀錄)』 권2, 17쪽에는 이렇게 기록되어 있다. "함평과 경덕 이후에는 태평스런 시기를 칭송하면서 점차 일상의 소비가 사치해졌다. 사대부의 집안에서만 그런 것이 아니라 여염의 백성들도 앞 다투어 화려함을 추구하였으니, 뜻있는 사람들은 근심스럽게 생각하였다(咸平景德以後, 粉飾太平, 服用寢侈, 不惟士

변혁을 요구하는 심경이 팽배해 있었다. 이러한 심경은 사대부 사회 내부의 심리적 긴장을 유발하였다. 이러한 긴장은 계속해서 존재하였으며 보편적인 사회 사조가 되었다.[2]

따라서 변혁은 당시에 이미 사대부들의 공통된 인식이었으며, 범중엄, 부필, 구양수 등이 조정에 있던 그렇지 않던 세력을 얻었던 그렇지 않던 경력 연간 이래로부터 이러한 사조는 사대부들에게 줄곧 존재해 왔으며 사회의 여론을 주도해 왔다.[3] 결국 신종과 왕안석이 추진하였던 희녕(熙寧 : 송나라 신종神宗의 연호) 연간 (1068~1077)의 격렬한 변법을 불러온 것이다.

그런데 훗날의 사상사와 깊은 관계가 있는 한 가지 문제는 경력신정(慶曆新政 : 범중엄仲淹이 추진한 경력변법慶曆變法)으로부터 희녕변법(熙寧變法 : 왕안석王安石이 추진한 변법)에 이르기까지는 모두 이러한 사조의 자연적인 발현에 불과하다는 것이다. 그러나 반드시 주의해야 할 것은 사대부들의 취향과 정책의 관계에 있어서 희녕 연간에 상당히 극적인 변화가 발생하였다는 것이다. 비록 일단의 사대부들

大夫家崇尚不已, 市井閭裏以華靡相勝, 議苦病之함평경덕이후, 분식태평, 복용침치, 불유사대부가숭상불이, 시정려리이화미상승, 의고병지)." 또 함평 이후의 물가 앙등에 대해서도 기록하고 있다. "함평 연간으로부터 대중상부 연간까지 수십 년 동안 세상은 이미 이렇게 변해 있었다. 게다가 태평한 시기가 오래 지속됨에 따라 사치는 점점 더 심해졌으니, 이러한 세태가 북송 말기까지 지속될 수 있었겠는가?(咸平距祥符十數年間, 世變已如此, 況承平日久, 侈費益甚, 沿襲至於宣, 政之間乎?함평거상부십수년간, 세변이여차, 황승평일구, 치비익심, 연습지어선, 정지간호?)" (중화서국, 1981, 14쪽)

2) 경력 8년(1048)에 어주순(魚周詢)이 상소를 올려 '천하의 형국(天下丈勢)'을 묘사한 말은 바로 이러한 상황을 잘 보여주고 있다. "서쪽 변방은 어수선하여 천하가 동요하고, 인재 등용이 복잡하여 정치는 썩어가고, 지방관들은 상소를 올리지 않고, 장수들은 변변한 사람이 없으며, 서북쪽은 변란이 잦아 국경이 혼란합니다 (西隆禦備 天下繹騷, 仕進多門 入汗政濫, 牧守之職 罕聞奏最, 將帥之任 艱於稱職, 西北多故, 邊情叵測서수어비 천하역소, 사진다문 입오정람, 목수지직 한문주최, 장수지임 간어칭직, 서북다고, 변정파측)." (『송사』, 권302, 「어주순전魚周詢傳」, 10011~10013쪽)

3) 장방평(張方平)이 대표적인 사례이다. 『송사』, 권318의 「장방평전(張方平傳)」은 인종 시기에 장방평이 올린 상소문을 기록하고 있다. "대중부상 연간 이후로는 고식적인 정책만을 추진하여 오래도록 전해져온 국가의 전통을 점차 상실하게 되었습니다. 관리의 등용과 승진 평가에 대한 규칙이 무너지고 장수 임명이나 병력 양성에 대한 규율도 예전만 못합니다. 정부를 운영할 비용이 막혀버려 정치는 기강이 사라졌습니다. 큰 장사치나 부유한 백성들은 이러한 틈을 타고 이익을 추구하니 차, 소금, 광물 등에 대한 기율도 모두 문란해졌습니다. 이는 국가가 잘 다스려지느냐 그렇지 않느냐를 결정하는 근본적인 문제입니다. 결코 태만히 할 수 없습니다 (祥符以來, 務爲姑息, 漸失祖宗之舊, 取士, 任子, 磨勘, 遷補之法壞, 命將養兵, 皆非舊律. 國用旣窘, 則政出多門. 大商豪民 乘隙射利, 而茶鹽香礬之法亂. 此治忽盛衰之本, 不可以不急상부이래, 무위고식, 점실조종지구, 취사, 임자, 마감, 천보지법괴, 명장양병, 개비구률. 국용기군, 즉정출다문. 대상호민승극사리, 이도염향반지법란. 차치홀성쇠지본, 불가이불급)." (10355쪽)

이 경력 이래의 사조를 답습하여 격렬한 실용주의 정책을 채용하면서 황제의 지지하에 왕안석처럼 변혁의 실험을 진행시켰지만, 여전히 상당수의 사대부들은 이러한 방식에 찬성하지 않았다. 그들은 좀 더 온화한 문화적 보수주의와 고도의 도덕적 이상주의의 입장을 표방하였다. 그들은 문화적 전통을 중건하고 도덕과 이성의 역량을 빌려 지식과 사상 및 그것을 담당하는 사람들이 질서 속에 있는 지도적 의의를 확립하고 더 나아가 온건하고 점진적인 방식으로 이상적 사회 질서를 세우고자 하였다.

그래서 경력 혁신 때에(1044) 이미 보수적인 성향을 보였던 여이간(呂夷簡)의 아들인 여공저(呂公著)가 희녕(熙寧 : 1068~1077년)과 원풍(元豊 : 송나라 신종의 두 번째 연호, 1078~1085년) 연간(1068~1085)에 왕안석의 변법을 반대하였고[1] 그의 또 다른 아들인 여공필(呂公弼) 역시 "정치의 안정에 힘쓸 것을 누차 진언하였다."[2] 이들 뿐만 아니라 일찍이 개혁의 영수였던 범중엄의 아들 범순인(范純仁)도 왕안석을 반대하였다. 심지어는 개혁의 강력한 지지자였던 장방평(張方平), 부필, 한기(韓琦 : 1008~1075년) 등도 나중에는 전체적으로 보수 성향으로 돌아섰다.[3] 마찬가지로 가우(嘉祐 : 송나라 인종仁宗의 마지막 연호, 1056~1063년) 2년(1057)에 구양수의 발탁과 천거로 정치권에 들어왔던 사람 중에 정호, 주광정(朱光庭), 장재, 여대균(呂大鈞), 소식(蘇軾), 소철(蘇轍) 등은 역시 구양수의 천거를 받았던 왕안석과 반대의 길을 걷게 된다.[4] 마지막으로 왕안석을 처음에는 무척이나 긍정적으로 평가하고 극력 추천하였던 구양수마저 왕안석과의 정치적 견해의 불일치로 인해 희녕 3년(1070)

---

[1] 여공저는 원래 왕안석과의 관계가 무척 좋았다. 그러나 바뀌어 뒷날 신법을 반대하게 되었다. 『사마광일기』의 부록인 「수록(手錄)」, 권1, 94쪽 참조(이유민李裕民 교주본, 중국사회과학출판사, 1994).

[2] 『송사』 권311 「여공필전」, 10214쪽.

[3] 『송사』 권318 「장방평전」에는 인종 시기에 장방평이 상소하여 변혁을 요구하였던 내용이 기록되어 있다. 그에 의하면 변혁의 첫째는 관리 등용 제도의 변혁이고, 둘째는 국가 재정 제도의 변혁이며, 셋째는 겸병의 방지이고, 넷째는 경제 법규의 정비였다(10355쪽).

[4] 『소씨문견록』 권3, 25쪽에는 다음과 같이 기록되어 있다. "신종이 사마광을 물러나게 하자 훌륭한 사람들이 모두들 떠나갔다. 황제는 왕안석만을 신용하여 조상으로부터 내려오던 법도를 모두 바꾸었고, 군사 제도에서도 이익을 취하려 하였기에 천하가 비로소 어지럽게 되었다(神宗旣退司馬溫公, 一時正人皆引去, 獨用王荊公, 盡變更祖宗法度, 用兵興利, 天下始紛然矣신종기퇴사마온공, 일시정인개인거, 독용왕형공, 진변경조종법도, 용병흥리, 천하시분연의)."

에 정치권에서 축출되었다.[5]

우리가 주의해야 할 것은 이러한 반대자들의 담론 중에서 보수적이고 점진적인 변화에 대한 그들의 비유적 표현들이다. 예컨대 부필은 강력한 약물의 사용을 반대하는 비유를 든다. "비유컨대 사람이 큰 병이 걸렸다가 조금 회복되었을 때와 같습니다. 반드시 죽을 먹고 약한 약으로 천천히 조리를 해야 합니다(譬猶人大病方愈, 須用粥食湯藥補理비유인대병방유, 수용죽식탕약보리)."[6] 문언박은 휜 것을 바로잡기 위해 너무 지나치게 겪는 행위에 반대한다. "조정에서 정치를 할 때는…… 안정을 우선으로 해야 합니다. 폐하께서 심혈을 기울여 정치를 하시는데도 아직 인심이 안정되지 않았으니, 이는 개혁이 지나쳤기 때문입니다(朝廷行事…… 以靜重爲先, 陛下厲精求治, 而人心未安, 蓋更張之過也조정행사…… 이정중위선, 폐하려정구치, 이인심미안, 개경장지과야)."[7] 사마광은 새로 집을 짓는 것으로 비유를 삼아 이에 반대하였다. "천하를 다스리기는 집에 사는 것에 비유할 수 있습니다. 조금 부서지면 고치면 됩니다. 크게 무너진 것이 아니면 새로 짓지는 않습니다(治天下譬如居室, 敝則修之, 非大壞不更造也치천하비여거실, 폐즉수지, 비대괴불경조야)."[8]

이들은 어지럽게 자라난 풀들을 한칼에 베어버리는 식과 같은 근본적인 변화를 매우 싫어하였던 것 같다. 특히 그들은 바로 이러한 시기에 국가에 큰 변화

---

5) 『속자치통감장편』 권211에는 구양수가 청주에서 상소를 올려 청묘전(靑苗錢) 제도를 비판한 내용이 기록되어 있다. 그 결과 왕안석은 신종의 면전에서 구양수를 공격하여 '하는 일이 대부분 이치를 거스르고(見事多乖理견사다괴리)', '문화를 지닌 사람, 즉 독서인, 지식인을 좋아하여(好有文華人) 파당 짓는다고 하였다. 심지어는 "경전을 모르고 도덕을 알지 못하며, 『주례』를 비판하고 「계사」의 의미를 훼손하였다. 그에게 배운 이들은 잘못된 길로 들어서 결국은 많은 사람들이 완전히 잘못되었다(不知經, 不識義理, 非『周禮』, 毁『系辭』. 中間學士爲其所誤, 幾至大壞부지경, 불식의리, 비『주례』, 훼「계사」. 중간학사위기소오, 기지대괴)"라고까지 말하였다(5134~5135쪽).

6) 부필이 차에 매기는 세금에 대해 토론할 때 그는 이상의 비유를 썼다(공정신龔鼎臣의 『동원록東原錄』에 보인다. 『구양수자료회편歐陽修資料滙編』, 27쪽에서 재인용). 왕안석 역시 마찬가지로 약 복용의 비유를 들었으나 그 의미는 상반된다. "천하를 다스리는 것은 약을 쓰는데 비유할 수 있습니다. 환자가 몸 상태가 좋은지 그렇지 않은지 차가운지 따듯한지를 살펴야 합니다. 환자가 몸 상태가 좋지 않고 차가울 때에는 바로 오두, 부자 등을 써야 하는데 이 때 열이 많이 날 것은 걱정하지 않습니다(治天下當用藥, 當知虛實寒熱, 方虛寒之時, 純用烏頭, 附子, 不患過熱치천하비여용약, 당지허실한열, 방허한지시, 순용오두, 부자, 불환과열)."(『속자치통감장편』, 권214, 희녕 3년조, 5218쪽)

7) 『송사』 권313 「문언박전」, 10261쪽.

8) 『송사』 권336 「사마광전」, 10764쪽.

가 발생하는 것을 원치 않았다. 예컨대 희녕 초 부필이 재상으로 있을 때 신종은 먼저 국경의 일을 물었다. 그러나 돌아온 것은 부필의 우회적인 반대였다. "폐하께서는 지금 막 즉위하셨으니 응당 덕을 펼치시고 은택을 행하셔야 합니다. 20년 간은 군사에 대해 언급하지 않으셔야 합니다(陛下卽位之初, 當布德行惠, 二十年不言用兵二字폐하즉위지초, 당포덕행혜, 이십년부언용병이자)." [1] 이렇게 겉으로 보이는 '유위'와 '무위'의 대립 속에서 많은 정치사 연구자들이 눈여겨보았던 것은 개혁파와 보수파, 급진 정책과 점진 정책 간의 충돌이었다. 그러나 사상사를 연구하는 사람들은 도리어 그 배후에 더 심원한 배경이 있지 않을까 하는 의문을 제시하였다.

여기에는 물론 '도통(道統)'과 '정통(政統)' 사이의 분리가 있다. 장재는 「답범손지서(答范巽之書)」에서 다음과 같은 의미심장한 말을 한다. "조정에서는 도학과 통치를 별개의 일로 간주한다. 이것이 바로 옛날부터 우려스러웠던 일이다(朝廷以道學, 政術爲二事, 此正自古之可憂者조정이도학, 정술위이사, 차정자고지가우자)." [2] 여기서 말하는 '도학'과 '통치'의 담당자는 고대로부터 존재하였던 '스승'과 '관리'이다. 결국 '스승을 관리로 삼아' 역사서에서 말하는 훌륭한 관리의 정책으로 '왕도(王道)'의 질서를 세울 것이냐, 아니면 '관리를 스승으로 삼아' 역사서에서 말하는 가혹한 관리의 정책으로 '패도(覇道)'의 질서를 세울 것이냐 인데, 사실상 이는 한 나라 시대 이래로 줄곧 고약한 문제였다. 아무리 중국의 '보편 황권'이 모두들 왕도와 패도를 병행한다 하더라도 실제로 정치를 꾸려감에 있어서는 어느 한 쪽으로 치우칠 수밖에 없는데, 이것은 문화 담론 권력과 정치 담론 권력 간의 중심의 이동을 의미한다.

희녕과 원풍 연간 중국의 정치 세계는 황권에 기대고 있는 급진적 개혁가들이 뚜렷하게 우위를 점하고 있었다. 이 시기에는 다음과 같은 결과가 발생하였

'도통'과 '정통' 사이의 분리

---

1) 『소씨문견록』 권5, 41쪽. 이 일은 『송사』 권313 「부필전」, 10255쪽에도 보이는데, 희녕 원년의 일이라고 기록하고 있다. 그러나 이러한 정책은 왕안석에 의해 재빨리 바뀌었다. 그는 먼저 "회수와 하수를 취하여 서하의 오른쪽 어깨를 끊어내고, 영주와 무주를 취하여 요나라의 좌측 어깨를 잘라내고, 다시 고려와 힘을 합쳐 요나라를 도모해야 합니다(取熙河以斷西夏右臂, 又欲取靈武以斷大遼左臂, 又結高麗起兵, 欲圖大遼취희하이단서하우비, 우욕취령무이단대료좌비, 우결고려기병, 욕도대료)"라고 말하고서, 다시 호북 섬서 지역으로 진공하여 옛 땅을 회복할 것을 상소하였다.
2) 『장재집』 부록 「문집일존(文集佚存)」, 중화서국, 1978, 349쪽.

다. 우선 황제 이하 정부의 권력이 증가하여 정치 세계의 중심으로 부각되었다. 그 다음은 전통적으로 줄곧 제도의 근거 역할을 해오던 예학, 관료 등용에 사용되는 문학 그리고 행정 관원의 행정학이 지식 세계의 중심을 점하게 되었다. 그 다음으로는 실용성을 갖춘 현실적 사상 경향이 점차로 사상 세계의 중심을 차지하게 되었다. 이러한 중심의 이동은 사대부들에게 그저 '관리'의 역할을 담당할 뿐 '스승'의 존엄은 포기할 것을 요구하였다. 정치적 자원을 장악한 황제와 정부 및 관원들이 일체를 통제하는 동안 지식적 자원을 장악한 사대부 계층이 점점 지위를 잃게 되었다. 사대부들은 항상 지식을 '스승'으로 삼음으로써 자신들의 정치적 바람을 표출하고, 항상 문화에 대한 점유권으로 황권을 제약하고 자신의 존재를 드러내 보이며, 언제나 초월적이고 이상적인 사상으로 자신의 태도를 암시하는 사람들이기 때문에 그들은 계속해서 큰 소리로 '스승을 존중하고 도를 중시할 것'을 부르짖었다.[3]

그러나 정치권력의 입장에서 보면 사대부들은 '관리'의 역할만을 담당하고, 문화와 지식은 정치의 합리성을 해석하는 근거로만 작용하기를 더욱더 바랐다. 예를 들자면 신종은 사대부들이 법령을 잘 모르는 것을 무척 짜증스럽게 생각하였다고 한다. 그래서 과거시험에 법령에 관한 내용을 추가하여 '스승'이 곧 '관리'가 될 수 있기를 바랐다. 그러나 사마광은 이러한 생각에 극렬히 반대하였다. 그는 이렇게 되면 도덕을 상징하는 '스승'은 법률을 집행하는 '관리'가 될 뿐이라고 생각하였다. 그는 만일 사대부들이 "그저 날마다 형법서나 외우면서 늘 문장을 다듬는 일에만 몰두한다면, 사대부란 그저 장부나 작성하는 사람이 되는 것이니 정치가 어떻게 좋아질 수 있겠습니까?(但日誦徒流緻斬之書, 習鍛煉文致之事, 爲士已成刻薄, 從政豈有循良단일송도류격참지서, 습단련문치지사, 위사이성각박, 종정기유순량)"[4] 라고 하였다. 이렇게 '도학'과 '통치'가 두 갈래로 나뉜다는 것은 사실상 '도학'의 배후에

---

3) 예컨대 정호는 「청수학교존사유취사차자(請修學校尊師儒取士箚子)」에서 이렇게 말한다. "성인이 돌아가신지 이미 오래되어 스승의 도는 확립되지 못하였습니다. ……도덕을 바로잡고 풍속을 한결같게 해야 합니다. 스승과 학문이 바르지 못하면 도덕이 어떻게 바로잡혀지겠습니까(去聖久遠, 師道不立 ……一道德以同俗, 苟師學不正, 則道德何從而一거성구원, 사도불립 ……일도덕이동속, 구사학부정, 즉도덕하종이일)"(『하남정씨문집』 권1 『이정집』, 448쪽)
4) 『문헌통고』 권31 「선거사(選擧四)」에서 인용. 상무인서관 만유문고본, 295의 윗쪽.

숨어 있는 문화 역량이 이미 정치 운영에 아무런 영향을 미치지 못한다는 것을 의미한다. '통치'가 질서를 바로잡아가는 것 역시 지식인들의 눈에는 이미 문화적 지지를 상실한 것이어서 그 통치 역시 합리성을 상실한 것에 불과하였다.

　　도덕적 이상주의를 표방하고 있는 일단의 사대부들이 낙양에 모여 있으면서 그들이 붙잡은 것은 '도학'이었으며 '통치'는 오히려 멀리하였다. 그러나 만일 그들이 그저 마음속에 가득히 불만을 가지고 있는 지식인 집단이었다면 그저 한가한 관료들의 소요나 논의 정도로 치부해도 좋았을 것이다. 그러나 이 시대에 그들은 상당히 큰 사회적 기반에 의지하고 있었으며 상당히 많은 수의 지지자들이 있었다. 간단히 말해서 거기에는 다음의 세 가지 원인이 있었다.

도덕적 이상주의를 표방하고 있는 일단의 사대부들은 상당히 많은 수의 지지자들이 있었다.

　　첫째, 인쇄술의 보편적인 사용으로 인해 문화의 전파가 나날이 신속해졌다는 것이다. 이로 말미암아 서원(書院)과 주현(州縣)의 학교가 설립되고 교류하였으며,[1] 지식의 전파는 점점 백성들에게까지 미치게 되었다.[2] 사회적으로 많은 사람들이 과거에는 손에 넣을 수 없었던 전적을 매우 편리하게 입수할 수 있었다는 것을 각종 문헌의 기록을 통해 확인할 수 있다. 심지어는 부녀자나 목동이나 나무꾼마저도 경전을 읽을 수 있었고 옛사람들의 문장을 인용할 수 있었다. 이에 사대부들은 경전에 대한 해석, 도덕에 대한 확인 및 정치에 대한 논평 특히 개인적인 교육과 제자의 양성 및 전방위적인 교류를 통하여 갈수록 사회적 존중과 추앙을 얻게 되었다. 대략 경력 연간(1041~1048) 이후로 이들은 점차 도덕과 지식, 그리고 사상의 관점에서 서로 인정하는 거대한 계층을 형성하게 된다.

　　둘째, 북송 시기의 이 계층이 상대적으로 자유스럽고 느슨한 언론 환경 하에서 강학과 토론과 서신 왕래 및 저술을 집필할 때 왕왕 당시의 정치와 사회를 그 배경으로 삼고 있다는 것이다. 진종 시기에 황권은 "국론 분열을 막는다"는 기치

---

1) 홍매(洪邁)의 『용재삼필(容齋三筆)』 권5 「주군서원(州郡書院)」 조를 참조할 것(『용재수필容齋隨筆』, 상해고적출판사, 1993, 477쪽). 그 밖에도 조철한(趙鐵寒)의 「송대의 주학(宋代的州學)」, 곽보림(郭寶林)의 「북송주현학관(北宋州縣學官)」, 원정(袁征)의 「북송의 교육과 정치(北宋的教育與政治)」 등을 참조할 것. 이상은 각각 『송사연구집』 제2집, 타이베이, 1964, 1983. 『문사(文史)』 32집, 중화서국, 1990. 『송요금사논총』 제2집, 중화서국, 1991에 수록되어 있다.

2) 송대의 지식 보급의 상황에 관한 연구에 대해서는 장방위(張邦煒)의 「송대 문화의 상대적 보급(宋代文化的相對普及), 『국제 송대 문화 학술대회 논문집(國際宋代文化研討會論文集)』, 사천대학출판사, 1991 참조.

하에 사대부들의 역량을 약화시킴으로써 정치의 지배력을 강화하려고 하였다.[3] 그러나 이러한 정책은 오히려 생각지도 않게 자유스러운 토론의 분위기를 촉진시켰다.[4] 태학에 다니던 하군(何郡)은 "옛 학문을 좋아하고 논의를 펼치길 좋아하였다(嗜古學, 喜激揚論議기고학, 희격양론의)." 그의 의견이 정부의 동의를 받지 못하자, 그는 분연히 자신의 문장을 불태워 버림으로써 항의의 표시를 하였다. 이러한 행동은 의외로 금지되지도 않았고 오히려 당시 일반 사대부들의 모방의 대상이 되어 '백의의 어사'라고 불리게 되었다.[5] 또 개봉의 범월(范鉞) 등은 과거시험을 보면서 "곧장 당시의 병폐를 비판하는데 아무런 거리낌도 없었다(直詆時病, 無所回忌직저시병, 무소회기)"고 하니, 즉 비판받는 이들에 대해 못할 말이 없었던 것이다.[6] 그래서 정호가 말한 것처럼 "사람들마다 자신의 의견을 지니고 있고 집안마다는 각자의 관점이 있어 경전에 대한 해석에 있어서도 각각의 관점이 난무하여 통일되지 못하였다(人持私見, 家爲異說, 支離經訓, 無複統一인지사견, 가위이설, 지리경훈, 무복통일)"는 국면이 전개되었다.[7] 이러한 국면은 어떤 의미에서는 도리어 무의식중에 정치 의식의 형태를 느슨하게 만들고 언론의 공간을 확보함으로써 문화 중심과 정치 중심의 분리를 가속화하는 사태를 유발시켰다.

셋째, 북송의 사대부들은 각 지역에서 새로운 가족 사회를 중건하면서 국가 관리와 개인의 생활 사이에서 뒷날 우리가 '향신(鄕紳)'이라고 부르는 새로운 계층으로 진입한 것을 들 수 있다. 그들은 지식의 학습을 통하여 벼슬길에 오르고

---

3) 『속자치통감장편』 권213에서 증공량(曾公亮)이 인용한 송나라 진종의 말(5168쪽).

4) 『송사』 권173의 「식화지서(食貨志序)」에서 경제에 대해 언급한 것이 그 예이다. 유학자들이 "현실적인 일에 대한 논의가 많다(論議多於事功론의다어사공)"는 언급을 하면서 이렇게 말한다. "송나라 시대의 신하들이 어떤 일을 시행할 때 처음에는 논의가 그다지 심도 있게 진행되지 않다가 막상 그것이 시행되면 얼마 되지도 않아서 구구하게 그 득실을 논하여 논의의 격식도 잃게 된다. 뒤에 그것을 논의하는 사람들도 앞의 사람들보다 나을 것도 없고, 뒤에 논의하는 사람들은 앞에서 그랬던 것처럼 서로 헐뜯는다(宋臣於一事之行, 初議不審, 行之未幾, 卽區然較其失得, 尋議廢格, 後之所議未有愈於前, 其後數人者複紫之如前송신어일사지행, 초의불심, 행지미기, 즉구구연교기실득, 심의폐격, 후지소의미유유어전, 기후수인자복자지여전)." (4156쪽)

5) 진식악(陳植鍔)의 『북송 문화사 논술(北宋文化史述論)』, 55~56쪽에서는 이 고사를 인용하면서 인종의 경력 연간에 "세태를 논의하는 분위기가 전달되어 송학 전수의 중앙 기지로서의 태학을 창설하는 데에까지 이르렀다"는 것을 증명한다고 하였다(『중국사회과학출판사』, 1992).

6) 『사마광일기』, 46쪽.

7) 『하남정씨문집』 권1 「청수학교존사유취사차자(請修學校尊師儒取士箚子)」, 『이정집』, 448쪽.

정부 기관에 진출하여 권력을 획득한다. 그리고 획득한 권력에 의거하여 가족의 지도자가 된다. 권력과 재산은 이렇게 그들에게서 피드백이 된다. 이러한 현상은 한나라와 위(魏)나라 이래로 사대부들이 황권과 개인 사이에 새로운 계층으로 자리 잡으면서 나타나기 시작한 것인데, 북송 시기에 사람들의 주목을 끌었던 '문중 학교(族塾)'의 발달, 가족 사당의 설립, 문중 전답의 출현 및 각종 가훈과 집안의 규약과 문중의 규칙 등의 제정 등은 이러한 사대부 계층이 이미 만만히 볼 상대가 아니었음을 말해준다.[1] 그들은 정부의 권력이 개인의 생활에 직접적으로 간섭하는 정도까지 팽창하기를 결코 바라지 않았으며, 어떠한 조직적인 변화도 그들이 장악하고 있는 사회적 자원에 영향을 미치기를 원치 않았다. 이러한 연유로 그들은 급격한 개혁 정책에 결코 찬동할 수 없었다.

때문에 어떤 의미에서 그들은 정치적 변두리를 상징하는 낙양에 살았던 이상주의적 사대부의 지도자이며 사상적 스승이다. 이러한 사회적 자원을 갖춘 낙양의 사대부들은 지식과 사상과 국가에 대한 대항 의식을 견지하고 문화 권력으로 정치권력을 억제함으로써 문화 중심과 정치 중심의 균형을 유지하려고 시도하였다.

아마도 많은 연구자들은 나의 이러한 관점에 동의하지 않을 것이다. 그러나 나는 당나라 중기 이후로 북송에 이르기까지의 개혁적 사조에는 상당히 강렬한 집권주의적 경향이 있었다고 생각한다. 정치적으로 소위 "제도를 세운다(立制度)"는 구호의 배후에는 실제로는 중앙의 권력을 강화하려는 바람이 깔려 있으며, 이는 국가 권위의 지지 하에 체제의 병폐를 근본적으로 뜯어고치려는 시도였다. 한편 문화적으로 소위 "도덕을 하나로 통일한다(一道德)"는 구호의 배후에는 사실상 정치권력으로 문화 권력을 덮어씌워 통일된 사상 질서로 만연된 혼란을 제거하려는 의도가 담겨 있다. 기록에 의하면 왕안석은 "학술이 하나로 통일되지 않아, 한 사람은 한 관점을 열 사람은 열 관점을 지니고 있어 조정에서 뭔가 하려고 하면 의론이 분분하여 도무지 먹혀들지 않는다(學術不一, 一人一義, 十人十義, 朝

문화 권력으로 정치권력을 억제함으로써 문화 중심과 정치 중심의 균형을 유지하려고 시도하였다.

---

1) '집안 학교'에 관해서는 왕선군(王善軍)의 「송대 집안 학교의 흥성과 그 사회적 작용(宋代族塾義學的興盛及其社會作用)」에서 간략하게 소개하고 있다 (『중국사연구』, 베이징, 1999년 제3기, 103~110쪽).

廷欲有所爲, 異論紛然, 莫肯承聽학술불일, 일인일의, 십인십의, 조정욕유소위, 이론분연, 막긍승청)"는 현상을 매우 답답하게 여겼다고 한다.[2] 그가 개인적으로 친구에게 보내는 편지에는 "도덕을 하나로 만들어 천하의 풍속을 통일하고자" 하는 마음과 '모두가 다른 의견을 갖지 않는' 하나로 통일된 상태에 대한 기대를 피력한 바 있다.[3] 그리고 공개적 자리에서는 그 역시 '조정의 기강이 아직 확립되지 않아 사람들의 관점이 하나로 통일되지 않은(朝廷綱紀未立, 人趣向未一조정강기미립, 인취향미일)' 상황 하에서 군권을 강화하여 여론을 장악할 것을 극력 건의하였다.[4] 그래서 희녕 5년 (1072)에 신종은 조심스럽게 "오늘날 경전에 대한 학술이 사람들마다 다르니 어떻게 도덕을 하나로 통일할 것인가(經術, 수人人乖異, 何以一道德경술, 금인인괴이, 하이일도덕)"에 대한 견해를 표출하면서 왕안석으로 하여금 '학자들이 하나의 견해를 도출시키도록(令學者定一于)' 바랬지만,[5] 거기에는 이미 매우 심각한 전제적 경향이 숨어 있었던 것이다.

따라서 변두리에 있는 사대부들은 매우 자연스럽게 이러한 담론 권력에 반감을 지니게 되었다. 정이는 "근 2,30년 이래로 의론은 오직 하나밖에 없어서 사람들이 더 이상 감히 생각하려 하지 않는다(近二三十年來議論專一, 使人更不敢思근이삼십년래의론전일, 사인경불감사)"고 탄식하였다. 소식 역시 한 편지에서 왕안석의 병폐는 "모든 사람들이 자기와 같아지기를 바라는 것이다"라고 비판하면서, 다음과 같은 비유를 들었다. "공자도 모든 사람들을 같게 만들 수는 없었다. 안연에게는 인의 덕목이 있고 자로에게는 용맹함이 있었지만 그것을 서로 바꾸게 할 수는 없었다. 그런데 왕안석은 자신의 학문으로 천하를 똑같게 하려고 하였다(自孔子不能使

2) 『문헌통고』 권31 「선거사」에서 인용하고 있는 왕안석의 말이다(상무인서관 만유문고본, 292쪽 가운데 단락).

3) 『왕문공공문집』 권72 「답왕심보서(答王深甫書2)와 권75 「여정원진서(與丁元珍書)」.

4) 『속자치통감장편』 권214, 5217~5218쪽.

5) 『속자치통감장편』 권229, 5570쪽. 그러나 사실상 일찍이 희녕 3년에 왕안석은 신종의 면전에서 "만일 조정의 사람들마다 서로 다른 생각을 갖고 있다면 정치가 어떻게 행해질 수 있겠습니까(若朝廷人人異論相攪, 卽治道何由成약조정인인이론상교, 즉치도하유성)"라고 말하였으며, 이는 신종의 "각각의 생각이 서로 범람하게 해서는 안 된다(要令異論相攪, 卽不可요령이론상교, 즉불가)"는 동의를 얻었다(같은 책 5169쪽). 뒷날 정부에서는 이러한 생각에 근거하여 과거시험으로 지식의 통일을 확립하려 하였다. 예컨대 『송원학안』 권98 「형공신학략(荊公新學略)」에서 기록하고 있는 왕안석의 말처럼, "시험으로 경전 해석의 경향을 확인하여 반드시 국가의 관점을 따르게 해야 한다. 조금이라도 다르면 합격시킬 수 없다"는 것이다.

人同, 顏淵之仁, 子路之勇, 不能以相移, 而王氏欲以其學同天下자공자불능사인동, 안연지인, 자로지용, 불능이상이, 이왕씨욕이기학동천하).” 하지만 왕안석의 '같음'이라는 것은 사실은 그저 '척박한 땅(荒瘠斥鹵之地황척척로지지)'이어서 한 눈으로 보아도 온통 '덩굴만 우거져' 있는 형국이라는 것이다.[1] 이렇게 낙양의 사대부들은 대단한 명성과 배경을 지니고서 정치권력의 중심으로부터는 멀리 떨어진 채 역사 서술과 윤리에 대한 해석 및 우주론의 중건을 통하여 민간 지식인 사회로부터 시작되는 또 다른 목소리를 표출하고 있었다.

2

통상적으로 고대 중국의 전통에서 황제의 절대적 권력에 대한 사대부 계층의 제한적인 제약은 언제나 지식과 사상에 대한 해석으로부터 진행되었다. 고대 중국에서 한나라와 진나라 이래로 흔히 써온 방식이란 동중서 이래로 유행된 천지간의 상서로운 조짐이나 재이에 대한 해석을 통하여 황제에게 경고하면서 더불어서 우회적으로 지식 계층의 생각을 표출하는 것이었다. “이 하늘 아래 그 어딘들 왕의 땅이 아닌 곳이 있으며, 이 땅 위의 그 누군들 왕의 신하 아닌 이가 있으랴(普天之下, 莫非王土, 率土之濱, 莫非王臣보천지하, 막비왕토, 솔토지빈, 막비왕신)”는 절대적인 황제의 권력이 일체의 그 무엇보다 높던 시대에 오직 '천지'만이 황제의 권력을 뛰어넘을 수 있었으며 진리를 선포할 권위를 지니고 있었다.

그러나 이러한 전통적인 방식은 당송(唐宋) 시기에 점차로 그 효용을 상실한 것처럼 보인다. 그러나 여전히 사대부들 중에 상당수가 이러한 전통적인 방식을

통상적으로 고대 중국의 전통에서 황제의 절대적 권력에 대한 사대부 계층의 제한적인 제약은 언제나 지식과 사상에 대한 해석으로부터 진행되었다.

---

1) 『하남정씨유서(河南程氏遺書)』권18 『이정집』, 232쪽. 『소식문집』권49 「답장문잠현승서(答張文潛縣丞書)」, 중화서국, 1990, 1427쪽. 물론 이들 지식인의 생각 중에도 마찬가지로 전제적 집권에 대한 경향은 있었다. 도덕적 이상주의이든 문화적 보수주의이든 일단 권력을 움켜쥐려는 의식의 형태로 발전하게 되면 마찬가지로 진리라는 이름으로 그 이외의 사상이 갖는 합리성을 말살하곤 하였다. 예컨대 석개는 도통을 논하면서 이렇게 말한다. “천하에는 한 군주만이 있을 뿐이다. 중국에는 하나의 가르침이 있을 뿐이다. 다른 도는 없다(天下一君也, 中國一敎也, 無他道也천하일군야, 중국일교야, 무타도야).”(『조래석선생문집』, 권13, 「상유공부서上劉工部書」, 중화서국, 1984, 153쪽)

사용하기도 하였다. 다음의 몇몇 사례들이 그것이다. 손복(孫復)은 『춘추존왕발미(春秋尊王發微)』에서 곧잘 "일식이 일어나면 군주는 응당 자신의 잘못을 돌아보고 덕을 닦아 자신의 허물을 씻어내야 한다(凡日蝕, 人君皆當戒懼修德, 以消其咎범일식, 인군개당계구수덕, 이소기구)"는 식의 의견을 개진하였다.[2] 여공저는 희녕 초에 '여름부터 가을까지 음울한 비가 내리고 수도에는 지진이 발생(夏秋淫雨, 京師地震하추음우, 경사지진)'하는 사태를 빌려 황제에게 '한 쪽의 말만을 듣고 몇몇의 사람들만 중용하는 폐단'을 고치도록 간언하기도 하였다.[3] 사마광 역시 이 무렵 상당히 격렬한 논조로 황제에게 상소를 올려 다음과 같이 말한다. "폐하께서 즉위하신 이래로 천재지변이 매우 많았습니다. 태양에 검은 점이 있거나 장강과 회수의 물이 혹은 넘치기도 하고 혹은 말라버리기도 하였습니다. 지난 여름에는 큰 비가 내리더니 가을까지 멈추지 않았습니다(陛下卽位以來, 災異甚衆, 日有黑子, 江淮之水, 或溢或涸, 去夏霖雨, 涉秋不止폐하즉위이래, 재이심중, 일유흑자, 江淮之水, 혹일혹학, 거하림우, 섭추부지)." 이에 황제로 하여금 "노약자들은 사방으로 떠돌고 병든 자들은 길거리에 널부러져 있고 처자식들의 값은 개돼지만도 못하여 일부 지역에서는 친척끼리 서로 바꿔가며 먹고 있는(老弱流離, 捐瘠道路, 妻兒之價, 賤於犬豕, 許潁之間, 親戚相食노약류리, 연척도로, 처아지가, 천어견시, 허영지간, 친척상식)" 상황을 살피도록 하였다. 그래서 황제가 '자신의 주변을 돌아보아 이렇게까지 된 이유를 생각(側身恐懼, 思其所以致此之咎측신공구, 사기소이치차지구)'하기를 바랐다.[4]

부필 역시 천재지변으로 황제를 경계하고자 하였으나, 아무런 효과도 없었던 것 같다. "그 때 황제께 천재지변은 다 하늘이 정해 놓은 운명일 뿐 사람의 행실이 유발한 것이 아니라고 말하는 사람이 있었다. 나는 그 말을 듣고서 크게 탄

---

2) 『춘추존왕발미』, 환공 3년조, 『송원학안』 권2 「태산학안」 45쪽에서 재인용.

3) 『송사』 권336 「여공저전」, 10773쪽. 정이는 「대여공저응조상신종황제서(代呂公著應詔上神宗皇帝書)」에서 이렇게 말한다. "혜성의 변고가 요즘 많이 일어나고 있습니다. 그런데 그에 대한 대응은 거의 없습니다. 대개 하느님의 의도란 이유 없는 것이 없습니다. 지금 폐하께서 기왕에 걱정하는 마음을 가지셨으니 그것을 없앨 방도를 생각하셔야 합니다(彗之爲變多矣, 鮮有無其應者, 蓋上天之意, 非徒然也, 今陛下旣有警畏之心, 當思消弭之道혜지위변다의, 선유무기응자, 개상천지의, 비도연야, 금폐하기유경외지심, 당사소미지도)." (『하남정씨문집』 권5, 『이정집』 530쪽에 보인다)

4) 「상황제소(上皇帝疏)」, 『온국사마문정공문집(溫國司馬文正公文集)』, 권34, 사부총간본(四部叢刊本), 1쪽 B에서 2쪽 A.

식하며, '군주가 두려워해야 할 것은 오직 하늘이다. 만약 하늘도 두려워하지 않는다면 못할 게 무엇이겠는가?'라고 말하였다. 이는 필경 간악한 무리들이 자신들의 사특한 생각을 황제께 올려 황제의 마음을 흔들고 충언을 올리는 신하들의 말을 못 듣게 하고자 한 것일 게다. 이는 정치가 잘 되느냐 못되느냐의 관건에 해당하니 속히 그 폐단을 바로잡지 않으면 안 된다(時有爲帝言災異皆天數, 非關人事得失所致者. [富]弼聞而歎曰: '人君所畏惟天, 若不畏天, 何事不可爲者? 此必奸人欲進邪說, 以搖上心, 使輔拂諫爭之臣無所施其力, 是治亂之機, 不可以不速救시유위제언재이개천수, 비관입사득실소치자. [부]필문이탄왈: '인군소외유천, 약불외천, 하사불가위자? 차필간인욕진사설, 이요상심, 사보불간쟁지신무소시기력, 시치란지기, 불가이불속구)."[1] 희녕 10년(1077)에 이르러서도 장방평(張方平)은 여전히 "일식과 별자리의 변화, 지진, 산의 붕괴, 홍수와 가뭄, 역병 등이 해마다 끊이지 않아 백성들이 반 가까이 죽어가고 있는(日食, 星變, 地震, 山崩, 水旱, 疫厲, 連年不解, 民死將半, 天心乏所向背可以見矣일식, 성변, 지진, 산붕, 수조, 역려, 연년불해, 민사장반, 천심핍소향배가이견의)" 상황을 들어 "하느님의 마음이 어디로 향하고 있는지 예의주시 하지 않을 수 없다"고 말하였다.[2]

그렇지만 이런 상황에서도 황제는 "그러한 것에 결코 개의치 않고 새로운 일을 벌여 놓았다(斷然不顧, 興事不已단연불이, 흥사불이)." "천재지변은 두려워할 만한 것이 못된다(天變不足畏천변불족외)"고 믿는 시대에 하늘이 보여주는 상서로운 조짐과 천재지변에 대한 사대부들의 해석은 더 이상 황제의 절대적인 권력을 제약할 수 없었다.

어찌되었든 그들은 여전히 만물(萬物), 만상(萬象), 만사(萬事)의 위에 있으며 황제의 권력을 포함하여 일체의 궁극적 근거를 포괄하는 그래서 사회, 자연 및 인간을 관통하여 지배하는 '진리'를 세우고자 하였다. 의식하든 그렇지 않든 지식인 계층의 마음속에는 자신의 역할에 대한 매우 명확한 인식이 있었다. 그들이 보기에는 시대가 어떻게 변하든 오직 한 가지 즉 '지식인'은 '스승'이 되어야 하며, '도통'은 당연히 '치통(治統)' 위에 있어야만 하였다. 다시 말해 오직 진리 해

하늘이 보여주는 상서로운 조짐과 천재지변에 대한 사대부들의 해석은 더 이상 황제의 절대적인 권력을 제약할 수 없었다.

---

1) 『송사』 권313 「부필전」, 10255쪽.
2) 『속자치통감장편』 권286, 7008쪽.

석자라는 지고무상의 지위를 확립해야만 사대부는 진정으로 사상의 권력을 쥘 수 있다고 생각하였다.

그들은 자신들이 쥐고 있는 자원 중의 하나가 바로 '진리'에 대한 점유임을 상당히 자각적으로 의식하고 있었다. 그들은 오직 진리만 있으면 충분하다고 생각하였다. 정이와 얽힌 한 일화는 이러한 심리 상태를 잘 반영하고 있다. "정이는 스승의 도를 자부하였기에 황제를 모시고 강연할 때는 안색이 매우 진중하였으며 은근히 간언을 올리면 황제도 그를 어려워하였다(正叔以師道自居, 侍上講, 色甚莊, 以諷諫, 上畏之정숙이사도자거, 시상강, 색심장, 이풍간, 상외지)." 사람들이 그에게 왜 그렇게 하는지 묻자, 그는 "나는 평민의 신분으로 황제의 선생이 되었으니 어찌 진중하지 않을 수 있겠는가?(吾以布衣爲上師傅, 其敢不自重오이포의위상사부, 기감부자중)"[3] 라고 하였다.

그들이 쥐고 있는 또 다른 자원은 그들의 배후에서 지식과 사상 자원을 장악하고 있는 사대부 계층이다. 신종 때 사마광은 왕안석에게 편지를 보내 다음과 같이 암시하였다. "사대부들 중에 조정에 있거나 사방에서 온 자들은 그 누구라도 모두들 자네를 비난하는데 마치 한 입에서 나온 말과 같다(士大夫在朝廷及自四方來者, 莫不非議介甫, 如出一口사대부재조정급자사방래자, 막불비의개보, 여출일구)."[4] 또 황제에게 상소를 올려 "마음을 다스리는 요법에는 세 가지가 있으니, 첫째는 인자함 둘째는 명확함 셋째는 강력함입니다. 나라를 다스리는 요법도 역시 세 가지가 있으니, 첫째는 적절한 사람을 씀이요, 둘째는 포상의 적절한 시행이요, 셋째는 처벌을 반드시 시행하는 것입니다(上疏論修心之要三 : 曰仁, 曰明, 曰武, 治國之要三 : 曰官人, 曰信賞, 曰必罰상소론수심지요삼 : 왈인, 왈명, 왈무, 치국지요삼 : 왈관인, 왈신상, 왈필벌)"라고 하였다.[5] 황제를 복종시키기 위해 그는 사대부 다수의 이름으로 신종에게 시위한 것이다. 변법은 오직 왕안석, 한강(韓絳) 및 여혜경(呂惠卿)만이 "옳다고 여기고, 천하의 모든 사람들은 그르다고 여깁니다(以爲是也, 天下皆以爲非也이위시야, 천하개이위비야)." 그렇다면 "폐하는 어찌 유독 이 세 사람과만 천하를 다스리려 하십니까(陛下豈獨與此

---

3) 『하남정씨외서』 권12 「소씨문견록」에서 인용. 『이정집』, 423쪽.

4) 『온국사마문정공문집』 권60 「여왕개보서(與王介甫書)」, 사부총간본 4쪽B～5쪽A.

5) 『송사』 권336 「사마광전」, 10762쪽과 10765쪽. 또 『사마광일기』의 부록인 『수록(手錄)』 권1 96쪽 참조.

1절 낙양과 변량 : 문화 중심과 정치 중심의 분리 329

三人共爲天下耶폐하기독여차삼인공위천하야)"라고 하였다. 황제는 '진리'를 독점할 수 없기 때문에 그들은 반드시 사대부 및 그들이 상징하는 문화와 마주해야 한다는 것이다. 문언박의 소위 황제는 "사대부와 함께 천하를 다스려야지, 백성과 함께 천하를 다스릴 수는 없다(爲與士大夫治天下, 非與百姓治天下也위여사대부치천하, 비여백성치천하야)"는 말은 황제는 반드시 대다수 사대부와 함께 천하를 다스리거나 혹은 반드시 사대부들을 통하여 천하의 백성들을 다스려야 한다는 의미이다. 이렇게 해야 대다수 사대부들의 의지가 황권을 제약할 수 있는 의의를 지니게 되는 것이다.

희녕과 원풍 연간에 낙양은 사대부들이 모여드는 중심지가 되었다. 겉으로 보기에는 "서로들 모여드니 전부 재야의 사람들이 둘러 앉아 청담을 논한다(相逢各白首, 共坐多清談상봉각백수, 공좌다청담)"[1]라고 하였듯이 그저 관직 없는 일련의 사대부들이 모여들어 한가한 생활을 지내는 것처럼 보였다. 소옹의 「편안한 움막에서 요령을 터득하기를 좋아하네(安樂窩中好打乖吟)」라는 시에서 그는 "이렇게 늙어 병은 많아도 아직 약을 먹지 않으며, 젊은 날의 웅혼한 가슴은 아직 식지 않았네(老年多病不服藥, 少日壯心都未灰노년다병불복약, 소일장심도미회)"[2]라고 읊었다. 이처럼 반쯤은 쇄락의 경지요 반쯤은 어쩔 수 없다는 심정은 부필, 왕응신, 사마광, 정호, 여희철 등의 화답을 끌어내었다. 그러나 안목이 있는 사람이라면 이러한 시 속에는 언제나 적절한 때를 기다려 세상에 쓰여지기를 기다리는 마음이 있음을 알아차릴 수 있을 것이다. 그래서 예컨대 정호는 답시 중에서 이렇게 읊었다. "요령을 터득해서는 몸을 편안히 할 수 없으니, 도(道)가 커야만 어지러운 세상에 뒤섞일 수 있다오(打乖非是要安身, 道大方能混世塵타괴비시요안신, 도대방능혼세진)."[3] 여희철은 자신의 화답시에서 좀 더 명시적으로 지적하고 있다. "선생은 숨어 지내는 사람이 아니지만, 우아한 풍취로 어지러운 세상 바깥에 소요하고 계시오(先生不是閉關人, 高趣逍遙混世塵선생불시폐관인, 고취소요혼세진)."[4]

---

1) 소옹, 「한음사수(閑吟四首)」의 세 번째 시, 『이천격양집(伊川擊壤集)』 권1, 『도장(道藏)』, 태현부(太玄部), 천1(賤一), 제23책, 490쪽.
2) 소옹, 『이천격양집』 권9, 『도장』, 태현부, 천구, 제23책, 527쪽.
3) 『하남정씨문집』 권3 「화소요부다괴음이수지일(和邵堯夫打乖吟二首之一)」, 『이정집』, 481쪽.
4) 모회신(冒懷辛)의 「소옹의 인생관과 역사철학(邵雍的人生觀與歷史哲學)」, 『중국철학』, 제12집, 인민출판사, 1984년 참조.

하지만 실제 권력도 그것을 연마할 공간도 없는 상황에서 그들은 그저 자신들의 정력을 잠시 경전 주석이나 역사 저술 및 사상 수립으로 전환할 수밖에 없었다. "성공하면 천하를 경영하고, 성공하지 못하면 자신만을 반듯하게 지킨다(達則兼濟天下, 不達則獨善其身달즉겸제천하, 불달즉독선기신)"고 하였으니 전통적인 황권의 체제 밑에서 이는 어쩔 수 없는 선택이었다. 송나라 시대 사회에서는 상당한 사회적 자원을 지닌 사대부 계층이 있고 국가와 개인 사이에는 일정한 공간이 존재하고 정치 중심과 문화 중심이 분리되어 있었기 때문에 사대부들은 국가와 개인 사이에서 지식과 사상에 대한 장악을 선택함으로써 생계의 근거와 거주 공간과 사회적 명성 및 문화적 승인의 길을 획득할 수 있었다.

그러나 낙양에 모여든 이러한 부류의 사대부들은 과거에 모두 권력의 중심에 있었던 사람들로서 그들이 관심을 둔 것은 모두 민족과 국가의 근본적인 문제들이었다. 또 그들은 여전히 상당히 방대한 사회적 문화적 자원을 소유하고 있었다. 따라서 그들이 지식과 사상의 권위를 중건하고, 사대부의 역할을 확립하고자 하였던 것은 곧 황권을 제약할 수 있는 힘을 잃어버린 사대부들의 이상에 불과하였다. 황권은 무한히 팽창하고 지식 권력은 점차 위축되어가는 바로 이러한 긴장 속에서 낙양은 점점 사대부들이 회합하고 담론하는 중심지가 되었다.

회합과 담론의 주제는 집중되고 매우 명확하였다. 북송 초기 이래 지식과 사상, 그리고 신앙세계의 중건은 한 번도 멈춘 적이 없었다. 상당히 긴 시간 동안 사대부들에게는 두 개의 초점이 있었고 이는 서로 중첩되었다. 그 하나는 '존왕양이(尊王攘夷)'로 국가 권위와 사회 질서를 중건하는 것이다. 예컨대 손복의 「춘추존왕발미(春秋尊王發微)」, 석개의 「중국론(中國論)」, 구양수의 「본론(本論)」 등은 모두 국가 권위와 한족 문명 및 유가 관념으로 외부의 군사와 문명이라는 이중적인 위협에 대항하려는 관점을 분명히 보여주고 있다. 또 구양수의 「오대사론(五代史論)」이나 「정통론(正統論)」처럼 역사학에서의 '정통'에 대한 토론은 모두 민족적 동일성과 문화적 동일성 관념을 불러일으키는 것이다.[5]

상당히 긴 시간 동안 사대부들에게는 두 개의 초점이 있었다.

---

5) 니시 준조(西順藏)는 일찍이 북송의 정통론과 한나라 때의 '대일통(大一統)'식의 절대적 천자관은 같지 않다고 지적한 적이 있다. 천자는 역사적 기술, 국가의 통일 및 도덕적 인가 등 이 세 방면의 근거를 필요로 한다. 또

다른 하나는 '명리변성(明理辨性)' 즉 이치를 밝히고 인간의 본성을 탐구하는 것이다. 다시 말해 도덕, 윤리, 가치 차원에서의 우수성을 보임으로써 심성 본원으로부터 우주의 궁극적 도리에 이르기까지 일련의 질서를 확립할 수 있는 인지적 기초를 세움으로써 지식 체계와 사상적 질서를 중건하는 것이다. 예컨대 호원은 "도덕과 인의로 동남 지역의 학생들을 가르친다(以道德仁義敎東南諸生이도덕인의교동남제생)"거나 "명체달용의 학문을 여러 제자들에게 전수한다(以明體達用之學授諸生이명체달용지학수제생)"[1]고 하였다. 손복은 "도(道)가 교육의 근본이다(道者, 敎之本)"를 밝히면서 '성현의 깊은 뜻을 탐색(探索聖賢之闡奧者탐색성현지곤오자)'할 것을 제창하고 '운율이나 댓구에 치중하는 것(致力於聲病對偶之間치력어성병대우지간)'[2]을 배척하였다. 한편 진낭(陳襄)은 더더욱 분명하게 다음과 같이 지적하였다. "배우기를 좋아하여 마음을 다하고, 마음을 성실되게 하여 사물의 이치를 다하고, 사물을 연구하여 이치를 밝히고, 이치를 밝힘으로써 인간의 본성을 다하고, 인간의 본성에 맞춤으로써 신묘함을 다한다(好學以盡心, 誠心以盡物, 推物以明理, 明理以盡性, 和性以盡神호학이진심, 성심이진물, 추물이명리, 명리이진성, 화성이진신)."[3] 제자들이 사후에 '존도선생(尊道先生)'이라고 불렀던 가공소(賈公疏)는 "책 쓰고 도를 세우는 것을 나의 임무로 삼았으니, 『산동야록(山東野錄)』 7편을 지어 『맹자』의 형식을 따른다(以著書扶道爲己任, 著『山東野錄』七篇, 頗類『孟子』이저서부도위기임, 저『산동야록』칠편, 파류『맹자』)"[4]라고 하였다.

이렇게 집중된 사상적 초점은 지극히 엄격한 도덕적 잣대에 의한 역사와 사회에 대한 평가로 구체화 되었다. 역사 학자로서 구양수는 『신오대사』를 저술하면서 역사에 대한 지극히 엄격한 도덕적 평가를 단행하였고, 간언을 올리는 관

역사적 전통, 정치적 공간 및 문화적 권력을 동시에 장악해야만 천하 통일의 이념을 실현시킬 수 있는 것이다. 이러한 이념은 국가의 사실적 통일을 넘어서서 국가의 합리성에 대한 논증이 된다. 「북송의 기타 정통론(北宋その他の正統論)」, 『일교논총(一橋論叢)』, 30권 5기, 도쿄.

1) 『송원학안』 권1 「안정학안(安定學案)」에서 인용한 유이(劉彛)의 말이다. 갈영진(葛榮晉)의 「호원과 안정학파의 '명체달용의 학문'(胡瑗及其安定學派的 '明體達用之學')」, 『중국철학』, 제16집, 악록서사(岳麓書社), 1993년 참조.

2) 『송원학안』 권2 「태산학안」에서 인용하는 「여장동서(與張洞書)」와 「여범원장서(與范元章書)」, 58쪽.

3) 『송원학안』 권5 「고령사선생학안(古靈四先生學案)」에서 인용하는 「송장형서(送章衡序)」, 130쪽.

4) 『승수연담록』, 7쪽, 중화서국, 1981년.

료로서 그는 조정 관원들에게 매우 엄격한 도덕적 기준을 요구하였다. 그들은 이렇게 도덕적 심성과 실제 생활에서 절대적이고 이상적인 원칙을 제시한 것이다.[5] 역사의 기록에 의하면, "안정(호원)은 남쪽에서 일어나고 태산(손복)은 북쪽에서 일어나니, 천하의 선비들이 구름처럼 따랐다(安定起於南, 泰山起於北, 天下之士, 從者如雲안정기어남, 태산기어북, 천하지사, 종자여운)"[6]고 한다. 송나라 인종 무렵부터 시작한 이러한 사상 중건의 분위기는 정치 개혁의 사조와 표리의 관계를 이루어 한 번도 멈춘 적이 없었으며, 송나라 신종 무렵에는 사대부들의 보편적인 심정이 되었다.

원래 이 두 개의 초점은 실제로는 하나의 문제이다. 즉 국가 권위와 사상적 질서의 중건이다. 8~9세기의 사상사를 기술하면서 나는 일찍이 중당 시기에 이미 사대부들 중에 한유와 이고처럼 국가 권위와 사상적 질서 사이의 불안과 그에 대한 우려를 표출한 자들이 있었음을 기술하였다. 한유 및 9세기 초 지식인들의 국가 권위와 사상적 질서의 중건에 대한 바람은 당나라 시대의 민족, 국가 및 사회적 상황에 대한 깊은 우려에서 연유한 것이며, 고대 중국의 '존왕양이'식 사유를 따라간 것이다. 그들은 상상을 통해 본래부터 있던 전통 속에서 역사적 기억을 발굴해 내었다. 그리고 그들은 이러한 역사적 기억으로부터 다시 역사적 시간, 지리적 공간 및 민족적 집단을 기초로 하는 동질감을 끄집어내었다. 그들은 기존에 있던 『맹자』, 『중용』, 『대학』과 같은 텍스트로부터 새로운 사상적 근거를 확보하였으며, 그러한 근거에 입각하여 다양한 이단에 대항할 수 있는 지식과 사상 체계를 세웠던 것이다.

9세기 초에 그들은 소위 '도통(道統)'이라는 과장된 허구를 만들어내 역사를 새롭게 서술함으로써 그들이 제시한 새로운 사상에 합법성과 합리성을 부여하였고, 그렇게 해서 지식과 사상, 그리고 신앙세계에서의 주도적 지위를 탈환하였

---

5) 『묵기(默記)』, 하권의 기록에 의하면 경력 연간에 구양수는 간관으로 있었고, 조정에는 한기(韓琦), 부필, 범중엄 등도 있어서 '뭔가 큰일을 할 수 있는' 시기였다. 그러나 구양수는 상당히 엄격한 도덕, 윤리적 기준으로 두중, 왕거정, 룡경양, 하유장, 위정견 등을 탄핵하였다. "이런 유형은 극히 많았으니, 권문 세가를 크게 거슬렀다(如此之類極多, 大忤權貴여차지류극다, 대오권귀)"고 기록되어 있다(중화서국, 1981년, 39쪽).
6) 『송원학안』 권5 「고령사선생학안」, 128쪽.

다. 여기서 새롭게 서술된 '도통'설은 지식과 사상의 계보를 중건할 수 있게 해주었고, 다시 해석된 '성정(性情)'설은 전통적 사상과 학설의 최종적 근거를 폐기하고 새로운 기초를 찾아주었다. 거듭 출현하는 새로운 전적은 이후의 사상적 전향에 새롭고도 권위 있는 경전적 자료를 제공해 주었으며, 문학적 의의를 넘어서는 '고문(古文)' 작품들은 오래된 지식과 새로운 사상을 연결해 주는 장엄한 상징이 되어 '도(道)'의 소재를 상징해 주었다. 이 모든 것들은 고대 중국의 지식과 사상, 그리고 신앙적 전통의 존재를 지지해 주며, 권위의 합법성과 질서의 합리성을 지탱해 주고, 또 은연중에 일종의 보편과 절대에 대한 강렬한 추구라는 사상적 경향을 암시해 준다.[1]

당나라 시대 지식인들의 이러한 '도통', '성정', '고문' 등에 대한 새로운 서술은 바로 송나라 시대 지식인들의 사고의 출발점이 되었다. 손복(孫復), 석개(石介), 목수(穆修), 유개(柳開) 그리고 구양수 등은 한유와 그가 말하는 소위 '도통'과 '고문'을 중시하고 고취하였다. 그래서 역사와 전통에 대한 한유의 상상을 점점 실제 있었던 역사적 자원으로 만들어 북송 지식인들의 지식과 사상, 그리고 신앙 세계의 중건을 지지하도록 하였다. 그러나 상황은 조금씩 변화하였다. 즉 정부와 국가 권력이 점진적으로 합법성과 합리성을 확보하고 황제의 권력이 점차로 공고해져 나중에는 상당히 강대해지면서, '존왕양이(尊王攘夷)'의 불안은 전체 사대부들의 초점을 점차 정부 관원들의 정치적 행위로 이동시켰다. 권력이 없는 사대부들에게는 그것이 그저 사고의 요원한 배경이 될 뿐 행위의 직접적인 계기가 되지는 못하기 때문에 지식인들은 사고의 초점을 '국가 권위'로부터 '사상 질서'로 전향할 수밖에 없었다.

지위가 있고 없고는 큰 차이가 있다. 호원(胡瑗)의 학생 서적(徐積)은 『주역』에 대한 해설의 방식을 빌어 다음과 같이 말하였다. "간괘에서 말하기를 '생각은 그 지위를 넘어서지 않는다'라고 하였는데, 이는 지위에 있는 자들을 경계한 말이다. 학자의 경우라면 생각하지 못할 게 없고 말하지 못할 게 없다. 그에게는 책임이 없기 때문에 자신의 뜻을 행할 수 있다. 만약 학자마저 생각은 그 지위를 넘어

당나라 시대 지식인들의 이러한 '도통', '성정', '고문' 등에 대한 새로운 서술은 바로 송나라 시대 지식인들의 사고의 출발점이 되었다.

---

1) 이 책의 제1편 제5절 「국가 권위와 사상 질서의 중건 : 8~9세기 사상사의 재인식」 참고.

서지 않는다고 말한다면 이는 자기 스스로를 비루하고 천박한 학문에 버려두는 것이다(艮言 '思不出其位', 正以戒在位者也, 若夫學者, 則無所不思, 無所不言, 以其無責, 可以行其志也, 若雲思不出其位, 是自棄於淺陋之學也간언 '사불출기위', 정이계재위자야, 약부학자, 즉무소불사, 무소불언, 이기무책, 가이행기지야, 약운사불출기위, 시자기어천루지학야)." [2] 지식 권력만을 지니고 있고 정치적 권력은 없는 사대부들은 그저 '도통'을 통해 '정통(政統)'을 제약할 수밖에 없었으며, 역사와 문화를 빌려와 권력을 비판하고 사상의 힘을 사용하여 사대부 계층의 광범위한 인가를 획득할 수 있었으니, 황제의 권력이 강대하였던 이 시대에 그렇게나마 자신의 목소리를 낼 뿐이었다.

고도의 도덕적 이상주의의

　　그러나 반드시 유념해야 할 것은 권력도 책임도 없지만 당시의 정치에 극단적으로 불만을 지니고 있던 상황 하에서는 사대부들이 곧잘 고도의 도덕적 이상주의의 사고를 쏟아낸다는 것이다. 소위 고도의 도덕적 이상주의는 통상 인간의 도덕과 윤리적 경지에 대해 상당히 높은 수준을 요구한다. 즉 사람들에게 자신의 심리와 행위에 대해 자각적인 인식과 반성을 요구한다. 또한 법적 강제성을 지닌 국가의 통제를 통해서가 아니라, 원래는 그저 역사 속에서 구성되었던 윤리 규범에 대한 자각과 윤리 관념에 대한 중시를 통하여 보편적인 인가를 획득하고, 그러한 기초 위에서 이상에 부합하는 사회 질서를 확립하려고 노력하였다. 이 때문에 이택후가 말하였던 것처럼 그들은 윤리의 의의를 본원의 차원으로 끌어올렸다. 원래는 그저 사회 규범에 불과하였던 윤리를 '천지와 함께할 수 있는' 초도덕적 지위로 끌어올린 것이다.

　　한편으로 그들은 우주 관념을 새롭게 수립하는 이외에 특별히 '도(道)' 혹은 '이(理)'에 사회와 자연과 인류를 뛰어넘는 지위를 부여하여 이전에는 그저 '인간'에 대한 윤리 원칙에 불과하였던 것에 우주적 차원의 지지를 이끌어 내도록 만들었다. 그렇게 함으로써 과거에 별개로 존재하던 우주와 천지의 시공간적 원칙과 사회 윤리에 공통의 궁극적 근거를 제공해 주었다. 주돈이는 「태극도설(太極圖說)」에서 "하늘의 도를 세우다", "땅의 도를 세우다", "인간의 도를 세우다" 위에 일체를 포괄하는 '태극'을 설정해 두었는데, 이것은 바로 세 개의 세계를 하나

---

2) 『송원학안』 제1 「안정학안」 24쪽.

로 관통함으로써 인륜을 천지의 법칙과 동등하게 만든 것이다. 소옹(邵雍)은 "천하의 만물에는 모두 리가 있다(天下之物莫不有理천하지물막불유리)"라고 하였는데, 이는 '리'를 보편화하여 세계에 통용되는 궁극의 원칙으로 삼은 것이다. 장재가 말하는 '리'는 천지의 위에 있어서, "천지의 도는 가히 한 마디 말로 다 담아낼 수 있다. 모든 도는 천지를 다 담아낼 수 있다. 그러나 그렇다고 모두 리를 얻는 것은 아니다(天地之道, 可以一言而盡也, 凡是道, 皆能盡天地, 但不得其理천지지도, 가이일언이진야, 범시도, 개능진천지, 단불득기리)"[1]라고 하였으니 역시 같은 의미이다. 그리고 정호(程顥) 역시 "도가 있고 리가 있음은 하늘이나 인간이나 매한가지니 구분되지 않는다(有道有理, 天人一也, 更不分別유도유리, 천인일야, 경불분별)"[2]라고 하여, 현실성과 시간성, 공간성을 지니지 않는 '리'를 드러내고자 하였다. 그래서 그것으로 마치 공자가 '나의 도는 하나로 일관된다(吾道一以貫之오도일이관지)'라고 했을 때의 '하나'처럼 모든 것을 관통시켰다.

다른 한편으로 그들은 이 초월적인 '리'를 우주와 자연의 구조를 이해하는 원칙이면서 동시에 정치 행위의 근본적 규범이며 도덕 윤리의 인성적 본원으로 삼아 실제의 자연과 생활 세계 속으로 돌아오게 하였다. 그래서 소옹은 "하늘이 내게 부여한 것을 명(命)이라 하고, 명으로 내가 받은 것을 본성[性]이라 하고, 본성으로서 만물에 있는 것을 일러 이(理)라고 한다(天使我有是之謂命, 命之在我之謂性, 性之在物之謂理천사아유시지위명, 명지재아지위성, 성지재물지위리)"[3]라고 하였으며, 이정(二程 : 정명도와 정이천, 즉 정호와 정이) 형제는 "성은 곧 리이다. 리는 요순으로부터 평범한 사람에 이르기까지 한결같다(性卽是理, 理則自堯舜至於塗人, 一也성즉시리, 리즉자요순지어도인, 일야)"[4]라고 하였으니, 이는 바로 이 '하나'를 장악하도록 한 것이다. 즉 궁

---

1) 「장자어록상(張子語錄)」 상(上), 『장재집』 312쪽.

2) 「하남정씨유서」 권2 상, 『이정집』 20쪽.

3) 「황극경세(皇極經世)」 권12 하, 『관물외편(觀物外篇)』, 「도장(道藏)」 태현부(太玄部), 귀4(貴四), 제23책, 문물출판사, 상해서점, 천진고적출판사 영인본, 1988, 453쪽.

4) 「하남정씨유서」 권18, 『이정집』 204쪽. '리' 관념이 고대 중국에서 어떻게 시작되었고 또 어떻게 발전하고 변화해 갔는지에 대해서는 그레이엄(A. C. Graham)의 『두 명의 중국철학자 : 정명도程明道와 정이천程伊川(Two Chinese Philosophers : Ch'eng Ming-tao and Ch'eng Yi-ch'uan)』, Longdon : Lund Humphries, 1958, 21쪽과 진영첩(陳榮捷)의 「신유학 '리' 사상의 발전(新儒學 '理'之思想之演進)」, 『왕양명과 선(王陽明與禪)』, 학생서국(學生書局), 1984, 23~65쪽 참고.

리, 진성, 달명(達命)을 통해 우주와 사회 및 인간의 궁극적 진리를 추구하도록 한 것이다.

3

아마도 이러한 생각은 동시에 고대 중국의 주류적 전통의 가치와 이상에 대한 판단에 다시 연관될 것이다. 신속하고 격렬하게 변혁해 가는 이 시기에 전통적 지식과 사상적 자원을 움켜쥔 사대부들은 심각하게 전통의 추락을 걱정하였다. 이는 이러한 전통의 가치와 이상이 사회 질서에 절실히 유효한 규범과 정돈의 기준이 되기 때문이 아니라 이러한 가치와 이상이 사대부들의 입장과 가치를 확립해 줄 수 있기 때문이며, 그것이 상호 간에 인정할 수 있는 문화적 기초를 제공하고 사대부들로 하여금 국가와 권력에 대해 시종 비판적 지위를 견지할 수 있게 해주기 때문이다. 왜냐하면 이 시기의 사대부들은 확실히 서로 다른 두 방면에서의 도전에 직면해 있었기 때문이다. 그 한 방면은 정치권력의 중심에서 생겨난 취향이 암시하는 실용적 사조이다. 이러한 실용주의적 사조는 사대부 계층 존재의 근본적 의의, 즉 문화와 가치에 대한 수호를 점진적으로 와해시켰다. 다른 한 방면은 이단 학설로부터 왔다. 각종 이단 학설의 흥기는 사람들로 하여금 자신의 정신적 입장을 선택하기 어렵게 만들었으며, 그로 인해 역사와 전통을 실추하게 하고 유가 경전에 대한 해석을 통해 확립하고자 하였던 사대부들의 사상 권력을 박탈하였다. 손복의 「유욕(儒辱)」은 격정적인 표현으로 전체 사대부들에게 다음과 같이 묻고 있다. 현재는 양주, 묵적, 신불해, 한비자 등이 사상적 질서를 어지럽게 할 뿐만 아니라 "불교와 도교의 무리들이 중국에 횡행하여 저들이 삶과 죽음, 화와 복, 허무와 보응의 일들을 가지고 이렇게 저렇게 수없이 펼쳐내서 우리 백성들로 하여금 인의와 예악을 모두 버리게 하여 천하의 이목을 모두 막아버렸다. …사람들은 다른 이와 언쟁할 때 조금이라도 이기지 못하면 그것을 부끄럽게 여기기 마련인데, 하물며 오랑캐와 제자백가(諸子百家)의 관점이 우리 성인의 가르침을 어지럽히는 것이랴!(佛老之徒, 橫於中國, 彼以死生禍福虛無報應之事, 千萬其

이 시기의 사대부들은 확실히 서로 다른 두 방면에서의 도전에 직면해 있었다.

端, 給我生民. 絶滅仁義, 屛棄禮樂, 以塗窒天下之耳目 ……凡今之人, 與人爭讟, 小有所不勝, 尚以爲恥, 矧夫夷狄諸子之法, 亂我聖人之敎!불노지도, 횡어중국, 피이사생화복허무보응지사, 천만기단, 급아생민. 절멸인의, 병기례악, 이도질천하지이목 ……범금지인, 여인쟁얼, 소유소불승, 상이위치, 신부이적제자지법, 난아성인지교!)"[1]

　　이렇게 극도로 흥분하고 긴장된 심경 속에서 그들은 자신들의 생각을 극단적으로 밀고 가 그것을 지고무상의 위치에 둘 필요가 있었다. 따라서 그들이 가장 먼저 필요로 하는 것은 보편적으로 혼란스러운 사상적 상황 속에서 모든 문제를 포괄하고 그것을 해석해 낼 수 있는 궁극적 관념을 새롭게 만들어 내는 것이었다. 일체의 자연, 사회, 인간을 해석하는 근본적 근거로서 고대 중국에는 천지, 음양, 오행, 팔괘, 구궁(九宮) 및 공간과 시간적 상징 계통이 있었다. 이러한 우주적 상징 계통은 일찍이 일체의 합법성과 합리성의 근거가 되어주었다. 그러나 송나라 시대 사대부들이 일체의 규범과 원칙에 근거를 제공해 주는 우주론을 다시 정립하려 할 때, 천문이나 지리처럼 구체적인 지식의 도움에 의해서만 이해될 수 있는 이론들은 다시 그 자체로 자명한 설정 혹은 근거가 필요하다는 것을 발견하게 되었다. 그래서 소옹이 "하늘은 리를 통해 온전히 이해할 수 있을 뿐 형체로는 다 이해할 수 없다. 그러니 혼천의 이론이 형체로 하늘을 다 설명한다는 것이 가하겠는가?(天以 '理' 盡, 而不可以 '形' 盡, 渾天之術以 '形' 盡天, 可乎천이 '리' 진, 이불가이 '형' 진, 혼천지술이 '형' 진천, 가호)"[2]라고 질문하였던 것처럼, 구체적 지식만으로는 그 합리성을 온전히 지지할 수 없었고 그것을 총체적으로 해석할 수도 없었다. 오직 하나의 초월적인 근본 도리를 새롭게 만들어 냄으로써만이 이러한 복잡다단한 현상을 간략하면서도 온전하게 이해할 수 있었다. 이에 따라 천지 만물 배후의 더 초월적인 실재를 찾아 지식과 사상, 그리고 신앙세계를 중건하는 전제로 삼게 되었다.

천지 만물 배후의 더 초월적인 실재를 찾다.

　　이렇게 경전 텍스트의 의미를 계속해서 추적해 들어가고 그 근본적 해석을 찾아들어 가는 것은 또한 당시 사대부들의 보편적인 사상적 경향이었다. 지식

---

1) 『송원학안』 권2 「태산학안」, 58~59쪽. 이런 종류의 관점에 대해서는 "도가 밝혀지지 않은 것은 이단이 그것을 해쳤기 때문이다(道之不明, 異端害之也도지불명, 이단해지야)"는 정호의 격렬한 언급을 참고할 수 있다(『송사』 권427 「도학전일」 '정호전', 12717쪽).
2) 「황극경세」 권12 상, 『관물외편』, 「도장」 태현부, 귀3, 제23책, 443쪽.

과 사상을 추구하는 것이 학자들에게 일종의 안신입명처(安身立命處)가 되고부터
는 그들은 언제나 이러한 지식에 대해 궁극적이고 또 총체적인 해석을 가하려
고 하였다. 그런데 이러한 궁극적이고 총체적인 해석은 언제나 몇몇의 추상적
인 핵심 개념으로 추려진다.[3] 『송사』의 기록에 따르면 소옹은 일찍이 소문산(蘇
門山) 백원(百源) 근처에 살고 있었는데, 『주역』의 이치에 정통하였던 이지재(李之
才)가 찾아온 적이 있었다. 그가 "그대는 독실하게 배우기를 좋아하니 그 내용은
어떤 것인가?(好學篤志果何似?호학독지과하사?)"라고 묻자, 소옹은 "서책에서 배운 것
이외에는 별게 없습니다(簡策之外未有跡也간책지외미유적야)"라고 하였다. 그러자 이
지재는 다시 "그대는 서책으로 배울 사람이 아니니, 사물의 이치에 관한 학문은
어떠한가?(君非跡簡策者, 其如物理之學何?군비적간책자, 기여물리지학하?)"라고 하였다. 그
리고는 다시 며칠 있다가 다시 소옹에게 이렇게 말하였다. "사물의 이치에 관한
학문을 배우고 나면 다시 본성과 천명에 관한 학문이 있지 않겠는가?(物理之學學
矣, 不有性命之學乎?물리지학학의, 불유성명지학호?)"[4] 이러자 소옹은 곧 그에게서 『주역』

---

3) 예컨대 『송사』 권432 「주요경전(周堯卿傳)」에는 그에 대해 다음과 같이 기술하고 있다. "학문을 함에 있어서
는 주석을 붙이는 것에만 매달리지 않고 깊이 묻고 생각하여 경전의 의미를 완벽히 통달할 것을 추구하였다.
…그가 『시경』을 공부할 때는 공자가 말하였던 '삼백 편의 시는 한 마디의 말로 정리할 수 있으니, 생각함에
사특함이 없다는 말이다'라거나, 맹자가 말하였던 '시를 말하는 사람은 자신의 생각으로 작자의 생각을 찾
아갈 때 그 의미를 얻었다고 할 수 있다'라는 말에 의거하였다. 이렇게 경전을 고찰하고 그 의미를 찾으려 노
력하였으며, 모형이나 정현의 주석에서 좋고 나쁜 점을 분석하였다. …『장자』나 『맹자』와 같은 책을 읽고서
는 '장주는 리에 대해 잘 말하였지만 궁리까지는 이르지 못하였다. 궁리 즉 이치를 궁구하면 좋아하고 싫어
함이 성인과 다르지 않게 되니 맹자가 바로 이런 사람이다. 맹자는 성에 대해 잘 말하였지만 자신의 본성을
온전히 실현하는 데까지는 이르지 못하였다. 자신의 본성을 온전히 실현할 수 있으면, 만물의 본성 역시 온
전히 실현할 수 있어서 천지와 더불어 함께 할 수 있게 되니 이런 경지는 오직 성인만이 할 수 있는 것이다.
하늘이 뭐라 말을 하시겠는가? 본성과 천도는 그래서 자공이 잘 들을 수 없었던 것이다(爲學不專於傳注, 問辨思
索, 以通爲期 ……其學詩, 以孔子所謂 '詩三百一言以蔽之日思無邪', 孟子所謂 '說詩者以意逆志, 是爲得之', 考經指歸, 而見
毛, 鄭之得失 ……讀莊周孟子之書, 曰 '周善言理, 未至於窮理, 窮理, 則好惡不繆於聖人, 孟軻是己. 孟善言性, 未至於盡己之
性, 能盡己之性, 則能盡物之性, 而可與天地參, 其惟聖人乎! 天何言哉? 性與天道, 子貢所 以不可得而聞也위학부전어전주, 문변
사색, 이통위기 ……기학시, 이공자소위 '시삼백일언이폐지왈사무사', 맹자소위 '설시자이의역지, 시위득지', 고경지귀, 이견모, 정지
득실 ……독장주맹자지서, 왈 '주선언리, 미지어궁리, 궁리, 즉호오불무어성인, 맹가시기. 맹선언성, 미지어진기지성, 능진기지성, 즉
능진물지성, 이가여천지참, 기유성인호! 천하언재? 성여천도, 자공소 이불가득이문야)." 12847쪽.
4) 『송사』 권431 「유림이지재전(儒林李之才傳)」, 12824쪽. 또 조여시(趙與時)의 『빈퇴록(賓退錄)』 권2, 15~16쪽에
서 보인다(상해고적출판사, 1983). 그래서 정이는 "소옹의 수에 대한 법은 이지재에게서 나온 것이다. 소옹의
수에 대한 추론만이 이치에 부합한다(邵堯夫數法出於李挺之, 至堯夫推數方及理소요부수법출어리정지, 지요부추수방급
리)"라고 한 것이다(『하남정씨유서』 권18, 『이정집』, 197쪽).

의 이치를 배우고자 하였다. 여기서 말하는 '사물의 이치에 관한 학문'이란 전통적인 경전의 학문 중에서 『주역』을 통해 탐구할 수 있는 상(象)과 수(數)와 같은 것이고, 여기서 말하는 '본성과 천명에 관한 학문'이라는 것은 이러한 유형의 상수 배후에 간직되어 있는 체험과 상상을 통해 얻을 수 있는 초월적 도리 즉 그가 『관물외편』에서 반복해서 말하였던 '태극', '도', '하나[一]', '본성[性]'과 같은 것이다.[1]

　　마찬가지로 일찍이 이정 형제의 스승이기도 하였던 주돈이[2]도 이러한 학풍을 추구하는 경향을 보이고 있다. 그는 전통 속에서 의심할 수 없는 합리성을 확보하고자 하였다. 그는 많은 경우 기술화되어 일종의 실용적 지식으로 사용되던 오행 이론을 성리설적 의미에서 새롭게 해석하였다. 그는 「태극도설」의 '태극' 위에 다시 텅 빈 자리로서의 '무극'[3]을 설정해 두었는데, 이는 궁극적 본원을 추구해 들어가려는 자신의 의욕을 표현한 것에 불과하다. 그가 이러한 표현을 통해 상징한 본원으로서의 '태극'은 자신의 해석에 의하자면 일종의 절대적 '하나'이

---

1) 궁극적 의미를 상징하는 이 몇 개의 표현들은 본질적으로는 모두 같은 것을 가리킨다. 다만 그것을 드러내는 데 있어서 그 표현이 다른 것일 뿐이다. 예컨대 그는 "도는 천지 만물을 만들어 내지만 그 스스로를 드러내지는 않는다. 천지 만물 역시 도에서 그 법을 취한다(道生天地萬物而不自現也, 天地萬物亦取法乎道/생천지만물이부자현야, 천지만물역취법호도)"라고 한다. 혹은 "도는 태극이다(道爲太極)"라거나 "태극은 하나[一]다. 움직이지 않고 둘을 낳는다(太極, 一也. 不動, 生二)"라거나 "태극이 움직이지 않은 것이 본성[性]이다(太極不動, 性也)"라고 말한다(「황극경세」권12 하, 『관물외편』, 「도장」태현부, 귀사, 제23책, 452쪽).

2) 송나라 시대 사상사에서 차지하는 주돈이의 지위와 관련해서는 등광명의 논문 「주돈이의 사승과 전수에 관하여(關于周敦頤的師承和傳受)」, 『등광명치사총고(鄧廣銘治史叢稿)』, 북경대학출판사, 1997, 213쪽을 참고할 수 있다. 사실 후외려의 「중국사상통사」나 이택후의 「송명이학편론」 등에서도 이미 주돈이의 사상사적 지위에 대해 지적하고 있다. 그러나 이는 역사적 사실과 부합하지 않는다. 그들은 "그가 차지하는 높은 지위는 후대 사람들이 쫓아갈 수 있는 정도가 아니다"라고 말한다(후외려, 「중국사상통사」권4, 상책, 인민출판사, 1959, 502쪽과 이택후, 「중국고대사상사론」, 인민출판사, 1985, 536쪽). 하지만 그는 후대 사람들이 이야기하는 것과 같은 송학(宋學)의 창시자는 분명히 아니다. 그 역시 그 시대의 학술과 사상적 분위기 속에 분명히 위치해 있었고, 당시의 사상적 분위기를 설명하기 위하여 우리는 여전히 그를 그러한 분위기 속의 한 고리로 평가할 수는 있지만, 그러한 분위기가 바로 그로부터 시작하였다고 말할 수는 없다.

3) 「태극도설」의 유래와 관련해서 최근의 연구는 그것이 도교에 근원하지 않고 주돈이 자신이 『주역』특히 「계사전」과 「주역정의」에 근거해 직접 만든 것이라고 보고 있다. 이신(李申)의 「태극도의 연원에 대한 분석(太極圖淵源辨)」(『주역연구周易研究』1991년 제1기)과 『태극도를 말하다―「역도명변」에 대한 보충(話說太極圖―「易道明辯」補)』(지식출판사知識出版社, 1992) 그리고 아즈마 쥬지(吾妻重二)의 「태극도의 형성 - 유불도 삼교와 관련한 재검토(太極圖の形成―儒佛道三教をめぐる再檢討)」(『일본중국학회보日本中國學會報』46집, 일본중국학회日本中國學會, 도쿄, 1994) 참고.

다. 『통서』 속에서 그는 "이 만물은 다시 하나가 되고, 하나는 실제 만 가지로 나뉜다. 만물과 하나가 각기 바르게 되었을 때 작고 큰 것은 모두 정해지게 된다(是萬爲一, 一實萬分, 萬一各正, 小大有定시만위일, 일실만분, 만일각정, 소대유정)"[4]라고 말하고 있다. 자연과 천지와 사회 및 인간을 모두 망라하는 것 같은 이 '하나'는 그의 해석 속에서 우주가 아직 나뉘지 않았을 때의 혼돈 상태일 뿐만 아니라 사람의 마음이 아직 움직이지 않았을 때의 절대적인 고요함이기도 하다. "성인께서는 중정과 인의로 정하셨지만 고요함을 주로 하셨고, 이에 인극(人極)을 세우셨다(聖人定之以中正仁義而主靜, 立人極焉성인정지이중정인의이주정, 입인극언)"라고 하였는데, 만약 이러한 본원을 체험하고자 한다면 이러한 '고요하여 아무런 움직임도 없는 성(誠)(寂然不動, 誠也적연부동, 성야)'[5]의 마음의 경지로 돌아와야 한다. 이에 따라 "송나라 시대 유학자인 주돈이의 「태극도설」이 유행하게 된 이후로 유학자들이 말하는 오행은 이치에 근원하고 성(誠)을 탐구하는 것이 되었다(自宋儒周敦頤 『太極圖說』 行世, 儒者之言五行, 原於理而究於誠자송유주돈이 『태극도설』 행세, 유자지언오행, 원어리이구어성)."[6]

이외에도 관중 지역의 장재 역시 '리'를 천지의 위에 두어 '리'를 천지의 도를 체험하고 이해하는 핵심으로 보았다. 그는 천지에 대한 전통적 지식과 기술을 그저 허망한 것으로 치부하였다. 그는 이렇게 말한다. "천지의 도는 가히 한마디의 말로 다 담아낼 수 있다. 도라는 말로도 천지를 모두 담아낼 수는 있다. 그렇다고 그 리를 얻을 수 있는 것은 아니다. 이는 마치 하고자만 한다면 모두 성인이나 신묘한 경지에 다다를 수는 있지만, 실제 성인과 신묘한 경지의 본질을 느낄 수는 없는 것과 같다. 천지의 도를 술수로 이해하는 자들은 모두 허망하다(天地之道, 可以一言而盡也, 凡言道, 皆能盡天地, 但不得其理; 至如可欲皆可以至聖神, 但不嘗得聖神滋味, 天地之道, 以術知者卻是妄천지지도, 가이일언이진야, 범언도, 개능진천지, 단불득기리; 지여가욕개가이지성신, 단불상득성신자미, 천지지도, 이술지자각시망)."

그러나 「장자어록(張子語錄中)」 '중(中)'에서 그는 이 '도리'를 사람의 마음을

4) 『통서』, 「리성명제이십이(理性命第二十二)」, 『주자통서(周子通書)』 3쪽, 사부비요본.

5) 『통서』, 「성기덕제삼(誠幾德第三)」과 『통서』, 「성제사(聖第四)」, 『주자통서』 1쪽 참고.

6) 『송사』 권61 「오행1(五行一)」, 1317쪽. 오기와라 히로무(荻原擴)의 『주렴계의 철학(周濂溪の哲學)』 제3편 「염계 학의 본질(濂溪學の本質), 등정서점(藤井書店), 1935 참고.

통해 알 수 있다고 밝히고 있다. "앎의 쓰임은 아주 크다. 만약 알기만 한다면 그 이하의 것은 한꺼번에 해결된다. 오직 앎이 마음과 본성과 인식을 모두 포괄하기 때문에 앎은 줄곧 마음과 본성의 관건이 된다. …앎이 미치는 것과 인을 지킴에 대해서 말하자면, 그저 마음이 도달하는 곳을 일러 앎이라 하고 (인을) 지킨다는 것은 그저 이 앎을 지키는 것이다(知之爲用甚大, 若知則以下來都了. 只爲知包著心性識, 知者一如心性之關轄[豁]然也 ……知及仁守, 只是心到處便謂之知, 守者守其所知지지위용심대, 약지즉이하래도료. 지위지포저심성식, 지자일여심성지관할[활]연야 ……지급인수, 지시심도처편위지지, 수자수기소지)." 그는 더 나아가 이 하나의 '리'를 확립한 것이 불교나 도가와의 다른 점이라고 밝힌다. 장재는 "만물에는 모두 이치가 있으니 만일 이치를 궁구할 줄 모른다면, 이는 일생을 꿈꾸듯 지내는 것과 같다(萬物皆有理, 若不知窮理, 如夢過一生만물개유리, 약부지궁리, 여몽과일생)"라고 하였다. 그는 불교가 이치를 궁구하지 않는 것은 '그들이 이것을 병폐라고 생각한데서 모두 연유(皆以爲見病所致개이위견병소치)'한다고 생각하였다. 그는 장자(莊子)는 비록 '리'를 밝혔지만, '그 지극한 궁극에 대해서는 역시 그저 꿈이라고 생각(反至窮極亦以爲夢반지궁극역이위몽)'[1]하는 한계가 있다고 평가하였다. 정이의 언급은 더욱 분명하다. 어떤 이가 "천도는 어떻습니까?"라고 묻자, 그는 "그저 리일 뿐이다. 리가 곧 천도이다(只是理, 理便是天道也지시리, 리편시천도야)"라고 대답하였다.[2]

소옹이 "사태가 다한 지점에서 도의 오묘함을 보고, 인간의 감정이 다한 곳에서 천기를 본다(事體極時觀道妙, 人情盡處看天機사체극시관도묘, 인정진처간천기)"[3]라고 한 것처럼, 송나라 시대 유학자들은 천지, 음양, 사시, 오행 등 전통적 우주 도식을 본격적으로 포기하지는 않았다. 그들은 여전히 전통적 사유의 궤적 속에서 활동하였으며, 『황극경세』, 「태극도」, 『태현경집주(太玄經集註)』 등 전통적 우주론에 기초한 저작 역시 계속해서 작성되었다.[4] 하지만 그들은 이미 우주 만물을 관찰하

---

1) 이상은 『장자어록』 상, 『장재집』 312쪽, 316쪽과 『장자어록』 중, 『장재집』 321쪽에서 인용.

2) 『하남정씨유서』 권22상, 『이정집』 290쪽.

3) 『하남정씨유서』 권22상, 『이정집』 290쪽.

4) 『황극경세』의 주된 내용은 일종의 정치적 달력이라고 할 수 있는데, 수적 술수의 원리를 이용하여 역사의 시간을 분석한 것이다. 「태극도설」은 우주 생성과 구조에 대한 분석이다. 『태현경집주』는 『주역』의 수적 술수

는 새로운 방식을 열었다. 소옹은 이렇게 말한 적이 있다. "도는 천지의 근본이 되고 천지는 만물의 근본이 된다. 천지의 관점에서 만물을 보았을 때는 만물은 만물일 뿐이지만, 도의 관점에서 천지를 보았을 때는 천지 역시 만물이 된다(道爲 天地之本, 天地爲萬物之本, 以天地觀萬物, 則萬物爲萬物, 以道觀天地, 則天地亦爲萬物도위천지지 본, 천지위만물지본, 이천지관만물, 즉만물위만물, 이도관천지, 즉천지역위만물)."[5] 이 구절은 매우 중 요하다. 사람들이 구체적으로 만물을 관찰할 때 만물은 이렇게 저렇게 복잡한 개 별상에 불과하여, 소는 소이고 나무는 나무일 뿐이다. 오직 우주와 천지의 높이 로 올라가야만 그것들을 총체적으로 파악할 수 있고 그것들을 총체적으로 해석 할 수 있다는 말이다. 그러나 좀 더 초월적으로 우주와 천지를 이해하고 해석하 려는 사람의 입장에서는 우주와 천지 역시 만물처럼 일월성신과 산하대지 등을 포함하고 있는 그저 복잡다단한 구체상에 불과하다는 것이다. 때문에 오직 '도' 의 궁극적 관점에서라야 번다한 것을 간이하게 간추려 그것을 진정으로 이해하 고 해석할 수 있다는 말이다. 다만 그는 이 '도' 혹은 '리'는 사람의 '마음' 속에 있다고 보았다.

　지식과 사상을 궁극의 본원처까지 끌어올려 지식과 사상의 합리성의 근거를 묻는 것은 송나라 시대 사대부들의 일종의 사상적 유행이었다. 이밖에 특기할만 한 또 다른 사상적 유행은 궁극 본원의 합리성의 출처를 외재적 천지 혹은 우주로 부터 내재적 마음과 인성으로 바꾸었다는 것이다. 앞에서 인용한 소옹의 '움직이 지 않는 본성'이라든지 주돈이의 '고요한 마음'이라든지 장재의 '마음과 본성과 인식을 포괄하는 앎' 등과 같은 것은 모두 내재적 본성 혹은 이성이다.[6] 이러한

를 모방하여 양웅이 지은 『태현』에 대한 사마광의 주석서이다. 이러한 경전에 대한 주석은 고대 중국에서 자 주 발견되는 사상적 연속을 표현하는 형식이다. 보수와 진보의 내용은 언제나 그러한 형식을 통해 드러나게 된다. 그러나 사마광의 주석 속에서는 여전히 수리로 천지를 해석하려는 전통적 관점에 비교적 치우쳐 있는 것처럼 보인다. 이러한 경향은 물론 그 한 사람의 편견은 아니다. 소옹 역시 여러 차례 양웅을 찬양하여, "『태 현』을 지었으니 천지의 마음을 얻었다고 할 수 있다(作太玄, 可謂得天地之心矣작태현, 가위득천지지심의)"거나 "달 력의 법칙도 알고 달력의 이론도 안다(知曆法, 又知曆理지력법, 우지력리)"고 하였다. 『황극경세』 권12, 『관물외 편』, 『도장』 태현부, 제23책, 447쪽 참고.

5)『황극경세』 권11 상, 「관물제사십삼(觀物第四十三)」. 이 말은 같은 책 권12 하 「관물외편」, 『도장』 태현부, 제23 책, 422쪽과 446쪽에서도 보인다.

6) 예컨대 소옹의 후손인 소박(邵博)은 『소씨문견후록』 권5에서 선천역학을 해석하면서 소옹에 대해 "선천도는

두 종류의 사상적 유행과 더불어 당시에 새롭게 만들어진 사상적 질서가 야기하는 긴장은 서로 얽혀 송나라 시대 사대부들로 하여금 후대 학자들이 '내적 전환' 혹은 '내재적 초월'이라고 부르는 새로운 사유를 전개하도록 자극하였다. 이러한 사유가 바로 송나라 시대 이학 형성의 기초가 된다.[1]

4

이 '리'를 둘러 싼 사유 중에 '리일분수(理一分殊)', '격물궁리(格物窮理)', '궁리진성(窮理盡性)'은 서로 연결되는 핵심 키워드이다.

사실 '리일분수'는 송나라 시대 유자들이 만들어낸 말도 아니고, 심지어는 불교에서 전적으로 사용한 말도 아니다. 그것은 원래 고대 중국 철학자들의 마음 속에 누구에게나 있었던 것이었지만, 다만 입 밖으로 꺼내지만 않았던 일종의 이념이었다. 고대 중국 사대부들이 보기에 우주의 사물은 아주 복잡하지만 그 궁극의 도리는 언제나 지극히 간단한 것이었다. 고대인들이 말하는 '일(一)', '극(極)', '대(大)' 심지어는 '무(無)'에 이르기까지 그것들은 모두 우주의 삼라만상은 아무리 복잡하고 많다 하더라도 결국에는 하나의 근본적 지점이 있음을 의미한다.

다만 이 의미를 가장 명료하게 드러낸 것은 역시 불교다. 『화엄경(華嚴經)』은 다음과 같이 말한다. '마음은 마치 그림을 그리는 사람과 같다. 이 세상을 모두 그려낼 수 있으니, 그 속에서 오온이 형성되어 나온다. 모든 법계가 그로부터 만들어져 나온다(心如工畫師, 能畫諸世間, 五蘊悉從生, 無法而不造심여공화사, 능화제세간, 오온실

리일분수(理一分殊)

심법(心法)이다(先天圖, 心法也)"라거나 "마음을 근본으로 삼았으니, 경세에 관한 것들은 소옹 철학에서 부수적인 것에 불과하다(以心爲本, 其在經世者, 康節之餘事耳이심위본, 기재경세자, 강절지여사이)"라고 하였다(40~41쪽).

1) 다케우치 요시오(武內義雄)는 『송학의 유례와 그 특수성(宋學의 由來及び其特殊性)』에서 송학의 연원을 한유나 이고 혹은 그들이 중시하였던 『대학』과 『중용』에서 찾고 있다. 게다가 이러한 사유 방식의 연원을 『주역』과 『논어』의 비교 속에서 간이와 추상의 해석학적 방식을 사용하는 왕필과 하안 등에게서 찾기도 하였다. 이는 사상과 해석학의 특징으로부터 그 연원을 찾아가는 사유라고 할 수 있다. 그러나 내가 여기서 채용하는 것은 그 연원을 찾아가는 새로운 방식이다. 이 글은 암파서점의 『동양사조(東洋思潮)』(1934)에 실려 있는데, 이 글에서는 위수복(魏守朴)의 중국어 번역본을 참고하였다. 『국광잡지(國光雜誌)』 9~11기에 게재되었다.

종생, 무법이부조)."[2] '법계'는 '마음'으로부터 만들어져 나온다. 그러나 마음이 이런 저런 법계를 만들어낼 때에는 다시 '하나가 많은 덕을 함축(一含多德)'하게 된다. 즉 소위 '법계'는 지엄(智儼)의 『화엄일승십현문(華嚴一乘十玄門)』에서 말하는 인트라망과 같다. 그에 의하면 하늘나라의 궁전에는 보석으로 만들어진 발이 있는데, 발의 모든 술은 보석으로 만들어졌고 각기의 보석에는 다른 보석의 그림자들이 드리워져 있다. 그래서 "어느 보석 하나를 들여다보아도 그 속에는 모든 보석이 보이기 마련인데, 마치 하나의 보석이 있는 것과 같고 모든 보석이 마찬가지다(舉一珠爲首, 衆珠現中, 如一珠卽爾, 一切珠現亦如是거일주위수, 중주현중, 여일주즉이, 일체주현역여시)." 이것이 바로 후대 사람이 묘사하였던 "발 속의 보석은 아름다운데, 모두가 보석 그림자를 머금고 있네. 하나의 보석 속에서 모든 보석의 그림자를 볼 수 있으니, 각각의 보석은 모두 이와 같아 서로의 그림자를 비추어주네(網珠玲玲, 各現珠影, 一珠之中, 現諸珠影, 珠珠皆爾, 互相現影망주령령, 각현주영, 일주지중, 현제주영, 주주개이, 호상영현)"라고 하였던 것이다. 이로부터 그들은 모든 것들이 "원융하여 원래의 그 모습 그대로이지만, 하나는 일체이고 일체는 또 하나(圓融自在, 一卽一切, 一切卽一원융자재, 일즉일체, 일체즉일)"라고 확신하게 되었다.

그러나 세속의 지식은 이점을 곧장 의식해 낼 수는 없다. 그들이 먼저 의식하는 것은 '사법계(事法界)' 즉 거짓에 불과한 수없는 차별의 세계이다. 여기서 말하는 '계(界)'란 차별과 분별의 의미이다. 왜냐하면 사람들은 거짓을 진실이라고 여기고 이 현상의 세계를 정말 천차만별의 다른 세계라고 여기기 때문이다. 만약 한 걸음 더 나아가 일체가 그저 마음이 만들어 낸 것들에 불과하다는 것을 의식해낼 수 있어서 현상세계 너머의 공통의 본원을 확보할 수만 있다면, 곧장 현상세계 너머의 동일한 본성을 가늠할 수 있을 것이다. 그렇게 '리법계(理法界)'에 도달하는 것이다.

때문에 어떤 이가 정이에게 『화엄경』의 이사무애(理事無碍), 유여경등(有如鏡燈), 중중무진(重重無盡)[3]의 의미에 대해 물었을 때, 정이 역시 "모든 이치는 하나의

---

2) 『대방광불화엄경(大方廣佛華嚴經)』 권19 「승야마천궁품제십구(升夜摩天宮品第十九)」, 『대정장』 제10권, 102쪽.
3) 이사무애는 이와 사에는 장애가 없음이다. 우주의 본체로서 평등한 진리나 깨달음의 세계와 우주의 현상계

이치로 귀결된다(萬理歸於一理만리귀어일리)"고 말할 수밖에 없었다. 이러한 주장들을 깨부술 수 있을 지에 대해 그 사람이 재차 물었을 때 정이는 어쩔 수 없이 "꼭 틀렸다고만 말할 수는 없다(亦未道得他不是역미도득타불시)"고 인정하였다.[1]

이 '리'와 '사'의 대비는 송나라 시대 유자들에게서 상당히 다양한 방식으로 표현되었다. 예컨대 '일(一)'과 '다(多)', '도(道)'와 '기(器)', '본(本)'과 '말(末)', '공(共)'과 '수(殊)', '천리'와 '인욕' 등이 그것이다. 하지만 송나라 시대 유자들에게서 '리'와 '사'의 사이에는 분명한 가치적 차이가 존재함을 볼 수 있다. "일(一)은 돌아가야 할 것이기에 군자의 도이고, 다(多)는 통어해야 할 것이기에 소인의 리이다(一其歸者, 君子之道, 多以禦者, 小人之理일기귀자, 군자지도, 다이어자, 소인지리)"[2]라고 한 것처럼 그들이 찾고자 한 것은 '리'이며, 그들이 확보하고자 한 것은 '근본'이었다. "천하가 해악을 입게 된 것은 모두 근본을 멀리하여 말단이 이겼기 때문이다. …선왕께서 제정하신 근본이란 바로 천리요, 후대의 왕들이 흘러가버린 말단은 바로 인욕이다. 인욕을 줄여 천리를 회복하는 것이 성인의 가르침이다(天下之害, 皆以遠本而末勝也 ……先王制其本者, 天理也, 後王流於末者 人欲也. 損人欲以夏天理, 聖人之敎也천하지해, 개이원본이말승야 ……선왕제기본자, 천리야, 후왕류어말자 인욕야. 손인욕이하천리, 성인지교야)."[3]

정이는 일찍이 상당히 호기롭게 다음과 같이 말한 적이 있다. "나의 학문은 전해 받은 것도 있지만, '천리' 이 두 글자만은 내가 직접 깨달아 얻은 것이다(吾學雖有授受, '天理' 二字卻是自家體貼出來오학수유수수, '천리' 이자각시자가체첩출래)."[4] 왜냐하면 이 근본적이고 궁극적인 '리'는 그들 스스로 깨닫고 독점하는 비판의 무기가 되

로서 분별적인 현상이나 속세의 세계가 분리되지 않고 아무 걸림 없이 연결되어 있다는 말이다. 유여경등은 거울 속 등불과 같음이다. 수많은 거울에 비친 불빛이 서로 반사되어 겹쳐지는 것으로 중중무진의 세계를 상징한다. 중중무진은 겹치고 겹쳐 다함이 없음이다. 모든 존재는 단독으로 존재하지 못하고 서로 상대의 조건이 되어 교류하고 융합하며 공존함을 말한다(역자 주).

1) 『하남정씨유서』 권18, 『이정집』 195쪽. 『하남정씨수언(河南程氏粹言)』 권1에 나온다. 『이정집』 1180쪽에서도 확인할 수 있다. 그러나 송나라 시대 유자들은 이러한 관점에 대해 장재의 기술을 좀 더 인정하는 것 같다. 정이는 양시(楊時)에게 보내는 편지에서 "「서명」은 명확하게 '리는 하나이지만 나뉘어 달라진다'고 밝히고 있다(「西銘」明 '理一而分殊' 「서명」명 '리일이분수')"라고 말하고 있다. 「답양시논서명서(答楊時論西銘書)」, 『하남정씨문집』 권9, 『이정집』 609쪽과 『후록(後錄)』 상권(上卷) 「유서(遺書)」, 『장재집』 337쪽에서 볼 수 있다.

2) 『횡거역설(橫渠易說)』 「계사」 '하(下)', 『장재집』 214쪽.

3) 『하남정씨수언』 권1, 『이정집』 1170~1171쪽.

4) 『하남정씨외서』 권12, 『이정집』 424쪽.

기 때문이다. 사대부들은 오직 지식과 진리의 지지 속에서만 일체를 초월할 수 있는 자신감을 지니게 된다.

하지만 바로 이 지점에서 송나라 시대 유자들은 상당히 자각적으로 '리'에 대한 자신들의 끊임없는 추구와 '공(空)'을 향해 끝없이 추구하는 불교의 태도를 구분지으려고 노력하였다. 비록 송나라 시대 유자들은 예컨대 소옹이 『황극경세』에서 "지극히 고요하여 아무런 움직임이 없다(寂然不動)"고 말하고, 주돈이가 「태극도설」에서 "아무런 욕심이 없기 때문에 고요하다(無欲故靜)"라고 말하였지만, 그들은 언제나 이러한 '고요함'이나 '욕심 없음'을 불교에서 말하는 '텅 비어 고요한' 맑은 경지가 아닌 천리의 '리'의 근본적 상태에 꼭 들어맞는 인간의 본성으로 해석하고자 주의하였다. 그래서 장재 같은 경우는 "천명을 모른다"거나 "하늘의 본성을 망령되게 설명한다"고 하면서 불교가 일체의 감각 대상을 허상의 인연으로 설명하려는 태도를 비판한다. 왜냐하면 일체를 허망한 것으로 돌리면 종국에 마지막의 지점에 도달하더라도 "커다란 허공 속에 자신의 의지를 매몰시킨다(溺其志於虛空之大닉기지어허공지대)"고 보기 때문이다. 여기에는 어떠한 최종적인 입장이나 추구도 있을 수 없다. 그러나 장재 자신은 '리'의 의의를 확립하였기에 '리'를 궁구함으로써 인간의 본성을 온전히 실현시킬 수 있다고 주장하였다.[5] 정이 역시 소위 '태허'란 있지 않고 오직 '리'만 있다고 말하였다. 그래서 "천하에서 리보다 더 실재하는 것은 없다(天下無實於理者천하무실어리자)"[6]라고 말한다. 그는 오직 '리'의 의의를 확립할 때만이 사람들로 하여금 그것을 계속해서 추구하려는 마음을 갖게 할 수 있다고 생각하였다.

다시 말해 그들이 추구하는 궁극의 지점에 실재하는 '리'가 있고, 그 '리'에 대한 태도가 '성(誠)'이며, 그들이 이 '리'를 체험하고 접근해 갈 때 마음속에서는 인생과 사회에 대한 일종의 '경외(敬)'의 감정이 필요하며, '리'가 사회 속의 생활을 지도할 때 일종의 의미 있는 질서가 확립된다는 말이다. 그럼으로써 불교의

---

5) 『정몽』「대심(大心)」제7(第七), 『장재집』26쪽. 또 『장자어록』'중'에서는 "불교에서는 리를 말하지 않았는데, 그들은 그것이 병통의 근원이라고 생각하였기 때문이다(釋氏便不言理, 皆以爲見病所致석씨편불언리, 개이위견병소치)"라고 말한다. 『장재집』321쪽.

6) 『하남정씨유서』권3, 『이정집』67쪽.

궁극처가 모든 실재하는 것을 와해시켜버린 '공'이며, 진리를 체험할 때 마음속에서 만나는 것은 절대적인 '고요함(寂)'이며, 이것을 체험한 뒤에 추구하는 것은 개인의 초월적인 '깨달음(悟)'이라는 점과 완전히 달라지는 것이다.[1] 때문에 장재는 "유학은 이치를 궁구한다. 때문에 본성을 따르는 것을 일러 도라고 말할 수 있는 것이다. 그러나 불교는 이치를 궁구할지를 모른다. 그리고는 스스로 본성이라고 말한다. 그렇기 때문에 그들의 말은 추구해서 행동으로 옮길 수 없다(儒者窮理, 故率性可以謂之道; 浮圖不知窮理, 而自謂之性, 故其說不可推而行유자궁리, 고솔성가이위지도; 부도부지궁리, 이자위지성, 고기설불가추이행)."[2]

'리일분수' 즉 '리'는 하나이지만 나뉘어 달라지기 때문에 '격물궁리(格物窮理)' 즉 사물을 연구하여 이치를 궁구해야 하는 것이다. 지식과 사상의 관계에 있어서 그들은 다소간 지식을 경시하는 경향이 있고 특별히 그들이 관심을 두는 것은 궁극의 도리를 직접적으로 확보하는 것이라고는 하지만,[3] 이 '리'는 만사(萬事)와 만물(萬物)에 보편적으로 깃들어 있는 궁극적 진리이기 때문에 그들이 '리'

'격물궁리(格物窮理)'

---

[1] 『하남정씨수언』 권1에서는 "배우는 이들은 지식이나 견문을 막고 사려를 없애는 것을 도라고 여긴다. 그래서 언제나 '성인을 끊어내고 지혜를 버리는' 폐단으로 흐르거나 '좌선을 통해 깨달음을 얻으려는' 폐단으로 흐르게 된다(學者以屛知見, 息思慮爲道, 不失於'絶聖棄智', 必流於坐禪入定학자이병지견, 식사려위도, 불실어 '절성기지', 필류어좌선입정)"라고 비판한다. 왜냐하면 이런 때는 마음속에 확립된 의의와 가치가 없기 때문에 "오직 내면에 주된 것이 있은 뒤에라야 가하다. 마음에 주로 하는 것은 경(敬)을 주로 하는 것이며, 경을 주로 하는 것은 하나에 주로 하는 것이다(惟內有主而後可, 主心者, 主敬也, 主敬者, 主一也유내유주이후가, 주심자, 주경야, 주경자, 주일야)"라고 그는 생각하였다(『이정집』 1191~1192쪽).

[2] 『정몽』 「중정편(中正篇)」 제8(第八), 『장재집』 31쪽. 『하남정씨수언』 권1의 "불교도들은 도를 추구한다고 하지만 대롱으로 하늘을 가늠하려고 하는 것과 같다(佛氏求道, 猶以管窺天불씨구도, 유이관규천)"는 말이나, 불교는 "오직 지고의 깨달음만을 힘쓸 뿐 일상의 세계와 접촉하려고 하지 않는다(惟務上見而不燭四旁유무상견이불촉사방)." 혹은 불교는 "언제나 위로 향하려고 할 뿐 아래로 내려오는 공부는 없으니 본말이 단절되어 있다(一務上達而無下學, 本末間斷일무상달이무하학, 본말간단)"라는 말들에 의거할 때, 사실상 불교의 진리 추구는 사회의 질서와 일상의 세계로 내려오지 않는 것임을 암시한다(『이정집』 1181쪽과 1179쪽).

[3] 예컨대 장재는 『경학리굴(經學理窟)』 「학대원(學大原)」 '상(上)'에서 다음과 같이 말하고 있다. "책을 많이 보지만 쉽게 잊는 자는 오직 이치가 정미하지 않기 때문이다. 이치가 정미하면 반드시 그것을 기억하고 딴 데로 흐르지 않는다. 공자께서 일이관지 하신 것은 오직 하나의 의리로 관철하신 것이다. 배우는 이는 마음을 기르고 인식을 명정하게 해야 한다. 그러면 자연스레 생사존망과 그 근원에 대해 알게 되어 가슴속이 뻥 뚫려 아무런 막힘이 없게 된다. 다만 이 이치일 뿐이다(書多閱而好忘者, 只爲理未精耳, 理精則須記了無去處也, 仲尼一以貫之, 蓋只著一義理都貫卻, 學者但養心識明靜, 自然可見死生存亡皆知所從來, 胸中瑩然無疑, 止此理爾서다열이호망자, 지위리미정이, 리정즉수기료무거처야, 중니일이관지, 개지저일의리도관각, 학자단양심식명정, 자연가견사생존망개지소종래, 흉중형연무의, 지차리이)." 『장재집』 279쪽.

를 체험하고 파악하는 길은 각종 사물에 대한 관찰, 연구, 분석, 침잠을 통해 궁극의 도리를 철저하게 깨닫는 것이라고 인정한다. 장재의 "관찰하는 대상이 많을수록 궁구한 이치도 많아진다. 이와 같이 하면 만물의 본성을 모두 알 수 있다(見物多, 窮理多, 如此可盡物之性견물다, 궁리다, 여차가진물지성)"4)는 말이 바로 이런 의미이다. 소옹이 말하는 모든 사람들은 "자신의 마음으로 모든 사람의 마음을 관찰하고, 자신의 몸으로 모든 이의 몸을 관찰하고, 자신이 살아가는 세상으로 모든 역사를 관찰할 수 있다(一心觀萬心, 一身觀萬身, 一世觀萬世일심관만심, 일신관만신, 일세관만세)"는 말은 바로 사람은 자신의 이성과 지성을 사용해 수없이 변화하는 현상을 통섭할 수 있고 그 속에서 도리를 체득할 수 있다는 말이다.5) 그는 "천하의 모든 것에는 리가 있고 본성(性)이 있고 명(命)이 있다(天下之物, 莫不有理焉, 莫不有性焉, 莫不有命焉천하지물, 막불유리언, 막불유성언, 막불유명언)"고 말하고, 이어서 "때문에 리라고 하는 것은 궁구한 이후에야 알 수 있고, 때문에 본성은 온전히 실현시킨 다음에야 알 수 있고, 때문에 명은 다다른 이후에 알 수 있다. 이 세 앎은 천하의 진실된 앎이다(所以謂之理者, 窮之而後可知也, 所以謂之性者, 盡之而後可知也, 所以謂之命者, 至之而後可知也. 此三知者, 天下之眞知也소이위지리자, 궁지이후가지야, 소이위지성자, 진지이후가지야, 소이위지명자, 지지이후가지야. 차삼지자, 천하지진지야)"6)라고 말한다.

일상 속 보통의 생활 세계와 눈앞의 복잡한 자연 세계 속에서 진리를 깨달아야 한다는 것인데, 정이의 비유를 말하자면 이는 마치 장욱(張旭)이 '짐꾼과 공주가 길을 다투는 것과 공손씨 아주머니가 칼춤을 추는 것을 보고서(見擔夫與公主爭道, 及公孫大娘舞劍견담부여공주쟁도, 급공손대낭무검)' 초서의 이치를 깨달은 것과 같으며, 혹은 흐르는 물을 관찰할 때는 "물을 보는 데에는 기술이 있으니 반드시 그 굽이치는 곳을 봐야 한다. 급하게 굽이치는 곳에서 근원이 있는 물은 끝없이 흘러간다는 것을 보아야 한다(觀水有術, 必觀其瀾, 瀾端急處, 於此便見源之無窮관수유술, 필관기란, 란단급처, 어차편견원지무궁)"는 것과 같으며, 혹은 나무에 불을 붙일 때에 "힘이 세지면 양이 생겨난다(力極則陽生력극즉양생)"거나, "천지간에 어느 하나라도 음양이 없는

---

4) 『장자어록』 상, 『장재집』 312쪽.
5) 『황극경세』 권11 상 「관물편(觀物篇)」 제42(第四十二), 『도장』 태현부, 귀1(貴一), 제23책, 421쪽.
6) 『황극경세』 권11 「관물편지오십이(觀物篇之五十二)」, 『도장』 태현부, 귀2(貴二), 제23책, 432쪽.

것은 없다(天地間無一物無陰陽천지간무일물무음양)"는 것을 깨닫는 것과 같다.[1] 이는 바로 "눈앞의 것은 모두 대상 사물이니 모든 대상 사물에는 이치가 있다. 예컨대 불이 뜨거운 이유나 물이 차가운 이유 혹은 군신과 부자의 관계에 있어서까지도 모두 이치가 있다(眼前無非是物, 物物皆有理, 如火之所以熱, 水之所以寒, 至於君臣父子間皆是理안전무비시물, 물물개유리, 여화지소이열, 수지소이한, 지어군신부자간개시리)"는 말이다.[2]

이러한 지식적 경향은 송나라 시대 이학자들로 하여금 온몸과 마음의 지혜를 모두 '존덕성(尊德性)'에만 쏟아 붓는 게 아니라, 여전히 '도문학(道問學)'에도 상당한 관심을 기울이도록 만들었음을 인정해야 한다. 그래서 '오늘 한 대상을 연구하고 내일 또 다른 대상을 연구하는(今日格一件, 明日又格一件금일격일건, 명일우격일건)' 열정을 지니게 하였으며 지식과 사상을 추구하는 다양한 방식을 열어두게 하여, "혹은 독서를 통해 의리를 밝히기도 하고, 혹은 고금의 인물에 대한 평가를 통해 옳고 그름을 판별하기도 하며, 혹은 구체적인 대상에 응대하는 과정에서 적당한 것을 찾게 하니, 이 모든 것이 이치를 궁구하는 것이다(或讀書講明義理, 或論古今人物, 別其是非, 或應接事物而處其當, 皆窮理也혹독서강명의리, 혹론고금인물, 별기시비, 혹응접사물이처기당, 개궁리야)"[3]라는 태도를 지니게 하였다.

그러나 또 한편 그들이 말하는 '격물'에는 일종의 심리적 전제, 즉 '정심성의(正心誠意)'가 깔려 있음도 인정해야 한다. 즉 '격물'의 궁극적 목적은 도덕적 고양이다. 때문에 지식은 결국 도덕으로 전환되어야 한다는 사유를 함축하고, 이로써 지식의 독립적인 영역과 의의를 잃게 만들었다. 정이는 자신의 학생이 '수양하는 방법'에 대해 물었을 때 "정심과 성의보다 우선해야 할 것은 없다(莫先於正心誠意막선어정심성의)"[4]라고 말하였다. 왜냐하면 격물의 근본적인 목적은 결코 우주 만물에 대한 이해에 있지 않고 그가 "사물의 이치를 관찰하여 자신을 살핀다(觀物理

---

1) 『하남정씨유서』 권18, 『이정집』 186, 214, 237쪽. 또 그는 문인이 "어떻게 하는 것이 격물입니까(如何是格物)?"라고 물었을 때, "격이란 이른다는 의미이니 궁구하여 사물의 이치에 이른다는 말이다(格, 至也, 言窮而至物理也)"라고 대답하였다. 다시 "격물은 어떻게 하는 것인가요?(如何可以格物)"라고 물었을 때, 그는 "오직 성의(誠意)를 세워 격물하는 것이다(但立誠意去格物)"라고 대답하였다(『하남정씨유서』 권22 상, 『이정집』 277쪽).

2) 『하남정씨유서』 권19, 『이정집』 247쪽.

3) 『하남정씨유서』 권18, 『이정집』 188쪽.

4) 위의 책, 같은 곳.

以察己관물리이찰기)"[5]고 말하였던 것처럼 자신의 도덕적 심성을 고양시키는 데에 있기 때문이다.

"사물의 이치를 관찰하여 자신을 살핀다"와 같은 사유 속에서 그들은 학문의 궁극적 목표를 '궁리진성(窮理盡性)' 즉 이치를 궁구하여 자신의 본성을 온전히 실현시키는 것이라고 제시한 것이다. "이치를 궁구하여 자신의 본성을 온전히 실현시킴으로써 하늘의 명에 이른다(窮理盡性以至於命궁리진성이지어명)"라는 말은 물론 『주역』「설괘전」에 나오는 오래된 격언이다. 왕필은 이 구절을 다음과 같이 풀었다. "명이란 생명의 지극한 궁극점이요, 리란 그 지극한 궁극을 다한 것이다(命者, 生之極窮, 理則盡其極也명자, 생지극궁, 리즉진기극야)." 공영달은 여기서 한 걸음 더 나아가 다음과 같이 말하였다. "(『주역』의 도리는) 성인이 쓰는 것인데, 위로는 조화와 협력하여 성인의 도덕을 순조롭게 완성하고, 아래로 다스림에는 인륜의 올바른 도의를 판단한다. 또 능히 만물의 심오하고 오묘한 이치를 궁극까지 궁구할 수 있고 모든 생명 있는 것들의 부여받은 본성을 온전히 궁구할 수 있다. 사물의 이치와 생명 있는 것들의 본성이 온전히 궁구되면, 정해진 기간 동안 부여받은 하늘의 명 역시 그 길고 짧음을 모두 알 수 있게 되어 길흉을 정할 수 있게 된다(是聖人用之, 上以和協, 順成聖人之道德, 下以治理, 斷人倫之正義, 又能窮極萬物深妙之理, 究盡生靈所稟之性, 物理旣窮, 生性又盡, 至於一期所賦之命, 莫不窮其短長, 定其吉凶시성인용지, 상이화협, 순성성인지도덕, 하이치리, 단인륜지정의, 우능궁극만물심묘지리, 구진생령소품지성, 물리기궁, 생성우진, 지어일기소부지명, 막불궁기단장, 정기길흉)."[6] 이는 비록 『주역』의 심오한 철학적 이치를 신비화시킨 면이 있지만, 고대 중국 사상에서 궁극적 해석과 진리를 찾으려는 경향성을 드러내 보인 것이다. 사람들은 언제나 오직 궁극적 진리를 파악할 때만이 자연의 이치와 사회의 정의 그리고 생명과 도덕의 모든 문제를 '일이관지' 하게 해결할 수 있다고 믿었다.

이러한 생각은 불교에서 근원하고 있다. 불교의 천태, 화엄 사상 속에서 이러한 방식의 언급은 상당히 많다. 그러나 송나라 시대 유자들의 해석 속에서 이

고대 중국 사상에서 궁극적 해석과 진리를 찾으려는 경향성을 드러내 보인 것이다.

---

5) 『하남정씨유서』 권18, 『이정집』 193쪽.
6) 『주역』 「설괘」, 『십삼경주소』, 중화서국 영인본, 1979, 93쪽.

하나의 진리를 향한 추구는 점차로 자연의 물리와 사회의 정의 그리고 일상의 도덕으로부터 내재적 심성과 도덕적 자아의 정립 및 자각적인 수련이라는 방향으로 전환되었다. "이치와 본성과 천명, 이 셋은 달랐던 적이 없다. 이치를 궁구하면 본성을 온전히 실현시킬 수 있고, 본성을 온전히 실현하면 천명을 알 수 있다(理也, 性也, 命也, 三者未嘗有異, 窮理則盡性, 盡性則知天命矣리야, 성야, 명야, 삼자미상유이, 궁리즉진성, 진성즉지천명의)"[1]라고 말한 것처럼, 소위 '궁리진성'의 함의는 여러 가지 온갖 일과 만물의 '이치'를 탐구하고 체험함으로써 인간의 자아 속에 본래부터 간직하고 있는 진실한 '본성'을 드러내는 것이며, 격물궁리의 궁극적 목적 역시 내재적 심성을 찾아가는 것이 되었다. 이러한 점은 「설괘전」의 이 구절에 대한 장재의 해석에서도 확인할 수 있다. "궁리진성에서 말하는 본성은 이미 사람의 측면에서 말한 것이다. 이미 사물의 이치를 궁구하고 또 인간의 본성을 온전히 실현한 뒤에라야 능히 천명에 이를 수 있다. 여기서의 천명 역시 자신이 부여받은 측면을 말한 것이다(窮理盡性, 言性已是近人言也, 旣窮物理, 又盡人性, 然後能至於命, 命則又就己而言之也궁리진성, 언성이시근인언야, 기궁물리, 우진인성, 연후능지어명, 명즉우취기이언지야)."[2] 이 때문에 '리'의 의미는 점차로 내재적 도덕과 윤리의 측면으로 집중되었으니, 이를 '위기지학(爲己之學: 자아완성을 위한 나를 만들어가는 공부)'이라고 부른다.

　　고대 중국인들은 모든 사람들에게 내재하는 인간의 본성 중에는 생명의 가치를 자각할 수 있는 능력이 있다고 믿었다. 이렇게 자각적인 본성은 비록 우주의 만물처럼 감각을 통해 느끼고 지식을 통해 추론하여 증명할 수는 없지만, 그것은 우주의 만물과 모든 일에 대한 연구와 분석을 통해 그것들과 우주 사이에 존재하는 공통적이고 보편적이며 궁극적인 본원을 찾음으로써 탐구하고 파악할 수 있다. 또한 "자신을 돌아보아도 정성스럽다"는 식의 방식을 통해 내재적 체험으로부터 그것의 존재를 체득하고 그것의 의의를 발견할 수 있다. 또한 이러한 도덕적 본원의 확장과 발견을 통해 사회와 도덕 질서의 합리성을 확인할 수 있다. 그리고 '정심성의'로부터 '치국평천하'의 과정 속에서 개체 생명의 의의를

---

1) 『하남정씨유서』 권21 하, 『이정집』 274쪽.
2) 『횡거역설』 「설괘」, 『장재집』 235쪽.

완성할 수 있으니, 이것이 바로 "이치를 궁구하여 본성을 온전히 실현시키고 그렇게 함으로써 하늘의 명에 이른다"는 의미이다.[3]

바로 그런 의미에서 송나라 시대 유자들은 '리'를 탐구하면서 언제나 내재적 심리와 사상의 상태를 표시하는 '정성[誠]'을 들먹였다. 원래 이 내재적 심리와 사상의 상태를 표시하는 '정성'은 제사를 지낼 때 신령을 대하는 경건한 태도와 관계가 있다. 그러나 『중용』과 『대학』에서 그 의미는 점차로 마음속에서 도덕과 초월을 대하는 진실하고 성실한 심리적 태도로 변해갔다.[4] 주돈이는 "정성이란 성인의 근본이다. …정성이 이에 확립되니 순수하고 지극히 선한 것이다(誠者, 聖人之本 ……誠斯立焉, 純粹至善者也성자, 성인지본 ……성사립언, 순수지선자야)"라고 하였으며, 소옹 역시 "지극한 이치의 학문은 지극한 정성이 아니면 이를 수 없다(至理之學, 非至誠則不至지리지학, 비지성즉부지)[5]라고 말하였다. 낙양 사대부의 정신적 지도자인 사마광 역시 다음과 같이 말하였다. "'정성은 하늘의 도이고 정성을 생각하는 것은 인간의 도이다'라고 하였으니, 도가 되기는 마찬가지다('誠者天之道, 思誠者人之道', 至臻其道則一也성자천지도, 사성자인지도', 지진기도즉일야)." 사마광과 매우 친밀한 관계였던 유기지(劉器之)는 "내가 사마광과 5년을 함께 지내면서 얻은 것은 한 마디로 말해서 '정성'이다(吾從司馬公五年, 得一語曰 '誠' 오종사마공오년, 득일어왈 '성')"[6]라고 말하였다.

---

3) 이러한 관점에 대해서는 여영시의 「가치 계통의 측면에서 본 중국 문화의 현대적 의의(從價値系統看中國文化的現代意義)」, 『중국사상전통의 현대적 해석(中國思想傳統的現代詮釋)』, 타이베이, 연경출판사업공사, 1987, 1992, 39쪽을 참고할 수 있다.

4) 예컨대 『예기』「곡례」에서는 이렇게 기술하고 있다. "기도나 제사 등은 모두 귀신에게 드리는 것이다. 예가 아니면 정성되지도 장엄하지도 않다(禱祠祭祀, 供給鬼神, 非禮不誠不莊도사제사, 공급귀신, 비례불성부장)." 또 『한시외전』 권4에서는 "오직 정성스러울 때라야 귀신을 감동시킬 수 있다(惟誠感神)"고 하며, 『춘추번로』「제의(祭儀)」제76에서는 "군자의 제사 지냄은 손수 자신이 함으로써 내면의 정성을 지극히 한다(君子之祭也, 躬親之, 致其中心之誠군자지제야, 궁친지, 치기중심지성)"라고 하였다. 그러나 『중용』에서는 '귀신의 덕성(鬼神之爲德)' 이하에서 비록 여전히 제사를 지낼 때의 경건함에 대해 말하고 있기는 하지만, "정성이란 하늘의 도요, 정성스럽게 하는 것은 인간의 도이다(誠者, 天之道, 誠之者, 人之道)"라거나 "정성을 통해 명확하게 되는 것을 일러 본성이라 하고, 명확함을 통해 정성스럽게 되는 것을 일러 가르침이라고 한다(自誠明, 謂之性, 自明誠, 謂之敎)." 혹은 "오직 천하의 지극한 정성이라야 능히 그 본성을 온전히 실현시킬 수 있다(唯天下至誠, 爲能盡其性)"와 같은 경우와 『대학』에서의 정심·성의와 "소위 자신의 뜻을 정성스럽게 한다는 것은 자신을 속이지 않는다는 의미이다(所謂誠其意者, 毋自欺也소위성기의자, 무자기야)"와 같은 경우는 모두 이미 '정성'의 대상을 외재적 귀신으로부터 절대와 초월에 대한 내재적 자각으로 바꾼 것이다.

5) 『통서』「성상」, 『주자통서』 1쪽과 『황극경세』 권12 「관물외편」, 『도장』 태현부, 제23책, 446쪽.

6) 『소씨문견후록』 권20, 156쪽.

이 '정성'이란 말은 궁극적 진리의 확정성과 실재성에 대한 인정을 의미한다. 또한 그것은 이 하나의 '리'에 대한 진실된 신앙이며, 이 하나의 '리'를 내면화 하는 첫걸음을 의미한다. 그래서 그것은 심리적 체험과 수련 속에서 '경외[敬]'라 불리는 일종의 심리적 상태를 끌어낸다.

이는 불교와 비교하여 상당히 다른 점이다. 불교에서도 궁극적 진리를 체험할 때 비록 일종의 심리적 전제인 '고요함[靜]'이란 것이 있기는 하지만, 이 '고요함'이란 최종적으로 일체의 집착을 무너뜨리게 되는 넓고 텅 빈 고요함이다. 그러나 '정성'의 심리는 이와 반대로 '리'에 대한 일종의 집착적 추구를 끌어낸다.[1]

때문에 진양(陳襄)과 장재 두 사람 모두 『중용』의 "정성으로부터 명확해지는 것을 일러 본성이라 하고, 명확함으로부터 정성스러워지는 것을 일러 가르침이라 한다(自誠明, 謂之性, 自明誠, 謂之敎)"는 말과 공자의 '나면서부터 아는 이'와 '배워서 아는 이'의 구별에 의거하여, '이치를 궁구하고 자신의 본성을 온전히 실현하는' 데에 즉 '리'를 체험할 때 그 심리적 경지가 혹은 '정성으로부터 명확해지고' 혹은 '명확함으로부터 정성스러워지는' 두 갈래의 길이 있음을 제시하였다.[2]

이 '정성'이란 말은 궁극적 진리의 확정성과 실재성에 대한 인정을 의미한다.

---

1) 정이가 말하는 "정성되지 않으면 사물은 없다. 정성이란 만물의 시작이자 끝이다(不誠無物, 誠者物之始終불성무물, 성자물지시종)"라거나 "정성되면 형체를 갖게 된다. 정성된 이후에야 사물이 있게 된다(誠則形, 誠後便有物성즉형, 성후편유물)"는 말들이 바로 이러한 생각들이다(『하남정씨유서』 권18, 『이정집』 203쪽). 또 "다만 자신의 생각을 정성스럽게 한 뒤에 대상 사물을 연구할 수 있다(但立誠意去格物단입성의거격물)." (『하남정씨유서』 권22 상, 『이정집』 277쪽) '정성됨' 이외에도 또 '공경함'이 있다. 이 역시 송나라 시대 이학과 불교를 구별하는 것이 된다. 정이는 이렇게 말한다. "고요함을 말하는 순간 불교의 관점으로 들어가 버린다. 고요함을 말할 필요가 없이 그저 공경함을 말하면 된다. 고요함을 말하는 순간 잊어버린다(才說靜, 便入於釋氏之說也. 不用靜字, 只用敬字, 才說到靜字, 便是忘也재설정, 편입어석씨지설야. 불용정자, 지용경자, 재설도정자, 편시망야)." (『하남정씨유서』 권18, 『이정집』 189쪽) 또 진래(陳來)의 『송명이학』에도 이 문제에 대한 아주 간단 명료한 분석이 있다(요녕교육출판사, 1991, 109~110쪽).

2) 진양은 「성명설(誠明說)」에서 이렇게 말한다. "성인은 정성스러움을 먼저 갖추셨다. 정성스러우면 명확해진다. 현인은 정성되기를 생각하는 사람이다. 때문에 명확함을 확보한 뒤에 정성스러워진다(聖人先得乎誠, 誠則明矣, 賢人思誠者也, 因明而後誠성인선득호성, 성즉명의, 현인용성자야, 인명이후성)"(『송원학안』 권5, 130쪽) 장재는 '정성스러움으로부터 명확해짐'을 자신에게 본래부터 있는 '본성'을 드러내고, 자신의 본성에 대한 도덕적 체험으로부터 출발하여 궁극의 '리'를 체험하는 것이라고 설명한다. 그래서 그는 "이는 우선 자신의 본성으로부터 깨달아 이치를 궁구하는 데로 이어지는 것이다(謂先自其性理會來, 以至窮理위선자기성리회래, 이지궁리)"라고 말한다. 반면 '명확함으로부터 정성스러워짐'이란 '리'에 대한 체험과 관찰로부터 개인이 응당 따라야 하는 '본성'을 깨닫는 것이라고 말한다. 그래서 그는 "이는 먼저 학문을 통해 깨달아 하늘이 부여해 준 본성까지 확장해 가는 것이다(謂先從學問理會, 以推達於天性위선종학문리회, 이추달어천성)"라고 말한다(『장자어록하』, 『장재집』 330

지식과 사상의 궁극적 이
상을 내재적 심성과 도덕
적 자각을 배양하는 데에
두고 있다.

그러나 그 두 가지 길은 모두 지식과 사상의 궁극적 이상을 내재적 심성과 도덕적 자각을 배양하는 데에 두고 있다.[3] 이는 정호가 다음과 같이 말한 것과 일맥상통한다. "성현께서는 수많은 말들을 하셨지만 그것은 모두 사람들이 이미 잃어버린 마음을 검속하고 돌이켜서 다시 자신에게 돌아오게 하여 스스로 향상해 갈 수 있도록 하는 것, 즉 하학으로부터 상달에 이르도록 하는 것일 뿐이다(聖賢千言萬語, 只是欲人將已放之心, 約之使反, 複入身來, 自能尋向上去, 下學而上達也성현천언만어, 지시욕인장이방지심, 약지사반, 복입신래, 자능심향상거, 하학이상달야)."[4]

5

'도학(道學)'이라는 말은 학자들의 연구에 의하면 북송 경력(慶曆)과 황우(皇祐 : 송나라 인종仁宗의 연호, 1049~1054년) 연간 왕개조(王開祖)의 『유지(儒志)』편 마지막 장에서 처음으로 사용된 것으로 알려져 있다.[5] 이 명칭은 일종의 학술적 분위기와 사상적 취향의 변화를 보여준다. 왕개조의 전기를 지은 진겸(陳謙)은 다음과

쪽). 또 『정몽』「성명편(性命篇)」'제육(第六)'의 "명확함으로부터 정성스러워지는 것은 이치를 궁구함으로부터 자신의 본성을 온전히 실현하는 것이요, 정성스러움으로부터 명확해지는 것은 자신의 본성을 온전히 실현함으로부터 이치를 궁구하는 것이다(自明誠, 由窮理而盡生也, 自誠明, 由盡性而窮理也자명성, 유궁리이진생야, 자성명, 유진성이궁리야)"라는 말을 참고할 수 있다(『장재집』 20~21쪽). 여기서 말하는 두 가지 사유의 방식에서 전자는 비교적 '존덕성'에 가깝고, 후자는 '도문학'에 가깝다.

3) 『장자어록』'하'에서는 『대학』을 인용하여 "지극한 선에 멈추는 것, 그것이 근본 있음이다(止於至善, 此是有本也지어지선, 차시유본야)"라고 지적하고서 다시 "인륜은 도의 위대한 근원이다(人倫, 道之大原也인륜, 도지대원야)"라고 말한다(『장재집』 329쪽). 소옹 역시 이러한 생각에 크게 동의하는 것 같다. 그는 「소요음(逍遙吟)」에서 이렇게 읊고 있다. "만약 천지에 대해 명확하게 알지 못한다면 어떻게 삶과 죽음을 다 이해할 수 있으랴. 그 속의 일들이란 모두 정성으로부터 명확해지는 것들이다(若未通天地, 焉能了死生, 向其間一事, 須是自誠明약미통천지, 언능료사생, 향기간일사, 수시자성명)."(『이천격양집』 권7, 『도장』 태현부, 제23책, 516)

4) 『하남정씨유서』 권1, 『이정집』 5쪽. 그들이 확립한 격물치지의 과정이란 외재적 지식으로부터 내재적 수양으로의 함양화이다. 그러나 그들은 다시 이러한 내재화된 수양이 다시 밖으로 향해 이상적 사회와 정치 질서를 구축할 수 있다고 생각하였다. 그래서 그는 다시 이렇게 말한다. "마음을 바르게 함으로써 몸을 바르게 할 수 있다. 몸을 바르게 함으로써 집안을 바르게 할 수 있다. 집안을 바르게 함으로써 조정백관 더 나아가 천하를 바르게 할 수 있다. 이것이 그 순서이다(正心以正身, 正身以正家, 正家以正朝廷百官, 至於天下, 此其序也정심이정신, 정신이정가, 정가이정조정백궁, 지어천하, 차기서야)."(『하남정씨유서』 권2 상, 『이정집』 20쪽)

5) 강광휘(姜廣輝), 「송대 도학 명칭의 연원(宋代道學定名緣起)」, 『중국철학』 제15기, 악록서사, 1992, 243쪽.

같이 기록하고 있다. "경력과 황우 연간은 송나라가 흥성한 이후 백 년 가량이 흘렀으나, 경전에 대한 연구와 도는 아직 미미하였다. 이락의 여러 선생들은 아직 태어나지 않았을 때 경산(왕개조) 선생만이 홀로 정밀하게 연구하고 깊이 있게 사색하여 유학의 정수를 드러내 보이시고 '도학'이라는 두 글자를 처음 사용하시며 그것을 기술하셨다(當慶曆, 皇祐間, 宋興來百年, 經術道微, 伊洛先生未作, 景山[王開祖]獨能硏精覃思, 發明精蘊, 倡鳴 '道學' 二字, 著之話言당경력, 황우간, 송흥래백년, 경술도미, 이락선생미작, 경산 [왕개조]독능연정담사, 발명정온, 창명 '도학' 이자, 저지화언)." 이는 물론 완전히 믿을만한 것은 아니다. 왜냐하면 내가 앞에서 말한 것처럼 이러한 생각은 사대부들 사이에서 보편적으로 보이던 학술과 사상적 조류이기 때문이다. 왕개조는 다만 좀 더 민감하게 그러한 사조를 발견하고 그것에 이름을 붙였을 뿐이다. '도학' 혹은 '이학'이 진정으로 일어나 완성된 것은 당연히 11세기 7~80년대 중국의 정치 중심과 문화 중심이 분리된 이후의 일이다.

다만 11세기 7~80년대 사대부들의 지식과 사상, 그리고 신앙세계의 내함(內涵)은 상당히 풍부하고 복잡하였다. 그래서 소옹, 장재, 정호, 정이, 사마광 등의 사상에 대한 해석 방향과 수렴의 중심에는 사실상 상당한 차이가 존재한다.[1] 그러나 그러한 차이에도 불구하고 그 속에는 또 동일한 사유 방식이 분명 존재한다.

우리는 역사상 유가 학설에서 '본성과 천도'에 대한 사상이 상당히 박약하다는 것을 기억한다. 도덕 학설이 의거하는 궁극의 진리에 대한 논술 역시 상당히 희소하다. 도덕의 합리성은 사실 너무나도 당연한 도덕적 본원과 가치의 기초에 의해 지지되어야 한다. 그러나 역사상의 유자들은 그저 도덕을 일종의 이미 다 완성되고 또 누구나에 의해 언제나 받아들여지고 있는 가치이자 행위로 여겼다. 그러나 시대가 변하여 그것이 '논증할 필요가 없는 진리'임을 유가 학설이 더 이상 증명해 내지 못할 때, 사람들은 그것이 의지할 만한 것인가에 대해 의심하기

---

1) 심지어는 정호와 정이 형제 사이에도 그 사상과 표현에 있어서 약간의 차이점이 보인다. 현재 많은 연구자들이 이 문제를 깊이 있게 분석하고 있다. 그러나 나는 이러한 차이가 상당 부분 후대 사람들의 해석을 거친 이후에야 명확해진 것이라고 생각한다.

시작하였다. 도대체 왜 도덕과 질서는 가치의 유일한 척도란 말인가? 지식 판단의 안정적인 기초를 잃어버린 사람 역시 묻고 회의하게 되었다. 이러한 물음과 회의는 일찍이 현학과 불교가 성장할 수 있는 틈을 제공하였다. 그래서 그들의 궁극적 진리에 대한 언급과 인성의 본원에 대한 논증은 유자들을 상당히 곤혹스럽게 하였으며, 이단의 학문이 적극적으로 활약할 수 있는 공간을 제공해 주었다.[2]

이러한 물음과 회의는 동시에 유가 학설을 중건하고 갱신하는 기점이 되기도 하였다.

그러나 이러한 물음과 회의는 동시에 유가 학설을 중건하고 갱신하는 기점이 되기도 하였다. 한유와 이고 이후 송나라 시대의 소옹, 장재, 정호, 정이 등에 이르기까지 그들의 사유는 도덕과 질서를 넘어서서 도덕과 질서의 근원을 추구하는 것이었다. 그들은 유가가 줄곧 박약하였던 '본성과 천도'에 대한 문제를 새롭게 해석하고 토론할 뿐만 아니라 거꾸로 불교와 도교의 사상적 자원에서도 많은 것들을 가져와 도덕과 질서의 중건에 합리적 기초를 제공하고 일찍이 함락되었던 사상적 영토를 회복하였다.[3]

사상사적으로 중요한 이 시대에 송나라 시대 유자들은 '도', '리'와 '심', '성'의 전체 관념 체계를 점차 새롭게 확립해 갔다. 이 전체 관념 체계의 핵심은 과거 합리성의 궁극적 근거를 '하늘'에서 '인간'으로 바꾸었다는 것이다. 그들은 증명할 필요 없이 자명한 '선'의 본원으로서의 인간의 '본성'과 너무나도 당연한 '하늘'을 근거로 삼아서 자연, 사회, 인간을 하나로 꿰뚫는 절대적 진리를 확립하였다. 그래서 모든 사람들이 자신의 본성을 실현하고 절대적 진리를 향한 자각적 의식을 개발할 것을 요구하였다.

---

2) 이 책 제1권의 현학에 대한 부분 727~767쪽을 참고하라.

3) 예컨대 장재 같은 경우는 자공이 말한 "본성과 천도에 대한 말은 듣지 못하였다(性與天道不得而聞성여천도불득이문)"는 구절을 새롭게 해석하여 소위 듣지 못하였다는 것은 공자가 말하지 않았다는 것이 아니라, 본성과 천도는 말로 전달할 수 있는 것이 아니라는 의미라고 주장하였다. 그래서 그는 현재의 유가 학술에서 이미 충분히 밝혀 놓았다고 주장한다. 뿐만 아니라 "아래의 일상적인 것들을 충분히 터득하고 예를 행한다면, 그 다음에는 본성과 천도를 볼 수 있을 것이고, 그렇게 계속 한다면 결국에는 맹자보다도 더 월등해질 것이다(下達處行禮, 下面又見性與天道, 他日須勝孟子하달처행례, 하면우견성여천도, 타일수승맹자)"라고 말한다(『경학리굴』, 「학대원」 상, 『장재집』 281쪽). 정이 역시 학생의 질문에 대해 소위 들을 수 없었다는 '본성과 천도'란 사실은 "스스로 터득할 수 있을 뿐 말로 전할 수 없다(可自得之, 而不可以言傳가자득지, 이불가이언전)"는 의미라고 대답한다. 때문에 공자가 이에 대해 결코 말하지 않은 것은 아니라는 말이다(『하남정씨수언』 권2, 『이정집』 1252쪽).

송나라 시대 유자들의 관점에서 보면 모든 사람들은 자신의 본성을 확인하고 선을 향하는 마음을 고무시켜야 한다. 그래야 각자의 심성이 천리의 지지와 긍정을 얻게 되고 이러한 심리적 토대 위에서 사회가 서로를 인정하게 될 때 사회 질서가 새롭게 수립될 수 있는 전제를 확보하게 되는 것이다. 동시에 그 역시 '선'의 가치에 대한 긍정과 '인간'의 특성에 대한 체득 그리고 인간과 주변의 타인과의 관계에 대한 분별과 확정을 통해야 그 시대의 가치 체계의 기본적인 틀을 구성할 수가 있다.[1]

그들은 '리일분수'를 통해 궁극의 진리와 일반적 지식을 분별하였으며, '격물궁리'를 통해 지식과 사상을 획득하는 길을 규정하였으며, '궁리진성'을 통해 내재적 초월의 사상적 경향을 확립하였다. 이는 후대 중국의 지식과 사상, 그리고 신앙세계의 주류적 경향을 암시한다. 또한 그들은 사회 질서와 사상 질서를 중건할 수 있는 일종의 정책을 제시하였는데, 송나라 시대 사대부들 중의 상당수는 이러한 흐름과 정책에 동의하였다.

반드시 유념해야 할 것은 아무리 '리'가 궁극적 단계로 부각되고 승격되었다고 하더라도 결코 전통적 지식과 사상, 그리고 신앙세계를 붕괴시키지는 않았다는 것이다. 왜냐하면 이전부터 있던 사상 세계의 우주 질서와 사회 질서는 결코 철저하게 와해되지 않았기 때문이다. 다만 그것의 아래에 더욱 내재적인 '성'과 그 위에 더욱 초월적인 '리'를 더하였을 뿐이다. 지식의 각 영역 역시 공통의 조리와 틀을 깨지 않은 채 자주, 자족, 자립의 영역을 구축하였다. 다만 '성'과 '리'의 속박 하에 의의와 가치에 관한 좀 더 공통된 해석을 확보함으로써 사상사는 그 연속성을 잃지 않았다.

그러나 또 지적해야 할 것은 이학의 내부에 상당히 많은 변수가 존재하였다는 것이다. 첫째, 이학은 가능한 한 '리'의 절대성을 확인하고 '본성' 중에서 선함을 발굴하여 '인간'으로 하여금 완벽함을 향해 고양되도록 하였으며, 세속적 욕망의 얽매임으로부터 벗어나고 일상의 사람들 속에서 벌어지는 이익 다툼의 대

지식의 각 영역 역시 '성'과 '리'의 속박 하에 의의와 가치에 관한 좀 더 공통된 해석을 확보해야 한다.

---

1) 윌리엄 시어도어 드 배리(William Theodore de Bary), 『도학과 심학(Neo-Confucian orthodoxy and the Learning of the Mind-and-Heart)』. P. x iii, New York, Columbia University Press, 1981 참고.

립으로부터도 초월하는 보편적인 이성과 도덕을 확립하려고 노력하였다.

그러나 이러한 사유는 시종 근본적인 결함을 지니고 있었다. 즉 '성'이나 '리' 자체가 어떻게 절대적인 '진실'이나 '선함'의 경향성을 지닌다고 증명할 수 있을 것인가의 문제이다. 만약 개인이 '가정'이나 '국가' 등 사회적 활동 속에서 얻어지는 인가를 확보하지 못한다면, 그가 '진실'이나 '선함'을 지니고 있다는 것을 어떻게 확인할 수 있을 것인가? 사람에게는 모두 일정한 도덕과 윤리 규범이 있다는 것을 인정한다 할지라도 이러한 것은 본질적으로 인간에 관한 학설이라는 점에서 일종의 고도의 도덕적 이상주의로 드러나기 마련이다. 그것은 일종의 진리의 권력이 되어 지나친 일반화로 말미암아 개인의 차이를 소멸시킨다. 특별히 이학이 정말 담론의 힘을 지닌 의식 형태가 될 때 '성', '리' 등은 '선'을 표현하는 단어로서 긍정할 수 있는 생활 원칙이 되고 '감정[情]'이나 '욕망[欲]' 등은 '악'을 표현하는 단어로서 부정되어야 할 생활 행위가 되는데, 이 둘 사이에서 이학은 전자를 지지하고 후자를 억눌러 인간의 도덕과 이성을 부각하지만 개인의 자연 감성을 소멸시킬 가능성이 있다.

진리가 일단 본래의 역할을 넘어서서 모든 것을 포괄하고 지배하는 보편 원칙이 되려 할 때 이렇게 인간의 보편성을 규정하려는 진리는 진리라는 이름하에 개별적 인간을 소멸시킬 가능성이 있으며, 개인 역시 인간의 보편성을 실현시키고자 할 때 자유 선택의 능력을 잃을 수 있다.

둘째, 이학은 "만물은 모두 이치를 지니고 있다(物中皆有理)"거나 "감정 속에서도 본성을 볼 수 있다(情中亦見性)"고 말하듯 일면 궁극적 본원과 우주 내의 만물 사이에 존재하는 연속성을 일종의 자연적 관계라고 인정하면서도, 다른 한편으로는 사람들로 하여금 다시 궁극의 본원인 '하나(一)'로 돌아가고 '도심'을 잡아 변하지 말 것을 주장한다는 것이다. 이러한 양면성 때문에 '리일분수'는 거대한 긴장을 내포하게 된다. 즉 궁극적 본원을 인정하는 것과 우주 내의 만물을 인정하는 것 사이에 혹은 구체적 지식과 세속적 감정을 부정하거나 경시하는 것과 구체적 지식과 세속적 감정을 긍정하거나 중시하는 것 사이에 존재하는 긴장인데, 이는 종국에는 커다란 충돌을 야기할 수 있다.

셋째, 사회 영역의 윤리 문제와 자연 영역의 지식 문제를 모두 다 동일한

그것은 일종의 진리의 권력이 되어 지나친 일반화로 말미암아 개인의 차이를 소멸시킨다.

'리일분수'는 거대한 긴장을 내포하게 된다.

'리' 아래에 위치시킨다는 점이다. 이렇게 해서 비록 지식과 사상은 충분한 근거를 확보할 수 있었으나, 동시에 일종의 습관적 사유를 초래하게 되었다. 즉 자연 영역의 문제에서 윤리적 합리성을 찾는다거나 사회 영역의 문제에서 물리적 경험을 찾는다는 것이다. 이럼으로써 두 영역 간에는 분명하게 나눌 수 없는 물고 물리는 관계가 형성되어, 각자 독립적으로 자신의 체계를 세울 수 없게 되었다. 그래서 종국에는 피차에 상호 영향을 미치는 지경까지 이르게 되었다. 소위 "하늘이 변하지 않으니 도 역시 변하지 않는다(天不變, 道亦不變천불변, 도역불변)"는 말은 "하늘이 만약 변한다면 도 역시 변한다(天若變, 道亦變천약변, 도역변)"거나 "도가 변하지 않으면 하늘 역시 변하지 않는다(道不變, 天亦不變도불변, 천역불변)"는 결과를 초래하게 되었다. 만약 어느 한 영역의 지식이 의심받게 되면 그것은 자연스럽게 다른 영역의 증명과 지지에도 영향을 미치게 된다. 그래서 도미노처럼 다른 영역까지도 연쇄적으로 와해시키는 결과를 초래하게 된다.

두 영역 간에는 분명하게 나눌 수 없는 물고 물리는 관계가 형성된다.

하지만 송나라 시대 유자들은 여전히 자기 자신에 대해 또 전통적 지식과 사상 질서의 중건에 대해서는 상당히 자신만만하였다. 흔히 인용되는 장재의 "천지를 위해 마음을 세우고, 백성들을 위해 명을 세우고, 지나간 성인들을 위해 단절된 학문을 계승하고, 만대의 세상을 위해 태평의 시대를 연다(爲天地立心, 爲生民立命, 爲往聖繼絶學, 爲萬世開太平위천지립심, 위생민립명, 위왕성계절학, 위만세개태평)"[1]는 명언은 송나라 시대 유자들의 원대한 이상에 대한 상징적인 표현일 뿐만 아니라 송나라 시대 이학이 중건하려는 사상 질서의 전모를 보여주는 표어이기도 하다. "천지를 위해 마음을 세운다(爲天地立心위천지립심)"는 말은 송나라 시대 이학에 의해 새롭게 해석되는 우주를 상징한다. 그들은 천지를 새로운 궁극적 근거 위에 세움으로써 천지는 이제 더 이상 과거처럼 그저 시공간적 의미에 머물지 않고 일체의 합리성의 궁극적 본원이 되었다. 또한 오직 '리'만이 증명할 필요가 없기 때문에 천지 역시 '리'의 내재적 증명을 얻고 '마음'의 자아 해석이 있어야만 그 합리성을 확보할 수 있었다.

천지를 위해 마음을 세우고, 백성들을 위해 명을 세우고, 지나간 성인들을 위해 단절된 학문을 계승하고, 만대의 세상을 위해 태평의 시대를 연다.

"백성들을 위해 명을 세운다(爲生民立命)"는 말은 이학자들의 사회적 책임에

---

1) 『근사록습유(近思錄拾遺)』, 『장자전서』 권14, 사부비요본, 132쪽.

대한 자신감의 표현이다. 그들은 도덕과 윤리를 본원으로 하는 사상적 질서를 중건해야만 사람들로 하여금 생명의 가치와 의의를 새롭게 확립하고 몽매와 야만으로부터 분명하게 구분시켜 가치 있는 생활 세계를 획득하도록 할 수 있다고 믿었다.

"지나간 성인들을 위해 단절된 학문을 계승한다(爲往聖繼絶學위왕성계절학)"는 말은 그들의 '도통' 중건에 대한 바람의 표명으로 보인다. 정이가 자신의 형 정호를 위해 쓴 묘표(墓表)에서 "주공께서 돌아가시고 성인의 도는 더 이상 행해지지 않았다. 맹자가 돌아가시고 성인의 학문은 더 이상 전해지지 않았다. 도가 행해지지 않으니 대대로 잘 다스려지지 않았다. 학문이 전해지지 않으니 천여 년간 진정한 유자는 출현하지 않았다(周公沒, 聖人之道不行, 孟軻死, 聖人之學不傳. 道不行, 百世無善治; 學不傳, 千載無眞儒주공몰, 성인지도불행, 맹가사, 성인지학부전. 도불행, 백세무선치; 학부전, 천재무진유)"[2]라고 말한 것처럼 그들의 관점에서 성인의 학문은 공자 이래 단절되어 더 이상 전해지지 않았다. 오직 그들이 '리'의 진리적 권위를 새롭게 확립하고 사회 질서의 기초를 확립하고 생활의 의의와 가치를 확립함으로써만이 지나간 성인들의 단절된 학문은 다시 한 번 밝게 빛날 수 있었다.

넷째, "만대의 세상을 위해 태평의 시대를 연다(爲萬世開太平위만세개태평)"는 말은 그들이 기대하는 일종의 이상적 경지이다. 통상적인 정치, 경제적 정책은 그저 잠시의 부국강병은 가져올 수 있다. 고대인들의 용어로 말하자면 그것은 패도(覇道)를 실현하는 것이다. 기껏해야 유한한 시간 속에서 태평성대를 지속하고 유한한 공간 속에서 강대한 국가를 수립하는 것이다. 그러나 보편 문명의 기초로서 '리'가 공통의 인정을 받을 때 그것은 천하로 확대되어 영원한 태평의 기초를 확립하게 된다.

---

2) 「명도선생묘표(明道先生墓表)」, 『하남정씨유서』 권11, 『이정집』 640쪽.

6

그러나 11세기 7~80년대의 중국은 여전히 '도학'과 '정치'가 둘로 구분되는 환경 속에 있었다. 위에서 기술한 사대부들의 사상적 경향은 그저 고도의 도덕적 이상주의나 온건한 문화적 보수주의자들의 사유로서 관방이 아닌 민간의 사상 세계 속에서만 존재하고 있었다. 원우 연간 한 차례 사마광 등이 다시 한 번 권력을 잡았던 아주 짧은 기간 이외에 후대에 '도학' 혹은 '이학'이라고 불렸던 사상은 사상 세계에서 결코 높은 지위를 점하지는 못하였다. 비록 그것이 사대부들에게 상당한 호소력과 설득력을 지녔다고는 하지만, 시종 권력과 결합하여 절대적 진리가 되지도 않았으며 담론을 주도할 수 있는 정치 의식의 형태가 되지도 못하였다. 당시의 정치 세계에서는 상당히 현실적인 사상적 경향과 정책이 여전히 주도적 지위를 점하고 있었다. 그것은 경력 혁신 이후 희녕 신법 시기까지 형성된 현실적 사상으로서 분명한 노선과 빠른 효과 덕분에 당시의 시대적 사조가 되었으며 황제 권력의 지지 하에 주류적 사상이 되었다.[1]

소공권(蕭公權)이 "이 부류의 특징은 심성과 같은 공소한 담론을 배척하고 부국강병과 같은 실무적인 일에 몰두하였다는 것이다"[2]라고 말한 것처럼 그들은 실용적인 정치 책략을 중시하였다. 경전 중에서도 정치적 행위의 근거로 삼을 수 있는 예서(禮書)를 특별히 중시하였다. 그들은 이익과 욕망에 대해 본격적으로 다룰 것을 주장하고 정치, 경제, 문화 중에서도 경제적 정책에 편중하였다. 그들은 국가의 관리 강화를 주장하여 재상권에 대한 황제권의 우위를 유지하고자 하였

---

1) 조익(趙翼)의 『이십이사차기(二十二史箚記)』 권26은 이미 다음과 같이 지적하고 있다. "사람들은 모두 왕안석이 문제의 근원이라고 책망하였다. 그러나 그것은 사실상 신종에게 큰 꿈이 있었기 때문임을 모르는 것이다. 황제는 스스로를 큰일을 할 수 있는 자질을 지니고 있다고 생각하였다. …그래서 당시에 황제와 왕안석은 마치 한 사람인 것 같다고 말하는 이가 있었다(人皆咎[王]安石爲禍首, 而不知實根抵於神宗之有雄心也, 帝自命大有爲之才 ……故當時有謂帝與介甫如出一人者인개구왕안석위화수, 이부지실근저어신종지유웅심야, 제자명대유위지재 ……고당시유위제여개보여출일인자)."(세계서국 1939년 본을 영인한 중국서점 판본, 1987, 348~349쪽)

2) 소공권, 『중국정치사상사(中國政治思想史)』 제14장, 타이베이, 연경출판사업공사, 1982, 480쪽. 이 유파의 기본적 생각에 대해서는 사선원(謝善元)의 『이구의 생애와 사상(李覯之生平及思想)』, 중화서국, 1988 참고. 이 계열 중에는 이구와 왕안석이 있는데, 이들에게는 강서라는 공통의 지역적 색채가 있는 것처럼 보이지만 사선원의 연구에 의하면 이들은 한 번도 만난 적이 없다고 한다(같은 책 156쪽).

11세기 7~80년대의 중국은 여전히 '도학'과 '정치'가 둘로 구분되는 환경 속에 있었다.

으며, 일시적인 패도 정치의 정당성을 변호하기 위하여 심지어는 법률주의의 의의를 기꺼이 인정하려 하였다.[3]

이러한 경향과는 정반대로 권력을 지니지 못한 사대부들은 언제나 고도의 도덕적 이상주의와 온건한 문화적 보수주의의 태도로 그들과 대항하였다. 소위 '신법의 초기에 가장 먼저 이견을 제기하였던' 이들 사대부들의 마음속에는 자신들의 자질과 도덕에 대한 자신감이 있었다. 그들의 생각 속에는 일종의 보편주의적 진리관이 있었는데, 그들은 '도학'의 격물치지와 궁리진성만이 학문에 이르는 근본적인 길이며 일체 행위의 출발점이 된다고 생각하였다. 그들에게 정치에서 말하는 소위 "천하의 국가를 다스린다"는 것은 그저 학문의 실용적 쓰임에 해당하는 지엽 말단에 불과하였다. 왜냐하면 "천하의 국가를 다스리기란 반드시 자기 자신에게 근거해야 한다. 자기 몸 하나 바르지 못한데 천하 국가를 다스릴 수 있었던 이는 아직 없다(治天下國家, 必本諸身, 其身不正, 而能治天下國家者無之치천하국가, 필본제신, 기신부정, 이능치천하국가자무지)"[4]고 보기 때문이다. 때문에 '리'의 전체적 지배 하에서 그들이 추구한 것은 정부 행위의 윤리적 차원에서의 합리성이지 이러한 행위가 지니는 정책적 실용성이 아니었다. 마찬가지로 개인의 도덕적 품격만을 추구할 뿐 그가 사회적으로 어떤 역할을 하는지에 대해서는 관심이 없었다.

그들은 언제나 엄격한 이상주의의 잣대로 세상을 재단하였다. 그래서 정호는 왕안석을 이렇게 비판하였다. "그는 자신의 몸뚱이 하나도 제대로 다스리지 못하였으니, 어느 결에 그러한 경지(훌륭한 덕성을 지녔던 주공을 가리킨다)에 이를 수 있었겠는가?(其身猶不能自治, 何足以及此[指周公盛德]기신유불능자치, 하족이급차[지주공성덕])" 그는 도덕적 평가로 왕안석의 '박학다식'을 부정한 것이다.[5] 정이가 이구(李覯)를

---

3) 그래서 신종은 "근래의 사대부들은 법률 공부를 잘 하지 않는다(近世士大天多不習法令근세사대천다불습법령)"라고 불만스러워 하였다. 이에 오충(吳充) 역시 그러한 생각을 위해 한나라 때 진총(陳寵)의 고사를 인용하여 법학이 과거시험 과목에 들어가야 한다고 설명하면서 "후대의 지식인들은 법학을 부끄럽게 생각합니다(後來縉紳多恥此學후래진신다치차학)"라고 비판하였다(『문헌통고』 권31 「선거사」, 상무인서관 만유문고본, 295쪽). 하충예(何忠禮)의 「송대 사대부의 법률 관념에 대한 대략적 고찰(略論宋代士大夫的法制觀念)」, 『송사연구논문집(宋史硏究論文集)』, 하북대학출판사, 1996 참고.

4) 『하남정씨수언』 권1, 『이정집』 1197쪽.

5) 『하남정씨유서』 권2 상, 『이정집』 17쪽. 그래서 그는 왕안석이 '인도'의 '인(仁)'과 '천도'의 '성(聖)'을 분리하였다고 비판한다. "동일한 것에 대해 말하면서도 반드시 둘로 나누는 것이 바로 왕안석의 학문이다(言乎一事,

비판할 때도 그가 지나치게 '부국', '강병', '안민'만을 중시하고 이익이 아닌 것은 받아들이려 하지 않는다고 풍자하였다. 심지어 그는 이익을 위해 도의를 망각하는 자는 자신을 위해 '군주의 것도 빼앗고 부모의 것도 빼앗을(奪之於君, 奪之於父탈지어군, 탈지어부)' 수 있다고 끝없이 확대 해석하였다.[1] 그리고 신법 역시 과도하게 '이익'을 중시하고 '도의'를 경시한다고 비판하였다.[2] 정호는 송나라 신종이 '정치의 요체'에 대해 물었을 때 가장 먼저 '군주의 의지를 정해야 함'을 말하였다. 즉 "옛날의 올바른 학문을 공부하고 선악의 귀결을 밝히며, 충성과 사악함의 차이를 변별하고 도를 향한 바른 길로 정확히 달려가는(稽古正學, 明善惡之歸, 辨忠邪之分, 曉然趨之至正계고정학, 명선악지귀, 변충사지분, 효연추지지정)" 것이다. 이는 곧 정치적 책략과 윤리적 평가를 하나로 만들어버린 것이다.

전해지는 말에 의하면 송나라 신종과 왕안석이 신법을 실시하기 시작한 때에 정호는 "매번 알현하여 군주가 따라야 할 길에 대해 논할 때마다 지극한 정성과 백성을 사랑하는 마음을 근본으로 삼도록 하였으며, 한 번도 결과나 이익에 대해 말하지 않았다(每進見, 必陳君道以至誠仁愛爲本, 未嘗一言及功利매진견, 필진군도이지성인애위본, 미상일언급공리)"고 한다.[3] 또 전해지는 말에 의하면 정이는 찾아온 손님과 정치에 대해 논하면서, 심지어는 소를 '장성할 때는 먹여서 그 힘을 쓰다가 늙어지면 도살하는(壯食其力, 老則屠之장식기력, 노즉도지)' 행위가 소인의 무도함이라고 비

必分爲二, 介甫之學也언호일사, 필분위이, 개보지학야)."(『하남정씨수언』 권1, 『이정집』 1170쪽) 또 이렇게 말한다. "왕안석이 도에 대해 말하는 것은 그저 말만 그렇게 하는 것이다. 도를 말하는 것이 그와 같을 뿐이고 자기 자신은 그렇게 하지 못하였다. 이는 자신과 도를 둘로 나누는 것이다(介甫之言道, 以文焉耳矣. 言道如此, 己則不能然, 是己與道爲二也개보지언도, 이문언이의. 언도여차, 기즉불능연, 시기여도위이야)"(같은 책, 같은 곳, 1176쪽)

1) 『하남정씨유서』 권18, 『이정집』 215~216쪽. 그러나 사실 이구가 「부국책(富國策)」, 「강병책(强兵策)」, 「안민책(安民策)」 등의 저술을 남겼다 하더라도, 연구에 의하면 그는 왕안석을 만나본 적도 없고 왕안석 무리에 들지도 않았다고 한다. 그리고 그는 한때 범중엄, 구양수 등을 지지하였다. 예컨대 그는 「답이관서(答李觀書)」에서 범중엄과 구양수를 '가의나 유향 등이 했던 일을 하였더라면 아주 성공적이었을 것이다. 그들의 능력은 쉽게 헤아릴 수 없다(爲賈誼, 劉向之事業, 窮高致遠. 未易量也위가의, 류향지사업, 궁고치원. 미역량야)'라고 칭찬한 바 있다(『이구집』 권28, 중화서국, 1981, 321쪽).

2) '도의'의 측면에서 '이익'을 비판한 것은 아주 보편적인 현상이었다. 대체로 학식을 지닌 사대부들은 항상 이런 태도를 보이곤 하였다. 예컨대 원래 왕안석과 매우 관계가 좋았던 전경심(錢景諶)은 「답곤수조도지서(答袞守趙度支書)」에서 "이익 추구가 도의를 추구하는 것보다 많다"라고 비판하면서 항상 '도의'와 '군주'를 연결하여 '이익'을 '소인'의 일로 치부하곤 하였다(『소씨견문록』 권12, 134쪽에 실려 있다).

3) 『하남정씨수언』 권2, 『이정집』 1251~1252쪽.

판하기까지 하였다. 그 손님이 실용주의적 태도에서 "소가 늙어서 쓸 수 없을 때 도살해서 소 값의 반이라도 받으면 그 돈으로 다시 젊은 소를 살 수 있을 텐데, 그렇게 하지 않으면 농사는 지을 수 없다(牛老不可用, 屠之猶得半牛之價, 複稱貸以買壯者, 不爾則廢耕矣우노불가용, 도지유득반우지가, 복칭대이매장자, 불이즉폐경의)"고 반박하자, 정이는 그 손님에게 이는 '이익을 따질 줄만 알 뿐 도의에 대해서는 모르는 짓(知計利而不知義지계리이부지의)'이라고 비판하였다. 왜냐하면 그의 관점에서 "정치의 근본은 백성들로 하여금 올바른 행동을 하도록 하는 것보다 중요한 것이 없기 때문이다. 백성들의 풍속이 선한대도 의식이 부족하였던 경우는 없다. 수해, 가뭄, 병충해 등과 같은 것은 모두 백성들의 풍속이 선하지 못해서 오는 것이다(爲政之本, 莫大於使民興行, 民俗善而衣食不足者, 未之有也, 水旱螟蟲之災, 皆不善之致也위정지본, 막대어사민흥행, 민속선이의식부족자, 미지유야, 수한명충지재, 개불선지치야)."[4]

그래서 결국 송나라 신종은 매우 불만스럽게 "요즘 일단의 사람들이 말하는 도덕은 진정한 도덕이 아니다(今一輩人所謂道德者, 非道德也금일배인소위도덕자, 비도덕야)"[5]라고 말하였다. 뿐만 아니라 언제나 사마광, 정호 등이 현실과 유리되어 있다고 의심하였다. 왕안석 역시 정호의 학설을 비판하면서, "당신의 학문은 마치 벽 위로 다니는 것과 같다(公之學如壁上行공지학여벽상행)"[6]고 하였다. 이 말은 그가 제시하는 것은 실행에 옮기기 매우 어려운 공리공담에 불과하다는 의미이다.

그러나 왕도의 기치로 패도를 비판하려는 사대부들은 이러한 도덕적 이상주의의 진리로 정치적 실용주의를 구속하고자 한 것이며,[7] 문화적 보수주의의 전통으로 지나친 급진주의적 정책을 제약하고자 한 것이며, 사대부의 지식 권력과 여론의 힘으로 당시 팽창해가는 국가와 정부를 막고자 한 것이었다. 정이는 원우 2년(1087)에 올린 상소에서 국가의 가장 큰 문제는 정치권력을 지니고 있는 자들에게 지식 권력이 없는 것이라고 노골적으로 밝히고 있다. "지위를 지니고

---

4) 『하남정씨유서』 권21상, 『이정집』 269쪽.
5) 『속자치통감장편』 권214, 5218쪽.
6) 『하남정씨유서』 권19, 『이정집』 255쪽.
7) 정호, 「논왕패도차자(論王覇道箚子)」, 『하남정씨문집』 권1과 정이 「상인종황제서(上仁宗皇帝書)」, 『하남정씨문집』 권5, 『이정집』 450~452쪽과 510~515쪽 참조.

있는 자들이 학문에 대해 모르니, 군주는 위대한 도에 대해 들을 수가 없고 조정은 훌륭한 정치를 수행할 수가 없다. 도를 들을 수가 없으니 비속하고 천박한 논의들이 쉽게 받아들여지고 진정한 도의를 담고 있는 말은 군주에게 전해지지 않는 것이다(在位者不知學, 在人主不得聞大道, 朝廷不得致善治, 不聞道, 則淺俗之論易入, 道義之言難進재위자부지학, 재인주불득문대도, 조정불득치선치, 불문도, 즉천속지론역입, 도의지언난진)."[1] 단지 그들에게는 문화 권력만 있을 뿐 정치권력이 없었기 때문에 일종의 '벽 위로 다니는 것' 같은 이상주의를 높이 치켜드는 수밖에 없었다.[2]

물론 이러한 사상적 분위기의 배후에는 아마 좀 더 뿌리 깊은 사회적 배경이 존재할지도 모른다. 송나라 신종과 왕안석이 실행하려는 개혁 정책은 언제나 종족 사회의 권리를 침범하였다. 왕안석의 관점에서 국가는 응당 일체의 자원과 백성을 통제해야 하였다. "그 집안을 부유롭게 하는 것은 국가의 자원이 되고, 국가를 부유롭게 하는 것은 천하의 자원이 된다(富其家者, 資之國, 富其國者, 資之天下부기가자, 자지국, 부기국자, 자지천하)."[3] 이는 국가 권력이 백성의 이익에 직접적인 관여를 하는 것으로 더욱 철저한 국가 집권 체제를 의미한다. 예컨대 상평급렴법(常平給斂法) 즉 청묘법(青苗法)은 대출 관계를 통해 직접적으로 국가와 백성을 연결시킨다. 국가가 직접 백성의 채권자가 되어 일반적으로 백성에 대해 지니는 문벌의 통제력을 제압하고, 종족 사회가 국가 속에서 차지하는 의미를 약화시키는 것이다. 또 보갑법(保甲法)은 백성들을 좀 더 직접적으로 통제하려는 것인데, 이는 직접적

일종의 '벽 위로 다니는 것' 같은 이상주의를 높이 치켜든다.

---

1) 『속자치통감장편』 권397, 9676쪽. 그는 또 근래의 문제는 비속하고 천박한 사람들이 "순종을 군주에 대한 사랑으로 여기고 비굴함을 군주에 대한 존중으로 여기고 있다(以順從爲愛君, 以卑折爲尊主이순종위애군, 이비절위존주)"고 말함으로써 사상을 이용하여 정치를 속박하려는 생각을 드러내었다.

2) 『경학리굴』「종법(宗法)」, 『장재집』 259~260쪽과 『하남정씨유서』 권18, 『이정집』 242쪽 참조. 또 원우 연간에 이들 사대부들이 아주 짧은 기간 정권을 장악하였을 때 정이는 다시 이렇게 말한다. "국가의 가장 큰 문제는 지위를 지니고 있는 자들이 학문에 대해 모른다는 것이다. 지위에 있는 사람들이 학문을 모르니 군주는 위대한 도에 대해 들을 수가 없고, 조정은 훌륭한 정치를 수행할 수가 없다. 도를 들을 수가 없으니 비속하고 천박한 논의들이 쉽게 받아들여지고 진정한 도의를 담고 있는 말은 군주에게 전해지지 않는 것이다(國家之患, 莫大於在位者不知學, 在位者不知學, 在人主不得聞大道, 朝廷不得致善法, 不聞道, 則淺俗之論易人, 道義之言難進也국가지환, 막대어재위자부지학, 재위자부지학, 재인주불득문대도, 조정불득치선법, 불문도, 즉천속지론역인, 도의지언난진야)." 여기서 그는 학문이나 도가 정치보다 우선함을 강조하고 있다. 사실상 그는 정통(政統)보다 도통(道統)이 우선함을 주장하고 있는 것이다(『속자치통감장편』 권397, 9676쪽).

3) 『임천선생문집』, 상하이, 중화서국, 1964, 795쪽.

으로 백성에 대한 종족 특히 문벌의 보호와 통제를 해체하고 국가의 통제 권력을 강화하려는 것이다.

사대부 특히 점진적으로 팽창해 가던 대종족은 이러한 국가 권력에 대해 상당한 반감을 지닐 수밖에 없었다. 왜냐하면 이러한 권력을 이용한 농단과 통제는 그들의 이익을 침범하기 때문이다. 그러나 여타의 계층들에게는 오히려 사회적 자원을 다시 분배하는 기회가 되었다. 그래서 사마광은 다음과 같이 말한다. "이익을 말하는 사람들은 팔을 걷어 부치고 눈을 부라리면서 교묘한 지략을 이용하여 조상 대대로 이어져 온 법도를 고치고 있다. …경솔하고 거친 사람들은 전국을 어지럽히고 백성들을 동요시키니, 사대부들은 이러한 사태를 좌시할 수 없다 (言利之人皆攘臂圜視眩矙以進, 各鬥智巧以變更祖宗之法, ……輕佻狂躁之人, 陵斬州縣, 騷擾百姓, 於是士大夫不服언리지인개양비환시현죽이진, 각두지교이변경조종지법, ……경조광조지인, 릉참주현, 소요백성, 어시사대부불복)."[4]

문언박, 한유, 부필과 같은 세습 문벌들은 말할 것도 없고, 장재, 정호, 정이 등도 이러한 정치적 책략이 사대부 집안에 미치는 위협에 민감해 하였다. 그들은 모두 '종자법(宗子法)'에 대해 언급한 적이 있다. 그들은 보편적으로 종족의 지속과 권력에 대해 매우 큰 관심을 보이면서, 대를 이어오는 종족의 존재 의의에 크게 찬동하였다. 사실상 어떤 의미에서는 도덕적 이상주의와 문화적 보수주의를 부각시키는 것은 이 계층의 가치를 부각시키기 위한 것이며, 국가와 일반 백성의 사이에서 종족 사회와 사대부 계층의 존재를 보호하기 위한 것이었다.

아마도 이러한 사회사 혹은 정치사의 문제는 이미 사상사에서 다루어야 할 문제의 범위를 넘어섰는지도 모른다. 하지만 사상사의 각도에서 보더라도 '종족 사회'와 '사대부 계층'으로 상징되는 일련의 사조가 도덕적 이상주의의 색채와 문화적 보수주의의 모습으로 출현하고 있음을 의미한다. 또 그것이 '국가 권력'과 '관료 체제'로 상징되는 현실주의적 사조와 11세기 7~80년대에 격렬히 충돌하였음을 의미한다. 이 두 세력은 후대 중국 사상사에서 두 개의 주류적 집단으로 반복해서 출현한다. 특히 전자는 후대에 정권의 지지를 획득하고서 다양한 등

4) 「여왕개보서」, 『온국사마문정공문집』 권60, 5쪽 B.

급의 과거시험을 중심으로 하는 교육 과정을 통해 체제화 되고 종족의 예의와 규약을 위주로 하는 세속화를 통하여 후대 중국의 주류적 의식 형태가 되었으며, 그 내재된 초월적 성격은 이후 지식의 경향에 중요한 영향을 미쳤다. 즉 진리적 보편주의, 도덕적 이상주의 그리고 문화적 보수주의를 숭상하는 특징은 이후 중국의 지식과 사상, 그리고 신앙세계에 아주 심대한 영향을 미쳤다.

진리적 보편주의, 도덕
이상주의 그리고 문화
보수주의를 숭상하다.

물론 이학이 이제 막 출현하기 시작한 그 시대나 심지어는 이학의 체계가 세워지기 시작한 남송 이종(理宗)의 시대에도 그것은 여전히 지역적 혹은 민간적이었으며 사대부 계층의 이상주의적 사조를 상징할 뿐이었다. 송나라 신종 역시 왕안석에게 사마광을 기용할 수 있는 가능성에 대해 물었다고 한다. 그러나 왕안석은 "사마광은 겉으로는 임금에게 간쟁한다는 명분에 의탁하지만 속으로는 인심을 매수하려는 마음을 품고 있으니… 만약 그가 높은 지위에 앉게 되면 옳지 않은 견해를 지닌 이들이 그에 의지하여 중용될 것입니다[司馬]光外托廟上之名, 內懷附下之實, 苟在高位, 則異論之人, 倚以爲重[사마광외탁마상지명, 내회부하지실, 구재고위, 즉이론지인, 의이위중]"라고 말하였다. 그러면서 다시 비유를 들어 "한신이 한나라의 붉은 깃발을 세우는 것으로 조나라는 결국 망하게 되었습니다. 지금 사마광을 쓰신다면 이는 다른 정치적 견해를 지닌 이들로 하여금 붉은 깃발을 들게 하는 것이 됩니다(韓信立漢赤幟, 趙卒氣奪, 今用光, 是與異論立赤幟也[한신립한적치, 조졸기탈, 금용광, 시여이론립적치야)"라고 말하였다.[1] 여기서 말하는 다른 정치적 견해를 지닌 이들이란 사실 도덕적 이상주의와 문화적 보수주의의 입장을 지닌 사대부들을 가리킨다. 정치 권력자들은 계속해서 그들을 배척하였다. 그래야만 정치적 주류의 위치를 고수할 수 있었기 때문이다. 급진적인 실용 정책을 계속해서 추진할 수밖에 없었다. 그렇지 않으면 그들은 다시 문화 권력을 원래의 주류적 지위로 회복시키게 될 것이고, 그러면 보편적 진리를 담론의 중심에 놓게 되어 '붉은 깃발을 들어 조나라가 결국

---

1) 『속자치통감장편』 권213에는 희녕 3년 7월에 송나라 신종이 사마광을 기용하는 것에 대해 왕안석에게 물은 내용이 기재되어 있다. 이에 대해 왕안석은 사마광을 다음과 같이 소개하고 있다. "다른 정치적 견해를 지닌 이들에게 대장을 세워주는 격입니다. …그들에게 대장을 세워줄 뿐 실제로 일에 직면해서는 아무 것도 할 수 없는 자입니다(異論有宗主 … 若便使異論有宗主, 卽事無可爲者[이론유종주 … 약편사이론유종주, 즉사무가위자)." (5168쪽) 명나라 가유기(柯維騏)의 『송사신편(宋史新編)』 권112 「사마광전(司馬光傳)」, 상해대광서국, 1936, 468쪽 참조.

망하게 된' 것과 같은 사태가 벌어지게 될 것이었다. 때문에 계속해서 그들을 냉대와 멸시의 변방에 버려두는 수밖에 없었다.

소옹은 어떤 이가 관직에서 물러나는 것을 축하하는 시에서 "관인을 푸는 것은 봉록이 적어서가 아니고, 관모를 풀어 걸어 놓는 것은 장수하고자 해서도 아니라네(解印本非嫌祿薄, 掛冠殊不爲高年해인본비혐록박, 괘관수불위고년)"라고 하였다. 사실 변방의 위치에 머무는 그들 자신도 어쩔 수 없는 고충이 있었다. 그들은 권력을 잃었기 때문에 그저 드높은 이상적 담론으로 주류적 담론에 다음과 같이 저항하는 것 말고는 할 수 있는 것이 없었다. "의당 옷섶을 맑은 경치에 풀어둘 것이니, 우리 시골에는 또 마침 좋은 산과 내가 있다네(宜放襟懷在淸景, 吾鄕況有好林泉의방금회재청경, 오향황유호림천)."[2] 따라서 낙양에 살았던 부필이 "많은 사람들이 상소를 올려 천하의 큰일에 대해 논하는데, 이는 모두 대신들이 감히 말하지 못하는 것들이었다(多以手疏論天下大利害, 皆大臣之所不敢言者다이수소론천하대리해, 개대신지소불감언자)"라고 하여 황제의 주의를 끌기도 하였지만, 어쨌든 지방에 있는 관원의 소요에 불과하였다. 그래서 결국 그도 "어디다 하소연할 데도 없어 그저 집안에서 탄식한다(無處告訴, 但仰屋竊歎무처고소, 단앙옥절탄)"고 할 뿐이었다.[3] 사마광이 사대부의 영수라고는 하지만 그 개인의 매력으로 몇몇 재능 있는 문화인들을 끌어들였을 뿐 실제 정치 활동에서 배척되기는 마찬가지였다. 그래서 그 역시 역사 서술로 그의 정치적 견해를 표출할 수 있을 뿐이었다.[4]

---

2) 소옹, 「하인치정(賀人致政)」, 『이천격양집』권3, 『도장』태현부, 천삼(賤三), 23책, 496쪽.

3) 『소씨문견후록』권24, 189쪽. 또 소옹은 「증부공(贈富公)」에서 이렇게 말하고 있다. "천하의 안녕에 대해 세간에서 그 누구와 이야기할고(天下系休戚, 世間誰與倫천하계휴척, 세간수여륜)." 부필의 지위와 명성은 아주 높았지만, 그 시기에는 여전히 아무 것도 할 수 있는 것이 없었다. 그래서 "세 임금을 모시는 재상이었지만, 사합원 뜰에서 지내는 한가로운 이가 되었네(三朝爲宰相, 四水作閑人삼조위재상, 사수작한인)"라고 하였다(『이천격양집』권9, 『도장』태현부, 제23책, 524쪽)(*사수四水는 사수귀합四水歸合으로 중국 북방의 전통적인 가옥 양식 사합원四合院에 딸린 정원을 이른다. 역자 주). 원풍(元豐) 6년(1083)에 이르기까지 그는 병중에도 상소를 올려 "여덟 가지 일을 논하지만, 그 큰 줄기는 군자와 소인에 대한 평가가 정치적 성공 여부의 근간이라는 것이다(言八事, 大抵論君子小人爲治亂之本언팔사, 대저론군자소인위치란지본)"라고 말하였다. 그러나 신종 시대에는 아무 것도 바꿀 수 있는 것이 없었다(『소씨문견록』권9, 93쪽).

4) 희녕 연간 초기에 올린 사마광의 상소에서는 이미 자신을 신법에 반대하는 진영의 한 사람으로 기술하고 있다. 그 중에는 여공저, 범순인, 정호, 소식, 공문중, 범진 등이 들어 있고, 자신은 "저는 재주가 없어서 이들 무리의 제일 아래에 있습니다(臣之不才, 最出群臣之下신지부재, 최출군신지하)"라고 하면서 아주 겸손하게 표현하고

물론 소옹과 정호는 진리의 불꽃을 전해주는 신분으로 낙양의 많은 학자들에게 큰 영향을 미쳤다. 정이 역시 그의 심오한 사상으로부터 수많은 사상적 명제를 제시하였으며 지식인들로 하여금 사색하고 새롭게 해석할 것을 요구하였다. 그래서 그들 스스로 말하는 것처럼 "부필, 여공저, 사마광, 정호 등 네 현자는 낙양의 희망이니, 이 때문에 모든 사람의 위에 있었지. 송나라 희녕 연간에 당대의 으뜸가는 인물이 되었다네(四賢洛陽指富弼, 呂公著, 司馬光, 程顥之望, 是以在人之上, 有宋熙寧之間, 大爲一時之壯사현낙양지부필, 여공저, 사마광, 정이지망, 시이재인지상, 유송희녕지간, 대위일시지장)"[1]라고 할 수 있다. 그러나 또 후대 사람들이 정호에 대해 "지위가 낮아질수록 그 명성 만큼은 천하에 더욱 더 높게 올라갔다(位益卑, 而名益高於天下위익비, 이명익고어천하)"[2]라고 형용한 것처럼, 그들은 아무리 높은 명성을 지니고 있었다 하더라도 실제의 정치권력 혹은 담론 권력에 있어서 만큼은 아무런 힘을 지니고 있지 못하였다.

이렇게 11세기 7~80년대에 변량과 낙양 사이에서 발생한 정황의 차이 그리고 권력을 지닌 관료와 한미한 관료 사이의 취향의 상이함, 현실적 정책과 문화적 이상 사이의 사상적 모순, 심지어는 정치적 지위와 학술적 명성이 결부하지 않는 현상들은 중국 사상 세계에서 이전에 결코 출현한 적이 없는 '정통(政統)'과 '도통(道統)' 혹은 '스승'과 '관료' 혹은 정치 중심과 문화 중심의 분리를 가져왔다.

중국 사상 세계에서 이전에 결코 출현한 적이 없는 '정통(政統)'과 '도통(道統)' 혹은 '스승'과 '관료' 혹은 정치 중심과 문화 중심의 분리를 가져왔다.

있다. 하지만 그 명단의 순서를 보면 그가 사실상의 영수였음을 알 수 있다(『소씨문견후록』 권23, 176쪽). 그가 『자치통감』의 저술이라는 방식으로 그의 정치적 견해를 밝힌 것에 대해서는 갈조광의 「통감에서 강목까지(從通鑒到綱目)」(『양주사범학원학보揚州師範學院學報』, 양저우揚州, 1992년 제3기)를 참고.

1) 『이천격양집』 권19 「사현음(四賢吟)」, 『도장』 태현부, 예구(禮九), 제23책, 576쪽.
2) 『송원학안』 권14 「명도학안하(明道學案下)」, 333쪽.

2절

이학의 연속 : 주희와 육구연의 논변과 그 주변

　　남송 건도(乾道) 9년(1173), 여조겸(呂祖謙 : 1137~1181년)은 주희(朱熹 : 1130~1200년)에게 편지를 써 당시의 저명한 학자였던 육구령(陸九齡 : 1132~1180년)을 소개하였다. "무주(撫州) 지역의 사대부인 육구령이 근래에 여기를 지나면서 며칠간 함께 지냈습니다. 그에게도 역시 사방의 학문을 배우려는 열정이 가득하였습니다(撫州士人陸九齡子壽, 近過此相聚累日, 亦甚有問道四方之意무주사인육구령자수, 근과차상취루일, 역심유문도사방지의)." 이에 대해 주희는 "육구령의 이름을 들은 지는 저도 아주 오래되었습니다. 아직 만나지 못한 것이 안타까울 뿐입니다(陸子壽聞其名甚久, 恨未識之육자수문기명심구, 한미식지)"라고 회신하였다.

　　그 다음 해, 즉 순희(淳熙) 원년(1174)에 여조겸에게 보내는 서신에서 주희는 다시 한 번 육구령의 동생 육구연(陸九淵 : 1139~1193년)을 언급한다. "근래에 육구연의 학문 태도나 사람됨에 대해 대략 들을 수 있었는데, 아직 만나지 못한 것이 안타깝습니다(近聞陸子靜言論風旨之一二, 恨不識之근문육자정언론풍지지일이, 한불식지)." 이에 여조겸의 주선으로 그 다음 해(1175)에 6월 주희는 강서성 신주(信州) 연산(鉛山)의 아호사(鵝湖寺)에서 육구령과 육구연 형제를 만나게 된다. 그들은 만나서 학문과 사상에 대해 토론하였다. 그런데 "주희의 생각은 사람들로 하여금 널리 배운 뒤에 집약점을 찾아가도록 하는 것이었던 반면에 육씨 형제의 생각은 먼저 인간의 본심을 밝히고 나서 널리 공부하도록 하는 것이었다. 그래서 주희는 육씨 형제의 교육 방식이 너무 간단하다고 비판하고, 육씨 형제는 주희의 교육 방식이 너무 갑갑하고 지루하다고 비판하였다(元晦[朱熹]之意, 欲令人泛觀博覽而後歸之約, 二陸之意, 先發明人之本心而後使之博覽, 朱以陸之教人爲太簡, 陸以朱之教人爲支離원회[주희]지의, 욕령인범관박람이후귀지약, 이육지의, 선발명인지본심이후사지박람, 주이육지교인위태간, 육이주지교인위지리)."[1] 그래서 어쩔 수 없이 각자 자신의 생각을 고수한 채 유쾌하지 않은 마음으로 흩어졌다.[2]

그 뒤로 많은 사람들은 "더 이상 그에 대해 논하지 않고 나중에 천하의 사람들로 하여금 스스로 선택하게 하는 것이 낫다(莫若置之勿論, 以俟天下後世之自擇막약치지물론, 이사천하후세지자택)"라고 그들에게 건의하기도 한다. 또 그들에게는 후대의 사람들이 생각하는 것만큼 서로 간에 불화가 있었던 것도 아니다.[3] 그렇다 할지라도 두 사람의 마음속에는 분명 자신의 생각을 고수하고 어떠한 조정도 받아들이려고 하지 않는 생각이 분명하였던 것처럼 보인다. 그래서 그들의 제자들은 각기 자신의 스승의 관점을 좇아, "주희를 종주로 따르는 자들은 육구연을 미친 선종이라고 비판하고, 육구연을 종주로 삼은 이들은 주희를 속된 학문이라고 비판하였다. 두 학파가 각각의 문호를 형성하여 마치 얼음과 숯의 관계 같았다(宗朱者詆陸爲狂禪, 宗陸者以朱爲俗學, 兩家之學, 各成門戶, 幾如冰炭矣종주자저육위광선, 종육자이주위속학, 양가지학, 각성문호, 기여빙탄의)."[4]

주희와 육구연 간의 논변은 원래는 동일하였던 이학에 처음으로 분명한 균열이 생긴 것을 상징하는 것처럼 보인다. 그러나 사상사의 각도에서 보았을 때 이러한 균열과 이견은 이학 내부의 서로 다른 사유 방식이 각기 성숙해 가는 것을 의미하며, 이렇게 각기 성숙한 사유 방식이 후대에 다양한 방향으로 발전한 관점들에게 더 많은 사상적, 언어적 자원을 제공해 주고 있는 것이다.[5]

1) 『육구연집(陸九淵集)』 권36 「연보」에서 인용한 주형도(朱亨道)의 편지, 중화서국, 1980, 491쪽.
2) 왕무굉(王懋竤), 『주희연보』 권2, 중화서국, 1998, 69~72쪽. 전목(錢穆), 『주자신학안(朱子新學案)』, 파촉서사, 1986. 진영첩, 『주희와 육구연 형제의 아호사에서의 만남에 대한 보충 설명(朱陸鵝湖之會補述)』, 『주자논집(朱子論集)』, 타이베이, 학생서국, 1982, 233~249쪽 참조.
3) 아호사에서의 만남 이후로 육씨 형제와 주희는 여전히 만나기도 하고 몇 차례 서신을 주고받기도 하였다. 그 중 진영첩의 고증에 의하면 "순희 2년(1175) 처음 만난 이후 소희(紹熙) 3년(1192) 육구연이 사망하기까지 두 사람은 한 해도 거르지 않고 서신을 주고받았으며, 어떤 해에는 일 년에도 수차례 주고받아 그들 간에 주고받은 서신은 총 40여 통에 이른다."(「주희와 육구연 간의 서신 왕래에 대한 상세한 기술朱陸通訊詳述」, 『주학논집』 251쪽)
4) 『송원학안』 권58 「상산학안(象山學案)」.

이것이 바로 사상사에서 유명한 아호(鵝湖)에서의 만남이다. 이 시기는 위로
는 북송 시대 낙양의 이학이 흥기한 지 이미 백 년, 북송이 패망하고 남송 조정이
새롭게 수립된 지는 대략 50년이 된 시점이며, 아래로는 이학이 억압에 의한 곤
경을 극복하고 주류적 정치 의식의 형태로 자리 잡기까지 아직도 대략 50년 정도
가 남아 있는 바로 그 시점이다.[6] 엄밀하게 말해 사상사 혹은 철학사에서 언제나
중대한 사건으로 평가되는 이 아호사에서의 만남은 사실 당시에는 몇몇 세심한
관심을 지닌 사상가들만이 주의를 기울인 사건에 불과하다. 아마도 당시 사회생
활의 전체에는 그다지 큰 영향을 미치지 못하였을 것이다. 왜냐하면 이 시기의
조정과 황제는 이학에 대해 그다지 잘 알고 있지 않았으며, 세속의 명리를 추구
하는 사대부들 역시 이학에 대해 그다지 관심을 두지 않았기 때문이다. 조정에서
권력을 지니고 있던 상당수의 권신들마저도 이학에 대해 매우 큰 편견을 지니고
있었다. 때문에 이학은 여전히 사상적 변두리에 머무르고 있었다.

그러나 바로 이 시기가 이학으로서는 가장 생명력을 지닌 시점이었다는 점
역시 인정해야 한다. 당시 주희는 46세였고, 육씨 형제는 44세와 37세였으며, 여
조겸은 39세 그리고 이 자리에는 없었지만 또 다른 한 명의 저명한 이학자 장식
(張栻 : 1133~1180년)은 43세였다. 그들 모두 풍부한 사상적 활력을 지니고 있을 나
이였으며, 우주와 인간의 심성에 대한 이학의 토론이 가장 자유롭고 가장 풍부하
게 상상력을 발휘하던 시기이다.

1

송나라 흠종(欽宗) 정강(靖康 : 송나라 흠종 연호로 북송의 마지막 연호, 1126~1127년)

---

5) 『육구연집』 부록2 「주희답육구연서(朱熹答陸九淵書)」의 여섯 번째 편지, 554쪽.

6) 경원당금이 비록 송나라 영종(寧宗) 시기에 해제되고 영종 가정(嘉定) 2년(1209)에 주희에게 '문(文)'이라는 시
호가 내려지기는 하였지만, 이종(理宗) 대에 들어와서야 이학자를 임용하고 적극적으로 주희의 『사서집주』를
중시하기 시작하였다. 또 보경(寶慶) 3년(1227)에야 주희에게 태사(太師)와 신국공(信國公)이 추증되었다. 이때
라야 이학이 정말로 주류적 정치 세력으로 들어왔다고 할 수 있다(『송사』 권39 「녕종기삼寧宗紀三」, 754쪽, 권41
「리종기일理宗紀一」, 789쪽 참고).

원년(1126)에 금나라의 대군이 남하하였고, 그 다음 해 초에 금나라 군은 휘종(徽
宗)과 흠종 두 황제를 포로로 잡아갔다. 역사에서 말하는 북송 왕조는 이렇게 끝
나고, 강왕(康王 : 재위 1127~1162년) 조구(趙構)가 남경에서 즉위하니, 후대에 남송(南
宋 : 1127~1279년)이라고 불린 왕조가 수립되었다. 남쪽으로 옮겨간 초기에 조정과

지식인들이 관심을 기울인 것은 우선 '어떻게 하면 정권을 유지할 것인가'였다.
강력한 적의 압박에 대면해 있는 이 위급한 시기에 군대를 강화하여 저항 능력을
기르는 일이 가장 시급한 과제였다. 그 다음은 중원이 함락된 이후 전례와 의식
을 통해 자신의 정통적 지위를 새롭게 증명할 필요가 있었다. 그 다음으로는 안
팎으로 혼란해진 당시의 정치적 상황에서 실용적 경향을 지닌 관료들을 기용하
여 국가 기구의 질서를 안정시키는 일이었다.

　　때문에 비교적 긴 기간 동안 이렇게 실용과는 거리가 먼 성리적 담론은 잠시
방치되지 않을 수 없었다. 고도의 도덕적 이상주의 역시 중시될 수 없었고, 이상
주의적 경향을 지니는 지식인들 역시 환영 받을 수 없었다. 국가가 남쪽으로 옮
겨간 초기에 비록 송나라 고종(高宗 : 강왕)은 잠시 성리적 관점을 신봉하는 몇몇
저명한 지식인들을 기용하기도 하였다. 그러나 얼마 못가 후회하면서 "짐은 이
제 더 이상 문사들은 쓰지 않겠다(朕今不用文華之士짐금불용문화지사)"라고 말하였다.[1]
마찬가지로 통렬한 망국의 아픔을 겪고서 정치의 중심으로 들어온 지식인들이
직접적으로 반성하던 부분은 '나라가 이 지경이 된 근본적 이유'였다. 예컨대 인
재를 잘 쓰지 못하였다거나 상벌이 분명하지 못하였다거나 분명하게 맺고 끊지
못하였다는 따위이다.[2]

　　때문에 이러한 분위기는 아주 쉽게 정치적 실용주의를 자극하였다. 왜냐하
면 이러한 특수한 시대에 정권의 안위를 해결하는 것은 이미 절대적인 이유가 되
기 때문이다. 설령 일부의 지식인들에게 "오늘날의 환란의 원인은 우리에게 있
지 적에게 있지 않고, 조정에 있지 지방에 있지 않고, 사대부들에게 있지 외적에
게 있지 않다(今日之患, 在中國不在外敵, 在朝廷不在邊鄙, 在士大夫不在盜賊금일지환, 재중국부

1) 이심전, 『건염이래계년요록(建炎以來繫年要錄)』권6, 건염 원년(建炎元年), 중화서국, 1988, 152쪽. *건염(建炎)은
　남송 고종(高宗 : 강왕)의 첫 번째 연호로 1127부터 1130년까지이다(역자 주).
2) 『건염이래계년요록』권6에서 인용하는 주자지(周紫芝) 상소문의 문장, 건염 원년, 170쪽.

재외적, 재조정부재변비, 재사대부부재도적)"는 생각이 있었더라도, 그들은 '숭녕 연간 이래로 부귀를 탐하여 가장 못된 일을 벌이던 자들이(崇寧以來饕鬻富貴最亡狀之人숭녕이래도철부귀최망상지인)' 변방에서 군사를 일으키고, 화석 같은 사치스러운 것들을 황제에게 바치며 백성들로부터는 각박하게 거두어들였다고 반성할 수밖에 없었다.[3] 때문에 당시에 주의를 기울이던 것은 그저 언행을 조심하고, 군사와 비용을 절약하고, 민심은 잘 추슬러지고 있고, 정사는 잘 돌아가고 있고, 법령은 잘 시행되고 있는지의 여부 등과 같은 것이었다.

건염 2년(1128)에 한 지식인이 올린 상소에서는 이렇게 말하고 있다. "지금 기구를 설치하여 논의해야 할 일들은 모두 세 가지입니다. 그 하나는 군사 정책이고, 둘은 경제와 재무이며, 셋은 관리의 임용입니다(當今所宜置司討論者凡三事, 一軍政, 二財用, 三官吏당금소의치사토론자범삼사, 일군정, 이재용, 삼관리)."[4] 이학적 태도를 견지하던 호안국(胡安國), 호인(胡寅) 부자 역시 그들이 올린 상소문에서 현실적 정책을 제일 앞에 배치하였다. 호안국이 소흥(紹興 : 남송 고종의 두 번째 연호, 1131~1162년) 원년(1131)에 올렸던 「시정론(時政論)」에서는 실용적 정치 책략인 국가 비전의 설정, 수도 이전, 방위 개선, 국가 편제 등을 분명히 정심(正心)이나 양기(養氣) 등과 같은 내재적 도덕 수양보다 앞에 두었다.[5] 그리고 호인이 황제에게 제출한 일곱 가지 방책 중에서 앞의 6조는 화의를 파기하고 전략을 수정할 것, 전담 기구를 설치하여 급한 일과 그렇지 않은 일을 구분할 것, 실효적인 일에 힘쓰고 실질적이지 못한 문장 등은 제거할 것, 온 나라의 군사력을 동원할 것, 근본을 정할 것, 종실 중 현명한 이를 선발하여 지방을 맡길 것 등이었으며, 마지막 7조에 와서야 겨우 기강을 보전하여 국가의 틀을 세울 것이 언급되었다. 그리고 그는 "사대부들은 공허한 말로 서로를 높이면서 실용적인 일은 하지 아니하며, 실제로 일을 추진하는 것을 가치 없는 일로 여겨 말할 만한 가치가 없다고 생각한다(士以空言相高, 而不適於實用, 以行事爲粗跡, 日不足道也사이공언상고, 이부적어실용, 이행사위조적, 왈부족도야)"는 풍조를 비판하였다. 사상과 문화의 의의는 이 특수한 시기에 그다지 중요하지 않았

---

3) 『건염이래계년요록』 권11에서 인용하는 유관(劉觀) 상소문의 문장, 259~260쪽.
4) 『건염이래계년요록』 권14, 298쪽.
5) 『송사』 권435 「유림오(儒林五)」 '호안국전(胡安國傳)', 12912쪽.

다. 그리고 도덕의 이상 역시 이 시기에는 분명히 현실로부터 너무 멀리 떨어져 있는 것이었다.[1]

그러나 희녕과 원풍 연간 이래로 낙양을 중심으로 하는 사대부들 사이에서는 도덕적 이상주의와 문화적 보수주의의 사조가 점차 생겨나기 시작하였으며, 지식인 계층 속에서 상당히 번성해 갔다. 성(性), 이(理), 도(道) 등을 논하는 학술적 분위기 역시 이러한 시대의 변화에 의해 쇠락하지는 않았다. 사마광, 소옹, 이정 이후의 학술과 사상의 풍조는 특히 이정 형제의 학문은 사량좌(謝良佐 : 1050~1103년), 유작(游酢 : 1053~1123년), 양시(楊時 : 1053~1135년), 여대림(呂大臨 : 1042?~1090?) 등의 선양과 남송 초기의 양시, 윤돈(尹焞), 주진, 임광조(林光朝) 및 호안국과 호인, 호굉(胡宏) 부자 등의 전파와 소개를 통해 남송의 많은 지역으로 전개해 나가 일시에 정치 비판의 사상적 자원이 되었다.[2] "정강 이후 그 학문은 조금씩 전해지기 시작하였는데, 양시의 무리들이 점점 모여들어 한 시대에 이름을 떨쳤다(靖康之後, 其學稍傳, 其徒楊時輩, 驟躋要近, 名動一時정강지후, 기학초전, 기도양시배, 취제요근, 명동일시)." 이렇게 도학을 앙모하는 지식인들은 "마음속으로 흠모하여 드디어는 두건과 복식을 바꾸고 서로 어울려 조정에 들어가게 되었다(意欲歆慕之, 遂變巾易服, 更相汲引, 以列於朝의욕흠모지, 수변건역복, 경상급인, 이렬어조)."[3] 당금(黨禁)이 조금씩 풀린 뒤로는 황제까지도 가끔씩 이러한 도덕적 이상주의와 문화적 보수주의 사조에 흥미

---

1) 『건염이래계년요록』 권27에 수록되어 있는 상소 전문, 건염 3년, 533~545쪽. 『송사』 권435 「유림오」 '호인전(胡寅傳)'에 수록되어 있는 요약문, 12918쪽. 주진(朱震) 역시 이 시기에 일종의 관료 수첩인 『순리전(循吏傳)』을 편찬할 것을 건의하였다. 그러나 이러한 실용적 교육마저도 황제에 의해 받아들여지지 않았다. 고종 황제는 이러한 교육이 실용적인 상벌보다 덜 실효적이라고 생각하여, 『순리전』을 제작 배포하는 것은 별로 도움이 되지 못할 것 같다(賜『循吏傳』, 恐無補於事사『순리전』, 공무보어사)"라고 말하였다. 『건염이래계년요록』 권107에 수록되어 있는 소흥 6년의 일, 1746쪽.

2) 『송원학안』 권1 「서록(序錄)」에서는 이렇게 말한다. "낙학이 진(秦) 지역으로 들어간 것은 세 여씨에 의해서이고, 초(楚) 지역으로 들어간 것은 형남(荊南) 지역에서 사상채가 사교의 벼슬을 맡았기 때문이고, 촉(蜀) 지역으로 들어간 것은 사식(謝湜 : 본문에는 채식蔡湜으로 되어 있으나 謝湜의 오기이다. 사식은 송나라 성도成都 금당金堂 사람으로서 정이의 제자이다. 『송원학안』 권30 참고. 역자 주)와 마연(馬涓) 등에 의해서고, 절(浙) 지역으로 들어간 것은 영가 지역 출신인 주행기(周行己)·유안절(劉安節)·허경형(許景衡)·포약우(鮑若雨) 등 몇 사람이고, 오(吳) 지역으로 들어간 것은 왕신백(王信伯) 때문이다(洛學之入秦氈, 以三呂, 其入楚也, 以上蔡司教荊南, 其人蜀也, 以蔡湜, 馬涓, 其入浙也, 以永嘉周劉許鮑數君, 而入吳也, 以王信伯낙학지입진전, 이삼려, 기입초야, 이상채사교형남, 기인촉야, 이채식, 마연, 기입절야, 이영가주류허포수군, 이입오야, 이왕신백)." (3쪽)

3) 『건염이래계년요록』 권108에서 인용한 여지(呂祉)의 상소문, 소흥 6년, 1759쪽.

를 보이기 시작하였다.[4]

　　그러나 이들 지식인이 문화적 권력을 지녔을 뿐만 아니라 정치적으로도 권력 중심으로 들어오면서 '붕당'의 형식으로 황권에 위협을 가하려고 하는 동안 조정은 여전히 이들이 지나치게 실제 정치에 개입하는 것을 원치 않았다. 소흥 6년(1136) 성리학에 편향적이던 조정(趙鼎)이 사직한 이후 진공보(陳公補)는 '이천학(伊川學)' 즉 정이를 추종하는 학자들처럼 같은 이들끼리는 붕당을 맺고 다른 이들은 공격하는 당시의 지식 풍조에 대해 황제에게 다음과 같이 말하였다. "조정의 신하들 중에는 위로 황제 폐하의 명철함을 배우지 못하고서 그저 사사로운 생각으로 정이의 학설을 끌어 쓰는 이들이 있습니다. 그들은 그것을 '이천학'이라고 부르면서 서로 앞다투어 나아갑니다. 거짓을 일삼으며 이름을 도둑질하는 이들은 서로 부추겨 다음과 같이 큰소리칩니다. '요순문무의 도는 공자에게 전해졌고, 공자는 이것을 맹자에게 전하였고, 맹자는 정이에게 전하였으며, 정이가 죽은 이후로는 전해지지 않았다. …이천의 문장을 배울 수 있고 이천의 행위를 행할 수 있으면 곧 현명한 지식인이 되는 것이며, 이 이외에는 모두 잘못된 것이다'라고 말입니다(在朝廷之臣, 不能上體聖明, 又複輒以私意取程頤之說, 謂之伊川學, 相率而從之, 是以趨時競進. 飾詐沽名之徒, 翕然胥效, 倡爲大言, 謂堯舜文武之道傳之仲尼, 仲尼傳之孟軻, 孟軻傳之程頤, 頤死無傳焉 ……能師伊川之文, 行伊川之行, 則爲賢大夫, 舍此皆非也재조정지신, 불능상체성명, 우복첩이사의취정이지설, 위지이천학, 상솔이종지, 시이추시경진. 식사고명지도, 옹연서효, 창위대언, 위요순문무지도전지중니, 중니전지맹가, 맹가전지정이, 이사무전언 ……능사이천지문, 행이천지행, 즉위현대부, 사차개비야)." 이렇게 '붕당' 즉 지식인들의 상호 인정을 통해 황제의 진리에 대한 독점과 최종적 해석권을 위협하는 분위기에 대해 그는 다음과 같이 건의하였다.

――――――――――――
4) 『송사』 권428 「도학2(道學二)」는 "숭녕 이래 원우 학술은 금고의 상황에 있었다. 그런데 고종이 장강 남쪽으로 옮긴 이후로는 처음으로 양시를 관직에 앉히고 호안국을 급사에 거하게 하였으며 범중(范沖)과 주진을 강석에 참여하게 하였다(崇寧以來, 禁錮元祐學術, 高宗渡江, 始召楊時置從班, 召胡安國居給舍, 範沖, 朱震俱在講席숭녕이래, 금고원우학술, 고종도강, 시소양시치종반, 소호안국거급사, 범충, 주진구재강석)"라고 기술하고 있다(12735쪽). 송나라 고종 본인은 도학에 대해 그다지 반대하지 않았다. 예컨대 사마광이 『자치통감』에서 역사를 통해 교훈을 얻으려는 태도에 시종 관심을 보였다. 또한 경연에서도 강독하게 하면서 사마광을 철종의 묘에 배향하게 하였다. 또 호안국의 『춘추전』에도 상당히 수용적 태도를 보였으며, 소흥 5년에는 범중의 의견을 받아들였으며, 정이의 제자인 윤돈을 시강으로 부르기도 하였다(『건염이래계년요록』 권14 297쪽, 권17 352쪽, 권105 1712쪽, 권109 1774쪽과 『송원학안』 권27 「화정학안和靖學案」, 579쪽 참고).

엎드려 바라옵건대 폐하께서는 특별히 살펴주십시오. 여러 신하들 중에 이 학문을 서로 배우면서 바람을 일으키고 지식인들을 물들이는 자들을 잘 살피시어 모두들 내치십시오. …그래서 온 천하로 하여금 조정이 숭상하는 것이 이와 같으니, 사대부들이 숭상해야 할 것이 역시 이것임을 알게 하십시오. 그렇게 해서 풍속으로 하여금 조정이 있다는 것을 알게 해야 할 때이니, 이는 지금 반드시 실시해야 할 일입니다. 보기에는 급한 일이 아닌 것 같지만 사실은 매우 급한 일입니다.[1]

진공보는 조정(趙鼎)이 사직한 이후 자신의 혐의를 벗는 데 급급하여 이렇게 상소를 올린 것이라고 한다.[2] 그러나 그 동기가 어땠던 간에 황권을 옹호하고 실용을 추구하는 이러한 정치적 책략은 분명히 당시의 정치적 수요에 부합하는 것이었다. 따라서 당시에 고종 역시 그러한 상소에 찬동하였다. "사대부의 학문이란 의당 공맹을 스승으로 삼아야 한다. 그래서 말과 행동이 서로 상응하여 시대의 급무를 해결할 수 있어야 한다. 이제 신료들의 상소를 살펴보니 충분히 활용할 만하다고 하겠다. 조정 안팎으로 포고하여 짐의 뜻을 알게 하라(士大夫之學, 宜以孔孟爲師, 庶幾言行相稱, 可濟時用, 覽臣僚所奏, 深用憮然, 可布告中外, 使知膚意사대부지학, 의이공맹위사, 서기언행상칭, 가제시용, 람신료소주, 심용무연, 가포고중외, 사지부의)." 황제의 명령과 공맹의 권위 그리고 그 위에 더한 실제 정치적 요구는 이러한 통일된 정치 의식의 형태의 행위가 충분한 이유를 갖출 수 있도록 만들었다. 이에 아무리 호안국이나 여지 같은 사람들이 계속해서 정이의 학설이 공맹의 것을 계승하였으며, 유학의 의의를 새롭게 해석한 것이라고 변론하여도 그다지 효력을 발휘하지는 못하였다.[3]

---

1) 『건염이래계년요록』 권107, 소흥 6년, 1748쪽.
2) 『속편양조강목비요(續編兩朝綱目備要)』 권4에는 진공보가 이때 올린 상소를 기록하고 있다. "이는 미치고 괴이한 소리에 불과하오며 지나치고 비루한 말들입니다. 전국에 방을 붙여 금지시키도록 해야 합니다(以爲狂言怪語, 淫說鄙論, 鏤榜下郡國禁切之이위광언괴어, 음설비유, 루방하군국금절지)." (중화서국, 1995, 68쪽) 『송사』 권379 「진공보전」에는 그가 왕안석의 학술을 비판하는 내용만 실려 있고, 정이의 학술을 비판하는 상소는 수록되어 있지 않다. 다만 글 말미에 한 구절, "오직 정이의 학문에 대해 우호적이지 않았으니, 지식인들은 이를 애석하게 생각하였다(惟不右程顥之學, 士論惜有不우정이지학, 사론석)"라고 적혀 있다. 그는 희녕과 원풍 연간에 출현한 두 사조에 대해 모두 우호적이지 않았음을 알 수 있다(11695쪽).
3) 예컨대 이학을 반대하는 사람들은 서안현(瑞安縣)의 수령을 지내고 정이의 학설에 찬동하였으나, '오로지 뇌물을 써서 권세 있는 귀족과 결탁하려고 하였던(專事貨賂, 交結權貴전사화뢰, 교결권귀)' 이처렴(李處廉)을 들어 이천

성리에 관한 학설 역시
그저 당분간 변두리에 머
물 수밖에 없었다.

이 시기에 사실상 모든 사대부들은 그저 침묵을 지킬 수밖에 없었고, 성리에 관한 학설 역시 그저 당분간 변두리에 머물 수밖에 없었다.[4] 이러한 형국은 수십 년간 지속되어 주희, 장식, 여조겸 및 육씨 형제의 시대까지 이어졌다. 그러나 반 드시 유념해야 할 것은 성리의 학설에 찬동하는 사람들은 점점 증가하고 있었다 는 것이다. 아무리 정치적 담론에서 이러한 고도의 도덕적 이상주의와 엄격한 문 화적 보수주의 사상이 설 자리가 그다지 많지는 않았다고 할지라도, 정부가 설립 한 태학 이외 점점 많아지고 있는 민간 서원과 일반 사대부들의 여가 생활 속에 서 이러한 사상은 상당히 광범위하게 전해졌다. 또한 이러한 사상이 지니고 있는 너무나 당연한 진리의 의미와 고차원의 초월적 성격의 담론은 사대부들이 공중 장소에서 일상적으로 사용하는 습관적 언어가 되었다.[5]

인쇄술과 교통의 발달과
토론 분위기의 형성

특히 인쇄술과 교통의 발달과 토론 분위기의 형성으로 말미암아 이러한 지 식과 사상은 언제나 통신, 회합, 강습의 형식을 빌어 새로운 지식과 새로운 사유 방식을 생산하였다.[6] 그것은 경전 주석의 방식으로 학습되고 경전 학습의 방식 으로 전수되었으며, 강습과 토론의 형식을 빌어 전파되고 경전적 배경에 의거하 여 현실을 비판하였다. 때문에 더 많은 지식인들의 환영을 받을 수 있었다. 일련 의 지식인은 새로운 지식계의 지도자로 부상해 이름을 날렸으며, 그들을 따르는 이들 역시 상당히 많아졌다. "멀리서부터 온 지식인들이 항상 수백 수천에 달해

학을 반대하는 이유로 삼았었다. 이 사태는 이학을 옹호하려던 지식인들을 매우 난감하게 만들었다. 호안국과 여지 등은 모두 그저 이천의 학문과 이천의 학문을 흠모하는 사람은 별개라고 반복해서 설명하는 것 말고는 달리 할 수 있는 일이 없었다(『송사』 권435 「호안국전」, 12914쪽과 『건염이래계년요록』 권108, 1755와 1759쪽 참고).

4) 당시의 호안국 같은 사람들은 주진이 이러한 사태에 대해 아무런 논쟁을 벌이지 않는 것을 비판하였다고 한 다. 주진은 당시의 정세와 지식인들이 직면한 상황을 이해하지 못한 것 같다.

5) 예컨대 정치에 대한 송나라 때 태학생들의 비판은 항상 정치권력의 불만을 초래하곤 하였다. 광종과 이종 시 대에만도 여고(余古)가 상소를 올려 부패와 향락을 논한 일 외에도 공장(龔章)과 왕안인(汪安仁)이 두 번에 걸 쳐 집단으로 상소를 올려 사숭지(史嵩之)와 충돌한 일들이 있었다(황현번黃現璠, 『송대 태학생의 구국운동宋代太學 生救國運動』, 상무인서관, 1936, 71~80쪽 참고).

6) 로버트 머튼(Robert K. Merton : 1910~2003년, 미국의 사회학자)이 『17세기 영국의 과학과 기술과 사회(Science, Technology and Society in Seventeenth Century England)』에서 지적한, 17세기 영국의 과학자들이 통신, 회합, 출 판을 통해 그들의 사상을 교류하고 그것을 통해 상당히 많은 새로운 사유 방식을 생산하였던 것과 정확히 일 치한다(New york, Howard Fertig, 1970). 그러나 당시에 주희, 육구연, 여조겸, 장식, 진량(陳亮)처럼 상호 간에 빈번하게 회합, 통신, 강학하였던 것도 매우 보기 드문 현상이다.

경전을 읽는 소리와 서원을 밝히는 등불 그리고 책의 향기가 이웃 마을까지 전해졌다(士之自遠而至者常數百千人, 誦弦之鏘, 燈火之光, 簡編之香, 達於鄰曲사지자원이지자상수백천인, 송현지장, 등화지광, 간편지향, 달어린곡)."[1] 그들의 일거수일투족 하나하나가 모두 암시적 효과를 가져왔을 수 있다. 특히 민간에서 지식이 전파되는 과정에서 "서원의 건립은 도를 밝히는 방식이 되었다(書院之建, 爲明道서원지건, 위명도)."[2] 장식이 악록서원에서 표방한 "도를 전함으로써 백성을 구제한다(以傳道而濟斯民이전도이제사민)"거나, 주희가 백록동서원에서 표방한 "의리를 밝혀 자신의 몸을 수양하고, 그런 다음에 다른 사람에게까지 확장한다(講明義理, 以修其身, 然後推以及人강명의리, 이수기신, 연후추이급인)"는 것이나, 양간(楊簡)이 태호서원(太湖書院)에서 표방한 '군자의 학문' 등과 같은 태도는 모두 '과거를 통한 이익 추구'나 '문학적 표현에만 집착하기' 혹은 '거짓 명성을 통한 이익 추구' 그리고 '기록하고 외우기만 하는 말단의 학문' 등을 멸시하였다.[3]

　　그들은 학문의 의의를 절대적 진리와 내재적 도덕에 대한 추구로 한정하였다. 그들은 도덕과 이익이라는 양분법 하에 최고의 도덕적 기준으로 세상을 재단하였다. 그들은 태학이 '그저 이익이나 추구하는 공간(但爲聲利之場단위성리지장)'이 되어버렸고, 정부의 교육은 '구차하게 이익이나 얻으려 하면서도 아무런 부끄러움도 모르는(促其嗜利苟得, 冒昧無恥之心촉기기리구득, 모매무치지심)' 지경으로 타락하였다고 비판하였다. 또 지방의 관학은 '연명할 수 있는 수단 정도로 생각해서 거짓된 의관으로 세상을 속이(圖啜哺以給朝夕, 則假衣冠以誑流俗도철포이급조석, 즉가의관이광류속)'거나 "국가에 건의하거나 책략을 논하는 것은 그저 노름이나 애들 노는 것과 같아서, 국가를 다스리는 데 아무런 도움이 되지 못하고 그저 벼슬길에 오르는 지름길 정도로나 생각한다(程式論策, 則又僅同覆射兒戲, 初無益於治道, 但爲仕宦之捷徑정식론

---

1) 양만리(楊萬里)의 『성재집(誠齋集)』 권76 「용담서원기(龍潭書院記)」에서 인용함. 진곡가(陳谷嘉)의 「송대 서원과 송대 문화 교육의 전래(宋代書院與宋代文化敎育的下移)」, 『중국철학』 제16집, 악록서사, 1993. 하충례(何忠禮), 「과거제도와 송대문화(科擧制度與宋代文化)」, 『역사연구』, 1990년 제5기 참고.

2) 『몽재집(蒙齋集)』, 권13 「상산서원기(象山書院記)」.

3) 각각 장식, 『장남헌선생문집(張南軒先生文集)』, 「담주중수악록서원기(潭州重修岳麓書院記)」와 주희, 『주자문집』 권74, 「백록동서원게시(白鹿洞書院揭示)」와 양간, 『자호유서(慈湖遺書)』 권5, 「동호서원기(東湖書院記)」에서 인용함.

책, 즉우근동복사아회, 초무익어치도, 단위사환지첩경)"고 비판한다. 이러한 비판은 민간의 지식에 대한 이상주의적 입장을 부추겼다.[4]

서원(書院)

통계에 의하면 남송 시기 기록에 남아 있는 서원(書院)은 강서, 호남, 절강, 복건 지역에만도 250여 곳이 된다.[5] 민간의 학교는 계산하지 않고 각 서원에 백 명씩만 있었다 하더라도 당시에 공부하는 이들은 2~3만 명은 되었을 것이다.[6] "군자의 학문이라는 것이 어찌 지엽말단적인 것을 외우고 읊조리는 따위의 것이겠는가? 그것은 이 도를 구하기 위한 것이다. 무엇을 일러 도라고 하는가? 바로 내 마음이다(君子之學, 豈徒屑屑於記誦之末者, 固將求斯道焉, 何謂道? 吾心是也군자지학, 기도설설어기송지말자, 고장구사도언, 하위도? 오심시야)."[7] 그들은 지식인이 모여 있는 곳에서 시대에 어울리지 않는 옷을 입고 시대에 어울리지 않는 심정으로 천리와 인욕과 이기의 선후 문제, 격물치지, 도덕과 이익의 분별 문제 등과 같은 초월적 주제를 논하였다. 이러한 토론 속에서 지식인들은 점차 도덕적 방면에서의 고상한 인격을 배양해 갔으며, 비판에 대한 지식인들의 엄격한 기준을 자극해 갔다.[8]

이러한 움직임은 세속 사회에서 교육적 경향을 지니는 거의 모든 지식 사회의 지도자들에게 영향을 미쳤다. 일단 그들이 과거시험의 권력을 장악하게 되자,

---

4) 앞의 세 구절은 『주문공문집』권69 「학교공거사의(學校貢擧私議)」 27쪽 A부터 28쪽 A까지이고, 다음은 『속문헌통고』권50에서 인용하는 병부시랑 우주(虞儔)의 말이다. 또 『주문공문집』권75 「송이백간서(送李伯諫書)」에서 주희는 정부의 "학교에 근무하는 관원들이 비록 전국에 쫙 깔렸지만 거기에 있는 자들은 세상이 좋아하는 것을 추구하거나 남의 도움을 얻기를 추구하는 자들뿐이다. 소위 수신제가치국평천하의 도와 같은 것은 전혀 들어볼 수가 없다. 이것이 어찌 국가가 학교를 세워 백성들을 가르치려던 원래의 뜻이겠는가?(學校之官雖遍天下, 而遊其間者不過以追時好, 取世資爲事, 至於所謂修身齊家治國平天下之道, 則寂乎其未有聞也, 豈是國家所爲立學敎人之本意哉?학교지궁수편천하, 이유기간자불과이추시호, 취세자위사, 지어소위수신제가치국평천하지도, 즉적호기미유문야, 기시국가소위립학교인지본의재?)"라고 비판하였다(27쪽 B).

5) 이국균(李國鈞) 등 편찬, 『중국서원사(中國書院史)』, 호남교육출판사, 1994, 131쪽. 물론 이 서원의 수는 남송 전 시기를 포함한다.

6) 고사득(高斯得)의 『치당존고(恥堂存稿)』권4 「공안(公安)」 '남양서원기(南陽書院記)'에 의하면 순희 2년(1242) 맹공(孟拱)이 건립한 공안서원과 남양서원의 정원은 140명과 120명이었다.

7) 원섭(袁燮), 『혈재집(絜齋集)』권10 「동호서원기(東湖書院記)」, 총서집성본, 149쪽.

8) 유자건(劉子健)의 「송말 소위 도통의 성립(宋末所謂道統的成立)」 중 제5절 「시대에 어울리지 못함과 생활의 분위기(不合時宜和生活作風)」에서 주희에 관한 서술(『양송사연구휘편兩宋史研究彙編』, 타이베이, 연경출판사업공사, 1987, 268~273쪽 참고. 또 주한민(朱漢民), 「남송 이학과 서원 교육(南宋理學與書院教育)」, 『중국철학』제16집, 악록서사, 1993 참고.

경전에 대한 주석과 선택을 통하여 전체 지식계의 유행에 영향을 미쳤다.[1] 그러나 그들이 아직 주류적 의식 형태로 들어서기 전까지는 정치 중심에서 무슨 움직임이 있을 때마다 주로 지식과 사상의 담론 권력을 통해 그러한 움직임에 간여하고 민간 지식계의 비판적 사조를 촉발시킬 수 있었다. 이렇게 해서 다시 한 번 문화 중심과 정치 중심이 분리되었다.

바로 그렇기 때문에 이러한 학풍은 끊임없이 정치 중심과 실용적 사조의 저항을 받아야 하였다. 소흥 6년(1136), 진공보 등이 상소를 올려 이천학을 금할 것을 건의한 것 말고도 반세기가 조금 넘도록 계속해서 조정에서는 그들에 대해 비판적이었다. 특히 이러한 학풍이 점점 지식인들 속에서 유행할수록 더해 갔다. 예컨대 소흥 23년(1153)에 정중웅(鄭仲熊)은 과거시험을 마음대로 처리하고 사사로이 시험 문제를 바꿨다는 이유로 이미 죽은 조정(趙鼎)과 호인의 추종자들인 양동(楊洞), 호양(胡襄) 등을 비판하였다. 그는 "모든 사람들이 조정이나 호인의 문인이 되도록 만들었다(欲使人人盡歸趙鼎, 胡寅之門而後已욕사인인진귀조정, 호인지문이후이)"고 하면서 학술의 바름과 그름을 엄격하게 구분할 것을 요구하였다.[2] 효종 시기의 정병(鄭丙)과 진고(陳賈)는 "요즘 사대부들 중에 소위 도학자라는 사람들은 세상을 속이고 이름을 훔치는 자들이니 믿고 등용해서는 안 된다(近世士大夫有所謂道學者, 欺世盜名, 不宜信用근세사대부유소위도학자, 기세도명, 불의신용)." 혹은 "도학의 무리는 거짓 이름으로 그들의 거짓된 행위를 포장하니, 바라옵건대 물리치고 쓰지 마십시오(道學之徒, 假名以濟其爲, 乞檳斥勿用도학지도, 가명이제기위, 걸빈척물용)"라고 하면서 비판하였다.[3] 그 뒤로는 임율(林栗)이 더욱 격렬하게 주희를 비판하였다. "본래 자신의 학술이랄 것도 없으면서 그저 장재, 정이의 관점을 훔쳐다가 허황되게 근거도 없이 종주로 삼더니 도학이라고 이름하여 망령되게 스스로를 높였다. 그리고는 문하에 학생 십여 명을 끌어다가 춘추전국 시기를 답습하여 공자와 맹자가 여러 차례 초빙되었던 그런 모습을 망령되이 바라고 있다(本無學術, 徒竊張載程頤之緒餘, 爲浮

---

1) 예컨대 주희의 「책문(策問)」과 「백록서당책문(白鹿書堂策問)」 등은 학생에게 질문하는 방식으로 그의 사상을 전하고 있다(『주문공문집』 권74, 4쪽 B에서 13쪽 A까지).

2) 『건염이래계년요록』 권165, 2704쪽.

3) 각각 『송사』 권394 「정병전(鄭丙傳)」, 12035쪽과 『송원학안』 권48 「회옹학안(晦翁學案)」, 848쪽 인용.

정치 중심과 실용적 사조의 저항을 받다.

誕宗主, 謂之道學, 妄自推尊. 所至輒攜門生十數人, 習爲春秋, 戰國之態, 妄希孔, 孟曆聘之風본무학술, 도절장재정이지서여, 위부탄종주, 위지도학, 망자추존. 소지첩휴문생십수인, 습위춘추, 전국지태, 망희공, 맹력빙지풍)." 그리고는 그는 만약 세상을 다스리는 법률을 기준으로 재단할 때 주희는 바로 '세상을 어지럽히는 이 중에서 으뜸'이라고 결론을 지었다.[4]

더욱이 경원(慶元 : 남송 영종寧宗의 연호, 1195~1200년) 원년(1195)에 조여우(趙汝愚)가 관직을 잃은 이후, "사대부들 그리고 학교에서 배우는 이들 모두가 공평하지 못하다고 분노하였으며, 그에 대해 논하는 이들이 아주 많았다(縉紳大夫與夫學校之士, 皆憤悒不平, 疏論甚衆.)." 그 배후에는 당시 사회의 '유명 인사'가 많았으며, 정치권력은 마치 문화 권력으로부터 위협을 받는 것처럼 느꼈다. 이에 호굉(胡紘), 유덕수(柳德秀), 임율, 하담(何澹) 등이 여러 차례 상소를 올렸으며, 그 첫 번째 명목이 바로 도덕적 비평을 일삼는 '도학'에 대한 비판이다.[5] 호굉은 상소문에서 "거짓된 학문이 창궐하여 법도를 따르지 않고서, 상황(上皇)을 동요시키며 황제의 덕성을 헐뜯고 있습니다(爲學猖獗, 圖爲不軌, 動搖上皇, 詆誣聖德위학창궐, 도위불궤, 동요상황, 저무성덕)"고 말하는데, 이는 이들 지식 권력을 자신들의 정치권력에 대한 위협이라고 간주하고 있음을 의미한다.[6] 하담은 상소문에서 "그들만의 학문은 점점 거짓으로 흘러가 공허하고 졸렬한데도 거짓된 문장으로 명성을 구하고 있습니다(專門之學, 流而爲僞, 空虛短拙, 文詐沽名전문지학, 류이위위, 공허단졸, 문사고명)"라고 말하는데, 이는 이러한 지식 풍조를 지식계 내부에서 권력과 명예를 독점하려는 움직임으로 보고 있음을 의미한다.[7] 임율은 상소문에서 "사대부들은 당대의 일을 논하기를 좋아합니다만, … 반드시 사람들을 오도하여 죽음에까지 이르게 할 것입니다(士大夫好論時事, ……其誤人之死必矣사대부호론시사, ……기오인지사필의)"라고 하면서 도학자들을 풍자하고 있는데, 이는 그들의 학설을 공리공담과 나라를 잘못되게 만드는 허

---

4) 『송사』 권394 「정병전」, 12031쪽. 『송원학안』 권48 「회옹학안」의 기술에 의거하면 효종까지도 임율의 말이 너무 지나치다고 생각하였다. 그래서 "임율의 말은 지나친 것 같다(林栗言似過임율언사과)"라고 말하였다. '도학'을 완전히 인정하지 않은 섭적(葉適)도 임율과 상당히 격렬하게 논쟁하였다(848쪽). 섭적이 임율을 반박하였던 내용은 『수심문집(水心文集)』 권2 「변병부랑관주원회상(辯兵部郞官朱元晦狀)」, 『섭적집(葉適集)』 제1책, 중화서국, 1961, 16~20쪽.

5) 도덕적임을 자임하는 도학자들이 오히려 비도덕적이라는 비판을 의미한다(역자 주).

6) 『송사』 권394 「호굉전(胡紘傳)」, 12024쪽.

7) 『속편양조강목비요(續編兩朝綱目備要)』, 권4, 64쪽.

울만 좋은 의론으로 이해하고 있는 것이다.[1]

남송의 이학은 바로 이러한 환경 속에서 지속되었다. 이학은 지식인 계층 속에서 신속하게 확장하며 그들만의 풍조를 형성해 갔다. 주류 정치 세력의 억압 하에서 시종 변두리에 처할 수밖에 없었으나, 민간 지식계에서는 이미 여론 권력을 쥐고 있었고 상당한 공공의 공간을 확보하고 있었다. 그러나 정치권력의 중추 혹은 실용적 정치 활동에서는 시종 발언권을 지니지 못하였다.

남송의 이학은 바로 이러한 환경 속에서 지속되었다.

2

남송 시기의 이학자 중에서 당대이던 후대이던 주희는 의심할 바 없이 그 중심적 지위를 점하고 있었다. 많은 연구들이 이미 그가 이학의 역사에서 지니는 의의를 드러내었다. 예컨대 '이기지학(理氣之學)'과 '상수지학(象數之學)'을 집대성하여 송나라 시대 신유학의 체계를 세웠다는 평가와 같은 것이다.[2] 그러나 지금 주희의 사상사적 의의를 새롭게 기술함에 있어서 특별히 지적해야 할 것은 다음과 같은 세 가지이다.

첫째, 그는 경전 주석, 역사의 재구성 그리고 사상의 세속화라는 노력을 통해 다시 한 번 소위 '도통'을 확립하려 하였다는 것이다.

경전 주석, 역사의 재구성 그리고 사상의 세속화라는 노력을 통해 다시 한 번 소위 '도통'을 확립하려 하였다.

소위 '계통(統)'이란 일종의 허구적 역사 계보이다. 모종의 의도를 지닌 사상가들은 '과거'에 출현하였던 혹은 그들이 세심하게 선발한 일련의 인물들 혹은 사상을 부각시켜서 시간의 순서대로 배열함으로써 모종의 암시적 의미를 지니는 '역사'로 그려낸다. 그리고는 그러한 역사에 신성한 의의를 부여함으로써 특정 사상의 합리성과 영원성을 표현하려고 한다. 여기서 소위 '계통'이 구성된다. 예컨대 '정통(正統)'이란 정치사에서 너무나 자명한 권력을 지닌 가족과 군주로

---

1) 『송사』 권394 「임율전」, 12029쪽.

2) 아키즈키 가즈쓰구(秋月胤繼), 『주자연구(朱子硏究)』, 도쿄, 경문사, 1926, 21쪽.

구성된 연속적 계보를 의미한다. 이 계보에 들어간다는 것은 정치권력의 합법성을 지니게 됨을 의미한다. 반면 '도통(道統)'이란 사상사에서 진리의 전승을 담당하는 성현들의 연속적 계보를 의미한다. 이 계보에 들어간다는 것은 사상적 합리성을 지니고 있음을 의미한다. 이 계보를 선양하는 것은 이 계보에서 서술하고 있는 도리가 여타의 도리보다 우선하기에 응당 존중되어야 할 보편적 진리라고 주장함을 의미한다. 그리고 이 역사적 계보를 드러내는 서술자는 결국 최종적으로 진리에 대한 독점적 권력을 지니고 있음을 의미한다.[3]

한유가 진리 전승의 계보를 만들고 그것을 통해 불교나 도교와 같은 이단과는 분명히 다른 유가의 전통을 상징하고 북송 시기의 정호, 정이 등이 힘써 선전함으로써 '도통'은 이미 지식인들 속에서 보편적으로 받아들여지는 진리에 대한 역사적 상식이 되었다. 그러나 '도통' 확립에 있어서 여전히 두 개의 문제는 시종 해결되지 않았다. 한 가지는 아직 완전히 공인된 유가 진리의 전승자라고 할 수 없다는 것이다. 사마광을 포함하여 많은 사람들은 그의 사상사적 의의를 아직 인정하지 않았다. 예컨대 사마광은 「의맹(疑孟)」에서 맹자의 '성선'에 관한 학설을 비판하였다. 유서(劉恕)는 『자치통감외기(資治通鑑外紀)』에서 맹자의 가치적 기준과 당대의 일에 대한 견해를 비판하였다. 이구와 그를 추종하는 사람들은 더 나아가 맹자가 인의(仁義)를 쉽게 팔 수 있는 싸구려로 만들어버렸다고 비판한다. 그래서 사상적 진리가 정치적 권력을 압도하게 되었고, 실제로 '제후들로 하여금 천자를 배반하도록 가르치는(敎諸侯以叛天子교제후이반천자)' 요소를 품게 되었다고 생각하였다. 장유(張兪) 같은 사람은 더 직접적으로 한유 이래 도통에 대한 견해 자체를 비판하고, 맹자의 의의를 근본적으로 인정하지 않았다.[4]

---

3) 도통 중건(重建)의 의의는 한편으로는 사상적으로 합법적인(validity) 역사 계보를 확립한다는 것이다. 요순우 탕과 문무주공 그리고 공자 이후의 정통성은 맹자를 통해 당시까지 연속되는데, 이러한 허구의 역사 계보를 빌어 자신을 중심으로 하는 사상적 권위를 세우는 것이다. 다른 한편으로는 사상적으로 합리적인(rationaliyt) 역사 연원을 확립하는 것이다. 그러한 역사 연원의 확립을 통해 사상을 재단할 수 있는 권력을 지니게 되는 것이다. 이 책 제1편 제5절 「국가 권위와 사상 질서의 중건 : 8세기에서 9세기까지 사상사에 대한 재인식」 중 한유의 '도통' 중건에 대한 서술 참고.

4) 맹자에 관한 논쟁은 자료가 아주 많다. 그 중 비교적 개괄적인 문헌으로는 「소씨문견후록」 권11에서 권13에서 인용되고 있는 사마광, 소식, 이구, 진차공(陳次公), 부야(傅野), 장유 등의 언급을 참고할 수 있다(중화서국, 1983, 83~105쪽).

또 한 가지는 공맹과 한유 이래 유가의 진리가 과연 이락(伊洛)의 학맥으로 전승되었는가라는 점이다. 이 역시 아직 공통의 인정을 얻지는 못하였다. 앞에서 서술한 도학을 반대하는 일련의 권신들에게 있어서 도학(道學), 낙학(洛學) 혹은 이천학(伊川學)과 같은 말들은 그저 비판의 대상에 불과하였다. 그러나 그들 말고도 이학적 사유 방식에 대체로 찬동하는 지식인들 중에서도 어떤 사람들은 이 계보에 대해 많은 의구심을 지니고 있었다. 섭적 같은 사람은 반복해서 도학을 변호하기는 하였지만, 그들이 도통을 수립하고 진리를 독점한 것에 대해서는 시종 의혹을 지니고 있었다. 그는 "도는 과연 맹자 이후로 단절된 것일까? 그리고 이들에게 이르러서 다시 전승되기 시작한 걸까?(道果止於孟子而遂絶邪? 其果至是而復傳邪? 도과지어맹자이수절사? 기과지시이부전사?)"라고 묻는다. 아직도 많은 사람들은 이러한 진리의 계보를 인정하지 않고 있음이 분명하고, 이러한 진리의 계보가 아직 확립되지 않았다는 것은 사상 세계에 아직 다양한 진리가 존재하고, 이학이 아직 사상 담론의 권력을 독점하고 있지 못함을 의미한다.

때문에 도통을 수립해야 한다는 걱정이 이학을 수용하는 지식인들의 마음속에 시종 존재하였고, 특히 이학자들에게 있어서는 매우 심각하였다. 주희는 백록동서원에서 그의 학생들에게 이 문제에 대해 질문한 적이 있었다. 그는 사람들이 맹자에 대해 "혹은 비판하고 혹은 자신을 맹자와 비기기도 하고 혹은 아예 거론도 안하고 혹은 맹자의 업적을 높여 우임금의 반열에 올리기도 하는데(或非之, 或自比焉, 或無稱焉, 或尊其功以爲不在禹下혹비지, 혹자비언, 혹무칭언, 혹존기공이위부재우하)", 이러한 현상은 왜 일어나는가? 또 송나라 때 유학이 매우 흥성하여 정부쪽에는 구양씨, 왕씨, 소씨 등의 학문이 있고, 민간에는 호씨, 정씨 등의 학문이 있는데, 그렇다면 "과연 누가 그 정통이라고 할 수 있는가?"라고 물었다.[1] 이는 학생들에게 묻는 것이면서 동시에 자기 자신에게 묻는 것이었다. '도통'은 다시 확립되고 선창될 필요가 분명히 있었다.

학자들의 연구에 의하면 건도(乾道 : 남송 효종孝宗의 두 번째 연호, 1165~1173년) 2

---

[1] 『주문공문집』 권74 「백록서당책문」, 12쪽 B에서 13쪽 A. *차례로 구양수, 왕안석, 소식 형제, 호안국 부자, 정이 정호 형제 등을 가리킨다(역자 주).

년(1166) 이후 주희는 북송 이학자들의 사적과 사상을 수집하여 『이락연원록(伊洛淵源錄)』을 편찬하기 시작하였다. 이렇게 그는 도통의 역사를 중건하는 작업을 시작하였고, 약 7년이 지나 초고가 완성되었다. 그러나 순희(淳熙 : 남송 효종孝宗의 세 번째 연호, 1174~1189년) 원년(1174) 이후에도 그는 최종본을 내지 못하였다.[2] 현행 『이락연원록』이 비록 최종본이 아닐 수는 있어도, 그것은 여전히 주희가 '도통' 을 얼마나 중시하였는지를 보여준다.

이학의 연원과 전승의 과정을 추적해 들어가는 이 저작은 주돈이에게서 시작하여 차례로 정호, 정이, 소옹, 장재로 이어지고, 그 다음은 이정과 같은 시기에 활동하였던 사람들 및 이정의 제자들, 예컨대 세 여씨(여대충呂大忠·여대균呂大鈞·여대림呂大臨), 사량좌, 유작, 양시, 윤돈 및 남송 초기의 호안국으로 이어지고, 마지막으로는 주희와 근접하였던 시기의 이학자들로 이어진다. 그는 진리의 전승과 학자들의 사승 관계를 새롭게 구성함으로써 사상의 불꽃을 전수하는 역사적 계보로 묘사하였다. 사상적 인정과 동시에 진리의 영역을 확립하고 이렇게 진리의 계보를 확립함으로써 누가 이단인지 분명하게 보여주었다. 이렇게 해서 후학들이 진리를 추구할 때에 선택과 모방 혹은 인정과 배척의 과정에서 명확한 기준을 얻을 수 있게 해준 것이다.[3]

계속해서 순희 2년(1175) 여름에 주희는 동양(東陽)에서 온 여조겸과 함께 주돈이, 장재, 정씨 형제의 글을 읽었으며, 두 사람은 함께 이학 선배들의 저술 중에서 중요한 구절을 가려내어 『근사록』 14권을 편집하였다.[4] 이 책은 주돈이, 정호,

---

2) 왕무굉은 『주자연보』 권1에서 「이락연원록」이 건도 9년(1173)에 완성되었다고 하였다(중화서국, 1998, 61쪽). 그러나 진조무(陳祖武)는 이러한 결론의 오류를 지적하고 있다. 이 이외에 진조무의 관점에 의거한 구체적인 정황에 대해서는 진조무, 「주희와 이락연원록(朱熹與伊洛淵源錄)」, 『문사(文史)』 제39집, 중화서국, 1994, 149~164쪽 참고.

3) 때문에 『사고전서총목』 권57 『이락연원록』의 제요에서는 이렇게 말하고 있다. "송대 사람들이 도학의 종주가 되는 학맥을 논하는 것도 이 책으로부터 시작하였고, 도학의 문호를 가르는 것도 이 책으로부터 시작하였다(宋人談道學宗派自此書始, 而宋人分道學門戶亦自此書始)."(519쪽) 뒷날 『송사』가 「도학전(道學傳)」을 기술하면서 이 책의 사유 방식에 더욱 근접하게 되었다. 이렇게 역사 기록 속에서 소위 '도통'은 정말로 확립되게 된 것이다.

4) 그 전에 주희는 이미 건도 4년(1168)에 『정씨유서』를 편집하였으며, 건도 8년(1172)에 『서명해의』를 편집하였고, 건도 9년(1173)에 「태극도설해」와 「통서해」를 편찬하였다. 이 때에 그의 마음속에는 이미 도통에 대한 대략적 관점이 형성되어 있었다고 할 수 있다. 예컨대 건도 5년(1169)에 지어진 「주자태극통서후서」에서 그는 정이·정호의 "본성과 천명에 대한 말은 언제나 주돈이의 관점에 근거하고 있다"라고 기술하고 있다. 때문에

정이, 장재의 어록을 선택해서 수록하고 있는데, 정심과 수신제가치국평천하의 사유 구조에 입각하여 도체(道體), 위학(爲學), 치지(致知), 존양(存養), 극기(克己), 가도(家道), 출처(出處), 치체(治體), 치법(治法), 정사(政事), 교학(敎學), 경계(警戒), 변이단(辨異端), 관성현(觀聖賢)의 14권으로 구성되어 있다.[1] 진영첩의 해석에 의하면 이 역시 '주자 자신의 철학과 도통의 관념에 근거하여' 편찬된 것이다. 왜냐하면 『이락연원록』과 비교하여 이 책은 도통의 연속을 좀 더 엄격하게 서술하고 있기 때문이다. 그는 맹자를 의심하고 양웅을 존숭하거나 정치와 사학을 중시하는 사마광을 도통의 계열에서 배제할 뿐만 아니라, 도가의 색체가 비교적 농후한 소옹을 유학 정통 체계의 밖에 위치시켰다. 그는 주돈이를 이학의 시발로 하고,[2] 이정 형제를 이학의 정종으로 삼고, 장재를 이학의 보충적 지위로 삼아,[3] 이학의 사상적 계보를 확립하였다.[4]

둘째, 그는 사상적 근거로서의 '경전'을 새롭게 부각시켜 경전의 의의를 이해하는 새로운 길로 제시하였다.

비록 '도통'의 구체적 내용을 상세하게 그려낸 『이락연원록』이 편찬되고 후대에 이학 입문을 위한 첫 번째 서적으로 평가된 『근사록』이 편찬됨으로써 이러

『근사록』의 주된 사상적 관점은 주희에게서 왔다고 볼 수 있다(『주문공문집』 권75, 19쪽 B).

1) 『근사록』 목차의 의미에 대해서는 『주자어류(朱子語類)』 권105에서 주희가 자신의 문인에게 해석하는 부분에 상세하게 기술되어 있다. 2629쪽 참고.

2) 주돈이를 이학의 발단으로 보는 시각은 대략 남송 초기의 호굉 등에 의해서 시작되었다. 그러나 그것이 완전히 확립된 것은 『이락연원록』과 『근사록』이 편찬된 뒤이다. 이에 대해서는 전목의 『주자신학안』 17쪽 참고.

3) 사실 주돈이가 이학의 역사에서 과연 그렇게 중대한 역할을 하였는지에 대해서는 매우 의심스럽다. 그러나 주희가 그를 이학 도통의 제일 앞에 위치시킨 것은 분명히 일종의 사상적 역사 계보를 만들고자 한 것이다. 그가 「태극도설」의 우주 도식과 『통서』에서 '이(理)'·'성(性)'·'기(氣)'에 대한 간단한 기술들을 이용하여 이학 발단의 연원으로 삼은 것이나, 그가 여조겸과 함께 편찬한 『근사록』에서 '도체(道體)'를 제일 앞에 위치시키는 데 동의한 것은 동일한 사유 방식의 발현이다(진영첩, 「주자의 근사록朱子之近思錄」, 『주학논집朱學論集』 126쪽 참고).

4) 이러한 도통의 계보는 빠르게 많은 사람들의 인정을 받았다. 예컨대 가정 9년(1216) 원섭의 「염계선생사당기(濂溪先生祠堂記)」 중에 "도통은 점점 미미해져 마치 한 가닥 실처럼 이어지고(道統寢微, 不絶如線도통침미, 부절여선)"와 같은 표현이나, 송나라 때 주돈이로부터 시작해서 이정 형제에게 전해졌다는 문장(『혈재집』 권9, 총서집성본, 132쪽) 등이 그것이다. 또 가희 3년(1239)에 이심전이 편찬한 『도명록(道命錄)』 10권에서도 가정 17년(1224) 황제가 "이천 선생은 도학을 유학의 정종으로 밝히셨다(伊川先生紹明道學爲宋儒宗)"고 승인한 부분을 기록하고 있다. 그 뒤로 문헌의 편집과 역사에 대한 서술의 방식으로 이 계보에 대해 재차 인정하게 된다(『도명록』 서문, 『속수사고전서』 제517책, 북경대학 소장 청대 영인 송 초본 영인본, 507~508쪽 참고).

사상적 근거로서의 '경전'을 새롭게 부각시켜 경전의 의의를 이해하는 새로운 길로 제시하였다.

한 '도통'의 사상적 맥락과 해석상의 영역이 분명해지기는 하였지만, 그 근원을 추적하였을 때 이러한 도통이 실재하는 역사 전승의 기록에 의한 것이 아니고 유가 사상과 진리의 내재적 연속성에 의한 것임은 분명하다. 그 사상과 진리의 자원은 여전히 유가 초기의 경전 속에서 나온다. 때문에 주돈이, 장재, 이정의 사상 역시 어쨌든 유가 경전에 대한 이해와 해석에 불과하고, 그들이 말하는 도통의 전승 역시 전통적 경전 속에서 말하는 '수많은 성현들이 서로 전수한 그 마음(千聖相傳之心천성상전지심)'일 뿐이다.[5]

때문에 어떻게 전통적 유가 경전을 이해하고 해석할 것인가가 자연스럽게 이학의 새로운 주요 이슈가 되었다. 이는 매우 중요한 책략의 문제이다. 주희 본인의 해설에 의하면 『근사록』은 사서(四書)로 가는 계단이고, 사서는 진리의 최종적 텍스트인 육경으로 가는 계단이다.[6] 때문에 더욱 중요한 일은 『논어』, 『맹자』, 『대학』, 『중용』을 가장 기본적이고 가장 우선적인 유가의 경전으로 새롭게 확정하는 것이다. 그리고 이학의 사유 방식에 맞춰서 사서 속의 사상을 새롭게 해석하고, 그 이해의 방식을 규정하는 것이다. 때문에 후대의 사상사에서 봤을 때 주희가 지니는 가장 중요한 의의는 그가 '도통'을 확립하여 사상적 계보와 영역을 분명히 하였을 뿐만 아니라 '도통'에 관한 새로운 경전적 근거 즉 『사서집주』를 제공하였다는 것이다.

유가 경전 중에서 『논어』, 『맹자』, 『대학』, 『중용』을 중시하다.

의심할 여지없이 유가 경전 중에서 『논어』, 『맹자』, 『대학』, 『중용』을 중시한 것은 한유의 시대로부터 시작되었다. 이 경전들은 상당히 복잡하고 긴 과정을 거쳐 조금씩 부각되었다. 이미 북송 시대에 이 경전들은 점점 더 많이 단독으로 출판되면서 점점 더 존숭되어 그 새로운 의미를 심도 있게 해석하기 시작하였다.[7]

---

5) 『이락연원록』권2의 「유사(遺事)」에서는 주광정(朱光庭)의 말을 인용하여 소위 '도통'이 '성(誠)'을 드러내 보이는 역사 계통이라고 이미 지적하고 있다. 이 도통의 계보에 들어간 사람들은 모두 "성인의 정성됨[誠]을 얻은 이들이다(得聖人之誠者也)"라는 말이다(16쪽). 이 점에 대해 유술선(劉術先)은 "도통 성립의 진정한 근거는 이 마음과 이 이치를 체인(體認 : 마음속으로 깊이 인정함)하느냐에 달려 있다"라고 상당히 훌륭한 해설을 가하고 있다(유술선, 『주자철학사상의 발전과 완성朱子哲學思想的發展與完成』, 타이베이, 학생서국, 1982, 421쪽 참고).

6) 『주자어류』권105, 2629쪽.

7) 주희와 주희 이전의 사서에 대한 새로운 해석의 정황에 대해서는 고흠예(顧欽藝)의 『사서장구집주연구(四書章句集註研究)』의 제4장 「사서의 수합(四書的彙合)」, 북경대학박사논문, 1999 참고.

예컨대 『대학』에 대해 정호는 "『대학』은 공자가 남긴 책이다. 이 책으로부터 공부해 들어간다면 문제가 없을 것이다(『大學』乃孔氏遺書, 須從此學則不差『대학』내공씨유서, 수종차학즉불차)"라고 하였고, 정이 역시 "덕성을 기르는 길은 『대학』 만한 것이 없다(入德之門, 無如『大學』입덕지문, 무여『대학』)"라고 하였다.[1] 북송에서 남송으로 이어지는 기간의 가장 중요한 인물인 양시 역시 『대학』이 학문으로 들어가는 문이라고 생각하였다. "그 문을 통하지 않고 학문의 심오한 경지를 알고자 하는 것은 내가 아는 올바른 방법이 아니다(不由其門而欲望其堂奧, 非余所知也불유기문이욕망기당오, 비여소지야)."[2]

『중용』에 대해서는 정호와 정이의 산발적인 해석 이외에도 상당히 많은 사람들이 전문적인 주석과 해설을 가하였다. 예컨대 호원(胡瑗)의 『중용의(中庸義)』, 여대림의 『중용해(中庸解)』, 조설지의 『중용편(中庸篇)』 및 석돈(石墩)이 열 명의 주석을 모아 만든 『중용집해(中庸集解)』 등이 그것이다. 양시 역시 『중용』을 "성인에 이르는 학문의 시작이요, 덕성을 기르는 위대한 방법이다(聖學之淵源, 入德之大方성학지연원, 입덕지대방)"라고 말하였다.[3]

그러나 많은 연구자들이 지적하는 것처럼 주희의 의의는 우선 이 네 권의 책을 하나로 엮었다는 데에 있다. 그래서 그것을 통해 이학 사상을 지지해 주는 경전적 체계를 만든 것이다.[4] 다음은 이 네 권의 경전으로 하여금 '도통' 계보의 문헌적 근거가 되도록 하였다는 것이다. 즉 공자로부터 자사를 거쳐 맹자로 이어지

---

1) 각각 『하남정씨유서』 권2와 권22에서 인용. 『이정집』 18쪽과 277쪽 참고.
2) 『양시집(楊時集)』 권26 「제소옹인대학편후(題蕭欲仁大學篇後)」, 복건인민출판사, 1993, 613쪽.
3) 『양시집』 권25 「중용의서(中庸義序)」, 593쪽.
4) 『송사』 권427 「도학전」에는 "(이정)이 『대학』과 『중용』 두 편을 중시하여 『논어』와 『맹자』와 병행하였다(「二程」表章『大學』, 『中庸』二篇, 與『語』, 『孟』並行)"라는 기록이 있다. 이 기록에 의하면 사서는 이미 정호와 정이가 확립한 것이 된다(12710쪽). 그러나 이러한 관점은 믿을 만한 것이 못 된다. 고흠예의 박사 논문 『사서장구집주 연구』에서 이 문제를 이미 논증한 적이 있다. 그는 "사서가 병행된 것은 주희에게서 시작되었지, 이정에게서가 아니다"라고 분명히 지적하고 있다(103쪽). 주희는 「답여자약」에서 "『논어』, 『맹자』, 『중용』, 『대학』은 학문의 근본이다. 더욱 전일하게 생각하여 그 의미가 어디에 있는지 찾아야 한다(『論』, 『孟』, 『中庸』, 『大學』乃學問根本, 尤當專一致思, 以求其旨意之所在『론』, 『맹』, 『중용』, 『대학』내학문근본, 우당전일치사, 이구기지의지소재)"라고 하면서, 이 4권의 책을 읽는 데에는 응당 순서가 있어야 한다고 주장하였다(『주문공문집』 권47, 1쪽 A). 또 저명한 「학교공거사의」라는 문장에서 그는 "모든 경전들과 함께 『대학』, 『논어』, 『중용』, 『맹자』를 겸해야 한다(諸經皆兼『大學』, 『論語』, 『中庸』, 『孟子』)"라고 건의하고 있다(같은 책 권69, 24쪽 A).

『사서장구집주』

는 역사가 문헌적 지지를 확보한 것이다.[5] 그리고 그 다음은 이 네 권의 경전에 모두 간략하고도 정밀한 주석과 해설을 부기하여 『사서장구집주(四書章句集注)』의 주석 속에 이학의 사상을 녹여 넣은 것이다.[6]

현존하는 문헌을 통해 분명히 알 수 있는 것은 주희가 아주 일찍부터 역대로 내려오는 『논어』, 『맹자』, 『대학』, 『중용』에 대한 많은 주석들에 주의를 기울여왔다는 것이다. 또한 이학 선배들의 저술을 읽으면서도 그는 사서의 의의에 대한 그들의 이해에 상당한 주의를 기울였다. 『논어』를 예로 들자면, 주희는 자신이 어떻게 『논어』를 공부하였는지 묘사한 적이 있다. 그는 "주변의 선생님과 학우들을 두루 찾았으나 아직 부족하다고 생각하였다. 이에 고금의 유자들의 관점을 두루 살펴보았다. 그것을 합해서 묶어 놓은 뒤에 오래도록 외우면서 공부하였다. 그렇지만 더욱 더 혼란스럽기만 하였다. 내 스스로 어느 정도의 깨달음이 생기고 또 주변에서 듣는 이야기가 있으면서, 그것들이 너무 지리멸렬하게 천착하고 있어서 취할만한 것이 못 된다는 것을 알 수 있었다. 그 나머지는 혹 정밀하게 근거를 대기도 하고 혹은 분명하게 해석하기도 하여 전혀 볼 게 없다고 말할 수는 없겠지만, 성인의 숨은 뜻을 얼마나 잘 드러내었는가라는 측면에서 볼 때는 정씨 형제의 관점만한 것은 없었다(歷訪師友, 以爲未足, 於是遍求古今諸儒之說, 合而編之, 誦習既久, 益以迷眩, 晚親有道, 竊有所聞, 然後知其穿鑿支離者, 固無足取, 至於其餘, 或引據精密, 或解析通明, 非無一辭一句之可觀, 顧其於聖人之微意, 則非程氏之儔矣력방사우, 이위미족, 어시편구고금제

---

5) 이 문제에 대해서는 주로 「대학장구서」와 「중용장구서」에 보인다. 전자에서 그는 증자의 역할을 강조한다. 그는 공자의 '본성을 회복함'에 대한 학설을 "삼천의 문도가 모두 들었지만, 증자만이 그 정수를 얻었다(三千之徒, 蓋莫不聞其說, 而曾氏之傳獨得其宗삼천지도, 개막불문기설, 이증씨지전독득기종)"고 하고서, 나중에 '맹자가 죽고서 그 전수는 끊어졌는데(孟子沒而其傳泯맹자몰이기전민)' 이정 형제에 이르러서 다시 한 번 흥기하고 자신도 "사숙을 통해 들을 수 있었다(私淑而與有聞焉사숙이여유문언)"고 밝히고 있다. 후자에 대해서 그는 '삼가 그 가운데를 잡으라(允執厥中윤집궐중)'는 전통은 '성인과 성인끼리 서로 전승되어(聖聖相承) 안회와 증자를 거쳐 자사에게 전해졌고, 그래서 자사는 『중용』을 쓸 수 있었고 뒷날 다시 이정 형제에 의해 "천여 년간 전해지지 않던 그 실마리가 이어졌다(續夫千載不傳之緖속부천재부전지서)"고 주장한다. 이렇게 『논어』 이후 증자와 자사 그리고 맹자의 계보는 완성되었으며, 각 사상은 『대학』, 『중용』, 『맹자』와 같은 명확한 문헌적 근거가 확보된 것이다.

6) 『사서장구집주』에서 어느 부분이 이전 사람의 주석을 채용한 것이고, 어느 부분이 주자 자신의 새로운 해석인지에 대해서는 상당히 자세한 고증과 변별이 필요하다. 이 문제와 관련해서 이 글에서는 대부분 일본 오쓰키 노부요시(大槻信良)의 『주자 「사서집주」의 전거에 대한 고찰(朱子四書集註典據考)』, 타이베이, 학생서국, 1976을 참고 하였다.

유지설, 합이편지, 송습기구, 익이미현, 만친유도, 절유소문, 연후지기천착지리자, 고무족취, 지어기여, 혹인거
정밀, 혹해석통명, 비무일사일구지가관, 고기어성인지미의, 즉비정씨지주의)."[1] 이로써 보건데 그는
비록 이전 사람들의 본문 구절에 대한 주소를 모두 폐기하지는 않았지만, 역시
그가 가장 중시한 것은 이정 형제 등이 보여준 『논어』의 의의에 대한 해석이었음
을 알 수 있다.[2]

장기간에 걸친 『논어』 연구를 통해 그는 여러 종의 『논어』와 관계된 주석을
편찬하였다. 예컨대 융흥(隆興 : 남송 효종孝宗의 연호, 1163~1164년) 원년(1163)에 편성
되고 후에 무양학(武陽學)에서 간행된 『논어요의(論語要義)』와 "집안이나 서당에
비치하여 아이들 공부에 사용하려고(藏之家塾, 俾兒輩學焉장지가숙, 비아배학언)" 하였던
『논어훈몽구의(論語訓蒙口義)』 그리고 아홉 명의 주석가들의 관점을 모아 만든 『논
맹집의(論孟集義)』 등이 바로 그것이다.[3]

마찬가지로 그는 『맹자』, 『대학』, 『중용』에 대해서도 상당한 노력을 기울였
다. 『집주』에서 그는 이전 시기의 좋은 주석을 선택하여 채용하였을 뿐만 아니라
이학 선배들의 많은 해설과 관점을 인용하였다. 물론 더 많은 경우 자신의 새로
운 관점을 밝힘으로써 이 네 권의 경전 텍스트에 대해 상당히 분명한 해설을 가
하였을 뿐만 아니라 그 속에 형이상과 형이하를 관통하는 이학자의 사유 방식을
녹여 넣었다.[4]

---

1) 『주문공문집』 권75 「논어요의목록서(論語要義目錄序)」, 6쪽 B.
2) 주희는 선배들의 어록과 문헌을 정리하면서 『논어』, 『중용』 등에 대한 해석을 포함하여 장재, 이정 형제, 여
   대림, 사량좌, 양시, 유작 등의 문헌을 상당히 자세하게 읽었다(『주문공문집』 권75 「논맹집의서」 21쪽 B, 「중용-집해
   서」 29쪽 A, 권76 「대학장구서」와 「중용장구서」 22쪽 B 23쪽 A, 『주자어류』 권19 422쪽 이하 참조).
3) 『주문공문집』 권75 「논어요의목록서」, 6쪽 B, 7쪽 A. 그리고 「논어훈몽구의서」 8쪽 A, 「논맹집의서」 21쪽 B.
4) 많은 사람들이 인용하는 몇 가지 예들을 살펴보면 다음과 같다. 예컨대 『맹자』에서 "고자가 말하기를 날 때
   부터 부여받은 것을 일러 본성이라고 한다(告子日生之謂性)"라는 구절에 대해, 그는 주석에서 이 백여 자의 분
   량으로 "본성이란 사람이 하늘로부터 부여받은 이치이다. 태어난다는 것은 사람이 하늘로부터 부여받은 기
   질이다. 본성은 형이상이고 기질은 형이하이다(性者, 人之所得於天之理也, 生者, 人之所得於天氣也. 性, 形而上者
   也, 氣, 性而下者也성자, 인지소득어천지리야, 생자, 인지소득어천기야. 성, 형이상자야, 기, 성이하자야)"라고 강조하고 있다.
   여기서 그는 인간의 본연적 천성과 인간의 자연적 기질을 구별하였다. 특히 그는 고자의 병폐가 "그저 지각
   운동에 있어서 사람과 동물이 같다는 것만을 알고 인의예지와 같은 순수한 것에 있어서는 사람과 동물이 다
   르다는 것을 모르는 데에 있다(徒知知覺運動之蠢然者, 人與物同, 而不知仁義禮智之粹然者, 人與物異也도지지각운동지
   준연자, 인여물동, 이부지인의례지지수연자, 인여물이야)"고 지적하였다. 이것은 분명 맹자 사상의 관건이며, 널리 배
   우고 덕성을 함양해야 한다는 사유 방식의 시발점이라고 할 수 있다(『맹자집주』 권11, 『사서장구집주』 326쪽). 또

대략 건도 9년(1173)에 『대학장구』와 『중용장구』가 완성되었다. 순희 4년(1177)에 『논맹집주』가 완성되었고, 소희 4년(1193)에 주자는 합동 간행에 동의하였다.[5] 특히 『사서장구집주』는 수백 년 동안 규정된 교과서로써 과거시험을 통해 고대 중국에서 가장 많은 영향을 미쳤으며, 이학 사상을 전파한 텍스트가 되었다. 네 권의 경전에 대한 해석을 통해 이 책은 선진 유학과 이학 및 '도통'에 대한 이해의 취향(tropism), 중심(focus), 영역(borderline)을 규정하였다. 이렇게 점차로 경전, 사상과 의식 형태의 담론의 동일성을 확립해 갔다.

셋째, 주희의 사상사적 의의로 지적할 수 있는 세 번째는 사상의 구체화와 세속화의 노력을 통해 원래 상층 지식인들에게 속해 있던 도덕과 윤리 원칙을 점점 일반 백성들의 생활 세계에 불어 넣었다는 점이다.

원래 상층 지식인들에게 속해 있던 도덕과 윤리 원칙을 점점 일반 백성들의 생활 세계에 불어 넣었다는 점이다.

사상사는 언제나 그저 사상가들의 사상을 열거해 분석된 텍스트로 만들곤 한다. 그러나 그 사상이 발생할 수 있었던 토양과 사상이 전개될 수 있었던 생활계가 소실됨에도 불구하고 많은 사상가들이 그 사상의 현실에 주의를 기울이지 못하고 그저 사상의 제시에만 주의를 기울이기 때문에 사상사는 정말로 그 사상이 사회생활의 환경에 의미를 주었는지 확정할 수 없게 된다. 그러나 고대 중국

『대학』에서 가장 중요한 구절이라고 할 수 있는 '격물치지'에 대해 그는 정이의 관점을 채용하고 있다. 그는 『대학』의 '격물치지' 부분에 뒷날 「대학보전(大學補傳)」이라고 불린 '즉물궁리(卽物窮理)' 구절을 보충해 넣었다. 이 역시 그의 사상의 또 다른 관건이라고 할 수 있다(『대학장구』, 『사서장구집주』 6~7쪽). 또 『맹자』의 가장 마지막 부분 "요순으로부터 탕임금에 이르기까지 오백여 년이다(由堯舜至於湯, 五百有餘歲)"라는 구절에 대해, 그것이 '도통'의 중요한 근거이기 때문에 그는 상당히 긴 분량으로 설명한다. 특히 문언박과 정이의 언급을 인용하면서 아무리 이 시기가 '인욕이 창궐하고 천리가 없어진(人欲肆而天理滅인욕사이천리멸)' 시기라고는 하지만, "하늘의 이치와 백성들의 도리는 없어질 수 없다(天理民彝不可泯滅천리민이불가민멸)"는 전통이기 때문에 이 시기에 다시금 부활해야 한다고 설명한다. 왜냐하면 그들이 "남겨진 경전에서 전해지지 않던 학문을 얻어 이 문명을 다시금 부흥시키는 것을 자신의 임무라고 여겨, 이단을 분별하고 사특할 주장을 물리쳐 성인의 도를 이 세상에 다시금 환하게 밝혔다(得不傳之學於遺經, 以興起斯文爲己任, 辨異端, 辟邪說, 使聖人之道渙然複明於世득부전지학어유경, 이흥기사문위기임, 변이단, 벽도설, 사성인지도환연복명어세)"는 이유이다(『맹자집주』 권14, 『사서장구집주』, 377쪽). 그 중에 『논어집주』와 관련해서는 전목의 「주자 '논어집주'로부터 본 정이, 주희와 공자, 맹자 사상의 같은 점과 다른 점(從朱子論語集註論程朱孔孟思想之異同)」, 『청화학보』 신4권 2기, 대만신죽(臺灣新竹), 1964, 50~75쪽, 참고. 『맹자집주』와 관련해서는 황준걸(黃俊杰)의 「오래된 학문과 새로운 지식에 대한 관통 ─ 주자의 「맹자집주」로 본 중국 학술사에서의 주소 전통(舊學新知百貫通─從朱子孟子集註看中國學術史上的注疏傳統)」, 『넓고 넓은 학문의 바다(浩瀚的學海)』, 베이징, 삼련서점, 1991, 197~229쪽 참고.

5) 『별집』 권1 「답유덕수서이(答劉德修書二)」에 의거하는데, 진래는 『주자서신계년고증(朱子書信系年考證)』에서 이를 1193년으로 규정하였다(358쪽).

의 사상가 중에서 정이의 뒤를 이어,[1] 아마도 주희가 가장 자각적으로 자신의 사상을 세속화, 생활화하여 실제 제도화하려 하였던 학자일 것이다. 주희는 자신이 제창한 이학 원칙을 어떻게 생활 세계에 주입할 것인지에 대해 상당히 주의를 기울였다. 아마도 장기간에 걸쳐 그가 교육에 매진한 까닭이겠지만, 그는 초월적이고 심오한 각종 도리를 논의할 때 반복해서 이러한 원칙이 생활 속에서 어떻게 실현될 것인지 그리고 원칙이 생활 속에서 인간의 사상과 행위로 어떻게 드러나는지에 대해 강조하였다.[2]

그는 "도는 사람에게서 멀지 않고, 이치는 구체적 사건 밖에 있지 않다(道不遠人, 理不外事도불원인, 리불외사)"라고 말한다. 만일 성인이 가르치는 원칙을 따르고 자신의 마음과 행위를 바르게 할 수 있으려면, 즉 '집안에서는 효도하고 집밖에서는 공손하게 하며 행위는 근실하고 말은 신뢰가 가도록(入孝出弟, 行謹言信인효출제, 행근언신)' 하고자 한다면, 무엇보다 규범이 있어야 한다고 주희는 생각하였다. 그는 진리와 의미의 내재화에 동의하지 않았고, 공부하는 이가 자신의 정력을 오로지 내면의 마음에서 그 궁극적 의미를 찾는 것에도 동의하지 않았다. 왜냐하면 천하의 모든 현상과 사물에는 모두 근본적인 '리'가 깃들어 있고, 자신의 마음을 반듯하게 하는 행위에도 '리'는 있다고 생각하였기 때문이다. 그래서 그는 "옛사람들의 공부란 본래 치지 격물을 우선으로 하였다(古人之學, 固以致知格物爲先고인지학, 고이치지격물위선)"라고 강조한다.

그러나 어렸을 때부터 시작되는 "물 뿌리고 비질하고 사람 만나 응대하며 나아가고 물러나는 것과 같은 절차와 예절, 음악, 활쏘기, 말몰이, 글쓰기, 셈하기 등의 연습(灑掃應對進退之節, 禮樂射御書數之習쇄소응대진퇴지절, 예악사어서수습)" 역시 상

---

1) 정이는 이렇게 말한 적이 있다. "관혼상제는 아주 중요한 예이다. 요즘 사람들은 그게 별거 아니라고 생각한다. 나는 이전에 육예를 연구한 적이 있다. 그 후로 조정에 불려 완성하지 못하였다. 다시 1~2년의 노력을 기울이면 완성할 수 있을 것이다(冠昏喪祭, 禮之大者, 今人都不以爲事, 某舊曾修六禮, 將就後, 被召邃龍, 今更一二年可成관혼상제, 례지대자, 금인도불이위사, 모구증수륙례, 장취후, 피소수파, 금경일이년가성)." 또 그는 필요한 강목에 대해 구체적으로 다음과 같이 지적하고 있다. "매월 초하루에는 새로운 제물을 올려야 한다. 계절 제사는 중간 달을 써야 한다. 계절에 지내는 제사 이외에도 세 차례의 제사가 있다(每月朔必薦新, 四時祭用仲月, 時祭之外, 更有三祭매월삭필천신, 사시제용중월, 시제지외, 경유삼제)"와 같은 것이 그것이다(『하남정씨유서』 권18, 『이정집』, 240쪽 참고).
2) 『주자어류』 권89 이하, 중화서국, 1988 참고.

당히 필요하다고 생각하였다. 만약 이렇게 자잘한 지식과 행위의 의미를 부인한 다면, 이는 "동과 정을 둘로 여기고 거경(居敬)과 궁리(窮理)가 서로 도움이 되지 않는 것이다(以動, 靜實兩物, 而居敬, 窮理, 無相發之功矣이동, 정실량물, 이거경, 궁리, 무상발지공의)"라고 그는 생각하였다.[3] 그는 일찍이 "물 뿌리고 비질하고 사람 만나 응대하며 나아가고 물러나는 것과 같은 절차와 부모를 사랑하고 윗사람을 존경하며 선생을 받들고 벗을 사랑하는 것과 같은 도리가 모두 수신제가치국평천하의 근본이다(灑掃應對進退之節, 愛親敬長隆師親友之道, 皆所以爲修身齊家治國平天下之本쇄소응대진퇴지절, 애친경장륭사친우지도, 개소이위수신제가치국평천하지본)"라고 끊임없이 강조하였다.[4]

따라서 그는 민간 생활 세계의 각종 규칙과 의식에 상당한 주의를 기울였다. 예컨대 그는 매우 세심하게 『여씨향약(呂氏鄕約)』을 수정하면서 "자신의 의견을 부기하여 조금씩 덜기도 하고 보태기도 하였다(附以己意, 稍增損之부이기의, 초증손지)." 심지어는 월 초와 월 말에 갖는 회의 의식의 위치와 순서 및 절하는 방식 등에 대한 규정과 같은 번쇄할 정도의 작은 절차에 대해서도 상세하게 보충하였다.[5] 또한 초학자들이 해야 할 유년기 교육에 대해서도 상당히 주의를 기울였다. 그래서 정단몽(程端蒙)과 동수(董銖)가 편집하였던 지역 학교 교육용이었던 「학칙(學則)」에 서문을 쓰기도 하였다. 거기서 그는 '각급 학교의 선생님들은(凡爲庠塾之師者범위상숙지사자)' 모두 규칙으로 학생들을 '올바르게 훈도해야(訓導整齊훈도정제)' 한다. 그래서 학생들이 "종일토록 단체 생활을 하면서 덕성 배양과 선행을 장려토록 하면서 포악하거나 게으른 기운이 몸에 퍼지지 않도록 해야 한다(群居終日, 德進業修, 而

---

3) 『주문공문집』 권47 「답여자약」, 11쪽 B.

4) 『주문공문집』 권76 「제소학(題小學)」, 21쪽 A. 또 「답임택지서(答林擇之書)」 참고. 장세남(張世南)은 『유환기문(游宦紀聞)』 권8에서 주희의 상소문을 직접 목격하였다고 밝히고 있다. 거기서 주희는 "올바른 학문을 밝혀야 하니, 그 도는 반드시 인륜에 근본하고 있습니다. 물리를 밝혀야 하니, 그 가르침은 소학에서 물 뿌리고 비질하며 응대하는 것으로부터 효제충신과 두루 예악을 행하는 것들입니다(講明正學, 其道必本乎人倫, 明乎物理, 其教自小學灑掃應對以往, 修其孝弟忠信, 周旋禮樂강명정학, 기도필본호인륜, 명호물리, 기교자소학쇄소응대이왕, 수기효제충신, 주선례악)"라고 하였다고 하니, 이것이 또 다른 증거가 될 수 있겠다(중화서국, 1981, 69쪽).

5) 『주문공문집』 권74 「증손여씨향약(增損呂氏鄕約)」, 25쪽 A, 32쪽 A. 「남전여씨향약(藍田呂氏鄕約)」은 네 조목으로 분류된다. "첫째, 덕업상권 즉 덕성과 좋은 일은 서로 권한다. 둘째, 과실상규 즉 허물과 실수는 서로 규제한다. 셋째, 예속상교 즉 예의와 풍속은 서로 교류한다. 넷째, 환란상휼 즉 어려움이 있을 때에는 서로 돕는다(一曰德業相勸, 二曰過失相規, 三曰禮俗相交, 四曰患難相恤일왈덕업상권, 이왈과실상규, 삼왈예속상교, 사왈환난상휼)"이다. 이는 선악에 대한 기준과 향촌 사회에서의 예의 그리고 책임과 의무 등을 규정한 것이다.

暴慢放肆之氣不設於身體군거종일, 덕진업수, 이폭만방사지기불설어신체)"라고 하였다.[1]

　　그 중에서 가장 중요하면서도 후대에 가장 많은 영향을 미친 주희의 저작은 『가례(家禮)』이다.[2] 그는 가정과 가족 내부의 관혼상제 등 구체적인 예식의 절차가 비록 표면적인 의식이지만, 그러한 의식은 '명분의 수호'와 '사랑과 존경의 실질'과 같은 가치의 관념적 내용을 간직하고 있다고 생각하였다. 이에 그는 삼대 이래 이미 변질되어 버렸다고 여겨진 예의와 의식을 조정하였다. 그는 "그 대체는 변할 수 없기 때문에 약간의 덜고 더하고를 거쳐 집안이 따라야 할 서적으로 삼았다(因其大體之不可變者, 而少加損益於其間, 以爲一家之書인기대체지불가변자, 이소가손익어기간, 이위일가지書)." 외재적인 의식 절차를 통해 사람들로 하여금 '명분을 조심하고 사랑과 존경을 숭상하여(謹名分, 崇愛敬근명분, 숭애경)', '수신제가의 도와 죽은 조상을 정성껏 모시는 마음을(修身齊家之道, 謹終追遠之心수신제가지도, 근종추원지심)' 세우고자 하였다.[3]

　　'통례(通禮)' 즉 가족생활에서의 윤리 준칙과 '관례', '혼례', '장례', '제례' 등 네 가지의 예의 제도를 포함하는 이 저작에서 그는 가능하면 대중과 풍속을 따른다는 원칙에 의해 고대부터 내려오는 예식 중에서 당대에 쓰기에는 적절치 못한 제도와 기물들을 고치고자 하였다. 예컨대 혼례의 6례를 3례로 간소화하였으며,[4] 당시 사회 계층의 새로운 조합에 의거하여 백성과 지식인이 함께 제사를 올리는 사당을 건

後代에 가장 많은 영향을 미친 주희의 저작은 『가례』이다.

---

1) 『주문공문집』 권82 「발정동이선생학칙(跋程董二先生學則)」, 14쪽 A. 동시에 그는 관직을 수행할 때 유가의 일련의 원칙이 정치적으로 어떻게 실천될 수 있는지에 대해 상당히 주의를 기울였다. 특히 기황 구제의 창고 건립, 종족 상호 협력의 공공 전답 설치 등 지역 사회의 복리 문제에 많은 관심을 기울였다. 이러한 문제는 남송 시기 일련의 지식인들이 관심을 기울인 문제이기도 하다. 리처드 폰 글란(Richard von Glahn), 「지역사회와 복지 : 주희의 공공전답의 이론과 실천(Community and Welfare : Chu His's Community Granary in Theory and Practice)」, 『통치 : 중국 송나라의 국가와 사회(Ordering the World : Approaches to State and Society in Sung Dynasty China)』, edited by 로버트 하임즈와 콘라드 쉬로카우어(Robert. P. Hymes and Conrad Schirokauer), University of California Press, Berkeley, Los Angeles, Oxford, 1993, P221~254 참고.

2) 『주자가례(朱子家禮)』에 관해서는 아직도 많은 논쟁이 있다. 어떤 사람들은 그것이 주희의 저작이 아니라고 주장한다. 그러나 최근의 연구는 대체로 그것이 주희의 저작이라고 믿는 경향이다. 우에야마 슌페(上山春平)의 「주자의 예학(朱子の禮學)」, 『인문학보(人文學報)』 제41호, 일본 교토, 1976과 히구치 마사루(樋口勝)의 「'문공가례'의 성립에 관한 고찰(「文公家禮」の成立についての一考察)」, 『동양의 사상과 종교(東洋の思想と宗教)』 4, 1987 참고.

3) 『주문공문집』 권75 「가례서(家禮序)」, 18쪽 A~B. 또 주희는 일찍이 순희 원년에 「고금가제례(古今家祭禮)」를 편집하였다(『주희연보』 권1, 62쪽).

립하였으며, 사마광의 『서의(書儀)』의 사고방식은 받아들였지만 이정 형제처럼 고례(古禮)를 많이 추종하려는 사고방식은 따르지 않았다는 점 등이 그 예이다.[5]

『주자가례』 편찬의 의의는 어떤 연구자가 지적한 것처럼, "그 의도는 일상생활 속의 중요한 단계 즉 출생, 혼례, 상례 및 조상에 대한 제사 등과 같은 것들을 모두 유학이 지도하는 영역 속으로 편입하고자 한 것이다." 아울러서 "송나라 때 이학자들은 어떻게 하면 사상의 영역 뿐만 아니라 행위의 영역에서도 주도적 지위를 차지할 것인가를 시도한 것이다. 그들은 이러한 유학 전통에 부합하는 생활질서를 강조함으로써 불교와 도교가 일상생활 속에서 미치는 영향을 억제하고자 하였다."[6] 이러한 유학 원칙의 세속화와 생활화의 노력이 바로 이학이 확립한 원칙을 보증하고, 그것이 진정 사회로 파고들어 갈 수 있도록 만들었다.[7]

3

주희가 편찬한 『이락연원록』에는 다음과 같은 일화가 기록되어 있다. 정이가 소옹에게 "이 책상은 땅 위에 있습니다. 그렇다면 땅은 어디에 놓여 있습니까?(此卓安在地上, 不知大地安在甚處?차탁안재지상, 부지대지안재심처?)"라고 묻자, 소옹은 '천지 만물과 만물의 이치 및 우주의 바깥에까지 이르는(天地萬物萬物之理及六合之外천

---

4) 현대 학자들의 연구에 의하면 주희의 혼례에 대한 개혁은 고대 예법에 구속되지 않고 양송 당대의 혼인 예식에 의거한 것이라고 한다. 그래서 그는 일련의 과정을 없애고 '의혼', 즉 혼인에 대한 논의, '납폐', 즉 폐백 들이기, '친영', 즉 신부 맞아오기 만을 남겨두었다. 뒷날 중국의 대다수 지식인들의 혼례는 이것을 기준으로 하였다. 방건신(方建新)의 「송대 혼인 예식에 관한 고찰(宋代婚姻禮俗考述)」, 『문사』 제24기, 중화서국, 1985 참고.

5) 양지강(楊志剛), 「주자가례 : 민간통용례(朱子家禮 : 民間通用禮)」, 『전통문화와현대화(傳統文化與現代化)』, 베이징, 1994년 4기.

6) 페트리샤 에브레이(Patricia Ebray), 『주자가례(Chu His's Family Rituals : A twelfth Century Manual for the Performance of Cappings, Weddings, Funerals, and Ancestral Rites)』, Princeton University Press, 1991. 로드니 테일러와 게리 아버클(Rodney L. taylor and Gary Arbuckle)의 서양 유학 연구 소개에 대한 평론을 참고, 「중국의 종교(Chinese Religions : The State of the Field(Part II) : Living Religious Traditions : Taoism, Confucianism, Buddhism, Islam and Popular Religion)」, 『The Journal of Asian Studies』, VOL. 54, NO. 2, 1995, p.350 참고.

7) 풍속에 대한 각종 지방지의 기록을 참고할 때 『주자가례』 속의 혼례와 상례에 대한 규정 등은 20세기 초반에 이르기까지 지방 지식인 계층에 의해 여전히 많이 사용되었음을 알 수 있다.

지만물만물지리급류합지외)' 방대한 이야기를 늘어놓아 정이를 "이런 이야기는 여태껏 주돈이 선생에게서만 들어 보았습니다(平生惟見周茂叔論至此평생유견주무숙론지차)"라고 탄복하게 만들었다.[1]

비슷한 경우가 또 있다. 후대 사람들이 주희의 사적을 편찬할 때 이런 이야기가 있었다. 주희가 어려서 이제 막 말을 할 수 있을 정도였을 때 아버지가 하늘을 가리키면서 "하늘이다"라고 말을 하자, "그러면 하늘 위에는 무엇이지요?(天之上是何物?천지상시하물?)"라고 물었다고 한다. 5~6세가 되어서는 항상 "하늘은 도대체 어떻게 생겼으며, 그 밖에는 또 무엇이 있나?(天體是如何, 外面是何物?천체시여하, 외면시하물?)"라고 하면서 고민어린 생각에 잠겼다고 한다.[2]

어쩌면 이 두 이야기는 모두 후대 사람들의 상상이거나 만들어 낸 이야기일지도 모른다. 그러나 이러한 상상과 허구는 오히려 초월적 세계에 대한 이학의 탐구 경향을 암시하고 있다. 그들의 지식에 대한 탐구는 결코 형이하의 구체적인 현상세계에 국한되지 않으며, 또한 시간과 공간속에서 감각적 인식이 가능한 인간과 사물 등에도 국한되지 않는다. 그것은 마치 '밑바닥까지 캐묻는(打破砂鍋紋[問]到底타파사과문[문]도저)' 식으로서, 언제나 근본적이고 초월적인 '도' 혹은 '리'를 파악하고자 하는 것이다. 그들은 '하나로 관통될 수 있는' 궁극적 해석을 찾고자 한다. 왜냐하면 그래야만 그들이 '이학' 혹은 '도학'이 될 수 있기 때문이다.

이러한 태도와 전통 유학의 "본성과 천도에 대해서는 듣지 못하였다(性與天道不得而聞)"는 태도와는 상당히 다르다. 송나라 때 신유학의 새로운 경향은 바로 여기에 있었다. 그들은 결코 국가의 질서나 생활 준칙의 수립에 만족하지 않고 질서와 준칙의 보편성과 절대성의 최종적 근거를 찾고자 하였다. 때문에 그들은 사물과 현상의 질서와 준칙을 초월하기 위해 형이상학적 근본 기초를 새롭게 세우지 않으면 안 되었다. 때문에 주희나 여조겸 모두 우주의 본원 문제를 다루기를 특별히 좋아한 것이 아니고, 그러한 본원의 문제 자체는 사실 실증적일 수 없어서 구체적으로 파악하기가 무척 어려움에도 불구하고, 주희는 여조겸과 함께

질서와 준칙의 보편성과 절대성의 최종적 근거를 찾고자 하였다.

---

1) 『이락연원록』 권1 「유사」, 총서집성본, 상무인서관, 3~4쪽.
2) 『주희연보』 권1, 2쪽.

『근사록』을 편찬할 때 어쩔 수 없이 제일 앞에 특별히 '도체(道體)' 항목을 배치할 수밖에 없었다.

훗날 주희는 그의 제자들과 대화하면서 "『근사록』의 제1권은 보기가 어렵다(『近思錄』首卷難看『근사록』수권난간)." "『근사록』을 보면서 만약 제1권이 이해가 안 가면 제2권 제3권부터 보아도 된다(看『近思錄』, 若於第一卷未斷曉得, 且從第二卷, 第三卷看起간『근사록』, 약어제일권미단효득, 차종제이권, 제삼권간기)"라고 하였다. 왜 그런가? 왜냐하면 제1권의 '도리가 외롭기(道理孤單도리고단)' 때문이다. "도리가 외롭다"는 것은 "너무 높은 곳은 그 추위를 이기기 어렵다"는 말과 같다. 현상세계를 초월하여 그저 언어 세계 속에서만 토론될 수 있는 궁극의 본원은 너무나도 추상적이다.

그러나 모든 현상세계를 포괄하는 본원은 사유의 시발점이 되고 탐색의 종점이 된다. 때문에 주희는 여조겸에게 보낸 편지에서 과거에는 '태극이나 정호가 본성에 대해 논한 부분(太極及明道論性之類태극급명도론성지류)'을 싫어하였고, 거기서 논하는 도리가 '너무 고원하여' 몇 단락은 빼버리기도 하였다고 한다. 그러나 "요즘 다시 보니 한 단락도 없앨 수 없었다. 왜 하나도 없앨 수 없는가? 왜냐하면 그것이 근본의 핵심이기 때문이다"라고 말한다. 그래서 여조겸도 이렇게 말한다. "나중에 태어난 후학은 의리의 본원에 대해 비록 뭐라 말할 수도 없고 그저 멍하니 그 대략도 알 수 없으니, 어디에 두어야 할까? 우선은 책의 앞머리에 두어 그 이름이 어디를 향하는지를 알게 할 뿐이다(後出晩進, 於義理之本原雖未容驟語, 苟茫然不識其梗概, 則亦何所底止? 列之篇端, 特使之知其名義有所向往而已후출만진, 어의리지본원수미용취어, 구망연불식기경개, 즉역하소저지? 열지편단, 특사지지기명의유소향왕이이)."[3]

주희가 「답육자정(答陸子靜)」에서 말한 "모든 형체와 상이 있는 것들은 기물[器]이고, 이 기물이 있도록 만드는 리는 곧 도입니다(凡有形有象者, 即器也, 所以爲是器之理者, 則道也범유형유상자, 즉기야, 소이위시기지리자, 즉도야)"라고 하였던 것처럼, 이학자들의 담론 중에서 '리', '도' 혹은 '태극'이라고 칭해지는 근본은 형체와 상이 있는 현상과 사물을 초월한 형이상의 영역이다.[4] '리'는 만사 만물보다 우선하여 생겨

---

3) 『주희연보』 권2에서 인용한 여조겸의 발어(跋語), 67~68쪽.

4) 『주문공문집』 권36, 14쪽 A.

난 원칙이고 만사 만물을 관통하는 규칙이다. 그래서 주희는 또 이렇게 말한다. "천지가 있기 이전에는 필경 이 리만 있었다(未有天地之先, ,畢竟也只是理미유천지지선, 필경야지시리)."[1] "이러한 일들이 있게 된 데에는 그 속에 이에 해당하는 리가 있는 것이다. 천지가 이러한 사물을 만들어 낸 데에는 그 속에 그에 해당하는 리가 있는 것이다(做出那事, 便是這裏有那理, 凡天地生出那物, 便都是那裏有那理주출나사, 편시저리유나리, 범천지생출나물, 편도시나리유나리)."[2] 그러나 그것은 또한 절대적인 순수한 본원이다. 때문에 주희는 "태극은 그저 하나로서 짝이 없다(太極只是個一, 而無對者태극지시개일, 이무대자)"라거나 "지극히 좋고 지극히 선한 도리이다(極好至善的道理극호지선적도리)"라고 말한다.[3] 미발 시에는 형체도 없고 표현할 언어도 없으며 정해진 공간도 없는 절대적인 텅 빈 고요의 상태에 놓여 있다. 그러나 그것은 동시에 동과 정의 양단을 포함하고 동정 음양의 양단은 그 속에 만사 만물을 함축하고 있다.[4]

그러나 '리'가 형이하의 세계에서 드러날 때는 일체를 구성하는 기본적인 질료인 '기(氣)'로 구현된다. '리'가 형이상의 순수한 절대로서 형체도 그것을 형용할 언어도 허용치 않는 반면, '기'는 "형이하의 기물로서 만물을 만들어내는 재료가 된다(形而下之器也, 生物之具也형이하지기야, 생물지구야)."[5] 그러나 기(氣)가 비록 '기물[器]'이고 그래서 "도와 기물 사이는 매우 분명하게 구분되어 섞일 수 없다(道器之

---

1) 『주자어류』 권1, 1쪽.

2) 『주자어류』 권101, 2582쪽. 진순(陳淳)은 『북계자의』 권하에서 '리'자를 다음과 같이 해석하였다. "리에는 형상이 없으니 어떻게 볼 수 있는가? 오직 구체적인 사물에서 드러나는 그 당연의 원칙이 곧 리이다. 여기서 '원칙'이란 곧 준칙이고 법칙이다. 고정되어 변할 수 없다는 의미이다(理無形狀, 如何見得? 只是事物上一個當然之則便是理, '則'是准則, 法則, 有個確定不易底意리무형상, 여하견득? 지시사물상일개당연지즉편시리, '칙' 시준칙, 법칙, 유개확정불역저의)." (중화서국, 1983, 42쪽)

3) 『주자어류』 권100, 2549쪽.

4) 그래서 주희는 이렇게 말한다. "어딘가에 위치시킬 장소도 형체도 지위도 없다. 만약 그 미발시로 말하자면 미발 때에는 그저 고요함일 뿐이다. 상대적인 동정과 음양은 모두 그저 형이하일 뿐이다. 그러나 이 상대적인 움직임도 태극의 움직임이며, 고요함도 태극의 고요함이다. 다만 동정 그 자체는 태극이 아니다. …미발 그 자체를 태극이라고 말할 수는 없다. 그러나 그 속에 희노애락이 담겨 있다(無方所, 無形體, 無地位可頓放, 若以未發時言之, 未發卻只是靜, 動靜陰陽, 皆只是形而下者. 然動亦太極之動, 靜亦太極之靜, 但動靜非太極耳. ……未發固不可謂之太極, 然中含喜怒哀樂무방소, 무형체, 무지위가돈방, 약이미발시언지, 미발각지시정, 동정음양, 개지시형이하자. 연동역태극지동, 정역태극지정, 단동정비태극이. ……미발고불가위지태극, 연중함희노애락)." (『주자어류』 권94, 2369쪽)

5) 「답황도부(答黃道夫)」, 『주문공문집』 권58, 5쪽 A.

間, 分際甚明, 不可亂也도기지간, 분제심명, 불가란야)." 하지만 그것은 또 언제나 "리를 따라 행한다." 또 "이 리가 있으면 곧 이 기가 있게 되어 유행하면서 만물을 발육한다 (有此理, 便有此氣, 流行發育유차리, 편유차기, 유행발육)."[6] '리'는 비록 절대적인 '하나'이지만, '기'는 음과 양의 '기'로 분화되어 오행의 '질(質)'을 만들어 내고 음양오행은 만물을 생성 변화시킨다.[7] 이 때문에 통일적인 '리'는 만사만물 속에서 각기 다른 모습으로 드러나는 것이다.

통일적인 '리'는 만사만물 속에서 각기 다른 모습으로 드러나는 것이다.

여기에서 주희는 북송 유자들의 '리일분수(理一分殊)'에 대한 사유 방식을 다시금 끌어들인다. 그는 외재적 현상세계에 있는 것들은 일본만수(一本萬殊) 즉 하나에 근본하지만, 각기 다른 모습으로 나타나 수많은 것들이 모두 각자 적절하게 존재한다고 믿었다. 다만 "천하의 만물 중에는 리가 없는 것이 없다(天下之物莫不有理천하지물막불유리)." 이러한 균형과 합리의 존재는 하나의 보편적인 '리'를 전제한다. 이 때문에 각종 사물과 현상에 대한 심도 있는 성찰이 요구된다. 그래서 이러한 서로 다른 사물들 속에서 절대적이고 동일한 '리'를 깨달아야 한다. 이것이 바로 '격물치지' 혹은 '즉물궁리(卽物窮理)'이다.[8]

그러나 '기'를 품수 받아 태어난 사람의 측면에서 말했을 때 내재적 마음의 세계 속에도 이러한 '일본만수'의 문제가 존재한다. 이성적 사유 방식에 의하자면 본래 인간의 본성은 응당 모두 같아야 한다. 그러나 실제의 세계에서 사람들의 마음이 이렇게 모두 다른 것은 어떻게 설명할 것인가? 만약 생활 세계에 들어온 마음이 정말로 절대적인 '리'와 동일하다면, 어째서 현상세계에는 '리'에 부합하지 않는 수많은 생각과 행위들이 발생하는가? 주희의 대답은 '기'에 이미 정미하고 거친 혹은 맑고 탁한 차이가 있기 때문이라는 것이다. "사람이 부여받은 측면에서 말했을 때 이미 어둡고 밝음 혹은 맑고 탁함의 차이가 존재한다(就人之所稟

---

6) "천하에 리 없는 기란 없다. 또한 기 없는 리도 없다(天下未有無理之氣, 亦未有無氣之理천하미유무리지기, 역미유무기지리)." , "리는 결코 기를 떠나지 않는다. 그러나 리는 형이상이고 기는 형이하이다(理先嘗離乎氣, 然理形而上者, 氣形而下者리선상리호기, 연리형이상자, 기형이하자)." (『주자어류』 권1, 1~3쪽)

7) 『주자어류』 권1, 9쪽.

8) 『대학장구』에서는 이렇게 말한다. "소위 치지는 격물에 달려 있다는 말은 나의 앎을 극대화 시키고 싶다면 구체적인 사물에 나아가 그것의 이치를 궁구해야 한다는 의미이다(所謂致知在格物者, 言欲致吾之知, 在卽物而窮其理也소위치지재격물자, 언욕치오지지, 재즉물이궁기리야)." (『사서장구집주』 7쪽)

而言, 又有昏明淸濁之異취인지소품이언, 우유혼명청탁지이)."[1] 그 뿐만 아니라 '미발'과 '이
발'의 과정에서도 온전히 같을 수만은 없기 때문이라는 것이다. 사람의 마음이
미발일 때에는 사람들은 리에 부합하는 본성을 유지하고 있다. 그러나 이러한 마
음이 이미 발하였을 때에는 마음속에 수많은 생각과 감정들이 생겨나게 된다. 이
때문에 다양한 모습의 생각이나 행위가 있게 되는 것이다. 그래서 '경(敬)'의 심경
으로 마음에 대해 반성과 함양을 진행할 필요가 있는 것이다. 이것이 바로 '정심
성의(正心誠意)'이다.

　　지식과 사상을 탐구하는 이 두 가지 길은 주희 계열의 지식 추구와 실천적
수양이라는 두 경향으로 드러난다. 그것은 필연적으로 한편으로는 도문학(道問
學)의 주지주의(Intellectualism)로 이끌고, 다른 한편은 존덕성(尊德性)의 도덕주의
(Moralism)로 이끈다.[2]

　　'격물치지'의 의의에 대해 주희는 사실 상당히 일관된 입장을 견지하고 있
다. 그는 "위로는 무극과 태극으로부터 아래로는 풀 한포기 나무 한그루 곤충 하
나하나의 미물에 이르기까지 각각의 리가 있다(上而無極太極, 下而至幹一草一木一昆蟲
之徵, 亦各有理상이무극태극, 하이지간일초일목일곤충지휘, 역각유리)"고 보았기 때문에 응당 가

---

1) 『주자어류』 권4에 보면, 주희는 여러 차례 이에 대해 언급하고 있다. "사람의 본성은 비록 같지만, 부여받은
기에는 편중이 없을 수 없다(人性雖同, 稟氣不能無偏重인성수동, 품기불능무편중)"거나, "부여받은 기가 각기 다른
것은 그 부류가 하나가 아니다. 맑냐 탁하냐의 차이만이 아니다(氣稟之殊, 其類不一, 非但淸濁二字而已기품지수,
기류불일, 비단청탁이자이이)"라거나, "기를 부여받은 데에는 맑고 탁함이 있기에 성현과 어리석은 이의 차이가
존재하게 된다(氣稟則有淸濁, 是以有聖愚之異기품즉유청탁, 시이유성우지이)"라고 말한다(73~76쪽). 이 문제에 대해
서는 진래의 「주자 철학 중 '심'의 개념에 대해(關于朱子哲學中 '心' 的槪念)」, 『국학연구』 제4권, 북경대학출판
사, 1997을 참고할 수 있다.
2) 『송원학안』 권48의 「회옹학안」은 주희의 학술에 대해 이렇게 평가한다. "그의 학문은 대체로 이치를 궁구함
으로써 지식을 극대화시키고 자신을 돌이켜 실천하는데, 그 속에서 거경(居敬)을 위주로 한다. 체와 용이 온
전히 갖추어져 하나하나의 조리가 관통되어 있다. 안부터 겉까지 세세한 것부터 대체에 이르기까지 모두 궁
극의 조화를 이루었다. 그는 성현이 서로 전수한 도통이 책 속에 담겨 있는데, 성현이 만드신 경전의 의미가
분명하지 않게 됨에 따라 도통의 전수도 비로소 어둑어둑해졌다고 말한다. 이에 자신의 모든 정력을 다하여
성현이 남기신 경전의 의미를 연구하고자 하였다. 제자백가의 이러저러한 술수나 불교와 도교의 허황된 말
에 대해서는 심도 있게 변론하여 극력 배척하기를 마다하지 않았다(其爲學, 大抵窮理以致其知, 反躬以踐其實, 反
躬以踐其實, 而以居敬爲主. 全體大用, 兼綜條貫, 表裏精粗, 交底於極. 嘗謂聖賢道統之傳, 散在方冊, 聖經之旨不明, 而道統
之傳始晦, 於是竭其精力, 以研窮聖賢之經訓, 其於百家之支, 二氏之誕, 不憚深辯而力辟之기위학, 대저궁리이치기지, 반궁이천
기실, 반궁이천기실, 이이거경위주. 전체대용, 겸종조귀, 표리정조, 교저어극. 상위성현도통지전, 산재방책, 성경지지부명, 이도통지
전시회, 어시갈기정력, 이연궁성현지경훈, 기어백가지지, 이씨지탄, 불탄심변이력피지)."(851쪽)

능한 한 각종 자연의 지식과 책에서 얻을 수 있는 지식을 연구해야 한다고 생각하였다. 그래서 그는 "한 일이 궁구되지 못하면 그 일 만큼의 도리가 비는 것이다. 한 사물이 연구되지 못하면 그 한 사물 만큼의 도리가 비는 것이다(一事不窮, 則闕了一事道理, 一物不格, 則闕了一物道理일사불궁, 즉궐료일사도리, 일물불격, 즉궐료일물도리)"3)라고 주장한다. 그래서 그 자신은 매우 박학다식한 지식을 지니고 있었다. 그는 많은 책을 보았을 뿐만 아니라 자연과 사회의 각종 현상에 대해 상당히 깊은 관심을 보였다.4) 그는 항상 평소의 교육 속에서도 학생들에게 각종 새로운 지식을 탐구할 것을 요구하곤 하였다. 제자와의 대화 속에서 그는 사물에 대한 관찰과 독서를 반복해서 강조하였다. 예컨대 "경전을 읽고 역사를 보고 구체적인 사물에 접할 때 이해되는 바로 그 지점 그것이 모두 격물이다(讀經看史, 應接事物, 理會個是處, 皆是格物독경간사, 응접사물, 리회개시처, 개시격물)"라고 말한다.

그래서 그는 제자들에게 다음과 같이 가르쳤다. "공부하는 이가 책을 읽는다는 것은 궁극까지 연구함에 힘쓴다는 것이다. '도문학'은 중요한 일이다. 이는 깨달은 도리에 따라 살아간다는 것을 의미한다. 책을 볼 때는 보고 또 봐야 한다. 한 단락 한 구절 한 자 한 자를 따라 이해해야 한다. 그리고도 여러 주석과 해설들을 참고하여 완전히 이해해야 한다. 최종적으로 도리와 나의 마음이 온전히 일치해야 한다(大抵學者讀書, 務要窮窮, '道問學'是大事, 要識得道理去做人. 大凡看書, 要奉了又看, 逐段, 逐句, 逐字理會, 仍參諸解, 傳, 說敎通透, 使道理與自家心相肯方得대저학자독서, 무요궁궁, '도문학' 시대사, 요식득도리거주인. 대범간서, 요봉료우간, 축단, 축구, 축자리회, 잉참제해, 전, 설교통투, 사도리여자가심상긍방득)."5) 이러한 학풍에 의거할 때만이 지식에 대한 학습과 사상의 함양

---

3) 『주자어류』 권15, 295쪽. 이 부분에서 주회가 반복해서 말하는 것이 바로 이런 의미이다. 예컨대 "이 세상의 것들은 어느 것이나 리를 지니고 있으니 그것을 모두 연구해야 한다(世間之物, 無不有理, 皆須格過세간지물, 무불유리, 개수격과)"거나, "『대학』에서는 궁리를 말하지 않고 그저 격물만을 말하지만, 이는 곧 구체적인 사물 상에서 깨닫도록 한 것이다. 이래야만 그 실체를 볼 수 있다(『大學』不說窮理, 只說個格物, 便是要人就事物上理會, 如此方見得實體『대학』불설궁리, 지설개격물, 변시요인취취사물상리회, 여차방견득실체)"고 말한다.

4) 진영첩은 그의 『중국철학문헌휘편(A Source Book in Chinese Phinese Philosophy)』 34장에서 다음과 같이 지적하고 있다. "주회는 화석의 성질을 발견하였고, 조기 신유가들은 약초, 나침반, 화석, 산수, 지리, 지도 제작술 등에 대한 저술이 있다."(중역본, 타이베이, 거류도서공사巨流圖書公司, 1993, 732쪽)

5) 『주자어류』 권10, 162쪽. 독서에 대한 주자의 관점은 『주자어류』 권10과 권11에 기록되어 있다. 이에 대해서는 고젠 히로시(興膳宏), 기즈 유코(木津祐子), 사이토 마레시(齋藤希史) 공저의 「주자어류독서법편역주(朱子語類讀書法篇譯注)」 1~7, 『중국문학보(中國文學報)』 제48~54책, 교토, 1994~1997을 참고할 수 있다.

이 연결되고 '도문학'으로부터 '존덕성'으로 향상되어 책을 읽고 사물을 관찰하는 과정에서 자신의 마음을 함양할 수 있게 된다고 생각한 것이다.

그러나 뒷날 육구연 등과의 논변을 거치면서 주희의 입장은 조금씩 '도문학'의 주지주의 쪽으로 편향된 듯하다. 사실 이것은 격렬한 논변 속에서 각자의 입장을 과도하게 드러낼 수밖에 없었던 데서 오는 인상임을 유념해야 한다. 그래서 주희는 「답항평보(答項平父)」에서 어쩔 수 없다는 듯이 다음과 같이 고백하고 있다. "자사 이래 교육은 오직 '존덕성'과 '도문학'만이 중요한 방법으로 받아들여져 왔다. 그런데 지금 육구연이 말하는 것을 들어보면 전적으로 존덕성에 관한 것이고, 내가 평소에 하던 말은 오히려 도문학의 측면이 강하다(大抵子思以來, 教人之法, 惟以'尊德性', '道問學'兩事爲用力之要, 今子靜陸九淵所說, 專是尊德性事, 而熹平日所論, 卻是問學上多了대저자사이래, 교인지법, 유이 '존덕성', '도문학' 양사위용력지요, 금자정[육구연]소설, 전시존덕성사, 이희평일소론, 각시문학상다료)." 사실 주희는 줄곧 이 둘의 관계에 대해 상당히 명료하게 이해하고 있었다. 항안세(項安世)에게 보내는 다른 편지에서 그는 이미 다음과 같이 지적하고 있다. "요즘의 학자들 중에서 내면에서 반성적으로 구하는 일에 힘쓰는 자들은 넓게 공부하는 것을 밖으로만 치닫는 것이라고 여긴다. 반대로 넓게 공부하는 이들은 내면에서 반성적으로 구하는 것을 너무 협애하다고 생각한다. 좌우에 칼을 차고 각자 한 쪽만 주로 하는 것과 같으니 도학은 분열되어 다시 합쳐질 수가 없게 되었다. 이것이 바로 학자들의 크나큰 병폐이다(近世學者務反求者, 便以博觀爲外馳, 務博觀者又以內省爲隘狹, 左右佩劍, 各主一偏, 而道術分裂, 不可複合. 此學者之大病也근세학자무반구자, 편이박관위외치, 무박관자우이내성위애협, 좌우패검, 각주일편, 이도술분렬, 불가복합. 차학자지대병야)."[1]

---

1) 『주문공문집』권54 「답항평보」, 6쪽 A와 6쪽 B. 이정 형제의 책을 읽는 것을 예로 들면서 주희는 독서의 목적이 마음의 함양에 있음을 더욱 강조하였다(『주문공문집』권75 「정씨유서후서程氏遺書後序」건도4년을 보라). 그는 정호, 정이의 어록에 대해 '마음으로 전하는 그 요체를 알지 못한 채 그저 문자에 대한 이해에 머물지(未知心傳之要而滯於言語之間미지심전지요이체어언어지간)' 말기를 희망하였다(16쪽 B). 그러면서 그는 "이 책을 읽는 이가 진실로 경(敬)을 주로 하여 내면의 근본을 세울 수 있고 이치를 궁구하여 자신의 앎을 진전시킬 수 있다면, 그 근본이 세워짐으로써 지식은 더욱 명확해지고 지식이 정미해짐으로써 그 근본은 더욱 확고하게 될 것이다. 그렇게 되면 일상생활에서 선생의 마음을 깨달아 얻을 수 있을 것이다(讀是書者, 誠能主敬以立其本, 窮理以進其知, 使本立而知益明, 知精而本益固, 則日用之間, 且將有以得乎先生之心독시서자, 성능주경이입기본, 궁리이진기지, 사본립이지익명, 지정이본익고, 즉일용지간, 차장유이득호선생지심)"라고 하였다(17쪽 A).

그렇기 때문에 그는 한편으로는 과거 주류적 지식인 계층이 '과거시험을 위해 공부를 하던 폐단(緣科擧時文之弊연과거시문지폐)'을 비판하였다. 이는 경전의 지식과 자연의 지식이 둘로 분열된 것이며 또 경전적 지식을 그저 암송의 대상으로 여겨 마음의 함양과는 아무런 관계도 없는 것이기 때문이다.[2] 그는 또 다른 한편으로는 노장이나 불교적 분위기의 영향 하에 모든 지식을 쓸데없는 군더더기로 여기고 오로지 마음의 함양에만 치중하는 것도 방지하고자 하였다. 이렇듯 지식과 사상의 사이에서 균형을 찾기란 매우 어려운 것이다.[3]

'존덕성' 즉 심성의 함양에 대해서도 주희는 상당히 명확한 태도를 보이고 있다. 그는 시종 마음의 함양을 지식인의 궁극적 목적으로 생각하였다. 때문에 그가 말하는 '격물치지'에서 '지'의 최종적 모습 역시 도덕의 이상적 경지이다. 그가 말하는 '박람반관(博覽反觀)' 즉 넓게 보고 반성적으로 관찰한다고 할 때의 '관찰[觀]'의 대상 역시 내재적 심성의 본원이다. 본성[性], 마음[心], 감정[情], 욕망[欲]에 대한 주희의 관점에서 "본성은 마음의 이치이고 감정은 마음의 움직임이다(性者, 心之理, 情者, 心之動성자, 심지리, 정자, 심지동)", "마음을 물에 비유하자면 본성은 물의 이치이다. 본성이 확립되어 있는 것은 물의 고요함이고, 본성이 행해질 수 있는 것은 물의 움직임이다. 욕망이란 물이 흘러가 넘치는 것에 해당한다(心譬水也, 性, 水之理也. 性所以立乎 水之靜, 所以行乎水之動, 欲則水之流而至於濫也심비수야, 성, 수지리야. 성소이립호 수지정, 소이행호수지동, 욕즉수지류이지어람야)."[4] 이러한 이해는 대체로 『예기』

2) 『주자어류』 권10, 175쪽 참고.

3) 여영시, 「송명 유학의 발전에서 본 청대 사상사(從宋明儒學的發展論淸代思想史)」, 『역사와 사상(歷史與思想)』, 87~119쪽 참고(타이베이, 연경출판사업공사, 1976, 1992). 사실 이것은 조기(早期 : 이른 시기) 이학자들의 일관된 사유 방식이었을 수 있다. 예컨대 호안국은 「답장천중기서(答龖川曾幾書)」에서 이렇게 말하고 있다. "이치를 궁구하고 본성을 온전히 실현하는 것은 성인의 가르침을 좇는 이들의 일이다. 모든 대상 사물을 관찰하는 것이 앎의 시작이며, 그것을 하나로 관통하는 것이 앎의 끝이다(窮理盡性, 乃聖門事業, 物物而察, 知之始也, 一以貫之, 知之至也궁리진성, 내성문사업, 물물이찰, 지지시야, 일이관지, 지지지야)." (『이락연원록』 권13, 136쪽)

4) 『주자어류』 권5, 97쪽. 또 『논어집주』 권3에서 '선생님의 본성과 천도에 대한 말씀(夫子之言性它與天道부자지언성타여천도)' 구절에 대한 주석에서 그는 이렇게 말하고 있다. "본성이란 사람이 부여받은 천리이다. 천도란 천리의 자연스러운 본체이다. 그 실질은 모두 하나의 이치이다(性者, 人所受之天理, 天道者, 天理自然之本體, 其實一理也성자, 인소수지천리, 천도자, 천리자연지본체, 기실일리야)." (『사서장구집주』 79쪽). 『맹자집주』 권8의 "천하에서 말하는 본성이란 드러난 형적일 뿐이다(天下之言性也, 則故而已矣천하지언성야, 즉고이이의)"라는 구절에 대한 해석을 참고할 수 있다(『사서장구집주』 297쪽).

의 「중용」, 「악기」 및 당나라 때의 한유와 이고로부터 송나라 때 이정의 관점에 이르기까지 일맥상통하는 것이다. 다만 주희의 단계로 오면서 그 분석이 점점 정치해지고 세밀해진 것이다.

주희는 38세에 이전에는 본성과 행위, 사상과 지식, 형이상계와 경험 세계 간에 충분히 소통되지 못한 오류가 있었음을 발견하였다고 한다. 이에 그는 장식의 "미발은 본성이고 이발은 마음이다(未發是性, 已發是心미발시성, 이발시심)"라는 관점을 받아들였다. 그러나 그는 다시 40세를 전후하여 다시 '마음'이 '본성'과 '감정'을 포함하고 있다는 것을 깨달았다. 미발의 때란 마음이 순수하게 고요한 상태이다. "이때에는 심체가 유행함에 있어서 고요하여 아무런 움직임도 없는 상황에서 천명지성의 체단만이 갖추어져 있다(當此之時卽是心體流行寂然不動之處, 而天命之性體段具焉당차지시즉시심체류행적연부동지처, 이천명지성체단구언)." 반면 이발의 때는 사려가 이미 싹튼 시점이다. 이때 마음은 이성과 정욕의 두 경향성을 포괄하게 된다. 만약 이때 공부하여 마음을 함양하고 절제할 수 있으면, 그러한 감정과 욕망이 '절도에 들어맞아' 조화로움[和]의 경지에 도달할 수 있다.[1]

그래서 그는 「여호남제공논중화제일서(與湖南諸公論中和第一書)」에서 다음과 같이 말한다. "여태껏 강론하고 사색하면서 마음은 언제나 이발이고 일용 공부는 그저 감정이나 사려가 싹터 나왔을 때의 그 순간을 관찰하고 깨닫는 것이 처음 할 수 있는 공부라고 생각해 왔습니다. 그렇기 때문에 평소의 함양 공부가 결여되어 있었던 것이지요. 그래서 가슴속이 답답하고 깊이 있게 침잠된 순일한 맛이 없었습니다. 또 말이나 행동으로 드러날 때 언제나 조급하고 경솔하여 침착하고 돈후한 모습이 있지 못하였습니다(向來講論思索, 直以心爲已發, 而日用功夫, 亦只以察識端倪爲最初下手處, 以故闕卻平日涵養一段功夫, 使人胸中擾擾, 無深潛純一之味, 而其發之言語, 事爲之間, 亦常急迫浮露, 無複雍容深厚之風향래강론사색, 직이심위이발, 이일용공부, 역지이찰식단예위최초하수처, 이고궐각평일함양일단공부, 사인흉중요요, 무심잠순일지미, 이기발지언어, 사위지간, 역상급박부

---

1) 『주문공문집』 권67 「이발미발설(已發未發說)」, 12쪽 B. 권67의 「태극설」에서 "감정이 아직 발하지 않은 것이 본성이요, …본성이 이미 발하면 감정이다(情之未發者, 性也 ……性之已發者, 情也정지미발자, 성야 ……성지이발자, 정야)" 등의 표현을 참고할 수 있다(17쪽 B). 또 「중화구설서中和舊說序」를 참고할 수 있다(『주자연보』 권1, 41쪽).

로, 무복용용심후지풍)."[2] 그에 의하면 "정이 선생이 말한 '마음에 대한 모든 언급은
이발의 상황을 가리켜 말한 것이다'라는 표현은 어린아이의 마음을 가리켜 한 말
이다. 그러나 '마음에 대한 모든 언급'이라는 표현은 표현상의 오류였다. 때문에
그 스스로 적절치 않다고 생각하여 나중에 바로잡았다(程子所謂 '凡言心者, 皆指已發
而言', 此乃指赤子之心而言, 而謂 '凡言心者' 則其爲說之誤, 故又自以爲未當而複正之정자소위 '범언
심자, 개지이발이언' , 차내지적자지심이언, 이위 '범언심자' 즉기위설지오, 고우자이위미당이복정지)"라고
주장한다. 본성과 마음을 구분하지 못한 문제점을 정이 스스로 발견하였다는 것이
다. 이에 자신이 과거에 했던 소위 '마음'은 모두 이발 때의 마음을 가리킨 것
이라고 특별히 강조하였다는 것이다.[3]

뒷날 주희는 '마음'이 '본성'과 '감정'을 통어하지만 본성과 감정은 당연히
구별되어야 한다는 관점을 계속해서 유지한다. "본성과 감정은 하나이다. 그러
나 그것이 구분되는 것은 오직 미발이냐 이발이냐 뿐이다(性情一物, 其所以分, 只爲
未發已發之不同耳성정일물, 기소이분, 지위미발이발지부동이)."[4] 그의 이해에 있어서 '본성'은
인간이 하늘로부터 부여받은 본성으로서 절대적으로 '리'에 부합하는 미발의 상
태이다. 반면 이발의 '마음'은 각 사람들의 구체적이고 다양한 모습의 인성을 드
러낸다. 이러한 인성의 내부에는 이성적 요소도 있고 감정적 요소도 있다. 때문
에 이렇게 저렇게 다양한 모습을 보이기 마련이다. 오직 미발의 본성이라야 '리'
의 순수하고 지극히 선한 상태에 부합한다. 바로 그렇기 때문에 두 가지 수양 공
부의 방법이 필요한 것이다. 그래서 그는 「여호남제공논중화제일서」와 「이발미
발설」 등에서 여러 차례 "함양할 때는 반드시 경(敬)의 태도를 견지해야 하고, 공
부를 진척시키는 것은 치지에 달려 있다(涵養須是敬, 進學則在致知함양수시경, 진학즉재치
지)"는 정이의 말을 인용하고 있다. 여기서 전자는 미발시의 마음의 경지를 함양
하는 것이고, 후자는 이발의 때에 마음의 상태를 다잡는 것이다. 이를 다른 말로
하면 "경을 주로 하여 그 근본을 세우고, 이치를 궁구하여 앎을 진척시킨다(主敬以

---

2) 『주문공문집』 권64, 31쪽 A~B.
3) 황진흥(黃進興)의 「주희와 육구연의 상동 상이점 : 한 철학적 해석(朱陸異同 : 一箇哲學詮釋)」, 『우입성역(優入聖
域)』, 섬서사범대학출판사, 1998, 359~382쪽과 진래의 『송명이학』, 요녕교육출판사, 1991, 171~173쪽 참조.
4) 『주문공문집』 권40 「답하숙경(答何叔京)」, 32쪽 A.

立其本, 窮理以進其知(주경이립기본, 궁리이진기지)"는 것이다.[1]

　　주희의 사상은 의심할 나위 없이 상당한 설득력을 지니고 있다. 만약 사람들이 모두 궁극적이고 보편적인 '리'의 존재를 동의하고, 또 '본성'과 '리'의 동일성을 믿어서 인간의 참된 마음과 본질적으로 합치하는 '리'를 믿는다고 할 때 그 가치의 유효함은 믿어 의심치 않을 것이다. 그러나 이러한 순수한 '리'가 다시 시간과 공간을 초월한 것이어서 물질 세계의 영향도 받지 않으며 객관화할 수 없는 영원한 존재라고 할 때 시간과 공간 속에서 살아가는 사람들로서 그들이 지니고 있는 이 '마음'은 결코 이러한 순수와 절대에 온전히 도달할 수 없다. 시간과 공간 속에서 살아가는 현실의 인간으로서는 오직 본연의 '본성'만이 이러한 '리'를 본래부터 지니고 있을 수 있다. 때문에 세간에서 살아가는 모든 현실의 인간은 오직 그리고 또 반드시 여러 수양의 과정을 거쳐야만 점차 감정 속의 인욕을 제거하고 '리'를 향해 갈 수 있는 것이다.[2] 때문에 어떤 연구자가 지적한 것처럼 그 의의는 "마음에게 리를 창조해 낼 만큼의 충분한 근거를 주지 않은 것이다"라고 하겠다.[3]

여러 수양의 과정을 거쳐야만 점차 감정 속의 인욕을 제거하고 '리'를 향해 갈 수 있는 것이다.

　　주희는 불교에서 '인성'과 '불성'을 구분한 것과 마찬가지로[4] 의도적으로

---

1) 이러한 구별은 본연지성과 기질지성이라고 부를 수도 있다. 「대학장구서」에서 그는 이렇게 말한다. "하늘이 이 백성들을 처음 내실 때에는 누구에게라도 다 인의예지의 본성을 부여하셨다. 그러나 기질을 부여받을 때에는 혹 모두 같을 수는 없었다. 때문에 자신에게 이러한 본성이 있고 그것을 온전히 실현시켜야 한다는 것을 모두 알 수는 없게 된 것이다(天降生民, 則旣莫不與之以仁義禮智之性矣, 然其氣質之稟, 或不能齊, 是以不能皆有以知其性之所有而全之也천강생민, 즉기막불여지이인의례지지성의, 연기기질지품, 혹불능제, 시이불능개유이지기성지소유이전지야)."(『사서장구집주』중화서국, 1983, 1쪽) 우에야마 슌페이(上山春平)의 「주자의 인성론과 예론(朱子的人性論與禮論)」, 중역본, 『일본학자가 말하는 중국철학사(日本學者論中國哲學史)』, 중화서국, 1986, 347~348쪽 참고.

2) 여기서는 사카이 나오키(酒井直樹)의 『과거의 목소리(Voices of the Past)』 44쪽의 주희에 대한 평론을 참고하였다. 존 솔로몬(Jon Solomon)의 「일본의 이론과 세계(日本理論與世界)」, 『당대(當代)』 제97기, 타이베이, 1994에서 재인용.

3) 아라키 겐고(荒木見悟), 「양명학의 평가 문제(陽明學的評價問題)」, 중역본, 『일본학자가 말하는 중국철학사』, 중화서국, 1986, 370쪽.

4) 송나라 때 이학이 불교로부터 받은 영향은 아주 많다. 그러나 분명히 지적해야 할 것은 비록 사람들의 교유로 볼 때는 남송의 선승들과의 왕래가 많았다 하더라도 받아들인 불교의 사상이라는 측면에서 보면 대부분이 불교의 일반적 지식이라는 점이다. 좀 더 분명히 말하자면 오히려 화엄종, 북종 심지어는 대승불교의 일반적 사유 방식이다. 예컨대 '사법계', '일즉일체, 일체즉일(一卽一切, 一切卽一)' 그리고 '불성' 등과 같은 것이다.

'도심'과 '인심'을 구별하였다.[5] 그는 「대우모(大禹謨)」의 "인심은 위태롭고 도심은 은미하니, 오직 정미하고 한결같이 하여 그 가운데를 잡으라(人心惟危, 道心惟微, 惟精惟一, 允執厥中인심유위, 도심유미, 유정유일, 윤집궐중)"는 열여섯 글자를 세 성인이 주고받은 마음이라고 인정한다. 이는 사실 사람들로 하여금 '격물'과 '거정(居靜)'을 통하고 '경(敬)'의 심경으로 자신의 마음을 다잡도록 하는 것이다. 그렇게 해서 정욕의 잡스러움으로부터 심성의 순수함으로 즉 '인심'으로부터 '도심'으로 옮겨갈 것을 요구하는 것이다. 때문에 육구연이 말하는 소위 간단하고 직접적인 "마음이 곧 이치이다"라는 태도는 주희의 관점에서는 불교 남종선과 전혀 다를 것이 없었다. '인심' 속에 있는 '본성'의 존재를 단편적으로 인정하여 '인심' 속의 잡스러운 '감정'과 '욕망'에 대한 경계를 없애버린다면, 곧 보강하고 함양하는 공부가 부족하게 될 것이 뻔하다. 그렇게 되면 제멋대로 방종한 모습이 나왔을 때 불교의 미친 선[狂禪]처럼 '악'한 정욕을 거두어들일 수 없게 된다.

4

주희는 20여 세에 불교 선종에 관심을 두다가 곧 이동(李侗 : 1093~1163년, 송나라의 유학자로 주희의 스승)에게서 '미발시의 기상을 체험할 것(體認未發氣象체인미발기상)'을 배웠다. 건도 2년(1166)에는 이정의 심성론 중 "마음은 이발이고 본성은 미발이다"라는 관점을 깨달았다. 3년 뒤(1169) 장식에게서 영감을 받아 정이의 "함양에는 경을 써야 하고, 학문을 진척시키는 것은 치지에 달려 있다(涵養須用敬, 進學則在致知함양수용경, 진학즉재치지)"라는 관점을 중점적으로 발전시켰다. 순희 2년(1175) 여조겸과 함께 『근사록』을 편찬하였을 때 주희의 나이는 이미 46세가 되었다. 아호사에서 육구령과 육구연과 만나기 전 주자는 이렇게 자신의 사상적 학설

---

5) 『주문공문집』권56 「답정자상(答鄭子上)」 "이 마음의 영명함에 있어서 그 이치를 깨달은 것이 도심이고, 욕망을 느낀 것이 인심이다(此心之靈, 其覺於理者, 道心也, 其覺於欲者, 人心也차심지령, 기각어리자, 도심야, 기각어욕자, 인심야)." (31쪽 A)

의 중심과 영역을 대체로 확립한 상태였다. 아호사에서의 만남 이후에도 주희는 자신의 사상적 학설의 내용과 체계를 끊임없이 수정하고 풍부하게 만들었다.

그렇다고 해서 서로 다른 목소리가 없었던 것은 아니다. 그 당대에 이미 유학과 불교와 도교의 사이에서 뿐만 아니라 전통 경학을 지키려는 사람들과 새로운 성리학을 신봉하는 사람들과의 사이에서도 그리고 동일하게 성리학을 신봉하는 사람들 사이에서도 서로 다른 각종 경향과 사유 방식이 존재하였다. 때문에 주희는 도통과 경전을 확립하는 동시에 불교와 도교 및 그가 말하는 소위 '잡된 학문'을 일생 동안 배척하고자 노력하였다. 그는 불교와 도교 이외에도 과거에 이학의 원칙에 대해 그다지 엄밀하지 않았던 이학자들과 여타의 학설에 대해서도 상당히 엄격한 비판을 가하였다.

가장 대표적인 예는 그가 「잡학변(雜學辯)」에서 소식의 『소씨역해(蘇氏易解)』, 소철의 『소황문노자해(蘇黃門老子解)』, 장구성의 『장무구중용해(張無垢中庸解)』, 여본중(呂本中)의 『여씨대학해(呂氏大學解)』에 대해 분석한 것이다. 그는 이들 북송 이래 학자들의 '유학 중에서 잘못된 것을 배워 결국에는 이단으로 흘러가(學儒之失而流於異端학유지실이류어이단)', 불교와 도교의 관점과 비슷해진 기술들을 하나하나 적출해 내었다. 예컨대 소식이 "천지가 있기 이전에 이미 이 본성이 있었다는 불교의 말에 빠져서 천지가 만물을 낳기 이전에 자신의 본성을 깨닫고자 한다(溺於釋氏未有天地已有此性之言, 欲語性於天地生物之前닉어석씨미유천지이유차성지언, 욕어성어천지생물지전)"는 것, 소철이 육조 혜능의 '선을 생각지도 악을 생각지도 않는 것(不思善, 不思惡)'을 미발이라고 여긴 점, 장구성이 『중용』을 해석하면서 '겉으로는 유자인 척 하지만 속으로는 불교의 태도(陽儒而陰釋)'로 해석한 점, 여본중이 '불교와 노자의 관점에 현혹되어(惑於浮屠老子之說혹어부도로자지설)' '누가 이단인지 모르게 되어' 불교의 깨달음(悟)을 유가의 격물치지로 여긴 점 등이다.[1]

---

[1] 『주문공문집』 권72 「잡학변」, 17쪽 B, 50쪽 A. 그 뒤에 하호(何鎬 : 1128~1175년, 주자의 제자 하숙경何叔京)의 건도 2년 발문 중에서는 소식, 소철, 장구성, 여본중 모두 유명한 선비이지만, 모두 "도덕과 성명의 근원에 대해 몰라 도리어 불교와 도교의 옳지 못한 관점을 인용하고 선왕의 경전을 어지럽혔으며, 이러한 관점을 책으로 만들어 세상에 널리 퍼뜨렸다(不知道德性命之根原, 反引老莊浮屠不經之說, 而紊亂先王之典著, 爲成書以行於世부지도덕성명지근원, 반인로장부도부경지설, 이문란선왕지전저, 위성서이행어세)"라고 비판하고 있다. 그래서 주희는 "그 잘못된 점을 혁파하고 폐해를 고쳐 읽는 이들로 하여금 이단이 잘못되었고 유가의 성인들의 말씀이 옳다는 것을

이렇게 도통의 순수성을 유지하고 이학 사상의 영역을 확립하려는 노력은 이미 소흥 29년 『상채어록(上蔡語錄)』을 교정하면서 '정이를 폄훼함으로써 불교를 돕는(詆程氏以助佛學저정씨이조불학)'[2] 부분을 빼거나, 건도 3년(1167) 「답석자중(答石子重)」에서 "홍적이 회계에서 장자소의 경전에 대한 해석을 모두 모아 간행하였다고 들었는데, 이러한 폐해는 홍수나 이적 혹은 맹수보다 더 심각해서 사람의 마음을 철렁하게 만든다(洪適在會稽盡取張子韶經解板行, 此禍甚酷, 不在洪水夷狄猛獸之下, 令人寒心홍적재회계진취장자소경해판행, 차화심혹, 부재홍수이적맹수지하, 령인한심)"[3]라고 탄식한 부분 등에서도 보인다. 그러나 사실 이미 지나간 과거의 사상들은 그렇게 중요하지 않다. 그의 사상을 위협하는 더욱 중요한 것은 오히려 동시대에 발생한 서로 다른 목소리들이라고 하겠다. 주희가 자신의 지식과 사상을 구축해 가는 과정에서 시종 사면의 적들과 대립하는 환경 중에서도 가장 중요한 이론적 위협은 다음과 같은 두 가지였다.[4]

그중 하나의 위협은 이학 중에서도 비교적 공리와 실용을 추구하는 사조로부터 발생하였다. 공리와 실용은 어느 시대를 막론하고 그 자체의 합리성이 있다. 더구나 국가와 사회가 상대적으로 곤란에 처한 시대에는 사람들은 보편적으로 지식과 사상, 그리고 신앙이 그들에게 실제로 눈에 보이는 결과를 보여주기를 원한다. 따라서 순수하게 정신의 영역에 속하는 초월적 사상과 이상주의에 대해서는 그다지 동의하지 않기 마련이다. 이들 중에는 여조겸과 진량(陳亮) 등이 있

알게 하고자 한다(破其疵繆, 鍼其膏肓, 使讀者曉然知異端爲非而聖言之爲正也파기자무, 침기고육, 사독자효연지이단위비이성언지위정야)"고 하였다. 이치키 쓰유히코(市來津由彦)의 「주희의 「잡학변」과 그 주변(朱熹の「雜學辯」とその周邊)」, 송대사 연구회 보고 제2집(宋代史研究會報告第二集) 『송대의 사회와 종교(宋代の社會と宗敎)』, 급고서원, 1985, 3~49쪽 참고.

2) 『주문공문집』 권75 「사상채어록후서(謝上蔡語錄後序)」, 3쪽 B.

3) 『주문공문집』 권42, 26쪽 A. *홍적(洪適 : 1117~1183년)은 송나라 요주(饒州) 파양(鄱陽)사람으로 자는 경백(景伯)이다. 관직은 재상의 자리에까지 올랐으며, 금석이나 탁본 등을 모으기 좋아하고 그것에 의거해 역사 기록의 오류를 바로잡는 것을 좋아 하였다고 한다. 그리고 장자소는 장구성(張九成 : 1092~1159년)의 자이다. 장구성은 송나라 항주(杭州) 전당(錢塘) 사람으로 호는 횡포거사(橫浦居士) 혹은 무구거사(無垢居士)이다. 그는 양시에게서 수학하였으며, 고종 소흥 2년에 진사가 되었으나, 후에 진회와 반목하여 남안군에 14년간 유배생활을 하다가 진회가 죽고서 돌아왔다. 시호는 문충(文忠)이고 저작으로는 『횡포집(橫浦集)』과 『맹자전(孟子傳)』이 있다(역자 주).

4) 가장 집중적으로 벌어진 논변은 순희 11년과 12년(1184~1185)에 벌어졌다. 『주자연보』 권3, 143~158쪽 참고.

다.[1] 그들은 그저 초월적 도리에 대한 토론으로는 국가를 구해내거나 새로운 질서를 만들어 낼 수 없다고 생각하였을 것이다. 이에 그들은 좀 더 역사의 경험과 현실 정치 그리고 실용적 업적[事功]에 대해 관심을 기울였을 것이다. 그들은 "근본과 말류가 함께 실현되어야 한다. 만일 근본만 있고 실제적인 쓰임이 없다면, 그 근본이라는 것도 결국에는 반드시 어그러지고 무너질 것임에 틀림없다(本末竝擧, 若有體而無用, 則所謂體者, 必參差鹵莽無疑也본말병거, 약유체이무용, 즉소위체자, 필참차로망무의야)"[2]라고 생각하였다. 『송원학안(宋元學案)』에서 말하는 것처럼, 그들은 "교육할 때는 반드시 구체적인 사태에서 이해하도록 하여 하나하나 실질적일 수 있도록 하고, 말을 할 때는 그것이 반드시 행동으로 옮겨지도록 하여 족히 실질적인 결과로 드러날 수 있게 해야 한다(敎人就事上理會, 步步著實, 言之必可使行, 足以開務成物교인취사상리회, 보보저실, 언지필가사행, 족이개무성물)"고 주장한다. 또 "책을 읽는 것도 국가의 경영을 목적으로 하여 그저 공소하게 남들을 따라 본성과 천명에 대해 논하는 것을 아무짝에도 쓸모없는 것으로 여겼다(以讀書經濟爲事, 嗤黜空疏隨人牙後談性命者, 以爲灰埃이독서경제위사, 치출공소수인아후담성명자, 이위회애)"고 한다.[3]

그러나 주희는 이렇게 과도하게 실용적 정책에 편향되어 '국가의 어려움을 구원하려는' 관점에 경계심을 지니고 있었다. 그는 이러한 사유 방식을 "도덕과 이익을 병행하고 왕도와 패도를 함께 쓰자(義利雙行, 王霸竝用의리쌍행, 왕패병용)"는 것으로 규정하였다. 그는 '육경과 『논어』, 『맹자』를 버리고 역사서만을 존중하며, 궁리진성을 버려두고 세상의 변화만을 논하며, 치심수신을 버려두고 실용적 업적만을 좋아하여(舍六經『論』, 『孟』而尊史遷, 舍窮理盡性而談世變, 舍治心修身而喜事功사육경『론』, 『맹』이존사천, 사궁리진성이담세변, 사치심수신이희사공)' 균형과 실용만을 추구하는 생각

---

1) 물론 여기에는 설계선(薛季宣), 진부량(陳傅良), 섭적(葉適) 등이 들어가야 할 것이다. 영가학파(永嘉學派 : 남송에 걸쳐 실용적 학문을 주창한 학파)의 학자들과 진량의 경향에는 약간 다른 점이 있다. 그러나 대체적으로 그들은 모두 실효를 추구한다는 공통적 경향이 있다. 『송원학안』 권52, 「간재학안(艮齋學案)」의 기술을 참고. 여조겸의 경우에는 주희의 관점에 의거할 때 두 가지 면이 모두 있는 것으로 보인다. 『송원학안』 권51 「동래학안(東萊學案)」 참고.

2) 여조겸, 「답진동보서(答陳同甫書)」, 『진량집(陳亮集)』 증보판, 권23, 중화서국, 1987, 247쪽.

3) 『송원학안』, 권56 「용천학안(龍川學案)」에서 인용. 또 오강(吳江)의 「남송절동학술논고(南宋浙東學術論考)」, 『중국문화』 제8기, 홍콩중화서국, 1993, 32~39쪽 참고.

과 심지어 '소하(蕭何), 장량(張良)을 말하지 않고 그저 왕맹(王猛)만을 말하고, 공자 맹자를 말하지 않고 그저 문중자(文中子)만을 말하면서(不說蕭何, 張良, 只說王猛, 不說 孔, 孟, 只說文中子불설소하, 장량, 지설왕맹, 불설공, 맹, 지설문중자)' 지나치게 현실과 결과만을 추구하는 풍조는 진리의 초월성과 비판의 독립성을 해칠 수 있다고 생각하였다. 그는 절동(浙東 : 절강浙江의 동부 지역의 공리학파) 학자들의 "태도가 밖으로만 치닫는 것을 보고서, 매번 학자들에게 『맹자』의 '성선을 논하고(道性善)', '잃어버린 마음 을 구한다(求放心)'는 두 장을 볼 것을 요구하였다. 마음을 수렴해 정함으로써 극 기하고 인을 구하는 데 힘쓰도록 한 것이다(土習馳, 鶩於外, 每語學者且觀『孟子』『道性 善』, 『求放心』兩章, 務收斂凝定, 以致克己求仁之功사습치, 목어외, 매어학자차관『맹자』『도성선』, 『구방 심』량장, 무수렴응정, 이치극기구인지공)."[4]

그러나 정말로 그가 마음속에서 바라는 것은 현실 정치에서 '삼강오륜의 정 도(三綱五常之正道)'를 확립하고, 모든 지식인들의 마음속에 '오로지 진정한 유가 의 도로 자신을 검속하는(粹然以醇儒之迫自律수연이순유지박자률)' 정신을 확립하고자 한 것이다. 이러한 고도의 이상주의적 태도 위에서 지식인들이 독립된 입장과 정 치적 책략 이외에 비판의 권력을 지닐 수 있도록 한 것이다.[5]

그러나 진량은 과도하게 초월적으로 이론화된 주희의 관점에 불만이었다. 주희에게 보낸 답신에서 그는 함축적으로 그러나 격렬히 비판하였다. 만약 한결 같이 '도로 천하를 다스리던(以道治天下이도치천하)' 하은주 삼대를 추종하여 '삼강

---

4) 『주자연보』권3에서 기술하는 순희 11년의 일 및 거기서 인용하는 「답여자약서(答呂子約書)」등 143~157쪽 참고.

5) 주희, 「기진동보(寄陳同甫)」와 「답진동보(答陳同甫)」, 『주문공문집』권36, 20쪽 B, 22쪽 A, 25쪽 A. 악가(岳珂)의 『정사(桯史)』권12 「여동래제문(呂東萊祭文)」은 채념성(蔡念成 : 자는 원사元思이고 송나라 덕안德安 사람이다. 백록동 에서 주희에게 수학하였으며, 도를 추구하여 벼슬살이 하지 않았다. 역자 주)의 말에 근거하여 주희가 진량의 「제여동 래문(祭呂東萊文)」에 매우 불만스러워 하였다고 기술하고 있다. 주희는 무원 사람(婺人)에게 보내는 서신에서 진량을 '괴상한 논의를 하는 자'라고 평하였다. 뒤에 진량은 효종에게 올리는 상소에서 주희의 학문을 은근 히 다음과 같이 비판하였다. "스스로 정심과 성의의 학문을 얻었다고 하는 자는 아무리 병이 들어도 아파할 지도 모르는 자입니다. 일생 군주와 부모의 원수들을 눈앞에 두고서도 아무렇지도 않고, 눈썹을 휘날리고 두 손을 맞잡은 채 성명에 대해서만 논하고 있습니다. 도대체 무엇을 일러 성명이라고 하는지 모르겠습니다(自 謂得正心誠意之學者, 皆風痹不知痛癢之人也, 擧一世安於君父之大讎, 而方且揚眉拱手以談性命, 不知何者謂之性命乎?자위 득정심성의지학자, 개풍비부지통양지인야, 거일세안어군부지대수, 이방차양미공수이담성명, 부지하자위지성명호?)." (중화서국, 1981, 136~137쪽)

오류의 대본에 근거해서(發出三綱五常之大本발출삼강오상지대본)' 한당(漢唐) 시기의 '왕패'와 현실의 '구제책'을 비판하려고만 한다면, 격변하는 시대에 이러한 높은 문턱은 도리어 도학의 문호를 너무 협애하게 만들 우려가 있다고 보았다. 만약 한결같이 순수한 천리만을 추구하고자 한다면, 이는 도리어 "세상 사람들로 하여금 지나치게 고원한 것만을 추구하여, 이걸 받치면 저게 처지고 저걸 받치면 이게 처지는 꼴이어서 끝내 착실하게 적용할 수 없게 만드는 것이다(使世人爭騖高遠以求之, 東扶西倒而卒不著實而適用사세인쟁목고원이구지, 동부서도이졸부저실이적용)"라고 하였다. 하물며 이러한 사유 방식은 도를 "밝은 태양이 하늘에 떠올라 모든 곳을 비춰준다(赫日當空, 處處光明혁일당공, 처처광명)"는 것과는 달리 "실낱처럼 간당간당 붙어 있게 하는(不絶者僅如縷부절자근여루)" 꼴이라고 보았다.

그래서 "이천 년 동안 이 세상에는 해와 달이 있는 듯 없는 듯하여 세상은 모두 이익과 욕망을 추구하게 되었다(二千年之天地日月若有若無, 世界皆是利欲이천년지천지일월약유약무, 세계개시리욕)"고 하였다. 이에 본래는 확연하던 도리가 도리어 몇몇 유자들이 사사롭게 소유하고 농단하는 '고금의 비밀스런 보물'이 되어버렸다는 것이다. 그는 "우연히 자신의 눈을 떠 본 것을 가지고 전하지 않던 단절된 학문을 얻었다고 생각하면서 삼삼오오 귓속말로 살짝 비밀을 전해주는 것과 같다(因吾眼之偶開便以爲得不傳之絶學, 三三兩兩, 附耳而語, 有同告密인오안지우개편이위득부전지절학, 삼삼량량, 부이이어, 유동고밀)"고 비판한다. 특별히 이러한 사상의 농단은 스스로 지식 권력을 지녔다고 믿는 이들로 하여금 영원히 세속의 세계 밖에 거하도록 만든다는 것이다. 그래서 그는 "경계를 그어놓고 서 있으니 이는 높은 단을 만들어 놓은 것과 같다. 모든 세상 사람들을 문밖에 세워두어 끊어내 버린다(畫界而立, 一似結壇, 盡絶一世之人於門外화계이립, 일사결단, 진절일세지인어문외)"고 말한다.[1]

아마도 진량은 주희의 사유를 그다지 이해하지 못한 것 같다. 진량이 상당히 기대한 황권은 실용적이고 공리주의적인 사고를 당연히 좋아하고 있었기에 권력의 운영과 정부 관리에 유리한 그들의 정책과 건의를 받아들였다.[2] 어쨌든 그

---

1) 『진량집』, 증보판, 권28, 「우갑진추여주회서(又甲辰秋與朱熹書)」, 「우을사춘여주회서지일(又乙巳春與朱熹書之一)」, 「우을사추서(又乙巳秋書)」, 340쪽, 347쪽, 352쪽.

시기에 지식인들이 '전해지지 않는 단절된 학문(不傳之絶學부전지절학)'으로 정치권력을 좌지우지할 수 있는 가능성은 없었다. 이와는 반대로 그들은 그들이 유일하게 움켜쥐고 있는 지식 권력으로 정치권력을 비판할 수만 있었다. 때문에 그저 공리와 실용을 제창하기만 해서는 지식인 계층에게 자유롭게 비판할 수 있는 권력을 가져다주지 못할 뿐만 아니라 오히려 지식인 계층 스스로 비평의 여지를 무너뜨리는 것이 될 수 있었다. 그래서 정치, 국가, 황권의 이름하에 그들은 원래부터 좁을 수밖에 없는 비판적 입장을 자발적으로 방기하였다.

때문에 시종 정치권력의 변두리에 머물러 있던 이학자들은 대체로 '도통'으로 '정통(政統)'을 제약하고 초월적 진리로 현실적 권력을 제한하려는 생각을 지닐 수밖에 없었다. 주희가 그의 친구에게 보낸 편지에서, 그는 왜 반드시 "인의를 먼저하고 공리를 뒤로 할 수밖에 없었는가(以仁義爲先, 而不以功利爲急이인의위선, 이불이공리위급)"에 대해 설명하면서 사실 공리가 중요치 않다는 것은 아니라고 말한다. 그러나 맹자 이래로 허황된 것처럼 보이는 '인'과 '의'를 강조하고 자신의 시기에는 추상적인 '리'를 제시하는 것은 정치와 권력을 초월하여 비판과 감독의 정당한 이유를 확보하기 위한 것이었다고 설명한다.[3]

주희는 이렇게 말한다. "어찌 현실에 적용할 수 없는 쓸데없는 이야기로 세상을 속여 화를 끼치고자 해서이겠는가? 천하의 모든 일들은 이 한 마음에 근본한다. 인(仁)이란 이 마음을 잘 간직하고 있음을 의미한다. 이 마음이 이미 간직되어 있으면 그것에 의거하여 천하만사를 통제할 수 있다. 그리고 의(義)란 이 마음을 잘 제어함을 의미한다(豈固爲是迂闊無用之談, 以欺世眩俗, 而其受實禍哉? 蓋天下萬事, 本

---

2) 송나라 효종이 쓴 「과거론(科擧論)」과 「삼교론(三敎論)」을 참고할 수 있다. 이 두 편의 글은 당시 황권의 실용적 지식과 신앙에 대한 지지를 매우 분명하게 표현하고 있다(각각 주밀周密의 『계신잡식癸辛雜識』 전집, 중화서국, 1987, 21~22쪽에 수록되어 있다).

3) 윌리엄 시어도어 드 배리(William Theodore de Bary), 『도학과 심학(Neo-Confucian orthodoxy and the Learning of the Mind-and-Heart)』에서 지적한 것처럼, '리'를 제시한 모든 사상은 어떠한 정치권력에 대해서도 모두 가치를 지닌다. 다만 주희는 '리'가 초월적 특성을 지님으로 해서 '인류 행위와 정치 제도를 비판할 수 있는 기초'를 구성한다는 특징이 있다(NewYork, Columbia University Press, 1981, P. XⅢ). 또 그는 『중국의 자유전통(中國的自由傳統)』에서 유가 사상이 지닌 "과거의 이상과 전범은 당시의 제도를 비판하는 기초가 된다"고 하였다. 때문에 자유주의적 의미를 지닌 논술이 가능하였다고 보았다(이홍기李弘琪의 중역본, 타이베이, 연경출판사업공사, 1983, 9쪽).

於一心. 而仁者, 此心之存之謂也. 此心既存, 乃克有制. 而義者, 此心之制之謂也기고위시우활무용지담, 이기세현속, 이기수실화재? 개천하만사, 본어일심. 이인자, 차심지존지위야. 차심기존, 내극유제. 이의자, 차심지제지위야)." 이어서 그는 이렇게 말한다. "정말 이러한 생각이 천하에 밝게 드러난다면, 천자로부터 백성에 이르기까지 모든 사람들이 자신의 본심을 얻어 모든 일을 잘 대응할 수 있을 것이다. 어느 하나 적절함에서 벗어나지 않을 것이니, 어떤 일인들 처리하지 못하겠는가? 이러한 이치를 모르고서 말하기를, '일은 되도록 해야 하고 업적은 이루어야 한다'고 하니, 나는 이것이 모든 것을 구차하게 만드는 태도라고 생각한다. 이는 신불해, 상앙, 오기, 이사의 무리가 나라도 망치고 자신도 죽임을 당하게 한 바로 그러한 태도이다(誠使是說著明於天下, 則自天下以至於庶人, 人人得其本心以制萬事, 無一不合宜者, 夫何難而不濟. 不知出此, 而曰: 事求可, 功求成, 吾以苟爲一切之計而已, 是申商吳李之徒, 所以亡人之國而自滅其身성사시설저명어천하, 즉자천하이지어서인, 인인득기본심이제만사, 무일불합의자, 부하난이부제. 부지출차, 이왈: 사구가, 공구성, 오이구위일절지계이이, 시신상오이지도, 소이망인지국이자멸기신)." [1] 아주 신랄한 비판이다. 그러나 진량 계열의 사람들은 결국 이러한 깊은 뜻을 끝내 이해하지 못한 것 같다. [2]

또 다른 한편의 더욱 치열하고 강력한 도전은 내면의 초월을 주장한 이론가 육구연에게서 제기되었다. 주희와 비교하였을 때 육구연은 불교 특히 선종의 영향을 많이 받았다. 때문에 초월적 경지를 추구하려는 긴장감은 주희보다 훨씬 강렬하였다. 그의 관점에서 인간의 '본심'은 바로 '천리'이다. "이 리는 본래 하늘이 내게 준 것이지 외부에서 얻어온 것이 아니다. 이 리를 분명히 얻으면 주재할

1) 『주문공문집』 권75 「송장중융서(送張仲隆書)」, 15쪽 B에서 인용. 이 편지는 건도 4년(1168)에 작성되었다. 유자건이 「남송의 군주와 언관(南宋君主和言官)」에서 지적한 것처럼 이러한 관점은 표면적으로는 매우 비현실적인 것처럼 보이지만, 사실은 그와 반대로 "당시의 유자들은 황제와 관료의 허위적 태도를 꿰뚫어보고서, 도덕적 풍조에서 정신 개혁을 창도하지 않는다면 과연 무엇이 가능할 수 있을 것인가를 깊이 깨달은 것이다." 그래서 이러한 고도의 비판적 사유를 견지한 것이다(『양송사연구휘편』, 연경출판사업공사, 1987, 18쪽). *원문에는 申韓吳李라고 되어 있지만 『주자문집』 원문에는 申商吳李로 되어 있다(역자 주).

2) 진량과 주희의 논쟁에 대한 가장 심도 있는 연구는 틸만(Hoyt Cleveland Tillman)의 『공리주의 유가 - 진량의 주희에 대한 도전(Utilitarian Confucianism : Ch'en Liang's Challenge to Chu Hsi)』, 강장소(姜長蘇)의 중역본, 강소인민출판사, 1997. 틸만(Tillman)은 진량이 일종의 공리주의적 경향의 윤리 학자라고 규정한다. 진량의 이러한 사유가 나올 수 있었던 배경으로 그는 침탈된 강북 지역의 회복과 국가의 통일에 대한 열망이라고 지적한다. 이는 매우 정확한 지적이다. 다만 나는 여기서 그가 비교적 중요하게 다루지 않은 '도통'과 '정통' 간의 관계와 지식인들이 운용한 사상 문화의 초월성과 독립성이 국가에 미친 비판적 의의를 좀 더 강조하고자 한다.

수 있다. 정말로 자신이 주재의 주체가 된다면 외부의 대상 사물이 나를 옮길 수 없고, 사특한 말로 현혹시킬 수 없다(此理本天所以與我, 非由外鑠, 明德此理, 便是主宰, 眞能爲主, 則外物不能移, 邪說不能惑차리본천소이여아, 비유외삭, 명덕차리, 편시주재, 진능위주, 즉외물불능이, 사설불능혹)."[3] 따라서 공부하는 이는 그저 이 본래부터 갖추어져 있는 순수한 '인심'을 잘 확보하기만 하면 된다. 그것이 바로 '도심'이다. 이렇게 되면 과거에 '천리'와 '인욕'을 구분하던 사유 방식 및 '인심'과 '도심'을 구분하던 주희의 관점은 모두 문제가 있는 것이 된다.[4] 인심이 바로 우주이기 때문에 그 속에는 선과 악의 양단을 포함하고 있다. 즉 일체의 가능성이 이 '마음' 속에 있는 것이다. 때문에 학습과 수양에 있어서 그 지향점과 궁극의 의의는 모두 내면을 향해 마음을 배양하는 데에 있게 된다.

따라서 학문의 방향은 응당 내면을 향한 체험적 관찰이 되어야지 외면을 향한 탐색이 되어서는 안 된다고 그는 생각하였다. 그런 점에서 주희의 '격물치지'는 지나치게 산만하고 번잡한 것이 아닐 수 없었다. 그의 관점에서 주희의 것처럼 동일성을 찾기 어려워 보이는 지식은 설령 그것이 경전 속의 지식이라 할지라도 사람들로 하여금 '마음'과 '이치'에 대해 진정으로 깨달을 수 있게 하지 못한다. 도리어 궁극의 의의와 초월의 경지를 체험하는 데 장애가 된다. 그래서 그가 제자의 질문에 답하면서 무엇이 격물인가? 그것은 "사물의 이치를 연구하는 것이다"라고 하였고, 제자가 한 발 더 나아가 "천하의 만물은 너무도 많은데, 어떻게 그것을 다 연구하겠습니까?(天下萬物不勝其煩, 如何盡研究得?)"라고 물었을 때 사실 "만물은 내게 모두 갖추어져 있다. 때문에 오직 이치를 밝히기만 한다(萬物皆備

---

3) 『육구연집』 권1 「여증택지(與曾宅之)」, 중화서국, 1980, 4쪽.

4) 『육구연집』 권34 「어록(語錄)」 '상(上)'에서 "천리와 인욕에 대한 규정 역시 옳지 않다. 만약 하늘[天]은 이치이고, 사람[人]은 욕망이라면 하늘과 사람은 같지 않은 게 된다. …『서경』에서 말하는 '인심은 위태롭고 도심은 미미하다'는 말을 해석하는 이들은 대체로 인심을 인욕으로 도심을 천리로 해석하지만, 이는 옳지 않다(天理人欲之言, 亦自不是至論, 若天是理, 人是欲, 則是天人不同矣 ……『書』雲, '人心惟危, 道心惟微', 解者多指人心爲人欲, 道心爲天理, 此說非是천리인욕지언, 역자불시지론, 약천시리, 인시욕, 즉시천인부동의 ……『서』운, '인심유위, 도심유미', 해자다지인심위인욕, 도심위천리, 차설비시)."(395쪽) 그리고 권35 「어록(語錄)」 '하(下)'에서 "사람에게도 선과 악이 있고 하늘에도 선과 악이 있다. …이 말은 「악기」에서 나온 것이지 성인의 말이 아니다(人亦有善有惡, 天亦有善有惡 ……此說出於『樂記』, 此說不是聖人之言인역유선유악, 천역유선유악 ……차설출어「악기」, 차설불시성인지언)"(463쪽) 또한 같은 권에서 "천리와 인욕을 나누는 관점은 큰 병폐가 있다(天理人欲之分極有病천리인욕지분극유병)."(475쪽)

於我, 只要明理만물개비어아, 지요명리)"면, 곧 일체를 파악할 수 있다고 대답한 것이다.[1] 이로부터 그 유명한 명언 "배워서 그 근본을 알기만 한다면, 육경은 모두 나의 주석에 불과하다(學苟知本, 六經皆我注脚구지본, 육경개아주각)"[2]는 말이 나온 것이다.

배워서 그 근본을 알기만 한다면, 육경은 모두 나의 주석에 불과하다.

그가 보기에 현재의 많은 지식인들은 그들의 정력을 경전 지식에 대한 공부로 소진한다. 특히 주희와 같은 사람은 각종 지식을 진리를 체험하는 길로 보고 있다. 실제 그것은 생각을 증가시켜야 하는 부담은 있지만 정신을 순수의 경지에 도달케는 할 수 없다. 그래서 그는 "학자들은 정신을 여기다 쏟아 부어 극도로 피로해진다. 때문에 그들의 부담은 점점 가중된다. 하지만 나의 경우는 그저 그들의 부담을 덜어주는 것이다(學者疲精神於此, 是以擔子越重, 到某這裏, 只是與他減擔학자피정신어차, 시이담자월중, 도모저리, 지시여타감담)"라고 말한다. 정답은 맹자가 말한 '진심(盡心)' 즉 자신의 마음을 온전히 실현하는 것이다. "마음은 그저 하나의 마음이다. 나의 마음이 곧 내 친구의 마음이고, 천 년 이전의 성인의 마음이며, 천 년 뒤에 성인이 나타난다면 그의 마음도 역시 이와 같을 것이다. 마음의 본래 모습은 지극히 크다. 만약 나의 마음을 온전히 실현시킬 수 있다면 곧 하늘과 같아질 것이다(心只是一個心, 某之心, 吾友之心, 上而千百載夏有一聖賢, 其心亦只是如此. 心之體甚大, 若能盡我之心, 便與天同심지시일개심, 모지심, 오우지심, 상이천백재하유일성현, 기심역지시여차. 심지체심대, 약능진아지심, 편여천동)." 인간과 하늘이 서로 상통할 수 있는 마음을 깨닫는 데 모든 힘을 쏟아 붇는 이러한 관점은 절대적 진리를 아주 쉽게 또 단도직입적으로 깨닫게 해준다. 각종 경전 지식에 침잠하고 지리멸렬한 말단에 얽매이는 방법과 비교하였을 때 육구연의 이러한 방법은 매우 간략하고 빠르며 유쾌한 것이 된다. 이에 그는 그러한 번쇄한 학문을 다음과 같이 풍자한다. "커다란 이 세계를 버려두고서 좁고 좁은 길을 찾아 간다. 대인이 되려하지 않고, 어린아이가 되려 한다. 안타깝다(大世界不享, 卻要占個小蹊小徑子, 大人不做, 卻要爲小兒態. 可惜대세계불향, 각요점개소혜소경자, 대인불주, 각요위소아태. 가석)."[3]

이는 그가 아호사에서 만났을 때 주희에게 던진 조소와 같은 것이다. 순희 2

---

1) 『육구연집』 권35, 「어록」 '하', 440쪽.
2) 『육구연집』 권34, 「어록」 '상', 395쪽.
3) 『육구연집』 권35, 「어록」 '하', 444쪽과 449쪽.

년(1175)에 그와 그의 형 육구령은 주희와 만나기 전 한 차례 토론을 거쳐 공통의 이해를 갖추게 되었다. 육구령과 육구연은 이에 각자 시 한 편을 써서 자신들의 생각을 표현하였다. 육구령의 시에서 앞 두 구절은 다음과 같다. "어린아이도 자신의 부모 사랑하고 공경할 줄 아니, 옛 성인들 서로 전한 것은 오직 이 마음뿐(孩提之愛長之欽, 古聖相傳只此心해제지애장지흠, 고성상전지차심)." 유일한 본원으로써 '마음'의 중요성을 표현한 것이다. 육구연은 깊이 생각한 뒤에 그의 형보다 한 발 더 나아간 중요한 말을 그의 시 앞 두 구절에 담았다. "쉽고 간결한 공부는 끝내 장구하고 위대하지만, 갑갑하고 지루한 사업은 언제고 부침이 있지(易簡功夫終久大, 支離事業竟浮沈역간공부종구대, 지리사업경부침)." 주희는 이 두 구절을 듣고서 대경실색하였다고 한다. 이어서 "아래에서부터 위로 올라갈 길을 알고 싶다면, 참과 거짓을 가르는 것은 지금 여기에서 해야 할 것을(欲知自下升高處, 眞僞先須辨只今욕지자하승고처, 진위선수변지금)"이라는 뒤의 두 구절을 듣고서는 크게 노하여 아무 말도 하지 않았다고 한다.

사실 육구연의 내면 깊숙한 곳에서는 그렇게 자신하지 못하였을 수도 있다. 그 자신도 나중에는 자신의 경향이 너무 극단적이었으며, 주희에 대한 비판도 너무 지나쳤다고 느꼈을 수도 있다. 내재적 심성의 함양을 너무 지나치게 강조하다보니 외재적 지식의 추구를 지나치게 경시하였을 수도 있다. 그러나 대립의 과정에서 자신의 입장을 부각시키고 강조하기 위해 그는 계속해서 이러한 태도를 견지하였다. 때문에 그는 "육구연은 오로지 존덕성으로 사람들을 가르쳤다. 그러므로 그 문하에서 공부하는 이들은 대체로 실천에 중점을 둔 이들이 많았다. 그러나 도문학에 대해서는 조금 부족하였다. 내가 가르칠 때는 역시 도문학에 중점을 두었다. 때문에 내 문하에서 공부하는 이들은 실천에 대해서는 약간 부족하였다(陸子靜專以尊德性誨人, 故遊其門者多踐履之士, 然於道問學處欠了. 某敎人豈不是道問學處多了些子? 故遊某之門者踐履多不及之육자정전이존덕성회인, 고유기문자다천리지사, 연어도문학처흠료. 모교인기불시도문학처다료사자? 고유모지문자천리다불급지)"는 주희의 말을 한차례 인용하면서도, 이에 대해 "주희는 아마도 둘의 단점을 제거하고 둘의 장점만을 합치고자 한 것 같다. 그러나 나는 이것이 불가능하다고 생각한다. 존덕성을 제대로 모르는데, 어떻게 도문학이 가능하겠는가?(元晦欲去兩短, 合兩長. 然吾以爲不可,

旣不知尊德性, 焉有所謂道問學원회욕거량단, 합양장. 연오이위불가, 기부지존덕성, 언유소위도문학)"라고 말하였다.[1]

사상을 극단적인 이상주의와 보편주의로 끌어올렸을 때 사실 어떤 사람도 그에 대해 반박하기는 힘들다. 이학의 일반적 경향으로 보았을 때 인간 정신과 마음의 초월이 그 무엇보다 중요하다는 점에는 그들 모두 동의할 것이다. 이렇게 볼 때 그러한 극단적 사상의 합리성을 반박할 수 있는 여지란 사실 별로 없다. 그러나 이러한 심(心)과 성(性), 정(情)의 통섭의 관계, 인심과 도심의 구분이나 분석과 같은 세밀한 문제는 종종 그저 엘리트 계층만 이해할 수 있는 문장 속에서나 의의를 지니는 것들에 불과하다. 게다가 각자 분석하는 입장의 차이에 따라 각기 자신만의 생각과 근거를 지니게 된다. 때문에 수세적 입장에 처한 주희로서는 단지 육구연의 이론에 대해 대체적인 질문을 던지는 정도였다.

우선 주희가 첫 번째 제기한 문제는 육구연 이론의 연원에 대한 것이었다. 그는 육구연의 이론이 유가 정통의 것이 아니며 불교와 도교의 분위기가 농후하다고 의심하였다. 그가 육구연에게 보낸 편지 중 한 통에서 그는 함축적으로 당신의 이론은 매우 좋기는 하지만, "위로만 올라가고 다른 곳으로 가지 못할 때 다른 사람들은 그것을 의심할 수밖에 없습니다. 그게 혹 불교에서 온 것이 아닌가 하고요. 어떤가요?(向上一路, 未曾撥轉處, 未免使人疑著, 恐是葱嶺帶來耳. 如何? 如何?향상일로, 미증발전처, 미면사인의저, 공시총령대래이. 여하? 여하?)"라고 물었다. 그 다음 주희가 제기한 문제는 육구연의 실천적 이론이 매우 공소하고 허망하다는 점이다. 주희는 그가 지식을 경멸하는 태도에 대해 다음과 같이 지적하고 있다. "도리가 비록 지극히 정미하다고는 하지만, 여전히 눈으로 보고 귀로 듣는 것에서 벗어날 수는 없는 것입니다. 옳고 그름과 희고 검은 것이 바로 눈앞에 있는데, 그것은 살피려 하지 않고 생각 속에서 따로 심오하고 오묘한 것을 구하려고 하니 이는 잘못된 것이외다(道理雖極精微, 然初不在耳目見聞之外, 是非黑白卽在面前, 此而不察, 乃欲別求玄妙於意

1) 『육구연집』, 권34 「어록」, '상', 400쪽. 고풍진(賈豊臻)의 『송학(宋學)』은 육구연 계열의 사고가 정호에게서 온 것이라고 보았다. "사상채와 왕진택(王震澤) 이래 오직 육구연만이 정이의 관점에 불만을 갖고 계속해서 배척하였다(經過謝上蔡, 王震澤而來, 唯象山常不滿志於伊川, 屢屢排斥경과사상채, 왕진택이래, 유상산상불만의어이천, 루루배척)." (상무인서관, 1933, 115~116쪽)

사상을 극단적인 이상주의와 보편주의로 끌어올렸을 때 사실 어떤 사람도 그에 대해 반박하기는 힘들다.

慮之表, 亦已誤矣도리수극정미, 연초부재이목견문지외, 시비혹백즉재면전, 차이불찰, 내욕별구현묘어의려
지표, 역이오의)." 다시 다음과 같이 암시적으로 비판한다. "이런 저런 우려스러운 점
은 사실 모두 그대가 너무 경솔하게 고원한 말들을 만들어낸다는 데 있습니다.
망령되게 안과 밖, 정미함과 거침을 구분하고서는 내면의 양심과 일상생활을 둘
로 나누어 버렸습니다. 성현의 말도 모두 믿을 것은 아니라고 하시고 말이나 행
동도 그렇게 조심할 것 없다고 하십니다. 이러한 말들은 매우 잘못된 것이니, 달
리 말단의 폐단을 기다릴 것도 없이 장차 우리의 도에 크게 해가 될 것입니다(區區
所憂, 卻在一種輕爲高論, 妄生內外精粗之別, 以良心日用分爲兩截, 謂聖賢之言不必盡信, 而容貌
詞氣之間不必深察者. 此其爲說乖戾很悖, 將有大爲吾道之害者, 不待他時末流之弊矣구구소우, 각재
일종경위고론, 망생내외정조지별, 이량심일용분위량절, 위성현지언불필진신, 이용모사기지간불필심찰자. 차
기위설괴려흔패, 장유대위오도지해자, 불대타시말류지폐의)."[2]

    마지막으로 그는 친구와 제자들에게 보낸 서신에서 자신이 가장 걱정하는
것을 토로하였다. 그는 육구연이 마음을 일체의 본원으로 삼고 인심과 천리를 같
은 것으로 치부하며 지식의 학습과 함양을 통한 수련을 부인하는 점들이 세속의
인심을 도심의 초월적 지위로 끌어올려 마음속에 필연적으로 존재하는 인욕에
대한 천리의 제약을 없앰으로써 결국에는 도덕과 윤리라는 제방을 모두 붕괴시
키게 될 것이라고 우려하였다. 즉 육구연은 마음속에 있는 '부여받은 기질의 잡
스러움'을 이해하지 못하였고, 이에 따라 "수많은 거칠고 악한 기를 마음의 오묘
한 이치로 간주하여 그냥 그렇게 해가면 된다고 생각한다"는 것이다.[3]

    결과적으로 선악은 모두 이 마음에 의거하여 합리성을 지니게 된다는 말이
다. 때문에 그는 「답조자흠(答趙子欽)」에서 다음과 같이 말한다. "육구연은… 대체
로 그의 학문은 마음에 대한 공부이다. 그러니 아예 아무런 의미가 없다고 할 수
는 없다. 그러나 그것만을 믿고 고금을 넘나들려고 하면서도 아래로 내려와 이치
를 궁구하는 세밀한 공부는 없다. 그러니 끝내는 그가 일정 정도 이해한 것마저
잃게 되는 것이다. 인욕은 멋대로 흐르는데 그것을 알지 못한 채 고담준론이나

---

2) 각각 「답육구연서(答陸九淵書)」(1, 2, 3), 『육구연집』 부록2, 549~550쪽.
3) 『주자연보』 권3, 순희 12년, 151쪽.

하면서 천리가 모두 여기에 있다고 한다. 그러니 그가 말하는 마음공부라는 것이 또 어디에 있을 수 있단 말인가?(子靜…… 大抵其學於心地工夫, 不爲無所見, 但便欲恃此陵跨古今, 更不下窮理細密功夫, 卒與其所得者而失之, 人欲橫流, 不自知覺, 而高談大論, 以爲天理盡在是也, 則其所謂心地工夫者, 又安在哉?자정…… 대저기학어심지공부, 불위무소견, 단편욕시차릉과고금, 경불하궁리세밀공부, 졸여기소득자이실지, 인욕횡류, 부자지각, 이고담대론, 이위천리진재시야, 즉기소위심지공부자, 우안재재?)" 또 다른 편지에서 그는 이렇게 말한다. 성현은 결코 "사람들에게 그저 이 마음만을 간직하라고 가르치지 않았다. 이 마음과 이 이치는 비록 본래부터 온전히 갖추었다 하더라도 부여받은 기질에는 치우침이 없을 수 없다. 만약 아주 정미하고 세밀하게 밝히고 체험적으로 관찰하지 않는다면, 왕왕 자신이 부여받은 치우친 기질의 영향을 받게 되어 사사로운 물욕에 빠지면서도 자기 스스로는 모르게 된다(敎人只守此心者, 蓋爲此心此理雖本完具, 卻爲氣質之稟, 不能無偏, 若不講明體察極精極密, 往往隨其所偏, 墮於物欲之私而不自知교인지수차심자, 개위차심차리수본완구, 각위기질지품, 불능무편, 약불강명체찰극정극밀, 왕왕수기소편, 타어물욕지사이부자지)." 1)

이러한 견해는 후대의 사상사 속에서 불행하게도 들어맞게 된다. 뒷날 왕양명의 학문과 왕양명을 계승한 이들의 경향은 오히려 그들이 끊임없이 추구하고자 하였던 도덕적 이상과 초월적 마음을 와해시키고야 말았다.

사실 주희와 육구연의 논쟁은 이학 내부의 분기에 불과하고, 그 사유 방식의 차이란 그저 오십보백보에 지나지 않는다. 그들은 모두 이 우주, 사회, 인생의 궁극적 의의와 기본 원칙을 캐묻는다. 그들은 모두 고도의 도덕적 이상주의와 엄격한 문화적 보수주의를 제창하고, 모두 정치권력의 변두리에 있으면서 '도통'을 통해 '정통'을 제약하기를 바라고 있다. 그들의 가장 중요한 논쟁이며 사유 방식의 분기를 초래하였던 공부 방법에 대한 관점마저도 사실은 그다지 큰 차이가 아니다.2) 비록 육구연이 줄곧 '심'의 의의를 강조하였지만 주희 역시 마음의 의의

사실 주희와 육구연의 논쟁은 이학 내부의 분기에 불과하고, 그 사유 방식의 차이란 그저 오십보백보에 지나지 않는다.

1) 『주문공문집』 권56 「답조자흠」, 3쪽 A와 권54 「답항평보(答項平父)」, 7쪽 A에서 인용함. 주희의 관점은 질서의 생성에 좀 더 유리한 것처럼 보인다. 왜냐하면 그는 인간의 마음속에 있는 광명과 선악을 지적함과 동시에 마음속에 존재하는 죄악과 타락의 가능성을 정면으로 주시하기 때문이다. 때문에 인간의 마음에 대한 이해와 파악에 있어서 좀 더 깊이가 있을 뿐만 아니라 반성과 깨달음에 있어서도 더욱 유익하다고 하겠다. 그러나 이러한 견해는 육구연의 학설처럼 낭만적이고 초월적인 사유 방식과 비교할 때 사람의 마음을 더 쉽게 움직일 수 있는 것은 아니다. 때문에 일정한 시대에 후자는 좀 더 쉽게 환영받곤 한다.

를 중시하였다.³⁾ 비록 육구연이 계속해서 주희의 계열이 '갑갑하고 지루'하다고 비판하지만 주희 역시 의미의 추구를 상당히 강조하고 장구(章句)에 머문 공부 태도를 비판하였다. 소위 "독서를 통해 이치를 음미한다(讀書玩理독서완리)"는 것이 바로 그런 의미이다.⁴⁾

주희 역시 항상 '갑갑하고 지루'한 것을 비판하였다. 예컨대 「답여자약(答呂子約)」에서 여조겸을 다음과 같이 비판하였다. "『논어』와 『맹자』에 대한 언급은 너무 지나치게 분명하지 않고 번쇄한 것 같습니다. 소위 세밀하고자 하나 도리어 엉성할 경우에는 오히려 분명하고 간단명료한 점을 봐야 합니다(『論』, 『孟』兩說, 恐看得太幽暗支離了, 所謂欲密而反疏者, 須更就明白簡約處看『론』, 『맹』양설, 공간득태유암지리료, 소위 욕밀이반소자, 수경취명백간약처간)", "지금 말씀하신 것은 너무 갑갑하고 번쇄한 것 같습니다(今所論卻似太支離也금소론각사태지리야)." 또 자신에 대해서 이렇게 비판한다. "저 역시 요즘에서야 제가 이전에 너무 갑갑하고 번쇄한 폐단이 있었음을 깨달았습니다. 비록 그들(즉 세속적 욕망을 추구하려는 이들)의 증상과는 다르다고 하겠지만 자신을 잊고 대상만을 추구해 들어가거나 밖으로만 내달려 안을 텅 비게 만들었다는 점에 있어서는 마찬가지였지요(熹亦近日方實見得向日支離之病, 雖與彼中證候不同, 然

---

2) 윌리엄 시어도어 드 배리(William Theodore de Bary)는 일찍이 심학도 결국은 정이와 주희를 대표로 하는 도학의 한 분파에 불과하다고 지적하였다. 나중에 부각된 도학과의 차이는 사실 왕양명 시대에 와서 최종적으로 성립된 것이다. 그의 저서 『성리학에서 마음의 메시지(The Message of the Mind in Neo-Confucianism)』, Columbia University Press, 1989를 참고.

3) 장세남(張世南)의 『유환기문(遊宦紀聞)』 권9에는 다음과 같이 기록되어 있다. "어떤 이가 마음에 대해 묻자 주희는 다음과 같이 말하였다. '마음의 텅 비고 영명함에는 한량이 없다. 아무리 이 우주의 바깥이라 할지라도 생각하면 곧장 가 닿을 수 있다. 천백 년이 지난 과거라 할지라도 천백 년 다음의 미래라 할지라도 모두 눈앞에 있는 것과 같다.' 또 이렇게 말하였다. '사람의 마음은 지극히 영명하여 천만 리 머나먼 곳이라도 천백 년 과거의 일이라도 한 번 생각하기만 하면 곧 거기에 도달할 수 있다. 신묘하기가 이와 같은데도 그것을 기르려고 하지 않고 아침부터 저녁까지 이렇게 저렇게 오직 이익과 욕망에만 힘을 쓰고 그것을 알아채지 못한다.' 晦翁先生答或人論心之問曰：'心之虛靈, 無有限量. 如六合之外, 思之卽至. 前乎千百世之已往, 後乎千萬世之未來, 皆在目前.' 又曰：'人心之靈, 千萬裏之遠, 千百世之上, 一才發念, 便到那裏. 神妙如此, 卻不去養他, 自旦之暮, 只管展轉於利欲之中, 都不知覺' 회옹선생답혹인론심지문왈：'심지허령, 무유한량. 여육합지외, 사지즉지. 전호천백세지이왕, 후호천만세지미래, 개재목전.' 우왈：'인심지령, 천만리지원, 천백세지상, 일재발념, 편도나리. 신묘여차, 각불거양타, 자단지모, 지관전전어리욕지중, 도부지각'(중화서국, 1981, 84쪽) 또 나대경(羅大經)이 육경과 주돈이, 장재, 정호, 정이, 주자의 어록을 편찬할 때 그것을 '심학'이라고 불러 『심학경전(心學經傳)』이라고 이름 붙였다. 그리고 어록에서 구하기보다는 육경에서 구해야 하고 그 보다는 차라리 마음에서 구해야 한다고 주장하기도 하였다(『계림옥로鷄林玉露』, 중화서국, 1983, 333쪽).

4) 『주문공문집』 권47 「답여자약」 5쪽 A.

其忘己逐物, 貪外虛內之失, 則一而已희역근일방실견득향일지리지병, 수여피중중후부동, 연기망기축물, 탐외허내지실, 즉일이이)", "여태까지 정말로 너무 번쇄하고 지엽적이었습니다. 근본이 없이 스스로를 확립하려고 하면 사사건건 잘못될 수밖에 없지요(向來誠是太涉支離, 蓋無本以自立, 則事事皆病耳향래성시태섭지리, 개무본이자립, 즉사사개병이)." [1]

마찬가지로 비록 주희가 줄곧 육구연의 태도가 지나치게 간단명료하고 직접적이라고 비판하지만, 육구연 역시 어떤 때는 지식의 의의에 대해 주의를 기울이기도 하였다. 아호사에서 만남을 가진 지 얼마 되지 않아 육구연은 주희에게 편지를 써서 "사람은 모름지기 책을 읽고 서로 토론하며 공부해야 합니다(人須是讀書講論인수시독서강론)"라고 말하고, '이전의 제 잘못을 깨달은(自覺其前說之誤자각기전설지오)' 것처럼 말하기도 하였다고 한다. [2] 또 육구령이 죽었을 때 주희가 그를 위해 비문을 써 주었는데, 육구연은 이에 대해 묵인하였다. 주희 역시 육구연의 "행동거지가 아주 조심스럽고 안과 밖이 한결같다(操持謹質, 表裏不二조지근질, 표리불이)"고 하면서 상당히 그를 존중하였다. 육구연이 「백록동강의(白鹿洞講義)」에서 "도덕과 이익의 차이에 대해 힘주어 말하고서, 마지막에는 박학, 심문, 신사, 명변, 독행으로 끝맺은 것(力言義利之辨, 而終之以博學, 審問, 愼思, 明辨, 篤行력언의리지변, 이종지이박학, 심문, 신사, 명변, 독행)"에 대해 상당히 인정하기도 하였다. [3] 그들은 원래 서로의 단점을 버리고 장점만을 취하려는 마음이 있었다고 한다. 이를 믿던 그렇지 않던 주희와 육구연 간의 차이에 대한 지나친 강조는 후대의 논쟁 속에서 점차 부각된 것이다. 또 후대의 사람들이 각자 자신의 필요에 의해 역사 속에서 사상적 자원을 끌어올 때 비로소 점점 첨예해진 것이다.

5

사상적 자원에 대해 말하자면, 우리는 우선 주희의 사상과 학설이 이후 사상

주희의 사상과 학설이 이후 사상사에 남겨놓은 문제점

---

1) 각각 『주문공문집』 권47, 24쪽 A와 29쪽 B와 33쪽 B와 권48, 2쪽 A에서 인용.
2) 『주자연보』 권2, 순희 6년(1179), 88~91쪽 참고.
3) 『주자연보고이(朱子年譜考異)』 권2, 순희 8년(1181), 『주자연보』, 351쪽.

사에 남겨놓은 문제점에 대해 지적해야 할 것이다.

첫째, 그는 형이상의 '리'와 형이하의 '기' 그리고 궁극적 본원으로서의 '도'와 현상세계로서의 '기(器)'를 연결하고서, "모든 사물 속에 리가 있다"거나 "감정 속에서 본성을 보아야 한다"고 주장한다. 또 "격물치지와 구체적 사건을 통해 리를 보아야 한다"고 말한다. 그러나 그는 또 동시에 '리'와 '도'를 초월의 위치에 두고서 사람들로 하여금 궁극적 본원으로서의 '도'를 추구하고, 현상세계로서의 '기'를 초월하라고 한다. 그는 사람들로 하여금 '도심'을 잡고 '인욕'을 버리라고 말한다. 이로부터 이 둘 사이에는 거대한 긴장이 존재하게 되었다. 즉 초월을 긍정하는 것과 현실을 인정하는 것 사이의 긴장이다. 이러한 긴장은 아무리 사람들로 하여금 시종 자신의 정신과 마음을 깨어 있게 만든다고는 하지만, 언제나 사람들을 외재적 대상과 내면의 감정을 긍정할 것인가 혹은 부정할 것인가의 모순 속에 빠지게 만든다.

둘째, 그는 사회 영역의 윤리 문제와 자연 영역의 물리 문제를 모두 하나의 '리' 아래 두고서 그것을 찾도록 만들었다. 이로부터 특히 일종의 습관적 사유 방식에 빠져 버리게 되었다. 즉 자연 영역의 문제를 대면하고서 윤리적 합리성을 묻거나, 사회 영역의 문제를 대면하고서 물리적 엄격성을 요구하는 따위이다. 이에 따라 자연 지식과 사회 지식 간에 지나치게 긴밀한 연계가 형성되게 되었다. 그리고 이러한 연계는 이후 아주 큰 분열을 초래하게 된다. 이 두 영역은 각자의 독립적인 자주성이 결여됨에 따라 나중에 다른 문명의 새로운 지식이 밀려와 이두 영역에 충격을 주었을 때 그것들은 일종의 연쇄적 반응을 보이게 되었다. 자연 영역의 새로운 문제가 사회 윤리의 오래된 전통에 영향을 미치거나 혹은 사회 윤리의 새로운 문제가 자연 영역에 대한 오래된 해석에 상해를 끼치게 되었다. 혹은 둘 다 배척되거나 둘 다 완전히 붕괴되기도 하였다.

셋째, 격물치지와 같은 사유 방식은 지식 영역의 문제를 모두 인격적 함양과 마음의 경지 문제로 귀결시켜 버렸다. 이에 따라 중국의 전통 지식과 사상, 그리고 신앙세계의 특정 전통을 더욱 강화하게 되었다. 즉 학술의 궁극적 의의를 '위기(爲己)' 곧 자신의 내면적 성숙에 둔다는 것이다. 이러한 경향은 아마도 중국 지식인들이 형이하학의 문제나 자연의 현상세계에 대해서는 극단적으로 경시하고

형이상학의 문제나 도덕의 이상세계를 지나치게 숭상하는 태도에 많은 영향을
주었을 것이다.

　　육구연에 대해서도 우리는 그의 사상과 학설이 후대의 자원으로 기능한 점
과 사상사에 미친 영향을 살펴보고자 한다. 육구연이 후대에 미친 의의 중 하나
는 그가 이학의 세계에서 특별히 '마음'의 의의를 부각시켰다는 점이다. "우주
가 곧 내 마음이고, 내 마음이 곧 우주다(宇宙便是吾心, 吾心便是宇宙우주편시오심, 오심편
시우주)"라고 한 것처럼 그는 '마음'을 지고지상의 지위로 끌어 올렸는데, 사실 그
본의는 물론 인간의 도덕과 이성의 자각성과 자주성을 궁극적 기초로 끌어 올린
것이다. 그러나 주희가 간파한 것처럼 그는 북종선으로부터 남종선으로의 전향
에서 보이는 일련의 사유 방식과 유사한 측면을 지니고 있다. 즉 그는 마음의 의
의를 부각시켜 마음의 자주성을 긍정하지만, 실제로 생활 세계에서 살아가는 사
람의 마음은 결코 언제나 순수하게 도덕과 이성만을 향하고 있지는 않다는 점이
다. 인간의 마음은 종종 감정과 욕망에 의해 지배되는 때가 있다. 후대 사람들의
끊임없는 확장과 해석을 통해서 인욕의 합리성을 묵인할 수 있을 것인가? "이 리
가 우주에 있으면서 언제고 장애가 된 적이 있었던가? 그것은 네 스스로 매몰되
고 스스로를 가리고 깜깜한 함정 속에 있으면서 고원한 그곳을 갈 줄을 모르고
지냈던 것이다. 그 함정을 깨고 나와야 하고, 그 그물을 찢고 나와야 한다(此理在
宇宙間, 何嘗有所礙? 是你自沈埋, 自蒙蔽, 陰陰地在個陷阱中, 更不知所謂高遠底. 要決裂破陷阱, 窺
測破個羅網차리재우주간, 하상유소애? 시니자침매, 자몽폐, 음음지재개함정중, 경부지소위고원저. 요결열파
함정, 규측파개라망)"라고 그 스스로 말하였던 것처럼 구체적이고 외재적인 지식을
경시하는 그의 태도는 일체의 속박을 파괴하려는 정신에 이론적 합리성을 부여
한다. '분발하고 힘쓰고, 그물을 찢고, 족쇄를 불태워버리고, 더러운 구렁텅에서
벗어나려는(激厲奮迅, 決破羅網, 焚燒荊棘, 蕩夷汙澤격려분신, 결파라망, 분소형극, 탕이오택)' 반
항은 도덕과 이성의 마지막 방어선마저 파괴할 수도 있다.[1] 비록 육구연의 시대
에 이런 생각들이 출현하지는 않았다고 하더라도, 후대에 이성의 그물을 찢고
개성을 확장시키던 시기에는 실제로 그의 생각이 일종의 사상적 자원이 되어주

1) 『육구연집』 권35 「어록」 '하', 452쪽.

었다.

육구연이 후대에 미친 그 두 번째 의미는 그가 일체 개별자와 구체적 지식을 초월하는 진리의 체험을 강조할 때 그 자신은 의도하지 않았지만 일종의 보편적 진리의 존재를 인정하였다는 것이다. 그는 이렇게 말한다. "동해에 성인이 나타난다 해도 이 마음과 이 이치는 같다. 서해에 성인이 나타난다 해도 이 마음과 이 이치는 같다. 남해와 북해에 성인이 나타난다 해도 이 마음과 이 이치는 같다. 천 년 전 혹은 천 년 후에 성인이 있다 해도 이 마음과 이 이치는 모두 같다(東海有聖人出焉, 此心同也, 此理同也, 西海有聖人出焉, 此心同也, 此理同也, 南海北海有聖人出焉, 此心同也, 此理同也. 千百世之上至千百世之下, 有聖人出焉, 此心此理, 莫不同也동해유성인출언, 차심동야, 차리동야, 서해유성인출언, 차심동야, 차리동야, 남해북해유성인출언, 차심동야, 차리동야. 천백세지상지천백세지하, 유성인출언, 차심차리, 막부동야)."[2] 전통 사상의 계통에서 우주, 사회, 인간 자체에 대한 절대 진리의 근거는 사회 질서와 더불어 역사 전통 혹은 정치권력에서 왔다. 그런데 이렇게 시간과 공간을 초월하는 진리의 보편주의적 사유 방식은 무의식 중에 역사와 권력 혹은 진리에 대한 경전과 엘리트의 해석 권력을 와해시킬 수 있다. 여타의 문명 계통으로부터 온 진리에 대한 국가, 민족, 전통의 어떠한 제한도 없게 된다. 이에 따라 지식과 사상, 그리고 신앙을 일종의 개방되고 다원화된 세계로 풀어놓음으로써 진리를 거부할 수 있는 어떠한 이유도 모두 제거해 버린 것이다. 비록 육구연의 시대에 이러한 생각이 정말로 중국의 전통적 진리의 절대적 의의를 와해시킨 것은 아니라고 하더라도 '중국'이 정말로 '세계'와 만났을 때 '전통'이 정말로 '현대'의 도전에 직면했을 때 이러한 사상은 새로운 지식을 받아들일 수 있는 사상적 자원이 되어주었다. 이에 전통 중국의 사상 세계로서는 정말로 경천동지할 위기를 맞게 된 것이다. 물론 이것은 결과론적인 말이다.

그러나 당시에 육구연의 학문은 그다지 큰 영향을 미치지는 못하였고, 주희의 계열에 비해서도 크게 미치지 못하였다. 그런 점에 있어서는 설령 주희의 학문이라 할지라도 당시에 진정한 사상적 담론의 주류가 되지 못하였던 것은 마찬가지다. 그러나 어찌되었든 동시대의 사람들은 이미 이정 형제와 장재로부터 주

---

2) 『육구연집』 권36 「연보」, 483쪽.

희와 여조겸으로 이어지는 계열의 의의를 인정하기 시작하였고, 이로부터 공자, 안자, 증자, 맹자의 도통을 표방하고 『대학』과 『중용』 등의 경전을 확립할 수 있었다.[1] 지식인 계층이 팽창하고 전파의 수단이 발달하며 대가족 내의 교육이 확대되고 공공 담론의 공간이 점점 확보됨에 따라 이학자들의 영향력은 점점 확대되었다.[2] 그러나 그들은 여전히 정치권력의 억압 속에서 시종 정치적 변두리에 처해 있었다.

내친김에 그 시대의 사상적 공간이 그다지 넉넉하지 않았음을 다음의 자료를 인용하여 증명하고자 한다. 소희 4년(1193)에 정부의 각종 문서, 상소, 간언 등이 "항간에 떠돌고 서점에서는 간행하기까지 하여 멀리까지 유포되었다(傳播街市, 書坊刊行, 流布四遠전파가시, 서방간행, 유포사원)." 이에 정부 관원들은 끝까지 추적하여 없애도록 지시하였다. 머지않아 또 어떤 사람이 당시에 유행하던 각종 '소식'을 전하기 시작하였다. "처음에는 도시로부터 점점 사방으로 전파되고, 심지어는 없던 일을 날조하여 여기저기 유포하면서 민심을 오도하여(始自都下, 傳之四方, 甚者鑿空撰造, 以無爲有, 流布遠近, 疑悟群聽시자도하, 전지사방, 심자착공찬조, 이무위유, 유포원근, 의오군청)" 나중에는 국가의 정치적 안보까지 해치는 지경으로 발전하였다. 이에 조정에서는 금지령을 내렸다.[3] 이러한 정치적 억압은 경원당금(慶元黨禁 : 경원 원년, 즉 1195년 주자학의 탄압으로 알려진 사상 통제령)의 시기에는 정치 파벌 간의 당쟁과 맞물려서 상당히 심각한 상황까지 발전하였다. 이 무렵 도학파 유자들 중에 유일하게 건재하던 주희는 이미 66세였다. 육구연은 사망한 지 이미 2년이 되었고, 주희와 육구연을 연결해주는 끈이었던 여조겸이 사망한 지도 14년이 되었으며, 주희와 함께 어깨를 나란히 하던 또 한 명의 이학자 장식이 사망한 지도 15년이 되었으며, 아호사에서의 만남도 이미 20년이 경과한 뒤다.[4]

그 시대의 사상적 공간은 그다지 넉넉하지 않았다

---

1) 섭적, 「동안현학주선생사당기(同安縣學朱先生祠堂記)」, 『수심문집(水心文集)』 권10, 『섭적집』, 중화서국, 1961, 167쪽.
2) 다음 절의 논술을 참고.
3) 『송회요집고』, 166책 「형법2(刑法二)」, 6558쪽.
4) 가태(嘉泰) 2년 2월, 조언위(趙彦衛)는 역사 서적과 어록에 대해 검열을 진행할 것을 건의하였다. 『송회요집고』, 166책, 「형법2」, 6561쪽 참고.

정 2년(1209)에 와서야
학에 대한 제한은 조금
풀리기 시작하였다.

　　이러한 형국은 십여 년 동안 지속되었고, 가정(嘉定) 2년(1209)에 와서야 이학에 대한 제한은 조금씩 풀리기 시작하였다. 이 해에 주희에게 '문(文)'이라는 시호가 내려졌고, 다시 6년이 지나 장식에게 '선(宣)'이라는 시호가 내려졌으며, 다시 1년이 지나 여조겸에게 '성(成)'이라는 시호가 내려졌다. 이렇게 남송 시기 가장 중요한 세 명의 이학자들이 모두 정부에 의해 승인되었다. 그로부터 4년이 흐른 가정 13년(1220)에 조정은 주돈이, 정호, 정이에게 원공(元公), 순공(純公), 정공(正公)이라는 시호를 내려주었다. 이렇게 남송과 북송 시기 이학자들 계보 중에서 가장 유명한 인물들이 조정에 의해 시호가 추증되었다. 이것은 하나의 상징적인 의미로 이학 사상이 이미 전면적으로 해금되었으며, 이학의 계보가 정식으로 인정되었음을 의미하는 것이다.

　　그렇지만 이학이 아직 그렇게 순탄하게 중심으로 파고들어간 것만은 아니다. 소정(紹定) 말년(1233)에 이심전은 사마광, 주돈이, 소옹, 장재, 이정, 주희를 문묘에 종사할 것을 조정에 건의하였으나, 조정의 동의를 얻지 못하였다. 순우(淳祐) 원년(1241)에 와서야 즉 경원당금이 내려진 지 거의 반세기만에 송나라 이종(理宗)은 직접 조서를 내려 주돈이, 장재, 이정, 주희를 문묘에 종사토록 하였다. 이로써 그들은 공자와 함께 제사를 받는 명단에 들어간 것이다. 이로써 '도통'은 '정통(政統)' 속에서의 합법성을 확보하게 되었다. 그리고 순우 4년(1244), "서림(徐霖)은 서학(書學)으로 상서성의 장원이 되었는데[5] 오로지 성리학을 숭상하였다. 온 세상이 그를 쫓으니 과거를 통해 명성을 얻을 수 있기 때문이었다. 이로부터 『사서』, 「낙서명」, 『태극도』, 『통서』와 어록 이외에는 더 이상 언급하지 않게 되었다 (徐霖以書學魁南省, 全尙性理, 時競趨之, 卽可以釣致科第功名, 自此, 非『四書』,『樂西銘』,『太極圖』,『通書』, 語錄不夏道矣서림이서학괴남성, 전상성리, 시경추지, 즉가이조치과제공명, 자차, 비『사서』, 『악서명』,『태극도』,『통서』, 어록불하도의)."[6] 이로부터 이학은 민간 서원의 교육 내용으로

---

5) 서림(徐霖 : 1215~1262년)은 송나라 구주(衢州) 서안(西安) 사람으로 자는 경설(景說) 호는 경판(徑畈)이며, 이종(理宗) 순우 4년에 장원으로 진사가 되었다. 서학(書學)은 경전학 혹은 문자학 등을 가리킨다. 남성(南省)은 상서성의 별칭으로서 서림이 장원이 되어 상서성에 근무하게 된 것을 의미한다(역자 주).

6) 주밀(周密)의 『계신잡식』 후집 「태학문변(太學文變)」, 중화서국, 1988, 1997, 65쪽. 또 나대경(羅大經)의 『학림옥로(鶴林玉露)』, 병편(丙編) 권6, 「문장성리(文章性理)」에서는 다음과 같이 말한다. "요즘 성리를 논하는 자들은

부터 제도적 교육과 인재 선발의 계통이 되어 점차로 권력의 중심으로 진입하게 되었다.

송대 이학의 역사는 이 시기에 이르러 마침내 큰 전환점을 맞게 된다. 이 무렵의 역사에 대해 나는 다음과 같은 문제를 내내 생각하곤 한다. 원래는 정치권력에 대항하던 지식인 계층의 문화 권력이었고, 초월적 사상으로 세속적 경향에 맞섰으며, 창조성과 혁명성이 무한히 풍부하던 이 사상과 학설이 제도적 의식 형태로 진입하여 사대부들의 과거시험의 내용이 되고서 각종 세속적 욕망에 가득 차 있는 독서인들에 의해 복제된 이후로 이학의 본질 역시 조금씩 변질되어 갔다는 점이다.

그러나 응당 인정해야 할 것은 이렇게 원래는 순수한 의미에서의 사상이 고시 권력과 벼슬살이에서 오는 이익의 지지라는 배경이 있고 난 다음에야 비로소 통행하는 관념이 되었으며 생활의 영역으로 진입할 수 있게 되었다는 점이다. 그것이 불변하는 지식이 되어 사방으로 전파되고 복제됨으로써 이학은 비로소 지식계를 풍미하는 사상과 학문적 경향이 될 수 있었다. 이로써 문화의 주류와 기조를 변화시켰고, 이후 수백 년간 중국의 지식과 사상 및 신앙세계의 주요 양상을 구축하고 확립하였다.

거의 육경은 버려두고 어록만을 본다. 심한 자들은 정이와 주희의 어록을 편집해서 과거 대비용 모범 답안 책자로 만들기도 한다(近時講性理者, 亦幾于舍六經而觀語錄, 甚者將程·朱語錄而編之若策括策套근시강성리자, 역기우사육경이관어록, 심자장정·주어록이편지약책괄책투)." (333쪽)

3절

국가와 신사(紳士)의 지지를 토대로 한 문명 확장 : 송대 중국 생활윤리의 동일화 확립

11세기 중엽, 즉 송나라 인종(仁宗 : 재위 1023~1063년) 조정(趙禎)이 황제일 때, 하송(夏竦 : 985~1051년)이 한 상소에서 이런 내용을 말한다. 홍주(洪州)는 "동쪽으로 칠민(七閩 : 지금의 복건성 일대)과 남쪽으로 백월(百粵 : 광서廣西 일대로 현재의 빈양현賓陽縣 지역)을 다스리는데, 그곳의 백성들이 귀신을 떠받들고 오랜 풍속이 무당을 숭상한다." 비유하자면 그곳은 무당들의 '신단(神壇)'과 같다. '도깨비 상을 만들거나 그려 놓고, 깃발을 늘어놓고, 북을 치고 호각을 불며', 평민들은 아이를 그곳으로 보내 이른바 '단류(壇留)', '단보(壇保)'라 불리는 보조 인력으로 있다가 성장해서는 무당 일[巫術]을 익혀 민중의 병을 치료해 주고 "부술(符術)에 종사하면서 내왕을 끊기를 바란다 ……"는 것이다. 그는 또 말하기를, 그 지방에서는 "기괴한 신상(神像)을 그린 그림이 해마다 늘어나고, 그릇된 비기(秘記)와 괴이한 부적을 전사(傳寫)하는 일이 날로 늘고 있다"고 하였다. 하송은 그러므로 "마땅히 엄격한 규정을 공포함으로써 괴이한 풍속을 바로잡아야 한다(宜頒峻典, 以革祅風의반준전, 이혁요풍)"고 생각하였다. 그의 주관하에 관방은 행정 권력을 이용하여 홍주의 1천 9백여 가구의 직업무당[師巫]에게 '직업을 바꿔 농업에 종사하게 하고 침과 뜸과 진맥하는 기술을 익히게' 하였으며, 모든 신상(神像), 부적, 귀신 관련 옷가지, 지팡이, 수건, 모자, 종, 호각, 칼, 패물, 그물 등 총 1만 1천여 건을 즉시 폐기 또는 몰수하라는 명령을 내렸다.[1]

---

1) 이상의 원문은, 『송문감(宋文鑑)』 권43, 하송 「홍주청단천무(洪州請斷祅巫)」, 652쪽, 중화서국, 1992.

이 사건에 관해 『송사(宋史)』에는 간략하게 "홍주 지역의 풍속이 귀신을 숭상하고 무당들이 백성을 현혹하는 일이 많아지자, 하송이 천여 가구를 색출하여 농업에 종사하게 하고 그 곳의 음사(淫祀)를 금지함으로써 명성을 얻었다"라고 기재되어 있다. 그리고 그 아래에 이렇게 씌어 있다. "강절(江浙 : 지금의 강소성과 절강성 일대) 이남에 조령을 내려 그런 것을 일절 못하게 하였다."[1] 사실은 훨씬 이전인 옹희(雍熙) 2년(985) 즉 송나라 태종 시대에 영교(嶺嶠 : 중부 지역을 동서로 가로지르는 산맥들을 지칭) 이남의 옹옹주(廱邕州), 용주(容州), 계주(桂州), 광주(廣州) 등 여러 주(州)에서 "음식남녀(飮食男女)의 예의와 혼인상장(婚姻喪葬)의 의례가 교의(敎義)에 따르지 않고 예법을 어기고 있다(飮食男女之儀, 婚姻喪葬之制, 不循敎義, 有虧禮法음식남녀지의, 혼인상장지제, 불순교의, 유휴예법)"는 것에 대해 교정(矯正) 조치를 취하고 "관청의 장(長)과 관리들이 다방면으로 교화하라"[2]는 조령을 내린 일이 있다. 일련의 이 문헌들은 무당과 음사(淫祀)를 보편적으로 금지하는 것과 권력에 의거하여 생활 윤리와 도덕 질서를 추구하는 방식이 시종 황제와 중앙 정부의 지지를 받았음을 보여준다.

권력에 의거하여 생활 윤리와 도덕 질서를 추구하는 방식이 시종 황제와 중앙 정부의 지지를 받았음을 보여준다.

금지만 있었던 것은 아니고 장려하는 것도 있었다. 통상적으로 고대의 정부가 음사(淫祀)나 무풍(巫風)을 억제하는 방법은 학교 교육을 일으키는 흥학(興學)이었다. 마찬가지로 송나라 인종 시대에 범중엄(范仲淹 : 989~1052년)이 제안한 학교를 일으켜야 한다는 건의는 각 지방의 교육을 활성화하는 효과를 가져왔다. 다양하게 지속적으로 건립된 학교는 지식을 전파하였을 뿐만 아니라 주류의 이데올로기가 규정하는 '문명'을 교육의 내용으로서 사회 전체에 광범위하게 전파하였다.[3] 현존하는 각종 송나라 시대 지방지의 기록으로 보면, 경우(景祐 : 1034~1038년) 이후부터는 학교가 보급되기 시작하였음이 확실하다. 예를 들어 결코 궁벽하지 않은 운간(雲間)에 "천희(天禧 : 1017~1021년) 연간에는 공자(孔子)의 사당만이 있었

1) 『宋史』 권28, 「하송전(夏竦傳)」, 9571쪽.

2) 『송회요집고(宋會要輯稿)』 165책, 「형법2(刑法二)」, 6497쪽, 중화서국 영인본.

3) 홍매(洪邁), 『용재삼필(容齋三筆)』 권5, '주군서원(州郡書院)' 조(條), 『용재수필(容齋隨筆)』, 477쪽, 상해고적출판사, 1993. 그 외에 조철한(趙鐵寒), 「송대의 주학(宋代的州學)」(『송사연구집史研究集』 제2집, 타이베이, 1964, 1983)과 곽보림(郭寶林), 「북송주현학관(北宋州縣學官)」(『문사文史』 제32집, 중화서국, 1990)과 원정(袁征), 「북송의 교육과 정치(北宋的敎育與政治)」(『송요금사논총宋遼金史論叢』 제2집, 중화서국, 1991)등을 참조할 수 있다.

을 뿐인데 초라하고 낡은 상태여서 도저히 교육 공간이라 할 수 없었으나(天禧年間有夫子廟而已, 湫隘庫陋, 旁不可爲齋館천희연간유부자묘이이, 추애비루, 방불가위재관)", 인종 이후로 학교가 크게 일어났고, 남송 시대까지 계속 설비가 제법 갖추어진 학교들이 정비되어 갔다. 마찬가지로 결코 벽지가 아닌 오군(吳郡: 현재의 강소성 소주 일대)도 "전에는 학문이 없어서 글을 제대로 해독할 수 있는 사람이 몇 사람 안 되었으나 그 곳에 거주하던 범중엄(范仲淹)이 자신의 집에 책은 많으나 학교가 없음(昔未有學, 以文淸解者不過數人, 景祐中范文正公以內閣典藩, 而以庠序之未立석미유학, 이문청해자불과수인, 경우중범문정공이내각전번, 이이상서지미립)"을 탄식하면서 경우(景祐) 연간부터 흥학이 개시되었다. 곤산(昆山) 역시 유사한 상황이었는데,[4] 특히 과거에는 민간에서 이름이 있는 유학자를 초빙하여 교육하게 하던 제도를 바꿔 관원 중에서 선발하여 교수직을 충원하게 하였다. '관리를 스승으로 삼는(以吏爲師이리위사)' 이 전략은 위로부터 아래로의 문명화 추진 활동을 더욱 정부의 행위에 속하게 하였고, 그 진행 과정에 속도가 붙게 하였음이 확실하다.

위로부터 아래로의 문명화 추진 활동

사실상 관방 측과 신사(紳士) 측이 '엄격한 금지'와 '교육을 통한 장려', 이 두 수단을 활용하여 공동으로 문명을 확장해 간 과정은 북송에서 남송까지의 수백 년간 지속되었다. 관방은 부단히 조령(詔令)을 내리고 법률을 반포하여 음사(淫祠)와 음사(淫祀)를 금지하였고, '밤에 모이고 새벽에 흩어지는(夜聚曉散야취효산)' 결사(結社)를 금지하였으며, 영아를 물에 빠뜨리는 구습(舊習)인 이른바 호자(薅子)를 금지하고, 새신(賽神: 신에게 보답하는 굿)할 때 병기(兵器)를 써서 의장(儀仗)하는 것을 금지하였으며, 향불을 이마나 팔에 대고 참는 연정(燃頂)이나 연비(煉臂), 바늘로 찔러 피를 내는 자혈(刺血), 손가락을 절단하는 단지(斷指) 등의 종교 행위를 금지하였다.

신사(紳士)도 부단히 민간에서 학교를 세워 『신의(新儀)』와 같은 종류의 규범 의례를 전파하면서 일가친척의 친목을 강조하고, 어른을 공경하고 부모에 효도하는 기풍을 장려하였다. 그리하여 당나라 때부터 송나라 때까지의 기간에 특히

---

4) 다음을 참조. 송양잠(宋楊潛), 『운간지(雲間志)』권상(卷上); 송주장문(宋朱長文), 『오군도경속기(吳郡圖經續記)』권상; 송항공택(宋項公澤), 『순우옥봉지(淳祐玉峰志)』권상(『송원방지총간宋元方志叢刊』영인본, 9쪽, 645쪽, 1062쪽, 중화서국, 1990).

송나라 시대에 상당히 빠르고 광범위하게 문명화가 진행되었다. 도시로부터 향촌으로 확대되고, 중심 지역으로부터 주변 지역으로 확대되고, 상층의 사인(士人)으로부터 하층의 민중에로 파급되었고, 이 과정을 따라 사회생활의 환경이 바뀌어 갔다. 통상적인 사고와 언어로 말하면, 이것은 야만 사회에서 문명 사회로 전환하는 것이다. 그러나 마땅히 지적해야 할 것은 이른바 '문명'이란 오늘의 관점에서 보면 단지 전통과 역사에 의해 건립되고 여기에 정치권력의 공감(共感)이 더해진 것일 뿐인데 전통과 권력에 의해 문명의 합법성이 확정되어 있을 때는 특정 사회의 질서 있는 생활에 필요한 상식과 규칙에 대하여 문명은 담론 권력을 갖게 되고, 사람들이 자기도 모르게 문명의 합법성에 동의하는 사이에 자신들의 생활을 통제한다는 점이다.

이른바 '문명'이란

　　본래 고대 중국에서 문명은 강제성을 갖는 '금지령'과 장려하는 방식의 '교육'을 통하여 추진되었다. 가혹한 관리[酷吏]에 의한 방식과 선량한 관리[循吏]에 의한 방식의 양방면의 추진이 있었던 것이다. 그러나 교통과 통신이 발달하지 않았던 그 시대에는 이렇게 도시의 사대부(士大夫)들이 공감하는 생활 규칙과 윤리 상식의 전면적인 보급이 결코 쉽지 않았다. 하지만 당송(唐宋) 시대에는 문화 해석의 책임감을 갖고 있는 사인(士人) 계층의 대(對) 사회적 영향력이 확대된 것, 인쇄술이 지식 전파를 매우 쉽게 바꿔놓은 것, 그리고 교통 편의가 도시와 향촌 간의 소통을 시간이 지날수록 더욱 많게 한 것 등으로 말미암아 문명화의 진행에 전례 없는 가속도가 붙었던 것으로 보인다.

　　문명이 도시로부터 향촌으로 확장되고, 도덕적이고 이성적인 생활 질서가 상층부로부터 하층부로 파급되고, 사회 규칙이 외재적 규범으로부터 내재적 도덕으로 공감되는 가운데 점차 하나의 생활 풍속이 형성되었다. 이것은 당연히 송대 이학(宋代理學)이 발생하게 된 토양과 배경이었지만 또 한편으로는 사대부 계층이 공감하는 도덕과 윤리의 원칙으로서의 송나라 시대의 이학이 점차 제도화와 세속화를 거쳐 생활 세계로 깊이 들어간 결과이었을 수도 있다. 어쨌든 이렇게 확장된 문명은 송나라 이후 중국 생활윤리의 동일화를 새롭게 형성하였다. 이 문명화가 초래한 사회생활의 환경의 변화는 보기에 따라 당나라 때까지의 중국과 송나라 때 이후의 중국 간에 현격한 차이를 낸 것으로 볼 수도 있고, 중국의 사회, 사

이렇게 확장된 문명은 송나라 이후 중국 생활 윤리의 동일화를 새롭게 형성하였다.

상, 문화에 정말로 하나의 심각한 단절을 초래한 것으로 볼 수도 있다.[1]

1

물론 앞에서 제기한 음사(淫祀 : 부정한 귀신에게 지내는 제사), 음사(淫祠 : 귀신을 모셔 놓은 집)의 금지가 당송(唐宋) 시대에만 있었던 것은 아니다.[2] 위진(魏晉) 시대로부터 시작하여 역대 정부는 모두 이것들을 매우 엄격하게 금지한 일이 있고, 수많은 관원들도 음사(淫祀)와 음사(淫祠)를 적극적으로 단속하는 활동을 하였다. 당나라 때 이르러, 예컨대 성당(盛唐) 시기의 적인걸(狄仁杰 : 630~700년)은 강남 순무사(巡撫使) 직을 수행할 때 "오초(吳楚)의 민가에는 음사(淫祠)가 많이 있기 때문에 적인걸이 임금께 건의하여 1,700 곳을 폐지한"[3] 일이 있다. 다른 사례로 당나라

---

1) 당나라 때와 송나라 때의 문화적 차이는 거의 토론이 반복된 주제이다. 그러나 많은 토론이 사회 발전사의 각도에서 사회 구조와 경제 조직 등의 면에 주의력을 집중하든가 또는 이미지 차원에 머물면서 문학, 예술상의 일련의 문헌을 찾아 모호하고 추상적인 상징어를 사용하여 그 차이를 서술해 왔다. 분명히 이것으로는 부족하다.

2) 동한(東漢) 말엽에 청주(青州) 등지에서 성양경왕(城陽景王)을 위한 사당을 세웠는데, "제남(濟南)에서 특히 성행하여 600여 곳의 사당이 세워지기에 이르렀다." 조조(曹操)는 제남에 부임하여, "모든 사당 건물을 철폐하고 관리와 백성들에게 사당 제사를 금지하였다(『삼국지三國志』권1, 배송裴松의 주인注引「위서魏書」, 4쪽)." "정권을 잡은 후에는 더욱 널리 철폐 작업을 시행하니 세상의 음사(淫祀)가 마침내 없어졌다(『송사宋史』권17, 487쪽)." 조비(曹丕)는 황초(黃初) 5년(224)에 조령을 내려 엄중하게 비판하기를, "혼란과 말세는 무당과 역상가(曆象家)들을 추종하는 데서 비롯된다"며 "이후로 감히 제사 대상이 아닌 것에 제사하거나 무당의 말을 퍼트리는 자는 모두 좌도(左道 : 사이비 도)로 간주하여 논죄하겠다"고 선포하였다. 관방은 이로부터 법률상 '좌도'를 제재하는 규칙과 기준을 제정하기 시작하였다(『삼국지三國志』권2, 84쪽). 삼국 이래로 이것은 중국 정치의 전통이다. 송원(宋元) 시대 이후에도 여전히 그러하였는데, 『송사宋史』권199의 「형법지(刑法志)」(4981쪽)에 이렇게 기록되어 있다. "역대 왕들은 좌도와 난법(亂法), 요언(妖言)과 군중을 미혹하는 것을 용서하지 않았으며, 송나라 왕조에 와서는 더욱 무겁게 그것들을 금지하였다. 사이비 종교[妖敎]를 전습하거나 밤에 모였다가 새벽에 흩어지는 모임, 그리고 '살인제사' 같은 종류는 모두 법률로 규제되어 있다(左道亂法, 妖言惑衆, 先王之所不赦, 至宋尤重其禁, 凡傳習妖敎, 夜聚曉散, 與夫殺人祭祀之類, 皆著于法左道난법, 요언혹중, 선왕지소불사, 지송우중기금, 범전습요교, 야취효산, 여부살인제사지류, 개저우법)." 갈조광, 「요도와 요술—소설·역사와 현실중의 도교 비판(妖道與妖術—小說·歷史與現實中的道敎批判)」(『중국문학보中國文學報』57기, 일본 교토, 1998). 고지마 츠요시(小島毅)의 「정사와 음사—복건의 지방지에 있어서 서술과 논리(正祠與淫祠—福建の地方志における記述と論理)」(『동양문화연구소기요東洋文化硏究所紀要』제114책, 도쿄, 1991)에서 복건 지역 상황을 분석한 것을 참조.

3) 『구당서』권89 「적인걸전(狄仁杰傳)」.

중기의 이덕유(李德裕 : 787~850년)는 박주(亳州) 사람들이 성수(聖水)를 취하여 치병(治病)하는 것을 금지하였고, 대대적으로 음사(淫祠) 1,100곳을 폐지하고 승려 중에 신비의 약물을 만드는 소련술(燒煉術)을 하는 자 또는 주술(咒術)이나 금기(禁氣)를 하는 자들을 환속시켰다. 이 사례들은 관방이 권력으로 문명화를 추진한 것으로 국가의 권력 독점에 의해 국가와 사회의 질서를 확립하고 강화한 상징적 사건들이라 볼 수 있다.[1]

반면에 이런 일들에 대한 황실과 귀족들의 태도는 늘 관대한 편이었다. 대개 부유하고 안정되고 번영하던 시대에는 황제들이 이런 류의 행위들을 음사(淫祀) 혹은 음사(淫祠)로 간주하는 것에 별로 급급해 하지 않았다. 황제들은 일련의 기이한 제사 또는 신령의 존재 등을 일종의 흥미로운 특이 사례들로 보고 용인할 수 있었던 것이다. 그러나 국가의 권위 및 사회의 질서가 위급한 시대가 되면, 사람들은 사상과 생활상의 혼란을 쉽게 일으킬 수 있는 이런 제사 활동을 질서를 파괴하는 것으로 간주하였고, 본래는 허구의 신령들이고 임의적인 제사인 이것들을 중앙 정부에 대한 실질적인 권력 분할 및 도전으로 간주하곤 하였다.

송나라 시대에는 관방이 지지하는 문명화의 정부 조치들이 특히 일반화되고 빈번하게 이루어졌던 것으로 보이며, 상대적으로 편벽된 변방 지역에까지 점차 확대되었다. 『속자치통감장편(續自治通鑑長篇)』에 기재된 북송 초의 사례를 보

송나라 시대에는 관방이 지지하는 문명화의 정부 조치들이 특히 일반화되고 빈번하게 이루어졌다.

---

1) 『신당서』권180, 「이덕유전(李德裕傳)」(5330쪽)에 이렇게 기록되어 있다. 원화(元和) 연간에 "박주(咒州 : 현재의 안휘성 일부)의 불교인들 사이에 물로 병을 낫게 할 수 있다는 괴소문이 돌았다. 이름하여 '성수(聖水)'라 불리고 소문이 널리 퍼져 남방 사람들은 대략 10호당 한 사람을 고용하여 가서 물을 길어 오게 하였다. 한 번 마시고 나면 병자는 감히 육류 음식을 가까이 할 수 없었다. 위급한 노인들의 경우에는 대개 죽는 일이 많았다. 그럼에도 물 가격은 매우 비쌌고, 파는 자들은 더욱 길어다가 길에서 팔면서 서로 속이고 흘리니, 물 길러 가는 사람들이 매일 수천 명이었다. 이덕유가 엄명하여 나루터에서 감시하고 체포하게 하는 등 금절하고서 임금에게 아뢰기를, '옛날에 오(吳)나라에 성수가 있었고, 송(宋)나라와 제(齊)나라에도 성수가 있었으나, 모두 본래는 요상한 것이어서 옛사람들은 금지하였습니다. 관찰사 영호초(令狐楚 : 766~837년)에게 우물을 메워 망녕된 근원을 제거하게 해주시옵소서'라고 하니, 그렇게 하라 하였다." 이런 기록도 있다. "촉(蜀) 땅에서는 딸을 돈을 받고 넘겨 남의 첩이 되게 하는 사람이 많았다. 이덕유가 규약을 만들어 13세 이상은 3년만 일하고, 그 이하는 5년간 일한 후 기간이 만료되면 부모에게 되돌려 보내게 하였다. 또 그 지역의 공인 받지 않은 불교 시설 수천 곳을 철폐하고서 그 땅에 농사를 짓게 하였으며, 유비(劉備)를 기리는 사당 옆에 있는 원숭이가 많은 마을에서는 주민들이 젊은 승려들을 선발하여 후원하였는데 승려들이 마음대로 처자를 거느리자 이덕유가 영을 내려 금지하였다. 이렇게 해서 촉 땅의 풍속이 크게 변하였다."(5332쪽)

자. 예를 들어 옹주(邕州)는 "풍속이 귀신 섬기는 제사를 중시하였는데, 병에 걸린 자가 치료할 생각은 안하고 단지 닭이나 돼지를 마구 살생하여 요행히 음혼(淫昏)인 귀신의 덕을 보려는 식이었다. 범민(范旻 : 936~981년)이 이를 금지하는 명령을 내리고 자신의 봉급으로 약재를 구해 직접 조제하여 백성 중에 병에 걸린 사람에게 나눠주니 병이 나은 사람이 수없이 많았다. 이에 처방전을 돌에 새겨 놓고 청사 벽에도 붙여두니 관내 사람들이 감동하였다."[2]

그리고 옹희(雍熙) 2년(985)에는 "임금께서 『옹관잡기(邕管雜記)』를 보시고 그곳의 풍속이 괴이한 것에 탄식하셨다. 9월 을미(乙未)일에 영남(嶺南 : 오령五嶺 이남의 중국 남부)의 여러 주(州)에 조령을 내려 백성들의 혼인이나 장례 및 복장 규정을 그곳의 기관장과 관리들이 맡아 점차 계도하고 면려하여 조례(條例)를 준수하게 하라고 하였다. 또 사람을 죽여 귀신에 제사하거나 병이 들었는데 의원을 구하지 않는 것, 승려가 처자를 두는 것 등의 일에 대해서는 적극적으로 교화하여 스스로 깨쳐 고치게 할 것이지 혹시라도 가혹한 법 적용으로 번거로운 일이 생기지 않게 하라 하였다.(上覽『邕管雜記』, 嘆其風俗乖異. [九月乙未, 詔嶺南諸州民嫁娶喪葬衣服制度, 委所在長吏漸加誡厲, 俾遵條例 其殺人祭鬼, 病不求醫, 僧置妻孥等事, 深宜化導, 使之悛革, 無或峻法, 以致煩擾상람『옹관잡기』, 탄기풍속괴이. [구월]을미, 조령남제주민가취상장의복제도, 위소재장리점가계려, 비준조례 기살인제귀, 병불구의, 승치처노등사, 심의화도, 사지전혁, 무혹준법, 이치번요)"[3]

더 예를 들면 동부에서는 태평흥국(太平興國 : 976~984년) 5년(980)에 "온주(溫州 : 절강성 동남부에 위치)에서 귀신들린 고양이로 남을 저주하여 살인을 한 등(鄧) 노인을 체포하여 압송하고 그 가족을 대궐 아래로 데려왔는데, 등 노인은 처형되고 가족은 각자 따로따로 멀고 험한 곳으로 귀양보냈다." 같은 시기에 서주(徐州)에서도 "괴이한 행동을 한 이서(李緒) 등 45인을 압송하였는데, 7인은 참수하고 나머지는 멀고 험한 곳으로 귀양보냈다."[4] 서부에서는 우선 태평흥국 6년에 "사천(四川)의 여러 주에서 백의무사(白衣巫師)를 금절하였고",[5] 태평흥국 8년에는 "부릉(涪

---

2) 『속자치통감장편(續資治通鑑長編)』 권12, 개보(開寶) 4년, 중화서국, 1979, 271쪽.

3) 『속자치통감장편』 권26, 599쪽.

4) 『속자치통감장편』 권21, 472쪽.

5) 『속자치통감장편』 권22, 492쪽.

陵 : 지금의 중경시 일부)의 백성들은 음사(淫祀)를 숭상하여 병이 들어도 치료를 하지 않고 무당의 지시를 받았다. 이유청(李惟淸)이 부임하여 처음에 대표적인 무당을 잡아 태형(笞刑)에 처하자 백성들은 반드시 화를 당할 것으로 여겼다. 그러나 그 다음 번에는 몽둥이질을 하였지만 아무 일이 없자, 백성들은 무당에게 신령스런 무엇도 없음을 알게 되었다. 그런 후에 의료와 약품으로 치료해야 함을 가르치면서 그 곳의 풍속을 조금씩 바꿔 갔다."[1]

특별히 흥미를 끌기도 하고 상징성을 갖기도 하는 일은 북송의 개국 초에 당나라 때부터 시작된 무성왕(武成王 : 강태공)을 기리는 사당[2]과 제사의 명단을 조정한 건이다. 『당회요(唐會要)』 권23, 「무성왕묘(武成王廟)」에 이렇게 기재되어 있다. "당나라 개원(開元) 19년(732) 4월 18일에 양경(兩京)과 각 주(州)에 강태공의 사당을 한 곳씩 두었으며, 장량(張良)을 배향하였다." 둘째 날, 조령을 더 내려 중서(中書) 책임하에 문하성(門下省)에서 고금의 명장(名將)들을 선정하여 "문선왕(文宣王 : 공자) 아래 아성(亞聖)과 10철(十哲) 등을 둔 것에 맞춰(准文宣王置亞聖及十哲等준문선왕치아성급십철등)" 제사하도록 하였다. 그 안에는 진(秦)나라의 무안군(武安君) 백기(白起 : ?~기원전 257년)도 들어 있었고, 그 외에 72현(賢)이 포함되어 있었다.

그런데 송나라 태조(재위 960~976년)가 조령을 내려 백기와 왕승변(王僧辯 : ?~555년)을 제외하게 하였다. 이유는 백기는 "투항한 사람들을 살해하였으니 무인답지 못함이 심하다"는 것이었고, 왕승변은 "불명예스럽게 죽었고 사려에 덕이 부족하다"는 것이었다. 이렇게 해서 제사 대상의 명단을 다시 작성하였다. 이어 태조는 건륭(建隆) 4년(963)에 다시 조령을 내려 도덕성, 공적, 일신상 결함을 이유로 오기(吳起), 손빈(孫臏), 염파(廉頗), 한신(韓信), 팽월(彭越), 주아부(周亞夫), 단기명(段紀明), 등애(鄧艾), 도간(陶侃), 관우(關羽), 장비(張飛), 두원개(杜元凱), 모용소종(慕容紹宗), 왕승변(王僧辯), 오명철(吳明徹), 양소(楊素), 하약필(賀若弼), 사만세(史萬歲), 이광필(李光弼), 왕효걸(王孝杰), 장제구(張齊丘), 곽원진(郭元振) 등 22명을 제외하는 한편, 관중(管仲)을 당상(堂上)으로 올리고 오기는 끌어내려 폐기하였다. 당시에 비록 양주한

1) 『속자치통감장편』 권24, 567쪽.

2) 공자(孔子 : 기원전 551~기원전 479)의 사당에 문선왕(文宣王 : 공자)과 현인들을 배향한 것에 맞춰 당나라 때부터 강태공(太公 姜尙 : 기원전 1128~기원전 1025)의 사당을 세워 역대 명장들과 함께 제사 지내왔다(역자 주).

(梁周翰)의 이의 제기가 있었으나, "올리고 내리는 기준에 징벌과 장려의 의미가 있다(以昇降之制, 有所懲勸이승강지제, 유소징권)"는 임금을 설득하지는 못하였다.[3]

사당에서 제사하는 명단의 변동은 관방이 취하는 모종의 입장을 표명한다. 이른바 '올리고 내리는 기준에 징벌과 장려의 의미가 있음'이란 돌아가신 옛 성현들을 제사하거나 표장하는 것이 사실은 살아 있는 사람들에게 생활의 모범을 확립시켜 주려는 것임을 말해준다. 그러므로 명단에 누구를 넣거나 빼는 것에 도덕적 윤리적 의미가 담겨 있음에 대해서는 굳이 설명할 필요가 없다. 그러나 지방에서 날로 늘어가는 제사를 금지하거나 제사를 합법화하는 권력을 독점하는 것의 초점은 일종의 허구적 관계에 있어 지방에 대한 중앙의, 민간에 대한 관방의, 변방에 대한 주류의 통제를 상징하고 시사한다. 그리고 이렇게 함으로써 정치권력과 세속 생활의 일치를 실현함에 있다.

송나라 이후로 조정과 관청이 거행하는 제사 또는 조정이나 관청이 비준한 종교 단체에서 주최하는 명산(名山), 오악(五嶽), 독천(瀆川), 신기(神祇)의 제사는 명단이 이미 문서로 작성되어 있었다. 비록 늘 명단 내용에 변동은 있었지만, 이 명단에 올라있는 제사들은 '국가 제사'라고 불러도 좋을 만한 합법성을 갖고 있었다.[4] 가령 어느 제사가 지방에서 임시로 지내는 제사이고 그 지방의 관원이 임금

---

3) 『속자치통감장편』권4의 건덕(乾德) 원년(92~94쪽)과 『송회요집고』 제16책, 찰16(札十六)(686쪽)을 참조. 정의중(程毅中), 「송대 무성왕묘 종사명단의 변혁(宋代武成王廟從祀名單的變革)」, 『서품(書品)』 1999년 1기(중화서국, 1999), 62~65쪽을 참조. 그러나 필히 말해 둘 것은 이 개혁 조치가 경력(慶歷 : 1041~1048년) 연간에 폐지되었다는 점이다. 『송사(宋史)』권105 「예지8(禮志八)」을 볼 것. 선화(宣和) 5년(1123)에 이르러 예부(禮部)는 다시 관중(管仲)·전양저(田穰苴)·손무(孫武)·범려(范蠡)·악의(樂毅)·제갈량(諸葛亮)·오기(吳起)·손빈(孫臏)·전단(田單)·염파(廉頗)·왕전(王翦)·이광(李廣)·주유(周瑜)를 모두 후백(侯伯) 등의 작위에 봉하고, 장량(張良)을 당상(堂上)에 올렸으며, 서쪽에 관중·손무·악의·제갈량·이적(李勣)을, 동쪽에 전양저·범려·한신(韓信)·이정(李靖)·곽자의(郭子儀)를 배열하는 것으로 결정하였다. 즉 관중과 범려와 곽자의를 올리고, 오기(吳起)와 백기(白起)를 내린 것이다.

4) 『송회요집고』「예류(禮類)」20의 9(중화서국, 1983, 57~58쪽)에 의하면, 북송 소성(紹聖) 2년(1095)에 황상(黃裳)이 군주에게 조령을 내려 천하의 각 주군(州軍)에서 경내의 신사(神祠)를 조사하여 "그 설치의 근거와 현황을 약술하고, 'ㅇㅇ주(州) 사전(祀典)'이라는 책자로 편찬하게(略述所置本末, 勒爲一書, 曰某州祀典약술소치본말, 특위일서, 왈모주사전)" 할 것을 건의하였는데, 황제의 비준을 얻었다고 기록되어 있다. 송나라 때의 정부의 정식 제사에 관한 비교적 집중적이면서 간명한 기록으로는 장작(莊綽)의 『계륵편(鷄肋編)』권중(卷中)에 있는 "조정의 제사 규정에 의해 서울에서 행하는 대·중·소 제사는 1년에 모두 50가지이다(國朝祠令, 在京大中小祀, 歲中凡五十國조사령, 재경대중소사, 세중범오십)"는 조목을 참조할 수 있다.

에게 아뢰어 황권(皇權)에 의해 인가를 받아 합법성을 획득한 경우일지라도,[1] 만약 이 제사 명단에 올라 있지 않다면, 즉 정식으로 그 지방 기관장을 거쳐 임금에게 보고되는 제사가 아니라면 음사(淫祀)로 간주되었다. 이른바 '정사(正祀)'와 '음사(淫祀)' 간의 차이는 사실은 하나의 권력 분배의 문제였다. 즉 권력이 제사의 합법성을 독점하였던 것이다.[2]

근래의 연구자들은 이런 지적을 한다. "송나라 때 민간에서 행해진 다원(多元) 숭배 현상은 전례가 없을 정도였는데, 종교적인 것이 아닌 것들은 크게 두 부류로 나뉜다. 첫째 부류는 산천(山川) 또는 토지 또는 용왕(龍王)을 제사하는 사당으로 자연 숭배의 변형이라 할 수 있다. 둘째 부류는 역사상의 훌륭한 왕이나 공신(功臣), 명장(名將), 효자와 열녀, 고을의 출중한 인물 등을 제사하는 기념성의 사당이다. 이 두 부류의 사당은 모두 정부의 승인을 얻은 것들이다. 민간에서 행해진 다원 숭배의 대상에는 없는 것이 없었다. ……북송 말년에 수도인 변량(汴梁 : 지금의 개봉시)에서는 합법성을 얻지 못한 신사(神祠)들, 예를 들면 오통(五通 : 五通神), 석장군(石將軍), 달기(妲己) 등을 제사하는 1,038곳을 한꺼번에 폐지하였다."[3]

이 서술은 『송회요집고(宋會要輯稿)』(예례 20의 1)에 기재되어 있는 다음 사실을 가리킨다. "정화(政和) 원년(1111) 1월 9일에 개봉부(開封府)에 조령을 내려 사당 1,038곳을 철거하고, 그 상(像)들은 불교 사찰이나 도교 사원 또는 본묘(本廟)에 옮기게 하였다. 예컨대 진무상(眞武像)은 예천하관(醴泉下觀)으로 옮기고, 토지상(土地像)은 성황묘(城隍廟)로 옮기게 한 것 등이 그것이다. 오통, 석장군, 달기를 제사하

---

1) 『송대조령집(宋大詔令集)』(중화서국, 1962, 485~487쪽)에는 이러한 임시성 제사 관련 문서가 많이 들어 있다. 예컨대 권137에는 「상주황사령묘특봉영택후제(商州黃砂嶺廟特封靈澤侯制)」, 「운주영진묘룡여가특봉신제부인제(鄆州靈津廟龍女可特封神濟夫人制)」, 「복주고전현혜응묘후산신봉순녕후제(福州古田縣惠應廟侯山神封順寧侯制)」 등이 들어 있는데, 그 중에는 예로부터 승인되어 온 역사적인 제사들도 있지만, 특정 상황에서 영묘한 감응(感應)이 있어 그 지위가 승인된 것들도 있다.

2) 송나라 때 관방에서 묘액(廟額)과 봉호(封號)를 하사한 것과 이러한 정부 행위의 의미에 관해서는 쓰에 타카시(須江隆)의 「당송 시기에 있어서 사묘의 묘액・봉호에 관하여(唐宋期における祠廟の廟額・封號について)」, 『중국―사회와 문화(中國―社會と文化)』 제9호(중국사회문화학회中國社會與文化學會, 도쿄, 1994)를 참조. 또 이시카와 시게오(石川重雄), 「송대 제사 사회와 관음신앙(宋代祭祀社會と觀音信仰)」(『중국의 전통사회와 가족中國の傳統社會と家族』, 급고서원, 도쿄, 1993)을 참조.

3) 서평방(徐苹芳), 「승가 조상의 발견과 승가 숭배(僧伽造像的發現和僧伽崇拜)」, 『문물(文物)』, 1996년 5기.

는 세 사당은 음사(淫祠)이므로 폐지하라고 하였고, 군대나 민간에서 임의로 사당을 세우는 것을 금지하였다(政和元年正月九日詔開封府, 毀神祠一千三十八區, 遷其像入寺觀及本廟, 如眞武像遷醴泉下觀, 土地像遷城隍廟之類, 五通石將軍妲己三廟以淫祠廢, 仍禁軍民擅立大小祠廟정화원년정월구일조개봉부, 훼신사일천삼십팔구, 천기상입사관급본묘, 여진무상천예천하관, 토지상천성황묘지류, 오통석장군달기삼묘이음사폐, 잉금군민천립대소사묘)." 이런 상황은 이곳 뿐만 아니라 당시 전국에 걸쳐 상당히 엄중하게 진행되었던 것으로 보인다.

그리하여 3~4년 후에 관방은 다시 금지령을 내리는데, 『송회요집고』에는 이렇게 기록되어 있다. "정화(政和) 4년 2월 5일에 신하가 이렇게 말하였다. 바라옵건대 각 로(路 : 후대의 省에 해당)의 주(州)·현(縣) 단위로 책임을 묻되, 그에 앞서 이야기하고 향을 피우는 수양 모임이라는 명분으로 사사로이 불당(佛堂)이나 도원(道院)을 세워 사람들을 모이게 하는 곳이 있는데 철저히 철폐해야 하며, 무엇무엇이 올바른 것인지를 분명하게 세워 지역 사회에 알렸으면 합니다.(政和四年二月五日臣僚言, 欲乞下諸路括責州縣, 前此, 有以講說燒香齋會爲名, 而私置佛堂道院, 爲聚衆人之所者, 盡行拆毀, 明立賞典, 揭示鄕保정화사년이월오일신료언, 욕걸하제로괄책주현, 전차, 유이강설소향재회위명, 이사치불당도원, 위취중인지소자, 진행탁훼, 명립상전, 게시향보)" 이런 기록도 있다. "정화 4년 11월 25일에 신하가 이렇게 말하였다. '제가 보건대, 민간에서 무당이 음사(淫祀)를 행하며 귀신의 말이라고 거짓된 말을 내어 어리석은 군중을 선동하여 미혹시키고 있습니다. 2광(二廣 : 지금의 광동성과 광서 장족 자치구 일대) 지역 백성들의 추종이 더욱 심한데, 도덕과 풍속을 벗어난 일이 아닌가 생각합니다. 신이 바라옵건대 엄격히 법으로 금지하여 그런 일을 근절해 주셨으면 합니다. 만약 무당이 귀신의 말이라면서 군중을 속이고 미혹시키면 도형(徒刑 : 노역형) 2년에 처하고 이런 내용을 신고한 사람에게는 상금 100관을 내렸으면 합니다.'" [4] 남송에 이르자 관방은 중앙 정부와 지방 정부를 막론하고 이른바 음사(淫祀) 및 음사(淫祠)를 더욱 적극적으로 제거해 갔다. 제사의 독점권을 행사한 것이다. [5]

---

4) 이상은 『송회요집고』 165책, 「형법2(刑法二)」, 6526~6527쪽에 보임.

5) 예를 들어 영종(英宗) 치평(治平) 3년(1066) 4월에는 조령을 내려 각 기관장은 관할 지역 내의 좌도(左道)와 음사(淫祀) 및 선량한 사람을 해치거나 살해한 자와 조정의 지시를 받들지 않는 자를 용서하지 말라고 하였고(『송사宋史』 권13, 「영종기英宗紀」, 259쪽), 휘종(徽宗) 정화(政和) 원년(1111) 4월에는 "서울의 음사(淫祠) 1,038 곳을 철

바로 이 권력 독점에 의해 중앙, 도시, 상층부 문명의 전파와 확장이 추진되었다. 도덕과 윤리상의 결함을 갖고 있는 신령들이 철회되었다는 것은 도덕과 윤리에 부합하지 않는 행위에 대한 비판과 배척을 함의하며, 도덕적 귀감이 되는 귀신과 심지어 사람까지 새로운 제사 명단에 편입되었음은 곧 모종의 윤리 행위들이 갖는 합리성에 대한 긍정을 함의한다. 명단에 없는 제사는 철저히 금지되었다는 것은 바꾸어 말하면 하나의 통일된 귀신 계열이 존재하였음을 상징하며, 통일된 귀신 계열의 존재는 곧 통일된 국가 정치와 보편적 문명 가치에 의한 통제를 상징한다.[1]

이른바 '행동윤(行同倫 : 동일한 윤리를 행함)'은 오직 이 정치권력과 군사 권력의 밖에 있는 문화 권력이 공동으로 참여할 때에만 비로소 민중들의 보편적이고 자각적인 추구가 가능하게 된다. 이 때문에 문명에 대한 책임을 지고 있던 사대부들은 송나라 때 전체 수백 년간 계속 매우 적극적으로 권력을 운용하여 '하나의 풍속, 하나의 도덕'을 추동하였다. 북송 초에 왕사종(王嗣宗 : 944~1021년)이 빈주(邠州)에 부임하여 그곳 사람들이 여우 귀신을 섬기던 사당을 철폐한 일에서부터 남송 말에 황진(黃震 : 1212~1280년)이 광덕군(廣德軍)에서 강회(江淮 : 양자강과 회수 일대) 사람들이 숭봉하던 사산묘(祠山廟)를 철폐한 일에 이르기까지 일련의 조치들이 취해졌다. 전자의 결과 백성들이 홍수, 가뭄, 전염병을 당하면 여우 귀신에게 제사하던 미신이 혁파되었고, 후자의 결과 '영신(迎神) 절차가 범법을 낳거나(鬪爭致

거하였다"(『송사宋史』 권20, 「휘종기2徽宗紀二」, 385쪽). 남송의 주요 거점이었던 강남(江南) 지역의 신앙은 더욱 혼란스러웠다. 『이견정지(夷堅丁志)』 권19에 기록되어 있는 그대로 "그 곳 사람들이 숭배하는 신령들은 매우 괴상하고 기이하였는데, 바위나 나무를 대상으로 제사하는 경우가 많았고 마을마다 이런 것이 있었다." 예컨대 오통(五通), 목하삼랑(木下三郎), 목객(木客), 독각오통(獨脚五通) 같은 것들이다. 『송회요집고』 165책, 「형법2(刑法二)」에는 통천이랑(通天二郎), 맹공사자(孟公使者), 황삼랑(黃三郎), 태백공(太白公) 등이 기재되어 있다. 그래서 남송 정권은 정착하자마자 바로 이것들에 대한 금지 조치를 시작하였다. 예를 들어 소흥 16년(1146) 2월에는 "각 로(路)에 있는 음사(淫祠)를 철거하라"는 조령을 내렸다(『송사』 권30, 「고종7高宗七」, 564쪽)

1) 남송 시대 민간 사신(祀神)의 합법화 과정에 관해 한센(Valerie Hansen)은 『신의 변천(變遷之神)』(Changing Gods in Medieval China, 1127~1276, Princeton University Press, 1990)에서 훌륭한 연구를 한 적이 있다. 예를 들어 그는 『이견갑지(夷堅甲志)』 권20에 나오는 군교(軍校) 범왕(范旺)이 민간의 신기(神祇)가 되고, 최종적으로는 관방의 인가를 받은 사례를 거론하고 있다. 그는 또 마치 시든 난초에서 새 잎이 나오듯이 보통 사람이 신(神)이 되는 변천의 과정에 관해서도 거론한다. 포위민(包偉民)의 중역본(中譯本)(절강인민출판사浙江人民出版社, 1999), 36~37쪽, 152~154쪽.

이른바 '행동윤'은 오직 이 정치권력과 군사 권력의 밖에 있는 문화 권력이 공동으로 참여할 때에만 비로소 민중들의 보편적이고 자각적인 추구가 가능하게 된다.

犯法투쟁치범법)' [2] '자기들끼리 매질을 하면서 복을 비는 행위(自栲掠以徼福자고략이요복)' 등의 혼란이 혁신되었다. [3]

사실 송나라 때 관청과 관리들이 민간 제사를 시종 매우 엄격하게 규제하는 조치들을 취한 이유는 그들이 볼 때 민간 제사 내지 이런 민간 제사로부터 유발되는 민간의 비밀 활동이 국가 질서에 대한 일종의 도전이라고 여긴 데 있다. 즉 '사이비 법도를 학습하거나 밤에 모였다가 새벽에 해산하는' 단체 활동은 정치권력 외의 또 하나의 중심 권력을 조성할 가능성이 있으며, '오직 신령을 두려워 할 줄만 알고 그 이상 법을 두려워하지 않는' 신앙은 정치적 권위 외에 또 하나의 종교적 권위를 발생시킬 가능성이 있다고 여겼다. [4] 민간이 주도하여 각종 신령에게 제사를 하게 되면 제사 의례에 대한 관방의 독점 권력이 와해될 것이며, 민간 사회와 토착 권력이 제사를 통해 직접 하늘의 뜻(天意)을 얻는 길, 즉 직접 합법성을 확보하는 통로를 갖게 될 것으로 생각하였다. 이런 까닭에 음사(淫祀)의 금절은 관방의 권위를 높임으로써 과거에 종교에 의지하여 액운을 떨치고 곤경을 헤쳐 나가던 것을 관방에 의지하도록 바꾸었을 뿐만 아니라 사회의 질서를 확고히 함으로써 사람들로 하여금 사회의 규칙에 따라 생활하게 하는 결과를 가져왔다.

이와 아울러 한편으로 송나라 때의 법률에는 음사(淫祀), 음사(淫祠), 무당 활동, 종교 모임 같은 것들에 대한 엄격한 제한이 포함되어 갔다. 예를 들어 북송 천희(天禧) 4년(1020)의 조령은 분명하게 '공문서 위조, 악귀에 의존한 저주, 요서(妖書)·요언(妖言)의 유포, 요술(妖術)의 전파'와 '십악(十惡), 강도 살인, 살인 모의' 등을 큰 죄목으로 열거하고 있다. 송나라 신종(神宗) 시대에 제정된 보갑조례(保甲條例)에는 향촌에서는 늘 생기는 이런 종류의 활동을 연대 보증에 포함시키고서, 예

---

2) '투쟁치범법(鬪爭致犯法)'이란 제사 때 신을 맞이하는 영신(迎神) 절차로 평소 행실이 좋지 않은 젊은이로 하여금 군대용 칼을 들고 희생에 쓰일 소와 격렬하게 싸우게 하는 관행이 있었는데, 이 과정에 위법 행위가 포함된 것을 일컫는다(역자 주).

3) 『송사』, 권287 「왕사종전(王嗣宗傳)」(9666쪽)과 권438 「황진전(黃震傳)」(12992쪽). 왕사종의 건은 왕벽(王闢)의 『민수연담록(澠水燕談錄)』에도 보이는데, 경덕(景德) 연간에 왕사종이 빈주(邠州)지방 장관으로 있을 때 신사(神祠)와 호리(狐狸)를 일소하여 "사당지기에게 채찍으로 등을 때리는 편배(鞭背)형을 가하고 그의 집을 이사시키고 사당을 철거하자 요망한 여우[妖狐]가 마침내 사라졌다"고 기록되어 있다.

4) 『속자치통감장편』 권159, 경력(慶歷) 6년 9월.

컨대 '사이비 종교의 전습(傳習)'이나 '독충 살인', '사이비 제사 및 사이비 신앙'을 "알고도 신고하지 않으면 법률에 의거하여 논죄한다(知而不告, 論如伍保律지이부고, 논여오보율)"고 되어 있다. 그리하여 『송사(宋史)』(199권) 「형법1(刑法一)」에는 이렇게 씌어 있다.

부정한 도리와 법질서 문란, 망언과 군중 기만 등을 선왕(先王)들께서는 용서하지 않았으며, 송나라 때에 이르기까지 더욱 엄중하게 그것들을 금절하였다. 사이비교를 전습(傳習)하거나 밤에 모이고 새벽에 해산하는 모임, 살인제사(殺人祭祀) 등의 류는 모두 법률에 규제되어 있으니 주의 깊이 살펴 엄격하게 집행해야 한다. 그리하여 규범을 어지럽히거나 법도를 지키지 않는 자들이 풍속을 흔들고 해치는 일이 없게 해야 한다(左道亂法, 妖言惑衆, 先王之所不赦, 至宋尤重其禁, 凡傳習妖敎, 夜聚曉散, 與夫殺人祭祀之類, 皆著于法, 訶察甚嚴, 故奸軌不逞之民, 無以動搖愚俗좌도난법, 요언혹중, 선왕지소불사, 지송우중기금, 범전습요교, 야취효산, 여부살인제사지류, 개저우법, 가찰심엄, 고간궤불령지민, 무이동요우속).[1]

2

'하나의 도덕, 하나의 풍속'은 송나라 때의 관방과 신사(紳士)가 다 같이 많이 이야기한 말이다. '도덕'을 중심으로 '풍속'을 개혁하고 정돈하고자 한 문명화 과정에서 국가의 도덕 윤리가 하나로 통합되어야 하고 사회 질서가 규범으로 정립되어야 한다는 점에 있어 황권(皇權)으로 상징되는 '국가'와 신사(紳士)로 대표되는 '사회'는 완전 일치하였다. 일찍이 북송 왕조는 막 건립된 초기에 누차에 걸쳐 왕명으로 옛 풍속 중 유가의 원칙에 부합하지 않는 것들을 고치도록 하여 "인륜을 추구하는 사람에게는 자(慈)와 효(孝)보다 큰 것이 없고, 가문을 바로잡으려 하는 사람에게는 화목보다 먼저인 것이 없다(原人倫者, 莫大于孝慈, 正家道者, 無先乎敦

'하나의 도덕, 하나의 풍속'

---

1) 『송사』 권199, 4974쪽과 4981쪽.

睦원인륜자, 막대우효자, 정가도자, 무선호돈목)"고 강조하였다.[2] 그리고 수백 년간에 걸쳐 누누이 왕명을 내려 예컨대 『신의(新儀)』에 담긴 것과 같은 사회생활의 규칙과 의례를 널리 보급하였으며, 권력은 경전(經典)이 표명하는 관념들을 민중의 생활에서 습관이 되도록 전환하는 방향으로 운용되었다.

바로 남송 가태(嘉泰) 3년(1203)에 한 관원이 상소 중에 다음과 같이 말한 그대로이다. "치도(治道)의 요체는 풍속을 바로잡는 데 있습니다. 풍속에는 민속(民俗)과 사속(士俗)의 두 가지가 있는데, 민속이 바르지 못하거든 사속이 그것을 구제해야 합니다(治道之要在正風俗, 而風俗之別, 則有二焉, 曰民俗, 曰士俗, 民俗不正, 士俗救之치도지요재정풍속, 이풍속지별, 즉유이언, 왈민속, 왈사속, 민속부정, 사속구지)."[3] 권력의 개입으로 인하여 엄격한 금지와 공개적 장려가 각기 뚜렷한 효과를 거두었음은 물론이다. 수백 년 동안 사대부(士大夫)에 의해 해석되고 경전에 근거를 두고 있으며 도시의 상층부 인사들이 공감해온 '문명'은 이제 '생활 규범'이 되어 국가 권력의 지지 하에 점차 중심부로부터 변방으로, 도시로부터 향촌으로, 상층부로부터 하층부로 확장되어 갔고, 한족을 중심으로 중국 민족 전체의 공통 생활 윤리로 정립되었다.

다음은 그중 세 가지 사례이다. 첫째, 앞의 『송사』 「형법지(刑法志)」에서 거론된 '살인제사' 건이다. 사람들은 춘추 시대까지는 귀신에게 사람을 희생물로 바치는 살인제사가 있었다는 것을 다 알고 있다. 예를 들어 춘추 시대 송(宋)나라의 양공(襄公)이 증(鄫)나라 사람을 차휴(次雎)의 토지신에게 바친 일이나 화원(華元 : ?~기원전 573)이 초(楚)나라 사신의 피로 흔종(釁鐘 : 종의 제작에 희생물의 피를 씀)한 일을 알고 있다. 비록 여기까지는 다들 알고 있지만, 그 후로 매우 긴 시간 동안 역사 기록에 보이지 않았기 때문에 살인제사는 이미 야만인들의 풍속으로 간주되고 문명화에 의해 사라진 것처럼 간주되기 쉽다.

'살인제사'

사실은 이것은 역사 서술이 빚어낸 오해라 할 수 있다. 몽매하고 야만적인 일은 기록할 가치가 없다고 여긴 사가(史家)들이 그 시대 이후로 안목을 집중한

---

2) 『송회요집고』 165책, 「형법2」(6496쪽)의 건륭(乾隆) 4년과 건덕(乾德) 4년의 조령에 기재되어 있다.

3) 『송회요집고』 165책, 「형법2」(6562쪽).

초점은 언제나 큰 충절(大忠) 아니면 큰 간악함(大奸)에 있었다. 사가들이 살인제사 같은 기록을 생략한 소홀함으로 인하여 후대 사람들은 이런 야만적인 일들이 이미 사라진 것으로 간주하였다. 하지만 현대에 이르러 중국과 일본의 학자들은 마치 약속이라도 한 듯이 똑같이 하나의 기이한 현상에 주목하였다. 바로 송나라에 이르기까지 계속 호남(湖南), 강서(江西), 호북(湖北) 등지에 여전히 살인제사의 풍속이 널리 있어 왔다는 점이다.[1]

『송사(宋史)』의 기록에는 송나라 태종(太宗) 때에 호형(荊湖)의 전운사(轉運使)가 올린 부주(富州 : 지금은 호북에 속함) 사람 향만통(向萬通)이 피사승(皮師勝) 부자(父子) 7명을 살해하여 "그들의 오장(五臟)과 머리를 갖다가 마귀(魔鬼)에게 제사하였다"는 보고가 있다. 하지만 이것은 변방 지역의 일이기에 조정에서는 한 차례도 조사를 하지 않았다.[2] 그러나 '채생(采生)'이라고 불린 이 풍속은 결코 호형 지역에만 한정되지 않고, 내지(內地)에 속하는 사천(四川), 섬서(陝西) 등지에서도 상황은 다르지 않았다. 예컨대 송나라 태종 순화(淳化) 원년(990)에 발견된 다음 사건이 있다. 섬주(陝州) 장양현(長楊縣) 백성인 향(向)씨 형제가 부잣집으로부터 돈을 받고서 이기(李祈)의 딸을 살해하여 "귀와 코를 베고 팔다리를 절단하여 부자에게 넘겨주었다"고 하고, 부자는 "그 살해된 사람을 희생으로 삼아 귀신에게 제사하였다."[3]

이런 일은 북송 시대에만 있었던 것은 아니고 남송 시대에도 여전히 근절되지 않았다. 각 지역의 풍속이 결코 그렇게 쉽게 바뀌지는 않으며, 사람의 생명이 절대적 가치를 갖고 있음이 아직은 확정되지 못하였던 것이다. "윤달이 있는 매 3년마다 그 해의 상반기에 어린아이를 몰래 살해하여 음사(淫祠)에서 제사하였는

---

1) 태정농(台靜農)의 「남송인체희생제(南宋人體犧牲祭)」(『정농논문집靜農論文集』, 325~338쪽, 연경출판사업공사, 1989)과 사와다 미즈호(澤田瑞穗)의 『중국의 민간신앙(中國の民間信仰)』(도쿄, 공작사工作舍, 1982), 331~340쪽에 보임. 그 외에 방덕신(龐德新)의 『백화소설 및 유사 백화소설로 본 송대 양경의 시민생활(從話本及擬話本所見之宋代兩京市民生活)』 제6장 「종교신앙 및 기타(宗教信仰及其他)」에도 이것만을 다룬 '인체희생제(人體犧牲祭)' 절이 있다. 그 안에는 통상적인 사료(史料) 외에 각종 소설의 기록을 인용하여 서술하고 있는데, 특별히 가치가 있는 부분이다.
2) 『송사』 권493, 「서남계동제만상(西南溪峒諸蠻上)」.
3) 『송회요집고』 165책, 「형법2」, 6497쪽.

데, 그것을 '채생(采生)'이라 불렀다"⁴⁾고 한다. 남송 소흥(紹興) 23년(1153)에 손수조(孫壽祖)가 보고한 것에 의하면, 이러한 풍조는 오히려 시간이 흐를수록 널리 퍼지는 추세여서, "호(湖), 광(廣), 기(夔), 섬(峽)에서는 사람을 살해하여 귀신에 제사하는 일이 많았는데, 근래에는 다른 지역까지 번져 갔다. 절로(浙路)에서는 사람을 죽여 해신(海神)에게 제사하고 있고, 천로(川路)에서는 사람을 죽여 소금물이 나오는 염정(鹽井)에 제사하고 있다(湖, 廣, 夔, 峽多殺人而祭鬼, 近又寖行于他路, 浙路有殺人而祭海神, 川路有殺人而鹽井者호, 광, 기, 협다살인이제귀, 근우침행우타로, 절로유살인이제해신, 천로유살인이염정자)"고 하였다.⁵⁾ 순희(淳熙) 12년(1185)에 조밀(趙謐)은 이렇게 보고한다. 호(湖) 바깥 지역에서는 "사람을 써서 귀신에 제사하는데, 매번 어린이나 부녀자를 대상으로 산채로 안구를 꺼내고 코와 귀를 베어내어 구덩이에 묻거나 끓는 물에 넣거나 피부를 훼상하는 등 못하는 짓이 없다(用人祭鬼, 每以小兒婦女, 生剔眼目, 截取耳鼻, 埋之陷穽, 汏之沸湯, 糜爛肌膚, 靡所不至용인제귀, 매이소아부녀, 생척안목, 절취이비, 매지함정, 태지비탕, 미난기부, 미소부지)."⁶⁾

더욱 놀라운 일은 남송 가태(嘉泰) 원년(1201)이면 13세기 초인데 상당히 발달된 지역이고 중심지인 오흥(吳興)에서조차 아직도 관원이 다음과 같은 보고를 하고 있는 점이다. 현지인들이 '살인제사를 한 사람이 죽으면 신(神)이 된다'는 믿음으로 인하여 살인제사한 자에게 자결을 권유하고 자살하면 사당을 세워 그를 신으로 부르는 일이 유행하고 있으며, 그리하여 그 해 한 해에만 벌써 49명이 살해되었으며, "살인제사를 하려는 자들이 삼삼오오 무리를 지어 술을 뿌려 강신(降神)하면서 희생을 나눈다. 이것을 '기상(起傷)'이라 부르는데, 기상 관련 사당이 사방에 널리 퍼지고 있다."⁷⁾

---

4) 『송회요집고』, 165책, 「형법2」, 6560쪽. 또 예를 들면 『송사』 권304, 「방해전(方偕傳)」에 풍주(澧州)에서 어느 탈영 병사가 주인집을 무고(誣告)하여 "주인집에서 마타신(摩駝神)을 섬기고, 해마다 사람 12명을 살해하여 제사한다고 하여 주(州)의 관아에서 그 일족 300명을 체포하여 옥에 가두고 조사하였으나 오래 지나도록 결론 내지 못하였다"는 기록이 있다. 비록 여기서 말해지는 내용이 무고 사건이기는 하나 이 시대에 살인제사 같은 일들이 분명히 있었음은 믿을 만하다.

5) 『건염이래계년요록(建炎以來系年要錄)』 권165, 소흥(紹興) 23년, 2693쪽.

6) 『송회요집고』, 166책, 「형법2」, 6556쪽.

7) 『송회요집고』, 166책, 「형법2」, 6561쪽. 조여시(趙與時)의 『빈퇴록(賓退錄)』 권7에도 "임천지(林千之)라는 흠주(欽州)의 주지사가 인육을 먹은 사건에 연루되어 면직되고 남쪽 끝인 해남(海南)으로 좌천되었다"는 일이 기록되

그런데 반드시 지적해야 할 것은 공교롭게도 살인제사에 관한 이런 기록들이 역사 문헌에 다시 대량으로 등장하는 시대는 곧 이 풍속을 주류 사회가 주목하고 경악하고 그리고 그것을 강력하게 제지하는 시대였음을 증명한다는 점이다. 하나의 문화 현상은 오직 '이상(異常) 현상'이 되었을 때에만 비로소 '발견' 되어 역사의 관심을 끌게 된다. 고대 중국에서도 하나의 문화 현상은 늘 문명에 의해 규제가 가해질 때에 비로소 주류의 역사 편찬자들에 의해 자랑스런 일로 기록되곤 하였다. 관방이 음사(淫祀) 및 음사(淫祠)를 엄격하게 금지한 조치들 중에는 '살인제사'의 금절이 포함된 것이 단연 돋보인다. 관방 법률상의 엄격한 제재는 당연히 민간의 이런 위법 행위에 대해 강력한 억제력을 갖는다. 『송회요집고』「형법2(刑法二)」의 기록에 의하면, 송나라 진종(眞宗) 함평(咸平) 원년(998)부터 시작하여 송나라 인종(仁宗) 강정(康定) 원년(1040)에 이르는 불과 40여 년 사이에 이 풍속을 금지하는 왕명이 최소한 세 번은 내려졌다. 그 가운데는 송나라 인종(仁宗) 강정(康定) 원년 11월에 만주(萬州)의 주지사 마원영(馬元穎)이 다음과 같은 조령을 내려줄 것을 청원한 것이 있다.

　　청하옵건대, 천섬(川陝)·광남(廣南)·복건(福建)·형호(荊湖)·강회(江淮) 지역에서 백성이 독사와 독충을 기르는 것, 독초를 재배하는 것, 사람을 희생으로 요귀에게 제사하는 것을 금절하고, 그런 살인을 한 자를 신고한 사람에게는 지역에 따라 동전(銅錢)과 철전(鐵錢)으로 100관(貫)을 포상금으로 지급하게 해 주소서(乞下川陝, 廣南, 福建, 荊湖, 江淮, 禁民畜蛇毒, 蠱藥, 殺人祭妖神, 其已殺人者, 許人陳告賞錢, 隨處支銅錢及大鐵錢一百貫걸하천섬, 광남, 복건, 형호, 강회, 금민축사독, 고약, 살인제요신, 기이살인자, 허인진고상전, 수처지동전급대철전일백관).

　　이 요청은 황제의 윤허를 받았는데, 이 내용 그대로 실행되었던 것으로 보인

어 있고, 또 당오대(唐五代)와 송나라 초에 인육을 먹은 사건들에 관한 몇 가지가 기록되어 있다. 이것으로 보건대 오늘의 문명 관념으로는 '야만(野蠻)'인 이 풍속이 당나라 시대, 심지어 송나라 때까지도 있었음을 알 수 있다. 그러나 임천지가 인육을 먹은 것에 대해 "세상 사람들이 괴이하게 여겼다(天下傳以爲異천하전이위이)"는 것으로 볼 때 이러한 기풍은 점차 사라지고 있었음을 알 수 있다(상해고적출판사, 1983년, 85쪽).

다. 앞에서 인용한 남송 때 오흥 지방에서 살인제사하고 자살하면 기상(起傷)을 세워주는 것이 유행하였다는 경우 관원에 의해 이것이 발각된 후로 관원은 황제에게 다음을 요청하였다. "제사 명단에 등록되어 있지 않은 음사(淫祠)는 완전히 철거하여 다시 짓지 못하게 해야 하며, 살인제사 후 자살한 자는 법에 의거하여 그 시신을 공개하고 그 부모, 형제, 처자가 간언(諫言)을 하지 못하게 할 것이며, 그리고 살인제사 후 자살한 자의 사당을 세운 사람들은 그 정도에 따라 논죄하고 먼 곳으로 쫓아내도록 해 주실 것을 간청하옵니다."[1] 정부가 오랜 기간 '보갑연좌제(保甲連坐制)'를 운용하고, 신고하면 포상하고, 담당자가 현(縣), 진(鎭), 향(鄕), 촌(村) 단위로 또는 세관이나 나루터 등을 통해 계몽하고, 아울러 관원이 무속인으로부터 금전이나 물품을 수수하는 것을 엄격하게 금지하는 등 이 풍속에 대한 제한 조치가 취해진 이후로 이런 풍조는 점점 사라졌으며, 천(川), 협(峽), 호(湖), 형(荊), 월(粤) 등지의 풍속도 변화하기 시작하였다.[2]

공공장소에서의 나체 씨름이나 성(性) 관련 의례들의 폐지

그 다음으로 살인제사의 풍조를 금절한 것과 유사하게 공공장소에서의 나체 씨름이나 성(性) 관련 의례들의 폐지가 있었고, 점점 부인이 남편의 집안에 완전히 예속되는 부부 관계의 새로운 형성이 있었다. 송나라 이전에는 여성의 신체 및 남녀지간의 성과 관련한 규제가 그리 엄격하지 않았으며, 혼인 관계에 대해서도 그리 많은 규정이 있었던 것이 아니다. 각종 역사 문헌으로부터 우리가 알 수 있는 것은 적어도 위진남북조 시대에는 도교(道敎)에서 성과 관련된 것을 중심으로 하는 공개적인 종교 의식이 있었으며, 당나라 시대에도 『소녀경(素女經)』, 『옥방비결(玉房秘訣)』 같은 종류의 방중서(房中書), 「천지음양교환대악부(天地陰陽交歡大樂賦)」 같은 성적 쾌락을 묘사한 글, 「양여자혼인술비법(攘女子婚人述秘法)」 같은 여자를 유혹하도록 부추기는 글 등을 공개적으로 베껴서 가질 수 있었다.[3] 그리

1) 이상에 관해서는 『송회요집고』 165~166책, 「형법2」(6498쪽, 6508쪽, 6556쪽, 6561쪽 등)를 참조.
2) 『송회요집고』 165책, 「형법2」의 기록에 의하면, 정화(政和) 2년(1112)에 여당(呂堂)이 글을 올려 여전히 동남부의 몇 개 주에서, 그 가운데 선흡(宣翕)이 특히 심하였고, 그 다음은 강녕(江寧), 그 다음은 요신(饒信) 순으로 '남자가 많으면 그 아들을 살해하고, 여자가 많으면 그 딸을 살해하는' 호자(蒡子 : 아이를 솎아냄)의 인습이 있음을 문제시하고 있는데, 우리가 오늘의 관점에서 볼 때 이것은 문명 지역에서 발생한 일이다. 그러나 후에 관방의 관여하에 이 습속은 표면적으로는 사라졌다. 6524쪽.
3) 위진남북조시대 도교의 성의식(性儀式)이 일종의 통과의례였다는 것에 관해서는 『상청황서과도의(上淸黃書

고 당나라 시대까지는 혼인 제도도 그리 엄격하지 않아서, 예컨대 고종(高宗)이 태종(太宗)의 비(妃)를 취한 일, 현종(玄宗)이 며느리를 왕비로 삼은 일 등이 그 시대에는 특별히 크게 풍파를 일으키지는 않았던 것으로 보인다. 이혼이나 재혼과 같은 이런 보통의 일들은 더욱 말할 필요가 없다. 돈황문서 중에서 볼 수 있는 이혼과 관련된 매우 많은 흥미로운 문서들은 이것을 분명하게 증명해 준다.[1]

그러나 남녀 관계에 관한 이런 자유로움과 공개성, 그리고 느슨했던 여성의 예속적 지위는 송나라 때에 이르러 점차 변해 갔다. 어떤 의미에서 말하면 문명이란 일종의 규칙인데, 만약 그렇게 말할 수 있다면 송나라 시대에 이르러 그 규칙은 특히 사대부(士大夫) 계층에서 갈수록 엄격해지는 쪽으로 변해 갔다. 이 규칙을 벗어나는 행위들은 모두 야만으로 간주되었다. 사람들의 주목을 끄는 일로 두 가지를 꼽을 수 있겠다. 하나는 사마광(司馬光 : 1019~1086년)이 여성의 나체 씨름 놀이를 금지해야 한다며 올린 상소인 「논상원령부인상복장(論上元令婦人相撲狀)」건이고, 다른 하나는 정이(程頤 : 1033~1107년)가 여성이 "굶어죽는 것은 작은 일이나 절의를 잃는 것은 큰 일이다(餓死事小, 失節事大아사사소, 실절사대)"고 말한 것이다.[2]

過度儀)』 및 갈조광, 「황서합기 및 기타—과도의의 사상사연구(黃書合氣及其他—過度儀的思想史研究)」(『고금논형古今論衡』제2집, 타이베이, 1999)를 참조. 『소녀경(素女經)』과 『옥방비결(玉房秘訣)』 등에 관해서는 다음 자료들을 참조할 것. 단파강뢰(丹波康賴), 『의심방(醫心方)』권28(인민위생출판사人民衛生出版社, 1955), 백행간(白行簡) 찬(撰), 「천지음양교환대악부(天地陰陽交歡大樂賦)」(황영무黃永武 편, 『돈황보장敦煌寶藏』 121책, 신문풍출판공사, P.2539), 616쪽, 「양여자혼인술비법(攘女子婚人述秘法)」(『돈황보장』 122책, P.2610), 446쪽.

1) 예컨대 S. 6537 「방처서(放妻書)」에서는 이혼의 원인에 관하여 단지 "전생(前生)의 동반자로 생각하고 싶다(想是前世冤家상시전세원가)"라고만 말할 뿐이고, 이혼하는 남자는 여전히 여자의 축복을 기원하며 "다시 높은 벼슬의 남편을 만나 큰 저택의 정원에서 햇볕을 쬐며 …… 엎드려 그대의 만수무강을 바랍니다(更選重官高職之夫, 弄影庭前 ……伏願娘子, 千秋萬歲갱선중관고직지부, 농영정전 ……복원낭자, 천추만세)"라고 한다. 『돈황유서총목색인(敦煌遺書總目索引)』, 244쪽. 또 S. 5700 「방여종량문(放女從良文)」, 같은 책, 226~227쪽(중화서국, 1983)을 참조. 또 조초(趙超)의 「묘지로 본 당대의 혼인 상황(由墓志看唐代的婚姻狀況)」(『중화문사논총中華文史論叢』 1987년 제1기, 상해고적출판사, 202쪽)에도 대중(大中) 13년의 곡씨지(曲氏志), 원화(元和) 7년의 양부인지(楊夫人志) 및 『운계우의(雲溪友議)』 등을 인용하여 당나라 시대 여성들의 재혼과 이혼의 자유를 서술한 부분이 있다.

2) 『사마문정공전가집(司馬文正公傳家集)』 권23. 또 『근사록(近思錄)』권6(진영첩陳榮捷, 『근사록상주집평近思錄詳註集評』, 타이베이, 학생서국, 1992, 346쪽). 정이(程頤), 장재(張載), 주희(朱熹)가 남자의 재취(再娶)와 여자의 개가(改嫁)를 반대한 주장에 관해서는 다음을 볼 것. 『하남정씨유서』 권22 하(『이정집』, 중화서국, 1981, 303쪽), 『경학이굴(經學理屈)』 「표기(表紀)」(『장재집』, 중화서국, 1978, 298쪽), 『주자어류』 권90(중화서국, 1988, 3319쪽).

현존하는 각종 문헌으로 추정해 보건대, 북송 시대에는 여성의 신체와 관련된 금기가 그리 엄격하지 않았던 것 같다. 11세기의 송나라 인종(仁宗)은 공공장소에서 여러 관중들과 함께 여성들의 나체 씨름을 관람한 것으로 되어 있는데, 대체로 당시에는 알몸의 여성 신체에 대해 별로 이상하게 여기지는 않았다. 그러나 사마광은 이것을 예법에 어긋나는 일이라 생각하고서 "이후로는 부녀자가 저잣거리에서 대중을 모아 놓고 이런 놀이를 해서는 안 된다"고 요청하였고, 고상한 것을 추구하던 일부 사인(士人)들도 이것을 금지하는 데 같이 동조해 갔다. 점차적으로 부녀자들이 나체로 씨름하는 놀이는 더 이상 문헌 기록에서 보이지 않게 되는데, 그 후로 차츰 금지되었던 것으로 보인다. 적어도 이것의 금절은 이미 하나의 '공통된 인식'이 되었으며, 이러한 사상하에 여성의 신체는 한편으로는 불결(不潔)의 상징이 되고 다른 한편으로는 은밀한 것이 되었다. 오랜 전통의 『예기(禮記)』 「내칙(內則)」과 새로 편찬된 『거가잡의(居家雜儀)』 같은 문헌은 송나라 시대 사람들에게 그 정당성에 의심의 여지가 없는 것들이었다. 이 서적들에 들어 있는 각종 규정에 의거하여 여성은 사회로부터 점차 퇴출당하였고, 여성 신체의 유인성(誘引性)은 엄격한 규제로 인하여 더 이상 사회의 질서에 영향을 미칠 수 없게 되었다.

마찬가지로 남성 중심 사회의 구조하에 점차 여성이 남성에 예속되는 관계가 형성되어 감에 따라 남성 사회는 이제 더 이상 권력과 재산의 재분배를 위해 걱정할 필요가 없게 되었다. 당연히 여기서 우리가 특별히 중요하게 여기는 것은 자유로운 남녀 관계가 취소되고 여성이 남성의 부속물이 됨과 함께 장유유서, 남녀유별을 특징으로 하고 적장자(嫡長子) 계승을 중심으로 하는 전통의 윤리가 다시 한 번 확립되었다는 점이다.[3] 최근 적지 않은 연구자들이 송나라 때 부녀자들의 재가(再嫁)와 개가(改嫁)에 관하여 새롭게 논의하고 있다. 어느 연구자는 수절(守節)에 대한 사대부(士大夫)들의 관점은 일치하지 않았으며, 정절관(貞節觀)은 아직 대중화되지 않았고 정부도 특별히 장려하지는 않았으며, 원나라 시대에 이르

---

3) 진동원(陳東原)은 『중국부녀생활사(中國婦女生活史)』, 제6장 「송나라 유학자들의 부녀 관념(宋儒對于婦女的觀念)」(상하이, 상무인서관, 1928)에서 이렇게 말하였다. "이정(二程)은 이(理)를 숭상한 까닭에 고대(古代)의 설을 너무 진지하게 받아들였고, 이런 연유로 그는 정절(貞節) 관념에 대하여 매우 엄격하게 되었다."

러 아니면 심지어 명나라 시대에 이르러서야 비로소 이학(理學)의 그러한 예법 관념이 보편적으로 받아들여졌음을 지적한다.[1] 다른 연구자는 경제 내원(來源)과 생활 복지의 각도에서 일련의 수치를 통계 내어, 그 시대에는 젊은 과부들이 재가하는 것을 당연하게 여겼으며, 당시 도덕 관념의 엄격한 정도는 종교화 또는 제도화된 정도는 아니었다고 지적한다.[2]

그러나 여기서 우리는 자료 가운데의 상층부 사인(士人)과 보통의 민중을 구분하여 자료를 분석해 볼 필요가 있다. 풍속의 전파와 문명의 확장은 상층부에서부터 시작된다. 바로 이 연구물들에서도 우리는 이렇게 예의(禮義)를 유지하려는 것이 지식 계층 및 대부호들 사회에서는 칭찬받았음을 알 수 있다. 이른바 남자는 재취(再娶)를 하지 말아야 하고 여자는 재가(再嫁)를 하지 말아야 한다는 것은 필경 정이의 주장이다. 다만 정이가 대상으로 한 것은 사대부(士大夫) 계층이고, 그의 이 주장도 일종의 이상주의일 뿐이다. 게다가 바로 원채(袁采 : ?~1195년)가 "정이의 학설과 사상은 모든 의론이 정밀하여 공부하는 사람들이 쉽게 도달할 수는 없으며, 비록 부지런히 외우고 깊이 사색하더라도 깨우치기 어렵다. 하물며 중간 이하의 사람들이라면 더 말할 것도 없지 않겠는가?(皆議論精微, 學者所造未至, 雖勤誦深思, 猶不開悟, 況中人以下乎?개의론정미, 학자소조미지, 수근송심사, 유불개오, 황중인이하호?"[3]라고 말한 바와 같이 송나라 대부분의 시기에 비주류에 속했던 정이의 학설과 사상은 소수의 사람들이 추구하던 도덕이자 학문 경지였다. 때문에 본래 이러한 요구들의 대상이었던, 리(理)를 밝히고 도(道)를 구함(明理求道)을 자신들의 소임으로 여기는 신사(紳士) 계층에서조차도 위의 도덕 관념은 결코 진정으로 그들의 세속 생활에 전면적으로 진입하지는 못하였다.

그렇긴 하나 문영(文瑩)은 『옥호청화(玉壺淸話)』에서 당시 상층 사회의 풍조를 "기름진 것을 먹고 사는 사족(士族)의 집에서는 촉광(屬纊 : 임종 때 숨을 확인하기 위해

---

1) 서품유(徐秉愉)의 「요금원 삼대의 열녀 사적 및 정절 관념의 발전(遼金元三代婦女節烈事迹與貞節觀念之發展)」(『식화식貨』 복간 10권 6기, 1980)에 인용 서술된 자료들은 과부 수절(守節)이 일반적인 사회 현상이 된 것은 원(元)나라 시대 후기의 상황이었음을 말해준다. 또 유립언(柳立言), 「송대 부녀의 수절과 개가 이야기(淺談宋代婦女的守節與改嫁)」(『신사학新史學』 2기 4권, 1991), 66~67쪽도 참조할 수 있다.

2) 도진생(陶晉生), 「송대 부녀의 재가와 개가(宋代婦女的再嫁與改嫁)」, 『신사학』 제6권 제3기, 1995, 15~16쪽.

3) 『원씨세범(袁氏世範)』 권3, 「치가(治家)」 발어(跋語), 보안당비급본(寶顔堂秘笈本).

452 제2편

코에 솜을 대는 의식)이 시작되면 벌써 돈 상자를 묶어 챙기면서 동행하여 같이 갈 사람들을 찾는 경우가 많다"라고 비판하면서, 이러한 풍조와 현상을 "장차 어떤 도리로 없애야 한단 말인가?(宜將何理以殄之의장하리이극지)라고 추궁하고 있다.[4] 주희의 경우를 보면, 일찍이 진사중(陳師中)에게 보낸 「여진사중서(與陳師中書)」에서 사족(士族)으로서 그의 여동생이 수절하는 것을 격려하고, 아울러 정이의 말을 인용하여 "옛날에 이천 선생(정이)이 일찍이 이 일을 논급하면서 굶어죽는 것은 작은 일이고 절의를 잃는 것은 큰 일이다고 여기셨다(昔伊川先生嘗論及此事, 以爲餓死事小, 失節事大석이천선생상론급차사, 이위아사사소, 실절사대)"고 하면서, 다음과 같이 해석하는 말을 덧붙인다. "세속의 관점에서 보면 참으로 어리석은 일입니다. 그러나 경전을 알고 리를 아는 군자의 관점에서 보면 당연히 그러한 행위는 바꿀 수 없는 것임을 알 것입니다. 하물며 승상께서는 세상의 원로이시고 유학계의 스승이시니 일하시는 틈틈이 살피지 않을 수 없으실 것입니다(自世俗觀之, 誠爲迂闊, 然自知經識理之君子觀之, 當有以知其爲不可易也, 況丞相一代元老, 名敎所宗, 擧錯之間, 不可不審자세속관지, 성위우활, 연자지경식리지군자관지, 당유이지기위불가역야, 황승상일대원로, 명교소종, 거조지간, 불가불심)."[5]

이상에서 드러나듯이 비록 법률 면에 있어서나 평범한 민중에게 있어서나 그 도덕 관념은 통용되는 규칙은 아니었다. 하지만 이 도덕 관념은 문화 권력을 쥐고 있는 신사(紳士) 계층에 의해 하나의 이상주의적 도덕 관념으로서 널리 수용되고 존숭되었기 때문에 신사 계층으로부터의 상징적 표장과 정부로부터의 의도적인 징벌 과정에서 점차로 민중의 일반적인 도덕과 윤리 규범이 되어 갔다.[6] 관념상의 주장이 생활상에서의 실현을 거쳐 하나의 풍속으로 형성되기까지 어느때는 상당히 긴 시간이 필요하다. 그러나 연쇄적인 전개 발전은 설사 진행 속도가

---

4) 『옥호청화(玉壺淸話)』권2(『상산야록湘山野錄』, 속록續錄, 중화서국, 1984, 21쪽).

5) 『주문공문집(朱文公文集)』권26, 29쪽.

6) 유립언(柳立言)의 「송대 부녀의 수절과 개가 이야기(淺談宋代婦女的守節與改嫁)」에서 밝힌 대로 이러한 정절 관념은 "하나의 고전적인 관념이고 옛 성현(聖賢)들로부터 전해 내려온 관념이기 때문에 반대하기는 어렵고 주장하기는 쉬웠다. (1) 지위가 있는 사람들이 힘써 부르짖고, (2) 여기에 이 관념이 일련의 중요한 수요에 부합하고, (3) 여기에 정부의 의도적인 지지가 있으면, 이 관념은 쉽게 하나의 풍조가 되며 특히 이 관념을 필요로 하는 계층에서 유행하게 된다."(『신사학』 2기 4권, 1991, 55쪽) 또 노건영(盧建榮), 「재실여묘지로 본 당송시대 성별의식의 전개(從在室女墓志看唐宋性別意識的演變)」(『대만사범대학역사학보台灣師範大學歷史學報』 제25기, 1997, 15~41쪽)도 참조할 수 있다.

완만할지언정 반드시 실현된다. 상징성을 갖는 일부 사대부(士大夫)들이 시범을 보이면서 이미 앞길을 열어 놓았고, 그리고 그러한 도덕 관념을 영광으로 알고 자랑으로 여길 때 일종의 시대 사조로서 그것은 매우 많은 사람들에게 영향을 미치게 된다. 문명의 확장이란 어느 때는 이와 같아서 마치 호수에 던진 돌멩이 하나가 작은 물결을 일으키듯이 관념으로부터 생활의 저변으로 파급된다.

　　끝으로 당나라에서 송나라 시대로 넘어가면서 사회 환경상 바뀐 현상의 하나로 우리는 황권이 대표하는 '국가'와 신사 계급이 대표하는 '사회'의 공동 지지하에 주류의 윤리와 사회 질서를 위배하는 이상 활동들이 배척되었던 것을 보았는데, 국가 권력과 사회 질서의 강화를 요지로 하는 이 행위들에는 변방 민족(異族)의 문명에 대한 비판, 민간 종교의 활동에 대한 억압 및 모든 반사회적 행위에 대한 엄격한 통제가 포함되어 있다. 분명히 이것은 송나라 왕조가 시종 변방 민족의 압박하에 긴장하고 있던 것과 관련이 있고, 외부로부터의 압박에 직면해 있던 송나라 왕조가 국가 통제를 강화할 수밖에 없었던 것과도 관련이 있다. 물론 이보다는 신사(紳士) 계층이 전통의 윤리 질서를 옹호하고 확대하려 하였던 것과 더욱 관련이 있다. 즉 국가와 신사(紳士)의 이중 추동하에 국가와 사회 질서의 동일화가 다시 확립되고 그리고 갈수록 강화되어 갔던 것이다.

변방 민족의 문명에 대한 비판, 민간 종교의 활동에 대한 억압 및 모든 반사회적 행위에 대한 엄격한 통제

　　일찍이 주희는 제자와 대화 중에 마땅히 '중화(華)와 변방(夷)을 변별'해야 하는데, 즉 한족(漢族)의 전통을 확립하여야 하는데, 지금은 입고 있는 의복조차 '옛 전통을 회복'하지 못하고 있음을 진지하게 토로한 일이 있다. 그는 심지어 당시의 황제를 예로 들어 "지금 임금께서 입고 있는 옷과 신발이 모두 변방인의 복식[胡服]이다(今上領衫與靴皆胡服금상령삼여화개호복)"라고 비판하였다. 그가 기억하는 역사에서 이렇게 변방의 풍습[胡風]에 물든 역사는 송나라로부터 당나라로, 당나라로부터 수나라로, 수나라로부터 북위(北魏 : 386~557년)까지로 소급해 올라간다. 주희의 해석에 따르면, 중국 문명은 이미 변방인[胡人]에 의해 와해되었거나 또는 외지의 문명이 한족 고유의 문명을 대신해 버렸다. 그래서 그의 심중을 가로질러 걸쳐 있는 한 가지 큰일은 중화(華)와 변방(夷)을 분명하게 획분하는 일이었다.[1]

---

1) 『주자어류』 권91, 2328쪽.

그러나 우리가 알듯이 매우 이른 시기부터 변방 민족은 서쪽에서 동쪽으로 이동하기 시작하였고, 비교적 풍요롭고 문명이 있는 곳으로 계속 이주해 들어왔다. 그에 수반하여 그들의 종교와 문화가 중국으로 들어왔고, 한족 중심의 중국의 지식과 사상, 그리고 신앙세계에 혼란과 변형[轉型]이 초래되었다. 이런 상황은 당나라 때 벌써 매우 심각한 지경에 이르렀다. 굳이 불교를 예로 들 필요 없이 한족이 사는 지역에 영향이 그리 큰 정도는 아니었던 배화교(拜火敎 : 조로아스터교)를 예로 들어 보자. 4세기부터 시작하여 속특인(粟特人 : sogdians)들이 계속 동쪽으로 이주해 왔고, 그에 따라 배화교도 동쪽으로 이동해 왔다. 역사서에 나오는 이른바 '소무구성(昭武九姓)'이란 곧 속특어(粟特語 : 이란어의 일종이라 함)를 쓰는 호인(胡人)들이다. 당나라 시대에 이르면 장안(長安)에는 이미 네 곳의 배화교 사당이 세워져 있었다. 송민구(宋敏求)의 『장안지(長安志)』(권9)에 언급되어 있는 정공방가남(靖恭坊街南)의 서쪽에 있던 배화교 사당은 1980년에 서안(西安) 동쪽 외곽에서 출토된 「대당고롱서군이공묘지(大唐故隴西郡李公墓志)」 중의 묘 주인 이소(李素 : 字는 文貞)의 기록에 의해 입증되었다. 서안의 당나라 시대 유적에서 속특(粟特) 그릇이 발견된 일이 많은데, 당나라 자체의 기술로 제조된 그릇조차도 그것으로부터 영향 받는 경우가 흔하였다.[2] 임매촌(林梅村)에 의하면, 장안에서 출토된 녹문십이판은완(鹿紋十二瓣銀碗)에 새겨져 있는 '조이만신지노복(祖爾萬神之奴僕)'이라는 뜻의 속특어(粟特語) 명문(銘文)은 그 지역에 살던 신앙인들이 사용한 것일 수 있다고 한다.[3]

당나라 무종(武宗) 회창(會昌) 4年(844)에 이어 후주(後周)의 세종(世宗) 현덕(顯德) 2년(959)에 단행된 척불정책으로 배화교 역시 큰 타격을 받았지만 북송에 이르기까지 배화교 신자는 여전히 상당수 있었다. 『송사(宋史)』에 "건륭(建隆) 원년(960)에 태조가 택(澤), 로(潞)를 평정한 후 배화교 사당과 태산(泰山)과 성황(城隍)에 제사하였다"는 기록과 "양주(揚州)와 하동(河東)을 정벌하였을 때도 이 예(禮)를 행하였다"는 기록이 있다. 『송사』에는 또 반란을 일으킨 왕칙(王則)이 "풍속이 괴이한 은

2) 제동방(齊東方), 「서안 사파촌에서 출토된 속특 사슴문양 은접시 고찰(西安沙坡村出土的粟特鹿紋銀碗考)」(『문물文物』, 1996년, 2기).

3) 임매촌(林梅村), 「중국 내 출토 페르시아와 중앙아시아 명문 은그릇(中國境內出土帶銘文的波斯和中亞銀器)」, 『문물』(1997년 7기), 56쪽.

주(恩州)와 기주(冀州)에서 『오룡(五龍)』, 『적저(滴泪)』 등 경전과 도참서들을 함께 학습하였으며, 석가모니불은 힘이 다하여 물러나고 미륵불(彌勒佛)이 세상을 주관하게 된다고 말하였다"[1]고 기록되어 있는데, 일설에 의하면 문언박(文彦博)이 왕칙의 반란을 평정할 때 배화교의 힘을 빌렸으며 그 때문에 그의 고향인 산서(山西) 개휴(介休)에는 지금도 배화교 사당이 있다고 한다.[2] 칸다 키이치로(神田喜一郎)의 『천교잡고(祆教雜考)』와 『천교쇄기(祆教瑣記)』에 의하면, 북송의 중심지인 동경(東京), 예를 들면 성북(城北), 대내서(大內西)의 우액문(右掖門), 구(舊) 봉구문(封丘門) 밖, 청원방(廳遠坊), 입덕방(立德坊), 남시서방(南市西坊) 등과 동경 부근의 상부현(祥符縣)에는 모두 배화교 사당이 있었다.[3]

그러나 얼마 지나지 않아 배화교를 포함하여 관방의 인가를 얻지 못한 모든 민간 종교는 금지되었다. 특히 북송 말, 남송 초에 있었던 마니교(摩尼教)와 기타 교단의 탄압에는 외국 문명으로부터 들어온 종교를 포함하여 거의 모든 이단 종교가 포함되었다. 북송 원우(元祐) 6년(1091)에 평민인 설홍점(薛鴻漸)과 임명발(林明發)이 현재로서는 그들이 믿던 것이 어느 종교였는지는 불확실하지만, '요망한 글 때문에' 발본색원된 것으로 보건대, 대체로 외래 종교들은 상당한 내력(來歷)을 갖고 있었다. 그래서 관원이 글을 올려 말하기를, 저들의 "교(教)는 본래 먼 외국 사람으로부터 시작되어 중국에 들어온 지 수십 년이 되었습니다. 근자에는 더욱 세력화하여 그 교활하고 흉포함이 전하께 글을 올려 세력의 확장을 꾀하는 지경에까지 이르렀습니다"[4]라고 하였다. 남송의 육유(陸游)가 남송 초의 각종 이단 신앙을 열거하며 질책할 때 "회남에서는 이회자(二檜子)라 하고, 양절(兩浙)에서는 모니교(牟尼教 : 마니교)라 하고, 강동(江東)에서는 사과(四果)라고 하고, 강서(江西)에서는 금강선(金剛禪)이라 하고, 복건(福建)에서는 명교(明教)·게체재(揭諦齋)라고 하여 각기 명칭이 다르다(淮南謂之二檜子, 兩浙謂之牟尼教, 江東謂之四果, 江西謂之金剛禪, 福建謂

1) 각각 『송사』 권102, 「예지5(禮志五)」, 2497쪽, 권292, 「명호전(明鎬傳)」, 9770쪽.
2) 강백근(姜伯勤), 「산서 개휴 천신루 고대 건축 장식의 도상학 고찰(山西介休祆神樓古建築裝飾的圖像學考察)」, 『문물』 1999년 1기.
3) 칸다 키이치로(神田喜一郎), 「천교잡고」와 「천교쇄기」. 두 글 모두 『칸다 키이치로전집(神田喜一郎全集)』 제1권 『동양학설림(東洋學說林)』 중(中)에 실려 있다(교토, 동붕사同朋舍, 1986, 72~101쪽).
4) 『송회요집고』 166책, 「형법2」, 6515쪽.

之名敎, 揭諦齋之類, 名號不一회남위지이회자, 양절위지모니교, 강동위지사과, 강서위지금강선, 복건위지 명교, 게체재지류, 명호불일)"⁵⁾라고 하였는데, 거의 모두가 철폐 대상이 되었다.

　『송회요집고(宋會要輯稿)』를 보면 관방의 인가 밖에 있는 것들은 물론이고 전통이 이미 뚜렷한 불교와 도교 등의 종교 안의 것이라도 민간의 신앙 활동이라면 모두 관방이 엄격하게 금지하는 명단에 올라 있음을 볼 수 있다. 예컨대 경전을 개인적으로 간행하는 것을 금지하였는데, 숭녕(崇寧) 3년(1104)에는 각 주(州)에 조령을 내려 사적(私的)으로 간행하였던 『불설말겁경(佛說末劫經)』을 몰수하여 소각하라고 하였고, 선화(宣和) 2년(1120)에는 사찰 내의 제사 관련 건물을 철거하고 정부의 승인 없이 편찬한 『흘사경(訖思經)』, 『증명경(證明經)』, 『태자하생경(太子下生經)』, 『부모경(父母經)』 등을 불태우라는 조령이 내려졌다.

　기이한 신앙 행위도 금지되었다. 예를 들어 향불을 팔이나 이마 위에서 태우는 수련 행위, 살을 베거나 손가락을 태우는 행위, 구법(求法)을 명분으로 절벽에서 투신하는 행위 등을 금지하였다. 이유는 "사람의 신체를 훼상하고 백성들의 교화에 유해하다. 더군다나 변방인(夷人)의 종교인데 어찌 중화(中華)가 그것을 본받을 수 있겠는가?(毀傷人體, 有害民敎, 況夷人之敎, 中華豈可效之훼상인체, 유해민교, 황이인지교, 중화기가효지)"⁶⁾라는 것이었다. 심지어 현대 사회에서도 '문명'으로 간주하는 화장(火葬)에 대해서조차 그것이 외국 문화에서 들어 온 것이고 한족 문명에 적합하지 않다는 이유로 신사(紳士) 계층 및 정이, 사마광(司馬光), 주희(朱熹) 같은 이학가들의 꾸준한 억제하에 결국은 점차 금절되었다.⁷⁾

　중화와 변방을 구분하는 이 관념은 그 당시의 언어 맥락에서는 영원불변하

---

5) 『위남문집(渭南文集)』 권5, 「조대상일(條對狀一)」.

6) 『송회요집고』 165책, 「형법2」(6523쪽)에는 정화(政和) 원년 11월 24일의 조령(詔令)이 인용되어 있다.

7) 관방과 신사(紳士)가 화장(火葬)을 억제한 것에 관해서는 유영상(劉永翔)의 『청파잡지교주(清波雜志校注)』 권12를 참조. 주석에 북송부터 남송까지의 여러 문헌들을 회집(滙集)해 놓았으니 참조할 수 있다(중화서국, 1994, 508~510쪽). 또 손응시(孫應時) 수(修), 포렴(鮑廉) 증보(增補), 노침(盧鎭) 속수(續修)의 『금천지(琴川志)』 권1(『송원방지총간宋元方誌叢刊』, 중화서국 영인본, 1990, 1164쪽)에서도 정이, 사마광(司馬光)의 말을 인용하여 화장(火葬)이 효친(孝親)의 의리를 위배하는 것이며, 변방인[胡光]의 풍속을 따르는 것이므로 "불효(不孝), 불인(不仁)으로 이보다 더 큰 것은 없다(不孝不仁, 莫大于此불효불인, 막대우차)"고 비판하고 있다. 또 유이정(柳詒徵), 「화장고(火葬考)」(『사학잡지史學雜誌』 1권 3기, 1929)와 주서희(朱瑞熙) 등, 『요송서하금사회생활사(遼宋西夏金社會生活史)』, 제11장 「상장(喪葬)」 상 : 송할한족거주구(宋轄漢族居住區)」(중국사회과학출판사, 1998) 194쪽도 참조할 수 있다.

는 천지 대의(大義)로서의 합리성을 갖고 있었다. 이러한 합리성의 지배하에 국가와 신사(紳士)는 모두 민간 신앙 중의 각종 '사이비 종교[妖敎]' 및 비(非)한족 문명 전통의 풍속과 습관에 막대한 타격을 가하였다. 대부분의 경우 이러한 타격은 특정의 신앙에 국한된 것이 아니었다. 현대 학자들의 연구에 의하면, 이른바 '흘채사마'(吃菜事魔 : 채식을 하고, 마귀를 섬기는 것)에 대한 타격은 실제상으로는 마니교 외의 많은 신앙을 포함하였으며 그 가운데는 위의 배화교와 같은 신앙도 포함되었다.[1] 확실히 송나라 시대의 국가는 변방 민족의 문명과 그 영향에 대해 크게 놀랐는데,[2] 물론 이것은 송나라가 시종 변방 민족의 위협하에 처해 있었던 것과 관련이 있을 수 있다. 변방 민족의 문명에 대한 억제는 고유 문명을 찬양하고 과장할 때 가장 보편적으로 구체화된다. 송나라 시대 역사학상의 '정통론', 유학의 '양이론(攘夷論)', 이학(理學)에서 특별히 부각된 '천리(天理)'와 '도통(道統)'설, 이것들은 사실은 모두 한족 중심 문명의 범위를 다양한 각도에서 드러내거나 새롭게 설정하는 것이었고, 변방 민족 또는 이단(異端) 문명의 침입과 전래를 배척하는 것이었다.

마찬가지로 국가와 신사(紳士)는 반사회적 민중 행위에 대해서는 어느 것이 되었든 적극 대처하였다. 이 문제를 설명해 줄 두 가지 사례가 있다.

첫째 사례는 민간 제사 시의 의장(儀仗) 문제이다. 북송에서 남송에 이르기까지 관방은 누차 조령으로 민간 제사 활동 중에 실제의 병기(兵器)를 사용하는 의장을 불허하였다. 관방에서 사용하는 상징적 기물(器物)을 모조하는 것조차 금지하였다. 예를 들어 천성(天聖) 원년(1023)에는 민간에서 제사할 때 '평두연(平頭輦), 황량산(黃凉傘), 황영(黃纓), 천비안(茜緋鞍)' 같은 것을 사용하지 못하게 하였다. 이

---

1) 예전명(芮傳明), 「송대 강남지역의 '흘채사마' 신앙을 논함(論宋代江南之 '吃菜事魔' 信仰)」(『사림史林』 1999년 3기, 상하이)을 참조. 우리는 『송회요집고』 중에서 이단으로 간주되어 엄격하게 금절되었던 내용과 북송으로부터 남송에 이르는 수백 년간 '밤에 모이고 새벽에 흩어지는' 민간 종교 활동에 대해 줄곧 크게 놀랐던 내용을 볼 수 있다.

2) 북송이 비교적 안정된 시대였음에도 외국인의 활동에 대해서는 많은 제한이 가해졌다. 천희(天禧) 2년(1018)에 관방은 주정신(朱正臣)의 건의에 근거하여 중국에 들어와 무역을 하는 '번상(番商)'에 대해 제약을 가한 적이 있으며, 경우(景祐) 2년(1035)에는 정재(鄭載)의 건의에 근거하여 번객(番客)이 처자를 거느리고 광주(廣州)에 거주하면서 상업을 하는 것을 금지한 일이 있다. 『송회요집고』 165책, 「형법2」(6502쪽, 6506쪽)를 볼 것.

는 사실은 이들 물품들에 담겨 있는 황권 및 그 위계 질서의 상징성을 보호하기 위한 조치였다. 또 숭녕(崇寧) 원년(1102) 정월에는 조령으로 민중이 "황제의 수레나 노리개를 모방하는 것, 이것들의 실물을 제작하는 것을 금지하고 오직 그림으로 그려 대체하는 것만을 허용하였다." 순희(淳熙) 15년(1188)에는 민간 제사에서 실제의 병기를 의장으로 사용하는 것을 금지하고 "오직 향·꽃·북·음악의 사용만을 허용하였다." 이는 표면상으로는 절약을 위해서라고 하였지만 실제상으로는 군대의 장비나 깃발이 있으면 쉽게 반란을 도모할 수 있기 때문이었으니, 곧 권위와 질서에 대한 도전 가능성을 미리 차단하기 위함이었다.[3]

두 번째 사례는 민간의 집회에 관한 것인데, 그중에서도 특히 '밤에 모였다가 새벽에 흩어지며, 사이비 종교를 전습하는(夜聚曉散, 傳習妖法야취효산, 전습요법)'일이다. 이것은 관원이 조정에 보고한 것들 중 가장 흔하게 보이는 사회 문제의 하나였다.[4] 이 여덟 글자(夜聚曉散, 傳習妖法)가 담고 있는 의미는 다음과 같다. 황권 측에서나 신사(紳士) 측에서나 모두 일찍 일어나서 일하고 날이 저물면 귀가하여 집안을 편안하게 하고 힘써 농사짓는 사회 질서를 필요로 하는데, 저들과 같이 일반적인 휴식 규칙을 위배하면서 비밀리에 정치 이데올로기 밖의 신앙을 학습하는 것은 권력을 가진 사람들에게는 언제나 두려운 일이며, 관방이 기억하는 정치 역사로 보건대, 이러한 비정상적인 활동과 비밀 신앙은 쉽게 질서의 붕괴를 초래

---

3) 『송회요집고』(「형법2」, 6503쪽, 6517쪽, 6557쪽)를 참조. 송나라 때 조령 중 상당히 많은 금지령이 이렇게 쉽게 민간의 변란을 야기할 수 있는 제사를 겨냥한 것이었다. 천성(天聖) 연간에 하양(河陽) 회택주(懷澤州)에서는 영성수(迎聖水)하는 민중 백여 명이 무리를 이루어 깃발을 들고 악기와 북으로 연주하며 목창과 칼 모양의 노를 들고 노래하고 춤추며 휘파람을 부는 것을 금지하였고, 산서주군(山西州軍) 및 경기(京畿)에서 산제사 지낼 때 목칼과 목창을 사용하는 것을 금지하였으며, 숭녕(崇寧) 연간에는 조령을 내려 민중들이 조악헌신(朝岳獻神) 시에 군대의 의장이나 깃발을 사용하지 못하게 하였고, 순희(淳熙) 연간에는 조령을 내려 민간 사당에서 제사할 때는 병기(兵器)를 사용하지 못하게 하였다. 『속자치통감장편』 권218도 참조.

4) 예를 들면 다음과 같다. 경우(景祐) 2년(1035)에 익(益), 재(梓), 이(利), 기(夔)에 내린 '밤에 모였다가 새벽에 흩어지는 모임과 요법(妖法)을 전습하는 것'의 금지령, 원우(元祐) 7년(1092)에 형부(刑部)에서 임금에게 '밤에 모였다가 새벽에 흩어지는 모임과 요법(妖法)을 전습하는 것'의 금지를 요청한 것, 대관(大觀) 2년(1108)에 신양군(信陽軍)에서 임금에게 '밤에 모였다가 새벽에 흩어지는 모임과 요법(妖法)의 전습 및 분향회[燒會]'의 금지를 주청(奏請)한 것, 순희(淳熙) 8년(1181)에 대신(大臣)이 상소하여 '채식을 하며 마귀를 섬기는 것과 밤에 모였다가 새벽에 흩어지는 모임'의 금지를 건의한 것 등이 있다. 『송회요집고』 165~166책, 「형법2」(6506쪽, 6514쪽, 6519쪽, 6555쪽)를 참조.

할 수 있다. 이에 따라 그런 활동들에 대한 금지 명령은 시종 매우 엄격하였다.

이와 동시에 한족 문명은 권력에 의존하기도 하고 잔혹한 방법을 쓰기도 하면서 변방으로 확장해 갔다. 송나라 때 중국 각 변방 지역의 풍속은 상당히 수준이 낮았다. 이른바 '만이(蠻夷 : 남방의 특정 지역에 거주하던 소수민족들)'라고 불리는 사람들은 어느 정도 자신들의 풍습을 보존하였는데, 한족 사인(士人)들의 입장에서 볼 때 이러한 풍습은 야만적인 것일 수 있고,[1] 황권의 입장에서 볼 때 이러한 기풍과 풍속은 사회 질서를 혼란스럽게 하는 것일 수 있다.

이에 송나라 때 국가와 정부는 변방 주민 및 이 '만이'에 대하여 그 이상으로 잔혹하였다. 그들은 한편으로 이들 변방 민족들에게 한족 문명의 규칙들을 수용하기를 강요하였다. 예컨대 이미 북송 초에 태종은 변방 주민들이 오랫동안 중화(中華) 풍속과 거리가 있었던 것에 대하여 안타까움을 표하면서 관원들에게 다방면으로 교화하고 인도할 것을 요구하였다. 다른 한편으로는 변방 민족의 역량에 제약이 가해지기를 바랐는데, 관방은 일찍이 "과거를 준비하는 사람, 학문을 하는 사람, 역술·점술을 하는 사람, 전직 주·현(州縣)의 관원이었던 사람, 각종 병기(兵器)를 만드는 기술자들은…… 만이(蠻夷)가 사는 곳에 들어가서는 안 되며, 그들 중 관원으로 선발된 자들과도 상대하지 말라"[2]는 조령을 내린 적이 있다.

나아가 한족의 문명 규칙들을 수용하지 않는 변방 민족들에 대해서는 전쟁의 방식을 사용하여 한족의 규칙들을 수용하도록 강요하였다. 예를 들면 북송 시대에 웅본(熊本)은 노주(瀘州)의 나(羅)·안이(晏夷)의 반란을 진압할 때 모략으로 12명의 토호(土豪)를 포함한 100여 명을 속여 처형한 후 목을 걸어놓으니 그 무리들이 무서워 떨었다. 이러한 속임수는 어느 때는 변방 지역민들의 저항을 초래하였다. 예컨대 심기(沈起)와 유이(劉彝)는 교주(交州 : 대략 지금의 베트남 북부와 광서, 광동의 일부)에 대항하여 "청년들로 보오(保伍 : 5가구 단위 조직)를 조직하고서 전투 대형 그림을 주어 계절마다 연습하게 하였다." 아울러 교주와의 변방 무역을 중단함으로써 "교주 지역을 점점 고립시켰고, 무리를 이끌고 접경을 침범하여 염(廉), 백

---

1) 육유(陸游), 『노학암필기(老學庵筆記)』 권4의 진(辰), 원(沅), 정주(靖州)의 풍속에 관한 기록, 그리고 이 지역 사람들의 '외우내힐(外愚內黠)'에 대한 저자(육유)의 평가를 참조(중화서국, 1979, 44~45쪽).

2) 『송회요집고』 165책, 「형법2」에 원우 5년(1090) 5월의 일이 실려 있다(6514쪽).

(白), 흠(欽), 옹(邕)의 네 주(州)를 점령하기까지 하였다." 어떤 때는 한족 국가의 관리가 그들을 이간(離間)하는 방법을 쓰는 일도 있었다. 예컨대 안주(晏州) 다강현(多剛縣)의 두망(斗望)과 전투할 때 구감(寇瑊)은 납계(納溪) 등 이인(夷人)으로 하여금 자신과 동맹을 맺고 맹세를 하게 꾀어 놓고 최종적으로 두망과 싸워 승리하였다. 또 북송 시대부터 남송 시대까지의 수백 년간에 한족 중심의 문명은 지방 장관의 권력 강화에 따라 점차 외곽으로 확대되었는데, 예컨대 매산동만(梅山峒蠻)의 2만여 명의 인구와 26만여 묘(畝)의 토지는 북송 희녕(熙寧) 연간에 소주(邵州)에 병합되었다.[3] 이렇게 하는 가운데 국가는 한족 거주 지역을 차근차근 접수해 갔고, 나아가 권력의 지지 위에 문명의 상식과 규칙을 변방 지역으로 확장하면서 차츰차츰 여러 부류의 변방 지역의 민중들을 동화해 갔다.

3

문명의 확장에 있어 신사 계층이 갖는 의미

　　문명의 확장에 있어 국가 즉 황권의 역할 외에 우리는 여기서 신사(紳士) 계층이 갖는 의미에 대해 거론하지 않을 수 없다. 송나라 사회의 역사상 매우 중요한 변화의 하나는 신사 계층의 팽창이다. 근년의 많은 연구는 모두 송나라 시대의 사인(士人)들 중에 과거시험을 거쳐 정치권력에 진입하는 사람들 외에도 많은 사람들이 국가와 민중 사이의 중간 지대에 위치해 있었음을 알려주고 있다. 비록 과거시험에 참가한 사람의 수가 11세기에 8만여 명이던 것이 13세기에는 약 40만 명으로 증가되었지만, 그럼에도 매우 많은 사람들이 권력 중심부의 바깥에 위치해 있었다.

　　그 내용을 살펴보자. 『원씨세범(袁氏世範)』의 「자제당업유업(子弟當業儒業)」에 드러나듯이 만약 사인(士人)의 자제에게 대대로 보장된 관직이 있지 않거나 확실한 재산이 있지 않을 경우 가장 좋은 진로는 유사(儒士)가 되는 것이었다. 여기서

---

3) 이상은 『송사』 권334 「웅본전(熊本傳)」(10730쪽), 같은 권, 「심기전(沈起傳)」(10728쪽), 『송사』 권301 「구감전(寇瑊傳)」(9989쪽), 『송사』 권494 「만이2(蠻夷二)」(14197쪽)에 보임.

말하는 유사란 과거에 참여하여 벼슬길에 진입하는 경우 외에 학교를 세워 학문을 전수하는 사람, 서찰이나 문장을 대필해 주는 사람, 서당의 훈장, 심지어 의원[巫醫], 승려, 농장주, 상인, 전문 기예가까지를 포괄한다. 그 숫자가 상당하였는데, 이는 곧 다양한 직업의 사인(士人) 계층이 점점 민간에 파급된 것이 되며, 실제로 이들에 의해 '문명'의 관념과 규칙이 도시에서 향촌으로, 상층부에서 하층부로, 중심지에서 변방으로 확대되었다.

예를 들어 도시에 사는 신사(紳士)들은 새로운 윤리 원칙과 관념에 따라 생활하는 가운데 도시의 품격과 기풍을 바꿔 갔다. 사회적 교류의 중심으로서 도시에는 각양각색의 인간 집단들이 섞여 살면서 인간 관계가 매우 복잡하다. 도시의 복잡한 인간 관계 속에서 신사 계층은 점차로 일련의 교류 규칙을 확립하였고, 이 규칙들은 주변의 인간 집단에 영향을 미쳤다. 여기서 말하는 규칙에는 물론 새롭게 형성된 규칙도 있지만 사인(士人)들이 공감하는 더욱 중요한 것은 역사와 전통에 의거한 규칙이었다. 도시 문명으로서의 이러한 역사와 전통은 한편으로는 서적을 통해 확인되고, 한편으로는 갈수록 많은 사람들에 의해 공감되었다. 그리고 강력한 문명 전파의 중심인 도시는 문명을 사방으로 전파해야 하는 책임을 떠안고 있었다.[1] 반면에 향촌에 거주하는 신사는 종족 조직 안에서 살고 있기 때문에 그들의 지식과 사상, 그리고 신앙은 곧 민중에게 영향을 미치는 힘이 되었다.[2] 특히 그들이 제정한 족보, 가례, 향약, 족규(族規), 더 나아가 상층부 사인(士人) 및 유가 경전상의 사상과 규칙, 그리고 역사와 전통은 민중 활동의 습관 및 종족 공동

---

1) 우리가 알고 있듯이 당나라 이전의 도시 공간은 대개 폐쇄적이고 질서 정연하게 규격화되어 있고 등급이 분명한 사각형 모양이었으며, 중심의 황궁과 시장으로부터 사방으로 펼쳐지는 질서 정연한 형식 그리고 거주, 교역 등의 분명한 기능을 갖고 있었으며, 귀족 사회의 등급이 엄격하고 긴장된 관계 및 상업이 별로 발달하지 않은 양상을 구체적으로 보여주는 등 그 사회의 관념을 상징하고 있었다. 하지만 도시의 이러한 구조는 얼마 지나지 않은 송나라 때에 이르러 와해된다. 송나라 시대의 도시에서는 일반적으로 상점이 길가에 위치하고 시장은 더 이상 지정된 구역에서만 열리지는 않았으며, 도시의 상업적 기능이 점차 부각되어 도시의 형태가 시간이 지날수록 교통, 지형, 매매, 사당(묘당)의 영향을 크게 받았으며, 계층과 등급이 구체화된 것이었던 예전의 공간은 빠르게 희미해져 갔다. 그리고 도시로부터 비롯된 문명의 파급력에 의해 이러한 문명과 생활 방식이 점차 확장되어 주변의 향촌에 영향을 미쳤다.
2) 일부의 사인(士人)들이 의료 사업에 종사한 것을 포함하여, 이들의 영향으로 민중의 생활 관념이 크게 바뀌었다. 이 점에 관해서는 진원붕(陳元朋), 『남북송 시대의 '상의사인'과 '유의'―금원 시대의 그 변천을 겸하여 논함(兩宋的 '尙醫士人'與 '儒醫'―兼論其在金元的流變)』(대만대학, 1997)을 참조하시오.

생활과 교류의 규칙이 되었으니, 실제상으로는 이렇게 해서 문명의 공간이 점점 확장되어 갔다.

이학의 의미

　　신사(紳士) 계층의 문명화 추진과 관련하여 당연히 거론되어야 하는 것은 이학(理學)이 갖는 의미이다. 우선 말해 두어야 할 것은 송나라 시대 종족 조직의 발달로 인하여 신사는 일반적으로 종족 사회를 대표하였으며, 후대에 일련의 개인 행위, 가족 관계, 종족 조직에 대해 지침을 주었던 가례(家禮), 향약(鄕約), 족규(族規), 족보 등이 가족과 종족의 질서에 대한 이학가들의 급진적인 관념과 엄격한 원칙으로부터 크게 영향을 받았다는 점이다. 예를 들어 매우 많은 사람들이 주의를 기울였던 것들로 다음이 있다. 수백 년간 활용된 『문공가례(文公家禮)』는 주희가 친히 편찬한 것이고, 『여씨향약(呂氏鄕約)』은 장재(張載)의 문인인 여대조(呂大鈞)가 편찬한 것을 후에 주희가 수정(修訂)한 것이며,[3] 유명한 강서(江西) 무주(撫州)의 육(陸)씨 집안에서 아침 일찍 자제들이 노래를 불러 가족을 깨운, "내 몸의 수고로 삶의 도리가 정해지네(勞我以生天理定노아이생천리정)", "경영(經營)이 너무 심하면 천명(天命)에서 멀어지네(經營太甚違天命경영태심위천명)", "효제(孝弟)로써 내 몸의 명운에 보답하겠노라(好將孝弟酬身命호장효제수신명)" 등 사인(士人)들이 공감하는 도리가 담긴 이것들은 모두 유명한 육구연(陸九淵)의 형이 지은 것이라고 한다.[4]

　　이것들은 사람들이 의식하지 못하는 사이에 이학(理學)의 원칙들이 스며들어 제도적 규율의 일부가 된 것인데, 이것이 바로 이학의 세속화이다. 그리고 세속화된 이학이라야 비로소 진정으로 사회 생활상의 의미를 갖는다. 여기에서 사상은 원칙이 되고, 원칙은 다시 규칙이 된다. 규칙이 민중의 생활에 진입하고 민중이 이런 규칙 속에서 오랫동안 살다보면, 그 규칙들은 일상이 되어 본인도 모르게 '상식'을 형성하게 되며, 상식에 위배되는 어떠한 행위든 모두 잘못으로 간주되며 심지어 죄가 된다.

---

3) 『주문공문집(朱文公文集)』 권74 「증손여씨향약(增損呂氏鄕約)」, 사부총간본, 상무인서관. 본서의 제2절 「이학의 연속 : 주희와 육구연의 논변과 그 주변(理學的延續 : 朱陸之辯及其周邊)」을 참조.

4) 『학림옥로(鶴林玉露)』 병편(丙編) 권5 「육씨의문(陸氏義門)」, 324쪽, 중화서국, 1983. 육씨의 가족 윤리에 관해서는 허회림(許懷林), 「육구연의 가족 및 그 가규에 대한 술평(陸九淵家族及其家規述評)」(『강서사범대학학보江西範師大學學報』 1989년 제2기, 난창南昌)을 참조.

그 다음으로 말해야 할 것은 우주에 관한 이학의 관념 중에는 기본적으로 귀신의 자리가 없다는 점이다. 예를 들어 주희는 다시 한 번 귀신은 정기(精氣)이며, 혼백(魂魄)은 음과 양의 감응임을 분명하게 밝혔다. "귀신은 단지 기(氣)일 뿐이다. 굴신왕래(屈伸往來)하는 것이 기이고, 천지간에 기 아닌 것은 없다.(鬼神只是氣, 屈伸往來者, 氣也, 天地間無非氣귀신지시기, 굴신왕래자, 기야, 천지간무비기)" "대저 사람의 기가 자손에게 전해지는 것은 나무의 기가 열매에 전해지는 것과 같다. 열매에 전해진 것이 완전히 없어지지 않는 한 비록 살아있는 저 나무가 말라비틀어지고 훼손된다고 해도 그 기는 변함없이 그대로 열매에 보존된다(大抵人之氣傳于子孫, 猶木之氣傳于實也, 此實之傳不泯, 則其生木雖枯毀無餘, 而氣之在此者, 猶自若也대저인지기전우자손, 유목지기전우실야, 차실지전불민, 즉기생목수고훼무여, 이기지재차자, 유자약야)." [1] 이 무신론(無神論)에 가까운 사상을 사실은 많은 신사들이 갖고 있었는데,[2] 가문의 사당에서 조상에게 제사하는 것 외에는 그들은 귀신을 섬기는 많은 제사들에 상당히 반감을 갖고 있었다. 이 점에서 즉 '음사(淫祀)'를 금지하는 이 태도에 있어 그들과 국가는 일치하였다.[3]

최후로 우리는 신사들이 권력의 중심에 진입하였을 때 그들은 국가와 입장이 일치하여 사상과 사회 질서상의 정리 대상에 대한 정부의 조치에 단호하게 참여하였음을 알 수 있다.[4] 우리는 『송사(宋史)』의 기록에서 쉽게 그것들을 찾아볼

---

1) 『송원학안(宋元學案)』 권48 「회옹학안(晦翁學案)」, 859쪽, 860쪽. 다니엘 가드너(Daniel K. Gardner), 「송대 성리학 세계에서 귀신과 정신: 주희의 귀신론(宋代新儒學世界中的鬼神和精神: 朱熹論鬼神)」 (Ghosts and Spirits in the Sung Neo-Confucianism World: Chu Hsi on Kuei-shen) (『아시아와 극동아시아 연구잡지亞洲與遠東研究雜誌』(JAOS) 제115권 제4기, 598~611쪽, 1995)을 참조.

2) 남송 시대의 저영(儲泳)이라는 사람이 편찬한 『거의설(祛疑說)』은 이른바 미신(迷信)에 대한 배척을 가장 훌륭하게 서술하고 있는 것으로 보인다. 하지만 아직 이 저술에 대한 충분한 연구가 나오지 않고 있다(총서집성본, 상무인서관).

3) 예컨대 장작(莊綽)의 『관조편(鷄肋編)』(권상)을 보면, '사마식채(事魔食菜)'를 자각하여 금절한 이유는 그들이 "조상을 섬기지 않고, 관(棺) 없이 나장(裸葬)하는 것(不事祖先, 裸葬불사조선, 나장)", 그리고 그들이 "인생을 고(苦)로 믿으면서(人生爲苦인생위고)" 살인을 하고 또 이렇게 하는 것을 고통에 빠져 있는 사람들을 구원하는 것이라 여기는 데 있었다(중화서국, 1983, 12쪽).

4) 물론 이러한 취향이 송나라 시대부터 시작되었다는 말은 아니다. 사실은 이것은 한나라 이후로 유가의 지식 계층이 자각해 온 행위이고, 다만 송나라 때만큼 이론상 전면적인 지지를 받은 적이 없을 뿐이다. 가령 당나라 시대의 경우 우리는 다음과 같은 많은 사례를 찾아볼 수 있다. 『신당서』 권197의 「순리나향전(循吏羅珦傳)」

수 있다. 몇몇 사례를 보자. 북송 시대에 안간(顔衎)이 "임제(臨濟) 땅에 부임해 보니 음사(陰祠)가 많았다. 옷 짓는 신령을 기리는 어느 사당이 있었는데 마을 사람들이 갈수록 더욱 진지하게 신봉하였다. 안간은 곧장 그 사당을 불태워 없앴다." "형남부(荊南府)의 풍속이 음사(淫祀)를 숭상하였다. 오랫동안 가뭄이 이어지니 사람들이 기우제 지내는 도구들을 늘어놓았다. 곽지(郭贄)는 도착하자마자 모두 철거하여 강에 버리라고 명령하였다. 며칠 안 가서 큰 비가 내렸다." 또 "촉(蜀) 땅의 백성들은 음사(淫祀)를 숭상하여 병이 들어도 치료를 하지 않고 무당의 지시를 받았다. 이유청(李惟淸)이 대표적인 무당을 잡아 태형(笞刑)에 처하자 백성들은 반드시 화를 당할 것으로 여겼다. 그 다음 번에는 몽둥이질을 하였음에도 아무 일이 없자, 백성들은 무당에게 신령스런 무엇도 없음을 알게 되었다. 그런 후에 의료와 약품으로 가르치면서 그 곳의 풍속을 조금씩 바꿔 갔다." 우도(雩都)에서는 "무당들이 해마다 백성들로부터 재물을 걷어 귀신에 제사하였다. 그것을 '춘재(春齋)'라 하였는데, 제사하지 않으면 불로 인한 재앙이 있을 것이라 하였다. 백성들 사이에는 붉은 옷을 입은 세 명의 노인이 불을 지르고 다닌다는 괴소문이 돌았다. 진희량(陳希亮)이 제사를 못하게 하니, 백성들이 감히 어기지 못하였다. 불도 일어나지 않았다." 또 "기(夔), 협(峽) 사람들은 음사(淫祀)를 숭상하였다. 사람이 병이 들면 의원에 의존하지 않고 오로지 신령에게 의존하였다. 조영숙(曹穎叔)은 그것들을 모두 금지하고, 의술과 약품으로 교화하였다." "아미현(峨眉縣) 외곽

에는 여주(廬州)에서 "민간의 환자들이 의료와 약품을 포기하고 음사(淫祠)에서 기도하는 식으로 나으려 하니 나향이 명령을 내려 금지하였다"고 기록되어 있다(5628쪽). 또 당나라 중엽에 위단(韋丹)은 강남 서도(西道)의 관찰사가 되어 가보니, "처음에는 백성들이 기와로 지붕 올리는 것을 몰라서 서까래를 대나무로 하고 그 위에 풀을 얹어 지붕을 만드니 시간이 지나 마르면 알알거리는 소리가 나고 쉽게 불이 나곤 하자", 위단이 기와를 만들어 지붕 올리는 것을 백성들에게 가르쳤다(5630쪽). 『신당서』 권200 「유학임온전(儒學林蘊傳)」에 번황(樊晃)이 임피(林披)를 임정(臨汀)의 수령으로 추천하였는데, 임정에는 "산 귀신을 받드는 사당이 많아 백성들이 싫어하고 힘들어 하니 임피가 『무귀론(無鬼論)』을 저술하였다"고 기재되어 있다(5719쪽). 『구당서』 권185 「경준전(景駿傳)」에 개원(開元) 연간에 경준이 방주자사(房州刺史)로 부임하였는데, "주(州)에 산과 계곡이 많고 풍속이 변방인[蠻夷] 것과 섞여 있어 음사(淫祀)를 좋아하고 학교를 세우지 않았다"고 기록되어 있고(4797쪽), 『구당서』 권185 「양리전인회전(良吏田仁會傳)」에는 인덕(麟德) 2년(665)의 일로 경성(京城)에 여자 무당 채씨가 있었는데, "귀신의 말이라며 군중을 현혹하면서 스스로 말하기를 죽은 사람을 살려낼 수 있다고 하니 시중의 사람들이 신묘하게 여겼다. 전인회가 그의 속임수를 검증하고서 임금에게 그녀를 변방으로 추방할 것을 주청하였다"고 기록되어 있다(4794쪽).

의 이민(吏民)들 지역에서 음사(淫祠)를 섬기는 것이 매우 성행하였다. 오중복(吳中復)이 그것을 모두 폐지하였다."[1]

남송에서도 마찬가지로 적지 않은 사례들이 있었다. 예를 들면 "휘(徽)의 풍속이 음사(淫祠)를 숭상하였다. 이직(李稙)은 먼저 거짓된 풍설들을 물리치고 사람들의 마음을 바로잡는 일에 주력하니, 백성들의 풍속이 변해 갔다." 고종 때 유장(劉章 : 1100~1179년)은 군주에게 "음사(淫祀)를 못하게 금지하여 주시옵소서. 그리고 『삼조사(三朝史)』 중에서 「도석(道釋)」과 「부서지(符瑞志)」를 삭제케 해주시옵소서. 춘추(春秋)의 법도가 아니기 때문입니다(奏禁遏淫祀, 仍于『三朝史』中刪去「道釋」「符瑞志」, 大略以爲非春秋法주금알음사, 잉우『삼조사』중산거「도석」「부서지」, 대략이위비춘추법)"라고 아뢰었고, "음사(淫祠) 84곳을 철거하였다." 소희(紹熙) 연간에는 강녕(江寧)의 '진무법(眞武法)', '천운자(穿雲子)', '보화주(寶華主)' 등을 금지하였다. 순우(淳祐) 연간에는 섭몽정(葉夢鼎 : 1200~1279년)이 "만재기보촌(萬載旗莆村)의 음사(淫祠)를 철거하였고 괴이한 우물을 메웠다." 소정(紹定) 연간에 호영(胡穎)은 "성품이 간사함과 아첨을 싫어하는데 귀신 이야기는 더욱 싫어하여, 철거한 음사(淫祠)가 1,000 곳이었다. 풍속을 바로잡기 위함이었다. 형주(衡州)에 영험한 사당이 있어 평소 관원과 백성들이 두려워하며 섬겼는데 호영이 철거하고서 그 곳에 별채를 지어 모친을 봉양하며 살았다." 장식(張栻 : 1133~1180년)은 "군(郡)에 부임하면…… 조목을 갖추어 백성들을 교화하였는데, 대체로 예속(禮俗)을 바로잡고 윤기(倫紀)를 밝히는 것을 우선으로 하면서, 이단(異端)을 배척하고 음사(淫祠)를 철폐하고 사직(社稷), 산천(山川), 옛 성현들에 제사하는 일이었다(所至郡, ……具爲條敎, 大抵以正禮俗明倫紀爲先, 斥異端, 毁淫祠, 而崇社稷山川古先聖賢之祀소지군, ……구위조교, 대저이정례속명륜기위선, 척이단, 훼음사, 이숭사직산천고선성현지사)." 양시(楊時)의 문인 요덕명(廖德明)은 "건도(乾道) 연간에 진사(進士)에 급제하여 포전현(莆田縣)의 지사가 되었는데 백성 중에 음사(淫祠)를 신봉하는 사람들이 있었다. 그 죄를 묻고 신상(神像)을 강물에 던졌다."[2] 이들

1) 이상은 『송사』 권270 「안간전(顔衎傳)」, 9253쪽, 권266 「곽지전(郭贄傳)」, 9174쪽, 권267 「이유청전(李惟淸傳)」, 9216쪽, 권298 「진희량전(陳希亮傳)」, 9918쪽, 권304 「조영숙전(曹穎叔傳)」, 10070쪽, 권322 「오중복전(吳中復傳)」, 10441쪽.
2) 이상은 『송사』 권379 「이직전(李稙傳)」(11702쪽), 권390 「유장전(劉章傳)」(11959쪽), 권401 「유재전(劉宰傳)」(12169

가운데 장식과 요덕명을 비롯하여 상당히 많은 사인은 견고한 이학 신앙자들이었다. 이학가(理學家)로서 진순(陳淳)은 이학 사상을 드러낸 자신의 저서인 『북계자의(北溪字義)』(권하, 「귀신(鬼神)」)에서 말하기를, "무릇 제사하지 말아야 할 대상에 제사는 것은 모두 음사(淫祀)이다(大凡不當祭而祭, 皆曰淫祀대범부당제이제, 개왈음사)"고 하였다.

그렇다면 제사하지 말아야 하는 대상은 무엇 무엇인가? 진순이 보기에는 불교와 도교 뿐만 아니라 심지어 관방도 비준하는 신령인 성신(星辰), 태산(泰山), 남악(南岳)조차도 모두 제사하지 말아야 할 명단에 포함되어 있었다. 그에 의하면 이렇게 혼란이 있게 된 원인은 "성학(聖學)이 세상에 밝게 드러나지 않으면서부터 모두들 귀신의 정체를 정확하게 파악하지 못하였고(自聖學不明于世, 鬼神情狀都不曉자성학불명우세, 귀신정상도불효)", "후세에는 이치를 보는 것이 밝지 못해, 신령을 모신 사당에서 영험한 일이 일어나는 것을 보면 사람들이 그곳을 영험한 신령이 사는 신성한 사당으로 간주한(後世看理不明, 見諸神廟有靈感響應者, 則意味英靈神聖之祠후세간리불명, 견저신묘유영감향응자, 즉의미영령신성지사)"[3] 데 있다. 이학가(理學家)와 귀신 제사는 서로 어울리지 않음이 확연히 드러난다. 송나라 때 나대경(羅大經)은 『학림옥로(鶴林玉露)』에서 다음과 같이 기록하고 있다. 육구연(陸九淵)이 형문(荊門)에 있을 때 "정월

_____

쪽, 12167쪽), 권414 「섭몽정전(葉夢鼎傳)」(12433쪽), 권416 「호영전(胡穎傳)」(12479쪽), 권429 「장식전(張栻傳)」(12775쪽), 권437 「유림요덕명전(儒林廖德明傳)」(12971쪽)을 참조. 이것 외에 『송사(宋史)』에는 이런 기록이 상당히 많다. 예를 들면 유이(劉彝)가 "건주(虔州)의 지사가 되어 가보니, 그 곳의 풍속이 무당을 섬기며 귀신을 숭상하고 의술과 약품을 멀리 하였다. 유이가 『정속방(正俗方)』을 지어 가르치고 사이비 무당(淫巫) 집 3,700 곳을 정비하고서 무당 대신 의원이 의료 시술을 하게 하니 마침내 풍속이 바뀌었다"고 기재되어 있다. 고부(高賦)가 "구주(衢州)의 지사가 되었는데, 그곳의 풍속이 무당과 귀신을 숭상하고, 백성 중에 모(毛)씨, 시(柴)씨 20여 가구가 대대로 독충을 기르면서 특히 윤년이면 사람을 해치는 일이 많았는데, 사람들과 다투다가 갑자기 독을 사용하였다. 고부가 다 잡아들여 다스리니 죄를 인정하였다. 그 후로 독충에 의한 걱정이 마침내 사라졌다." 충주(忠州) 주지사 조상관(趙尙寬)은 "민간에서 독충을 길러 사람을 해치는 것에 대해 본인이 직접 해독 처방전을 마을에 게시하고 사람들에게 약을 복용하게 하는 한편으로 독충을 기르는 자들을 색출하여 철저히 조사하고 바로잡아 처리하니 그곳의 풍속이 크게 변하였다."(『송사』, 권334 「유이전劉彝傳」, 10729쪽, 『송사』, 권426 「순리고부전循吏高賦傳」, 12703쪽, 『송사』, 권426 「순리조상관전循吏趙尙寬傳」, 12702쪽). 이외에 송나라 시대의 필기(筆記) 자료 중에도 많이 보인다. 예컨대 범진(范鎭)의 『동재기사(東齋記事)』 권3에 진공필(陳公弼)이 "건주(虔州) 주지사일 때와 우도(雩都) 현감일 때 음사(淫祠) 수백 곳을 철거하고, 무격(巫覡)을 강압하여 양민(良民)이 되게 한 것이 70여 가구였다"고 기재되어 있다(중화서국, 1983, 25쪽).

3) 『북계자의(北溪字義)』 권하(卷下), 「논음사(論淫祀)」, 중화서국, 1983, 62~65쪽

대보름날에 제사는 안했고, 다만 사(士)와 민(民)이 관청 앞에 모여 『서경』 '홍범(洪範)'의 황극염시오복(皇極敉時五福) 강의를 들었다." 정대창(程大昌)과 정병(鄭丙)은 건녕(建寧)에서 "불교 승려가 단상에 올라 설법하는 것을 불허하였고", 주희는 임장(臨漳)에서 단지 "향불만 피우게 하고 사람들이 말은 하지 못하게 하였다."[1]

당나라부터 송나라로의 역사는 동시에 두 가지 취향을 드러낸 것으로 보인다.

황권이 상징하는 국가(state), 신사(紳士)가 대표하는 사회(society), 그리고 민중(demos), 이 삼자의 관계에서 볼 때 당나라부터 송나라로의 역사는 동시에 두 가지 취향을 드러낸 것으로 보인다. 예컨대 하나는 국가가 세법의 변화와 같은 경제상의 정책이나 또는 지역 행정 장관의 통제력 강화와 같은 정치상의 전략을 통해 민중에 대한 국가의 통제를 추진해 가는 가운데 국가는 갈수록 일체화(一體化)의 취향을 드러내고, 국가 및 국가가 상징하는 법률 제도, 도덕 윤리, 문명 관념이 중심으로부터 변경으로, 도시로부터 향촌으로 빠르게 확장해간 점이다. 다른 하나는 신사 계층의 사람 수가 증가함에 따라 이들이 사회에서 갖는 권력이 팽창해 간 점이다. 세습의 귀족 시대가 종료된 후로 새로이 종족 집단 거주가 건립되고 형성되자 신사는 국가와 개인의 사이에서 중개 역할을 하게 되었다. 그들은 고시(考試), 사환(仕宦), 음봉(蔭封) 등의 경로를 통해 지방에서 지도자가 되는 한편, 국가와의 협조하에 국가의 법률 제도, 도덕 윤리, 문명 관념의 확장을 촉진하였다.

그러나 신사 계층은 동시에 또한 국가가 민중 개인에 대해 직접적으로 통치하는 것에는 저항하였으며, 어떤 때는 민중의 이익을 대변하는 입장이 되어 국가의 무한히 팽창하는 권력에 대항하기도 하였다.[2] 어컨 때는 국가와 신사의 충돌이 심각하였는데, 국가는 늘 신사 계층의 여론과 사상 전파에 상당히 긴장하고서 기회가 주어지기만 하면, 자유로운 영역일지라도 국가에 위험이 미칠 수 있는 영

---

1) 『학림옥로(鶴林玉露)』 을편(乙編) 권3, 중화서국, 1983, 164쪽. *황극(皇極)은 '군주의 법칙'을 뜻하고, 염시오복(敉是五福)은 '다섯 가지 복을 모은다'는 뜻이다. 임금이 백성에게 베풀어야 할 법칙 다섯 가지를 지칭하는데, 오래 사는 것(壽), 부유해지는 것(富), 안락함(康寧), 훌륭한 덕을 닦음(攸好德), 늙어서 죽음(考終命)이 그것이다(역자 주).

2) 한센(Valerie Hansen)의 『신의 변천(變遷之神)』(Changing Gods in Medieval China, 1127~1276)에서도 "종족 조직이 흥기한 것과 문인 엘리트들이 국가 정치에서 이탈해 간 것이 공교롭게도 동시에 출현하였다"고 거론하고 있다. 그러나 저자 한센은 그 이상으로 이 현상이 민중의 신앙에서 갖는 의미에 대해서는 논의하지 않았다.

역에 대해서는 종류를 불문하고 제약을 가하였다. 특히 국가를 초월한 합법성 위에서 진리 담론의 권력을 가진 것으로 간주될 수도 있는 이 이학(理學) 사상에 대해서는 더욱 온갖 수단을 동원하여 통제하려 하였다. 예컨대 북송 시대 원우(元祐) 5년(1090)에 관방의 시정(時政), 변방의 상황, 군사 기밀의 유포를 금지한 것, 대관(大觀) 8년(1108), 정화(政和) 4년(1114), 정화 7년(1117)에 연이어 민간의 인쇄물 출판을 법령으로 금지한 것, 남송 소희(紹熙) 4년(1193)에 시중에 소문을 퍼트리거나 책자를 간행하여 사방에 유포하는 등의 각종 전달 행위를 금절한 것 등은 확실히 사인(士人)의 정치 관여에 대한 경고이고 국가의 통제력을 강화하려는 전략이다.[3] 특히 북송 후기부터 남송 중기에 이르는 기간에 이학(理學) 관련 각종 저작, 어록의 금지 및 제약은 모두 민간 신사의 담론에 대한 관방 정치 담론의 압박을 반영한 것이다.[4]

전통의 도덕을 핵심으로 하고 예법을 배경으로 하는 문명이 사회에서 확장해가는 면에서는 국가와 신사, 즉 정치권력과 문화 권력이 일치하였다.

그럼에도 불구하고 총괄적으로 말해서 전통의 도덕을 핵심으로 하고 예법(禮法)을 배경으로 하는 문명이 사회에서 확장해 가는 면에서는 국가와 신사, 즉 정치권력과 문화 권력이 일치하였다. 국가는 형법에 의거하여 민중에게 징벌(punish)을 가하는 방식이었고, 신사는 늘 교육을 통한 '규훈(discipline)'을 진행하였다. 후자는 바로 푸코(Michel Foucault)가 "공포를 자아내는 대규모 의식(儀式)은 점차 다양하고 훨씬 설득력이 있는 진지한 연극으로 대체되며, 일반 민중의 기억은 소문을 퍼뜨리는 과정을 통해 준엄한 법의 담론을 퍼뜨려나갈 것이다"[5]고 말할 때의 '진지한 연극'과 같은 것이다. 우리는 송나라 때의 신사 계층이 가규(家規), 가례(家禮), 족규(族規), 향약 같은 규약을 통하여 혹은 아동 교육용 교재의 보급을 통하여, 심지어 제사나 의례 중에 흔히 포함되는 오락성 희곡(戲曲)과 노래를 통하여 상층부 인사의 지식과 사상, 그리고 신앙을 민중들에게 광범위하게 전파하였으며, 문명에 대해 이렇게 보편적으로 공감하는 가운데 문명을 대표하는 질서(즉 국가)에 합

---

3) 『송회요집고』 165~166책, 「형법2(刑法二)」, 6514쪽, 6519쪽, 6527쪽, 6529쪽, 6558쪽 등을 참조.

4) 이정농(台靜農), 「남송소보(南宋小報)」, 『정농논문집(靜農論文集)』(타이베이, 연경출판사업공사, 1989), 339~342쪽.

5) 푸코(Michel Foucault), 『감시와 처벌規訓與懲罰(Discipline and Punish—The Birth of Prison)』(유북성劉北成 등 역, 타이베이, 계관도서고빈유한공사桂冠圖書股份有限公司, 1992, 112쪽). *오생근 역, 『감시와 처벌』, 서울, 나남출판, 2007년 재판 6쇄, 183쪽 참조(역자 주).

리성을 부여하였음을 알 수 있다. 오늘날 우리가 보는 가규(家規), 가례(家禮), 족규(族規), 향약 가운데, 예컨대 당나라 대순(大順 : 890~891년) 연간에 진숭(陳崇)이 편집하였다고 하는 『의문가법(義門家法)』, 오월왕(吳越王) 전유(錢鏐 : 852~932년)가 찬술하였다고 하는 『무숙왕유훈(武肅王遺訓)』, 사마광(司馬光)의 『거가잡의(居家雜儀)』, 여대조(呂大釣)가 편찬하고 주희가 수정한 『증손여씨향약(增損呂氏鄕約)』, 주희의 『가례(家禮)』 및 원채(袁采)의 『원씨세범(袁氏世範)』 등은 모두 기본적으로 '예교(禮敎)에 합치하고(合乎禮敎합호예교)' '교화(敎化)에 중점을 두며(注重敎化주중교화)' '국법(國法)에 부합한다(符合國法부합국법)'는 원칙[1]을 구체화한 것들이다.

현재 우리가 볼 수 있는 각종 지식인용 독서 자료와 아동용 교본 자료들에는 정주(程朱)가 제창한 사서(四書) 뿐만 아니라 훨씬 초급의 교본들이 있다. 예컨대 여본중(呂本中)의 『동몽훈(童蒙訓)』, 주희의 『동몽수지(童蒙須知)』, 여조겸(呂祖謙)의 『소의외전(少儀外傳)』, 정단몽(程端蒙)과 동수(董銖)의 『정동이선생학칙(程董二先生學則)』, 진덕수(陳德秀)의 『가숙상의(家塾常儀)』 등이 그것인데, 이것들은 늘 황권(皇權)과 이학(理學)이 공동으로 제시하는 전통의 지식, 역사 기억, 사회 원칙[2]을 전달하

---

1) 비성강(費成康) 주편(主編), 『중국의 가법족규(中國的家法族規)』, 제2장 「제정(制訂)」(상해사회과학원출판사, 1998), 26~27쪽. 주서희(朱瑞熙) 등, 『요송서하금사회생활사(遼宋西夏金社會生活史)』, 제25장 「민간가족조직(民間家族組織)」(중국사회과학출판사, 1998), 428~429쪽. 일찍이 프리드만(Maurice Freedman)은 그의 명저 『중국의 종족과 사회 : 복건과 광동中國의宗族與社會 : 福建與廣東(*Chinese Lineage and Society : Fukien and Kwangtung*)』(London, 1966), 제3장에서 이 향약이 질서 건립과 관련하여 갖는 의미에 대하여 논의한 적이 있다(다무라 가츠미田村克己와 세가와 마사히사瀨川昌久의 일역본, 『중국의 종족과 사회中國の宗族と社會』, 도쿄, 홍문당弘文堂, 1995, 110쪽).

2) 진래(陳來)의 「세속유가윤리 : 전통몽학의 문화연구(世俗儒家倫理 : 傳統蒙學的文化硏究)」에서 이미 지적하였듯이 이 부류의 아동용[蒙學] 독서 교재는 학생과 선생을 포함하여 보통의 독서인들이 읽는 것이었고, "송나라 시대 이후로 윤리적 교훈의 내용은 더욱 비중이 커졌는데, 많은 도덕 잠언(箴言)이 역대 성현들의 아름다운 말씀을 취하여 다시 서술한 것이었고, 이 잠언들은 널리 파급되면서 격언이나 속담이 되었다." 아울러 그는 그 주요 지향하는 바가 자기 절제와 자아 검속, 근검과 시간 관리, 효제, 선악과 복보(福報), 공리와 성취 등을 제창하는 것이었음을 지적하였다 (진래, 『인문주의적 시야人文主義的視野』, 광서교육출판사廣西敎育出版社, 1997, 193~246쪽). 추중화(鄒重華)의 「향선생─간과된 송대 사학교육의 한 배역(鄕先生──個被忽略的宋代私學敎育角色)」에서도 사천(四川)을 예로 다음을 지적하고 있다. 즉 송나라 때 향촌의 훈장 선생들이 교육 면에서 매우 중요한 역할을 하였다는 것, 오히려 관학이나 서원보다도 더 중요한 역할을 하였다는 것, 이 사람들이 지식과 사상의 보급 면에서 갖는 의미를 소홀히 다뤄서는 안 된다는 지적이다. 마땅히 지적되어야 할 것은 이 훈장 선생들이 사용한 교재가 대개 이 종류의 독서물이었다는 점이다. 비록 내용은 얄팍하였지만, 훗날의 학인들에게 기초를 제공하였다는 점에서 중요한 의의를 갖는다(『중국문화연구소학보中國文化硏究所學報』 신新제8기, 홍콩중문대학香港中文大學, 1999).

고 있다. 또 사당 제사, 집안 모임 행사, 각종 절기(節氣) 행사와 같이 민중들 사이에 크게 영향력이 있던 행사들이 연출되는 가운데 「장협장원(張協狀元)」, 「조정녀채이랑(趙貞女蔡二郎)」, 「왕괴(王魁)」 같은 희곡은 차츰 윤리와 도덕 교화의 의도와 취향을 띠게 되었다.

남송 시대에는 상당히 많은 『권농문(勸農文)』, 『논속문(論俗文)』, 『권효문(勸孝文)』, 『권학문(勸學文)』 등의 통속적인 교육의 교재들이 있었고, 주희와 진덕수를 포함하여 저명한 학자들이 직접 이런 책자들을 편찬하였다. 근래의 연구자들은 이들 학자들이 세속 사회에 반복해서 부지런히 농사에 힘쓰고, 고을의 풍속을 준수하고, 부모에 효도하고 그리고 여력(餘力)이 있거든 이학가의 저술을 포함하여 선현들의 경전을 많이 읽음으로써 서로 다투어 앞서 나갈 것을 즉 "부모와 원로를 자주 문안하고 언제나 자세히 말씀드릴 수 있어야 하며, 자제들로 하여금 준수할 것들을 깨닫게 하고, 악을 멀리 하고 선을 따르게 하며, 옳은 것을 취하고 그른 것을 버리게 하고, 신체를 아끼게 하고 가업을 보전하게 할 것이며, 자손 중에 혹 훌륭한 자질이 있는 아이가 있으면 학교에 보내 독서를 하면서 도를 배우고 몸을 닦아 가문을 일으키도록 할 것(請諸父老, 常爲解說, 使後生弟子, 知所遵守, 去惡從善, 取是捨非, 爱惜體膚, 保守家業, 子孫或有美質, 卽遣上學讀書學道修身, 興起門戶청제부로, 상위해설, 사후생제자, 지소준수, 거악종선, 취시사비, 원석체부, 보수가업, 자손혹유미질, 즉견상학독서학도수신, 흥기문호)"[3]을 권고하고 있었음에 주목하고 있다.

이렇게 사상과 관념을 세속화하는 과정을 거쳐 신사 계층은 훗날 '문명'이라 일컬어진 생활 이념을 민중 사회에 전파하였다.[4] 이 생활 이념은 대체적으로 민

---

3) 주희(朱熹), 「장주권농문(漳州勸農文)」의 말임. (『주문공문집』 권100). 또 진덕수(陳德秀), 「권학문(勸學文)」(『서산선생진문충공문집西山先生陳文忠公文集』 권40, 사부총간 영인본). 고바야시 요시히로(小林義廣), 「송대의 권학문(宋代の勸學文)」(『중국의 전통사회와 가족中國の傳統社會と家族』, 급고서원, 1993, 295~309쪽)을 참조. 저자(小林)는 다음을 지적하였다. 이러한 권학의 목적은 향촌 사회의 질서를 건립하기 위한 것이었으니, "교양과 인생 경험이 풍부한 부로(父老)가 교육자가 되어 교육 효과를 크게 함으로써 향촌 사회의 질서를 안정시키고자 하는 것이었다."

4) 예를 들어 진강(鎭江)에서는 본래 "그 곳의 풍속이 귀신에게 제사하여 복을 비는 것을 숭상하고 환자들이 약을 쓰지 않고 오직 무당을 섬기며, 전염병 예방을 위한 제사가 유행하고 상가(商家)마다 사당이 있는 것"과 관련하여 만당유(漫塘劉) 선생이 「존천경신문(尊天敬神文)」을 짓고, 또 그 지역의 가족들이 화목하지 못한 것과 관련하여 「권념조목족문(勸念祖睦族文)」을 저술한 사례는 그 한 예이다(『송원방지총간宋元方誌叢刊』 영인본, 『지순진강지至順鑛江誌』 권3, 중화서국, 1990, 2640~2642쪽).

중에게 예를 들어 장유유서(長幼有序), 남녀유별(男女有別)의 등급 윤리, 가난한 이와 과부를 불쌍히 여기며 마을에 협조하는 것과 같은 사회 도덕, 근검절약하고 각자 본분을 지키는 것과 같은 개인 품격 등의 이성적 생활 질서를 세우고 준수함으로써 가문 및 가정의 동일화를 유지할 것을 권고하는 심지어 강요하는 것이었다. 물론 거기에는 국가 법령의 준수와 관련된 많은 규약들도 포함되어 있다. 가문 내에서든 혹은 가문 외에서든 또 보통의 민중이든 독서인이든 모두 마땅히 기억해야만 하는 관건 단어는 '질서'였다. 그것은 영원불변하는 천지의 대의(大義)이자 천리(天理)에 부합하는 질서이며, 또한 마땅히 마음으로부터 발동되는 '질서'여야 한다.

천지의 대의이자 천리에 부합하는 질서이며, 마땅히 마음으로부터 발동되는 '질서'여야 한다.

국가와 사회가 일치하여 추동하는 가운데 일련의 유교 원칙은 영원불변하는 천지의 대의(大義)로서의 윤리 도덕으로 확정되어 갔고, 이 원칙들에 따라 질서 있는 생활을 세우기 위한 제도들이 공감되었으며, 차츰 각 지역으로 확장되어 갔다.[1] 가정과 종족 질서의 기초인 '효(孝)'는 하나의 관념에 그치지 않고 제도가 되었다. 예를 들어 병든 부모를 치료하지 않거나 봉양하지 않는 것, 조부모와 부모가 살아 계시는데 재산을 나누어 분가(分家)해 사는 것 등은 모두 도덕을 어긴 죄가 되어 금지되었다.[2] 국가의 질서 관념의 기초인 '충(忠)'도 황권(皇權)의 합법성과 합리성이 보편적인 공감을 얻은 후로는 이런 분위기에 편승하여 윤리가 되었고, 이에 사실은 그리 직접적으로는 관련이 없는 종교들까지도 항상 황권의 존재를 유념해야만 하게 되었다.[3] 유가 전통의 의식(儀式)에서 유래하고 이제 사인(士人)들이 확정지은 이 의례(儀禮) 제도는 점차 각 지역 민중의 생활 속으로 확장

---

1) '문명'의 보급과 하층 사회로의 이동에 관해서는 장방위(張邦煒)의 「송대문화의 상대적 보급(宋代文化的相對普及)」을 참조할 수 있다. 이 논문은 많은 자료를 정리해 놓고 있다(『국제송대문화연토회논문집國際宋代文化硏討會論文集』, 사천대학출판사, 6496쪽).

2) 『송회요집고(宋會要輯稿)』 165책, 「형법2」, 6496쪽.

3) 대족보정산소불만(大足寶頂山小佛灣)에는 남송 시대에 새긴 '석가사리보탑금중응현지도(釋迦舍利寶塔禁中應現之圖)' 비석이 있다. 불상 조각 외에 좌우에 각각 다음 송사(頌詞)가 있다. "황왕(皇王)의 극진한 사랑과 지혜를 축원하오며, 수미수량(須彌壽量)의 더욱 숭고함을 축원하나이다(上祝皇王隆睿算, 須彌壽量兪崇高상축황왕융예산, 수미수량유숭고)." "나라가 안정되고 백성들이 편안하며 전쟁이 멈추기를, 비와 바람이 순조로와 농사가 풍년 되기를(國安民泰息干戈, 雨順風調豐稼穡국안민태식간과, 우순풍조봉가색)." (「대족보정산소불만 '석가사리보탑금중응현지도' 비大足寶頂山小佛灣 '釋迦舍利寶塔禁中應現之圖' 碑」, 『문물文物』 1994년 2기, 40~41쪽).

되어 새로운 풍속을 조성하였다.

　　예를 들어 북방 중원 지역의 혼례는 주희가 편찬한 『가례(家禮)』의 보급에 따라 오(吳), 월(越), 호(湖), 광(廣) 지역에 전파되었고,[4] 생활 습관이나 기호(嗜好)들 중에 문명 생활에서 거부된 것들은 잘못된 것으로 확정되었다. 예컨대 지나친 음주나 미색(美色)을 밝히는 것, 재물을 수탈하는 것, 개인적 감정의 과도한 표출 등의 주색재기(酒色財氣)는 갈수록 수치스런 습관으로 간주되었다.[5] 현대의 언어로 말하면 국가 권력이 미치는 모든 공간 안에서 점차 윤리 도덕상의 동일화가 정립되고, 보편적으로 공감하는 하나의 사상 세계가 형성되기 시작한 것이고, 아울러 마침내 중국 민족의 일상생활의 세계가 정초(定礎)된 것이다.

마침내 중국 민족의 일상 생활의 세계가 정초된 것이다.

4

아울러 한족이 사는 지역 을 중심으로 모두가 공감 하는 '동일화'를 정립하 였다

　　국가의 정치권력과 신사(紳士)들의 지식 권력은 이 '문명(文明)'을 점차 도시에서 향촌으로, 중심에서 변경으로 보급하였으며, 아울러 한족(漢族)이 사는 지역을 중심으로 모두가 공감하는 '동일화'를 정립하였다. 동시에 이 '문명'의 확장으로 고대 중국 생활의 풍경에 심각한 변화가 일어났다. 과거에 사람들은 직감적으로 당송(唐宋) 간의 문화적 차이를 감지하곤 하였는데, 사실 그 차이는 바로 이 국가와 신사의 양면에서 상호 협력하에 추진한 문명 확장으로부터 온 것이며, 문명의 확장에 따른 사상 관념과 사회 생활의 심각한 변화였다.

　　하나의 예를 들어보자. 고고학, 역사학, 미술학을 연구하는 사람들은 이미 보편적으로 당나라 이전에는 신기(神祇) 관련의 환상 세계를 또는 묘 주인이 사냥이나 순행(巡行)을 하는 의장(儀仗)의 묘사를 중심으로 하던 주제가 송나라와 요

---

4) 장작(莊綽), 『계륵편(鷄肋編)』 권상(중화서국, 1983)은 오(吳) 지역의 혼인 풍속과 상례(喪禮)를 대상으로 하고 있는데 바로 전통의 예법을 기준으로 남방 풍속을 비판한 것이다.

5) 주의해야 할 것은 당나라 중엽에 왕예(王睿)가 『삼혹론(三惑論)』에서 주(酒), 색(色), 재(財)에 관해 비판한 것이 있지만 거기에 '기(氣)'는 없었는데, '주색재기'가 병렬되기 시작한 것은 송나라 때의 일이라는 점이다. 후에 와서 '기'가 추가된 것은 당나라 이후 송나라 사상에서의 관념의 변화, 특히 이학(理學)이 주창한 생활 태도와 관련이 있는 것으로 보인다.

(遼)나라가 확장한 지역의 묘실(墓室)에서는 생활 중심, 가정 중심의 회화 주제로 대체된 사실을 알고 있다.[1] 이것은 당송 간의 문화에서 매우 분명한 변화의 하나이다. 굳이 과거의 고고학 자료를 찾아볼 필요 없이, 단지 1990년대의 고고학 발견만으로도 알 수 있다. 1994년에 하북(河北) 곡양(曲陽)에서 발견된 오대왕처직(五代王處直) 벽화묘에서는 여전히 만당(晩唐) 이래의 일련의 내용이 계승되고는 있으나, 1993년에 하북(河北) 선화(宣化)에서 발굴된 요(遼)나라 시대 장문조(張文藻) 묘의 벽화에서는 그려진 것이 악기 불며 노는 장면, 아이들의 장난, 귀신과 노인 등이다.[2] 1991년에 발견된 산서(山西) 평정(平定)의 송나라 때 금묘(金墓)의 벽화 주제는 음악과 춤, 잔치와 음주, 잡극(雜劇), 낙타 운송 및 마굿간, 내택(內宅) 등 생활상의 것들이며,[3] 1995년에 발견된 하남(河南) 의양(宜陽)의 북송(北宋) 시대 석관(石棺)에 그려진 것도 역시 부부가 차를 마시는 모습, 농부가 수확하는 장면, 효자 열녀 이야기 등이다.[4] 1998년에 발견된 하남 신밀시(新密市) 평맥(平陌)의 송나라 대관(大觀) 2년(1108)의 벽화는 더욱 전형적인데, 그려진 주제는 부녀자의 머리 빗고 단장하기, 글씨 쓰기, 밥 짓기 등과 같은 가정생활이니, 귀족 풍습의 퇴조와 평민 생활의 부각이 확연하게 드러난다.[5]

동시에 도덕 교육에 관한 내용도 이 무렵부터 많아지기 시작한다. 위 평맥의 묘실 벽화에는 '조효종(趙孝宗)의 효행', '포산(鮑山)의 효행', '왕상와리(王祥臥鯉)'와 '민자건(閔子騫 : 공자의 문인, 효행으로 유명)의 사적(事迹)'과 같은 효행도(孝行圖)가 있고, 하남 의양(宜陽)의 북송 시대 석관에도 한백(韓伯), 순(舜)임금, 노래(老萊), 원각(袁覺), 전진(田眞), 포산(鮑山), 추자(鄒子), 강시(姜詩), 유붕달(劉朋達), 조아(曹娥)의

1) 예를 들어 북제(北齊) 누예묘(婁睿墓)의 보기의위(步騎儀衛)와 북주(北周) 이현묘(李賢墓)의 의위도(儀衛圖)로부터 당나라 때 의덕태자묘(懿德太子墓)의 의장도(儀仗圖), 이수묘(李壽墓)의 묘도(墓道) 양쪽 벽의 출렵도(出獵圖), 시녀도(侍女圖), 출행도(出行圖) 등에 이르기까지는 모두 일정한 격식을, 즉 묘도의 앞부분에는 사신(四神)과 청룡백호(靑龍白虎)가 있고 뒷부분에는 보기의위(步騎儀衛)가 따르고 천장과 양쪽 벽에는 의장용 창(戟)이 나열되어 있는 등의 정해진 격식이 있다.
2) 「하북선화요장문조벽화묘발굴간보(河北宣化遼張文藻壁畵墓發掘簡報)」, 『문물』 1996년 9기. 발굴자의 연구에 의하면, 묘장(墓葬)의 연대는 대략 1093년 전후라고 한다.
3) 「산서평정송금벽화묘간보(山西平定宋金壁畵墓簡報)」, 『문물』 1996년 5기.
4) 「하남의양북송화상석관(河南宜陽北宋畵像石棺)」, 『문물』 1996년 8기.
5) 「하남신밀시평맥송대벽화묘(河南新密市平陌宋代壁畵墓)」, 『문물』 1998년 12기.

고사가 그려져 있다. 이상으로 볼 때 중국 사회에서 사는 사람들은 자신들이 자각하든 못하든 이미 모두가 이렇게 가정과 종족 관계를 중심으로 이지적(理智的)이고, 참아내고, 화목하고자 하는 생활 규칙과 사회 질서 및 이러한 규칙과 질서를 유지하기 위한 윤리 도덕의 관념에 공감하였으니, 이렇게 해서 한족 위주의 중국 문명의 동일화는 이제 비로소 진정으로 정립되었다.

4절

원나라에서 명나라까지 : 지식과 사상, 그리고 신앙세계의 일반 상황

    사상사(思想史)의 저자들은 종종 그들의 저술에서 마치 그 기간에는 별로 사상이라 할 만한 것이 없었던 것 같은 일련의 비어 있는 시간을 남겨두게 된다. 이런 공백기가 있게 되는 주요 이유는 사상사가(思想史家)가 자신의 시야로 보았을 때 걸출한 인물이나 특이한 사상을 찾아내지 못한 데 있다. 이로 인해 '영광의 얼굴들'을 적절히 안배하면서 사상사의 연속성을 이어주는 인물들로 구성하는 것이 습관이 되어 있다. 이는 긴장이 풀린 것이 되니 그런 부분은 곧 영화에서 편집상 잘라내도 되는 부분과 다를 바 없다. 그러나 만약 사상사를 서술하는 사고방식을 약간 바꿔서 사상의 전개가 평범하거나 정체(停滯)되거나, 심지어 퇴보한 시대조차도 하나의 '역사'로 간주한다면 사상사는 훨씬 연속성을 갖출 수 있다. 왜냐하면 평범하든, 정체되든, 퇴보했든 간에 어느 쪽이든 모두 사실은 사상이 없었던 것이 아니라 단지 걸출한 사상이 없었을 뿐인데, 걸출한 사상이 없음도 실제상으로는 일종의 사상이기 때문이다.

    육구연과 주희 및 이들의 몇몇 뛰어난 제자들이 세상을 떠난 후에는 사상사에 특별히 뛰어난 사상가도 없고 특별히 걸출한 사상도 없는 그런 상황에 처한다. 위종무(衛宗武 : ?~1289년)라는 문인(文人)이 「이학(理學)」이라는 제목으로 지은 시를 보면, 이학은 모든 지식을 담고 있는 것으로 말하여도 좋을 것 같다. 마치 이학이 규정한 원칙에 따르기만 하면 천하에 그 이상 할 일은 없고, 그저 이미 갖춰져 있는 지식과 사상을 향유하기만 하면 될 것 같다. "작자(作者)가 덧붙일 것이 없으니, 백 세대 후라도 기대할 만하도다!(作者薎以加 百世或可俟작자멸이가 백세혹가사)"[1] 사실은 이처럼 무엇이든 다 해낼 것 같은 사상이 초래할 곤경을 송(宋)나라와 원(元)나라 간의 사인(士人)들은 이미 감지하고 있었다. 이 형세를 걱정하던 한 사람은 남송(南宋) 말엽의 사인(士人) 학풍을 빈정대듯이 다음과 같이 말하였다. "지금은 서점에서 책을 쉽게 구할 수 있으니, 약간의 돈만 있으면 몇 사람의 어록(語錄)을 살 수 있다. 책을 사서 펼쳐보면 편집이 정연하게 되어 있다. 본성(性)에 대해 이야기하고 싶으면 본성에 관한 글들이 무수히 많고, 인(仁)에 대해 이야기하고 싶으면 인에 관한 글들이 무수히 많다. 그런데 학문하는 기풍이 날로 경박해져 재주 있고 영리한 자들이 아무데서나 언설을 만들어 내기를 그치지 않으니 학인의 복장을 하고서 『사서(四書)』 몇 쪽 읽고서는 서로 만나면 태극(太極)에 대해 이야기한다. 옛 성인이 편찬한 『시경(詩經)』, 『서경(書經)』 등이 있건만 읽지를 않으니 다른 것은 물을 것도 없다. ……오호라, 어찌 세속화(俗化)가 아닐 것이오, 일대 재앙이 아닐 것이오!"[2]

글 중에 나오는 '세속화(俗化)'라는 단어에서 우리는 이학이 세속 사회에 진입한 후에 변하고 있음을 볼 수 있다. 이 지식의 텍스트화와 평범화를 50년 전과 비교할 때 이 사람은 감흥에 젖지 않을 수 없었나 보다. 그는 말하기를 지금부터 50년 전만 해도 사자(士子)들은 여전히 "옛날을 살필 줄 알았다. 역대 왕조의 성패, 시비, 득실은 반드시 순서에 따른 연후에 거론되었으며, 의견이 출중하고 의론의 규모가 크고 격률(格律)이 일정하여 하자가 없었다. 또 그 시대에는 정강(靖康 : 북송 흠종의 연호, 1126~1127년)에 있었던 통한[3] 이 사람들의 마음에 남아 있었고, 건·소·건·순(建·紹·乾·淳 : 1127~1189년을 지칭함) 기간에 북방에 대처함에 있어서는 지근거리에서 보고 듣는 것 같은 근접성이 있었다. 사인(士人)들이 그때그때 주어진 상황에서 기회를 잡느냐 놓느냐, 숨은 묘안이 있느냐를 놓고 왕왕 조석으

---

1) 위종무(衛宗武), 『추성집(秋聲集)』 권1 「이학(理學)」, 1쪽 A에서 B까지(영인문연각사고전서본影印文淵閣四庫全書本).

2) 구양수도(歐陽守道), 『손재문집(巽齋文集)』 권7 「송황신숙서(送黃信叔序)」(영인문연각사고전서본, 11쪽 A). 또 권1 「통형계오운사서(通荊溪吳運使書)」에서 당시에는 눈에 띠게 독자적 행보를 보이는 사람이 없었다며 이렇게 말한다. "대체로 지금 세상에서는 1~2년 관직을 맡으면 행동거지가 원숙하고 언어가 돌고 돌아 더 이상 신선한 기운을 찾아 볼 수 없다."

3) 금(金)나라의 침입으로 수도가 함락되고 황족이 잡혀간 사건을 가리킨다(역자 주).

로 논의를 하곤 하였다. ……근년의 사태 이후로는 중원(中原)의 일은 논외가 되었고 근본적인 전략과 숙고한 판단이 일정하지가 않다. 그런데 지금은 학문을 하는 사인들의 기풍도 이런 성향을 따르고 있다."[1] 이것은 다음을 말해 준다. 50년 전의 학자들만 해도 역사적 사건들을 자신과 직접 관련지었고 또 실제상의 대책 마련이 필요하였기에 학문에 흔히 자신의 사상과 감정이 들어 있곤 하였는데, 50여 년 후인 지금의 사람들은 단지 사상을 암송할 텍스트로 간주하고 또 텍스트를 진정한 사상으로 간주하고 있다.

아예 이학에 대해 반감을 갖고 있는 사람들에 이르면 비판은 훨씬 더 거칠어 진다. 주밀(周密 : 1232~1298년)은 오흥(吳興)의 원로 유학자 심중고(沈仲固)의 다음 말을 기록해 놓고 있다. "도학(道學)이라는 명칭은 원우(元祐 : 1086~1093년) 연간에 시작되어 순희(淳熙 : 1174~1189년) 연간에 성행하였다. 도학자들 중에는 그 명칭을 빌어 세상을 속이는 자들도 있으니, 정말로 마른 나무에 입김을 불어넣어 생명을 살려낼 수도 있다는 식이다. 재물을 모으려는 자는 취렴(聚斂)에 눈이 가 있고, 군대로 진출하려는 자는 조잡한 재주에 눈이 가 있고, 독서하고 문장을 지으려는 자는 완물상지(玩物喪志 : 사물에 빠져 원대한 뜻을 잃음)에 눈이 가 있고, 정치에 마음이 있는 자는 용렬한 관리자리[俗吏]에 눈이 가 있다. 그들이 읽는 서적은 『사서(四書)』, 『근사록(近思錄)』, 『통서(通書)』, 『태극도(太極圖)』, 『동서명(東西銘)』, 『어록(語錄)』류에 그치며, 스스로를 속여 자신들의 학문이 정심(正心), 수신제가치국평천하(修身齊家治國平天下)를 추구한다면서 말하기를, "백성들을 위하여 표준을 세우고, 천지를 위하여 마음을 세우고, 만세를 위하여 태평시대를 열며, 옛 성인을 위하여 끊어진 학문을 이으리라"고 한다. 그중에 태수(太守)나 감사(監司)를 바라는 자는 필히 서원을 건립하고 제현(諸賢)의 사당을 짓는다. 혹은 사서(四書)에 주석을 좀 달아 간행을 하고 나아가 어록을 엮어낸다. 그런 후에 현자(賢者)라 불리면, 이름이 유명해질 수 있고 높은 벼슬을 얻을 수 있다. 한편 과거시험을 치루는 사자(士子)의 문장은 반드시 기존의 문구를 인용하여 글을 지어야 과거시험에서 높은 성적으로 발탁되고 명사(名士)가 된다. ……지금에 있어 천하는 결국은 이런

---

1) 『손재문집(巽齋文集)』 권11 「이인중사고서(李仁仲史考序)」 (사고전서본, 1쪽 B).

추세로 가고 있다. 더러 숙고하는 의론이 있더라도 저 무리들이 반드시 그를 소인(小人)으로 몰 것이니, 비록 군주라 해도 역시 변별해 내기 어렵다."[2]

상의 세속화 과정에서
연적으로 출현하는 현

이 두 종류의 비판은 사실은 한 가지인데, 이는 사상의 세속화 과정에서 필연적으로 출현하는 현상이다. 본래 비판력과 판단력을 갖춘 사상이 일단 시대사조로 유행하면, 사상은 흔히 암송과 기억을 위한 텍스트가 되어 버려 읽어야 할 책에는 이러이러한 몇 권이 있고, 주거니 받거니 담론할 화제에는 이러이러한 몇 마디가 있다는 식이 된다. 그 몇 권의 책이 비록 고전이고 그 몇 마디 화제가 비록 진리여서 어느 곳에 놓더라도 꼭 맞는 고전이고 진리일지라도 실상은 공중에 떠 있는 탁상공론과 다를 바 없으니, 그것들이 사회생활을 이끌기는 어려우며, 따라서 추상적인 교조(敎條)가 된다. 학풍이 여기에 이른 상황을 구양수도(歐陽守道 : 1208~1272년)는 "눈으로 마음을 가림(以目廢心이목폐심)이다"라고 말하였다.[3] 비판과 진단의 힘을 갖추고 있는 이학은 본래 초월성[4]과 독립성을 갖추고 있고, 우주, 사회, 인생에 대한 체험을 통해 내면으로부터 나온 것이지만, 이 사상을 추종하는 후대의 모방자들이 그 예지(叡智)가 충만하고 일정한 지향점을 갖는 담론을 진리로 간주하여 복제(copy)할 때 그 사상은 이미 의례(儀禮) 또는 텍스트로 탈바꿈된다.

월한 사상은 흔히 이렇
평범하게 세속화하는
을 기다린다.

그렇지만 다시 돌아가 말하면 우리는 또한 탁월한 사상은 흔히 이렇게 평범하게 세속화하는 것을 기다린다는 것도 마땅히 인정해야만 한다. 일반적으로 훌륭한 사상은 늘 탁월하지 못한 사람들에 의해 복제되는데, 이 탁월하지 못한 복제는 사상을 최종적으로 몇 마디 말로 간략화하며 그 말들은 깃발에 씌어지는 구호가 된다. 그 사상의 심층적 함의들이 여과되어 단지 암송할 텍스트로만 남을 즈음에 이때 비로소 그 사상은 비로소 진정으로 사회생활에 진입한다. 사상은 이때 사상 자체의 깊이와 예지를 희생하고, 대신 더욱 많은 수용자를 얻게 된다. 물론 매우 중요한 한 가지가 더 있다. 그것은 하나의 사상이 보편적인 진리가 되려

---

2) 『계신잡지(癸辛雜識)』 속집(續集) 하, 「도학(道學)」(중화서국, 1988, 1997, 169쪽)

3) 『손재문집(巽齋文集)』 권22 「발오형계강의(跋吳荊溪講義)」, 사고전서본, 1쪽 B.

4) 저자가 여기서 말하는 '초월성'이나 '초월'은 현실에서의 이해관계 등에 제약을 받음이 없이 '초탈한', '자유로운'의 의미이다(역자 주).

면 반드시 정치 이데올로기가 되어야 하며, 이데올로기가 되려면 권력의 힘을 빌려야 한다는 점이다.

1

비록 남송 후기의 이학(理學)은 이미 변방에서 중앙으로 옮겨가고 이종(理宗 : 재위 1224~1264년) 이후에는 점차 관방의 승인을 얻기도 하였으나 그럼에도 끝내 제도화되지는 못하였다. 바꿔 말해서 정주이학(程朱理學)의 지식을 습득하는 일과 과거시험을 거쳐 벼슬길에 들어서는 일 간에 아직은 제도화된 연결이 없었기 때문에 이학을 공부하고 사상을 갖는 일은 기본적으로 하나의 자유여서 신앙자가 이학의 지식과 사상에 신복함은 오로지 자신의 의사에 따라 공부하여 이해한 것에 근거할 뿐이었다. 그러므로 이것을 거꾸로 말하면 이학의 지식과 사상을 갖는 일은 이처럼 심정적으로 지지할 수도 있고 안할 수도 있는 자유가 있는 가운데 전환과 초월의 가능성을 갖는 것이 된다.[1] 그런데 역사는 종종 논리적 예상을 벗어나곤 한다. 한족(漢族) 문명에 연원하는 이학의 지식과 사상은 송나라 시대에는 한족 정치권력과의 결합을 완성하지 못한 반면에 오히려 변방 민족이 중국에 입주한 이후인 원나라 시대에 이학의 제도화 과정은 완성되어 정치권력의 담론에로의 전환이 실현된 것이다.

보기에 따라서는 이것이 순리대로 일이 완성되고 물이 모여 냇물을 이루는 하나의 역사 과정이었던 것처럼 보일 수 있다. 『원사(元史)』를 펴보면 다음을 알

한족 문명에 연원하는 이학의 지식과 사상은 원나라 시대에 이학의 제도화 과정을 완성한다.

---

1) 요면(姚勉)이 계축년에 임금을 알현할 때 조보(趙普)가 송나라 태조에게 하였던 말을 인용하면서, "도리가 가장 크며(道理最大도리최대)", "이런 도리가 한 번 세워지면 기운은 감응하여 따르게 됨(此言一立, 氣感類從차언일립, 기감유종)"을 강조한 사례에서 볼 수 있듯이, 적어도 남송 후기에 이를 때까지는 아직 이렇게 정치를 초월하는 의식(意識)이 있었다. 그리하여 이학의 독립성을 전제한 위에 이러한 사상에 따라 그가 과거시험 공부에 대하여 "마음을 미혹시킨다(蠱其心술고기심술)", "글에 도가 들어 있지 않다(在文不在道재문부재도)", "학문이 끝내 헛것으로 마친다(學邃虛設학수허설)"고 비판하였던 것이고, 이와 같은 격렬한 발언은 이학을 신봉하는 관원들에게도 칭찬을 받아 그는 '마땅히 갖출 것을 갖춘 선두적 인물'로 여겨졌다. 이것은 이 당시의 이학이 비교적 독립적이었고 사상도 자유로웠으며, 사회적, 사상적 공간도 비교적 관대하였음을 말해 준다(『설파집雪坡集』권7「계축정대癸丑廷對」, 사고전서본, 3쪽 A~33쪽 B).

수 있다. 몽고족의 원나라 왕조가 중원(中原)에 진출한 이후로 비록 그들이 '출신 성분'을 매우 중요시하고 그리고 많은 관료 자리를 독점하기는 하였지만,[2] 한족 이 절대 다수를 점하는 분야에서는 그들도 전통과 역사를 인정하지 않을 수 없었 다. 이에 시간이 흐름에 따라, 즉 몽고인 및 색목인들[3]도 유학의 사인(士人) 집단 에 대한 인식을 한족과 같이 함에 따라 그들의 문화 전략에 근본적인 전환이 이 루어진다. 이는 하나의 매우 흥미있는 사상사의 과정이다.

우선 몽고 태종 4년(1232)에 야율초촌(耶律楚村)은 원(元)나라 왕조의 몽고인 자 격으로 공자(孔子)의 제51대손인 공원적(孔元措)을 찾아 "연성공(衍聖公)이라는 세 습 작위를 봉하고 사당을 위한 토지를 주었으며, 천자를 위한 예악(禮樂) 전문가 들을 모집하라 지시하였고 이름 있는 유학자들인 양척(梁陟), 왕만광(王萬廣), 조저 (趙著) 등을 조정에 불러들였다." 4년 후에는(1236) 연경(燕京)과 평맥(平陌)에 편수 소(編修所)와 경적소(經籍所)를 건립하였는데, "이로부터 문치(文治)가 부흥하였다" 고 기록되어 있다. 다시 1년 후(1237)에는 조령을 내려 "덕주(德州) 선과사(宣課使) 유중(劉中)에게 수군(隨郡)에서 경의(經義), 사부(詞賦), 논분(論分)의 삼과(三科)로 구 성된 고시(考試)를 시행하게 하고, 유인(儒人)으로서 포로로 잡혀 노비가 된 사람들 도 시험에 응시하게 하라고 하여…… 모두 4,300여 명의 사인(士人)을 선발하였 다." 그리고 그 다음 해에는 각 로(路)에서 모두 고시를 시행하였다.[4]

그 다음으로 정미년(1247)에는 아직 제위에 오르지 않은 홀필열(忽必烈 : 원나라 의 세조인 쿠빌라이)이 유가 문화의 연속성과 통치에 있어 유학이 갖는 의의에 관하 여 장덕휘(張德輝)와 토론한 일단의 대화가 있으며, 그 다음 해인 1248년에는 화림 (和林)에서 장덕휘가 다시 홀필열에게 공자 제사를 행할 것을 설득하였고, 임자년

---

2) 이 문제들에 관해서는 소계경(蘇啓慶), 「원대의 과거시험과 엘리트층의 이동(元代科擧與菁英流動)」, 「원 시대 다족사인권의 형성에 대한 초탐(元朝多族士人圈的形成初探)」(모두 『원조사신론元朝史新論』, 타이베이, 윤신문화실업 공사尤晨文化實業公司, 1999에 실려 있음)

3) 원나라 때 신분을 몽고인, 색목인, 한인(漢人), 남인(南人)으로 분류하였는데, 색목인(色目人)은 서역인(西域人) 을 가기키던 말이었다(역자 주).

4) 『원사(元史)』 권146 「야율초재전(耶律楚材傳)」, 3459쪽. 『원사』 권81 「선거1(選擧一)」, 2015쪽. 요종오(姚從吾), 「금원시기 몽고 신왕조 하에서 공원조와 연성공 직위의 지속(金元之際孔元措與衍聖公職位在蒙古新朝的繼續)」, 『역사어언연구소집간(歷史語言研究所集刊)』 제39책, 하책(下冊), 타이베이, 1969, 189~196쪽.

(1252)에는 원호문(元好問 : 1190~1257년)과 함께 홀필열에게 "세조(홀필열)가 유교의 대종사(大宗師)가 되어야 한다고 청하니 세조가 기뻐하며 수락하였다."[1] 그리하여 헌종 9년(1259)에 홀필열이 황제를 칭하였을 때 연호를 중통(中統)으로 제정하였으니 이는 한족이 연호(年號)를 세우는 방식을 받아들여 그 합법성을 증명한 것이다. 『원사』에는 이렇게 기재되어 있다. "연호를 제정하여 해를 기록하는 것은 군주로서 만세토록 전해짐을 보이는 것이고, 시일을 기록하고 왕명을 글로 남기는 것은 천하일가(天下一家)의 뜻을 보임이다(建元表歲, 示人君萬世之傳, 紀時書王, 見天下一家之義건원표세, 시인군만세지전, 기시서왕, 견천하일가지의)."[2]

이렇게 원나라 세조(世祖)도 한족 황제들과 마찬가지로 한족의 역사와 전통을 기반으로 하면서 지식 권력, 종교 권력, 정치 권력을 한 몸에 집중시킴으로써 자신의 합법성(合法性)을 확립하였으며, 동시에 한족 문명의 합리성(合理性)을 승인한 점에 있어 그 역시 여느 왕과 다를 바 없었다.[3] 나아가 원나라 인종(仁宗) 황경(皇慶 : 1312~1313년) 연간에는 과거시험이 제도로 시행되었다. 이때 경전 관련 문항을 준비하거나 경전 이해 시험을 준비하는 모든 사람은 『대학』, 『논어』, 『맹자』, 『중용』을 교과서로 삼아야 하며, 주희의 『사서장구집주(四書章句集注)』를 참고서로 삼을 것을 확정지었다.[4] 이렇게 하여 송나라 시대에 형성된 이학은 원나라 시대에 와서 정치권력과의 결합을 시작하였는데, 권력을 가진 지식 담론이 형

송나라 시대에 형성된 이학은 원나라 시대에 와서 정치권력과의 결합을 시작하였는데, 권력을 가진 지식 담론이 형성되었을 뿐만 아니라 지식을 가진 권력 담론도 형성되었다.

---

1) 『원사』 권163, 「장덕휘전(張德輝傳)」, 3823~3825쪽.

2) 『원사』 권4, 「세조본기(世祖本紀)1」, 65쪽.

3) 미야자키 이치사다(宮崎市定)는 『중국사(中國史)』(암파서점, 1978, 1995, 424~425쪽)에서 원나라 세조(世祖)는 실제상으로는 두 직위를 겸직하였음을 지적하였다. 하나는 몽고의 칸[大汗] 직위이고, 하나는 원나라 제국의 황제 직위이다. 몽고인의 관점에서 볼 때, 유교는 단지 하나의 종교일 뿐이어서 대대로 유학을 공부해온 유가 집안은 도교의 도사[先生]나 불교의 승려, 천주교의 예리컨(Arikaim : 원나라 때 기독교도와 선교사를 일컫던 용어)과 마찬가지로 부역 면제의 혜택을 누리면서 수도(修道)에 정진하는 권리를 갖는 사람들일 뿐이다. 한편 세조는 중국의 관점에서 허형(許衡)과 조맹부(趙孟頫)를 중용하였는데, 이것은 단지 회유책의 일환일 뿐이지 결코 세조와 유교 간의 공명(共鳴)은 아니다. 일단 정책의 차원을 벗어나면, 그도 여느 몽고인과 마찬가지로 심리적으로 추종하는 것은 여전히 서장(西藏) 지역 전통의 라마교(喇嘛敎)이다.

4) 한족 사람들은 경전 하나하나에 대해 숙고한다. 『시경(詩經)』은 주희의 해석을 위주로, 『서경(書經)』은 채침(蔡沈)의 해석을 위주로 하였고, 『주역(周易)』은 정주(程朱)의 해석을 위주로 하면서 옛 주소(注疏)를 병용(竝用)하였고, 『춘추(春秋)』는 삼전(三傳)과 호안국(胡安國)의 전(傳)을 허용하였으며, 『예기(禮記)』는 고주소(古注疏)를 활용하였다.

성되었을 뿐만 아니라 지식을 가진 권력 담론도 형성되었다. 비록 원나라 시대에는 이렇게 독서인에게 전도유망한 진로를 제공하는 것이 아직은 그리 관대하지는 못하였으나, 다시 말해서 사상과 권력 간에 이와 같은 제도상의 연결이 있었음에도 여전히 이전보다 훨씬 많은 사인(士人)이 채용되었던 것은 아니지만, 위의 조치가 갖는 상징적 의미는 매우 큰 것이어서 많은 사인(士人)에게 '지식'과 '이익'의 교환이 정당화됨을 암시하였다.

군사적 정복에 기댄 원나라 제국의 정치적 합법성은 13세기 후반 무렵에는 이미 의심의 여지없이 확립되었고, 몽고 원나라 제국의 이 일련의 문화 전략의 추진에 따라 왕조의 정치적 합리성도 점점 한족 사대부(士大夫) 사이에서 공감되어 갔다. 편의대로 몇 가지 사례를 들어 보자. 저명한 문인인 조맹부(趙孟頫 : 1254~1322년)는 비록 송나라 왕조 황실의 후손이지만, 그는 「현무계성기서(玄武啓聖記序)」에서 이미 북방 세력의 정치적 정통성을 긍정하였다. 그는 '천일(天一)', '수(水)', '북방(北方)', '현무(玄武)' 등의 왕조를 상징하고 연상시키는 개념들을 사용하여 '북방에서 시작된' 몽고 원나라 왕조의 합법성(合法性)을 논증하는가 하면, 원나라 왕조의 합리성(合理性)에 대해서는 '현무(玄武)'를 사용하여 논증하였다. 또한 일찍이 문천상(文天祥)이 원나라 세력에 항거한 것을 지지하였고 '생제문(生祭文)'을 지어 한때 세상에 파문을 일으켰던 왕염오(王炎午)도 전향하여 관운석(貫云石)의 조부를 '개국 공신', '태평 재상'이라고 높였으니 이는 국가로서의 원나라 왕조 정부의 합법성을 승인한 것과 같다. 심지어 그는 "한 시대의 흥성에는 반드시 그 시대의 문운(文運)이 있어야 한다. 하나로 통일된 지금의 천하는 우(禹)임금의 치적으로도 도달하기 어렵다(一代之興, 必有一代之文運 …… 如今天下爲一, 禹迹所無 일대지흥, 필유일대지문운 …… 여금천하위일, 우적소무)"와 같은 말을 하였으니, 이는 분명하게 신왕조에 공감한 것이다.[5]

---

5) 조맹부, 『송설재집(松雪齋集)』 권6, 25쪽 B~25쪽 A. 왕염오(王炎午), 『오문고(吾汶稿)』 권1 「상관학사(上貫學士)」, 1쪽 B. 또 권1 「상참정요목암(上參政姚牧庵)」, 3쪽 A, 5쪽 B. 모우트(F W Mote)는 「원대 유가의 은둔 경향(Confucianism Eremitism in the Yuan Period)」(아서 라이트Arther F. Wright 편 『유가의 설득The Confucian Persuasion』 Stanford University Press, 1960)에서 몽고 원나라 왕조 시대에 유가가 비협조적이었음을 지나치게 강조하였다. 그러나 나는 협조 여부보다는 그것이 실제의 사상사에서 갖는 의미, 특히 원나라 때의 유가 사상이 갖는 연속성의 의미가 더 크다고 본다. 즉 새로운 사조에 점차 공감하던 이 사인(士人)들에 의해 유학 특히 이학(理學)

몽고 원나라 왕조의 제1세대 이학가(理學家)인 조복(趙復 : 생몰 연대 미상)은 대체로 민족주의자였는데,[1] 그는 민족과 문화를 기준으로 공감과 배척의 경계선을 분명하게 설정하였다. 요추(姚樞)에게 포로가 된 후에는 스스로 강물에 빠져 죽으려고 하였고, 원나라 세조인 홀필열이 그에게 원나라 군대를 이끌고 송나라를 공격하라고 요구하였을 때도 그는 단호히 거절하며 말하였다. "송나라는 나의 부모의 나라이다. 일찍이 타인의 군대를 이끌고서 부모를 살해한 사람은 없었다(宋父母國也, 未有引他人之兵以屠父母者송부모국야, 미유인타인지병이도부모자)."[2] 그러나 조복이 비록 '몸은 원나라 왕조의 수도인 연경(燕京)에 살고 있을지라도 고국 땅을 잊지는 않는다'는 신념을 갖고 있었더라도 그 조금 후의 이학가들은 그렇지 않았다.

허형(許衡 : 1209~1281년), 학경(郝經 : 1223~1275년), 유인(劉因 : 1249~1293년)은 비록 '모두 조복의 글을 읽고 그를 존신(尊信)하였음'에도 이들에 이르러서는 이미 그러한 민족적 경계선은 사라졌고 문화적 차이도 불분명해져 있었다. 왜냐하면 원나라 왕조의 권력 세력이 매우 열심히 정주이학(程朱理學)을 보급하였을 때 이 지식과 사상은 이미 공동의 진리가 되었으며, 이 진리에 순종하기만 하면 모두가 한 가족이었기 때문이다. 이렇게 해서 진리는 민족적 경계선을 초월할 수 있었고, 도통(道統)은 서로 다른 정권들에게도 일관되었다.[3] 저명한 유학자인 학경은

진리는 민족적 경계선을 초월할 수 있었고, 도통은 서로 다른 정권들에게도 일관되었다.

은 점차 원나라 사회에 커다란 영향을 미치게 되었고, 그리고 다시 한 번 정치이데올로기 건립의 핵심적 학설이 되었다.

1) 조복(趙復)의 생애에 관해서는 「조복소고(趙復小考)」를 참조(『원사논총元史論叢』 제5집, 베이징, 중국사회과학출판사, 1993, 190~198쪽).

2) 『송원학안(宋元學案)』 권90, 622~623쪽(중국서점 영인본). 또 『원사』 권189 「조복전(趙復傳)」, 4314쪽. 서원화(徐遠和)는 『이학과 원대사회(理學與元代社會)』의 「서론(緒論)」에서 조복(趙復)은 북방에서 이학(理學)의 새로운 국면을 열었는데, 그 주요 내용은 북방에 정주이학을 체계적으로 소개한 것, 태극서원(太極書院)을 세워 북방 지역 서원들의 강습(講習) 기풍을 열은 것, 이학의 사승(師承) 체계를 세운 것임을 거론하였다(베이징, 인민출판사, 1992, 6쪽). 그 이전에 섭홍주(葉鴻酒)도 「강한선생 조복의 북방행과 태극서원의 설립(江漢先生趙復之北上與太極書院之設立)」에서 이 점을 논의한 적이 있다(『중앙역사학회사학집간中央歷史學會史學集刊』 제17기, 타이베이, 1985, 31~45쪽).

3) 이는 한족 사람들이 몽고인 황권(皇權)에 공감하였음을 의미할 뿐만 아니라 당연히 몽고인과 색목인들도 한족 문명에 공감하였음을 의미한다. 연구자들은 '각 종족 사인(士人) 집단의 공동체 의식이 이미 그 종족의 공동체 의식보다 우선시되고 있었음'과 '문화의 면에서는 몽고인, 색목인의 사인(士人)과 한족의 사인 간에 다름이 없었음'을 말한다. 소계경(蘇啓慶), 「원 시대 다족사인권의 형성에 대한 초탐(元朝多族士人圈的形成初探)」, 『원조사신론(元朝史新論)』, 240~241쪽을 볼 것.

원나라 왕조의 중신(重臣)인 양유중(楊惟中)을 추도할 때 이렇게 말하였다. 양유중은 "이락(伊洛 : 정호程顥와 정이程頤, 즉 程子)의 저술들을 수집하여 연경(燕京)에 보내고, 주돈이(周惇頤)를 기리는 사당을 세우고, 태극서원(太極書院)을 건립하고, 유학계의 스승인 조복(趙復)에게 강의를 맡겼다(收集伊洛諸書, 載送燕都, 立周子廟, 建太極書院, 俾師儒趙復等講授수집이락제서, 재송연도, 입주자묘, 건태극서원, 비사유조부등강수)." 그 덕분에 "우리의 도(道)가 없어지지 않아, 천하가 다시 중국의 통치를 보게 되었다(吾道賴以不亡, 天下復見中國之治오도뢰이불망, 천하부견중국지치)." 분명 여기서 말하는 '중국'에 결코 한족의 송나라 왕조와 몽고족의 원나라 왕조 간의 구분은 없다. 시무(時務)와 관련한 한 논술에서 그는 줄곧 강조하여 이렇게 말하였다. "하늘에 반드시 짝이 되어야 하는 것은 없으나 오직 선(善)만은 짝이 된다. 백성이 반드시 따라야만 하는 대상은 없으나 오직 덕(德)만은 따라야 한다. 중국은 이미 망하였다. 어찌 반드시 중국인이 있은 후에만 선(善)의 통치가 있겠는가!(天無必與, 惟善是與, 民無必從, 惟德之從, 中國而旣亡矣, 豈必中國之人而後善治哉천무필여, 유선시여, 민무필종, 유덕지종, 중국이기망의, 기필중국지인이후선치재)"[4]라고 하였다.

허형은 어느 시(詩)에서 이렇게 읊었다. "똑바로 눈을 수레바퀴처럼 크게 뜨고서, 앞길을 더 멀리 더 진실되게 비추라. 아름다운 백년이 모두 우리[我]의 백년이었고, 중화[華]와 변방[夷]의 천년 역사도 역시 모두 인간[人]의 역사였도다(直需眼孔大如輪, 照得前途遠更眞. 光景百年都是我, 華夷千載亦皆人직수안공대여륜, 조득전도원갱진. 광경백년도시아, 화이천재역개인)." 이것은 결코 몽고를 '우리와 같은 족(族)이 아니며, 그들의 마음은 우리와는 다를 수밖에 없는' 야만인[5]으로 보는 것이 아니다. 이들 이학

<hr />

4) 학경은 "성인의 말씀에 이런 것이 있다. '변방인[夷]이라도 중국에 들어오면 중국인이다.' 만약 그들 중에 출중한 사람이 있다면 그를 따르는 것이 옳다. 그를 따르는 것이 옳고 말고. 어찌 중국 출신이니 변방 출신이니 가릴 것인가(聖人有云: '夷而進于中國, 則中國之.' 苟有善者, 從之可也, 從之可也, 何有于中國, 于夷성인유운: '이이진우중국, 즉중국지.' 구유선자, 종지가야, 종지가야. 하유우중국, 우이)"라며 이렇게 주장하였다. "성인은 천명(天命)을 받은 것에 중심을 두고서 천지만물을 위해 주체를 세우며, 이에 도로써 세상을 통합하여 천명을 실현하고자 하면서, 이것을 전수해야 할 것으로 삼는다(聖主受命, 爲天地人物立主, 乃復以道爲統, 而以爲傳성주수명, 위천지인물입주, 내복이도위통, 이이위전)." 『능천문집(陵川文集)』 권19 「변미론(辯微論)」 '시무(時務)', 또 같은 권, 「전국새론(傳國璽論)」 (사고전서본, 17쪽 A, 17쪽 B에서 20쪽 A까지)을 볼 것.

5) 『노재유서(魯齋遺書)』 권11 「병중잡언(病中雜言)」, 사고전서본, 12쪽 B. 서원화(徐遠和), 『이학과 원대사회(理學與元代社會)』, 64~67쪽 참조.

가들은 실제상으로 이미 정치적 합법성의 공감 기반을 민족과 지역으로부터 문화와 사상으로 옮겨 놓았던 것이다. 나는 매우 의심하기를,『송원학안(宋元學案)』에 인용된『노재유서(魯齋遺書)』의 "인(仁)은 사덕(四德)의 머리이고, 원(元)은 선(善)의 어른이다(仁爲四德之首, 元者善之長인위사덕지수, 원자선지장)"라는 단락은 사실은 허형이 원나라 제국에 지어 바친「건국호조(建國號詔)」의 합리성을 입증하는 것이 아닌가 한다.[1] 진리가 일단 보편적인 공감을 얻으면 그리고 유학자가 일단 권력으로부터 존중을 받으면, 특히 유가가 바라고 공감하는 문화 질서가 전면적으로 확립된 상황에서는 그러한 격렬한 민족주의 감정은 종국에는 무마되고 해소된다.[2]

2

아마도 원나라 시대 사상사를 놓고 볼 때 정주이학이 이데올로기화하는 과정에서 가장 중요한 중심 인물은 허형일 것이다. 정주이학의 텍스트화와 세속화를 가장 상징할 수 있는 사람도 이 허형이다.[3] 일찍이 유악신(劉岳申)은「여오초려서(與吳草廬書)」에서 허형의 사후에 충심으로 이 유학자의 공적을 추억하면서 말하기를, 그는 "도(道)로써 임금을 모시니 임금께서 한결같이 문정(文正 : 허형의 시호)과 함께 하셨다. 종친 및 가까운 친척의 자제들이 모두 그에게 수업을 받았으며, 지금 조정의 명신(名臣)들은 모두 허형의 제자이다. 오늘날 천하가 다 정주학(程朱

---

1) 『송원학원(宋元學案)』 권90 「노재학안(魯齋學案)」, 623쪽.
2) 소계경(蕭啓慶)은 「원대의 유호 : 유사 지위 발전사상의 한 장(元代的儒戶 : 儒士地位演進史上的一章)」에서 과거에 예컨대 구유십개(九儒十丐 : 원나라 왕조에서 사회 계급을 10등급으로 나누었는데, 최하 계급인 걸인의 바로 위 제9등급을 유사儒士로 설정한 이후로 사인士人을 대우하지 못함의 의미로 사용됨)의 논법과 같이 원나라 때 유사(儒士)의 지위에 관해 폄하한 것은 전혀 근거 없는 것임을, 즉 "원대 유가인의 신분이 낮았음을 이전 사람들이 너무 과장하였다"고 지적한다(『원대사신탐元代史新探』, 타이베이, 신문풍출판공사, 1983).
3) 요대력(姚大力)은 「금말원초 이학의 북방 전파(金末元初理學在北方的傳播)」에서 조복 이후 원나라 시대 이학의 세 가지 특징 중 첫 번째로 조복이 자신의 사승(師承) 계열 및 자신의 대표를 허형으로 삼은 점을 꼽는다. 그는 또한 원나라 초기의 이학은 결코 유리한 입장이 아니었고, 1276년에 몽고군이 임안(臨安 : 남송의 수도)을 점령하여 전국을 통일하였을 때를 전환점으로 삼아야 함을 주장한다(『원사논총元史論叢』 제2집, 중화서국, 1983, 217~224쪽).

學)을 높이 존숭할 줄 알고, 위로 공자, 맹자와 경전을 소급할 줄 알게 된 것은 모두 문정의 덕택이다(以道格君, 一由正輿, 自宗親近屬子弟, 皆嘗受業, 至今爲國名臣者, 皆正之徒也, 今天下復知高尙程朱之學, 以上溯孔孟遺經者, 皆文正之賜也이도격군, 일유정여, 자종친근속자제, 개상수업, 지금위국명신자, 개정지도야, 금천하부지고상정주지학, 이상소공맹유경자, 개문정지사야)"라고 하였다.[4]

그러나 여러 가지 문헌으로 볼 때 국자(國子)와 좨주(祭酒)를 다 역임하였고 사후에 공자의 사당에 배향되어 유학자로서 최고의 대우를 받았으며 정주이학(程朱理學)을 원나라 왕조 전체에 전파한 이 대유학자는 지식과 사상 면에서는 결코 그리 많은 창견(創見)을 내지는 못하였던 것으로 보인다. 그의 의의는 주로 정주이학을 확대 보급한 데 있다. 그의 12제자인 왕재(王梓), 유계전(劉季傳), 한사영(韓思永), 야율유상(耶律有尙), 여단선(呂端善), 요수(姚燧), 고응(高凝), 백동(白棟), 소욱(蘇郁), 요돈(姚燉), 손안(孫安), 유안중(劉安中) 등은 지원(至元) 8년(1271)에 '각 지역에 있는 재(齋)의 재장(齋長)'이 되어 한족 문화에 연원을 두는 이 신유학을 뜻밖에도 변방 민족의 문명 통치하의 제국에서 보편적인 지식이 되고 권력을 갖는 사상이 되게 하였다. 어떤 의미에서는 송나라 시대를 능가하였다고 말할 수도 있다. "위로는 서울에서부터 아래로는 주(州), 현(州)에 이르기까지 어디에나 학교가 있고, 학교에는 학생이 있고 식사가 제공된다. 더욱이 정주학을 드높이며 천하를 교육하고자 하니, 그 배양과 교육이 어찌 당송(唐宋)을 뛰어넘어 삼대(三代)를 따르는 것이 아니랴!(上自京師, 下至州縣, 莫不有學, 學有生徒, 有廩膳, 而又表彰程朱之學, 以爲敎于天

---

[4] 유악신(劉岳申), 『신재집(申齋集)』 권4, 사고전서본, 1쪽 B. 같은 논법이 다음 글들에도 보인다. 우집(虞集), 『도원학고록(道園學古錄)』 권1 「송이언방민헌시서(送李彦方閩憲詩序)」, "허형은 실로 정주학을 현창함으로써 원나라 왕조의 통치를 보좌하였고, 이렇게 함으로써 천하의 인심과 풍속이 끊이지 않고 계승되었음을 부인할 수 없다(實表彰程朱之學, 以佐至元之治, 天下人心風俗之所系, 不可誣也실표창정주지학, 이좌지원지치, 천하인심풍속지소계, 불가무야)." (사부총간 영인본, 11쪽 B~12쪽 A) 정단례(程端禮), 『외재집(畏齋集)』 권5, 「익양현신수남산서원기(弋陽縣新修藍山書院記)」, "허형은 주자학으로써 세조(世祖) 황제를 보좌하여 문운(文運)을 열었다. 그 결과 백 년 내의 천하 학자들이 모두 주자가 주해(註解)한 경전을 높이 받들어 위로 공자와 맹자까지 소급할 줄 알게 되었다(以朱子學光輔世祖皇帝, 肇開文運, 百年之間, 天下學者皆知尊朱子所注之經以上溯孔孟이주자학광보세조황제, 조개문운, 백년지간, 천하학자개지존주자소주지경이상소공맹)." (사고전서본, 2쪽 B) 정문해(程文海), 『설루집(雪樓集)』 권1 「유립노재서원(諭立魯齋書院)」, "그리하여 중서좌승(中書左丞) 허형은 처음으로 이학(理學)을 드러내어 밝혔고, 유사(儒師)로 존경받는 지위에 이르렀다(故中書左丞許衡, 首明理學, 尊爲儒師고중서좌승허형, 수명이학, 존위유사)." (사고전서본, 3쪽 A)

下, 則其養與教, 豈不超乎唐宋而追踪三代상자경사, 하지주현, 막불유학, 학유생도, 유름선, 이우표창정주지학, 이위교우천하, 즉기양여교, 기불초호당송이추종삼대)"[1] "바야흐로 지금은 정주학이 천하에 성행하고, 가까운 곳에나 저 멀리 벽지에나 이 학문을 배우는 사람들이 있다(方今程朱之學行天下, 薄海內外遐陬僻壤, 猶有學其學者방금정주지학행천하, 박해내외하추벽양, 유유학기학자)."[2] 바로 허유임(許有壬 : 1287~1364년)이 다음과 같이 말한 그대로였다. "우리 원나라 왕조는 나라를 통일하고서, 학교 제도를 더욱 정비하고 군(郡)에도 주읍(州邑)처럼 모두 학교가 있게 하였다. 학교에는 관원이 있고, ……증설에 의해 확대한 것이 송나라 때보다 더 많았고, 인재의 배출 또한 송나라 때보다 배는 더 많았다(我元統一海宇, 學制尤備, 郡若州邑, 莫不有學, 學莫不有官 ……夫以增設之廣, 視宋有加, 人才之出, 宜亦倍宋아원통일해우, 학제우비, 군약주읍, 막불유학, 학막불유관……부이증설지광, 시송유가, 인재지출, 의역배송)."[3]

그러나 이학의 지식과 사상 방면에서 그들은 새로운 진전이 거의 없어서 주희, 장식(張栻), 여조겸(呂祖謙), 육구연 등 이전 송나라 시대의 유학자들과는 비교가 될 수 없었고, 심지어 이 학자들의 제자 수준에도 미치지 못하였다. 『송원학안(宋元學案)』의 기록으로 보면 그들이 논의한 주제는 아직도 천리(天理), 인심(人心), 격물(格物), 치지(致知)에 매어 있으며, 서술과 해석의 어휘조차도 모두 송나라 때 그대로였다. 특별히 주의해야 할 것은 이들 원나라 시대 유학자들의 세계에서는 실용적인 지식과 자유로운 사상이 이미 한 덩어리가 되어 지식이란 외워서 기억해야 할 조문이고, 외워 기억해야 할 조문이란 바로 사상의 원칙이었다. 남송 말

이학의 지식과 사상 방면에서 새로운 진전은 거의 없었다.

---

1) 노정(魯貞), 『동산노농집(桐山老農集)』 권1 「강산수학복전기(江山修學復田記)」, 사고전서본, 2쪽 A.

2) 호병문(胡炳文), 『운봉집(雲峰集)』 권2 「향현사기(鄉賢祠記)」, 사고전서본, 2쪽 A.

3) 허유임(許有壬), 『지정집(至正集)』 권36 「경주서원기(慶州書院記)」, 사고전서본, 11쪽 B~12쪽 A. 또 유관(柳貫)의 『대제집(待制集)』 권17 「송단길보주판서(送段吉甫州判序)」(사고전서본, 9쪽 B)에서도 "연우(延祐 : 1314~1319년)에 과거시험을 시행한 이래로 어느 사인(士人)의 이름이 합격자 명단에 오르면 사람들의 얼굴에 희색이 돌며 인재(人才)로 여기고 나라의 원기(元氣)로 여기면서, 그가 역량을 배가하도록 해주고 도와서 잘 기르도록 함으로써 일정한 성취가 있기에 이르렀다"고 인정하고 있다. 흔히 사람들은 원나라 왕조에서 유사(儒士)의 지위가 사회적으로 미천했던 것으로 여기고 있다. 이른바 '구유십개'라는 논법은 대략 유민(遺民)인 사방득(謝枋得), 정사초(鄭思肖) 등이 감정적으로 분개한 데서 유래하는데, 이 논법은 문제가 있는 것일 수 있다. 소계경(蕭啓慶), 「원대의 유호: 유사 지위의 발전사상의 한 장(元代의 儒戶: 儒士地位演進史上的一章)(『원대사신탐(元代史新探)』, 1~58쪽) 참조. 실제 원나라 왕조에서는 보편주의와 다원주의 전략이 오히려 전반적인 주류였다.

기의 마정란(馬廷鸞)은 솔직하게 이런 말을 한 적이 있다. "내가 독서를 하면 장구유(章句儒)가 되고, 과거에 응시하면 의리유(義理儒)가 된다(某讀書作章句儒, 應擧爲義理儒모독서작장구유, 응거위의리유)."[4] 말하자면 그 시대의 실용적인 과거시험 공부는 결코 사인(士人)들이 진정으로 추구하는 지식이 아니었다.

사인(士人)들이 독서하는 진실한 목적은 진정한 지식에 있다. 적어도 각 개인이 독서를 하는 목적은 언제나 분명하다. 그러나 이 시대에는 "경전 연구와 이학(理學)과 과거 공부가 하나였다(俾經術, 理學, 擧業合一비경술, 이학, 거업합일)."[5] 비록 표면상으로는 지식과 사상의 합일로 보이지만, 권력의 비호와 이익의 유혹하에 지식과 사상의 실용성이 이미 모든 것을 압도하고 있었다. 그리하여 사상은 텍스트가 되었고, 텍스트는 탈바꿈하여 문자(文字)가 되었다. 문자는 단지 다함께 외워야 할 기호이며, 암송의 의미는 교환에 있다. 이처럼 사회생활에 대한 사색과 마음의 경지를 위한 함양으로부터 이탈하면, 이것이 마땅히 대상으로 해야 할 사회생활과 서로 분리되어 지식과 사상은 겨우 일련의 공허한 교조(敎條)로서 가치를 가질 뿐이다. 바로 내가 다른 절(節)에서 말한 바와 같다. "본래 신사(紳士) 계층이 문화 권력으로써 정치권력에 대항하고 초월적 사상으로써 세속적 취향에 저항하던, 이 창조성과 혁명성이 풍부한 사상 학설이 관방의 이데올로기가 되고 그리고 사인(士人)들의 고시 시험의 내용이 되고 나면, 그 후로 그것은 각종 세속적 욕망으로 가득찬 독서인들에 의해 복제되면서 급기야 그 본질이 점점 왜곡되게 된다."[6]

특별히 주의 기울여야 할 것은 본래는 매우 의미가 있던 이 지식과 사상이 더 이상 지역(비주류) 지식인들의 비판적 담론에 그치지 않고, 모든 것을 관여하는 정치 이데올로기가 되었을 때 심지어 정치 전략의 원칙으로 확정되었을 때, 그것은 흔히 매우 이상한 물건으로 변질되어 버린다는 점이다. 기묘하게도 원나라 시대가 바로 그러하다. 정단례(程端禮 : 1271∼1345년)는 「송송현옹시서(送宋鉉翁詩序)」에서 이렇게 말한다.

사상은 텍스트가 되었고, 텍스트는 탈바꿈하여 문자가 되었다. 문자는 단지 다함께 외워야 할 기호이며, 암송의 의미는 교환에 있다.

---

4) 『벽오완방집(碧梧玩芳集)』 권10 「제한림권직사묘당계(除翰林權直謝廟堂啓)」, 사고전서본, 12쪽.

5) 정단례(程端禮), 『외재집(畏齋集)』 권5 「익양현신수남산서원기」, 사고전서본, 3쪽 A.

6) 본서의 제2절 『이학의 연속 : 주희와 육구연의 논변과 그 주변(理學的延續 : 朱陸之辯及其周邊)』을 참조.

정자(程子)와 주자(朱子)의 출현 이후로 진유(眞儒)의 학문이 다시 밝아졌고, 허문정공(許文貞公 : 허형)이 정주학으로 황제를 크게 보좌한 이후로 진유의 공효(功效)가 다시 드러났다. 근년에 정주학으로 과거시험을 시행하여 사(士)를 채용한 이후로는 진유의 도(道)가 점차 관리의 통치로 나타나고 있다(自程子朱子出而眞儒之學復明, 自許文貞公以程朱學光輔世皇帝, 而眞儒之效復著, 自近年以程朱之學設科取士, 而眞儒之道漸見于吏治자정자주자출이진유지학부명, 자허문정공이정주학광보세황제, 이진유지효부저, 자근년이정주지학설과취사, 이진유지도점현우이치).[1]

몇몇 학자들의 연구에 의하면 과거를 거쳐 벼슬을 얻은 소수의 운 좋은 사람들 외에 원나라 때 사인(士人)이 상층 사회에 진출하는 주요 경로는 두 가지였다. 하나는 유학의 교관(敎官)이 되는 것이었다. 각 로(路), 부(府), 주(州), 현(縣)에 있는 교육 기관의 교관 또는 서원의 산장(山長)직이 그것이다.[2] 다른 하나는 관청의 관리가 되는 것으로, 태(台), 성(省), 원(院), 군(郡), 현(縣) 정부의 분야별 담당 직원이 되는 것이다. 이 두 신분의 사인(士人)들은 사실은 이미 제도권 안에 들어와 있는 셈이다. 전자의 부류는 관방에서 임명하였고 그들의 직책은 교학(敎學)인데, 교과서화된 이학 지식을 학생들에게 전수하는 것이다. 후자의 부류는 직책이 정사(政事)를 처리하는 것인데, 이들은 유학의 원칙을 실제의 정책으로 바꾸었고, 본래는 비판성이 풍부하였던 사상과 지식을 학교의 교조 또는 정치상의 책략으로 바꾸어 놓았다. 전자든 후자든 막론하고 결과는 모두 유학을 세속화한 것이고 거기에 자유로운 사고는 더 이상 없었다. 그렇다면 정단례가 여기서 말하는 "진유(眞儒)의 도(道)가 관리를 통한 통치에서 나타나고 있다(眞儒之道見于吏治진유지도현우이치)"는 것은 실제상으로는 한(漢)나라 시대에 이미 있었던 '유학자를 관리로 활용하는(以儒爲吏이유위리)' 노선, 즉 유가의 학설을 정치화와 제도화의 길로 이끌어간 역

원나라 때 사인이 상층 사회에 진출하는 주요 경로는 두 가지였다.

---

1) 『외재집(畏齋集)』 권4, 사고전서본, 22쪽 A.
2) 원나라 시대에 각 지방에서 관학 서원을 세운 상황에 관해서는 진고화(陳高華), 「원대의 지방관학(元代的地方官學)」(『원사논총元史論叢』 제5집, 중국사회과학출판사, 1993)을 참조. 진고화에 의하면 원나라 때 사인(士人)들이 학관(學官)이 되는 길에 모여든 까닭은 그것이 벼슬을 얻는 중요한 경로였고, 그래서 학관은 사인들이 출세를 위해 노력을 경주하는 목표가 되었음에 있었다.

사가 원나라 때 다시 한 번 재현된 것이다.

　　본래는 원나라 초기에도 사학(私學)을 추숭한 적이 있다. 방회(方回)는 원나라 대덕(大德) 2년(1298) 이후에 쓴 「송가덕양여신성서(送柯德陽如新城序)」에서 이런 언급을 한다. 즉 '공가(公家)의 스승'은 늘 "관리 선발의 기준이 세력과 재물이었기에, 그들이 반드시 다 실학(實學)을 하는 진실한 사(士)는 아니었던(有司所選, 勢奪賄予, 未必皆實學之士유사소선, 세탈회여, 미필개실학지사)" 반면에 '사가(私家)'의 스승은 진정한 학문을 희망하였기 때문에 "항상 공론(公論)과 부합하였다(必合公論필합공론)." 그러므로 "스승은 하나이지만 스승 노릇을 하는 이유는 하나가 아니었다(師一也, 而所以爲師不同사일야, 이소이위사부동)"[3]고 한다. 이 관념에 따르면 유학자 스승은 민간 사회로 진출하여 얼마든지 지식 전파자와 사상 계몽가의 역할을 수행할 수 있으며, 여기에는 학문과 권력의 분리가 함축되어 있다. 그러나 훗날 신유학으로 불린 정주이학(程朱理學)은 위에서 말한 '세속화'의 상황 아래 정치권력 및 경제 이익과 갈수록 긴밀하게 연결되어 두 방면이 상보상성(相補相成)하는, 아직 실현된 적이 없는 진로를 만들어 냈다. 즉 한편으로는 고시 과목을 통해 사상을 텍스트의 교조로 바꾸었고, 다른 한편으로는 정치권력을 통해 원칙을 정치 제도로 바꾸었다. 표면상으로 보면 이것은 유가 학설로서의 정주학(程朱學)이 권력의 중심으로 들어간 것인데, 실제상으로는 유가 학설로서의 정주이학(程朱理學)이 본래 정치권력의 바깥에서 상대적으로 독립하여 민간 사회와 신사(紳士) 계층을 대변하던 비판적 입장을 포기한 것이 되며, 또한 자아의 초월 및 부단한 경신(更新)의 공간을 점차 상실한 것이 된다.[4]

한편으로는 고시 과목을 통해 사상을 텍스트의 교조로 바꾸었고, 다른 한편으로는 정치권력을 통해 원칙을 정치 제도로 바꾸었다.

---

3) 방회(方回), 『동강속집(桐江續集)』 권31, 사고전서본, 24쪽 B, 24쪽 B에서 25쪽 A까지.

4) 이러한 사상 상황이 원나라 시대에는 별로 뚜렷하게 드러나지는 않았을 수 있다. 왜냐하면 원나라의 역사는 매우 짧았기 때문이다. 하지만 나 개인적으로는 이러한 사상의 취세(趣勢)가 원나라 때 시작되고 확정되었다고 생각한다. 원나라 왕조가 유학자를 활용하는 '용유(用儒)'에서 관리를 활용하는 '용리(用吏)'로 변화해간 내용에 관해서는 다음을 참조할 수 있다. 여궐(余闕), 『청양선생문집(靑陽先生文集)』 권2 「양군현민시집서(楊君顯民詩集序)」, 사고전서본, 11쪽 A~B. 요수(姚燧), 『목암집(牧庵集)』 권4 「송이무경서(送李茂卿序)」, 사부총간본, 10쪽 A. 서원이 점차 관학과 보조를 같이 하게 된 것에 관해서는 다음을 참조할 수 있다. 정단례(程端禮), 『외재집』 권5, 「익양현신수남산서원기」, 사고전서본, 2쪽 B.

3

원나라에서 명나라 시대로 교체하면서 한족은 몽고인 황제를 폐하였지만 사상사는 그대로 이어져 관성에 따라 이전의 방향 그대로 나아갔다.[1] 몽고족의 원나라 왕조는 보편주의 원리에 의거하여 유학(儒學)과 이학(理學)을 주류 이데올로기 안에 끌어 들였지만, 명나라 왕조는 민족주의 원리에 따라 훨씬 쉽게 유가 학문의 정당성을 부각하였다. 본래 한족 문명에 속하던 이 사상 학설의 지지 하에 명나라 왕조의 황권은 원나라 왕조의 몽고 황권에 비하여 '민족'과 '문명'의 이중 지지를 받으며 훨씬 더 합법성을 가질 뿐만 아니라 훨씬 더 합리성을 갖는 격이었다. 이를테면 영원불변하는 천지 대의(大義)로서의 한족 문명은 당연히 한족 황권의 합법성을 지지해야만 하며, 한족의 합법적 권력은 당연히 더욱 마땅히 송나라 이래 한족 문명 계열에서 발생한 지식과 사상, 그리고 신앙을 점유해야만 하였다.

주원장(朱元璋)은 개국 초에 반포한 격문(檄文) 중에서 다음과 같은 원리를 말하였다. "고대의 제왕이 천하를 통치한 이래 중국은 안에 거주하면서 바깥의 변방인들(夷狄)을 통제하였고, 변방인들은 밖에 거주하면서 중국을 받들었다. 변방인들이 중국에 머물면서 천하를 다스린 사례는 듣지 못하였다(自古帝王臨御天下, 中國居內, 以制夷狄, 夷狄居外, 以奉中國, 未聞以夷狄居中國治天下者也자고제왕임어천하, 중국거내, 이제이적, 이적거외, 이봉중국, 미문이이적거중국치천하자야)." 그 아래에서는 몽고족의 원나라

---

1) 후에 고반룡(高攀龍)은 이 시기의 역사를 회고할 때 이렇게 말하였다. 명나라 태조는 즉위한 초에 허겸(許謙)의 손자인 허존인(許存仁)을 국자좨주(國子祭酒)로 임명하였고, 허존인은 "군주의 명을 이어 교육 사업을 펼쳤는데, 한결같이 주자학을 추종하면서 학인들로 하여금 오경사서(五經四書)가 아니면 읽지 못하게 하고 염락관민(濂洛關閩 : 주돈이, 이정二程, 장재, 주희)의 학설이 아니면 강설하지 못하게 하니 천하가 다 받들면서 그 혜택의 바람을 누렸다(承上命以爲敎, 一宗朱氏之學, 令學者非五經四書不讀, 非濂洛關閩之學不講, 而天下翕然向風矣승상명이위교, 일종주씨지학, 영학자비오경사서부독, 비렴락관민지학불강, 이천하흡연향풍의)." 그리고 명나라 성조(成祖)는 "더욱 확대하여 유신(儒臣)들에게 명하여 '오경사서대전(五經四書大全)'을 편찬하게 하고 전(傳)과 주(注)는 오직 염락관민을 위주로 하게 하였으며…… 또한 따로 주요 유학자의 글을 주제별로 편집하여 『성리전서(性理全書)』를 편찬하게 하여 널리 보급하였다(益張而大之, 命儒臣輯五經四書大全, 而傳注一以濂洛關閩爲主 ……別以諸儒之書, 類爲『性理全書』, 同頒布天下익장이대지, 명유신집오경사서대전, 이전주일이렴락관민위주 ……별이제유지서, 유위『성리전서』, 동반포천하)." 『고자유서(高子遺書)』 권7, 「숭정학벽이설소(崇正學辟異說疏)」, 사고전서본, 2쪽 A~B.

때 강상(綱常)을 무너뜨린 일련의 사례들을 비판하면서 "부자(父子), 군신(君臣), 부부(夫婦), 장유(長幼)의 인륜이 더럽혀지고 어지러워졌다(父子君臣夫婦長幼之倫瀆亂부자군신부부장유지륜독란)"고 하였다.[2] 그 다음 해에 다시 원나라 왕조가 "선왕(先王)들의 의관예의(衣冠禮義)의 교(教)를 변방인들 것과 혼합하였다(使先王衣冠禮義之教, 混爲夷狄사선왕의관례의지교, 혼위이적)"는 이유를 들어 '교화(教化)'와 '학교'의 의미를 강조하고, 천하가 모두 "성인의 도를 강론하여 사람들로 하여금 일취월장하게 하여 선왕(先王)의 전통을 회복함으로써 오염된 습속을 혁신하게 할 것(講論聖道, 使人日漸月化, 以復先王之舊, 以革汚染之習강론성도, 사인일점월화, 이복선왕지구, 이혁오염지습)"[3]을 요구하였다. 이에 따라 한족 문명에 속하는 정주이학은 명나라 시대에도 그대로 권력을 쥔 사람들이 합법성과 합리성을 세우는 정치이데올로기가 되었으며, 여전히 일반의 사인(士人)이 권력과 교환하는 데 사용하는 지식이었다.

그런데 이런 시대에 유가, 특히 이학(理學)의 지식과 사상의 '세속화'는 갈수록 더욱 심해질 수 있다. 홍무(洪武 : 1368~1398년) 원년 3월에는 과거를 시행하여 사(士)를 모집하라는 조령을 내렸고, 10월에는 국자학(國子學) 제도를 결정하였으며, 11월에는 공자(孔子)의 56세손 공희학(孔希學)을 연성공(衍聖公)으로 봉하였다. 1년 후에는 군(郡)과 현(縣)에 학교(學校)를 설립하도록 조령을 내렸고, 홍무 3년(1370)에는 경사(京師 : 수도)와 각 행성(行省)에서 대규모 향시(鄉試)를 개최하였다.[4] 이 모든 것이 빠르게 제도화하였다. 홍무 17년(1384) 3월에 예부(禮部)에서 왕명을 받들어 과거성식(科舉成式)[5]을 반포함에 따라 과거 고시의 규칙, 고시의 내용 및

---

2) 『명태조실록(明太祖實錄)』 권26(타이베이, 역사어언연구소歷史語言研究所 축인縮印 영인본『명실록明實錄』 제1책), 127쪽.

3) 『명태조실록』 권46(『명실록』 제1책), 257쪽.

4) 『명태조실록』 권22, 권26, 권36 상, 권46(『명실록』 제1책, 107쪽, 122쪽, 193쪽, 257쪽)을 참조.

5) 향시(鄉試) 규정에 의하면, 제1장(場) 시험은 사서의(四書義) 3문항과 경의(經義) 4문항이고, 사서의는 문항당 200자 이상, 경의는 문항당 300자 이상 작성하는데, 『사서(四書)』의(義)는 주자집주(朱子集註)의 경전 해석을 위주로 하고, 『시경』은 '주자집전(朱子集傳)'을 위주로 하고, 『주역』은 정주(程朱)의 전의(傳義)를 위주로 하고, 『서경』은 채침(蔡沈)의 전(傳)과 고주소(古註疏)를 위주로 하고, 『춘추』는 좌씨(左氏), 공양(公羊), 곡량(谷粱), 호안국(胡安國), 장흡(張洽)의 전(傳)을 위주로 하고, 『예기』는 고주소(古註疏)를 위주로 한다(『四書』義主朱子集註經義, 『詩』主朱子集傳, 『易』主程朱傳義, 『書』主蔡氏傳及古註疏, 『春秋』主左氏, 公羊, 谷梁, 胡氏, 張洽傳, 『禮記』主古註疏『사서』의주주자집주경의, 『시』주주자집전, 『역』주정주전의, 『서』주채씨전급고주소, 『춘추』주좌씨, 공양, 곡량, 호씨, 장흡전, 『예기』주고주소)." 제2장 시험은 논술 1문항, 판결문 작성 5개, 조(詔)·고(誥)·장(章)·표(表) 내과(內科) 1문항이다. 제3장

제도에 의해 보장되는 이익 등이 모두 권력의 인가를 얻었다.

그렇지만 지식과 사상의 범위는 제한되어 시간이 지날수록 좁아졌다.[1] 홍무(洪武) 연간부터는 조령을 내려 모든 학교의 생도들에게 「대고(大誥)」를 암송하게 하였고,[2] 『맹자』를 누구나 많이 들어 상세히 말할 수 있도록 85조로 축약하게 하고서 "시험에서 이 범위 밖에서는 출제하지 말고 과거에서 이 범위 밖에서는 사(士)를 선발하지 말라"고 하였다.[3] 영락(永樂 : 1403~1424년) 2년(1404)에 이르러서는 이학을 비방한 요주(饒州)의 유사(儒士) 주우계(朱友季)를 엄중하게 처벌하였다. 보통과는 다른 상징성을 갖는 이 소식이 관방의 단호한 훈계와 경고로 알려진 이후로 지식과 사상은 이미 권력에 의해 그 대체적인 범위가 확정되었다. 또 영락 연간에는 『오경대전(五經大全)』, 『사서대전(四書大全)』, 『성리대전(性理大全)』을 편찬하였다.[4] 특별한 것은 후자인데, "주(周), 정(程), 장(張), 주(朱) 제유의 성리학 글들을

시험은 경사책(經史策) 5문항이다(『명태조실록』 권160. 『명실록』 제1책, 643쪽). 비록 이렇게 제도화된 시험 절차임에도 일찍이 중단된 적이 있으니, 예를 들면 명나라 태조가 과거를 마음에 안 들어서 그리고 강남(江南) 사인(士人)들을 억제하고 남방의 고시생들을 배제하려는 등의 이유로 과거시험을 중단시킨 일이 있다. 그러나 오히려 이러한 황권의 남용 행위가 공교롭게도 사인들에게는 문화 면에서도 권력이 작용함을 암시하는 것이 되었고, 그 결과 관방이 옹호하는 이학사상(理學思想)은 정말로 영원불변하는 천지의 대의(大義)로서 원칙이 되었다.

1) 양계초(楊啓樵)의 「명초의 인재 배양과 등용제도 및 그 변천(明初人才培養與登進制度及其演變)」은 이 시기의 학술 제도를 세밀하게 연구한 것이다. 그 역시 이 제도 하에서 점점 노정되는 폐단을 지적하는데, 학술 면에서의 쇠퇴는 필연적인 추세였다(『명청사결오明淸史抉奧』, 홍콩, 광각경출판사廣角鏡出版社, 1984, 151~240쪽).

2) 『명태조실록』 권214의 홍무(洪武) 24년에 이렇게 기록되어 있다. "임금이 모든 부(府), 주(州), 현(縣)에 조령을 내려 모든 이(里)에 숙(塾 : 글방)을 두고, 숙에는 교사를 두어 생도들을 모아 「어제대고(御制大誥)」를 송(訟)하는 것을 가르치라 하였는데, 백성들로 하여금 어려서부터 따르고 지켜야 할 것들을 알게 하기 위함이었다."(『명실록』 제1책, 816쪽) 등사우(鄧嗣禹)는 「명의 대고와 명초의 정치사회(明大誥與明初之政治社會)」에서 「대고(大誥)」의 "문리(文理)가 통하지 않고, 문장이 비루하고 광적인 태도"를 말하는데, 이는 그 글이 주원장(朱元璋)이 직접 지은 것임을 입증해 준다고 하겠다. 그러나 「대고」를 실행한 기간은 그리 길지 않아서, 홍무(洪武) 말년에 이르러 이미 종료되었다(황배黃培와 도진생陶晉生 편, 『등사우선생학술논문선집鄧嗣禹先生學術論文選集』, 타이베이, 식화출판사食貨出版社, 1980, 287~313쪽). 그러나 나는 사람들에게 심리적으로 두려움을 갖게 하였다는 점에서 이것의 영향은 대체로 그 후에도 계속되었다고 본다.

3) 북경도서관(北京圖書館) 장제(藏題), 유삼오(劉三吾) 찬(撰), 『맹자절문(孟子節文)』을 참조. 전해오는 말에 의하면, 주원장이 『맹자』에 나오는 '토개구수(土芥寇讎)' 이야기를 보고서 '신하로서 할 수 있는 말'이 될 수 없다고 여기고서 조령을 내려 맹자를 배향(配享)에서 제외하라 하고, "이에 대해 간언(諫言)하는 자를 불경(不敬)으로 논죄하겠다"고 하였다. *『맹자』「이루하(離婁下)」제3장에 맹자가 제(齊)나라 선왕(宣王)에게 "군주가 신하 보기를 토개(土芥 : 흙과 풀. 천한 것을 의미)와 같이 하면 신하가 군주 보기를 구수(寇讎 : 원수)와 같이 합니다"라고 아뢰었다는 내용이 있다(역자 주).

취합하여 편성(以周, 程, 朱, 張諸儒性理之書類聚成編이주, 정, 주, 장제유성리지서류취성편)"한 것으로 70권 안에 우주천지, 사회생활, 이기신앙(理氣信仰), 귀신이적(鬼神夷狄) 등 각 방면을 망라하였으며, 그리고 영락 황제가 친히 지은 서문에서 말한 바와 같이 "경전의 뜻을 드러낸 것은 취하고 경전의 본지에 어긋난 것은 버리는(有發明經義者取之, 悖于經旨者去之유발명경의자취지, 패우경지자거지)" 작업이었다. 이것은 15세기 초에 이르러 다시 한 번 "천하의 도(道)에 고금(古今)의 다름은 없으며, 사람이 하늘로부터 품수 받은 것에도 고금의 차이가 없다(道之在天下, 無古今之殊, 人之稟受于天者, 無古今之異도지재천하, 무고금지수, 인지품수우천자, 무고금지이)"는 절대적이고 보편적인 진리를 확립한 것이며, 아울러 사인(士人)의 독서와 이해의 방향을 규정한 것이었다.[5]

이와 같이 고도의 권위성을 갖는 도덕적 훈계와 고도의 진리성을 갖는 공허한 담론의 이중적 제약과 정치와 경제적 이익의 이중적 유혹하에 지식과 사상의 제도화와 세속화는 이미 상당히 심해져서, 설사 이 전략을 옹호하는 고반룡(高攀龍 : 1562~1626년)일지라도 그 후 2백 년이 지난 시점인 만력(萬曆 : 1573~1620년) 연간에 그 시기의 역사를 추억할 때 다음 문제점을 거론하지 않을 수 없었다. 즉 비록 그렇게 해서 "사설(邪說)이 자취를 감추고 우리의 도(道)가 성행하고 있으며, 오늘에 이르기까지 200여 년간 학교를 통한 교육과 과거제도에 의한 인재 선발이 그 덕택이며(邪說屛息, 吾道中天矣, 至今二百餘年以來, 庠序之所敎, 制科之所取, 一稟于是사설병식, 오도중천의, 지금이백여년이래, 상서지소교, 제과지소취, 일품우시)", 명나라 왕조를 위하여 많은 진유(眞儒)를 배양해 냈지만, 훨씬 많은 경우 "학인들이 어려서는 책을 읽지만 늙어서는 한마디도 활용할 줄을 모른다(學者幼而讀之, 老而不知一言爲可用者학자유이독지, 노이부지일언위가용자)"[6]는 것을 그도 인정할 수밖에 없었다. 본래는 비판성이 상당히 강하였던 정주학설이 한편으로는 사회생활 안으로 깊이 들어가면서 일

---

4) 명나라 왕조가 망한 후에 고염무(顧炎武)는 역사를 회고하는 가운데 특히 이것을 경학(經學)의 쇠퇴를 초래한 원인으로 간주하였다. 『일지록(日知錄)』 권18, 황여성(黃汝成), 「일지록집석(日知錄集釋)」, 악록서사, 1994, 650 ~651쪽을 볼 것.

5) 『성리대전(性理大全)』 권수(卷首) 「어제성리대전서(御制性理大全序)」, 『공자문화대전(孔子文化大全)』 영인본, 산동우의서사(山東友誼書社), 1989, 10쪽. 『명사(明史)』 권98 「예문지(藝文志)」, 2425쪽을 참조. 훗날 고염무는 이것을 경학의 쇠퇴를 초래한 원인으로 여겼다. 『일지록(日知錄)』 권18, 『일지록집석』, 650~651쪽을 볼 것.

6) 『고자유서(高子遺書)』 권7, 「숭정학벽이설소」, 사고전서본, 2쪽 B.

반의 사상계가 보편적으로 수용하는 지식과 원칙이 되어버렸으며, 다른 한편으로는 정치체제 밖에 서서 '초월적'이고 '자유로웠던' 입장을 점점 잃어가면서 정치권력과 이데올로기를 해석해 주는 텍스트가 되어버렸던 것이다.

이 시기 사상의 역사에 관하여 아직은 많은 연구가 필요하다.[1] 다만 이 시기의 사상에 대해 훗날 가해진 격렬한 비판을 통해 우리는 이 당시의 지식과 사상, 그리고 신앙세계가 점점 확산되어 갔던 정황을 알 수 있으며, 훗날의 사인(士人)들이 이러한 추세에 대해 걱정하고 있었음도 알 수 있다. 이 징후는 정덕(正德 : 1506~1521년)과 가정(嘉靖 : 1521~1566년) 연간에 이르러 갈수록 뚜렷해졌다. 왕수인(王守仁)은 「답고동교서(答顧東橋書)」에서 이미 다음을 거론하였다. 사상의 범위가 제한됨으로 인하여 총명하고 지혜를 갖춘 많은 사인(士人)들이 훈고학(訓詁學), 기송학(記誦學), 사장학(詞章學)에로 전향하고, 궁극적 관심과 초월 의식이 결여된 이런 것들이 "어수선하게 천하에 떼지어 일어나니", 심지어 "당시의 군주도 그 학설에 혼미하게 전도(顚倒)되었다." 왕수인은 발분하여 그것들은 전적으로 공허하고 쓸모없는 거짓 학문이라고 지적하였다. 그는 당시 사상계의 상황에 대해 통탄해 하면서 말하기를 설사 어떤 사람이 이런 병폐를 알아차렸다 하더라도 그저 '부강(富强)과 공리(功利) 등 오패(五霸)의 사업'을 써서 광정(匡正 : 잘못된 것이나 부정 따위를 바로잡아 고침)할 수 있을 뿐이지 결코 올바른 길을 찾아낼 수는 없다고 하였다.[2] 왜냐하면 명나라 중기에 이르러 사상계는 사실은 이미 심각한 위기에 직면

명나라 중기에 이르러 사상계는 사실은 이미 심각한 위기에 직면하였다.

---

1) 사상사(思想史)가 명나라 때의 양명학 대두와 그 후의 사상계 상황에 주의를 기울이는 것은 당연히 그렇게 해야 하는 것이다. 그러나 우리가 논의하고 있는 이 시기의 역사를 소홀히 하면, 그 이후의 사상사가 연속성을 결여하게 된다. 이 시기의 역사를 연구한 논저(論著)로 내가 본 것 중에서는 『송명이학사(宋明理學史)』 같은 다소 통론적(通論的)인 저작 외에, 고청미(古清美)의 「명대 전반기 이학의 변화와 발전(明代前半期理學的變化與發展)」(『명대이학논문집明代理學論文集』, 대안출판사大安出版社, 1990, 1~41쪽)과 축평차(祝平次)의 『주자학과 명초 이학의 발전(朱子學與明初理學的發展)』 제3장(「명초 이학의 발전明初理學的發展」, 타이베이, 학생서국, 1994, 115~176쪽)을 참조할 수 있다.

2) 진영첩(陳榮捷), 『왕양명전습록상주집평(王陽明傳習錄詳注集評)』 권중(卷中) 제143조(학생서국, 1992), 197~198쪽. 또한 다음을 참조할 수 있다. 범경문(范景文), 「내금관문집서(來禽館文集序)」에 "오늘날 현실 상황의 발전을 꾀하는 사람들은 경전 주소(注疏) 중의 군더더기 말들을 표절하여 되뇌이는 것을 이학(理學)으로 여기고 있고, 현안 문제 해결을 위한 다양한 의론의 축적을 경제(經濟)로 여기고 있다(今之治攻具者, 生呑注疏之剩語以爲理學, 襲緝策論之蠹括以爲經濟금지치공구자, 생탄주소지잉어이위이학, 벽집책론지두괄이위경제)." (『범문충공문집范文忠公文集』 권6, 총서집성초편본叢書集成初編本, 99쪽).

하였기 때문이다. 한족과 변방 민족, 황권과 신권(神權), 도시 생활과 향촌 생활, 시민과 신사(紳士) 간의 잦은 충돌로 인하여 왕수인이 살던 정덕(正德)과 가정(嘉靖) 시대의 사회생활은 크게 변화하고 있었다. 그런데 사회생활의 동일화는 이렇게 점차 상실되어 가고 있음에도 사상의 동일화는 예전 그대로였다. 그렇다면 사상은 장차 어떻게 효과적으로 이 위기와 변화에 부응하고 구제할 것인가? 이것이 당시 사인(士人)들의 보편적인 긴장과 근심이었다.

후대의 역사 연구가들은 모두 이 시대의 사회생활이 전통의 사회생활과 단절(rupture)된 것에 주목하였다.[3] 많은 문헌들에 특히 지방지(地方志)와 필기 자료들 중에 당시의 변화가 기록되어 있는데, 표면상으로는 복식(服飾)에 있어 '소박한 것을 멀리하고 화려한 것을 추구함', 문예(文藝)에 있어 '이색적이고 새로운 것을 추구함', 지식에 있어 '특이한 것을 숭모하고 색다른 것을 좋아함'의 변화였지만,[4] 그 이면에 숨어 있는 것은 훨씬 더 심각한 단절이었다.

우선 원래 전통사회에서 황권의 영향력하에 유지된 지역 간의 동일화가 무너졌다. 강남(江南) 지역은 특히 시간이 흐를수록 문화 구역으로서의 특징을 드러내었다. 지역과 지역 간에도 문화적 단절이 출현하였다.[5] 그 다음으로 강남 지역 안에서도 도시와 향촌 간에 문화적 취향이 갈수록 달라졌으며, 도시와 향촌 간 유지되어 온 본래의 동일화가 타파되었다. 전통의 관념에서는 배척되었던 주색

---

3) '자본주의 맹아'에 관한 토론의 이론적 가설이 어떻든 간에 그 토론으로 인하여 이 시대 사회생활의 변화에 대한 연구가 촉진되었음은 객관적 사실이며, 이 시대 사회생활 변화에 관한 문헌 자료들도 대체로 그 토론의 과정에서 발굴된 것들이다.

4) 특히 이 시대의 기풍 변화를 서술한 것으로 흔히 활용되는 것은 『만력통주지(萬曆通州志)』 권2 「풍속(風俗)」에 인용되어 있는 진사구(陳司寇)의 '팔서(八書)'이다. 이 글은 복장, 연회(宴會), 명찰, 호칭(呼稱), 소송 등 8개 분야에서 정덕(正德)과 가정(嘉靖) 연간의 기풍 변화를 서술하고 있다. 참조할 수 있는 것으로는 『만력황암현지(萬曆黃岩縣志)』 권1 「풍속(風俗)」, 『만력신창현지(萬曆新昌縣志)』 권4 「풍속」, 고기원(顧起元), 『객좌췌어(客座贅語)』 권1 「정가이전순후(正嘉以前醇厚)」(중화서국, 1997, 25쪽)가 있다. 다음을 참조. 유지금(劉志琴), 「만명성시풍상초탐(晩明城市風尙初探)」(『중국문화연구집간中國文化研究集刊』 제1기, 복단대학출판사復旦大學出版社, 1983, 190~208쪽).

5) 도융(屠隆), 『백유집(白楡集)』 권6 「봉유관찰선생(奉劉觀察先生)」에 "오(吳 : 지금의 강소성 일부와 절강성 일부를 지칭) 지역의 상황은 강(양자강) 이북과는 크게 차이가 있어, 본디 성향이 서로 어울리지 않는다. 오 지역의 풍속은 허세, 부박(浮薄), 과장을 좋아하여 간소함 및 진솔함과는 거리가 있다 ……." 또 하량준(何良俊)의 『사우재총설(四友齋叢說)』 권35 「정속(正俗)」(중화서국, 1997, 323쪽)에는 이렇게 씌어 있다. "근년에 풍속이 경박해진 것은 대체로 소주(蘇州)에서 비롯되었는데, 그 여파가 송강(松江)에까지 이르렀다."

(酒色), 과시, 사치, 취렴(聚斂)의 풍조가 상업과 소비가 중심인 도시에서 번져가고 갈수록 유행이 되어, 본래는 하나였던 도시와 향촌 간에 단절이 발생하였다.[1] 다음으로 이 구역들 안에서의 각 계층 간 생활의 동일화가 와해되기 시작하였다. 도시의 상인과 귀족들은 물적, 인적 풍요함으로 인하여 새로운 생활 취향을 보이기 시작한 반면에 정성껏 전통을 고수하던 일부 사인(士人)들은 전통적 생활 방식과 질서의 엄숙성을 유지하고자 하였고, 이렇게 전통을 옹호함으로써 자신들의 문화적 영향력을 유지하고자 하였다. 이로 인하여 계층 간의 서로 다른 가치 취향에 따른 단절이 초래되었다.[2] 끝으로 사인(士人) 계층 내 생활상의 동일화가 상실되었다. 관직 진출이나 유통업 또는 상업으로 부유하게 된 일부의 사인(士人)들은[3] 매우 빠르게 자신들의 생활 취향을 바꾸어 간 반면에 다른 일부의 사인들은 이러한 변화에 충격을 받으면서 아울러 엄하게 비난하였다. 요컨대 남과 북 사이에, 도시와 향촌 간에, 빈부지간에, 지식 계층 내 관념 세계에 단절이 발생하였던 것이다.[4] 바꿔 말하면 사회생활사(社會生活史)의 각도에서 볼 때 이것은 송나라 때

---

1) 『도암몽억(陶庵夢憶)』 권4 「진회하방(秦淮河防)」과 『객좌췌어(客座贅語)』 권5에 인용된 왕단구(王丹邱)의 「건업풍속기(建業風俗記)」에서 남경성(南京城)의 '정가(正嘉)' 이전의 크고 후덕함'과 '그 후로 점점 엷고 야박해짐'에 관하여 기록한 것을 참조할 수 있다.

2) 가령 『만력양주부지(萬曆揚州府志)』 권24 「풍속」의 기록을 보면, 일반의 사인(士人)은 "가마와 관복 면에서 검약을 많이 추구하였는데, 비록 높은 벼슬이나 귀한 집 사람일지라도 외출할 때는 두 사람이 앞뒤에서 메는 단촐한 가마를 이용하였고, 평상시의 복색(服色)에서는 곱고 화려한 것을 꺼려하였다." 반면에 상인(商人) 신분의 시민들은 그와 반대였다. 그리고 "이익 추구에 치중하면, 빈한한 집 사람 또는 배움이 부족한 여자로 간주되는 경향이 있었다."(『북경도서관고적진본총간北京圖書館古籍珍本叢刊』 제25책, 베이징, 서목문헌출판사書目文獻出版社 영인본, 347쪽)

3) 하량준(何良俊), 『사우재총설(四友齋叢說)』 권34 「정속(正俗)」(312~313쪽)에는 송강 지역에서 "헌종(憲宗)과 효종(孝宗) 양조(1464~1505) 이전 시대의 사대부들은 취렴(聚斂)을 하지 않았으나……, 정덕(正德 : 1506~1521년) 연간부터 공직자들이 다투어 사업을 벌이고 이윤을 추구"하던 상황이 기록되어 있다.

4) 많은 문헌들이 모두 다음과 같이 기록하고 있다. 가정(嘉靖 : 1522~1566년) 이전의 사인(士人)들은 학문이 단정하고 예의법도가 근엄하고 생활이 검박하였으며, "벼슬을 하면 정확히 규정을 준수하고 힘써 직무를 수행하였다(仕則精法律, 勤職事사즉정법률, 근직사)." 그리고 "예의염치(禮義廉恥)를 우선으로 하고 점잖고 바른 행동 및 명예와 절조를 귀중히 여겼다(以禮義廉恥爲先, 以行檢名節爲貴이예의염치위선, 이행검명절위귀)." 그러나 가정 이후로는 돌연 변하여 기풍이 허황하고 과장되고 방자하여 거리낌이 없고 사치함이 도를 넘어서게 되었다. 『만력황암현지(萬曆黃巖縣志)』 권1 「풍속」, 고기원(顧起元) 『객좌췌어(客座贅語)』 권5에 인용된 「건업풍속기(建業風俗記)」, 169~170쪽, 최선(崔銑), 「만기(漫記)」(『기록회편(紀錄彙編)』 권192, 『중국문헌진본총간(中國文獻珍本叢刊)』 영인본 제4책, 베이징, 전국도서관미축복제중심全國圖書館微縮復制中心, 1994, 2103쪽) 등을 참조.

역사의 과정에서 정립된
사회 질서 유지의 윤리
규범이 점점 실추되고,
본래 표면상으로 추종되
어 오던 윤리적 동일화마
저 생활 세계상의 이런
분열 상황 하에 점차 무
너져간 것이다.

윤리적 동일화가 확립된 이래 처음으로 나타난 하나의 심각한 변화이다. 역사의 과정에서 정립된 사회 질서 유지의 윤리 규범이 점점 실추되고, 본래 표면상으로 추종되어 오던 윤리적 동일화마저 생활 세계상의 이런 분열 상황하에 점차 무너져간 것이다.

그러나 앞에서 "사회생활의 동일화는 점차 상실되어 갔음에도 사상의 동일화는 예전 그대로였다"고 말하였듯이, 황권 통제하의 정치 이데올로기 및 도덕 윤리 관념은 고시 시험, 아동 교육, 통속적 문예, 가족과 종족의 예법, 풍속과 습관을 통하여 관념 세계에 흡수되었고, 여전히 표면상으로는 생활의 토대가 되고 있었다. 특별한 것은 이 정치 이데올로기 및 도덕 윤리 관념이 이미 세속화되고 제도화되어 민중의 실제 생활에 진입하였다는 점이다. 한 예를 들면 명나라 때 상당히 널리 보급되고 일반 사인(士人)들에 의해 가정에서 '수책(手冊, handbook)'이라 받들어진 책자는 세속화 이후의 정주학이 평범한 생활 세계의 일반 지식상에서 점하는 위치가 어떠한지를 뚜렷하게 보여준다. 그 가운데 분량이 자못 많은 편인 『거가필비사류전집(居家必備事類全集)』10집은 다음과 같이 배열되어 있다.

갑집(甲集) : 생활 관념, 가정 규범, 독서 방법 및 사회 교류 지식.

을집(乙集) : 가정과 가족의 의례

병집(丙集) : 각종 도덕 윤리 명언(名言)과 각종 점술과 금기 상식.

정집(丁集)에서 경집(庚集)까지 : 주택 풍수, 축산, 농사, 다주(茶酒) 식물에 관한 각
종 상식.

신집(辛集) : 관리학[吏學] 지침.

임집(壬集)과 계집(癸集) : 위생 건강 지식, 그리고 불교와 도교에서 유래하는 도덕
규훈

이상은 약간의 지식이 있는 사인(士人)이면 누구나 갖고 있는 생활 세계상의 상식을 거의 다 포괄한다. 그러나 여기서 가장 중요한 것은 앞부분에 있는 생활상의 윤리와 도덕 관념에 관한 부분, 즉 정주이학(程朱理學)이 제공하는 규범을 중심으로 하고 있는 부분이다. 갑집(甲集)의 가장 앞부분에 수록되어 있는 것은 「주

문공동몽수지(朱文公童蒙需知)」이고, 그 아래에 「진서산교자재규(眞西山敎子齋規)」,
「왕허중훈몽법(王虛中訓蒙法)」, 「주문공백록동서원교조(朱文公白鹿洞書院敎條)」 등이
있는데, 일반적으로 사인(士人)이 지식 세계에 들어가기 시작함은 곧 이미 이학(理
學)의 규훈(規訓)과 인도(引導) 안에 진입하였음을 의미한다. 그리고 을집(乙集)의
맨 처음에 수록된 것은 「사마온공거가잡의(司馬溫公居家雜儀)」, 「원씨세범(袁氏世
範)」 및 각종 예절 의례의 규칙 등인데, 이것은 성인(成人)이 된 이후의 생활도 역
시 정주이학이 규정하는 생활 법도 안에 있음을 의미한다.[1]

　　학자들의 연구에 의하면, 16세기 이후가 되면『주자가례(朱子家禮)』는 적어도
신사(紳士) 생활에서는 점점 주류를 점하여 이미 불교의 상례(喪禮)와 대등한 위상
을 가졌다.[2] 그런데 이런 시대를 맞이하였을 때 사람들의 반응은 여러 가지이다.
어떤 사람들은 상당히 만족하였는데, 심지어 주희의 사서(四書) 주석이야말로 이
미 모든 지식의 체(體)와 용(用)을 망라한다고 생각하여, "『대학장구』,『중용장구』,
『논어집주』,『맹자집주』는 성인(聖人)의 정온(精蘊)을 다 드러내어 그 이상의 여지
가 없다. 성인께서 전해주신 것들을 익히고 받들게 해주었으니 이 점에서 그 분
의 공헌이 지극하다. 공부하는 사람들은 오로지 차분하게 집중하고 체득하여 그
맛을 즐기고, 뜻을 독실하게 하여 힘써 실천하면 될 뿐이다. 어찌 한가롭게 많은
말이 필요하랴!(『大學』,『中庸』章句,『論語』,『孟子』集注, 發聖人之精蘊可謂無餘, 翼聖傳, 其功
于是爲大善. 學者惟當潛心體玩, 篤志力行而已, 何暇于多言『대학』,『중용』장구,『논어』,『맹자』집주, 발성
인지정온가위무여, 습익성전, 기공우시위대선. 학자유당잠심체완, 독지력행이이, 하가우다언)"[3]라며 만
족하였다. 어떤 사람들은 여기서 더 나아가 이런 경전들조차 모두 외면하고서
"오로지 지금 시대의 글을 외우고 익히는 것이 지름길이다. 직접 볼 수도 없는 옛

1)『거가필용사류전집(居家必用事類全集)』(『북경도서관고적진본총간北京圖書館古籍珍本叢刊』 제61책 거명각본영
　　인据明刻本影印, 베이징, 서목문헌출판사, 1~422쪽.

2) 티모시 브룩(Timothy Brook)은 「만명 중화제국의 장례와 사당(晩明中華帝國的葬禮與祠堂)」(Funerary Ritual and
　　Building of Lineages in Late Imperial China)에서 일찍이 대량의 지방지(地方志) 문헌 자료에 근거하여 이 점을 밝
　　혀냈다. 그는 매우 상세한 내용을 표로 정리해 놓고 있는데, 이 표는 남부로부터 북부까지의 99곳의 지방을
　　통계낸 것이다. 16세기부터는 상례(喪禮)를『가례(家禮)』에 따라 행하는 집과 불교식으로 하는 집이 다 있게
　　되었는데,『가례』에 따르는 사례가 조금 더 많았다(『하바드 아시아연구 저널Harvard Journal of Asiatic Studies』, Vol.
　　49. 2, P465~499, 1989).

3) 왕초(王樵),『방록집(方麓集)』 권2「소문편서(紹聞編序)」, 사고전서본, 15쪽 A.

경(經)과 전(傳)과 성인의 행적은 물론이고 현 왕조에서 경서에 붙인 주석과 뜻풀이까지도 모두 치우고, 오로지 전체적으로 논한 것만을 읽어서 경전 독서를 신속히 완료하도록 하라(專以誦習時文爲捷徑, 不但古經傳生平目未睹見, 卽國朝經書中傳注義訓一切抹去, 止留總語讀之, 以求經書速完전이송습시문위첩경, 부단고경전생평목미도견, 즉국조경서중전주의훈일체말거, 지류총어독지, 이구경서속완)"[4]고까지 하였다. 반면에 일부의 예리한 사인들은 실제의 사회생활에서는 이러한 지식이 평상시와는 다른 각종 현상을 설명해 줄 수가 없으며 이러한 사상이 질서의 다양한 변동에 부응할 수 없다는 것을, 즉 사인들이 갖고 있는 지적(知的) 자원으로는 이 변화무쌍한 국가와 사회를 진단하고 처방을 내릴 수 없다는 것을 간파하였다.

이 시점에서 초래된 결과는 두 가지였다. 하나는 더욱 숭고하게 구원의 이상주의를 창도하는 것이었고, 다른 하나는 극단적인 실용주의를 실행하는 것이었다. 사상과 전략 사이에 이렇게 괴리가 발생하였음에도 근본적인 대책은 없었고, 주류의 지식과 사상, 그리고 신앙세계는 여전히 평이하고 원숙한 관행적 언어와 교조 가운데 연속성을 유지하였다. 공교롭게도 바로 이 평이함과 원숙함 때문에 일부의 학자들은 스스로를 돌아보면서 새로운 사상을 자극할 수 있는 또 다른 자원을 찾아 나섰다. 사상 자원이 상대적으로 폐쇄되어 있는 공간 안에 있었고 그리고 외부 문명으로부터의 영향이 전혀 없는 상황하에 있던 그 시대에 가장 쉽게 찾아낼 수 있는 것은 바로 역사와 전통상에 일찍이 존재하였으나 변방으로 밀려난 지식과 사상, 그리고 신앙이다. 점차 주류 문명과 상층부 인사들로부터 멀어져 가던 불교를 제외하면, 그 가운데 가장 자극적이고 도전적인 사상 자원은 남송 시대에 일찍이 주자학과 대치한 적이 있는 상산학(象山學)[5]이었다.

사상과 전략 사이에 이렇게 괴리가 발생하였음에도 근본적인 대책은 없었다.

---

4) 『첨씨소변(詹氏小辨)』 권30, 30쪽. 임경창(林慶彰), 『청초의 군경변위학(淸初的群經辨僞學)』, 문진출판사(文津出版社), 1990, 30쪽에서 재인용.

5) 주희가 제창한 사상은 중국에서는 주자학(朱子學)이라 불려졌고, 한국에서는 흔히 성리학(性理學)이라 부른다. 육구연이 제창한 사상은 육구연의 호를 따서 상산학(象山學)이라 한다. 저자는 주학(朱學)과 육학(陸學)이라는 명칭을 주로 사용하는데, 일괄하여 '주자학'과 '상산학'으로 번역하겠다. 그 외에 '이학(理學)'과 '심학(心學)'으로 대조하는 명칭도 있는데, 이 경우에는 이정(二程)과 주희의 '정주이학(程朱理學)'(정주학) 그리고 육구연과 왕수인의 '육왕심학(陸王心學)'(육왕학)을 대조시켜 말하는 것이 일반적이다. 저자가 말하는 이학(理學)과 심학(心學) 역시 같은 맥락의 용법이다(역자 주).

4

비록 상산학이 이 시대에는 변방에 위치해 있었으나 간결 명쾌한 사고방식과 근본을 추구하는 취지는 자연스럽게 많은 사인들을 끌어들일 수 있었다. 여기서 간단히 주륙(朱陸) 논쟁의 역사적 지속성에 관하여 잠시 회고해 보자. 원나라 시대로부터 명나라 시대까지 이데올로기로서의 정주학은 공직 진출과 연결되는 고시 과목이 됨에 따라 지식 면에서의 독점성이 권력에 의해 뒷받침되고 있었다. 동시에 무한히 팽창하는 독점성은 매우 자연스럽게 점점 그 배타성을 드러내었다. 그리하여 정주이학의 후예들은 마치 주희 당시처럼 '이학(異學)'에 대해 비판을 진행하였고, 이 진리 체계의 범위를 분명히 하려 하였다. 정주학은 이미 권력과 체제 안에 자리하고 있었으므로 이학에 대한 비판은 흔히 높은 곳에서 내려다보며 하는 질책이 되곤 하였다. 사상의 범위를 설정하는 일 역시 말을 타고 달리면서 토지를 지정하는 격이고, 울타리를 정해주면서 그 안에서만 활동하라는 격이었다. 본래 남송 시대에 상산학은 주자학처럼 성행하지는 못하였고, 원나라 때에 이르러서는 더욱 상산학의 영향력이 위축되었다. 비록 줄곧 육상산의 간이(簡易)함과 예리함에 매우 호감을 갖는 사람들은 있었지만,[1] 원나라 초기 이래 정주이학은 해가 중천에 떠 있는 것과 같았던 반면에 상산학은 늘 비판을 받았다.

일례로 『상산집(象山集)』이 중간(重刊)되자 방회(方回 : 1227~1307년)가 매우 못마땅해 하면서 육구연의 학문을 네 종류의 치우친 기호(嗜好)의 하나로 꼽고 "이 네 가지는 모두 옳지 않다. 그중 첫 번째 벽호(癖好)는 더욱 옳지 않다"고 말하였

원나라 초기 이래 정주이학은 해가 중천에 떠 있는 것과 같았던 반면에 상산학은 늘 비판을 받았다.

---

1) 관용적 태도를 지녔던 것으로 보이는 유훈(劉壎)은 일찍이 주자학과 상산학의 상호 보완을 시도하였다. 그는 이렇게 말한다. "주자학과 상산학은 문호가 좀 다르다. 상산학은 초연함에 주안점을 두고서 본심(本心)을 직접 가리키는 식이었는데, 회옹(주희)은 이에 대해 선불교에 가깝지 않은가 의구심을 가졌다. 주자학은 글로써 드러내는 데 주안점을 두고서 일상적 배움[下學]으로부터 시작하여 고원한 경지를 추구하는[上達] 식이었는데, 상산옹(육구연)은 이를 지리(支離)하다고 보아 작은 일로 여겼다(朱陸之學, 門戶小異, 故陸學主于超卓, 直指本心, 而晦翁以近禪爲疑, 朱學主于著書, 由下學以造上達, 而象山翁又以支離少之주륙지학, 문호소이, 고육학주우초탁, 직지본심, 이회옹이근선위의, 주학주우저서, 유하학이조상달, 이상산옹우이지리소지)." 그(유훈)는 '엄격히 문호를 나누고 파벌을 형성하여 집단적으로 상호 배척하는' 것에 대해 옳지 않다고 생각하였다(『수운촌고水雲村稿』 권5 「주륙합철서朱陸合轍序」, 사고전서본, 3쪽 B).

는데, 그 첫 번째 벽호가 바로 육구연에 통하는 학문 성향이었다.[2] 우집(虞集 : 1272 ~1348년)은 「송이언방민헌(送李彦方閩憲)」중에서 다음과 같이 질책하였다. "근자에 일부 후배 학도들이 세밀하게 독서하고 궁리(窮理)하는 공부는 하지 않고 망녕되게 육자정(육구연)의 설을 끌어들임으로써 스스로를 속이고 있고 스스로 포기하고 있다. 또 『주역』과 『논어』의 구절을 갖다 대면서 정주학이 틀렸다고 배척하려 하는데, 이것 역시 육씨에게서 볼 수 있는 내용이 아니다. 그저 저들이 분별없이 날뛰며 학문하지 않는 것을 그럴 듯하게 글로 써서 사람들을 기만하는 것일 따름이다(近日晚學小子, 不肯細心讀書窮理, 妄引陸子靜之說, 以自欺自棄, 至欲移『易』, 『論語』章句, 直斥程朱之學爲非, 此亦非有見于陸氏者也, 特以文其猖狂不學以欺人而已근일만학소자, 불긍세심독서궁리, 망인육자정지설, 이자기자기, 지욕이『역』, 『논어』장구, 직척정주지학위비, 차역비유견우육씨자야, 특이문기창광불학이기인이이)."[3] 바로 이와 같기 때문에 원나라 때의 상산학은 시종 잠복 상태에 있었다. 상산학에 대해 호감을 갖는 편이었던 조방(趙汸 : 1319~1369년)은 비록 육구연과 주희가 다 같이 '고명(高明)하고 탁월하며 전례가 없는 인물'임을 강조하면서도, 두 학설의 운명을 비교하여 이렇게 탄식하였다. "지금 주자(주희)의 학은 가문마다 전해지고 암송되는데, ……유독 상산(육구연)의 학은 아는 사람이 드물다."[4] 이 상황은 명나라 때에 이르러서도 오랫동안 변화가 없었다. 그래서 왕오(王鏊 : 1450~1524년)는 「자호서루기(慈湖書屢記)」에서 퍽 유감스러워하며 이렇게 말하였다.

오늘날 주자학은 전국에서 추종되고 있는데 상산학은 명맥 유지도 안되고 있어 아는 사람이 거의 없다. 돌아보면 자정(子靜 : 육구연)은 탁월한 조예가 있고 출중한

---

2) 방회(方回), 『동강속집(桐江續集)』 권22회 「송무명양육언(送繆鳴陽六言)」(사고전서본, 15쪽 A). 또 같은 책, 권31 「송가덕양여신성서(送柯德陽如新城序)」에서는 이렇게 말하였다. "간결 명백함[直截]을 지향하는 육자정(육구연)의 입장은 비록 지름길이기는 하나 도(道)를 다 드러내지는 못한다(陸子靜直截之見, 雖捷而未盡道육자정직절지견, 수첩이미진도)." (25쪽 A)

3) 『도원학고록(道園學古錄)』 권1(사고전서본, 19쪽 A). 하지만 우집(虞集)의 태도가 그리 견고하였던 것은 아닌 것 같다. 그는 「송이확서(送李擴序)」에서 어떤 사람이 오유청(吳幼清)이 상산학을 한다고 공격한 것에 대해 공감하면서 말하기를, "육선생(육구연)이 어찌 쉽게 말하였겠는가. 저 사람이 어찌 주자학과 상산학 간 동이(同異)의 내용을 알겠는가?"라고 하였다(『도원학고록道園學古錄』 권5, 사고전서본, 29쪽 B).

4) 『동산존고(東山存稿)』 권2 「대문강우육군자책(對問江右六君子册)」, 사고전서본, 11쪽 A, 18쪽 B~19쪽 A.

성취를 냈으나, 지금은 그를 비방하는 말들이나 전해지고 있을 뿐 그 이상은 전해지는 것이 없으니 어찌 애석하지 않으랴!(今朱子之學, 海內宗之, 子靜之學殆絶矣, 世無復知者. 顧其穎脫超詣, 有非言之可傳, 而遂泯然無傳焉, 可不惜乎?금주자지학, 해내종지, 자정지학태절의, 세무부지자. 고기영탈초예, 유비언지가전, 이수민연무전언, 가불석호)

비록 상황이 이렇긴 하였으나 14세기 초부터 15세기 말까지에 상산학은 여전히 일부 사인(士人)들로부터 지지를 받고 있었다. 전조망(全祖望)이 상산학으로는 "강서(江西)에 정명(靜明 : 진원陳苑)이 있고 절동(浙東)에는 보봉(寶峰 : 조해趙偕)이 있다"[1]고 말한 그대로, 진원(陳苑 : 1256~1330년)과 조해(趙偕 : ?~1364년) 같은 사람들이 여전히 강서(江西)와 사명(四明) 등지에서 상산학의 향불을 계속 지피고 있었다. 다만 그 시대에 그들은 모두 사상의 변방에 처해 있었을 뿐이다. 그러나 변방이었기에 도리어 그들의 실제적인 것을 숭상하는 학풍과 '실속 없이 희귀하거나 인기를 끄는 자질'을 자제하는 정신은, 특히 상산학 중 본래 형이하의 학문을 멀리하고 오로지 마음을 소급하여 모종의 경지에 도달하려는 취향은 평이함과 지리함, 실용과 번쇄함을 혐오하던 급진적 사인들을 충분히 자극할 수 있었다.

사실은 그 시대에는 이런 학풍의 차이가 꼭 그리 엄정한 학파 간의 차이가 되지는 않았으며, 사상적 관심의 다름도 그리 삼엄한 문호 간의 장벽을 조성하지는 못하였다. 비록 관방 이데올로기가 된 정주이학의 신앙자들은 종종 문호를 정연하게 정비하여 분명한 경계선을 유지하고자 하였지만, 어휘, 학술 논리, 사상 노선으로 말하자면 주희과 육구연 사이에 즉 이학과 심학 간에 본래 그리 깊은 도랑은 없었다. 본래는 이학 진영도 내재하는 마음이 진리를 자각하는 것을 매우 중요시하였다. 주희도 "심이 곧 리(理)이다(心卽是理)"라고 말하고 "심이 모든 리(理)를 구비한 것은 심 안에 성(性)이 있기 때문이다(盖心之所以具是理者, 以有性故也개심지소이구시리자, 이유성고야)"[2]고 말하였다. 주희와 육구연은 다만 심의 한계성을 더 중요시하느냐 규범성을 더 중요시하느냐를 놓고 상대적으로 지식의 축적에 치

---

1) 『송원학안(宋元學案)』 권93 「정명보봉학안(靜明寶峰學案)」, 1750쪽. 서원화(徐遠和), 『이학과 원대 사회(理學與元代社會)』, 제7장 「원대육학(元代陸學)」, 베이징, 인민출판사, 1992.

2) 『주자어류』 권37 「논어19」, 985쪽, 권5 「성리2(性理二)」, 89쪽.

중하는 쪽과 세밀한 체험에 치중하는 쪽으로 비교될 뿐이다.

명나라 시대에 이른 후로
몇몇 독실한 실천을 중시
하는 일단의 유학자들은
점차 다시 '심'의 의미를
드러내기 시작하였다.

어느 학자가 지적하였듯이, 이렇게 제약을 받은 실천 주체가 비록 매우 긴 시간 동안 서서히 광대한 경전 주석의 늪에 파묻혀 갔음에도 불구하고 명나라 시대에 이른 후로 몇몇 독실한 실천을 중시하는 일단의 유학자들은 점차 다시 '심'의 의미를 드러내기 시작하였다. 조단(曹端 : 1376~1434년, 호는 월천月川), 설선(薛瑄 : 1389~1464년, 호는 경헌敬軒), 오여필(吳與弼 : 1391~1469년, 호는 강재康齋), 호거인(胡居仁 : 1434~1484년, 호는 경재敬齋)으로부터 진헌장(陳獻章 : 1428~1500년, 호는 백사白沙)에 이르는 동안 '이 심(心)과 리(理)의 구조적 관계에 변화가 생기고, 이 변화가 서서히 심화되고 확대되어' 마침내 지식과 사상의 세계에 일대 변화가 초래되었다. 왕수인

왕수인은 바로 최후에 이
창호지를 뚫은 사람이다.

(王守仁 : 1472~1528년, 호는 양명陽明)은 바로 최후에 이 창호지를 뚫은 사람이다.[3]

---

3) 축평차(祝平次), 『주자학과 명초 이학의 발전(朱子學與明初理學的發展)』(타이베이, 학생서국, 1994), 115쪽. 또 전조망(全祖望)의 『길기정집(鮚埼亭集)』 권28 「육부정선생전(陸桴亭先生傳)」(사부총간 영인본, 1쪽)에는 이렇게 서술되어 있다. "명나라 초에는 주자학을 추종하는 사람이 대략 8할이라면 상산학을 추종하는 사람은 2할이었다. 각 가문별로 대를 이어 전수하면서 각자의 학설을 고수하는 정도였고 문호는 별로 성행하지 않았다. 설선(薛瑄)이 나와 설학(薛學)이 세워지고, 오여필(吳與弼)이 나와 호거인(胡居仁)에게 전수하여 호학(胡學)이 세워져, 허중평(許仲平 : 허형) 이후 한 때 흥성하였다. 진헌장(陳憲章)이 나와 진학(陳學)이 세워지고, 왕수인(王守仁)이 나와 왕학(王學 : 즉 양명학)이 세워져, 진원(陳苑), 조해(趙偕) 이후로 한때 흥성하였다. 얼마 지나지 않아 양명학이 마치 바퀴라도 달은 듯이 빠르게 파급되자, 설학(薛學), 호학(胡學)이 꺾였을 뿐만 아니라 진학(陳學)까지도 잊혀지게 되었다. 이 물결이 주여등(周汝登 : 1547~1629년, 호는 해문海門)에 이르렀을 때는 이미 양명학에로의 쏠림이 심한 상태였다."

5절

다시 물결이 일다 : 양명학의 흥기와 그 의의

왕수인(王守仁 : 1472~1528년)이 살던 시대, 즉 15~16세기에는 그동안 모든 사회생활에 작용하던 관방의 정치 이데올로기 및 시종 사인(士人)들의 지식과 사상을 통제해온 과거(科擧) 제도에 대하여 이미 많은 사람들이 상당히 반감을 갖고 있었다. 비록 대다수의 사인(士人)들은 관방이 인가한 교조(敎條)에 따라 여전히 해마다 암송을 하고 관방이 반포한 교재에 따라 과거시험을 치루고 있었지만, 사인들 가운데는 이미 다른 성향을 취하는 사람들도 많았다.[1] 다만 이런 다른 성향은 늘 강대한 주류 세력에게서 정면으로 공격을 받곤 하였다. 예를 들면 왕수인이 깊이 사색한 후에 추종하게 된 육구연(陸九淵)의 학설, 즉 상산학(象山學)은 비록 1520년대에 이미 상당한 규모를 갖추게 되었고 왕수인 개인은 문재(文才)와 무공(武功)으로 이미 상당한 명성을 얻고 있었음에도 불구하고 관방의 이데올로기와는 다른 이 학설이 막 시작하였을 때의 형세는 결코 그리 순조롭지 않았다.

관방의 이데올로기와는 다른 이 학설이 막 시작하였을 때의 형세는 결코 그리 순조롭지 않았다.

가정(嘉靖) 원년(1521) 10월에 장교(章僑)는 상소하여 말하기를, "근래에 총명과 재주가 천하에 떨칠만한 자가 이단의 학설을 제창하고 있는데 일부 고상한 것을 좋아하고 이름을 얻고자 하는 학인들이 휩쓸려 추종하고 있습니다. 이들은 대

---

1) 사상계만 이러하였던 것이 아니라 문학계도 이러하였다. 문학은 이 당시에도 분방하게 활동하는 상태였다. 예를 들어 태각파(台閣派)는 평이하고 통속적인 것에 반대하고 넓게 볼 것을 주장하였고, 칠자(七子 : 명대 홍치弘治 또는 가정嘉靖 연간에 활동한 일곱 명의 시인을 지칭)는 문학의 복고(復古)를 제창하는 등의 여러 사조가 있었다. 간금송(簡錦松), 『명대문학비평연구(明代文學批評硏究)』 제4장(타이베이, 학생서국, 1989)을 참조.

체로 상산학의 간편함을 취하면서 주자학을 지리(支離)하게 여겨 꺼려합니다(近有
聰明才智足以號召天下者, 倡異學之說, 而士之好高務名者, 靡然宗之, 大率取陸九淵之簡便, 憚朱熹
爲支離근유총명재지족이호소천하자, 창이학지설, 이사지호고무명자, 미연종지, 대솔취육구연지간편, 탄주희
위지리)"라고 하였다. 그 결과 가정황제는 관방의 정통 학술을 다시 한 번 확인해
주고 긍정해 주는 다음의 조령을 내렸다. "지금부터 교육과 등용은 오로지 정주
학(程朱學)에 의존하며, 망녕되게 도(道)를 등지고 상식에 어긋나는 글이나 사사로
운 의견으로써 정학(正學)을 오도하는 일을 금하노라(自今敎人取士, 一依程朱之言, 不
許妄爲叛道不經之書, 私自傳刻以誤正學자금교인취사, 일의정주지언, 불허망위반도불경지서, 사자전각이
오정학)."[2] 다른 한 사례로 최선(崔銑 : 1478~1541년)은 육구연(陸九淵 : 1139~1193년)과
양간(楊簡 : 1141~1226년)을 비판하였는데, 이들을 위진(魏晉)을 망국에 이르게 한 현
담(玄談)이나 요흥(姚興 : 366~416년, 오호십육국 시대 후진後秦의 제2대 황제)과 양무(梁武 :
464~549년)를 패망에 이르게 한 불교에 비교하여 말하기를, 근래 어떤 사람들은
선종(禪宗)의 대혜(大慧) 계파에서 유래한 어떤 것을 유학에 끌어들였는데, 사실은
그들은 "자신들과 같은 것은 취하고 다른 것은 버리며, 취한 것은 좋아하고 버린
것은 싫어한다(任同異爲取捨, 遂取捨爲喜惡임동이위취사, 수취사위희오)"[3]고 하였다.

왕수인이 세상을 떠난 바로 그 해에도 조정에서는 어떤 사람이 왕수인과 그
제자들이 주희를 공격하였다고 고발하여, "옛 성현들을 섬기지 않고, 말할 때 스
승에 의존함이 없으며, 색다른 설을 세워 이름을 얻고자 하니, 이는 주희의 격물
치지(格物致知)설이 아닙니다. 학계의 중론(衆論)과 같이 할 수 없음을 알고서「주
자만년정론(朱子晚年定論)」이라는 글을 지어 문도들을 설득하고 서로들 따라 말하
게 하고 있습니다(事不師古, 言不稱師, 欲立異以爲名, 則非朱熹格物致知之論, 知衆論之不與,
則著朱子晚年定論之書, 號召門徒, 互相唱和사불사고, 언불칭사, 욕립이이위명, 즉비주희격물치지지론,
지중론지불여, 즉저주자만년정론지서, 호소문도, 호상창화)"라고 하면서, 실제로 이는 나라를 망
하게 할 청담(淸談)이라며, 한편으로는 그의 공로 때문에 "직위 삭탈은 면해주어
국가의 위신은 세우고", 다른 한편으로는 그의 언론 때문에 "사설(邪說)을 금지하

2) 『명세종실록(明世宗實錄)』 권19(역사어언연구소거歷史語言硏究所據 1962년 영인본 『명실록明實錄』 축인본縮印本, 7602~
7603쪽. 이하에서 인용하는 『명실록』은 모두 이 판본임).
3) 최선(崔銑), 「양자절충서(楊子折衷序)」, 『원사(洹詞)』 권12(사고전서본, 11쪽B).

여 천하의 인심을 바로잡아야 한다(申禁邪說以正天下之人心신금사설이정천하지인심)"고 건의하였다. 이 건의는 가정황제의 지지를 얻어 냈다. 그리하여 다시 한 번 왕수인에 대해 "방자한 언동을 하여 선배 유학자들을 폄훼하였고 문도들을 모아 허황된 명성을 추구하였으며 기만과 방종으로 인심을 어지럽혔노라(放言自肆, 詆毀先儒, 號召門徒, 聲附虛和, 用詐任情, 壞人心術방언자사, 저훼선유, 호소문도, 성부허화, 용사임정, 괴인심술)"라고 판정하는 조령을 내렸고, 도찰원(都察院)에는 "천하에 감히 사설(邪說)을 추종하고 익히는 일이 있다면 결국 성인을 비방하는 것이니 무겁게 책임을 묻고 용서하지 않겠노라(天下有敢踵習邪說, 果于非聖者, 重責不饒천하유감종습사설, 과우비성자, 중책불요)"[1]라는 방을 붙여 경계하도록 조령을 내렸다. 이런 까닭에 가정(嘉靖) 시대가 끝날 때까지 왕수인 일파는 계속 반 칩거 상태에 있었다.

그러나 이러한 상황이 그리 오래 지속되지는 못하였다. 비록 양명학은 조정에서는 인가(認可)를 받지 못하고 심지어 관방의 배척을 받았지만, 여묘분(呂妙芬)의 연구가 지적하였듯이 왕수인은 '사람들을 교육하고 양성하고 인도하는 일'에 매우 주목하였고, 군대 지휘관으로서 승리를 이끈 데서 명성과 명예를 얻었고, 그리고 그가 제창한 '치양지(致良知)'는 매우 단도직입적이고 간명하여 자유의 이상주의와 초월적 비판 정신을 쉽고 활발하게 추구하게 할 수 있었던 탓에 빠르게 일련의 사인(士人) 관원들에 의해 추숭되었다.[2] 융경(隆慶) 원년(1567)에 어느 관원이 조정에서 왕수인과 진헌장을 학궁에 종사(從祀)할 것을 건의하였는데, 이때에도 비록 왕수인의 학술에 대해 불순하다고 격렬하게 비판하는 사람이 있긴 하였으나, 우리는 이로부터 상당히 많은 사인(士人)들이 이미 양명학에 크게 호감을 갖고 있었음을 알 수 있다. 특히 꼭 알아둘 것은 당시의 사회생활에는 이미 큰 변화가 있어서 여러 가지 변모의 징조가 나타났다는 점이다.

가정(嘉靖) 이후로 민간 사회는 점점 큰 공간을 확보해 갔고 시민 생활의 기풍도 다양화해 갔으며, 윤리적 동일화에 따른 검속도 갈수록 작아졌고 관방의 통제력도 갈수록 느슨해졌다. 도시, 상업, 교통 및 인쇄술과 종이 제조기술의 발달

당시의 사회생활에는 이미 큰 변화가 있어서 여러 가지 변모의 징조가 나타났다.

---

1) 『명세종실록(明世宗實錄)』 권98(『명실록』, 8035쪽).

2) 여묘분(呂妙芬), 「양명학파의 형성과 발전(陽明學派的建構與發展)」(『청화학보淸華學報』 신신29권 제2기, 신죽新竹, 1999), 167~203쪽.

에 따라 지식의 전파가 더욱 쉬워져 갈수록 관방 이데올로기가 허락하는 범위를 벗어나게 되고, 신사(紳士)와 시민이 소유한 부와 자원으로 인해 종래와는 다른 개벽사상(開闢思想)을 표현하고 지식을 전파할 수 있는 경로가 확보될 수 있었다.[3] 이렇게 비교적 자유로운 배경하에 한 무리의 사인(士人)들이 기존의 체제를 벗어나 '학술 강론(講學)'을 하는 새로운 기풍을 개창하였고, 이 학술 강론의 기풍은 새로운 사상의 자유로운 토론을 더욱 촉진하였다. 시마다 겐지(島田虔次)는 이렇게 지적하였다. 사립(私立) 서원들이 자유로운 연구 기풍을 조성한 의미는 지극히 크다. 왜냐하면 서원의 이 학술 강론은 저 과거제도에 맞춰서 일반적인 지식과 교양으로 입신(立身)하여 관직을 구하고자 하는 관방 교육의 입장과는 다르기 때문이다.[4] 그의 연구에 의하면 이러한 자유로운 학술 강론의 기풍으로 인하여 관방의 정치이데올로기와 민간의 사회생활 사이에 각자의 의견을 표현할 수 있는 하나의 '공공(公共)의 공간'이 새롭게 개척되었다. 바로 이 공간이 사상의 자유로운 표현과 양명학의 활기 있는 발흥에 기회를 제공하였다.[5]

왕수인 자신이 생전에 용강(龍崗), 귀양(貴陽), 염계(濂溪), 계산(稽山), 부문(敷文) 등의 서원에서 학술 강론을 한 것에서 그치지 않고, 왕수인의 주변 사람들에 의해 그리고 그의 사후에도 계속 많은 학자들에 의해 관방 학교의 밖에서 학술 강론의

---

3) 여영시(余英時)는 논문 「명청 변천시기 사회와 문화의 전변(明淸變遷時期社會與文化的轉變)」에서 16세기 이래의 '유학을 등지고 상업계로 진출하는(棄儒就賈기유취고)' 경향에 매우 주목한다. 그는 특별히 왕수인이 1525년에 상인(商人) 방린(方麟)을 위해 지은 「절암방공묘표(節庵方公墓表)」의 말을 들어서 이 시기에 이르러 사농공상(士農工商)의 전통적 관념이 와해되고 "예로부터 사민(四民 : 士農工商)의 직업은 다르지만 추구하는 도는 같으며 자신의 도덕 본심을 다 드러냄에 있어서도 모두 같다(古者四民異業而同道, 其盡心一也고자사민이업이동도, 기진심일야)"는 신사상(新思想)에 이르렀다고 논증하였다. 이 논문은 『중국역사 전형시기의 지식인(中國歷史轉型時期的知識分子)』(타이베이, 연경출판사업공사, 1992), 35~42쪽에 실려 있다.

4) 『중국에서의 근대사유의 좌절(中國における近代思惟の挫折)』, 제4장 「일반적 고찰(一般的考察)」(도쿄, 축마서방筑摩書房, 1970), 250~252쪽을 참조. 시마다(島田)의 '근대' 관념에 대한 비판으로는 미조구치 유조(溝口雄三), 『중국 전 근대 사상의 굴절과 전개(中國前近代思想的屈折與展開)』(색개연索介然·공영룡龔穎 중역본中譯本, 중화서국, 1997), 28~35쪽을 참조.

5) 이러한 학술 강론의 학풍은 융경(隆慶 : 1567~1572년), 만력(萬曆 : 1573~1615년), 천계(天啓 : 1621~1627년) 연간에 이르러 더욱 유행하였다. 이런 학풍이 만연해지자 질서의 유지를 바라는 쪽으로부터 많은 비판이 나왔는데, 우리는 오히려 그 비판들로부터 이런 학풍이 성행한 당시의 상황을 알 수 있다. 육세의(陸世儀), 『육부정유집(陸桴亭遺集)』 권1 「고고양공어록대지(高顧兩公語錄大旨)」에는 이렇게 씌어 있다. "융경과 만력 연간에는 천하에 학술 강론을 하지 않는 날이 없었고, 학자로서 학술 강론을 하지 않는 사람이 없었다(隆萬時, 天下幾無日不講學, 無人不講學융만시, 천하기무일불강학, 무인불강학)."

장소가 개척되었다. 예를 들어 담약수(湛若水 : 1466~1560년)는 상(喪) 중 여막을 지
키는 기간에 서초강사(西樵講舍)를 건축하였고, 추수익(鄒守益 : 1491~1562년)은 광덕
(廣德)에서 "복초서원(復初書院)을 세우고 그 곳에서 학인들과 강론을 하였다." 전
덕홍(錢德洪 : 1496~1574년)은 파직된 후로 "사방으로 주유하면서 양지학(良知學)을
강론하였다." 왕기(王畿 : 1498~1583년)는 수도(南京)를 떠난 후로 "학술 강론에 더욱
힘써 동남 지역에 두루 자취를 남겼다."[1] 비단 남경(南京)을 중심으로 한 지역 내
에서만이 아니라 "경양(涇陽)에는 수서회(水西會), 영국(寧國)에는 동선회(同善會), 강
양(江陽)에는 군산회(君山會), 귀지(貴池)에는 광악회(光岳會), 태평(太平)에는 구룡회
(九龍會), 광덕(廣德)에는 복초회(復初會), 강북(江北)에는 남초정사(南譙精舍), 신안(新
安)에는 정씨세묘회(程氏世廟會), 태주(泰州)에는 심재강당(心齋講堂)" 등이 있었다.[2]

『명사(明史)』「전덕홍전(錢德洪傳)」에 언급이 있듯이 당시 "사대부들은 학술 강
론에 힘써야 이름이 높았다(士大夫率務講學爲名高사대부솔무강학위명고)." 그들은 관방
학궁과 과거시험 공부가 진리를 손상시켰다고 격렬하게 비판하였는데,[3] 실제로
이들은 이미 조정, 관부, 관학의 밖에서 일종의 민간 신사(紳士)에 속하는 하나의
사상 세력을 형성하였다. 이에 따라 만력 12년(1584)에 이르면 황제는 신행시(申行
時) 등의 의견을 받아들이지 않을 수 없어서, 왕수인, 진헌장(陳獻章), 호거인(胡居
仁)을 함께 공자 사당에 종사(從祀)하도록 결정하여 유자(儒者)로서의 최고의 예우
를 받게 하였으며, 조정 내부의 이러한 태도 변화로 인하여 만력 연간부터 양명
학은 사회생활 속에서 빠른 속도로 확산되었다.[4]

---

1) 이상은 각각 『명사(明史)』 권283, 7266~7274쪽에 보임.
2) 『명유학안(名儒學案)』 권25 「남중왕문학안일(南中王門學案一)」(베이징, 중화서국, 1985), 579쪽.
3) 예를 들어 왕수인은 「만송서원기(萬松書院記)」에서 비판하기를, 과거시험이 흥성해진 후로 "사(士)들이 모두
   사장(辭章)을 암송하는 일에 많은 기력을 소모하고 이익 손해를 가리는 일에 그 마음이 현혹되어 있어서(士皆
   馳騖于記誦辭章, 而功利得喪分惑其心사개치무우기송사장, 이공리득상분혹기심)" 학교와 사인(士人)이 "끝내 다시 인륜
   을 밝히려는[明倫] 의지를 가질 줄 모르게 되었다(遂不復知有明倫之意수불부지유명륜지의)." 그러므로 응당 서원
   (書院)이 있고 학술 강론이 있어 그것을 보충해야만 한다고 하였다(『왕문성공전서王文成公全書』 권7, 사부총간영인
   명융경본四部叢刊影印明隆慶本, 43쪽 A~B). 주지문(周志文), 「사진과 강학(仕進與講學)」, 『만명의 학술과 지식인 논
   총(晚明學術與知識分子論叢)』(타이베이, 대안출판사大安出版社, 1999, 53~67쪽)을 참조.
4) 『명신종실록(明神宗實錄)』 권155, '만력 12년 11월 경인'에 보임(『명실록』 축인본縮印本, 10911쪽). 혜문보(嵇文甫)
   에 의하면 명나라 중엽 이후로 송나라 때의 기법에 대한 능숙함과 싫증남으로 인하여 겉보기에는 상반되는
   것 같지만 실제로는 같은 취향의 두 사조인 심학(心學)과 고학(古學)이 출현하는데, "이들이 전통의 격식을 타

1

어떤 의미에서 말하면 양명학의 기본적인 관심과 사상 노선 및 개념들은 여전히 이학(理學)의 연장선상에 위치한다. 물론 그 정수(精髓)는 상산학을 흡수한 것이어서, 진리와 가치에 대한 마음의 판단을 존중하는 것에 치중하고 생활에서 '반구저기(反求諸己 : 돌이켜 자신에게서 구함)의 도덕적 태도를 취할 것을 요구하며, 이 순정(純淨)한 마음의 도덕적 자각을 실현하기 위한 일련의 방법을 설정한다. 그렇지만 우리가 응당 주의하여야 할 것은 양명학은 확실히 상산학과는 차이가 있으며, 이 차이는 매우 중요하다는 점이다. 즉 만약 상산학의 담론 경지가 송나라 때의 지식과 사상, 그리고 신앙세계의 것이라고 한다면, 양명학은 정주학(程朱學)이 이미 만연해 있는 언어 경지 가운데서 발생한 것이다.

양명학은 정주학이 이미 만연해 있는 언어 경지 가운데서 발생한 것이다.

많은 사람들이 이미 이 점을 지적하였다. 예컨대 당군의(唐君毅)는 양명학이 주희로부터 발전해 간 것이라 말하며, 시마다 겐지(島田虔次)는 왕수인은 '주자학에서 출발'하였다고 말한다. 윌리엄 시어도어 드 배리(William Theodore de Bary)는 심학(心學)은 본래 이학(理學) 내부의 학문이라고 주장하지만, 그러나 그도 역시 이학과 대립하는 심학으로서의 의미는 왕수인의 학설이 일어난 후에 비로소 건립되었으며, 양명학 자체는 정주사상으로부터 영감을 얻은 것임을 분명히 한다.[5] 바꿔 말해서 왕수인의 문제 의식은 실제로 주희로부터 출발하였으며, 그의 학설은 사실은 정주이학의 일종의 수정(修正)이다. 그러므로 이 의미 맥락에서 말하면

파하려 한 점은 육구연이 주장한 '세속적 학문의 비루함을 일소해야 함(掃俗學之凡陋소속학지범루)'과 그 정신이 일치한다."(『정주대학학보鄭州大學學報』 1963년 제3기) 그러나 당시 '송나라 때 사람들의 격식에 싫증이 나서 멀리 한 것'만으로 명나라 중엽 사상의 변동을 해석하는 것은 그리 충분하지 못하다. 왜냐하면 거기에는 명나라 중엽에 대두된 사회생활의 새로운 취향의 문제, 그리고 송나라 시대의 격식은 왜 식상하게 되었고 또 그 시대 사회를 진단하고 치유하는 역량을 어떻게 상실하게 되었는가의 문제가 있기 때문이다.

5) 당군의(唐君毅)는 "양명학이 최종적으로는 육상산(육구연)에 가까운 것으로 귀결되지만 사실은 주자학으로부터 발전해간 것이다"고 주장하였다(「양명학과 주자학陽明學與朱子學」, 『양명학논문집陽明學論文集』, 중화학술원 편, 타이베이, 화강출판유한공사華崗出版有限公司, 1972, 47~56쪽). 시마다 겐지(島田虔次)의 『주자학과 양명학(朱子學與陽明學)』도 유사한 관점이다(장국보蔣國保의 중역본, 섬서사범대학출판사陝西師範大學出版社, 1986년, 82쪽). 그리고 윌리엄 시어도어 드 배리(William Theodore de Bary)의 저서, 『성리학에서 마음(心)의 의미(The Message of the Mind in Neo-Confucianism)』(Columbia University Press, 1989)도 있다.

명나라 때 양명학은 사실은 송나라 때 이학의 연속이다.

우리는 정주이학의 요지 중 하나가 세속적 정욕과 순연(純然)한 천리를 분리하고서 세속적 욕망과 감정을 억제하는 가운데 사람들로 하여금 점점 천리의 수준에 도달하게 하려 하는 것임을 알고 있다. 이런 까닭에 그들은 늘 이 두 가지 것 간의 차이를 강조하고 부각하였다. 예컨대 주희는 이렇게 말한다. "이 심의 영묘함이 리(理)를 지각한 것은 도심(道心)이고, 욕구(欲)를 지각한 것은 인심(人心)이다(此心之靈, 其覺于理者, 道心也, 其覺于欲者, 人心也차심지령, 기각우리자, 도심야, 기각우욕자, 인심야)." 비록 그도 역시 실제 사람의 심(心)은 오직 하나임을 인정하지만 도덕과 철리(哲理)의 층면에서는 오직 도심(道心)만이 천리(天理)에 부합한다는 것과 인심(人心)은 시종 타락한 것임을 강조하였다. 고대의 성군(聖君)들인 "순임금과 우임금이 서로 주고받은 것은 오직 '인심(人心)은 위태하고 도심(道心)은 미묘하다'는 말이었다(舜禹相授受, 只說 '人心惟危, 道心惟微' 순우상수수, 지설 '인심유위, 도심유미')." [1]

이 서로 다른 두 영역의 구분은 매우 중요하다. 왜냐하면 도리상 이 두 부류의 '심'의 차이가 확실해야 비로소 실천상으로 타락한 세속적 층차로부터 초월적 천리의 경지로 상승할 수가 있고, 힘든 학습의 과정이 필요하기 때문이다. 주희의 논법에 의하면 천리는 만사만물(萬事萬物)에 보편적으로 존재하는 원칙이고 또한 세세한 만사만물의 곳곳에서 체현(體現)되기 때문에 만사만물의 움직임을 세밀하게 관찰 체험하는 가운데 그 '리(理)'를 깨달아야 한다. 그리고 오직 이 '격물치지(格物致知)'라고 불리는 학습 과정을 거쳐야만 비로소 사유(師儒)로서 교육과 지도를 할 수 있는 의미와 가치를 확립할 수 있고 사인(士人)의 의미와 가치를 확실하게 할 수 있으며, 비로소 신사(紳士) 계층에게 존립의 최종 근거로서의 공간이 확보될 수 있게 된다.

그러나 내가 앞에서 지적하였듯이 "'천리(天理)'를 초월적인 곳에 매달아두고서 사람들에게 생활 세계를 초월하여 이 궁극적인 본원을 찾아갈 것을 요구하고 사람들에게 '인욕(人慾)'을 버리고 '도심(道心)'을 붙들 것을 요구하기 때문에 두 가지 것 사이에 매우 큰 긴장이, 즉 초월의 긍정과 현실의 승인 사이에, 천리의

---

1) 『주자어류』 권62와 권61(중화서국, 1986년본, 1487쪽과 1462쪽).

긍정과 생활의 확신 사이에 긴장이 쌓이게 된다."[2] 그리하여 비록 이러한 긴장이 사람들로 하여금 시종 자신의 정신에 경각심을 갖게 하지만, 그러나 또 한편으로는 영원히 사람들에게 외재하는 만물과 내면의 정서를 긍정하면서 동시에 외재하는 만물과 내면의 정서를 부정하는 모순에 처하게 하기도 하여, 늘 '천리'라는 절대적 율령 가운데서 자유를 잃게 하곤 한다. 특별히 지적해 두어야 할 것은 이 사상 노선이 비록 그 나름의 합리성을 갖고는 있지만, 이러한 합리성은 황권(皇權)이 모든 것을 지배하지는 못하고 정치 세계에 충분한 관용이 있고 그리고 신사(紳士) 계층이 비교적 독립적인 존립 공간을 갖고 있을 때, 오직 이때에만 이 엄숙한 도덕적, 정치적 이상은 비로소 진정으로 실현될 수 있다는 점이다.

그러나 만약 본래 사인(士人)이 황권에 대해서는 문화적 제약을 가하고 사회에 대해서는 윤리 교육을 담당하는 이학(理學)이 정치권력의 통제하에 이데올로기로서의 담론이 될 때, '천리' 등의 절대적 진리는 일종의 엄격한 제도와 훈계의 규칙으로 바뀌어 권력의 담론 및 담론의 권력으로써 도리어 사인(士人)의 자유심(自由心)에 제약을 가하게 되며, 이 일련의 외재하는 도덕과 윤리의 규칙과 규율에 합리성을 부여하게 된다. 왜냐하면 이학의 사상에 따르면 오직 천리(天理)만이 비로소 마음이 타락으로부터 초월로 상승하는 것을, 세속으로부터 순결함으로 전환하는 것을, '인심'으로부터 '도심'이 되는 것을 보증할 수 있기 때문이다. 특히 천리의 절대 진리가 세속 세계를 극단적으로 경시하고 초월 세계를 과도하게 추숭하는 것은 공교롭게도 평생 세속 안에서 생활하는 사람들로 하여금 어느 쪽을 따라야 좋을지 곤혹스럽게 할 수 있다. 우리의 마음에 절대 숭고한 것으로 자리 잡은 이 일련의 도리가 지나치게 숭고한 것으로 숭상되고 그리고 단지 관방의 훈계를 위한 교조(教條)가 되고, 사회적 검속의 엄격한 규칙이 되고, 고시시험을 위해 기억하고 암송할 내용이 될 때, 그것은 더욱더 사람들이 공공생활 중에 활달하게 상상하고 자유롭게 사색하는 것을 제약하며 틀어막을 수 있다.[3]

'천리' 등의 절대적 진리는 일종의 엄격한 제도와 훈계의 규칙으로 바뀌어 권력의 담론 및 담론의 권력으로써 도리어 사인의 자유심에 제약을 가하게 된다.

---

2) 이 책의 제2절 「이학의 연속 : 주희와 육구연의 논변과 그 주변(理學的延續 : 朱陸之辯及其周邊)」을 참조.

3) 채혜금(蔡惠琴)은 「명중만기(가정~만력) 사인 과거심태의 검토─'명대등과록'의 이치론에 나아가 살핌(明中晚期(嘉靖─萬曆)士人科舉心態之檢討─就 '明代登科錄' 的吏治論觀之)」(『보인역사학보仁歷史學報』 제9기, 타이베이, 1998, 109~136쪽)에서 『등과록(登科錄)』의 통계를 근거로 과거(科擧)에 합격한 사인(士人)들이 "흔히 자신들이 속한

왕수인은 당시 지식계에 만연하던 주자학에 대한 수정을 우선 '심'을 새롭게 정의하는 것으로부터 시작하였다.

왕수인은 당시 지식계에 만연하던 주자학에 대한 수정을 우선 '심'을 새롭게 정의(定義)하는 것으로부터 시작하였다. 『전습록(傳習錄)』에서 "지극한 선은 오직 심에서만 구할 수 있지 천하의 사리(事理)에서는 다 구해낼 수 없을 것이다(至善只求諸心, 恐于天下事理有不能盡지선지구저심, 공우천하사리유불능진)"는 의문에 대해 서애(徐愛)에게 회답할 때 그는 이렇게 말하였다.

> 심이 곧 리(理)이다. 천하에 다시 심 밖의 일(事)이 있고, 심 밖의 리(理)가 있겠는가?(心卽理也. 天下又有心外之事, 心外之理乎?심즉리야. 천하우유심외지사, 심외지리호)

그는 도(道)에 대해 논하기를 사회의 일체의 도덕 행위는 "모두 오직 이 심에 있을 뿐이다. 심이 곧 리(理)이다. 이 심에 사욕의 가려짐이 없는 것이 곧 천리(天理)이니, 밖으로부터 조금이라도 보탤 필요가 없다(都只在此心, 心卽理也. 此心無私欲之蔽, 卽是天理, 不須外面添一分도지재차심, 심즉리야. 차심무사욕지폐, 즉시천리, 불수외면첨일분)"[1]라고 하였다. 왕수인의 논법에 따르면 사람의 마음에는 '양지(良知)'가 있다. "지(知)는 심의 본체이다. 심은 절로 알 수 있다. ……헛되이 밖에서 구할 필요가 없다. 만약 양지가 발현될 때 조금이라도 사사로운 의념에 가려지지 않는다면, 이것이 곧 이른바 '측은히 여기는 마음으로 가득 채우면 인(仁)을 이루 다 쓸 수 없다'는 것이다(知是心之本體, 心自然會知 ……不假外求, 若良知之發, 更無私意障碍, 卽所謂 '充其惻隱之心而仁不可勝用矣' 지시심지본체, 심자연회지 ……불가외구, 약양지지발, 갱무사의장애, 즉소위 '충기측은지심이인불가승용의')."[2] 이러한 사상에 의거하여 왕수인은 검속을 위한 외재적 사회 규칙인 '예(禮)'를 일반의 구체적 규칙들의 위에 있는 초월적 '리(理)'로 간주하였으며,[3] 다시 이 '리'를 내재하는 순수의 '심'에 귀속시켰다. 이 '심' 안의 양지가

계급의 입장을 저버리고서 군주가 선호하는 쪽으로 기울어버리는 일이 있었다는 것, 즉 사건과 사물을 황제의 입장에서 논술함으로써 자신들의 사유(思惟) 역량을 배제한 채 황제의 관점을 따르는 일이 흔하였다"는 것을 지적하였다. 이것도 하나의 예증으로 삼을 수 있다.

1) 『전습록(傳習錄)』권상(卷上) 제3조. 여기서는 진영첩(陳榮捷)의 『왕양명전습록상주집평(王陽明傳習錄詳註集評)』(타이베이, 학생서국, 1992년 수정판)을 사용하였다(30쪽).
2) 『왕양명전습록상주집평』권상, 「서애록(徐愛錄)」제8조, 40쪽.
3) 『왕양명전습록상주집평』권상, 「서애록」제9조, 41쪽. "예(禮)자는 즉 이(理)자이다(禮字卽是理字)."

절로 발현한 것이 '도심(道心)'이다. 당연히 도심은 천리에 부합하며, 인간의 외재적 행위들을 자연스럽게 '예(禮)'에 합치하게 해준다. 일체는 모두 우리의 마음 안에서 그 자아 완성이 가능하다. 마음이 곧 도덕 자체이다. 마음은 또한 도덕의 감찰자이기도 하다. 사람들은 "헛되이 밖에서 구할 필요가 없다(不假外求불가외구)." 외재하는 도덕 규칙의 검속에 힘입을 필요가 없으며, 마음 밖에 있는 천리라는 거울에 의존할 필요도 없다.

표면상으로 보면 이러한 담론은 송나라 유학과의 차이가 그리 크지 않은 것 같이도 보인다.[4] 왜냐하면 주희는 일찍이 「문장경부(問張敬夫)」에서 인정하기를, "심은 하나이다. 각 사물에 갖춰져 있는 천리가 그때그때 직면한 일에 따라 발현되는 것으로부터 말하면 '도심(道心)'이라 이르고, 각 사물의 운행 가운데 이렇게 저렇게 작용되는 것으로부터 말하면 '인심(人心)'이라 이른다(蓋心一也. 自其天理備具, 隨處發見而言, 則謂之道心, 自其有所營, 爲謀慮而言, 則謂之人心개심일야. 자기천리비구, 수처발현이언, 즉위지도심, 자기유소영, 위모려이언, 즉위지인심)"고 하였다. 그리고 「답하숙경서(答何叔京書)」에서도 말하기를, "심은 하나이다. 실제로는 각각 한 가지 것으로서 두 개의 심이 있으면서 서로 통하지 않는 그런 것이 아니다(心, 一也. 非是實有此二心, 各爲一物不相交涉也심, 일야. 비시실유차이심, 각위일물불상교섭야)"[5]고 하였기 때문이다. 적어도 마음은 '하나임'을 주희도 이렇게 분명하게 인정한다. 이른바 '성(性)'과 '정(情)', '인심'과 '도심'의 구분은 단지 도덕과 윤리의 판단상의 구별일 뿐이다.[6] 바로 여기에서 왕수인에게 하나의 새로운 해석의 계기가 제공되었다. 왕수인은 이 사상

---

4) 왕수인도 일찍이 "인심은 위태하고 도심은 희미하니, 정미하고 전일하게 하여 진실로 그 중을 잡아라!(人心惟危, 道心惟微, 惟精惟一, 允執厥中인심유위, 도심유미, 유정유일, 윤집궐중)"를 인용한 적이 있고, 또 "도심은 본성을 따르는 것을 말한다(道心, 率性之謂也도심, 솔성지위야)"와 "인심은 일시적으로 형성되는 것이다(人心則僞인심즉위)"로 구별한 적이 있다. 『왕문성공전서(王文成公全書)』 권7 「만송서원기(萬松書院記)」, 44쪽 A~B.

5) 『주문공문집(朱文公文集)』(사부총간 영인본) 권32 「문장경부(問張敬夫)」, 7쪽 B, 또 권40의 「답하숙경(答何叔京)」 제26서, 38쪽 A.

6) 『주문공문집』 권40 「답하숙경」(제18서, 32쪽 A)에서도 이러한 구분의 곤경에 대해 언급하고 있다. "성(性)과 정(情)은 하나인데 그것이 구분되는 것은 다만 미발(未發 : 아직 발하지 않음)과 이발(已發 : 발함)의 차이 때문이다. 만약 미발과 이발을 가지고 구분하는 것이 아니라면, 무엇이 성이고 무엇이 정이겠는가?(性情一物, 其所以分, 只爲未發已發之不同耳, 若不以未發已發分之, 則何者爲性何者爲情耶성정일물, 기소이분, 지위미발이발지부동이, 약불이미발이발분지, 즉하자위성하자위정야)" 단, 설령 이러하더라도 미발은 이론상으로만 설정되는 하나의 경지이다.

의 허점을 보았고, 그리하여 이 두 가지를 합하여 하나로 하고자 하였다. 송나라 시대 유학자들이 가까스로 이념상 분리한 두 영역을 다시 하나의 영역으로 통합한 것이다.

왕수인은 맹자의 '양지(良知)'와 '사단(四端)'을 새롭게 해석하였다. 그리고 맹자의 오랜 후에 육구연이 계승한 것이 바로 맹자가 완성하였던 사상이라고 보았다.[1] 왕수인이 의거하는 것은 매우 간결명료하다. 즉 모든 사람의 마음에 양지가 있다는 것이다. 육구연은 단도직입적으로 "심(心)은 하나의 심이고, 리(理)는 하나의 리이다. 이 둘은 당연히 하나로 귀결되며, 본질상의 의미에서 둘일 수가 없다. 우리의 본심과 본연의 리(理)는 사실은 두 가지일 수 없다(蓋心, 一心也, 理, 一理也, 至當歸一, 精義無二, 此心此理, 實不容有二개심, 일심야, 리, 일리야, 지당귀일, 정의무이, 차심차리, 실불용유이)"라고 말하였다. 이것이 바로 맹자가 말한 "만물이 모두 나에게 갖추어져 있다(萬物皆備於我만물개비어아)"[2]는 것이다. 그리하여 왕수인은 주희가 '심(心)'과 '리(理)'를 분리한 것은 옳지 않다고 비판하였다.[3] '성인(聖人)'의 '학(學)'은 바로 '심학(心學)'이니, "심은 곧 성(性)이고, 성은 곧 리(理)이다(心卽性, 性卽理심즉성, 성즉리)." 우주의 모든 것을 망라하는 '리'는 실제로는 양지(良知)를 구비하고 있는 '심'에서 유래하며, 양지를 구비한 '심'은 그 본원이 천부의 인성(人性)이라고 왕수인은 보았다. 아울러 반복하여 "심의 밖에 리(理)는 없으며, 심의 밖에 사(事)는 없다(心外無理, 心外無事심외무리, 심외무사)"고 강조하며 이렇게 말하였다. "심의 체는 성(性)이다. 성은 곧 리(理)이다. 천하에 어찌 심의 밖에 성이 있겠는가? 어찌 성의 밖에 리가 있겠는가? 어찌 리 밖에 심이 있겠는가?(心之體, 性也, 性卽理也, 天下寧有心外之性? 寧有性外之理乎? 寧有理外之心乎?심지체, 성야, 성즉리야, 천하녕유심외지성? 녕유성외지리호? 녕유리외지심호)"[4]라고 하였다.

이 사상 노선은 불교의 선종(禪宗)과 매우 흡사하며, 그 의미 맥락 또한 7세기에서 8세기 사이에 중국의 선종이 인도 불교를 대체한 것과 똑같다. 선종이 '심'

이 사상 노선은 불교의 선종과 매우 흡사하다.

1) 왕수인, 「상산문집서(象山文集序)」『왕문성공전서(王文成公全書)』 권7, 29쪽 B.
2) 『육구연집』 권1 「여증택지(與曾宅之)」, 중화서국, 1980, 4~5쪽.
3) 『왕양명전습록상주집평』 권상, 「육징록(陸澄錄)」 제33조, 71쪽.
4) 『왕문성공전서』 권8 「서제양권(書諸陽卷)」, 12쪽 A.

이 둘임을 부정하고 세속인의 심과 초월적 심의 합일을 강조한 것은 실제상으로는 구원의 권력을 계율에 의한 검속, 고난의 수행, 이성적(理性的) 분석 등의 외재하는 것들로부터 심에 의한 내면의 자아계발과 깨달음에로 전환하기 위한 것이었다. 이 변화가 불교 내부에서 갖는 의미는 내가 다른 책에서 다음과 같이 말한 바와 같다. "인성(人性)에 비록 불성(佛性)이 있지만 본연의 불성과는 격차가 있음을 인정하고서, 인성으로부터 불성으로의 과정 중에 계율을 지키고[持戒] 선정에 들고[入定] 지혜를 익힐 것[智慧]이 요구되며, 힘든 수행을 경험할 것이 요구되는데, 이것은 곧 불교 교단의 존립과 계율의 엄수 및 수행의 지속을 위해 이론상의 받침목을 남겨 놓은 것이다. 나아가서는 최종적 의미의 신앙을 위해 최후의 방어선을 지키는 것이기도 하다. 그런데 만약 인성이 곧 불성이라고 여긴다면, 사람들은 모두 종교적 검속과 학습을 포기할 수가 있다. 이것은 곧 종교의 세속화를 위해 편의의 문을 활짝 열어주는 것이면서 또 한편으로는 종교적 자아의 와해를 향한 복선(伏線)을 미리 묻어 놓는 것이기도 하니, 그 뒤에 이어지는 것은 계율이 편의대로 느슨해지고 힘든 수행 과정이 생략되고 당연히 신앙도 무너지는 것이다. 마음의 자유는 어느 때는 이처럼 그 대가로 최종적 의미를 갖는 것들의 상실을 설정한다."[5] 마찬가지로 왕수인이 '인심'과 '도심'을 다시 합하여 하나로 하였는데, 물론 결과론이긴 하지만 그의 사상 노선의 배후에는 이와 같이 전개될 가능성이 숨어 있었다.

하지만 유학자로서의 왕수인은 여전히 현실 세계에 선과 악이 있음을 인정해야 하였고, 그래서 이론상으로 그는 유가가 짊어져야 하는 도덕 교육의 책임을 방기할 수 없었으며, 정연하게 질서를 세워주어야 하는 유가의 의무를 저버릴 수 없었다. 그리하여 왕수인 본인의 담론 중에서는 내면의 인성(人性)을 자연스럽게 그대로 따르기만 하면 된다는 입장이 갖는 합리성에 완전히 동의하지는 않으며, 여전히 도덕 윤리 원칙 존립의 최종 근거는 유지한다. 즉 사람들이 보편적으로 구비하고 있는 이 마음에는 단지 순수한 천성(天性) 뿐만 아니라 순수하지 못한 인성(人性)도 들어 있다는 것이다.

---

5) 갈조광, 『중국선사상사─6세기에서 9세기(中國禪思想史─從6世紀到9世紀)』(북경대학출판사, 1995)을 참조.

따라서 그의 문인이 이미 "사람은 모두 이 심을 가지고 있고 심은 곧 리(理)인데, 왜 선행이 있고 악행이 있는 것입니까?(人皆有是心, 心卽理, 何以有爲善有爲不善인개유시심, 심즉리, 하이유위선유위불선)"라고 질문하였을 때, 그 역시 악인은 심의 본체를 잃은 사람이고 악한 마음은 본체를 잃은 마음이라는 것을 인정할 수밖에 없었다. "심은 하나이다. 인위(人僞)에 물들지 않으면 도심이라고 이르고, 인위에 물들면 인심이라 이른다. 인심이 그 바름을 얻으면 곧 도심이고, 도심이 그 바름을 잃으면 곧 인심이다(心, 一也, 未雜于人謂之道心, 雜以人僞謂之人心. 人心之得其正者卽道心, 道心之實其正者卽人心심, 일야, 미잡우인위지도심, 잡이인위위지인심. 인심지득기정자즉도심, 도심지실기정자즉인심)."[1] 비록 이 '심'은 마치 천체(天體)가 광대하고 심연(深淵)이 끝없는 것과 비슷하기는 하지만, 왕수인 역시 만약 "사욕(私慾)에 가로막히면 심의 본체를 잃게 되고(私欲障碍, 則心之本體失了사욕장애, 즉심지본체실료)", "만약 사욕이 틀어막으면 심연의 본체를 잃게 된다(如果私欲窒塞, 則淵之本體失了여과사욕질색, 즉연지본체실료)." 그러므로 "생각 생각마다 양지를 치(致)해야 한다(念念致良知염념치양지)"고 말하지 않을 수 없었다. 다만 선과 악은 모두 하나의 심 안에 있다고 그는 확신하기 때문에 선과 악의 전환 및 인심과 도심의 전환은 전적으로 내면의 심에서 이루어진다고 생각하였다. 그는 이를 사람이 집 안에서는 벽에 가려 하늘을 볼 수 없는 것에 비유하여, "집의 벽을 제거하면, 모두 하늘이다!(撤去房子墻壁, 總是一個天矣철거방자장벽, 총시일개천의)"라고 말하였다. 일단 마음을 가린 것이 제거되면 마음은 양지 본래의 맑고 투명한 상태를 회복할 수 있다는 뜻이다.

2

그럼에도 만약 인심으로부터 도심으로의 전환이 이루어져야 한다면, 마음의 가림막을 제거하는 수단 또는 방법은 무엇인가? 본래 주희의 길은 이른바 '격물치지(格物致知)'이다. 주희는 '격물치지'의 의미에 대하여 일관된 관점을 갖고

마음의 가림막을 제거하는 수단 또는 방법은 무엇인가?

---

1) 『왕양명전습록상주집평』 권상, 「서애록」 제10조, 42쪽.

있었다. 그가 보기에 "위로는 무극(無極)과 태극(太極)으로부터 아래로는 풀 한 포기 나무 한 그루 벌레 한 마리의 미물에 이르기까지 모든 것에는 각기 그 리(理)가 있다(上而無極太極, 下而至于一草一木一昆蟲之微, 亦各有理상이무극태극, 하이지우일초일목일곤충지미, 역각유리)." 그러므로 자연 생활상의 다양한 지식과 독서에 의한 각종 지식을 가능한 한 최대한 섭렵하여 궁구하여야 한다. "한 가지 일을 궁구하지 못하면 한 가지 일의 도리가 누락되며, 한 가지 사물을 격(格)하지 못하면 한 가지 사물의 도리가 누락된다(一事不窮, 則闕了一事道理, 一物不格, 則闕了一物道理일사불궁, 즉궐료일사도리, 일물불격, 즉궐료일물도리)."[2] 그러므로 그는 사람들에게 각종 새로운 지식을 찾아 익힐 것을 요구하였고, 사물의 관찰 및 독서를 반복하여 강조하였다. 그는 이렇게 하여야 비로소 지식의 학습과 사상의 함양이 서로 통하게 되어, '도문학(道問學)'으로부터 '존덕성(尊德性)'에로의 상승이 이루어지고 독서를 하고 사물을 관찰하는 가운데 자기 마음의 함양이 이루어진다고 생각하였다.

치양지의 중점은 내재하는 마음 본연의 영명함을 발굴하는 것이었다.

반면에 왕수인의 길은 이른바 '치양지(致良知)'였다. 치양지의 중점은 외부 세계에 대한 지식 안에서 도덕적 상승과 마음의 명징(明澄)을 찾는 길이 아니라, 내재하는 마음 본연의 영명(靈明)함을 발굴하는 것이었다. 이것은 왕수인의 핵심 사상의 하나이다. 그의 논법에 따르면, "천하 사람들이 사사로운 지혜를 사용하여 서로 겨루고 배척하게 된(天下之人, 用其私智, 以相比軋천하지인, 용기사지, 이상비알)" 이유는 "양지의 학이 밝혀지지 않아서(良知之學不明양지지학불명)"이다. 그는 사람의 이러한 자각영명(自覺靈明)이 밖에 있지 않고 내면에 있으며, 맹자가 말한 것과 같이 "세상의 군자가 오직 이 양지를 실현하는 데 힘쓰기만 한다면, 저절로 옳고 그름을 공정하게 가릴 줄 알고 선을 좋아하고 악을 싫어함을 함께 하며, 남을 자기와 같이 보고 나라를 자신의 집안처럼 보아서 천지만물을 한 몸으로 여길 것이다(世之君子, 惟務致其良知, 則自能公是非, 同好惡, 視人猶己, 視國猶家, 而以天地萬物爲一體세지군자,

---

2) 『주자어류』 권15, 295쪽. 이 제15권에서 주희가 반복하여 말하는 것이 이 도리이다. 예컨대 "세상의 사물 중에 이(理)가 없는 것은 없다. 하나하나 그것의 이(理)를 깨달아야 한다(世間之物, 無不有理, 皆須格物過세간지물, 무불유리, 개수격과)." 또 『大學』에서 궁리(窮理)를 말하지 않고, 격물(格物)만을 말한 것은 사람들로 하여금 사물에 나아가 깨닫게 하려 하였기 때문이다. 이렇게 할 때에만 비로소 실체를 체득할 수 있다(『大學』不說窮理, 只說個格物, 便是要人就事物上理會, 如此方見得實體『대학』불설궁리, 지설개격물, 편시요인취사물상리회, 여차방견득실체)."

유무치기양지, 즉자능공시비, 동호오, 시인유기, 시국유가, 이이천지만물위일체)"라고 믿었다.[1]

　　이와 관련하여 왕수인은 기존의 이학(理學)이 범한 편견을 수정하기 위해 정주이학이 주로 의거한 고대의 유가 경전에 대해 특히 『대학』과 『중용』에 대해 일련의 새로운 해석 작업을 하였다. 먼저 『대학』에 관하여 "정주의 격물설은 밖에서 구하는 것을 면치 못하는데(程朱格物之說, 不免求之于外정주격물지설, 불면구지우외)", 이것이 많은 학인들로 하여금 외재적 지식을 공부의 목적으로 간주하게 이끌었다고 왕수인은 여겼다. 그는 당시의 학풍을 "눈과 귀로 강론하고, 대충 짐작으로 추측하면서 남에게 알려지기를 구하는 것이다(講之以耳目, 揣摸測度, 求之影響강지이이목, 췌모측탁, 구지영향)"라고 비판하였다. 그러면서 말하기를 바르고 확실한 길은 마땅히 "몸과 마음으로 강론하고 행동으로 드러내고 실무를 행하는 가운데 살펴, 실질상으로 자신에게 축적이 있게 해야 한다(講之以身心, 行著習察, 實有諸己강지이신심, 행저습찰, 실유저기)"고 하였다. 왜냐하면 "도는 반드시 체득한 뒤에 깨달아지는(道必體而後見도필체이후견)" 것이기 때문이다. 여기서 말하는 '체득(體)'이란 내재하는 마음의 자아 각성으로서의 체험이니, 즉 "심에서 구하여 옳은 것이다(求之于心而是也구지우심이시야)."[2]

　　이에 의거하여 그는 『대학』의 '격물치지'와 관련하여 관건이 되는 한 단락을 다음과 같이 새롭게 해석하였다. "격물(格物)은 『맹자』에서 '대인(大人)이 임금의 심을 바로 잡는다'고 말할 때의 '격(格)'과 같은 것이다. 심의 바르지 못함을 제거함으로써 그 본체의 바름을 온전히 하는 것이다(格物如孟子 '大人格君心' 之 '格', 是去其心之不正, 以全其本體之正격물여맹자 '대인격군심' 지 '격', 시거기심지부정, 이전기본체지정)."[3] "격물이란 그 심(心)의 사물을 바로잡는[格] 것이며, 그 의념(意)의 사물을 바로잡는 것이다(格物者, 格其心之物也, 格其意之物也격물자, 격기심지물야, 격기의지물야)."[4] 그의 사상 노선에 따르면 『대학』의 정심(正心), 성의(誠意), 격물(格物), 치지(致知)는 단지 우리 내면의 심 안에서 성리(性理)를 추구하는 일련의 과정일 뿐이다.[5] "그 리(理)가 응취하

---

1) 『왕양명전습록상주집평』 권중(卷中), 「답섭문울(答聶文蔚)」 제179조, 258~259쪽.
2) 『왕양명전습록상주집평』 권중(卷中), 「답나정암소재서(答羅整庵少宰書)」 제172조, 247~248쪽.
3) 『왕양명전습록상주집평』 권상, 「서애록」 제7조, 39쪽.
4) 『왕양명전습록상주집평』 권중, 「답나정암소재서」 제174조, 250쪽.

는 것으로 말하면 성(性)이라 하고 그 응집의 주재로 말하면 심(心)이라 하고, 그 주재의 발동으로 말하면 의(意)라 하고, 그 발동의 명각(明覺)으로 말하면 지(知)라 고 하며, 그 명각의 감응으로 말하면 사물(物)이라 이른다. 그러므로 사물에 나아 가 말할 때는 '격(格)'이라 하고, 지(知)에 나아가 말할 때는 '치(致)'라 하며, 의(意) 에 나아가 말할 때는 '성(誠)'이라 하고, 심에 나아가 말할 때는 '정(正)'이라 한다 (以其理之凝聚而言則謂之性, 而其凝聚之主宰而言則謂之心, 以其主宰之發動而言則謂之意, 以其發 動之明覺而言則謂之知, 以其明覺之感應而言則謂之物, 故就物而言謂之格, 就知而言謂之致, 就意 而言謂之誠, 就心而言謂之正이기리지응취이언즉위지성, 이기응취지주재이언즉위지심, 이기주재지발동이 언즉위지의, 이기발동지명각이언즉위지지, 이기명각지감응이언즉위지물, 고취물이언위지격, 취지이언위지 치, 취의이언위지성, 취심이언위지정)."[6] 여기의 '이(理)', '성(性)', '심(心)', '의(意)', '지(知)' 는 실제는 내재하는 마음이 여러 층면에서 지향하는 양태이다. 그리고 '격(格)', '치(致)', '성(誠)', '정(正)'이 양명학에서는 마음의 자각(自覺)에 의한 조절과 성찰로 해석된다.

물론 이러한 자아 성찰과 자아 상승이 마음 안에서 진행될 수 있는 것은 그가 맹자 이래의 사상 노선을 계승하기 때문이다. 우선 사람의 마음에는 천부적으로 양지가 갖춰져 있음이 설정된다. "지(知)는 심의 본체이다. 그러므로 심은 사람이 어떻게 해야 하는지를 절로 알고 있다. 부모를 뵈면 절로 효도할 줄 알며, 형을 보 면 절로 공경할 줄 알며, 어린아이가 우물에 빠지는 것을 보면 절로 측은히 여길

---

5) 『대학』 중의 이 단락은 이렇다. "옛날에 밝은 덕을 천하에 밝히고자 하는 자는 먼저 그 나라를 다스리고, 그 나라를 다스리고자 하는 자는 먼저 그 집안을 가지런히 하고, 그 집안을 가지런히 하고자 하는 자는 먼저 그 몸을 닦고, 그 몸을 닦고자 하는 자는 먼저 그 마음을 바르게 하고, 그 마음을 바르게 하고자 하는 자는 먼저 그 뜻을 성실히 하고, 그 뜻을 성실히 하고자 하는 자는 먼저 그 지식(知)을 지극히 하였으니, 지식을 지극히 함은 사물의 이치(理)를 궁구함에 있다. 사물의 이치가 이른 뒤에 지식이 지극해지고, 지식이 지극해진 뒤에 뜻이 성실해지고, 뜻이 성실해진 뒤에 마음이 바르게 되고, 마음이 바르게 된 뒤에 몸이 닦아지고, 몸이 닦아 진 뒤에 집안이 가지런해지고, 집안이 가지런해진 뒤에 나라가 다스려지고, 나라가 다스려진 뒤에 천하가 태 평해진다(古之欲明明德于天下者, 先治其國; 欲治其國者, 先齊其家; 欲齊其家者, 先修其身; 欲修其身者, 先正其心; 欲正其 心者, 先誠其意; 欲誠其意者, 先致其知, 致知在格物. 物格而後知至, 知至而後意誠, 意誠而後心正, 心正而後身修, 身修而後家 齊, 家齊而後國治, 國治而後天下平.고지욕명명덕우천하자, 선치기국; 욕치기국자, 선제기가; 욕제기가자, 선수기신; 욕수기신자, 선정기심; 욕정기심자, 선성기의; 욕성기의자, 선치기지, 치지재격물. 물격이후지지, 지지이후의성, 의성이후심정, 심정이후신수, 신 수이후가제, 가제이후국치, 국치이후천하평)."
6) 『왕양명전습록상주집평』 권중, 「답나정암소재서」 제174조, 250쪽.

줄 안다. 이것이 바로 양지(良知)이다. 밖에서 구할 필요가 없다(知是心之本體, 心自然會知, 見父自然知孝, 見兄自然知弟, 見孺子入井, 自然之惻隱, 此便是良知, 不假外求지시심지본체, 심자연회지, 견부자연지효, 견형자연지제, 견유자입정, 자연지측은, 차편시양지, 불가외구)." [1]

그러나 문제는 이러한 순수한 천성(天性)을 어떻게 깨닫느냐이다. 한편으로는 가리어 있지만 동시에 또한 명각(明覺)도 가능한 하나의 마음에서 어떻게 스스로 가림막을 제거하여 본연에로 되돌아 갈 것인가? 세속 세계에서 생활하는 세속인들은 어떻게 자각적으로 물욕(物慾)의 유혹을 물리치고 마음의 초월을 지향할 수 있는가?

단순히 맹자가 말하는 '양호연지기(養浩然之氣 : 나의 호연지기를 기른다)'에 따르는 것만으로는 너무 간단한 것 같다. 또한 『중용』과 『대학』에 나오는 '신독(愼獨)' 등, 그리고 주희에 의해 '인심'으로부터 '도심'을 지향한다고 해석된 것, 즉 '이발(已發)'로부터 '미발(未發)'로 회귀하는 근신(勤愼)과 반성(反省)도[2] 역시 말하자면 아직 싹트지 않은 자신의 정욕에 시시각각의 자각으로 경각심을 주어, 설사 타인들은 전혀 알 수 없을지라도 자신은 계속 마음에서 반성을 진행함으로써 자신으로 하여금 항상 천리에 대한 참되고 진실한 신앙을 유지할 수 있게 하는 것이기는 하다.[3] 그러나 이것은 단지 마음 안에서의 이성 활동에 그친다. 사람들은 여

---

1) 『왕양명전습록상주집평』 권상 「서애록」 제8조, 40쪽.
2) 주희가 체인(體認)한 '심(心)'은 '성(性)'과 '정(情)'의 두 영역을 포괄한다. 미발시(未發時)는 마음이 순연(純然)하고 적연(寂然)한 상태로 "이때는 심(心)의 본체가 고요하여 움직이지 않는 것이니, 천명지성(天命之性)의 본체가 여기에 갖추어져 있다(當此之時卽是心體流行寂然不動之處, 而天命之性體段具焉당차지시즉시심체유행적연부동지처, 이천명지성체단구언)." 반면에 이발시(已發時)는 사려(思慮)가 이미 싹튼 때이니, 이때의 마음은 이성과 정욕의 두 취향을 포괄한다. 만약 마음에 대하여 함양(涵養)하고 절제(節制)하는 공부를 수행한다면, 마음이 발하였을 때 '중절(中節)'하게 하여 '화(和)'를 이루는 경지에 도달할 수 있다. 『주문공문집』 권67 「이발미발설(已發未發說)」(사부총간본, 12쪽 B)과 권67 「태극설(太極說)」의 "정(情)의 미발이 성(性)이고, …… 성의 이발이 정이다(情之未發者, 性也 ……性之已發者, 情也정지미발자, 성야 ……성지이발자, 정야)"(17쪽 B) 등을 참조. 또 권75의 「중화구설서(中和舊設序)」와 『주자연보(朱子年譜)』 권1의 41쪽을 참조. 또 이 책의 제2절 「이학의 연속 : 주희와 육구연의 논변과 그 주변(理學의延續 : 朱陸之辯及其周邊)」을 참조
3) "독(獨)이란 다른 사람들은 알지 못하고 나만이 홀로 아는 것이다. 이는 아직 드러나지 않은 유암(幽暗)의 영역에서 사물의 미세한 단서가 비록 아직 그 형체는 없지만 기미는 이미 움직이고 있어서, 다른 사람은 미처 알지 못하지만 나만은 홀로 그것을 감지할 수 있음을 말한다. ……이런 까닭에 군자는 항상 계구(戒懼)하고, 여기에 더욱 삼감[謹]을 더함으로써 막 싹틀 때에 인욕(人慾)을 막아 은미한 중에 속으로 불어나고 자라서 도(道)와 멀어지는 일이 없게 하려는 것이다(獨者, 人所不知而己獨知之地也, 言幽暗之中, 細微之事, 迹雖無形而幾則已

전히 마음 밖으로부터 외재적 도덕 규범과 윤리 원칙을 빌려다 검속하고자 하고 외재적 지식에 의존하여 내면의 수양을 행하고자 하게 되어, 아무래도 마음을 두 쪽으로 나누고 마음공부를 두 영역으로 나누게 된다.

그래서 왕수인은 「답육원정서(答陸原靜書)」에서 '양지(良知)는 심의 본체임'을 설명할 때 말하기를, "심의 본체는 일어남도 없고 일어나지 않음도 없다. 비록 망념(妄念)이 발동하더라도 양지는 있지 않는 곳이 없다(心之本體無起無不起, 雖妄念之發, 而良知無不在심지본체무기무불기, 수망념지발, 이양지무부재)"[4]고 하였다. 무슨 뜻인가 하면, 양지는 심의 본체이며, 그리고 그것은 '미발의 중(未發之中)'인데, 싹이 트려는 움직임 같은 것이 없는 심의 이 본체는 영원히 "일어남도 없고 일어나지 않음도 없다"는 상태에 있다는 뜻이다. 비록 '이발(已發)' 후에 여러 가지 망념이 일어나더라도 이 영원한 양지는 깊은 곳에 자리 잡고서 시종 그 본래의 징명(澄明)함을 유지한다. 그러므로 사람은 오직 자신을 돌이켜 이 징명한 경지를 체득해야 한다. 왕수인은 '미발(未發)'을 설명할 때 이렇게 말하였다. "공부하는 사람이 심의 본체에는 원래 아무 것도 없음을 알지 못하고서, 계속 의념에 집착하여 선을 좋아하고 악을 싫어하기만 한다면 거기에 이미 자신의 생각이 덧붙여진 것이니, 이는 확 트여 크게 공정한 그런 경지가 아니다. ……심을 바르게 한다는 것(正心)은 다만 의념을 성실하게 하는(誠意) 공부 속에서 항상 거울처럼 비어 있고 저울처럼 공평한 자신의 심체를 체득하는 것이다. 이것이 미발의 중(未發之中)이다(不知心之本體原無一物, 一向着意去好善惡惡, 便又多了這彬意思, 便不是廓然大公 ……正心只是誠意功夫裏面, 體當自家心體, 常要鑒空衡平, 這便是未發之中부지심지본체원무일물, 일향착의거호선오악, 편우다료저빈의사, 편불시확연대공 ……정심지시성의공부리면, 체당자가심체, 상요감공형평, 저편시미발지중)."[5]

動, 人雖不知而己獨知之 ……是以君子旣常戒懼, 而于此尤加謹焉, 所以遏人欲于將萌, 而不食其滋長于隱微之中, 以至于離道之遠也독파, 인소부지이기독지지지야, 언유암지중, 세미지사, 적수무형이기류이동, 인수부지이기독지지 ……시이군자기상계구, 이우차우가근언, 소이알인욕우장맹, 이불식기자장우은미지중, 이지우리도지원야)." 『중용장구(中庸章句)』, 『사서집주(四書集註)』(중화서국, 1983), 18쪽. 또한 『대학장구(大學章句)』, 『사서집주』, 7쪽을 참조.

4) 『왕양명전습록상주집평』 권중, 「답육원정서(答陸原靜書)」제151조, 212쪽. 그 뒤에서는 또 이렇게 말한다. "미발의 중(未發之中)은 고요하여 움직임이 없는 본체이다(未發之中, 寂然不動之體미발지중, 적연부동지체)."(223쪽)

5) 『왕양명전습록상주집평』 권상, 「설간록(薛侃錄)」제119조, 141쪽.

불교에서 말하는 공명무구(空明無垢)와 유사한 이 심체 상태를 유지하는 것은 왕수인의 해석에 따르면, 바로 『중용』에서 말하는 '신독(愼獨)'이다. 그래서 그는 문인에게 '신독'과 '계구(戒懼)'의 차이를 분석해 줄 때 신독은 자신의 마음의 명철(明澈)함을 자각적으로 유지하는 것이고, 계구는 피동적으로 외재적 검속에 의존하는 것이라 하였다. 왜냐하면 심의 본체는 '성(誠)'이므로 오직 심의 본체를 회복하기만 하면 되니, 오로지 "보이지 않는 것을 삼가고 들리지 않는 것을 두려워하면서 이 마음이 순수한 천리와 같아지도록 기르면, 절로 깨닫게 되기 때문이다 (戒愼不睹, 恐懼不聞, 養得此心純是天理, 便自然見계신부도, 공구불문, 양득차심순시천리, 편자연견)." 이처럼 긴장이 없고 두려움이 없는 마음이 곧 순수한 천리의 경지이다.[1] "리(理)는 움직임이 없는 것이다. 리(理)를 항상 알고 항상 보존하고 항상 위주로 한다는 것은 곧 보지도 않고 듣지도 않으며 생각도 없고 행위도 없다는 말이다(理無動者也, 常知常存, 常主于理, 卽不睹不聞, 無思無爲之謂也이무동자야, 상지상존, 상주우리, 즉부도불문, 무사무위지위야)." 만약 어떤 사람이 외재적인 것을 가져다가 애써 계신(戒愼)하고 검속하려 한다면, 그것은 곧 "의도적으로 편안하고 고요함을 구하려는 것이므로, 오히려 공부할수록 더욱 편안하지 못하고 더욱 고요하지 못하게 된다(有意于求寧靜, 是以愈不寧靜유의우구녕정, 시이유불녕정)."[2]

전해오는 말에 의하면 왕수인의 목적은 정주학이 '지(知)'와 '행(行)'을 둘로 획분하는 결함에 초점을 두었다. 그의 생각에 따르면 주희는 '격물(格物)', 즉 지식의 탐구를 매우 중요시하였기 때문에 『중용』의 '박학지(博學之)'와 '독행지(篤行之)'를 분리하지 않을 수 없었다. 양자를 분리하여 '지(知)'가 한 가지 것이 되고 '행(行)'이 한 가지 것이 되니, 먼저 지가 있어야 비로소 행을 할 수 있게 된다. 이러한 사상 노선은 정주학이 '도문학(道問學)'에 너무 치중하도록 이끌었다. 그리고 '격물(格物)'이 일종의 외재적 '지'로 간주되고서, 그 다음에야 비로소 내면의 '존덕성'이 설정된다. 그래서 내재적인 '사(思)'로서의 '치지(致知)'는 공중에 떠 있을 수밖에 없게 된다.

왕수인의 목적은 정주학이 '지'와 '행'을 둘로 획분하는 결함에 초점을 두었다.

---

1) 『왕양명전습록상주집평』 권상, 「설간록」 제125조, 148쪽.

2) 『왕양명전습록상주집평』 권중, 「답육원정서(答陸元靜書)」 제156조 제151조, 219쪽, 212쪽.

왕수인은 근본을 파고 들어가 문제를 근원에서부터 해결하는 방식을 써서 '격물'은 결코 마음의 밖에 있는 지식을 추구하는 것이 아님을 주장하였다. 왜냐하면 지식을 얻는 이목구비와 사지(四肢) 또한 마음이 통제하는 것이기 때문이다. 심(心)과 신(身)은 일체이다. "심(心)이 없다면 신(身)도 없고, 신이 없다면 심도 없다. 그 가득찬 것을 가리켜 말할 때 신(身)이라 하고, 그 주재하는 것을 가리켜 말할 때 심(心)이라 하며, 심이 발동한 것을 가리켜 말할 때 의(意)라 하고, 의가 영명한 것을 가리켜 말할 때 지(知)라 하며, 의가 닿은 것을 가리켜 말할 때 물(物)이라 한다(無心則無身, 無身則無心. 指其充塞處言之謂之身, 指其主宰處言之謂之心, 指心之發動處謂之意, 指意之靈明處謂之知, 指意之涉着處謂之物무심즉무신, 무신즉무심. 지기충색처언지위지신, 지기주재처언지위지심, 지심지발동처위지의, 지의지영명처위지지, 지의지섭착처위지물)." [3]

그에 의하면 일체의 외재하는 현상세계는 모두 내면의 마음의 발동과 발현이다.[4] 그래서 "심은 따로 체(體)가 있지 않고, 천지만물의 옳고 그름에 감응(感應)하는 것을 체로 삼는다(心無體, 以天地萬物感應之是非爲體심무체, 이천지만물감응지시비위체)"라고 말한다. 모든 지식도 감정도 최종적으로는 모두 이 티없이 맑고 순수한 마음을 확고히 하기 위한 것이다. 이 맑고 순수한 마음을 확립하였을 때가 곧 '참지식(眞知)'을 얻은 때이다. 그러므로 박학(博學)은 마음 중의 그때그때의 일마다 천리를 보존하는 것이며, 독행(篤行)은 끊임없이 이 존천리(存天理)를 학습하는 것이다. 이렇듯 사람의 지와 행이 실은 모두 일념(一念) 안에 있으니, 그렇다면 양지의 발동이 곧 지(知)이며 행(行)이다.[5]

3) 『왕양명전습록상주집평』 권하, 「진구천록(陳九川錄)」 제201조, 282쪽.

4) 가장 유명한 예는 「황성증록(黃省曾錄)」에 나오는 "천하에 심 밖의 사물은 없다(天下無心外之物천하무심외지물)"에 관한 대화이다. 왕수인은 말하기를, 비록 꽃은 깊은 산속에서 스스로 피었다가 스스로 시들지만 "그대가 아직 이 꽃을 못 보았을 때는 이 꽃과 그대의 심은 함께 아무 것도 없는 영역에 속한다. 그대가 이 꽃을 보았을 때 비로소 이 꽃의 색깔이 일시에 분명하게 드러난다. 그러므로 이 꽃이 그대의 심 밖에 있지 않음을 알 수 있다(你未看此花時, 此花與汝心同歸于寂, 你來看此花時, 則此花顏色一時明白起來, 便知此花不在你的心外니미간차화시, 차화여여심동귀우적, 니래간차화시, 즉차화안색일시명백기래, 편지차화부재니적심외)"고 하였다. 『왕양명전습록상주집평』 권하 제275조, 332쪽.

5) 「황직록(黃直錄)」 중에서 왕수인은 '지행합일(知行合一)'에 관한 어떤 사람의 질문에 답할 때 이렇게 말한다. "바로 한 생각이 발동한 곳이 곧 행위를 한 것임을 사람들에게 알리려는 것이다(正要人曉得, 一念發動處, 便卽是行了정요인효득, 일념발동처, 편즉시행료)." (『왕양명전습록상주집평』 권하 제225조, 302쪽) 서범징(徐梵澄)은 『육왕학술(陸王學述)』에서 불교계에서 흔히 쓰이는 비유를 써서 이렇게 설명하였다. "거울이 사물을 비출 때 비춤이 곧

만약 그렇지 않다면 "천하의 사물들을 어떻게 다 바로잡을 수 있겠는가?(天下之物, 如何格得천하지물, 여하격득)"라며 그는 정주의 '격물'설을 따져 묻는다. 만약 풀한 포기 나무 한 그루에도 모두 리(理)가 있다면, "설령 풀과 나무를 격(格)하였다 하더라도 어떻게 그것으로부터 돌이켜 나의 의념(意)을 성실하게 하겠다는 것인가?(縱格得草木來, 如何反來誠得自家意종격득초목래, 여하반래성득자가의)" 이런 까닭에 유가인은 모든 관심을 전적으로 마음을 순수하고 정대하게 유지함에 두어야만 한다. "그러므로 수신(修身)을 하고자 하면, 자신의 심체를 체득하여 항상 탁 트이고 크게 공평하게 하며 조금이라도 바르지 않은 것이 없게 해야 한다(故欲修身, 在于體當自家心體, 常令廓然大公, 無有些子不正處고욕수신, 재우체당자가심체, 상령확연대공, 무유사자부정처)." 그는 오직 마음이 순정(純正)하기만 하면 감각(感覺)은 절로 순정하게 되며, 감각이 순정하면 행위는 당연히 사회의 도덕 윤리 원칙에 부합하게 된다고 믿는다.[1] 그래서 그는 "지와 행은 어떻게 합일되는가"라는 질문에 답할 때 다음과 같이 말한다. "구체적인 하나하나의 일에서 천리를 보존하는 것을 배운다면 이 심을 다시 잃어버리는 때가 없게 된다. 그래서 '배워서 모은다(學以聚之)'고 말한다. 그리하여 항상 이 천리를 보존하는 것을 배운다면 더 이상 사욕에 의해 끊어지는 일이 없게 되는데, 이것이 바로 이 심의 쉬지 않음이다. 그래서 '인(仁)으로써 행한다(仁以行之)'고 말한다(事事去學存此天理, 則此心更無放失時, 故曰 '學以聚之', 然常常存此天理更無私欲間斷, 此卽是此心不息處, 故曰 '仁以行之' 사사거학존차천리, 즉차심갱무방실시, 고왈 '학이취지', 연상상존차천리갱무사욕간단, 차즉시차심불식처, 고왈 '인이행지')."[2] 만약 내재하는 양지의 발동과 발현이 없다면, 그렇다면 이른바 지식이라는 것도 진정으로 마음에 속하는 지식이 아니다. "한 생각이 발하여 움직인 것이 곧 지(知)이며, 곧 행(行)이다(一念動處, 便是知, 亦便是行일념동처, 편시지, 역편시행)."[3] '심(心)'과 '리(理)'는 본래 하나이

행인데, 거울이 밝지 않으면 제대로 비출 수가 없다. 제대로 비출 수 있는 본성이 곧 영명(靈明)함이다(明鏡照物, 照卽是行, 鏡而不明, 必不能照, 能照之性, 卽是靈明명경조물, 조즉시행, 경이불명, 필불능조, 능조지성, 즉시영명)." (상해원동출판사上海遠東出版社, 1994, 98쪽)

1) 『왕양명전습록상주집평』 권하, 「황이방록(黃以方錄)」 제317조, 368쪽. 이것은 아마도 그가 어렸을 때 대나무를 대상으로 친구와 격물 공부를 시도하였다가 실패하였던 경험과 관련이 있을 것이다.

2) 『왕양명전습록상주집평』 권하, 「황이방록」 제321조, 372쪽.

3) 『왕양명전습록상주집평』, 「전습록습유(傳習錄拾遺)」 제19조, 400쪽.

므로 일체가 모두 내재하는 마음의 발현이고 활동일 때 '지'와 '행'은 더 이상 두 가지 것이 아니며, 모두 내면의 심이 양지(良知)를 찾아가는 과정이자 징명(澄明)의 경지를 지향하는 과정이 된다.

고대의 중국 사상은 늘 역사와 전통으로부터 사상의 합리성과 권위성을 지지 받고자 해왔다. 한유(韓愈) 이후로는 특히 송나라 이후의 유가 학설에서는 이른바 '도통(道統)'을 특별히 중요시하였고, 자신으로부터 성현(聖賢)으로 소급하여 하나의 역사를 건립하는 것에 특히 주목하였다. 왕수인은 정주에 비해 그 자신이 훨씬 더 가깝게 공자와 맹자 이래의 진리의 맥박을 짚어냈다고 믿었다. 그래서 반복해서 자신이야말로 유가의 진정한 전통을 계승하였다고 공언하였다.

정덕(正德) 16년(1521) 정월의 어느 날, 왕수인은 문인 진구천(陳九川)과 길을 걷던 중에 돌연 자신이 체득한 '치양지(致良知)'는 실은 그 도리는 간결하고 명백한데 이 도리가 수백 년 동안이나 땅에 묻혀 드러나지 못하였던 것이라며 길게 탄식하였다. 진구천은 스승을 위로하여 말하기를, 이 병폐에 이르게 된 원인은 송유(宋儒)가 '신(神)'을 성체(性體)로 인식하였음'에 있으니,[4] 즉 외재하는 지식의 습득이 바로 도덕심의 구원이 되어 버린 데에 있으나, 이제 "선생님께서 양지 두 글자를 찾아 세우셨고, 이것은 옛날에나 지금에나 인간의 참된 면목인데, 그 위에 더 무엇을 의심하시는지요"라고 하였다. 이에 왕수인은 이렇게 말하였다. 비록 그렇기는 하지만, 이것은 마치 다른 사람이 내 조상의 산소를 오랫동안 차지하고 있을 때 현재로서는 그저 묘를 열어 '자손인 나의 피를 유골에 떨어뜨려 봐서 친손 여부를 확인하는(子孫滴血認親자손적혈인친)' 극단적인 방법으로 뿌리를 찾고 조상을 확인하는 수밖에 없는 것과 같아서 나로서는 '양지' 두 글자를 가지고 '아득한 옛날부터 성현이 서로 전하신 한 점의 적골혈(滴骨血)'을 천명할 수 있을 뿐이다. 이 대화는 왕수인이 도통을 다시 세우고자 하는 강한 의지를 갖고 있음과 자신이

도통을 다시 세우고자 하
는 왕수인의 강한 의지

---

4) 양명학자들은 신(神)을 '심(心)'과 같은 것으로 여긴다. 즉 양명학자들은 신을 형이상자(形而上者)인 성(性)·리(理)의 '활동'으로 여기는 반면, 송나라 시대 이학가들은 그렇지 않고 '성체(性體)'으로만 이해하였음을 말한다. 왕수인은 예컨대 "무릇 양지는 하나이다. 그것의 오묘한 작용으로 말하면 신(神)이라 하고, 그것의 유행으로 말하면 기(氣)라 하며, 그것의 응취로 말하면 정(精)이라 한다(夫良知一也, 以其妙用而言謂之神, 以其流行而言謂之氣, 以其凝聚而言謂之精)"고 말한다. 『왕양명전습록상주집평』 권중, 「답육원정서(答陸元靜書)」 제154조, 216쪽(역자 주).

진리를 얻었다는 강한 자신감을 보여준다.[1]

3

　역사는 늘 마치 돌고 도는 격으로 동일한 연극 장면을 돌아가면서 상연하곤 하는데, 사상의 역사는 더욱 그러하여 늘 앞 시대의 변론(辯論)을 반복하면서 동일한 주제를 놓고 같은 방향과 반대 방향에서 토론하는 일을 반복하는 것 같다. 왕수인의 학설은 우리로 하여금 자연스레 중국의 사상 역사에 있었던 매우 흡사한 일막(一幕)을 생각나게 하는데, 그것은 7세기부터 8세기에 걸쳐 중국 선종(禪宗) 내부에서 거의 1세기 동안 지속되었던, "불성(佛性)이란 무엇인가", "돈오와 점수란 무엇인가"를 놓고 빚어진 충돌이다.[2] 그 시대의 "수시로 부지런히 닦아 티끌이 없게 하자(時時勤拂拭, 莫使若塵埃시시근불식, 막사약진애)"와 "불성은 항상 깨끗한데, 어느 곳에 티끌이 있단 말인가(佛性常淸淨, 何處有塵埃불성상청정, 하처유진애)"에 관한 논쟁이 마치 명나라 시대에 이르러 옛 노래를 다시 연주하듯이 재연된 양상이다.

　왕수인의 사상이 불교로부터 자극과 영향을 받았음은 확실하다.[3] 그런데 거

왕수인은 확실히 불교로부터 자극과 영향을 받았다.

---

1) 『왕양명전습록상주집평』, 「전습록습유」 제44조, 414쪽.

2) 불교 선종의 이 논쟁에 관해서는 갈조광의 『중국선사상사—6세기에서 9세기』와 본서의 제1편 제3절 「선종의 승리와 불교의 실패 : 8세기에서 10세기까지 중국 불교의 전환(중)(禪宗的勝利與佛敎的失敗 : 8至10世紀中國佛敎的轉型(中)」을 참조.

3) 고헌성(顧憲成)은 『경고장고(涇皐藏稿)』 권6 「심학종서(心學宗序)」에서 이렇게 주장한다. 즉 유가인들은 본원(本原)의 추구를 불교가 독점하게 할 수는 없었기에 공자와 안연(顏淵)의 단편적인 말에서 근거와 연원을 찾아 "심은 본래 공(空)하다. '공공(空空)'은 공자의 말씀이고, '누공(屢空)'은 안자에 대한 형용어이다. 어느 것을 불교의 것이라 하겠는가. 그러므로 사람에 따라 공(空)을 말하기 좋아할 수 있는 것이다(心本空也, 空空, 孔子也, 屢空, 顏子也, 奈何相率而好言空심본공야, 공공, 공자야, 누공, 안자야, 내하거이양제석씨. 즉우상솔이호언공)"고 할 수 있었던 것이고, 이렇게 해서 심학의 부흥이 있게 되었다는 것이다. 이것도 분석 작업을 해 볼만한 사유 노선의 하나이다. 사상사(思想史)에는 이런 류의 변화가 많은데, 사실은 모두 문제의 해석을 놓고 벌이는 담론 권력의 투쟁과 관련이 있다. *『논어』 「자한(子罕)」 제7장에 "내가 아는 것이 있는가? 나는 아는 것이 없다. 그러나 어떤 비루한 사람이 나에게 질문을 하되 성실하게[空空如] 물어오면, 나는 양쪽 입장을 모두 거론하면서 아는 대로 다 가르쳐 주겠다"는 공자 말씀에서 '성실하다', '순박하고 무지하다'는 의미의 '공공(空空)'이 나오고, 『논어』 「선진(先進)」 제18장에 "안회는 거의 도에 가까웠으나, 쌀독이 비는 경우가 많았다[屢空]"는 공자 말씀에서 '자주 비다'는 의미의 '누공(屢空)'이 나온다(역자 주).

꾸로 보면 양명학은 또한 사대부들 사이에서 불교가 부흥하도록 자극하고 영향을 주기도 하였다.[4] 만력(萬曆) 연간(1573~1619)에 연지(蓮池 : 1535~1615년, 주굉株宏), 자백(紫栢 : 1543~1603년, 진가眞可, 달관達觀), 감산(憨山 : 1546~1623년, 덕청德淸) 등 저명한 불교도들이 동시에 등장한 것은 사실은 이러한 사상 기풍과 관련이 있는 것으로 볼 수 있다.[5] 이들 불교도들의 사상과 언어는 늘 왕수인의 논법과 관련이 있었는데, 예컨대 『대학』의 본의를 토론하거나 성(性)과 정(情)의 관계를 토론하거나 중인(衆人)과 성인(聖人)의 차이를 토론하는 것 등이 그러하다.[6] 그러나 예전에 남종선이 간결명쾌한 '돈오설(頓悟說)'로 빠르게 많은 신앙자들을 흡수하였지만 동시에 불교의 존재 자체에 심각한 속앓이를 수반하기도 하였던 것과 마찬가지로, 왕수인의 사상도 그 간명함과 높은 격조 때문에 명나라 시대의 사람들에게 상당한 울림을 주었으나 동시에 유가 학설 자체에 큰 곤경을 수반하였다. 이것은 다음 이유 때문이었다. 즉 양명학의 가장 기본적인 설정으로부터 두 가지 서로 매우 다르면서도 둘 다 필연적인 사고방식이 도출될 수 있었는데, 이 두 사고방식은 사람들의 도덕의 실천 과정에서 서로 다른 취향에로 이어지기 때문이었다.

첫 번째 취향

첫 번째 취향은 이른바 '천천증도(天泉證道)' 때 말한 것이다. "선도 없고 악도 없는 것(無善無惡)은 심의 본체이고, 선도 있고 악도 있는 것(有善有惡)은 의(意)의 발동이다. 선을 알고 악을 아는 것은 양지(良知)이고, 선을 행하고 악을 제거하는 것은 격물(格物)이다(無善無惡是心之體, 有善有惡是意之動, 知善知惡是良知, 爲善去惡是格物무

---

4) 도망령(陶望齡), 『헐암집(歇庵集)』 권16 「신축입도기군석제십오수지십(辛丑入都寄君奭第十五首之十)」. "오늘날 불교를 공부하는 사람들은 모두 '양지(良知)'를 가지고 설명한다(今之學佛者, 皆因良知二字誘之也금지학불자, 개인양지이자유지야)."

5) 『감산대사집(憨山大師集)』에 실린 「설랑법사은공중흥법도전(雪浪法師恩公中興法道傳)」에 의하면, 영락(永樂 : 1403~1424년) 연간 이후로 "선불교는 흥성하지 못하여 오직 한 종파만이 북경을 중심으로 강론되고 있었고, 강남(남경)에서는 불교가 점점 쇠미해져 듣지 못하게 되었다." 정덕(正德)과 가정(嘉靖)에 이른 후에야 비로소 상황에 변화가 있었다고 한다. 심덕부(心德符), 『만력야획편(萬曆野獲編)』(중화서국, 1997) 권27 「선림제명숙(禪林諸名宿)」, 693~694쪽을 참조.

6) 불교인들이 『대학』을 토론한 상황에 관해서는 『감산대사집』(북경대학도서관 소장의 청각본淸刻本)의 「대학강목결의(大學綱目決疑)」와 「제사(題辭)」(기유년己酉年 가을에 지음)를 참조할 수 있다. 성(性)과 정(情)을 토론한 것에 관해서는 『자백노인집(紫柏老人集)』(북경대학도서관 소장의 청양주각경처각본淸揚州刻經處刻本) 권1에서 권2의 「법어(法語)」, 권21의 「혼백변(魂魄辯)」을 참조. 보통 사람과 성인(聖人)을 토론한 것에 관해서는 『자백노인집』 권23의 「여탕의잉(與湯義仍)」을 참조.

선무악시심지체, 유선유악시의지동, 지선지악시양지, 위선거악시격물)." 이것이 실질상 왕수인의 본의에 가장 가까운 것일지 모른다.[1] 비록 '심즉리'가 이론상으로는 이미 선과 악의 양쪽을 모두 본래의 맑고 순수한 마음으로 수렴하고 있지만, 최종적으로는 왕수인도 이 마음으로부터 선과 악의 서로 다른 두 가지가 발현될 수 있음을 인정하였다. 그러므로 사람들에게는 여전히 지(知)를 구할 책임, 즉 양지를 치(致)하여 청정무구의 본연의 '심의 체'를 회복하려 노력해야 할 책임이 있다.

이렇게 되면 첫 번째 성향은 예전 북종선(北宗禪)의 입장과 비슷해진다. 즉 이 성향은 여전히 신중하고 엄숙하게 유가 최후의 도덕 방어선을 굳건히 지키는 것이 된다. 그리하여 왕수인은 위에서 서술한 '종지(宗旨)'를 말한 후, 두 문인인 전덕홍과 왕기에게 신신당부하며, "사람의 심(心)에는 그 자체에 지식이 있으나, 이미 습속에 의해 오염되어 있다. 그러므로 지금 사람들에게 양지(良知), 즉 착실하게 선을 행하고 악을 제거하는 공부를 가르치지 않고 다만 허공에 매달려 본체를 생각하게 한다면, 일체의 행위가 모두 견실하지 못하게 된다. 이 병통은 작은 것이 아니므로 조기에 타파하지 않으면 안 된다(人心自有知識以來, 已爲習俗所染, 今不敎他在良知上實用爲善去惡功夫, 只去懸空想個本體, 一切事爲俱不着實, 此病痛不是小小, 不可不早說破인심자유지식이래, 이위습속소염, 금불교타재양지상실용위선거악공부, 지거현공상개본체, 일체사위구불착실, 차병통불시소소, 불가부조설파)"[2]고 하였다.

여전히 공부가 요청되기 때문에 왕수인은 북종선과 마찬가지로 마음을 관개배식(灌漑培植: 물을 주고 잘 기름)하는 과정에 매우 주의를 기울였다. 그는 문인에게 다음과 같이 말한 적이 있다. 치양지도 하루하루 조금씩 진전하는 것이며, "이와 같이 하여야 비로소 정일(精一)한 공부이다." 마치 나무를 심는 일과 같아서 "나무에 싹이 막 돋아났을 때는 물을 조금만 주고, 싹이 더 자라면 물을 조금 더 준다. 줄기가 한주먹 굵기일 때부터 한아름 굵기에 이를 때까지 이렇게 한다(樹有這些萌芽, 只把些水去灌漑, 萌芽再長, 便又加水, 自拱把以至合抱수유저사맹아, 지파사수거관개, 맹아

---

1) 후외려(侯外廬) 등, 『송명이학사(宋明理學史)』(베이징, 인민출판사, 1987, 1997) 하권, 제2편 제9장의 저자들은 이 4구(四句)를 "마땅히 양명학의 만년(晩年) 정설(定說)로 보아야 한다"고 생각한다(236쪽).

2) 『왕문성공전서(王文成公全書)』 권34 「연보2(年譜二)」, 가정(嘉靖) 6년 9월 임오(壬午)(39쪽 A에서 41쪽 B까지). 또 『왕양명전습록상주집평』 권하, 「황성증록(黃省曾錄)」 제315조, 359~360쪽.

재장, 편우가수, 자공파이지합포)."만약 치양지가 단번에 전환하는 공부라면 그것은 마치 "한 통의 물이 있다고 다 부어주어서 나무가 물에 잠겨 죽게 되는(有一桶水在盡要澆上, 便浸壞他了유일통수재진요요상, 편침괴타료)"것과 같을 것이다.[3] 왕수인의 최측근이며 문인 중의 한 사람인 전덕홍은 훗날 '사구교(四句敎)'라고 불린 이 가르침을 신봉하였다. 그는 '양지(良知)'의 '지(知)'자에 방점을 두었는데, 이 '지'는 남종선의 신회(神會)가 강조한 '지'와 매우 가깝다.[4] 그것은 그 어느 것에도 집착함이 없이 일체를 통찰하여 체득하는 무상지혜(無上智慧 : 그 이상이 없는 최고의 경지)로 마음속 가장 깊은 곳에 있는 무욕무구(無慾無垢)의 경지이다. 그래서 그는 "군자의 학문은 반드시 무욕에서 이루어져야 한다(君子之學, 必事于無欲군자지학, 필사우무욕)"고 주장하였다. 왜냐하면 이론상으로 말하면 유선유악(有善有惡)은 결코 마음의 본체가 아니라 의념이 발동한 이후로서 경험 세계에 속하며 세속적 도덕과 판단의 윤리가 반영된 것일 수 있는데, 진정한 양지는 응당 의념이 발동하기 전의 무욕의 징철투명(澄澈透明)한 마음의 경지이어야 하기 때문이다. 그러므로 여전히 '신독(愼獨)'에 의해 '중화(中和)'를 추구해야 하고, '계신(戒愼)'에 의해 양지를 추구해야 하는 것이다.[5]

두 번째 성향

이번에는 두 번째 성향에 대해 말해보자. 자세히 분석해 보면 우리는 위에서 말한 사상 노선의 몇 가지 문제는 끝내 해결될 수 없음을 알 수 있다. 만약 우리의 마음 자체가 무선무악(無善無惡)하다면, 그렇다면 그 마음은 어떻게 해서 선과 악

---

3) 이런 연유로 유종주(劉宗周)는 이 입장을 '점교(漸敎)'라 칭한다. 『전습록』권하, 「황직록(黃直錄)」을 참조(진영 첩陳榮捷, 『왕양명전습록상주집평』권하 제225조, 302쪽).

4) 당나라 때 종밀(宗密)은 『원각경약소초(圓覺經略疏抄)』에서 신회(神會)의 사상을 해설할 때 반복하여 신회 사상 중의 "지(知) 한 글자는 중묘(衆妙)의 문이다. 만약 마음을 비우고서 이 글자를 깨닫는다면 불교의 경지에 이를 수 있다(知之一字, 衆妙之門, 若虛己而會, 便契佛境지지일자, 중묘지문, 약허기이회, 편계불경)"고 강조하였다. 『신회어록(神會語錄)』중에 여러 차례 나오는 "본래 공적(空寂)한 본체에는 그 자체에 반야지(般若智)가 있어 충분히 지(知)의 작용을 하니 연기(緣起)를 빌릴 필요가 없다(本空寂體上, 自有般若智能知, 不假緣起본공적체상, 자유반야지능지, 불가연기)"는 말도 바로 이 '지(知)'가 청정무구(淸淨無垢)하여 어떠한 조건도 필요 없이 자성(自性)을 갖는 지혜임을 의미한다. 갈조광, 『중국선사상사—6세기에서 9세기』, 제4장, 「중고하택종(重估荷澤宗)」, 254~258쪽을 참조.

5) 『명유학안(明儒學案)』권11 「절중왕문학안1(浙中王門學案一)」에서 인용한 「회어(會語)」와 「논학서(論學書)」를 참조. 『명사(明史)』권282 「유림2(儒林二)」'전덕홍전(錢德洪傳)'은 이렇게 말한다. 왕기는 "끝내 선(禪)으로 들어갔으나, 전덕홍은 유자(儒者)의 법도를 저버리지 않았다(竟入于禪, 而德洪猶不失儒者矩矱云경입우선, 이덕홍유불실유자구확운)."

의 두 단초들을 드러내게 되는가? 만약 본체의 '심'이 '의(意)'의 발동으로 말미암아 선과 악을 겸하게 된다고 한다면, 그렇다면 심은 또한 어떻게 '지(知)'를 가질수 있으며, 아울러 어떻게 '선'의 단초를 확보하여 '악'의 단초를 극복하는가? 세속의 유혹과 현실상의 이익 그리고 내면의 정욕(情慾)이 지성(知性)의 인도에 심복하여 순종하면서 마음으로 하여금 이른바 '양지(良知)'를 지향하게 해야 한다면, 이렇게 해야 하는 이유는 무엇인가?

왕수인 사후(死後)에 제자 중 일부는 양명학의 '심즉리' 입장으로부터 또 하나의 사상 노선을 도출해 냈다. 이것은 왕수인의 또 한 사람의 최측근 제자인 왕기(王畿)의 다음 말에서 비롯된다. "심(心)이 선만 있고 악은 없는 심이면 의(意)도 역시 선만 있고 악은 없는 의이며, 지(知) 역시 선만 있고 악은 없는 지이며, 사물역시 선만 있고 악은 없는 사물이다(心是有善無惡之心, 則意亦是有善無惡之意, 知亦是有善無惡之知, 物亦是有善無惡之物심시유선무악지심, 즉의역시유선무악지의, 지역시유선무악지지, 물역시유선무악지물)." 표면상으로 보면 이 서술은 전혀 이상하지 않다. 마음이 본래 '양지'를 담고 있음을 드러내고 강조한 것에 지나지 않으며, '양지'의 '양(良)'에 방점을 두었을 뿐이다. 그러나 "털끝 하나만 놓쳐도 차이는 천리가 된다(失之毫釐, 差之千里실지호리, 차지천리)"고 하듯이, 이 아주 작은 차이에 커다란 차이가 숨어 있다. 만약 심(心), 의(意), 지(知), 물(物) 모두에 선만 있고 악은 없다고 말한다면, 이는 마음전체에 합리성을 부여하는 것과 다를 것이 없게 된다. 마음이라는 것이 이렇게 확정된 후에는, 마치 남종선(南宗禪)이 최후에 "나의 심이 곧 부처이다(我心卽佛)"의 길을 갔던 것과 마찬가지로, 마음의 모든 사려 감각 활동이 모두 합리화된다.

왕기의 관점에 대해 왕수인은 생전에 반대한 일이 없다. 오히려 이 사상 노선에 대해 조화시켜 보려는 태도를 취하였다.[1] 이리하여 왕수인의 사후에 이 서

---

[1] 이른바 '천천증도(天泉證道)' 때 왕수인이 전덕홍과 왕기의 서로 다른 견해에 대하여 두 가지로 나누어 말한 것은 곧 일종의 조화로운 안(案)을 제시한 것이 된다. 그는 말하기를 "두 사람의 견해는 서로 취하여 보완해야지 서로 해쳐서는 안 되오. 여중(왕기)은 덕홍의 공부(功夫)를 보완할 필요가 있고, 덕홍은 여중의 본체(本體)를 좀더 철저하게 이해할 필요가 있소. 그대들 두 사람이 서로 취하여 보완한다면 나의 학문은 더 이상 걱정이 없겠소(二君之見, 正如相取, 不可相病, 汝中需用德洪功夫, 德洪需透汝中本體, 二君相取爲益, 吾學更無遺念矣이군지견, 정여상취, 불가상병, 여중수용덕홍공부, 덕홍수투여중본체, 이군상취위익, 오학갱무유념의)"라고 하였다(『왕문성공전서王文成公全書』 권34, 「연보2」, 40쪽 A). 그러나 이러한 평행을 상상(想像)하는 것은 단지 이론상으로만 가능한 것이지 실천에서는

로 다른 두 가지 논법이 양명학설의 이름으로 전파되기 시작하였다. 본래 "선도 없고 악도 없다(無善無惡)"는 논법은 심체(心體)가 윤리 도덕적 의미의 선악을 초월함을 강조한 것이었다. 심체가 윤리 도덕적 의미의 선악을 초월하여 갖는 이 초월적 영역의 존재와 설정이 있기 때문에 심(心) 중의 선악은 세속적 도덕의 범주 안에 있는 시비가 되고 윤리적 표준에 의거하여 분별되는 시비가 되고 실제로 존재하는 시비가 된다. 그런데 왕기는 이 양지 본체를 극단적으로 확대하였으니, 마음에는 이제 악이 없고 오직 선만 가득하다. 이렇게 마음의 자유 방종에 큰 공간을 열어줌으로써 마치 천 년 전 남종선의 홍주종(洪州宗) 계열이 "내 마음이 곧 부처의 마음이다(我心卽佛心)"의 입장이 되었던 것처럼, 이쪽 계열의 양명학도들은 절대적인 자유, 자연, 쾌적함을 추구하였고, 이에 따라 사회와 윤리와 생활에 대한 유가 최후의 책임까지도 와해되었다.[2]

비록 왕기가 여전히 이론상으로는 '적(寂)', '정(靜)', '무념(無念)' 등을 견지하였지만, 그가 강조하는 '진(眞)' 그리고 그가 마음에는 선만 있고 악은 없음을 긍정한 것은 쉽게 생활 세계의 사람들로 하여금 심이 바라는 대로 하려는 자연주의의 길로 가게 하였다. 후에 양명학의 이른바 '좌파'로 분류되는 사람들은 대체적으로 왕수인과 왕기의 학설 안에 이 숨어있던 이론 노선이 자연스럽게 구체화된 것이었다. 간단히 말해서 마음에는 '선만 있고 악은 없음'의 합리성이 이론상으로 긍정되었기 때문에 이제 실천상의 모든 마음의 활동이 합리성을 갖게 된 것이다. 그러나 '감정도 없고 욕구도 없음(無情無欲)'은 단지 이론상의 영역일 뿐이고, 생활 세계의 사람들은 언제나 '감정이 있고 욕구가 있기(有情有欲)' 때문에 이 감정이 있고 욕구가 있는 사람들은 자신을 해방시킬 수 있는 또는 심지어 방종시킬 수 있는 근거를 이러한 이론적 합리성에서 찾아내곤 하였다.

늘 어느 한쪽으로의 편향이 일어나게 된다. 후대의 역사가 바로 이 점을 증명해 준다.

2) 시마다 겐지(島田虔次)가 『주자학과 양명학』에서 말한 그대로 왕기는 "본래 선(禪)적인 성격이 농후한 양명학에서 유가 사상으로서 최종적 내용이라 할 수 있는 것을 제거함으로써 양명학을 완전히 선불교의 일종으로 바꿔놓았다."(중역본, 97쪽)

4

왕수인 당시에 모든 사람들이 왕수인의 학설에 찬동하였던 것은 아니다. 예 컨대 나흠순(羅欽順 : 1465~1547년)이나 고린(顧璘 : 1476~1545년)은 왕수인 생전에 이미 왕수인에게 서신을 보내 주희에 대한 왕수인의 견해를 논박하였고,[1] 수십 년 후에 는 진건(陳建 : 1497~1567년)이 『학부통변(學蔀通辨)』을 저술하여 양명학을 격렬하게 비판하였다. 양명학 내부에서는 왕수인의 사후에 곧바로 황관(黃綰 : 1480~1588년) 이 『명도편(明道編)』을 지어 왕기를 비판한 것이 있고, 양명학에 대해 제기된 "근래 의 폐단은 한갓 양지만을 말하고 치(致)를 말하지 않는 것과 한갓 깨달음만을 말하 고 닦음을 말하지 않는 것이다(近日之弊, 徒言良知而不言致, 徒言悟而不言修근일지폐, 도언양 지이불언치, 도언오이불언수)"에 대해 장원변(張元忭 : 1538~1588년)이 반박한 것이 있었다.[2]

그러나 융경(隆慶) 연간(1567~1572)에 이르러 양명학이 더 주목받는 역전 현상 이 일어난 이후에는 비록 여전히 과거시험이 강력한 힘과 현실적 이익으로 모든 사인(士人)들을 묶어놓고는 있었지만, 그럼에도 사인이면 누구나 학술 강론을 하 는 학풍에 따라 그리고 사학(私學)의 발달에 따라 양명학은 매우 빠르게 당시 사 상계의 중심이 되었다.[3] 정주이학에 대한 왕수인의 급진적인 비판과 양명학 자 체의 간결하고 명쾌한 이상주의는 짧은 시간 내에 각양각색의 사람들을 끌어당 겼다. 정주이학이 고시(考試)를 통하여 과도하게 마음을 구속하는 것에 대해 줄곧 고뇌해온 사인(士人), 제도화된 이데올로기가 과도하게 생활을 구속하는 것에 대 해 줄곧 반감을 갖고 있던 시민, 그리고 지식의 독점을 통한 지식의 압박에 대해 줄곧 억압감을 느껴온 하위층 인사(人士), 이들 모두 이 새로운 학설이 기존의 사 상을 와해하는 것을 크게 환영하였던 것으로 보인다. 그리고 지식 계층 가운데 사려가 깊은 일단의 사람들은 이심전심으로 이 새로운 학설이 갖는 혁명적 의미

사인이면 누구나 학술 강 론을 하는 학풍에 따라 그리고 사학의 발달에 따 라 양명학은 매우 빠르게 당시 사상계의 중심이 되 었다.

---

1) 「답고동교서(答顧東橋書)」와 「답나정암소재서(答羅整庵少宰書)」를 참조(『왕양명전습록상주집평』 권중, 159~201쪽, 247-256쪽).

2) 황관과 장원변의 분석에 관해서는 후외려(侯外廬) 등, 『송명이학사』 하권 제15장, 383~415쪽을 참조.

3) 여묘분(呂妙芬), 「양명학파의 형성과 발전(陽明學派的建構與發展)」 제4절, '학술운동 : 강회와 사학의 발흥(學術 運動: 講會與私學的發興)'(『청화학보清華學報』 신29권 제2기), 188~197쪽을 참조.

를 간파하였다. 그들이 보기에 "정주(程朱)에서 끊긴 이후로 편견을 시정하고 폐단을 바로잡아 성인(聖人)의 종지(宗旨)에 부합하게 회복시킴에 있어 양명선생(왕수인)만큼 절실하고 밝게 드러낸 사람은 없다(蓋自程朱一線中絶, 而後補偏救弊, 契聖歸宗, 未有若先生之深切著明者也자정주일선중절, 이후보편구폐, 계성귀종, 미유약선생지심체저명자야)."[4] 이것은 이학이 처음에 세웠던 마음의 구원, 권력 비판, 질서 정립이 장시간 이데올로기의 제도화 과정을 거치면서 그 의미를 이미 상실하고 공허한 도덕 율령과 건조한 교조적 텍스트가 되어버린 때문이니, 이제는 마땅히 활기 있는 사상에 의해 이 시대를 경신해야 하였다.[5]

　　왕수인의 학설이 열어 놓은 두 사상 노선과 진로는 둘 다 각각 양명학 후예들 중의 신봉자들을 갖고 있었다. 그 가운데 유가 최후의 방어선을 굳게 지켜야 함을 주장하며 마음의 방종에 대하여 시종 경계하는 마음을 갖고서 '선도 없고 악도 없는(無善無惡)' 마음을 회복하고자 하는 입장에는 앞에서 말한 전덕홍 외에 다음 사람들이 있었다. 나홍선(羅洪先 : 1504~1564년, 호는 염암念庵)은 '극정(極靜 : 지극히 고요함)'의 경지를 추구할 것을 강력하게 주장하였다. 그는 사람들이 '양지'를 누구나 '타고난' 어떤 것으로 여기고서 '이발(已發)'의 세속적 심을 '미발(未發)'의 성현의 심으로 혼동함으로써, '치지(致知)의 공부'를 방치하고 '각자의 타고난 것에 맡겨' 버리지 않을까 우려하였다.[6] 그는 왕기의 학문과 왕수인의 학문을 서로

---

4) 유종주(劉宗周), 『양명전신록(陽明傳信錄)』1」「소인(小引)」(『유자전서유편劉子全書遺編』 권11, 일본, 교토, 중문출판사영인본, 1981), 1119쪽.

5) 청나라 초엽의 육농기(陸隴其)는 '왕수인의 사상은 왜 환영받았는가'에 대해 평론할 때 이렇게 말하였다. "하나는 학인들이 구애받음이 없이 유유자적할 수 있어서 정주학처럼 법규와 절차를 준수하느라 가식적일 필요가 없다는 점 때문이고, 하나는 그 학문이 오로지 깨달음(知覺)을 위주로 하여, 이를테면 사람의 육신에는 생사(生死)가 있으나 깨달음에는 생사가 없다고 하면서 세상의 모든 것을 환영(幻影)으로 간주하고 오직 이것만을 진실로 여기기 때문이다. 그리하여 배움이 부족한 자는 왕수인 사상의 방종을 즐기고, 배움이 있는 자는 그 생사가 없다는 설을 추종한다. 이것이 사람들이 집단적으로 반겨 달려가고 헤어날 줄 모르는 까닭이다."(당감唐鑒, 『청유학안소지淸儒學案小識』 권1, 사부비요본, 3쪽 B). 또 육농기의 서술에 따르면, "근래 백여 년간 양명학의 기풍이 유행하였다. 정주학 서적은 세상에서 찾기 어려운 반면 육왕학 서적은 집집마다 갖고 있다. 사인(士人)들은 육왕서에 기대어 자신의 감각 경험이나 사우(師友)의 의론에는 편견을 갖고 전적으로 각자 마음의 자각(心思)에 몰두함으로써 끝내 선입견의 말을 위주로 삼았다. 설사 간혹 정주의 글을 읽는다 해도 단지 육왕의 뜻에 근본을 두고서 그 장단점을 지적하는 정도일 뿐이다."(위와 같음, 7쪽 A).

6) 『명유학안(明儒學案)』 권18 「강우왕문학안3(江右王門學案三)」, 404쪽. 또 나홍선(羅洪先)은 「용장양명사기(龍場陽明祠記)」에서 당시의 두 풍조를 비판하여, 하나는 '선천적으로 타고난 것에 맡기는 것(任其固有)'이고, 하나는 '말라

다른 '두 가문의 학풍'이라 여기며 왕기의 학설은 사람들로 하여금 '방종에 이르게 하여 천하를 어지럽힐' 것이라고 비판하였다. 왕기에게 보낸 서신에서는 더욱 직접적으로 비판하여 그가 "온종일 본체만을 이야기하고 공부는 이야기하지 않으며 공부를 논할라치면 곧 외도(外道)로 간주하려 한다(終日只談本體, 不談工夫, 才拈工夫, 便指爲外道종일지담본체, 부담공부, 재념공부, 편지위외도)"[1]고 하였다.

추수익(鄒守益 : 1491~1562년, 호는 동곽東廓)은 사람들에게 '계구(戒懼)하여 치중화(致中和)'하기를 요구하였다. 그는 "근래의 학술 강론은 너무 의(意)에 기울어 있다. 계구하는 실제의 공부에는 전연 힘을 쓰지 않으면서, 만약 이런 공부를 하면 본체의 순연함에 방해가 되는 것으로 여긴다. 이런 까닭에 학인들의 정신이 들떠 있다(近來講學, 多是意頭, 于戒愼實功, 全不著力, 便以爲妨碍自然本體, 故精神浮泛근래강학, 다시의두, 우계신실공, 전부저력, 편이위방애자연본체, 고정신부범)"라고 하였다. 더 나아가 "근래에는 학인들이 고원(高遠)하고 신묘한 것을 이야기할 뿐 깨달으려 하지 않고 힘쓰려 하지 않는다. 중도(中道)와 정온(精蘊)[2]에 안주하려 할 뿐 계구하면 구속받을까 두려워한다. 이는 마치 몇 가구 안 되는 마을에 살면서 다투어 종묘(宗廟)의 아름다움과 백관의 부유함을 묘사하되 자신들에게 유용한 일에는 전혀 관여하지 않는 것과 같다(年來一種高妙口譚, 不思不勉, 從容中道精蘊, 却怕戒愼拘束, 如落三家村裏, 爭描畵宗廟之美, 百官之富, 于自家受用無絲毫干涉연래일종고묘구담, 불사불면, 종용중도정온, 각파계신구속, 여락삼가촌리, 쟁묘화종묘지미, 백관지부, 우자가수용무사호간섭)"[3]고 비판하였다.

한편 섭쌍강(聶雙江 : 1487~1563년) 등은 '귀적(歸寂)'을 주장하였다. 맑고 순수한 어떤 경지를 추구한 것인데, 이처럼 생활 세계의 일상적 상황과는 다른 어떤 경지를 목표로 추구하기 때문에 그들은 늘 이상적 경지와 세속적 생활을 구분하

빠진 적막(枯橋寂寞)'으로부터 무엇을 찾는 것이라 하였다. 앞의 것은 왕기 등을 가리킨다(『이학종전理學宗傳』 권10, 678쪽). 또 그의 「양지변(良知辨)」도 참조할 수 있다(역시 『이학종전』 권10, 663~664쪽에 실려 있음). 산동우의서사(山東友誼書社), 『공자문화대전(孔子文化大全)』 영인절강서국본(影印浙江書局本), 지난(濟南), 1989.

1) 『명유학안』 권18 「강우왕문학안3」, 407쪽, 403쪽.

2) '중도(中道)'는 과(過)나 불급(不及)이 없는 선(善). '정온(精蘊)'은 최고의 경지 또는 본체이다(역자 주).

3) 추수익(鄒守益)의 「복하돈부서(復夏敦夫書)」, 「동곽논학서(東廓論學書)」 '여여유계(與余柳溪)」, 「동곽어록(東廓語錄)」에 보임(모두 『명유학안』 권16 「강우왕문학안1」에 실려 있다. 340쪽, 344쪽). 『명사(明史)』 권283 「유림2」 '추수익전(鄒守益傳)'에도 특별히 그는 "언제나 계구(戒懼)와 신독(愼獨)에 주의력을 집중하였다"라고 기록되어 있다(7270쪽).

고 최종의 목표와 현재의 상태를 구분하고서, 장차 그 경지로 상승하고자 하는 소망과 정신을 유지하였다.[4] 이것을 황종희의 논법에 따라 말하면 다음과 같이 된다. 왕수인의 본의는 "양지는 미발의 중(未發之中)이다." "신독(愼獨)은 곧 치양지(致良知)이다." 이것은 '수렴(收斂)'을 위주로 하는 것이다. 그러므로, "추동곽(추수익)의 '계구(戒懼)'와 나염암(나홍선)의 '주정(主靜), 이것이 진실로 양명(왕수인)의 정통 계승이다."[5]

그런데 양명학이 몇 십 년의 짧은 기간에 사인(士人) 사회에 풍미해 갈 때 또 하나의 사상 노선과 진로가 더욱 빠른 속도로 발효되면서 팽창해 갔다. 거기에 내재해 있던 자연주의와 자유 추구의 정신은 점점 왕수인이 설정하였던 한계를 벗어났고, 더 나아가 주류 사회가 갖고 있던 의식(意識)과 당시 사회의 정치 질서가 허용하는 범위를 일탈하기에 이르렀다.[6] 왕기와 왕간(王艮 : 1483~1541년)의 계승자들은, 특히 이른바 태주학파(泰州學派)[7]는 점점 가장 사람들의 이목을 끌게 되었고 가장 흡인력을 갖는 양명학의 대표가 되어 갔다.[8] 그 후에 나온 많은 극단주의 양명학자들은 이 두 왕씨의 문하에 속하든 그렇지 않든 간에[9] 모두 당시 준

4) 『명유학안』 권17 「강우왕문학안2」에 인용된 「쌍강논학서(雙江論學書)」, 374~375쪽을 참조. 또 유문민(劉文敏) 의 발언을 참조(『명유학안』 권19 「강우왕문학안4」에 인용된 「논학요어論學要語」, 434쪽에 보임).

5) 『명유학안』 권11 「절중왕문학안1(浙中王門學案一)」, 226쪽. 대군인(戴君仁), 「논강우왕문(論江右王門)」(장기윤張其昀 편, 『양명학논문집』, 타이베이, 중화학술원, 1972, 1977, 148~159쪽)을 참조.

6) 바로 황종희(黃宗羲)가 "양명선생(왕수인)의 학문은 태주(왕간)와 용계(龍溪)가 있어서 세상에 널리 유행하게 되었고, 또한 태주와 용계로 인하여 점점 그 전승(傳承)이 끊기게 되었다(陽明先生之學, 有泰州, 龍溪而風行天下, 亦因泰州, 龍溪而漸失其傳양명선생지학, 유태주, 용계이풍행천하, 역인태주, 용계이점실기전)"고 말한 그대로이다. *왕간(王艮)은 호가 심재(心齋)인데, 태주(泰州) 출신이라서 '태주'라고도 불린다(역자 주).

7) 태주학파에 관해서는 시마다 겐지(島田虔次), 『중국에서의 근대사유의 좌절(中國における近代思惟の挫折)』, 제2장 「태주학파(泰州學派)」(85~160쪽)를 참조.

8) 『명사(明史)』 권283, 「왕기전(王畿傳)」은 "양명학파는 용계(왕기)와 심재(왕간)를 조종으로 삼게 되었다(陽明學派, 龍溪, 心齋爲得其宗양명학파, 용계, 심재위득기종)"고 쓰고 있다. 고염무의 『일지록(日知錄)』 권18 「주자만년정론(朱子晚年定論)」에서도 "왕수인의 수제자는 태주(왕간)와 용계(왕기) 두 사람이다. 왕간의 학문은 제자 안균(顏鈞 : 호는 산농山農)에게 전해졌고, 그 뒤를 이어 재전(再傳) 제자 나여방(羅汝芳 : 호는 근계近溪)과 조정길(趙貞吉 : 호는 대주大洲)에게 전해졌으며, 왕기의 학문은 제자 하심은(何心隱 : 양여원梁汝元)에게 전해졌고, 그 뒤를 이어 재전 제자 이지(李贄 : 호는 탁오卓吾)와 도망령(陶望齡 : 호는 석궤石簣)에게 전해졌다"고 기록되어 있다(『일지록집석』, 악록서사, 1994, 666쪽).

9) 이지(李贄)와 그를 지지한 초횡(焦竑), 공안삼원(公安三袁), 도망령(陶望齡) 같은 당시 양명학의 극단주의에 관하여 혜문보는 초횡은 나여방(羅汝芳)의 제자이고, 도망령은 주여등(周汝等)의 제자인데, 도망령의 계보는 "주

내재해 있던 자연주의와 자유 추구의 정신은 점점 왕수인이 설정하였던 한계를 벗어났다.

봉되던 역사 전통과 사회 질서에 대한 비판과 와해를 목표로 삼았다. 그들은 속인과 성인을, 일상생활과 이상적 경지를, 세속적 정욕과 마음 본체를 서로 통하는 것으로 간주하여 일상생활과 세속적 정욕의 합리성을 정당화하였다. 마음의 자연스런 상태를 이상적인 상태로 간주하였고, 세속의 민중 자신을 성현으로 여겼으며, 인간의 존재 자체가 갖는 가치와 생활 자체가 갖는 의미를 정당화하였다.[1]

예컨대 하심은(何心隱 : 1517~1579년, 호는 부산夫山, 본명은 양여원梁汝元), 나여방(羅汝芳 : 1515~1588년, 호는 근계近溪), 이지(李贄 : 1527~1602년, 호는 탁오卓吾) 같은 사람들의 사유 노선과 행위는 곧 전통적 질서에 대한 하나의 도전이었다.[2] 그들은 이른바 "성인의 도(道)는 백성들의 일용(日用)과 다르지 않다"고 주장하였는데, 백성들의 일용, 즉 일상생활에 정당성이 부여되었을 뿐만 아니라 심지어 일상생활을 곧 '천성의 본체'[3]라 하면서 생활이 갖는 의미를 격상시키기조차 하였다. 이에 따라 모든 계구(戒懼), 공부(功夫), 상승, 초월의 의미가 별로 가치 없는 것이 되었다. 그들은 힘써 공부하는 사람을 부질없는 일을 하는 사람으로, 계구(戒懼)하는 사람을 모독 행위를 하는 것과 같은 것으로 풍자하면서 "본성에 따라 행위하고 자연적 발로에 순연하게 맡기는 것, 이것을 도라 한다(率性所行, 純任自然, 便謂之道솔성소행, 순임자연, 편위지도)"를 고취하였다. "항구에 정박하는 것을 멀리 함(不屑湊泊불설주박), 의존하지 않고 자유스러움(不依畔岸불의반안), 닻을 풀어 배가 움직이는 대로 맡기고, 바람 부는 대로 노를 저으면 옳지 않은 것이 없다(解纜放船, 順風張棹, 無之非是해람방

여등으로부터 나여방―안균―서파석(徐波石)―왕간으로 소급해 올라가니, 이쪽으로 전수된 계열이 바로 양명학의 극좌파이다"고 말한다(혜문보, 「공안삼원과 좌파왕학公安三袁與左派王學」, 『문철월간文哲月刊』 1권 7기, 1936).

1) 진래(陳來)는 『유무지경 : 양명철학의 정신(有無之境 : 陽明哲學的精神』(인민출판사, 1991, 335쪽)에서 이렇게 말한다. 왕간은 '양지가 갖는 규범적 의미를 제거하였고', 나여방은 "적자지심(赤子之心 : 어린아이의 마음)처럼 깨달음도 없고 숙고도 없는 것을 종지로 삼음으로써…… 모든 본능적 직각(直覺)을 양지, 양능으로 간주하게끔 만들었다."

2) 후외려의 「16세기 중국진보의 철학사조 개술(十六世紀中國進步的哲學思潮概述)」(『역사연구』 1959년 제10기)은 당시의 사조를 네 부류로 분류한다. 그 가운데 태주학파의 왕간, 하심은, 이지를 '반봉건적 이단(異端) 사상'이라 칭하면서 '인도주의(人道主義)'와 연결된 유물주의(唯物主義)'라는 견해를 제시한다.

3) 왕간은 이렇게 말한다. "천성(天性)의 본체는 본래 그 자체로 활동적이다(天性之體, 本自活潑천성지체, 본자활발)." 『명유학안(明儒學案)』 권32 「태주학안1(泰州學案一)」, 714쪽.

선, 순풍장도, 무지비시)"만이 필요할 따름이다. 왜냐하면 그들은 '심즉리(心卽理)'의 범위를, '심'의 모든 활동은 '리(理)'에 합치한다로 확대하였기 때문이다. 이것을 "적자양심(赤子良心 : 어린이의 착한 마음)"이라 부른다. 이 타고난 그대로의 것이 곧 리(理)에 합치하며, "장악하여 내 것으로 만들 필요도 없고, 계속 유지시킬 필요도 없으며(不需把持, 不需接續불수파지, 불수접속)", "배우지 않고 생각하지 않아도 할 수 있는 것(不學不慮爲的불학불려위적)", 즉 양심이다.[4]

어찌 보면 '성인을 비판하고 법도 무시하는 듯한'이 대담한 이상주의와 급진적인 자연주의는 오랫동안 울타리에 갇혀 살아온 젊은이들에게는 파격적인 유혹의 힘을 갖고 있고, 문학적 기질이 있는 사람들에게는 특별한 흡인력을 갖고 있다고 할 수 있다. 후대 사람들은 모두 그 시대가 배출한 독특한 문인들에 주목한다. 예컨대 원굉도(袁宏道), 탕현조(湯顯祖), 도망령(陶望齡), 동기창(董其昌) 등은 모두 이러한 기풍과 사조의 영향하에 등장한 인물들이다. 당시의 어떤 사람은 이렇게 묘사하였다. "즐겨 세상을 놀래키는 논설을 펴고, 송나라 때 유가의 도학(道學)에 반대하는 데 힘쓰고…… 그들의 학설은 직설적으로 풀어 설명하는 것을 종지로 삼았다. 젊은층의 활달하고 패기 있는 사(士)들 중의 많은 이가 그들을 흠모하였고, 미쳐 빠진 듯이 후학들이 모여들었다(好爲惊世駭俗之論, 務反宋儒道學之說 ……其學以解脫直截爲宗, 少年高曠豪擧之士, 多樂慕之, 後學如狂호위량세해속지론, 무반송유도학지설 ……기학이해탈직절위종, 소년고광호거지사, 다악모지, 후학여광)."[5] 실은 오늘날에 보면 이 사람들의 사상이 전통의 지식과 사상, 그리고 신앙세계의 범위를 벗어난 것은 아

---

4) 이상은 왕간, 안균(顔鈞), 나여방(羅汝芳)의 말이고, 각각 『명유학안』 권32의 715쪽, 703쪽, 권34의 762쪽에 보임. 『명사(明史)』 권224 「양시교전(楊時喬傳)」에서 나여방 등을 비난하여, "성현이 남긴 인의(仁義)와 심성의 말씀을 빌어다 선불교의 견성성불(見性成佛)을 외치면서 '우리의 학문은 곧바로 이루어지니 수양이 필요 없다'고 말한다. 그리하여 성현의 말씀에 대한 주석을 지리(支離)하게 여기고 경서(經書)를 술지게미 정도로 여기고 실천궁행을 우회하는 진부한 것으로 여기고 사회 운영의 원칙과 법도를 질곡으로 여긴다(假聖賢仁義心性之言, 倡爲見性成佛之教, 謂吾學directitude, 不可修爲, 于是以傳注爲支離, 以經書爲糟粕, 以躬行實踐爲迂陽, 以綱紀法度爲桎梏가성현인의심성지언, 창위견성성불지교, 위오학직첩, 불가수위, 우시이전주위지리, 이경서위조박, 이궁행실천위우부, 이강기법도위질곡)"라고 한 것을 참조(5909쪽).

5) 심찬(沈瓚), 『근사총잔(近事叢殘)』(하문대학역사계廈門大學歷史系 편, 『이지연구참고자료李贄研究參考資料』 제1집, 복건인민출판사, 1975, 74쪽에서 재인용). 주국정(朱國禎)의 『용당소품(涌幢小品)』 권16 「사정(邪正)」(베이징, 문화예술출판사, 1998, 374쪽)에서도 이지의 사상은 "하나의 그릇되고 멋대로인 언설이지만 사람들을 현혹케 하는 면이 뛰어나 사람들이 추종하는 바가 되니 전국에서 광적으로 그것에 쏠렸다"고 말한다.

니었다.[1]

　그러나 이들의 사상에 담겨 있는 내재적인 파괴력은 많은 사람들을 크게 놀라게 할 만하다. 만력(萬曆) 30년(1602)에 이르러 장문달(張問達)이 조정에서 이지(李贄)를 탄핵하여 "거짓되고 어그러짐을 이루 다 열거하기 어려우며, 모든 것이 앞뒤가 맞지 않고 법도에 어긋나니, 처단하지 않으면 안 됩니다"[2]라고 하였다. 강비양(康丕揚)도 조금 후에 달관(達觀)을 탄핵하여,[3] "교활하고 약삭빠르고 말주변이 좋으며 남을 압도하는 술수에 능하며 행동에 기백이 있어 사대부를 움직인다"라고 하였는데 달관은 이지와 의기투합하였고, 당시 이지와 더불어 양대 교주(敎主)로 불린 사람이다. 예부상서(禮部尙書) 풍기(馮琦)는 성인을 비방하고 법도 없는 이러한 발언들과 기풍을 더욱 통절해 하면서 상소하여 당시의 기풍을 질책하기를 "평범함을 혐오하여 조금씩 섬세하고 아름다운 쪽으로 가더니 섬세한 아름다움의 추구가 끝이 없어 차츰 신기함으로 치닫고, 신기함의 추구가 끝이 없더니 차츰 괴팍해졌습니다. 처음에는 제자(諸子 : 묵가, 도가 등 유가 외의 학파)에 의탁하

---

1) 그 가운데 가장 영향을 미친 것은 이지이다. 미조구찌 유조(溝口雄三) 저, 색개연(索介然)과 공영(龔穎) 중역(中譯), 『중국 전근대사상의 굴절과 전개(中國前近代思想的屈折與展開)』(중화서국, 1997). 이탁연(李卓然)의 「이지가 명대 사상사에서 갖는 지위를 논함(論李贄在明代思想史上的地位)」(『명사산론明史散論』, 타이베이, 윤신문화사업출판공사允晨文化事業出版公司, 1991, 153~168쪽)에는 이지의 반(反)전통적인 면을 지나치게 과장하는 주장들을 비판한 것이 있다.

2) 『명신종실록(明神宗實錄)』 권369, 만력 30년 윤2월 을묘의 소(疏)에서는 이지의 죄행을 다음과 같이 열거한다. 먼저 언론 방면이다. "여불위(呂不韋)와 이원(李園)을 지모(智謀)가 뛰어난 사람으로 여기고, 이사(李斯)를 재주와 역량이 있는 사람으로, 풍도(馮道)를 재물을 탐내지 않은 공직자로, 탁문군(卓文君)을 배필을 잘 선택한 사람으로, 사마광(司馬光)이 상홍양(桑弘羊 : 기원전 152~기원전 80)이 무제(武帝)를 기만하였다고 논한 것을 우스운 일로 여기고, 진시황을 영원히 빛날 군주로 여기고, 공자의 시비 기준에 대해서는 의거하기에 부족한 것으로 여겼다." 다음으로 행실 방면이다. "마성(麻城 : 지금의 호북성 소재)에서 기거할 때 방자하게 행동하고 가림이 없어 좋지 않은 무리와 함께 불교 사찰에서 노니는가 하면 기녀를 데려다 백주 대낮에 혼욕을 하였다." (『명실록明實錄』 축인본縮印本, 11933쪽) 훗날 고염무(顧炎武 : 1613~1682년)는 『일지록(日知錄)』 권18에서 이 단락을 인용한 후 자신의 평론을 이렇게 덧붙였다. "예로부터 소인이 거리낌이 없이 성인(聖人)을 비반한 자들 중에 이지보다 심한 자는 없었다. 그런데 사람들이 비록 임금이 내린 엄중한 금지 교지(敎旨)를 받들면서도 그의 글이 별 일 없다는 듯이 세상에 유행하고 있다." 또 천계(天啓) 5년(1625)의 기록에서는 사천(四川)의 도어사(道御史) 왕아량(王雅量 : 1566~1633년)이 그것의 유포를 금지해 달라는 소(疎)를 다시 올렸음에도 불구하고 "사대부들이 이지의 책을 좋아하여 흔히 소장하고 있기에 지금에 이르도록 없어지지 않고 있다"라고 써 놓고 있다 (『일지록집석』, 668쪽).

3) 심덕부(沈德符), 『만력야획편(萬曆野獲編)』 권27 「이대교주(二大敎主)」, 691쪽.

여 기치를 세우는 것 같더니 이제는 저들 두 사람(이지와 달관)을 치켜세우면서 공격에 나서 공자와 맹자를 배반하고 정주(程朱)를 비방하고 있습니다(厭惡平常, 稍趨纖靡, 纖靡不已, 漸騖新奇, 新奇不已, 漸趨詭僻, 始猶附諸子以立幟, 今且尊二氏以操戈, 背棄孔孟, 非毀程朱염오평상, 초추섬미, 섬미불이, 점무신기, 신기불이, 점추궤벽, 시유부제자이립치, 금차존이씨이조과, 배기공맹, 비훼정주)"라고 하면서 이러한 사설(邪說)들을 모두 불살라 없애야 한다고 조정에 요구하였다. 본래는 양명학을 지지하던 황제도 이 어찌 할 수 없는 상황에서는 조령을 내려 양명학이 크게 일어난 이후의 사풍(士風)에 대해 다음과 같은 엄정한 비판을 표명할 수밖에 없었다. "근래에 학인들이 송나라 유학자들을 비방할 뿐만 아니라 점점 공자를 비난하는가 하면, 옳고 그름을 무시하고 멋대로 방자하고 행동이 태만하니, 어떻게 충(忠), 효(孝), 절의(節義)의 사(士)를 얻어 조정을 위해 등용할 수 있겠는가? 이는 오로지 인재를 선발하는 시험관이 영리한 재주만을 염두에 두는 빗나간 생각하에 기발함과 새로움을 위주로 잘못 채용하다 보니 이러한 잘못에까지 이르게 된 것이다."[4]

5

1579년에 일어난 하심은의 피살은 자연스런 발로와 자유를 추구하는 사상이 그와 같이 질서를 강조하는 사회 안에서 처음으로 좌절을 겪은 것을 의미한다. 그리고 1602년에 있었던 이지의 자살은 이 광풍 시대의 마감을 상징하는 하나의 표식이었다. 이는 정치 이데올로기가 민간 사상의 공간을 축소시킨 것이고, 또한 현실 사회에는 질서가 있어야 한다는 필요성 때문에 사상이 거기에 보조를 맞춰 동일한 방향을 취하게 한 것이기도 하다. 그러나 이렇게 한계선을 뛰어넘어 사상과 취향에 가해지는 이 압박이 조정의 정치권력으로부터 오는 것만은 아니었고,

정치 이데올로기가 민간 사상의 공간을 축소시킨 것이고, 또한 현실 사회에는 질서가 있어야 한다는 필요성 때문에 사상이 거기에 보조를 맞춰 동일한 방향을 취하게 한 것이기도 하다.

---

4) 『명신종실록』 권370, 만력 30년 3월 을축(『명실록』 축인본, 11935쪽). 단 『실록(實錄)』에 인용된 것은 매우 간략하다. 풍기(馮琦), 『정학소(正學疏)』의 전문(全文)은 풍응경(馮應京) 집(輯), 『황명경세실용편(皇明經世實用編)』 권28(타이베이, 성문출판사成文出版社 영인본, 1967, 2526쪽)에 인용되어 있다. 또 『풍용온선생북해집(馮用韞先生北海集)』 권38(타이베이, 문해출판사文海出版社 영인본, 1970)에도 보인다.

현실적 이익의 필요성으로부터 오는 것만도 아니었다. 실은 유가 내부의 자아 정비가 줄곧 진행되고 있었던 것이다. 고반룡(高攀龍 : 1562~1626년), 고헌성(雇憲成 : 1550~1612년) 같은 사람들의 비판은 그 하나이다. 이들은 양명학의 지나친 격렬함이 정주학으로 보충되고 조정되기를 희망하였고, 지식 사회의 재정비에 의해 사상계의 질서가 정리되기를 희망하였으며, '격물(格物)'이 다시 중심이 되어 양명학의 현실과 거리가 있는 성향이 보완되기를 희망하였다.

고반룡은 역사를 소급하여 이렇게 말하였다. "홍정(弘正 : 1488~1521년 사이의 기간) 이전에는 천하의 학술이 한 사람으로부터 나왔는데, 가정(嘉靖 : 1522~1566년) 이후로는 천하의 학술이 두 사람으로부터 나왔다. 한 사람으로부터 나옴은 주자(주희)를 종사(宗師)로 하는 것이고, 두 사람으로부터 나옴은 왕문성공(왕수인)의 학설이 병행됨이다(自弘正以前, 天下之學出于一, 自嘉靖以來, 天下之學出于二. 出于一, 宗朱子也, 出于二, 王文成公之學行也자홍정이전, 천하지학출우일, 자가정이래, 천하지학출우이. 출우일, 종주자야, 출우이, 왕문성공지학행야)." 그는 말하기를, "문성(왕수인)의 생전에 이미 학인들이 공허함에로 흐르고 신기함에로 떨어지는 논조가 있었고, 문성도 이를 후회하였다. 지금에 이르러서는 더욱 허상을 보고서 실상을 깨달았다고 여기는가 하면 감정의 흐름에 맡기는 것을 본성에 따르는 것으로 여기고 있으니, 간이(簡易)의 길을 잘못 이해하고 있고, 의(義)와 리(利)의 구분이 점차 흐릿해지고 있다(當文成之身, 學者則已有流入空虛, 爲脫落新奇之論, 而文成亦悔之矣. 至于今 乃益以虛見爲實悟, 任情爲率性, 簡易之途誤認, 而義利之界漸夷당문성지신, 학자즉이유유입공허, 위탈락신기지론, 이문성역회지의. 지우금 내익이허견위실오, 임정위솔성, 간이지도오인, 이의리지계점이)"[1]고 하였다. 그는 이러한 취향이 내포하는 위기를 간파하였다. 그래서 근심걱정에 싸여 말하기를, 양명학은 '감각 경험[見聞]을 제치고 심(心)을 밝힘'으로 시작하여 '심에 의지하다가 학문이 달힘'으로 마치며, '선악을 제치고 의념을 비움'으로 시작하여 '텅빔에 의지하다가 행동이 막힘'으로 마치는데, 이렇게 하면 장차 "명절충의(名節忠義)를 가볍게 여기고 사(士) 가운데 진실로 몸을 닦는 사람이 드물게 된다(名節忠義輕而士鮮實修명절충의경이사선실수)"고 하였다.[2]

---

1) 『고자유서(高子遺書)』 권9 상, 「왕문성공연보서(王文成公年譜序)」(사고전서본), 12쪽 B에서 13쪽 B까지.

고헌성도 마찬가지로 왕수인과 그 후학들은 지나치게 마음의 자각(自覺)이 갖는 의미를 부각함으로써 도덕적 검속의 역량을 와해하는 결과를 초래하였다고 지적하였다. 왜냐하면 심은 활동하는 것이고 가장 붙들기 어려운 것이어서 만약 나의 심을 시비의 기준으로 삼는다면, 그것은 곧 눈금 없는 저울과 같고 센티미터 표시 없는 자와 같아서 장차 천하를 아무 것도 하는 일이 없는 세상으로 휩쓸어 갈 것이기 때문이다.[3]

이들은 모두 정주학을 다시 끌어들여, 육왕 심학과 조화시키는 이학에 대한 재해석을 통해 사상계의 상황을 정돈하고자 하였다. 고반룡은 양명학 범람의 상황에서 주자학의 의미를 거듭 제기하면서 "주자가 없으면 공자의 도는 드러나지 못하며, 공자를 모르면 주자의 도는 드러나지 못한다(不有朱子, 孔子之道不著也, 而不知孔子, 朱子之道不著也불유주자, 공자지도부저야, 이부지공자, 주자지도부저야)"[4]고 지적하였고, 고헌성은 "사인(士人)들의 풍습이 부박하고 허황된 것은 주자학으로 바로잡을 수 있고, 사인들의 풍습이 건조하고 완고한 것은 양명학으로 원만하게 할 수 있다(當士習之浮誕, 方之以朱子可也, 當士習之膠固, 圓之以王子可也당사습지부탄, 방지이주자가야, 당사습지교고, 원지이왕자가야)"라고 말하였다.

이 담론에는 당시 일부 사인(士人)들의 다음과 같은 생각이 반영되어 있다고 할 수 있다. "홍정(弘正) 이전에는 천하가 주자(주희)를 존숭함이 공자를 존숭함보다 더 하였는데, 급기야 이끌어 전개함이 속박에 이르니 여기에서 분발하여 양명학이 나왔다. 정가(正嘉 : 1506~1566년) 이후로는 천하가 왕자(왕수인)를 존숭함이 공자를 존숭함보다 더 하였는데, 급기야 이끌어 전개함이 광기에 이르니 사람들이 또한 싫어하여 이로부터 전환하여 주자학을 생각하게 되었다(弘正以前, 天下之尊朱子也, 甚于尊孔子, 究也率流而拘, 于是激而爲王子. 正嘉以後, 天下之尊王子也, 甚于尊孔子, 究也率流而狂, 而人亦厭之, 于是乎轉而思朱子홍정이전, 천하지존주자야, 심우존공자, 구야솔류이구, 우시격이위왕자. 정가이후, 천하지존왕자야, 심우존공자, 구야솔류이광, 이인역염지, 우시호전이사주자)."[5]

---

2) 『고자유서』 권9 상, 「숭문회어서(崇文會語序)」, 24쪽 A.

3) 고헌성(顧憲成), 『소심재차기(小心齋箚記)』 권1(타이베이, 광문서국 영인본廣文書局影印本).

4) 『고자유서』 권9 상, 「주자절요서(朱子節要序)」(사고전서본), 3쪽 A에서 4쪽 B까지. 또 같은 권 안의 「중계근사록서(重鍥近思錄序)」, 「주자성리음서(朱子性理吟序)」, 「정주궐리지서(程朱闕里誌序)」 등을 참조.

5) 『경고장고』 권10 「일신서원기(日新書院記)」(사고전서본, 9쪽 B에서 10쪽 B까지).

전하는 바에 의하면, 운간(雲間)의 전점암(錢漸庵)은 문인과 함께 강당을 짓고서 "모두의 스승인 공자의 상을 중앙에 봉안하고, 회암 주자(晦菴 朱子)와 양명 왕자(陽明 王子)가 각각 좌측과 우측에서 모시도록 하였다(奉先師孔子之像于中, 而晦菴朱子, 陽明王子列左右侍焉봉선사공자지상우중, 이회암주자, 양명왕자열좌우시언)"고 한다. 이것은 일부 상층 사인들의 새로운 취향이었는데, 또한 사상계의 상황을 통찰한 일부 사인들의 희망이기도 하였다. 이러한 추세과 희망은 만력 20년(1592)에 고반룡이 올린 「숭정학벽이설소(崇正學闢異說疎)」에 집중적으로 표현되어 있다. 이 상소문에서 고반룡은 각 학파에 대해 고르게 비판도 하고 긍정도 하고 있는데, 그는 이러한 정합(整合)의 방식을 통하여 사상계의 질서를 다시 수습하고자 하였던 것이다.[1] 다만 유감인 것은 정주와 육왕의 두 사상 노선으로부터는 상호 관통하는 이론을 찾아내기가 매우 어렵다는 점이다.[2] 그의 사상 노선 역시 최종적으로는 문화적 통제에로 회귀하여 이렇게 말하였다. "사서오경(四書五經)이 아니면 읽지 말아야 하며, 불교(佛)와 노자(老)의 설에 빠져서는 안 된다. 염락관민(濂洛關閩 : 주돈이—정호·정이—장재—주희로 이어지는 주자학의 학통)의 학설이 아니면 강론하지 말아야 하며, 신기(神奇)한 것들을 이야기하다가 혼란에 떨어지면 안 된다(非四書五經不讀, 而不得浸淫于佛老之說, 非濂洛關閩之學不講, 而不得淆亂以新奇之談비사서오경부독, 이부득침음우불로지설, 비염락관민지학불강, 이부득효란이신기지담)." 그리하여 "학문에 분파는 없고, 사인(士人)은 이단을 익히지 말아야 한다(學無分門, 士不異習학무분문, 사불이습)"고 요구하였으니, 결국 도달하는 곳은 사상계에 대한 통제이다.[3]

---

1) 『고자유서(高子遺書)』 권7 「숭정학벽이설소(崇正學辟異說疏)」를 참조(사고전서본, 1쪽 A에서 6쪽 B까지)

2) 청나라 초기의 육농기 같은 이는 그들을 비판하여, "이(理)를 외재하는 것으로 여기고서 심(心)으로써 그것을 포괄하고자 하는 것이 양명학이고, 이(理)를 선천적으로 부여되는 내재의 것으로 여기고서 심으로써 그것을 포괄하려는 것은 고반룡(高攀龍)과 고헌성(顧憲成)의 학설이다. 왕수인의 병통은 심(心)을 성(性)으로 간주함에 있고, 고반룡과 고헌성의 병통은 동(動)을 싫어하고 정(靜)을 추구함에 있다(以理爲外而欲以心籠罩之者, 陽明之學也; 以理爲內而欲以心籠罩之者, 高, 顧之學也 陽明之病在認心爲性, 高顧之病在惡動求靜이리위외이욕이심롱조지자, 양명지학야; 이리위내이욕이심롱조지자, 고, 고지학야 양명지병재인심위성, 고고지병재오동구정)"라고 하였다. 하지만 이 비판이 반드시 정확한 것은 아니다(당감唐鑒, 『청유학안소지淸儒學案小識』 권1, 사부비요본, 3쪽 A). 내가 이해하기로는 만약 그들이 이 두 극단의 입장을 통합하는 새로운 대안을 찾아내지 못한다면, 그들은 다시 정주학(程朱學)을 밀고 나와 이를테면 시계추를 두 극단 중의 한쪽으로 향하게 할 것이다.

3) 이 당시의 사인(士人) 중에는 강렬하게 이데올로기 세계를 재정비하려는 사상을 가진 사람들이 있었다. 진수이(陳受頤)는 논문 「삼백년 전의 공교론 건립(三百年前的建立孔敎論)」에서, 천계(天啓) 3년(1623)에 저술된 왕계

보완하려는 다른 또 하나의 사상 노선은 양명학 내부로부터 나왔다. 앞에서 말한 강우(江右) 양명학파 계열 외에도 왕수인의 학설을 따르는 많은 사인들이 점차 지나치게 마음을 부각하는 양명학의 폐단을 발견하였다. 즉 밖으로부터 마음을 감찰하는 '리(理)'가 하루아침에 지나치게 약화되면 생활 세계 중 각종 생각과 정욕으로 충만한 마음이 어떠한 제지도 받지 않음으로써 자아 방임이 초래될 수 있음을 의식하였다. 만약 '지(知)'가 내재하는 마음이 갖추고 있는 도덕과 지식의 본원이라면 그리고 '리(理)'가 외재하는 우주의 도덕과 지식의 본원이라면, 그렇다면 전자를 취할 것인지 후자를 취할 것인지가 유학의 두 사상 노선을 가르는 분수령이 된다.

만약 후자를 취한다면 외재하는 우주의 '리'는 내재하는 마음의 '지'에 대하여 검속하는 능력을 갖고 있으니 마음이 방종에 이르러 수습하지 못하는 지경에 이르지는 않는다. 만약 전자를 취한다면 마음과 우주가 모두 일념(一念) 안에 있으며 내가 나를 심사하게 되니, 일단 방종하면 제지를 할 수 없게 된다. 바로 전조망(全祖望)이 『길기정집(鮚埼亭集)』(권28) 「육부정선생전(陸桴亭先生傳)」 중에서 "대저 리(理)와 심(心)을 어찌 분리하여 말할 수 있으랴? 그렇다고 또 어떻게 같은 것이라고 하겠는가?(夫理與心, 豈可歧而言乎, 是亦何妄如之부리여심, 기가기이언호, 시역하망여지)"라고 말한 그대로이다.

후학으로서 그는 이미 사상의 역사로부터 다음을 간파해 냈다. 즉 감찰을 할 수 있는 외재적 기준으로서의 '리'와 내재적 자아 주체인 '심'을 분리하고서, '리'를 절대 진리로 삼으면 '리'가 생활 세계와 마음의 영역을 초월하는 추상적 본원으로 설정되며, 반면에 '심'의 자율 역량을 무한으로 확대하면 심은 곧 외재하는 감찰 기준으로서의 리(理)가 없는 절대 주체가 된다. 이것은 이미 명나라 후기 사상계의 커다란 문젯거리가 되었다. '심즉리'를 전제로 하면, 전체 과정에서

원(王啓元)의 『청서경담(清署經談)』 권16 내의 사상은 "새롭게 재정비된 유교 신학(儒敎神學)을 건립하는 것이었다"고 말한다. 그 책의 권15 「성교원립정방聖敎原立正坊」 '제유공론(諸儒公論)'에서 밝히고 있는 그(왕계원)의 본래 취지로부터 그가 무엇을 대상으로 하고 있는지를 분명하게 알 수 있는데, 바로 '성경(聖經)을 끌어다가 자신의 견해에 맞추는' 양명학과 '성경을 어기면서 자기 멋대로 생각을 늘어놓는' 초횡과 이지(李贄)를 향한 불만이다. 이 때문에 그는 초횡과 이지가 불충(不忠), 불효(不孝), 불인(不仁), 불의(不義)한 "그 커다란 죄는 난적(亂賊)의 죄와 다를 게 없다"고 비판하였다(『역사어언연구소집간歷史語言研究所集刊』 제6본 제2분分, 1936).

'피고와 원고가 다같이 동일한 심'이 된다. 그런데 사람들은 선과 악이 교차하는
이 마음이 어떻게 스스로를 성찰하는지를 알지 못한다. 즉 도덕과 진리의 제약
및 수련을 결여하고 있고 지식의 지지와 설명이 없는 이 과도하게 부각된 마음이
어떻게 시종 선량(善良)과 광명을 지향할 수 있는지를 사람들은 알지 못한다.

그러므로 어느 연구자가 지적한 바와 같이 '심즉리'의 사상 노선을 극단으로
밀고가면 곧바로 다음과 같은 의문에 마주치게 된다. "주인공은 오직 한 사람이
다(主人翁只是一個주인옹지시일개)"만을 인정하는 심학에서는 "과오를 반성하고(省過)
과오를 제소하는(訟過) 방식이 매우 독특하여, 전체 과정에서 원고와 피고가 동일
한 '심'이 된다. 그런데 인간의 심에는 본래 선과 악이 혼재한다. ……선과 악이
혼재하는 '심'이 선과 악이 혼재하는 '사람'을 성찰한다는 것은 광인(狂人)이 스스
로 자신의 광기를 치료하는 것과 같다."[1]

명나라 말기에 출현한 대량의 성과회(省過會), 공과부(功過簿)에서 많은 사람
들이 마음의 자각 외에 외재하는 감찰 수단을 기준으로 자신을 검속하는 시도를
하였다. 이것은 '심즉리'의 양명학이 이미 이론적 위기에 직면하였음을 말해준
다. 이에 양명학 내부에서도 자각적으로 자체의 이론을 조정해 가고 있었다. 유
종주(劉宗周 : 1578~1645년, 호는 즙산蕺山)가 인정하였듯이 『전습록』이 세상에 나온
지 100여 년 이래 '양명학파의 가풍이 바뀌어' 후학들은 "양명학이라는 깃발을
각자 세우고서 분파를 형성하여 도리어 서로가 멀어져 갔다(轉借先生立幟, 分門別戶,
反成燕越전차선생립치, 분문별호, 반성연월)." 특히 인간의 본성(人性)과 동물의 본성(獸性)
간의 차이 문제에 대해 일부 사람들이 "분별하고 상론(詳論)하는 것을 꺼리고서
양지 안에서는 본래 대대(對待)가 없다(不容分疏, 以爲良知中本無對待불용분소, 이위양지중
본무대대)"고 여겼는데, 유종주는 이러한 사고방식에 따른다면 장차 "천하를 끌어
다가 금수의 수준으로 끌어내릴 것이다(率天下而淪于禽獸솔천하이윤우금수)"라고 생각
하였다. 그는 되돌아보며 숙고한 끝에 이렇게 말하였다. "양지설은 송나라 때 유

1) 왕범삼(王汎森), 「명말청초의 인보와 성과회(明末清初的人譜與省過會)」, 『역사어언연구소집간(歷史語言研究所集
刊)』 제63본 제3분, 타이베이, 1993, 679~712쪽. 또 손중증(孫中曾), 「증인회와 백마별회 그리고 유종주사상의
발전(證人會, 白馬別會及劉宗周思想的發展)」, 『유즙산학술사상논집(劉蕺山學術思想論叢)』, 타이베이, 중연원중국
문철소주비처(中研院中國文哲所籌備處), 1998, 457~522쪽.

학자들의 훈고(訓詁 : 여기서는 '경전의 문구에 집착함'의 의미)의 폐단을 구제하기 위한 것이었으니 역시 증세에 따라 처방을 내린 것일 뿐이다. 이제는 양지설이 폐단을 낳기에 이르렀으니, 흔히 양지를 완성된 것으로 간주하는가 하면 양지를 변화무쌍한 것으로 만들어 수준 있는 사람은 현묘(玄妙)와 허상으로 흐르고 수준이 낮은 사람은 허위와 망언(妄言)에 빠져 있다. 그러니 그 병폐는 도리어 송유들의 훈고보다도 심하다(良知之說, 以救宋人之訓詁, 亦因病立方耳. 及其弊也, 往往看良知太見成, 用良知太活變, 高者玄虛, 卑者誣妄, 其病反甚于訓詁양지지설, 이구송인지훈고, 역인병립방이. 급기폐야, 왕왕간양지태견성, 용양지태활변, 고자현허, 비자무망, 기병반심우훈고)"[2]

　　그래서 그는 한편으로 문호 간의 삼엄한 대립 방식을 지양하면서 주자학 계열에 대해 매우 관용적인 태도를 취하였다. 심지어 『성학종요(聖學宗要)』에서는 송나라 유학인 주돈이, 정호, 장재, 주희를 왕수인과 하나의 계열로 연결하고서 "본래는 하나의 혈맥이었으나 학인들이 소문(所聞)에 빠져서 오히려 한쪽에만 머물러 서로 소통하지 못하거나 폐단으로 흐르게 되었다(本是一條血脈, 而學者溺于所聞, 猶未免滯于一指而不能相通, 或轉趣其弊본시일조혈맥, 이학자익우소문, 유미면체우일지이불능상통, 혹전추기폐)"[3]고 하였다. 다른 한편으로는 특별히 '신독(愼獨)'을 부각하여 " '독(獨)' 외에 따로 본체는 없으며, 신독 외에 따로 공부는 없다. 중용의 도가 근거하는 것은 이것이다(獨之外, 別無本體, 愼獨之外, 別無工夫, 此所以爲中庸之道也독지외, 별무본체, 신독지외, 별무공부, 차소이위중용지도야)"[4]고 하면서, 방종하는 마음이 도덕과 자율의 자각(自覺)에 의해 구원되기를 희망하였다. 유종주는 이렇게 외재하는 기록을 가지고 자신의 행위를 감찰하는 것을, 즉 자각 위에 외재적 검속이 가해지는 것을 중요시

---

[2] 『유즙산집(劉蕺山集)』 권9 「중각전습록서(重刻傳習錄序)」(사고전서본, 22쪽 B).

[3] 『유자유서(劉子遺書)』 권1 「성학종요(聖學宗要)」(사고전서본, 1쪽 A에서 1쪽 B, 31쪽 B). 유종주(劉宗周)는 "천 년간 학문이 끊겼는데, 주부자(朱夫子 : 주희)는 참으로 지극한 분이시로다. 그 후대 사람들 중에도 능히 발전시키고 선양한 사람이 거의 없다"며 주희를 찬양하였다(『유즙산집』 권6 「답진생일答陳生一」, 20쪽 A). 만력(萬曆) 41년에 올린 「수정학숙인심이배국본소(修正學淑人心以培國本疏)」에서 그가 주자학과 양명학의 두 극단이 갖고 있는 병폐를 각각 비판한 것으로 볼 때 그가 이학(理學)과 심학(心學)을 조화시킬 생각을 갖고 있었음을 알 수 있다.

[4] 『명유학안』 권62 「즙산학안(蕺山學案)」, 1580쪽. 충이거(衷爾鉅), 『즙산학파 철학사상(蕺山學派哲學思想)』(지난濟南, 산둥교육출판사山東敎育出版社, 1993), 95쪽과 동방삭(東方朔), 『유즙산철학연구(劉蕺山哲學硏究)』(상해인민출판사, 1997), 제5장 「신독론(愼獨論)」을 참조.

하였다. 왜냐하면 그의 논법에 따르면, 당시의 문제는 "'회복'을 말하지만 '극복'은 말하지 않고, '감춰져 있음'을 말하지만 '심을 씻음'은 말하지 않고, 중화(中和)를 말하지만 신독(愼獨)은 말하지 않고, '대본을 세움'을 말하지만 '심의 자각'은 말하지 않고, 치지(致知)를 말하지만 격물(格物)은 말하지 않아, 결국 심을 구함과는 거리가 있고 공허한 것으로써 도를 가리키는 데 있다(在言復而不言克, 言藏密而不言洗心, 言中和而不言愼獨, 言立大本而不言心官之思, 言致知而不言格物, 遂不免離相求心, 以空指道재언복이불언극, 언장밀이불언세심, 언중화이불언신독, 언립대본이불언심관지사, 언치지이불언격물, 수불면리상구심, 이공지도)"고[1] 보았기 때문이다. 이렇게 하여 유종주는 정주와 육왕을 조화시키는 길을 즉 자각과 감찰 양쪽을 다 중요시하는 수양과 지식의 균형을 추구하는 사상 노선을 열어 놓았다.

훗날 청나라 초엽의 진확(陳確), 이옹(李顒), 황종희(黃宗羲) 등은 비록 모두 양명학을 신봉하였지만, 모두 이심전심으로 지식의 획득과 도덕 감찰의 강화 이 두 방면을 모두 중요시하고자 하였으니, 이는 양명학이 지나치게 내재하는 마음을 부각함으로써 야기된 자연주의의 결함을 보완하는 것이었다. 그들은 혹은 과오를 시정하고 새롭게 출발할 것을 제창하기도 하고 혹은 경전 공부와 역사 공부를 병행할 것을 제창하기도 하였는데,[2] 이는 한편으로는 타인의 감찰과 일련의 구체적인 조치를 통하여 자아 반성과 자신의 마음에 대한 검속을 촉진하려는 것이었다. 제3자가 객관적으로 감찰자 역과 고소자 역을 연기해 줄 필요성이 생기니, 이렇게 해서 증인회(證人會), 성과회(省過會) 등의 조직이 생겨나게 되었다. 같은 원리인데, 다른 한편으로 더 많은 지식을 얻어 이성적 기초를 충당하고자 하였다. 경전 내용상의 역사, 우주 등을 포함하여 객관적 지식이 진리와 정의(正義)를 뒷받침해 줄 체계로서 필요하였다. 이렇게 해서 새로운 지식주의 기풍이 촉진되었다. 물론 이것은 결과론이다.

정주와 육왕을 조화시키는 길을 즉 자각과 감찰 양쪽을 다 중요시하는 수양과 지식의 균형을 추구하는 사상 노선을 열어 놓았다.

---

1) 『유즙산집』 권6 「여육이건년우(與陸以建年友)」, 사고전서본, 2쪽 A.
2) 이옹, 『이곡집(二曲集)』 권1(중화서국, 1996), 「회과자신(悔過自新)」, 3쪽을 참조. 정길웅(鄭吉雄), 「전조망의 거단집장의 치학방법을 논함(論全祖望去短集長的治學方法)」, 『대대중문학보(臺大中文學報)』 제11기(대만대학중국문학과臺灣大學中國文學系, 1999), 339~362쪽을 참조.

<u>6</u>

　　명나라 말엽은 실로 복잡하고 변화가 많았던 시대였다. 한편으로는 주량공(周亮工 : 1612~1672년)이 말한 바와 같이, "계유년(즉 만력 원년, 1573년) 이후로 천하의 문화 활동이 성대하였다." 도덕적 풍속상으로나, 이론상으로나, 서화(書畵)상으로나, 박학(博學)상으로나, 문학상으로나 어느 분야를 막론하고 모두 빼어난 활동이 있었고, 고헌성(顧憲成), 해서(海瑞 : 1514~1587년, 호는 경주瓊州), 초횡(焦竑 : 1541~1620년, 호는 말릉秣陵), 동기창(董其昌 : 1555~1636년, 호는 화정華亭), 서광계(徐光啓 : 1562~1633년, 호는 상해上海), 이마두(利瑪竇 : 1552~1610년, 마테오 리치, 호는 서사西士), 탕현조(湯顯祖 : 1550~1616년, 호는 임천臨川), 이시진(李時珍 : 1518~1593년, 호는 봉사奉祀) 등의 인물들이 있었다.[3] 각종 지식과 사상, 그리고 신앙 모두에 이 시대에는 "당신이 노래를 마치면 내가 무대에 오른다"는 식의 매우 자유로운 공간이 있었다.

　　그러나 다른 한편으로 이러한 '완숙'과 '찬란'의 이면에는 그 시대가 스스로 진단하여 치유할 수 없었던 심각한 병이 가려져 있었는데, 다양하게 변화하던 당시의 사상계로서는 이에 대해 효과 있는 처방을 찾아낼 수 없었던 것 같다. 양명학이 거의 100여 년간 충격을 준 상황에서 확실히 사상계는 이미 혼란스러워졌기 때문에 이제 사상이 다시 세워져야 하는 시점에 접어들었던 것이다.[4] 그런데

3) 『인수옥서영(因樹屋書影)』 권1, 영인옹정년간뢰고당각본(影印雍正年間賴古堂刻本), 3쪽.

4) 하나의 예를 들어보자. 서광계(徐光啓)의 태도는 모순적인데, 이학과 심학의 사이에서 그는 어찌해야 할지를 모르는 입장을 보인다. 초횡은 서광계의 스승이다. 서광계는 「초씨담원속집서(焦氏澹園續集序)」에서 이렇게 말하였다. 글에는 세 종류가 있고 사람들에게 미치는 영향에서도 세 종류가 있는데, 충분히 '장점들을 겸하고 미덕을 갖춘' 이로는 "근세의 양명선생(왕수인)을 꼽을 수 있고 지금에는 나의 선생님(초횡)을 꼽을 수 있다."(『서광계집徐光啓集』 권2, 89쪽) 그런데 그는 한편으로 주희를 크게 찬양하며, 다음과 같은 비판을 하였다. "근세의 학인들은 멋대로 길을 만들어 냈지만, '건너 뛰어가고자 하였으나 도리어 묶이는' 오류를 범하였다. 즉 '나는 단독으로 성인의 종통(宗統)을 이었노라' 면서 직접 수사(洙泗 : 공자의 학문)를 이은 적전(嫡傳)을 자임하였으나 사실은 두 종파(二氏 : 불교와 도교)의 비결을 몰래 활용한 것이다(近世學士橫生途轍, 謬欲祇而穧之, 曰吾獨契聖宗, 以上接洙泗爲嫡傳也, 而實則陰用二氏之精者근세학사횡생도철, 류욕조이독지, 왈오독계성종, 이상접수사위적전야, 이실즉음용이씨지정자)." 그(서광계)에 의하면, 많은 후학들이 이런 풍조에 "영향을 받고 추종을 하게 되어 주자학을 쓸모없는 몽당빗자루 보듯 하고 있으나", 사실은 육경(六經)을 공부하려면 마땅히 주희의 성취로부터 착수해야만 한다. "주희를 제치고서 과연 어떤 길을 따라 성과를 낼 수 있단 말인가?"(『서광계집徐光啓集』, 「각자양주자전집서刻紫陽朱子全集序」, 95쪽)

우리가 양명학을 어떻게 평가하든 간에 나는 적어도 명나라 중기와 후기에 양명학이 사인(士人) 계층에서 성행함으로써 중국의 지식과 사상, 그리고 신앙세계에 가져온 것은 자유의 기풍이었다고 믿는다. 이로 인하여 한편으로는 사람들이 회의주의(懷疑主義)의 사고방식을 지향함에 따라 원래는 하나의 통합 체계였던 이데올로기가 각종 회의적 태도로 인하여 와해되고 사상계에 전례 없는 균열이 출현하였으며, 지식 계층은 점차 상당히 여유로운 언론 공간을 확보해 갔다. 다른 한편으로는 육왕학이 마음의 최종 재판권을 더욱 존중함에 따라 이른바 "동해에서도 서해에서도 심(心)은 같고 리(理)는 같다(東海西海心同理同동해서해심동리동)"는 관념이 사람들로 하여금 보편주의 진리관을 지향하게 하고, 나아가 새로운 다원(多元)의 사상 세계를 위한 기초를 제공하였다.

그러나 만력 이후의 중국 사상계에서 이러한 추세는 돌연 중단되었는데, 이는 연달아 초래된 두 가지 원인에 의해 결정된 것이었다. 첫째는 주류의 이데올로기 세력이 정치권력을 등에 업고서 국가와 질서라는 명분하에 이 자유로운 의론(議論)의 기풍을 대대적으로 탄압한 것이었다. 천계(天啓) 2년(1622) 9월에 주중몽(朱重蒙)은 '붕당(朋黨)'에 대한 전통적 편견을 인용하여 추원표(鄒元標)와 풍종오(馮從吾)가 도성(都城)에 강의소(講義所)를 창건한 것에 대해 탄핵을 하였는데, 그는 이것이 "유학도(儒學徒)는 그것에 기대어 규범 법도를 저해할 수 있고, 벼슬 있는 자는 그것을 이용하여 붕당을 조성할 수 있다(學士儒主挾之以擲文網, 冠裳仕進借之以樹黨援학사유주협지이간문망, 관상사진차지이수당원)"고 생각하였다. 이를테면 이러한 학술 강론 방식은 문호를 조성할 수 있다는 것이다.[1] 비록 그의 건의는 공감을 얻지 못하였지만, 그 후로 이 자유로운 학술 강론에 대한 통제는 갈수록 엄격해졌다. 천계(天啓) 5년(1625) 6월에 어사 이만(李萬)은 상소하여 "오늘날의 학인들은 줄곧 송나라 때 사람들에 대한 품평을 주고받는데, 날마다 이런 학술 강론으로 일을 삼

1) 『명희종실록(明熹宗實錄)』 권26(『명실록』 축인본), 천계(天啓) 2년(1622) 9月 경자, 13468쪽. 전해오는 말에 의하면, 이 해에 예문환(倪文煥 : ?~1628년)은 수선서원(首善書院)의 활동을 금지해 줄 것을 건의하는 정부 공식 문서에서 당시에 서원에서 이루어지고 있는 학술 강론이 별 의미 없는 활동임에 대해 이렇게 형용하였다. "많지도 적지도 않은 인원이 모여, 아프지도 가렵지도 않은 이야기를 나누고, 깊지도 얕지도 않은 겸양을 하며, 차갑지도 뜨겁지도 않은 떡을 먹고 있다."(장이기張爾岐, 『호암집蒿庵集』, 「호암한화蒿庵閑話」 제80조, 제로서사, 1991, 324쪽)

명나라 중기와 후기에 양명학이 사인 계층에서 성행함으로써 중국의 지식과 사상, 그리고 신앙세계에 가져온 것은 자유의 기풍이었다고 믿는다.

만력 이후의 중국 사상계에서 이러한 추세는 돌연 중단되었는데, 이는 연달아 초래된 두 가지 원인에 의해 결정된 것이었다.

고 있다(今學者動引宋人互相標榜, 日以講學爲事금학자동인송인호상표방, 일이강학위사)"고 비판하였고,[2] 8월에는 어사 장눌(張訥)이 모든 강의소를 철거해야 한다고 건의하면서 이런 학술 강론의 학풍을 비판하여 다음과 같이 말하였다.

남과 북이 서로 떨어져 있기를 몇 천 리인지 모르겠건만, 기세가 구름이 일어나고 안개가 번지듯이 작은 연못으로도 천하를 굴릴 수 있을 지경이고, 조정과 재야가 서로 견제해온 지 몇 십 세대인지 모르겠건만, 실력자든 조력자든 출세하는 데는 알아서들 잘도 호응을 한다. 그 인원 구성에는 전 현직 고위 관료 외에도 종실(왕실), 무관, 거감(擧監), 유가(儒家) 관원, 점성술사, 산인(山人), 상인, 기예가(技藝家)로부터 본적을 감추고 도피하는 무리에 이르기까지 포함되지 않는 부류가 없으며, 저들이 하는 일에는 조정의 권력을 멀리서 조종하는 일, 변방을 제압하는 일, 실무진을 장악하는 일, 향촌 사회를 농단하는 일 등 못하는 일이 없으며, 저들의 언론 활동은 조정 내부로는 관리를 탄핵하거나 국사에 간여하는 일, 밖으로는 고발장을 작성하고 전달하는 일, 기밀 유지가 필요한 중대사로부터 송사(訟事)의 세부적인 사항에 이르기까지 관여하여 말하지 않는 것이 없다.

사실 가장 중요한 것은 이러한 공간이 있음으로 해서 지식인층과 서민층의 여러 부류 사람들이 정치에 참여하는 데 있고, 조정은 더 이상 모든 진리 담론을 독점하지 못하고 관방 이데올로기도 전체 여론을 통제하지는 못하는 데 있다. 그럼에도 황제는 이 해에 조령을 내려 정말로 동림(東林), 관중(關中), 강우(江右), 휘주(徽州)에 있는 모든 서원의 철폐를 결정하였다.[3] 그리하여 이 자유의 기풍은 큰 좌절을 맛보았다.[4]

---

2) 『명희종실록』 권60, 천계(天啓) 5년 6월 무인(『명실록』 축인본, 13838쪽).

3) 『명희종실록』 권62, 천계(天啓) 5년 8월 임오(『명실록』 축인본, 13870쪽). 천계 6년 2월 경인(庚寅)에 서복양(徐復陽)이 임금에게 올린 의견서, 무술(戊戌)에 임금이 이실삼(李實參)과 주기원(周起元 : 1571~1626년)에게 내린 성지(聖旨), 10월 을축(乙丑)에 이노생(李魯生)이 올린 상언(上言) 등을 참조(『명실록』 축인본, 13955쪽, 13959쪽, 14077쪽).

4) 어쩌면 사인(士人)에 가해진 이런 타격이 위충현(魏忠賢) 등의 사람들에게 해당되는 것으로 간주하는 연구자가 있을 수 있다. 그러나 나는 사상사를 구체적인 사건의 구체적인 발생 원인에 너무 지나치게 연결시켜서는 안 된다고 생각한다. 이 사건의 배후에는 암묵적으로 사상 담론의 통제권을 차지하려는 황권과 신사(紳士) 간의 충돌이 자리 잡고 있다.

둘째 원인은 내우외환의 긴장감이 사인(士人)들로 하여금 자발적으로 전향하게 만든 것이었다. 비록 자유로운 의론과 학술 강론에 가해진 이 타격의 풍파는 빠르게도 숭정(崇禎 : 1628~1644년) 때는 이미 과거의 일이 되어버렸고, 위당(魏黨)이 붕괴함에 따라 '당금(黨禁)'은 실제로 이미 해제되었다. 하지만 그 뒤를 이어 출현한 것은 유민(流民)의 반란과 만주족의 침입을 포함한 사회의 위기와 민족의 위기였다. 이 위기들은 다시 국가와 질서의 의미를 1순위로 밀어 올렸다. 사상의 자유와 초월은 이러한 위기 앞에서 이미 그 급박성을 잃었으며 그 우선성도 잃었다. '국가'가 위기를 만났을 때, 하나의 왕조가 상징하는 민족과 국가와 문명은 영원 불변하는 천지의 대의(大義)로서 우선적 의미를 갖는가 보다. 사인(士人)들은 이러한 긴장하에서 그저 위기를 구원할 수 있는 실용학(實用學)과 조정의 조직을 재건할 수 있는 질서학(秩序學)을 자각적으로 선택할 수 있었을 뿐이다. '개인', '마음' 등에 대한 관심은 당연히 이런 시대에는 외부 원인에 의해 점점 사인(士人)들의 시야 중심으로부터 변경으로 옮겨질 수밖에 없게 된다.

中國思想史

서언 : '천하'에서 '만국'으로 : 명·청 사상사의 배경에 대한 새로운 이해

고대 중국과 다른 지역의 교류는 결코 적지 않았다. 굳이 천축(天竺)[1]·강거(康居)[2]·안식(安息)[3]·대진(大秦)[4]의 상인과 불교도가 중국으로 들어오고 중국의 법현(法顯 : 337~422년)과[5] 현장(玄奘 : 602~664년)[6]이 인도를 방문하였던 오래전의 역사나 당나라 때 장안에 각국의 상인, 사절단, 유학승들이 끊임없이 북적거렸던 사실과 송원(宋元) 시대에 야콥(Jacob d'Ancona), 마르코 폴로(Marco Polo : 1254~1324년) 등의 의혹 가득한 중국 방문으로까지 거슬러 올라가지 않고, 당시 시박사(市舶司)의 설치와 천주(泉州) 등 연해의 항구 도시들의 성황을 보더라도 중국과 외부와의 왕래가 번성하였음을 알 수 있다. 더욱이 아라비아인 포수경(蒲壽庚 : 1205~1290년, 남해무역에 세력을 떨친 색목인 호족)이 송나라와 원나라 시대에 제거시박사(提擧市舶司)[7]를 관

---

1) 천축은 중국에서 사용한 인도의 옛 명칭이다. 같은 뜻을 가진 말로 천독(天篤), 천독(天督), 천두(天豆), 천정(天定) 등이 있다. 이 호칭은 주로 위진남북조 시대에 많이 쓰였다(역자 주).

2) 강거는 한나라 때의 역사서에 나오는 중앙아시아의 터키계 유목민 또는 그들이 세운 나라이다(역자 주).

3) 안식은 파르티아 제국을 말하며, 기원전 238년부터 226년까지 존재하였고, 오늘날 이란 지역의 북동쪽에 위치했던 나라이다. 전성기에는 이란 전 지역은 물론 이라크, 그루지아, 카타르 등지까지 세력권에 넣었다(역자 주).

4) 대진이라는 나라의 지리적 위치에 대해서는 정해진 설이 없으나, 전한 시대에 한나라의 서쪽에 존재한 대국으로 인식된 나라이다(역자 주).

5) 법현은 평양군 무양현(平陽郡 武陽縣 : 지금의 산서성에 속함) 사람으로 중국 동진 시대의 고승이다. 나이가 60세가 넘은 399년에 장안을 출발해서 서역으로 갔고, 410년 사자국(獅子國 : 스리랑카)에 도착해서 공부한 후 412년에 수많은 범어 경전을 가지고 귀국하였다. 저서인『불국기(佛國記)』(일명『법현전法顯傳』)는 오늘날 고대 중앙아시아와 남아시아의 역사, 지리, 풍속, 불교 연구의 중요한 자료이다(역자 주).

6) 현장은 당나라의 승려로서 중국 불교 역사상 가장 뛰어난 경전 번역가이자 중국 법상유식종의 창시자이다. 하남성 낙양 출신으로 경장(經藏), 율장(律藏), 논장(論藏)에 능해서 삼장이라고도 불렀다. 629년부터 645년까지의 천축 여행을 정리한 책으로『대당서역기(大唐西域記)』가 있다(역자 주).

7) 시박사는 본래 해상무역 분야의 사무를 담당한 관청을 말하였으며 최초에는 당나라 때인 713~714년에 등장하였고 송나라에서 실질적인 제도로 정착하였다. 광주(廣州)·천주(泉州)·온주(溫州)·항주(杭州) 등에 설치되었다. 제거시박사는 1102년부터 설치된 것으로 주로 남해 무역을 전담하였고, 원나라 때까지 이 제도가 이어졌다. 후에 청나라 때 해관(海關)이 설치되면서 시박사가 폐지되었다(역자 주).

장하였다는 기록을 보면 타국 사람이 중국의 생활 세계에 깊숙이 들어와 있었음을 알 수 있다. 그리고 13세기 중엽 자말 웃딘(Jamal al-Din ibn Muhammad al-Najjari : 중국명 찰마로정札馬魯丁)이 중국에서 지구의를 제조하였던 점을 보면 당시 중국과 외국이 문명적으로 서로 영향을 주고받았던 상황을 충분히 알 수 있다.[1]

그러나 어쩌면 불교가 중국에 들어왔던 때 말고는 외래 문명이 중국의 지식과 사상, 그리고 신앙의 세계를 그리 크게 흔들어 놓은 적은 어느 때도 없었으며,[2] 명나라와 청나라 시대에 서양의 지식과 사상, 그리고 신앙이 갈수록 빠르게 중국에 들어오고 나서야, 비로소 중국이 재차 근본적인 문화적 동요를 겪었다고 필자는 늘 생각해 왔다. 명나라 선종(宣宗) 만력(萬曆) 11년, 즉 서기 1583년에 예수회선교사 루지에리(Michele Polopilio Ruggieri : 1543~1607년, 중국명 나명견羅明堅)와 마테오 리치(Matteo Ricci : 1522~1610년, 중국명 이마두利瑪竇)가 중국 남방부의 조경(肇慶)에 들어와서 그곳에 정착하기까지 하였다.[3] 그들은 중국어로 『천주성교실록(天主聖教實錄)』, 『천주실의(天主實義)』 등을 지었고, 『기하원본(幾何原本)』(유클리드 저), 『혼개통헌도설(渾蓋通憲圖說)』(클리우비스 저) 등을 번역하였으며, 『산해여지전도(山海輿地全圖)』를 제작하였다. 얼마 후에 트리고(Nicolao Trigault : 1577~1628년, 중국명 금니각金

명나라와 청나라 시대에 서양의 지식과 사상, 그리고 신앙이 갈수록 빠르게 중국에 들어오고 나서야, 비로소 중국이 재차 근본적인 문화적 동요를 겪었다고 생각한다.

---

1) 중국의 대외교류 역사의 상황을 간결하게 볼 수 있는 자료로는 황시감(黃時鑒) 엮음, 『삽화중서관계사연표해설(解說揷圖中西關係史年表)』, 절강인민출판사, 1994가 있다. 야쿱에 대해서는 『빛의 도시(The city of Lifght)』 중역본, 상해인민출판사, 1999, 마르코 폴로에 대해서는 『마르코 폴로 여행기(馬可·波羅行記)』, 풍승균(馮承均) 옮김, 중역본, 중화서국, 1954 참조. 하지만 야쿱과 마르코 폴로의 이야기에는 모두 의심이 가는 부분이 않다. 적지 않은 연구자들이 이 점에 의문을 던지고 있다. 이에 대해서는 프란시스 우드(Frances Wood), 『마르코 폴로는 중국에 갔는가(Did Marco Polo go to China)』, 홍윤식(洪尤息) 옮김, 중역본, 신화출판사(新華出版社), 1997를 참고할 수 있다. 포수경(蒲壽庚)에 관한 연구는 일본학자 쿠와바라 지츠조(桑原騭藏), 『송나라 말기 제거시박사 서역인 포수경의 행적(宋末의 提擧市舶西域人蒲壽庚의 事蹟)』과 미야자키 이치사다(宮崎市定), 『포수경의 행적(蒲壽庚의 事蹟)』, 동양문고본(東洋文庫本), 도쿄, 평범사(平凡社), 1989를 참조. 자말 웃딘에 관한 기록은 『원사(元史)』 권48, 「천문지(天文志)」의 원나라 세조 때부터 원나라 4년(1267)까지에 대한 기록(998~999쪽) 참조.

2) 진종범(陳鐘凡)은 『양송사상평술(兩宋思想評述)』(상무인서관商務印書館, 1933)에서 송나라 시대 사상사를 논할 때 남송과 북송 시대의 사상과 학술 부흥의 원인 중 하나로 '서교(西敎)의 동점(東漸)'을 제기하면서 수나라와 당나라 때부터의 경교(景敎), 천교(祆敎), 마니교 등의 전래가 '남송과 북송 시대의 학술이 실로 무시 못 할 성과를 거두게 되는 데'에 영향을 주었다는 견해를 제시한다. 그러나 어떤 증거도 없기에 잠시 보류해 두고 당분간 논하지 않는다.

3) 물론 실질적으로 그들보다 먼저 중국에 들어온 선교사는 프란치스코 하비에르(Franciscus Xaverius : 1506~1552년)이지만, 그는 1552년에 중국에 입국하고 얼마 지나지 않아 상천도(上川島)에서 사망하였다. 그 때문에 중국 문명사에 큰 영향을 주지는 못하였다.

尼閣)는 서양 서적 7000권을 가지고 중국에 왔다. 이는 서양의 지식과 사상, 그리고 신앙이 전면적으로 중국으로 들어왔음을 상징한다. 그리고 약 200~300년 후에 서양의 강력한 힘과 국외의 새로운 지식이 서로 지지하면서, 19세기 후반기의 수십 년 동안 우수한 군함과 대포를 앞세운 군사 행위와 무역 거래가 동시에 진행되자, 비로소 본격적으로 중국에 깊숙이 진입하였으며, 19세기 말에는 결국 중국의 전통적 지식과 사상, 그리고 신앙세계를 와해시켰다.

아마 고대 중국에는 분명 '천조(天朝)'와 '중앙(中央)'이라는 감각이 계속 유지되었지만, 당나라 시대에 접어든 때부터 이러한 감각에도 약간의 동요가 생겼을 것이다. 변방에 있는 외번(外蕃 : 속국) 사람들은 자신들의 용맹함과 우수한 전투력으로 중심에 있는 한족에 위협적 존재가 되었다. 게다가 그들이 많은 지식을 습득하기라도 하게 된다면 아마도 문명의 중심과 주변에는 변화가 생길 수 있었을 것이다. 이는 적어도 중국인의 심리적 자존심에는 그리 이롭지 않은 것이었다. 문명이 주변 지방보다 영구적으로 우수하다는 자존심이 상실되자 지식과 사상, 그리고 신앙세계에도 균열이 일어났고 더 나아가 붕괴가 일어났다. 이 때문에 북송 시대부터 중국 정부는 점차 당나라 때부터 내려온 자부심으로 일관된 낡은 정책을 개정하기 시작하였다. 특히 지식이 외부로 확산되는 것을 금지하였다. 당연히 그와 동시에 지식의 내부 유입도 제한하였다.

예를 들면 북송 시대 경우(景祐) 2년(1035) 광남동로(廣南東路) 전운사(轉運使) 정재(鄭載)는 "광주에는 매년 번객(蕃客)[4]들이 처자식을 데리고 광주로 이주합니다. 지금부터 광주에서 장사하는 것을 금지합니다"라고 보고하였다. 뒤이어 원우(元祐) 7년(1092) 2월 3일에는 황제가 "상인들이 외번으로 가는 것을 허락하지만 서책을 갖고 다녀서는 안 된다"라는 명을 내렸다. 또 정화(政和) 2년(1112)에는 대신의 상소에서도 "듣자니 번국으로 들어가는 바다 상인들 중 원우(元祐 : 1086~1093년) 연간부터 해선 판매를 관장하러 오는 사람들이 더러 과거를 보았던 선비와 죄를 크게 지어 관직에서 물러난 사람들을 데리고 바다를 건너 번국으로 들어갔습니

---

4) 번객은 수나라 때 중국에 들어오는 외국인을 일컫는 말로 처음 사용되었고, 송나라 때는 외국의 상인에 대한 명칭으로 쓰였다(역자 주).

다. 어떤 이는 말로는 겨울을 보낼 것이라 해놓고 그 나라에 머물러서 수년 동안 돌아오지 않았습니다. 20세가 된 어떤 사람은 아내를 맞고 자식을 낳아 북쪽의 번국 가까이로 이주하였는데 가지 않은 곳이 없습니다. 원풍(元豊 : 1078~1085년) 연간에는 호구가 말소되고 유배된 사람에게 자연히 바다 건너기를 불허하는 규칙이 생겼습니다. 오늘날은 오랜 시간이 흘러 법은 있지만 관리는 적발하지 않고 있으며, 멀리 떠나온 평민이나 선비들 중 많은 이가 자리를 잡고 상인이 되어 돈을 벌기 위해 바다를 건넜는데 법으로 금하지 않습니다" 등의 말을 하면서, "지방의 관리 선발에 참가하였거나 주나 현에 학적이 있는 선비들은 바다를 건널 수 없다"고 규정할 것을 건의하였다.[1]

　　그러나 결국 이들은 모두 제방이 무너지는 것을 손으로 막는 식의 임시변통일 뿐이었다. 외부의 강적을 막기 위해서 국방에 힘쓰는 시대에 이처럼 누벽을 높이 쌓는 민족적 입장은 당연히 나름대로 합리성이 있다. 그렇지만 또 다른 변방의 기마 민족이 강렬한 역사적 민족적 우월 의식을 가진 한족 문명권에 진입하였을 때 이들은 반대로 문화적, 경제적 보편주의의 기획을 시행하였고 이를 통해 이러한 문화적, 경제적 민족주의를 소멸시켰다. 따라서 원나라 시대에 다시 상업적 세계 무역을 중시하기 시작하였고, 천주(泉州) 등지에서 7개의 시박사가 연이어 설치되었다. "그들은 서로의 도시를 왕래하면서 각자 하고 싶은 대로 하였다."[2] 또한 문화 특히 종교 의식에서의 다원주의를 실시하였다. 불교에서는 현파(顯派)와 밀파(密派)의 두 종파가 한족의 지역에서 양립하였고, 도교에서는 전진(全眞), 진대(眞大) 등 새로운 교파와 정일(正一) 등 구파가 남쪽과 북쪽에서 동시에 발흥하였다. 그리고 중국 문헌에서 유태교라는 글자가 처음으로 출현하였다. 당나라 시대에 중국으로 들어왔던 경교(景敎)는 다시 중국에 전파되었고, 천주교의 로마 교황은 처음으로 선교사를 정식으로 파견하고 중국 주교를 임명하였다. 회

1) 각각 『송회요집고(宋會要輯稿)』166책, 『형법2(刑法二)』, 6506, 6515, 6524쪽에서 인용.

2) 『원사(元史)』 권10, 「세조본기(世祖本紀)7」, 204쪽. 아울러 천주에서 출토된 '봉사파사비(奉使波斯碑)'에서도 "원나라 조정와 파사(波使 : 일한국伊爾汗國)의 몽골 종왕(宗王) 사이에는 빈번한 공사의 관계가 존재하였다"고 하며, 천주는 바로 외부와 접촉하는 중요한 기점이었다고 한다. 양흠장(楊欽章), 「원대봉사파사비초고(元代奉使波斯碑初考)」, 『문사(文史)』 제30집, 중화서국, 1988, 137쪽.

교도 중국에 들어온 회족(回族)을 따라서 중국에 깊숙이 침투하였다.[3]

　이런 모습은 최소한 명나라 시대 초기에도 있었다. 한족 문명은 한족의 정치 권력이 다시 중국 전역을 장악함에 따라 높은 곳에서 내려다보는 전통적인 경우가 많아졌다. 예를 들어 혜제(惠帝)에게서 권력을 탈취한 영락제는 1402년 조서에서 "태조 고황제(太祖高皇帝 : 1328~1398년, 홍무제 주원장朱元璋) 시절에는 여러 번국들이 사신을 파견하여 알현을 하면 모두를 진심으로 대하였고, 토산품을 가지고 와서 시장에서 파는 교역하는 자들에게는 그들의 편의를 모두 들어주었다. 유의할 점을 알지 못하거나 규정을 어겨도 용서해 주어서 먼 지역 사람들을 포용하였다. 오늘날은 사해(四海)가 하나의 세계이고 바야흐로 천하가 하나임을 널리 보는 시대를 맞아 여러 나라에서 공물을 실어왔다"[4]라고 말하여, 한편으로는 관대한 마음을 보여주고 다른 한편으로는 스스로 세계의 종주를 자처하여 태도가 아직은 개방적이지만은 않다는 것을 보여주었다.[5] 하지만 정화(鄭和 : 1371~1433년)가 바닷길을 따라 서양으로 가고 진성(陳誠 : 1365~1457년)이 육로를 통해 서역에 사절로 파견된 뒤[6] 중국은 또다시 세계성을 추구하는 것을 점점 포기하는 듯하였다. 본디 "영파(寧波 : 현재의 절강성에 위치함)는 일본으로 통하고, 천주(泉州 : 현재의 복건성 동남쪽에 위치함)는 유구(琉球)로 통하고, 광주(廣州)는 점성(占城 : 192~1697년에 인도차이나 반도에 존재하였던 참파 왕조. 占婆 혹은 占波로도 불렸다), 사이암(혹은 시암은 명나라 때 섬라暹羅로 불렸다. 오늘날의 태국)과 서양 여러 나라로 통하였다."[7]

　그러나 세계를 향해 내딛었던 발걸음이 다시 움츠러들었고 과거 개방하였

중국은 또다시 세계성을 추구하는 것을 점점 포기하는 듯하였다.

---

3) 방호(方豪), 『중서왕래사(中西交通史)』, 제3편 「원나라와 명나라(蒙元及明)」편, 악록서사, 1987, 제2판, 435~598쪽. 황시감(黃時鑒), 「원대의 대외정책과 대외문화교류(元代的對外政策與中外文化交流)」, 『동서교류사논고(東西交流史論稿)』, 상해고적출판사, 1998, 50~71쪽 참조.

4) 『명태종실록(明太宗實錄)』 권20 상(上), 중앙연구원역사언어연구소인쇄본(中研院歷史語言研究所縮印本), 1024쪽.

5) 이 시대의 상황에 대해서는 왕갱무(王賡武), 「오백년 전의 중국과 세계(五百年前的中國與世界)」, 『21세기(二十一世紀)』 제2호, 홍콩, 1990, 91~100쪽 참조.

6) 진성(陳誠), 『서역번국지(西域番國志)』, 『서역답사기(西域行程記)』 참고. 이 부분은 왕계선(王繼先), 「진성과 그의 『서역답사기』와 『서역번국기』 연구(陳誠及其『西域行程記』與『西域番國志』研究)」, 『중아학간(中亞學刊)』 제3집, 중화서국, 1990 참고.

7) 『명사(名史)』 권811 「식화5(食貨五)」, 1980쪽.

던 큰 문들도 조금씩 닫혀갔다. 바깥 세상을 경험하고 나서는 모든 것이 말할 만한 것이 못된다고 생각한 듯하다. 비록 이때 '천하'가 이미 점차 '만국'으로 변해가고 있었고, '수많은 별들이 달을 둘러싸던' 양상은 이미 '별이 어지럽게 총총한 하늘'로 점점 변하였으며, '조공'은 점차 '무역'으로 변해갔지만, 중국 상류층 인사들의 감각은 여전히 뒤떨어져서 이전의 '종주국' 대 '조공국', '중국' 대 '사이(四夷)'라는 문명 지도에 갇혀서 '하늘 아래 왕의 땅이 아닌 곳이 없고 온 나라의 주민이 모두 왕의 신하'라는 그림을 머릿속에 그리고 있었다. 심지어 대외 정책에서도 여전히 '외부에 관대하고 내부에 엄격한' 방식을 주저 없이 채택하였다. 어떤 연구자가 지적하였듯이 명나라의 해양 왕래가 쇠락한 원인은 '회유의 방법으로 외국인을 대하며 중국에 온 외국인에게 구체적인 혜택을 주는' 동시에 "억압의 방법으로 본국의 출국 상인을 대우한 결과 항해업과 해외 무역에서 중국과 외국의 상인들 간의 불공정한 경쟁을 조성하였고, 이로 인해 중국의 항해업은 물론 해안 경비 업무마저 쇠락하도록 만들었다"는 데 있었다.[1]

그러나 결국 문을 닫아둘 수는 없었다. 서양인이 그들의 항해 기술에 힘입어 중동을 지나 멀리 대명제국(大明帝國)으로 건너오자 중국의 지식과 사상의 시대적 배경은 점차 '만국시대'로 들어섰다. 16세기 중엽부터 이미 '중국'의 국제적 처지는 매우 곤란하고 기묘하였다. 한편으로 선교사와 그들로 상징되는 서양 문화의 눈앞에서 한족 문화가 설정한 '천하'라는 관념은 점점 와해되었고, '세계'의 충격을 받은 중국은 '천하'를 뒤덮는 '중심'에서 '만국'에 속한 '일국'으로 변하고 있었다. 다른 한편으로 사방의 강적들이 주변에서 도사리고 있는 상황에서 '중국'에는 또다시 '만주족 오랑캐'와 '요(遼)나라 오랑캐', '건주(建州 : 여진) 오랑캐'가 북쪽에서, '왜'가 동쪽에서, '서양 오랑캐'가 바다를 통해 침입하였다. 말하자면 정치, 경제적인 측면에서와 지식과 사상, 그리고 신앙적인 측면에서 모두 이미 풍전등화의 징후가 이미 드러났던 것이다. 이러한 오묘하면서도 체감하기 어려운 추세는 일반적인 사상 세계에는 아무것도 아닐 수도 있다. 그러나 매우 민감한 지식

중국의 지식과 사상의 시대적 배경은 점차 '만국시대'로 들어섰다.

1) 진상승(陳尙勝), 『오랑캐 회유와 상업 규제 : 명대 해양역량성쇠연구-서론(懷夷與抑商 : 明代海洋力量興衰硏究-導論)』, 산동인민출판사(山東人民出版社), 1997, 3쪽.

인들에게는 이러한 변화 속에서 조성된 '압박감'이나 '이질감'이 그들을 줄곧 일종의 형언하기 어려운 심정에 빠지게 하였다. 이에 따라 그 시대부터 지식과 사상, 그리고 신앙세계는 조금씩 천천히 그리고 본질적으로 변해갔다.

　　중국의 전통적 지식 세계에는 『만국여도(萬國興圖)』, 『직방외기(職方外紀)』와 같은 타 지역에서 들여온 세계 지리적 공간에 관한 독서물들이 많아졌고, 『명리탐(明理探)』, 『궁리학(窮理學)』 등 서양의 사유 방법에 대한 저작, 『태서수법(泰西水法)』, 『농정전서(農政全書)』, 『천공개물(天工開物)』 따위의 실용기술 서적, 『기효신서(紀效新書)』, 『부역전서(賦役全書)』, 『조운지(漕運志)』 등 국가 질서가 꼭 필요로 하는 지식에 관한 저술도 증가하였다. 동시에 서쪽 지방에 관한 저작들, 예를 들면 『광백천학해(廣百川學海)』에 수록된 「건주고이속기(建州考夷俗記)」, 『진미공잡록(陳眉公雜錄)』에 수록된 「건주고(建州考)」, 『잠확류서(潛確類書)』에 수록된 「사이문(四夷門)」, 그리고 『전변기략(全邊紀略)』에 수록된 「동이고략(東夷考略)」과 「요동략(遼東略)」 등은 지식인의 심리 저변에 있는 우환 의식을 뚜렷이 보여주며, 중국의 지식과 사상, 그리고 신앙세계가 '만국'으로의 편입과 '중국'의 고수 사이에서 진퇴양난에 빠져있었다는 느낌을 준다.

　　동쪽에 있는 중국의 이웃나라 일본도 유사한 처지를 경험하였다고들 하지만 일본과 중국을 자세히 살펴보면, 서학에 대한 수용과 대응에는 미묘한 차이가 있다. 19세기의 후쿠자와 유키치(福澤諭吉 : 1835~1901년)는 서학이 일본에 유입된 역사를 회상하면서 다음과 같이 아주 재미있는 현상을 지적하였다. "보력(寶曆 : 1751~1764년)과 명화(明和 : 1764~1772년) 연간부터 8,90년 동안 난학은 의사의 난학이었고, 홍화(弘化 : 1844~1848년) 연간과 가영(嘉永 : 1848~1854년) 연간 이후의 난학은 지식인을 위한 난학이 되었다."[2] 다시 말해 일본은 서학을 최초에 수용할 때는 의학과 같은 실용적인 지식을 흡수하였다. 당시에 '남만의학(南蠻醫學)'이라 불렸던 난학이 그 사례다. 1557년의 루이스(Luis de Almedia) 이후의 일본에서는 '의

'만국'으로의 편입과 '중국'의 고수 사이에서 진퇴양난에 빠져있었다.

---

2) 누마다 지로(沼田次郎), 『양학 전래의 역사(洋學傳來の歷史)』, 도쿄, 지문당(至文堂), 1960. 하야부(賀躍夫), 「갑오전쟁 전 중일 사계층의 근대 교육에 대한 대응(甲午戰爭前中日士階層對近代教育的回應)」, 『근대 중국과 아시아 학술교류회 논문집(近代中國與亞洲學術交流會論文集)』 하권, 주해서원아시아연구센터(珠海書院亞洲研究中心), 홍콩, 1995, 751쪽에서 재인용.

약·외과·항해'가 줄곧 가장 중요한 서양 지식이었다.[1] 일본에 들어온 서학은 19세기 중엽이 되어서야 비로소 점차 우주와 사회 그리고 인간에 관한 보편적 지식과 정신 자원으로 변모하였다. 그러나 중국에서는 맨 먼저 수용되었으면서 맨 먼저 저지당하기도 하였던 것은 인체에 관한 의학이 아니고 우주에 관한 천문학이었다. 명나라 중기부터 청나라 중기까지 천문학과 관련된 역산(曆算), 여지(輿地)에 관한 지식은 줄곧 서양에 대한 수용과 거부 사이에서 사람들의 주목을 가장 많이 받는 영역이었다. 이것은 매우 크고도 재미있는 차이다.

이것은 매우 크고도 재미있는 차이다.

　일반적으로 어떤 지식의 유입이 고유의 지식과 사상, 그리고 신앙세계를 위협하거나 와해시키지 않는다면 그것은 항상 아주 관대하게 받아들여진다. 일본이 서학을 접했던 시기에는 이러한 생사가 걸린 충돌은 존재하지 않았던 것 같다. 우선 당시 일본에는 모든 지역을 통제하고 진리 권력이나 정치권력, 종교 권력 전체를 독점하는 '보편적 황권'이 존재하지 않았다. 아마도 권력과 권력 사이의 공간은 아직 새로운 지식이 위치할 만큼 충분하였을 것이다. 그 다음으로 서양 의학은 일종의 실용적 지식이자 기술로서 가장 앞장서서 일본의 민간으로 진입하였다. 그것은 결코 고유의 지식과 사상, 그리고 신앙세계의 합리적 근거에 영향을 주지 않았다. 설령 일본이 본래부터 이식되어 온 지식과 사상, 그리고 신앙세계였다고 해도 중국처럼 사상 세계가 일찍부터 역사와 전통이 상층의 지식 계급에서 방대하고 상호의존적인 지지시스템으로 정합되어 모두가 종합적인 이해와 해석을 통해야만 존재할 수 있는 것은 아니었다. 특히 일본의 지식과 사상, 그리고 신앙세계에는 천하 문명적인 중앙 관념이 없었다. 한 예로 마테오리치의 세계지도가 1606년에 일본에 직수입되었고 1645년에 인쇄되었으며 아주 빠르고 넓게 영향을 미쳤다. 이전에 따르던 중국으로부터 유입된 '화이' 관념은 새로운 세계의 형상에 따라 점점 제거되었다. 1709년에 니시카와 조켄(西川如見 : 1648~1724년, 에도시대 중기의 천문학자)은 『증보화이통상고(增補華夷通商考)』에 수록된 「지구

---

[1] 일난학회(日蘭學會) 편, 『서양사사전(西洋史事典)』 권1, 「서양사개설(西洋史概說)」, 도쿄, 웅송당(雄松堂), 1984, 8쪽. 18세기의 난학자 중에는 의사가 많았고 당시에 번역된 난학 저작에도 해부학, 약리학 등 지식에 관한 저작이 많았다. 스기모토 츠토무(杉本つとむ), 『에도양학사정(江戸洋學事情)』, 도쿄, 팔판서방(八坂書房), 1990 참조.

만국일람도(地球萬國一覽之圖)」에서 비록 여전히 대체로 전통적인 관념에 근거해서 일본과 중국을 모두 '당토(唐土)' 혹은 '중화'로 보고, 조선·유구(琉球)·교지(交趾 : 현재의 베트남 북부 동껸 · 하노이 지역에 해당함)를 '외국'으로 말하였고, 서양을 '외부의 오랑캐'로 간주하였지만, 그 지도가 부각시킨 나가사키에서 출발하는 각종 길은 '만국과 통상한다'라는 입장과 시각을 이미 갖추었다. 1715년이 되어서야 아라이 하쿠세키(新井白石 : 1657~1725년, 에도시대 중기의 무사·유학자·정치가)가 『서양기문(西洋紀聞)』에서 '형이상'과 '형이하'로 '서양'과 '동양'을 구분해서 유럽을 서양으로 중국을 동양으로 보았지만, 실은 역으로 일본 자신의 지위를 확립하고 동양과 서양이 대치한 문명 세계의 상을 그려낸 것이었다.

중국처럼 매우 유구한 역사적 전통과 주체적 성격을 지닌 문명이 이질적 문명을 대할 때는 보통 두 가지 반응을 보일 수 있다. 하나는 겉으로는 보편주의적인 태도를 취해서 의심의 여지가 없어 보이는 이들 지식과 사상과 기술을 환영하더라도 독특한 해석을 통해 이러한 새로운 지식들을 전통적 학문으로 전화시킴으로써 일종의 '천하가 하나'라는 태도에 의해서 점점 자신을 세계 안으로 편입시키는 것이다. 다른 하나는 특수주의적 태도를 취해서 고유의 지식과 사상, 그리고 신앙을 와해시키고 흔들어 놓을 만한 것들을 강력히 거부하고 민족주의와 보수주의를 강렬히 내세우는 것이다. 우리는 고대 중국의 지식과 사상, 그리고 신앙세계는 역사 속에서 수차례 조정을 거쳐 다시 조합된 체계임을 알고 있다. 그것은 하나의 '장사진(長蛇陣)'을 방불케 하는 것으로 머리가 자극받으면 꼬리가 반응하고 꼬리가 자극받으면 머리가 반응하였다.

그러나 '천원지방(天圓地方 : 하늘은 둥글고 땅은 네모다)'의 관념은 우주적 시간과 공간 체계는 중국의 지식 체계의 중심이었으며, 권력─정치권력, 지식 권력 그리고 종교 권력을 포함하는─의 근거였다. 따라서 중국인이 서양의 지식을 접촉하기 시작하자 '천문학(天學)'은 자연히 그들의 관심을 가장 쉽게 끌었다. 하지만 '천도(天道)'를 궁극적인 근거로 삼는 중국의 지식 체계에서 천문학은 그 지식과 사상, 그리고 신앙세계 전체를 와해시키기 가장 쉬웠다. '천원지방'에서의 하늘은 인륜 행위, 지식 체계, 정치권력의 합법성과 합리성 전체와 관련이 있었다. 따라서 앞에서 말한 것처럼 지식층은 "서양의 학문은 중국에서 기원하였다(西學中

중국처럼 매우 유구한 역사적 전통과 주체적 성격을 지닌 문명이 이질적 문명을 대할 때는 보통 두 가지 반응을 보일 수 있다.

源서학중원(源書學中源)"라는 법보(法寶)를 부려서, 역사의 기원을 역추적하는 과정에서 문화적 자존심을 유지하고 심리적 동요를 완화시키면서 이 타문명을 실용 지식과 기술로 대하거나, 그렇지 않으면 격렬하게 대항하면서 '기(器)'에서 '도(道)'로, '용(用)'에서 '체(體)'라는 사유의 틀로 타문명이 중국의 지식과 사상, 그리고 신앙을 근본적으로 와해시키는 현상을 지적하고 체와 용, 도와 기를 나누지 않으면서 새로운 지식을 거부하고 배척하는 동시에 모든 곳의 문을 닫는 모습을 보였다.

역사에는 항상 많은 변수가 있기 마련이다. 명나라와 청나라 왕조의 교체, 연호의 교체도 어떤 의미에서는 문명의 단절을 초래하였다고 할 수 있다. 그러나 역사적 시간의 심층에서 문명 그 자체는 여전히 연속되고 있었다. 17세기에 들어서서 자금성 안의 황제가 한족에서 만주족으로 변하였지만 앞에서 말한 두 가지 전술은 줄곧 변하지 않았다. 그리고 이 두 가지 전술을 통해 중국은 평온한 마음을 유지하였다. 17세기에서 18세기까지, 18세기에서 다시 19세기까지의 지식과 사상, 그리고 신앙세계의 심층부에서는 여전히 중국에 도전하고 중국을 뒤흔들었던 서양 문명들은 칩거하면서 때때로 요원한 기억이 되었고, 어렴풋하게 지식과 사상의 잠재적 자원과 배경이 되었으며, 항상 지식과 사상에 이따금씩 파란을 일으켰다.

하지만 조셉 레벤슨(Joseph R. Levenson : 1920~1969년)이 말한 것처럼 "근대 중국 사상사의 대부분의 시기는 '천하'를 국가로 만드는 과정이었다."[1] 그러나 이러한 역사적 과정은 명나라 때 이미 시작되었지만 관념 세계에서는 청나라 말기에야 진정으로 그 심각성을 드러내었다는 점을 분명히 해야 한다. 대포와 서양의 총소리가 중국 지식인을 다시 놀라게 하였을 때가 되어서야 사람들은 원래 외부 세계에도 많은 문명이 있었고, 그들 문명도 역사가 유구하며 체와 용이 있고 심지어 어떤 의미에서는 자신들의 체계를 뛰어넘었고, 자신들의 공간은 '천하'가 결코 아니며 사이(四夷)도 그 모두가 '비좁은 작은 나라'가 아니었음을 진정으로 다시 절감하였다. 이때가 되어서야 어쩔 줄을 모르고 놀라 허둥대기 시작하였고,

---

1) 조셉 레벤슨(Joseph R. Levenson), 『유교적 중국과 그 근대적 운명(Confucian China and its Modern Fate)』, 정대화(鄭大華) 옮김, 중역본, 중국사회과학출판사(中國社會科學出版社), 2000, 87쪽.

결국 대응을 제대로 하지 못하였다. 특히 19세기 후반에는 줄곧 자신감에 차있던 중국인들은 지척에 있는 동쪽의 이웃이 '용'에서 '체'가 된 서양 문명을 받아들이면서, 야만적인 '왜구'에서 갑자기 선진적 국가가 되었고 작디작은 '아이누(Ainu : 하이蝦夷를 말함. 일본의 홋카이도 등지에 분포하는 소수 민족)'에서 갑자기 강대한 적수로 변하였으며, 게다가 1895년에는 과거 줄곧 군림하던 청나라 제국에게 굴욕적 강화를 맺도록 강요하였음을 갑작스레 발견하였다. 이때 평온했던 마음은 더 이상 평온할 수 없었고 이에 문명 전체에 대한 자신감은 붕괴하였다.

이에 따라 필자는 16세기 이후부터 19세기 후반─1859년이 상징적인 해이다[2]─까지를 사상사에서 하나의 새로운 시대로 본다. 왜냐하면 16세기에 중국이 세계로 진입한 이후 사상사는 더 이상 전 지구적 요소를 고려하지 않을 수 없게 되었기 때문이다. 초기에는 유럽 선교사들과 그들이 가지고 온 신지식이 잠시 후에는 유럽의 전함과 상품 무역의 강압과 함께 중국 문화 속으로 들어갔다. 가장 뒤에 고려해야만 하는 것은 아시아이다. 동일한 배경에서 전 지구화 시대로 진입한 일본과 중국은 사상사에서 서로 다른 부분을 써 내려갔다. 이는 사상사 비교 연구의 배경을 형성하였다. 그리고 일본을 통해 중국으로 유입된 각종 지식과 사상과 이러한 지식과 사상, 그리고 신앙을 표현한 언어가 중국의 지식체계에서 가지는 의미는 사상사의 또 다른 연구의 배경을 형성하였다.

---

[2] 그러나 실제 이 책의 사상사 서술의 시간적 하한선은 이 해를 넘길 수가 있고, 심지어 20세기 중국의 지식과 사상, 그리고 신앙의 변화도 언급하게 될 수 있음을 덧붙인다.

1절

천붕지열(天崩地裂) 상 : 전통 중국의 우주 질서와 서양 천문학이 만났을 때

    명나라와 청나라 두 시대의 중국 지식층은 서양 문명과 처음 조우했을 때마다 아주 특이한 반응을 보였다. 바로 서양 문화의 두 분야인 국가, 사회, 개인에 관한 윤리와 도덕적 관념과 우주와 자연과 인간에 관한 과학 기술적 지식에 대해서 비록 열렬히 칭찬하거나 더 나아가 환호를 보내기는 하였을 지라도 심리의 저변에 깔린 이해나 해석과 평가는 반대로 아주 달랐고 수용의 방식도 매우 달랐다. 따라서 이 두 종류의 서학은 시기적으로 명나라와 청나라에서의 운명도 각각 달랐다. 비록 상당수의 윤리와 도덕의 관념들, 자크 제르네(Jacques Gernet : 1921~, 20세기 후반에 활약한 프랑스의 저명한 중국학자)가 말한 일반적 정신과 원칙, 예를 들어 '용감한 정신, 불행과 고난 속에서의 강인함, 윤리 도덕적 엄격성'[1]을 비롯하여 '하늘을 공경하는' 천주교의 교의, 심지어 '나라의 주인은 군주, 교화의 주체는 사제'라는 정교분리의 관념까지도 의심을 받지 않은 바는 아니지만 대체로 받아들여졌다.[2]

명나라와 청나라 두 시대의 중국 지식층은 서양 문명과 처음 조우했을 때마다 아주 특이한 반응을 보였다.

---

1) 자크 제르네(Jacques Gernet), 「중국에 진출한 예수회 선교사와 명나라 말기의 정치—문화의 상황(入華耶蘇會士與中國明末的政治和文化形勢)」, 경승(耿昇) 옮김, 『명·청 시대 중국진출 예수회 선교사와 중국과 서양의 문화교류(明淸間入華耶蘇會士與中西文化交流)』, 청두(成都), 파촉서사(巴蜀書社), 1993, 109쪽.

2) 황경방(黃景昉), 「삼산론학기서(三山論學記序)」, 『명·청 시대 예수회 선교사의 역서 개요(明淸間耶蘇會士譯著提要)』 권3, 서종(徐宗) 옮김, 중화서국, 1989, 153쪽 참조.

그러나 주목할 점은 서양적 관념이 한어(漢語)의 언어와 역사적 기억이라는 이중의 번역을 거쳐서 전통적 유가 윤리에 아주 빠르게 편입되고 융합되었기 때문에 받아들였다는 사실이다.[3] 영향력이 가장 컸던 예수회 선교사 마테오리치가 '서양인 유학자'라 불린 것은 일종의 상징과도 같았다. 『천주실의』에서 유가의 학설에 근거해서 불교를 비판하였던 '보유역불(補儒易佛)'의 모습도 마찬가지로 하나의 상징이었다. 천주교와 그 배후의 서양적 관념은 그 당시 유가의 역사적 기억 속에서 장기간 살아 온 중국 지식인과 전통 사상으로 충만한 한어 속에 아주 빠르게 번역되고 희석되고 용해되었다. '다른 것'을 '같은 것'으로 바꾸어 버린 결과 파장이 일지 않았고 만족스럽게 받아들인 후에는 별로 심각하게 생각하지도 않았다. 결국 중국 전통의 국가, 사회, 개인에 관한 윤리 도덕의 이론은 매우 방대하고 복잡하고 풍부하였으며, 이러한 역사적 자원은 언제 어디서나 모습이 바뀐 채 선택되었고, 절대 동일하지 않은 서양 사상을 자신의 말을 그럴듯하게 꾸미듯 해석하여 유가의 이론에 나오는 용어도 수시로 가져다 사용할 수 있었다. 본질적으로 이질적인 서양의 관념들을 비슷한 것처럼 번역해 냈던 것이다.

하지만 다른 한편으로 서양에서 오기는 하였지만 우주와 자연과 사람에 관한 지식과 기술은 반대로 그 지식이 가지고 있는 체계성, 명확성, 실용성 때문에 전통적 지식 체계로 해석, 전화, 흡수되기가 매우 어려웠다. 한 예로 알레니(Giulios Aleni : 1582~1649년, 중국명 애유략艾儒略)의 『서학범(西學凡)』에서는 첫 마디부터 "(유럽)은 중화에서 구만 리 떨어져 있고 문자와 언어, 경전, 서집(書集) 등에는 자체적으로 각 나라 성현들이 틀을 잡은 것이 있다"[4]라고 말하였다. 이러한 지식은 그 자체로 연원이 있을 뿐 아니라 "별도로 한 학파를 형성하기도 하였다."[5] 따라

---

3) 예를 들면 줄리오 알레니(Giulio Aleni : 1582~1649, 이탈리아의 예수회 선교사)의 『서학범(西學凡)』에서는 '철학'을 '이학'으로 번역하였고, 알폰소 바뇨니(Alphonsus Vagnoni : 1566~1640, 중국명 고일지高一志)는 '수신(修身)', '제가(齊家)', '치평(治平)'의 범주로 아리스토텔레스 『윤리학(Ethics)』의 내용을 번역하였다. 바뇨니, 아담 샬(Jean Adam Schall von Bell : 1591~1666, 중국명 탕약망湯若望), 페르비스트(Ferdinand Verbiest : 1623~1688, 중국명 남회인南懷仁)는 모두 '치지(致知)'로 서학에 관한 서적을 번역하였다. 종명단(鐘鳴旦), 「격물궁리 : 17세기 서양 예수회선교사와 중국학자 사이의 토론(格物窮理 : 十七世紀西方耶蘇會士與中國學者間的討論)」, 『철학과 문화(哲學與文化)』 제18권 제7기, 타이베이, 1991, 607쪽.
4) 『서학범』, 『천학초함(天學初函)』, 중국사총서 영인본(中國史叢書影印本), 타이베이, 학생서국, 27쪽.
5) 예를 들어 우조륭(虞兆漋)은 서양의 땅이 둥글다는 이론이 "그 이론도 일리가 있으며 3가(家)의 범주 밖에 있

서 이 지식은 폭넓은 찬사를 받는 상황에서 도리어 다른 종류의 지식 자원으로서 전통 중국의 지식과 사상, 그리고 신앙세계에 침투하여 그것을 와해시키는 계기가 되었다. 머리 위의 '하늘(天)'과 발 아래의 '땅(地)'에 관한 서양의 지식이 바로 그 한 예이다. 사상사에서 그것들은 충분히 중시되어야 할 것 같다.

다른 종류의 지식 자원

1

중국 고대의 사상 세계에서 자연적 천체의 중심인 '북극(北極)', 신화에서 여러 신의 주인인 '태일(太一)', 철학에서 궁극적 개념인 '도(道)', 만물의 최초의 출발점인 '태극(太極)' 등이 전통 문헌에서 항상 서로를 대체할 수 있는 이유, 다시말해 그들이 언어적으로 호환성이 있는 이유는 그것들이 고대인들의 관념 속에서 확실히 하나의 공통된 연원을 가지고 있었기 때문이었다. 필자는 이 개념들이모두 북극을 중심축으로 운행하는 시각적인 천체상에 대한 고대인의 관찰·체험·측정·유추에서 나왔고, 고대 중국의 이러한 특수한 문화적 현상은 각종 지식과 사상 전체의 지식적 배경이자 근본적 준거가 되었기 때문에 중국의 전통 과학, 전통 종교, 전통 사상, 더 나아가 전통적 음양오행의 술수(術數)와 방술 등 근대 과학의 관념에서는 차이가 아주 크고 서로 다른 각각의 영역이 당시에는 서로조화되는 질서와 내재적으로 근접하는 사유 방식에 근거하여 고대 중국인의 사유 모델에 강하게 영향을 주었다는 가정을 한 적이 있다.[1] 이런 생각은 상상이아니다. 적어도 새로운 고고학적 자료를 근거로 삼았고, 최근에 각국의 학자들이제시한 유사한 견해를 통해 실증되었다. 첫째, 최근에 발견된 고고학적 자료, 예를 들자면 1960년 호북(湖北) 형문(荊門) 전국묘(戰國墓)에서 출토된 병피태세과(兵避太勢戈)와 1974년 호남성(湖南省) 장사(長沙) 마왕퇴(馬王堆)에서 출토된 백서(帛書)

이 개념들은 모두 북극을 중심축으로 운행하는 시각적인 천체상에 대한 고대인의 관찰·체험·측정·유추에서 나왔다.

다"라고 생각하였다. 중국의 의야설(宜夜說), 개천설(蓋天說), 혼천설(渾天說) 이외에는 전통적 이론의 범위에 포함시킬 수 없다는 말이다. 『설령(說鈴)』 후집 권6, 강희사십년각본(康熙四十年刻本), 임금수(林金水), 『마테오 리치와 중국(利瑪竇與中國)』, 중국사회과학출판사, 1996, 154쪽.

1) 갈조광, 「중묘지문(衆妙之門)」, 『중국문화(中國文化)』 제3기, 홍콩중화서국(香港中華書局), 1990.

「태일피병도(太一避兵圖)」, 1987년 호북 형문(荊門) 포산초묘(包山楚墓)에서 출토된 죽간[2]은 모두 최소한 전국시대에 이미 태일 신앙과 그에 대한 숭배가 있었음을 증명한다. 연소명(連邵名)의 장사자탄고초백서(長沙子彈庫楚帛書)와 괘기(卦氣)와 역법의 관계에 대한 연구, 이령(李零)의 고고학 자료와 신화에 대한 고증, 하함이(夏含夷)의 건괘(乾卦) '육룡(六龍)'에 대한 해석 등도 다양한 각도에서 고대인의 천문에 대한 관찰이 신화와 철학적 사유에 영향을 주었음을 설명해 준다.[3] 특히 최근 발굴된 곽점죽간(郭店竹簡)의 『태일생수(太一生水)』는 고대 중국에 매우 보편적으로 믿었던 우주 관념이 있었음을 설명해 준다.[4]

둘째, 필자의 글보다 앞서 나온 미국에서 교수로 지내는 학자 장광직(長廣直)이 제시한 '무속인'은 '하늘과 땅을 알고, 하늘과 땅에 통달한 전문가'이고 밖은 네모지고 안은 둥근(外方內圓) '종(琮 : 옥홀)'이 '천지'의 상징이라는 등의 견해, 일본 학자 고미나미 이치로(小南一郎)의 중국 고대의 '단지' 모양의 우주'에 대한 서술[5]과 필자보다 나중에 발표된 상고시대 '아(亞)'자 형 우주관에 관한 영국 학자 앨런(S. Allan)의 논문과 고대의 북극 숭배가 태양 숭배보다 훨씬 강하였다는 후쿠나가 미쓰지(福英光司 : 1918~2001년)의 견해[6]도 직간접적으로 나의 주장을 강화시켜 준다. 적어도 한나라 시대에는 이러한 사상적 현상 혹은 이러한 시공간의 관

2) 왕육동(王毓彤), 「형문에서 출토된 동창 한 자루(荊門出土一件銅戈)」, 『문물(文物)』 1963년 1기. 주세영(朱世榮), 「마왕퇴한묘의 '신지도' 백화(馬王堆漢墓的 '神祇圖' 帛畵)」, 『고고(考古)』 1990년 10기. 『포산초간(包山楚簡)』, 베이징, 문물출판사(文物出版社), 1991.

3) 연소명(連邵名), 「장사초백서와 괘기설(長沙楚帛書與卦氣說)」, 『고고(考古)』 1990년 9기. 이령(李零), 「고고학의 발전과 신화 전설(考古學發現與神話傳說)」, 『학인(學人)』 제5집, 강소문예출판사(江蘇文藝出版社), 1994년, 115쪽부터. 하함이(夏含夷), 「『주역』 건괘육룡에 대한 새로운 해석(『周易』 乾卦六龍新解)」, 『문사(文史)』 제24집, 중화서국, 1985.

4) 형문시박물관(荊門市博物館), 『곽점초막죽간(郭店初幕竹簡)』, 문물출판사, 1998.

5) 장광직, 「상나라 시대의 무와 무술(商代的巫與巫術)」, 『중국청동시대(中國靑銅時代)』 2집, 43쪽. 「'종'과 그 중국 고대사에서의 의미(談 '琮' 及其在中國古史上的意義)」, 『중국청동시대(中國靑銅時代)』 2집, 43쪽, 71쪽, 베이징, 삼련서점(三聯書店), 1990. 고미나미 이치로(小南一郎), 「호형의 우주(壺形の宇宙)」, 『동방학보(東方學報)』 제61기, 도쿄, 1989.

6) 앨런(S. Allan), 「'아' 형과 은나라 사람의 우주관('亞' 形與殷人的宇宙觀)」, 『중국문화(中國文化)』 제4기, 1991. 후쿠나가 미쓰지(福英光司), 「중국종교사상사(中國宗敎思想史)」, 『이와나미 강좌(岩波講座) : 동양사상(東洋思想)』 제14권, 1~158쪽, 암파서점, 1992. 이령(李零), 『중국방술고(中國方術考)』, 인민중국출판사(人民中國出版社), 1994.

넘 구조가 이미 일종의 보편적으로 받아들여지는 지식적 배경을 구축하였고,[1] 사람들의 생활 각 분야에 침투해서 누구든 이러한 우주 질서, 즉 공간은 층층이 이루어진 동심원이고 천체가 북극을 둘러싸고 돌면서 하나의 원을 이루며, 땅은 '정(井)' 자나 '아(亞)' 자 모양을 한 사각형이고 천지는 모두 하나의 중심이 있어 이 중심은 시공간을 초월하여 존재하는 하나의 점이고, 영원하고 움직이지 않는 지점, 동심원의 중심이자 태일(太一)의 신 혹은 도의 상징이 되는 질서를 수긍하였으며, 이런 지식적 배경은 지식과 사상의 각각 영역으로 유추, 확장되어 갔다.

이런 지식적 배경은 지식
과 사상의 각각 영역으로
유추, 확장되어 갔다.

허탁운(許倬雲)이 말한 바와 같이 "중국인은 늘 우주 질서에는 조리(條理)가 있고 시간은 항상 영점에서 출발하며 우주의 구조는 층층의 동심원이라고 생각해 왔다." 그리고 "중국의 시공간 개념은 추상적인 형이상학을 통해 형이하학적인 구체상을 설명하였기 때문에 많은 비대칭적이고 부조화한 것을 등한히 하였다. 그러나 그런 방식에는 질서정연하고 본원적인 '하나(一)'로 귀결시키기 쉽다는 장점이 있다. 이것은 구체적인 형이하학적인 것을 한 단계 한 단계 종합해서 올라가는 방법과는 다르다."[2] 말은 너무 단순하지만 분명히 이렇다.

이 우주 질서는 천체를 관찰하는 감각, 신화적 상상의 성과(成果), 철학적 사유의 체계, 더 나아가 역사적 과정의 추측과 연관되기 때문에 그것은 바로 어느 것이든 포용한다는 의미를 지녔고, 고대 중국의 지식 세계에서 합리성의 토대가

---

1) 『예기(禮記)』,「예운(禮運)」편에서는 "무릇 예는 반드시 하늘에 근본해야 한다(夫禮必本於天부예필본어천)"고 말한다.「교특생(郊特牲)」편에서도 "하늘에서 규칙을 취함으로써 하늘을 숭상하고 땅을 친히 여긴다(取法於天, 尊天而親地취법어천, 존천이친지)"라고 한다. 『십삼경주소』본, 중화서국, 1426, 1449쪽. 『묵자(墨子)』에서도 "(성왕)은 하늘을 법칙으로 삼으니 움직임은 반드시 하늘의 법을 따른다(聖王 旣以天爲法, 動作有爲必度於天 '성왕' 기이천위법, 동작유위필도어천)"라고 말한다. 『묵가한고(墨子閒詁)』권1「제4법의(法儀第四)」, 중화서국, 1986, 16쪽. 도가의 『문자(文子)』도 "큰 원을 머리에 이고 큰 사각형을 밟을 수 있다. …… 따라서 진인(眞人)은 영대(靈臺)에 주기를 위탁하고 사물의 시초로 돌아가 머문다(能戴大圓者履大方, ……是故眞人托期於靈臺而歸居於物之初능대대원자리대방, ……시고진인탁기어영대이귀거어물지초)", "황제는 태일을 본받고 왕은 음양을 본받으며 패자는 사시를 규칙으로 삼는다(帝者體太一, 王者法陰陽, 覇者則四時제자체태일, 왕자법음양, 패자칙사시)"라고 말하였다. 『문자요전(文子要詮)』7,「미명(微明)」, 복단대학출판사(復旦大學出版社), 1988, 173쪽. 이런 생각은 한 유파만의 주장이 아니라 모든 유파들의 공통적인 생각이다. 여러 사상을 종합한 『여씨춘추(呂氏春秋)』에서도 "하늘의 도는 둥글고 땅의 도는 네모지다. 성왕은 그것을 따른다. 따라서 위아래를 정한다(天道圓, 地道方, 聖王法之, 所以立上下천도환, 지도방, 성왕법지, 소이입상하)"라고 말하였다. 『여씨춘추(呂氏春秋)』권3,「환도(圓道)」참조.

2) 「과학과 공예—이균슬의 중국과학기술문명사를 말한다(科學與工藝—談李均瑟之中國科學技術文明史)」, 『중국문화와 세계문화(中國文化與世界文化)』, 중역본, 귀주인민출판사(貴州人民出版社), 1991, 84쪽.

되었다. 이를 바탕으로 기물, 기술과 사상, 신앙 등을 포함한 여러 가지 구체적인 것을 설명할 수 있었다. 더 나아가 심미적 감각에 영향을 주기도 하였다. 토인비 (Arnold Joseph Toynbee : 1889~1975년)는 『역사의 연구(A Study of History)』에서 이렇게 말한다. 고대 중국에서 "신의 존재에는 일종의 질서 관념이 침투하였고, 이러한 질서는 중국인들에 의해 사람의 행위와 그 환경 사이의 일종의 불가사의한 결합으로 간주되었다. ……기묘한 부분은 바로 모든 것이 천체의 운행이나 우주의 구조에서 법칙을 따왔다는 점이다. 후자는 관조의 대상이 되었고 어느 때는 변경의 대상이 되기도 하였다."[3]

토인비가 중국의 역사에 대해서 틀리게 말한 점이 적지 않을 수도 있다. 하지만 이 몇 마디 말들은 아주 타당하다. 몇 가지 예를 들어보면, 고대에 점복(占卜)에 사용되던 식반(式盤)이나 방위 잡기에 사용되던 사남(司南)은 바로 이런 우주 질서를 본뜬 것이다.[4] 건축에서 가장 중요한 환구(圜丘), 궁전, 제단은 바로 이런 우주 질서에 따라 설계된 것이다.[5] 또 다른 예로 고대의 정치 조직도 이러한 사고방식

---

3) 『역사연구(歷史研究)』 중, 상해인민출판사, 324쪽.

4) '사남(司南)'에 관해서는 『문물(文物)』 1978년 3기, 56쪽. '식반(式盤)'에 관해서는 나복이(羅福頤), 「한식반소고 (漢式盤小考)」, 『고문자연구(古文字研究)』 11집, 중화서국, 1985, 252쪽. 이령, 『중국방술고(中國方術考)』에서 '식 (式)'을 논한 부분을 참조.

5) 이런 생각은 진나라 시대부터 건축에서 가장 분명히 드러났다. 예를 들어 『사기(史記)』, 「진시황본기(秦始皇本 紀)」에는 진나라에서 "위(渭)의 남쪽에 신궁(信宮)을 지으면서 신궁을 극묘(極廟)로 개칭하고 천극의 모양을 본 땄다(作信宮渭南, 已更命信宮爲極廟, 象天極작신궁위남, 이경명신궁위극묘, 상천극)"라고 적혀 있다. 한나라 시대에는 자료가 더욱 많다. 그 예로 『문선(文選)』 권1 「서도부(西都賦)」의 "그 궁실은 천지의 모양을 따랐다(其宮室也, 體 象乎天地기궁실야, 체상호천지)"와 『칠략(七略)』의 "왕은 천지를 원리로 삼고 하늘을 따라서 행동한다. 이로써 명 당의 제작은 안으로는 태실이 있으니 자미궁의 모습을 따른다(王者師天地, 體天而行, 是以明堂之制, 內有太室, 象 紫微宮왕자사천지, 체천이행, 시이명당지제, 내유태실, 상자미궁)……"라는 내용을 인용하며 주석하였고, 권2, 「서경부 (西京賦)」에는 "진나라의 제도를 받아들이고 주나라의 법도를 이어받아…… 미앙궁에서는 자미궁을 따르고, 창합문에는 요궐을 표시한다(覽秦制, 跨周法…… 正紫宮於未央, 表嶢闕於閶闔람진제, 과주법…… 정자궁어미앙, 표요궐 어창합)"하고 "주에 하늘에는 자미궁이 있고 왕은 그 모습을 본딴다(註曰 : 天有紫微宮, 王者象之주왈 : 천유자미궁, 왕자상지)라고 하였으며, 권11의 「노령광전부(魯靈光殿賦)」에도 "그 기준과 제도는 별자리에 대응한다(其規矩制 度上應星宿기규구제도상응성숙)"고 하였다. 『후한서(後漢書)』, 「제사(祭祀)」 '상(上)'에 대한 주석에서 유소(劉昭)는 『황도(黃圖)』를 인용해서 "원시(元始) 4년(AD 4)에 재형 왕망은 '제왕의 도리는 하늘을 받드는 것보다 크지 않 습니다. ……환구단의 모양은 하늘을 본땁니다'라고 말하였다(元始四年, 宰衡莽奏曰 '帝王之義, 莫大承天 ……圜 丘象天' 원시사년, 재형망주왈 '제왕지의, 막대승천 ……환구상천')라고 하였다. 고고학에서 발굴한 한나라 시대 감천궁 (甘泉宮) 태일단(太一壇) 유적지는 천체의 모양을 하였다. 최근 섬서성 서안에서 발굴된 당나라 시대에 하늘에 제사를 지내던 환구단(圜丘壇)의 유적지와 명나라와 청나라 시대에 하늘에 제사를 지내던 천단(天壇)과 지단

에 따라 설계된 것이고,[1] 제사 때 왕의 의관, 면류, 깃발은 모두 이러한 천체의 형상 및 구조와 관련이 있으며,[2] 초기의 놀이였던 육박 바둑판(六博棋盤)과 현재의 바둑판(圍棋棋盤위기기반)도 하늘의 구조를 모방한 것이다.[3] 도교의 단약(丹藥)을 제조하는 솥과 화로의 모양도 '하늘'의 체제에 상응해야 하였다. 그렇지 않으면 하늘과 같은 영원한 생명을 얻을 수 없었다.[4] 심지어 더욱 이전의 제사에서 쓴 옥

(地壇)도 여전히 천체와 대지를 모방하였다. 요생민(姚生民), 「한나라 감천궁 유적지 탐사기(漢甘泉宮遺址勘察記)」, 『고고와 문물(考古與文物)』 1980년 2기.

1) 이약슬(李約瑟)은 "중국 역사에서 역대의 신앙, 즉 국교에 천문(즉 별의 형상星象)의 특징이 있었음은 아주 분명하다"라고 하였고, 98쪽에서도 "중국의 우주론은…… 황제의 별자리[帝星]와 북극성 사이에는 현저한 유사점이 있었기 때문에 중국의 시스템에서 주극성(Circumpolar star)은 이러한 특별한 관계를 누렸고 자연히 조정 주요 관직자의 거주지와 관청으로 여겨졌다"고 한다. 그가 지적한 것은 자미성이다. 또한 『주례(周禮)』의 천지와 사계절의 직분 설정 원칙도 참고할 수 있다. 이약슬, 『중국의 과학과 문명(中國的科學與文明)』 제5책, 타이베이, 상무인서관(商務印書館), 1975, 32쪽.

2) 『예기(禮記)』, 「교특생(郊特牲)」, (『십삼경주소』 본 1453쪽)에도 "제사 지내는 날에 왕은 곤룡포를 입음으로써 하늘의 모양을 따른다. 옥으로 꾸민 12줄이 드리워진 면류관을 쓰는 것은 1년에 12달이 있는 천수(天數)의 모양을 따른 것이다. 흰 수레(素車)를 타서 질박함을 귀하게 여기고, 기(旗)에 12개의 깃발이 있고 용의 무늬를 새기고 해와 달을 그린 것은 하늘의 모양을 따른 것이다. 하늘이 모습을 드러내면 성인은 그것을 법칙으로 삼고 교제사「交際」로 하늘의 법칙을 밝힌다(祭之日, 王被袞以象天, 戴冕, 璪十有二旒, 則天數也. 乘素車, 貴其質也. 旗十有二旒, 龍章而設日月, 以象天也. 天垂象, 聖人則之. 郊所以明天道也제지일, 왕피곤이상천, 대면, 조십유이류, 즉천수야. 승소차, 귀기질야. 기십유이류, 룡장이설일월, 이상천야. 천수상, 성인칙지. 교소이명천도야)"라고 적혀 있다.

3) 노간(勞幹), 「6박과 박국의 변천(六博及博局的演變)」, 『역사언어연구소집간(歷史語言研究所集刊)』 35본, 타이베이, 1964. 『기경(棋經)』 13편, 「논국(論局)」 제1, 이육진(李毓珍) 교정본, "1이라는 것은 생수의 으뜸으로 극에 위치하면서 사방을 움직이는 것이다. 360으로 하늘을 한 바퀴 도는 수를 나타내고, 그것을 넷으로 나누면 사시(四時)의 모습이 된다(一者 '指棋盤上的天元', 生數之主, 据其極而運四方也, 三百六十, 以象周天之數, 分而爲四隅, 以象四時……일자 '지기반상적천원', 생수지주, 거기극이운사방야, 삼백육십, 이상주천지수, 분이위사우, 이상사시……)", 『중화문사논총(中華文史論叢)』 1980년 4기, 상해고적출판사에서 재인용.

4) 진소미(陳少微), 『대동연진보보경환금단묘결(大洞煉眞寶經九還金丹妙訣)』, "무릇 큰 단약의 화로와 솥도 천지인 삼재오신에 부합하게 만들어야 한다. ……먼저 흙을 쌓아 단을 만드는데 단의 높이는 8촌이고 넓이는 2척 4촌이다. 단 위에 화로를 만드는데 단의 높이도 2척 4촌이며 이것으로 세 대(臺)를 만들어 상하의 기를 통하게 한다. 상대는 높이가 9촌이고 하늘이다. 아홉 구멍(九竅)을 열고 아홉 별의 형상을 한다. 중대는 높이가 1척이고 사람이다. 12문을 열고 12별의 모습을 한다. ……하대는 높이가 5촌이고 땅이다. 8달(達)을 열고 8풍(風)의 모습을 한다(夫大丹爐鼎亦須合其天地人三材五神而造之, ……先壘土爲壇, 壇高八寸, 廣二尺四寸. 壇上爲爐, 爐亦高二尺四寸, 爲三臺, 上下通氣. 上臺高九寸, 爲天, 開九竅象九星; 中臺高一尺, 爲人, 開十二門象十二辰, ……下帶高五寸, 爲地, 開八達象八風부대단로정역수합기천지인삼재오신이조지, ……선루토위단, 단고팔촌, 광이척사촌. 단상위로, 로역고이척사촌, 위삼대, 상하통기. 상대고구촌, 위천, 개구규상구성; 중대고일척, 위인, 개심이문상십이진, ……하대고오촌, 위지, 개팔달상팔풍)." 『도장(道藏)』, 「동신부중술류(洞神部衆術類)」, "단약 제조자는 단약을 만드는 솥과 화로, 단약을 만드는 불의 세기도 늘 그들이 이해하는 대우주를 모방하여 설계하고 관리하였다." 조광화(趙匡華), 「중국연단술사상시론(中國煉丹術思想試析)」, 『국학연구(國學研究)』 제1권, 북경대학출판사(北京大學出版社), 1992, 55쪽 참조.

종(玉琮)과 그보다 뒤 시기의 음양쌍어태극도(陰陽雙魚太極圖)라는 것에는 모두 우주의 상징이라는 의미가 있다.[5]

　　과거의 많은 철학 연구서에서는 '천(天)'을 본체론적 의미를 가진 개념, 정치적 의미를 가진 개념, 신화적 의미를 가진 개념으로 보았다. 이들 모두는 틀리지는 않았다. 하지만 이러한 개념들 이전의 것에 더욱 근본적인 자연과 철학적 원리와 신화가 혼재된 시대의 의미와 그 배후에 있는 천체에 관한 지식이 배경으로 있다는 점에 주목하지 않는다면 그 뿌리를 찾을 수 없을 것이다. 그리고 '하늘'이 사유 세계에 침투하고 광범위한 현실 생활에서 실제로 사용되고 있는 양상에 주목하지 않는다면 그 맥을 따라 갈 수 없을 것이다. 소위 "하늘은 변하지 않고 도도 변하지 않는다(天不變 道亦不變천불변 도역불변)"라는 이 문구에는 틀림없이 더욱 보편적인 의미가 담겨있다. 왜냐하면 중국인의 사유 속에서 이 '하늘'과 '땅'이 보여주는 우주 질서는 철학이나 정치 영역의 한 개념보다는 훨씬 더 폭이 넓기 때문이다. 어떤 옛날 사람이 세계와 대면하였을 때 이 '질서'는 바로 그들이 모든 문제에 대해 사유할 때의 시간적 공간적 틀이었다. 그들이 자연 현상을 이해할 때든 사회적 현상을 이해할 때든 그들은 언제나 무의식적으로 이러한 틀로 관찰을 하였을 것이다. 이러한 틀의 배후에서 은밀히 그것을 지탱하는 것은 바로 사람들의 머리 위에 있는 '푸른 하늘'과 발아래 있는 '대지'였다.

　　이러한 우주 질서는 한나라에서 명나라 시대까지의 천여 년 동안 커다란 도전을 받은 적이 없다. 몇몇 술수나 방술 말고는 고대 중국의 사상은 점차 그것을 암묵적인 전제로 설정하는 경향을 가졌다. 예를 들자면 송나라 시대에 들어선 후 사상사에는 이미 깊은 변화가 발생하였고, 지식인 계층은 더욱 더 내면적 심성의 고양과 도덕적 자각의 문제를 논의하는 방향으로 경도되었다. 하지만 '하늘', 다시 말해 시공 관념은 모든 사상가의 논의 속에서 커다랗게 변화한 적은 없었다.[6] 13세기

5) 당연히 고대 중국의 황권과 왕조가 역법을 아주 중시하기도 하였다. 이렇게 천체의 현상에 근거해서 만들어진 역법은 늘 매 왕조와 황권이 합법성을 가지는 중요한 지표였다. "하늘을 받들고 운명을 따른다(奉天承運)"라는 말의 의미가 가지는 지위는 항상 특별하였다 그것은 바로 역법의 개정, 즉 정삭(正朔)의 개정과 연호의 제정이었다.

6) 이 때문에 존 헨더슨(John B. Henderson)은 중국의 한나라 때부터 명나라 때까지의 우주론과 철학적 원리를 하나의 단계로 보고 그것을 '전근대적 사유'라고 칭하였으며 이러한 우주에 관한 관념들이 "근대 이전 중국

(좌측 여백)
소위 "하늘은 변하지 않
고 도도 변하지 않는다"
라는 이 문구에는 틀림없
이 더욱 보편적인 의미가
담겨있다.

중엽에 자말 웃딘(Jamal al-Din)은 '서역상의(西域儀象 : 지구의)'를 제작하였을 때 이미 '땅이 둥글다는 학설', 지구가 세 개의 대륙과 일곱 개의 바다로 나뉘어있다는 설과 경위선에 관한 지식 등을 중국에 가지고 들어왔다. 그러나 그의 생각은 널리 전파되지 않았고 그 배후의 지식적 근거를 한층 더 추론해 내지도 못하였으며, 더욱이 왕조의 합법성과 관련 있는 역법(曆法)을 논하지 않았다. 때문에 아주 빠르게 잊히고 소멸되어 버렸다.[1]

그러나 15~16세기가 되자 상황은 크게 바뀌었다. 이때에는 서양의 천문학 지식과 천문학 도구가 최소한 정확한 관측과 실험에서 중국의 이러한 전통적 우주관을 충분히 전복시킬 수 있었다. 유럽에서 많이 쓰이던 기하원추단면(幾何圓錐截面)의 지식에 따라 제작한 해시계는 정밀도에서도 중국의 전통적 해시계를 능가하였다. 더욱이 서양인의 망원경이 달 표면의 지형과 목성의 위성을 관측하게 되면서 지구와 천체의 관계를 증명하였다. 그리고 천체의 회전을 본뜬 칠정의(七政儀 : 태양계 모형)는 서양의 천문학 원리에 따라 제작한 것이다. 도구의 배후에는 새로운 우주 관념이 있었다. 명나라 말기에 서양의 선교사가 중국에 들어온 후에 이러한 우주에 관한 새로운 이론이 중국에 전해졌다. 1584년 마테오리치(Matteo Ricci : 1552~1610년)는 『곤여만국전도(坤與萬國全圖)』에 대한 해석에서 지구에 대해서 다음과 같이 묘사하였다. "땅과 바다는 본래 원형이고 합쳐져서 하나의 구가 된다. 마치 닭에서 노른자가 흰자 속에 있는 것과 같은 모양이다. '땅이 네모지다'라고 하는 것은 고정불변의 성질을 말하는 것이지 그 형체를 말하는 것이 아니다." 최초로 중국에 서양 천문학의 지구 관념을 소개한 것으로 알려진 『무극천

의 사상과 문화에 전면적 영향력을 행사하였음이 분명하고, 그 분야는 대다수의 의학, 연금술, 점성술과 각종 점술에서 뿐만 아니라 순수한 전통 학술의 각종 분야, 예를 들자면 관방 역사편찬학, 문헌고증학, 신유가 그리고 수학, 천문학 등이었다"라고 밝혔다. John B. Henderson, 『중국 우주론의 발전과 쇠퇴(*The Development and Decline of Chinese Cosmology*)』, New York: Columbia University Press, 1984.

1) 『원사(元史)』 권48 「천문지(天文志)」에는 원나라 세조(世祖) 지원(至元) 4년(1267)까지 지구의를 만들었음이 기록되어 있다. "나무로 둥근 지구를 만들었다. 바다는 70%이고 그 색은 녹색이다. 땅은 30%이고 그 색은 흰색이다. 강과 호수 바다를 그려 땅 속을 혈맥처럼 관통한다. 작은 사각형(小方井)을 그려 둘레의 넓이와 길의 거리를 측정하였다(其制以木爲圓球, 七分爲水, 其色綠, 三分爲土地, 其色白, 畵江河湖海, 脈絡貫穿於其中, 畵作小方井, 以計幅圓之廣袤, 道里之遠近기제이목위원구, 칠분위수, 기색록, 삼분위토지, 기색백, 화강하호해, 맥락관천어기중, 화작소방정, 이계폭원지광무, 도리지원근)", 998~999쪽.

주정교진전실록(無極天主正敎眞傳實錄)』에도 1593년에 중국인에게 구형의 세계를 묘사해 보인 바 있다.[2] 비록 마테오리치의 관점이 중국과 서양의 문화 관념의 차이를 선명히 의식하고 이러한 차이에서 오는 충돌을 약화시키려 애를 썼지만 그동안 사각형이며 평면이라고 생각하였던 대지를 구형이라고 말하고 그동안 회전 운행 하던 하늘을 움직이지 않는 우주 공간이라 말하는 것은 결국 필연적으로 새로운 지식과 종래의 지식 사이의 충돌을 초래하게 된다.[3] 따라서 서양의 기계가 유입되고 서양 지식을 이해하게 되면서 전통적 '하늘'과 '땅'은 심각한 문제에 직면하였다. 그것은 훼손과 붕괴였다.

　　당시 중국에 들어온 천주교 선교사들은 본래 종교를 전파하고자 하였다. 그들이 자신들이 믿는 종교가 대다수 중국인이 상상하는 것과 같이 유럽인들에게만 적합한 일종의 이교(異敎)가 아니라 보편적인 진리의 의미를 지닌 종교라고 믿었음은 의심할 여지가 없다. 그러나 번역된 천주교 교의가 유구한 역사를 가진 한어의 어휘에 의해 점점 그 이질성(異質性)이 약화되고 중국의 신앙세계 속에 깊숙이 들어감에 따라, 그 시대에 지식과 사상의 이질성을 두드러지게 보여준 것은 서양의 하늘과 땅에 관한 지식이었다. 1593년 선교사 코보(Fray Juan Cobo : 1546~1592년, 스페인의 도미니칸 선교사, 천문학자. 중국명 고모선高母羨)는 그의 첫 번째 중국어 저작인 『변정교진전실록(辯正敎眞傳實錄)』과 그 후에 출간한 『건곤체의(乾坤體義)』(1605), 『간평의설(簡平儀說)』(1611), 『표도설(表度說)』(1614) 등의 저작 모두는 중국인에게 천문과 지리에 대한 각종 새로운 지식, 특히 지구는 '둥글지 네모가 아니라는 이치'를 받아들이게 하였다.[4]

---

2) 임금수(林金水), 『마테오리치와 중국(利瑪竇與中國)』, 중국사회과학출판사, 1996, 152쪽.

3) 『곤여만국전도(坤與萬國全圖)』, 우공학회 영인본(禹貢學會影印本), 1993. 또 『마테오리치 곤여만국전도(利瑪竇坤與萬國全圖)』, 쪽수별 영인본, 대안주식회사인본(大安株式會社印本), 도쿄 연대미상, 1쪽.

4) 주진학(周振鶴), 「필리핀에서 발생한 중국과 서양의 문화교류(發生在菲律賓的中西文化交流)」, 『만상(萬象)』 제1권 제6기, 66~77쪽 참조. 아울러 진미동(陳美東)과 진휘(陳暉), 『명말청초 시기 서양 지구 구형설의 중국에서의 전파와 반향(明末淸初西方地圓說在中國的傳播與反響)』과 코보(Fray Juan Cobo)의 『변정교육진전실록(辨正敎育眞傳實錄)』의 「지리의 사정에 관한 네 번째 장(地理之事情章之四)」에서도 지구 구형설을 언급한다. 『중국과학사료(中國科技史料)』 제21권 제1기, 2000, 6~12쪽.

2

마테오리치 이후 서양 선교사들은 끊임없이 중국에 들어왔고 그들은 서양의 각종 새로운 지식을 가지고 왔다. 명나라 말기까지 7000부의 서양 서적이 선교사 니콜라 트리고(Nicolas Trigault : 1577~1629년, 중국명 금니각金尼閣) 등에 의해 중국에 유입되었고 몇 십 년 동안 그들은 중국 지식계에 놀랄 만큼 이질적인 문명 세계를 한꺼번에 펼쳐 보였다.[1] 한 연구자가 지적한 대로 당시 중국으로 운반된 서양 서적의 수량은 매우 놀랄 만하다. "이 정도 분량의 서적은 유럽에서 대형 도서관 한 개의 규모로 르네상스 이후의 신학, 철학, 과학, 문학, 예술 등 각 분야의 모든 지식을 거의 포괄한다."[2] 그리고 이때 코페르니쿠스의 '태양중심설'과 서양의 '지구관'도 천주교의 신학을 따라 함께 유입되었다. 여기서 중국의 지식층을 크게 흔들리게 만든 정보 중 하나는 바로 우주는 본래 전통적으로 생각해 온 '하늘은 둥글고 땅은 네모'가 아니라 머리 위의 하늘은 움직이지 않고 발 아래의 대지는 전통적으로 생각해 오듯이 영원히 멈추어 있는 것이 아니라는 사실이다. 모든 이들의 구체적인 감각과 경험을 뛰어넘는 이러한 지식들은 실로 일종의 근간을 뒤흔드는 의미를 가지고 있었다. 야부치 키요시(藪內淸)는 중국 천문학의 "'천동설'에서 '지동설'로의 이행은 혁명적인 사건이며, 그것은 천문학 영역에서만의 문제가 아니고 인간의 정신 영역의 180도 전환과 관련된 사건이다"[3]라고 말하였다. 사실 '천동설'에서 '지동설'로의 전화 뿐만 아니라 이와 관련되어 중국 지리

---

1) 이지조(李之藻)는 천계(天啓) 3년(1623)에 알레니의 『직방외기(職方外紀)』의 서문을 쓰면서 7000부의 서양서가 중국에 들어올 당시를 거론하며 본래 "그것을 난대린실(蘭臺麟室)에 바쳐서 동서양 성현의 학술을 한데 모으고 싶었다"라고 하였다. "동서양 성현의 학술을 한데 모은다"라는 말은 사실상 이미 다른 민족의 문명을 받아들이고 문명의 차이를 비교할 생각이 있다는 것이다. 사방(謝方), 『직방외기교석(職方外紀校釋)』권수(卷首), 중화서국, 1996 참조.

2) 장음린(張蔭麟), 「명·청 시대 서학의 중국 유입에 대한 고찰(明淸之際西學輸入中國考略)」, 『청화학보(淸華學報)』 제1권 1기, 1924년 6월. 방호(方豪), 「명말 서양서 7000권의 중국 유입에 관한 고찰(明季西書七千部流入中國考)」, 『방호문록(方豪文錄)』, 북평상지편역관(北平上智編譯館), 1948. 이천강(李天綱), 『중국의 예의 논쟁―역사·문헌 그리고 의의(中國禮儀之爭―歷史·文獻和意義)』, 상해고적출판사, 1998, 28쪽 참조.

3) 야부치 키요시(藪內淸), 『중국의 천문학(中國の天文學)』 7, 「서양천문학의 동양전래(西洋天文學の東漸)」, 『중국의 천문역법(中國の天文曆法)』, 도쿄, 평범사, 1990, 증보개정본, 169쪽.

학이 '중국 중심론'에서 탈피하게 된 것도 실로 '혁명적 사건'이었다. 왜냐하면 중국의 지식과 사상, 그리고 신앙세계의 모든 합리성의 근거는 전통적인 시공간 감각과 밀접한 관련이 있기 때문이다. 이러한 전통적인 합리성의 근거가 서양에서 전래된 새로운 지식에 의해 흔들리자 아주 많은 기존의 지식과 사상, 그리고 신앙에 도미노식 붕괴가 발생하였다.[4]

많은 연구자들은 형이상학적 '하늘', 신격화된 의미의 '천주(天主)', 그리고 이들이 중국의 사상 및 이데올로기와 정면 충돌한 점에 관심을 두었지만 이러한 자연 공간으로서의 의미를 가진 '하늘'('땅'도 포함에서)과 그 변화가 중국의 사상 세계에서 가지는 잠재적인 의미까지는 생각하지 못하였다. 자크 제르네의 그의 걸작 『중국과 기독교』의 첫 번째 장 「동정에서 적대시로」에서 "선교사가 전파한 천체, 단 한 번에 성공한 창세, 시공의 유한성 등의 관념은 모두 그들의 신학과 맞물려 있었으며, 중국인의 세계관과는 정면으로 배치되는 것이었다. ……시공간 구조에 대한 해석은 예로부터 황권의 주요한 특권 중 하나였다"라고 말한다. 그러나 그는 뒤이어서 이러한 시공간 의식이 중국의 사유 세계에서 가지는 의미와 기독교의 전파 이후의 이러한 시공간 의식의 와해까지 규명하지는 않았다. 다섯 번째 장 「중국인의 천과 기도교도의 하느님」에서 그는 중국인의 '하늘'과 기독교도의 '하늘'의 차이점은 "기독교의 교의는 하나의 인격화되고 모든 것을 초월한 하느님과 관련이 있는 것으로서 순수하게 하나의 신령이다. ……중국인의 하늘은 그것과 완전히 상반된다. 그것은 일종의 세속과 종교의 표현 형식이 용합되어 하나가 된 관념이다"라고도 말하였다. 안타까운 점은 그가 너무 빨리 화제를 신격화된 '하늘'로 돌려버렸다는 점이다.[5]

---

4) '땅'의 문제에 관해서는 다음 절에서 논할 것이다. 간혹 '땅'을 언급할 수도 있겠지만, 여기서는 '하늘'만을 논한다.

5) 자크 제르네(Jacques Gernet), 중역본, 상해고적출판사, 1991, 90~91쪽. 필자가 본 최근에 출판된 아주 우수한 두 권의 저작, 하준(何俊), 『서학과 명나라 말기 사상의 균열과 변화(西學與晚明思想的裂變)』, 상해인민출판사, 1998와 이천강(李天綱), 『중국의 예의 논쟁(中國禮儀之爭)』, 상해고적출판사, 1998에서도 이 자연적 우주의 문제를 많이 논의하지는 않았다. 이 문제는 과학사에만 국한되는 것이 아니다. 가장 새롭고 깊이 있는 연구로는 축평일(祝平一), 「문화간 지식전파 사례 연구─명나라 말기 청나라 초기의 지구 구형설에 대한 논쟁, 1600~1800(跨文化知識傳播個案研究─明末淸初關於地圓說的爭議, 1600~1800)」, 『역사언어연구소집간(歷史語言硏究所集刊)』 Vol. 69 No.3, 타이베이, 1998, 589~670쪽.

표면적으로 천체 이론과 그것과 관련된 역법 지식은 당시 중국인들 사이에 큰 인기를 누렸지만 '하늘'과 '천주'와 '천당' 등 천주교 사상은 중국의 불교, 도교, 유교의 사상과 직접적인 충돌을 일으킬 수 있었다. 그러나 이것은 천체 이론과 역법 지식이 관념 세계에 영향을 줄 수 없음을 의미하지는 않으며, 지식 기술이 사상과 신앙을 뒷받침하거나 와해시키는 의미를 소홀히 할 수 없다.[1] 필자가 앞에서 말한 바와 같이 '하늘'에 대한 관찰과 체험에서 나온 시간과 공간에 관한 틀은 대개 사람들의 사유 활동의 준거이자 또한 가장 바뀌지 않는 관념이기도 하다. 한나라 때부터 사람들의 지식과 사상은 줄곧 습관적으로 이러한 토대 위에 안주하였다. 자연적 '하늘'이든 철리(哲理)적 '하늘'이든 아니면 신화적 '하늘'이든 깊은 차원에서는 모두 일치하였으며 서로를 뒷받침해 주었다. 따라서 "하늘은 변하지 않고 도도 변하지 않았다." 하지만 만약 갑자기 어느 날 뜻하지 않게 서양에서 온 '하늘에 관한 학문(天學)'이 뜻밖에 중국인에게 과거에 중국인이 믿던 우주의 중심은 결코 중심이 아니고, 천체도 하나의 둥근 '하늘'이 아니며, '하늘이 왼쪽으로 도는 것'이 아니라 '지구가 오른쪽으로 돌았고', '땅'도 과거의 의식 속에 있던 서해의 땅이 아니고, 바다는 '정동', '동남'쪽에 있을 뿐이기에 대칭은 대칭이 아니고 조화는 조화가 아니라고 말한다면 그 사유는 한 순간에 혼란스러워진다. 관념의 역사에서 이것은 중요한 '온 세상이 무너지는(天崩地裂천붕지열)'의 대변화 중 하나이기도 하다.

먼저 마테오리치의 주장을 살펴보자. 마테오리치는 역법에서 시차, 일식, 월식, 그 자신이 지구를 두루 돌던 때의 경험 등을 활용해서 지구는 본래 둥글다고 말한다.

> 땅과 바다는 본래 원형이고 합쳐져서 하나의 구가 된다. 천구 안에 있으면 마치 달걀에서 노른자가 흰자 안에 있는 것과 같다. ……하나의 구로 뒤섞여 있고, 본래 위와 아래가 없고 덮개도 하늘 안에 있으니 어떻게 하늘 아닌 것이 보이겠는가? 전체 육합(六合) 안에서 무릇 발이 딛고 선 곳이라면 아래이고 머리가 향한 곳이라면

대칭은 대칭이 아니고 조화는 조화가 아니라면 그 사유는 한 순간에 혼란스러워진다.

---

1) 이 점에 대해서는 「도론」, 제2절 '지식사와 사상사'에서 설명한 바 있다.

위이다. 오로지 몸이 있는 곳만으로 위와 아래로 나누는 것은 옳지 않다(天與海本是 圓形, 而合爲一球, 居天球之中, 誠如鷄子, 黃在靑內 ……渾淪一球, 原無上下, 蓋在天之內, 何 瞻非天? 總六合內, 凡足所佇卽爲下, 凡首所向卽爲上, 其專以身之所居分上下者, 未然也천여해 본시원형, 이합위일구, 거천구지중, 성여계자, 황재청내 ……혼륜일구, 원무상하, 개재천지내, 하첨비천? 총육합내, 범족소저즉위하, 범수소향즉위상, 기전이신지소거분상하자, 미연야).[2]

마테오리치의 생각에 따라 추론을 심화시켜 보면, 이때의 '하늘'은 이미 '하늘'이라고 할 수 없어졌고, '땅'도 '땅'이라고 할 수 없게 되었다. 더군다나 중국인과 같은 사람이 우리와 함께 '발을 맞대고 서' 있기도 하다! 따라서 이러한 새로운 지식은 곧바로 놀라움과 호기심을 일으켰다. 이지조(李之藻)가 「제만국곤여도(題萬國坤輿圖)」에서 "바닷물과 그 부지가 함께 원형을 만들었고 주위에는 생치(生齒 : 백성)가 있다고 하니 아주 희한하고 놀랍다"고 말한 것과 같이 당시 '발을 집 밖에 내딛지 않고 잘못된 견해에 갇혀 있던' 사람들은 "그와 대화를 하고는 갑자기 놀랐다." 『마테오리치 중국찰기(利馬竇中國札記)』에서는 다음과 같이 말한다.

마테오리치 신부는 중국인에게는 신기한 유럽의 과학 지식으로 중국의 철학계 전체를 뒤흔들었다. 충분한 논리적 추리를 통해서 그 지식에 담긴 새로운 진리를 증명하였다. 이렇게 많은 세기가 지난 후에서야 그들은 비로소 그로부터 대지가 둥글다는 것을 처음으로 알았다. 예부터 그들은 "하늘은 둥글고 땅은 네모다"라는 오랜 격언을 굳게 믿었다. ……그들은 하늘이 견고한 실체로 구성되어 있고, 천체는 고정된 것으로 목적지 없이 떠돌아다니는 것이 아니라 열 겹의 궤도가 있고 한 겹 한 겹 싸여 있으면서 상반되는 힘으로 운행을 추진한다는 사실을 전혀 알지 못하였다. 아니 사실상 들어 본 적이 없었다.[3]

방호(方豪 : 1910~1980년)는 『오위역지(五緯曆指)』 등의 문헌을 근거로 마테오리

---

2) 마테오리치, 「곤여만국전도제식(坤輿萬國全圖題識)」, 『곤여만국전도(坤輿萬國全圖)』. 『건곤체의(乾坤體義)』에 수록될 때는 「천지혼의설(天地渾儀說)」로 이름을 바꾸었다. 문연각사고전서본 권상, 1쪽 A, 2쪽 B.
3) 『마테오리치 중국 찰기(利馬竇中國札記)』 제4권, 제5장, 중화서국, 1983, 347~348쪽.

치뿐만 아니라 명나라 말기의 테렌즈(Jean Terrenz : 1576~1630년, 중국명 등옥함鄧玉函) 와 자크 로우(Jacques Rho : 1593~1638년, 중국명 나아곡羅雅谷)도 갈릴레이 이론 등 서양 천문학의 지식을 중국에 들여왔음을 설명하였다. 비록 선교사들이 일반적으로 이 관점에 동의하지 않고, 여전히 "땅은 여러 하늘의 마음이고 마음은 중추처럼 고정되어 움직이지 않는다"라는 생각을 굳게 지키면서 중국의 사상 세계와 더 큰 충돌을 피하였다고는 해도 '땅이 둥글다'는 이론이나 목성에는 '네 개의 소성이 있고' 금성에는 '위아래로 현(弦)이 있다'는 관측, 은하수가 별의 무리로 구성되었다는 등에 관한 새로운 이론은 모두 그들의 소개로 중국으로 들어왔다.[1]

차츰 그 이론들은 중국인의 머릿속에 있었던 '하늘'을 이전과는 다르게 변화시켰다. 불과 몇 십 년 지나지 않아 이러한 관념들은 상당히 유행하여 조정에까지 진입하게 되었다. 그들은 서광계(徐光啓 : 1562~1633년) 등 개명 사인(開明士人)들에 힘입어 숭정(崇禎) 시대에 조정에 진출해서 『숭정역서(崇禎曆書)』 편찬 작업을 하였으며, 이미 프톨레마이오스(Claudius Prolemy : 85?~165?)와 브라헤(Tycho Brahe : 1546~1601년)의 천체 운행 체계와 우주의 구조에 관한 이론을 번역하여 소개하였다.[2] 뒤이어 스모글렌스키(Jean-Nicolas Smogolenski : 1611~1656년, 중국명 목니합穆尼閣)가 번역한 서구의 천문학 서적을 1644년 설봉조(薛鳳祚 : 1599~1680년)가 『역학회통(曆學會通)』에 포함시켰다. 어떤 연구자는 설봉조가 개정하기는 하였지만 코페르니쿠스의 이론도 이미 중국에 들어왔을 것이라고 생각한다.[3]

이에 따라 마테오리치부터 페르비스트(Ferdinand Verbiest : 1623~1688년, 중국명 남회인南懷仁)까지의 서양 선교사들도 점차 실측을 통해 제작된 서양의 세계지도를 동양에 소개해서 많은 중국인들도 지구의 기타 지식에 관해서 알도록 하였으며, 신선하기 그지없는 이러한 지식들은 명나라와 청나라 시대의 상류 사회에 커다란 영향을 끼쳤다고 말할 수 있다.[4] 서광계나 이지조 등 선교사들과 친분이 두터

'땅이 둥글다'는 이론이나 목성에는 '네 개의 소성이 있고' 금성에는 '위아래로 현이 있다'는 관측, 은하수가 별의 무리로 구성되었다는 등에 관한 새로운 이론은 모두 그들의 소개로 중국으로 들어왔다.

---

1) 방호(方豪), 「갈릴레이와 과학의 중국유입의 관계(伽利略與科學轉入我國之關係)」, 『방호문록(方豪文錄)』, 289~290쪽.
2) 풍금영(馮錦榮), 「명말청초 사대부의 『숭정역서』에 대한 연구(明末清初士大夫對『崇禎易書』之研究)」, 홍콩대학 중문과 편, 『명‧청사집간(明清史集刊)』 제3권, 1997, 145~198쪽 참조.
3) 석운리(石雲理), 「천체운행의 진정한 근원과 중국에서 코페르니쿠스 천문학의 초기적 전파(天步眞原與哥白尼天文學在中國的早期傳播)」, 『중국과기사료(中國科技史料)』 제21권 1기, 2000, 83~91쪽 참조.

왔던 사람들만 "세상은 둥글다"라는 관념을 믿고 받아들였던 것은 아니다.[5] 이지(李贄 : 1527~1602년)도 『사해설(四海說)』에서 정서, 정북, 정남쪽에는 바다가 없고, 정동과 동남쪽에만 바다가 있다는 주장을 폈다. 이런 생각은 마테오리치의 지도에서 영감을 얻은 것으로 이러한 주장은 과거의 3도 10주(三島十洲), 4대 부주(四大部洲)와 사이(四夷 : 네 오랑캐)가 하나의 원처럼 중국을 둥글게 둘러싸고 있어 중국이 곧 세상의 중심이라는 전통적인 생각이 그 근거를 모조리 상실케 하였다.[6]

그리고 당시의 장경원(張京元)은 「제만국소도서(題萬國小圖序)」에서 "땅이 둥글다"는 이론을 받아들었다. 그는 고대의 혼천설의 '땅은 노른자 모양'이라는 주장을 차용하면서도 마테오리치의 "하늘은 둥글고 땅은 네모라는 것은 성정의 움직임과 멈춤만을 가지고 말하는 것이지 형체를 가지고 말한 것은 아니다"라는 주장을 함께 인용하고 있어 신구의 두 가지 이론을 조화시켰다. 장황(章潢 : 1527~1608년)은 만력(萬曆) 41년(1613)에 편찬한 『도서편(圖書編)』에서 전통적 문헌인 『역경(易經)』, 『하도(河圖)』, 『낙서(洛書)』와 오경과 사서 등을 전반부의 8권까지 배치함으로써 전통 학문에 대한 존중을 표하였지만, 16권 이후부터는 서양의 지구 이론에 따라 그려진 『호천혼원도(昊天渾元圖)』, 『구중천도(九重天圖)』 등을 통째로 수록하였고, 서양의 이론에 따라 지구는 네 쪽으로 이루어진 수박 모양이고 '바다는

3도 10주, 4대 부주와 사이(四夷 : 네 오랑캐)가 하나의 원처럼 중국을 둥글게 둘러싸고 있어 중국이 곧 세상의 중심이라는 전통적인 생각이 그 근거를 모조리 상실케 하였다.

4) 약간 뒤에 발표된 페르비스트(Verbiest)의 『곤여도설(坤輿圖說)』 상권에는 마테오리치 등의 이 분야의 소개가 언급되며 "땅과 바다는 본래 원형이고 하나의 구로 합쳐진다", "땅이 네모라고 하는 것은 바로 그것이 정해져서 변하지 않는 속성을 말하는 것이지 그것의 형체를 말하는 것이 아니다"라고도 말한다. 페르비스트, 『곤여도설(坤輿圖說)』 상권, 총서집성본(叢書集成本), 상무인서관, 5~6쪽.

5) 예를 들어 서광계는 「제만국이환도서(題萬國二圜圖序)」에서도 여러 가지 방법으로 "세상은 둥글다"라는 관념을 논증하였다. 왕중민(王重民) 편, 『서광계집(徐光啓集)』 권2, 상해고적출판사, 1984, 63쪽.

6) 악순(樂純), 『설암청사(雪庵淸史)』 권1 「청경ㆍ십주(淸景ㆍ十洲)」에 "독옹(禿翁 : 이지)의 사해설을 읽어보면 세상 사람들의 시야가 좁음을 알 수 있다." 『북경도서관고적진본총서(北京圖書館古籍珍本叢書)』, 명서림이소천각본(明書林李少泉刻本)에 따른 영인본, 68책, 베이징, 서목문헌출판사(書目文獻出版社), 출판년도 미상, 376쪽 참조. 또한 서창치(徐昌治) 편, 『성조파사집(聖朝破邪集)』 권3에 수록된 위예(魏睿)의 「마테오리치의 학설이 세상을 당혹케 하다(利說荒唐惑世)」에서는 '마테오리치는 그릇된 이론으로 사람들을 현혹시켰고 사대부는 기꺼이 그것을 믿는다. ……그가 지은 「곤여전도」는 아득하고 먼 내용을 언급해서 눈으로 보지 못하는 것과 발로 갈 수 없어서 증명할 수 없는 내용을 가지고 사람들을 속인다"라고 말한다. 홍콩건도학원(香港建道學院), 1996, 184~185쪽. 사실 당시 마테오리치가 이 지도를 그릴 때는 아직 중국은 중앙 쪽에 배치하였다. 알레니가 1623년에 출간한 『직방외기』 권수(卷首)에서는 "땅은 원형이며 중간에 있는 지역은 없다. 동서남북이라는 구분은 사람들이 옳다고 믿은 것이지 애초부터 정확한 기준이 아니었다"라고 명쾌하게 지적한다.

각 부분이 9행으로 나뉘므로 결국 4 곱하기 9가 되어 36행이 되고 360도의 형상을 하는 것'으로 그렸다. 그는 심지어 서양 문자도 비슷하게 모사하였다. 자료집 속에 수록되었다는 사실은 지식인들이 일반적으로 서양의 이론을 받아들였고 그것을 상식으로 삼았다는 점을 확실히 보여준다.[1]

그리고 더 늦은 시기의 방이지(方以智 : 1611~1671년)는 『물리소지(物理小識)』권2 「천한(天漢)」에서 서양 사람들의 "망원경으로 은하수가 모두 작은 별들임을 자세히 관측하였다(以[望]遠鏡細測天漢皆細星이[망]원경세측천한개세성)"라는 말에 근거해서 전통적인 천체 관념을 부정하였고, 『통아(通雅)』권11에서 서양 사람의 '천문학' 지식에 근거해서 "별자리에 따라 구역을 나눈다(星土分野성토분야)"는 설을 비판하였다.[2] 그의 아들 방중리(方中履)가 지은 『고금석의(古今釋疑)』권12, 「천지지형(天地之形)」에서는 공개적으로 '천원지방'이라는 전통적인 견해를 버리고 "하늘이 땅의 외부를 둘러싸고 있고, 땅은 허공에 있다(天包地外, 地居空中천포지외, 지거공중)"라는 견해를 수용하였으며, 마테오리치의 「곤여만국전도」의 "땅과 바다는 본래 원형이고 하나의 구로 합쳐지며 천구(天球) 안에 위치한다"라는 표현에 근거해서 전통적 우주를 철저히 와해시켰다. 그리고 "땅은 박처럼 꼭지와 오목한 부위가 있다"라는 지구 구형설을 계승하였다. 그런데 최후에 가서 그는 아주 현명한 방법을 쓰려고도 하였는데 그것은 바로 고유한 사상적 자원을 발굴해서 새로운 지식의 지지 체계를 구축하는 것이었다. 그는 『황제소문(黃帝素問)』, 『주비산경(周髀算經)』과 소옹(邵雍), 주희(朱熹)를 모두 논거로 끌어들여 "중국의 학설은 본디 분명하였고, 마테오리치가 들어오자 비로소 번성하였다" 것을 증명하였다. 서양인은 중국인이 다시 예전의 이론을 기억해 내도록 하는 것을 도울 뿐이라는 말이다.[3]

이는 전혀 이상할 것이 없다. 당시의 중국인이 이러한 신지식을 받아들인 것은 한편으로는 역사적 기억에 따른 것이고, 한편으로는 감각적 경험에 따른 것이었다. 중국의 역사적 기억에서 주변으로 밀려났던 자원들이 이 시기에는 서양 학

---

1) 장황(張潢), 『도서편(圖書編)』권16, 타이베이, 성문출판사유한공사(成文出版社有限公司) 영인본, 2457~2462쪽.

2) 『방이지전집(方以智全集)』1책, 『통아(通雅)』상, 상해고적출판사, 1988, 451쪽.

3) 『고금석의(古今釋疑)』권11, 1101~1108쪽. 제목은 황종희가 지은 『수서수필(授書隨筆)』이나 실질적으로는 방중리의 『고금석의』이다. 굴만리(屈萬里) 편, 『잡저비적총간(雜著秘籍叢刊)』영인본, 학생서국, 1971 참조.

문을 수용하는 계기가 되었다. 웅명우(熊明遇 : 1579~1649년)가 역사적 전설 속 황제(黃帝)의 스승인 기백(岐伯)의 "땅은 하늘에 있고 대기가 그것을 떠받친다(地在天中, 大氣擧之지재천중, 대기거지)"라는 말을 떠올린 것, 양정균(楊廷筠 : 1557~1627년)이 초사(楚辭)에 있는 "하늘과 땅이 어떻게 만나는지 유자(儒者)들은 대답할 수 없었다(天地何際, 儒者不能對천지하제, 유자불능대)"라는 이야기를 떠올린 것, 이지조가 고대 중국의 『황제소문』, 『주비산경』 심지어 『장자』에 있는 우언을 떠올린 것 등이 그 예이다.[4] 그리고 몇몇 사람들의 개인적 경험도 서양 학문의 수용에 심리적인 뒷받침이 되었다. 왜냐하면 경험에서 증명할 수 있는 범위 안에서도 사람들이 점점 서양인의 이론이 이치에 맞는다고 믿고 확신하도록 하였기 때문이다. 그 우주지구론이 별의 회전과 항해에 대한 실측으로 뒷받침되었을 뿐만 아니라, 특히 이러한 '하늘의 모양'에 관한 새로운 지식은 고대 시대에 가장 중시하였던 '경수민시(敬授民時)'의 역법 계산에서도 검증되었기 때문이다. 벤저민 엘먼(Benjamin A. Elman)은 한 연구에서 역법의 오류와 천상운행에 관한 관심과 긴장은 줄곧 중국의 사인들을 곤혹스럽게 하였고, 심지어 그들은 이 문제를 사인들의 과거시험에 출제하는 책문에도 넣었음을 거론하였다.[5] 아마 이는 서양의 상대적으로 비교적 정확한 천문학과 역학의 지식을 수용하는 데는 그 배후에 절박한 심정이 있었음을 직접적으로 증명해 준다. 이 때문에 이러한 지식은 증명되는 순간 사대부 계층에 존재하고 보급되는 합법성을 획득하였다.

숭정(崇禎) 3년 10월 16일(1630년 11월 19일)의 월식 추산은 사대부들에게는 아주 인상이 깊은 일이었을 것이다. 당시의 추산에서는 초휴(初虧)에 대해서 대통력(大統曆)은 인정삼각(寅正三刻)으로 정하였고, 회회력(回回曆)은 묘초초각(卯初初刻)으로 정하였는데, 아담 샬 등이 추천한 서양 역법에서는 인정일각(寅正一刻) 89분 25

---

4) 웅명우(熊明遇), 「표도설서(表度說序)」, 『천학초함(天學初函)』 제5책, 2527쪽. 양정균(楊廷筠), 「직방외기서(職方外紀序)」, 『천학초함(天學初函)』 제3책, 1287쪽. 이지조, 「천주실의중각서(天主實義重刻序)」, 『천학초함(天學初函)』 제1책, 356쪽.

5) 그 예로 가정(嘉靖) 4년(1525) 강소 향시의 책문 문항은 역법과 관련이 있었고, 가정 4년 절강 향시의 책문 문항은 천상(天象)과 관련이 있었다. 엘먼(Benjamin A. Elman), 「명나라 말기 유학 과거 책문 속의 '자연학'(晚明儒學科擧策問中的 '自然之學')」, 뇌이(雷頤) 옮김, 『중국문화(中國文化)』 제13기, 베이징, 중국문화잡지사(中國文化雜誌社), 1996, 132~148쪽.

초로 확정하였다. 월식의 전 과정이 걸리는 시간에 대해서는 대통력은 7분, 회회력은 7분 64초로 계산하였고, 서양 역법은 11분 13초로 계산하였다. 최종적인 사실은 당시 양연사(梁衍泗)와 섭진춘(葉震春)의 보고에 따르면 초휴는 인정일각 90분이었고 시간은 11분 이상으로 세 역법 중 서양 역법이 가장 정확함이 확연히 드러났다. 이 일은 서양 역법의 실용적 의의를 증명하였고 이러한 실용적 의의는 또한 많은 중국인들이 다른 지역에서 온 지식과 기술을 자연스럽게 받아들이도록 하는 동시에 이러한 지식의 전파를 가로막는 많은 요소들을 줄였다.

　　역사 속에서 서양의 천문학 지식이 중국에서 자리를 잡은 상징적인 사건을 찾으려고 한다면, 명말청초의 역서 개정과 보급도 가장 중요한 상징일 것이다. 명나라 숭정(崇禎) 2년(1629)에는 황제의 비준으로 고급 관원들이 참가한 북경역국(北京曆局)이 체계적으로 유럽의 천문학 이론을 번역하기 시작하였고, 숭정 7년(1634)에는 드디어 개정을 완성하였다. 완성 당시에는 이미 널리 보급할 여유가 없어졌지만, 후세에 큰 영향력을 행사하였던 『숭정역서』 137권을 청나라 순치(順治 : 청나라의 제3대 황제인 세조의 연호, 1638~1661년) 연간에 아담 샬이 책이름을 바꾸어 32종 103권짜리 『서양신법역서(西洋新法曆書)』를 펴냈다. 그리고 이것이 당시에 보편적으로 전파된 후 명나라와 청나라 두 시대 동안 '하늘'에 대한 서양의 지식을 상징하게 되었고 자연스럽게 중국에서 보편적으로 수용되었다.[1]

'하늘'에 대한 서양의 지식을 상징하게 되었고 자연스럽게 중국에서 보편적으로 수용되었다.

　　"(만력) 황제는 멀리서 온 것을 기쁘게 생각해서, 내빈 숙소를 내어주고 식사를 제공하였으며 후하게 대접하였다. 공경(公卿) 이하의 모든 이들은 그들을 중히 여겨 모두 나아가 맞이하였다([萬曆]帝嘉其遠來, 假館授粲, 給賜優厚. 公卿以下重其人, 咸與

---

1) 풍금영(馮錦英)은 명말청초의 웅명우의 『격치장(格致章)』, 방공소(方孔炤 : 1591~1655년)의 『숭정역서약(崇禎曆書約)』을 예로 들면서 명나라 숭정에서 순치 연간(1628~1661)까지 『숭정역서』의 영향을 설명한다. 풍금영(馮錦英), 「명말청초 사대부의 『숭정역서』에 대한 연구(明末清初士大夫代『崇禎曆書』之研究)」, 『명・청사집간(明清史集刊)』 제3권, 178~198쪽. 또한 당시의 각종 보편적인 상식을 기록한 유서(類書)에도 서양의 지식을 그 지식 분류 목록에 포함시켰다. 예를 들어 장황은 만력 41년(1613)에 출간한 『도서편(圖書編)』에 전통적인 우주 지식(주역, 하도, 낙서 등), 전통적 사회 지식(오경, 사서)의 뒷부분에 권16부터 「호천혼원도(昊天渾元圖)」, 「구중천도(九重天圖)」, 「천도황도적도주야장단도(天度黃道赤道晝夜長短圖)」 등 서양의 천문학 지식을 수록하였다. 심지어 그림에는 알아볼 수 없는 서양의 글자도 적혀 있어서 서양 지식의 유입 정도를 알 수 있다. 당연히 서양 지식이 중국의 전통 지식의 계보에서 합당한 지위를 점유하지는 못하였다. 『도서편(圖書編)』, 성문출판사유한공사 영인본, 타이베이.

晋接[만력제가기원래, 가관수찬, 급사우후. 공경이하중기인, 함여진첩).”[2] 최소한 명나라 만력 연간부터 이러한 지식의 보급과 수용 과정이 무사평온하지는 않았던 것으로 보인다. 각종 문헌에서 살펴보면 황제와 교양 수준이 아주 높고 문화적 전통을 해석할 책임을 진 지식인을 포함한 당시의 많은 사람들은 모두 서양인의 이러한 실용적 기술과 지식에 호기심을 가졌으며 흥미도 매우 많았다. 『국각(國権)』을 쓴 역사학자 담천(談遷)은 그의 『북유록(北游錄)』에서 그가 북경에 가서 아담 샬의 집을 방문해서 간평의(簡平儀), 자명종, 망원경 등이 있는 것을 본 사실을 각별히 기록하였다. 그리고 이러한 물건들을 그의 여행기에 별도로 기술하였으니, 이는 일반적 지식인들의 관심 정도를 보여주는 것이다. 그러나 사상사에서 특히 주목해야 하는 것은 항상 전통적인 문명 지도 안에서 생활하였고 거기에 젖어 있었으며 문명적 우월 의식으로 가득하였던 중국 지식인들은 새로운 지식에 대해서 항상 두 가지 태도를 취하고 두 가지 대응 방식을 만들어 냈다는 사실이다.

두 가지 대응 방식

　　그 하나는 이러한 새로운 지식을 전부 자신의 장부에 포함시킨 채 스스로의 자부심을 만족시키면서도, 이 새로운 지식에 역사와 전통이 인정하는 타당성을 부여하는 것이다. 이러한 관점을 가진 사람은 적지 않았다. 앞에서 언급한 양정균, 이지조, 장경원, 방중리 외에도 후에 『명사(明史)』「역지(曆誌)」 편찬에 참가한 사람도 이런 생각을 가지고 있었다. 그리고 역법 실력이 뛰어난 유럽인은 요임금이 서쪽에 가서 살라고 명한 화중(和仲)이 '성교(聖敎)를 서쪽에 전파한 것'이거나 주나라 말기에 주인(疇人)의 후예가 '책과 문물을 들고 서쪽으로 갔던 것'일 수 있으며, 그들의 '혼개통헌(渾蓋通憲)의 기구, 지구상에 다섯 기후대가 있다는 주장, 지구가 구형이라는 이치, 방위 정하는 방법'은 모두 고대 중국의 『주비산경』에서 유래한 것이라고 말하였다.[3]

　　두 번째는 이러한 '하늘'에 관한 지식을 역법과 실측의 일부인 지식적인 학문으로 보고, 전통적인 '하늘'에 대한 사상과 구분하여 이 지식을 논할 때 되도록 이러한 '실용'적 경험 기술의 차원으로만 제한해서 수용하도록 하였다. 당시 많

2) 『명사(明史)』 권32, 「외국7(外國七)」 '이탈리아(意大里亞)', 8460쪽.
3) 『명사(明史)』 권5, 「역지(曆志) 1」, 544쪽.

은 지식인들은 문제를 '격물'의 차원에만 국한시키기를 희망하였다. 비록 '격물'의 배후에 연결되는 것이 '치지'였고, '치지'라는 말은 송나라 시대 이래의 사상사전에서 줄곧 궁극적인 의의를 탐구하는 의미를 가졌지 어떤 기술적 지식의 획득만은 아니었지만 말이다.

하지만 우리가 앞에서 말한 것처럼 외부로부터 유입된 새로운 지식이 자신의 익숙한 '상식'과 상충될 때 '상식'적으로는 반항의 관점이 싹틀 수 있다. 이는 비단 민족주의적인 자존심 때문만은 아니다. 마테오리치는 "중국인들은 모든 외국인을 지식 없는 야만인으로 대하고 이러한 용어로 이들을 부르면서, 외국인이 가지고 온 책 속의 어떤 내용도 공부할 가치가 없다고 여겼다. 이는 그들은 자신들에게만 진정한 과학과 지식이 있다고 믿었기 때문이다"[1]라고 비판한 바 있다. 그러나 실제적 상황은 이보다 훨씬 복잡하다. 이질적인 지식은 고유한 지식과 사상, 그리고 신앙의 세계에서 확실히 둥근 구멍과 네모난 장부처럼 도무지 맞지 않았으며, 고유한 지식 체계의 길들여진 사고방식은 현실적으로 이러한 신기해 보이는 것을 수용하고 이해하고 해석할 수가 없기 때문에 당시의 많은 사람들은 격렬하게 대항하는 태도를 보였던 것이다.

예를 들어 앞에서 거론한 이지의 『사해설』은 몇몇 기이한 질의를 받았다. 학식이 꽤 깊은 주국정(朱國禎 : 1557~1632년)도 만약 동해와 남해만 있고 서해와 북해가 없다면 "해가 질 때 그쪽으로 뚫고 지나가고 또다시 동쪽으로 간다는 말인가?", 만약 곤륜산에 있다면 산에는 네 방향만 있는데 "네 방향만 있다면 어떻게 위아래로 뚫고 나올 수 있는가?"라고 질문을 던졌다. 그는 '태양 중심설'을 이해하지 못하였고 '지구가 둥글다는 이론'도 알지 못하였다. 그러나 그의 마음 깊은 곳에 뿌리 박혀 있는 전통적인 우주관에는 자체적인 법칙이 있었다. 그래서 그는 『사해설(四海說)』을 하찮은 것으로 생각하며 "이치는 매우 명백하다. 많이 말할 것 없다"[2]라고 말하였다. 그리고 다른 한편으로 서양 선교사들에게 종교적인 적의를 품은 승려인 주굉(株宏 : 1535~1615년)은 불교의 '하늘'에 관한 관념들을 가지

---

1) 『마테오리치 중국찰기(利瑪竇中國札記)』 제1권 제9장, 94쪽.

2) 주국정(朱國禎), 『용당소품(涌幢小品)』 권16, 상해(上海), 중화서국, 1958.

고 천주교 선교사의 우주에 반박하였다. 예를 들자면, 그는 서양 사람은 불교 서적을 읽어본 적이 없기 때문에 삼십삼천(三十三天 : 도리천, 수미산 위에 있는 하늘)과 수미산(須彌山)을 모르며 "불경을 읽지 않는데 어찌 주장이 틀렸다고 질책할 수 있겠는가?"[3]라고 말하였다.

그리고 약간 나중의 인물 유종주(劉宗周 : 1578~1645년)는 이러한 새로운 지식을 한 편에 둔 채 마테오리치가 이미 하였던 말만을 이어받아 여전히 전통적인 '천원지방'에 의거해서 "하늘은 둥글고 땅은 네모라는 것은 최고의 법칙이다. 사람의 마음은 천지와 동일하다. 그 몸체는 움직이면서 둥글다. ……그 주변은 멈추어 있으면서 네모이다. ……군자의 학문은 둥근 것은 하늘을 본받았고 네모인 것은 땅을 본받은 것이다(天圓地方, 規矩之至也, 人心一天地也, 其體動而圓……其周靜而方……君子之學, 圓敎天, 方法地也천원지방, 규구지지야, 인심일천지야, 기체동이원……기주정이방……군자지학, 원교천, 방법지야)"[4]라고 자신의 도덕적 이상을 표현하였다. 명말청초의 가장 훌륭한 학자로 알려진 왕부지(王夫之 : 1619~1692년)도 『사문록외편(思問錄外篇)』에서 자신의 경험을 토대로 마테오리치의 경험에 반박하였다. 그는 사람은 물체의 아래나 둥근 공과 같은 땅에 거꾸로 설 수 없으며, 사람은 활모양이고 대지는 울퉁불퉁하여 평평하지 않은 것을 본다는 내용 등에 근거해서 "몸은 대지의 가운데 있고 시력도 남과 같으면 단번에 멀리 볼 수 있는 기술로 대지가 9만 리임을 계산해 낼 수 있다(身處大地之中, 目力亦與人同, 乃倚一遠鏡之技, 死算大地爲九萬里신처대지지중, 목력역여인동, 내의일원경지기, 사산대지위구만리)"라고 말하는 마테오리치를 비웃었고, 그는 정말 '사리 분별을 못하는 사람'[5]이라고 말하였다.

서양의 우주 지식을 받아들인 사람은 근본적인 원리에서도 완전히 서양의 우주 관념을 받아들일 수 없었다. 우리는 방이지(方以智 : 1611~1671년)의 『물리소지(物理小識)』「자서(自序)」에 있는 유명한 한 구절에 담긴 판단, 즉 서양 학문이 "질측(質測 : 자연과학)에 상세하나 통기(通幾 : 철학)를 말하는 것은 서툴다(詳於質測而拙於

---

3) 『천설(天說)』 1, 『천학초함(天學初函)』 제2책, 652쪽.

4) 『명유학안(名儒學案)』 권63, 『줍산학안』, 『대학잡변(大學雜辯)』(재판본), 타이베이, 세계서국(世界書局), 1965, 713쪽

5) 왕부지(王夫之), 『사문록외편(思問錄外篇)』, 『선산전집(船山全集)』 제12책, 장사(長沙), 악록서사, 1992, 460쪽.

言通幾상어질측이졸어언통기)"라는 문구를 알고 있다. 이 문구는 「통아(通雅)」 권1에서 되풀이되었다. 전통 중국의 사고방식에 의하면 어떠한 이질적인 지식과 사상도 '질측'에서 '통기'까지 조금도 서로 저촉되는 부분이 없어야 중국적 전통에서 통기를 경험하고 통하지 않는 곳이 없는 '천학(天學)', 즉 우주에 대한 총체적 지식을 대신할 수 있다. 달리 말해서 눈으로 관찰한 하늘의 모습에서 미묘한 현리(玄理)까지 추론하고 다시 미묘한 현리에서 구체적인 생활로 넓혀가야 중국인이 모든 문제를 처리하는 총체적 틀인 것이다. 하지만 그들이 보기에 서양의 천문학은 결코 이러한 의미를 가지지 않았기 때문에 "통기를 말하는 데는 서툴다"고 말하였던 것이다.[1]

지식과 사상을 관통하고, 기술과 원리를 관통하는 것 이외에 여기에는 또 다른 난점이 있다. 그것은 바로 '화이(華夷)'의 구분이라는 체면의 문제이다. 예를 들어 사실상 조정의 역법도 서양의 지식을 채용하였지만, 서양의 천문학이 중국의 의식과 체면을 훼손시키는 측면이 있다면 그것은 제한될 수 있기 마련이다. 따라서 명나라 만력, 천계, 숭정에서 청나라 시대의 순치와 강희 연간(1573~1722)까지 서양의 지구의, 혼의, 해시계, 망원경이 모두 잇달아 중국에 더 나아가 황궁에까지 유입되었고,[2] 상층 인사들에게서도 매우 큰 호감을 샀지만 천문학 기구를 제조하고 설계하는 근본적인 이론은 전통 중국의 이데올로기의 우주관과 심각한 충돌을 일으킬 가능성이 있었다.

한 가지 예로 강희 시대의 '천체의'는 천구의 하반부의 네모 상자를 제거하였던 적이 있었고, 여기서는 사실상 전통적 '천원지방'을 이미 부정하였던 것이다.[3] 그러나 여기서 선호하고 환영하였던 것은 어디까지나 형이하학적인 '기

---

1) 사카테 요시노부(坂出祥伸), 「방이지의 사상(方以智の思想)—4절, 통기와 리(通幾と理)」, 야부치 키요시(藪內淸) 등 편, 『명·청 시대의 과학기술사(明淸時代の科學技術史)』, 123~131쪽.

2) 「청궁서양의기(淸宮西洋儀器)」, 『고궁박물원장문물진품전집(故宮博物院藏文物珍品全集)』 본(本), 홍콩상무인서관(香港商務印書館), 1998. 진옥선(陳玉暉), 「청궁서양의기약술(淸宮西洋儀器略述)」, 『고적정리출판정황간보(古籍整理出版情況簡報)』 1999년 5기, 베이징 참조.

3) 이세동(伊世同)은 강희의 천구의와 전통적 혼천의의 차이를 언급하며 "자질구레한 기술의 문제에 속하기는 하지만 동서양의 역사와 문화적 배경과 사상적 방법과도 관계되어 있다"라고 말한다. 이세동(伊世同), 「강희천구의: 동서양문화교류의 증거(康熙天球儀: 東西方文化交流的證物)」, 『중국문화(中國文化)』 제7기, 172쪽 참조.

(器)'에 한정되어 있었지, 형이상학적인 '도(道)'까지 포함하지는 않았다. 특히 정치, 권력, 이데올로기에는 어떠한 암시나 영향도 주지 않았다. 이 때문에 청나라 강희 5년(1666)에 반포된 역법은 비록 서양의 방식을 참조하여 반영한 점이 있지만 역(曆) 부분에서는 "서양의 새로운 방법대로 바쳐 올립니다(欽奉上傳依西洋新法흠봉상전의서양신법)"라는 글을 삭제하였고, 5년 후(1671)에 역법에서 페르비스트를 기용하여 '되도록 서양 역법을 따랐지만' 역법 분분에는 여전히 "흠천감(欽天監 : 천문대)에서 아뢰옵니다. 『시헌력(時憲曆)』을 제작하여 온 나라에 반포하고 시행할 것을 준비하였습니다(欽天監奏準印造 『時憲曆』 頒行天下흠천감주준인조『시헌력』반행천하)"[4]라고 쓰여 있었으니, 이러한 '천문학'은 실로 『중국찰기(中國札記)』에서 말한 것처럼 '중국 철학계 전체를 뒤흔들려고' 하였거나 중국의 전통적 우주 질서를 동요시키려는 기미를 보이는 즉시 격렬한 비판에 부딪칠 수 있었음을 알 수 있다.

확실히 비판이 있을 수 있었다. 일설에 의하면 명나라 말기 왕석천(王錫闡 : 1628~1682년)의 6권짜리 『효암신법(曉庵新法)』은 겉으로는 결코 서양의 천문학과 역법을 직접적으로 비판하지 않고 서양의 새로운 지식의 실용성과 정확성에 대해서는 칭찬을 아끼지 않았다. 그러나 『주인전(疇人傳)』에 근거하여 전개된 그의 의견에는 음미할 만한 표현이 있다. "나는 서양의 역법이 좋다고 생각한다. 하지만 자세하고 정확하게 관측하는 데는 쓸 만하다고 생각하지만 법칙을 깊이 아는 데는 부적합하다고 생각한다(吾謂西曆善矣, 然以爲測候精詳可也, 以爲深知法意未可也오위서역선의, 연이위측후정상가야, 이위심지법의미가야)." 무엇이 법칙인가? 간단히 말해서 법칙은 이러한 지식의 궁극적 근거를 말하며, 황권·국가·사회 질서·도덕 윤리와 관련된 우주론적 기초이기도 하다. 실용적인 차원에서 서양식의 '하늘'을 받아들이는 것은 당연히 문제가 없으나 이데올로기의 차원에서 서양의 '하늘'을 받아들인다면 곤란하다는 것이다. 그러나 유독 중국 사상의 세계에서 '이(理)'와 '사(事)', '도(道)'와 '기(器)', '체(體)'와 '용(用)'은 언제나 영광과 훼손의 운명을 함께 하였다. 따라서 서양의 천문학이 고대 중국의 의식과 관념의 근본적 체계를 흔들었을 때에 호되고 격렬한 반항이 존재하였고 심하고 이치에 안 맞는 질책도 있었다.

서양의 천문학이 고대 중국의 의식과 관념의 근본적 체계를 흔들었을 때에 호되고 격렬한 반항이 존재하였다.

---

4) 엽몽주(葉夢珠), 『열세편(閱世編)』 권1, 상해고적출판사, 1981, 9쪽.

『성조파사집(聖朝破邪集)』제2권과 제5권에 각각 한 편씩의 문장이 있는데 하나는 「불순집단 적발 후의 고시(拿獲邪堂后告示나획사다후고시)」라는 명나라 말기의 재판문서이다. 문서에는 서양인은 고의로 중국의 형법을 어겼고, 허가받지 않고 천문 관측기구를 소장하고 제작하였으며, 칠정칠중천(七政七重天)설을 날조하였으며, 이는 "천체를 들어 무너뜨리려 한 것이다(擧天體而欲裂之거천체이욕열지)"라고 쓰여 있다. 그리고 만약 이러하다면 "세상이 어떤 일로 전복하고 미혹시키지 않을 수 있겠는가?"라고 추궁하였다. 다른 한 문서는 장광첨(張廣湉)이라는 사람이 쓴 「벽사적요약의(辟邪摘要略議)」이다. 그는 서양인의 천문학은 중국인이 '천문을 제멋대로 익히고 역일(曆日)을 가짜로 만들도록(私習天文, 僞造曆日사습천문, 위조역일)' 부추기지만, 이러한 천문학은 명나라 태조 때부터 가장 엄격하게 금지하였던 지식이며 "만약 우리 중 누군가가 그 교의를 숭상한다면 그 힘은 반드시 공맹의 경전을 배척 훼손하고 요순의 도통을 단절 소멸시켜 버릴 것이다"[1]라고 말하였다. 왜 서양의 천문학이 '천체 전부를 갈라지게' 하였다고 말하고, 왜 서양의 천문학을 공부하면 '요순의 도통을 단절 소멸시킬' 수 있다고 말하였는가? 일각에서는 중국의 정부가 천문에 관한 학문을 독점하였던 것은 "하늘과 소통하는 솜씨는 상고시대에는 왕권의 근원이었고 후세에는 왕권의 상징이 되었기 때문이다"[2]라고 한다. 여기서 한 단계 나아가 해야 할 말은 정치적 의미에서의 황권 뿐만 아니라 중국의 천문학 자체가 몇 천 년 동안 사람들이 잘 알고 있던 일종의 우주 질서를 뒷받침하고 있으며, 이것이 일단 무너지면 지식과 사상, 그리고 신앙의 질서는 바로 무너지고 사람들은 어떻게 해야 할지를 모르게 된다. 천문학은 '기(器)'의 학문일 뿐 아니라 '도(道)'의 기초이기도 하기 때문에 '기'가 변하면 '도'도 변할 수밖에 없고 '도'가 변한다면 '천'도 변하게 된다.

이러한 결과는 몇 백 년 후에야 뚜렷하게 드러났지만, 그때 중국의 '도'는 이미 변할 수밖에 없었다. 청나라 말기 엄복(嚴復 : 1853~1921년)은 이렇게 말하였다. "폴란드인 코페르니쿠스는 땅이 멈추어 있고 하늘이 움직인다는 설을 깨고, 지구

---

1) 서창치(徐昌治) 편, 『성조파사집(聖朝破邪集)』, 하괴기교본(夏瑰琦校本), 2권 117쪽, 5권 203쪽. 자크 제르네의 책, 92쪽 참조.

2) 강효원(江曉原), 『천학진원(天學眞原)』, 제3장 「천문학과 왕권(天學與王權)」, 요녕교육출판사, 1991, 130쪽.

가 태양계의 행성의 하나이며 일 년에 한번 태양을 돈다는 것을 증명하고, ……'위대하다 과학이여!'라고 감탄하였다. 세계 정치의 변동은 여기에 기반을 둔다"라며 그 핵심을 지적하였다. 이는 그가 말한 '예부터 사회의 제도 제정은 그 시작에서부터 자연을 따르지 않은 것이 없었기' 때문만은 아니었다. "하늘은 정지해 있고 땅은 움직인다. 하늘을 존귀하고 땅은 천하다. 그리고 하늘은 둥글고 땅은 네모다"라는 관념 체계의 통일이 일단 와해되자 자유, 민주, 평등이라는 관념이 "날이 갈수록 자라나 막을 수 없게 되었다."[3] 그리고 양계초도 이러한 현상의 무서움을 간파하였다. 왜냐하면 모든 사람의 감각의 기본적 구조도 여기에 있기 때문이었다. 그는 이렇게 말하였다. "코페르니쿠스 이전에 천문학자들은 모두 해가 지구를 돈다고 말하였다. 코페르니쿠스가 등장하자 그 이론을 반대하였다. 이에 뭇별들의 위치는 전과 같지만 관찰의 근거는 아주 달라졌다. ……공간과 시간이라는 두 요소는 실로 우리의 감각이 본래적으로 가지고 있는 불변의 원칙으로 일체를 종합하고 일체를 순서 짓는 기준으로 모두 여기에 갖추어져 있다. 만약 이것이 없다면 아는 모든 감각을 수습해서 그 갈피를 잡을 도리가 전혀 없다."[4]

3

다시 명나라와 청나라 시대로 돌아가 보겠다. 각종 새로운 지식들은 모두 당시에 아주 빠르게 중국에 유입되었다. 오늘날 사람이 고대의 중국을 상기하면 그때의 사람들은 매우 폐쇄적이라고 생각할 수도 있다. 그러나 사실은 우리가 상상한 것보다 훨씬 더 개방적이었다. 트리고가 가지고 온 '7000권의 서적'에는 도대체 얼마나 많은 지식이 담겨 있겠는가? 이는 오늘날까지도 완전히 다 보지 못하였다. 적어도 당시 중국의 지식계는 이미 서양의 새로운 지식을 축적하고 수용하였으며, 서양에서 가장 앞서가던 지식으로부터의 거리가 그리 멀지 않았

당시 중국의 지식계는 이미 서양의 새로운 지식을 축적하고 수용하였으며, 서양에서 가장 앞서가던 지식으로부터의 거리가 그리 멀지 않았던 것이다.

3) 엄부(嚴復), 「정치강의(政治講義)」 '자서(自序)', 『엄부집(嚴復集)』 제5책, 중화서국, 1241쪽.
4) 「근세 최고의 대철학자 칸트의 학설(近世第一大哲康德之學說)」, 『양계초전집(梁啓超全集)』 제2책, 베이징, 북경출판사(北京出版社), 1999, 1057쪽. 또 『서학서목표(西學書目表)』 「서례(序例)」 참조.

던 것이다.

　오늘날 우리는 이러한 서양의 새로운 지식이 일종의 잠재된 사상적 자원으로 근본적으로 중국의 전통적 지식과 사상의 체계를 와해시킬 수 있으며, '하늘' 즉 우주에 관한 지식 뿐 아니라 '땅' 즉 지리에 관한 지식과 함께 많은 다른 지식을 포괄한다고 알고 있다. 마테오리치가 말한 '하늘'이 만약 일종의 하늘의 모습에 관한 학문이었을 뿐이었다고 해도 그만이다. 하지만 마테오리치가 그 경계를 조금 넘어서서 "천지를 알면 천지를 주재하는 존재가 가장 선하고, 가장 크고, 지일(至一)함을 안다. 배우지 않음은 하늘을 버리는 것이다. 학문이 천제(天帝)로 귀결되지 않으면 결국 학문이 아니다(知天地而可證主宰天地者之至善至大至一也, 至大, 至一也, 不學者棄天也, 學不歸原於天帝, 終非學也지천지이가증주재천지자지지선지대지일야, 지대, 지일야, 불학자기천야, 학불귀원어천제, 종비학야)"라고 말하였을 때는 곧바로 궁극적인 신의 문제에 관해 분쟁이 발생할 수 있었다. 그리고 그는 곧바로 뒤이어 천지에 관한 화제에 대해서 "작은 것을 유보하고 큰 것에 중점을 두고, 복잡다단한 것을 줄이고 지일(至一)로 돌아간다(緩小以急於大, 減其繁多以歸於至一완소이급어대, 감기번다이귀어지일)"라고 말하였을 때는 더욱더 "모든 지식의 궁극적인 근원인 '하나(一)'는 도대체 무엇이냐"라는 추궁을 받아야 하였을 것이다.[1] 마찬가지로 마테오리치의 "세상에는 3행(行)만이 있다"는 주장은 사실 서양의 4원소설(四元素說: 고대 그리스의 철학자 엠페도클레스가 처음 주장한 것으로 만물이 물, 불, 공기, 흙의 네 가지 원소로 이루어져 있다는 가설)에서 유래하였다. 이러한 오행설보다 경험에 더욱 부합하는 우주 원소에 관한 이론은 이미 이지가 열렬히 찬양한 바 있다.

서양의 4원소설

　그러나 겉으로 보기에 그 흙, 물, 공기, 불이라는 네 원소는 중국의 금(金), 목(木), 수(水), 화(火), 토(土)의 오행과 무척 비슷한 것 같지만, 그것들은 모두 각자의 "세계관에서 만들어졌고 사람의 영혼, 만물의 생성과 성장 등의 문제가 긴밀하

---

1) 마테오리치, 「곤여만국전도(坤與萬國全圖)」 중하부 참조. 따라서 어떤 사람은 그들을 공격할 수도 있었다. "해와 달 그리고 다섯 별이 각각 하나의 하늘에 위치하고 있음(日月五星各居一天), 이것은 요순 이후 중국에서 대대로 내려온 법도와 기강 중 가장 큰 것이다. 그런데 이것을 어지럽히려고 하니, 이것은 천도(天道)를 숭배하는 것인가? 아니면 천도를 망령되게 하는 것인가?(是擧堯舜以來, 中國相傳綱維統紀之最大者, 而欲變亂之, 此爲奉若天道乎? 抑亦妄于天道乎?시거요순이래, 중국상전강유통기지최대자, 이욕변난지, 차위봉약천도호? 억역망우천도호?)" 서창치(徐昌治) 편, 「참원이소(參遠夷疏)」, 『성조파사집』 권1, 61쪽.

게 함께 연관된 것이었다." 따라서 본디 아리스토텔레스의 서양의 4원소설과 중국 전통의 우주 구조에 관한 인식인 '오행론'은 필연적으로 충돌하게 되어 있었다.[2] 마테오리치가 『건곤본의(乾坤本義)』에서 오행론이 '금'과 '목'을 기본 원소로 간주한 점을 비판한 경우와 마찬가지로 그 때문에 이러한 새로운 우주의 기본 원소에 관한 이론이 중국의 지식 세계에 들어오자, '용(用)'에서는 효과적이었지만 아주 빠르게 '체(體)'의 문제로 들어올 수 있었고 마테오리치는 다른 사람의 입을 빌어 '사행'은 '오행'의 체이고 '오행'은 '사행'의 용이라고 말하기도 하였다. 이처럼 서양의 학문은 체가 되었고, 중국의 학문은 용이 되어 전통적인 건곤이 전도되는 현상이 벌어졌다.[3]

당연히 어떤 지식인들은 서양의 지식을 받아들이고 싶어 하기도 하였다. 심지어 전통적 중국 사상과 다른 서양의 지식의 배후에 있는 것을 받아들이고 싶어 하였다. 아마도 그들이 가장 먼저 이러한 기술적인 '용(用)'을 마음으로부터 기뻐하며 추종하였기 때문에 이러한 기술을 뒷받침하고 있는 지식 체계도 옳을 것이라고 생각하였고, 이러한 지식에 대한 진심어린 신봉이 자연스럽게 그들에게 서양의 근본적인 원리를 믿도록 하였을 것이다. 서광계는 마테오리치와의 사상적

2) 서광대(徐光臺), 「명나라 말기 서양의 4원소설의 유입(明末西方四要素說的傳入)」, 『청화학보(清華學報)』 신27권 제3기, 신죽(新竹), 1997, 347~380쪽 참조.

3) 『건곤체의(乾坤體義)』 권상 「사원행론(四元行論)」, 문연각사고전서본, 10쪽 A~12쪽 B. 금정진(今井溱), 「건곤체의고(乾坤體義考)」, 야부치 키요시(藪內淸), 『명·청 시대의 과학기술사(明淸時代の科學技術史)』, 경도대학인문과학연구소(京都大學人文科學研究所), 1970, 붕우서점재판본(朋友書店重印本), 교토, 1997, 35~47쪽 참조. 사행설에 대한 반응은 매우 복잡하였다. 어떤 사람은 전통과 서양의 서로 다른 논법을 이해하고 조화시키려고도 하였다. 알폰소 바뇨니의 『공제격치(空際格致)』에서 "중국의 선비는 '우리 중화는 예부터 오행의 설이 있었으니 토(土)·수(水)·화(火)의 3행에 금(金)과 목(木)을 더하여 오행이 된다. 이 합설이 서양의 것과 같다는 것을 알지 못하는가?'라고 말한다(中土日, 吾中華從古有五行之說, 卽于土水火三行, 更加金土, 以成五行, 未知此說同于西學否中사왈, 오중화종고유오행지설, 즉우토수화삼행, 갱가금토, 이성오행, 미지차설동우서학부)"라고 하였다. 『천주교동전문헌(天主教東傳文獻)』 3편 제2책, 학생서국, 1986, 849~851쪽. 어떤 지식인은 이러한 서양의 관념을 받아들이고 전통적 오행설에 회의를 품기도 하였다. 예를 들면 웅명우(熊明遇), 방공소(方孔炤), 방이지(方以智) 등이다. 당연히 어떤 지식인들은 전통적 오행설의 입장에서 4원소설을 반대하였다. 예를 들자면 허대수(許大受)의 『성조좌벽(聖朝佐辟)』에서는 "저들 오랑캐만 오행이 틀리고 오랑캐의 공기·불·물·흙의 4원소가 맞다고 한다(彼夷獨謂五行爲非, 而夷之氣火水土爲是피이독위오행위비, 이이지기화수토위시)"라고 하였다. 확실히 이는 가장 근본적인 타당성의 근거에 관한 논쟁이다. 서광대(徐光臺), 「명말청초 중국 지식인의 4행설에 대한 반응—웅명우의 「격치장」의 경우(明末淸初中國士人對四行說的反應-以熊明遇「格致章」爲例)」, 『한학연구(漢學研究)』 17권 2기, 타이베이, 1999 참조.

교류를 회고하며 "그가 비로소 왔고, 사람들은 모두 그에게 경탄하며 모여들어 그와 대화를 나누었다. 오래도록 그와 함께 있으니 생각을 고치며 감복하지 않는 자가 없었다"[1]라고 말하였다. "일찍이 반복해서 난점을 해소한 적이 있다. 수많은 말 중에서 충효의 대의에 부합하지 않는 말 한마디를 찾고, 사람의 마음과 세상의 도에 무익한 말 한마디를 찾으려고 해도 결국 찾을 수 없었다(間嘗反復送難, 以至雜語燕談, 百千萬言中, 求一語不合忠孝大指, 求一語無益於人心世道者, 竟不可得간상반복송난, 이지잡어연담, 백천만언중, 구일어불합충효대지, 구일어무익어인심세도자, 경불가득)."[2] 때문에 그는 서양의 선교사들이 '유학을 보완하고 불교를 바꿀 수 있는' 종교를 가지고 있을 뿐만 아니라 "일종의 격물궁리(格物窮理)의 학문을 가지고 있고, 세상의 안과 밖, 만사 만물의 이치에 대해서 물으면 대답할 수 없는 것이 없고 자세하게 이해하고 있었으며(一種格物窮理之學, 凡世間世外, 萬事萬物之理, 叩之無不河, 懸響答, 絲分理解일종격물궁리지학, 범세간세외, 만사만물지리, 고지무불하, 현향답, 사분리해)"[3] 따라서 "대체로 서양의 기술에 부합하는 것은 이치에 부합하지 않는 것이 없고, 서양의 방법과 어긋나는 것은 이치와 어긋나지 않는 것이 없다(大率與西術合者, 靡弗與理合也, 與西術謬者, 靡弗與理謬也대솔여서술합자, 미불여리합야, 여서술류자, 미불여리류야)"[4]라고 인정하였다. 우리는 '리(理)'는 쉽사리 사람의 뜻에 부합할 수 없음을 기억한다. 송나라 때부터 '리'는 바로 '천리'였고 이는 모든 것의 궁극적인 근거였다. 만약 서양의 천문학 지식의 '술(術)'이 그처럼 '쓸모(用)' 있으면서 '체(體)'도 이치에도 합당하다면 과연 중국의 '천'은 여전히 이러한 근본적인 '리'를 독점하고 모든 전통적 지식을 뒷받침할 수 있을까?

당시 사람들의 새로운 지식 수용을 뒷받침하였던 일종의 보편주의적 사고는 사실상 육상산과 왕양명의 학문에서 연원한 것으로 다름 아닌 "동해와 서해는 마음이 같고 이치도 같다(東海西海, 心同理同동해서해, 심동리동)"라는 생각이다. 이

사람들의 새로운 지식 수용을 뒷받침하였던 일종의 보편주의적 사고는 사실상 육상산과 왕양명의 학문에서 연원한 것이다.

---

1) 「태서수법서(泰西水法序)」, 『서광계집(徐光啓集)』 권2, 66쪽.
2) 손상양(孫尙揚), 「초기 중국과 서양의 문화 교류에서의 오독과 그 창조성(早期中西文化交流中的誤讀及其創造性)」, 『원학(原學)』 제1집, 중국방송출판사(中國廣播電視出版社), 1994, 269쪽에서 재인용.
3) 「태서수법서」, 『서광계집』 권2, 66쪽.
4) 「각동문산지서(刻同文算指序)」, 『서광계집』 권2, 81쪽.

러한 주장은 본래 자신이 보편적 진리를 가지고 있음에 대한 자신감이다. 그러나 이때는 무의식적으로 고대 중국의 진리에 대한 독점을 와해시키고 새로운 지식이 대문을 열 수 있는 가능성도 제공한다. 만약 '천'에 관한 서양의 새로운 지식이 정말로 서광계, 이지조, 양정균 등이 말한 것처럼 중국인이 당연히 수용해야하고, 서양의 기하학 원리들처럼 '의심, 가능, 시험, 수정할 필요가 없는 진리'라면,[5] 고대 중국의 우주 질서는 어떻게 처신하고 당시 중국의 지식 체계는 어떻게 확립되어야 하였을까? 이에 따라 확고한 입장을 가진 몇몇 전통 옹호자들이 과감히 나섰다.

그들은 서양 천문학의 유입과 그것이 형이하학적 차원에서 수용되는 것이 중국 사상계의 커다란 문제를 일으키게 될 것임을 발견하였기 때문이다. 그 문제란 곧 과거에 '도와 기가 하나로 합쳐'졌던 '하늘'이 '도'와 '기'가 분리된 '하늘'로 변해가고, 당장은 아직 심각한 사상적 혼란을 아주 빠르게 일으킨다고는 볼수 없지만 거기에 숨겨진 문제는 차츰 사상적 위기를 불러올 수도 있다는 사실이다. 따라서 그들의 태도는 상당히 격렬하였다. 명나라 말에서 청나라 초, 『파사집(破邪集)』을 편찬한 서창치(徐昌治)와 『부득이(不得已)』를 지은 양광선(楊光先 : 1597~1669년)을 군이 설명할 필요는 없다.

조금 나중의 한 사례를 들어보겠다. 선교사 브누아(Michel Benoist : 1715~1774년, 중국명 장우인蔣友仁)가 『곤여전도(坤輿全圖)』에서 코페르니쿠스의 이론에 따라 하늘과 땅은 모두 둥글고 행성의 궤도는 타원이며 태양은 정지해 있고 지구가 움직인다는 등의 사상을 소개하였다. 이에 청나라 건륭(乾隆 : 청나라 고종의 연호, 1736~1795년)과 가경(嘉慶 : 청나라 인종의 연호, 1796~1820년) 연간의 유명한 학자 완원(阮元 : 1764~1849년)은 크게 충격을 받았으며, 그의 저서 『주인전(疇人傳)』을 통해 원칙적인 입장에서 그것을 중국의 이데올로기를 파괴하는 정도라고까지 언급하였다. 그

---

5) 서광계(徐光啓), 『기하원본잡의(幾何原本雜議)』, 『기하원본(幾何原本)』 권수(卷首), 『천학초함(天學初函)』 제4책, 1942쪽 참조. 또 이지조, 「천주실의중각서(天主實義重刻序)」, 『천학초함』 제1책, "동해와 서해는 심(心)이 같고 이(理)도 같다. 같지 않은 것은 언어와 문자뿐이다(東海西海, 心同理同, 所不同者, 特言語文字之際동해서해, 심동리동, 소부동자, 특언어문자지제)." (357쪽) 또 양정균(楊廷筠), 『직방외기』, 『천학초함』 제3책, "동해와 서해는 서로가 의논해서 맞아 들어간 것은 아니다(質之東西海, 不相謀而符節合者질지동해서해, 불상모이부절합자)." (1296쪽) 그리고 이 책 「천붕지열(하) : 고대 중국에서 그린 세계지도 속의 '천하', '중국', '사이'」절을 참조하시오.

는 다음과 같이 말한다. 비록 태양은 정지해 있고 지구가 움직인다는 이론이 '불가능한 것만은 아니지만' 서양에서 말하는 "본륜(本輪)[1]과 균륜(均輪)[2]과 차륜(次輪)에 대한 계산은 대체로 형상을 가설하여 그 가감을 헤아릴 뿐이다(本輪均輪車輪之算, 此蓋假設形象以明均數之加減而已본륜균륜차륜지산, 차개가설형상이명균수지가감이이)." 그러나 만일 "푸른 하늘에 이처럼 여러 궤도가 있다고 오인하고(誤認蒼蒼者天果有如是諸輪者오인창창자천과유여시제륜자)", 정말로 "지구가 움직이고 태양이 정지해 있다(以爲地球動而太陽靜이위지구동이태양정)"고 여긴다면, "위와 아래의 자리가 바뀌고 움직임과 정지함이 뒤바뀌어서 원칙에서 이탈하고 법칙에 반하여 준칙으로 삼을 수 없으니, 지금껏 이처럼 심한 경우는 없었다(上下易位, 動靜倒置, 則離經叛道, 不可爲訓, 固未有若是之甚者也상하역위, 동정도치, 칙이경반도, 불가위훈, 고미유약시지심자야)."[3] 이런 관점은 대체로 명나라 말기에서 청나라 초기까지, 청나라 초기에서 청나라 중기까지 그리고 청나라 말기까지 깊이 뿌리박혀 있었다.

또 다른 사람은 『고암집(瓢庵集)』에서 "서양인들은 태양은 크고 움직이지 않으며 여덟 행성은 그것을 맴돈다고 말한다. ……그 의도를 헤아려보니 우리의 하늘과 땅이 둘 다 크다는 생각, 해와 달이 함께 밝다는 생각, 군신 · 부자 · 부부의 삼강을 깨뜨리려는 데 지나지 않는다(西人言, 日大不動, 而八行星繞之……窺其用心, 止欲破我天地兩大, 日月幷明, 君臣夫子夫婦三綱而已서인언, 일대부동, 이팔행성요지……규기용심, 지욕파아천지양대, 일월병명, 군신부자부부삼강이이)"라고 말하였다.

아마도 앞에서 말한 것처럼 아주 오랜 기간 동안 명나라와 청나라 두 시대의 지식이 서양의 학문에 대응하는 전략은 앞에서 서술한 두 가지 밖에 없었을 것이다. 그 첫 번째는 서양의 학문을 중국의 전통 사상 속으로 끌어들여 재해석하는 것이다. 게훤(揭暄 : 1613~1695년)의 『선기유술(璇璣遺述)』의 경우는 '유럽적 의미를 추출해서 이기(理氣)의 학설과 혼합하고'[4] 유럽적 의미와 중국의 철학적 원리를

서양의 학문을 중국의 전통 사상 속으로 끌어들여 재해석하는 것이다.

---

1) 본륜은 프톨레마이오스의 지동설에서 주전원(周轉圓, epicycle)을 말한다. 프톨레마이오스는 행성이 지구를 중심에 둔 이심원을 따라 원을 그리며 돌고 다시 이심원의 원주를 중심으로 작은 원을 그리며 돈다고 생각하였다. 주전원은 여기서 행성이 운동하는 작은 원 모양의 운동궤도를 말한다(역자 주).

2) 균륜은 작은 원을 도는 또 다른 작은 원을 말한다(역자 주).

3) 완원(阮元), 『주인전(疇人傳)』 권47 「서양 브누아전(西洋蔣友仁傳)」, 『속수사고전서(續修四庫全書)』 516책, 원씨랑환선관각본 영인본(元氏琅環仙館刻本影印本), 상해고적출판사, 457쪽.

하나의 체계 안에 묶어서 그들을 억지로 중국 사상의 궤도에 끌어넣고 모든 새로운 견해가 중국에 예전부터 있었다고 설명하여 이러한 새로운 견해들에 중국 '국적'을 부여하였다. 강희제의 경우는 서양의 학문이 매우 정밀하다는 것을 인정하기는 하였지만, 이것들은 모두 중국에서 오래된 근원에서 온 것이라 생각하고 이렇게 해야 새로운 지식에 대한 개방적인 태도를 보호하면서도 중국인의 민족적 자존을 보호하는 것처럼 느꼈다.[5]

서양 학문을 중국 사상의 세계에서 몰아내는 것이다.

　　두 번째는 차라리 서양 학문을 중국 사상의 세계에서 몰아내는 것이다. 양광선의 경우는 관방의 역법이 "서양의 새로운 방법을 따르는(依西洋新法의성양신법)" 것을 "몰래 정삭(正朔)의 권한을 가져가 서양을 존중하는 것이다(暗竊正朔之權以尊西洋암절정삭지권이존서양)"라고 간주하고, 대청(大淸) 제국이 "서양의 정삭을 신봉하고 우리나라의 성교를 훼손(奉西洋之正朔, 毁滅我國聖教봉서양지정삭, 훼멸아국성교)"하도록 하였다고 원론적으로 비판하였고, 지구 양쪽의 사람을 '발바닥으로 마주하게 하는 것'은 "우리 중하(中夏 : 중국)가 저 서양의 발바닥에 밟히는 나라이며, 그들은 우리 중하를 매우 무시하는 것이다"라고 말하였다. 이로써 중국의 사상과 정치의 단일한 모습을 보호하고, 지식적 차원에서 '잘못된 것을 가려내는 것(천문학 비판)'과 사상적 차원에서 '사악함을 배척하는 것(기독교 비판)'을 연관시켜서,[6] 이런

---

4) 『사고전서총목』 권107, 912쪽.

5) 강희황제와 "서양 학문은 중국에서 유래한다"라는 주장의 관계에 대해서는 한기(韓琦), 「백진의 『역경』 연구와 강희 시대의 '서학중원'설(白晉的『易經』研究和康熙時代的 '西學中源 說)」, 『한학연구(漢學研究)』 제16권 제1기, 타이베이, 1998, 185~200쪽 참조. 왕석천(王錫闡)의 "서양의 방법은 모두 옛 방법에 갖추어져 있다(西法悉具舊法之中서법실구구법지중)", "서양 사람이 그 의미를 훔쳐갔다(西人竊取其意서인절취기의)"라는 말은 「중국과 서양의 회통에서 서양 학문의 중국 기원설까지-청초 과학자의 사상적 궤적과 그 영향(從會通中西到西學中源-淸初科學家的思想軌迹及其影響)」, 『중서초식(中西初識)』, 정주(鄭州), 대상출판사(大象出版社), 1999, 16~34쪽을 참조.

6) 양광선(楊光先), 『부득이(不得已)』, 중사 영인본(中社影印本), 6쪽. 양광선이 서양의 천문학을 반대하는 이유는 사실 역법과는 직접적인 관계가 그리 많지 않다. 이는 「허청서 시랑에게 보내는 편지(與許靑嶼侍郞書)」 '파사론(破邪論)'에서 확인할 수 있다. 더욱 주된 이유의 첫째는 만약 서양의 역사와 전설을 인정한다면 중국의 지식과 사상, 그리고 신앙세계는 '도통'의 역사적 뒷받침을 상실하고 "역대의 성군과 성신은 사교의 후예이고, 육경과 사서는 사교의 징언이 된다"라는 점이다. 둘째는 황권의 합법성과 관련된 역법서에 '서양의 새로운 방법에 의거한다'라고 기입한다는 것은 '서양의 정학을 신봉하고 우리나라의 성교를 훼손하는 것'과 같기 때문이다. 셋째는 예수가 못에 박혀 죽었다는 이야기는 서양에서는 장렬한데 그는 여기에 "예수가 모반의 우두머리이고 일은 바른 도리를 드러낸다"라는 뜻이 담겨 있다고 한다. 따라서 질서의 반대자를 상징하여 민중들의 질서에 대한 반항을 쉽게 유발할 수 있다는 것이다. 모두 『부득이』에 등장한다. 사실 페르비스트와

것들을 모두 나라 밖으로 내쫓고 자신의 사상적 근거의 완결성을 보호하였다. 이러한 두 가지 전략은 모두 부득이한 심리에서 나온 것이며, 수백 년 동안의 명나라와 청나라 시대에 중국과 서양의 문화적 교류는 이러한 두 가지 사유 속에서 배회한 것 같다. 그러나 만약 우리가 근대에 점점 형성되기 시작한 과학적 관념으로 그들을 보지 않고, 일종의 동정어린 이해의 태도로 그들의 사유를 바라보고 사상사의 각도에서 그들 사상의 배경을 이해한다면 우리는 그들의 심정을 어떻게 이해해야 할까?[1]

"중국의 학문을 체로 삼고, 서양의 학문을 용으로 삼는다(中學爲體, 西學爲用중학위체, 서학위용)"라는 주장이 제기된 것은 매우 늦은 시기였다. 하지만 이러한 생각은 아주 일찍부터 있었을 법하다. 문제는 '체(體)'와 '용(用)'이 결코 같지 않고, 도(道)와 기(器)가 엄격히 구분된다면 '그 결과는 어떻게 될까?' 하는 것이었다. 이는 오랜 숙제이자 논의가 끊이지 않는 문제로서 청나라 말기가 되어 다시 생각하게 하였다. 증기(曾紀)는 『사서일기(使西日記)』를 번역하면서 『소학(小學)』을 언급하였는데, 그는 중국의 소학이 송나라 때부터 '쓸고 닦음(灑掃), 물음에 대답하거나 요구에 응함(應對), 앞으로 나아감과 물러남(進退)'이라는 도덕 의식의 계몽에서 시작하였고, 서양의 소학은 "미세한 어떤 사물을 관찰하여 격치를 도모하는(察驗纖細麽麽之物以助格致찰험섬세요마지물이조격치)" 데에서 시작하였음을 예리하게 발견하였

불리오(Ludovico Luigi Buglio : 1606~1682년, 중국명 이유사利類思) 등의 양광선의 의견에 대한 반박은 지식의 차원에서 이미 아주 충분하였던 것 같다. 페르비스트는 「부득이변(不得已辨)」에서 '지구가 둥글다는 실제 증거'에 관해서 월식의 시간 차이와 지리적 위치인 남과 북에서 북극의 고도가 다르게 보인다는 점을 거론하였고, 지구의 인력을 근거로 바닷물이 기울어 지지 않음을 설명하였다. 그러나 그들이 어떻게 해도 해명할 수 없는 것은 하늘이 무너지고 땅이 갈라지는 것이 중국의 정치 체제와 관념 체계를 전반적으로 와해시킬 것에 대한 우려였다. 『천주교동전문헌(天主敎東傳文獻)』 초편, 학생서국중국사학총서 영인본(學生書局中國史學叢書影印本), 타이베이, 1982 제2판, 438~449쪽. 또한 주위정(朱維錚), 『중세기로부터의 탈주(走出中世紀)』, 상해인민출판사, 1987, 195쪽 참조.

1) 그 예로 청나라 후기 사람이 지은 『중서기사(中西記事)』에 실린 「활하지점(猾夏之漸)」에서는 사실 양광선과 서양 선교사의 천문학에 관한 논쟁은 본래 '천문학 연구'가 세밀하고 정확한가의 여부에 있는 것이 아니었고, '광선이 공격한 서양식 방법은 새로운 방법이 아니었으며, 그는 맹자가 양주와 묵적을 배척하며 사람들이 아버지와 임금을 제대로 모시지 못하는 지경에 이를까봐 걱정하였던 경우를 언급하는' 차원에 있었다고 말한다. 책에서는 지금의 관점에서 보기에 굉장히 보수적인 이러한 관점은 사실 당시 이러한 논쟁의 초점이었다고 지적한다. 갈사준(葛士濬), 『청대경세문속편(淸代經世文續編)』 권111 「양무십일(洋務十一)」, 6쪽 A, 도서집성국연인본(圖書集成局沿印本), 광서 14년(1888).

다.[2] 달리 말해서 중국의 사유는 '도'에서 출발하였지만 '기'에 대해서는 그리 충분하지 못하였고, 서양의 사유는 '기'에서 시작하였지만 '도'에는 그리 잘 도달하지 못하였다는 것이다. 따라서 많은 사람들은 자연스럽게 중국의 '체'를 서양의 '용'과 융합시킨다거나 중국의 '도'로 서양의 '기'를 통솔해야만 아주 좋고도 아름다울 수 있다고 생각하였던 것이다.

개명된 신사(紳士)였던 설복성(薛福成 : 1938~1894년), 정관응(鄭觀應 : 1842~1921년), 소작주(邵作舟 : 1851~1898년), 진치(陳熾) 등이 모두 이와 유사한 사고방식을 가졌다. 특히 흥미롭게도 광서 15년(1889)에 왕강년(汪康年 : 1860~1911년)이 과거에 응시하였는데, 첫 문제부터 시험을 잘 보지 못해서 본래 급제의 희망을 가지지는 않았지만, 두 번째 문제인 일월성신계언(日月星辰系焉)이라는 한 문제에서 그는 "흡인력으로 '계(系)' 자를 해석하였고, 천문학자들의 최신 용어를 제시하였다." 이에 뜻밖에도 시험관의 주목을 받았다.[3] 그리고 근대 불교의 일인자로 불리는 양문회(楊文會 : 1837~1911년)의 경우도 그가 광서 임오년(1882)에 서양의 방법에 따라 제조한 천구의와 지구의가 오늘날까지도 고궁박물원에 보존되어 있다. 그는 천구의(天球儀)의 표제에서 "중화의 옛 지도를 바탕으로 하고 서양의 새로운 그림으로 증명해야 한다"[4]라고 말하였다. 이는 서양 천문학이 19세기 후반에 이미 점점 사람들의 마음속에 깊숙이 침투하였음을 설명한다. 그러나 중국의 옛 지도와 서양의 새 지도가 상호 보완적일 수 있을까? "서양의 기능적 학문을 들여와 중국 요(堯)·순(舜)·우(禹)·탕(湯)·문(文)·무(武)·주공(周公)의 도를 지킨다"는 것은 말이 쉽지, 중국과 서양, 체와 용, 도와 기는 정말로 합치고자 하면 합쳐지고 보충하고자 하면 보충할 수가 있는 것일까?

선교사들이 들여 온 시공 관념이 중국의 사상 세계에 확실히 와해와 해체 작용을 하였음은 의심할 바 없다. 현대적 입장에 서 있는 역사학자들은 항상 이런 의미를 체험하거나 이해할 수도 없고, 항상 그러한 '완고하고' '보수적인' 지식인

중국과 서양, 체와 용, 도와 기는 정말로 합치고자 하면 합쳐지고 보충하고자 하면 보충할 수가 있는 것일까?

---

2) 악록서사, '세계를 향하여 총서'본(岳麓書社 '走向世界叢書'本), 1985, 62쪽.

3) 왕이년(汪詒年), 「왕양경 선생 전기(汪穰卿先生傳記)」, 『근대패해(近代稗海)』 제12집, 사천인민출판사(四川人民出版社), 1988, 194쪽.

4) 『청궁서양의기(淸宮西洋儀器)』, 7쪽, 13쪽.

들에 대한 동정이나 이해를 하는 마음이 부족하다. 사실 당시의 중국의 사상 세계로 돌아가 본다면 중국의 문인 사대부는 선교사의 천문, 역법, 물리, 산술 등의 학문에 호감을 가지고 있었다.[1] 그러나 이러한 학문도 '기'와 '용'의 범위에 한정되어 기술적인 학문으로서만 존재하였고, 그 한계를 뛰어넘을 수는 없었다. 왜냐하면 '기'가 너무 심하게 변해서 '도'의 존재 근거까지 영향을 주고, '용'이 너무나 광범위하게 사용되어 '체'의 완결된 이치를 위협한다면, 여기서 충돌이 생길 것이고 이 때문에 하늘이 무너지고 땅이 갈라지는 시대가 도래할 수도 있기 때문이었다.

하늘이 무너지고 땅이 갈라지는 시대가 도래할 수도 있기 때문이었다.

---

1) 예를 들어 이지조는 선교사들을 칭찬하던 때에 그들이 "유가와 가깝지는 않지만, 「소문(素問)」·「주비(周髀)」·「고공(考工)」·「칠원(漆園)」 등의 글과 대조해보니 도리어 조금도 어긋나지 않았다(不類近儒, 素問周髀考工漆園諸篇默相勘印, 顧粹然不詭於正불류근유, 소문주비고공칠원제편묵상감인, 고수연불궤어정)"라고 생각하였다. 「천주실의 중각본 서문(天主實義重刻序)」, 『천학초함(天學初函)』 제1책, 356~357쪽.

2절

천붕지열(하) : 고대 중국에서 그린 세계지도 속의 '천하(天下)', '중국(中國)', '사이(四夷)'

『산해여지전도』

이 지도의 중요한 의미는 그것이 중국인의 마음과 눈에 있는 세계의 형상을 바꿨다는 점에 있다

 1584년, 즉 명나라 만력(萬曆) 12년에 이탈리아에서 온 선교사 마테오리치가 광동의 조경(肇慶)에 온 지 얼마 안 되어서 지부(知府) 왕반(王泮)의 지원 아래 『산해여지전도(山海輿地全圖)』를 제작하였다.[1] 이것은 중국 최초의 서양식 세계지도였다. 그러나 사상사의 시각에서 그 지도가 갖는 의미는 중국 최초의 세계지도라는 점에 있는 것이 아니었다. 왜냐하면 중국도 그 이전에 자신의 세계지도를 가지고 있었기 때문이다. 이 지도가 갖는 중요한 의미는 그것이 중국인이 생각하는 세계의 형상을 바꾸어 놓았다는 데 있다. 이 지도에서 실제 세계는 더 이상 평면이 아니었고 하나의 원형이었다. 중국은 더 이상 세계의 중심에 위치하고 있는 것이 아니라 다른 많은 나라들처럼 이 원형의 세계에 한 부분으로 위치한다. 중국은 또한 더 이상 지도의 대부분을 차지하지 않았고 사이(四夷)도 더 이상 난잡하게 흩어져 천조(天朝 : 중국)의 옷자락에 붙어서 곧 지도 밖으로 떨어질 것 같은 작은 나라가 아니라 넓은 세계에서 본래부터 다양하게 마주하고 있는 나라였다. 이 지도가 지금은 세상에 존재하지는 않지만 16세기 말 특히 17세기 이후에는 이 지도의 모양에 근거해서 세계지도를 다시 제작하거나 고쳐서 만드는 일은 계속 있어

---

1) 『산해여지전도』의 구체적인 상황에 대해서는 홍외련(洪煨蓮), 「마테오리치의 세계지도에 대한 고찰(考利瑪竇世界地圖)」, 『홍업논학집(洪業論學集)』, 중화서국, 1981 참조. 그 밖에 동일한 의의를 가지는 신지식의 사례로 선교사들이 가지고 온 지구의가 있다. 그것이 중국의 전통 사상사에 미친 영향은 시계지도와 유사하다. 따라서 필자는 여기서 지도만을 논의할 것이다.

왔다.[1]

마테오리치 자신도 "황제가 중국이 이처럼 작다는 것을 본다면 크게 화를 내고 우리가 지도상에서 중국을 축소하고 중국인을 무시하려는 의도가 있다고 나무랄 것"이라고 걱정하였지만 의외로 만력황제는 그것을 마음에 들어 하였다. 그래서 태감(太監)에게 대형 『곤여만국전도』를 따로 그려 바치도록 명하였고,[2] 이후에도 『도서편(圖書編)』, 『방여승략(方輿勝略)』, 『월령광의(月令廣義)』, 『격치장(格致章)』, 『지위(地緯)』 같은 종합 지식 서적, 더 나아가 『해방찬요(海防纂要)』와 같은 전문 도서를 연달아 수입하였다.[3] 이는 이러한 세계 인식이 조금씩 중국인의 '천하(天下)', '중국(中國)' 그리고 '사이(四夷)' 관념에 침투해서 와해시키고 있음을 보여주었다.

천지 공간의 구조, 중심과 주변의 위치 배정, 크고 작은 지역에 대한 지도상의 표기 등의 문제는 지리학적인 차원에 그치는 문제가 아니다. 마테오리치는 그가 그린 세계지도가 중국인에게 관념상의 영향을 줄 수 있음을 인지하여 "그들이 스스로의 국가가 많은 다른 나라들과 비교해서 그처럼 작다는 사실을 본다면 거만함은 어느 정도 무너질 것이고 그와 동시에 다른 국가와의 관계가 생기는 것

---

1) 마테오리치의 지도들을 가장 먼저 모방한 사람은 만력 시대의 양주(梁輈)였다고 한다. 그는 1593년 무렵의 지도인 「건곤만국고금인물사적도(乾坤萬國古今人物事迹圖)」를 제작하였다. 덕차포(德車布 : Michel Destombes), 「명·청 시대 중국 진출 예수회 선교사와 중국의 지도학(明淸澗入華耶蘇會士與中國地圖學)」, 경승(耿昇) 옮김, 『명·청 시대 중국 진출 예수회 선교사와 중국과 서양의 문화교류(明淸澗入華耶蘇會士與中西文化交流)』, 파촉서사, 1993, 219~234쪽.

2) 배화행(裵化行), 『마테오리치 평전(利瑪竇評傳)』 하, 상무인서관, 1993, 556~557쪽. 이 경과에 관해서는 이지조(李之藻), 「각직방외기서(刻職方外紀序)」도 참조할 만하다. 그가 앞서 찍어낸 만국도(萬國圖) 병풍은 후에 어떤 사람이 만력황제에게 진상하였고, 만력황제가 사람을 파견해서 찾았을 때는 마테오리치가 인쇄본을 가지고 남쪽으로 돌아간 뒤였다. 그래서 "조정의 고관이 복제해서 바쳤다." 동시에 판토하(Didaco de Pantoja : 1571~1618년, 중국명 방적아龐迪我)도 이 지도는 새로 발견된 다섯 번째 대륙을 보충해야 한다고 말해서 "팔선 병풍을 다시 제작하였다." 『천학초함(天學初函)』 제3책, 학생서국 영인본, 타이베이, 1986, 1279쪽.

3) 홍외련의 연구 「마테오리치의 세계지도에 대한 고찰(考利瑪竇世界地圖)」에 따르면 마테오리치의 세계지도들은 조경(肇慶)에서 처음 인쇄된 후 만력 36년(1608)까지 12종이 있었다. 임금수(林金水), 『마테오리치와 중국(利瑪竇與中國)』, 제5장, 중국사회과학출판사, 1996 참조. 더욱 자세한 연구는 우노 카즈타카(海野一隆), 「명·청 시대 마테오리치의 세계도-주로 새로운 사료의 검토를 중심으로(明淸における マテォ・リチ系世界圖-主とって新史料の檢討)」, 『새로 발견된 중국과학사자료 연구(新發現中國科學史資料の研究)』(논고편), 교토대학인문과학연구소(京都大學人文科學硏究所), 1985, 507~580쪽.

을 불편해 할 것이다"[4]라고 말하였다. 그의 목표는 중국인이 대중화(大中華) 문화라는 우월감을 버리고 천주교 신앙을 받아들이는 것이었다. 그러나 지도를 통해 중국 중심의 사고를 무너뜨리는 이런 방식은 그 사상사적 의미가 그가 상상한 것보다 훨씬 컸다. 그 원인은 다음과 같다.

첫째, 고대 중국의 '천원지방'은 우주 공간의 자연에 대한 기술이면서 일련의 은유와 상징을 통해 세계의 수많은 합리성의 궁극적인 근거이기도 하였는데, [마테오리치의 지도는] 이러한 공간 구조를 와해시켰다. 세계의 수많은 합리성이 근거를 잃어버리게 되자, 본래의 정치, 문화, 사상 그리고 신앙의 '불변의 진리'의 진리성을 다시 검토해야 하였다.

둘째, 사람들의 세계 관념의 측면에서 고대 중국인은 이미 세계의 넓이를 의식하기 시작하였다. 목천자(穆天子)가 서쪽으로 곤륜(崑崙)까지 갔고, 장건(張騫)이 서역까지 길을 뚫었으며, 당나라의 현장은 오천축국까지 도달하였다. 명나라 초기에는 정화(鄭和)가 서쪽 바다로 감으로써 사람들에게 일찍부터 '천하'(세계)와 '중국'(한족의 땅)이 다르다는 생각을 가지게 하였다. 그러나 명나라 때 실질적으로 중국인들이 인간의 거주 지역을 생각할 때 '천하'는 오히려 「우공(禹貢)」에 등장하는 '구주(九州)'였다. 사람들이 인간이 거주하는 구역을 생각할 때 가장 자연스럽게 머릿속에 떠오르는 것은 여전히 동이(東夷), 서융(西戎), 북적(北狄), 남만(南蠻)의 네 오랑캐에 둘러싸인 '중국'이었다.

셋째, 비록 한나라 때부터 사람들이 이미 사예(四裔)가 중앙을 압박함을 진지하게 더 나아가 처량하게 인식하였고 그 압박 속에서 자신들의 국지성을 깊이 느꼈지만, 중국인이 진정 오랑캐의 압력을 받아서 정말로 스스로가 더 이상 '천하'가 아님을 뼈저리게 느꼈을 때는 중국 중심적 사고가 도리어 더욱 격렬하게 살아났다. 외환(外患)이 가장 심했던 송나라 때 석개(石介 : 1005~1045년)는 『중국론(中國論)』에서 "하늘은 위에 있고 땅은 아래에 있다. 천지의 가운데 있는 것을 중국(中國)이라 하고 천지의 구석에 있는 것을 사이(四夷)라고 한다. 사이는 외부자이고

---

4) 배화행(裵化行), 『마테오리치 평전(利瑪竇評傳)』 하, 상무인서관, 1993, 559쪽. 그러나 그는 많은 사대부들이 불만스럽게 여겨 반감과 제지와 맞닥뜨릴 것이라는 점도 알았다.

중국은 내부자이다. 천지는 이렇게 안과 밖으로 나뉘므로 그것을 통해 경계를 짓는다(天處乎上, 地處乎下, 居天地之中者曰中國, 居天地之偏者曰四夷, 四夷外也, 中國內也, 天地爲之乎內外, 所以限也천처호상, 지처호하, 거천지지중자왈중국, 거천지지편자왈사이, 사이외야, 중국내야, 천지위지호내외, 소이한야)"라고 역설하였다.[1] 어쨌든 '우리의 종족이 아니면 그 정신도 다르고' 중화가 아니면 '외천하(外天下)'이다. '외천하'라는 것은 실질적으로 천하의 '바깥'이다. 이러한 이상하지만 완고한 관념은 대체로 전통적 지도에서 더욱 극명하게 드러났다.[2] 지도에서는 인지하고 있는 지역을 '세계 공간'으로 보는 관념과 스스로를 원의 중심으로 간주하고 스스로의 시야를 반경으로 삼는 '중국 중심'적 관념이 집단적이고 보편적인 기억이자 지식이 되었고, 이러한 관념은 16세기 말 17세기 초기까지 줄곧 이어져 오다가, 명나라 말기가 되어서야 마테오리치의 세계지도에 의해 바뀌었다.

1

사실 지도는 일종의 서술이다. 비록 그것이 문자의 형식이 아니라 도형의 형식으로 서술되는 것이지만 그것도 문자 형태의 서술과 마찬가지로 본의 아니게 괴리가 생기거나 일부러 잘못 읽을 가능성이 있다. 왜냐하면 지도의 서술은 실제

사실 지도는 일종의 서술이다.

---

1) 『조래석선생문집(徂徠石先生文集)』 권10, 중화서국, 1984, 116쪽.
2) 지도사에서 가장 중요한 초기 자료를 근거로 보면 배수(裵秀)의 지도는 모든 사람들이 알고 있었다. 그러나 부양(傅暢)이 『진제공찬(晉諸公讚)』에서 배수의 지도를 언급한 후 후세 사람들이 그의 말을 거듭 인용할 때는 항상 지도에 표기된 비례에 관한 지식에만 관심을 기울였고, 지도 안에 있는 '천하'와 '사이'라는 두 단어에는 주목하지 않았다. "사공(司空) 배수(裵秀)는 예전의 천하대도(天下大圖)는 비단 80필로 만들어서 자세히 살피기가 어렵고, 항목 역시 상세하지 않다고 생각해서 방장도(方丈圖)로 줄였다. 1분을 10리로 삼고 1촌은 100리로 하였다. 명산과 도읍을 모두 실어서 왕이 집을 나오지 않고도 사방을 알 수 있다(司空裵秀, 以舊天下大圖用縑八十疋, 省視卽難, 事又不審, 乃裁減爲方丈圖, 以一分爲十里, 一寸爲百里, 備載名山都邑, 王者價不下堂而知四方也사공배수, 이구천하대도용겸팔십필, 성시즉난, 사우불심, 내절감위방장도, 이일분위십리, 일촌위백리, 비재명산도읍, 왕자가불하당이지사방야)." 여기에서 말하는 '천하'라는 것이 가리키는 것은 사실 「우공」에서 말하는 '구주'이다. 그리고 여서서 말하는 '사방'이라는 것은 대체로 '사이'도 포함하지 않으며 중원을 중심으로 두고 방사(放射)해 낸 동서남북이다. 『북당서초(北堂書鈔)』 권91에서 인용. 또한 『수서(隋書)』 권68 「자문개전(字文愷傳)」에는 "배수여지(裵秀輿地)는 2촌을 천 리로 한다." 또한 『북사(北史)』 권60 「자문개전(字文愷傳)」에서 "1촌을 천 리로 한다"라고 되어 있다.

공간과 반드시 중첩되거나 동등한 것은 아니고 결국 사람들의 의식 속에 있는 공간을 그려낸 것이기 때문이다. 세계는 본디 일종의 실제이지 결코 지도의 제작에 따라 변화하는 것이 아니다. 그러나 많은 사람들은 지도에서 이 세계를 관찰하고 이해한다. 지도는 일종의 서사로서 읽는 이들에게 제작자의 눈에 비친 세계를 전달할 뿐이다. 이 세계의 대소, 상하, 방위, 비례에는 모두 제작자의 생각이 투영된다. 한 폭의 지도가 제작된 후 사람들에 의해 읽혀질 때 읽는 사람들은 사실상 무의식중에 제작자의 시야의 뒤에 자신을 위치시키고, 제작자가 본 것에 따라서 그 세계를 본다. 따라서 '세계'는 더 이상 세계 자체가 아니라 제작자의 세계에 대한 서술이다. 서술된 세계와 실존 세계는 이러한 의미에서 괴리가 발생한다. 바로 이러한 괴리가 존재하기에 지도에는 사상이 담긴다.

고대 중국의 지도 제작은 이미 상당히 발달되어 있었다. 최근 고고학 분야에서 발굴한 방사탄(放馬灘)의 목독지도(木牘地圖)부터 마왕퇴한묘(馬王堆漢墓)의 백서지도(帛書地圖)까지 그 제작의 세밀하고 정확함에 이미 역사지리학자들은 끊임없는 찬사를 보였다. 예를 들어 고고학자들이 「서한초기 장사국 심평방구도(西漢初期長沙國深平防區圖)」라고 부르는 마왕퇴의 백서지형도는 기원전 168년 이전에 제작된 것이다. 그것은 장사국과 남월(南越) 왕국의 사이를 묘사하였는데 위치가 동경 111~112도 3분, 북위 23~26도로서 매우 큰 지역이었다. 전문가들의 고증에 따르면 그 세밀함과 정확도는 놀랄만한 수준이며 오늘날까지도 실제 땅과 일일이 대응될 정도라고 한다. 필자는 기술적인 차원에서 한나라 사람의 생각 속에 있는 '환우도(寰宇圖)'를 그리려는 것은 그리 큰 문제가 되지 않는다고 본다. 사실상 한나라와 진나라의 때에는 이미 이러한 지도가 있었기 때문이다. 진나라의 배수(裵秀)가 『우공지역도(禹貢地域圖)』를 수정하여 그리기 전의 '천하대도(天下大圖)'는 아마도 당시 사람들의 마음속에 있는 세계지도였을 것이다. 나중에 진(晉)나라 배수(裵秀)의 『우공지역도』, 당나라 가탐(賈耽 : 730~805년)의 『해내화이도(海內華夷圖)』, 원나라 주사본(朱思本 : 1273~1333년)의 『여지도(輿地圖)』는 모두 이러한 성격을 띤 세계지도다.

그런데 비록 고대 중국인의 족적과 시선은 이미 오늘날의 아시아 전체까지 혹은 더 멀리까지 뻗쳐 있었다고는 하지만, 16세기 이전에 그들은 대체로 문명의

각도에서 자신이 처한 이 세계를 이해하는 데 익숙해져 있었다. 따라서 추연(鄒
衍)의 대구주설(大九州說), 『산해경』의 해외 기담은 모두 상당히 이성적으로 '천
하' 밖의 것으로 간주되며 배제되었다. 중국인은 여전히 사해 안에 있는 '천하'는
방대하고 문명적인 중앙 제국과 그 주변을 둘러싼 오랑캐 소국으로 구성된 공간
이라고 믿었다. 고대 중국인이 '천하'의 지도를 그릴 때는 언제나 자신이 그린 천
하의 지도를 '우공(寓公)', '화이(華夷)', '여지(輿地)'라고 불렀다. 이러한 개념어들
의 배후에는 바로 고대 중국인들의 '천하', '중국', '사예'에 관한 관념이 투영되
어 있었다.[1]

　'우공'이라는 말의 의미는 『상서』, 「우공」에 기술되어 있는 기(冀)·곤(袞)·청
(靑)·서(徐)·양(揚)·형(荊)·예(豫)·량(梁)·옹(雍)의 아홉 주(州)와 '동쪽으로 바다까
지 뻗쳐있고 서쪽은 사막으로 뒤덮인' 흉복(匈服) 500리, 후복(侯服) 500리, 수복(綏
服) 500리, 요복(要服) 500리, 황복(荒服) 500리[2] 등을 '천하'의 공간 범위로 설정한
것이다. '화이(華夷)'라는 말의 의미는 비록 중국의 범위가 한층 더 넓어지기는 하
였지만 중국의 주변에 관심을 둔 것이다.[3] 그러나 이러한 '외부의 오랑캐'는 역시
'공납'과 관계있는 몇몇 주변의 작은 나라일 뿐이고[4] 중화의 주변에 달라붙어 있
는 듯 보였다. 고대 중국인의 생각 속에 그들은 '천하'의 주변을 상징할 뿐이었다.
'여지(輿地)'로 넘어가 보면, 문자 그대로의 의미는 배와 수레가 닿는 곳이었다.[5]

---

1) 지리사에서 가장 중요하고도 필수적으로 거론해야 하는 지도 몇 폭을 예로 거론하면, 진(晉)나라 배수(裴秀)
　의 지도 『우공지역도(禹貢地域圖)』, 당나라 가탐(賈耽)의 지도 『해내화이도(海內華夷圖)』, 원나라 주사본(朱思本)
　의 지도 『여지도(輿地圖)』 등이 이에 해당한다.
2) 『상서(尚書)』, 「우공(禹貢)」, 『십삼경주소』, 중화서국 영인본, 1979, 153쪽.
3) 왕용(王庸)의 『중국지리학사(中國地理學史)』, 제2장 「지도사(地圖史)」에서는 가탐의 『해내화이도』에서 주목할
　만한 부분 중 하나가 바로 "외부의 오랑캐에 주목하였다는 점이다"라고 지적한다. 중국문화사총서(中國文化
　叢書), 상무인서관, 1938, 68쪽.
4) 『구당서』 권138 「가탐전(賈耽傳)」에 가탐은 "지리학을 좋아하여 사이(四夷)의 사절이나 사이(四夷)에 사절로 갔
　다 돌아온 사람들이 있으면 꼭 그들과 만나 그 산천과 토지의 자세한 모습을 물었다. 이를 통해 구주의 지형
　과 여러 소수 민족의 풍속을 나누어 그림으로 나타냈고 모두 그 원류를 탐구하였다"라고 적혀 있다. 여기서
　그의 자료가 당시 교류의 범위를 벗어나지 않았음을 알 수 있고 비록 그는 상소에서 "땅에는 문물이 풍부하고
　만국이 바둑판처럼 분포되어 있습니다(地以博厚載物, 萬國棋布지이박후재물, 만국기포)"라고 말하였지만, "중국은
　『우공』에서 시작하고 외부의 오랑캐는 반고의 역사서(『한서』)에서 발원하였습니다. 군(郡)과 현(縣)은 그 증감
　을 기록하였고 번(蕃)과 락(落)은 그 흥망을 서술하였습니다"라고도 말하였으니, 여전히 전통적 '천하'의 공간
　관념인 것으로 보인다. 『구당서』 권138, 「가탐전」, 중화서국표점본(中華書局標點本), 3784~3786쪽.

가탐의 「'해내화이도'와 '고금군국현도사이술표'를 올리며(上海內華夷圖及古今郡國縣道四夷述表)」에 등장하는 "배와 수레가 통행하는 곳에서 본 것은 모두 내 눈에 있다(舟車所通, 覽之咸在目주거소통, 람지함재목)"라는 문구를 통해 당시 교류의 범위에 있지 않았던 지역들은 자연히 '천하'의 범위에 속하지 않았음을 알 수 있다.

이러한 '천하'가 고대 중국인의 주류 사상 속에서의 세계에 대한 형상이 되어버린 이유는 당연히 고대 중국인의 시야와 견문과 경험과 관련이 있다. 그러나 이러한 시야와 견문과 경험은 유구한 역사를 가진 완결된 우주 공간의 구조가 뒷받침해 주기도 하였다. 예를 들면 옛날에 제법 유행하였던 '분야(分野)'설은 천체의 별자리와 그 운행 궤도, 주로 북두의 방향과 28개의 별자리 공간 시위치(視位置), 목성이 운행하는 자리를 땅 위의 지역과 일일이 대응시켰다. 『주례』의 논법에 따르면 고대에는 보장씨(保章氏)가 있어서 "별자리에 따라 구주(九州)의 봉토를 나누었고, 각 봉토에는 모두 별자리가 분배되어 있어 그것을 통해 그 길흉을 보았다(以星土辨九州之地所封, 封域皆有分星, 以觀妖祥이성토변구주지지소봉, 봉역개유분성, 이관요상)." 정현(鄭玄)은 주석에서 이렇게 말한다. "큰 경계를 구주라고 하고 주에 있는 여러 나라에 속한 봉토 지역은 별자리에 따라 다시 나누어진다(大界則日九州, 州中諸國中之封域, 於星亦有分焉대계즉왈구주, 주중제국중지봉역, 어성역유분언)." "기오(紀吳)는 월(越), 현효(玄枵)는 제(齊), 추자(娵訾)는 위(衛), 강류(降類)는 노(魯), 대량(大梁)은 조(趙), 실심(實沈)은 진(晋), 순수(鶉首)는 진(秦), 순화(鶉火)는 주(周), 순미(鶉尾)는 초(楚), 수성(壽星)은 정(鄭), 대화(大火)는 송(宋), 석목(析木)은 연(燕)이다."[6] 이미 '하늘은 삿갓, 땅은 바둑판과 같은 모습을 하였고' 하늘의 별자리는 이들을 가리킬 뿐이니, 당연히 '천하'의 지역도 이들만 있을 수밖에 없었다. 수없이 출현하고 그릇된 색과 소리로 진실을 어지럽혀 비정통(紫色蛙聲, 餘分閏位자색와성, 여분윤위, 즉 『한서漢書』에서 왕망을 가리켜 한 말)일 수밖에 없는 자질구레한 작은 나라는 처음부터 상천(上天)이 문

5) 여지도라는 명칭은 당나라 시대 여온(呂溫 : 772~811년)이 「한여지도서(漢輿地圖序)」에서 한 말에서 유래하였다. 그 말은 "(한나라) 무제 원수 6년(기원전 117)에 세 아들을 왕으로 세우려 하자, 어사대부가 여지도를 올려서 세운 나라의 이름을 청하였고, 이에 제(齊)·연(燕)·광릉(廣陵)에 봉하였다, 여지도라는 명칭은 여기서 처음으로 보인다." 『전당문』 권628, 상해고적출판사 영인본, 2806쪽.

6) 『주례(周禮)』, 「보장씨(保章氏)」, 『십삼경주소』, 819쪽.

명의 공간으로 포함하지 않았다.

"땅에서 자라는 풀과 생명 있는 부류는 하늘의 변화에 따라 그 뜻을 벗어나지 않는다. 그 후에 성곽과 마을이 늘어서서 안으로는 다섯 등급의 제후와 구주의 장관(五侯九伯)부터 밖으로는 아주 먼 곳의 오랑캐까지 우왕의 자취가 미친 범위와 한역(漢驛)이 통한 곳에 다양한 색이 앞 다투어 등장하고 여러 나라들이 난립하였다(任土之毛, 有生之類, 大鈞變化, 不出其意, 然后列以城郭, 羅乎邨落, 內自五侯九伯, 外洎要荒蠻貊, 禹迹)之所窮, 漢驛之所通, 五色相宣, 萬邦錯峙임토지모, 유생지류, 대균변화, 불출기의, 연후열이성곽, 라호추락, 내자오후구백, 외계요황만맥, 우적지소궁, 한역지소통, 오색상선, 만방착치)." 이는 타인이 찬미하는 말이자 작자 스스로의 자부심의 표현이다.[1] 당나라 시대의 지도 제작자와 독자는 대체로 그것이 '천하', '화이', '배와 수레가 닫는 곳', '들어서 알고 있는 곳'이 모두 담겨 있는 종합적인 지도이기를 희망하였다. 하지만 당시 가장 세계적 시야를 가졌던 승려 일행도 '천하'의 범위를 문명 속에 있던 당나라 제국에만 제한하고 "천하강산의 형상이 국경의 구역 내에 존재하여 북쪽으로는 삼위(三危)·적석(積石)에서 예맥(濊貊)·조선까지로 융적(戎狄)과 경계선을 긋고", 남쪽으로는 강(江)·한(漢)에서 동구(東甌)·민중(閩中)까지 "만이(蠻夷)와 경계선을 그었다."[2]

당나라 이전에 있었던 이러한 지도는 이미 볼 수 없지만 현존하는 송나라 시대 이후의 각종 지도에서는 '천하'가 여전히 우임금(大禹)이 획정한 구주보다 별로 크기 않았고, 당시에 이미 알고 있던 세계보다도 더 작을 수도 있었다. 비록 송나라와 원나라 때에 사람들이 실제로 알고 있던 공간이 이전보다 많이 넓어졌지만,[3] '화이'에 속하는 외국도 역사서에 많이 기재되어 선진(先秦) 시대의 상상에 비하면 사실적인 편이다. 그러나 '수많은 나라가 난립하는' 정도라고까지는 말할

---

1) 여온(呂溫), 「지지도서(地志圖序)」, 『전당문』 권628, 2806쪽.

2) 왕사성(王士性), 『광지역(廣誌繹)』 권1, 주진학(周振鶴) 편교(編校), 『왕사성지리서3종(王士性地理書三種)』, 상해고적출판사, 1993, 239쪽.

3) 예를 들면 극북 지방에 대해서 장전은 "당나라 이후 고대 중국인의 발자취는 시베리아 중남부까지 도달하였지만, 지리적 지식과 지도 제작 등 분야에서는 확연히 실제적 발자취에 비해 훨씬 뒤떨어져 있다"라고 지적하였다. 장전(張箭), 「고대 중국인의 발자취와 지리학 지식의 북방 전파(古代中國人足迹和地理知識的北至)」, 『역사연구(歷史硏究)』 1999년 제6기, 147쪽.

수 없다. 몇 가지 예를 들자면, 가탐(賈耽)의 『화이도』를 따라한 것이라고 알려졌고 실제로는 북송 시대에 그려졌지만, 남송 초기에 돌에 새겨진 『화이도』는 서북쪽으로는 총령(蔥嶺)까지 뻗쳐서 마손(馬孫)·사거(莎車)·귀자(龜玆)·쇄엽(碎葉)이 담겨 있고, 서남쪽으로는 인도양까지 뻗쳐서 오천축국은 물론 진랍(眞臘)까지 그려져 있다. 동북쪽으로는 일본해까지 뻗쳐서 발해와 신라가 있다. 지도에 그려 넣을 수 없는 나라나 지역은 문자로 기재하기도 하였다. 동쪽의 일본, 서쪽의 대식(大食), 남쪽의 부남(扶南)의 경우는 공간적 범위가 대체로 한나라와 위나라 사람의 시야를 벗어나지 않았다. 중앙의 확대된 지역은 여전히 화하중국(華夏中國)이었다.[4] 남송 사람 황상(黃裳)의 『지리도(地理圖)』에서는 그가 가장 좋다고 생각한 '천하'는 남송의 반벽강산(半壁江山)으로부터 많이 확장되었지만, 이 '천하'는 도리어 더욱 작아져서 서쪽으로는 민산(岷山)까지, 동쪽으로는 신라까지, 북쪽으로는 음산(陰山)까지, 남쪽으로는 경주(瓊州)까지가 경계였고,[5] 세계는 마치 8척 짜리 큰 침대가 행군침상으로 바뀐 듯하였다.[6] 그리고 현재 일본 교토 도후쿠지(東福寺) 릿쿄쿠안(栗棘庵)에 소장되어 있고 일본의 불교 승려 하쿤 에교(白雲惠曉 : 1213~1282년)가 일본에 가지고 들어간 『여지도(輿地圖)』는 비록 『화이도』의 공간 규모를 회복하였지만, 그 시기 송나라 사람의 현실적 공간은 이미 남쪽 한 덩어리만 있어 더 이상 작아질 수가 없는 지경에 이르렀다. 동·서·북 세 방향의 지역들은 모두 전통적인 논법을 따르고 기존의 관례에 따라서 그것들을 그릴 뿐이었다.[7]

---

4) 『화이도(華夷圖)』는 유예(劉豫) 부창(阜昌) 7년, 즉 남송 소흥(紹興) 6년(1136)에 제작되었으며 비율은 약 430만 대 1이다. 그것이 사용한 지명의 고증에 따르면 제작 시기는 대략 정화(政和) 7년부터 선화(宣和) 7년 사이(1117~1125)이고, 현재 섬서성 박물관에 소장되어 있다. 선도(線圖)는 『중국고대지도집 : 전국~원(中國古代地圖集 : 戰國之元)』 제62도, 문물출판사, 1990 참조.

5) 『지리도(地理圖)』는 소희(紹熙) 원년(1190년)에 제작되었다. 순우(淳祐) 7년(1247)에 왕치원(王致遠)이 소주(蘇州) 지역에서 석판에 새겼으며, 비율은 250만 대 1이다. 부(府)·주(州) 368곳, 하류 78 줄기, 호박(湖泊) 27 곳, 관애(關隘) 24곳이 있고, 현재 석각본이 소주시비각박물관(蘇州市碑刻博物館)에 소장되어 있다. 선도는 『중국고대지도집 : 전국~원(中國古代地圖集 : 戰國~元)』 제72도, 문물출판사, 1990 참조. 아오야마 사다오(青山定雄)는 그것은 북송의 당대전도(唐代全圖)와 계단도(契丹圖)를 기초로 황상이 다시 몇몇 북송의 지명을 증보하고 새로운 몇몇 지명, 특히 송나라 이종 시기에 개정한 사천의 지명을 첨부한 것이라고 본다. 아오야마 사다오(青山定雄), 「남송 순우의 석각지도에 대하여(南宋淳祐の石刻地理圖について)」, 『동양학보(東洋學報)』 11권 1기, 도교 참조.

6) 여기에는 『송시선주(宋詩選注)』, 「서(序)」, 인민문학출판사(人民文學出版社), 1980의 비유를 차용하였다.

7) 『여지도』는 교토 도후쿠지에 소장되어 있다. 대략 송나라 도종(度宗) 연간(1265~1274)에 제작되었다. 이 지도

2

    지도 외에도 타국과 관련해서 고대 중국에는 『직공도(職貢圖)』, 『왕회도(王會
圖)』, 『조공도(朝貢圖)』 등이 상당히 많이 있었다. 이들 그림에는 조공을 바치는 타
국의 사절이나 타국의 인물들이 그려져 있었다.[1] 최초의 것이라고 알려진 것은
양(梁)나라 원제(元帝) 소역(蕭繹 : 508~554년)의 『직공도』[2]로 여기에는 30여 점의 사
절단 그림이 있다고 전해지는데 그림 원본은 이미 소실되었다. 그러나 남당(南唐)
의 고덕겸(顧德謙)이 그린 모사본과 송나라의 작자 미상의 희종(熙寧) 10년(1077)에
그려진 모사본이 각각 타이베이의 고궁박물원과 북경의 역사박물원에 있다. 양
나라 원제의 논법에 따르면 "직방씨는 천하의 그림을 담당한다. 사이(四夷)[3]와 팔
만(八蠻)[4], 칠민(七閩)[5]과 구맥(九貊)[6]……"[7] 역시 일종의 세계 형상이라 할 수 있
다. 그러나 이러한 그림을 통해서 사람들은 일종의 세계 형상을 얻을 수 없었다.
왜냐하면 그 자료는 중국에 조공을 바치던 나라에서 온 것으로 중국을 천하의 중
심으로 보는 관념을 퍼뜨리고 심화시켰기 때문이다. 뿐만 아니라 그 교류도 주로

의 상황에 대해서는 모리 시카조(森鹿三), 「릿쿄쿠안소장여지도해설(栗棘庵所藏輿地圖解說)」, 『동방학보(東方學
    報)』 11권 4기, 교토. 아오야마 사다오(靑山定雄), 「릿쿄쿠안소장여지도에 대해서(栗棘庵所藏輿地圖について)」,
    『동양학보(東洋學報)』 37권 4기, 도쿄 참조.

1) 『직공도』 등에 대해서는 에노키 가즈오(榎一雄), 「직공도의 기원(職貢圖の起源)」, 일본 동방학회, 『동방학회창
    립 40주년기념 동박학논집(東方學會創立四十周年紀念東方論集)』, 도쿄, 1987, 173~193쪽에서 현재에는 비교
    적 후기의 것도 볼 수 있으며, 사고전서에 수록되어 있는 『황청직공도(黃淸職貢圖)』와 청나라 건륭 시기에 사
    수(謝遂)가 그린 『직공도』도 있는데, 후자는 타이베이의 고궁박물원에 있다.

2) 『양서(梁書)』 권5 「원제본기(元帝本紀)」에서 『직공도』라고 부른다. 그러나 『예문류취(藝文類聚)』 권55에서는
    양나라 원제(元帝)의 「직공도서(職貢圖序)」를 인용하면서 본문 속에서 『직공도』라고 한다. 하지만 글의 이름
    은 「직공도서」였다. 『양서(梁書)』, 표점본(標點本), 중화서국, 136쪽. 『예문류취(藝文類聚)』, 상해고적출판사본,
    1981, 996쪽.

3) 사이(四夷)는 동이(東夷), 서융(西戎), 남만(南蠻), 북적(北狄)을 가리킨다(역자 주).

4) 팔만(八蠻)은 중국에서 남쪽에 8개의 나라로 천축(天竺), 해수(咳首), 초요(僬僥), 파종(跛踵), 천흉(穿胸), 담이(儋
    耳), 구지(狗軹), 방춘(旁春)을 가리킨다(역자 주).

5) 칠민(七閩)은 민(閩) 지역(오늘날의 복건성福建省과 절강성浙江省의 남쪽 지방)에 거주하는 일곱 부족을 지칭한다(역
    자 주).

6) 구맥(九貊)은 북방에 거주하는 부족을 지칭한다(역자 주).

7) 출처는 『예문류취(藝文類聚)』 잡문부(雜文部) 1 권55, 「직공도서(職貢圖序)」에 나오는 "竊聞職方氏掌天下之圖,
    四夷八蠻, 七閩九貊, 其所由來久矣(절문직방씨장천하지도, 사이팔만, 칠민구맥, 기소유래구의)"이다(역자 주).

물질적 차원에만 국한되었다. 이는 일종의 상업과 무역의 수요를 자극하였는데, 그것이 고대 중국인에게 심어준 타국의 이미지는 주로 '명주와 비취라는 보물'과 '용문(龍文)이나 한혈(汗血) 따위의 준마'에 한정되었을지도 모른다.[8]

타국에 대한 지식의 많고 적음이 해외 교류의 공간적 폭의 크고 작음에 따라 결정된다는 점은 틀림없다. 그러나 다른 지역에 대한 인식에서 가장 중요한 것은 바로 문명의 교류로부터 온다. 생산품의 유무보다 문명의 차이가 가져다주는 인상이 더욱 깊고 오래 각인된다. 또한 아주 깊숙하고 아주 장구하다. 고대 중국의 해외 교류 역사에서는 한혈마, 유리, 포도, 거여목 등이 유입되기도 하였지만, 무역은 '상호 소통의 유무'에 국한되었다. 구체적인 문물의 수입은 생활의 필요성에 대한 충족으로 간주하였을 뿐 중국 문명의 우월성에 아무런 충격도 주지 못하였다. 신기한 물건의 수입도 호기심 따위를 충족시키고 사람들의 타 지역에 대한 상상력을 자극할 뿐이었다. 문명의 유입이 문화적 진동을 일으킬 때만 고대 중국인이 자신들과 동등한 심지어는 더욱 수준 높은 문명이 또 있음에 놀라게 되었고, 이때 비로소 천하라는 공간적 범위가 '화하'라는 지역을 뛰어 넘고 중국 중심의 위상도 달라지고 세계지도도 바뀔 수 있었다.

불교에서 그려낸 세계상과 송나라 때의 불교 저작 『불조통기』에 실린 세 폭의 지도가 가지는 사상사적 의미에 주목할 필요가 있다.

이 때문에 불교에서 그려낸 세계상과 송나라 때의 불교 저작 『불조통기(佛祖統紀)』에 실린 세 폭의 지도가 가지는 사상사적 의미에 주목할 필요가 있다. 말하자면 고대 중국에서 유일하게 중국 문명을 크게 뒤흔들었고 중국인에게 자신의 문명적 중심의 위치를 다시 생각하게 한 것은 천주교 이전에는 대체로 불교와 그 배후에 있는 인도 문명밖에 없었다. 사령운(謝靈運 : 385~433년)에서 유풍(劉馮)까지의 중국과 인도의 신앙과 언어에 대한 비교,[9] 법현에서 현장까지의 인도에 가서 경전을 구해 온 것, 종병(宗炳 : 375~443년)의 『명불론(明佛論)』이 보여주는 "중국의 군자들은 예의에 밝으나 다른 사람의 마음을 아는 것에는 어둡다(中國君子明於禮義而暗於之人心중국군자명어예의이암어지인심)"라는 감회와 송나라 사람들의 "유가는 담박

---

8) 「직공도서(職貢圖序)」, 『예문류취(藝文類聚)』, 상해고적출판사본, 1981, 996쪽.

9) 사령운(謝靈運)에 관한 자료는 『광홍명집(廣弘明集)』 권20 「변종론(辨宗論)」, 사부비요본, 169쪽. 유풍(劉馮)과 그의 저서 『내외방통비교수법(內外旁通比較數法)』에 관한 자료는 『속고승전』 권2, 『대정신수대장경(大正新修大藏經)』 제50권, 436쪽을 참조.

(淡薄)하여 수습할 수가 없게 되었다(儒門淡泊, 收拾不住유문담박, 수습부주)"라는 탄식[1] 에서 중국인의 마음속에 중국 문명의 중심적 위치에 약간 동요가 생겼음을 알 수 있다. 이러한 동요에서는 또 다른 문명이 그 위치를 뚜렷이 드러냄과 동시에 이 문명 지역의 경계가 두드러진다. 그것은 더 이상 중국 문명이 덮고 있는 부용(附 庸)이나 용국(庸國)이 아니고 또한 경중을 재기에도 부족한 작디작은 오랑캐(夷狄) 나라가 아니라 최소한 중국과 마찬가지로 두텁고 거대한 문명의 정도를 가진 나 라이다. 그래서 '천하'는 더 이상 중심이 아니었고 그런 차원에서의 뚜렷한 동심 원의 세계를 다시는 그려낼 수가 없었다.

불교계 밖의 인사들은 이러한 문명의 지도를 달갑게 인정하지 않았을 수도 있었지만, 중국의 밖에서 온 불교를 믿는 승려들은 이러한 공간 구조의 존재를 인정해야만 하였다. 왜냐하면 하나의 더 나아가 많은 동등한 문명의 공존은 바 로 그들 자신이 믿는 합리성의 토대이자, 중국 문명의 유일한 합리성에 대한 점 유를 깨뜨리는 전제였기 때문이다. 따라서『불조통기』에 있는 20폭의 그림에서 불교도인 지반(志磐)이 그린『동진단지리도(東震旦地理圖)』,『한서역제국도(漢西域 諸國圖)』,『서토오인지도(西土五印之圖)』등 3폭은 3개의 중심이 조합된 세계를 그 리고 있다. 불교의 세계관에 따르면 세계는 원래 수미산(須彌山)과 남쪽의 섬부(瞻 富), 동쪽의 승신(勝身), 서쪽의 우화(牛貨), 북쪽의 구로(俱盧)라는 4개의 주로 구성 된다. 그러나 우리 인간이 살고 있는 곳은 남쪽의 섬부주 뿐이다. 남쪽의 섬부주 는 다시 동서남북의 네 지역으로 나뉜다. 네 지역의 기후, 지리, 풍속과 문명은 모두 다르다. 중국은 동쪽에 있는 문명 지역 중 하나에 불과하다.[2] "저 방지(方志, 또는 方土)를 조사해 보면 사람들이 각각 다르다. ……만약 거주하는 곳으로 말한

---

1)『홍명집(弘明集)』권2, 사부비요본, 17쪽.

2)『법원주림(法苑珠林)』권2, "섬부주(瞻部洲)의 땅에 4주(主)가 있었다. 즉 남쪽은 상주(象主)이니 더위와 따스함 이 코끼리에 알맞았고, 서쪽은 보주(寶主)이니 바다에 나가 보배를 채웠으며, 북쪽은 마주(馬主)이니 추위와 굳셈이 말에 알맞았고, 동쪽은 인주(人主)이니 화창함이 사람에 맞았다. 그러므로 상주의 나라는 조급하고 학 문에 매우 돈독하여 기이한 기술에 특히 능숙하고, 보주의 고을은 예의가 없고 재물을 중히 여기며, 마주의 풍속은 본래의 자질이 사납고 마음이 잔인하여 서로 죽이고, 인주의 땅은 풍속이 슬기롭고 인의(仁義)에 아주 밝다." 이 글의 중국 문명에 치우친 말은 당연히 동토에 전파될 때 상황에 끼워 맞추어 만든 말이다. 그러나 중국 문명을 유일한 문명으로 본 것은 결코 아니다.『대정장』제53권, 279쪽.

다면 네 천하에는 합해서 4008곳이 있고, 4008 종류의 인간이 있다. 그리고 바로 염부제(閻浮提) 한 곳에 대해서 말한다면 『누탄경(樓炭經)』에서 말한 것처럼 큰 나라는 모두 36개국이 있고, 인종도 그와 같다. 만일 따로따로 말하면 3500개 소국이 있고, 인종도 그와 같다. 또 나라 하나하나마다 약간의 인종이 있다. 즉 호(胡)·한(漢)·강(羌)·노(魯)·만(蠻)·이(夷)·초(楚)·월(越)로서 각각 그 방토에 따라 빛깔도 같지 않고, 모두를 다 설명할 수 없다. 그러므로 『누탄경』에서는 '이 남쪽의 염부제에는 그 종류의 차별이 모두 6400 인종이 있다'라고 말한다."[3]

따라서 『불조통기』에 있는 세 폭의 그림 중 『동진단지리도』에 그려진 것은 동쪽으로는 일본(日本)·부상(扶桑)·유구(流求)·숙신(肅愼)·고려(高麗)·신라(新羅)·백제(百濟)까지이고, 서쪽으로는 적석(積石)·선선(鄯善)·언기(焉耆)·포창해(蒲昌海)까지이며, 북쪽으로는 장성(長城) 밖으로 계단(契丹)까지, 남쪽으로는 남해의 교지(交趾)·점성(占城)·진랍(眞臘) 등의 이러한 하나의 문명 지역까지이다. 『한서역제국도(漢西域諸國圖)』에 그려진 것은 앞 지도의 서부 지역 경계선의 밖의 또 다른 문명 지역으로 북쪽으로는 상상속의 한해(瀚海)까지 다다르고, 남쪽으로는 야강(婼羌)과 '계곡이 통하지 않고 줄을 매달아 건넌다'는 석산(石山)까지 나아가며, 서쪽으로는 서해, 더 나아가서는 대진(大秦)의 아주 넓은 지역까지 나아갔다. 이는 대략 오늘날의 중앙아시아나 서아시아에 필적하는 넓이였다. 그리고 『서토오인지도(西土五印之圖)』는 『서역기(西域記)』에 근거하여 총령(葱嶺)에서 출발해서 향산(香山)과 설산(雪山)을 거쳐 오인도(五印度)까지, 더 나아가 사자주(獅子洲)와 달락가산(怛落伽山) 전부를 포함하는 지도를 그렸고 인도양의 서안(西岸)과 남안(南岸)을 세계의 주변으로 표현하였다.[4]

"세상 사람들이 상식이 모자라서 한나라 때 나라 밖 사방(四履)의 흥성을 보고 만 리를 벗어나지 못하였다고 하였는데, 예전에 얼핏 들었을 때는 그 말을 믿

---

3) 위의 책, 280쪽. 쿠와바라 지츠조(桑原隲藏)는 「불교의 동점과 역사지리학에서 불교도의 공헌」에서 불교의 전파 과정에서 중국인의 세계 지리에 대한 새로운 인식을 상세하게 규명한 바 있다. 그러나 그것이 고대 중국의 세계 관념에 대한 근본적이 영향에 대해서는 논의하지 않았다. 쿠와바라 지츠조, 「불교의 동점과 역사지리학에서 불교도의 공헌(佛教의 東漸과 歷史地理學上에 於하는 佛教徒의 功勞)」, 『쿠와바라 지츠조 전집(桑原隲藏全集)』 제1권, 도쿄, 암파서점, 1968, 292~333쪽.
4) 오늘날 이 세 폭의 그림은 모두 『대정장』 제49권, 『불조통기』 권32에 모두 보인다.

지 못하였다. 모름지기 '이 지역이 동쪽에 있고 천축이 중앙에 위치하며 여기에
서 서쪽으로 천축까지는 일만 오천 리이고, 천축에서 서쪽으로 서해 끝까지는 사
만 오천 리이다. 그렇다면 이 지역이 염부의 동쪽이라는 것은 믿을 만하다. 학자
들이 그것을 중국이라고 하고 또 그에 근거해서 이 지역을 사방의 중앙이라고 말
한다. 유가에서 땅을 말할 때는 1만 리에 한정되어 있었고, 오축의 번성과 서해의
질서정연함을 알지 못하였다."『불조통기』권3에서는 근대 이전 중국에서 세계
에 대해 가졌던 전통적 이미지를 이렇게 말하였던 것이다. 물론 이것은 아주 첨
예한 비판이다. 어쨌든 이러한 말과 이 세 폭의 지도는 고대 중국인에게 오래도
록 정형화되어 있던 세계상을 와해시키고 있었다. 이 세 폭의 그림은 다른 지역
문명의 영향 속에서 고대 중국인이 인정할 수 있는 가장 큰 세계였고, 고대 중국
인이 다른 유형의 문명을 참조하여 중국 자신의 영역을 최대한도로 제한한 것이
었으며, 또한 자각적이고도 분명하게 지도 중심을 점하고 있는 중국을 상대적으
로 약간 치우친 위치에 배치하였다.[1]

　　송나라와 원나라 시대의 몇몇 사인(士人)들이 이미 이러한 관념을 받아들였
을 수도 있을 것이다. 예를 들어 주밀(周密 : 1232~1298년)은『계신잡식(癸辛雜識)』후
집,「십이분야(十二分野)」에서 사람들이 28개의 별자리를 12분야에 배치하고 화
(華)와 앙(昻) 두 별자리로만 타 지역의 각국을 통괄하였던 것을 비판하였다. 그는
"12주(洲) 안은 동서남북으로 불과 1,2만 리로 뻗쳐 있다는 것을 전혀 알지 못한
다. 외국은 늘 수만 리 밖에 있어 중국의 크기를 알아채지 못한다."[2] 안타깝게도
문화적 중국의 공간과 지리적 중국의 공간을 구분하고 지리적 중국이 세계의 작
은 덩어리에 지나지 않음을 인정한 사람은 아주 적었고 이러한 생각도 아주 빠르
게 묻혀버렸다. 송나라 말기 백운혜효(百雲蕙曉)가 일본에 가지고 간『여지도(輿地
圖)』, 원나라의 주사본(朱思本 : 1273~1333년)이 그린『여지도』그리고 명나라 나홍
선(羅洪先 : 1504~1564년)이 주사본의 그림에 근거해서 그린『광여도』까지의 기간에
원나라의 영역이 넓게 확장되었고, 정화의 서양을 향한 장거(壯擧)가 있었으며, 세

---

1) 정석황(鄭錫煌)의『불조통기의 세 폭의 지도에 관한 소고(關於佛祖統記中三幅地圖芻議)』의 소개를 참조.『중국
　　고대지도집 : 전국~원(中國古代地圖集 : 全國至元)』후부, 81~84쪽.
2) 주밀(周密),『계신잡식(癸辛雜識)』후집, 중화서국, 1988, 81~82쪽.

계에 대한 실질적인 인식은 많이 확대되었지만, 지도의 서술은 여전히 예전과 다름이 없었다.[3]

유일한 예외는 원나라의 지리학 지식에 따른 것이라고 전해지나 명나라 건문(建文) 연간(1402)에 만든 『혼일강리역대국도지도(混一疆理歷代國都之圖)』이다.[4] 이 지도는 당시 조선의 사자 김사형(金士衡 : 1333~1407년)과 이무(李茂 : 1355~1409년)가 조선 사람 이회(李薈)의 지시를 받아 그린 것으로 이택민(李澤民)의 『성교광피도(聖敎廣被圖)』와 천태승 청준(淸睿)의 『혼일강리도』에 근거해서 다시 제작된 것이다. 원나라 때 유입된 중국의 이슬람 지리학의 영향을 받아서 그것은 동쪽은 일본에서 시작하고 서쪽으로 유럽, 아랍 반도, 더 나아가 아프리카까지 뻗쳐서 대부분의 세계를 모두 망라하였지만 그 지도 제작의 배후에 깔린 관념은 여전히 중국의 '제왕의 교명이 널리 뒤덮고 있고', 사이는 여전히 중국 문명의 주변이었으며, 천하는 여전히 '혼일강리'여서, 여전히 세계의 중심을 한 나라 정도로 보았다. 따라서 여전히 중국을 세계의 가운데에 그렸고 더구나 셋으로 나뉜 천하에서 삼분의 이를 넘게 차지하고 있었다. 전통은 결국 여전히 강대했다.

3

16세기 말 마테오리치의 세계지도가 명나라에 출현한 일은 고대 중국인의 생각 속에 있는 '세계'를 변화시키는 계기의 재등장이라고 해야 할 것이다. 마테

---

3) 하나의 예를 들면 마테오리치의 지도 제작 후 얼마 지나지 않아 만력 21년(1593)에 상주부(常州府) 무석현(無錫縣)의 유학 훈장 양주(梁輈)가 새기고 남경(南京) 이부(吏部) 사사정사당(四司正巳堂)에서 제작한 「건곤만국전도고금인물 사적(乾坤萬國全圖古今人物事跡)」이 있는데, 여전히 제도 제작 방법은 전통적 방법이었고 지역적 범위는 한족 중국 지역이었다. 제작자는 '서태자(西泰子 : 마테오리치)의 도설(圖說)과 유럽인의 제작물, 백하제공(白下諸公)의 간행물 여섯 폭'을 보았지만, 그 의식 속에 있는 문명 세계의 범위는 여전히 "북쪽으로는 북극까지 가고, 남쪽으로는 해표(海表)를 넘으며, 동쪽으로는 왕양(汪洋)까지 가고, 서쪽으로는 유사(流沙)까지 다다르는 것이었다." 그리고 "외부의 개척되지 않은 산천과 풍토 등은 어떤 나라, 어떤 섬의 옆에 설명을 달아 놓을 뿐이었다." 그러나 이들 국가는 아주 작게 사방의 대해에 덧붙여져 있을 뿐이었다.

4) 이 지도는 현재 일본 교토의 류코쿠(龍谷) 대학에 있다. 오다 다케오(織田武雄), 『지도의 역사─세계편(地圖の歷史─世界篇)』, 강담사(講談社), 1974, 1994, 203쪽.

오리치 자신의 말에 따르면 그의 이 세계지도는 '하늘'에 대한 지식에 상응하면
서도 유럽의 과학적 방법을 응용한 것이다. "다섯 지역과 사해, 지역의 각 나라,
바다의 각 섬, 주와 군 하나하나가 모두 책 속에 널리 분포되어 있어서 손바닥 보
듯 한눈에 들어온다. 지도 전체는 하늘에 상응하고 지도의 각 부분은 서로 이어
지며, 종주와 가지가 서로 대칭되어 질서정연하다. 지도에서 촌(寸), 척(尺), 심(尋)
으로 나눈 것으로 땅과 바다 10억 리를 알고, 작은 것을 통해서 큰 것을 안다."[1]
그리고 당시에 최전선에 있는 지식을 흡수한 것이었다. 예를 들어 원나라 때의
자말 웃딘의 사대주설(四大洲說)을 고치고 유럽의 신대륙 발견 성과를 활용하여
세계는 마땅히 '오대주(五大洲)이다'[2]라고 지적하였고, 이러한 '형상'에 따라 고
대 중국의 '세계'에서 말하는 '천하', '중국', '사이'는 이러한 도형과 넓은 지구
속에서 와해되었다. 왜냐하면 양정균의 말에 따르면 그것은 "모두가 큰 구로서,
시작과 끝이 없고 중앙도 없기 때문이다."[3]

　　놀랍게도 마테오리치의 세계지도가 세상에 나왔을 때 당시 지식인 계층의
몇 사람이 재빠르게 이러한 다양한 문명이 공존하는 새로운 세계의 형상을 받아
들였다. 마테오리치의 지도 제작을 직접 도왔던 왕반(王泮), 조가회(趙可懷 : ?~1603
년), 이지조, 오중명(吳中明), 곽자장(郭子章 : 1543~1618년) 등 외에 지식인들에게 큰
영향을 준 이지, 풍응경(馮應京 : 1555~1606년), 사필제(謝筆淛) 그리고 약간 뒷시대의
지식이 상당히 풍부한 방이지 등[4]도 이러한 새로운 세계 형상을 담은 견해를 인

당시 지식인 계층의 몇
사람이 재빠르게 이러한
다양한 문명이 공존하는
새로운 세계의 형상을 받
아들였다.

1) 「역기하원본인(譯幾何原本印)」, 『기하원본(幾何原本)』 권수, 『천학초함(天學初函)』 제4책, 타이베이, 학생서국,
　　1986, 1932쪽.
2) 그 중의 한 대륙은 최근 홍치(弘治) 연간(1488~1505)에 비로소 알게 된 것으로 이전에는 몰라서 4개 대륙 뿐이
　　었다. 그래서 원나라 세조 때에 서역의 자말 웃딘이 대지원체도(大地圓體圖)를 받쳤는데 역시 4개 대륙밖에
　　없었다." 마테오리치, 「연지대사 죽창의 4편의 천설에 답함(復連池大和尚竹窗天說四端)」, 『변학유독(辯學遺牘)』,
　　『천학초함(天學初函)』 제2책, 626쪽. 그러나 이지조의 「각직방외기서(刻職方外紀序)」에 따르면 아마 마테오리
　　치 최초의 지도에도 4개 대륙밖에 없었고 나중에 황제에게 올릴 때는 판토하의 건의에 따라 다시 5개 대륙으
　　로 수정하였을 것이다. 이점에 대해서는 다시 고찰할 필요가 있다.
3) 양정균(楊廷筠), 「직방외기서(職方外紀序)」, 알레니(Giulios Aleni), 「직방외기」 권수(卷首) 부(附), 사방(謝方), 『직
　　방외기교석(職方外紀校釋)』, 중화서국, 1996. 아울러 『천학초함』 제3책, 1289쪽도 참조.
4) 이지(李贄)의 견해는 『분서(焚書)』 「답우인(答友人)」과 『사해설(四海說)』에 풍응경(馮應京)의 견해는 『방여승략
　　(方輿勝略)』에 실린 『산해여지전도(山海輿地全圖)』 등에 쓴 서문에 나타나 있으며, 사필제의 견해는 『옥잡조(玉
　　雜組)』, 방이지(方以智)의 견해는 『물리소지(物理小識)』, 『통아(通雅)』에서 보인다.

용하였다.[5] 특히 일반적인 지식과 사상, 그리고 신앙세계의 보편적인 영향을 충분히 알 수 있는 점은 인쇄수와 독자가 모두 상당히 많았고 통상 알고 보편적인 상식을 담았다고 이해되는 책도 이런 세계지도를 수록하였다는 점이다.

만력 30년(1602)에 처음 간행된 『월령광의(月令廣義)』 첫 번째 권과 같은 해에 간행된 『방여승략(方輿勝略)』 「외이(外夷)」 권1, 만력 37년(1609)에 간행된 『삼재도회(三才圖會)』, 만력 30년에 간행된 『성리필승집요(性理必乘集要)』에 「산해여지전도(山海輿地全圖)」가 있고, 만력 41년(1613)에 처음 간행된 장황(章潢)의 『도서편(圖書編)』 권16에는 「호천혼원도(昊天渾元圖)」가, 권29에는 「여지산해전도(輿地山海全圖)」가 각각 있다. 당연히 여기서 짚고 넘어가야만 할 것은 마테오리치 이후의 『직방외기(職方外紀)』이다. 이 책은 선교사 알레니의 작품으로 천계 3년(1623)에 제작되었고, 그 첫 번째 권에도 「만국전도(萬國全圖)」가 실려 있다.

바로 『직방외기』의 첫 번째 권에 이지조가 천계(天啓) 계해년(1623)에 쓴 서문이 있어서 이들 지식인의 이러한 새로운 세계 형상에 대한 인식 과정과 이러한 인식이 중국에 준 충격을 분명히 알 수 있다. 그는 만력 시대에 자신이 마테오리치의 '대지전도(大地全圖)의 그림과 선이 아주 상세함'을 보고 아주 놀랐고, 스스로 반복 측정을 한 후에 이렇게 말하였다.

중국인의 지도 제작은 그 기술이 아직 모자람을 깨달았다. 바로 이어서 이를 중국 글로 번역하고 『만국도(萬國圖)』 병풍을 만들었다(乃悟唐人畵方分里, 其術尙疏, 遂爲譯以華文, 刻爲 『萬國圖』 屛風내오당인화방분리, 기술상소, 수위역이화문, 각위 『만국도』 병풍).

그리고 중국 고대의 지리가 서양보다 못함을 인정하고 바로 이러한 새로운 세계상이 그에게 준 놀라움을 다음과 같이 표시하였다.

---

5) 마테오리치 지도의 학술적 영향은 정관승(鄭觀勝), 「마테오리치의 중국지리학에 대한 공헌과 그 영향(利瑪竇對中國地理學的貢獻及其影響)」, 『우공(禹貢)』 제5권, 제3, 4기 합본, 1936을 참조할 만하다. 마테오리치 지도의 사회적 영향에 대해서 비교적 상세하게 논한 최근의 연구로 임동양(林東陽), 「마테오리치의 세계지도와 그것의 명나라 말기 지식인 사회에 대한 영향(利瑪竇世界地圖及其對明末士人社會的影響)」, 『마테오리치 중국 이주 400주년 중서문화교류국제회의 논문집(紀念利瑪竇來華四百周年中西文化交流國際會議論文集)』, 타이베이, 보인대학출판사(輔仁大學出版社), 1983, 311~378쪽을 참조할 만하다.

땅이 이처럼 크지만 그것이 하늘 속의 좁쌀 한 톨일 뿐이다. 나의 지방, 나의 마을은 다시 좁쌀 한 톨 속의 털끝이다. 나는 그 안에서 더욱 작은데 작은 한 구석에서 명예와 이익을 다투는구나!(地如此其大也, 而其在天中一粟耳, 吾州吾鄕. 又一粟中之毫末, 吾更藐焉中處, 而爭名競利于蠻觸之角也與哉!지여차기대야, 이기재천중일속이, 오주오향. 우일속중지호말, 오경막언중처, 이쟁명경리우만촉지각야여재!)

여기서 그는 낡은 견해를 고수하는 사람들이 스스로 식견을 가로막는다고 비판하며, "누가 생각 밖으로 이처럼 다른 지역과 풍속, 뛰어난 문물이 있어 정말로 비어있지 않음을 알겠는가? 이것은 사람의 인식은 유한하고 조물주는 무한함을 보여준다"[1]라고 말하였다. 이지조 뿐만 아니라 구식곡(瞿式穀 : 1591~?년)의 『직방외기소언(職方外紀小言)』의 한 부분에서는 이러한 새로운 지식은 흡수한 사람의 심리에 있는 세계 형상의 변화와 관념의 전환을 더욱 극명하게 보여준다.

지도에 따라서 논하자면, 중국은 아시아의 십분의 일에 위치하고 아시아는 다시 천하의 오분의 일이다. 즉 적현신주(赤縣神州 : 중국의 옛 명칭으로 신주라고도 부름)에서 밖으로 나아가면 적현신주과 같은 것이 10분의 9이고 미세하게 이 한 구석을 차지하고 있다. 천하를 싸잡아 오랑캐라고 배척하니 우물 안 개구리라는 비난을 면할 수 있겠는가! 유가의 선배에게 물으니 동해와 서해가 마음이 같고 이치도 같다고 말한다. 누가 마음과 이치가 같은데 정신의 구조가 각자의 정신을 내세우며 아주 단호하게 이쪽은 옳고 저쪽은 그르다고 말하니 또한 맞지 않는다. 그리고 오랑캐와 중국 어떻게 항상 존재하는가?(嘗試按圖而論, 中國居亞細亞十之一, 亞細亞又居天下五之一, 則自赤縣神州而外, 如赤縣神州者且十其九, 而殘殘持此一方, 胥天下而盡斥爲蠻貌, 得無紛井蛙之誚乎! 曷徵之儒先, 日日東海西海, 心同理同. 誰謂心理同而精神之結撰不各自抒一精彩, 顧斷斷然此是彼非, 亦大蹐矣. 且夷夏亦何常之有?상시안도이론, 중국거아세아십지일, 아세아우거천하오지일, 즉자적현신주이외, 여적현신주자차십기구, 이잔잔지차일방, 서천하이진척위만맥, 득무분정와지초호! 갈징지유선, 일왈동해서해, 심동리동. 수위심리동이정신지결찬불각자서일정채, 고단단연차

1) 알레니(Giulios Aleni), 『직방외기』 권수부, 사방(謝方), 『직방외기석(職方外紀釋)』, 7쪽.

다시 말해서 그는 이미 중국이 유일한 세계가 아니고, 문명의 유일한 중심이
아니며, 각 문명은 선천적으로 높고 낮은 것이 없고, 중국 문명이 우월하다는 관
념을 고집하는 것은 비정상적이라는 점을 이미 알아차린 것이다. 그리고 만약
'충실히 믿고' '현명하게' 그리고 '있는 그대로' 실천할 수 있다면, 설령 다른 지
방에 멀리 있더라도 역시 '중국의 영토(諸夏)'이고 '치욕을 당하고' '골골(汩汩)하
며', '염치를 잘 모르면' 설령 가까이에 있더라도 역시 '융적(戎狄)'이라고 생각하
였다.[2] 여기에는 당연히 천주교에 대한 신앙에서 비롯한 중화 중심주의적 관점
의 와해가 담겨 있으며 노장과 불교에서 비롯한 상대주의적 세계관의 이해와 해
석이 담겨 있다. 그러나 이러한 생각에 따르면 고대 중국의 세계상과 세계 관념
은 확실히 붕괴의 가능성을 가지고 있었다.

그러나 결국 역사와 전통적 관습이 매우 강한 중국에서 궁극적으로 이러한
세계상의 변화는 고대 중국과 아주 크게 관련을 맺고 있었다. 이에 따라 지도 제
작의 배후에는 민족과 국가의 이데올로기는 여전히 매우 강렬하게 존재하였다.
주류의 권력 담론 뿐만 아니라 바로 당시의 많은 중국의 지식인들도 이러한 세계
상의 변화를 받아들일 수 없었다. 마테오리치는 루셀리(Girolamo Ruscelli : 1500~1566
년)와 오르텔리우스(Abraham Ortelius : 1527~1598년) 등의 지리서와 지도에 근거하여
세계지도를 제작하였을 때 그리 심각하게 생각하지는 않았다.[3] 그는 이 지도로
호기심 많은 지식인과 관리들에게 호응을 얻을 수 있음으로써 천주교의 선교사

---

2) 알레니, 『직방외기』 권수부, 사방(謝方), 『직방외기석』, 9쪽.

3) 이는 운노 카즈타카(海野一隆), 「명·청 시대 마테오리치 계열 세계지도—새로운 사료에 대한 검토를 중심으
로(明清おけるマテオ·リッチ系世界圖—主とつて新史料の檢討)」, 『새로 발견된 중국과학사 자료의 연구—논고편
(新發現中國科學史資料の研究—論考篇)』, 512쪽의 주장을 따랐다. 또한 후나코시 아키오(船越昭生), 「곤여만국전
도쇄국일본(坤輿萬國全圖と鎖國日本)」, 『동방학보(東方學報)』 41책, 도쿄, 1970 참조. 추진환(鄒振環)은 마테오리
치 지도의 연원을 셋으로 본다. "유럽의 15,6세기 동판 인쇄지도와 관계 자료, 중국여도(中國輿圖)와 통지자료
(通誌資料), 그리고 그 자신의 여행 실측과 견문 기록이다. 주로 16세기 유럽의 메르카토르(Gerard Mercator :
1512~1594년)와 오르텔리우스(Ortelius), 프란키우스(Peter Plancius : 1552~1622년)의 세계지도에서 자료를 얻었
다." 추진환(鄒振環), 『중국의 근대 사회에 영향을 준 번역서 100권(影響中國近代社會的一白種譯作)』, 베이징, 중
국대외출판번역공사(中國對外飜譯出版公司), 1996, 4쪽 참조.

들이 더욱 쉽게 중국으로 들어와서 더욱 많은 권리와 자유를 누릴 수 있을 것이라 생각하였다. 나중에 비록 중국인의 자만심을 깨버리게 되기는 하였지만 여전히 그 이상을 생각하지는 않았다.[1]

그러나 중국에 "말하는 사람은 특별한 의미를 두지 않는데 듣는 자는 마음에 둔다"라는 말이 있듯이 세계지도를 읽는 사람들은 오히려 언제나 마음속으로 깊이 연상하였다. 특히 중국의 사대부가 이렇게 관습적인 세계상과 완전히 다른 지도를 보았을 때가 그랬다. 아주 재미있으면서도 모순적인 사례를 살펴보겠다. 숭정 9년 그러니까 1636년에 진조수(陳組綬)는 『황명직방지도(皇明職方地圖)』를 편찬하면서 서문을 통해 그가 지도를 펴낸 목적 중의 하나는 바로 나홍선의 『광여도』와 다르게 생각하는 것이었다고 말한다. 다르다고 하는 것은 우선 '넓이가 다르다는 것'이다. 그가 생각하기에 '넓다는 것'은 "하늘 끝까지 올라가고 땅에서 끊임없이 이어져 동서남북의 사방의 끝까지 가서, 덮지 않은 곳이 없고 싣지 않은 곳이 없으며 다녀보지 않은 곳이 없어야" 하는데, 나홍선의 지도는 배나 수레로 닿는 곳만 그려냄으로써 도리어 서양인이 땅이 둥글다는 견해를 만들도록 하였고, 신화와 똑같은 지리도를 사용해서 "중국을 작게 하고 사이를 크게 하였다"라고 지적하였다. 그리고 사실 고대 중국의 역사와 문헌에는 일찍이 아득하고 광활한 지역이 있었고, 사이와 팔황(八荒)[2]에 대한 기록이 있었으며, 더욱 일찍부터는 삼황오제의 역사가 있었다고 말하였다. 따라서 그는 자신의 지도 편찬이 고대 중국의 땅이 좁은 범위에 갇혀 있지 않다는 심오한 뜻에 부합하고 서양인이 '중국을 축소시키는' 도전에도 응수하는 것이라고도 생각하였다.

만약 나홍선의 『광여도』를 전통적 중국식 세계지도의 한 상징으로 본다면 마테오리치의 지도를 수용한 『황명직방지도(皇明職方地圖)』는 마땅히 전통적 세계상을 바꾼 하나의 새로운 서술인 것이다. 그것은 중국인의 세계에 대한 시야를 넓혔고 과거에 '북쪽으로 화림(和林)[3]에 다다르지 않고, 남쪽으로 교지(交趾)[4]에

---

1) 심지어 그는 중국 중심적 사고와 타협하기 위해서 중국을 지도의 중앙에 넣었다.

2) 팔황(八荒)은 여덟 방향(八方)의 멀리 있는 지역이라는 의미로 온 세상을 뜻하며, 팔굉(八紘) 혹은 팔극(八極)이라고도 한다(역자 주).

3) 화림(和林)은 카라코룸 또는 하르호린으로 불리며, 1235년 몽골 제2대 황제 오고타이가 몽골고원의 중앙부에

이르지 않으며, 동쪽으로 일본에 미치지 않았고, 서쪽으로 적피(織皮)[5]까지 가지 않는 범위에' 갇혀 있던 옛 천하를 '동서남북 네 방향의 끝까지 나아가는' 새로운 세계로 변화시켰다. 그런데 문제는 그가 시종일관 '중국을 작게 그리고 사이를 크게 그리는' 추세를 받아들이기 어려워한다는 점이다. 비록 어떤 이는 "무릇 서학이 중국을 작게 그리는 것이 아니다. 대지에서 땅이 크므로 중국이 작은 것이다"라고 말하였다. 그는 실제로 중국이 고대 중국인이 생각하던 것처럼 크지 않고 사이도 고대 중국인이 생각하던 것처럼 작지 않음을 알고 있었다. 그렇지만 여전히 전혀 아랑곳하지 않고 서양인이 "태고의 사해와 구주에 바로 닿으려 한다(直欲駕之皇古之四海九州也직욕가지황고지사해구주야)"라고 비판하였다. 그는 '중국으로 오랑캐를 변화시키기'만 가능하지 '오랑캐에서 변화가 일어나기'는 불가능하다고 생각하였다. 따라서 '태서(泰西) 사람의 말은 믿을 만하지 못하다'라고 말하였다. 또한 그는 여전히 지도에서 중국을 중앙에 놓으려 하였다. "4개 대륙이 중국을 둘러싸고 있으며, ······[중국은] 천하의 중간에 위치하면서 사해의 백성을 안정시키고 있었다."[6] 그는 당당한 어조로 다음과 같이 캐물었다. 유럽은 중국의 서쪽에 있지 않은가? 그곳은 아주 멀어서 해가 지는 곳보다 더 먼 곳에 있지 않은가? 천주는 서방만의 천주일 뿐이다. "중국은 성인이 탄생한 곳이다. 사해의 백성이 감히 알현을 하지 않을 수 없는 것이다(中國有聖人出焉, 四海之民, 莫敢不來王중국유성인출언, 사해지민, 막감불래왕)."[7]

　　이는 결코 그 사람 개인의 고집이 아니다. 앞 절에서는 명나라 말기의 위준

해당하는 오르강(江) 상류 우안에 수도로 정하였고, 정종과 헌종까지 3대 약 20년에 걸쳐 몽골제국의 수도였다(역자 주).

4) 교지(交趾)는 현재의 베트남에 해당하는 지역이다(역자 주).

5) 직피(織皮)라는 용어는 서주 시대에 오늘날의 티베트에 해당하는 지역에 거주하는 종족들이 가죽 제품을 만들었던 데서 유래하였다(역자 주).

6) 출전은 『맹자(孟子)』, 「진심장구(盡心章句)」 '상(上)'에 나오는 "中天下而立 定四海之民(중천하이립 정사해지민)"이다(역자 주).

7) 사실 어느 정도 서양의 지리학 지식을 수용한 사람도 항상 전통적인 관념으로 돌아가 '천하'의 지도를 그렸다. 예를 들어 만력 연간에 남경 이부사서에서 제작된 양주(梁輈)의 『건곤만국전도 고금인물 사적(乾坤萬國全圖古今人物事跡)』과 장황(章潢)의 『도서편(圖書編)』에 있는 『고금천하형승지도(古今天下形勝之圖)』와 숭정 시대에 찍어낸 조명의(曹明義)의 『천하구변분야인적노정전도(天下九邊分野人跡路程全圖)』 등이 이에 해당한다.

(魏濬)도 마테오리치의 지도를 격렬하게 공격하였음을 확인하였다. 비록 마테오리치가 이미 신경 써서 중국을 중간에 그려 넣었지만 그는 여전히 화가 가시지 않은 채로 "중국은 지도 전체에서 약간 서쪽에 치우쳐 있고 게다가 북쪽에 가깝다. 야분(夜分)에서 위를 올려다보면 북극성은 여전히 자분(子分)에 있으니 중국은 당연히 중간에 위치한다. 그런데 지도에서는 약간 서쪽에 배치하였으니 모두 부당하다. ……명란(鳴鑾)·교지(交趾) 등 보이는 것은 서로 멀다. 여기서 어찌 중국이 이처럼 작은 모양으로 북쪽에 가까이 위치해 있다고 할 수 있겠는가? 그 옳지 못한 말은 이처럼 아무런 거리낌이 없구나!"[1]라고 말하였다. 만약 이것 역시 새로운 지식에 대한 단호한 거절의 경험을 나타내는 말이라면 청나라 초기에 상당한 영향력이 있었던 이학자이자 강희 시대 중신인 이광지(李光地)는 서양인인 페르비스트와 지리에 대해 토론할 때 또 다른 어조로 누차 강조하였다. "중국은 예악과 정교가 천지의 바른 도리에 따른 것을 뜻하는 것인데 꼭 모양으로 가운데에 놓을 필요가 있습니까? 예를 들어 심장이 사람의 중간에 있는 것 보다 배꼽이 중간에 있는 것이 낫습니다. 그리고 꼭 심장을 사람의 중심이라고 하는 것을 모양으로 드러내야 합니까?" 이 말은 '중국'은 결코 천하의 중심이 아님을 분명히 인지한 후의 일종의 절충적인 혹은 자기위안적인 논법이다.[2]

고대 중국의 '하늘'과 '땅'의 공간에 대한 서술에는 고대 중국인의 역사적 전통의 권위적 기초와 이데올로기의 합리적 근거가 담겨져 있기 때문에 대지가 더 이상 둥근 '하늘'로 덮인 네모꼴이 아니라면 과거의 역사와 전통은 우리에게 존재에 관한 경험이 의미를 잃었음을 알려준다. 만약 세계가 더 이상 「우공(禹貢)」, 『주례(周禮)』, 「왕제(王制)」에서처럼 '오복(五服)'으로 구성된 회(回)자 형태의 공간이 아니라면, 자신이 살고 있는 지역의 명확한 위치를 찾지 못할 것이다. 만약 사이가 더 이상 그처럼 작고 야만적인 부속 국가가 아니라면, '천조대국(天朝大國)'이라는 자부심과 중앙 왕조의 존엄성, 상국 황제의 유일성과 세계와 대면할 때 천하에 군림하는 기세는 철저히 와해될 것이다.[3]

고대 중국의 '하늘'과 '땅'의 공간에 대한 서술에는 고대 중국인의 역사적 전통의 권위적 기초와 이데올로기의 합리적 근거가 담겨져 있다.

---

1) 서창치(徐昌治) 편, 『성조파사집(聖朝破邪集)』 권3, 하괴기교본(夏瑰琦校本), 185쪽.

2) 『용촌집(榕村集)』, 「기남회인답문(記南懷仁答問)」, 영인문연각사고전서본.

3) 자크 제르네는 한 편의 글에서 당시 사람들은 이것이 전통적 우주상과 다르기 때문에 제지한 것만은 아니라

따라서 그 다음의 역사에서도 사람들이 직접적으로 확고한 지식의 입장에서 반박할 수가 없을 때는 또 다른 경험들로부터 새로운 세계 형상에 대항할 방법을 찾아서 그것을 검증할 수 없는 소문으로 치부하고 『산해경(山海經)』과 같은 일종의 상상된 신화로 폄하하게 되리라는 것을 보게 될 것이다. 『명사(明史)』 권326의 「이탈리아전(意大利亞傳)」에서는 마테오리치의 『만국전도(萬國全圖)』의 오대주설에 대해 "그 주장이 황당하고 근거가 없다"라고 비판하였다. 마테오리치가 스스로를 '대서양(大西洋) 사람'이라 한 것에 대해 "예부(禮部)에서는 『회전(會典)』에는 서양의 쇄리국(瑣里國)만 있을 뿐 대서양은 없다. 그 진위는 알 수 없다"라고 하며 의심을 품었다. 그리고 『황조문헌통고(皇朝文獻通考)』 권298의 「사예(四裔)」편에는 오대주설이 "전국시대 추연(鄒衍)의 패해(稗海)의 설에 연원한다"라고 기술되어 있다. 그리고 스스로의 경험에 근거하여 이처럼 중국을 다섯 개의 대륙 중 아시아의 한 국가로 설명하는 견해를 공격하여 그것이 "중국의 수만 리 땅을 하나의 주(洲)로 간주하는 것은 창으로 방패를 찌르는 것처럼 황당하여 스스로 파멸할 뿐이다(以中國數萬里之地爲一洲, 以矛刺盾, 妄謬不攻自破이중국수만리지지위일주, 이모자순, 망류불공자파)"라고 하였다. 『사고전서총목(四庫全書總目)』, 「사부(史部)」 '지리류(地理類)'에서는 알레니의 『직방외기(職方外紀)』와 페르비스트의 『건곤도설(乾坤圖說)』을 평할 때도 전자에 대해서는 "서술이 매우 기이하여 검토를 할 수가 없고 과장이 많다(所述多奇異, 不可究詰, 不免多所誇飾소술다기이, 불가구힐, 불면다소과식)"라고 말하였고, 후자에 대해서는 『신이경(神異經)』과 연관지어 "그것은 동쪽에서 유래한 것 같다. 중국의 고서를 습득해서 본 후, 그 말을 모방하고 허황되게 변형시켰다. 전부가 실존하지 않았을 것일 수도 있다(疑其東來, 得見中國古書, 因依仿而變幻其說, 不必皆有實迹의기동래, 득견중국고서, 인의방이변환기설, 불필개유실적)"라고 말하였다.[4]

고 지적한 바 있다. 더욱 본질적인 것은 그것이 사회와 우주의 전통적 관념까지 함께 영향을 미치기 때문이라고 지적한 바 있다. 자크 제르네(Jacques Gernet), 「17세기 기독교도와 중국인의 세계 관념 비교(17世紀基督徒與中國人世界觀念之比較)」, 『명·청 시대 중국 진출 예수회 선교사와 중국과 서양의 문화교류(明淸間入華耶蘇會士與中西文化交流)』, 경승(耿昇) 옮김, 중역본, 청두(成都), 파촉서사, 1993, 80쪽.

4) 『사고전서총목』 권711, 중화서국 영인본, 1981, 633쪽.

4

사상사는 '천하', '중국', '사이(四夷)'의 관념의 변화 뿐만 아니라 이러한 관념의 변화 과정 또한 함께 다루어야 한다. 어떤 새로운 지식에 대한 이해는 새로운 언어의 번역과 별개가 아니다. 'lion'은 중국인들에게 『목천자전(穆天子傳)』에 전해져 내려오는 '산예(狻猊)'를 떠올리게 하였고, 'mastiff'는 중국인들에게 『춘추좌씨전(春秋左氏傳)』에서 조순(趙盾)을 향해 달려간 '오(獒)'를 떠올리게 하였으며, 'science'는 중국인들에게 주자가 제창한 '격치(格致)'를 생각하게 하였고, 'democracy'는 중국인들에게 『맹자』에 나오는 "백성이 귀하다"[1]를 떠올리게 하였다. 언어의 번역에는 자신의 본토에 있었던 용어로 일일이 대응하는 작업이 필요하다. 새로운 지식에 대한 이해는 역사적 기억, 전통적 지식, 본래부터 있었던 상상의 공간을 환기시켜 이해하고 해석할 '생각의 자원'도 필요하다.

마테오리치의 세계지도가 중국의 지식인들 앞에 펼쳐졌을 때 사람들은 약간 놀란 데다 어찌해야 좋을지 몰랐다. 훗날 사람들의 회상처럼 "이때 땅이 둥글고 땅이 작다는 이론이 처음 들어왔다. 듣고 나서 놀란 사람이 아주 많았다."[2] 놀란 후에 자신들의 전통에는 구형의 세계라는 관념이 없고 그렇게 많은 문명 지역에 대한 관념이 없는 지식층은 신속하게 기억 속의 세계에 대한 지식을 동원해서 역사 속에서 이에 대응하거나 근접한 지식을 발굴하였다. 이는 수용과 배척의 두 경우 모두에 해당되었다. 그들이 가장 먼저 연상해 낸 것은 추연(鄒衍)의 학설, 『산해경』과 『신이경』의 상상이었다. 이러한 새로운 세계상을 수용한 사람은 "옛 중국에 이미 이러한 세계 관념이 있었다. 추연의 대구주(大九州)를 보라. 참으로 이미 각 대륙의 존재를 말하였다.[3] 그리고 『산해경』의 기굉국(奇肱國), 심목국(深

어떤 새로운 지식에 대한 이해는 새로운 언어의 번역과 별개가 아니다.

---

1) 『맹자』, 「진심장구」 '하(下)'에 나오는 "孟子曰 民爲貴 社稷次之 君爲輕(맹자왈 민위귀 사직차지 군위경)"의 구절이다(역자 주).

2) 『사고전서총목』 권106, 웅삼발(熊三拔 : Sabbathinus de Ursis) 『표도설(表度說)』 제요(提要), 895쪽.

3) 예를 들어 오중명(吳中明)은 마테오리치의 세계지도 서문에서 "추연은 중국 밖에 중국과 같은 것이 아홉 개가 있으며 패해가 그것을 둘러싼다고 하였다. 그 말은 아주 이치에 맞지 않는 것처럼 보인다." 그러나 "제주(濟州 : 중국)에서 보면 동남쪽으로 해(海)를 넘지 않고, 서쪽으로는 곤륜을 넘지 않으며, 북쪽으로는 사막(沙漠)을 넘지 않아서 천지의 사이를 모두 파악할 수 있으니 어렵지 않은 것이다"라고 말하였는데 추연의 상상에 동의

目國), 대인국(大人國), 군자국(君子國), 우민국(羽民國), 교경국(交脛國), 장비국(長臂國), 백민국(白民國)이 사실적 증거를 얻은 것 또한 아니겠는가?" [4]라고 말하였다. 따라서 그들은 서양 선교사의 소개와 역사적 기억 속에서 탐색하던 중 하나의 실재하는 기이한 세계를 공통적으로 떠올리면서 새로운 세계상을 거리낌 없이 받아들였다. 이러한 새로운 세계상을 수용하지 않은 사람들도 "이것은 과거 '담천연(談天衍 : 추연)'[5]의 옛 학설과 『산해경』류의 신화이고, 서양의 선교사들이 서술한 것은 바로 옛날의 기담과 괴론과 가담항설을 베낀 것이 아니겠는가?" [6]라고 말하였다. 이에 전통적 이성을 바탕으로 한 사상적 입장에서 그들은 이 세계 형상을 낡은 상상의 세계로 치부하기도 하였다.

그러나 결국 관념은 변하고 있었다. 앞에서 말하였듯이 고대 중국에서는 "추연의 대구주설과 『산해경』의 해외 기담이 모두 상당히 이성적으로 '천하'의 밖으로 버려졌고 중국인은 여전히 사해 안에 있는 '세계'를 믿고 있으며, 이 세계는 방대하고도 문명적인 중앙 제국과 주변에서 둘러싸고 있는 야만적인 소국이

한 것으로 보인다. 이 서문은 『곤여만국전도』 뿐만 아니라 『월령광의』와 『만여승략』에도 수록되어 있다. 또한 앞에서 언급한 구식곡의 『직방외기소언』도 도입부에서 "추연의 구주 설은 그 이론적 의미가 아주 이치에 맞지 않는다. 그 말이 모두 틀렸다고 하기에는 부족하다(鄒子九州之說, 說者意味闊大不經, 彼其言未足盡非也추자구주지설, 설자의미활대부경, 피기언미족진비야)"라고 말하였다. 그리고 귀주에서 마테오리치의 세계지도를 옮겨 찍은 곽자장도 서문에서 마테오리치가 "『산해여지전도』에 중국을 넣음으로써 추연의 충신이 되었다"라고 말하였으며 이러한 중국의 "오랜 역사 속에서 듣지 못한 말로 은연중에 『괄지상(括地象)』, 『산해경』에 부합하니 어찌 추연의 한 확증이 아니겠는가?"라고 말하였다. 홍업(洪業), 『마테오리치의 세계지도 고찰(考利瑪竇的世界地圖)』의 인용문 참조.

4) 앞에서 인용한 『사고전서총목』 권71, 『곤여도설(坤輿圖說)』 제요에서는 이 책에서 기술하는 "동을 가진 사람이 바다를 건너서 일어섰다. 큰 배가 왕래하여 그 사타구니 아래로 나간다(有銅人跨海而立, 巨舶往來出其胯下有동인과해이립, 거박왕래출기과하)"라는 부분과 북극해(北氷洋)의 동물 등은 『산해경』상, 634쪽과 관련이 있다. 아울러 원가(袁珂), 『산해경교주(山海經校注)』, 「해외경(海外經)」, 상해고적출판사, 1990도 참조할 만하다.

5) 담천연은 추연의 다른 칭호이다. 출전은 『사기(史記)』, 「맹자순경열전(孟子荀卿列傳)」, "戰國齊人騶衍 '言天事', 善辯. 騶奭 '采騶衍之術, 以紀文', 齊人因稱騶衍爲 '談天衍', 騶奭爲 '雕龍奭'(전국제인추연 '언천사', 선변. 추석 '채추연지술, 이기문', 제인인칭추연위 '담천연, 추석위 '조룡석')"이라는 구절에 나온다(역자 주).

6) 예를 들어 진조수는 서양인의 지리학 지식을 추연과 연관시키면서 "주나라 시대에 추연이 있었다. 추연의 천하에는 큰 아홉 주가 있었고 주나라는 그것을 영역에 더하지 않았다. 하나라에 수해(豎亥)가 있었다. 천하를 동서로 2만8천 리를 걸었고 남북으로 2만5천 리를 걸었다. 그러나 하나라는 그를 「우공」에 넣지 않았다." 따라서 서양인의 지도는 "그대로 두고 논해도 된다(存而不論可矣존이불논가의)"라고 생각하였다. 『황조문헌통고』 권298, 「사예6(四裔六)」에서는 더욱 직접적으로 마테오리치가 말하는 오주는 "전국시대 추연의 패해설을 따랐다. ……이런 모든 것들 역시 베낀 말이다"라고 말하였다.

구성하는 공간이었다"고 믿었다. 이는 바로 이러한 상상이 아주 긴 고대 중국의 주류적 이성 관념의 밖에 놓여 있었다는 말이기도 하다. 그러나 지식층이 이러한 주류적 관념 속에서 대응하는 자원을 찾지 못한 채 할 수 없이 원래 '이야기 거리'나 '이상한 소문'으로만 치부되던 상상들을 끌어들였을 때 그것은 스스로의 이해를 뒷받침하고 스스로의 믿음을 뒷받침하면서도 중국의 지식과 사상, 그리고 신앙세계에는 이처럼 '중심'과 '주변', '주류'와 '이단'의 위치가 이동하면서 변화가 일어났다.

중국의 지식과 사상, 그리고 신앙세계에는 이처럼 '중심'과 '주변', '주류'와 '이단'의 위치가 이동하면서 변화가 일어났다.

　　이러한 새로운 세계상에 따라 지식인의 기억 속으로 진입한 사상적 자원에는 노장과 불교에서 유래한 사유와 상상도 있었다. 섭향고(葉向高 : 1559~1627년)가 「직방외기서(職方外紀序)」에서 서양인 알레니의 책에 대해 "그 말이 모두 확실하고 믿을 만하다. 도가의 제천(諸天)이나 불교의 항하(恒河 : 갠지스강), 수미산(須彌山)에는 만겁이 다 지나도록 가 본 사람이 없다고 말하는 것처럼 그 정도로 터무니없고 황당무개하지 않다(其言皆鑿鑿可據, 非汪洋謬悠如道家之諸天, 釋氏之恒河, 須彌, 窮萬劫無人至也기언개착착가거, 비왕양류유여도가지제천, 석씨지항하, 수미, 궁만겁무인지야)"라고 말한 적이 있다. 그러나 불교의 사대부주(四大部洲)에 관한 상상은 오히려 진정으로 중국인이 아주 빠르게 내면적으로 새로운 세계상에 있는 오대주의 진실성을 받아들이게 하였다. 특히 노장과 불교의 공통적인 사유인 "세상에 절대적인 것은 어떤 것도 없다. 거대한 것은 사실은 아주 보잘것없을 수도 있다. 영원한 것은 사실은 찰나의 것이기도 하다" 등 이러한 서로 비슷한 상대주의적 사유 속에서 그것들은 모든 고집과 우쭐댐을 와해시켜 버렸다.[1] 이에 따라 이지조는 "땅은 이와 같이 크나 그것은 하늘 속에서 좁쌀 한 톨일 뿐이다. 우리의 주와 우리의 지역은 다시 밤 한 톨에 붙은 털끝이다. 우리는 그 속에서 더욱 작은데 하찮은 일로 다투고 있는 것일 뿐이다"[2]라고 말하였다. 이러한 의미에서 서양인의 이론 중에서

---

1) 그 예는 『장자』, 「제물론」의 "천하는 털끝보다 크지 않고 큰 산은 작다", 『장자집석(莊子集釋)』 권1 하, 중화서국, 1961, 1978년, 79쪽.

2) 이지조, 「직방외기 발간 서문(刻職方外紀序)」, 동일한 말로 우르시스(熊三拔)의 발(跋)에서는 "우리가 사는 곳의 모습은 큰 창고 안의 밤 한 톨과 같이 작다"라고 한다. 『직방외기』, 7쪽, 9쪽. 이 전고(典故)는 언제나 사람들에 의해 상기되는 것으로 소식(蘇軾)의 「적벽부」에 있는 "붙어 있는 모습이 천지의 하루살이 같고 작기는 창해

"수(水)·화(火)·토(土)·기(氣)를 4대 원소로 보는 것은 불경과 동일하다"[3] 그리고 만국을 병립시킨 세계상은 도가의 '만물제일(萬物齊一 : 만물은 모두 하나다)', 불교의 '대국 36(大國三十六)', '6400종의 사람'과 같은 것으로 중국이 중심이라는 고집은 이러한 사상 속에서 와해된 것이다.

그러나 결국 그들은 여전히 당시에 보편적으로 인정되던 유가의 선인들에게서 가장 유력한 사상적 자원을 찾아서 그 타당성을 뒷받침하였고 새로운 세계상을 받아들이는 근거로 삼았다. 앞서 이 책에서는 구식곡의 『직방외기소언』에 "선유(先儒)에게 물으니 동해와 서해가 마음이 같고 이치도 같다고 말한다"라는 구절이 있음을 언급한 바 있다. 이 구절의 '선유'는 육구연을 지칭한다. 원문의 출처는 『육구연연보(陸九淵年譜)』이고 그는 젊은 시절 '천지는 어찌하여 궁구하여도 끝까지 알 수 없는가'라는 문제에 대해 생각하였지만, 몇 번을 생각해도 답이 나오지 않았는데, '우주'라는 두 글자를 보고 그것을 해석하자 홀연히 크게 깨닫고 말하였다.

우주는 바로 나의 마음이다. 나의 마음이 바로 우주이다. 동해에 성인이 있어 여기서 나온다면 이 마음도 같고 이 이치도 같다. 서해에 성인이 있어 여기서 나온다면 이 마음도 같고 이 이치도 같다. 남해와 북해에 성인이 있어 여기서 나온다면 이 마음도 같고 이 이치도 같다. 수천 수백 년 전에도 그리고 수천 수백 년 후에도 성인이 있어 여기서 나온다면 이 마음과 이 이치도 같지 않음이 없다(宇宙便是吾心, 吾心便是宇宙. 東海有聖人出焉, 此心同也, 此理同也. 西海有聖人出焉, 此心同也, 此理同也. 南海有聖人出焉, 此心同也, 此理同也. 千百世之上至千百世之下, 有聖人出焉, 此心同也, 此理同也우주편시오심, 오심편시우주. 동해유성인출언, 차심동야, 차리동야. 서해유성인출언, 차심동야, 차리동야. 남해유성인출언, 차심동야, 차리동야. 천백세지상지천백세지하, 유성인출언, 차심동야, 차리동야).[4]

속의 좁쌀 한 톨 같다(寄蜉蝣于天地, 渺滄海之一粟기부유우천지, 묘창해지일속)"이다. 여기에는 아주 농후한 불교의 사상이 담겨 있다.

3) 『사고전서총목』 권106, 마테오리치 『건곤체의(乾坤體義)』 제요(提要), 894쪽.

4) 『육구연전집(陸九淵全集)』 권36, 중화서국, 1980, 483쪽.

　이 말은 일종의 보편주의 혹은 세계주의적 선입견을 담고 있다. 문명은 절대적이며 보편적인 진리이고 그것은 나라의 지역적 위치와 무관하고 반대로 진리를 체험하는 '성인'과 관련이 있다. 따라서 새로운 세계상을 수용할 때 아주 많은 지식인이 모두 이 말을 인용하였고 이러한 사유에 근거해서 보편주의적이고 다원주의적인 세계 문명의 모습에 대해 설명하였다. 예를 들면 이지조는 「곤여만국전도발(坤輿萬國全圖跋)」에서 "동해와 서해가 마음이 같고 이치도 같다는 것을 믿지 않는가?"[1]라고 말하였고, 왕가식(王家植)은 「제기인사십소인(題畸人四十小人)」에서 "세계에는 두 가지 이치가 없고 사람에는 두 가지 마음이 없다"라고 말하였다. 미가혜(米嘉穗)는 『서방문답(西方問答)』, 「서(序)」에서 "학자들은 예전에 육상산 선생(육구연)의 동해와 서해는 마음과 이치가 모두 같다는 설을 거론하였다. 그러나 선입견에 의해 좌지우지되거나 오래된 견문에 의해 도량이 가로막히기도 하였으며, 적혀 있는 내용 중 이치에 맞지 않는 것은 모두 기이한 것으로 간주하였다"라고 말하였다. 공정시(孔定時)는 「천문략소서(天問略小序)」에서 "세상에는 이 이치가 있는데, 서양의 선비는 그것을 분명히 밝혔고 동양의 선비는 그것을 보았다. 이는 서양의 선비가 특이한 것이 아니라 우리 동양의 선비가 아직 마음을 탐구하지 않은 것이다"라고 말하였다. 섭향고는 『서학십계초해서(西學十誡初解序)』에서 "동이(東夷)와 서이(西夷), 선성(先聖)과 후성(後聖)은 그 도리가 하나이다(東夷西夷, 先聖後聖, 其揆一也동이서이, 선성후성, 기규일야)"라고 말하였다. 풍응경(馮應京)은 『산해여지전도총서』에서 "중국 성인의 가르침은 서양에서 전혀 들어보지 못한 것들이고, 그들이 전하는 서북방(乾方)의 옛 성인의 책 또한 예전에 들어보지 못한 것이므로 서로 설명하여 서로 도움이 된다. 오로지 이렇게 되었을 때만이 천지사방(六合)이 하나가 되고 각자의 마음이 모두 같아져서 동서로 그 범위가 넓어지고[2] 그 차이가 없이 꼭 맞다"[3]라고 말하였다.

---

1) 우공학회(禹貢學會) 재발행, 「곤여만국전도(坤輿萬國全圖)」, 1936
2) 출전은 『서경』, 「우공」, "東漸于海, 西被于流沙. 朔南, 聲教訖于四海. 禹錫玄圭, 告厥成功(동점우해, 서피우류사. 삭남, 성교흘우사해. 우석현규, 고궐성공)"의 구절이다(역자 주).
3) 서종택(徐宗澤), 『명·청 시대 예수회 선교사 번역서 개요(明淸間耶蘇會士譯著提要)』 151쪽, 300쪽, 278쪽. 섭향고, 『복당엽문충공전집(福堂葉文忠公全集)』 권5 「창하여초(蒼霞餘草)」, 정백이(程百二) 엮음, 『방여승략(方輿勝

특히 흥미로운 것은 훗날 서양인 불리오(Ludovico Luigi Buglio)조차도 양광선의 주장을 반박하면서 육구연의 이와 같은 주장을 인용하여 중국인은 중국인이 다른 이들보다 우월하거나 앞서 있다는 자기중심적 관념을 견지할 필요가 없다고 말하고는, "단지 마음과 이치의 동일성을 추구하고 동서의 차이를 구분하지 않으니 어찌 식견이 넓어지지 않겠는가?"[4]라고 하였다. 이처럼 중화제국을 천하의 중심으로 여기고 중국을 변방 주변국보다 우월하다고 보는 전통적인 선입견은 보편적이고 절대적인 진리에 의해 소멸되었다. 일종의 새로운 시각에서 볼 때 리(理)가 가장 중요하기 때문에 민족이나 국가의 협소한 입장을 고집할 필요가 없다. 그러므로 만국평등이란 새로운 지식을 담고 있는 세계의 형상은 유교 국가인 중국으로서 받아들일 수 없었던 것이다.

그러나 이 대목에서 분명히 해 두어야 할 것은 16세기 말 17세기 초에 서양인이 들여 온 천문지리학 지식과 세계지도가 중국 전통의 사상 세계의 '천붕지열'을 일으켰고, 서양 사상과 마주친 중국 전통의 사상적 자원도 이러한 새로운 지식의 자극하에서 상당히 깊은 '주류'와 '이단', '중심'과 '주변'의 자리바꿈이 일어났다는 사실이다. 그러나 이러한 변화는 아주 어렵고도 느린 것이었다. 여러 가지 원인 때문에 중국 전통의 세계상은 아주 긴 시간 속에서 결코 한 번에 철저한 변화를 하지 않았다. 이 문제에 대해서는 다른 부분에서 논의하겠다.

이러한 변화는 아주 어렵고도 느린 것이었다.

17세기 중엽에 후세 사람들의 상상 속에서 '송곤(訟棍 : 남에게 소송을 하도록 부추겨 이득을 취하는 사람)'으로 그려지는 양광선이 서양인의 '여도(輿圖)'에 대해서 질의를 한 일은 우리의 기억을 환기시킨다. [그는] '대지는 둥근 공과 같다'는 생각은 명백히 우스울 정도로 황당하다고 생각하였지만, 사실은 하늘과 땅은 마치

略)』, 외이(外夷) 권1에 있다. 이 밖에 양정균의 「직방외기서」는 "동해와 서해를 헤아려보면 서로 합의하지도 않고 부절(符節)처럼 맞는다"라고 하였다(부절은 옛날에는 사신使臣이 가지고 다니던 물건物件으로 둘로 갈라 하나는 조정朝廷에 두고 하나는 본인本人이 가지고 신표로 쓰다가 후일 서로 맞추어 봄으로써 증거證據로 삼았다. 역자 주). 이지조는 「천주실의중각서(天主實義重刻序)」에서 "믿을 만하다. 동해와 서해가 마음이 같고 이치가 같다. 다른 것은 언어와 문자의 부분이다"라고 말하였다. 각각 『천주실의초함(天主實義初函)』 제3책, 1296쪽, 제1책 357쪽 참조.

4) 불리오(Ludovico Luigi Buglio), 「부득이변(不得已辨)」, 『천주실의동전문헌(天主實義東傳文獻)』, 영인본, 학생서국, 1982.

"그릇 두 개를 합쳐놓은 것과 같이 위는 허공이고 아래는 물로 가득 차 있으며, 물의 가운데에는 땅덩어리가 있는데 평평한 것은 대지이고 높은 것은 산악이며 낮은 것은 온갖 하천이다. 땅을 담고 있는 물이 바로 동서남북의 대해였다"[1]라고 생각하였다.

　　이러한 상상에는 사실 아주 깊은 걱정과 사려가 담겨 있다. 왜냐하면 이러한 우주 속에는 중국 중심의 공간 관념과 정치적 의미가 은근히 자리 잡고 있기 때문이다. 바로 200년 후인 19세기 중엽에 와서 서계여(徐繼畬 : 1795~1873년)라는 사람이 『환영지략(環瀛志略)』을 편찬할 때는 이미 서양의 세계지도에 근거하여 세계의 각주와 각국을 서술하기는 하였지만, 결국 친구들의 권고 아래 여전히 첫 번째 책에 『황제일통여지전도(皇帝一統輿地全圖)』를 수록함으로써 골치 아픈 일을 피하였고, 서문에도 "건곤대지의 중심은 중국이다"라고 명기하였으며 중국을 아시아의 3분의 2를 점하고 있는 것처럼 그리려 하였다. 이 책을 찍어냈을 때는 1848년으로 마테오리치가 조경(肇慶 : 광동성의 주강珠江 삼각주 서부에 위치한 도시의 명칭)에서 첫 번째로 세계지도를 만들 때로부터 역사가 이미 한 세기가 흘렀을 때였다.[2]

---

1) 양광선, 『부득이(不得已)』 「설경(蘗鏡)」. 안쌍성(安雙成), 「아담 샬 사건 경위(湯若望案始末)」, 제일역사자료관(第一歷史檔案館) 편 『명·청 문서와 역사연구논문선(明淸檔案與歷史硏究論文選)』, 베이징, 국제문화출판공사(國際文化出版公司), 1995, 1080~1097쪽 참조.

2) 뇌이(雷頤), 「화하중심과 새로운 세계 도식―서계여를 말한다(華夏中心與新的世界圖式―漫話徐繼畬)」, 『동방(東方)』 1996년 5기 참조.

3절

고증학의 발흥 : 17세기 중엽부터 18세기 말까지의 지식 및 사상 세계의 상황

17세기 중엽 이후부터의 두 세기에 가까운 시기에 사상사는 마치 길고도 아주 평온한 상태에 있는 것처럼 보였다.

17세기 중엽 이후부터의 두 세기에 가까운 시기에 사상사는 마치 길고도 아주 평온한 상태에 있는 것처럼 보였다. 표면적으로 중국의 지식과 사상, 그리고 신앙세계는 과거와 그리 다른 모습을 보이지 않았다. 비록 대청(大淸)이 대명(大明)을 대체하고 만주족 황제가 한족 황제의 금란전(金鑾殿)[1]을 차지하기는 하였지만, 조정의 정치이데올로기는 정주이학 중심의 유가 학설이 뒷받침하는 가운데 주류 지식과 사상, 그리고 신앙세계도 여전히 송나라와 원나라 시대부터 점진적으로 형성된 완고한 동일성을 유지하였다. 대다수의 지식인들은 여전히 사서오경의 교육과 독해를 통해 전통적 관념의 영향을 받았다. 그와 동시에 이러한 전통적 관념을 가지고 사서오경을 해석하고 설명하는 책을 써서 다음 세대 지식인들이 읽도록 제공하였다. 이 시대만의 색다른 특색은 후에 '고증학'으로 불리는 학술적 풍토이다. 비록 과거의 사상사와 학술사 서술에서 줄곧 건륭과 가경 연간의 고증학의 의미를 —그 의미를 높이 사든, 폄하하든 간에— 마치 고증학이 진정으로 이 시대 사상사와 학술사의 중심인 양 부각시켰지만, 최근의 몇몇 연구에서는 이와 반대로 사회 전체를 장악하고 있던 보편적인 원칙은 변하지 않았고, 고증학적 분위기는 북경과 강남의 몇몇 학술공동체를 형성하였을

---

[1] 금란전은 태화전(太和殿)의 속칭으로 명나라와 청나라 시대에 황제의 등극, 조회, 조칙 반포 등 큰 의식을 행하던 장소이다(역자 주).

뿐임을 분명히 보여준다.[1] 그리고 이러한 세밀한 문헌학적 연구는 일부 상당히 수준 높은 지식인 계층에서만의 지식의 향연이자 지혜의 훈련이며, 전통적 지식과 사상, 그리고 신앙의 세계에 근본적이고 충격적인 도전을 수반하지는 않은 것 같다.

　하지만 여러 문헌을 자세히 검토하면 사정은 결코 그렇게 간단하지 않다는 것을 알 수 있다. 청나라 제국 전체의 지식과 사상, 그리고 신앙세계는 표면적 동일성과 조화로움 속에서 일체의 모든 것이 분열되고 있었다. 가장 중요한 점은 사회생활의 분열이다. 이는 개인 생활과 공동생활의 대립에서 비롯되었고 정주이학이 중심이 되는 보편적 진리 담론으로 뒤덮인 분위기에서 지식인들은 점점 사상적 공간을 상실하였다. 공간을 상실하자 입장을 상실하였으며, 주류 담론은 '리(理)'의 이름으로 지식 세계에 침입하고 이를 통제함으로써 지식인은 모든 공개적이고 공공적인 장소에서 자신도 모르는 사이 이 '불변의 법칙, 즉 천경지의(天經地義)'에 따라서 말할 수밖에 없었다. 그렇게 하지 않으면 비공개적 사생활 이외의 영역에서는 "경전적 규범을 위배하였다(離經叛道이경반도)"는 비난을 면키 어려웠다. 이에 따라 사생활은 사람들이 진실한 감정을 드러내는 유일한 공간이 되었고 사상적 도피의 유일한 장소가 되었다. 그것은 공공장소에서의 모습이나 원칙과는 일치하기 어려웠다. 이러한 분열의 최종적 결과는 두 가지 생활과 두 가지 언어의 철저한 분열일 수밖에 없었다. 그리고 분열의 최종적 결과는 두 가지로 한정되었다. 그것은 발화 공간을 쟁취하는 과정에서 공적 언어의 포위를 뚫고 근대적 개인 의식이 탄생되거나, 정치 세력이 개인 생활 전체를 더욱 심각하게 통제하는 것이었다. 이는 이러한 이데올로기가 외부로부터의 강력한 힘에 의해 와해될 때까지 계속 이어졌다.

　그러나 이러한 두 가지 상황이 출현하지 않았을 때 공적 언어가 권력에 의해 포위되고 독점된 상황에서 사람들은 이러한 언어를 사용해서 시험에 응시하

청나라 제국 전체의 지식과 사상, 그리고 신앙세계는 표면적 동일성과 조화로움 속에서 일체의 모든 것이 분열되고 있었다.

---

1) 벤저민 엘먼(Benjamin Elman), 『성리학에서 고증학으로(從理學到樸學)』, 조강(趙剛) 옮김, 강소인민출판사(江蘇人民出版社), 1995. 갈조광의 이 책에 대한 서평 「18세기의 사상과 학술—엘먼의『성리학에서 고증학으로』를 평한다(十八世紀的思想與學術—評艾爾曼『從理學到樸學』)」와 엘먼의 회고 「고증학을 다시 말한다(再說考據學)」, 『독서(讀書)』1996년 제6기, 1997년 제2기, 베이징, 삼련서점 참조.

고 관리 사회의 규칙에 적응하면서 생활의 자원을 얻었고, 이와 동시에 항상 또 다른 종류의 지식을 찾아 그들의 재능을 드러내면서 이것으로 또 다른 공동체를 모색하였다. 따라서 이러한 수요는 지식 영역의 분열을 수반하였다. 청나라 시대에 이 분열은 진리성과 진실성의 대립으로 드러났다. 이는 사상과 학술의 대립, '의리(義理)'와 '고증'의 대립으로 불리기도 하였다. 역사적 고증이 특징인 학술적 언어는 철학적 해석이 중심인 사상적 언어에 대해서 근본적 색출 작업을 벌이며 도전해 왔다. 이 때문에 지식과 사상은 나날이 대치하였고 이러한 분열의 결과는 잠재적으로 근대적 의미를 지닌 학술 연구를 전통적 사상 세계의 주변에 놓이도록 하였다. 이러한 분열의 결과 잠재적으로 근대적 의미를 지닌 학술 연구가 전통적 사상 세계의 주변에 위치하게 되었다. 그러나 전통적 사상 세계는 이 때문에 지식의 지지를 잃었다. 일단 시대적 추세가 주변과 중심의 역전을 야기하자, 지식과 사상, 그리고 신앙세계가 붕괴와 분열의 조짐을 보였다. 사상은 지식적 근거를 잃었고, 지식은 또 다른 사상의 해석 자원이 되려고 하였던 것이다.

분열을 초래한 역사는 17세기 중엽까지 거슬러 올라가야 한다. 청나라 군대가 중원 땅에 들어와서 중국을 통일한 이후 청나라가 내세우던 보편주의 관념과 천하문화주의(天下文化主義) 논법은 잠시나마 민족적 충돌과 긴장의 원인을 소멸시키고 억제하였다. 개방에서 폐쇄까지 다시 잠시 청나라 말 이래의 중국과 세계의 문제를 한쪽에 보류시키고, 강화된 정주이학은 마치 다시 한 번 인정의 기초와 진리의 동일성을 보충하여 청나라 말 이래로 분열 와해된 사상 세계를 재결집시키는 듯 보였다.

그러나 이처럼 상당히 강력한 외재적 정합은 권력에 기대어 지식과 사상, 그리고 신앙세계의 떠들썩함과 소란을 통제하고 중국 사상계의 동일성을 재구축하였지만, 곧바로 동일성 속에서 차별성을 은폐시켰고 문화적 동일 의식 속에서 사상적 분열을 은폐시켰다. 언어 세계에 분열이 출현하고 공적 언어와 사적 언어가 분리되고 생활의 표면적인 평온이 심리의 내적 긴장을 덮고 숨길 때 지식층에 속한 사람들은 공개적인 장소에서는 허울 좋은 공적 언어를 사용하여 정주이학의 도리로 의사를 표현하였지만, 사회생활에서는 또 다른 사적 언어를 사용하면서

진리성과 진실성의 대립, 사상과 학술의 대립, '의리'와 '고증'의 대립

동일성 속에서 차별성을 은폐시켰고 문화적 동일 의식 속에서 사상적 분열을 은폐시켰다.

주류 이데올로기와는 다른 의견을 다양하게 표현하였다.[1] 동시에 경제, 정치, 문화와 그 배후에 있는 서로 다른 계층도 분화되기 시작하였다. 각자가 통제하고 있던 지식과 사상, 그리고 신앙 자원은 거의 모든 곳에서 이익과 권력을 완강히 쟁취할 수 있었다. 국가 및 그것이 대표하던 황권, 정치, 종교, 문화의 동일한 통제력이 와해되자, 사상 세계에도 인식의 위기가 발생하려 하였다. 이 일련의 과정과 그 기원 그리고 결과는 어떤 의미에서 그 시기의 사상사를 형성하였다.

1

왕양명과 그의 후학이 고유의 이데올로기를 와해시키자, 명나라의 후기 사상은 점점 다원화 추세로 나아갔고 지식인들은 각기 다른 생각을 가지게 되었다. 관의 시험 제도와 공적 공간의 의식(儀式) 언어에서 이학의 원칙이 여전히 사람들의 표현을 구속하고 있었던 상황의 밖에서 각종 사상과 언어는 모두 극단, 더 나아가 상호 충돌의 막다른 지경에까지 나아갔다. "명나라 학술은 근본정신이 어지러워져서, 말을 만드는 데서 빠져들거나 새로운 도랑을 만들었다. 물을 끌어 바다로 넣었는데 반대로 채워졌다."[2] 양명학에 대한 신봉과 연역은 일부 지식인이 더욱 강력하게 초월을 향해 나아갔고 자유로운 마음을 추구하도록 하였다. 이로 인해 자아가 과도하게 부각되었고, 더 나아가 권위에 도전하고 질서에 반항이 야기되기도 하였다. 이러한 사상적 상황에 대해 깊은 우려감을 가졌던 지식인들은 보완의 방법, 예를 들어 신독(愼獨), 참회(懺悔), 감독(監督) 등으로 마음이 과도하

---

1) 이러한 '공개적으로는 존중하면서 비공개적으로는 위반하는' 식의 언어 분열의 상황을 가장 잘 설명해 주는 것은 박지원(朴趾源)의 『열하일기(熱河日記)』의 기록이다. 이 일기에서는 건륭 시기 사람들의 비공식적 언어를 확인할 수 있다. 어떻게 당시의 공개적인 언어와 다른지, 그들의 정주이학에 대한 불만, 서양 학문에 대한 관심, 사회도덕에 대한 성찰 그리고 당시에 공공연히 비판할 수 없었던 신성한 사물에 대한 무시 등을 이 일기에서 볼 수 있다. 『열하일기』, 북경도서관출판사 영인본(北京圖書館出版社影印本), 1996. 이마무라 요시오(今村與志熊) 역, 『열하일기』, 도쿄, 평범사, 1978, 1995 참조.

2) 황종희(黃宗羲), 「진선생확묘지명(陳先生確墓志銘)」, 전의길(錢儀吉) 편, 『비전집(碑傳集)』 권127, 『중국명인전기총편(中國名人傳記叢編)』 영인본, 문해출판사, 타이베이, 5999쪽.

게 팽창하거나 자아가 과도하게 밖으로 분출되는 것을 제재하였다.[3]

그러나 학문이 현실에서 적용되기를 바라는 지식인들은 사람들이 경세의 의미에 주목하기를 요구하였고, 구체적인 정치, 경제, 군사 및 관련 지식에 관심을 쏟으라고 반복적으로 주의를 환기시켰다.[4] 그리고 학문의 효용성을 추구한 이러한 지식인들은 서양의 천문학, 지리학. 화포학, 수리학 및 서양 수학을 목격한 후 서양의 학문에 크게 경도되었고 더 나아가 몇 완고한 전통적 신앙을 버릴 수도 있었다.[5]

그러나 전통적 의식이 아주 강한 사람들은 이처럼 중국의 사상 세계의 붕괴를 초래할 수도 있는 잠재적 경향에 대해서 상당한 우려를 표하면서 이러한 사상적 경향을 완강하게 반대하였고 심지어는 공자교를 건립해서 서양의 학문을 저지하자고까지 주장하기도 하였다.[6] 생명과 신체에 관심이 있는 몇몇 지식인들은 궁중과 귀족의 도교에 대한 신앙을 지속시키면서 똑같이 생명의 영원함에 대한 철학적 탐색과 약물 실험에 빠졌다. 그들은 역사 속의 '생명 중시' 사상을 노장의 언어로 포장하였다. 그리고 세계의 초월에 아주 관심이 있었던 사람은 불교에서 사상적 자원을 찾았으며, 이러한 불교에서 온 지식을 당시에 유행하였던 양명학적 사유와 연결시켜서 그 합리성을 획득하였다. 심지어 각종 통속적 민간 종교도 점점 불교와 도교의 사상적 자원을 흡수해서 일반인들 사이에 상당한 영향을 끼쳤고 중국에서도 적지 않은 지지를 획득하였으며, 더 나아가 각종 경로를 통해서 상층 지식인들 속으로 진입하였다. 당연히 이러한 종교를 반대하는 지식인들은

---

3) 예를 들어 고반용(高攀龍 : 1562~1626년), 고헌성(顧憲成 : 1550~1612년) 그리고 유종주(劉宗周 : 1578~1645년) 등의 두 가지 사고는 겉으로는 동일하지 않지만 실제로는 약속이나 한 듯 일치하는 측면이 있다.

4) 명나라와 청나라 시대에 관한 서술은 갈영진(葛榮晉) 엮음, 『중국실학사상사(中國實學思想史)』상, 수도사범대학출판사(首都師範大學出版社), 1994 참조. 필자는 이 책이 '실학'의 경계를 한정짓지 않고 '실학'의 범위를 아주 광범위하게 사용하고 있다고 생각한다.

5) 예를 들면 서광계(徐光啓), 이지조(李之藻), 양정균(楊廷筠) 등의 경향이다.

6) 예를 들면 왕계원(王啓元), 문봉상(文鳳翔), 허삼례(許三禮)의 진수이(陳受頤) 감수, 「300년 전의 공자교 건립론(三百年前的建立孔敎論)」, 『역사언어연구소집간(歷史言語研究所集刊)』제6권 제2분, 1936, 133~162쪽 참조. 왕범삼(王汎森), 「명말 청초 유학의 종교화─허삼례의 고천지학의 경우(明末淸初儒學的宗敎化─以許三禮的告天之學爲例)」, 『신사학(新史學)』제9권 제2기, 1998, 89~123쪽 에서는 이러한 풍토는 명나라 말기의 통속적인 종교의 위협에 대한 대응일 수도 있다고 여긴다.

유학적 전통의 입장에서 '양으로만 유학자 음으로는 불교도'인 사람들을 엄중히 비판하고 각종 이단 학설을 저지하면서 유학의 엄숙성과 순결성을 옹호하고 유학, 불교, 도교의 경계를 분명히 할 것을 요구하였다.

　　그러나 "아무 일 없을 때는 팔짱을 끼고 심성을 논하다가 죽을 위기에 직면해서는 군왕에게 알렸다(無事袖手談心性, 臨危一死報君王무사수수담심성, 임위일사보군왕)."[1] 명나라 시대에 양명학이 정통 이데올로기를 와해시킴에 따라 생긴 이러한 다채롭고 풍부한 사상적 경향은 명나라와 청나라 교체기의 근본적이고 거대한 변혁 속에서는 도리어 모조리 단순한 민족주의적 사고로 전화하였다. 전통적으로 '민족', '왕조' 혹은 '국가'를 우선시하던 중국의 사대부들은 명나라와 청나라 교체기의 근본적이고 거대한 변혁을 현실적으로 인정할 수가 없었다. 비록 명나라 왕조의 정치가 그들을 번번이 실망시키고 더 나아가 절망에 빠뜨렸다. 그들은 사사건건 명나라 왕조의 악정과 부패를 반복적으로 비판하기도 하였지만, 이 왕조가 막상 반역 민족이나 이민족의 군대에 의해 전복되자 이러한 현실을 받아들일 수 없었다.[2] 그들은 늘 일종의 특이한 연상의 연쇄를 풀어내지 못하고, 스스로를 안신입명(安身立命)의 '문명'에 의존시키고, 스스로가 소속된 '민족'과 연결시켰다. 그리고 민족을 자신이 소재한 '국가'와 동일시하였고 더 나아가 이 국가와 집권 '왕조'를 동일시하고 왕조를 재위하고 있는 황제와 거의 동일시해 왔다. 이 때문에 왕조의 멸망은 그들의 마음속에서 문명의 소멸과도 같았다. 중국의 역사에서 어떤 왕조도 멸망하면서 이처럼 많은 '유민'을 출현시키지 않았을 것이고, 어떠한 왕조의 교체도 이처럼 격렬한 문화적 진동을 일으키지는 않았을 것이다.[3]

---

1) 안원(顔元), 『존학편(存學編)』 권1 「학변1(學辯一)」, 『안원집(顔元集)』 상책, 중화서국, 1987, 51쪽.

2) 따라서 대학자 유종주가 「구수답서(口授答書)」를 통해서 관직 임명을 위해 부르러 온 사신에게 건넨 답변은 "나라가 무너지고 군왕이 없어졌다. 신하된 자에게는 오직 죽음밖에 없다(國破君亡, 爲人臣者, 唯有一死국파군망, 위인신자, 유유일사)"였다. 그가 "설마 감히 여전히 일을 지체하여, 명교에 흠집을 남기고 장래에 비웃음 당할 일을 하였을까?(其敢尚事遷延, 遺玷名教, 取議將來기감상사천연, 유점명교, 취기장래)" 역사와 대면하였을 때든 미래에 대면하였을 때든, 도덕과 윤리의 척도에서 측정하든, 개인의 명예라는 가치에 따라 고려하든, 그들은 모두 이러한 현실을 받아들이기가 아주 어려웠다. 『유자전서(劉子全書)』 권40, 「연보(年譜)」 권하, 순치(順治) 2년 6월 정축조(丁丑條), 『유자전서급유편(劉子全書及遺編)』 하책(영인본), 도쿄, 중문출판사(中文出版社), 1981, 936쪽.

3) 하관표(何冠彪)는 명나라 유민의 숫자, 순국 행위, 순국의 목적 등에 대해서 매우 자세히 연구하였다. 하관표(何冠彪), 『삶과 죽음 : 명나라 사대부의 선택(生與死 : 明際士大夫的抉擇)』, 타이베이, 연경출판사업공사, 1997.

이러한 역사의 거대한 변화 과정을 목도하면서 많은 사람들이 문화와 사상과 정치에 대해서 너무 많은 느낌을 받았기 때문에 명나라 말 청나라 초 시기에는 전에 없던 성찰과 자기비판이 등장하였다. 여기에는 상반된 정서가 혼재되어 있는데, '망국'의 침통함이 섞여 있으면서도 명나라 말기부터 있었던 각종 생각들을 가져다 격정적으로 역사와 현실을 격렬하고 뼈아프게 비판하였다. 부산(傅山 : 1607~1684년), 방이지(方以智 : 1611~1671년), 황종희(黃宗羲 : 1610~1695년), 고염무(顧炎武 : 1613~1682년), 왕부지(王夫之 : 1619~1692년) 등의 황권에 대한 비판이나 역사에 대한 성찰에서 후세 사람들은 모두 명나라의 멸망에 대한 일종의 격렬한 흥분과 비통함을 몸으로 느낄 수 있었다. 여기에는 악담도 있었고 비판도 있었고 슬프고 처량한 원한도 있었고 서글픈 독백도 있었다. 그들은 모두 겉으로는 직접적으로 명나라의 멸망이라는 사건을 논하고 있지는 않지만, 이 사건의 그림자가 시종일관 모든 화제 위에 드리우고 있었다.

예를 들어 굴대균(屈大均 : 1630~1696년)이 『여사자서(閭史自序)』에서 자신의 가족사를 삼여대부(三閭大夫)[4]까지 추적해 올라간 것은 가보를 만드는 상투적인 수법을 이어받은 정도에 그치는 차원이 아니고, 실은 자살하고 싶을 정도로 슬프고 처량한 망국의 심정을 굴원에게서 끌어와 표현한 것이었다.[5] 황종희가 『명이대방록(明夷大訪錄)』에서 군주전제를 비판하고 질책한 것은 실은 몇몇 학자들이 말하듯이 자각적인 민주주의 사상이나 계몽의식이라고 할 수 있는 내용을 담고 있다고 볼 수만은 없다. 도리어 명나라의 멸망에 대한 격분과 괴로움과 반성에 주로 근거한 것일 수도 있다. 따라서 이성적인 분석이 아니라 격렬한 질책으로 볼 수 있는 것이다.[6] 마찬가지로 여유량(呂留良 : 1629~1683년)의 『사서강의(四書講義)』

---

4) 여기서는 굴원을 가리킨다. 삼려대부(三閭大夫)는 초나라의 관직 이름이다. 삼려는 초나라의 왕족인 소(昭), 굴(屈), 경(景)의 삼성(三姓)을 가리킨다. 굴원은 이 삼성을 관장하는 대부(大夫)를 지낸 바 있다(역자 주).

5) 주희조(朱希助), 「굴대균저술고(屈大均著述考)」, 『문사잡지(文史雜誌)』 제2권 제7,8기, 『중국 근 200백 년 학술사 상논집(中國近三百年學術思想論集)』, 영인본, 존수사(存粹社), 1978, 62쪽.

6) 갈조광, 「명·청 시대 중국 사상 사조의 변천(明淸之間中國思想思潮的變遷)」, 『북경대학학보(北京大學學報)』 1985년 제2기 참조. 많은 사람들은 여전히 황종희의 『명이대방록』의 현대적 의의를 강조한다. 가장 대표적인 서술은 적백서(狄百瑞), 「황종희 '명이대방록'의 현대적 의의(黃宗羲 '明夷大訪錄' 之現代意義)」, 『전통 유학의 현대적 해석(傳統儒學的現代闡釋)』, 타이베이, 문진출판사, 1994, 128쪽.

에 나오는 명나라 시대의 재보제도(宰輔制度)[1]와 당쟁에 대한 비판 또한 역사적 현상에 대한 보편적 척도에 기반을 둔 것이 아니라 명나라의 멸망의 비극을 겨냥해서 나왔다.[2] 그리고 부산(傅山 : 1607~1684년)의 "사람이 만물의 영장이다"라는 말에 대한 조소[3]는 바로 실제로는 인성에 대한 이성적인 사고라기보다는 격분과 고통의 자극 속에서 나온 극단적인 발언이다. 그는 사람은 가장 해로운 존재로서 뱀·여우·호랑이·늑대·돼지·개 등과 마찬가지로 "옹졸함과 음흉함 중 사람에게는 없는 것이 없다. 또한 벌과 개미와 같은 군신 질서가 없어 멸망하면 반드시 즐거워한다. 둥근 것을 매고 네모진 것을 덮은 이 세상에서 누가 아버지가 죽은 것을 알겠는가?"라고 하였다. 사실 이것은 인성에 대한 비판이 아니다. 그 속에서는 '군신' 질서에 대한 심한 원망을 볼 수 있다. 이렇게 격렬한 화법은 명백히 구왕조의 멸망에 대한 가슴 깊은 슬픔에서 나온 것이기도 하다.[4]

그중 왕조가 몰락하였다는 슬픈 감정의 자극을 받아 '화이(華夷)의 구분'이라는 어휘로 제시되는 민족주의는 명나라 말기 유민들이 격렬한 반항의 태도를 취하는 이론적 근거였고, 청나라 초기에 나라에 협력하지 않았던 지식인 사이에 상당히 호소력 있는 사상이기도 하였다. 그리고 청나라 초기 관변 이데올로기가 직면하였던 다루기 어려운 난제였다. 그것은 춘추전국시대로부터 점점 쌓여 온 화(華)와 이(夷)는 다르다는 문명 관념을 형성하였는데, 한편으로는 청나라 왕조 정치의 합법성과 타당성에 첨예한 질의를 던졌고, 다른 한편으로는 권력과의 협력을 거부하는 지식층에게 독립된 존재 공간을 남겨주었다. 이러한 사상은 의분으로 가득한 극단적 언어로 표현되었다. 예를 들어 많은 명나라 유민들의 "아침에는 화하(華夏)를 따라 갓을 쓰고, 저녁에는 이적(夷狄)을 따라 머리를 깎는다. 마음

---

1) 재보(宰輔)는 재상과 그를 보좌하는 사람들로 구성된 핵심적 지도 기관을 총칭하는 용어이다. 재상을 보좌하는 관직으로는 서한 시대의 어사대부(御史大夫), 송대의 참지대부(參知政事) 등이 있고 집정(執政)으로 부른 때도 있다. 따라서 재보는 재정(宰政)이라 불리기도 하였다(역자 주).
2) 『사서강의(四書講義)』 권12, 권16. 호초생(胡楚生), 「여만촌사서강의천미(呂晚村四書講義闡微)」, 『청대학술사연구(清代學術史研究)』, 학생서국, 1988, 75쪽에서 재인용.
3) 『상홍암집(霜紅庵集)』 권38, 선통(宣統) 2년 판본 영인본, 태원(太原), 산서인민출판사, 1984, 1054~1055쪽.
4) 명나라와 청나라 시대 지식인의 심리와 사상에 대해서는 하관표(何冠彪), 『삶과 죽음 : 명나라 사대부의 선택(生與死 : 明際士大夫的抉擇)』, 조원(趙園), 『명·청 시대 사대부 연구(明清之際士大夫研究)』, 북경대학출판사, 1998.

이 상하느니 차라리 몸이 죽는 것이 낫다(朝華而冠, 夕夷而髮, 與喪乃心, 宁死乃身조화이관, 석이이곤, 여상내심, 저사내신)", "머리카락을 지켜내어 화하와 이적을 엄격히 구별하고, 명나라를 떠받들어 삶과 죽음을 한결같이 한다(保髮嚴夷華, 扶明一死生보발엄이화, 부명일사생)"라는 말은 모두 이런 의미이다. 전통적인 '충(忠)', '효(孝)', '절(節)', '의(義)' 관념의 뒷받침 속에서 그것은 의심할 바 없는 정의로움을 가진 듯하였다.[5]

따라서 왕부지(王夫之)의 「독통감록(讀通鑑錄)」에서는 바로 이적을 반복해서 비난하고 있으며 화하(華夏)와 이적의 종족적 차이를 군자와 소인의 차이로 다시 문명과 야만의 차이로 간주하였으며, 심지어 한나라 때에 부개자(傅介子)가 누란(樓蘭)을 유인해서 살해한 것을 예로 들며 "융적은 속인다 해도 신용 없음이 아니고, 죽여도 어질지 않음이 아니고, 빼앗아도 의롭지 않음이 아니다(戎狄者, 欺之而不爲不信, 殺之而不爲不仁, 奪之而不爲不義융적자, 기지이불위불신, 살지이불위불인, 탈지이불위불의)"라고 생각하였다. 그는 "천하의 경계에는 둘이 있는데 그것은 중국과 이적, 군자와 소인이다(天下之大防二, 中國, 夷狄也, 君子, 小人也천하지대방이, 중국, 이적야, 군자, 소인야)"[6]라는 아주 유명한 말을 하였다. 그는 명백히 중국을 군주와 동일시하였고 이적을 소인과 연결하였던 것이다. 후에 여유량 등의 "화하와 이적의 구분은 군왕과 신사(紳士)의 윤리보다 크다"라는 식의 말도 바로 이러한 관점에 대한 호응이다. 그리고 이후에 큰 파문을 일으켰던 증정(曾靜 : 1679~1735년)도 여유량이 비평하고 방점을 찍은 『사서강의』에 있는 "화하와 이적의 경계는 군왕과 신하의 윤리보다 중요하다"는 견해를 읽고 나서 격렬한 민족주의를 구축하였다. 왕부지, 여유량부터 증정까지의 중화와 오랑캐의 구분에 관한 견해가 명나라 말 청나라 초에는 매우 보편적인 관점이었음은 확실하다.

비록 구시대 정치에 대한 이처럼 격렬한 비판과 침통한 성찰들은 이후 사람들에 의해 다양하게 해석되었고 서구의 '계몽사조'와 유사한 것으로 그려진 바

---

5) 『홍광실록초(弘光實錄鈔)』 권4에 인용된 마순인유서(馬純仁遺書), 『해동일사(海東逸史)』 권10 「소조인전(蘇兆人傳)」에 인용된 그의 스승 장긍당(張肯堂)의 「부절명사(賦絶命詞)」. 하관표, 『삶과 죽음 : 명나라 사대부의 선택(生與死 : 明際士大夫的抉擇)』, 47쪽에서 재인용.

6) 『독통감록(讀通鑑錄)』 권14, 중화서국, 1975, 431쪽. 관련된 서술로는 호초생(胡楚生), 「선산의 역사론에 담긴 민족사상(船山史論中的民族思想)」, 『청대학술사연구(清代學術史研究)』, 35~43쪽.

있지만, 앞에서 말한 바와 같이 이들 사상이 표현하고 있는 모든 정당성은 도리어 민족의 운명에 대한 격분과 고국에 대한 안타까운 감정 위에서 만들어진 것으로 그 자체는 이성적인 사색이나 냉정한 분석이라고 할 수만은 없다. '화하와 이적의 구분'은 불변의 진리처럼 보이지만 실은 종족적 편견을 가지고 있었으며, 이러한 편견은 문명에 대한 가치 평가를 대신하기도 하였다. 따라서 이러한 본래부터 아주 깊은 비판 사상은 오히려 모래 위에 세워진 꼴이었고, 그것들이 형성된 사회생활과 감정의 토대가 붕괴하면서 그것 역시 그에 따라 와해되고 신도들을 잃었다. 그래서 순치와 강희와 옹정의 세 시기를 거치면서 나라가 망하였다는 가슴속 깊이 새겨진 역사적 기억은 백 년 가까이 되는 역사의 흐름에 따라 점차 희석되었고, 만청(滿淸 : 청나라는 여진족이 만주에서 일으킨 나라라는 데에서 유래) 황권이 문화 보편주의에 따라 자신의 합법성과 합리성을 확립하기 시작하였을 때 이러한 격렬한 민족주의는 아주 곤란한 지경을 맞이하였다.

왜냐하면 이러한 생각의 절대적인 맹점은 '무엇이 문명인가?', '종족과 정치권력은 문명과 동일한가?', '종족 사이의 권력 교체와 왕조의 교체는 문명의 상실과 동일한가?' 라는 데 있었기 때문이다. 만약 명나라 유민들 사이에서 보편적으로 유행하던 관점에 따르면 중국이 오랑캐에게 망하였다는 것은 문명의 붕괴처럼 보였다. 이는 종족적인 의미에서의 '오랑캐'와 문화적인 의미에서의 '야만'을 동일시하는 것이다. 그러나 『대의각미록(大義覺迷錄)』 권1의 상유(上諭 : 왕의 말)에서 옹정제는 보편주의의 입장을 취하여 상당히 유력한 관점을 제시하였는데, 그것은 바로 정치권력의 합법성과 합리성 여부는 당연히 이 정치권력이 "만민을 보호하고 사해에 은혜를 베풀며 어깨에 하늘의 명을 짊어지고, 만민의 환심을 모으고, 천하를 통일시킬 수 있는 능력으로 여러 세대 동안 안식처를 만드는지" 의 가능 여부였다. 다시 말해 그는 통일된 공간의 존재 여부를 말하면서도 정치적 정확성, 신령(神靈)의 인정 여부, 출신 종족을 따질 뿐 아니라 민중의 추대를 받고 있는가의 여부를 요구하였다고도 할 수 있다. 오늘날의 말로 바꾸자면 "정치권력의 합법성은 정치, 신령, 문화적 합리성을 가지고 있는가의 여부이다"라고 말할 수 있다. 옹정황제는 "덕이 있는 자는 천하의 군왕이라 할 수 있다(有德者可爲天下君유덕자가위천하군)", "덕이 있는 자만 하늘을 따를 수 있다(惟有德者乃能順天유유덕

자내능순천)"라고 생각하면서 "어떻게 화이로써 차별을 할 수 있는가?(何得以華夷而有殊視하득이화이이유수시)" [1]라고 질책하였다. 이는 아주 강력한 논거였다.

옹정제(雍正帝 : 청나라 제5대 황제, 재위 1722~1735년)가 앞에서 서술한 이론으로 계속 추궁해 나가자 명나라 유민의 민족주의적 발언에 있는 맹점은 점점 노출되어 갔다. 항상 인용되던 고염무의 명언 "나라가 망하고 천하도 망하였다"에서 나라가 망하였다는 것은 황제가 성을 바꾸고 나라가 이름을 바꾼 것일 뿐이지만 천하가 망하였다는 것은 문화가 상실되었다는 말이다. 그의 논법에 따르면 나라의 멸망을 막는 것은 군왕과 신하 등의 정치 행위이지만 문화의 상실을 막는 것은 "미천한 필부에게도 책임이 있었다." [2] 이는 매우 맞는 말이다. 문명은 일종의 사회구조 질서의 규칙이다. 이러한 규칙에 맞는 행동을 따르거나 추구하기만 하면 정당성을 보유할 수 있다. 당시 나라의 멸망이라고 하는 것은 늘 한 가문이나 한 성의 왕조 교체에만 국한되었다.

그러나 이러한 논리를 따라가 보면, 새로운 왕조가 이러한 문명의 규칙을 더욱 잘 준수할 수 있다면 나라의 멸망은 '탕무(湯武)의 혁명'처럼 정당한 행위로도 볼 수 있지 않겠는가? 만약 오늘날의 황권이 민족주의보다 더 높은 도덕적 우위, 예를 들어 정치적 '인애자효(仁愛慈孝)'를 점하고 있다면, 민족주의 정서는 목적과 근거와 기초를 잃지 않겠는가? [3] 따라서 옹정제는 『상서(尚書)』의 "나를 보살피면 임금이고, 나를 괴롭히면 원수이다" [4]라는 구절을 인용해서 "이 민심의 향배는 마음에서 우러나는 것이다. 만민의 마음이 가는 문제에서 덕을 논하지 않고 지역만을 선택한다는 이치는 들어보지 못하였다(此民心向背之至情, 未聞億兆之歸心, 有不論德而但擇地之理차민심향배지지정, 미문억조지귀심, 유불논덕이단택지지리)"고 하면서, 분명 한족에게는 문명 독점이라는 특권이 있지 않았음을 증명하였다. 특히 그는 "이 왕조가 만주인 것은 중국에 적관(籍貫 : 본관)이 있는 것과 같다(本朝之爲滿洲, 猶中國之有籍

---

1) 『대의각미록(大義覺迷錄)』 권1, 상해서점출판사(上海書店出版社), 1999, 4쪽.

2) 『일지록(日知錄)』 권13, 악록서사, 1994, 471쪽.

3) 설문랑(薛文郎), 『청나라 초기 세 황제의 한족 민족주의 소멸 전략(清初三帝消滅漢人民族思想之策略)』, 타이베이, 문사철출판사(文史哲出版社), 1991 참조.

4) 출전은 『서경(書經)』 「태서(泰誓)」 하의 "撫我則后, 虐我則讎(무아즉후, 학아즉수)"의 구절이다(역자 주).

貫本조지위만주, 유중국지유적관)"라고도 말하면서 다음과 같이 스스로가 중국의 한 구역이라고 말한다. "우리 왕조가 중원의 땅에 진입하고 천하에 군림하면서 몽고 지방의 여러 부락을 영역 안에 편입시켰음은 중국의 영토가 넓게 확장되었음을 말한다. 이는 중국 신민의 큰 행복이니 어찌 화하와 이적, 중원과 외부의 구분이 있을 수 있겠는가?"[1] 그는 또한 점점 신성화되는 한유(韓愈 : 768~824년)의 『원도 (原道)』에 나오는 "중국이면서 이적이면 이적이고 이적이면서 중국이면 중국이 다(中國而夷狄也, 則夷狄之, 夷狄而中國也, 則中國之중국이이적야, 즉이적지, 이적이중국야, 즉중국 지)"라는 구절도 거론하면서, 여기서 '중국'이라는 개념은 '문명'을 대신하는 말 이었고, '문명'은 일종의 도덕적 정확성이지 지역적 공간은 결코 아니었음을 분명히 하였다.

'중국'이라는 개념은 '문명'을 대신하는 말이었고 '문명'은 일종의 도덕적 정확성이지 지역적 공간은 결코 아니었다.

　　이러한 논법은 상당히 설득력을 가진다. 이 논법은『논어』, 「자한」편의 화이 의 구분이 문화에 있지 종족에 있지 않다는 뜻의 "군자가 살고 있다면 비루한 것 이 어떻게 있겠는가?(君子居之, 何陋之有군자거지, 하비지유)"[2]와 같은 고전의 문구를 근 거로 하면서도, "삼대 이전의 묘(苗), 형초(荊楚), 험윤(獫狁)은 바로 호남(湖南), 호북 (湖北), 산서(山西) 지방이었다. 오늘날 오랑캐로 보는 것이 가당한가?(三代異狀之有 苗荊楚獫狁, 卽今湖南, 湖北, 山西之地也, 在今日而目爲夷狄可乎삼대이상지유묘형초험윤, 즉금호남, 호북, 산서지지야, 재금일이목위이적가호)"라는 역사적 근거도 있었다. 따라서 당나라 태종 이세민은 "오랑캐도 사람이다. 그 정(情)은 중하(中夏)와 다르지 않다. 군주가 남에 게 미치는 은택이 더해지지 않을까 걱정하면 다른 종족이라고 꼭 싫어할 필요는 없다. 대체로 덕택이 스며들면 사이는 한 집안처럼 부릴 수 있고 싫어하는 것이 많다면 골육이라도 원수가 됨을 면치 못한다"[3]라고 말하였다. 강희제의 논법에 따르면 여기에는 깊은 이치가 담겨 있다. 그는 대학사(大學士)와 구경(九卿)에게 수 백 수천 년 후 중국은 반드시 서양 때문에 어려움을 겪을 것이다. 그렇다면 중국 은 앞으로 서양인이 가져온 변화에 대응해서 여러 종족이 '한 마음'을 가져야만 한다고 말하였다. 이는 아주 깊고 긴 안목이 담긴 우려이다. 더욱 위험한 공동의

---

1) 심운룡(沈雲龍) 주편, 『근대중국사료총간(近代中國史料叢刊)』, 문해출판사 영인본, 제351종, 10쪽.

2) 『십삼경주소』, 중화서국, 1980, 2491쪽.

3) 『자치통감(資治通鑑)』 권197, 6215~6216쪽.

위협 앞에서 중화와 오랑캐의 다툼이 무슨 의미가 있겠는가?[4]

순치에서 강희와 옹정까지의 청나라 왕조 거의 백 년 동안(1644~1735)에 명나라 멸망이라는 비통함을 겪은 첫 번째 세대인 고염무·황종희·왕부지·부산·방이지·굴대균·여유량 등이 모두 차례로 세상을 떠났고 명나라 왕조에 대한 그리움은 점점 희미하게 잊혀졌다.[5] 이때 사람들의 공간 인식과 종족 인식은 이미 한족 문명 중심의 '대명제국'에서 만(滿)·몽(蒙)·한(漢)족의 공동체인 '대청제국'으로 확장되어 갔다. '중국'이라는 개념은 이미 일종의 문명적 의미를 가졌고 더 이상 종족적 의미를 가지지 않았다. 이에 사대부의 책임도 종족의 존엄을 지키는 것에서 점차 도덕 질서를 수립하는 것으로 옮겨갔다. 명나라 유민 육세의(陸世儀: 1611~1672년)의 한마디 말이 매우 전형적이라 할 수 있다. 그는 "고금을 순서대로 살펴보면 대체로 시간이 경과함에 따라 변한다. 현자가 충절에 죽지 않으면 은둔을 한다. 그러나 성인의 도는 여기서 날로 어두워지고 세상은 이로부터 날로 망가질 것이다"라고 말하였다. 뒤이어 그는 강산이 변할 때 만약 이전 왕조의 유민을 활용하지 않으면 "현재(賢才)는 애석할 것이다"라고 직설적으로 말하였다. 만약 이들을 등용함으로써 이전 왕조의 유민인 이들이 막상 벼슬을 한다면 "두 임금을 섬기지 않는다"라는 원칙을 위반하게 된다. 그는 만약 학교가 있을만한 이러한 공공 공간에 그들을 배치한다면 그들을 정치적인 신하가 될 필요가 없을 뿐

사대부의 책임도 종족의 존엄을 지키는 것에서 점차 도덕 질서를 수립하는 것으로 옮겨갔다.

4) 소동방(邵東方), 「청 세종 '대의각미록'의 중요한 관념에 대한 연구(淸世宗 '大義覺迷錄' 重要觀念之探討)」, 『한학연구(漢學硏究)』 제17권 제2기, 타이베이, 1999, 61~89쪽.

5) 사실 유민 1세대 중 불과 십여 년 동안의 이러한 확고한 화이정사의 구분은 이미 일관되게 견지되지 못할 것 같았다. 고염무의 경우는 '이신(貳臣)'이라 불리던 손승택과 학문을 논하고, 청나라 조정의 박학홍사과(博學鴻詞科)에 응시하였던 주이존(朱彛尊: 1629~1709년)과 깊은 우정을 나누었고, 그의 조카 서건학(徐乾學: 1631~1694년) 형제와 빈번한 왕래를 가졌을 뿐 아니라 편지로 그들이 "도(道)로써 임금을 섬기라"고 격려하였으며 많은 청나라 조정의 관원들과의 관계도 가까웠다. 사정광(謝正光), 「청초의 유민과 이신(淸初的遺民與貳臣)」, 『한학연구(漢學硏究)』 제17권 제2기, 타이베이, 1999, 31~60쪽. 황종희는 더욱이 그 손자의 과거 응시를 위하여 청나라 때 대신에게 편지를 썼는데 청나라 황제를 '성주(聖主)'라 칭하면서 "황제의 인품은 두텁고 굳세어서 현재의 군사적 재해를 없애고, 미래의 고난을 소멸시키신다(皇上仁風篤烈, 救現在之兵災, 除當來之苦集황상인풍독열, 구현재지병재, 제당래지고집)"라고 말하였다. 여기서 그의 민족주의적 감정도 시간 속에서 점점 엷어져 갔음을 볼 수 있다. 오광(吳光), 「황종희 반청사상의 전화(黃宗羲反淸思想之轉化)」, 『문성(文星)』 1987년 4월호. 주지문(周志文), 「황종희가 건초의 묘비평을 네 번 고친 것에 대하여(論黃宗羲的四篇陳乾初先生墓誌銘)」, 『명나라 말기의 학술과 지식인 총론(晩明學術與知識分子叢論)』, 타이베이, 대안출판사(大安出版社), 1999, 137~155쪽.

아니라 책략과 계획을 바치도록 할 수 있다고 생각하였다. 이것을 바로 '신하이지만 실제로는 스승'이라고 부른다.

또한 그는 우리에게 황종희의 명저 『명이대방록』을 연상시키는 예를 들어 이렇게 말하였다. 기자(箕子)가 주나라가 은나라의 뒤를 이었을 때 『홍범(洪範)』을 진술한 행위는 "천하 후세의 공공의 것은 흥폐존망으로 달라지지 않는(天下後世公共之物不以興廢存亡而有異也천하후세공공지물부이흥폐존망이유이야)" 유일한 길이라고 말하였다. '천하후세의 공공의 것'은 바로 영원한 성인의 학문 혹은 진리이다.[1] 비록 그 자신도 새로운 왕조에서 벼슬을 하기는 하였지만, 그의 말에 따라 보자면 벼슬을 하는 것과 은둔하는 것 사이, 종족과 종족의 사이에는 이미 그렇게 엄격한 경계가 있지는 않았다. 그리고 '성학(聖學)'과 '세계'야말로 지식인들에게 더욱 중요한 책임이었다. 장리상(張履祥 : 1611~1674년)의 경우는 『여당호유(與唐灝儒)』에서 다음과 같이 말하였다.

나라가 망한 지 얼마 되지 않았을 때 누구나 비분강개를 느꼈으니, 이는 의리를 잘 알아서가 아니다. 빠르게 그것에서 비껴나는 것은 (과거시험에 참가하는 것을 가리킴) 청렴하지 않을까를 더 이상 걱정하지 않아서도 아니고 깨끗하지 않은 것을 취하지 않으려는 마음이 없어서도 아니다. 이런 식으로 5,6년을 지내니 처음의 기상은 점점 사라지고 마음 역시 달라지게 되었다. 비록 전에는 그렇다고 생각이 들었어도 지금은 절로 그렇게 생각되지 않는다. 비속한 이들은 팔을 걷어붙이고 수레에서 내려 서로 성질 자랑이나 하고 있다(方昔陸沈之初, 人懷感憤, 不必稍知義理者, 亟亟避之 '指參加科擧考試', 自非寡廉之尤, 靡不有不屑就之之志. 旣五六年于玆, 眞氣漸平, 心亦漸改, 雖以向之較然, 自異不安, 流輩之人, 皆將攘臂下車, 以奏技於火烈방석육침지초, 인회감분, 불필초지의리자, 극극피지 '지참가과거고시', 자비과렴지우, 미불유불설취지지지. 기오육년우자, 진기점평, 심역점개, 수이향지교연, 자이불안, 류배지인, 개장양비하거, 이주기어화렬)[2]

1) 육세의(陸世儀), 『사변록집요(思辨錄輯要)』, 「치평류(治平類)」 권20, 사고전서본, 10쪽 B~11쪽 A. 육세의, 「서차환의 과거응시 논의에 대한 답장(答徐大桓論應試書)」, 『논학수답(論學酬答)』 권3, 5~6쪽 참조.

2) 장리상(張履祥), 『양원선생전집(楊園先生全集)』 권4. 하관표(何冠彪), 「명나라 유민의 벼슬자리에 대한 선택과 대응ㅡ진환의 사례 연구(明遺民對出處的抉擇與回應ㅡ陳確個案硏究)」, 『명·청 시대의 인물과 저술(明淸人物與著述)』, 홍콩교육도서공사(香港敎育圖書公司), 1996, 95~140쪽.

여기서 말한 것은 불과 5,6년 동안 일어난 변화이다. 비록 장리상과 같은 소수의 사람이 명나라 멸망의 기억 속에 잠겨 있었지만, 대다수 사람들은 이미 기억의 그림자로부터 벗어났다. 그런데 하물며 시간이 5,6년 지난 것이 아니라 50~60년 혹은 더 긴 시간이 지난 후에 이러한 격렬한 민족주의적 격정은 이미 지식인들 속에서 희석되어 갔다. 옹정 연간의 증정(曾靜 : 1679~1735년)은 "우리 왕조는 탄생하고…… 덕화(德化)의 흥성은 중토(中土)와 박해(薄海)의 안팎까지 미쳐서 사모하며 우러르지 않음이 없다. 이 때문에 하늘이 천명을 내리고 사람의 마음이 그곳으로 귀의하여 하나의 통일된 왕조를 수립시켜 수고를 들이지 않고 얻은 것은 탕무(湯武 : 탕왕과 무왕)가 중화에 거주하면서 점진적으로 민심이 기꺼이 따르고 나서야 비로소 천하를 가졌던 것은 비교할 수가 없다. 그 규모는 더욱 크고 멀어서 옛날에는 미칠 수 없는 것이다"[3]라고 하였다. 또한 옹정황제에 대해 "청나라 조정은 은혜가 깊고 혜택이 후하다. 황상은 크게 효성스럽고 지극히 어질어 마음으로 기쁘게 느끼고 진실로 감복한다(聖朝深恩厚澤, 皇上大孝至仁, [自己]心悅誠服성조심은후택, 황상대효지인, [자기심열성복])"라고 인정하였을 때,[4] 청나라 초기부터 이미 지식인의 정신적 지주였던 민족주의적 감정이 시간의 무심한 흐름과 권력의 엄격한 비판 속에서 거의 와해되었고 편협한 민족주의는 이미 그 합리성을 상실하였음은 당연하다.[5]

3) 『대의각미록(大義覺迷錄)』 권3.
4) 장량기(蔣良驥) 찬, 왕선겸(王先謙) 수정, 『12조동화록(十二朝東華錄)』, 「옹정조(擁正朝)」 권7과 같은 책 옹정 7년(1729) 9월 21일의 상유(上諭)에서는 상당히 자신 있게 "일반적으로 백성을 먹여 살리는 이치는 오직 덕이 있는 자만 천하의 임금이 될 수 있다는 것이다(蓋生民之道, 惟有德者可爲天下君개생민지도, 유유덕자가위천하군)"라고 말하였으며, 이러한 협애한 화이론을 가진 사람들은 "본 왕조가 만주 조정인 것이 중국에 적관이 있는 것과 같음을 알지 못한다. 순(舜)은 동이(東夷)사람이고 문왕(文王)은 서이(西夷) 사람이었는데 어찌 일찍이 성덕(聖德)을 훼손시켰겠는가?"라고도 말하였다. 특히 그는 "만청이 주인으로 들어온 후 중국의 영토는 넓게 확장되었으니 중국의 신민들에게 큰 행복이다. 어찌 아직도 화하와 이적, 중앙과 외부를 나누는 논리를 가질 수가 있는가?"라고도 짚어 말하였다. 이것은 상당히 타당하고 유력한 발언이다. 제2책, 대동서국 영인본(大東書局影印本), 타이난(臺南), 1968, 334~337쪽.
5) 육상산(陸象山), 고염무(顧炎武), 황종희(黃宗羲), 왕부지(王夫之), 굴대균(屈大均) 등 1세대 유민은 당연히 이러한 화이의 구분을 상당히 분명하게 가지고 있었다. 왜냐하면 그들의 경험에는 명나라 왕조에 대한 아쉬움이 있기 때문이다. 그러나 그들 다음 세대에 와서는 아마 이러한 의식이 없어진 것 같다. 한 예를 들자면 위청(魏菁) 본인은 청나라에서 벼슬을 하지 않았다. 그러나 그의 아들인 위방태(魏方泰 : 1656~1727년)는 "갑자년 향시에 1등으로 급제하였다." 곽사표(郭士標)도 본인은 유민을 자처하였지만 그의 아들인 곽진희(郭晉熙)는 "한 과

2

육세의는 '성학(聖學)'이라는 개념을 제시하였다. 성학이라는 것은 항상 공맹의 뜻에 부합하고 불변의 합리성을 보유하며 역사와 전통의 지지를 획득한 지식과 사상, 그리고 신앙이다. 통상 그것은 '도통'이라는 말의 연속선상에서 사대부에 의해 사용되었고, 어떤 때는 '정통(正統)'을 초월하는 진리일 수도 있었다. 그것은 언제나 일종의 문화적 담론 권력이었다. 따라서 여기에서 반드시 거론해야 할 사항은 청나라 초기에 있었던 이러한 담론 권력의 전이이다. 송나라 때부터 팽창하였던 사신(士紳) 계층은 문화 권력의 소유자였으며, 황권과 대치하면서 진리를 운용한 발언으로 정치권력의 탄압을 저지하기도 하였다. 그러나 그들의 담론 권력은 주로 전통적인 유가의 자원, 그중 주로 구체적인 정치 전략과 질서에 대한 도덕적 초월에서 나왔다. 이는 바로 진리를 강조하면서 구체적인 정책을 비판하고, 사상과 문화로 정치의 문제를 해결하는 '도통'으로 '정통'을 견제하는 실천이기도 하였다.

그러나 '성학' 혹은 '정학(正學)', '이학(理學)', '도학(道學)'이라는 것은 비록 그것의 해석 권한이 항상 사대부 지식층에게 있었지만 그것의 기점과 종점은 모두 질서의 확립이었기 때문에 황권이 모든 것을 장악하고, 정치가 모든 것의 우위에 있던 시대에는 정치권력에 넘겨지기도 하였다. 그 예로 청나라 초기의 정치권력은 상당히 교묘한 방법으로 본래 지식인이 해석하던 진리를 독점하였고, 제왕의 '치통(治統)'이 '도통(道統)'을 겸병해서 대부분 지식인들을 '실어(失語)'상태에 빠뜨렸다.[1]

제왕의 '치통'이 '도통'을 겸병해서 대부분 지식인들을 '실어' 상태에 빠뜨렸다.

거시험 거인(擧人)이었다." 시간은 점점 원한을 희석시켰던 것이다. 전의길(錢儀吉), 『비전집(碑傳集)』 권125, 장대수(張大受), 「주계선생위청전(株溪先生魏菁傳」, 이진유(李振裕), 「신향곽공사표묘지명(新鄉郭公士標墓誌銘)」, 5899쪽, 5891쪽. 상소명(尙小明)은 청나라 초 학인들이 새로운 왕조에서 벼슬을 하지 않겠다는 결연한 입장에서 점점 직무에 종사하는 방법으로 치세(治世)와 절개 사이의 모순을 해결하는 방향으로 전환하는 일련의 과정을 잘 설명한 바 있다. 상소명(尙小明), 『학자의 관직 진출과 청대 학술(學人遊幕與淸代學術)』, 사회과학문헌출판사(社會科學文獻出版社), 1999.

1) 아라키 켄고(荒木見悟)는 청나라 초기에 '도통'을 다시 기술하고 그려냈던 저작에 대해서 서술 및 비평을 하고 있다. 아라키 켄고, 「도통론의 쇠퇴와 신유림전의 전개(道統論の衰退と新儒林傳の展開)」, 『명‧청 사상 논고(明淸思想論考)』, 도쿄, 연문출판(硏文出版), 1992, 1~83쪽, 특히 67쪽 이후 참조.

그들의 전략은 다음과 같았다. 첫째, 이학명신(理學名臣)이라 불리던 사람들, 예를 들면 이학계에 상당히 영향력이 컸던 웅사리(熊賜履 : 1636~1709년)와 이광지 (李光地 : 1642~1718년), 문학과 교육을 창달하고 과거를 집행하였던 위상추(魏象樞 : 1617~1687년)와 위예개(魏裔介 : 1616~1686년), 정치적 업적과 학문에서 모두 상당히 유명한 육롱기(陸隴其 : 1630~1692년)와 탕빈(湯斌 : 1627~1687년)과 장백행(張伯行 : 1651 ~1725년),[2] 그리고 각종 명목으로 다방면의 학술을 흡수하였던 사상계의 중견들 주이존, 염약거(閻若璩 : 1636~1704년), 서건학 등은 몸으로 실천하는 쪽이든 지식을 해설하는 쪽이든, 관방에서는 모두 가장 능력 있고 가장 우수한 인물이 모두 우리의 수중에 들어왔다고 자랑스럽게 공언하였다.[3]

둘째, 한편으로는 상유(上諭)와 조서(詔書)를 통해서 또 한편으로는 시험 제도를 통해서 한족의 문화 지식 전통을 손에 넣었고 더 큰 목소리와 더 높은 음조로 유가의 혹은 이학의 사상을 널리 알려, "『성리정의(性理精義)』와 『주자전서(朱子全書)』를 발행하고 자양(紫陽 : 주희)을 12철(十二哲)로 승격시켰다."[4] 그중 강희황제는 재위 60년 동안 권력을 이용해서 부단히 정통을 부각시키고 이단을 폄훼하고 비난하면서 지식인들을 비주류적 입장을 버리도록 압박함으로써[5] 이학의 언어로

---

2) 육롱기와 탕빈이 청나라 관원 중 으뜸이다. 황상(옹정제)은 그에게 편액을 내려 '예악명신'이라 하였다. 당감 (唐鑒), 『청유학안소식(淸儒學案小識)』권1, 「평호육선생전(平湖陸先生傳)」, 권2, 「의봉장선생전(義封長先生傳)」, 권3, 「휴주탕선생전(畦州湯先生傳)」, 사부비요본.

3) 도청(陶淸), 『명나라 유민 9대가의 철학사상 연구(明遺民九大家哲學思想硏究)』, 타이베이, 홍업문화사업유한공사(洪業文化事業有限公司), 1997, 85쪽 참조. 그러나 그는 "명나라 유민의 저서는 풍부하고 사상도 깊이가 있었지만 대부분 세상에 간행되지 않았다. ……그래서 당시 사회의 실제 운영과 학술 사상의 교류와 전개에 대해서는 더욱 직접적인 영향을 주지 못하였다"라고 하였다. 이 결론은 아마 아주 절대적일 것이다. 사실 이러한 영향은 점점 억제되고 와해될 것이다. 원인은 앞에서 서술한 바와 같이 관에서는 진리의 발언을 접수하고 독점하였으며 이로써 유민의 진리는 타당해 보이는 발언 속에 잠기게 되어 그 더욱 깊은 사고의 배경을 약화시켰다.

4) 당감(唐鑒), 『청유학안소식(淸儒學案小識)』권수, 도광(道光) 25년 심유(沈維) 서(序), 사부비요본, 1쪽 B.

5) 두 가지 가장 전형적인 예를 들자면 다음과 같다. 하나는 강희 28년 5월에 강희제가 이광지를 "도학을 사칭한다"라고 질책하면서, 웅사리는 "오직 주희만을 존숭한다"라고 추켜세웠던 일이다. 이는 이광지가 후에 스스로의 학술적 경향을 바꾸어 이학의 명신이 되도록 하였다. 『강희기거주(康熙起居注)』 강희 28년 5월 7일 임인조(壬寅條), 9월 18일 신해조(辛亥條), 진조무(陳祖武), 『청유학술자료(淸儒學術拾零)』, 호남인민출판사(湖南人民出版社), 1999, 152쪽에서 재인용. 또 다른 하나는 모기령(毛奇齡 : 1623~1716년)이다. 청나라 초기에 아주 유명하였던 이 지식인은 451줄에 달하는 잘못을 거론하였고 사서를 비판하여 『사서개착(四書改錯)』을 지었다. 이는 실로 사서 전부를 경전으로 보았던 정주(程朱)의 학술과 『사서집주』를 교재로 삼았던 제도에 상당히 위

포장된 완결된 관변 이데올로기를 형성하였다.[1] 또한 이러한 이데올로기는 제도화라는 방식으로 전체 사회에서 가일층 시행되었다.[2] 그리고 옹정 연간(1723~1735)에 이러한 진리의 권력은 이미 황제의 주머니 속에 있는 물건처럼 되었다. 옹정 12년(1734) 3월 14일의 상유에 실린 학자와 지식인들에 대한 비판이 이 점을 명백히 드러내 준다. 원래 진리의 주도권을 가지고 있던 황제는 "후세의 유학은 불순하고 진짜와 가짜가 뒤섞여 있었다(後世儒學不醇, 眞僞雜出후세유학불순, 진위잡출)"라고 분명히 비판하거나, '도학'이라는 것의 명예는 이미 땅에 떨어졌다고 비꼬아 말할 수도 있었다.[3] 이 때문에 본디 사상 세계의 질서를 다시 세운다는 숭고한 이상을 품었던 지식인들도 이러한 절대적 정당성을 지닌 것 같은 이러한 사상 정화 속에서 사상적 '공모자'가 되었다. 그들은 진실로 걱정스런 비판으로 충만하였고, 마찬가지로 명나라 말기부터의 다원적인 사상적 경향에 대한 압박에 참가하였다.[4]

협적이었다. 그러나 그는 강희가 주희를 공묘(孔廟)에 올려 배향한다는 말을 듣고 스스로 이 책을 폐기하였다. 전목(錢穆), 『최근 300년 중국학술사(中國近三百年學術史)』상, 226~230쪽.

1) 강희는 또한 「이학진위론(理學眞僞論)」의 이름으로 한림원의 관원을 조사하였고, 송나라 때의 이학명신을 반복적으로 추켜세웠다. 주희 이외에 예를 들어 강희 44년 복건학정(福建學政) 심함(沈涵)의 요구에 따라 강희는 몸소 '정씨정종(程氏正宗)', '오학청절(奧學淸節)', '정중기상(靜中氣象)', '상송설백(霜松雪栢)', '자양우익(紫陽羽翼)', '학천도주(學闡圖疇)', '역명정학(力明正學)' 등 일곱 개의 편액을 썼고 양시(楊時 : 1044~1130년), 나종언(羅從彦 : 1072~1135년), 이동(李侗 : 1039~1163년), 호안국(胡安國 : 1074~1138년), 채원정(蔡元定 : 1135~1198), 채심(蔡沈 : 1167~1230년), 진덕수(陳德秀 : 1178~1235년)의 사당에 걸도록 명하였다. 『청성조실록(淸聖朝實錄)』 권223, 강희 44년 11월 경진조(庚辰條), 2988쪽. 타이베이, 신문풍출판사업공사 영인본(新文風出版事業公司影印本).

2) 또한 『황조경세문편(皇朝經世文編)』에 수록되어 있는 강희 23년(1684) 위상추(魏象樞 : 1617~1687년)의 「청반예제서소(請頒禮制書疏)」와 감여래(甘汝來 : ?~1739년)의 「청작정가예반행소(請酌定家禮頒行疏)」는 모두 전통적 사회 질서의 예제를 보호하고 실행할 것을 건의하였고, 탕빈 등 이학자 명신은 강소와 절강 일대의 희곡과 소설을 금하여 마찬가지로 이러한 이데올로기를 도덕과 윤리의 질서를 보호한다는 명목으로 널리 퍼뜨렸다. 왕효전(王曉傳) 엮음, 『원·명·청 3대 금지 훼손 소설 희곡 사료(元明淸三代禁毀小說戱曲史料)』, 베이징, 작가출판사(作家出版社), 1958 참조.

3) 제일역사자료관(第一歷史檔案館) 편, 『옹정조한문유지회편(擁正朝漢文諭旨彙編)』 제2책, 계림(桂林), 광서사범대학출판사(廣西師範大學出版社), 1999, 183~184쪽. 이 책에 실린 상유(上諭 : 왕의 말)는 상당히 재미있다. 그것은 정식으로 반포된 공문서로서 도학을 비판하였는데, 천하의 거자(擧子)들이 성리학에 능통하지 못하면서 불교와 도교를 공개적으로 옹호한다고 질책하였다.

4) 예를 들어 웅사리·육롱기·장백행·탕빈·위예개 등은 아주 자각적으로 청나라 왕조의 사상 질서 재건에 참가하였다. 예를 들어 웅사리는 『학통(學統)』에서 명나라 이래의 각종 이단에 대해서 상당히 호되게 비판하였다. 『학통(學統)』 권8, 호북총서본(湖北叢書本), 19쪽. 육롱기는 편지 속에서 사람은 마땅히 『근사록』을 읽어야 한다면서 "사람이 살면서 어려서부터 나이들 때까지 잠깐이라도 떨어져서는 안 된다"라고 말하였다. 또한

셋째, 권력을 운용한 비판과 비판적 권력은 지식인들 중 이단적 성향을 가진 이들에 대해서 일벌백계식의 구분을 하였고, 이러한 비판 속에서 스스로의 진리에 대한 주도권을 확립하였다. 이후의 모든 문자옥(文字獄)은 대체로 이러한 사례에 포함될 수 있다. 그러나 특히 상징적인 의미를 가지는 것은 옹정황제가 편찬한 『명교죄인(名敎罪人)』이다. '명교'라는 것은 유가가 규정한 것으로서 그 내용에서 사회 질서의 윤리적 규범과 도덕적 준칙을 옹호하였다. 고대 중국의 전통에서 이것은 확고부동한 정당성을 가지고 있었고, 이런 명교를 어기면 당연히 죄인이었다. 『명교죄인』에서 옹정 4년의 상유(上諭)에서는 "세상의 기본적 행위 준칙을 다스리는 데는 명교보다 중요한 것이 없다(治世之大閑, 莫重于名教치세지대한, 막중우명교)"라고 말하였다. 전명세(錢名世)[5]를 죽이지 않은 이유는 "천하의 모든 신하들에

『오경대전(五經大全)』과 『사서대전(四書大全)』을 읽어야 한다면서 "성리의 정수는 모두 여기에 있다. 시시때때로 이 두 책을 음미하면 인품과 학문은 자연스럽게 어긋나지 않게 된다"라고 말하였다. 그의 논법에 의하면 이학의 저작은 벼와 콩, 채소와 과일처럼 빼놓을 수 없는 것이고, "오늘날 이러한 학문에 마음을 두는 자는 평범한 사람이 아니다." 『삼어당문집(三魚堂文集)』 권7 「답석생한익한정(答席生漢翼漢廷)」, 사고전서본, 7쪽 B ~8쪽 A. 장백행은 이단 학설에 반대하는 입장으로 근본정신을 세우면서 "학문은 정주(程朱)를 표준으로 삼고 이단 학설을 배척하지 않고서는 근본정신이 서지 않는다"라고 말하였다. 황종희 등의 학안체(學案體) 저작에 각종 견해가 섞여있다고 비판하면서 "둘을 함께 둔다면 사람을 그르침이 많다", "뒤섞인 것을 조화시켰지만 하나의 참으로 귀결되지 않는다"라고 말하였다. 따라서 『성리정종(性理正宗)』으로 각종 잡다한 사상을 소탕하였다. 그리고 탕빈은 "지금 성조가 예를 존중하고 성(聖)을 우선시 하며 정학(正學)을 내세우니 선비들이 마땅히 가야할 곳을 알아야 한다. 나는 조정은 실(實)을 추구하는데 선비는 늘 명(名)으로 대응을 할까 걱정이다"라고 주장하였다. 그는 선비들이 궁행을 검토해야 하고 "먼저 의로움과 이익의 경계를 분명히 알고 진실과 거짓의 관계를 엄하게 해야 한다"라고 주장하였다. 『청유학안소식(淸儒學案小識)』 권2, 6쪽 B, 13쪽 A, 권3, 1쪽 B. 위예개는 정주이학을 내세우는 동시에 한나라 때 유학이 비록 큰 잘못은 없지만 성명(性命)의 의미에는 도달할 수가 없다고 비판하였고 한편으로는 왕양명의 사상이 "허무로 들어간다"라고 비판하였다. 따라서 핵심은 '바른 것을 숭상하고 그른 것을 배척함'에 있다고 생각하였다. 『겸제당문집(兼濟堂文集)』 권10, 「여학사해(與郝四海)」 2쪽, 6쪽, 권16, 「산서정책제이문답(山西程策第二問答)」, 사고전서본, 18쪽 참조.

5) 전명세(錢名世)는 강희제 시절 진사에 급제하고 한림원편수(翰林院編修)와 시강학사(侍講學士)를 지낸 사람이다. 옹정 4년(1726)에 시를 헌정한 일로 연갱요(年羹堯 : 1679~1726년) 사건에 연루되어, '아첨과 간악(諂媚奸惡 첨미간악)'이라는 죄목으로 사형의 죄가 내려졌지만, 옹정제는 그를 관직에서 파면하고 내쫓으라 하고 친히 '명교죄인'의 편액을 써서 대문 입구에 걸도록 하는 동시에 문신들에게 시문을 써서 그의 '못된 행적과 죄행'을 성토하도록 명하였다. 연갱요는 사천총독(四川總督), 무원대장군(撫遠大將軍) 등을 지낸 강희와 옹정 연간의 고관이다. 서장(西藏) 지역의 반란과 청해(靑海)에서 롭상 단진(羅卜藏丹津, Luobusang Danjin)의 반란을 제압하는 등 혁혁한 공을 세워 옹정제의 신임을 얻었지만, 옹정 3년에 복잡한 상황이 맞물려 관직을 박탈당하고 92개의 대죄를 지은 혐의를 받아 자진을 명받았다. 그러나 그 정확한 사유에 대해서는 현재까지 정설이 없다(역자 주).

게 명교에 죄를 지으면 비록 뻔뻔한 얼굴을 하고 사는 것보다 바른 법도를 지키며 죽는 것이 낫다는 것을 깨우쳐 주기 위함이었다(欲使天下臣工, 知獲罪名教, 雖靦顔而生, 更勝于正法而死욕사천하신공, 지획죄명교, 수전안이생, 경승우정법이사)." 동시에 위로는 대학사(大學士)와 상서(尙書)에서 아래로는 각부의 주사(主事)까지 모두 비판에 참가하게 하였다. 대학사 장정옥(張廷玉)의 시에는 "사림(士林)의 수치는 의관과 함께 하고, 천자의 친필은 사형으로 죽는 것보다 엄하다(士林恥與衣冠共, 宸翰嚴于斧鉞誅사림치여의관공, 신한엄우부월주)"라고 쓰여 있다. 대리사소경(大理寺少卿) 오륭원(吳隆元)의 시에서도 "온 조정에 간신을 욕하는 말들이 내걸렸고, 온 나라에 안 좋은 말들이 떠돈다(擧朝唾罵諛奸句, 通國流傳遺臭詞거조타매유간구, 통국유전유취사)"라고 말한다. 이 많은 사람들의 말 속에서 황권은 정당성을 가일층 점유해 갔다. 한림원편수(翰林院編修) 장공비(蔣恭棐)의 시에서 말한 바와 같이 "성세(聖世)에는 본래 매우 일찍부터 간사함을 변별하였다. 온 조정에서 아첨한 자를 손가락질 하는데 무슨 말을 되풀이 할까?(聖世辨奸原自早, 盈廷指佞復何辭성세변간원자조, 영정지녕부하사)"라고 말한 바와 같이 옹정황제는 아주 자연스럽게 사상 담론의 권력을 황권 안에 두었고, 더 나아가 황권은 정치는 물론 도덕의 영역에서 합법성을 확립하였다.[1]

청나라 시대에 처음으로 청나라 조정으로부터 공묘 배향을 허가 받은 유학

---

[1] 『명교죄인(名敎罪人)』, 「명교죄인담(名敎罪人談)」 후부(後附), 상해서점출판사, 1999, 49∼121쪽. 지식인 사이의 이단을 엄격히 비판한 것 말고도 황권은 불교와 도교 양자에 대해서도 엄격하게 제한을 가하였다. 가장 좋은 예는 역시 옹정 시대에 편찬된 『간마변이록(揀魔辨異錄)』이다. 불교와 도교 이외의 이단은 더욱 엄격하게 진압하였다. 「성유(聖諭)」 순치 13년에는 이렇게 써 있다. 황제가 예부에 이렇게 상유를 내렸다. "유불도 삼교가 함께 있는데 모두 사람들을 선하게 하고 악을 없애고 그릇된 것에 반대하고 옳은 것으로 돌아가며, 왕법을 존중하여 재난과 근심을 없애려 한다. 이외에는 그른 길로 백성들을 미혹시킨다. 예를 들어 무위(無爲)·백련(白蓮)·문향(聞香) 등은 교(敎)의 이름을 하고 단체를 모으며 밤에 모여서 새벽에 해산한다. 작게는 재물의 이익을 도모하며 간사하고 음란한 모습을 하며, 크게는 망명을 받아들여 궤도의 이탈을 은밀하게 도모한다." 청나라 때 왕석기(王錫祺), 『벽사록(辟邪錄)』 권수, 1쪽, 대북부사년도서관장서(臺北傅師年圖書館藏書). 그러나 건륭과 가정 연간의 『인종예황제어제사교설(仁宗睿皇帝御制邪敎說)』에서는 "두 사람이 중국에 퍼지면서 비로소 석교(釋敎)와 도교(道敎)의 이름을 가졌다. 그 설도 역시 우리 유학자가 지은 것이고 큰 뜻도 정미하고 원묘하여 사람들에게 선행을 권하고 악행을 경계하여 천자의 교화를 돕는다. 큰 오류가 없으니 이것으로 성제(聖帝)와 명왕(明王)은 이들을 그대로 두고 고르지 않는다"라고 말하였으니 어조가 아주 많이 느슨해졌다. 그러나 만약 '천자의 교화를 돕고 큰 잘못이 없는' 경계를 넘어서면 대체로 용인할 수 없었다. 청나라 때 조설송(趙雪松) 편, 『감정교비술편(戡靖敎匪術編)』, 서(序) 후부(後附), 타이베이, 대련국풍출판사(臺聯國風出版社), 1970. 진수분(陳秀芬), 「청나라 중엽 이전의 정치 권력과 라교(淸中葉之前的政權與羅敎)」, 『동아시아의 근대사상과 사회(東亞近代思想與社會)』, 타이베이, 월단출판사(月旦出版社), 1999에서 재인용.

자 육롱기는 이학의 세계는 "구주 만국으로서 한 왕에 의해 통솔되고 모든 유파는 하나의 바다로 귀결되어야 하며 다양한 색깔은 하나의 태극에 합쳐져야 한다(九州萬國, 而統于一王, 千流百派, 而歸于一海, 千紅萬紫, 而合于一太極구주만국, 이통우일왕, 천류백파, 이귀우일해, 천홍만자, 이합우일태극)"[2]라고 말한 바 있다. 비록 이것이 그의 상상 속의 이상세계에 불과할지는 모르겠지만, 이러한 정의와 진리에 대한 확신에 찬 발언의 배후에는 사상적 전제(專制)로 향하는 경향이 무의식중에 드러났다. 고대 중국의 관념 세계에서는 언제나 공(公)과 사(私)라는 두 영역만이 있었고, 공과 사의 두 영역의 사이에 위치하는 발언, 사상, 지식의 공간은 결코 없었다. 주희는 "사람에게는 하나의 공(公)과 사(私)만 있고 천하에는 하나의 정(正)과 사(邪)만 있다(人只有一個公私, 天下只有一個正邪인지유일개공사, 천하지유일개정사)", "천하의 바르고 큰 도리에 따라 일을 처리하는 것이 바로 공(公)이고, 자기 집안의 사사로운 의도에서 처리하는 것이 바로 사(私)이다(將天下正大底道理去處置事, 便公, 以自家私意去處之, 便私장천하정대저도리거처치사, 편공, 이자가사의거처지, 편사)"[3]라고 하였다. 이처럼 '공'과 '사'의 관념을 분별하여 '이(理)'와 '욕(欲)'으로 귀결시키고, '의(義)'와 '리(利)'의 구별을 '시(是)'와 '비(非)'의 판별과 연관시키는 논법은 명나라와 청나라 시대에 이미 상당히 보편적이었고 의심할 여지가 없어 보였다.[4] '공'이 강조하는 것은 사회 질서의 합당성이다. 이러한 합당성은 논증할 필요가 없고 동일하면서도 유일한 보편적 진리이다. 사람들이 이러한 진리를 생활 세계로 끌어들여서 구체적인 행위와

---

2) 당감(唐鑒), 『청유학안소식(清儒學案小識)』 권1, 8쪽 B. 육롱기, 『삼어당외집(三魚堂外集)』 권4, 「경학(經學)」, 「도통(道統)」 양편의 경향을 참조. 사고전서본, 3쪽 B~8쪽 B.

3) 『주자어류』 권13, 228쪽.

4) 이러한 '공(公)'과 '사(私)'의 가치 구별은 중국에서 고대에서 현대까지 모두 의심할 바 없는 것이다. 따라서 명나라와 청나라 시대에 많은 이러한 서술들은 상당한 상상력과 개방성을 가진 사람들도 예외는 아니었다. 예를 들어 예수회 선교사를 믿고 있었다는 서광계도 전형적인 서술을 하였다. "공이라는 것은 천하의 공통된 것이고 천하의 공통된 것은 도에 도달한 것이다. ……사라는 것은 한 사람만이 가지는 것이고 한사람만이 가지는 것은 항상 정(情)이다." 그는 '공'은 "천하가 행사하는 것으로 여기고 따르면 다스려지고 이것을 잃으면 어지러워진다"라고 말하였다. 명백히 국가 질서는 공이고 우선적인 가치를 가진 것이다. 「여우인변아속서(與友人辨雅俗書)」, 『서광계집(徐光啓集)』 권11, 「서독(書牘) 2」, 506쪽 참조. 또한 왕부지(王夫之)는 "어떤 사람의 정의(正義), 어떤 시대의 대의(大義)에는 고금에 걸쳐 보편적인 법칙(通義), 가벼움과 무거움의 측정, 공과 사의 분별이 있다. 이 셋은 살피지 않을 수 없다……. 공은 무겁고 사는 가볍다"라고 말한다. 왕부지, 『독통감론(讀通鑑論)』 권14, 464쪽.

사상, 언어 하나하나를 평정할 때, 그것은 '사'를 억눌러서 개인적 감정과 개인적 발언의 존재 공간을 부정하였다.

그러나 이렇게 인간의 생활을 규정짓는 진리는 논증할 필요가 없고 변하지 않는 진리였고, 모두가 약속한 것이자 합법성을 부여한 규칙일 뿐이었다고 해도 그 타당성은 의심되는 것이었다. 이 때문에 천하를 '하나의 왕'에 귀결시키고 각종 사상을 '하나의 바다'로 귀결시키고 색깔이 다양한 세계를 '하나의 태극'에 귀결시켰을 때 이것은 아주 고상한 사상인 것처럼 보였고, 결국에는 다음과 같은 상황을 야기하였다. 그중 하나는 '공'의 이름을 한 진리 권력의 남용, 특히 황제와 정부가 국가와 질서의 이름으로 행하는 권력 남용이었다. 다른 하나는 '사'적인 개인의 이러한 진리에 대한 보류였다. 사람들은 항상 이처럼 수용할 수 없는 무게를 피할 궁리를 하였던 것이다.

1780년에 박지원(朴趾源)은 『열하일기』에서 그가 관찰한 중국의 지식 상황을 서술하였다. 그는 특히 청나라 조정의 진리에 대한 독점이 명나라 말기 사상계의 양명학 중심에서 주자학 중심으로의 전향에서 이어져 온 것임을 밝혔다.

청나라 사람은 중국의 주인으로 들어와서 학술의 종주가 있는 곳과 당시 추세의 다수와 소수를 은밀히 살피고, 이에 다수를 따라 힘껏 주류로 삼았다. 주자를 십철의 반열에 올려 제사를 지내고 "주자의 도는 우리 황실의 가학(家學)이다"라고 천하에 공표하였다. 따라서 천하에는 이에 만족하여 감복하는 자도 있고, 겉모습을 꾸며 세속에 빌붙는 자도 있다. ……그가 주자를 드높이는 것은 다름이 아니라, 이 천하의 사대부의 목에 올라타서 그 목을 누르고 그 등을 쓰다듬어 준다. 천하의 사대부 대부분이 위협과 어리석게 하는 행위에 당하면서도 구차하게 스스로 의문(儀文)이나 절목(節目)에에 빠지면서도 그것을 깨우칠 수가 없기 때문이다(淸人入主中國, 陰察學術宗主之所在與夫當時趨向之衆寡, 於是從衆而力主之. 昇享朱子於十哲之列, 而號於天下曰, 朱子之道卽吾帝室之家學也, 遂天下洽然悅服者育之, 緣飾希世者育之 ……其所以動遵朱子者非他也, 騎天下士大夫之項扼其咽而撫其背, 天下之士大夫率被其愚脅, 區區自泥於儀文節目之中而莫之能覺也청인입주중국, 음찰학술종주지소재여부당시추향지중과, 어시종중이력주지. 승향주자어십철지열, 이호어천하왈, 주자지도즉오제실지가학야, 수천하흡연열복자육지, 연식희세자육

지 ······기소이동준주자자비타야, 기천하사대부지항액기인이무기배, 천하지사대부율피기우협, 구구자
니어의문절목지중이막지능각야).[1]

국가와 권력의 진리의 독
점을 통한 생활과 사상에
대한 통제, 국가와 권력
의 생활과 사상에 대한
통제

　　이것은 바로 국가와 권력의 진리의 독점을 통한 생활과 사상에 대한 통제,
국가와 권력의 생활과 사상에 대한 통제, 즉 '공'의 '사'에 대한 압박이다. 이러한
압박은 언제나 법률과 제도의 엄격성에만 있지 않았다. 더욱 중요한 것은 생활과
사상적 공간의 압축에 의존하였다는 점이다. 이러한 압축은 또한 과거에 이해하
고 있는 것처럼 문자옥과 같은 엄혹한 방법으로만 실현된 것이 아니라, 정반대로
'공'에 속하는 진리 담론에 대한 인수와 독점을 거치면서 누에고치에서 실을 뽑
아내듯 모르는 사이에 지식인들을 사이비 진리의 이데올로기 속에서 결코 자각
적인 것은 아니지만 상당히 자발적으로 스스로가 본래 가졌던 독립된 공간과 비
판적 입장을 버리도록 하였다. "도리로 사람을 죽인다(以理殺人)"라는 말은 곧 허
울 좋은 정치, 도덕, 인민의 이름으로 고차원적이고 보편적인 절대 진리 속에서
다른 담론의 존재 공간을 짓누르는 상황을 의미하였다. 그래서 관에서 제공한 무
한한 듯 보이는 사상의 공간에는 영원하고 절대적으로 정확한 한 가지 사상만 있
었고 어떠한 다른 사상적 담론도 철저하게 그 합법성과 정당성을 빼앗겼다.

　　한 학자의 연구에 따르면 본디 명나라에서 양명학이 흥성한 이후에 실질적
으로 이미 다원적인 학술과 사상의 경향이 생겨났다. "한 학파에는 그 학파의 근
본 취지가 있었고, 각각은 숫자를 내세움으로써 근본 취지를 세웠다. 백사(白沙)
의 근본 취지는 '고요한 가운데 단서를 길러냄'이고, 감천(甘泉)의 근본 취지는
'어디서나 천리를 몸소 인지함'이며, 양명(陽明)의 근본 취지는 양지에 이르는 것
(致良知) 또는 지행합일(知行合一)이었다."[2] 후에 각 학파는 새로움과 차별성을 가
일층 구축하였고, 다른 사람의 격식에 빠져드는 것을 두려워하였다. 그리고 명나

---

1) 박지원, 『열하일기』, 「심세편(審勢篇)」, 북경도서관출판사, 1996, 450~451쪽. 이마무라 요시오(今村與志熊) 역,
　『열하일기(熱河日記)』, 도쿄, 평범사, 1978, 1995 참조.
2) 성랑서(盛朗西), 『중국서원제도(中國書院制度)』, 상해, 중화서국, 1934, 124~128쪽. 왕범삼(王汎森), 『명말청초
　사상의 종지(明末淸初思想中之「宗旨」)』 참조. 왕범삼은 이 글에서 청나라 초기에 각각 '종지'를 세우는 것을 반
　대한 점은 사상과 학술이 다원에서 일원으로 향하는 추세를 지적하였다. 『대륙잡지(大陸雜誌)』 제94권 제4기,
　타이베이, 1997.

라 시대 중엽부터 탄압과 부흥을 반복해서 겪었던 강학과 결사의 풍조는 지식인들에게 활발히 논의하고, 각종 서로 다른 견해를 발표할 수 있는 발언의 공간을 제공하였다. 그렇지만 명나라와 청나라 교체기에 이러한 다원적 사상은 점차 하나로 병합되어 갔고, 사상적 정당성의 근거도 민족주의에만 기반을 두었다. 그리고 민족주의의 대의도 대부분 전통적인 '정통론'에 국한되었다.

따라서 명나라 말기부터의 종족적 차이, 지역적 공간의 중심과 주변 등은 모두 문명의 우월을 판단하는 근거가 될 수 없었다. 민족주의도 진리 영역에서 패권적 지위를 상실하였다. 문화와 진리조차도 더 이상 지식인 계층의 전유물이 아니었다. 문화와 진리가 도리어 황권이 지식인 계층을 비판하는 용어가 되었을 때 지식층에게는 이미 자신들만의 독립된 공간이 없었다. 사회 전체는 완결된 체계를 갖추고 공동화하고 교조화한 그렇지만 절대적이고 그럴싸한 진리 담론에 의해 뒤덮었다. 사람들은 이렇게 관에서 허가하는 언어 밖으로 벗어날 수 없었고, 더 나아가 국가의 체제 밖에 위치할 수 없었다. 아마 이러한 담론에 의해 정말로 설득 당하였거나, 이들 관변 용어와 국가의 체제, 그리고 '사해승평(四海昇平)', '천하일가(天下一家)'의 시대를 진심으로 찬미하였을 가능성도 있다. 학술적으로 황종희를 계승하였던 전조망(全祖望 : 1705~1755년)의 『길기정집(鮚埼亭集)』 권1과 권2에 나오는 찬미의 문구를 읽어보면 이 점을 알 수 있다.[1]

그리고 특별히 지적해야만 할 점은 청나라 황권은 국가주의로 분권 사상을 저지하고 천하일가의 사상으로 지방주의를 비판하였으며, 세상에 둘도 없는 진리로 개인적인 발전을 제한하였고, 지식인들에게서 신체에서 사상까지 보편적인 황권으로부터 도피할 근거를 더욱 박탈하였다는 사실이다. 본디 지식인이 황권의 굴레에서 벗어나면서, '공'의 압박 속에서 비판의 자유를 유지할 수 있는 공간은 아주 협소하였다. 제후국(諸侯國), 관료(官僚)와 막부(幕府), 서원(書院)과 향숙(鄕塾), 향간(鄕間)과 종족(宗族) 등이 그런 공간이었다. 따라서 고염무가 "봉건의 정신은 군현(郡縣)에 있다"라고 주장하고, 황종희가 군신의 고정적 관계를 와해시키

사람들은 이렇게 관에서 허가하는 언어 밖으로 벗어날 수 없었고, 더 나아가 국가의 체제 밖에 위치할 수 없었다.

지식인들에게서 신체에서 사상까지 보편적인 황권으로부터 도피할 근거를 더욱 박탈하였다.

---

1) 전조망(全祖望), 『길기정집』 권1, 권2. 권1의 「하늘의 뜻과 신묘한 계책을 보다(觀天志神算也)」, 「경의 의미와 성인의 학문을 존중하다(尊經志聖學也)」(25쪽, 26쪽)와 권2의 「왕과 도부(王輿圖賦)」(1~6쪽)를 참조하면 된다. 사부총간 영인본.

고 부(府)와 현(縣)의 학교를 공공적 논의의 장소로 삼을 것을 제창하고, 육세의가 향리의 종족을 재건해서 신사와 지방의 권력을 확장하여 '소봉건법'을 실행하기를 희망하였던 것에서부터 여유량의 "후세에 봉건이 폐지되고 군현이 되었다. 천하는 하나의 임금 아래 통일되었고, 그에 따른 진퇴만 있을 뿐 다른 거취는 없었다(後世封建廢而爲郡縣, 天下統于一君, 遂但有進退而無去就후세봉건폐이위군현, 천하통우일군, 수단유진퇴이무거취)"[2]라는 원망까지 이들 사상의 배후에 있는 색채는 사실상 모두 송나라 시대부터 사인(士人)이 지식 권력으로 정치권력에 대항할 때의 의미를 계승하였고, 다소간 모두가 사인 계층에게 존재의 공간을 쟁취해 준다는 의미를 담고 있었다.

그러나 옹정은 한마디로 따끔한 경고를 하였다. 그는 육생남(陸生楠)이 봉건의 위기를 논하는 것을 질책하면서 이러한 관념이 대부분 반역의 심리를 가지고 있는 사람들인 여유량, 증정, 육생남이 제창한 것이라고 지적하였고 "질서를 어지럽히는 사람은 스스로가 간악하고 그릇되었고 고향에서 받아들여지지 않음을 안다. 그리고 학사(學士)들이 떠돌며 말하는 풍토를 본받으려 하는데 그 의미를 봉건의 실행이라고 한다. 따라서 나라에서는 등용하지 않고 타국으로 보내버린다"[3]라고 말하였다. 동시에 청나라 조정과 자각적으로 도덕적 책임을 떠안고 사회 질서를 정비하는 데 주력하면서 지식인들의 집단 결성에 대해 "마주한 부채가 바람을 일으키면 아주 고약하다(相扇成風, 深爲可惡상선성풍, 심위가악)"라며 질책하

---

2) 『정림문집(亭林文集)』 권1 「군현론(郡縣論)」에서는 "오늘날의 군왕은 전체 사해 안에서 우리 군현만이 오히려 부족하다"라는 절대적 통제에 대해서 상당한 불만을 가지고 있으며 재산의 분배, 종족의 유지, 지방 학교의 건설 등을 포함한 지방분권식 체제를 주장하였다. 사실은 모두 전제 체제에서 지방의 사인을 위해서 공간을 쟁취하기를 희망하였다. 『고정림시문집(顧亭林詩文集)』, 중화서국, 1976, 12∼17쪽. 황종희(黃宗義)도 『명이대방록(明夷待訪錄)』, 「원신(原臣)」편에서 "내가 나아가 벼슬하는 것은 천하를 위한 것이지 군주를 위한 것이 아니다. 만민을 위한 것이지 한 가문을 위한 것이 아니다"라고 말한 적이 있다. 따라서 신하와 임금은 단순한 정치적 협력 관계였다. "내가 천하의 책임이 없으면 나는 군주에게 길 위의 사람(路人)이다." 이런 말도 사인이 군주전제 체제에서 공간을 쟁취하기 위함이다. 『사변록집요(思辨綠輯要)』 권18, 사고전서본, 12쪽 B. 왕범삼(王汎森), 「청나라 초기의 하층 경세사상(淸初的下層經世思想)」, 『대륙잡지(大陸雜誌)』 98권1기, 타이베이, 1999, 1∼21쪽 참조. 이외에 안원(顔元)에게도 봉건을 주장한 사례가 있다. 「존치편(存治編)」'봉건(封建)', 『안원집(顔元集)』, 중화서국, 1987, 110∼113쪽.

3) 『청세종실록(淸世宗實錄)』 권83, 옹정 7년 가을 7월 병오, 1271쪽. 신문풍출판사업공사 영인본, 타이베이, 미조구치 유조(溝中三雄), 「중국 민권 사상의 특징(中國民權思想的特色)」, 중앙연구원 근대사연구소(中研院近代史研究所) 편, 『중국현대화논문집(中國現代化論文集)』, 타이베이, 1991, 343∼362쪽 참조.

였고, "사명(社名)을 멋대로 지어서는 안 된다(不得妄立社名불득망립사명)", "지은 글을 멋대로 판각(板刻)해서는 안 된다(所作文字, 不許妄行板刻소작문자, 불허망행판각)"라고 명함으로써 지식인들이 집단을 이루어 강학하는 것을 더욱 제한하였다.[1] 이처럼 대청제국에서 지식층 혹은 사인층의 상대적 독립 공간은 점점 좁아져갔다.[2] 그들은 체제의 통제를 피하거나 황권이 미치지 못하는 곳으로 피해 가서 살 수 밖에 없었을 뿐더러 진리의 압박을 피하여 자유롭게 다른 생각을 표현할 수도 없었다. 따라서 그들은 공중 혹은 공공의 장소에서는 근본적으로 조정의 말투를 따르지 않을 도리가 없었고 별도로 자신의 사고나 지혜를 표현할 곳을 찾을 뿐이었다. 따라서 이러한 사상적 통일의 상태는 바로 정치적 생활과 개인적 생활을 어긋나게 만들어 언어의 분열을 일으켰다. 한편으로는 집권주의가 이러한 진리 용어의 독점을 통해서 합법성과 합리성을 확보하였고, 다른 한편으로는 개인 생활이 다른 형태의 생활 용어의 질서 속에서 존재의 공간을 찾을 수밖에 없었다.[3]

3

앞에서 거론한 서평에서는 청나라 때 지식인의 언어의 분열을 언급하였다. 그 시대 지식인(문화인)은 분명 실질적으로 세 가지 서로 다른 '언어'를 사용하였

---

1) 사국정(謝國楨)은 순치 연간의 상주서와 금령 몇 가지를 예로 들어 관의 금지 때문에 청나라 시대에 들어선 이후 당사운동(黨社運動)이 점점 쇠퇴하였고 강학의 풍토도 점점 쇠진해갔음을 서술한 바 있다. 사국정(謝國楨), 『명·청 교체기 당사운동고(明淸之際黨社運動考)』13, 「여론(餘論)」, 대만상무인서관재판본(臺灣商務印書館重印本), 252~254쪽.

2) 이는 상소명(尙小明)이 말하는 '유막(游幕)'이란 의미일 것이다. 그러나 '유막'도 진정한 사상적 공간을 보유하지는 않아 황권을 직접 대하는 것을 피할 뿐이었다. 상소명(尙小明), 『학자의 유막과 청대의 학술(學人游幕與淸代學術)』, 사회과학문헌출판사, 1999.

3) 미조구치 유조(溝口雄三)는 중국의 '공' 개념에는 상당히 강렬한 도의성과 원리성, 자연성이 있어 일본의 "おほやけ"와 상당히 다르며, 그 원인으로 중국의 '공' 개념에는 아주 강력한 독점성과 통제력이 있다는 점을 각별히 지적한다. 미조구치 유조, 『중국과 일본의 공사관념 비교(中國與日本公私觀念之比較)』 1994년 2월호, 85~97쪽. 진약수(陳弱水), 「공덕관념에 대한 시론—역사적 원류와 이론적 구조(公德觀念的初步探討—歷史原流與理論建構)」, 『인문사회과학집간(人文及社會科學集刊)』 제9권 제2기, 타이베이, 중앙연구원 중산인문사회과학연구소(中央研究院 中山人文社會科學研究所), 1997, 39~72쪽 참조.

다. 한 종류는 공중사회에서 사용하는 '사회적 언어'였다. 그것은 엄숙하였으며 내면에서 발로한 것이기보다는 사람들이 쓸 수 있는 말이다. 특히 그것은 관리 사회, 문서, 예의, 사교의 공간에서 통용되었다. 또 다른 한 종류는 학술의 분야에서 사용되던 '학술 언어'였다. 그것은 지식의 정확성과 깊이를 기준으로 하며 소수의 학자들 사이에서만 통용되는 것으로 그것의 사용으로 이 학술 엘리트들은 서로 공감하고 소통하였다. 그러나 그것은 결코 유행하는 용어가 아니었다. 나머지 한 가지는 가정, 친구들 사이에서 사용되던 '사적 언어'였다. 그것은 사적인 말을 속삭이거나 한가로이 낮은 소리로 노래를 읊었고, 사람들이 말할 수 있었지만 공개하기에는 부적합하였고, 심리를 만족시키지만 통용되지는 않았던 가장 다양한 형태를 가진 시적 용어였다.

그중 극단적이고 공허한 도덕적 설교는 이미 반복해서 이야기되고 사람들이 별다른 흥미를 느끼지 못하는 말이었지만, 이렇게 반복해서 이야기한 것이 도리어 자주 접하게 되기 때문에 이상하게 여겨지지 않고 일종의 늘 사용하지만 알지 못하는 당연함이 되었다. 이러한 도덕적 설교는 한편으로는 생활에 침투하였고 다른 한편으로는 권력에 기대어 '사회적 언어'가 되었다. 사람들은 공개적인 공간에서 혹은 유통되는 글에서 항상 이러한 사설이나 보고의 형식과 유사한 '사회적 언어'를 사용하였다. 엘먼은 당시 "사람들은 도덕적 수양을 일종의 무료한 오락으로 비난하였고 실증적 학술에 중심적인 지위를 부여하였다"라고 말하였다. 아마 이 말은 실제보다 과장된 것 같다. 적어도 우리는 이들 고증으로 유명한 학자들에게서 다음과 같은 현상을 보지 못하였다. 그것은 그들은 서재에서 경전 속의 지식 문제를 연구해서 '학술적 언어'를 통해서 생전과 사후의 명성을 획득하였고, 공개적인 공간과 사교의 공간에서는 도덕적 수양의 설교로 타인을 가르침으로써 '사회적 언어'와 주위의 세계에 협조하였다는 점이다. 당연히 그들도 개인적인 즐거움을 과소평가하지 않았다. 가루(歌樓)와 주관(酒館), 원림(園林 : 나무와 정자를 설치하여 유흥과 휴식을 위해 사용하던 장소)과 화려하게 꾸며진 배(畵船) 등지에서 그들은 '사적 언어'로 세속적인 세계에서의 한가로운 생활을 몰래 즐기고 있었다.

청나라 정헌보(鄭獻甫)의 『보학헌문집(寶學軒文集)』 권1 「저서설(著書說)」에서는 하나의 예를 들고 있다. 송나라 사람의 어록식 언어에서 '화귀(畵鬼)'는 잘 그리든 못 그렸든 사람을 속일 수 있었다. 청나라 고증식의 언어에는 '화인(畵人)'은 약간 비슷하지 않으면 남에게 보여주려 하지 않는다는 것이다. 그리고 문인들의 글쓰기는 '화의(畵意)'에 비견되는 것으로 좋든 나쁘든 모두 스스로 한바탕 뽐내고 있었다.[1] 한 사람의 학문적 지식을 확인하려면 비교하여 비판할 수 있는 '화인'의 기술에 의존해야 하였지만, 고증학자를 포함한 청나라 시대의 많은 사람들은 세 가지 언어를 모두 사용할 수 있었다.

오늘날까지 우리는 여전히 다음과 같은 결론을 유지하고 있다. 여기서는 여전히 이러한 언어의 분열이라는 관점을 가지고 청나라 시대 고증학의 기원에 하나의 해석적 사고를 제공하려고 한다. 일반적으로 청나라 때 고증학의 학술적 연원에 관해서는 두 가지 다른 해석이 존재한다. 하나는 청나라 시대 학술을 송나라와 명나라 때 학술에 대한 반동으로 보고 그것을 유럽의 르네상스인 것처럼 칭송하는 것이다. 양계초(梁啓超 : 1873~1929년)나 호적(胡適 : 1891~1962년)은 '복고는 곧 해방'이라는 관점에서 해석하여 청나라 시대의 고증학은 '이학'에 대한 '일대반동'이라고 말하였다. 즉 공허에서 실질로 향하여 "공담을 버리고 실천으로 향하였다"는 말이다. 사실 이러한 생각의 배후를 지지하고 있는 체계는 진화, 과학, 실용이었고, 중국에서 상연된 한편의 특수한 고대 성현의 경전이 무대에 등장한 복고극일 뿐이다. 무대 뒤에서 연출하는 각본은 서양의 르네상스와 비슷하다.

다른 하나는 그것을 송나라와 명나라 때 학술의 연속으로 보는 것이다. 전목(錢穆 : 1895~1990년)은 '매전익진(每轉益進)'을 말하면서 청나라 때 고증학은 청나라 초기 학자의 명나라와 청나라의 교체에 대한 고통이 "마음속의 생각과 힘을 배출할 곳이 없어서 학문에 집중하였다"라고 말하였다. 그래서 이러한 세상사에 관심이 지식으로 '세상을 운영하고' 싶어 하는 정신은 송명이학에서 나왔다. 따라서 "학술이란 것은 전환할 때마다 더욱 발전하며 궁극을 도모하여 반드시 변

이러한 언어의 분열이라는 관점을 가지고 청나라 시대 고증학의 기원에 하나의 해석적 사고를 제공하려고 한다.

---

1) 『보학헌문집(寶學軒文集)』 권1 「저서설(著書說)」, 함풍 11년 간본(咸豊11年間本) 영인본, 34쪽 B. 『근대중국사료총간속집(近代中國史料叢刊續輯)』 212종, 문해출판사, 672쪽.

한다(學術之事, 每轉而益進, 圖窮而必變학술지사, 매전이익진, 도궁이필변)."[2] 이러한 생각은 중국 자신의 지식과 사상적 자원에서 사상사 발전의 길을 찾으려는 희망을 뚜렷이 담고 있었다. 마치 외재적 역량이 없어도 사상이 이처럼 변화할 수 있었던 것처럼 보였다.[3] 여영시(余英時 : 1930~)의 '내재적 논리 이론(theory of inner logic)'은 사실 대체로 이러한 관점의 연장선상에서 발전한 것이다.[4] 그러나 만약 이러한 내재적 논리를 과도하게 드러낸다면 지식과 사상, 그리고 신앙을 스스로 발아할 수 있는 한 종자로 보고 토양이나 기온이나 수분도 모두 무시하고 계산에서 제외할 수 있을 것이다. 따라서 우리는 내외를 관통하는 해석적 사고를 통해서 청나라 시대의 학술과 사상의 줄거리를 서술하기를 바란다.

청나라 시대의 학술적 풍토는 어떻게 공허에서 실질로 전환하였으며, 고증으로 전환하였는가?

　　　청나라 시대의 학술적 풍토는 어떻게 공허에서 실질로 전환하였으며, 고증으로 전환하였는가? 어떤 견해를 가진 학자이든 청나라 때의 사상적 억압과 탄압

2) 전목(錢穆), 『국학개론(國學槪論)』, 타이베이, 상무인서관, 1979, 61쪽. 「청유학안서(淸儒學案序)」, 『중국학술사상사논총(中國學術思想史論叢)』 제8집, 타이베이, 동대도서공사, 1980, 336쪽.

3) 예를 들어 일본학자 야마노이 유(山井涌 : 1920~1990년)는 양계초의 견해를 비판하면서 "송명 성리학 그 자체는 비록 성리의 철학적 이론 추구에서 의의를 가지지만 본질적으로 그것은 실천 수양의 학문적 성격을 가진다. 주희는 이론적인 추구에 치우쳤지만 왕양명에 와서는 수양 실천, 즉 학문적 사상을 극한까지 밀고 나갔다. 어떻게 자신의 마음의 문제를 공부의 중심 과제로 두는가는 바로 수양 실천을 말하는 학문 즉 송학에서 양명학까지가 이미 발전의 여지를 잃었음을 말하기도 한다. 따라서 학문은 다른 방향으로 전환할 수밖에 없었고 고증학은 전환의 새로운 방향이었다'라고 말하였다. 야마노이 유(山井涌), 『명·청사상사의 연구(明淸思想史の硏究)』, 제2부 「명학에서 청학으로(明學から淸學へ)」, 도쿄대학출판회(東京大學出版會), 1980, 248쪽. 같은 책에 수록된 「고염무의 학문관(顧炎武の學問觀)」, 320~357쪽도 참조할 만하다. 이 견해는 사실 전목의 견해와 귀결이 동일하다. 그러나 이러한 견해의 문제는 그들은 실제 역사에서 일어난 명청(明淸) 사상의 변화를 사상을 구상하는 역사 논리 안에서 벌어진 변화로 보았다는 점에 있다.

4) 임총순은 학술계의 명나라와 청나라 학술의 변천 원인에 관한 해석을 '이학반동설(理學反動說)', '사회경제변천설(社會經濟變遷說)', '내재논리설(內在理路說)'의 세 부류로 분류한다. 그는 첫 번째 관점은 '양계초가 대표적이고' 두 번째 관점은 '일본과 대륙의 학자들이 가장 즐겨 이 관점에서 문제를 바라보며,' 세 번째 관점은 '여영시가 처음 만들었다'라고 생각한다. 임총순(林聰舜), 『명·청 시대 유가사상의 변천과 발전(明淸之際儒家思想的變遷與發展)』, 제6장 「맺음말(綜論)」, 학생서국, 1990, 294~308쪽. 이러한 귀납은 별 문제가 없다. 그러나 그 중 세 번째 설은 전목에게서 파생되어 발전되었음을 확인할 수 있다. 또한 최신의 연구도 참조할 만하다. 구위군(丘爲君), 「청대사상사 '연구 본보기'의 형성, 특질과 함의(淸代思想史 '硏究典範'的 形成, 特質與義涵)」, 『청화학보(淸華學報)』 신24권 제4기, 신죽(新竹), 451~494쪽. 이 글에서는 청나라 시대 사상 연구의 대체적인 경향을 상당히 뚜렷하게 정리하였다. 그러나 이 글은 여영시의 내재적 논리 이론과 양계초, 호적의 '이학반동설(理學反動說)', 전목의 '매전익진설(每轉益進說)'과 병렬시킨다. 이는 여영시와 전목의 관점이 하나로 합쳐진다고 보는 나의 관점과는 다른 점이다.

이 지식인들의 현실에 대한 냉담과 고정에 대한 관심을 낳았다는 해석에 대해서는 공감할 것이다. 즉 양계초는 순치 14년(1657) 이후의 과거장 사건, 강남주쇄(江南奏鎖) 사건, 장씨사(蔣氏史) 사건 등을 나열하고 "입을 열면 바로 금기를 건드렸다. 수차례의 문자옥을 거친 후 사람들은 모두 경계심을 가지게 되었다." 이것이 학술적 풍토를 변화시킨 원인이며, "권력을 가진 자가 사람들의 사상에 간섭하기를 좋아하던 시절에 학자의 명석한 재주는 모두 고전을 주석하는 데만 쓰였다", "고전을 고증하는 학문의 절반은 법규가 너무 세밀해서 어쩔 수 없이 만들어진 것이다"라고 믿었다.[1] 전목, 시마다 겐지(島田虔次 : 1917~2000년) 등도 유사한 관점을 견지한다. 즉 이들은 청나라 시대 고증학은 사상적 탄압에 의해 조성된 사대부의 정신적 위축임을 인정한다. 이러한 논법은 상당히 설득력이 있고 많은 사람들의 공감을 얻을 수도 있다.[2]

나의 제한된 시야로 볼 때 이러한 해석은 지금까지 여전히 가장 영향력이 있다. 심지어 1989년에는 일본학자 이노우에 스스무(井上進 : 1955~)의 『한학의 성립』도 이러한 전통적인 견해를 따랐다. 당연히 그는 "고염무의 학문이 선명한 경세(經世) 의지로 충만하였지만 이후 고증학자들은 이런 정신을 이어가지 못하였다. ……그 이유는 다음과 같다. 시대가 상대적인 안정기에 접어들었고 이 시기에 명교(名敎) 체제는 상당히 안정된 듯 보였으며 경세의 여부는 도덕적 비판의 이론적 근거로서도 소실되었기 때문이다. 당연히 한학이 경세(經世) 정신을 상실한 원인에서 본래 공포에 저항하였던 문자옥의 압력이 상당히 중요하다. 하지만 한학에서는 외압에 저항하는 이론적 근거도 없었다"[3]라고 말한 바 있다.

시점을 '문자옥' 같은 공포에 집중시키는 이런 견해는 큰 틀에서는 잘못되지는 않았지만 너무 단순하다는 지적은 면치 못할 것이다. 그리고 청나라 때의 보

---

1) 양계초(梁啓超), 『최근 300년 중국학술사(中國近三百年學術史)』, 제2절~제4절 「청대학술의 변천과 정치적 영향(淸代學術變遷與政治的影響)」 상·중·하, 주유쟁(朱維錚) 교주(校註), 『양계초 청학사론 2종(梁啓超論淸學史二種)』, 복단대학출판사(復旦大學出版社), 1985, 103~137쪽.

2) 전목(錢穆), 『최근 300년 중국학술사(中國近三百年學術史)』, 중화서국, 1986. 시마다 겐지(島田虔次), 『아시아 역사 연구 입문(アジア歷史硏究入門)』(중국3), 1936, 285쪽. 굿리치(L C Goodrich), 『건륭제의 문자의 옥(The Literary Inquisition of Ch'ien-Lung)』, Beltimore, Waverly Press, 1935, 16~18쪽.

3) 이노우에 스스무(井上進), 「한학의 성립(漢學の成立)」, 『동방학보(東方學報)』 제61호, 도쿄, 1989, 296쪽.

청나라 때 학술의 실어 상태를 조성한 것 중 이단에 대한 정치적인 억압 이외에 황권의 진리에 대한 독점이다.

편적인 '실어' 상황은 직접적이고도 간단하게 전적으로 '화이' 즉 민족주의 논의에 대한 고압적 정책의 측면에서만 따질 수는 없다. 따라서 내가 매우 주목하는 것은 청나라 때 학술의 실어 상태를 조성한 것 중 이단에 대한 정치적인 억압 이외에 황권의 진리에 대한 독점, '치통(治統)'의 '도통(道統)'에 대한 철저한 겸병, 도덕적 패권과 합리성의 토대가 권력에 의해 점거된 후 조성된 지식인의 진리 해석 권한 및 사회지도 권한의 상실이다. 본래 사대부가 자신의 입장을 유지하고 스스로를 정치권력과 서로 대등한 예를 취할 수 있게 하면서 의지하였던 것은 진리와 도덕을 해석할 수 있는 능력이었다. 그러나 정치의 중심에 대한 영원한 동경과 천하를 구제한다는 그들의 일관된 지향점은 오히려 항상 그들 자신을 도덕과 진리를 통해 제왕의 치국평천하를 돕는 자리에 놓았다. 그렇지만 이러한 담론 권력이 지식인에게서 관으로 민간에서 조정으로 전이되고, 황권이 보편적으로 사용되고 의심할 수 없는 이데올로기로서 어떤 보편적이고 절대적이고 상징적인 진리 담론을 구축한 후에 그것은 '공(公)'의 이름으로 모든 사람들을 손에 넣었고 동일성으로 모든 사대부를 묻어버렸다. 이에 따라 진리 해석권과 사회지도 능력을 상실한 지식인은 곧바로 공공 영역에서 스스로의 입장을 잃고 '사(私)'적인 측면에서 스스로의 생각을 표현할 수밖에 없었다.

공과 사라는 두 영역 사이에서 지식인이 찾을 수 있었던 것은 또 다른 지식 담론의 표현 공간이었다.

그렇지만 지식과 사상의 언어가 분열되어 버리고 '공'의 영역에서는 지식인 스스로의 공간이 없어지고 '사'에 속하는 영역의 느낌과 지식과 사상이 또다시 사람 자신이 함께 즐길 수 있는 지식과 사상이 될 수 없게 되었을 때 공과 사라는 두 영역 사이에서 지식인이 찾을 수 있었던 것은 또 다른 지식 담론의 표현 공간이었다. 그것은 바로 양계초가 『청대학술개론』 17절에서 말한 학술적 주석, 찰기 (札記), 함찰(函札 : 편지) 등과 같은 문헌에 따른 고찰이나 역사 연구였다. 양계초는 "청나라 시대 유학은 송명 시대 사람들의 집단 강학을 기꺼이 따르려고 하지 않았고 오늘날 구미 지역에 있는 다양한 종류의 학회와 학교가 집단 강습의 장소가 되는 방식도 아니라 지식 교환의 기회는 자연히 모자라지 않을 수 없다"라고 날카롭게 지적하였다. 따라서 경전에 의지하여 전해내려 온 주석과 소증(疏證)과 전석(箋釋)은 번잡해 보이는 형식으로 그들의 본의를 왜곡해서 표현하였고, 인쇄 출판되거나 우편으로 교류되는 찰기나 서신을 통해서 서로 공감하는 학자와 교류하면서 지식이 소통될 수 있게 만들었다. 특히 고위 관직자의 막부, 귀인의 가숙(家塾) 및 부유한 상인의 가관(家館)은 더욱더 어떤 의미에서 이러한 학술적 언어가 전파되고 이어질 수 있는 공간이 되었다. 하버마스(Habermas)의 '공론장(public sphere)' 이론이 이 문제에 어떤 암시를 줄 것 같다.[1] 그는 현대 사회를 연구하면서 카페, 주점, 클럽, 사조직과 같은 것들이 국가와 시장의 사이를 잇는 장소가 되어 이 공간에서 비판적인 의견, 더 나아가 과도한 불평도 모두 이들 공간에서 자유롭게 발표되고 논의될 수 있고 합당한 보장을 얻을 수 있으며, 그것은 국가 권력을 감독하고 사회적 긴장을 조절하는 이상적 공간이라고 생각하였다. 그러나 이런 '공론장'이 충분한 보장을 받지 못하는, 더 나아가 아예 철저하게 금지되어 있는 시대에 말기 황제 체제의 중국의 이들 막부와 사숙, 찰기와 서신 더 나아가 경전의 주석까지도 어떤 의미에서 지식 언어를 보호하는 역할을 맡았다. 그들은 고관이나 거상의 사숙에서 교사가 되거나 막부에서 막료가 되거나, "서원산장, 각 성·부·주·현에서 지(志)를 제작하거나, 큰 가문에서 족보를 만들거나, 유력자가 책을 쓰면서 감정을 의뢰하였다."[2] 이러한 상황은 특히 경제가 상대적으로 발달하고 공간이 조금 넓은 강소성과 절강성, 안휘성 흡(歙)현 일대에서 고증을 중시하는 학술적 풍토와 고증을 영광으로 삼는 지식인 집단을 형성시켰다.

---

1) 하버마스(J Habermas), 『공론장의 구조 변동(The Strucural Transformation of the Public Sphere)』, First MTI paperback edition, 1991. '공론장'은 '공공 영역'으로도 번역된다. 그는 "'우리는 공공 영역'이라는 것을 맨 먼저 우리 사회생활의 한 영역을 의미하는 것으로 정의한다. 이 영역에서 공공의 의견과 같은 것이 형성될 수 있다. 공공 영역은 원칙적으로 모든 시민에게 개방되고 공공 영역의 일부분은 각종 대화로 구성된다. 이러한 대화 속에서 개인으로서의 사람들이 함께 하여 공중을 이룬다. 이때 그들은 업무나 직업에 종사하는 사람으로서 개인적인 행위를 처리하는 것이 아니고 합법적인 연합체로 국가의 관료 기구의 법률 규정에 예속되어 책임을 가지고 복종하는 것도 아니다. 그들이 종속되지도 강제되지도 않는 상황에서 보편적인 이익의 문제를 처리할 때 공민은 하나의 집단으로 행동하는 것이다. 이에 따라 이러한 행동은 이러한 보장을 받는다. 즉 그들은 자유롭게 모이고 조합될 수 있고 자유롭고 공개적으로 그들의 의견을 표현할 수 있다"라고 말한다. 여기서는 『천애(天涯)』 1997년 제3기에 실린 왕휘(汪暉)의 번역문을 인용.
2) 양계초(梁啓超), 『청대학술개론(淸代學術槪論)』 18절, 주유정(朱維錚) 교주(校註), 『양계초논청학사2종(梁啓超論淸學史二種)』, 54쪽. 엘먼은 관과 반관(半官)의 도움, 서원의 존재와 협조, 서신과 회답의 의미 등을 논한 바 있다. 엘먼(Benjamin Elman), 『성리학에서 고증학으로(從理學到補學)』, 조강(趙剛) 역, 강소인민출판사, 1995, 136~140쪽.

4

지식사 외부에서 벌어진 이러한 변화 추세는 또한 당시의 학술과 사상의 내부적 진로와도 자연히 일치하였다.

명나라 시대 양명학은 개인의 마음을 강조하고 외재적 교조를 의심하는 경향을 띠면서 큰 정도에서 생활 세계 위에 붕 떠 있으면서 심리의 세계에 존재할 뿐인 진리를 상상해 냈다. 그것은 사회생활을 응집시키고 사회 질서를 유지하는 여러 가지 지식과 사상, 그리고 신앙을 와해시켰고, 모든 외재적인 감독과 제약도 와해시켰다. 그리고 유동적인 주체의 심리는 심지어 실질적으로 모든 진리를 없애버리기 쉬웠다. 이에 많은 불안이 발생하였다. 이미 다른 절에서 "명나라 말기 성과회(省過會),[3] 공과부(功過簿)의 대거 출현과 동림(東林) 계열에 의한 '격물'에 대한 문제 제기의 재등장 등이 '마음이 곧 이치이다(心卽理)'라고 하는 양명학의 이론적 위기를 보여준다는 점을 설명하였다. 그리고 이후에 등장한 유종주 등은 비록 양명학을 신봉하기는 하지만 모두 이 점에서는 양명학이 과도하게 심리를 강조하는 결점을 보충하기를 희망하였다"라고 말한 바 있다. 유종주 등은 주로 타인의 감독과 몇몇 구체적인 조치를 통해 자기반성을 촉구하였고 자신의 마음을 제약하였다. 제3자의 객관적인 감독과 고발의 기능을 필요로 하였기 때문에 증인회(證人會)와 성과회 등의 조직이 생겨났고 실제 사용할 수 있는 지식과 구속을 추궁할 수 있는 도덕적 자율을 사용해서 양명학 특히 후기 양명학의 극단주의를 보완하였다. 이런 상황은 실제 행위와 도덕적 수양을 추구하려는 풍토를 자극하였다.

마찬가지로 동림당(東林黨) 등이 다시 제기한 이학의 '격물'에서부터는 경전의 도덕적이고 윤리적인 지식과 정통적인 역사 지식 등을 아우르는 지식을 가지고 진리와 정의를 뒷받침하는 체계를 충당해야 하는 필요성은 사람들로 하여금 내면적 심리로 자신을 무제한적으로 제약하는 데에 그치지 않았고, 각자의 서로

---

3) 성과회(省過會)에 대한 내용은 왕범삼(王汎森), 「명말청조의 인보와 성과회(明末淸初의人譜與省過會)」, 『사상과 학술(思想與學術)』, 진약수(陳弱水)과 왕범삼(王汎森) 엮음, 베이징, 중국대백과전서출판사(中國大百科全書出版社), 2005 참조(역자 주).

다른 심리가 주도하는 산만한 경향을 믿고 따르는 데 그치지 않도록 하였다. 이런 상황은 정확한 지식과 박학주의를 중시하는 풍토를 유도하였다. 이러한 두 가지 잠재적 경향은 명나라 왕조의 멸망이라는 자극하에 청나라 초기에 이질적으로 보이지만 실제로는 일치하는 두 가지 사상적 경향인 '행기유취(行己有恥)'와 '박학어문(博學於文)'을 활성화시켰다.[1]

'행기유취'와 '박학어문'

'행기유취'의 경향은 실천적 도덕 이성과 실제적 도덕 수양으로 정주이학을 끌어들여 양명학을 수정하고 공허하게 심성을 말하는 명나라 시대의 풍토를 바꾸었다.[2] 손기봉(孫奇逢 : 1584~1675년)은 비록 "상산과 양명에 근본을 두었지만, 신독을 근본으로 삼고 천리(天理)의 체득을 핵심으로 삼으며 일상적인 윤리를 실제로 삼았다."[3] 진확(陳確 : 1604~1677년)은 "여러 학자들 중에서 요강(姚江 : 양명학)을 가장 좋아하였다." 하지만 그가 가장 관심을 가졌던 것은 왕양명의 '지행합일'이었다. 따라서 유종주의 문하에서 "신독의 교리를 신봉하고 실천궁행하면서 수차례 규칙을 환기시켰다"[4] 이옹(李顒 : 1627~1705년)도 비록 양명학의 전승자였지만 그는 '회과자신(悔過自新)'의 네 글자를 추출하여 표식으로 삼았다. '회과자신'에는 이미 사상의 시비를 판별하는 외재적 가치 기준이 담겨져 있고 그 경향의 초

---

1) 『정림문집(亭林文集)』 권3 「여우인논학서(與友人論學書)」, 『고정림시문집(顧亭林詩文集)』 43쪽.

2) 첨해운(詹海雲)은 청나라 시대의 후기 양명학자를 손기봉(孫奇逢), 이이곡(李二曲), 황종희(黃宗羲) 등과 동일선상에 놓고 학풍이 이미 상당히 변하였고 그것은 당시의 다른 공허한 학풍에 반대하는 사조인 고염무(顧炎武)와 안원(顏元) 등과 대체로 하나의 귀결을 향한다고 하였다. 첨해운(詹海雲), 「청나라 초기 양명학(淸初陽明學)」, 『청초학술논문집』, 타이베이, 문진출판사, 1992, 71~105쪽. 따라서 이후에야 고염무(顧炎武), 황종희(黃宗羲), 왕부지(王夫之)를 동일선상에 놓을 수 있었고 고염무와 황종희 사이에도 묵계가 상당하였기 때문에 심학과 이학이라는 두 길에서 다시 청나라 초기 사상의 선택을 판단하는 것은 부적합하다. 따라서 필자는 그것을 두 가지 '경향'으로 부른다.

3) 『청사고(淸史考)』 권480 「손기봉전(孫奇逢傳)」. 여기서는 대체로 위예개의 『손징군선생기본전(孫徵君先生奇逢傳)』의 평가를 차용하였다. 또 방포(方苞)「손징군전(孫徵君)」에도 그는 본래 "상산과 양명에 근본을 두고 말년에야 더욱 주자의 학설 중, 지신(治身), 무자(務自), 각지(刻砥)와 어울리면서 강학하였다고 기술한다." 모두 『비전집(碑傳集)』 권127, 5979쪽, 5986쪽 참조.

4) 진원용(陳元龍), 『건초선생전(乾初先生傳)』, 황종희(黃宗羲), 『진선생확묘지명(陳先生確墓誌銘)』, 『비전집(碑傳集)』 권127, 5996~5999쪽 참조. 또한 장이기(張爾岐)의 『답고녕인서(答顧寧人書)』에서도 '행기유취'에 대해서 상당히 옹호를 하였으며 "선비가 오늘을 살면서 세상에서 학문을 바로 하려거든 많이 저술을 할 필요는 없는 것 같다. 정당하게 뜻을 두터이 하고 힘써 실천하는 것이 우선이다"라고 말하였다. 『청경세문편(淸經世文編)』 권2 「학술(學術)」 '유행(儒行)', 중화서국, 1992, 71쪽.

점도 내재적 자유가 아니라 도덕적 실천이었다. 따라서 그는 "'의(義)·명(命)·염(廉)·치(恥)'라는 네 글자야말로 내가 설 수 있는 기반이다. 하나라도 빠져있으면 기초는 기울어진다. 오늘날에는 현묘함을 말할 필요가 없다. 여기에 서 있으면 바로 공맹의 문하가 되는 것이다"[5]라고 말하였다.

'박학어문'이란 "한 사물을 깊게 알지 못하면 부끄럽게 생각한다"라는 격물의 태도를 통해서 양명학에서 유래한 마음속으로의 편향을 바로잡고, 송나라 시대 이학 이래의 지나치게 고답적이고 추상적인 성향도 바로잡으며 모든 지식, 주로 경전 지식을 성실하게 대하면서 확실한 지식으로 도덕과 진리의 타당성을 뒷받침하고 도덕과 진리의 근거를 고전으로 돌려놓는 덕목이다. 방이지의 경우는 명나라 말기의 공부하지 않는 풍토를 비판하면서 "너무 생기가 없으면 안 되고 너무 넘쳐도 부적합하다. 사람들에게 심오한 것들을 헛되이 스쳐 지나게 한다면 어찌 학술의 전수가 혼란스럽지 않을 수 있겠는가? 따라서 이학은 경학 속에 담아두는 것이다"[6]라고 말하였다. 그리고 고염무의 견해는 더욱 직설적이다. 그는 "백여 년 동안 학자들은 늘 심(心)과 성(性)을 이야기하였지만 막연하기만 하고 알지는 못하였다(百餘年來之爲學者, 往往言心言性, 而茫然不得其解백여년래지위학자, 왕왕언심언성, 이망연불득기해)"라고 나무랐다. 그는 "마음을 밝혀 성을 본다는 공허한 말로 수기치인(修己治人)의 실학(實學)을 대신하는 것(以明心見性之空言代修己治人之實學이명심견성지공언대수기치인지실학)"에 반대하고 이것은 "근본 없는 사람으로 공허를 말하는 학문이고 내가 보기에 그것은 매일 성인에 종사하지만 그것을 멀리 없애버리고(以無本之人而談空虛之學, 吾見其日從事于聖人而去之彌遠也이무본지인이담공허지학, 오견기일종사우성인이거지미원야)", 보완하는 방법은 당연히 경전을 깊이 연구하는 것이라고 생각하였다.[7] 그런데 경전을 읽는 방법은 한 글자 한 글자 정확하고 확실한 해석을

---

5) 『이곡집(二曲集)』 권1 「회과자신설(悔過自新說)」, 3쪽. 같은 책 권10 「남행술(南行述)」, 76쪽. 중화서국, 1996.

6) 방이지(方以智), 『청원산지략(青原山志略)』 「범례(凡例)」. 그보다 더 이른 시기의 전겸익(錢謙益 : 1582~1664년)도 동일한 생각을 가졌다. 『초학집(初學集)』 권28 「신각십삼경주소서(新刻十三經注疏序)」를 참조. 모두 여영시, 『유가적 지식주의의 발흥(儒家知識主義的興期-從清初到戴東原)』, 「대진과 장학성을 말한다(論戴震與章學誠)」의 역사에 대한 서술을 참조, 동대도서공사, 1996, 19~24쪽.

7) 『정림문집(亭林文集)』 권3 「시우산에게 보내는 편지(與施愚山書)」, 『고정림시문집(顧亭林詩文集)』, 62쪽. 『일지록집석』 권7 「부자가 말한 성과 천도(夫子之言性與天道)」, 악록서사, 1994, 239~240쪽. 『정림문집(亭林文集)』 권3 「여우인논학서(與友人論學書)」, 『고정림시문집(顧亭林詩文集)』, 43쪽. 동시에 약간 나중의 비밀(費密 : 1625~

요구하였다. 따라서 "9경을 읽는 것은 문헌의 고증에서 시작한다. 문헌의 고증은 음에 대한 식별에서 시작한다. 제자백가의 책도 역시 그렇게 해야 한다(讀九經自考文始, 考文自知音始, 以至諸子百家之書, 亦莫不然독구경자고문시, 고문자지음시, 이지제자백가지서, 역막불연)"[1]라고 말하였다.

　　이 두 가지 경향은 고통스럽게 반성하고 있던 지식인의 호응을 얻었고 청나라 초기부터의 지식계와 사상계가 풍토를 바로잡고 각 학파를 통합하려 시도하는 추세와 일치하였다. 당시 몇몇 학자들은 명나라 말기 지식인들의 사회와 생활에 대해서 지도력이 결핍하였고 사상 질서를 붕괴하게 만든 것에는 두 측면의 원인이 있었음을 감지하였다. 하나는 과도하게 막연한 심리적 자각과 과도하게 초월적인 도덕적 경계(境界)를 추구해서 항상 지식을 경멸하게 하였다는 점이다. 왕양명의 학문을 고수하는 사람이든 주희의 학문을 고수하는 사람이든 모두 같은 느낌을 가지고 모두 동감하였던 것 같다. 후세에 항상 인용되는 고염무와 황종희의 글에서는 당시에는 "재화와 부세(賦稅)를 담당한 자는 수탈자로 간주하였고, 군대 조직을 관장하거나 변방을 지키는 자는 거칠고 속된 사람으로 보았으며, 책을 읽고 글을 쓰는 사람은 자기의 세계에 빠져서 큰 뜻을 읽은 사람으로 보고 정사에 뜻을 둔 사람은 속된 관리였다." 그리고 사대부는 "많이 공부하여 아는 것을 버린 채 모든 것을 꿰뚫는 한 방법만을 추구하고 사해의 곤궁함에 대해서는 이야기 하지 않은 채 종일 아주 미세하고 순수한 도만을 강구하였다"[2]라고 말한다.

과도하게 막연한 심리적 자각과 과도하게 초월적인 도덕적 경계를 추구해서 항상 지식을 경멸하게 하였다.

1701년)도 "경에 성인의 도를 말하지 않음을 개의치 않고 근거 없이 장황한 것이 유가에는 없다(舍經無所謂聖人之道, 鑿空支蔓, 儒無是也사경무소위성인지도, 착공지만, 유무시야)", "한나라 유가는 경전의 뜻을 강론하였고 후세에는 도를 강론하였다(漢儒謂之講經, 後世謂之講道한유위지강경, 후세위지강도)"라고 말하였다. 『홍도서(弘道書)』권상, 「도맥보론(道脈譜論)」. 호적(胡適), 「비경견과 비밀─청나라 학술의 두 선구자(費經庚與費密─淸學的兩個先驅者)」, 『호적학술문집─중국철학사(胡適學術文集─中國哲學史)』하책, 중화서국, 1991, 1128쪽.

1) 『정림문집(亭林文集)』권4 「이자덕에게 답하는 편지(答李子德書)」, 『고정림시문집(顧亭林詩文集)』, 76쪽. 전목은 일찍이 16세기의 나흠순에게는 '경서에서 증거를 취함(取證於經書)'이라는 생각이 있었음을 지적하였다. 하관표는 더욱 자세하게 명말청초의 귀유광(歸有光), 전겸(錢謙)이 일관되게 경전의 지식에 주목하는 견해를 가졌음을 고찰하였고, 이것은 의리의 논쟁에 따라 고증으로 꺾여 들어오게 되었고 경학으로 이학을 대체하는 하나의 사조였다고 인식하였다. 전목(錢穆), 『최근 300년 중국학술사(中國近三百年學術史)』상책, 중화서국, 1986. 하관표何冠彪), 「명말청초 사상가의 경학과 이학에 대한 분석(明末淸初思想家對經學和理學之辨析)」, 『명말청초 학설 사상 연구(明末淸初思想研究)』, 학생서국, 1991, 1~51쪽.

2) 황종희(黃宗義), 「증편수변옥오군묘지명(曾編修弁玉吳君墓誌銘)」, 『남뢰문정(南雷文定)』「후집(後集)」권3, 1쪽, 사부비요본. 『정림문집(亭林文集)』권3 「여우인논학서(與友人論學書)」, 『고정림시문집(顧亭林詩文集)』, 43쪽.

다른 원인은 유학 내부의 종파간의 과도한 모순이 본래의 사상적 동일성을
와해시켰다는 점이다. 따라서 황종희는 『파사집(破邪集)』 '선현을 꾸짖는다(罵先賢
매선현)'의 한 부분에서 주희와 육상산의 후계자들을 비꼬아 "만약 아호(鵝湖)에서
의 만남에서 주희와 육구연이 시를 통해 문답을 하고 단점을 버리고 장점을 모으
는데 주희의 뱃사공과 수레꾼이 박차고 일어나 싸우고 욕설을 하며 회옹(晦翁 : 주
희)을 돕는다면 회옹은 이를 기뻐하겠는가, 기뻐하지 않겠는가? 나는 때려서 쫓
아 버릴 것으로 알고 있다"[3]라고 말하였다. 후에 전조망도 이학과 심학은 유학
속에서 하나가 되어야 한다고 주장하였고, 사상이 '단점을 버리고 장점을 모으
는'[4] 길을 걸어야 한다고 주장하였다. 따라서 그는 『송원학안(宋元學案)』에서 비교
적 파벌 없는 견해를 갖기에 충분한 경우로 황종희가 여전히 양명학을 이어가고
있던 경우를 예로 들며 "양명학을 뛰어 넘었다고 할 수 있다. 왜냐하면 양명학 이
외의 학문에 대해서도 그는 똑같이 열심히 하였고, 똑같이 도움을 받았기 때문이
다"[5]라고 말하였다.

청나라 초기의 학술은 마음에만 전념하는 양명학적 사유에서 벗어났을 때
주자학의 '격물'과 '다식(多識)'의 견해에 비교적 개방적일 수 있었다. 전조망은
"다식 역시 성인의 가르침이다(多識亦聖人之教也다식역성인지교야)"라고 말하였다. 그
는 '격물의 학문'은 '심신'에 있고, '집과 나라, 천하에 미침'이 있으며, "임금을
섬기고 아비를 섬기는 것은 큰 격물이고, 새나 짐승이나 풀이나 나무 따위의 자
연물을 많이 아는 것은 작은 격물이다(事君事父, 格物之大者, 多識于鳥獸草木, 格物之小
者사군사부, 격물지대자, 다식우조수초목, 격물지소자)"고 인정하였다.[6] 지식인들 사이에서 이
런 식으로 주희와 육구연의 사상을 조합하는 사유는 이후 고증학을 배후에서 뒷
받침해주는 자원이었고 지식인들 사이에 '존덕성(存德性)'에서 '도문학(道問學)'으
로의 성격 변화를 이끌었고 유학자 내부의 학술적 태도를 '도허(蹈虛 : 공허함)'에

---

3) 『황종희전집(黃宗羲全集)』 제1책, 항저우(杭州), 절강고적출판사(浙江古籍出版社), 1984, 206쪽.

4) 정길웅(鄭吉雄), 「전조망의 거단취장의 학문 방법에 대하여(論全祖望去短集長的治學方法)」, 『대대중문학보(臺大
中文學報)』 제1기, 대만대학중문학과(臺灣大學中文學系), 1999, 339~362쪽.

5) 양계초(梁啓超), 『최근 300년 중국학술사(中國近三百年學術史)』, 제8절 「청나라 초기 사학의 건설(淸初史學之建
設)」, 199쪽.

6) 전조망(全祖望), 『경사문답(經史問答)』 권7 「대학중용맹자문목노고(大學中庸孟子問目答盧鎬)」.

서 '실증(證實)'으로 전환하게 하였을 것이다.[1]

'존덕성'과 '도문학'이란 두 용어는 『예기』「중용」편에서 유래하였다. 그것은 본래 유학자는 두 가지 경향을 가져야 함을 밝힌 내용에 불과하였다. 그러나 결국 그 누구도 이 두 가지 사이에서 한 쪽으로 치우쳤기 때문에 절대적인 균형을 실현하기란 아주 어려웠다. 따라서 그것은 구분되어 유학자 내부의 서로 다른 경향을 상징하였다. '공허'와 '실증'은 당연히 두 가지 감성의 상징적 용어이다. 그러나 그것은 또한 두 시대의 지식과 사상의 풍토를 구체적으로 그려준다. 만약 명나라 후기에 '책을 한쪽에 묶어두고 보지 않으며, 아무런 근거 없이 되는대로 말하는' 현상이 실제로 있었다면 청나라 특히 강희·옹정·건륭 연간(1662~1795)에는 주석(註釋)·집일(輯佚)·변위(辨僞)·음운(音韻)·문자(文字)·훈고(訓詁)의 방향에 손을 댔고, 사람들의 역사적 상상 속에 있는 경전의 본래의 의미를 추구하는 경향이 이미 풍토가 되었다. 모종의 의도를 품은 사대부들은 명나라 시대에 지식인들 사이에서 만연하던 마음이 가는 대로 하는(從心所欲) 풍토를 고치려 시도하였고, 유가의 이론을 다시 구성함으로써 지식과 사상의 질서를 정비하고 사회 질서도 정화하기를 희망하였다. 이에 따라 그들은 사상의 경전적 근거를 중시하였고 이러한 방식으로 진리가 더욱 확실한 경전 텍스트에 안치되기를 희망하였다. 그리고 경전 텍스트의 의미를 다시 더욱 믿을 수 있는 문자의 본 의미에서 세우고 이러한 문자, 음운, 훈고를 통한 경전적 의미의 뒷받침에 기대어 사상의 권위를 다시 세웠고, 경전을 재고증하고 검토하는 진실성을 동해 그들이 확정한 '위학(僞學)'이라는 것을 화해시키기를 희망하였다. 특히 고염무의 『음학오서(音學五書)』와 『일지록(日知錄)』, 염약거의 『고문상서소증(古文尙書疏證)』, 호위(胡渭 : 1633~

---

1) 여영시(余英時)가 「청대사상사에 대한 하나의 새로운 해석(淸代思想史的一個新解釋)」에서 특히 강조하는 것은 이러한 '내재적 논리'이다. 여영시(余英時), 「청대사상사에 대한 하나의 새로운 해석(淸代思想史的一個新解釋)」, 『역사와 사상(歷史與思想)』, 연경출판사업공사, 1976, 1994 124쪽. 임총순(林聰舜)은 이러한 '내재적 논리' 설을 비판하면서 이러한 논법은 "사람들이 명나라와 청나라 시대 사상의 전변을 이학 내부의 사정으로만 생각하게 하고, 그에 따라 당시 학자들의 경사의 학문으로 표현되는 새로운 이념을 간과하고 그들의 경사의 학문 배후에 숨겨진 창조적 지혜를 접하지 못할 수도 있다"고 생각하였다. 그러나 이러한 비판도 결코 충분치는 않은 것 같다. 임총순(林聰舜), 『명·청 시대 유가사상의 변천과 발전(明淸之際儒家思想的變遷與發展)』, 제6장 「종론(綜論)」, 304쪽.

1714년)의 『역도명변(易圖明辨)』과 『우공추지(禹貢錐指)』 등이 후세 사람들에게 고전
적인 저작으로 등장하여 상당히 높은 명망을 얻은 후에 지식인들이 '도문학'에
열중하고 '실증'을 추구하는 학술적 풍토에 영향을 주었다.

본래 청나라 시대 초기에 발행하였던 고전적 고증학은 결코 학풍의 변화에
그치는 것이 아니라 배후에 상당히 깊은 유학 재건의 의미가 있다는 점을 인정해
야만 한다. 당시 많은 학자들은 실제로 깊은 의도를 가졌다. 송명(宋明) 유학의 범
위 속에서 사유하던 이들은 항상 진리의 궁극적 근거를 다시 세우기를 희망하였
다. 왜냐하면 사람들마다 다르게 이야기하던 '리(理)'와 흘러 다니며 일정치 않았
던 '심(心)'을 근거로 삼던 이학과 심학은 이미 그 시대에는 그 병폐가 여실히 폭
로되었기 때문이다. 따라서 그들은 정확하면서도 경전 텍스트를 진리의 근거로
삼고 싶어 하였다. 그래서 고염무는 "옛날의 이학이라는 것은 경학이다"라고 주
장하였고, 황종희는 "명나라 사람이 습어록(襲語錄)을 익히는 것이 가치가 없는
이유는 육경을 근거로 하지 않았기 때문이다. 책을 한쪽에 쌓아두고 근거 없는
발언을 일삼았다. 따라서 배우는 자는 반드시 경전을 깊이 공부하여야 한다"[2]라
고 말하였다.

그러나 이미 관의 체제 안으로 들어갔지만, 지식계에 상당한 영향을 미쳤던
주이존은 『사서』를 통해 관리를 뽑는 방식에 불만을 표시하였고, 명나라 영락제
시기(1403~1424)에 편찬한 『사서대전(四書大全)』이 "한 집의 책을 훔쳐서 책이라고
여기며 주소(注疏)를 없애고 채택하지 않으며 우선 관리를 뽑는 방식과 맞지 않는
것을 어찌 『대전』이라고 할 수 있겠는가?"라고 비판하였다. 또 송나라와 원나라
시대부터의 옛 학설을 극력 반대하였고 정민정(程敏政 : 1445~1500년) 등 이학자들
이 한나라 시대의 주석가 정현을 배향(配享)의 대열에서 제외한 점을 질책하면서
정현이 "여러 학자를 집대성함으로써 경학에 큰 공이 있다(集諸儒之大成而大有功於
經學집제유지대성이대유공어경학)"라고 말하면서 그가 '박학다식하고 정통하였음(博
通)'을 한층 더 추켜세워서 이러한 유학적 풍토가 다시 일어날 수 있도록 고무하

---

2) 『정림문집(亭林文集)』 권3 「여시우산서(與施愚山書)」, 『고정림시문집(顧亭林詩文集)』, 중화서국, 1959, 62쪽. 전
조망(全祖望), 「이주선생신도비문(梨洲先生神道碑文)」, 『길기정집』 권11, 사부총서 영인본(四部叢書影印本), 9쪽.

였다.[1] 모종의 경전의 권위성을 확립하는 동시에 그들은 거짓을 증명하여 이학이나 심학의 근거로 작용하였던 몇몇 '위경(僞經)'들을 와해시키려 하였다.

그 예로 황종희, 황종염, 모기령, 호위의 『역도(易圖)』 고변(考辨) 작업, 염약거, 주이존, 요제항(姚際恒:1647~1715?)의 『고문상서』 고변(考辨) 작업, 진확, 요제항 등의 『대학』, 『중용』 고변(考辨) 작업 등이 있다. 이들에게는 실질적으로 모두 위학(僞學)의 경전적 근거를 와해시키면서 경전의 체계를 다시 정비하고 확립하는 의미가 있었다. 알려진 바에 의하면 『역도』는 비록 송나라 시대 유가가 우주론을 수립하는 전거(典據)였지만 그것은 유학이 도교의 자원을 받아들여서 유학을 불순하게 만든 것으로 간주되었다.[2] 『고문상서』는 항상 송명이학의 근거였다. 특히 "인심이 위태로우면 도심도 미미해진다(人心惟危, 道心惟微인심유위, 도심유미)"라는 이 구절은 정주이학에서 천리와 인욕 구분이 타당함을 뒷받침해 준다.[3] 그것이 위조의 흔적이 있다고 발각되자 이학에 대한 의심을 암시하였다.[4] 그리고 대학

---

1) 『폭서정집(曝書亭集)』 권60 「정강성부당파종사의(鄭康成不當罷從祀議)」, 「경서취사의(經書取士議)」, 사고전서본, 4쪽 B~7쪽 B.

2) 호위(胡渭)의 『역도명변(易圖明辯)』에서는 용도(龍圖), 하도(河圖), 낙서(洛書)를 『역(易)』에서 떼어 내고 그것들은 후세 사람들이 덧붙인 것이라 지적하여 소옹, 주희, 채원정의 관념과 해석을 뿌리째 뽑아 버렸다. 그리고 그가 지은 『홍범정론(洪範正論)』에서는 "한나라 때 유가의 억지 이야기와 송나라 때 유가의 어지러운 이론을 단번에 제거하였다(漢儒附會之談, 宋儒變亂之論, 一掃廓淸한유부회지담, 송유변란지론, 일소곽청)." 이렇다면 겹겹의 의리에 대한 억지 해석을 경전 자체에서 떼어 놓았다. 나광(羅光), 『중국철학사상사─청대편(中國哲學思想史─淸代編)』, 학생서국, 1990, 387~393쪽 참조.

3) 『상서고문소증(尙書古文所證)』에는 다음과 같은 말이 있어 그 고증의 진정한 의도를 분명히 보여준다. "송나라의 정주의 무리들이 나와 비로소 규명하고 연역하여 자세히 하였다. 대체로 진실로써 위로 요(堯)의 계통을 계승하고 아래로 공자교를 인도함은 여기에 있다. 그것은 대체로 근거하고 있는 바가 존엄하고 지니고 있는 원칙이 명확하다. 아! 누가 그것이 거짓이라고 생각했겠는가?", 상해고적출판사 영인본, 1987.

4) 여영시는 염씨가 『고문상서(古文尙書)』의 거짓됨을 판별한 것도 유사한 사상사적 의미가 있다고 생각한다. 그렇지만 그는 이것은 주희 일파가 '이학정통'을 놓고 다툰 것처럼 인식하였다. 여기에는 오류가 있을 수 있다. 따라서 조강은 이러한 논법을 수정해서 염약거의 목적은 "이학을 존숭하지 않기 위해서 한 것은 아니라", "경학을 이학에 놓는 것이다"라고 지적하였다. 「염약거의 우정 16자 변위의 사상적 배경과 관련 문제에 대한 재고찰(閻若璩虞廷十六字辨僞之思想史背景及相關問題的再考察)」, 임경창(林慶彰) 엮음, 『경학연구논총(經學研究論叢)』제4집, 타이베이, 성환도서공사(聖環島嶼公司), 1996, 45~64쪽. 필자는 대체로 조강의 의견에 동의한다. 모기령의 『염잠구와 상서소증을 논한 서신(與閻潛丘論尙書疏證書)』의 언급에서는 염약거의 목적은 비록 '인심 도심'의 허위를 증명하고 육왕심학(陸王心學)을 비판하는 것이었지만 이에 따라 항상 책 속에서 "금계(金溪)와 요강(姚江)을 갑자기 비판한다." 그러나 모기령은 "금계와 요강이 위경을 과신한 것이 아니라 심학을 번창시키기 시작하였다"라고 말한다. 따라서 사실상 인심과 도심 논의는 심학과 연루되면서도 필연

과 중용―'격물치지'를 포함하여―의 과도한 부각은 모두 이학을 중시한 결과였다. 만약 다시금 해석할 수 있다면 송나라 시대 유가의 토대는 흔들릴 것이다. 몇몇 연구자들의 관점에 따르면 이것은 송나라 사람들이 애써 한나라 사람들의 학문적 전통을 벗어나려 하였지만 여전히 경서에서 개념을 가져와서 다시 수립해야 하였음을 보여준다. 따라서 청나라 사람들의 고증과 거짓 판별은 사실상 일종의 '발본색원'의 방법이다. "송나라 사람들의 주장의 근거를 찾아내기만 하면 그 방어선을 무너뜨릴 수 있다. ……이러한 파괴 행위는 송나라 시대의 학문이 방비를 갖추지 않은 상황에서 수백 년 동안 사용하였던 주장의 근거를 잃게 만들었다. 여기서 송나라 사람의 학문이 점점 몰락하였다."[5]

이러한 추측의 정확성 여부를 떠나, 이러한 깊은 의도를 품은 경전학은 이후 얼마 동안 상당히 많은 사람들에게서 점점 그 심각성을 상실하였다. 원인은 아주 간단하다. 청나라 초기의 학자 중 본래 경세치용의 경향을 가지고 있던 사람들이 실현 가능성이 없는 추세가 점점 분명해지자[6] 사람들은 이 경전 고증학만을 남겨두었다. 그리고 본래 아주 깊은 의도를 가지고 있던 지식의 생산 방식은 점점 요란해져 갔다. 그러나 형식은 비슷하지만 실질은 다른 관의 학술에 파묻혔고, 격렬한 민족주의가 점차 퇴조해 가면서 사상 세계를 재조직하는 이상은 관의 정주이학에 의해 완성되었으며, 지식인은 자신이 상당히 곤혹스러운 '실어'라고 할 수 있는 국면에 처해 있음을 갑자기 발견하였다. 정주이학에 대한 비판은 충분하

적으로 정주이학과도 연결된다. 양향규(楊向奎), 『청유학안신편(淸儒學案新編)』 제1책, 제로서사, 제남(齊南), 1985, 257~258쪽.

5) 임경창(林慶彰), 『청나라 초기의 여러 경서의 위학 판별(淸初的群經辨僞學)』, 타이베이, 문진출판사, 1990, 431~432쪽. 그러나 이런 견해가 아주 타당하기는 하지만 거기에도 후세 사람들이 세워 놓은 상과 추측이 내재해 있을 수 있다. 청나라 초기 경전의 고증과 가짜 검증은 객관적으로는 이러한 와해의 의미를 가진다. 하지만 비주관적으로는 이러한 의도가 있었는가 또는 많은 정도에서 자각적으로 이러한 의도에 근거하였는가는 여전히 의문이다. 그리고 고증학과 가짜 검증학의 발흥으로 송나라 사람의 학문이 여기서부터 몰락하였는가도 더 연구할 필요가 있다.

6) 청나라 초기 지식계의 전환에는 두 가지 상호 보완적인 경향이 있다. 하나는 '경세학'의 경향이라 불리는 것으로 직접적으로 경세를 할 수 있는 정치, 경제, 사회 문제에 비교적 관심을 보였다. 다른 하나는 이후에 '고증학'으로 전화한 경전학은 그것이 관심을 갖고 있는 것은 사상과 문화의 문제였다. 여기서는 전자에 관해서는 집중적으로 논하지 않는다. 갈영진(葛榮晉) 엮음, 『중국실학사상사(中國實學思想史)』 상책, 베이징, 수도사범대출판사(首都師範大學出版社), 1994.

고 새로운 별다른 이론적 사유나 지식적 근원이나 어휘의 지원이 없었던 탓에 송나라 유학이 근거로 삼았던 부분적인 경전의 진위에 대해서 재조사만을 하였을 뿐 사고는 이학 내부에 머물러서 부분적으로 수정할 수만 있었다.

그리고 육왕의 학에 대한 비판은 줄곧 '양주가 아니면 묵적에게로'라는 패턴 속에서 그것이 나라를 망쳤음을 통렬히 비판하고, 일종의 도덕의 엄격한 제약과 실천적 수양을 분명히 표현하는 것 이외에 비판의 이론적 근거나 사상 더 나아가 언어는 관에서 승인한 정주이학에서 빌려 올 수밖에 없었던 것 같다. 특히 한 지식인이 그 시대가 제공한 유일한 길을 통해 사회로 진입하고자 한다면, 그는 그가 원하는가와 관계없이 반드시 작은 것에서부터 절대 진리인 것처럼 보이는 이학의 언어 속에 빠져서 그것의 훈련을 받았고, 이러한 언어로 글을 쓰고 시험을 보고 발언을 함으로써 정치권력의 승인을 받아 관리 사회로 진입할 수 있었다.[1] 그러나 이때 그는 이미 이러한 이데올로기에 익숙해졌을 수도 있었다. 그러나 그는 또한 이럴 때에서야 자신의 자리를 바꾸어 지식주의적 관심으로 가득한 고증의 방법으로 경전 텍스트를 기술적으로 연구할 수 있었다. 그리고 경전 지식이 풍부한 사람은 이와 동일한 양상으로 이러한 지식 능력의 결과를 함께 누렸다. 따라서 이학이 정치권력의 보호를 받고 진리 권력의 지지를 보유한 상황에서 이러한 경전학은 점점 그 비판적 의미를 약화시켜간 반면 지식인이 자신의 지식 능력과 학문적 소양을 드러내는 한 형식이 되었다.[2]

경전학은 점점 그 비판적 의미를 약화시켜갔다.

---

1) 최근 엘먼의 연구는 아주 흥미 있다. 그는 청나라 시대 과거시험 제도의 시제를 분석한 후 과거시험에서도 고증 위주의 '한학(漢學)'적 영향이 있다고 지적하였다. 예를 들어 1757년 무렵 오경의 문구 문제는 2차 시험의 핵심이었지만 그의 연구는 우리들에게 더욱 선명히 보여주는데 청나라 때 과거시험 전체가 이학의 영향 아래 있으면서 과거를 통해 권력의 구조로 들어가기를 희망하였던 지식인은 모두 이러한 이학사상에 따라 문제에 대답해야만 하였다. 예를 들어 개인적으로는 『고문상서(古文尙書)』가 위작이라고 생각는 사람도 1685, 1729, 1737년의 경우처럼 직접 '도심', '인심'으로 출제된 시험에서는 정주이학 일파의 규정된 사유에 따라 문제에 답할 수밖에 없었다. 그리고 엘먼은 한학의 영향에 관한 몇 가지 특별한 경우에 대해서 이러한 영향이 미약함을 증명하였는데 그 자신이 말하였듯이 "과거제도 안에서 의견의 다양성은 다소간 제한을 받았다" 「청대의 과거와 경학의 관계(淸代科擧與經學的關係)」(중국어본), 『청대경학국제학술회의논문집(淸代經學國際硏討會論文集)』, 장염(張琰) 역, 중앙연구원 문철연구소(中央硏究院 文哲硏究所), 1994, 81~101쪽.

2) 유사배는 「근대한학변천론(近代漢學變遷論)」에서 청나라 시대 학술사의 시기 구분을 논의하면서 강희와 옹정 이후의 3기는 총철파(叢綴派)였고, 이는 강희와 옹정 시대의 강(江)·대(戴)·가정이전(嘉定二錢)·단(段)·왕(王)·릉(凌)·진(陳)·삼호(三胡) 등이 '실증에 마음을 둔' 후에 '남김없이 해석하고' '그 정수를 취하여 사적으

5

청나라 중기의 초순(焦循 : 1763~1820년)은 우회적인 말투로 "최근 학문을 하는 자들은 하나의 고증을 하는 명목을 세우는 것을 소홀히 한다(近來爲學之士, 忽設一考據之名目근래위학지사, 홀설일고거지명목)"라고 풍자하였다. 여기서 쓰인 "최근에~, ~소홀히 한다"라는 문장 격식은 고증을 학문의 방법과 좋아하는 취향에서 하나의 '명목'으로 격상되어서 학자들의 자기 확인과 타자 확인에 쓰였음을 설명한다. 이러한 분명한 경계와 한계는 아주 이른 시기의 상황이 아니라 그 반대로 그가 살았던 시대에 확립되었을 가능성이 아주 높다.[3] 그가 손성연(孫星衍 : 1753~1818 년)에게 보낸 편지를 보면 당시 손성연 같은 사람은 '고증'과 '저작'을 구분하여 새롭게 위치 지우려 하였으나 초순의 완곡한 반대에 부딪쳤다는 점을 알 수 있다. 초순은 이러한 시도가 "제멋대로 고증의 명목을 세우는 것이다(無端設一考據名目무단설일고거명목)"[4]라고 생각하였다. 그리고 이러한 학술적 풍토를 소위 '한학(漢學)'과 '송학(宋學)'의 대립으로 나타낸 때는 강번(江藩 : 1761~1831년)의 『한학연원기(漢學淵源記)』와 『송학연원기(宋學淵源記)』가 세상에 나온 뒤였을 가능성이 높다. 사실 고증의 학문과 의리의 학문을 정확히 구분하는 것, 이 양자를 '한학'과 '송학'이라고 부르는 것은 말이 안 된다. 왜냐하면 이 둘 사이에는 대립적인 양 극단이 성립되어 있지 않았기 때문이다. 정주의 학문을 신봉하는 사람도 고증학 조예가 깊을 수 있었고, 정주학을 비판하는 사람도 고증 지식에 관심이 없을 수도 있었

소위 '한학'과 '송학'의 대립

로 썼지만 정수는 이미 고갈되었기' 때문에, 이러한 기술적 측면의 성취만이 있을 수밖에 없었기 때문이라고 지적한다. 『좌암외집(左庵外集)』 권9, 『유신숙유서(劉申叔遺書)』(영인본), 강소고적출판사(江蘇古籍出版社), 1997, 1541쪽. 원문은 『국수학보(國粹學報)』 31기, 1907에 실림.

3) 『조고집(雕菰集)』 권13 「유단림에게 보내는 교유서(與劉端臨敎諭書)」, 총서집성초편본(叢書集成初編本), 215쪽.

4) 손성연의 견해에 대해서는 손성연(孫星衍), 『문자당집(問字堂集)』 권4 「원간재 선배의 편지에 답하여(答袁簡齋前輩書)」, 3쪽 A~3쪽 B. 『손연여시문집(孫淵如詩文集)』, 사부총간 영인본을 참조할 수 있다. 초순(焦循)의 관점은 『조고집(雕菰集)』 권13 「저작에 따라 관찰하고 고찰하여 손연여에게 보내는 편지(與孫淵如觀察論考據著作書)」, 212~214쪽. 「이당가훈(里堂家訓)」 권하에 "최근의 학자는 제멋대로 고장의 명분을 세우고 여럿이 일어나 나아간다. 근거로 삼는 것은 한대 유학자들이다. 그러나 한대 유학자 중 고증을 한 사람은 정강성과 허숙중 밖에 없다. 하나를 가지고 도를 그르치는 것이 이것보다 더 심한 것이 없다." 뢰귀삼(賴貴三), 『초순연보신편(焦循年譜新編)』 제3장, 타이베이, 이인서국(里仁書局), 1994, 114쪽에서 재인용.

다. 도리어 학술의 특징과 사상적 발언에서는 송나라 시대 이학과 가까웠다. '한(漢)'과 '송(宋)'이라는 것은 무게 중심이 서로 다른 두 가지 지식 담론 형태일 뿐이고 기껏해야 그것은 청나라 시대 지식층의 학술적 성향의 분화를 보여줄 뿐이다.

물론 고증학적 흥미가 자라난 데는 원인이 있었다. 앞에서 그것은 한 쪽으로는 송나라와 명나라부터의 '공허하게 심성을 이야기 하는' 학풍을 싫어하는 학자들의 영향을 받아 진리를 이해하는 길을 '도의 체득(體道)'에서 '경전 해석(詁經)'으로 방향을 전환하여 결국 유학에 하나의 권위적 경전 체계를 부여하였다. 또한 경전의 해석에 의존하여 진리를 찾는 전통이 생겨서 주희가 확립한 '격물' 사상도 『대학』을 새로 엮음으로서 시작하였고, 왕양명이 주희의 사유를 와해시켰던 것도 고본(古本) 『대학』의 모습을 제창하면서 시작하였다.[1] 따라서 청나라 초기부터 고염무, 황종희의 비판과 미화는 점점 학술의 새로운 길을 암시하였다.[2]

그러나 다른 한편으로 그것은 음으로 양으로 관의 격려를 받았다. 강희·옹정·건륭 연간(1662~1795)부터 황제가 특히 드러내기 좋아하였던 깊고 넓은 지식은 결국 암시적인 의미를 가졌다. 사고전서(四庫全書 : 경經, 사史, 자子, 집集의 4부部로 이루어짐)의 편찬과 같은 대규모의 지식 정비도 이러한 풍토를 조장하였다. 특히 당시 황제와 몇몇 영향력 있는 관원들의 개인적인 관심도 이러한 풍토를 뒷받침하였다. 예를 들면 강희황제는 매문정(梅文鼎 : 1633~1721년)을 높이 평가하고 천문(天文), 역산(曆算), 기물(器物) 분야의 학문을 중시하였다.[3] 또 다른 예로 이학으로

---

1) 왕양명은 「소재 나정암에게 답하는 편지(答羅整庵小宰書)」에서 나흠순이 주희의 『대학』 '격물'에 대한 해석을 그대로 옹호한 것에 대해 그의 재해석의 근거를 우선 거론할 수밖에 없었다. 그는 고본 『대학』에서는 "공문에서는 구 판본을 전해오고 있는데 주자는 아마 빠지고 잘못된 것을 가지고 개정하고 보충한 것 같다. 어디서는 판본은 빠지거나 잘못된 부분이 없다고 하는데 이는 전적으로 옛 판본을 따른 것이다"라고 하였다. 고대 중국의 전통적 문헌 관념 속에서는 오래된 것일수록 작자의 본의에 가까운 것이었다. 따라서 경전 본래의 언어와 문자가 가진 모습에 대한 고증은 성현의 마음의 문으로 가는 길이었다. 진영첩(陳榮捷), 『왕양명전습록강주집평(王陽明傳習錄講注集評)』 권중, 타이베이, 학생서국, 1992, 248쪽.

2) 이기상(李紀祥), 『명나라 말기 청나라 초기 유학의 발전(明末淸初儒學之發展)』, 제6장 「청대한학의 성립(淸代漢學的成立)」, 타이베이, 문진출판사, 1992, 247쪽.

3) 매문정은 그의 산학과 천문에 대한 지식 때문에 이광지의 추천을 받았고 강희제가 그를 중시한 적이 있다. 강희제는 그를 보기 드문 인재라 생각하였는데 그의 나이가 이미 많음을 탄식하고 '적학참징(積學參徵)'이라는 편액을 내려서 그를 표창할 수 있을 뿐이었다. 한기(韓琦), 「군주와 포의의 사이 : 강희제 시대 이광지

유명한 이광지(李光地)는 매문정과 고염무를 아주 흠모하여 "오늘날의 저서 중 오류가 없는 것은 매정구(梅定九 : 매문정), 고녕인(顧寧人 : 고염무) 두 사람의 것뿐이다. 이 두 사람의 책을 반드시 후세에 전해야 함은 두말 할 것 없다"고 여겼고, 매문정의 음학(音學)과 산학(算學)을 "예전에는 없던 책이다"라고도 말하였다. 그는 주자학과 천문학에 대한 이중 숭상은 아마도 이후 청나라 시대 학술의 전환과 큰 관계가 있었을 것이다.[4] 그러나 더욱 주된 원인은 앞에서 살펴보았듯이 지식인들의 지식 발언권 상실이었다. 아주 긴 시간 동안 진리 담론의 독점적 권력을 상실한 지식인은 '실어' 상태에 있었고 공적 언어와 사적 언어의 분열 때문에 그들은 정통적 지식 형식과는 다른 지식 훈련을 통해 그들 자신을 표현하고 실현할 수밖에 없었다. 이 때문에 유구한 역사를 가진 고전에 대한 엄밀한 고증이 지적 능력의 수준과 재능의 크기를 구분하는 한 기준이 되었다. 사람들은 항상 이러한 지식의 생산 방식을 통해 스스로를 타인과 구분하였다.

현재의 연구자들이 인정하든 인정하지 않든 비록 현재 많은 사상사와 학술사 저서들이 줄곧 고증학의 당시의 존재와 영향을 강조하지만, 시야를 더 넓혀서 보면 그 시대 특히 건륭과 가경 연간에는 사실상 여전히 관이 인정하는 유가적 전통 경전을 근거로 하고 정주이학의 경전 해석을 위주로 하였으며 도덕과 윤리의

의 활동과 그의 과학에 대한 영향(君主與布衣之間 : 李光地在康熙時代的活動及其對科學的影響)」, 『청화학보(淸華學報)』 신26권 4기, 신죽(新竹), 1996, 421~445쪽. 서양학의 영향을 깊이 받은 강희제는 특히 이러한 실용적 학문을 중시하였다. 현재에도 그가 이러한 새로운 지식을 공부하고 사유한 기록을 볼 수 있다. 『강희기가격물편(康熙幾暇格物編)』이 그 예이다. 삼번(三藩)의 난이 막 평정되고 네르친스크 조약이 막 체결되었던 1692년 정월에 그는 몸소 건청문(乾淸門)에 가서 대신들과 성리, 음률, 산법, 하도, 측량 주표 등에 관한 대화를 하였다.

4) 『용촌속어록(榕村續語錄)』 권16, 중화서국, 1995, 765쪽, 775쪽. 이광지의 저서로 『고녕인소전(顧寧人小傳)』이 있는데 이 책에서는 고염무를 높이 평가하면서 "최근에 학문이 넓고 고상함이 배어있는 것으로 이에 비견될 만한 것을 보지 못하였다", "고염무의 책이 있으면 삼대의 글도 되풀이 할 수 있고 아(雅)와 송(頌)의 음도 각각 있을 곳을 획득한다"라고 말하였다. 또한 『염백시소전(閻百詩小傳)』에서는 염약거를 높이 평가하면서 "학문이 아주 넓고 견해가 아주 진실하다"라고 하였다. 그리고 그가 벼슬을 한 이후에 만난 노련한 학자는 고염무, 매문정, 만사동과 염약거 뿐으로 "모두 여러 책에 아주 박식하여 저술로써 후세에 통할 수 있다"라고 말하기도 하였다. 『용촌집(榕村集)』 권33, 사고전서본, 5쪽 A~7쪽 B. 정진방(程晉芳)의 『정학론(正學論)』에서 청나라 시대 학술의 연원을 추적할 때 고염무와 황종희 그리고 이광지를 탕빈, 육농기, 양시 등 '3유(三儒)'와 병렬되는 '3학(三學)'이라 말하며, 이 세 사람을 모두 지식이 풍부하고 유명하여 청나라 시대 학술의 시조로 지목하였다. 하장령(賀長齡), 『황조경세문편(皇朝經世文編)』 권2, 「학술(學術) 2」 '유행(儒行)', 2쪽 A.

교조적 이데올로기 담론이 전체 사상계를 장악하고 있었다.[1] 지식인은 어릴 때의 서당 공부에서 이러한 책을 교재로 삼아 암송하였고 성년이 되어서는 이러한 이학자의 저작을 시험의 기초로 삼았다. 이러한 지식과 사상을 암송하지 않으면 벼슬을 할 가능성은 없는 것과 다름없었다. 그리고 전체 사회의 공개적 공간과 관의 공간에서 사람들의 관습적인 표현 용어도 이학의 용어였다. 장엄하고 초월적이며 정형화된 것처럼 보이는 이들 언어는 유행하는 언어가 되었다. 이 언어를 사용하지 않으면 신분 등급과 가치 지향, 문명적 이상을 표현할 수 없었다. 또한 보편적인 관념을 가진 사회에서 인정받을 수 없었다.[2] 이에 따라 지식인들이 이런 공개적이고 관변적이고 주류적인 언어의 굴레에서 벗어나는 기회가 생겨서 고증학으로 들어갈 때는 사실 이미 도피적 의미를 가지고 있었다. 그들은 이러한 지식 활동 속에서 사상의 지지로부터 지식을 도피시켰고 이러한 지식 활동 속에서 생각에 대한 견디기 힘든 검열과 감독으로부터 스스로를 도피시켰다. 이처럼 고증,

---

1) 여영시(余英時)는 소련(昭槤)이 가경 20년(1815)에 쓴 『소정잡록(嘯亭雜錄)』 권10의 한 구절을 근거로 "가경 연간에는 북경의 서점에서 이학 도서를 살 수 없었다"라고 말하면서 당시는 '한학(漢學)'식의 고증이 독주하던 상태'였음을 증명하고, 후에 도광(道光 : 1821~1850년)과 함풍(咸豊 : 1851~1861년) 연간(1821~1861)에 풍토가 다시 바뀌었던 것은 고증의 대가들이 사망하고 새로운 시대적 상황이 필요로 하였기 때문이며, 청나라 시대 학술 사상사는 정주에서 고증학으로 다시 고증학에서 새로운 학문으로 가는 과정인 것 같다고 말한다. 여영시(余英時), 「중국번과 사대부의 학문(曾國藩與士大夫之學問)」, 『역사적 인물과 문화의 위기(歷史人物與文化危機)』, 동대도서공사, 1985, 3쪽. 그러나 여영시의 이 관점은 말이 안 되는 것 같다. 서점에서 정주(程朱)의 책 묶음을 높이 쌓아 두었던 것은 아마 이 책이 너무 많아서 사람들마다 한 권씩 가지고 있는 경전이나 교과서가 되었을 때 서점에서는 이런 책의 취급에 특별히 관심을 둘 필요가 없었기 특별히 관심을 두지 않았기 때문이었던 것일 것이다. 『유림외사(儒林外史)』에 있는 정문(程文 : 과거장에서 쓰는 일정한 방식이 있는 글)과 묵권(墨卷 : 과거에서 응시자가 제출한 답안지)을 도처에서 판매하였다는 기록에서 그와 정반대의 현상을 발견할 수 있다. 마이(馬二)가 택한 정문은 비록 이학 서적은 아니지만 이학을 더욱 깊숙하고 널리 보급하였다. 따라서 사실상 고증학의 절정기는 실은 여전히 정주학의 시대였기도 하다. 도광과 함풍 연간(1821~1861)의 새로운 학문이 와해시킨 것은 과도하지 않게 경세를 언급하였던 고증학이 결코 아니라 변화의 국면에 직접적으로 손을 쓰지 않았던 정주의 학문이었다. 왜냐하면 그것은 권력을 소유하였고 정치적 원칙으로서의 이데올로기 담론이었기 때문이다.

2) 주여동(周予同)도 단옥재(段玉裁)를 예로 들며 "사실상 이들 학자는 모두 과거 출신으로 사서를 숙독하였다. 그들이 한학에 뛰어났다고 해도 청정부가 신봉한 송학도 이미 섭렵하였다. 그러나 그들이 한학을 전공한 것은 모두 시험에 급제한 이후였다"라고 말하였다. 주여동(周予同), 「중국경학사의 몇 가지 문제에 대하여(有關中國經學史的幾個問題)」, 주유쟁(朱維錚) 편, 『주여동경학사논저선집(周予同經學史論著選集)』, 상해인민출판사, 1983, 700~701쪽 참조.

특히 문자·음운·훈고를 수단으로 한 경전 텍스트에 대한 역사적 고증은 점점 하
나의 풍토가 되었다. 이러한 풍토는 주로 지식인의 생존 공간이 비교적 좋았던 강
남 일대에서 유행하였고 점점 지식층 전체에 영향을 미치게 되었다..

4절

<u>지식세계 재건을 위한 시도 : 18~19세기</u>
고증학(考證學)의 전환

    청나라 시대에 있어서 집일(輯佚), 변위(辨僞), 주석(注釋) 위주의 역사문헌학 연구가 사상과 경전 체계의 재확립이라는 목적을 실현할 수 있는가? 문자, 음운, 훈고 위주의 역사언어학 연구가 지식 체계를 재구성하여 사상적 의의를 지지할 수 있는가? 이러한 질문들은 이론적으로 보면 문제가 없을 수도 있다. 그러나 '실제'의 역사는 가끔 '이론'의 역사가 설정한 대로 나아가지 않는다. 수많은 역사 기록에서 볼 수 있듯이, 이른바 '고증학'은 문제의식이 있는 고증 성향을 잃은 후 수단과 목적이 뒤바뀌었고, 어떤 자각 의도가 있었던 고증은 아무런 의도가 없는 고증으로 전락하였다. 이것은 바로 이후 비판자들이 지적한 것처럼 "그 이름은 계승하였지만 그 본질을 잊었으며, 그 유사함을 얻었지만 그 참됨은 잃게 되었다(襲其名而忘其實, 得其似而遺其眞습기명이망기실, 득기사이유기진)."[1] 사소하고 자질구레하며, 목적도 없고 판단도 없는 고증학은 사람들이 지력(智力)을 드러내고 학문을 자랑하는 수단이 되었다. 건륭 53년(1788) 능정감(凌廷堪)은 『대량여우차원서大梁與牛次原書』에서 이러한 고증학이 "부서진 비석을 찾아 어설프게 해석하고, 유실되었던 서적 몇 권을 살펴서 그 같고 다름을 고찰하고, 글자의 편방(偏旁)을 감수하여 고금의 성패를 논한다. 마치 안개 속에 앉아서 바람이 부는 대로 가는 것 같으니, 학자들의 폐단이다(搜斷碑半通, 刺佚書數簡, 爲之考同異, 校偏旁, 而語以古今成敗,

이른바 '고증학'은 문제
의식이 있는 고증 성향을
잃은 후 수단과 목적이
뒤바뀌었다.

---

1) 『교례당문집(校禮堂文集)』 권23, 『여호경중서(與胡敬仲書)』, 건륭 58년(1793), 206쪽.

若坐霧霧之中, 此風會之所趨, 而學者之所蔽也수단비반통, 자일서수간, 위지고동이, 교편방, 이어이고금성패, 약좌분무지중, 차풍회지소추, 이학자지소폐야)"[2]라고 하였다. 이 때문에 청나라 시대 학술과 사상사에서 다음과 같은 현상이 나타났다. 즉 지식과 사상을 분리시켜 지식이 사상적 추구를 상실하고, 사상 또한 지식의 지지를 잃어 공허한 도덕적 훈계가 된 것이다. 따라서 한쪽은 명확하고 구체적으로 보이는 문헌학 또는 언어학 고증이며, 한쪽은 습관적으로 반복하여 진리처럼 보이는 교조에 대한 재천명이다. 특히 '한학(漢學)'과 '송학(宋學)'이 일부 편집적인 학자에 의해 표방되어 각기 완고하게 '고증'와 '의리'를 고집한 이후 이러한 분열은 점차 사상과 학술에 대한 피해를 불러왔다.

그러나 우리가 역사를 자세히 고찰할 때 발견할 수 있는 것은 비록 고증학이 이후 비판자들이 말한 것처럼 일부 사람들의 손에 의해 점차 사소하고 자질구레하게 되었지만, 18세기 말에서 19세기 초 또 다른 고증학자들에 의해 의식 있는—지식을 빌어 사상을 표현하는—시도가 끊이지 않았다는 점이다. 이 기간 학술과 사상사를 자세히 고찰하면, '건륭(乾隆)과 가경(嘉慶) 시기 학술'은 흔히 하나로 묘사되지만, 사실 건륭과 가경 시대는 상당히 다르다. 또한 정치 이데올로기 맥락에서 억압을 받던 고증학자들은 항상 구체적인 역사 문제에 대한 고증에 머물러 있기를 원치 않고 자신의 고증학 지식을 활용하여 사상에 대한 합법성에 대해 재조사하고자 하였음을 발견할 수 있다.

고증학자들은 한편으로 여전히 어떤 경전의 오류를 증명함으로써 어떤 사상의 근거를 붕괴시키고 문자의 원류를 거슬러 올라가는 방법으로 일부 개념의 역사를 정리하였다. 다른 한편으로 '통례'를 찾아 고증의 근본 전제와 근거를 재조사하여 사고의 정확한 길을 확립하고자 하였다. 고증이 이러한 문제의식과 목표 추구 속에 놓이게 되면, 이때 집일, 변위, 주석 및 문자, 음운, 훈고지학은 더 이상 이른바 '잡다하고 소소하며, 지루하고 자질구레한(餖飣瑣細, 支離破碎두정쇄세, 지리파쇄)' 문헌 고증이 아니며, 일종의 키워드를 통한 재해석이다. 일반법칙(universal principle)의 재건을 통해 사상의 질서와 체계를 정리하는 대학문인 것이다. 특히

의식 있는—지식을 빌어 사상을 표현하는—시도가 끊이지 않았다.

---

2) 『교례당문집』 권23, 200쪽.

19세기 초 그들은 고증적 지식으로서 정치 질서를 지지하고 사회생활을 지배하는 '리(理)'에 대한 만들어진 역사를 폭로하고 상식과 규칙의 이성을 재확립하고자 하였을 때 또한 이러한 고증을 통해 지식 판단을 모색하는 일반 법칙이 정확한 원칙과 척도를 재확립하고자 하였을 때 지식과 사상, 그리고 신앙세계는 이미 어렴풋이 이후에 '근대성(modernity)'으로 불리는 징조들을 드러냈다.[1]

그러나 여기에서 먼저 설명해야 할 것은 고증 풍조가 일어나기 시작한 청나라 초부터 고증이 성행하였던 건륭 시대에 이르기 까지 고증 책략(策略)과 편향은 약간의 전이(轉移)가 있었다. 중요한 경전 몇 부에 대한 진위는 점차 정론이 생긴 듯하였으나, 정작 경전의 진위를 변별하는 원칙과 방법에는 특별한 근본적 변화가 없었기 때문에 변위지학(辨僞之學)은 이미 '답보' 상태에 처하게 되었다. 또한 많은 후인들의 변위 저서는 흔히 이전 사람들의 연구를 더욱 세밀하게 하거나 의위(疑僞) 명단의 범위를 더욱 확대할 뿐이었다. 그러나 고대 사상의 키워드의 정리를 통해 사상을 표현하는 풍조는 문자, 음운, 훈고지학이 날로 정밀해지면서 부각되기 시작하였다. 이어서 지식세계 전체 이해에 대한 통례를 재건하는 학술 경향 또한 서구 지식의 지속적인 자극과 천문, 역법, 산술지학의 재흥기로 인해 주목받았다. 이 가운데 거론할 만한 것은 당연히 대진(戴震 : 1723~1777년), 전대흔(錢大昕 : 1728~1804년)에서부터 조금 뒤의 세대인 능정감(凌廷堪 : 1755~1809년), 초순(焦循 : 1763~1820년), 완원(阮元 : 1764~1849년) 등에 이르는 고증을 주요 지식의 생산 방식으로 삼는 학자들이다. 우리는 그들을 통해 고증학이 사상 세계에 개입하고 사상과 경전의 진위 분별과 키워드의 역사 정리에 활용되면, 그것이 사상사에서 사상을 표현하는 방식이 될 수 있다는 사실을 알 수 있다. 또한 고증학이 세속적 상식에 대한 성현의 경전 또는 근대 지식에 대한 고대 지식의 절대우선의 원칙을 바꾸고 시비진위의 판단 이성을 재확립하고자 할 때 그것은 사상사에서 혁명적

---

1) 이른바 '근대성'은 현재 많은 해석이 있지만 종합하면, 전통(tradition) 권위의 붕괴와 이성(reason) 역량의 확립이다. 사람들은 이성을 지식과 사회 진보의 근원이라고 간주하였으며, 이성을 진리 판단과 계통 지식의 기초로 생각하였다. 예컨대 사회에 표현된 근대성은 전통 사회의 구속 역량의 약화로 정치의 기본 단위가 전통 가정, 가족, 종족이 아닌 개인이며, 사회가 더 이상 혈연, 친정(親情), 도덕이 아닌 이성 규칙으로 유지된다. 신비주의의 탈주술화로 인해 전통적 근거는 더 이상 권위를 가지지 못하며, 시비판단은 더 이상 감정, 상상과 신성으로 확립되지 않고 과학 이성으로 보장된다.

인 의의를 내포한다.

1

얼핏 볼 때 이것은 매우 오래된 화제이다. '정(情)'과 '리(理)', 즉 이학자들이 말하는 인심(人心)과 도심(道心), 인욕(人欲)과 천리(天理)간의 관계의 논의는 전통적인 정치 질서와 사회생활을 유지하는 근본 관념 중 하나이며, 적어도 당송(唐宋)

사상 세계의 주된 화제

이래로 줄곧 사상 세계의 주된 화제였다. 비록 그것이 교조화된 과거(科擧)와 평범한 학자들에 의해 무미건조해졌을 지도 모르지만, 사상 영역에서 줄곧 중심적인 위치를 점유해 왔다. 왜냐하면 여기에서 논하는 것은 인간 도덕의 타락과 승화에 대한 선택이며, 이것은 전통적 질서의 건립 여부, 권력의 유지 여부, 그리고 엘리트와 경전이 상징하는 문명 가치의 확립 여부 문제와 관계가 있기 때문이다. 만약 사람들이 일반적으로 '천리'를 추구해야 할 목표로 선택하는 것에 동의한다면, 그들은 유가가 확립한 일련의 윤리와 도덕 질서가 천경지의(天經地義 : 하늘과 땅의 섭리처럼 변하지 않는 도리)로 여기며, '가(家)'를 근거로 세운 '국(國)', 그리고 이러한 질서를 상징하는 황권(皇權)이 합법적이고, 이러한 국가 질서를 유지하는 진리 담론이 합리적이라는 것을 인정할 수밖에 없다.

이러한 점에서 미루어 볼 때 '인욕'은 버려야만 한다. 왜냐하면 개인의 욕망과 감정의 절제가 없는 과도함은 어떠한 의미에서 '개인'을 팽창시켜 사회 질서에 대한 멸시와 파괴를 구성하기 때문이다. 이것이 바로 '공(公)'과 '사(私)'의 구분이다. 유가의 이해와 해석에 따르면, 사람들은 마땅히 자신의 사욕을 끊임없이 극복하여 대공무사(大公無私)의 경지를 추구해야 한다. 이것이 바로 "천리를 높이고 인욕을 없애는 것이다(存天理而滅人欲존천리이멸인욕)." 따라서 정이(程頤)는 "인심은 사욕이므로 위태하고, 도심은 천리이므로 정밀하고 미세하다. 사욕을 없애면 천리는 자연이 밝아진다(人心私欲, 故危殆, 道心天理, 故精微, 滅私欲則天理自明矣인심사욕, 고위태, 도심천리, 고정미, 멸사욕즉천리자명의)"고 하였다. 주희는 "사람의 마음은 천리가 보존되면 인욕이 사라지고, 인욕이 이기면 천리가 없어지니 천리와 인욕이 섞여있는 것은 없다(人之一心, 天理存則人欲亡, 人欲勝則天理滅, 未有天理人欲夾雜者인지일심, 천리존 즉인욕망, 인욕승즉천리멸, 미유천리인욕협잡자)"라고 하였다. 여기의 경계는 분명하다. "사람은 천리와 인욕을 가지고 있는데, 이것이 이기면 저것이 물러나고 저것이 이기면 이것이 물러나니, 한 가운데 서서 나아가지도 물러서지도 않는 이치는 없다(人只有個天理人欲, 此勝則彼退, 彼勝則此退, 無中立不進退之理인지유개천리인욕, 차승즉피퇴, 피승즉차퇴, 무중립부진퇴지리))."[1]

그러나 초월과 절대 경계에서 판단이 중지된 '천리'는 자연과 사회라는 이 두 가지 영역을 아우르고 있기 때문에 두 가지 다른 규칙을 겸용한 듯하다. '천리'가 우주에서 사물과 현상의 동정변화(動靜變化)의 '원리'를 담당하였을 때 그것은 비록 관념 세계에서 관찰이나 연역해 낸 것이지만, 현상세계에 본래 존재하는 법칙이다. 그 존재는 '천경지의'가 말하는 것처럼 의심할 여지가 없다. 그러나 '천리'를 사회에서 인간 생활에 '원리'로 삼을 때에 그것은 오히려 역사가 구축한 일련의 '공통 인식'일 뿐이고 기껏해야 사람들이 마땅히 따르고 본받아야 하는 일종의 규범일 뿐이며, 관념 세계가 역사에서 점차 형성한 사회 질서에 대한 일종의 약속 일 뿐이다. 설령 '천리'가 흔히 우주천지의 '리(理)'를 사회생활에서의 '리'의 합리적 근거로 삼지만, 그것은 흔히 역사적인 해석이다. 완전히 관념 세계에서 판단이 중지된 '천리'의 절대성을 설정하는 것은 일반 생활 세계의 '실제'와 완전히 유리된다. 세속 생활에서 살아가는 사람들은 전적으로 천리를 표방하고 인욕을 부정하는 경계가 사실 이론과 상상에서만 존재할 것이라고 본능적으로 느낄 것이다. 그것은 고상하고 지나친 욕망이며, 숭고한 진리로 보편적 욕망을 억압할 수 있다. 심지어 사람들이 절대적이며 허황된 정신을 실현하지 못할 때 줄곧 존재하며 실재적인 정욕을 다른 형식으로 표출하게 만들어 심령 세계의 분열과 긴장을 조성하며, '사람'의 위선을 초래한다.

청나라 중엽의 고고학자는 키워드의 고증을 통해 주류 정치이데올로기에 대해 우회적인 도전을 하였는데, 그것은 바로 이학자들의 가장 핵심적인 '정'과

1) 『하남정씨유서』 권24 「이천선생어십(伊川先生語十)」, 『이정집』 제1책, 312쪽, 중화서국, 1981. 『주자어류』 권13, 224쪽, 중화서국, 1986.

'천리'는 자연과 사회라는 이 두 가지 영역을 아우르고 있기 때문에 두 가지 다른 규칙을 겸용한 듯하다.

대진(戴震) '리(理)'라는 두 개의 단어를 재정리하는 것부터 시작되었다. 먼저 대진(戴震)은 양단(兩端)을 관통시키고자 하였다. 그는 "리(理)는 실정에 어긋나거나 잘못되지 않은 것이다. 실정을 파악하지 못하고서 이를 얻을 수 없는 것이다(理也者, 情之不爽失也, 未有情不得而理得者也리야자, 정지불상실야, 미유정불득이리득자야)"라고 하였다. 그는 과거 '성'과 '리'를 하나의 단서로 간주하고 '정'과 '욕'을 다른 단서로 간주하는 견해를 전환시켰다. 그리고 '성'은 '물'과 같고, '욕'은 '물'의 움직임과 같다고 말하면서 "절제하여 지나치지 않으면 천리에 따르게 된다(節而不過, 則爲依乎天理절이불과, 즉위의호천리)"라고 하였다. 그는 천리가 '정(正)'이며, 인욕이 '사(邪)'라고 말할 수 없다고 생각하여 "옛날에 리를 말한 것은 사람의 감정과 욕구에 나아가 구해서 흠이 없는 것을 리라고 하였다. 지금 리를 말한 것은 사람의 감정과 욕구를 떠나 구해서 차마 돌아보지 않는 것을 리라고 한다. 리와 욕구의 구분은 마침내 천하의 모든 사람을 다 바꾸어 기만하고 거짓말하는 사람으로 만들었으니, 화가 되는 것을 어찌 이루 다 말할 수 있겠는가(古之言理也, 就人之情欲求之, 使之無疵之爲理, 今之言理也, 離人情欲求之, 使之忍而不顧爲理, 此理欲之辨, 適足以窮天下之人, 盡轉移爲欺侮之人, 爲禍何可勝言也哉고지언리야, 취인지정욕구지, 사지무자지위리, 금지언리야, 리인정욕구지, 사지인이불고위리, 차리욕지변, 적족이궁천하지인, 진전이위기모지인, 위화하가승언야재)"라고 하였다. 여기에서 그는 리(理)와 욕(欲)의 분열의 위험성을 보았으며, 이러한 송나라 신유가 학설 때문에 초래된 천리와 인욕 사이의 인위적 긴장을 해결하고자 하였다.[2]

대진(戴震)에게 있어서 송유(宋儒)의 '리(理)'와 '욕(欲)'을 대립시키는 사상을 무너뜨리는 주요 전략은 언어(말)의 역사에 대한 고증이었다. 능정감의 이해에 따르면, 송명(宋明)이래로 이학 또는 심학을 존중하는 유학자의 궁극적인 근거는 "경서에서 구하지 않고 다만 리에서 구하며, 예로부터 전승되어 온 전장제도에서 구하지 않고 다만 마음에서 구한다(不求之於經, 而但求之於理, 不求之於故訓典章制度, 而但求之於心불구지어경, 이단구지어리, 불구지어고훈전장제도, 이단구지어심)"이었다. 이것은 공중누각이며, 명확하고 믿을 만한 기초가 결여되어 있고, 시비를 판단하는 척도

---

2) 『맹자자의소증(孟子字義疏證)』 권상, 1쪽, 10쪽, 11쪽, 권하, 59쪽, 중화서국, 베이징, 1961, 1990. 산정용(山井涌), 「맹자자의소증의 성격(孟子字義疏證の性格)」, 『명청사상사의 연구(明淸思想史の硏究)』, 도쿄대학출판회(東京大學出版會), 1980, 378~411쪽.

역시 결핍되어 있다. 따라서 대진은 청나라 초 학자들의 사상적 노선을 따라 우선 사상의 근거를 고대 경전으로 거슬러 올라가게 하였으며, 그 다음으로는 경전의 의의의 근거를 글자(字詞)에 뿌리내리게 하였으며, 그 다음으로 글자의 의의를 역사언어학의 검증을 통해 확정하였다.

그러나 그는 "단지 한나라 사람들의 전주(傳注)에 나오는 명(名)과 물(物)만을 취하여 두루 고증한다면, 자질구레하여 도에 이르지 못한다(僅取漢人傳注之一名一物而輾轉考證之, 則又煩細而不能至於道근취한인전주지일명일물이전전고증지, 즉우번세이불능지어도)"는 고증학자들과는 같지 않다. 그는 글자의 고증과 훈고를 사용하여 송유(宋儒)를 부정하는 근거로 삼았으며, 경전 내의 진리의 길을 다시 탐구하였다. 이것은 바로 당시 그와 그 주위의 사대부 학자들이 지식을 통해 사상으로 들어가는 방법이었다.[1] 당시 대진 뿐만 아니라 혜동(惠棟) 또한 송유(宋儒)가 '경(敬)'을 해석하는 '주일무적(主一無適)'이 『문자(文子)』에서 나왔다는 것을 고증하였다. 즉 송유(宋儒)가 글자를 모르기 때문에 '적(敵)'으로 읽어야 할 '적(適)' 자를 '적(適)' 자로 보았다는 것이다.[2] 그리고 전대흔은 더 나아가 '주일(主一)'이 『고문상서(古文尙書)』에서 나왔으며, '무적(無適)'은 『문자』, 『회남자(淮南子)』에서 나왔다고 고증하였다. 그는 또한 『대학』의 '신민(新民)' 구절을 고증하여 송유가 '친을 신으로 고침(改親爲新)'을 지적하였다. 즉 문헌학적 측면에서는 '옛 것에 근거하여 증명할 것이 없으며(於古無徵어고무징)', 도리적 측면에서는 높은 데에서 아래를 내려다보는 도덕적 요구만이 남아 부민(富民)의 친화적 감각이 결여되었다는 것이다.[3] 고대

---

1) 『교례당문집』 권35 「대동원선생사략상(戴東原先生事略狀)」, 312쪽. 사실 『맹자자의소증』은 처음부터 '이(理)' 한 글자에 대한 고증이었다. 이것은 대진(戴震)이 입론의 합리성을 획득한 근거이다. 따라서 이후 양계초는 그를 위해 다음과 같은 결론을 내렸다. "경(經)의 지극한 것이 도(道)이며, 도를 밝히는 것이 말이며, 말을 완성하는 것이 글자이다. 반드시 글자로 말미암아 그 말을 통달하고 말로 말미암아 그 도를 통달해야 한다. 곧 그것을 얻을 수 있다(經之至者道也, 所以明道者辭也, 所以成辭者字也. 必由字以通其辭, 由辭以通其道, 乃可得之경지지자도야, 소이명도자사야, 소이성사자자야. 필유자이통기사, 유사이통기도, 내가득지)", 「대동원선생전(戴東原先生傳)」, 『양계초전집(梁啓超全集)』 제7책, 북경출판사, 4183쪽.

2) 『송애필기(松崖筆記)』 권1, 굴만리(屈萬里) 주편, 『잡저비급총간(雜著秘笈叢刊)』 영인본, 학생서국, 1971, 37쪽.

3) 『십가재양신록(十駕齋養新錄)』 권3, 권2, 『가정전대흔전집(嘉定錢大昕全集)』 제7책, 강소고적출판사, 1997, 62쪽, 41쪽. 비해기(費海璣), 『전죽정전기연구(錢竹汀傳記研究)』, 대만상무인서관(臺灣商務印書館), 1971, 75~77쪽. 이밖에도 『잠연당문집(潛研堂文集)』 권7 「답문4(答問四)」에서 중국 역사에서의 혼란을 모두 "옛날 사람들이 춘

중국 지식과 사상의 세계에서는 한 이론의 출발이 의심스럽다거나 그 유래가 불순한 사실이 드러나게 되면 이론의 합리성을 잃을 수도 있다. 그러므로 대진 등의 이러한 방법과 사상 경향은 상당한 의미가 있었다. 또한 대진은 『맹자자의소증(孟子字義疏證)』에서 『맹자』의 '리(理)', '욕(欲)', '성(性)', '기(己)' 등의 어휘 등에 대해 역사학과 언어학을 기초로 한 사상 연구를 하였다.[4]

'리는 세계의 질서를 규정하는 규칙이다.

본래 '리'가 단지 "살펴서 조그만 차이라도 반드시 구분하는 것이다(察之而幾微必區以別之名찰지이기미필구이별지명)"라면, 그것은 추상적으로 존재하는 것이 아니라 영원히 현실 세계를 비추는 진리이며, 세계의 질서를 규정하는 규칙이다. 즉 "사물의 바탕과 관련해서는 가죽결, 살결, 무늬결이라고 한다(在物之質曰肌理, 曰腠理, 曰文理재물지질왈기리, 왈주리, 왈문리)." 그리고 생활에서는 모든 사람이 가지고 있는 정욕을 '분별할 수 있으면 맥락이 생겨서 혼란스럽지 않게(得其分則有條而不紊득기분즉유조이불문)' 되도록 하는 것이다. 즉 생활을 질서 사회로 합리화시키는 규칙인 것이다.

그러나 '리'가 이학자들에 의해 과도하게 드러나고, '정(情)' 위에 놓이면 이에

추의 의리로써 일을 행하면서 드러내지 못했기 때문이다(由上之人無以春秋之義見諸行事故爾유상지인무이춘추지의견제행사고이)"라는 탓으로 돌렸다. 또한 "시해를 당한 자는 모두 무도한 군주이다(遇弒者皆無道君也우시자개무도군야)"라고 인정하였다. 권8 「답문5(答問五)」에서는 부부가 이혼할 수 있다고 주장하였다. "의리가 합치되면 남고, 합치되지 않으면 떠난다(義合則留, 不合則去의합즉류, 불합즉거)", "떠나서 다시 시집가는 것을 절개를 잃었다고 말하지 않는다. ……의리가 합치되지 않았는데 시집가게 되면 시집가도 여전히 어렵게 된다. ……억지로 남게 하여 부부의 도가 어렵게 만들도록 할 필요는 없다(去而更嫁, 不謂之失節 ……不合而嫁, 嫁而仍窮 ……不必强而留之, 使夫婦之道苦也거이경가, 불위지실절 ……불합이가, 가이잉궁 ……불필강이류지, 사부부지도고야)" 등은 모두 의리(義理)상의 사고이다. 따라서 전대흔은 일반 사람들이 생각하듯 단지 고증학자만은 아니다. 『가정전대흔전집』 제9책, 83쪽, 106쪽. 대일(戴逸), 『건가사학대사전대흔(乾嘉史學大師錢大昕)』, 『문사철(文史哲)』1997년 제3기, 제남(濟南), 35~40쪽.

4) 대진은 『여단약용논리서(與段若膺論理書)』에서 송유가 "훈고학을 비난하고, 언어 문자를 소홀히 여기는 것은 강을 건너고자 하면서 배와 노를 버리는 것이며, 높은 곳에 오르려고 하면서 계단을 없애는 것이다(識訓詁之學, 輕語言文字, 是欲渡江而棄舟楫, 欲登高而無階梯기훈고지학, 경어언문자, 시욕도강이기주즙, 욕등고이무계제)"라고 하였다. 그리고 그 자신은 "30여 년을 연구해 보니, 옛날과 지금의 치란의 근원이 여기에 있음을 분명히 알겠다(爲之卅餘年, 灼然知古今治亂之源在是위지삽여년, 작연지고금치란지원재시)"라고 하였다. 『맹자의소증』 부록(附錄), 184쪽. 왕국유는 대진이 사실 고거학을 이미 "매우 번잡하고 자질구레하여 학술에 마땅하지 못하니, 마침내 한학의 고유한 범위를 벗어나 송학의 길을 택한다(龐雜破碎, 無當於學術, 逐出漢學固有之範圍外, 而取宋學之途徑방잡파쇄, 무당어학술, 수출한학고유지범위외, 이취송학지도경)"라고 생각한 것을 발견하였다. 왕국유, 「국조한학파대완이가지철학설(國朝漢學派戴阮二家之哲學說)」, 『정암문집(靜庵文集)』, 75쪽. 그러나 주의해야 할 것은 대진은 비록 송학과 유사한 의리를 중요시하였지만, 여전히 청나라 시대 사인 사이에서 유행하였던 고거학의 방법으로 사용하였던 사실이다. 이후 완원(阮元)도 마찬가지였다. 이것은 '송학'과 다른 점이었다.

따라 생활 세계에서는 분열이 초래되고, 허구와 상상의 진리는 실제 경지로 여겨지게 된다. 또한 실제 생활은 이러한 허구의 경지에 놓여 종종 심사(審査)를 받으며, 세계는 이러한 허구 관계에서 대립의 두 가지 요소가 된다. 예를 들면 '리'와 '정'(또는 '욕'), '리'와 '사(事)', '도'와 '기(器)', '군자'와 '소인', '정(正)'과 '사(邪)', '공'과 '사', '성(性)'과 '인(人)' 등이다. 대진은 "사람은 사람일 뿐이고 본성은 본성일 뿐이어서 이것과 저것처럼 분명히 나뉜 것은 정자나 주자부터 시작되었다(人之爲人, 性之爲性, 判若彼此, 自程子朱子始인지위인, 성지위성, 판약피차, 자정자주자시)"[1]라고 지적하였다. 바로 이러한 구분은 "굶주림과 추위, 근심과 원망, 식욕과 색욕, 일상적인 감정과 불쌍히 여기고 간절한 감정(飢寒愁怨飮食男女, 常情隱曲之感기한수원음식남녀, 상정은곡지감)"이 절대 초월적 '리'의 억압 아래 항상 자유롭게 욕망을 표현하지 못하게 만든다. 그리고 이러한 절대 초월적 '리' 또한 항상 생활 세계에서 '사람'의 일탈로 말미암아 '헛되이 리의 이름을 가지고 있고(空有理之名공유리지명)', 결국 한편으로는 '군자를 완전한 행동이 없는 자(君子無完行者군자무완행자)', 소인은 '여전히 탐하는 것과 그릇된 행동을 하며(依然行其貪邪의연행기탐사)[2], 또 한편으로는 "존귀한 자는 '리'로써 아랫사람을 꾸짖고, 연장자는 '리'로써 어린 사람을 꾸짖고, 귀한 자는 '리'로써 천한 사람을 꾸짖는다(尊者以理責卑, 長者以理責幼, 貴者以理責賤존자이리책비, 장자이리책유, 귀자이리책천)"고 하여 담론 권력의 소유자가 '리(理)로써 사람을 죽일(以理殺人)[3] 수 있게 한다. 따라서 이른바 '리'든지 '천'이든지 간에 본래는 정욕을 조절하여 합리화의 책임을 '절제하여 지나치지 않으면 천리에 따르게(節而不過, 則依乎天理절이불과, 즉의호천리)' 만들어야 하는 것인데, 그것을 절대적인 도덕 법칙으로 삼아 사람들이 실행할 수 없는 수준 높고 엄격한 도덕 기준으로 만들어 그것의 장점을 취하여 단점을 보충하는 척도로 삼았다.[4]

---

1) 『맹자자의소증』 권상, 19쪽.

2) 『맹자자의소증』 권하, 58쪽.

3) 『맹자자의소증』 권상, 10쪽. 정진방(程晉芳)은 『정학론(正學論) 3』에서 이러한 견해에 호응되는 주장을 하였다. 그는 "사람이 사람다운 것은 오직 정(情)일 뿐이니, 성인(聖人)이 사람을 교육하는 것은 정에 따를 뿐이다. 송유들은 성(性)을 높이고 정을 낮추니, 이정(二程)의 학술이 그 이치가 더욱 고원해지고 논의가 더욱 엄격해져서 사람들의 정에서 더욱 멀어지게 되었다(人之爲人, 情而已矣, 聖人之敎人也, 順乎情而已. 宋儒尊性而卑情, 卽二氏之術, 其理愈高, 其論愈嚴, 而其不近人情愈甚인지위인, 정이이의, 성인지교인야, 순호정이이. 송유존성이비정, 즉이씨지술, 기리유고, 기론유엄, 이기불근인정유심)"라고 하였다. 『청경세문편(淸經世文編)』 권2 『학술2(學術二)』 「유행(儒行)」, 3쪽 A.

'리'에 대한 대진의 비판은 일찍이 전통에 근거한 지식 계층은 매우 큰 의심과 우려를 불러일으켰다. 일부 사람들은 대진이 '정자와 주자를 취하고 그것을 대신(取程朱而代之취정주이대지)'[5]하려 한다고 말하였다. 대진과 동시대 사람인 옹방강(翁方綱), 정정조(程廷祚) 등은 일찍이 그의 견해를 격렬히 비판하였으며, 송나라 이학을 수호하였던 방동수(方東樹)는 그가 이학을 반대한 좋지 않은 전례를 만든 자라며 비판하였다. "'리'를 말하는 것을 심하게 금지하는 것은 대진으로부터 시작되었는데, 이로부터 유가의 근본 원리가 매우 어지러워지기 시작하였다. 결국 대진은 당나라와 송나라의 여러 유학자들이 이미 확정하고 매우 정밀하게 분석한 사안과 논의마저도 하나하나 모두 뒤집어서 자신의 문호를 확장하고자 하였다(厲禁言理, 則自戴氏始, 自是宗旨祖述, 邪詖大肆, 遂擧唐宋諸儒已定不易之案, 至精不易之論, 必欲一一盡翻之, 以張其門戶려금언리, 즉자대씨시, 자시종지조술, 사피대사, 수거당송제유이정불역지안, 지정불역지론, 필욕일일진번지, 이장기문호)."[6] 대진보다 약간 후대 사람이며, 그와 상당한 관련이 있는 장학성조차도 그의 영향으로 "오늘에 이르러 휴녕(休寧)과 흡현(歙縣) 일대의 젊은이들과 인재들이 정자와 주자를 비난하지 않으면 정통한 사람으로 일컬어 질 수 없다(至今休歙之間, 少年英俊不罵程朱, 不得謂之通人지금휴흡지간, 소년영준불매정주, 불득위지통인)"[7]라고 하였다.

---

4) 그는 일찍이 『논어』 「안연」의 "자기의 욕심을 이기고 예를 회복하는 것이 인이다(克己復禮爲仁)"로써 주희의 이욕(理欲) 이분 법칙('기己'를 '신자사욕身之私欲'으로 간주하고 '예禮'를 '천리지절문天理之節文'으로 간주하여 서로 대립시킴)을 붕괴시켰다. 그는 공자의 뒷 문장에 "인을 행함은 자기로부터 말미암는다(爲仁由己)"가 있는 상황에서, 앞 문장의 사욕이 충만하여 절제가 필요한 '기(己)'가 뒷 문장의 자주적으로 자각 의식을 소유하여 욕망의 '기(己)'를 극복할 수 있는 '기(己)'와 도대체 무엇이 다르냐고 지적하였다. 따라서 절제가 필요한 이 '기(己)'는 단지 '천하(天下)'의 대(大)에 상대된다고 하였다. 그는 '기(己)'를 인성(人性)과 인정(人情)이 충만한 자아로 간주하였으며, 단지 이 자아가 때로는 잘못과 잡념이 생겨 이지(理智) 의식과 도덕 심령으로써 조절과 배양을 해야 한다고 하였다. 그는 이렇게 하면 이학이 외재적 '천리(天理)'로써 내재적 '인욕(人欲)'을 억압하는 것을 부정할 수 있다고 생각하였다. 『맹자자의소증』 권하, 56쪽 참조.

5) 방동수(方東樹: 1772~1851년)가 초순(焦循)의 말을 인용한 것임. 『한학상태(漢學商兌)』 권중(卷中)의 하(下), 대만 상무인서관, 1968, 122쪽.

6) 같은 책 권상, 22~23쪽.

7) 호적(胡適)의 『대동원적철학(戴東原的哲學)』 제3절 「대학지반향(戴學之反響)」 참조. 호적은 대진과 같은 시대에 살았지만 대진의 견해를 반박한 장학성(章學誠), 옹방강(翁方綱), 요내(姚鼐) 등과 대진을 지지하였던 능정감, 초순, 완원 등을 예로 들었다. 그러나 대진 논리의 문제와 후대의 수정(修正)에 대해 지적하지 않았다. 『호적학술문집 '중국철학사'(胡適學術文集 '中國哲學史')』 하책, 중화서국, 1991, 1040~1103쪽.

그러나 우리는 대진의 사고가 여전히 '리(理)'와 '정'의 이원적 대립을 초월하지 못하였음을 지적해야 할 것이다. 그는 '정' 또는 '욕'의 합리성을 강조한 결과 아마도 명나라 시대 왕학좌파(王學左派)처럼 단지 과거의 지나치게 '리'에 편중된 편집을 또 다른 극단인 '정'에 대한 편집으로 전환한 듯하다. 이것은 결코 사회 질서와 개인 생활, 대중적 담론과 개인적 담론의 분열을 메우거나 해결할 수 없다. 왜냐하면 이렇게 내재적 심령의 합리성을 강조하여 외재적 진리의 구속력을 해소하는 사고는 여전히 '리'와 '욕'의 대립적 틀 속에 국한되어 인심(人心)의 의의를 과도하게 드러내면 사욕의 합리화로 나갈 수 있다. 그리고 또다시 왕양명 후학의 기존 패턴에 빠지게 되어 명나라 시대 이후 유학의 곤경[1]에서 완전히 벗어날 수 없게 될 것이기 때문이다.

여기에서 핵심은 이러한 사고가 시종 하나의 문제를 해결할 수 없다는 점이다. 즉 사람의 정욕을 어떻게 정당한 정욕이 되게 하는지, 혹은 어떻게 정당한 정욕인지를 판단하고 어디서부터 정당한 정욕을 인도하는지 등이다. 왜냐하면 사고에는 여전히 '정', '욕' 두 측면만 있을 경우, '리'의 외재적 기준이 판단 중지된 이후, '심'의 내재적 기준만이 남게 되기 때문이다. 그러나 명나라 말 이후의 많은 학자들은 이미 이러한 '공통된 인식'을 가지고 있었다. 즉 각기 쉽게 변하고 각기 다른 마음은 정욕의 발원지가 될 수 없고, 정욕의 합리적인 판단자도 될 수 없다. 만약 대진의 말처럼 "백성들의 욕구를 채워주면 왕도가 갖추어진다(遂民之欲, 而王道備수민지욕, 이왕도비)"[2]고 하여 인간의 자연적인 욕구의 합리성을 모두 인정

---

1) 양계초가 대진을 위해 철학 사상을 총결하여 첫째, '이'(객관적 이의理義와 주관적 의견), 둘째, '정'(정욕주의)라고 하였다. 호적은 대진이 '리와 기, 리와 욕을 두 개의 근원으로 나누는(分理氣爲二元與分理欲爲二元분리기위이원여분리욕위이원)' 잘못을 보고 '이러한 이원론을 뒤집고(推翻這種二元論下手추번저종이원론하수)'자 하였으나 그 자신 또한 여전히 이 두 개의 개념을 사용하여 이러한 이원적 사고를 초월하지 못하였으며, 단지 또 다른 일단(一端)에 편향되었을 뿐이라고 지적하였다. 『양계초전집』 제7책 「대동원철학(戴東原哲學)」(1923), 4193~4195쪽 참조. 아울러 호적(胡適), 「대동원재중국철학사상적위치(戴東原在中國哲學史上的位置)」, 「기개반리학적 사상가(幾個反理學的思想家)」, 『호적학술문집 '중국철학사』 하책, 1104~1108쪽, 1155~1165쪽.

2) 『맹자자의소증』 권상, 10쪽. 장태염(章太炎)의 『석대(釋戴)』에 따르면, 정주(程朱)가 말한 '욕'은 대진이 말한 '욕'의 내용과 다르며, 그 외연 또한 구별되기 때문에 뒤섞어 헷갈리면 안 된다고 하였다. 『장태염전집4(章太炎全集四)』, 상해인민출판사, 1985 참조. 그러나 이렇듯 억지로 구분하는 주장은 사실 후에 만들어진 것이지 대진의 원뜻이라고 단정 지을 수는 없다. 한 발자국 물러나 생각하면, 설령 대진의 원뜻이 그렇다더라도

한다면, 정욕과 정욕의 충돌을 통제할 수 없게 되어 결국 '왕도', 즉 사회 질서의 파괴를 초래하게 된다.

2

그러나 '리'와 '정', '천리'와 '인욕' 사이의 뒤엉키고 대립된 것을 어떻게 해소하여 사회가 인성(人性)과 인정(人情)을 위배하지 않는 적합한 규칙을 갖게 할 수 있는가? 또한 이러한 규칙에 근거하여 어떻게 합리적인 사회생활의 질서를 재건할 수 있는가? 근대적 시각으로 보면, 전통 세계에서는 이성의 상식 또는 규칙에 대한 논증이 결여되어 고대 중국 사상사에서 '천리'에 대한 긍정이 흔히 '절대'에 대한 숭배가 되거나, '정욕'에 대한 긍정이 흔히 '방종'에 대한 격려가 될 수 있었다. 이원 대립의 맥락에서 '개인'은 독립된 가치 개체가 아니라 이기적인 본원이기 때문에 인성(人性)에서 '어두운' 측면이 자주 발현되고, '밝은' 측면이 항상 정립될 수 없었다. 또한 '군체(群體)' 역시 공평하면서 포용적인 공동체가 아니라 개인 욕망에 대한 억제 시스템이다. 따라서 '사회'는 항상 역사적 담론과 정치적 권력을 빌어 '개인'의 생활을 통제하는 듯 보인다. 그것은 언제나 '억압적'인 측면만을 드러내고, 그 '고무적'인 측면을 감추었다.

이것은 고대 중국 사상사에서 반복적으로 등장하는 화제이다. 『중용』, 『대학』 이후 중국에 전래된 불교가 이러한 화제를 논의하였다. 선종도 이 화제를 논의하였으며, 정이, 정호, 주희가 이 화제를 논의하였다. 육구연과 왕양명이 논의한 것 역시 이 화제였다. 이와 관련된 논의는 오랜 사상사에서 반복적으로 출현한 듯하지만, 항상 어쩔 수 없는 순환에 빠진 것 같이 새로운 사고의 방향이 나타

'천리'에 대한 긍정이 흔히 '절대'에 대한 숭배가 되거나, '정욕'에 대한 긍정이 흔히 '방종'에 대한 격려가 될 수 있었다.

그것은 당시 『소증(疏證)』을 읽었던 사람들이 이해하는 '욕'이라고 하기 어렵다. 일반적으로 이러한 날카로운 해석은 그 열독(閱讀) 환경에 있어서 정주(程朱)의 '리'에 대한 도전으로 간주되기 마련이다. 호초생(胡楚生), 「장태염석대편신론(章太炎釋戴篇申論)」, 『청대학술사연구』, 학생서국, 1988, 151~170쪽. 구위군(丘爲君), 「비판적한학여한학적비판 : 장태염대고거학적반성급대대진한학적천석(批判的漢學與漢學的批判 : 章太炎對考據學的反省及對戴震漢學的闡釋)」, 『청화학보(清華學報)』 신29권 제3기, 신죽(新竹), 1999, 321~364쪽.

나지 않았다. 전통의 올가미에 빠지게 되면, 사람들은 항상 이러한 사고의 양극 단에서 오락가락한다. 즉 '천리'로 '인욕'을 억제하여 '리'로써 '정'을 절제하든 지, 그렇지 않다면 자연 정감을 포함한 마음을 부각시키고 그 마음이 도덕적 자 각 의식을 가지고 있다는 명분을 빌어 자연 인성의 존재를 옹호하는 것이다. 이 렇듯 상투적인 화제는 매번 다시 나타난다. 물론 각기 그 시대 사회생활의 뿌리 깊은 배경이 있기 때문에 예전의 화제가 논의 가운데 새로운 의의를 가질 수 있 다. 그러나 결국 그 사고는 늘 한계가 있기 마련이다. 즉 대진을 포함하여 항상 상 술한 이 두 가지 경향에서 발버둥 친다. 그러나 대진 이후 18~19세기에 활동한 완원, 능정감, 초순 등은 비록 여전히 고증학적 방법을 사용하여 대진의 '리'에 대한 의문을 계승하였지만, 그 사고에 있어서는 상당히 깊은 변화가 생겼다.

　앞에서 거론하였듯이 대진은 비록 송나라 시대 이후 점차 전면적이고 강제 적인 '리'에 대해 비판을 시도하고자 하였으나, 아직 그것을 뛰어넘는 사고를 찾 지 못한 듯하였다. 또한 여전히 송나라 시대 이학의 '리'와 '정'에 관한 이원 대립 적인 단어와 사고를 답습하며, 단지 '정'의 합리화를 통해 '리'의 억압에 대항하 고자 하였다. 표면적으로 볼 때, 그는 '리', '정' 이원(二元)을 일원(一元)으로 만들 어 인간의 한 마음 가운데 함께 수용하였다. 그러나 실제적으로 이욕을 함께 수 용하는 '심(心)'의 활동은 여전히 전통적 논의에 의해 '리'와 '욕'으로 구분되었 다. 설령 대진이 거듭하여 '정' 역시 합리적이며 '리'가 '정'을 함께 수용해야 한 다고 말하였다고 하더라도 이학에 의해 겹겹이 덧칠해지며 만들어진 '정'과 '리' 는 단지 이론적인 단어임에도 불구하고 그것이 역사적으로 만들어진 이후에는 인간의 관념 세계에 스며들어 이미 한 쌍의 영원히 풀리지 않는 매듭이 되었다.

　한편으로 이것은 현실 세계의 것으로서 마음에서 자라나 감정을 통해 사람 들을 지배하고 영향을 주었으며, 다른 한편으로 이것은 관념 세계의 허구적인 것 으로서 마음에 역시 존재하여 이성을 통해 사람들을 통제한다고 하였다. 만약 그 것이 '리'와 '정'이라는 것을 인정한다면, 이러한 초월적 경지와 세속적 타락, '영 (靈)'과 '육(肉)', '이지(理智)'와 '정감(情感)' 등의 허구적 충돌은 해결할 수 없게 된 다. 만약 그것이 반드시 하나를 선택해야 하는 실질적인 충돌이라면, 필연적으로 '공'과 '사', 사회생활과 개인 생활의 분열을 만들게 된다. 예컨대 '천리를 보존하고 인욕을 제거함(存天理滅人欲존천리멸인욕)' 또는 '정욕을 높이고 천리를 멸시함(尊情欲蔑天理존정욕멸천리)'과 같은 단지 한 개의 단서를 고집하는 모든 것들은 완전한 하나의 마음을 찢어놓을 뿐이다. 따라서 진정한 해결 방안은 사실 평균치 또는 공약수와 유사한 '공통 인식'과 그다지 고상해 보이지 않아도 많은 사람들이 인정하고 동의하는 '규칙'을 구축해야 비로소 이처럼 동일하게 합리적인 '선'과 '악'[1]을 동시에 수용할 수 있다. 이 점에서 대진은 완원, 능정감, 초순 등의 사상적 시초가 되었다. 그들이 '리'와 '정' 사이의 엄격한 대립을 약화시키고 심지어 해소하였을 때 그들은 이러한 이원 대립적이고 흑백논리의 장애를 피하였으며, '리'를 공격하기 위해 '정'을 긍정할 수밖에 없는 이론적 함정에서 벗어났다.

대진과 마찬가지로 그들이 채택한 전략 역시 고증에서부터 시작하였으며, 모두 약속이나 한 듯 고대 경전에서는 '리'를 말하지 않았다고―적어도 고대 전적에서 말하는 '리'는 결코 절대적인 '천리'가 아니라고―지적하였다. 능정감은 일찍이 대진을 비판하여 대진의 한계가 "책을 펼치면 우선 리(理) 자를 변론하고, 체(體)와 용(用) 두 글자를 빌어 소학(小學 : 문자학, 성운학, 훈고학 등)을 논하니, 마치 애매모호 하여 함정에서 빠져 나올 수 없는 것 같다(開卷仍先辨理字, 又借體用二字論小學, 猶若明若暗昧, 陷於阱獲而不能出也개권잉선변리자, 우차체용이자론소학, 유약명약암매, 함어정획이불능출야)"[2]라고 하였다. 따라서 그는 고증의 방법을 사용하여 "『역』, 『시』, 『춘추』, 『의례』, 『주례』, 『논어』는 모두 공자 학파에서 남긴 교훈인데, 그중에는 '리(理)' 자가 하나도 없다. 오직 『시』에서만 '우리가 구획하고 정리한다(我疆我理아강아리)', 『역대전(易大傳)』에서 '이득(理得)'과 '궁리(窮理)', '순리(順理)' 등의 단어가 있을 뿐인데, 옛날 사람들은 모두 조리(條理)의 뜻으로 해석하였다(『易』, 『詩』, 『春秋』, 『儀禮』, 『周禮』, 『論語』皆孔門遺訓, 其中無一 '理' 字, 唯『詩』有 '我疆我理', 『易大傳』有 '理得', 及 '窮理', '順理' 等語, 然古人皆作條理解『역』, 『시』, 『춘추』, 『의례』, 『주례』, 『논어』개공문유훈, 기중무일 '리'자,

---

1) 이후 1910년 장태염은 『석대(釋戴)』에서 대진의 사상을 해석할 때 상당히 근대적 의미의 사고를 제시한 바 있다. 즉 송유의 '리'에 대한 과도하고 절대적인 추종을 비판하고 법률 정신을 찬양하였다.

2) 『호오설(好惡說)』 하, 『교례당문집』 권16, 중화서국, 1998, 143~144쪽. 그는 본문에서 많은 사람들이 한송지쟁(漢宋之爭)에 빠져 맹목적으로 의리를 비판하거나 한학(漢學)이라며 고증에 함몰하였다고 하였다. 그는 이 또한 이론의 함정 중 하나라고 하였다.

유『시』유 '아강아리', 『역대전』유 '리득', 급 '궁리', '순리' 등어, 연고인개작조리해)"라고 주장하였다. 이른바 '리'는 흔히 후인들, 즉 송유가 끄집어낸 것이며 아마도 불교적 개념[1]을 도용한 것이라고 하였다. 동시대의 인물 가운데 완원, 초순과 같은 사람들은 모두 이러한 방법을 사용하여 '리'에 대해 공격하였으며, 그것이 결코 유교 전통의 고유한 말[2]이 아니라고 비판하였다. 이에 따라 이것은 '리'의 경전적 근거와 역사적 근거를 직접적으로 붕괴시켰는데, 마치 이후 방동수가 말한 것과 같았다. 이러한 견해가 나오자 이학에 큰 지장을 주었는데, "궁리에 관한 송유의 설은 모두 폐기될 지경에 이르러 다시 언급되지도 못하였다(宋儒窮理之說, 可以摧敗掃蕩, 萬無可復置喙矣송유궁리지설, 가이최패소탕, 만무가부치훼의)"[3]라는 것이다. 이어서 그들은 또한 글자 형태에서 출발하여 이른바 '성(性)'이 결코 때 묻지 않고 순수한 '리'가 아니며, '정욕'이 있고 '호오'가 있어서 각기 다른 선악[4]을 파생하고 이끌어 낼 수 있다고 하였다. 완원의 견해에 따르면, "옛날의 성인이 하나의 글자를 만들 때에는 반드시 그 글자의 본뜻을 두었는데, 그 본래의 의미는 매우 정밀하고 정확하여 잘못됨이 없었다(古聖人造一字必有一字之本意, 本義最精確無弊고성인조일자필유일자지본의, 본의최정확무폐)"[5]라고 하였다. 즉 문자 본연의 의미는 옛 성현의 최초의 뜻에 속하고, 옛

'리'의 경전적 근거와 역사적 근거를 직접적으로 붕괴시켰다.

'성'이 결코 때 묻지 않고 순수한 '리'가 아니다.

---

1) 장기금(張其錦), 『능차중선생년보(凌次仲先生年譜)』 가경 12년조(年條)에서 왕국한권(王國翰卷)을 평론하였던 것을 인용하였음. 장수안(張壽安)의 『이례대례 : 능정감여청중엽유학사상지전변(以禮代禮 : 凌廷堪與淸中葉儒學思想之轉變)』(중연원근대사연구소中硏院近代史硏究所, 타이베이, 1994, 83쪽에서 재인용). 이밖에 능정감(凌廷堪), 『호오설』 하, "『논어』와 『대학』에는 일찍이 이(理)라는 글자가 없다. 다만 불교에서 이·사(理事)를 법·계(法界)로 보았는데, 결국 그것을 끌어다가 이러한 새로운 뜻을 만들었다(考『論語』及『大學』皆未嘗有理字, 徒因釋氏以理事爲法界, 遂援之而成此新義고『논어』급『대학』개미상유리자, 도인석씨이리사위법계, 수원지이성차신의)", 『복례(復禮)』 하, "『논어』는 공자의 말을 기록한 것인데, 다만 항상 예(禮)만을 말하였을 뿐 번도 이(理)를 말한 적이 없다. ……후대의 유학은 본래 불교에서 나왔기 때문에 그 말한 것이 더욱 그럴 듯하면서도 진리를 크게 어지럽혔으니, 성인은 예를 배우라 하였을 뿐 이(理)를 언급하지 않았음을 알지 못한 것이다(論語記孔子之言備矣, 但恒言禮, 未嘗一言及理也 ……後儒之學本出於釋氏, 故謂其言之彌近而大亂眞, 不知聖學禮也, 不云理也『논어』기공자지언비의, 단항언례, 미상일언급리야 ……후유지학본출어석씨, 고위기언지미근이대란진, 부지성학례야, 불운리야)", 『교례당문집』 권16, 142쪽, 권4, 31~32쪽.

2) 『성명고훈(性命古訓)』, 완원(阮元) 『연경실 1집(揅經室一集)』, 권10, 『연경실집(揅經室集)』, 중화서국, 1993, 211~236쪽.

3) 『한학상태(漢學商兌)』, 권중의 상(卷中之上), 61쪽.

4) 예를 들어 완원(阮元)의 『성명고훈(性命古訓)』, "欲生於情, 在性之內, 不能言性內無欲(욕생어정, 재성지내, 불능언성내무욕)", 『연경실집』, 228쪽.

5) 『연경실 속1집(揅經室續一集)』 권1 「석경(釋敬)」, 『연경실집』, 1017쪽.

성현들의 최초의 뜻은 절대적 권위가 있기 때문에 이러한 문자 본래 의미에 대한 고찰은 성현과 경전으로 거슬러 올라가는 것과 같으며, 동시에 후인들의 이해와 해석의 정확성 여부를 검증하는 것이다.

완원(阮元)의 경우, 성명(性命)의 훈고학에 대해 연구할 때 『상서』, 『시경』, 『좌전』, 『곡량전』, 『역전』, 『논어』 등 거의 모든 유교 경전을 고찰하여[6] 마침내 '타고난 것을 성이라고 함(生之謂性생지위성)'이 고의(古義)라는 것을 지적하였다. 성(性) 자는 심(心)을 따르고 생(生)을 따르기 때문에 '인의예지 등을 포함(仁義禮智等在內)'하며, '미각·후각·청각·시각 등을 포함(味嗅聲色等在內)'한다는 것이다. 즉 그 안에는 심지(心智) 또는 이성(理性)의 한 측면이 있으며, 또한 정감과 욕망의 한 측면이 있다는 것이다. 그는 "글자가 이렇게 실질적으로 만들어진 만큼 일 역시 이렇게 실질적으로 논해지는 것이다(字如此實造, 事亦如此實講자여차실조, 사역여차실강)"라고 강조하여 그의 「성명고훈(性命古訓)」, 「탑성설(塔性說)」, 「복성변(復性辨)」[7]등에서는 이러한 고증적 입장에서 출발하여 '성'의 고의(古義)에 대해 재구성을 하였다. 재구성 과정에서는 육조당송(六朝唐宋)이래 불교 전래 이후의 '성(性)' 관념을 일일이 제거하여 "진(晉)과 당나라 시대 사람들은 미각·시각·청각·후각·안락함을 욕정으로 간주하여 기피하며, 반드시 본성에서 벗어난 것으로 구별하려고 하였다. 그들이 말한 본성은 불교의 불성(佛性)이며, 성인의 경전에서 말한 천성(天性)은 아니다(晉唐人嫌味色聲嗅安佚爲欲, 必欲別之於性之外, 此釋氏所謂佛性, 非聖經所言天性진당인혐미색성후안일위욕, 필욕별지어성지외, 차석씨소위불성, 비성경소언천성)"라고 하였다.[8] 당시 능정감, 손성연, 초순 등과 같은 학자들은 약속이나 한 듯이 중요한 말을 재해석하였다.[9] 이후

---

6) 「성명고훈」, 『연경실집』, 211～236쪽. 라광(羅光)은 『중국철학사상사 '청대편'(中國哲學思想史 '淸代篇')』제4장에서(타이베이, 학생서국, 1990, 404쪽) 완원이 "단지 경서에서의 성(性) 자를 해석하였으며, 성(性) 자의 철학상의 의미를 하나도 설명하지 않아 그 자신이 근본적으로 이해하지 못함을 드러냈다. ……그가 얻은 결론은 단지 대진이 말한 '욕시성(欲是性)'이다"라고 하였다. 이러한 주장은 공평하지 않고 지나치게 고인(古人)을 멸시한 듯하다. 그는 단순 고증처럼 보이는 학문 연구가 사상사에서 차지하는 의미를 보지 못한 것이다.

7) 「탑성설(塔性說)」과 「복성변(復性辨)」은 『연경실속집』권3, 『연경실집』, 1059～1061쪽 참조.

8) 『연경실 1집』권1 「성명고훈」, 『연경실집』, 234～235쪽. 『연경실속집』권3 「탑성설」, 『연경실집』, 1059～1061쪽 참조. 이후 부사년(傅斯年) 『성명고훈변증(性命古訓辨證)』은 바로 이러한 근대적인 방법을 계속 사용한 것이다.

9) 예를 들어 손성연(孫星衍)의 『원성편(原性篇)』(『문자당집問字堂集』권1, 1쪽 A～B, 사부총간 영인본 『손연어시문집孫淵如詩文集』)은 성정(性情)과 음양(陰陽)의 균형을 이루게 하여 성(性)과 정(情)이 일체(一體)가 되게 하였다. 또한

왕가희(汪家禧), 호진(胡緒), 홍진훤(洪震煊), 서양원(徐養原) 등과 같은 그다지 유명하지 않은 학자들 또한 그들을 추종하였고, 송유들의 정의(定義)에 대해 여러 가지 의문을 제기하였다. 그들은 성인에 가까이 다가가는 고전 텍스트와 진실을 추구하는 고증 방법으로 조심스럽게 그들 자신이 굳게 믿는 진리를 구성하고 송유 이래의 전통을 부수고 있었다. 즉 '리(理)'와 '성(性)' 같은 키워드를 일일이 후대 유자들의 개인적인 견해로 귀결시켰다. 이에 따라 그들은 사회 질서를 구축할 수 있는 학설을 다시 제출할 수 있게 되었다.[1] 사회 질서의 정당성은 어디에 있는가? 전통적 사회 질서는 이른바 '리'에 기대어 그 정당성을 구축하고 해석한다. 또한 사람들이 '성'에 근거하여 자각적으로 질서의 안정과 존재를 유지하기를 바란다. 그러나 청나라 중기 학자들은 송유(宋儒)에 의해 구축된 '리'가 얼핏 보기에는 초월적이며 절대적인 진리 같지만, 그 절대성으로 말미암아 오직 관념 세계의 허구에서만 존재하며 실제 생활에서는 존재하지 않는다고 거듭 지적하였다. 따라서 실제 생활에서 판단 근거로 삼을 원칙이 필요할 때에는 본래 단지 관념 세계의 절

사회 질서의 정당성은 어디에 있는가?

능정감(凌廷堪) 『호오설』 상, "사람의 본성은 처음부터 호오에서 벗어나지 않으니, 사랑함은 또한 좋아함이다(人性初不外乎好惡也, 愛亦好也인성초불외호호오야, 애역호야)", 『순경송(荀卿頌)』"무릇 사람은 성이 있으면 반드시 정이 있으면, 정이 있으면 반드시 욕이 있다(夫人有性必有情, 有情必有欲부인유성필유정, 유정필유욕)", 『교례당문집』 권16, 141쪽, 권10, 76쪽. 초순(焦循), 『성선해일(性善解一)』, "성은 다른 것이 아니라 식욕과 색욕이니, 식욕과 성욕은 사람과 만물이 같은 것이다(性無他, 食色而已, 飲食男女, 人與物同之성무타, 식색이이, 음식남녀, 인여물동지)." 다만 "사람의 본성은 선함으로 인도할 수도 있고 악함으로 인도할 수도 있다(人之性可引而善, 亦可引而惡인지성가인이선, 역가인이악)", 『조고편(雕菰篇)』 권9, 총서집성초편본(叢書集成初編本), 127쪽.

1) 왕가희(汪家禧), 호진(胡緒), 홍진훤(洪震煊), 서양원(徐養原) 편, 『성정설(性情說)』은 완원(阮元)이 편찬과 교정한 『고경정사문집(詁經精舍文集)』에서 대체로 대진의 주장을 옹호하였다. 즉 "성현의 학문은 정을 미루어 성에 합하는 것이지 성을 높이고 정을 없애는 것이 아니다(聖賢之學, 推情合性, 不尊性滅情성현지학, 추정합성, 부존성멸정)", "하늘에는 음양이 있고, 사람에게는 성정이 있다(天有陰陽, 人有性情)"(엄걸嚴杰 편, 『경의초經義抄』, 『청경해清經解』 권1 388, 제7책, 847~849쪽, 상해서점 영인본에 수록됨)라고 하였다. 이밖에 완원과 관계가 밀접하였던 저명한 학자 장혜언(張惠言 : 1761~1802년) 또한 이러한 관념에 동의하였다. 그는 본래 기석(奇石)을 논하는 『애석도부병설(愛石圖賦竝說)』에서 처음부터 '성이 만물에 깃들어 있음(性寓於物)'을 말하고, "만물에 진실로 성이 깃들어 있다면, 정은 그것에 응한다. 사랑이란 정이 움직여서 성에 가까워지는 것이다(物筍寓性, 則情應之, 愛者, 情之動而近性者也물구우성, 즉정응지, 애자, 정지동이근성자야)"라고 하였다. 그는 또한 『리란3(吏難三)』에 "무릇 사람의 정은 자신의 몸을 사사로이 여기지 않음이 없으며, 자기의 집을 이롭게 하지 않음이 없다(凡人之情, 莫不自私其身, 莫不自利其家범인지정, 막부자사기신, 막부자리기가)", "그 정을 사용하고, 그 부끄러움을 쓴다(作其情而用其恥작기정이용기치)." 『명가문보편(茗柯文補編)』 권상, 『명가문편(茗柯文編)』, 상해고적출판사, 1984, 163쪽, 72~173쪽.

대 진리가 "여기에도 옳고 그름이 있고, 저기에도 옳고 그름이 있음(此亦一是非, 彼亦一是非차역일시비, 피역일시비)"이 될 수 있었다.

정요전(程瑤田)은 "각자 옳다는 것은 각자 이치를 가지고 있다는 것이다. 어찌 다른 사람의 이치가 반드시 옳고, 나의 이치는 반드시 옳지 않다고 볼 수 있겠는가(各是其是, 是人各有理也, 安見人之理必是而我之理必非也각시기시, 시인각유리야, 안견인지리필시이아지리필비야)"2)라고 하였는데, 그것은 '서로 자기 말이 맞다'는 뜻인 듯하다. 초순 역시 현실 생활에서의 현상은 각기 자신의 의견을 주장하면서 소송하는 듯하여 "이쪽에서는 고발하고 저쪽에서는 소송하여 각기 하나의 이치를 가지고 서로 떠들어 대기를 그치지 않으니, 그것을 해결하는 사람이 만약 그 시비를 바르게 논하더라도 피차가 반드시 모두 불복한다(此告之, 彼訴之, 各持一理讀讀不已, 爲之解者若直論其是非, 彼此必皆不服차고지, 피소지, 각지일리뇨뇨불이, 위지해자약직론기시비, 피차필개불복)"라고 하였다. '리'가 준수할 수 있는 규칙이 아니기 때문에 실행하기 어려운 그럴싸한 도덕 원칙은 질서를 가다듬을 수 없고 오히려 논쟁과 혼란을 일으킨다.3) 이 경우 '리'의 선재성(先在性)과 확정성이 부정되는 것과 같기 때문에 리는 인심(人心)에서 출발한 '판단'으로 해석된다. 그리고 이른바 '성' 또한 '리'와 같지 않기 때문에 '성'은 선과 악을 아는 이성이 있을 뿐만 아니라 정과 욕이 있는 마음이 된다. 따라서 단지 '성'을 의지해서는 사회의 윤리와 도덕 질서를 유지할 수 없게 된다. 마치 초순의 말처럼, "오직 식욕과 색욕은 모든 사람들이 가지고 있는 동일한 마음이다. 그러므로 성선설(性善說)을 다만 고원하고 오묘한 설명만을 가지고 논의한다면 확정지을 수 없다(惟飮食男女, 則人人同此心, 故論性善, 徒持高妙之說, 則不可定유음식남녀, 즉인인동차심, 고론성선, 도지고묘지설, 즉불가정)."4)

'예(禮)'의 의의를 강조하였다.

이러한 사고에서 결국 그들은 '예(禮)'의 의의를 강조하였다. 그들은 또한 공자가 일찍이 "예가 아니면 보지 말고, 예가 아니면 듣지 말며, 예가 아니면 말하지 말고, 예가 아니면 움직이지 말라(非禮勿視, 非禮勿聽, 非禮勿言, 非禮勿動비례물시, 비

---

2) 정요전(程瑤田), 『통예록(通藝錄)』「논학외편(論學外篇)」지십(之十) '양실치언(讓室卮言)'.

3) 초순(焦循), 『조고집(雕菰集)』권10「이설(理說)」, 151쪽.

4) 초순, 『조고집』권9「성선해삼(性善解三)」, 128쪽.

례물청, 비례물언, 비례물동)"고 한 말을 들어 '예'가 가장 중요하다고 지적하였다.

그러나 이처럼 '예'의 의의를 새롭게 부각시키는 과정에서 그들은 선현들의 이름을 차용하는 것도 잊지 않았다. 그들은 왕양명이 주희의 만년의 정론(晩年定論)을 해석한 것처럼 "주자 중년에 '리'를 논한 것은 진실로 이미 정밀하고 실제적이다. 그러나 만년에는 예를 논함이 더욱 정밀했다. 이는 리가 반드시 예에서 나온다는 것을 분명히 이해한 것이다(朱子中年講理, 固已精實, 晩年講禮, 尤耐煩難, 誠有見乎理必出於禮也주자중년강리, 고이정실, 만년강례, 우내번난, 성유견호리필출어례야)"라고 하였다. 왜냐하면 '예'는 곧 하나의 규칙이기 때문에 그것은 정욕(情欲)과 이지(理智)를 가진 사람으로 하여금 그 동정(動靜)과 언행(言行)이 사회 질서에 부합하도록 한다. "잘못된 예(禮)로써 비판한다면 다툴 수 없지만, 잘못된 리(理)로써 따진다면 다툼이 없을 수 없다(以非禮折之, 則人不能爭, 以非理折之, 則不能無爭이비례절지, 즉인불능쟁, 이비리절지, 즉불능무쟁)."[1] 왜냐하면 이러한 규칙은 역사적으로 형성된 공통된 인식이기 때문에 보기에는 매우 일반적이고 줄곧 천리를 높이 부르짖는 것보다 더 초월적이고 절대적이라고 할 수는 없다. 그러나 이것은 이상적인 경지와 현실 세계의 간격을 채워줄 수 있기 때문에 공적 담론과 사적 담론의 분열을 변화시킬 수 있다. 이로써 공통된 인식에서 비롯된 제약을 형성하여 일종의 '공(公)'과 '사(私)'가 조화된 생활을 구축할 수 있다.[2]

고대 중국에서 '예'는 매우 쉽게 '법'으로 전환된다. 순자에서 한비자에 이르는 사고의 전환이 바로 명확한 증거이다. 당시 고증학자의 마음속에서도 희미하게나마 이러한 전환의 가능성이 있었는지 우리는 알 수 없다. 그러나 당시 맹자 학설이 이미 절대적이고 보편적인 인정을 받은 상황에서 순자에 대한 고증학

---

1) 완원, 「서동완진씨학부통변후(書東莞陳氏學蔀通辨後)」, 『연경실속집』 권3, 『연경실집』, 1062쪽.

2) 능정감(凌廷堪), 「복례(復禮)」 상중하 3편에서 "성인의 도는 하나의 예(禮)일 뿐이다(聖人之道, 一禮而已성인지도, 일례이이)", "예란 인의의 중용을 조절하는 것이다(禮也者, 所以制仁義之中也례야자, 소이제인의지중야)", "성인의 도는 평상적이며 또한 쉬운 것이다(聖人之道, 至平且易也성인지도, 지평차역야)"라고 반복하여 지적하였다. 『교례당문집』 권4, 27~32쪽. 손해파(孫海波), 「능차중학기(凌次仲學記)」, 『중국근대 300년 학술사상논집(中國近三百年學術思想論集)』(원래 『중화월간中和月刊』 제1권에 수록됨), 존수사(存粹社), 1978. 능정감에 관한 연구는 위의 책 이외도 장수안(張壽安)의 『이례대리 : 능정감여청중엽유학사상지전변(以禮代理 : 凌廷堪與淸中葉儒學思想之轉變)』(54~55쪽)도 참조할 수 있음.

자들의 새로운 긍정은 마치 이러한 전환의 단초를 보여주는 듯하다. 주목할 만한 것은 초순이 일찍이 8편의 『설권(說權)』을 잇따라 집필하였는데, 이것은 사람들로 하여금 『춘추공양전』 환공 11년 제중(祭仲)이 진퇴양란의 처지에서 어쩔 수 없이 "두 가지의 손해를 저울로 재서 그 중에 가벼운 것을 취한다(兩害相權取其輕양해상권취기경)"는 의론을 생각나게 한다. "권도(權道)라는 것은 무엇인가? 그것은 정상적인 일과는 반대가 되지만, 뒤에 가서 보면 그래도 바람직한 결과가 되는 것을 말한다. 권도는 죽음에 직면하여 어쩔 수 없을 때 행하는 것이다. 권도는 도에 합당하게 행해야 하는데, 자신이 손해를 보더라도 행하며 다른 사람을 해치지 않도록 행해야 한다(權者何? 權者反於經, 然後有善者也. 權之所設, 舍死亡無所設, 行權有道, 自貶損以行權, 不害人以行權권자하? 권자반어경, 연후유선자야. 권지소설, 사사망무소설, 행권유도, 자폄손이행권, 불해인이행권)". 이 뜻은 도덕의 절대성에 대해 맹종할 필요가 없다는 뜻이다. 초순의 『설권』 8편 또한 이와 같은 심오한 뜻이 있다. 이른바 '권(權)'은 일종의 변통의 규칙이다. 그것은 최고의 기준이 아니며, 최저의 한계도 아니다. 그리고 엄격하고 가혹한 법률이 아니며, 자유방임 또한 아니다. 그것은 일종의 때와 상황에 따르는 규칙이며, 절대적인 근거가 없다. 왜냐하면 "법은 폐단이 없을 수 없지만, 권도가 있으면 법은 폐단이 없다. 권도란 변통하는 것을 말한다. 법에는 좋은 것이 없으니, 때에 적당하는 것이 좋은 것이다(法不能無弊, 有權則法無弊, 權也者, 變而通之之謂也, 法無良, 當其時則良법불능무폐, 유권즉법무폐, 권야자, 변이통지지위야, 법무량, 당기시즉량)."[3] 현재의 '법'이 적용되면, 사람들은 초월적인 '천리'가 모든 것을 판가름해 줄 것에 의존하지 않아도 되고, 절대적인 도덕적 이상주의자의 비현실적인 말에 강요받지 않아도 된다.

대진에서 능정감과 초순에 이르기까지의 주장들은 사회 질서에 관한 다른 사고들을 상징한다. 내가 이것을 '다른 사고'(think of others)라고 말한 것은 그 문제 자체가 정통에서 어긋나 있다는 뜻이 아니며, 그것이 제기한 문제의식이 이미 전통의 틀을 벗어나기 시작하였다는 의미이다. 사실 '리(理)', '정(情)'이 하나인지 아니면 둘인지에 관한 문제는 고대 유가에서부터 불교, 송나라 주륙(朱陸)에서 명

대진에서 능정감과 초순에 이르기까지의 주장들은 사회 질서에 관한 다른 생각들을 상징한다.

---

3) 『조고집』 권10 「설권(說權) 1」, 143쪽.

나라 왕학(王學)에 이르기까지 줄곧 논란의 중심이 되어왔다.[1] 그러나 19세기 초반에 이러한 논의가 특별하고 중요하게 된 이유는 그 '다른 사고'가 이미 '리'와 '정'의 이분법을 거의 극복하였고, 전통적으로 구축한 절대 진리와 현실 생활이 대립하는 경계를 무너뜨렸기 때문이었다. '예'에 관한 '다른 사고'의 구상은 문화적 독재와 진리 독점의 정치적 집권 체제를 와해시키는 의미를 내포한다. 또한 사회 질서를 상식과 규칙 위에 건립한다는 구상을 내포하며, 개체로서의 '사람'—사회생활 가운데 독립적으로 존재하는 공간—이 인정받는 가능성을 내포한다. 이러한 상식과 규칙은 절대적인 '리(理)'—때로는 모든 것을 포괄하고 사람을 항상 감시하고 독촉하여 절대의 최고 초월적인 경지를 향하게 하는 것—가 아니며, '정(情)'—때로는 사람을 타락하게 하고 사회적인 의무와 책임의 세속적인 생활 경지를 도피하게 하는 것—도 아니다. 오히려 대다수 사람들이 공감하는 생활 규칙으로서 이러한 규칙을 확인하고 준수하면 생활의 합법성을 가질 수 있으며, 이러한 합법성을 소유하게 되면 개인 생활과 개인 감정은 공간을 얻게 된다. 이러한 공간은 개체로서의 '사람'이 인정받기 시작함을 의미한다.

대진에서 완원 등에 이르는 사람들이 과거의 학설들을 무너뜨릴 때 모두 역사언어학에 가까운 방법을 사용하였다. 대진의 몇 단락의 말은 연구자들에 의해 흔히 인용된다. 예를 들면 『시중명에게 보내는 학문을 논한 편지(與是仲明論學書)』와 『심학자문집서(沈學子文集序)』이다. 역사언어학적 방법

> 경(經)의 지극함이 도(道)이며, 도를 밝히는 것이 말이며, 말을 완성하는 것이 글자이다. 글자로 말미암아 그 말을 통달하고, 말로 말미암아 그 도를 통달하니 반드시 점진적이다. 지금과 옛날과의 거리가 이미 멀고, 성인의 도는 육경(六經)에 있다. 당

---

1) 왕범삼(王汎森)은 「명말청초의 도덕의 엄격주의(明末淸初的一種道德嚴格主義)」에서 이미 "이욕합성(理欲合性), 이욕합일(理欲合一) 등 자연인성론(自然人性論) 경향을 가졌던 사상은 …… 명나라 왕학(王學) 가운데 좌우 양파의 매우 보편적인 태도였다. 이후 청나라 시대 사상에도 중요한 위치를 차지하였다. 대진, 초순, 능정감 등은 모두 이러한 견해를 발휘하였다"고 지적하였다. 『근세중국의 전통과 태변 : 유광경원사칠십오세축수론문집(近世中國之傳統與蛻變 : 劉廣京院士七十五歲祝壽論文集)』, 중앙연구원근대사연구소(中央研究院近代史研究所), 타이베이, 1998.

시에는 모두 같이 듣고 익혀 알아 그윽한 것을 드러내고 미세한 것을 밝힐 수 있었다. 그러나 그 명의(名義)와 제도가 오랜 세월을 거슬러 올라가게 되어 이해할 수 없는 데에 까지 이르게 되었다.

그러므로 모든 학문은 처음에는 글자를 해석하고 중간에는 구절의 뜻을 분석하며, 도를 아는 데에서 마친다(經之至者道也, 所以明道者其詞也, 所以成詞者字也. 由字以通其詞, 由詞以通其道, 必有漸. 以今之去古旣遠, 聖人之道在六經也, 當其時, 不過據夫共聞習知, 以闡幽而表微. 然其名義制度, 自千百世下遙溯之, 至於莫之能通. 是以凡學, 始乎離詞, 中乎辨言, 終乎聞道경지지자도야, 소이명도자기사야, 소이성사자자야. 유자이통기사, 유사이통기도, 필유점. 이금지거고기원, 성인지도재륙경야, 당기시, 불과거부공문습지, 이천유이표미. 연기명의제도, 자천백세하요소지, 지어막지능통. 시이범학, 시호리사, 중호변언, 종호문도).[2]

이러한 경전 진리의 판단과 인지 단계, 즉 자의(字義)의 탐구와 사의(詞義)의 확립에서 구의(句義)의 분석을 거쳐 다시 의의(意義)의 파악으로 들어가는 것은 고증학자들 사이에서 이미 일반적으로 받아들여졌다. 전대흔(錢大昕)은 『장옥림경의잡식서臧玉林經義雜識序』에서 고염무, 염약거 등이 진리 인지에 대한 송나라와 명나라 이래 유사(儒士)의 습관을 바로잡아 '문자와 성음을 바탕으로 훈고하여 의리의 진정한 의미를 얻는(由文字聲音, 訓詁而得義理之眞유문자성음, 훈고이득의리지진)' 방법을 확정하였다고 말하였다. 당시 고주(古註)를 존중한 이유는 "하은주 삼대 이전에는 문자와 성음이 훈고와 상통하여 한유들은 오히려 그것을 알 수 있었다(三代以前, 文字聲音與訓詁相通, 漢儒猶能識之삼대이전, 문자성음여훈고상통, 한유유능식지)"라고 하였다. 그는 엄숙하게 "옛 것을 본받는다는 것은 그 올바름을 표본으로 삼는 것일 뿐이다. 어찌 현재의 것을 천하게 여기고 옛 것을 자랑스럽게 여기며, 특이한 주장을 내세우는 것을 숭상하는가(以古爲師, 師其是而已矣, 夫豈陋今榮古, 異趣相高이고위사, 사기시이이의, 부기루금영고, 이취상고)"[3]라고 말하였다. 즉 이러한 방식이야 말로 정확하게 진리를 얻을 수 있는 방법이라고 말하였다. 사실 만약 이러한 인지 절차와 방법

2) 『대진문집(戴震文集)』 권9, 140쪽, 권11, 164~165쪽, 중화서국, 1974.

3) 『잠연당문집(潛研堂文集)』 권24, 『가정전대흔전집(嘉定錢大昕全集)』 제9책, 375쪽.

을 진일보 추론하여 보편화한다면, 기존의 시간적 선후와 화자(話者)의 성현(聖賢) 여부, 그리고 텍스트의 전통 등급에 근거하여 시비진위를 판단하였던 전통적인 원칙을 은연중에 바꾸게 된다. 다시 말하면 동일한 기준으로 확정할 수 있고 사람들이 모두 파악할 수 있으며, 이성의 방식으로 새롭게 진리를 평가할 수 있는 방법으로 고쳐 쓴다는 것이다. 왜냐하면 결국 경전과 진리는 확정적이며 공통된 문자로 기록되기 때문이다.[1]

물론 이것은 나중의 이야기이다. 그러나 그것은 당시의 사상 세계에도 심오한 의의를 갖는다. 고증학에서 시작된 이러한 비판은 비판적 고증학 방법을 운용한 것이다. 그것이 제기한 과거에 대한 질의와 비난은 주류 정치이데올로기에도 상당히 엄격한 비판을 제시하였다. 왜냐하면 송명(宋明) 이학을 핵심으로 하는 주류 정치이데올로기가 제시한 비현실적인 도덕적 이상주의는 간혹 지식 계층이 표방한 이상적인 경지와 일반 민중의 실제 현실 세계를 뒤섞어 사인의 초월적 추구를 민중의 일반적 요구로 삼아 매우 엄격한 도덕적 표준을 형성하였기 때문이다. '리'는 무한한 초월성과 영원한 정당성을 가지고 있기 때문에 '리'의 명분으로 인성(人性)에 지나친 요구를 하고 절대적이고 명확해 보이는 진리 가운데서 '천리'의 명분으로 모든 '사욕'을 억압한 것이다. 이것은 매우 비인도적이다. 이른바 "리로써 사람을 죽인다(以理殺人·이리살인)"는 이러한 비현실적인 도덕적 이상

'리'의 명분으로 인성(人性)에 지나친 요구

---

1) 이러한 지식사의 변화를 어떻게 평가할 것인가? 현재까지도 일치된 견해가 없다. 1994년 일본의 하마구치 후지오(濱口富士雄)는 『청대 고거학의 사상사적 연구(淸代考據學の思想史的硏究)』를 출판하였는데, 서양의 성경을 해석하는 해석학적 방법과 내재적 맥락으로 사상사를 해석하는 사유 방식에 영향을 받았던 것이 분명하다. 따라서 그는 청나라 시대 고증학의 지식 체계에 대해 분석하고자 하였으며, 고음(古音) 연구, 경서 주석과 고증학 전통을 연계하여 "이러한 고증학의 전개는 전체 경서 해석의 보편타당적 방법일 뿐만 아니라, 경서 해석의 정확한 방법론 확보에 대한 강한 성찰과 비판 의식의 발흥이다"라고 지적하였다. 그는 고증학이 사상성이 결여되어 있다는 견해에 동의하지 않았다. 그는 "고증학의 본질은 방법 이념의 완성과 그 정밀한 성과에 그치지 않는다. 경전을 구성하는 고대 중국어 자체의 철저한 침잠 속에서 경서 해석 중 언어의 고음(古音) 분부(分部)의 음운 구조를 받쳐주는 의미, 그리고 그것들이 구축한 유학 가치관을 발견하는 것이다"라고 지적하였다. 『청대 고거학의 사상사적 연구』의 「서론」, 27쪽, 34쪽, 국서간행회(國書刊行會), 도쿄, 1994. 그러나 2년 이후 또 다른 일본학자 키노시타 테츠야(木下鐵矢)는 『청조고증학과 그 시대―청대의 사상(淸朝考證學とその時代―淸代の思想)』에서 하마구치의 '문헌학에서 철학으로'의 논리를 강하게 비판하였다. 그는 이것이 선험적인 전제라고 하였다. 그는 청나라 고증학이 '언어학 전향'으로 인한 '언어학의 형이상학화'라는 사유 방식에 동의하지 않았다. 키노시타는 청나라 학술이 마땅히 '경전 언어에 대한 개성적인 체험'이라고 보았다. 이는 매우 흥미로운 해석이다. 7쪽, 21쪽, 창문사, 도쿄, 1996.

주의의 결과를 가리킨다. 특히 이학(理學)은 이미 더 이상 정치 주변의 사인들이 정치권력을 비판하는 민간의 입장이 아니었으며, 정치권력을 구축하는 도덕 담론이었다. 그리고 점차 과거시험에 사용되는 공허한 교조가 되었다. '천리' 명분으로 사회를 통제하는 비현실적인 도덕적 이상주의는 개인 생활을 지도하는 능력을 점차 잃게 되었으며, 개인 생활은 이러한 도덕적 교조의 압력으로 인해 끝없이 그 지위를 잃어 사회생활과 개인 생활의 분열을 야기하였다.

3

물론 18세기에서 19세기경에 이러한 송유(宋儒), 즉 주류 이데올로기에 대한 도전은 전통적 사상 세계를 완전히 흔들지는 못하였다. 한편으로는 여기에서 제기한 '예'는 변화를 거치지 않은 지식 계통에서는 여전히 일련의 전통적 기호(記號)였다. 그것은 혈연의 원근에 의해 친소가 구분되고 다시 원근친소 구분의 필요에 따라 수립된 일련의 예의 규칙이며, 이 일련의 규칙이 확대되어 이루어진 제도이다. 이 일련의 규칙은 물론 고대 중국 사회에서의 질서를 정돈할 수 있다. 그러나 고대 중국이 '만국이 병존하는(萬國竝峙)' 시대로 접어들고, 도시와 시민 그리고 상업으로 인해 발전한 교통이 점차 전통 사회를 붕괴시킬 때, 이러한 '예'가 여전히 사회 질서를 재건할 수 있을까? 특히 정치권력, 문화 권력과 종교 권력이 고도로 집중된 집권 국가에서 권력은 '법'보다 높으며, '예'보다 더욱 높다. 따라서 무엇으로 황제와 서민이 모두 '예'의 규칙과 제약을 준수하게 하고 개인 생활에 자유로운 공간을 남겨줄 수 있는지 실로 의문스럽다.

한편 당시 일반 문헌들을 살펴보면, 우리는 이러한 심각한 변화가 당시 보편적인 경각심을 일으키지는 못하였음을 알 수 있다. 사람들은 여전히 원래의 생활 궤도에 있었으며, 사상은 기존 틀 속에 있었던 것 같다. 대다수의 사인(士人)들은 전통적, 관방적 이데올로기와 관념 언어가 무슨 문제가 있는지 느끼지 못하였다. 소수의 민감한 엘리트 외에는 일반 지식과 사상, 그리고 신앙세계가 여전히 구태의연한 듯 보였다. 이것은 비록 중국이 '만국이 병존하는' 시대에 진입하였지만,

'예'가 여전히 사회 질서를 재건할 수 있을까?

중국 사상계는 아직 자급자족의 '천하'에서 살고 있었기 때문에 전통에서 벗어난 신지식이 없었고 또한 전통을 와해하려는 마음도 없었다. 다시 말해 당시의 사상계는 전통 사상계를 동요시킬만한 자원이 없었고 또한 마음을 뒤흔들어 사람들이 모두 바뀌지 않으면 안 된다고 할 만한 위기의식도 없었다.

그렇다고 해서 그 시대 중국의 지식과 사상, 그리고 신앙세계에 전통적 자원만 있었다는 것은 아니다. 그 시대 중국의 지식과 사상, 그리고 신앙세계에 전혀 위기가 없었다는 것도 역시 아니다. 어쩌면 당시 서양 지식과 사상에 대한 중국 사인(士人)들의 이해는 현재 우리들의 역사 저서에서 말하는 것보다 훨씬 많았을지도 모른다. 적어도 건륭과 가경 시기 이전의 중국 지식계가 받은 서양 지식의 영향은 이미 상당하였다. 그리고 어느 정도 이미 학술 경향의 변화에 영향을 주었다. 비교적 초기의 경우, 유명 학자 왕석천(王錫闡), 설봉조(薛鳳祚), 매문정(梅文鼎) 등이 서양 지식, 특히 천문학과 지리학 분야에서 영향을 받았을 뿐만 아니라,[1] 장이기(張爾岐 : 1612~1678년), 이광지(李光地 : 1642~1718년)와 같은 이학자들도 이러한 신지식에 직면하지 않을 수 없었다. 신지식은 결국 당시 중국의 지식과 사상, 그리고 신앙세계의 전체 맥락에 융합되어 있었다. 그것이 이러한 맥락에서 발생한 것임을 고려한다면, 눈과 귀를 막고 그것에 대한 비난과 의문에 대해 대답하지 않을 수 없었다.[2] 심지어 그다지 유명하지 않은 지방 사인(士人) 또한 이러한 학문에 대해 매우 흥미를 가졌다.

예를 들어 산서(山西) 사람 오기(吳琪)는 시골에서도 "학문에 매우 힘써 천문, 역법, 음률, 음운, 점술, 구고, 산법 및 서양의 신기한 기물의 학문에 대해 정통하지 않은 것이 없었다(肆力於學, 天文曆法律呂音韻易占勾股算法及西洋奇器之學, 無不精사력어학, 천문력법률려음운역점구고산법급서양기기지학, 무부정)." 또한 소주(蘇州) 사람 고중광(顧

사실 당시 서양 지식과 사상에 대한 중국 사인들의 이해는 현재 우리들의 역사 저서에서 말하는 것보다 훨씬 많았을지도 모른다.

---

1) 천문역산(天文曆算)으로 유명한 이 세 사람 뿐만 아니라 황종희(黃宗羲)조차도 『서력가여(西曆假如)』 등 서학(西學)에 관한 저서가 있었다. 서해송(徐海松), 『황종희여서학(黃宗羲與西學)』, 황시감(黃時鑒) 주편(主編), 『동서교류론담(東西交流論譚)』, 상해문예출판사(上海文藝出版社), 1998, 166~189쪽.

2) 예를 들어 장이기(張爾岐)는 『호암한화(蒿庵閑話)』 제41조에서 시헌력법(時憲曆法)을 논하였다. 또한 제43조에서 마테오리치에 대한 일을, 제44조에서 기독교에 대한 일을 논하였다. 그는 또한 "천문학과 수학(器算)은 그들이 능한 바이다. 군자들은 마땅히 절도있게 취해야 한다(曆象器算, 是其所長, 君子固當節取력상기산, 시기소장, 군자고당절취)"라고 하였다. 『호암집(蒿庵集)』, 제로서사, 297~300쪽.

重光)은 "천문, 역법, 산법, 의술, 점술, 도인술이라는 수련법에 마음을 두어…… · 일찍이 대통력과 각루(刻漏)의 오류 및 서양 역학(曆學)의 장단점을 논하여 세밀하게 분석하였지만 제대로 이해할 수 있는 사람이 없었다(涉意於天文曆算醫卜導引之書…… 嘗論大統曆刻漏之誤與西洋曆學失得, 縷分發析, 人莫能知섭의어천문력산의복도인지서…… 상론대통력각루지오여서양력학실득, 루분발석, 인막능지)"3)라고 하였다. 심지어 서양 사상과 신앙에 대해 상당한 반감을 가지고 있던 사대부들조차도 비록 항상 천주교를 공격하고 서양을 야만의 번귀만이(番鬼蠻夷)로 보았지만,4) 실용적인 지식 방면에 있어서는 어쩔 수 없이 "각기 장점과 단점을 가지고 있다(尺有所短寸有所長척유소단촌유소장)"고5) 인정할 수밖에 없었다. 서양의 천문, 지리, 수학 및 각종 기물지학에 대한 이러한 존숭은 오랫동안 지속적으로 중국 사대부들의 연구 열정을 자극하였다.

　이러한 열정은 청나라 초 일찍이 정치권력의 묵인과 지지를 얻었다. 청나라 초기 정권은 후세가 생각하는 만큼 그렇게 폐쇄적이지 않았던 것 같다. 민족의 장벽을 허무는 보편주의로써 그 정치적 합법성을 뒷받침 해주어야 하였던 청나라 초기, 서양 문명의 위협이 아직 중국에게 심각한 위기로 다가오지 않았을 때 만주족 황제를 포함한 정치권력 소유자들은 신지식에 대한 반감이 없었던 것 같다. 서양 학술에 영향을 받은 강희황제는 특히 이러한 실용적 학문을 중시하였다. 당시 그가 신지식을 배우고 사고한 기록을 지금도 볼 수 있는데, 예컨대 『강

---

3) 탕빈(湯斌), 「강남진강부해방동지염거오공묘지명(江南鎭江府海防同知蒋渠吳公墓志銘)」, 『탕자유서(湯子遺書)』권 7, 24쪽 B. 시윤장(施潤章), 「고정예선생묘지명(顧貞譽先生墓志銘)」, 『학여당문집(學餘堂文集)』권20. 이밖에 청나라 시대 전기 일반 사인(士人)들이 서양의 천문학과 수학 등에 대한 뜨거운 반응에 관해서는 주이존(朱彝尊), 「장씨정력옥형서(張氏定曆玉衡序)」, 『폭서정집(曝書亭集)』권35, 12쪽 A과 모기령(毛奇齡), 「역법천재서(曆法天在序)」, 『서하집(西河集)』권30, 2쪽 A, 모두 사고전서 영인본이다.

4) 상대적으로 개명적인 이들도 있었다. 조익(趙翼)은 「천주교(天主教)」란 글에서 서양 "사람들 중 동쪽으로 온 자들은 대부분 매우 총명하고 재주가 뛰어나다. 오로지 선교에 뜻을 두고 이익과 재물을 구하지 않는다. 그들이 집필한 책들은 대개 중국인들이 말하지 않았던 것이다(其人東來者, 大都聰明特達之士, 意專行教, 不求利祿, 所著書多華人所未道기인동래자, 대도총명특달지사, 의전행교, 불구리록, 소저서다화인소미도)"고 인정하였다. 또한 세계 4대 종교 가운데 "불교가 가장 널리 퍼졌고, 천주교가 그 다음이고, 공자교와 이슬람교가 그 다음이다(佛教所及最廣, 天主教次之, 孔教回回教又次之불교소급최광, 천주교차지, 공교회회교우차지)"라고 하였다. 『청경세문편(淸經世文編)』권69, 5~6쪽.

5) 「역대력법고(歷代曆法考)」, 『녹초주집(鹿初洲集)』권14, 사고전서본, 20쪽 A.

희기가격물편(康熙幾暇格物編)』이다.[1] 삼번(三藩)이 평정되고 네르친스크조약이 체결된 직후인 1692년 1월, 그는 직접 건청문(乾淸門)으로 들어가 대신들과 함께 성리(性理), 음률(音律), 산법(算法), 하도(河道), 측량규표(測量圭表) 등을 논하였다.[2]

초기에 발생한 양광선(楊光先) 사건은 '역법에 관한 송사로 인해 서로 무고하여 죽은 자가 부지기수(因曆法爭訟, 互爲誣告至於死者, 不知其幾이력법쟁송, 호위무고지어사자, 부지기기)'였다. 게다가 거듭 되는 논쟁으로 인해 많은 희생자가 발생하여 "조정 안에는 역법을 아는 자가 거의 없었다(擧朝無有知曆者거조무유지력자)". 이러한 자극을 받아 그는 "11년 동안 천문역법에 매진하여 그 대략을 파악하여 명확하게 알게 되었다(專志於天文曆法一十餘載, 所以略知其大概, 不至於混亂也전지어천문력법일십여재, 소이략지기대개, 부지어혼란야)"고 하였다.[3] 당시 이러한 일로 자극받은 사인(士人)들은 매우 고무되었다. 사람들은 심지어 이러한 지적 흥미를 엄밀하고 실증적인 것을 추구하는 학술 경향과 연계시켰다. 예컨대 이광지는 "청조 고염무의 음운학과 매문정(梅文鼎)의 산학은 뜻밖에도 왕이 과거시험 과목을 만드는 데에 영향을 주었다(本

---

1) 『강희궤가격물편(康熙几暇格物編)』은 총 92조를 기록하였는데, 모두 현대의 이른바 과학기술에 관한 신지식이었다. 오늘날 사람들은 이것을 중국 고대의 과학기술이라고 여겨 역주를 덧붙이기도 하였다. 상해고적출판사, 1993.

2) 『청성조실록(淸聖祖實錄)』 권154, 중화서국, 1985, 698~699쪽.

3) 만한(滿漢) 대조본 『만한칠본두(滿漢七本頭)』, 한기(韓琦)의 「군주여포의지간 : 이광지재강희시대적활동급기대과학적영향(君主與布衣之間 : 李光地在康熙時代的活動及其對科學的影響)」(『청화학보』, 신26권 4기, 신죽新竹, 421~445쪽 재인용). 이후 옹정(雍正) 또한 『수리정온서(數理精蘊序)』에서 이 점을 다음과 같이 입증하였다. 그는 당시 "서방 유럽 여러 나라에서 대대로 전승된 기술이 중국 조정에서 선보였다. 각기 전적(典籍)과 도표(圖表)들이 매우 훌륭하게 갖추어졌다. 선대 임금께서 그것을 종합하고 심의하여 결정하였다. 그러므로 무릇 고대 천문학 또는 역법 중에 오랫동안 전해지지 않은 것, 선택되었으나 정밀하지 않은 것, 서양 학문 중에 난해한 것, 말은 하였으나 상세하지 않은 것을 모두 조리가 분명하고 본말이 명확하게 만들었다(自極西歐巴諸國專精世業, 各獻其技於闈闔之下, 典籍圖表燦然畢具, 我皇考兼綜而裁定之, 故凡古法之歲久失傳, 擇焉而不精, 與西洋之侏離詰屈, 語焉而不詳者, 咸皆條理分明本末昭晰자극서구라파제국전정세업, 각헌기기어창합지하, 전적도표찬연필구, 아황고겸종이재정지, 고범고법지세구실전, 택언이부정, 여서양지주리힐굴, 어언이불상자, 함개조리분명본말소석)", 『세종헌황제어문집(世宗憲皇帝御文集)』 권6, 사고전서 영인본, 2쪽 B. 이후 건륭황제는 또한 중국 안팎의 새로운 지식에 대해 관심이 많았으며, 각종 문자의 차이에 대해 서술한 바 있다. 다만 당시는 천하의 중심이 대청제국이라는 관념이 지배적이었기 때문에 "국가의 위엄과 덕이 널리 퍼져 이르지 않는 곳이 없다(國家威德覃敷, 無遠弗屆국가위덕담부, 무원불계)"라고 생각하며 다른 나라를 중국에 조공을 바치는 속국으로 생각하였다. "문자가 반드시 같을 필요는 없지만 우리 성현의 가르침과 같다. 이것은 진실로 세계를 통괄하는 하나의 원리이다(書體不必同, 而同我聲教, 斯誠一統無外之規서체불필동, 이동아성교, 사성일통무외지규)", 「제화전옥필통시식어(題和闐玉筆筒詩識語)」, 『어제문집(御製文集)』 여집(餘集) 권2, 사고전서 영인본, 13쪽 B.

朝顧寧人之音學, 梅定九之算學, 居然可以待王者之設科본조고녕인지음학, 매정구지산학, 거연가이대왕자지설과)"라고 하였다.[4] 이에 따라 그들은 이러한 학문이 원래 '육예'였다는 점을 상기하여 재빨리 '육예는 진정 중요한 일(六藝眞是要緊事육예진시요긴사)'이라고 하였다.[5]

서양 신지식을 고대 중국의 이른바 '육예'라고 여기다.

　　서양 신지식을 고대 중국의 이른바 '육예'라고 여기는 것은 비록 평범한 일처럼 보이지만, 매우 상징적인 의미를 가진다. 그것은 서양 신지식 학습에 대한 합법성을 부여하는 한편, 중국 구학문 발굴에 대해서도 새로운 가치를 부여하였다. 황제의 기호와 취향은 항상 결국 학술 풍조의 경향에 영향을 준다. 강희제는 비록 이러한 실용 학문을 매우 중시하였지만, 중국의 황제로서 그는 후세에 매우 큰 영향을 주게 되었다. 즉 이러한 학문을 중국의 것으로 보았던 것이다. 이러한 입장은 마침 중국 사대부의 일관된 생각과 심리적인 우려에 부합하였다. 이에 따라 많은 사인(士人) 또한 신지식에 대해 흥미를 가지는 한편, 중국의 지식으로 신지식을 해석하고자 하였다. 이것은 명나라 때 마테오리치 이래의 서학동점(西學東漸)이 명나라와 청나라의 왕조 교체로 인해 중단되지 않도록 하였을 뿐만 아니라 서양 지식에 대한 해석이 전통 지식과 사상, 그리고 신앙세계의 체계 속으로 흡수되게 만들었다. 이로써 그것이 가지는 충격적 의미는 소실되었다.[6] 이후 청나라 초기 이러한 '서양의 학문은 중국에서 기원한다(西學中源)'는 관념은 점차 명

'서양의 학문은 중국에서 기원한다'는 관념은 점차 명나라 말기 "동해와 서해는 마음도 동일하고 이치도 동일하다"의 생각을 대체하였다.

---

4) 매문정(梅文鼎)은 그의 수학과 천문 지식 그리고 이광지(李光地)의 추천으로 강희황제(康熙皇帝)의 총애를 받았다. 강희황제는 그를 보기 드문 인재라고 생각하였지만, 고령인 그에게 단지 '학문이 넓고 깨달음이 깊다(績學參微적학참미)'라는 현판을 써서 표창하는 것밖에 할 수 없음을 탄식하였다. 한기(韓琦), 「군주여포의지간 : 이광지재강희시대적활동급기대과학적영향」, 『청화학보』 신26권 4기, 신죽, 1996, 421~445쪽.

5) 『용촌속어록(榕村續語錄)』 권16, 『용촌어록(榕村語錄)』 「용촌속어록(榕村續語錄)」, 중화서국, 776쪽.

6) 그중 매문정의 견해는 매우 대표적이다. 그는 『중서산학통(中西算學通)』「자서(自序)」에서 당시 서학에 대해 일반적으로 두 가지 태도가 있었다고 한다. 첫째는 "중국 수학의 원류를 깊이 탐구할 겨를이 없어 항상 세간에 전해진 얕은 기술로서 옛 구장(九章)이 다만 이것이라고 말하여 옛 방법을 보잘 것 없다고 경시하였다(無暇深考乎中算之源流, 輒以世傳淺術, 謂古九章盡此, 於是薄於法爲不足觀무가심고호중산지원류, 첩이세전천술, 위고구장진차, 어시박어법위부족관)." 둘째는 "어떤 사람은 소소한 옛 것을 융통성 없이 고수하여 서학을 이단의 학문이라고 배척하였다(或者株守舊聞, 遽斥西人爲異學혹자주수구문, 거척서인위이학)." 이에 따라 "두 가지 입장 사이에 벽이 생겼으니, 이 또한 학자들의 잘못이었다(兩家之說, 遂成隔碍, 此亦學者之過也양가지설, 수성격애, 차역학자지과야)." 매문정은 만약 "내가 능통하지 못한 것을 다른 사람이 능통하다면 어찌 과거와 현재의 간격이 있겠고, 중국과 서양의 구분이 있겠는가(吾之所不能通. 而人通之, 又何間乎今古, 何別乎中西?오지소불능통. 이인통지, 우하간호금고, 하별호중서?)"라고 하였다. 『적학당문초(績學堂文鈔)』 권2 「적학당시문초(績學堂詩文鈔)」, 허페이(合肥), 황산서사(黃山書

나라 말기 "동해와 서해는 마음도 동일하고 이치도 동일하다(東海西海, 心同理同동해서해, 심동리동)"의 생각을 대체하였으며, 일종의 허구적인 역사 서술로써 민족적 자존과 신지식 수용 간의 긴장을 잠재웠다. 그러나 또한 신지식의 수용에 있어서 이해하려는 사고방식과 해석의 경향을 가져왔다. 즉 역사 속에서 대응되는 자원과 이해의 언어를 찾는 것이었다.

그러나 여기에서는 청나라 학술에 대한 서학의 구체적 영향과 서학에 대한 청나라 학인들의 구체적 반응을 자세하게 검토하지는 않겠다. 다만 청나라 학자들이 '서학중원(西學中源)'의 위안 속에서 잠시나마 심리적 평정을 얻을 수 있었지만, 청나라 학인들은 여전히 서학의 전체 방법과 원칙에서 이역(異域)의 학술과 사상적 패러다임의 도전을 느꼈을 것이다. 그리고 청나라 중기에 이미 이러한 도전에 대해 의식적인 반응을 보였을 것이며, 이러한 반응 가운데 사상적 패러다임은 점차 전환의 징조를 보였다.

社), 1995, 52쪽, 『물암력산서기(勿庵曆算書記)』, 사고전서본, 42쪽 A. 그러나 그는 여전히 회통이 필요할 경우 "각기 그 지극함을 지향하였다(各趣其極각취기극)." 또한 마음속으로 신지식이 옛 전통에 적용하기를 바랐다. 이광지의 말에 따르면, "매문정은 서학을 말할 때 항상 중국의 학문을 벗어나지 못하였고, 그 내용이 중국에서 전해 내려오지 않았을 뿐이다(渠言西學, 總不出吾中國學內, 只是中國失傳거언서학, 총불출오중국학내, 지시중국실전)"라고 믿었다. 『용촌속어록』, 권16 「용촌어록」 776쪽. 이것은 강희(康熙)의 "서학이 사실 중국의 학문에서 기원한다(西學實源中法서학실원중법)"는 사유 방식과 상통한다. 따라서 그는 시를 지어 강희의 "삼각을 논하여 경전으로 남기셨으니, 동서고금이 모두 하나(論成三角典謨垂, 今古中西皆一貫론성삼각전모수, 금고중서개일관)", "위대하도다, 왕의 말씀이여! 모든 저술가들이 도달할 수 없는 경지라네(大哉王言, 著撰家皆所未及대재왕언, 저찬가개소미급)"라고 크게 찬탄하였다. 또한 웅사리(熊賜履)에게 쓴 시에서도 재차 "위대하도다, 성인의 말씀이여(大哉聖人言)"라고 하였다. 이른바 성인의 말씀이란 『어제삼각형론(御製三角形論)』이다. "옛 사람들의 역법이 서양으로 전래되었고, 서양 사람들이 이것을 익혀 더욱 정밀하게 만들었다. 이러한 임금의 말씀이 찬란하게 빛나니 여러 학자들의 논쟁을 잠재울 수 있다(謂古人曆法流傳西土, 彼土之人習而加精焉, 天語煌煌, 可息諸家聚訟위고인력법류전서토, 피토지인습이가정언, 천어황황, 가식제가취송)", 『적학당시초』 권4 「우좌산창……(雨坐山窓……)」. 또한 같은 책의 「상효감상국(上孝感相國)」 4수(首) 참고. 그는 주산(籌算)을 논할 때, 중국의 서적 제도의 글쓰기 방식을 이해하고 적용하기 위해 '직주횡사(直籌橫寫)'의 산식(算式)을 '횡주직사(橫籌直寫)'로 바꾼 적이 있다. 『적학당시문초』, 325쪽, 329쪽. 이밖에 『물암역산서기(勿庵曆算書記)』에서 자신이 쓴 『물암주산(勿庵籌算)』 7권(사고전서본, 42쪽 B)을 소개한 내용 참조. 이 점과 관련하여 야부치 키요시(藪內淸)의 『명청시대의 과학기술사(明淸時代の科學技術史)』 참조할 수 있다. 야부치 키요시와 요시다 미츠쿠니(吉田光煒) 공편, 『명청시대의 과학기술사』, 붕우서점 중인본(朋友書店重印本), 교토, 1997, 21~22쪽. 강희(康熙)와 '서학중원(西學中源)'설의 관계는 한기(韓琦), 「백진적역경연구화강희시대적서학중원설(白晉的易經研究和康熙時代的西學中源說)」, 『한학연구(漢學研究)』 제16권 제1기, 타이베이, 1998, 185~200쪽 참조.

4

청나라 때 경전 고증학의
기본적인 전제가 대체로
성현과 경전의 절대적 정
확성이었다.

앞에서 우리는 청나라 때 경전 고증학의 기본적인 전제가 대체로 성현과 경전의 절대적 정확성이라고 말하였다. 여기에서 미루어 보면 유가의 질서 관련 담론은 역시 불변의 진리인 것이다. 문헌의 근원으로 거슬러 올라갈수록 진리에 가까워지며, 경전 텍스트에 가까울수록 신뢰성이 높아진다. 거꾸로 말하면 문헌의 전승에서 늦게 나왔다고 증명되면 성현과 경전의 텍스트와 멀고 진리와도 멀어지게 되며, 어떤 의도적인 견강부회일 가능성도 높다. 예를 들어 가경(嘉慶) 3년(1798) 초순(焦循)이 왕인지(王引之)에게 쓴 편지에서 고증학자들을 "시대적으로 말하자면 당나라가 반드시 송나라보다 낫고, 한나라가 반드시 당나라보다 낫다. 앞선 유학자로 말하자면 가의와 공영달이 반드시 정주보다 낫고, 허신과 정현이 반드시 가의와 공영달보다 낫다(以時代言, 則唐必勝宋, 漢必勝唐, 以先儒言, 則賈孔必勝程朱, 許鄭必勝賈孔이시대언, 즉당필승송, 한필승당, 이선유언, 즉가공필승정주, 허정필승가공)"라고 풍자하였다.[1] 다시 말해 고증학에서 성현들의 경전은 세속 상식에 대해 고대 지식은 근대 지식에 대해 절대적 우위 원칙을 가지고 있을 뿐만 아니라 시비진위를 확립하는 권위적 기준이라는 것이다.

이러한 역사와 전통이 구축한 권위 관념은 때로는 과도하게 이성(理性)을 대신하여 지식에 대해 최종 판단을 내리기도 한다. 그것은 사상에 대한 서술 뿐만 아니라 문헌 고증에도 적용할 수 있다. 예를 들어 엄약거(閻若璩)와 호위(胡渭)의 『고문상서(古文尙書)』와 『역도(易圖)』에 대한 고증은 바로 그 전형적인 사례이다.[2] 물론

---

1) 예를 들어 요제항(姚際恒 : 1647-?)은 경전을 해석할 때, "경전에 해석이 있다는 것은 경전의 불행이다(經之有解, 經之不幸경지유해, 경지불행)"라고 생각하였다. 경전의 해석이 여러 차례를 거듭하여 진리를 가렸기 때문이다. 한유(漢儒), 송유(宋儒) 그리고 명나라 초 유사(儒士)들의 해석은 경전의 진리를 매몰시켰다. 이러한 주장은 시기적으로 가장 이르면서도 일차적인 텍스트를 진리의 기준으로 삼는다. 『예기통론집본(禮記通論輯本)』 「경해(經解)」, 『요제항저작집(姚際恒著作集)』 제3책, 중앙연구원문철연구소교감본(中央研究院文哲研究所校勘本), 1994, 275쪽.

2) 예컨대 『고문상서』에 대한 엄약거의 고증 연구는 청나라 고증학의 전범으로 불리며, 『고문상서』의 위작과 관련하여 최종 결론을 내려주었다. 그러나 최근의 고고학 발견은 이러한 고증적인 결론에 대해 의문을 제기하였다. 그 구체적인 고증 원칙에 대해서도 연구가 이루어져 문제가 제기되었다. 유인골(劉人鵬)은 「전석여

이후 경(經)과 사(史)의 진실 등급, 경문(經文)과 주소(注疏)의 진리 등급에 대한 건륭과 가경 시대 고증학의 논증, 이른바 '경전을 연구하지만 결코 경전을 감히 반박할 수 없는(治經斷不敢駁經치경단불감박경)' 원칙, 그리고 최술(崔述)의 『고신록(考信錄)』에서 육경에 의거하여 진위를 판단하는 '고신(考信)' 등은 이러한 측면에서의 전형적인 사례이다.[1] 이러한 고증 원칙 및 진리 판단 기준은 분명 모두 문제가 있다. 그러나 바로 이러한 원칙과 기준이 고대 중국 전통의 정당성과 권위성을 유지하고 있었다. 성현의 말씀, 경전의 의의, 고대 역사적 전통은 그 시대에 있어서 이른바 보조적 인식(subsidiary awareness)이었으며, 이것은 은연중의 감화로서 각 사람 마음의 '명확하게 말할 필요 없는 지식'으로 존재하였다. 이것은 사상 측면에서 정치 질서와 사회생활의 합리성을 지탱하며, 지식 측면에서 시비지위를 판단하고 확실성을 부여하였다. 사람들이 정신을 운용하여 어떤 문제를 해결하고자 할 때, 그것은 기존의 근거와 척도 또는 틀로써 사람들을 특정한 사고로 인도하여 해답을 찾게 한다.

　　그러나 만약 이러한 원칙을 지속적으로 사용하지 않고 준수하지 않는다면, 과연 무엇을 근거로 진위를 판단하고 시비를 확정지을 수 있는가? 현대에 살고 있는 우리들은 인간의 이성이 유일한 척도라고 말할 수 있겠지만, 이러한 이성

이러한 고증 원칙 및 진리 판단 기준은 분명 모두 문제가 있다.

고증 : 염약거변위론거분석(詮釋與考證 : 閻若璩辨僞論據分析)」에서 염약거의 고증이 다음과 같은 선견(先見)이 먼저 있었기 때문이라고 지적하였다. 예를 들어 서한(西漢) 시기 '공벽에 본래 고문상서가 있었고(孔壁原有眞古文)', 유흠(劉歆) 등이 진고문상서(眞古文尚書)를 친히 보았으며, 학식있는 마융(馬融), 정현(鄭玄) 등이 위서(僞書)를 믿지 않았을 가능성과 이후의 위작 『고문상서』(僞『古文尚書』)가 매우 일천하였다는 등이다. 염약거는 이러한 실마리를 근거로 비로소 고증을 하게 된 것이다. 따라서 염약거의 고증은 사실 "각종 가설 혹은 오랫동안 사회에서 인정받은 원칙을 수정, 해석, 비판, 교정하여 역사를 재구성한 것이다."『청대경학국제연토회논문집(淸代經學國際硏討會論文集)』, 타이베이, 중앙연구원근대사연구소, 1994, 159~190쪽.

1) 사실 청나라 시대 고증학은 어떤 책이 고대 경전 및 성현인지 여부를 고증하는 과정에서 근거가 부족한 심증으로 시비진위를 헷갈리게 한 경우도 있었다. 예컨대 최술(崔述)은 『수사고신록(洙泗考信錄)』 권3에서 "성인의 말씀은 천하와 후세가 마땅히 지켜야 할 바이다. 그러나 이것은 진정한 성인의 말씀을 가리키는 것이지, 성인의 말씀을 가탁한 것도 지켜야 한다는 것은 아니다(聖人之言, 天下後世所當共遵也, 然必眞爲聖人之言則可, 非托爲聖人之言亦當遵也성인지언, 천하후세소당공준야, 연필진위성인지언칙가, 비탁위성인지언역당준야)"라고 하였다. 그러나 그의 고증 방법을 보면, 이러한 말들이 성현의 도덕 행위와 부합하는지 여부를 기준으로 삼고 있어 문제가 있다. 산동우의서사(山東友誼書社)의 『공자문화대전(孔子文化大全)』 영인본, 1990, 628~629쪽. 이 점과 관련하여 갈조광, 「약담청대문사고거지학재방법상적결함(略談淸代文史考據之學在方法上的缺陷)」, 『고적정리와 연구(古籍整理與硏究)』, 1986년 제1기, 베이징, 중화서국.

역시 보편적으로 적용하는 원칙과 상식에 부합하는 척도와 정확하다고 여겨지는 논리 절차를 세워야 한다. 역사 문헌의 고증에서도 마찬가지이다. 따라서 이미 불변의 진리가 된 전통적 원칙 이외에 별도로 보편적으로 적용할 수 있는 '통례'를 찾는 것은 사상사에 있어서 매우 의미있는 근본적인 전환이다. 이것은 줄곧 전통 속에 빠져있던 사인(士人)들에게 있어서도 매우 어려운 선택이다. 왜냐하면 전통 이외의 모색은 분명 타문명의 자원을 필요로 하기 때문이다. 이러한 모색 과정은 명나라 중기와 후기에 서양 문명이 중국에 대규모로 들어온 이후 시작되었을 것이다.

우리들은 명나라 시기 서학의 영향을 받은 학자들이 서양의 천문(天文)과 역산(曆算) 중 흔히 규칙과 공식을 운용하며, 이러한 추상적 규칙 혹은 공식에서 유추하여 계산하는 것을 볼 수 있다. 이러한 방법은 중국 학자들에게 상당한 자극이 되었다. 이로 인해 사인(士人)들은 '수(數)'에서 '리(理)'를 구하려고 하였다. 즉 전통적인 '리일분수(理一分殊)' 사고를 그 속으로 끌어들여 '하나의 관건을 잡아 여러 가지를 통괄하는(握一管鍵而執萬殊악일관건이집만수)' 보편적 원칙(通則)을 얻고, 이러한 보편적 원칙으로 전체의 현상 세계를 파악하려고 하였다. 예컨대 서광계(徐光啓)는 일찍이 서양 선교사들이 '유교를 보완하고 불교를 변화(補儒易佛보유역불)'시킬 수 있는 종교를 가지고 있을 뿐만 아니라 "일종의 격물궁리의 학문이 있어서 그 학문은 동양이든 서양이든 만사와 만물의 이치를 담고 있다. 묻기만 하면 마치 강물을 쏟아 붓듯 메아리처럼 대답하니, 분명하게 이해할 수 있다(一種格物窮理之學, 凡世間世外, 萬事萬物之理, 叩之無不河懸響答, 絲分理解일종격물궁리지학, 범세간세외, 만사만물지리, 고지무불하현향답, 사분리해)"[2]고 인정하였다.

그러므로 "대개 서양 기술과 합치한 것은 이치에도 부합하지 않는 것이 없다. 서양 기술과 어긋나는 것은 이치에도 어긋나지 않는 것이 없다(大率與西術合者, 靡弗與理合也, 與西術謬者, 靡弗與理謬也대솔여서술합자, 미불여리합야, 여서술류자, 미불여리류야)."[3] 그러나 방이지(方以智)는 '미루어 나가 알 수 없는 것까지 도달하고, 알 수

---

2) 「태서수법서(泰西水法序)」, 『서광계집(徐光啓集)』 권2, 66쪽.
3) 「각동문산지서(刻同文算指序)」, 『서광계집』 권2, 81쪽.

있는 것을 활용하여 헤아리는 것(推而至於不可知, 轉以可知者攝之추이지어불가지, 전이가지자섭지)'이 가장 중요하다고 지적하였다. 아래는 연구자들에 의해 재차 인용되는 그의 말이다. 즉 구체적인 고찰과 연구에 관한 것을 '질측(質測)'이라고 하는데 '그 성정을 분류하고, 그 호오를 증명하여 그 일정함과 변화를 미루어 나가는 것(類其情情, 徵其好惡, 推其常變류기성정, 징기호악, 추기상변)'이다. 그리고 그 근본적인 도리를 탐구하는 것을 '통기(通幾)'라고 하는데 '그 근원을 깊이 연구하는 것(深究其所自來심구기소자래)'이다. 그러나 '질측은 곧 통기를 포함하는 것(質測卽藏通幾者也질측즉장통기자야)'이다. 이러한 주장은 정주학이 격물을 통해 치지를 하는 사고와 매우 비슷해 보인다. 그러나 이것은 서학의 자극에서 비롯된 것이다. "만력 연간에 먼 곳의 서학이 중국에 들어왔는데, 질측에는 상세하였지만 통기에는 보잘 것 없었다(萬曆年間, 遠西學入, 詳於質測而拙於通幾만력년간, 원서학입, 상어질측이졸어통기)." 이에 따라 그들은 늘 자신이 '통기(通幾)'에서 진전이 있어 이러한 근본적인 논거에 대한 파악과 유추 가운데 '실마리가 지극히 정밀하고, 역법·율령·의학·점험(曆律醫占)을 모두 증명할 수 있기(端幾至精, 曆律醫占, 皆可引觸단기지정, 역률의점, 개가인촉)'[1]를 바랐다.

서학의 '원리'를 수용하느냐, 아니면 중국의 '통기'를 탐구하느냐의 문제는 물론 매우 큰 차이가 있다. 그러나 결국 사람들은 이미 '어디에도 다 적용되는' 보편적인 원칙을 찾아 이해와 해석의 전체적 근거로 삼고, '알 수 있는 것(可知)'에서 '알 수 없는 것(不可知)'을 유추해 내는 일련의 사고방식이 있어서 광대한 우주 만상에 대해 효과적인 이해와 파악이 가능해야 한다고 생각하고 있었다. 비록 중국 사람들은『명리탐(名理探)』,『궁리학(窮理學)』등과 같은 근대 논리에 관한 지식의 깊은 의미를 뒤늦게 이해하게 되었지만, 지식 이해의 측면에서 전체적으로 근본적인 근거(즉 '통칙通則')에 대한 탐구 열정은 청나라 고증학자들에게 지속적으

---

1)『물리소식(物理小識)』「자서(自序)」. 그러나 방이지(方以智)가 생각하지 못한 문제는『대학(大學)』부터 정주(程朱)의 격물과 치지가 초월적인 이(理)를 추구한다는 것이었다. '이'의 관심 대상인 사(事)는 사회와 자연의 모든 범주를 포함하지만, 중국 전통의 경전 학문의 많은 지식들은 자연 지식이 아닌 사회 지식이었다. 따라서 이(理)에 대한 추구는 중국 사인(士人)들의 익숙한 사유 방식 속에서 이루어졌으며, 서학(西學)에서 추구하는 규칙과 공식과는 달랐다.

로 존재해 왔다. 고증학자들이 추구한 것은 원래 지리멸렬한 기술적인 지식만이 아니었다. 염약거의 주장에 따르면, "천하의 모든 일은 근본에서 지엽으로 가는 것은 쉽지만, 지엽에서 근본으로 돌아가는 일은 어렵다. 내 생각에는 고증의 학문도 마찬가지다(天下事由根柢而之枝節也易, 由枝節而返根柢也難, 竊以考據之學亦爾천하사유근저이지지절야역, 유지절이반근저야난, 절이고거지학역이)."[2] 그렇다면 문헌고증학에서 이러한 '근본(根柢)'을 확립하는 방법은 바로 고서(古書)의 '통례'를 찾는 것이다. 이것은 그들 사이에서 이미 공통된 인식이었다. 대진이 『수경주(水經注)』를 교감하고, 단옥재(段玉裁)가 한나라 시대의 주석을 논하며, 강번(江藩)이 '고서의 의문 사례(古書疑例)'[3]를 논한 것은 모두 그 나뭇가지와 잎을 따라 뿌리를 찾는 것이며, 그 지류를 따라 원류로 거슬러 올라가는 것이다. 통례를 찾는 것은 매우 방대하고 복잡한 고전 문헌에서 "각종 가설이나 약속된 원칙으로써 수정, 해석, 비판, 교정하여 역사를 재구축하는 것이다."

앞에서 말한 "글자로 말미암아 그 말을 이해하고, 말로 말미암아 그 도를 이해한다(由字以通其詞, 由詞以通其道유자이통기사, 유사이통기도)"는 것은 '통칙'으로 삼을 수 있는 기본 방법이다. 이것은 이후 역사언어학과 역사문헌학을 지지하는 사고가 되었다. 그렇다면 문제는 고전 문헌과 역사 이외에 더욱 폭넓은 지식 세계에서 효과적으로 모든 상식을 해석하고 모든 것을 설명할 수 있는 '통례'를 찾을 수 있는가이다. 현재 가지고 있는 자료로 말하자면, 이렇듯 '통례'를 찾아 세계를 전체적으로 파악하려는 의도는 자질구레하고 단편적인 고증의 성과가 날로 풍부해지는 상황에서 점차 강화되었다. 18세기 말에서 19세기 초에는 '통례'의 탐구가 매우 주목받는 과제가 되었다. 대진(戴震) 이후 완원, 초순, 능정감 등 사인(士人)들은 이미 일반적인 '예(禮)'로 사회생활을 규범짓고 제약하고자 하였다. 마찬

여백 주석:
고서의 '통례'를 찾는 것이다.

18세기 말에서 19세기 초에는 '통례'의 탐구가 매우 주목받는 과제가 되었다.

2) 『상서고문소증(尙書古文疏證)』 권8, 상해고적출판사 영인본, 1987, 3쪽 하(下).

3) 대진(戴震)은 『수경주(水經注)』를 교감하면서 경주(經注)에서 '독거(獨擧)'와 '복거(復擧)'의 차이, '과(過)'와 '경(逕)'의 차이, '모현(某縣)'과 '모현고성(某縣故城)'의 차이를 결론지었다. 이로써 뒤섞여 있던 경문(經文)과 주문(注文)을 구분하였다. 단옥재(段玉裁)는 한나라 시대 주석에 대해 '문제를 제기하여 오류를 바로잡아(發疑正誤발의정오)'서 '독여(讀如)', '독위(讀爲)', '당위(當爲)' 등 세 가지 형식의 차이를 결론지었다. 강번(江藩)의 『경해입문(經解入門)』은 고서(古書) 문구 가운데 85가지 통례를 정리하였다. 칠영상(漆永祥), 『건가고거학연구(乾嘉考據學研究)』, 중국사회과학출판사, 1998, 88~98쪽.

가지로 대진 이후 이 사인들은 천문역산(天文曆算) 가운데 '수(數)'를 '통례'로 삼아 모든 자연 현상의 세계를 해석하고 이해하고자 하였다.[1]

여기에서 지적할 것은 통례 혹은 통칙을 찾고자 하는 열망이 생기게 된 것은 매우 중요한 계기에서 비롯되었다는 사실이다. 즉 연구자들은 청나라 고증학 저서에서 천문역산학의 비중이 점차 늘었다는 것을 주목한다. 예컨대 전대흔은 천문역산을 좋아하는 이예(李銳)에게 말하기를, '수(數)―즉 중국 고대의 천문역산에 대한 통칭―'는 "육예(六藝) 중 하나이다. 예로 말미암아 도를 밝히는 것이 유학자의 학문이다(六藝之一, 由藝而明道, 儒者之學也육예지일, 유예이명도, 유자지학야)"[2]라고 하였다. 이것은 중국의 고대 사회에서 '천지'(즉 '우주')에 관한 천문, 지리, 수학 지식은 정치적 합법성의 근거를 제공하는 학문이었을 뿐만 아니라 가장 일찍 서양 학문의 도전을 받아 동서의 지식 융합과 충돌의 영역이 되었기 때문이다.

다시 말해 중국 전통의 지식 세계에 있어서 '천지'의 시공간 체계는 사회 질서의 합법적 근거를 지탱하며, '예'의 합리적 기초이다. 이와 마찬가지로 '천지'의 시공간 구조는 자연 질서를 구축하는 근거이며, 전체의 현상 세계의 기반이었다. 다른 한편으로 당시 중국의 이러한 '천지'에 관한 지식 중 가장 많은 부분이 타문명으로부터 받아들인 것이었고, 이것은 청나라 시대 학자들이 가장 관심을 가지고 있었던 지식 영역이었다. 이러한 지식은 전통을 근본적으로 극복하는 데에 새로운 자원을 제공할 수 있었다. 따라서 전대흔은 이러한 '수(數)'가 비록 전통적인 육예의 하나이지만, 지금은 이미 "수에 능숙하지만 그 이치에 정통하지 않고 현재에 갇혀 옛것에 회통하지 않으니, 유림의 실학은 방술과 다름없다(習於數而不達其理, 囿於今而不通乎古, 於是儒林之實學遂下同於方技습어수이불달기리, 유어금이불통호

---

1) 이밖에도 18세기 후반에서 19세기 초 장학성(章學誠) 또한 다른 방식으로 전체적인 해석 이론을 수립하고자 하였다. 니비슨(Nivison)은 『장학성의 생애와 사상 : 1738~1801(章學誠의 生平與思想 : 1738~1801)』에서 장학성의 사상 중 중요한 지점을 지적하였다. 그가 그의 저서인 『원도(原道)』를 중심으로 하나의 체계를 구축하고자 하였다는 것이다. 1789년에 쓰인 이 글은 장학성의 강령이자 전체적인 해석의 핵심이었다. 니비슨(David S. Nivison), 『The Life Thought of Chang Hseuh-Ch'eng(1738-1801)』, Stanford University Press, 1966, p.139~140.

2) 『이상지삼통술연발(李尙之三統術衍跋)』, 풍금영(馮錦榮)의 「건가시기력산학가리예적생평급기관묘거일기(乾嘉時期曆算學家李銳的生平及其觀妙居日記)」에서 재인용. 『중국문화연구소학보(中國文化硏究所學報)』 신제8기, 홍콩 중문대학, 1999.

고, 어시유림지실학수하동어방기)"고 생각하였다. 따라서 사람들이 '신속하게 계산하고 실수하지 않아야(運算如飛, 下子不誤운산여비, 하자불오)' 할 뿐만 아니라 특히 '리(理)'에 통달해야 한다고 지적하였다. 이러한 지식에 대한 고증학자들의 관심은 지력(智力)에 대한 자기 검증일 뿐만 아니라 '근본'을 찾고자 하는 뜻도 포함하고 있다.

그러므로 고염무, 황종희로부터 강영(江永), 대진, 전대흔 및 완원은 모두 이러한 지식에 대해 매우 주목하였다.[3] 학술사에서 그다지 큰 명성이 없었던 사람들 또한 이러한 지식에 대해 관심으로 가지고 있었다.[4] 심지어 관방(官方)이 편집한 『사고전서(四庫全書)』에도 명나라와 청나라 때 서양의 선교사들이 찬술하거나 편찬에 참여하였던 서양 서적 37종을 수록하면서 "유럽인들이 가진 천문 계산의 정밀함과 기술자들이 가진 제작 기술의 정교함은 확실히 중국 고대의 수준을 능가한다(歐羅巴人天文推算之密, 工匠制作之巧, 實逾前古구라파인천문추산지밀, 공장제작지교, 실유전고)"고 인정하였다. 비록 여기에 "그 의론이 거짓되고 괴상하니 이단 중에 조금

---

3) 예컨대 강영(江永)은 『추보법해(推步法解)』 5권과 『강씨수학익매(江氏數學翼梅)』 8권과 속1권이 있다. 전자는 호시구고(弧矢句股)로써 역법(曆法)을 계산하였다. 여기에는 추일전법(推日躔法), 세주(歲周), 세차(歲差)를 논한 것, 최비행본륜균륜(最卑行本輪均輪), 숙도(宿度), 절기시각(節氣時刻)을 구한 것, 황적거도표(黃赤距度表) 등을 포함한다. 후자는 『역학보론(曆學補論)』으로서 『세실소장변(歲實消長辨)』, 『항기주력변(恒氣注曆辨)』 등이 있다. 『항기주력변』은 전문적으로 서양의 역법을 설명하였다. 『속수사고전전서제요 '고본'(續修四庫全書提要 '稿本')』 제31책, 546, 548쪽.

4) 여기에서 예를 들면 허종언(許宗彦)은 『감지수재집(鑒止水齋集)』 「경서천문고서(經書天文考序)」에서 건륭 계축(癸丑) 연간에 『매씨총서(梅氏叢書)』를 구입하였다고 언급하였다. "(책을) 읽었으나 이해되지 않는 부분이 있었다. 흠천감에 들어가고자 광동 지역에 몇 개월 머물고 있는 프랑스인이 있었다. 그를 찾아가 서양의 역법을 물었다. 언어가 통하지 않아 그 책을 내보였으나 조금도 알 수 없었다(讀之不能盡曉, 有西士自富郎濟亞來入欽天監, 留粵數月, 往問西法, 苦於言語不通, 出其所著書, 了不辨독자불능진효, 유서사자부랑제아래입흠천감, 류월수월, 왕문서법, 고어언어불통, 출기소저서, 료불가변)." 그는 이후 강녕(江寧) 진군(陳君)의 『경학천문고(經學天文考)』를 보고 비로소 이해가 되었다. 이에 따라 이 책의 서문을 다음과 같이 썼다. "당시 훌륭한 군자인 첨사 전대흔 선생과 완원 선생은 모두 상수에 탁월하였다. 오문 지역의 이예(李銳)는 첨사의 제자로서 마침 고대부터 명나라 시대의 대통역법에 이르는 여러 역법을 하나로 묶어 매씨 책의 유실된 부분을 보완하고 있었다. 허종언(許宗彦)과 같은 현 사람 서양원(徐養原)은 산술에 정통하여 대연(大衍), 천원(天元), 차근(借根), 대수(對數) 등 방법을 모두 취해 옛 구장산술 다음으로 제도를 완비하고자 하였다. 이예와 서양원의 책이 쉽게 완성되지 않는 것을 보자, 진군의 책이 먼저 나왔다……(當世鴻雅君子若詹事錢辛楣先生及雲臺先生, 皆神明於象數, 而吳門李君銳爲詹事弟子, 方合太初以來至大統諸法爲一書, 以補梅氏書之佚, 宗彦同邑徐君養原, 耽精算術, 欲悉取大衍天元借根對數諸法, 次於古九章, 以會數度全, 顧兩君書皆不易成, 而陳君書獨先出……당세홍아군자약첨사전신미선생급운대선생, 개신명어상수, 이오문리군예위첨사제자, 방합태초이래지대통제법위일서, 이보매씨서서지일, 종언동읍서군양원, 탐정산술, 욕실취대연천원차근대수제법, 차어고구장, 이회수도전, 고량군서개불역성, 이진군서독선출……)", 『청경해(淸經解)』 권1255, 제7책, 상해서점 영인본.

나은 편일 뿐이다(其議論誇詐迂怪, 亦爲異端之尤기의론과사우괴, 역위이단지우)"[1]라는 말을 덧붙였을지라도 말이다.

따라서 학자들이 진지하게 각종 학문의 근본을 고찰할 때 서학은 어떤 의미에서 그들의 중요한 사상적 자원이 되었다. 그들은 중국 고대의 "황제는 하늘이 명한다(奉天承運봉천승운)"는 전통에 따라 천문역산이 유가의 지식 계통에서 가지는 중요성을 지적하고, 이것을 매개로 서양 학문을 수용하였다. 예를 들어 건륭 60년(1795) 전대흔은 초순을 위해 지은 『석호서(釋弧序)』에서 거듭 천문학의 의의를 강조하였다.[2] 그는 천체가 둥근 형세(天體弧圓之勢천체호원지세)인 점이 매우 중요하지만, '옛 방법은 거칠고 엉성하여(古法粗疏고법조소)', '근세 유럽의 산술에 정밀한 학자(近世歐羅巴精算之士근세구라파정산지사)'가 중국에 들어와 비로소 '천문과 지리가 간략하고 명료해졌다(周天經緯如指諸掌주천경위여지제장)'고 생각하였다. 그는 당시 사람들에게 주의를 환기시키면서 이러한 산학(算學)은 '유학에서 학문의 경지가 높은 수준(儒家升堂入室之詣유가승당입실지예)'이라고 말하였다. 왜냐하면 그것은 '하늘을 측량하는 학문(測天之學측천지학)'이며, '천(天)'은 바로 유가 학설의 근본적인 근거이기 때문이었다.[3]

그리고 능정감 또한 『부손연여관찰서(復孫淵如觀察書)』에서 손성연이 서양 사람의 천문 연구가 신뢰하지 못할 만하다고 비판한 것을 완곡하게 반박하면서 손씨가 '마음을 내려놓고 한 번 지속적으로 연구(降心一尋繹之강심일심역지)'하기를 바

서학은 어떤 의미에서 그들의 중요한 사상적 자원이 되었다.

---

1)『사고전서총목』의 「환유론제요(寰有論提要)」. 계문덕(計文德), 『종사고전서탐구명청간수입지서학(從四庫全書探究明淸間輸入之西學)』, 한미도서유한공사(漢美圖書有限公司), 타이베이, 1991, 468~469쪽 참조. 현재 우리는 당시 서학(西學)의 영향을 작게 평가하고 있는 것 같다. 예컨대 당시 천문학의 경우 매우 큰 이슈였다. 박지원이 쓴 『열하일기』의 「태학류관록(太學留館錄)』과 『곡정필담(鵠汀筆談)』에는 조선 지식인과 중국 지식인이 천문학에 관한 토론을 두 차례 기록하였다. 이 가운데 지동설, 해·달·지구 원형설(日月地三丸說), 월차일광설(月借日光說) 등이다. 그들은 일반적으로 서양의 '땅이 둥글다'라는 관념을 수용하였다. 『연암집(燕岩集)』 영인본, 북경도서관출판사, 1996, 292~295쪽, 455~461쪽. 이마무라 요시오(今村與志雄), 『열하일기』 제2책 일본어 번역본, 도쿄, 평범사, 1978, 1995, 106~110, 177~186쪽.

2) 전대흔(錢大昕)은 일찍이 장우인(蔣友仁)이 번역한 『곤여도설(坤輿圖說)』을 윤문하였다. 『주인전(疇人傳)』 권46, 속수사고전서(續修四庫全書) 영인 가경도광완씨각본(嘉慶道光阮氏刻本), 451쪽.

3) 『리당학산기오종(里堂學算記五種)』, 『속수사고전서』 자부천문산술류(子部天文算術類), 영인본 1045책. 뢰귀삼(賴貴三), 『초순년보신편(焦循年譜新編)』, 이인서국(里仁書局), 1994, 118쪽.

랐다. 그는 '중국을 위주로 서양을 배척하는(主中黜西주중출서)' 원칙이 따를 만한 것이 못된다고 지적하였다. 예를 들어 세차(歲差)에 대한 추산(推算)에 관해 서양 사람들은 그 원인을 항성이 동쪽으로 이동하는 것으로 설명하며, "한나라 유학자가 알지 못한 것이라고 해서 배척해서는 안 된다(不可以漢儒所未逮幷斥之불가이한유소미수병척지)"라고 말하였다. 또한 산법(算法)과 천문에 대해서는 서양의 방법이 "서로 표리(表裏)가 된다"며, 분리될 수 없다고 하였다. 왜냐하면 그것은 고대 중국처럼 '점험(占驗)'과 '추보(推步)'의 구분이 없기 때문에 하나를 취하고 하나를 버릴 수 없기 때문이라고 하였다. 그는 거듭 "서양 사람들이 말하는 하늘은 모두 여러 실질을 얻은 것으로서 한나라 유학자들이 경전을 주석한 것과 같으니, 반드시 눈으로 징험한 것에 근본한다(西人言天皆得諸實, 猶之漢儒注經, 必本諸目驗서인언천개득제실, 유지한유주경, 필본제목험)." 때문에 "서양 학문의 연원이 미세하여 그 속으로 들어가지 않으면 알 수 없다. 그러므로 옛 것을 귀중히 여기고 지금 것을 천하게 여기는 것이 그 학문을 스스로 완성하는 데에 방해가 되지 않는다(西學淵微, 不入其中則不知, 故貴古賤今, 不妨自成其學서학연미, 불입기중즉부지, 고귀고천금, 불방자성기학)"[4]고 하였다.

가경 4년(1799)에 학계의 리더였던 완원은 초순을 위해 쓴 『리당학산기서(里堂學算記序)』에서는 "천지인(天地人)의 도(道)에 통달한 것을 유학이라고 말하는데, 누가 유학자가 수(數)를 알지 못한다고 말하는가?(通天地人之道曰儒, 孰謂儒者而可以不知數乎통천지인지도왈유, 숙위유자이가이부지수호)"[5]라고 더욱 강조하였다. 이후 1820년 그는 학해당(學海堂) 학생들을 위해 준비한 논제에서 서양과 이슬람교의 역법(曆法)에 관한 문제들을 제기하였다. 그는 확실히 중국 전통의 지식 세계에 어떤 변화가 생기기를 희망하였던 것이다.[6]

---

4) 『교례당문집』 권24, 219쪽. 전대흔, 「답손연여관찰서(答孫淵如觀察書)」, 『잠연당문집』 권36, 『전집(全集)』 제9책, 611쪽.

5) 『연경실 3집(擘經室三集)』 권5, 681~682쪽. 엘먼은 『종리학도박학(從理學到樸學)』에서 "예수회 선교사들이 전통 과학 체계 연구에 준 충격은 완원(阮元)의 학술 성과에 나타나 있다. ……완원은 강남의 고증학 수호자라는 높은 지위에 있었다. 과학에 대한 그의 흥미는 영향을 끼쳤다"라고 하였다. 『종리학도박학』 중역본, 44~45쪽.

6) 『연경실속집』 권3 「학해당책문(學海堂策文)」에 역법의 전래, 회회력(回回曆)의 기원, 서양 역법의 역사, 소서양(小西洋)의 위치 등에 관한 문제가 기록되어 있다. 『연경실집』, 1067~1068쪽.

그들은 왜 이렇듯 매우 추상적으로 보이는 학문에 대해 특별한 관심을 가졌을까? 이 대목에서 전대흔의 말은 주목할 만하다. 그는 명나라 말 육왕지학의 생각에 따라 "동해와 서해가 마음이 같고 이치가 같다(東海西海, 心同理同)"라고 말하였다. 즉 천하에는 공통된 '통칙'이 있는데, 이러한 '통칙'이 보편적으로 적용되는 이유는 사람들 모두 공통된 '심(心)', '리(理)'와 '수(數)'가 있기 때문이라는 것이다. 그는 "동양은 서양에 대해 언어가 통하지 않고 문자가 다르다. 그러나 산가지를 펼치는 포산법(布算法)이 이미 이루어져 그것을 사용함에 조금의 오류도 없을 수 있는 것은 다른 것이 아니다. 이치가 같으며, 수(數)가 같기 때문이다. 유럽의 기술이 중국을 능가해서가 아니다. 다만 부자(父子), 사제(師弟) 간에 대대로 전해졌기 때문에 오래되어 더욱 정밀하기 때문일 뿐이다. 그러나 중국에서 수(數)에 능한 사람을 유학에서는 흔히 보잘것없는 기술이라고 생각한다(夫東海之於西海, 語言不通, 文字各別, 而布算既成, 校之無釐黍之失, 無他, 此心同, 此理同, 此數同也. 歐羅巴之巧, 非能勝乎中土, 特以父子師弟世世相授, 故久而轉精. 而中土之善於數者, 儒家輒爲小技부동해지어서해, 어언불통, 문자각별, 이포산기성, 교지무루서지실, 무타, 차심동, 차리동, 차수동야. 구라파지교, 비능승호중토, 특이부자사제세세상수, 고구이전정. 이중토지선어수자, 유가첩위소기)."[1]

전대흔은 이러한 공통된 '리(理)'와 '수(數)'를 규명하고 탐색하고자 하였다. 즉 만약 '예로써 이를 대신함(以禮代理)'이 고증학자들의 사회 질서 재건에 관한 새로운 구상 중 새로운 생각을 표현하였다면, 전체적인 이해를 통해 개별적인 '통례 탐구'를 해석하고자 하는 방법은 고증학자들 중 우주 구조를 새롭게 이해하는 새로운 생각을 표현한 것이라고 말할 수 있다. 가경 초기의 완원 이외에도 왕래(汪萊), 이예, 능정감, 초순 등은 모두 산학(算學)으로 유명한 학자였다.[2] 그리고 산학으로 유명하지 않지는 않더라도 강성(江聲)은 『항성설(恒星說)』을 지었고, 공광삼(孔廣森)은 『소광정부술외편(少廣正負術外篇)』을 쓰는 등 서학에 대한 그 시대 학자

'통칙'이 보편적으로 적용되는 이유는 사람들 모두 공통된 '심(心)', '이(理)'와 '수(數)'가 있기 때문이다.

---

1) 『잠연당문집』 권23, 『전집(全集)』 제9책, 362쪽.
2) 왕래(汪萊)는 『형재산학(衡齋算學)』이 있고, 이예(李銳)는 『이씨유서십일종(李氏遺書十一種)』이 있다. 이예는 『이씨유서십일종』 권수(卷首)「기략(紀略)」에서 그가 "특히 천문 산술에 능통하여 초순, 능정감 선생과 함께 '하늘을 논하는 세 사람'이었다(尤精於天文步算, 與焦里堂凌次仲兩先生爲談天三友우정어천문보산, 여초리당릉차중양선생위담천삼우)"고 말하였다. 『속수사고전서』 1045책, 도광 3년 완씨각본(阮氏刻本) 영인본, 537쪽.

들의 이해가 우리들의 생각을 훨씬 능가한다는 것을 알 수 있다. 그들은 이미 '코페르니쿠스'와 '카시니'의 천체 타원설[3]을 이해하고 연구하였으며, 기존에 '프톨레마이오스부터 티코 브라헤(Tycho Brahe : 1546~1601년, 덴마크의 천문학자)까지' 따랐던 평원설(平圓說)에서 일변하여 '본륜(本輪)'(planetary epicycle), '균륜(均輪)'(uniformity wheel), '차륜(次輪)'(secondary epicycle) 과 같은 신개념을 보편적으로 수용하였다. 따라서 초순의 『석호(釋弧)』와 『석타(釋橢)』 등의 저서가 나오자 많은 학자들은 즉각 이에 대해 높이 평가하였다.[4] 그리고 능정감의 천문역산에 관한 글은 완원, 이예와 초순의 호응을 얻었다. 그들 사이에 이렇듯 수학 모형에 관한 논의는 매우 많고 세밀하였으며,[5] 반드시 "가지와 잎을 따라 뿌리에 이르렀다(沿枝葉而至根柢연지엽이지근저)", 즉 개별적인 해석에서 전체적인 이해로 거슬러 올라갔던 것이다.

이러한 생각들은 그들 사이에서 논의된 바 있었을 것이다. 예컨대 이예가 초순에게 보내는 편지를 보면, 청나라 시대 정부가 반포한 역서(曆書)에서 천체의 변화 측정은 강희(康熙) 연간에는 제륜법(諸輪法), 옹정(雍正) 연간에는 타원법을 사용하였다. 둘 다 서양의 새로운 방법이었지만 각기 다른 것이었다. 즉 어떤 것은 '중심이 같지 않은 하늘(不同心天)'을 따르고, 어떤 것은 "태양은 움직이지 않고, 지구는 칠요(七曜)[6]와 같이 운행한다고 가정(設太陽不動而地球如七曜之流轉설태양부동이지구여칠요지류전)"한다. 그는 여러 천문역산이 모두 단지 '당연한 것을 말한(言其當然)' 것이지만, "그 당연한 것은 모두 실측을 근거한 것이다(其當然者, 悉憑實測기당연자, 실빙실측)"라고 하였다. 그러나 그는 더욱 중요한 것은 '그렇게 된 까닭을 말한(言其所以然)' 것이라며, 그 소이연(所以然)을 말하려면 "단지 한 학파의 설에 대해 부연하고 끝까지 연구하여 계산하는 이치를 밝혀야 한다(止就一家之說, 衍而極

---

3) 카시니(Jean Dominique Cassini : 1625~1712년)는 행성의 공전 궤도에 대해 케플러의 타원에 대응하는 카시니의 난형(卵形)을 주장하였다(역자 주).

4) 강번(江藩), 「석타서(釋橢序)」, 『석타』 권수(卷首), 『속수사고전서』 1045책 영인본 『리당학산기오종(里堂學算記五種)』, 434~435쪽.

5) 풍금영(馮錦榮)은 당시 "이예와 그 스승 및 동학 간에는 대체로 학술 네트워크 혹은 집단을 형성하였다"고 지적하였다. 이 사람들은 당시 영향력이 매우 컸다. 「건가 시기 역산학자 이예의 일생과 그 관묘거일기(乾嘉時期曆算學家李銳的生平及其觀妙居日記)」, 『중국문화연구소학보』 신제8기, 홍콩중문대학, 1999, 283쪽.

6) 칠요(七曜)는 태양, 달, 수성(水星), 화성(火星), 목성(木星), 금성(金星), 토성(土星)을 말한다(역자 주).

之, 以明算理지취일가지설, 연이극지, 이명산리)"고 하였다. 여기에서 '계산하는 이치를 밝히는 것(以明算理)'은 곧 기본 전제에 근거하여 객관적인 수치로 유추해 내는 것이다.[1]

초순의 견해는 특히 주목할 만하다.

이 중 초순(焦循)의 견해는 특히 주목할 만하다. 그는 『석호(釋弧)』, 『석륜(釋輪)』, 『석타(釋橢)』 등의 논저에서 기하학과 수학적 문제에 대해 연구한 후,[2] 전체 해석에서 필요한 '리'에 대해 확실히 할 필요성을 깊이 느꼈다. 그는 『가감승제석자서(加減乘除釋自序)』에서 다음과 같이 지적하였다.

이름은 법이 세워진 뒤에 생겨나고 리는 법이 생겨나기 전에 이미 있다. 리란 무엇인가? 가감승제(더하기 빼기 곱하기 나누기)의 온갖 연산일 뿐이다. 즉 한자의 각부가 결국은 육서로 이루어진 것처럼 구장(九章)도 결국은 가감승제로 이루어진 것이다(名起於立法之後, 理存乎立法之先. 理者何? 加減乘除之錯綜變化也, 而四者之雜於九章, 不啻於六書之聲雜於各部명기어립법지후, 리존호립법지선. 리자하? 가감승제지착종변화야, 이사자지잡어구장, 불시어륙서지성잡어각부).[3]

즉 모든 한자가 '육서'로 해석 및 분류가 가능한 것처럼 모든 현상은 '가감승제(加減乘除)'와 같은 수학으로 해석과 분류가 가능하며, 숫자는 어떤 의미에서 많고 복잡한 현상을 초월한 추상적인 원리라는 것이다. 기하학과 수학에 대해 일련의 주제 연구를 한 후, 초순은 중국 고대의 가장 추상적 원리를 간직한 우주 해석 근거인 『주역』에 대해 새로운 해석을 하였다.[4] 초순은 『조고집(雕菰集)』 권16 「역도략자서(易圖略自序)」에서 지적하기를, 자신은 "하늘을 측량하는 법으로 『역』을

---

1) 초순(焦循)의 『석륜(釋輪)』 권수(卷首)에 첨부된 이예(李銳)에게서 온 편지 중 내용. 『리당학산기오종』, 『속수사고전서』 1045책 조고루본(雕菰樓本) 영인본, 414쪽.

2) 『석호』, 『석륜』, 『석타』 등은 대체로 기본적인 기하학 문제를 해석하였다. "먼저 원리를 기술하고 옛 산술법을 인용하여 방법을 설명한다. 또한 그림을 그려 증명한다. ······오늘날 교과서와 다름이 없다(先述定理, 次引古算, 言其法術, 並繪圖證明 ······已無異今之課本선술정리, 차인고산, 언기법술, 병회도증명 ······이무이금지과본)", 『속수사고전서총목제요 '고본'(續修四庫全書總目提要 '稿本')』 제31책 『석호』 제요(提要), 제로서사 영인본, 1997, 539쪽.

3) 초순, 「가감승제석자서(加減乘除釋自序)」, 『조고집(雕菰集)』 권16, 277쪽.

4) 『역(易)』은 전통의 지식 체계에서 근본적인 경전이다. 『역』의 이(理)와 수(數)는 고대 중국에서 우주의 천지만물을 전체적으로 해석하는 열쇠와 도구 같았다.

측량하였다(測天之法測『易』측천지법측『역』)." 때문에 『역』에 대한 궁극적인 이해에서 3가지가 매우 중요하다고 하였다. 첫째 방통(旁通), 둘째 상착(相錯), 셋째 시행(時行)이다. 이 3가지는 모두 '실측'의 결과이며, "경문과 전문을 실제 헤아린 후에 비례(比例)의 뜻이 상착(相錯)에서 나온 것을 알았다(實測經文傳文, 而後知比例之義, 出於相錯실측경문전문, 이후지비례지의, 출어상착)"고 하였다. 하택항(何澤恒)은 이에 대해 "천문관측의 방법을 빌어 역(易)의 천체 운행을 말할 때 움직이는 도수(度數)에 근거하여 각종 변화 규칙을 실제 관측할 수 있다. 역의 착종변화 역시 천체의 운행과 같기 때문에 역의 괘·효사 자체로 그 괘효(卦爻)의 변화를 실측할 수 있다. 이처럼 경문과 전문의 글은 단지 천문의 행도좌표(行度坐標)처럼 그 자체가 의리를 포함하지는 않는다(借天文觀測之法以說易蓋天體運行, 可本行度以實際觀測其種種變化之規律, 而易之錯綜變化, 亦猶天體之運行, 故亦可由易辭本身以實測其卦爻之變動, 如是, 則經傳之文辭僅如天文之行度坐標, 其自身將不含義理차천문관측지법이설역개천체운행, 가본행도이실제관측기종종변화지규률, 이역지착종변화, 역유천체지운행, 고역가유역사본신이실측기괘효지변동, 여시, 즉경전지문사근여천문지행도좌표, 기자신장불함의리)"라고 해석하였다.[5]

　　이것이 아마도 그들이 추구하였던 '일관된 도(一貫之道)'일 것이다. 건륭과 가경 시기 사람들은 이러한 문제를 논하기를 좋아하였던 것 같다. 즉 과연 무엇이 공자가 말한 '일이관지(一以貫之)'의 '일(一)'인가? 도대체 '리일분수(理一分殊)' 혹은 '일본만수(一本萬殊)'의 '일(一)'은 어디에 있는가? 송유의 '리'가 이미 그들의 자의(字義) 가운데 최고의 '일(一)'을 차지할 수 없다면, 무엇이 전체적으로 우주를 이해할 수 있는 '도(道)'인가? 대진은 『맹자자의소증』 권하(卷下)에서 일찍이 『논어』두 곳에 나타나는 '일이관지'에 대한 주희의 각기 다른 해석을 비판하였다. 즉 그는 공자가 증자에게 말한 '일이관지'의 '일(一)'을 '일리(一理)'로 본 주희의 해석에 대해 불만이 있었다. 그러나 공자가 자공에게 말한 '일이관지'를 '지식에서 도(道)로 들어가는 것(由知識而入道유지식이입도)'으로 해석한 주희의 주석에 대해서는 이의가 없었다.[6] 그는 확실히 송유의 '리'가 '일(一)'을 독점하는 것을 변화시키

<hr>

5) 하택항(何澤恒), 「조고루역학탐석(雕菰樓易學探析)」, 『초순연구(焦循研究)』, 타이베이, 대안출판사, 1990, 25~26쪽.
6) 여영시(余英時), 「유가지식주의의 흥기(儒家智識主義的興起)」, 『대진과 장학성을 논함(論戴震與章學誠)』, 34쪽.

고 신지식 가운데 모든 것을 전체적으로 해석할 수 있는 '일(一)'을 재확립 하고자 하였던 것 같다.

초순은 대진의 생각을 이어 말하기를, 송유가 말한 현묘하고 텅빈 '리'가 모든 것을 뒤덮는 것 같지만, 단지 이상적인 '일(一)'이 된 '리'가 실제로는 '일이관지'하게 문제를 해결할 수 없으며, 다만 현상 세계의 여러 가지 구체적인 지식을 멸시하는 상상의 진리라고 말하였다. 즉 "유자가 일관(一貫)의 뜻을 이해하지 못하고 일(一)을 다(多) 이외에서 구하였으니, 그 폐단은 존덕성을 하지만 도문학을 하지 않는 데에 이르렀으며, 양지와 양능을 말하면서도 독서와 계고는 더 이상 하지 않는 지경에 이르렀다(儒者不明一貫之旨, 求一於多之外, 其弊至於尊德性而不道問學, 講良知良能而不復讀書稽古유자불명일관지지, 구일어다지외, 기폐지어존덕성이불도문학, 강량지량능이불부독서계고)." 물론 그는 단순한 박학(博學)을 주장하지도 않는다. 그는 '만물을 모두 말하지만 저울과 같이 가늠할 수 있는 도구가 없는 것(兼陳萬物而懸衡無其具겸진만물이현형무기구)'은 진정한 학문이 아니라고 생각하였다. 그러나 '일이관지' 역시 절대 '생각하지 않고, 고려하지 않는(不思不慮불사불려)' 오묘한 생각이 아니라 "많은 사람의 지식을 모아 나 한 사람의 지식을 완성하는 것(集千萬人之知, 以成吾一人之知집천만인지지, 이성오일인지지)"이라고 하였다. 이것은 곧 단순한 박학다문(博學多聞)의 '일(一)'을 초월한 것이다.[1] 그리고 완원 또한 『논어』의 '일이관지'를 해석할 때 송유의 견해를 수정하며, "후세 사람이 너무 깊이 추구하여 오히려 성인의 본뜻을 잃었다(後人求之太深反失聖人本意후인구지태심반실성인본의)"고 지적하였다.[2] 이렇듯 '일이관지'를 재해석하는 목적은 아마도 송유의 '리'가 '일'을 독점하는 것을 무너뜨리는 한편, 하나의 우주, 천지, 사회, 인간의 전체적 해석 기초의 재건을 합리화하는 데에 토대를 만들기 위함이었을 것이다.

그러나 우리는 이렇듯 우주를 하나의 수치화 혹은 기하학적 형식 안으로 새롭게 들여 놓고 전체적 이해와 해석의 방법을 찾는 것이 당시에는 확실히 성숙하지 못하였던 것을 인정해야 할 것이다. 어쩌면 이후의 강유위(康有爲 : 1858∼1927년)

---

1) 초순,「일이관지해(一以貫之解)」,『논어통석(論語通釋)』「석다(釋多)」,『조고집(雕菰集)』권9, 132∼134쪽.
2) 완원(阮元)의 『연경실 1집(擘經室一集)』권2 「논어해(論語解)」, 같은 책 권2 「논어일관설(論語一貫說)」,『연경실집』, 51∼52쪽.

는 바로 이러한 생각을 계승하고 실천하며, 『실리공법전서(實理公法全書)』 중 「기
하원본(幾何原本)」을 모방하여 '실리(實理)', '공법(公法)', '비례(比例)'로써 새로운
사회 질서를 구축하고자 하였다.[3] 중국은 흔히 '간단명료한 방법으로 번잡한 일
을 처리하는(以簡馭繁이간어번)' 데에 익숙하고, 간략화하는 방식으로 전체적 세계를
파악하는 전통이 있다. 이 전통 가운데서 하나의 전체적인 해석이 점차 실효를
잃게 되면, 사람들은 항상 애써 또 다른 전체적인 해석을 찾게 된다.

　　그러나 19세기 초 고전 지식은 여전히 권위를 가지고 있었고, 경전의 담론은
아직 넘어설 수가 없었다. 따라서 천문역산의 지식들은 비록 그 근거가 명확하였
지만, 오직 경전에 대해 옹호적으로 해석하였을 때 비로소 정당성을 가졌다.[4] 다
시 말해 서학은 보편적으로 적용되는 지식이 되지 못하였던 것이다. 왜냐하면 당
시의 지식 평가에서는 실용적인 기준이 있었을 뿐만 아니라 민족과 국가적 요소
도 있었기 때문이다. 근대의 천문산술의 단어들은 전통적인 전문 용어들을 대신
하지도 않았다. 왜냐하면 당시 사람들은 아직 전통적인 전문 용어와 신지식의 충
돌을 느끼지 못하였기 때문이다. 전통적인 전문 용어가 원래 포함하였던 의미는
종종 사람들의 생각을 전통적 사상 세계로 이끄는데,[5] 특히 그 지식이 중국 전통
을 흔들 수 있을 경우에는 흔히 그것들에 대한 판단이 중지된다.

　　'서학중원(西學中源)'의 사고가 여전히 사람들의 마음을 뒤덮고 있었던 당시,
가장 탐구 정신이 많았던 학자들조차도 중요한 순간 생각을 급선회하였다. 예컨
대 완원은 『리당학산기서(里堂學算記序)』에서 수술(數術)에 대한 연구를 매우 지지
하였지만, 여전히 중서일체(中西一體)의 견해를 가지고 있었다. 그리고 이러한 탐
구가 민족, 국가, 그리고 문화의 자존(自尊)에 영향을 줄까 두려워 "나는 일찍이

---

3) 주유쟁(朱維錚), 「종실리공법전서도대동서(從實理公法全書到大同書)」, 『구색진문명 : 만청학술사론(求索眞文明 :
　　晩淸學術史論)』, 상해고적출판사, 1996, 231~358쪽.

4) 그러므로 현대 수학의 기점이 되는 기호대수학(symbolic algebra), 해석기하학(analytic geometry), 미적분 등은
　　모두 소홀히 여겨졌다. 진방정(陳方正), 「시론중국수학발전여황조성쇠이급외래영향지관계(試論中國數學發展
　　與皇朝盛衰以及外來影響之關係)」, 『중국문화연구소학보』 신제8기, 홍콩중문대학, 1990, 265쪽.

5) 예컨대 초순은 『천원일석(天元一釋)』 권상의 모두부터 '천원(天元)', '태극(太極)' 등의 용어를 사용하고 있다.
　　이러한 용어들은 우주와 사회에 관한 궁극적인 본원으로 인식되기 쉽다. 『리당학산기오종』, 『속수사고전서』
　　1045책 영인본, 345쪽.

산술 방면에 남겨진 글들을 살펴보고, 유럽의 저술들을 널리 읽어보았다. 그래서 중국과 서양은 비록 서로 나누어져 있지만, 그 근본은 하나임을 알았다(元嘗稽考算氏之遺文, 泛覽歐邏之述作, 而知夫中之與西, 枝條雖分, 而本幹則一也원상계고산씨지유문, 범람구라지술작, 이지부중지여서, 지조수분, 이본간즉일야)"라고 하였다. 그 다음 그는 서양 방법의 거의 모든 지식, 예컨대 삼술비례(三率比例), 삼각(三角), 차근방(借根方), 지원설(地圓說), 심지어 티코[1]의 사방행측(四方行測) 등에 대해 중국의 출처를 찾아내었다.[2]

　　가경 5년(1800) 담태(談泰)는 초순의 『천원일석(天元一釋)』의 서문에서 "서양의 방법은 중국보다 정밀하고, 후세 사람은 옛날 사람을 능가한다(西法密於中法, 後人勝於前人서법밀어중법, 후인승어전인)"는 사상을 비판하였다. 그는 초순의 서평을 빌어 다음과 같이 논하였다. 즉 매문정이 서양의 차근(借根) 방법이 천원술(天元術)에서 나왔음을 발견한 것은 '당시 대단한 탁견'이지만, 아쉽게도 그는 여전히 "내용 중 보산(步算)은 여전히 서양의 방법을 사용하였다(篇中步算, 仍用西人號式편중보산, 잉용서인호식)"라고 하였다. 그러나 담태는 초순에 이르러 "사람들에게 옛 방법의 간단함과 정묘함을 알게 해주었으며, 그 긍정적인 면과 부정적인 면을 서로 상쇄시키며, 영육(盈朒)과 화교(和較) 이치의 까닭을 밝힐 수 있었다(使人知古法之簡妙, 其於正負相消, 盈朒和較之理, 始能抉其所以然사인지고법지간묘, 기어정부상소, 영뉵화교지리, 시능결기소이연)"고 하여 비로소 "옛 학문이 끊겼다 다시 이어지고, 어두웠다 다시 밝아졌다(古學之絶而復續, 幽而復明고학지절이부속, 유이부명)"라고 하였다. 담태는 서양인의 의도를 "정확히 알 수는 없으나, 그들은 중국 고서를 모두 없애서 그들의 가르침만을 행하여 그 장점을 스스로 드러내고자 하였다. 우리들은 중국에서 태어났지만 중국 서적을 잘 드러내지 못해 결국 그 책이 감추어져서 세상에 드러나지 못한 지 수백 년이 되었다. 다만 서양 사람들의 방정식만을 알고, 옛 방법인 천원일(天元一)을 알지 못하니 어찌 선조들을 잘 존숭하였다고 할 수 있겠는가!(存心叵測, 恨不盡滅

---

1) 티코 브라헤(Tycho Brahe : 1546~1601년)는 덴마크의 천문학자로서 육안 관측을 통하여 최고 2초, 통상 1분의 정밀도로 관측을 시행하였다. 그의 혜성, 태양, 달의 위치 측정은 1600년에 조수가 된 케플러에 의해 케플러의 제3법칙이 되었다(역자 주).

2) 『연경실 3집』 권5, 681~682쪽.

古籍, 俾得獨行其教, 以自炫所長, 吾儕托生中土, 不能表彰中土之書, 使之淹沒而不著, 數百年來, 但

知西人之借根方, 不知古法之天元一, 此豈善尊先民者哉존심파측, 한부진멸고적, 비득독행기교, 이자현

소장, 오제탁생중토, 불능표창중토지서, 사지엄몰이부저, 수백년래, 단지서인지차근방, 부지고법지천원일, 차

기선존선민자재)"라고 하였다.[3]

이렇듯 탐구 정신이 가장 많은 학자들에게서도 진리의 민족성은 넘기 어려

운 장벽이었다. 능정감은 일찍이 『초순에게 보내는 호삼각을 논한 편지(與焦里堂

論弧三角書)』에서 초순에게 다음과 같이 물었다. 즉 『대대례(大戴禮)』에는 원래 "무

릇 땅은 동서를 위도로 삼고, 남북을 경도로 삼는 것이다(凡地東西爲緯, 南北爲經범지

동서위위, 남북위경)." 그런데 어떤 사람이 서양 방법에 따라 '동서를 경도로 삼고, 남

북을 위도(東西爲經, 南北爲緯)'로 교정하였다. 그러나 이러한 교정은 의혹을 초래하

였다. 따라서 그는 만약 정말 그렇다면, "서양의 방법이 옛 것이며, 대대례가 나

중에 나온 것인가? 아니면 서양의 방법이 나중에 나온 것인가? 어떻게 된 것인

가?(是西法古而戴氏今矣, 而反以西法爲今, 何也시서법고이대씨금의, 이반이서법위금, 하야)"라고

하였다. 이것은 능정감이 초순에게 묻는 듯하지만, 자기 자신에게 묻는 것이기도

하였다. 고금(古今)에 관한 이러한 의문들은 그들의 마음속에 여전히 '시(是)'와

'비(非)', '고(古)'와 '금(今)'을 판단하는 데에 망설임과 갈등이 존재하였음을 구체

적으로 나타낸 것이다.[4]

5

강번(江藩)은 『한학사승기한학사승기(漢學師承記漢學師承記)』에서 혜사기(惠士

奇)의 유명한 대련(對聯)을 기록하였다. 즉 "육경에 대해서는 복건(服虔)과 정현(鄭

玄)을 존숭하고, 모든 행위에 대해서는 정주(程朱)를 따른다(六經尊服鄭, 百行法程朱육

경존복정, 백행법정주)." 이 두 구절은 사실 매우 흥미롭다. 이것은 전통의 사상 세계

---

3) 『천원일석』 권수(卷首), 『리당학산기오종』, 속수사고전서 1045책 영인본.

4) 『교례당문집』 권24, 214쪽.

중 판단의 두 가지 근본 원칙을 상징하고 있다. 전자는 경전 텍스트를 말한 것이며, 고대 권위에 대한 존숭을 암시한다. 따라서 가치 등급의 좌표에서 오래된 것일수록 우선권을 가지게 된다. 한편 후자는 현실 생활에 대한 것으로서 송나라 이래 윤리의 동일성 전통에 대한 유지를 설명한 것이다. 여기에는 전통 중국 사회의 규범과 질서의 기초가 포함된다.

그러나 18세기 말에서 19세기 초 상당한 통찰력이 있는 고증학자들은 사실 이미 이 두 가지 측면에 대해 어렴풋이 의문을 제기하였다. 고증학자의 사유 방식은 확실히 다음 두 측면의 영향과 자극을 받았다. 즉 하나는 주류 사회 중 의리지학(義理之學)을 헛되이 논하는 것에 대한 의혹이다. 그들은 의리 가운데 엄격한 도덕 기준과 비현실적인 이상주의에 대해서, 그것이 인간의 정욕을 과도하게 억압하여 사회생활의 실제에서 벗어나고 있음을 목격하였다. 이에 따라 그들은 오랜 세월에 걸쳐 사회적으로 인정받은 도덕적 공통 인식과 의절(儀節)로 나타나는 규칙으로서 그것을 대체하고자 하였다. 그러므로 '예로 리를 대신하는(以禮代理)' 생각이 있었던 것이다.

다른 하나는 상층 문화 가운데 사상과 학술이 각기 극단으로 향하는 것에 대한 우려이다. 세속을 떠난 공소한 '리(理)'와 과도하게 자질구레한 '사(事)'의 분열로 인해 그것들은 의지할 곳 없게 된 교조가 되거나 자질구레한 고증이 되었다. 이에 따라 서양 학문 중 '공식' 또는 '법칙'과 같은 것으로서 지식과 사상의 공동 기초를 재건하고자 하였으며, 새롭게 '통례'를 찾는 것은 건륭과 가경 후기의 풍조가 되었다.

이러한 맥락에서 본래 전통적으로 보이는 음운·훈고·문자학(언어학)과 천문, 역산(수학)은 상당히 새로운 의미를 갖게 되었다. 예컨대 손성연이 고증을 반대하는 원매(袁枚)와 변론할 때, "경의 뜻은 문자에서 생기고, 문자는 육서에 근본이다(經義生於文字, 文字本於六書경의생어문자, 문자본어륙서)." 때문에 역사언어학이 진리 탐구의 방법이 되었다고 말하였다. 왜냐하면 "성인이 만든 뜻과 유자들이 세상에 나가 정치에 참여하는 것은 모두 하늘과 땅을 본받은 것이다(聖人制作之意, 儒者立身出政, 皆則天法地성인제작지의, 유자립신출정, 개즉천법지)." 그러므로 천문, 역산(수학)이 지식을 재건하는 기초가 되었다는 것이다.[1]

전통적으로 보이는 음운, 훈고, 문자학(언어학)과 천문, 역산(수학)은 상당히 새로운 의미를 갖게 되었다.

당시 『논어』의 '일관(一貫)'에 대한 토론에 열중하였던 것은 학자들이 경전에서 이러한 생각을 뒷받침하는 자원을 찾아 그것을 정당화하고 합리화하고자 하였던 것으로 보인다. 대진, 전대흔 및 이후의 완원, 초순, 능정감, 이예, 왕란수(王蘭修) 등의 저술에는 분명하거나 은밀하게 앞에서 언급한 사고가 포함되어 있다. 당시 사람들은 본래 경전의 학문에 점차 현대적인 의미를 더하였다. 이것은 현대 학술이 곤경에 직면하였을 때 고전에서 근거를 끌어들였다고 말할 수 있다.

완원은 초순의 『군경궁실도(群經宮室圖)』의 서문을 쓰며, 초순을 "새로운 듯하지만, 옛것에 부합한다(似新而適符於古也사신이적부어고야)"고 하였다. '고(古)'가 여전히 절대적으로 긍정적인 단어일 때 초순을 '옛것에 부합한다(符於古)'고 말한 것은 그가 '옳음'을 획득하였다고 말한 것과 다름없다. 바로 "유자들은 경전에 있어서 오직 그 옳음을 추구할 따름이다(儒者之於經, 但求其是而已유자지어경, 단구기시이이)." 때문에 완원 또한 일찍이 정요전의 『고공(考工)』 중 '과(戈)', '극(戟)', '종(鐘)', '경(磬)'에 관한 해석을 매우 칭찬하였다. 그는 특히 정요전의 해석이 정주(鄭注)와 다른 것을 지적하며, "옛 기물 중 보존된 것만으로 입증해도 부합하지 않는 것이 없다. 통달한 유학자나 석학들이 모두 틀림없는 것이라고 생각하였으며, 일찍이 잘못된 주석이라는 비웃음은 들은 적이 없다(而證之於古器之僅存者, 無有不合, 通儒碩學咸以爲不刊之論, 未聞以違注見識이증지어고기지근존자, 무유불합, 통유석학함이위불간지론, 미문이위주견기)"라고 하였다. 그러나 잠재된 미래의 문제는 이처럼 신학문과 구지식을 섞는 경전 해석이 시작되면, '옳음'이 지지하는 각종 신지식을 막을 수 없게 된다는 점이다. 그리고 대량의 신지식이 전통 경학에 들어오게 되면 경학의 붕괴가 시작될 수 있다는 사실이다. 왜냐하면 주석을 반박할 수 있으면 경(經) 또한 반박할 수 있으며, 진실의 가치가 주석의 권위에 우선된다면 진실 또한 경전 진리의 권위에 우선될 수 있기 때문이다.[2]

물론 이러한 위기가 당분간 발생하지 않았지만 잠복되어 있었다. 당시 중국

---

1) 「답원간재전배서(答袁簡齋前輩書)」, 『문자당집(問字堂集)』 권4, 『손연여시문집(孫淵如詩文集)』 사부총간 영인본, 3쪽 A~B.

2) 『군경궁실도(群經宮室圖)』 권수(卷首), 속수사고전서 173책, 화동사범대학(華東師範大學) 소장 도광반구서숙본(道光半九書塾本) 영인본, 597쪽.

은 일종의 '시공분열(時空分裂)'의 상황이었다. 이러한 상황은 관념 속의 '천하'와 사실 속의 '만국(萬國)'이 대립하여 생긴 것이다. 정치권력의 소유자와 주류 사상의 의식은 여전히 전통적 '천하'에 대한 상상을 지속시키고 있었다. 그리고 여러 가지 외래 지식과 사상에 대해서는 코웃음 치거나 기껏해야 "서양의 학문은 중국에서 기원한다(西學中源)"고 해석하여 자기 위안과 자기 마비를 일삼았다. 그러나 현실에서 만국과 병존하는 상태, 특히 강한 세력으로 들어온 서양 지식과 사상은 끊임없이 이러한 '천하' 관념에 도전하였다. 이에 사인(士人)들은 자기의 상상을 성찰하고 만국의 현실을 직시하지 않을 수 없었으며, 서구 열강의 지식의 유효성과 합리성을 인정하지 않을 수 없었다. 따라서 만약 '전통 속에서 변하지' 않으면 상상과 현실의 두 개의 세계는 중국의 지식과 사상, 그리고 신앙에서 분열하게 되었다. 즉 이러한 분열은 결국 중국의 사인들이 전면적으로 전통을 버리고 전 지구적인 보편 진리의 맥락에 들어가거나, 아니면 상상의 천하와 민족주의의 특수한 입장을 고수하는 결과를 초래하게 된다. 그러나 사실 어느 쪽을 막론하고 양자 모두 중국을 '현대'와 '세계'로 이끌게 되는 것이었다.

1799년 가경황제(嘉慶皇帝)가 화신(和珅 : ?~1799년)을 죽인 사건은 "18세기 말 1799년 청나라 제국의 가장 중요한 역사적 사건임이 틀림없다." 주유쟁(朱維錚)이 지적한 것처럼, 이 사건은 "18,19세기 교체 시기 제국 정치가 퇴폐적이고 경직되었던 빙산의 일각을 폭로한 것이다."[1] 태평성세의 환상은 갑자기 사라졌고, 이러한 변화가 지식계에 끼친 심리적 충격은 특히 주목할 만하다. 이때 혜동과 대진은 이미 별세하였고, 왕명성(王鳴盛), 노문초(盧文弨), 강성(江聲)은 막 세상을 떠났다. 얼마 남지 않은 고증학자들 중 전대흔(錢大昕 : 1728~1804년), 정요전(程瑤田 : 1725~1814년), 단옥재(段玉裁 : 1731~1815년) 또한 연로하였다. 이때 차세대의 학자들이 학계의 주도권을 잡기 시작하였는데, 능정감은 45세, 초순은 37세, 완원은 36세, 왕인지는 34세였다. 그들은 시대와 사회의 이러한 상황 변화를 감당하면서 마음속의 생각도 이미 그들의 고증학 선배들과 상당히 달라져 있었다. 그들의 지식 획득 경로

---

1) 주유쟁(朱維錚), 「건륭에서 가경까지(從乾隆到嘉慶)」, 『음조미정의 전통(音調未定的傳統)』, 요녕교육출판사(遼寧 教育出版社), 1995, 143쪽, 147쪽.

와 탐구 방향은 이미 건륭 시대와 크게 달랐다. 그들에게 있어서 세계는 이미 변화하였고 청나라 제국의 풍경 또한 변화하여 그들은 자신들의 학문 연구에서 이러한 새로운 자원과 신사고를 끌어들이지 않을 수 없었던 것이다.

역시 같은 해 완원은 『주인전(疇人傳)』을 펴내고 서문을 썼는데, 이것은 중국 학술 및 사상사에서 매우 주목할 만한 저작이다. 왜냐하면 그는 이 저서에서 전통적으로 주목받지 못하였던 수학, 과학기술과 천문, 지리학 등을 특별히 전기(傳記) 속에 넣었기 때문이다. 이처럼 이러한 지식을 주류의 지식과 사상, 그리고 신앙세계 가운데 부각시킨 것은 명나라 말과 청나라 초 이래 서양 지식의 도전 및 민족, 국가의 부패와 쇠약의 문제에 반응한 것임에 틀림없다. 그러나 우리가 더욱 주목해야 할 점은 서양의 신지식에 대한 중국의 지식 전통의 자부심과 멸시를 표현하고자 한 듯한 이 책은 마침 서양 지식에 대면한 중국 지식계의 염려를 은근히 드러냈다는 것이다. 이 책은 당시 학계 리더인 완원이 편찬을 주관하고 전대흔, 능정감과 초순의 검증과 심의를 거쳤다. 후세에 정통 고증학자들로 불리는 이 학자들은 혹시 19세기 초 이미 전통적 중국 사상계에 대해 새로운 견해와 생각이 있었던 것은 아니었을까?

19세기 초 이미 전통적 중국 사상계에 대해 새로운 견해와 생각이 있었던 것은 아니었을까?

5절

서양 신지식의 유입 : 19세기 하반기 중국의 지식 세계의 변천

명나라 중·후반 서양인들이 중국에 들어온 이후 2~3세기 동안 각종 서양의 신지식이 끊임없이 중국에 유입되었다. 그리고 이러한 신지식들은 천천히 중국의 지식 체계에 스며들기 시작하였다. 이 방면에서 가장 영향이 컸던 것은 각종 서양 서적에서 번역되기도 하였으며, 일찍이 중국 고대에서 '격치(格致)'라고 일컬어졌던 신지식이었다. 학자들의 연구에 따르면 이러한 지식들은 중국인에게 중요하였다. 즉 서양에서 가장 혁명적이었던 천문학 뿐만 아니라 유럽 지식의 기초로 여겨졌던 유클리드의 기하학, 아리스토텔레스의 철학, 토마스 아퀴나스의 신학, 베살리우스의 인체해부학,[1] 심지어 16세기 후반 세계 지리에 관한 유럽 플레밍학파의 지식, 갈릴레이가 발견한 낙하가속도 현상, 그리고 17세기에 이르러 이제 막 발견된 뉴턴의 빛의 스펙트럼 등으로서 매우 신속하게 중국에 전파되었던 것으로 보인다.

지식의 분류와 기억 요소로서의 각종 신조어들은 중국어에서도 출현하였으

각종 서양의 신지식이 끊임없이 중국에 유입되었다. 그리고 이러한 신지식들은 천천히 중국의 지식 체계에 스며들기 시작하였다.

---

1) 예컨대 명나라 말에 번역된 유클리드의 『기하원본』과 프란시스 푸르타도(Francis Furtado : 부범제傅泛際)와 이지조(李之藻)가 공역한 『환유전(寰有詮)』(아리스토텔레스 저), 가브리엘 드 마갈엔스(Gabriel de Magalháes : 안문사安文思)가 번역한 『초성학요(超性學要)』(아퀴나스 저), 역자가 불분명한 『태서인신설개(泰西人身說槪)』 등이다. 장유화(張維華)는 『명청지제중서관계간사(明淸之際中西關係簡史)』에서 『태서인신설개』의 번역자가 요한 슈렉(Johann Schreck : 등옥함鄧玉函)과 자크 로(Jacques Rho : 라아곡羅雅谷)라고 추정하며, 그 지식의 출처가 안드레아스 베살리우스(Andreas Vesalius)의 인체 해부학이라고 하였다. 제로서사, 1987, 273쪽. 이밖에 추진환(鄒振環)의 『영향중국근대사회적일백종역작(影響中國近代社會的一百種譯作)』에 소개된 각종 서적의 내용 참조. 중국대외번역출판공사(中國對外翻譯出版公司), 베이징, 1996.

며 수용되었다. 예컨대 '아세아', '구라파', '지중해', '직통(直通 : 개념)', '단통(斷通 : 판단)', '추통(推通 : 추리)' 등이다. 자크 제르네(Jacques Gernet)의 말처럼 마테오리치 등 선교사들의 서술은 사실 어떠한 의미에서 완전히 새로운 지식 체계였다. 그들의 서술은 "안정된 등급 관념을 기초로 한 세계 형상을 제시하였다." 예컨대 『천주실의(天主實義)』는 "거의 매 쪽마다 번잡한 철학의 범주와 추리를 사용하였다. 작용인, 형상인, 질료인, 목적인, 식물·감각·이성의 3종의 생명, 엠페도클레스(Empedocles)의 4원소, 삼종내함(三種內涵), 칠종동일성(七種同一性) 등 모든 철학 용어들은 우주의 합리적이고 엄밀한 구조의 최종 형상을 추론할 수 있고 표상해낼 수 있었다."[2] 이처럼 서양인들이 보기에 합리적이고 완벽하며, 궁극적인 우주 형상은 모든 현상과 사물에 대해 일종의 기초 체계와 최종 답안을 제공하기 때문에 자족적인 중국의 지식과 사상, 그리고 신앙세계와 만날 때 전통적 중국 지식의 시야에서 궁극적인 근거가 되는 우주 형상과 충돌하게 마련이었다.

　방호(方豪)가 말한 명나라 말 트리고(Nicolas Trigault)의 7천 종의 서양 서적과 함께 중국에 전파된 신지식 이외에도 점점 더 많은 연구와 공개된 실물들이 세상 사람들에게 그 모습을 드러냈다. 명나라 말에서 청나라 초까지 수많은 서양의 신기한 기물들이 유입되었다. 예컨대 안경, 현미경, 시계, 거울 등 심지어 천문 의기(儀器)와 지구의(地球儀) 등이 모두 중국 조정에 들어왔다. 이러한 물건들은 사인(士人)들의 호기심과 호감을 불러왔다. 중국 황실 또한 일찍이 서양의 선교사의 도움으로 이러한 것들을 모방하여 제작하거나 개조하였으며 연구·제작하였다. 예컨대 '어제지평반구의(御制地平半球儀)', '어제간평의(御制簡平儀)', '네이피어 계산봉(納白爾算籌)', '수이팔괘동호적루(獸耳八卦銅壺滴漏)' 등이다.[3] 19세기 초기까지 애

2) 자크 제르네(Jacques Gernet : 사화내謝和耐), 경승(耿升) 역, 「17세기 기독교와 중국인 세계관의 비교(十七世紀基督徒與中國人世界觀之比較)」, 『명청간입화야소회사화중서문화교류(明淸間入華耶蘇會士和中西文化交流)』, 파촉서사, 1993, 71쪽.

3) 방호(方豪)의 『중서교통사(中西交通史)』 하책에서 '서양 천문의기의 수입과 자체 제작 의기'의 기술 참조. 악록서사 중인본(重印本), 1987, 708~710쪽. 구체적인 도상은 『청궁서양의기(淸宮西洋儀器)』, 『고궁박물원장문물진품전집(故宮博物院藏文物珍品全集)』 본(本), 홍콩상무인서관, 1998 참조. 도상 관련 연구는 진옥선(陳玉嬋), 「청궁서양의기략술(淸宮西洋儀器略述)」, 『고적정리출판정황간보(古籍整理出版情況簡報)』 1999년 5기, 베이징 참조. 유보건(劉寶健), 「전교사여청궁의기제조(傳敎士與淸宮儀器製造)」, 중국중외관계사학회(中國中外關係史學會) 편, 『중서초식(中西初識)』, 대상출판사(大象出版社), 1999, 96~110쪽.

써 모방하여 제작하고 중국과 서양을 조화시키려는 시도는 끊이지 않았다. 가경(嘉慶), 도광(道光) 연간의 제언괴(齊彦槐)가 만든 사귀(斜晷), 중의(中儀)와 천구의(天球儀)가 바로 그 사례이다.[1]

문제는 이러한 서양의 기이한 기물(器物)이 결코 단순한 기물일 뿐만 아니라 기물 배후의 기술, 기술 배후의 지식을 내포하기 때문이다. 예컨대 칠정의(七政儀) 구조의 지식 배경은 서양의 천상(天像) 관련의 판단에 근거한다. 지구의의 형제(形制)에 있어서 그 지식은 당연히 중국의 '천원지방(天圓地方)' 개념에 근거하지 않는다. 망원경으로 관찰된 천상성진(天像星辰)은 중국 고대의 성상(星象)에 관한 해석을 무너뜨리기에 충분하였다. 현미경으로 본 세균의 세계는 중국인에게 지금까지 없었던 세상을 열어주어 중국 고대의 지식 세계에서는 그 경위를 대답할 수 없고 해석할 수 없게 만들었을 것이다. 이러한 의기(儀器)의 지식 배경은 중국의 전통 지식과 큰 차이가 있었으며, 전체 중국의 지식 체계를 뒤엎을 만한 질문을 제기할 수 있는 자원을 포함하고 있었다.

그러나 상당히 긴 시간 동안 근본적인 충돌은 발생하지 않았다. 지식 체계의 전복도 일어나지 않았다. 이 지식 체계는 수천 년에 걸쳐 확립되었고 중국에서 이미 충분한 역사 자원을 가지고 있었다. 또한 자족적인 지식과 사상, 그리고 신앙세계로 인해 체계 전반을 전복하는 것은 쉽지 않았다. 이러한 '서양의 신지식'은 명나라 때부터 청나라 때까지 끊임없이 중국으로 전래되어 많은 사대부들의 호기심을 불러일으켰고, 중국 고유의 지식 세계에 매우 깊이 스며들었다. 이에 따라 독자적인 체계를 갖췄던 중국의 지식 세계는 매우 수동적으로 대응하는 위치에 처하게 되었으며, 자체적인 사상을 뒷받침하는 체계를 다시 생각할 수밖에 없었다.

그럼에도 불구하고 19세기 이전 서양의 신지식은 전통적 지식 세계에 새로운 이해를 위한 사상 자원을 남겨두어 전통적 사상세계를 전복할 수도 있는 복선을 제공하였을 뿐 당시 전통적 사상세계에 진정한 치명타를 주지는 않았던 것으로 보인다. 이에 대해 다음과 같은 가능성이 있다. 즉 중국 사인(士人)들이 사상과

상당히 긴 시간 동안 근본적인 충돌은 발생하지 않았고, 지식 체계의 전복도 일어나지 않았다.

---

1) 장강화(張江華), 「제언괴급소제천문의기(齊彦槐及所制天文儀器)」, 『문물(文物)』 1997년 제8기, 베이징, 85~89쪽.

신앙세계로 깊이 들어가면 여전히 전통을 고집하고 이러한 이단을 받아들이길 원치 않았거나 중국 사인들이 의도적으로 그것을 실용적인 측면으로 끌어들여 궁극적인 의미상의 충돌을 피하고자 하였을 것이다. 또한 명나라와 청나라 시기 갑자기 발생한 왕조 교체가 이러한 신지식의 전래 과정을 한 구비 돌아가게 만들었을 수도 있다. 특히 이러한 지식들로 인해 중국 고대의 지식 체계가 전복되고 나아가 중국 사상계가 와해되려면 지식 계층의 관념 세계에 3가지 점이 확립되어야 하였다. 첫째, 지식에 관련된 새로운 지형을 받아들어야 하였다. 즉 세계에는 중국 문명에 뒤지지 않는 다른 종류 혹은 여러 종류의 독자적인 문명이 존재한다는 사실을 인정하는 것이다. 둘째, 이러한 문명이 '체(體)'에서 '용(用)'까지 중국의 지식과 사상과 별개이며 완전히 새로운 체계가 있음을 확인하는 것이다. 셋째, 절대적인 진리가 있을 수는 있지만 이 진리가 중국에 있지 않을 수도 있다는 것이다.

3가지 점

　　그러나 당시 이러한 관념은 보편적으로 확립되지 않았으며 인정받지 못하였다. 사람들은 여전히 이러한 지식들을 쉽게 "서양의 학문은 중국에서 기원한다(西學中源)"라며 중국 고대의 발명으로 설명하였다. 명나라와 청나라 교체기에 가장 앞섰던 지식인들을 보면, 황종희는 "구고(勾股)의 방법은 주공(周公)과 상고(商高)가 물려준 것이지만 후세 사람들이 그것을 잃어버려 서양인이 몰래 계승하게 되었다(勾股之術乃周公商高之遺, 而後人失之, 使西人得以竊其傳구고지술내주공상고지유, 이후인실지, 사서인득이절기전)"라고 하였고, 왕부지는 "서양에서 취할 만한 것은 오직 원근 측법 하나의 기술뿐이며, 그 나머지는 모두 중국에서 실마리를 베낀 것이다(蓋西夷之可取者, 唯遠近測法一術, 其他皆剽竊中國之緖餘개서이지가취자, 유원근측법일술, 기타개표절중국지서여)"라고 하였다. 강희제는 더 나아가 이렇게 말하였다. 산법(算法)은 서양에서 'algebra(阿爾朱巴爾아이주파이 : 대수학)'라고 불리는데, 이것은 "동방에서 전해진 명칭이다(傳自東方之謂也전자동방지위야)"라고 하였다. 건륭과 가경 시기에 학문으로 유명한 전대흔(錢大昕) 또한 이상한 견해를 가지고 있었다. 그는 "중국의 기술이 유럽보다 못하다(中法紬於歐羅巴중법출어구라파)"라고 인정하였다. 그러나 서양의 천문학과 수학은 유실된 조충지(祖沖之)의 『철술(綴術)』을 "결국 유럽이 취하여 그 기술을 가지고 중국에 뽐내고 중국보다 높은 위치에 서게 되었다(歐羅巴最後

得之, 因以其術誇中土而踞乎其上구라파최후득지, 인이기술과중토이거호기상"[1]고 생각하였다.

따라서 사람들의 심리가 상대적으로 안정된 상태에서는 이러한 '하늘이 무너지고 땅이 갈라지는(天崩地裂)' 현상이 당분간 출현하지 않았다. 이와 마찬가지로 '서양의 기이한 기물(西洋奇器)'이 끊임없이 중국에 전래되고 그 수량도 북미에 전래되는 것보다 훨씬 많고 정교하였으며, 그 배후에 내포된 지식과 기술 내용도 북미에 운송된 기물보다 수준 높았다. 그러나 "많은 사람들의 노리개에 불과하였으며 거기에 부합한 인식은 물론 진지하게 연구되거나 충분하게 이용되지 못하였다. 선교사들이 중국을 떠나면 이러한 기물들은 대부분 소리 없이 사라졌으며, 깊은 궁정 속으로 들어가 버렸다."[2] 16세기부터 17세기, 17세기에서 18세기, 이 몇 백 년간 비록 중간에 명나라와 청나라 교체기라는 참혹한 변고, 개관(開關)에서 폐관(閉關)으로의 전환, 양광선(楊光先)과 같은 전통 사인(士人)의 '어쩔 수 없는' 감정적 대항 등을 겪었지만 신지식과 기이한 기물(器物)은 여전히 중국의 지식과 사상, 그리고 신앙세계로 진입해 왔다.[3] 다만 이러한 '진입'은 두 가지 경계(boundary)에 기반하였다. 하나는 관념의 층차로서 여전히 '서양의 학문은 중국에서 기원한다(西學中源)'는 인식에 기초한다. 다른 하나는 지식의 층차로서 실용적인 기술로 간주되었다. 신지식은 일정 범위 안에서 중국의 지식을 변화시켰다고 말할 수 있다. 그러나 근본적으로 중국 고유의 지식 체계를 뒤흔들고 이러한 체계를 지지하는 우주 근거를 와해시키려면 신지식에 대한 전반적인 이해가 있은 뒤에야 가능하였다. 초기의 지식과 기물(器物)들은 참신하였지만 실용적 기술

'하늘이 무너지고 땅이 갈라지는' 현상이 당분간 출현하지 않았다.

---

1) 전조망(全祖望)의 『길기정집』 권11 「이주선생신도비문(梨洲先生神道碑文)」 중 황종회의 말 인용. 왕부지(王夫之), 『사문록외편(思問錄外篇)』, 『선산전서(船山全書)』 제12책. 장량기(蔣良驥), 『동화록(東華錄)』 강희(康熙) 권89. 전대흔(錢大昕), 「증담계평서(贈談階平序)」, 『잠연당문집』 권23. 이상 모두 칠영상(漆永祥)의 「서학동점과 건가학술의 관계(論西學東漸與乾嘉學術之關係)」(『전통문화와 현대화傳統文化與現代化』 1998년 제2기, 베이징, 11~17쪽) 참조.

2) 체이공(蕭爾貢), 이성문(李晟文), 「명말청초래화야소회사여서양기기－여북미전교활동상비교(明末淸初來華耶蘇士與西洋奇器－與北美傳敎活動相比較)」, 『중국사연구(中國史硏究)』 1999년 제2기, 베이징, 149쪽. 이밖에 이성문, 「명청시기법국야소회사재중국여북미적전교활동지비교연구(明淸時期法國耶蘇會士在中國與北美的傳敎活動之比較硏究)」, 황시감주편(黃時鑒主編), 『동서교류논담(東西交流論譚)』, 상해문예출판사, 1998, 190~214쪽.

3) 이 점과 관련하여 방호(方豪)의 『중서교통사(中西交通史)』 하책을 참조할 수 있다. 이외에도 웅월지(熊月之)가 『명청간야소회사역저제요(明淸間耶蘇會士譯著提要)』와 『주인전(疇人傳)』 등 자료를 참고하여 만든 「명말청초야소회사전파서학록요(明末淸初耶蘇會士傳播西學錄要)」와 「서학 영향을 받은 명청학자 요록(受西學影響的明淸學者錄要)」 도표를 참고할 수 있다(『서학동점과 만청사회西學東漸與晩淸社會』, 상해인민출판사, 1994, 79~92쪽).

과 한때의 노리개로 여겨졌으며, 사람들이 그 구조 원리를 이해하거나 그 지식의
근거를 알아야 할 필요성이 없었던 것이다.

이러한 상황은 19세기에 이르면 점차 변화하기 시작한다.

이러한 상황은 19세기에
이르면 점차 변화하기 시
작한다.

1

중국에서 '지식 세계'의 팽창은 흔히 '지리 세계'의 확장에 따라 이루어졌
다. 아마도 지리 공간의 확대는 기존의 '천하' — 즉 동쪽으로는 동해, 서쪽으로는
곤륜산, 북쪽으로는 고비사막, 남쪽으로는 베트남 북부 — 에 익숙하였던 '중국'
의 지식 세계가 어쩔 수 없이 '바다 넘어 바다'와 바다 넘어 새로운 지식 공간이
있다는 것을 인정하게 만들었다.[4] 옹정(雍正 : 1723~1735년)과 건륭(乾隆 : 1736~1795
년) 시대에는 서양의 선교사와 각국 사절들을 오만하게 거절하여 '청나라 제국과
근대 서양의 이해가 단절되었지만', 이후 가경(嘉慶 : 1796~1820년)과 도광(道光 : 1821
~1850년) 연간 중국인들은 이미 '하늘 밖에 하늘이 있는(天外有天)' 현실을 받아들
일 수밖에 없었다. 그러므로 19세기 세계지리에 관한 서적이 한꺼번에 출현하였
다. 도광 원년(1821)에서 함풍(咸豊 : 1851~1861년) 11년(1861)의 40년 동안 중국 학자
들이 저술한 해외 지리 도서는 20종에 달하며, 그 후 광서(光緒 : 1875~1908년) 26년
(1900)까지 40년 동안에는 151종으로 증가하였다고 추산된다.[5] 그러나 한 가지 주
목해 보아야 할 점은, 위원(魏源 : 1794~1857년)의 『해국도지(海國圖志)』와 서계여(徐
繼畬)의 『영환지략(瀛環志略)』 이전의 중국이 세계를 논한 저서들을 보면 '뱃사람
들이 신선이 산다는 영주산을 말하는(海客談瀛洲해객담영주)' 분위기가 강하다는 사
실이다. 당시 전통 학문의 권위와 신지식에 대한 추구를 대표하는 완원(阮元)도

---

4) 이러한 변화와 관련하여 본서 제3편 제2절 「천붕지열(天崩地裂)」 하 : 고대 중국에서 그린 세계지도 속의 '천
하', '중국', '사이(四夷)」 참조.

5) 주유쟁(朱維錚), 「사신의 실록과 비실록—만청의 육종사서기(使臣的實錄與非實錄—晚淸的六種使西記」, 『구색진
문명(求索眞文明)』, 상해고적출판사, 196쪽, 137쪽. 만청 시기 세계지리 신지식에 관한 자세한 연구는 추진환
(鄒振環)의 『중국의 만청 서방지리학(晚淸西方地理學在中國)』 제2장(상해고적출판사, 2000, 61~157쪽) 참조.

일찍이 도광 2년(1822)의 작품에서 영국을 '네덜란드의 속국'으로 보고 "3개의 섬이 덴마크, 독일, 네덜란드, 프랑스 4개국 사이에 있다"라고 하였다. 또한 프랑스가 "처음에는 불교를 신봉하였지만, 나중에는 천주교를 신봉하였다"[1]고 생각하였다. 당시 세계에 관한 지식은 그다지 보급되지 않았으며, 관련 서적의 저자 대부분이 직접 체험한 것이 아닌 다른 사람에게 전해들은 이야기를 쓴 것이었다. 또한 번역은 드물고 거의 베끼기였으며, 중국인의 저서가 아닌 서양인의 저술 혹은 그 저술을 인용한 것이었다.

19세기 중엽, 위원의 『해국도지』와 서계여의 『영환지략』이 잇따라 등장하였다. 이것은 전통의 지식 세계의 전환을 나타내는 상징적인 표식이었다. 연구에 따르면, 위원은 『해국도지』를 만들었을 때 두 가지 서적을 인용하였다. 첫째는 중국 학자의 저서이다. 예컨대 정사(正史), 전제(典制), 지리지(地理志), 유서(類書) 이외에도 세계의 지리와 역사에 관한 '필기(筆記), 유기(遊記), 소지(小志), 잡지(雜誌), 전저(專著)' 등이다. 이러한 중국 고유의 전통적 지식 체계의 문헌들은 특별할 것이 없다. 오히려 주목할 만한 것은 두 번째인 외국 학자의 저술이다. 외국 학자의 저술은 비록 그 수가 중국 문헌보다 적지만, 그 인용 자료 분량은 중국 서적보다 훨씬 많다. 그중 명나라와 청나라 교체기에 중국으로 온 선교사의 옛 저서 6종이 포함되어 있다. 예컨대 『직방외기(職方外紀)』, 『곤여도설(坤輿圖說)』, 『공제격치(空際格致)』 등이다. 또한 당시 서양인의 새로운 저술 11종이 포함되어 있다. 예컨대 『평안통서(平安通書)』, 『지구도설(地球圖說)』, 『지리비고(地理備考)』, 『매월통기전(每月統紀傳)』, 『외국사략(外國史略)』, 『미리가국지략(美理哥國志略)』 등이다.[2] 그중 '지구 천문'에 관한 마지막 몇 권은 마르케즈(Jose Martins Marquez : 포르투갈의 선교사, 중국

위원의 『해국도지』와 서계여의 『영환지략』

---

1) 『광동통지(廣東通志)』 권330 「열전육십삼(列傳六十三)」, 『근대중국대서방열강인식자료회편(近代中國對西方列强認識資料滙編)』 제1집 제1분책, 61쪽에서 재인용.

2) 이상 모두 웅월지(熊月之)의 「해국도지징인서서고석(海國圖志徵引西書考釋)」 참조. 웅월지는 위원(魏源)이 당시 "이미 최선을 다해 구할 수 있는 서양 서적을 수집하고 사용하였다. 또한 출간되지 않은 중국어 번역 초본을 힘써 발굴하였다"고 지적하였다. 『중화문사논총(中華文史論叢)』 제55집, 상해고적출판사, 1996, 235~259쪽. 이밖에 참고한 자료는 황시감(黃時鑒), 「동서교류사론고(東西交流史論稿)」, 「동서양고매월통기전소재세계지리론술(東西洋考每月統記傳所載世界地理論述)」, 상해고적출판사, 1998, 258~278쪽. 황시감은 이 글에서 「동서양고(東西洋考)」는 『해국도지(海國圖志)』의 주요 참고 문헌 중 하나였다고 말하였다.

명 瑪吉士(마길사)의 『지리비고』와 매카티(Divie Bethune McCartee : 1820~1900년, 미국의 선교사로 중국명 麥嘉締(맥가체)의 『평안통서』를 사용하였다. 그리고 코페르니쿠스의 천문 관념, 서양의 역법 지식, 심지어 새롭게 발견된 해왕성 등 모두 위원에 의해 책에 수록되었다.[3]

서계여의 『영환지략』은 『해국도지』에 비해 신지식의 의미가 더욱 강하였다. 주진학(周振鶴)의 연구에 따르면, 『영환지략』은 매우 상세하고 성실한 지리서이다. 또한 『영환지략』은 『해국도지』처럼 시사적 실용 저서가 아닌 엄밀한 의미에서의 지리학 저서이다.[4] 만약 『해국도지』가 여전히 만국(萬國)을 사이(四夷)로 삼고 중국을 '세계' 밖으로 놓아 위원의 '천하' 관념을 반영하였다면, 서계여의 『영환지략』은 '영환'이라는 말에서 중국과 세계의 공존 관계를 보여주었으며, 외국을 '이(夷)'로 칭하지 않아 '만국'에 대한 그의 평등 의식을 드러냈다. 그리고 서계여는 서양 각국의 대의제도(代議制度)를 소개하고 워싱턴의 민주제도 제안을 찬미하였으며, '공'과 '사'에 대한 새로운 해석을 통해 그가 위원의 사고보다 더욱 '현대성'을 지니고 있음을 나타냈다. 이자명(李慈銘)은 서계여가 걸핏하면 외국을 '하·은·주 삼대의 도읍'에 비교하고, 워싱턴을 '세계 일류 인간(寰宇第一流人(환유제일류인)'으로 묘사하였으며, 영국을 '가장 부강하다(雄富强大(웅부강대)'고 하였으며, 오랑캐의 책을 쉽게 믿어 외국 야만인을 과장하였다고 비판하였다. 이것은 서계여의 책이 전위적이고 개방적이었음을 설명해 준다.[5] 위원이나 서계여는 모두

3) 위원, 진화등 교주본(陳華等校注本), 『해국도지』 권100, 악록서사, 1998, 2230쪽.

4) 서계여는 『영환지략』 갑진(甲辰) 서문에서, 도광 계묘(癸卯) 겨울에 통상(通商)에 관한 일로 '오랫동안 하문(厦門)에 머물러(久駐厦門)' 미국인 데이비드 아빌(David Abeel)을 만나 여러 차례 이야기를 나누고 그가 가져온 『해도책자(海圖冊子)』를 구경하였다. 이로써 "사해(四海)의 지형을 대체로 파악할 수 있었다(四海地形, 得其大致 사해지형, 득기대치)"고 하였다. 『청대고본백종회간(清代稿本百種滙刊)』 제40책, 도광 24년 수고본(手稿本) 영인본, 타이베이, 문해출판사.

5) 주진학(周振鶴), 「정안간세계적제일인－기념서계여탄진이백년(正眼看世界的第一人－紀念徐繼畲誕辰二百年)」, 『학람일십구(學臘一十九)』, 산동교육출판사(山東教育出版社), 1999, 195~220쪽. 이러한 영향은 매우 컸다. 예컨대 양계초(梁啟超)는 18세(1890) 때 상해 "서점에서 『영환지략』을 구입해 읽어 비로소 오대주 여러 나라가 있음을 알았다. 또한 상해제조국(上海制造局)이 번역한 서양 서적 여러 권을 보고 좋아하였다." 즉 그는 이때부터 변법에 기울기 시작하였으며, 강유위 문하로 들어갔다. "선생은 육왕심학(陸王心學)과 역사학 및 서학의 큰 흐름을 가르쳤다. 이후 결연히 옛 학문을 버렸다." 정문강(丁文江), 조풍전(趙豐田), 『양계초년보장편(梁啟超年譜長編)』, 상해인민출판사, 1983, 22~23쪽에서 재인용.

『노자』 47장의 "집 밖으로 나가지 않아도 천하를 안다(不出戶, 知天下불출호, 지천하)"는 말처럼 여전히 각종 문헌을 통해 세계의 도상(圖像)을 만들려고 하였다. 그러나 그 후 150여 종의 세계 관련 저술의 상당 부분은 해외 주재 중국 외교관들이 지은 것이다. 그들이 서양과 동양에서 직접 보고들은 것들은 중국 지식 계층의 시야를 넓혔으며, 타 지역 신지식의 의미를 더욱 부각시켰다. 앞에서 말한 바와 같이 근대 중국에서 이러한 지식의 태도에 관한 변화와 그것이 일으킨 지식 세계의 확대는 모두 공간 지리의 확대에서 기인한 것이다.

따라서 『해국도지』 서문의 두 구절은 매우 중요하다. 첫 구절은 "그 책들은 모두 중국인들이 서양을 이야기 한 것이지만, 이 책은 서양인들이 서양을 이야기 한 것이다(彼皆以中土人譚西洋, 此則以西洋人譚西洋也피개이중토인담서양, 차즉이서양인담서양야)"이다. 즉 과거 중국인들의 서양에 대한 지식은 소문과 상상이었지만, 이제는 서양인에게서 온 것이라는 뜻이다. 이는 중국에서 세계에 관한 서양 지식의 합리성이 인정받은 것이며, 지식에 관한 입장과 시각의 전환을 내포한다. 둘째 구절은 흔히 알려진 대로 "오랑캐의 것으로 오랑캐를 공격하고, 오랑캐의 것으로 오랑캐를 치며, 오랑캐의 장기를 배워 서양을 제압하자(爲以夷攻夷而作, 爲以夷款夷而作, 爲師夷長技以制夷而作위이이공이이작, 위이이관이이작, 위사이장기이제이이작)"이다. 여기에서 이러한 지식의 의미는 실용적 측면, 즉 민족주의 입장에서의 실용적 측면에 있었기 때문에 여전히 전통적 '이하(夷夏)' 관념이 남아 있다. 그러나 '장기(長技)' 두 글자는 다른 문명과 지식에 대한 인정과 심지어 존숭을 의미한다.[1]

『해국도지』와 『영환지략』 이후 수십 년 동안 이러한 문명 세계의 도상(圖像)의 변화는 가속도를 낸 듯하다. 예컨대 도광 18년(1838) 브릿지먼(Elijah Coleman Bridgman : 1801~1861년, 미국의 선교사로 중국명 神治文비치문)은 『미리가합성국지략(美理哥合省國志略)』의 서문에서 "중국인들은 멀리 떠나는 것을 좋아하지 않기 때문에 우리 서방 국가의 빛나는 규모를 보지 못하고 해외에 구주(九州)가 있다는 것을 더욱 모른다(華人不好遠遊, 致我西國之光彩規模, 渺無所見, 竟不知海外更有九州화인불호원유, 치아서국지광채규모, 묘무소견, 경부지해외경유구주)"라고 불평하였다. 또한 함풍(咸豊) 3년

『해국도지』와 『영환지략』 이후 수십 년 동안 이러한 문명 세계의 도상의 변화는 가속도를 낸 듯하다.

---

1) 위원, 『해국도지(海國圖志)』 「원서(原敍)」, 1쪽.

(1853) 뮈어헤드(William Muirhead : 1822~1900년, 영국의 선교사로 중국명 慕維廉모유렴)는 『지리전지(地理全志)』의 영문 서문에서 중국을 위시한 동방 국가들이 자국을 중심으로 다른 나라를 변방의 오랑캐로 삼아 세계와의 왕래를 막았다고 비판하였다. 또한 책 서두의 「창조천지만물기(創造天地萬物記)」에서 중국인들에게 "중국은 천하의 한 모퉁이다. 옛날 문사들은 그 비밀을 깊이 탐구하지 못하였다(中華爲天下一隅, 昔之文士不能深探其秘중화위천하일우, 석지문사불능심탐기비)"라고 훈계하였다. 아울러 동치(同治 : 1862~1874년) 13년(1874)에 『만국공보(萬國公報)』「야소회사치중국서(耶蘇會士致中國書)」에서 중국인들에게 엄숙하게 "우리 서양 사람들도 역시 사람이다. 귀신도 아니며 유령도 아니다. 신체가 있고 뼈와 살이 있다(余西國人, 亦人也, 非鬼非蜮, 有身體, 有骨肉여서국인, 역인야, 비귀비역, 유신체, 유골육)"[2]라고 말하였다.

그러나 19세기 마지막 몇 십 년 동안 사람들은 이미 보편적으로 이러한 새로운 문명 세계의 상을 수용하였던 것으로 보인다.[3] 곽숭도(郭嵩燾 : 1818~1891년)는 광서(光緒 : 1875~1908년) 2년(1876)에 50여 일 동안 중국 본토에서 홍콩, 싱가포르, 스리랑카, 인도, 아랍, 수에즈 강, 몰타, 포르투갈, 프랑스를 거쳐 영국에 도착한 후 더 이상 『우공(禹貢)』, 『주례(周禮)』에서의 오복(五服)과 구복천하(九服天下)설을 믿지 않게 되었다.[4] 얼마 후 설복성(薛福成 : 1838~1894년) 역시 중국을 떠난 이후 천원지방설을 의심하였고 '천하'에 대한 관념이 흔들리자 추연의 '대구주(大九洲)'설에 대해 새로운 해석을 내놓았다. 즉 "오늘날 지구를 한 바퀴 여행하는 사람은 적지 않으며, 지구 형세의 광활함을 모두 조사하고 측량할 수 있다. 나는 비로소 추연의 주장이 모두 근거 없지 않음을 알았다(今則環遊地球一周者, 不乏其人, 其形

---

2) 『대미련방지략(大美聯邦志略)』 권수(卷首)에 수록된 「원서(原敍)」, 상해묵해서관(上海墨海書館), 함풍 11年 (1861). 『지리전지(地理全志)』 권수 상쾌루각본(爽快樓刻本), 일본 안정무오(安政戊午)(1858), 요시다 토라(吉田寅)의 「19세기 중국과 일본에서의 해외사정섭취의 제자료(十九世紀中國, 日本における海外事情攝取の諸資料)」(『입정대학동양사연구자료立正大學東洋史研究資料』 VI, 도쿄, 1995)에서 재인용. 『야소회사치중국서』 「교직(敎職)」, 『만국공보문선(萬國公報文選)』, 삼련서점, 1998, 4쪽.

3) 코헨(Paul A. Cohen)은 『전통과 현대에서의 성(性)의 관계 : 왕도와 만청개혁(在傳統與現代性之間 : 王韜與晚淸改革)』에서 "1800년 중국인은 자신이 세계라고 생각하고 세계를 둘러 안을 수 있다고 생각하였다. 이러한 생각은 1840년에도 여전히 존재하였지만, 1900년에는 사라졌다"고 말하였다. 뢰이(雷頤) 등 중역본(中譯本), 강소인민출판사, 1995.

4) 「사서기정(使西紀程)」, 『곽숭도일기(郭嵩燾日記)』 제3권, 호남인민출판사, 1982, 106~140쪽.

勢萬里, 皆可核實測算, 余始知鄒子之說, 非盡無稽(금즉환유·지구일주자, 불굅기인, 기형세만리, 개가핵실측산, 여시지추자지설, 비진무계)"[1]라고 하였다. 광서 19년(1893) 왕도(王韜 : 1828~1897년)또한 『만국공보』에서 「대지의 구주 이외에 또 다른 구주가 있음을 논함(論大地九州之外復有九州)」을 발표하여 그 주장을 덧붙여 설명하였다. 이때 세계는 과거 구주(九州)의 한 모퉁이에서 지구 전체로 확대되었으며, 중국은 과거의 '천하'에서 동아시아의 한 모퉁이로 축소되었다.[2]

세계는 과거 구주의 한 모퉁이에서 지구 전체로 확대되었으며, 중국은 과거의 '천하'에서 동아시아의 한 모퉁이로 축소되었다.

세계의 확대와 중국의 축소는 중국의 지식 계층이 매우 중요한 새로운 관념—다원적 문명 구역의 존재—을 사고하고 수용하게 만들었다. 과거 거칠고 보잘것없는 오랑캐라고 상상되었던 '만국(萬國)'은 더 이상 천조대국(天朝大國)의 리번원(理蕃院)에 속해 천조(天朝)에 공물을 바치는 사방 오랑캐가 아니었다. 또한 더 이상 상국(上國)이 하찮게 여기고 작은 탄환같이 버려진 섬이 아니었으며, '중국'과 같은 하나의 나라였다. 따라서 그들의 문명, 물산(物産), 언어 모두가 점차 중국에서 인식되기 시작하였으며, 이러한 인식은 점차 중국 지식계의 터무니없는 오만을 변화시켰다. 한 가지 덧붙이자면, 동치(同治 : 1862~1874년) 원년(1862) 동문관(同文館)의 설립은 하나의 상징이라고 생각된다. 비록 이때는 '서동문(書同文)'이라는 전고를 사용하여 중화제국의 중심 의식을 암시하였지만, 동문관은 결국 명나라 초기의 사이관(四夷館)과는 다르다. 동문관은 서양의 언어로 서양의 것을 배우고자 하였던 것이다.[3]

---

1) 『출사영법의비사국일기(出使英法義比四國日記)』 종숙하(鍾叔河) 주편(主編), 주향세계총서(走向世界叢書), 악록서사, 장사(長沙), 1985, 11쪽.

2) 정봉린(丁鳳麟), 『설복성평전(薛福成評傳)』 제9장, 남경대학출판사(南京大學出版社), 1998, 343쪽. 왕영조(汪榮祖)는 『만청변법사상석론(晚清變法思想析論)』에서 1861년 풍계분(馮桂芬)의 「교빈려항의(校邠廬抗議)」가 "전통적 세계관의 극복과 근대 서양 국가 형식에 대한 인식을 보여준다"고 하였다. 그가 최초로 "세상에는 100개국 이상이 있고 중국은 단지 동남쪽의 한 주(州)다"라는 '역사적인 선언'을 하였기 때문이다. 주양산(周陽山), 양숙헌(楊肅獻) 편, 『근대중국사상인물론—청사상(近代中國思想人物論—晚清思想)』, 연경출판사업공사, 1980, 107쪽.

3) 동문관(同文館)에 대한 왜인(倭仁) 등의 비판을 참조할 것. 그 중 양정희(楊廷熙)의 「주청철소동문관(奏請撤消同文館)」을 보면, 동문관 설립 반대의 가장 주된 이유는 다음과 같았다. ① 이러한 기관은 "수치스럽다." ② 천문역산은 중국이 가장 정밀하고 방기(方技)와 수술(數術)은 중국이 가장 완비하여 서양의 것을 학습할 필요가 없다. ③ '자강(自强)'이 꼭 과학기술 분야일 필요가 없다. "화이(華夷)의 구분은 엄격하지 않을 수 없으며, 존비(尊卑)의 구분은 확정하지 않으면 안 되며, 명기(名器)의 중요함은 중시하지 않으면 안 된다." 만약 서학이

이후 양선청(楊選淸)은 서학을 배우는데 서양의 언어를 배우지 않으면 안 된다고 하였다. "서학의 이치가 오묘하고 그 종류가 많아 반드시 두루 조사하고 고증해야 그 의미를 파악할 수 있다. 만약 중국어로 번역된 책을 사용하면 단지 그 주변을 조금 경험할 뿐이며, 번역되지 않은 부분의 심오한 이치를 알 수 없게 된다. 이러한 방법으로 서학의 정묘함에 능통하려 한다면, 나무에 올라가 물고기를 구하는 것과 같을 것이다(西學之爲理也微, 其爲類也廣, 必須會稽博考, 始可以得其旨而會其意, 若第用翻譯之華文, 則旣譯者, 尙得稍涉其藩籬, 未翻譯者, 卽不得深窺其堂奧, 如此而欲擅西學之妙, 入西學之微, 是猶緣木求魚矣서학지위리야미, 기위류야광, 필수회계박고, 시가이득기지이회기의, 약제용번역지화문, 즉기역자, 상득초섭기번리, 미번역자, 즉불득심규기당오, 여차이욕천서학지묘, 입서학지미, 시유연목구어의)"[4]라고 말하였다. 이 말은 매우 타당하다. 그러나 서양의 언어를 사용하게 되면, 더 이상 세계와 중국에 관한 서양의 지식을 무시할 수 없게 되는 것이었다. 또한 서학은 차츰 사람들에게 '이치가 은미하고(理也微)', '종류가 많다(類也廣)'고 인식되기 시작하였다. 지리 공간의 변화 배후에는 지식 공간의 확대가 있었다. 많은 신지식은 이렇게 광활해진 세계와 함께 한꺼번에 중국으로 유입되었다.

2

역사 관념의 변화

지리 관념의 변화와 함께 생긴 것이 역사 관념의 변화였다. 역사 관념의 변화는 문명에 관한 전통 관념의 붕괴와 전환을 내포하였다. 왜냐하면 만약 사람들이 각 민족과 국가가 각기 역사와 문명을 가지고 있음을 받아들인다면, 천하가 유아독존의 문명 아래 존재하지 않으며 여러 문명이 공존한다는 사실을 인정해

범람하면 장차 "성현의 큰 도리를 닦지 않고, 사림(士林)의 절개는 중시하지 않게 된다." 동치 6년 5월 29일, 『동치주판구무시말(同治籌辦九務始末)』 권49, 『근대중국대서방열강인식자료회편(近代中國對西方列强認識資料滙編)』 제2집 제2분책(타이베이, 중연원근대사연구소, 1027~1030쪽)에서 재인용. 이러한 비판의 이유를 통해 새로운 관념의 상징으로서 동문관이 옛 전통에 심각한 도전이 되었음을 알 수 있다.

4) 양선청, 「화문서문리폐론(華文西文利弊論)」, 진충의(陳忠倚) 집(輯), 『황조경세문삼편(皇朝經世文三編)』 권2, 문해출판사영인사(文海出版社影印社), 타이베이, 28쪽.

야 한다. 또한 여러 문명의 공존은 사람들이 다른 문명을 존중하고 이해해야 함을 의미한다. 이는 높은 곳에서 아래로 굽어보며 "예를 잃으면 민간에서 찾는다(禮失求諸野예실구제야)"고 인정하는 것이 아니라 다른 문명에 대해 평등 의식을 가져야 하는 문제이다. 사람들이 이러한 관념을 갖게 되면, 개방적인 의식을 가지고 '문명이 발달한(先進於文明)' 다른 민족과 국가의 존재를 인정해야 한다.

타 지역 문명과 역사에 관한 지식은 선교사의 소개로 19세기 중국에 전래되었다. 타 지역 문명에 관한 사람들의 이해는 200년 전 『명사(明史)』 저술 시기보다 훨씬 좋아졌다. 왕가검(王家儉)의 연구에 따르면, 모리슨(Robert Morrison)과 밀른(William Milne)의 『서유지구문견략전(西遊地球聞見略傳)』(『Tour of the World』)과 『만국기략(萬國紀略)』(『Sketch of World』)이 말라카(Malacca)에서 발행된 이후—즉 1809년에서 1840년 사이—세계 역사와 지리에 관한 서양인 저술 총 도서 13종과 간행물 6종이 출판되었다. 그중 역사 저술 가운데 귀츨라프(K. F. A. Gutzlaff)의 『만국사전(萬國史傳)』(『General History』)와 『고금만국감(古今萬國鑒)』(『Universal History』)은 당시 중국에 『이십사사(二十四史)』와 『자치통감』 이외의 역사를 가져다주었다. 1840년 이후에는 20년간 도서 12종과 간행물 3종이 출판되었다. 비록 수량적으로 적은 것 같지만, 예컨대 모리슨의 『외국사략(外國史略)』, 1861년 브릿지먼이 『미리가합성국지략(美理哥合省國志略)』을 토대로 한 수정본 『연방지략(聯邦志略)』, 1856년 뮈어헤드의 『대영국지(大英國志)』는 모두 분량이 많고 영향력 또한 컸다.[1] 당시 이러한 신지식에 대한 중국인들의 대응 저서 또한 엽기적인 풍문과 필기 소설의 형태에서 점차 벗어나 서방에 관한 일들을 더욱 체계적으로 묘사하였다. 예컨대 임칙서(林則徐)의 『사주지(四洲志)』, 위원의 『해국도지』, 양정남(梁廷枏)의 『해국사설(海國四說)』, 요형(姚瑩)의 『강유기행(康輶紀行)』, 서계여의 『영환지략』, 그리

---

1) 그중 예컨대 『미리가합성국지략(美理哥合省國志略)』과 이 책의 수정본인 『연방지략(聯邦志略)』은 위원(魏源)과 서계여가 인용하였고, 일본의 미츠쿠리 겐보(箕作阮甫)가 훈점(訓點)하여 일본 강좌로조관(江左老早館)에서 발행되었다. 『대영국지(大英國志)』 또한 일본 문구(文久) 원년(1861) 장문온지사(長門溫知社)에 의해 발행되었다. 이 두 책은 모두 중국과 일본에 큰 영향을 주었다. 요시다 토라(吉田寅), 「19세기 중국과 일본에서의 해외사정 섭취의 제자료(十九世紀中國, 日本における海外事情攝取の諸資料)」, 『입정대학동양사연구자료(立正大學東洋史硏究資料)』 VI, 도쿄, 1995

고 하추도(何秋濤)의 『삭방비승(朔方備乘)』 등이다.[2] 1860년대 이후 서방에 시찰을 다녀온 관원과 사인(士人)들의 증가로 외부 세계에 대한 역사 지식이 점차 많아졌으며, 세계에 중국처럼 유구하고 찬란한 문명이 있다는 역사 관념을 점차 수용하게 되었다.

이것은 근본적인 변화였다. 과거 '삼황오제(三皇五帝)로부터 오늘날까지' 오직 한줄기로 내려온 역사는 일찍이 앞서 말한 중국 전통의 '천하', '중국', '사이(四夷)'의 공간 관념과 일방적 염원이었던 '조공' 체제를 받들어 주었다. 또한 문명에 관한 평가와 상상을 뒷받침해 주었다. 그러나 타 지역이 시야에 들어오게 된 후, 다른 나라에 관한 역사가 중국에 점차 유입되어 서양 역사에 관한 지식은 역사에 관한 중국인들의 상상과 기억을 변화시키기 시작하였다. 예컨대 1833~1838년 광주(廣州)와 싱가포르에서 차례로 출판된 중국어 잡지 『동서양고(東西洋考)』에서 11회 연재된 『동서사기분합(東西史記分合)』은 이미 중국과 영국 역사의 대조와 비교의 선례가 되었다. 그 서문의 한 구절이 매우 중요하다. "글의 뜻을 잘 이해한 사람은 각국의 총명하고 예지있는 사람들이 무엇을 배우고 관찰하는지 살펴서 모든 나라를 일가(一家)로 보는 데에 이른다(善讀者, 看各國有其聰明睿智之人, 孰爲學察之, 及視萬國當一家也선독자, 간각국유기총명예지지인, 숙위학찰지, 급시만국당일가야)."

이후 정유(丁酉) 7월호에 간행된 『사기화합강감(史記和合綱鑒)』에서는 "반고(盤古)에서 요순(堯舜)까지, 아담에서 노아까지, 동서양의 기록은 거의 서로 부합한다. 여러 종족의 뿌리가 하나 일 뿐이기 때문이다. 전후의 정세가 서로 다르고 제도가 치밀하고 치밀하지 못한 차이가 있으며, 각 종족은 자신의 풍속을 계승하기 때문에 역사 기록 또한 다르다. 그러나 여러 나라는 몸의 사지처럼 혈맥이 서로 통하고 아픔과 가려움이 서로 연관되어 있다(自盤古至堯舜之時, 自亞坦到挪亞, 東西記庶乎相合, 蓋諸宗族之本源爲一而已. 蓋前後異勢, 疏密異刑, 各族繼私風俗, 故史記也不同. 但諸國之體, 如身之存四肢, 血脈相通, 而痾癢相關자반고지요순지시, 자아탄도나아, 동서기서호상합, 개제종족지본원위일이이. 개전후이세, 소밀이형, 각족계사풍속, 고사기야부동. 단제국지체, 여신지존사지, 혈맥상통,

---

2) 왕가검(王家儉), 「19세기 서양사 지식의 소개와 그 영향 : 1807~1861(十九世紀西方史地知識的介紹及其影響 : 1807~1861)」, 『청사연구논총(淸史硏究論叢)』, 타이베이, 문사철출판사, 1994. 277~303쪽.

이아양상관)"고 하였다. 비록 이 글은 서양인 메드허스트(Walter Henry Medhurst : 1796~1857년, 중국명 麥都思맥도사)가 쓴 것이지만, 중국인들이 보는 잡지에 게재되었다. 이 잡지는 당시 1,000부가 발행되었으며, 1,000부가 다시 합본으로 발행된 점으로 미루어 볼 때 독자가 적지 않았을 것이다. 만약 '모든 나라가 일가(萬國一家)', '여러 나라가 사지처럼 혈맥이 서로 통하는(諸國如四肢血脈相通제국여사지혈맥상통)' 견해를 받아들이기 시작한 독자들이 있었다고 한다면, 그들의 사상은 이미 이하(夷夏)를 엄격하게 구분하였던 중국 고대의 세계관과 현저하게 다르다.[1] 서양 역사가 중국 역사와 마찬가지로 유구하고 서양 문명이 중국 문명에 뒤지지 않는다는 관념은 점차 지식 계층—특히 가장 일찍 자신의 시야를 개방한 사람들—에 수용되었다. 증기택(曾紀澤 : 1839~1890년)은 일찍이 "서양의 여러 나라는 바다 건너 중국과 아주 먼 거리에 있다. 이들과 만나는 것은 예로부터 전례가 없던 매우 기이한 상황이다. 중국의 지식인이나 백성들 중 그들을 신명(神明)처럼 두려워하거나 금수처럼 천시하는 것은 모두 잘못된 것이다. 세력으로 서양과 겨루어야 하니, 중국이 스스로 강해진다면 춘추전국의 진(晉), 초(楚), 제(齊), 진(秦)이 서로 대치하여 각축을 벌인 것과 같게 될 것이다(西洋諸國, 越海無量由旬以與吾國交接, 此亘古未有之奇局, 中國士民或畏之如神明, 或鄙之爲禽獸, 皆非也. 以勢較之, 如中國已能自强, 則直如春秋戰國之晉楚齊秦鼎峙而相角, 度長而契大耳서양제국, 월해무량유순이여오국교접, 차긍고미유지기국, 중국사민혹외지여신명, 혹비지위금수, 개비야. 이세교지, 여중국이능자강, 즉직여춘추전국지진초제진정치이상각, 도장이설대이)"[2]라고 하였다. 이것은 중국 지식인(士人) 가운데 비교적 평온하게 새로운 세계 구도의 지도(地圖)를 받아들인 견해일 것이다. 이렇듯 여러 문명이 "서로 대치하여 각축을 벌이고, 그 실력을 겨루는(鼎峙而相角, 度長而契大耳정치이상각, 도장이설대이)" 생각이 등장하면서, 중국 문명이 독존하는 관념은 점차 약화되었다.

이와 함께 이민족의 문명에 대한 평등 관념이 점차 나타나기 시작하였다. 예컨대 곽숭도(郭嵩燾)는 광서 3~4년에 이미 천주교 역사, 서양 실학의 역사, 심지어 이집트의 역사에 대한 상당한 지식을 가지고 있었다. 색륵포사(色勒布斯)가

서양 역사가 중국 역사와 마찬가지로 유구하고 서양 문명이 중국 문명에 뒤지지 않는다는 관념은 점차 지식 계층에 수용되었다.

1) 황시감(黃時鑿), 「동서양고매월통기전영인본전언(東西洋考每月統記傳影印本前言)」, 『동서교류사론고(東西交流史論稿)』, 상해고적출판사, 1998, 297쪽.
2) 『증기택유집(曾紀澤遺集)』, 악록서사, 1983, 167쪽.

"이집트의 학문이 중국보다 먼저 시작되었다(埃及學問尚先於中國애급학문상선어중국)"라고 말하였을 때, 그는 입으로는 강변하였지만 심리적으로는 상당한 충격을 받았을 것이다.[3] 그와 함께 서양에 파견되었던 이봉포(李鳳苞 : 1834~1887년)는 광서 4년 10월, 독일 베를린 도서관에 소장된 각국의 역사서를 보았다. 이 역사서는 영국, 프랑스, 그리스 및 동방의 터키, 아랍, 페르시아, 티베트, 미얀마, 태국과 중국의 고문서 등이었다. 그는 '3,4천 년 전의 인도 서적', 4천 년 전 '브라만교의 리그베다' 등을 읽고 시야가 넓어져 더 이상 천하에서 오직 중국만이 '문명이 발달(先進於文明)'[4]하였다고 생각하지 않았을 것이다. 고대 그리스 사상에 대한 청나라 말 지식인들의 이해를 예로 들자면, 1857년 출판된 『육합총담(六合叢談)』제1호에 「그리스는 서양 국가 학문의 비조(希臘爲西國文學之祖희랍위서국문학지조)」라는 글이 있다. 그리고 왕도(王韜)가 대략 1860년 이전에 편집한 『서양원시고(西洋原始考)』에는 탈레스 이후 그리스 학문의 발전을 기록하였고, 소크라테스가 "철학으로 유명하였고, 아테네 성에서 제자들을 모아 가르쳤다. 거짓을 버리고 진리를 보존하는 것을 격물치지의 급선무로 삼아 사람들이 양지양능(良知良能)설에 주력해야 한다고 가르쳤다. 이것은 그리스 철학이 크게 변화하는 시초였다(以理學著名, 在雅典城聚徒敎授, 以去僞存誠爲格致之急務, 訓人主良知良能之說. 此爲希臘理學一變之始이리학저명, 재아전성취도교수, 이거위존성위격치지급무, 훈인주량지량능지설. 차위희랍리학일변지시)"라고 소개하였다.

이후 곽숭도는 광서 5년 2월의 일기에서 그리스의 "탈레스는 천지만물이 물과 불에서 나왔다고 말하였다(退夫子言天地萬物從水火出來퇴부자언천지만물종수화출래)", "피타고라스는 ……행성이 도는 거리, 크기, 속도에는 일정한 소리와 리듬이 있음을 논하였다(畢夫子 ……論行星轉動遠近, 大小, 快慢, 有一定聲音節奏필부자 ……론행성전동원근, 대소, 쾌만, 유일정성음절주)", "소크라테스는 진실을 사랑하고 거짓을 증오하여 학문이란 사람으로 하여금 총명과 덕행이 있게 하는 것이라고 가르쳤다(瑣夫子愛眞實, 惡虛妄, 言學問是敎人有聽明德行쇄부자애진실, 악허망, 언학문시교인유총명덕행)", "만물은 어

<hr/>

3) 『곽숭도일기』제3권, 119쪽, 374쪽, 356쪽.

4) 이봉포(李鳳苞), 『사덕일기(使德日記)』, 『중국근대대학대계(中國近代大學大系)』「서신일기집(書信日記集) 2」, 상해서점, 1993, 76쪽.

떻게 할 수 없는 세(勢)를 지닌다고 플라톤은 말하였다(巴夫子言凡物有不得自由之勢과 부자언범물유불득자유지세)", "아리스토텔레스는 천지만물의 본래 동기는 곧 신이다. 이 동기는 스스로 세워질 수 없다. 하나의 자연의 세(勢)가 그렇게 될 수밖에 없도록 만든다고 하였다(亞夫子言天地萬物原來的動機就是神, 這個動機不能自立, 有一個自然之勢教他不得不然아부자언천지만물원래적동기취시신, 저개동기불능자립, 유일개자연지세교타불득불연)"고 기록하였다. 따라서 고대 중국의 제자백가 시대에 대항할 만한 또 다른 고대 문명이 점차 하나의 관념으로 자리 잡기 시작하였다. 사상과 학설을 예로 들더라도 사람들은 중국만이 뛰어난 것이 아니며, 서양 문명의 역사도 '노자가 서쪽으로 떠나 인도에서 석가모니가 되었다'는 신화로 설명할 수 없음을 알게 되었다. 1895년 엄부(嚴復)가 『천연론(天演論)』을 번역하였을 때, 『논삼교원(論三敎源)』「논십일학파(論十一學派)」의 부연 설명에서 고대 그리스의 각 학설에 대한 전면적인 서술과 평가 및 고대 중국의 사상 학설과의 비교를 하였다.[1] 우리들은 중국 고대의 매우 고집스러운 관념을 잘 알고 있다. 즉 "하늘이 불변하듯, 도(道) 역시 불변한다(天不變, 道亦不變천불변, 도역불변)"는 것이다. 만약 이른바 '천(天)'을 현대 사상으로 이해한다면, 아마도 보편적인 합리성을 받드는 공간과 시간일 것이다. 보다 직접적인 표현으로 바꾼다면, '세계관'과 '역사관'이다. 공간과 시간의 틀이 변화한다면 혹은 세계와 역사가 모두 변화하면, 과거 중앙에서 사이(四夷)를 내려다보던 '천하'는 중심과 주변이 없는 '만국'이 되며, 과거 한 줄기로 내려오던 문명의 '도통'은 여러 문명이 함께 나아가는 형국으로 바뀌게 된다. 따라서 이는 상당히 심각한 관념의 변화를 초래하게 되었다.[2] 서양의 영향이 매우 컸던 19세기 말

---

1) 이장림(李長林), 「청말 중국과 희랍문명의 요해(淸末中國對古希臘文明的了解)」, 『역사월간(歷史月刊)』 2000년 1호, 타이베이, 124~129쪽.

2) 이후의 엄부는 "폴란드의 코페르니쿠스는 옛 이론인 천동설을 완전히 뒤엎었다. ……오대주(五大洲) 정치의 변화가 여기에 근거한다." 왜냐하면 '예부터 사람들이 제도를 만들 때, 처음에는 자연을 모방하지 않은 것이 없어' 천정지동(天靜地動), 천존지비(天尊地卑), 천원지방(天圓地方)의 관념 체계가 붕괴되면, 자유, 민주, 평등의 관념은 곧 '날로 높아져 막을 수 없게' 될 것이기 때문이었다. 양계초도 마찬가지로 보았다. 그는 인간 사회에서 느끼는 모든 기본 구조가 천지에 있어 "코페르니쿠스 이전의 천문학자들은 모두 해가 지구를 돈다고 말하였다. 코페르니쿠스가 일어나 이러한 견해를 반박하자 많은 별들의 위치는 변하지 않았지만, 그것을 관찰하는 사람들은 크게 변하였다. ……공간과 시간은 사실 내가 힘(力) 가운데 느끼는 고유의 법칙이 모든 것을 종합하며 모든 것을 규칙에 따라 운행할 수 있도록 하는 도구(具)이다. 만약 이것이 없다면, 나는 결국 여

은 물론 19세기 중엽에도 마찬가지였다. 요형(姚瑩)도 일찍이 『강유기행』에서 과거 사인(士人)들은 '외국의 타 지역의 일(外藩異域之事외번이역지사)'들을 전혀 익히지 않았으며, 이러한 일들을 전담하였던 리번원(理藩院)조차 조공(朝貢)을 바치는 나라만을 관리하였다고 지적하였다. 그러나 그가 가경(嘉慶) 연간 '오랑캐의 잔혹함(外夷桀驁외이걸오)'을 겪은 후, 『해국도지』에 나오는 타 지역 역사에 관한 내용을 본 후 충격을 느끼게 되었다. 그는 "천하에 도가 있으면 사이(四夷)에서도 지켜질 것이다. 어찌 아무 생각 없이 그것을 놓아두고 논하지 않는가(天下有道, 守在四夷, 豈可茫然, 存而不論乎천하유도, 수재사이, 기가망연, 존이불론호)"[3]라고 하였다. 중국인의 마음에서 문명의 판세는 크게 변화하기 시작한 것이다.

3

　　근대 중국의 자아 인식의 역사에서 '세계'와 '역사' 관념의 변화는 그 궤를 같이 한다. 중국은 오랫동안 마치 거울이 없었던 것처럼 대등한 '타자'가 부재하였기 때문에 진정한 자신을 인식할 수 없었다. 19세기 중국이 '세계'와 '아시아' 등 '타자'를 확립하였을 때 비로소 자신을 확실히 인식할 수 있었다. 근대 중국의 '세계'에 관한 담론은 사실 중국 위상의 재정립과 관련이 있다. 따라서 근대 담론에서 '세계'의 이면은 사실 '중국'이었으며, 타 지역의 신지식에 관한 위상 정립의 이면은 전통 지식에 대한 재인식이었다. 그러나 이것은 중국의 국경 밖에 다른 나라의 존재를 인정하고 중국의 역사 외에 다른 문명의 역사가 있음을 인정하는 것일 뿐 지식 전환의 모든 문제를 해결해 주지는 못하였다. 중국의 뿌리 깊은 역사 전통과 지식 자원과 '서양의 학문은 중국에서 기원한다(西學中源)'는 사고는 흔히 문명 충돌의 충격을 상쇄해 버렸다. 이로써 사람들은 유구하다고 생각하던

러 느낌을 정돈할 수 없고 그것을 적절하게 안배할 수 없다." 엄부(嚴復), 『정치강의(政治講義)』「자서(自敍)」, 『엄부집(嚴復集)』 제5책, 중화서국, 1986, 1241쪽. 양계초, 「근세제일대철강덕지학설(近世第一大哲康德之學說)」, 『양계초전집』 제2책, 북경출판사, 1999, 1057쪽.

3) 「자서(自敍)」, 『강유기행』 권수(卷首), 광문서국 『사료삼편(史料三編)』 영인본, 타이베이, 3쪽.

전통 자원에 대해 여유 있게 탐색하여 새로운 방법을 서두르지 않아도 되었다. 그리고 '중체서용(中體西用)', 즉 중국 지식을 '체'—윤리 도덕과 정치 합리성의 궁극적인 근거—로 보고 다른 문명의 지식을 '용'—즉 실용 지식과 기술—으로 제한시키는 사고는 지식 구조의 전환을 일종의 지식 체계의 수정 보완으로 만들어 버리곤 하였다.

이에 따라 오랫동안 서양 학문은 여전히 천문, 지리, 수학 및 기물 제도의 측면으로 국한되었으며, 전통을 고수하는 중국 지식인들로부터 폄하되고 배척되었다. 예컨대 19세기 초 완원은 『주인전(疇人傳)』에서 서양 천문학에 대해 프톨레마이오스, 티코, 카펠라, 코페르니쿠스의 천문학은 단지 '형상을 가설하여 균수(均數)의 가감(加減)을 밝히는(假設形象以明均數之加減가설형상이명균수지가감)' 방법으로써 결코 진정한 우주 모습이 아니라고 하였다. 또한 서양인이 이렇게 함으로써 "위아래의 위치가 바뀌고, 동정(動靜)이 바뀌고, 도에서 벗어나 배울만한 것이 못된다(上下易位, 動靜倒置, 則離經畔道, 不可爲訓상하역위, 동정도치, 즉리경반도, 불가위훈)"[1]며 그들을 무시하였다. 따라서 그는 특히 "최근 산술에 능한 자들은 매번 오늘날의 엄밀함으로써 옛날 사람들을 탓한다. 서양 기술의 정밀함을 보고 중국의 방법을 경시한다(近來工算之士, 每據今人之密而追咎古人, 見西術之精而薄視中法근래공산지사, 매거금인지밀이추구고인, 견서술지정이박시중법)"[2]라고 비판하였다. 그는 '오늘날'과 '서양 기술'이 확실히 '옛날 사람'과 '중국의 방법'보다 훨씬 정밀하다는 것을 알고 이러한 지식과 기술이 큰 의미가 있다는 것은 인정하지만, 전통과 자존을 위해 그의 이러한 입장을 바꿀 수는 없었다. 왜냐하면 허술한 지식과 기술 이면에는 정치와 윤리에 관한 중국 전통이 있었으며, 그들이 보기에 이러한 측면은 중국이 서양인보다 훨씬 더 뛰어났기 때문이다.

19세기 하반기 중국의 지식 담론의 또 다른 중요한 변화는 문명 비교에서 가치 평가에 관한 기준의 변화이다. 중국의 전통 지식과 사상, 그리고 신앙세계에서 중국인들은 항상 윤리의 합리성, 도덕의 자각성, 국가 정치와 가족 윤리의 동

문명 비교에서 가치 평가에 관한 기준의 변화

---

1) 「장우인전(蔣友仁傳)」, 『주인전(疇人傳)』 권46, 『속수사고전서』516책, 가경, 도광 연간 완씨각본(阮氏刻本) 영인본, 457쪽.
2) 『주인전(疇人傳)』 「범례(凡例)」, 상동, 59쪽.

일성, 그리고 사회 질서의 질서와 화합을 문명 가치의 중심으로 삼았다. 또한 이 점에서 중국이 서양보다 훌륭하다고 생각하여 심리적인 자존감과 만족감을 얻었다. 이러한 생각은 대략 19세기 중반에도 마찬가지였다. 그러나 이러한 자신감과 만족감은 점차 큰 도전에 직면하게 되었다. 많은 중국인들은 서양인도 성숙하고 합리적인 윤리와 도덕 체계가 있으며, 사회 질서를 유지하는 독자적인 합리성이 있기 때문에 중국이 우위를 점한다고 볼 수 없음을 알게 되었다. 19세기 당시 서양의 정치, 종교, 윤리에 관한 지식이 점차 증가함에 따라 중국인들은 서양이 원시적이며 낙후되고 미개하다는 관념을 바꾸지 않을 수 없었다.

사실 일찍이 명나라 시대부터 어렴풋이 서양 정치의 특징들을 발견한 사람도 있었다. 예를 들어 황경방(黃景昉)은 『삼산론학기서(三山論學記序)』에서 중요한 문제─정교(政敎) 분리─를 언급하였다. 그는 "하늘과 황제는 분명히 두 개의 본체로 구분된다. …… 유럽 사람들은 나라의 군주 외에 대개 종교 지도자가 있는데 그 직책은 잘 가르치는 것을 전담한다. 군주의 자리는 자식에게 전하고, 종교 지도자의 자리는 현자에게 전한다. 군주는 임금이고, 종교 지도자는 스승이다(天之與帝, 明分二體, …… 歐羅巴人, 國主之外, 蓋有敎化主焉, 其職專以善誘. 國主傳子, 敎化主傳賢, 國主爲君, 敎化主爲師천지여제, 명분이체, 구라파인, 국주지외, 개유교화주언, 기직전이선유. 국주전자, 교화주전현, 국주위군, 교화주위사)"[3]라고 하였다. 이러한 종교 권력과 정치권력의 균형 및 대립 구도는 과연 정치, 종교, 문화가 고도로 합일된 중국의 황권 정치 체제에 비해 낙후한 것인가? 근대 서양, 특히 영국에서 점차 형성된 입헌군주 민주정치가 진리의 권세를 높이 든 집권 형식에 비해 낙후한 것인가? 이것 자체가 바로 생각할만한 문제이다. 물론 가장 일찍 서양 지식을 수용한 사람이더라도 다른 문화와 질서를 빠르게 공감할 수 있는 것은 아니었다. 예컨대 함풍 9년(1859), 왕도(王韜)는 장검인(蔣劍人)과 논의하면서 여전히 다음과 같은 생각을 가지고 있었다.

서양 국가 정치의 큰 오류는 남녀가 함께 왕위를 잇는 것이고 군주와 백성이 함께 다스리는 것이며, 정치와 종교가 일체인 점이다(西國政之大謬者, 日男女竝嗣也, 君民同

---

3) 서종택(徐宗澤), 『명청간야소회사역저제요(明淸間耶蘇會士譯著提要)』 권3, 중화서국, 1898, 153쪽.

治也, 政教一體也서국정지대류자, 왈남녀병사야, 군민동치야, 정교일체야).

    그러나 와일리(Alexander Wylie : 1815~1887년, 영국의 선교사)는 이러한 견해의 오류를 지적하였다. 그는 오히려 서양에 이러한 민주적 정치 제도가 있기 때문에 '감히 한 사람이 권력을 장악하지 못하며, 천도가 여전히 바뀌지 않고', 민주정치 체제, 의원 제도, 신문과 매스컴이 있기 때문에 국가 질서를 확립할 수 있다고 하였다. 이러한 제도가 중국과 전혀 다르기 때문에 왕도(王韜)는 중국의 국토가 넓고 인구가 많아 전제(專制)할 수밖에 없고, 인구가 많고 궁핍하여 기계를 사용하면 많은 사람들이 생계를 이을 수 없었다는 이유 등을 근거로 반박하였다. 즉 그는 "중국이 중시한 것은 예의염치일 뿐이다. ……사악하고 음흉한 기교로 하늘을 파괴한 것들은 배척하고 거론하지 않아도 고루해지지는 않았다(中國所重者, 禮義廉恥而已, ……奇技淫巧鑿破其天者, 塀之不談亦未可爲陋也중국소중자, 예의염치이이, ……기기음교착파기천자, 병지불담역미가위루야)"라고 하였다. 그러나 그는 내심 흔들리기 시작하였다.[1]

    19세기 후반에 이르러 더 많은 사람들이 직접 서양을 접하고 세계 변화를 보다 깊이 느끼면서 중국과 서양 문명에 대해 체(體)로부터 용(用)까지 진지하게 비교하기 시작하였다. 그들은 "저 나라는 어찌 작으나 강하고, 중국은 어찌 크나 약한가(彼何以小而强, 我何以大而弱피하이소이강, 아하이대이약)"를 분명히 밝히려고 하였다. 풍계분(馮桂芬)은 『교빈려항의(校邠廬抗議)』에서 "중화의 총명과 기술은 분명 여러 오랑캐보다 우위에 있을텐데(中華之聰明智巧必在諸夷之上중화지총명지교필재제이지상)", 왜 '인재 활용(人無棄材인무기재)', '자원 개발(地無遺利지무유리)', '군주와 백성의 소통(君民不隔군민불격)', '명실상부(名實必符명실필부)' 등 네 가지 측면에서 왜 오랑캐보다 못한지 이상하게 생각하였다. 이 네 가지 측면은 이미 '용' 뿐만 아니라 '체'까지 연관된 문제가 되어 버렸기 때문에[2] 19세기 후반 중국인들은 중국과 서양의 차

중국과 서양 문명에 대해 체로부터 용까지 진지하게 비교하기 시작하였다.

---

1) 『왕도일기(王韜日記)』, 함풍 9년(1859) 갑진(甲辰), 중화서국, 1987, 113쪽. 가장 일찍 왕명을 받고 유럽을 유람한 빈춘(斌椿) 역시 영국 여왕의 질문에 대답할 때 "런던의 가옥과 기물들을 보니 중국보다 정교하게 만들어졌습니다. 모든 정사(政事)에 있어서도 장점이 상당히 많습니다"라고 인정하지 않을 수 없었다. 『승사필기(乘槎筆記)』, 주향세계총서(走向世界叢書), 악록서사, 1985, 117~118쪽.

2) 풍계분(馮桂芬), 『교빈려항의』, 「제양기의(制洋器議)」, 광서 10년 간본(刊本), 44쪽. 왕식(王栻), 『유신운동(維新運動)』, 상해인민출판사, 1986, 28쪽 참조.

이에 대해 주의하지 않을 수 없었다. 곽정이(郭廷以)는 일찍이 동치(同治) 연간 양정남(梁廷枏)이 『합중국설(合衆國說)』에서 미국의 민주와 법제에 대해 매우 칭찬하였으며, 빈춘(斌椿)이 총리아문(總理衙門)의 명령에 따라 하트(Robert Hart : 중국명 赫德혁덕)를 수행하여 서양을 다녀온 후 영국의 의회(公議廳)에 대해 관심이 있었던 사실을 언급한 바 있다.[3]

물론 때로는 이러한 비교의 입장과 관점이 여전히 중국 중심을 고수하고, 가치 기준이 전통에 머물러 있기도 하다. 예컨대 지강(志剛)의 『초사태서기(初使泰西記)』는 일찍이 서양인에게서 '오륜(五倫)'을 찾고, 중국의 윤리 습관에 따라 서양에는 오륜(五倫)을 일륜(一倫)으로 합쳐 부부, 형제, 부자, 군신을 친구로 만들었다고 비판하였다. 이것은 분명 중국의 지식으로 민주(民主)에 대해 '뜻을 분석하거나[格義]' '비유하고 비교[比附]' 한 것이다. 그러나 결국 그들은 이미 중국과 서양의 차이를 보게 된 것이다.[4]

어떤 이들은 훨씬 깊이 보았다. 예컨대 곽숭도(郭嵩濤)는 광서 3,4년에 서양에 파견되었을 때 중국과 영국의 정치 체제 차이에 대해 서양은 "나라의 정사가 백성들에 대해 공평하고, 그 군주가 정치를 사사롭게 사용하지 않는다(國政一公之於臣民, 其君不以爲私국정일공지어신민, 기군불이위사)"는 점을 발견하였다. 그리고 민주적 의회, 공정한 법률, 개방된 여론에 대해 찬탄하며, "서양이라는 한 귀퉁이에 천지의 우수한 인재들이 모였다(西洋一隅爲天地之精英所聚서양일우위천지지정영소취)"라고 하였다. 또한 '사(私)'와 '공(公)', '덕(德)'과 '법(法)'의 차이를 보고 중국의 '군주의 도'와 '스승의 도'가 쇠퇴한 것을 인정하였으며, 심지어 당시 "서양이 도를 가지고 있음을 가지고 중국이 도가 없음을 공격한다(以其 '西洋' 有道攻中國之無道이기 '서양' 유

---

3) 곽정이(郭廷以), 「근대 문화의 수입과 그 인식(近代文化之輸入及其認識)」, 『근대 중국의 변국(近代中國的變局)』, 타이베이, 연경출판사업공사, 1987, 38쪽.

4) 지강(志剛), 『초사태서기(初使泰西記)』 권2, 주향세계총서(走向世界叢書), 악록서사, 1985, 62~63쪽. 이러한 비교는 정확하지 않을 수 있으나 적어도 표면적으로 보면 대체로 그러하였다. 그러므로 1895년 엄부(嚴復)는 「논세변지극(論世變之亟)」에서 몇몇 이원 대립의 개념들을 분명하게 귀납하였다. 예컨대 "중국인들은 옛것을 좋아하고 현재의 것을 소홀히 한다"와 "서양인들은 현재의 것에 힘써 옛 것을 극복하고자 한다", '삼강(三綱)'과 '평등(平等)', '친족 사랑'과 '현인 발탁', '효(孝)'와 '공(公)', '임금을 존숭함'과 '백성을 높임' 등이다. 이러한 것들은 이후 동서문화 논쟁의 기본 관념이 되었다. 『엄부집』 제1책, 중화서국, 1986, 1~3쪽.

도공중국지무도)"[1]라고 인정하였다.

정관응(鄭觀應 : 1842~1922년)은 광서 9년(1884)의 『남유일기(南遊日記)』에서 서양은 "건국의 근본이 체와 용의 겸비이다(立國之本, 體用兼備)"라고 인정하였다. 그렇다면 무엇이 서양의 체와 용인가? 그는 "학교에서 인재를 육성하고, 의회에서 정치를 논하여 신하와 백성이 한 몸이 되고, 위와 아래가 한 마음이 되는 것이 체(體)이다. 군사 훈련, 기계 장비의 제작, 철도, 전선 등이 용(用)이다(育才於書院, 論政於議院, 君民一體, 上下同心, 此其體; 練兵制器械鐵路電線等等, 此其用육재어서원, 론정어의원, 군민일체, 상하동심, 차기체; 련병제기계철로전선등등, 차기용)라고 하였다.

이와 마찬가지로 종천위(鍾天緯)는 『종론시무(綜論時務)』에서 군사 훈련과 광산 개발 등에 국한하지 않고 "백성들의 실정에 정통하고 백성들이 정치에 참여하며…… 군주 또한 법률의 통제 아래 있다. 다만 법을 받들어 행할 수는 있으나 권력과 위세를 가지고 자기 마음대로 할 수 없다(通民情, 參民政…… 君亦受轄於律法之下, 但能奉法而行, 不能權威自恣통민정, 참민정…… 군역수할어률법지하, 단능봉법이행, 불능권위자자)"는 것을 '국력의 강약과 민생 안위의 대관건(國勢强弱民生休戚之大關鍵국세강약민생휴척지대관건)'[2]이라고 생각하였다.

설복성(薛福成)은 광서18년(1892) 7월 29일에 『남유일기(南遊日記)』에서 영국 상·하원의 구성과 운영 상황을 상세하게 기록하였다. 비록 그는 이러한 민주제도의 병폐에 대해 언급하면서도 호감을 가지고 있었다. 같은 해 3월 28일, 설복성은 『일기』에서 민주 국가는 "인재 등용과 행정이 여러 사람의 생각을 모아 널리 이롭게 할 수 있고 백성들의 여론의 실정을 잘 따르니, 군주된 자가 홀로 백성들 위에 군림하여 절제 없는 욕심대로 방종할 수 없다. 즉 장수와 재상, 여러 대신(大

---

1) 『곽숭도일기』 제3권, 393쪽, 548쪽. 곽숭도 보다 늦게 서양을 다녀온 설복성(薛福成)은 곽숭도가 말한 '서양의 국정(國政)과 민풍(民風)의 아름다움'을 목도한 후 자신의 기존 편견을 바꾸기도 하였다. 그는 미국의 풍기(風氣)가 중국의 요순(堯舜) 시대와 비슷하고, 러시아는 은주(殷周) 시대에 해당하며, 영국과 독일은 양한(兩漢) 시대와 비슷하다고 하였다. 중국 역사의 평가 체계에서 고대일수록 순수하다는 기준을 감안할 때 이러한 역사적 비교는 중국 지식인들의 큰 변화를 보여준다. 『출사영법의비사국일기(出使英法義比四國日記)』 광서 16년 3월13일.

2) 이상은 「서신일기집(書信日記集) 2」, 『중국근대문학대계(中國近代文學大系)』(270쪽)에서 재인용. 정위지(丁偉志), 진숭(陳崧), 『중서체용지간(中西體用之間)』, 165쪽.

750 제3편

臣) 역시 오늘은 관리일지라도 내일은 백성이 될 수 있다. 감히 세력을 믿고 사람을 능멸할 수 없으니(其用人行政, 可以集思廣益, 曲順輿情, 爲君者不能以一人肆於民上, 而縱其無等之欲, 卽其將相諸大臣, 亦皆今日爲官, 明日卽可爲民, 不敢有恃勢凌人之意기용인행정, 가이집사광익, 곡순여정, 위군자불능이일인사어민상, 이종기무등지욕, 즉기장상제대신, 역개금일위관, 명일즉가위민, 불감유시세릉인지의)", "맹자의 '백성이 귀하다'는 설과 부합한다(合於孟子民爲貴之說합어맹자민위귀지설)"라고 하였다. 비록 그는 "많은 정당이 만들어져 서로 경쟁하여 심지어는 서로의 사사로운 견해로 인해 국가의 손익을 따지지 않는다(朋黨林立, 互相爭勝, 甚至各挾私見而不問國事之損益붕당림립, 호상쟁승, 심지각협사견이불문국사지손익)"는 병폐를 발견하였지만, 그는 이러한 정치 상황과 중국의 이상인 '삼대(三代)', 심지어 그 이전 시대를 함께 거론하였다. 그는 "중국 요순 시대 이전은 모두 민주였다(中國唐虞以前, 皆民主也당우이전, 개민주야)"며 삼대(三代)에는 민주주의 형태가 있으며, 대체로 영국과 이탈리아의 '군주와 백성이 함께 주체가 되는 정치(君民共主之政)'와 유사하다고 하였다. 이에 따라 "하·은·주 삼대의 융성함은 3천년 동안이나 지속되었는데, 이는 역사상 미증유의 일이다(三代之隆幾及三千年之久, 爲曠古所未有삼대지륭기급삼천년지구, 위광고소미유)"[3]라고 하였다.

곽숭도와 함께 서양에 파견되었던 여서창(黎庶昌 : 1837~1897년)은 서양을 직접 접하게 되자 자연히 서계여의 "『영환지략』 기록이 10가지 중 7~8가지가 옳고, 서씨의 주장이 틀리지 않음을 감탄하였다(『瀛環志略』所載, 十得七八, 及嘆徐氏立言之非謬『영환지략』소재, 십득칠팔, 급탄서씨립언지비류)." 또한 영국의 입헌군주라는 민주제도는 "군주와 신하 사이에 예절은 언제나 분명하고 구분은 언제나 엄격하지만 정치의 권력은 의회가 가지고 있다. ……그러므로 군주의 이름은 있지만 곧 민주주의 국가이다(君臣之間, 禮貌未嘗不尊, 分際未嘗不嚴, 特其國政之權, 操於會堂, ……故雖有君主之名, 而則民政之國也군신지간, 예모미상부존, 분제미상불엄, 특기국정지권, 조어회당, ……고수유군주지명, 이즉민정지국야)"라고 하였다. 비록 그는 여전히 서양의 정치 제도에 완전히 공감하지는 않았으나, 이미 '오랑캐'라는 폄하의 말로써 문명의 도전에 대응할 수 없음을 실감하였다. 그는 이처럼 서양에 대한 복잡하고 모순된 감정을 가지고 있었

---

3) 『설복성선집(薛福成選集)』, 상해인민출판사, 1987, 605~606쪽.

다. 따라서 그는 『막지승에게 보내는 편지(與莫芷升書)』에서 "나는 진실로 그것을 명명할 수 없다(吾眞不得而名之矣오진불득이명지의)"고 하였다. 왜냐하면 서양은 '왕자(王者)의 기상'이 있으면서도, "자손을 위해 계획하지 않고, 엄연히 만물과 더불어 백성들은 형제로 여긴다(不爲子孫計劃, 儼然物與民胞불위자손계획, 엄연물여민포)"라고 하여 '베푸는 것을 즐기고 선함을 좋아하고(樂施好善악시호선)', '도를 잃지 않는다(道不捨遺도불사유)'라고 찬탄하였다. 그러나 그는 또한 서양이 '이익을 좋아함이 끝이 없는(嗜利無厭기리무염)' 병폐가 있으며, 특히 "풍속이 나라를 망치고도 남는다(風俗則又鄭衛桑間濮上之餘풍속즉우정위상간복상지여)"라며 못마땅하게 생각하였다.[1] 이처럼 중국 윤리의 정치 사고와 완전히 엇갈리는 상황은 그를 혼란스럽게 만들었다. 왜냐하면 그가 익숙한 중국의 전통적 평가 태도는 이러한 상황에서 모두 쓸모가 없는 것 같았기 때문이다.[2]

4

도대체 어떠한 사상과 학설과 정치 제도가 좋은 것인가? 전통적 중국의 사인(士人)들은 당연히 중국 전통의 윤리 도덕과 정치 제도의 우월성을 고집하였지만, 이는 매우 분별하기 어려운 문제였다. 혈연 기반, 가족 중심, 사회 전체의 질서를 추구하는 중국의 전통 제도와 개인 중심이며 권리와 의무를 경계로 하여 자유를 추구하는 서양의 근대 제도에는 서로 다른 가치 체계가 존재하였기 때문에 본래

도대체 어떠한 사상과 학설과 정치 제도가 좋은 것인가?

---

[1] 『예기(禮記)』「악기(樂記)」에 정(鄭)·위(衛)나라의 음악은 난세의 것이며, 교만으로 치안이 문란한 상태이다. 또한 상간(桑間)·복상(濮上)의 음악은 망국의 것이다. 멸망이 가까워진 나라에서는 정치가 흐트러지고 백성은 편안하지 않으며, 사람들은 모두 윗사람을 속여 사욕을 꾀하며, 그 풍조가 심해지는 것을 방지할 수가 없다(『禮記·樂記』: "鄭衛之音, 亂世之音也, 比於慢矣. 桑間濮上之音, 亡國之音也, 其政散, 其民流, 誣上行私而不可止也"예기·악기』: "정위지음, 란세지음야, 비어만의. 상간복상지음, 망국지음야, 기정산, 기민류, 무상행사이불가지야)." (역자 주)

[2] 「여리면림관찰서(與李勉林觀察書)」, 『서양잡지(西洋雜志)』 권8, 담용중점교본(譚用中點校本), 귀주인민출판사(貴州人民出版社), 1992, 251쪽. 황만기(黃萬機), 『여서창평전(黎庶昌評傳)』, 귀주인민출판사, 1992 참조. 이밖에도 송육인(宋育仁)의 「태서각국채풍기(泰西各國采風記)」 중 의회 제도에 대한 평가를 참조할 수 있다. 송육인은 심지어 "중국이 만약 의회를 설립하면, ……외국보다 일이 쉬워지고 효율은 배가될 것이다"라고 생각하였다. 『곽숭도등사서기육종(郭嵩燾等使西記六種)』, 삼련서점, 1998, 349쪽.

우열을 가늠하기 어렵다. 그러나 당시 세계의 역량 비교에서 큰 변화가 발생하였다. 즉 아편전쟁(阿片戰爭 : 1840~1842년, 그 결과 홍콩을 영국에 할양하는 등을 포함한 난징조약을 체결함) 이후 중국은 점차 뒤떨어지게 되었다. 특히 19세기 후반 이후 중국은 어쩔 수 없이 '만국'으로 전락하게 되고, 전통의 관념 세계는 서양의 심각한 도전을 받게 되었다. 제국주의는 침략을 문명으로 포장하여 그 세력 확장 행위를 "군자는 재물을 아끼되 그것을 취하는 도(道)가 있다(君子愛財取之有道군자애재취지유도)"로 표현하며, 정복과 침략의 합리화에 힘썼다. 이로써 사람들이 이러한 확장과 침략을 간과하여 그것을 '문명'의 '경쟁'으로 생각하게 만들었다. 다른 한편으로 서양의 열강들은 새롭게 정립한 '이성'으로 '과학'을 치장하고, '과학'을 유일한 합리적인 척도 혹은 보편 원칙으로 삼아 대외적으로 펼쳐 사람들이 점차 이러한 이성 배후의 문제를 간과하고, 그것으로 모든 것을 판단하는 진리로 받아들이게 만들었다.

이에 따라 옳고 그름은 점차 사후(事後)의 득실에 의해 판단되었으며, 우열은 점차 경쟁 속의 강약으로 구분되었다. 본래 일치되지 않았던 평가와 판단에 검증 가능한 공통 기준이 생긴 듯하였다. 여서창은 의미심장한 한 마디를 하였다. 그는 당시 세계가 이미 '국력의 강약에 순전히 의존하여 옳고 그름을 판단하는(純任國勢之强弱以爲是非순임국세지강약이위시비)' 강권 정치의 시대인데 "한갓 예의로서 그들을 배척하고 무관심하기까지 하였다. 내 생각에는 조정이 이러한 시대 상황에 처하였기 때문에 언제나 세계를 정복하는 뜻과 온 천하를 삼키는 마음을 가진 후에야 물러나 스스로 그 나라를 견고히 할 수 있다(徒執禮義以相抵制, 彼且視爲漠然. 私謂朝廷處此時勢, 宜常有鞭撻四海之義, 幷呑八荒之心, 然後退而可以自固其國도집례의이상저제, 피차시위막연. 사위조정처차시세, 의상유편달사해지의, 병탄팔황지심, 연후퇴이가이자고기국)"[3]라고 하였다. 여기에는 관념 세계의 중대한 변화, 즉 가치 관념의 변화를 내포하고 있다. 중국인들이 가진 윤리와 도덕 중심의 문명의 우열관이 강약 중심의 문명의 우열관으로 변화하였다. 이에 따라 '자강(自强)'은 중국의 관념 세계의 중심이 되었다.

이러한 관념은 잇따른 전쟁 패배와 낙심으로 격앙된 중국 사인(士人)들에게

중국인들이 가진 윤리와 도덕 중심의 문명의 우열관이 강약 중심의 문명의 우열관으로 변화하였다.

---

3) 「상침상국서(上沈相國書)」, 『서양잡지(西洋雜志)』 권8, 252~253쪽.

보편적인 진리와 금과옥조가 되었다. 당시에는 격렬하고 급진적인 언론들이 많았지만, 그것은 이성적인 사고라기보다는 직접적으로 사회 변화를 접하여 급격한 심리적인 변화를 겪었던 일부 지식인들의 심정을 나타낸다. 이러한 심정은 흔히 사상사에서 간과하기 쉽지만 사실 매우 중요하다. 때로는 이러한 감성적인 마음은 이성적인 사상을 지배한다. 19세기 후반 이후 초조와 긴장된 마음은 시종 중국 지식인들의 사상을 뒤덮고 통제하였다. 그들은 서양인들을 초월하고 동양 (일본)인을 싸워 이기지 못하면 중국 문명의 존재 의의와 중국 민족의 존재 가치를 증명할 수 없다고 생각하였다. 당시 사람들은 이미 중국을 전 세계라는 배경에서 생각하였다. 또한 전 세계 만국에서 강약(强弱)으로 영웅을 논하였고, 부강 (富强)으로 강약을 구분하고, 성왕(成王)과 패구(敗寇)로 시비를 결정하기 때문에 '부강'은 곧 '문명'이었다. 그들은 역사를 반성하기 시작하였다. 가장 직접적인 원인에서부터 자기 문명에 대한 시각을 조정하였다. 부강은 가장 중요한 가치 기준이 되었다.

'부강'은 곧 '문명'

『곽숭도일기(郭嵩燾日記)』에는 매우 주목할 만한 기록이 있다. 광서 4년(1878) 2월 2일, 그는 영국 『타임스(Times)』지를 보고 영국이 페르시아 국왕에게 보성(寶星) 훈장을 수여한 것을 비판하였다. 즉 이러한 반문명(Half-civilized) 국가에 훈장을 수여하는 것이 합당하지 않다고 생각하였다. 그는 또한 "삼대(三代) 이전에는 오직 중국만이 교화가 있었다. 그러므로 요복(要服)과 황복(荒服)의 명칭이 있었으니,[1] 이는 모두 중원에서 먼 곳이므로 이적(夷狄)이라고 부른다(三代以前, 獨中國有敎化耳, 故有要服荒服之名, 一皆遠之於中國, 而名曰夷狄삼대이전, 독중국유교화이, 고유요복황복지명, 일개원지어중국, 이명왈이적)." 그러나 오늘날 "중국의 교화는 날로 더욱 쇠퇴하고, 정교 (政敎)와 풍속은 유럽 각국이 오직 그 우세한 지위를 독차지하였다(中國敎化日益微減, 而政敎風俗, 歐洲各國乃獨擅其勝중국교화일익미멸, 이정교풍속, 구주각국내독천기승)"고 말하며, 오히려 서양이 중국을 '이적(夷狄)'으로 간주하는 것을 매우 안타까워하였다.

이것은 그가 분명 서양의 제국주의의 '강약'과 '빈부'로 문명을 논하는 사고

---

1) 요복(要服)은 왕기(王畿)에서 1,500~2,000리(里) 떨어진 곳을 가리키며, 황복(荒服)은 왕기에서 2,000~2,500리 떨어진 곳을 가리킨다. 모두 변방을 가리키는 말로 쓰인다(역자 주).

를 수용하였음을 알 수 있다. 이러한 사고방식은 이미 당시 중국인들에게 큰 영향을 주었으며, 특히 민감한 지식인들에게는 더욱 그러하였다. 예컨대 최국인(崔國因 : 1831~?)은 광서 17년(1891) 12월 27일, 칠레와 미국이 충돌한 소식을 접한 후 "요즘 세상은 이치에 합하지만 세력이 없으면 진실로 이치로 사람을 굴복시킬 수 없다. …… [우리가] 군사력으로 남을 이기지 못하면 결코 그들과 갈라설 수 없으며, 군사력이 자신을 이기지 못하면 결코 자신을 버리고 남들을 따르지 않는다. 공법은 의지할 바가 못 되며, 조약도 근거가 되지 못한다. 오직 세력이 강한 자만이 이치를 펼칠 수 있다. 국가는 강하지 않으면 안 된다(當今之世, 有理而無勢, 實不能以理屈人也 ……非兵力勝人, 斷不敢與人決裂, 非兵力勝己, 斷不肯捨己從人. 公法不足恃, 條約不足據, 惟勢强者乃能伸理耳. 有國者不可以不强당금지세, 유리이무세, 실불능이리굴인야 ……비병력승인, 단불감여인결렬, 비병력승기, 단불긍사기종인. 공법부족시, 조약부족거, 유세강자내능신리이. 유국자불가이불강)"라고 생각하였다. 이 사건은 그에게 큰 충격을 준 듯하였다. 다음 날 그는 이 사건을 생각하며 손무와 공자의 "용감함과 비겁함은 기세이고, 강함과 약함은 형세이다(勇怯, 勢也, 强弱, 形也용겁, 세야, 강약, 형야)", "그 나라를 다스릴 수 있는 자를 누가 업신여기겠는가(能治其國家, 誰敢侮之능치기국가, 수감모지)"라는 말을 떠올렸다. 이듬해 1892년 6월 7일, 그는 신문에서 영국이 외국에서 낮은 수입세 혜택을 받았다는 소식을 본 후, 또다시 탄식하며 "심하도다! 나라를 세우려면 강하지 않을 수 없도다. 오늘날 정세는 약육강식일 따름이다(甚矣立國, 不可不强也, 今日之勢, 一弱肉强食之勢而已矣심의립국, 불가불강야, 금일지세, 일약육강식지세이이의)"[2]라고 하였다. 당시 중국의 전통 관념 중 최고의 '왕도(王道)'는 그다지 바람직하지 않은 '패도(覇道)'에게 점차 자리를 내 주었으며, 부국강병이 가장 중요한 일이 되었다.[3]

동치(同治) 연간 처음으로 영국에 간 왕도(王韜)는 옥스퍼드대학에서 강연을 하였다. 강연 후 한 사람이 그에게 "공자의 도와 서양의 천도가 어떻게 다릅니까

---

2) 『출사미일비일기(出使美日秘日記)』(황산서사黃山書社, 1988) 중 권9의 390~391쪽과 권11의 44쪽. 이것은 점차 공통된 인식이 된 듯하다. 이후 왕강년(汪康年)은 당시 풍조를 다음과 같이 기록하였다. "어떤 자들은 초월적이고 오묘한 이야기를 만들어 세계가 하나가 되는 날에는 정교(政敎) 이외에 언어, 문자, 의복, 음식 및 모든 풍조가 모두 통일되어 반드시 가까워질 것이니, 우리가 서양의 풍속을 따르는 것 역시 합당할 것이라고 말하였다." 이때는 대략 19세기 말이다. 『왕양경필기(汪穰卿筆記)』 권3, 50쪽.

3) 『곽숭도일기』 제3권, 439쪽.

(孔子之道與泰西所傳天道若何공자지도여태서소전천도약하)"라고 질문하였다. 비록 그는 당시 이미 '거의 전혀 다른 세계와 같은(幾若別一世界기약별일세계)' 문명에 대해 상당한 인식이 있었지만 여전히 자신만만하게 중국과 서양은 결국 다름에서 같음으로 바뀔 것이라고 말하였다. 그는 중국의 이학자(理學者) 육구연의 말을 인용하여 "동방에 성인이 있으니, 마음이 같으면 '리'가 같다고 하였다. 서방에 성인이 있으니, 마음이 같고 리(理)가 같다. 한 마디로 결론을 내린다면, 그 도는 대동이다 (東方有聖人焉, 此心同, 此理同也. 西方有聖人焉, 此心同, 此理同也. 請一言以決之曰 : 其道大同동방유성인언, 차심동, 차리동야. 서방유성인언, 차심동, 차리동야. 청일언이결지왈 : 기도대동)"[1]라고 하였다. 중국 사인(士人)들은 항상 "천하의 도는 하나일 뿐이니, 어찌 둘이겠는가(天下之道, 一而已矣, 夫豈有二哉천하지도, 일이이의, 부기유이재)"라고 믿었다. 즉 천하에는 보편적으로 적용할 수 있고 절대적으로 확실한 진리가 있다는 것이다. 그러나 19세기 후반 중국 사인들은 점차 보편적인 진리가 중국 전통의 관념 세계에 있지 않음을 믿을 수밖에 없었다. 그들은 여전히 '그 도가 대동(其道大同)'이라고 믿는 한편, 오직 부강만이 문명의 현실 세계 내부에 있고 보편적으로 적용할 수 있는 단 하나의 진리—즉 고대 중국이 줄곧 풍자해온 '이기면 왕이 되고, 패하면 도적이 됨(勝王敗寇승왕패구)'과 '약육강식'—라는 것을 고통스럽게 인정하고 있었다.

이것은 곧 '현대성의 침입(inbreak of the modernity)'이다. '부강'은 '이성'의 이름 아래 '실용'과 '효용'의 방식으로 '문명'의 기준이 되었다. 이것은 중국인에게 사실상 서방의 사고방식, 하나의 일원적인 보편적 척도를 제공하였다. 이것은 자신의 문화 존재를 보존하려는 중국인들이 서구의 강력한 세력과 군사력의 위협 아래 문명 평가에서의 독자적인 입장을 포기하고 문화와 가치의 전통 관념을 포기하도록 만들었다. 왕도(王韜)는 『변법자강(變法自强)』에서 일본을 예로 들며 일본의 개혁이 '서양을 본받은 것(概法乎泰西개법호태서)'이며, 그 목적이 "서양 각 대국 사이에서 일어나 그 짧고 김을 비교하여 기죽지 않기 위함이다(求立乎泰西諸大國之間, 而與其較長絜短而無所餒也구립호태서제대국지간, 이여기교장혈단이무소뇌야)"라고 하였

'현대성의 침입'

---

1) 『만유수록(漫游隨錄)』 「부상유기(扶桑游記)」, 호남인민출판사, 주향세계총서(走向世界叢書), 1982, 100쪽. 그의 「원도(原道)」(왕도王韜, 『도원문신편弢園文新編』, 중국근대학술명저총서, 삼련서점, 1998)를 참조할 것.

다. 사실 그가 말한 일본의 현 상태는 곧 중국의 이상(理想)이었다. '그 짧고 김을 비교하여 기죽지 않기(與其較長絜短而無所餒)'를 위해 '변화'해야 하였으며, 그 '변화'는 곧 '강함'을 위한 것이었다.[2]

이에 따라 최국인(崔國因)은 광서 15년(1889) 9월 23일의 일기에서 중국이 세계 시대에 진입한 이후 변할 수밖에 없는 이유를 "중국에서는 유사 이래 농업을 근본으로 삼고 상업을 말단으로 삼는 것이 왕도였다. 그러나 활의 위력이 크게 변하여 총포가 되었고, 천연 요새의 험준함이 크게 변하여 평탄한 길이 되었다. 방어든 전쟁이든 옛날보다 백배나 비용이 든다. 상업이 일어나지 않으면 그 비용을 감당할 수 없다. 궁하면 변해야 된다고 하였으니 성인의 교훈은 지극히 명징하다(中國自開辟以來, 皆以貴粟重農爲本, 以商爲末, 自是王道. 然弧矢之威, 一變而爲槍炮, 天塹之險一變而爲坦途, 議守議戰, 其費百倍於前人. 商務不興, 費必不給, 物窮則變, 聖訓有明徵矣중국자개벽이래, 개이귀속중농위본, 이상위말, 자시왕도. 연호시지위, 일변이위창포, 천참지험일변이위탄도, 의수의전, 기비백배어전인. 상무불흥, 비필불급, 물궁즉변, 성훈유명징의)"[3]라고 하였다. 그는 '궁하면 변화를 생각하는(窮則思變)' 마음에서 전통적인 농상본말(農商本末)의 관념을 뒤집었다. 이와 마찬가지로 과거에 항상 가장 중요한 위치를 차지하였던 '문명'—즉 윤리와 도덕을 중심으로 한 문명—은 부차적인 위치로 물러났다. "산술격치의 이치, 형상을 관찰하여 기물을 제조하는 방법, 하천 개발의 방법 등을 들어 그 정화에 집중하고 실질에 힘써 그 도를 터득한다면, 중국의 자강의 길이 곧 거기에 있을 것이다(擧凡算學格致之理, 制器尙象之法, 鉤河擿雒之方, 儻能專精務實, 盡得其妙, 則中國自儻之道在此矣거범산학격치지리, 제기상상지법, 구하적락지방, 당능전정무실, 진득기묘, 즉중국자강지도재차의)"[4]라고 여겨졌다.

이에 따라 온전한 지식에 관한 전통적인 관념에 균열이 생기기 시작하였다. 사람들은 '소학(小學)' 즉 기초 지식을 분리시켰다. 증기택(曾紀澤)은 소학을 고금으로 구분하여 "한나라 학자들은 문자, 음운, 훈고를 초학자의 입문 방법이라고

2) 왕도(王韜), 『도원문신편』, 중국근대학술명저총서, 삼련서점, 1998, 38쪽.

3) 최국인(崔國因), 『출사미일비일기』 권1, 황산서사, 1988, 13쪽.

4) 『주판이무시말 '동치조'(籌辦夷務始末 '同治朝')』 권46, 3~4쪽, 정위지(丁偉志), 진숭(陳崧)의 『중서체용지간(中西體用之間)』(중국사회과학출판사, 1995, 78쪽)에서 재인용.

하였으니, 옛날의 소학이다. 송나라 학자들은 생활예절을 동몽의 기초로 삼았으니, 오늘날의 소학이다(漢學家以文字, 音韻訓詁爲初學津梁, 古小學也, 宋學家以灑掃對應進退爲童蒙基址, 今小學也한학가이문자, 음운훈고위초학진량, 고소학야, 송학가이쇄소대응진퇴위동몽기지, 금소학야)"라고 하였다. 그러나 그는 서양인들이 "작고 보잘 것 없는 물체를 현미경으로 관찰하고 검증하여 격치를 돕는다. 만물 재질의 무거움을 구분하고 생사의 차이와 동식물 등의 다양한 생태의 구분을 연구한다. 세밀한 것으로써 큰 것을 알고 겉으로써 안을 검증하며, 무용으로써 유용을 추구하고 같은 종류로써 다른 종류를 관찰한다(以顯微鏡察驗纖幺麼之物以助格致, 靠究萬物材質凝重之分, 生死之異, 動植之類胎卵濕化之所以別, 由細而知巨, 由表以驗裏, 由無用以求有用, 由同種以察異種이현미경찰험섬세요마지물이조격치, 고구만물재질응중지분, 생사지이, 동식지류태란습화지소이별, 유세이지거, 유표이험리, 유무용이구유용, 유동종이찰이종)"라고 하였다. 그는 비록 직접적으로 평가하지는 않았으나, "이것을 소학으로 삼아 광학과 전기학 등과 기이함을 다투고 함께 중시한다(以此爲小學, 與光學電學之屬爭奇而竝重이차위소학, 여광학전학지속쟁기이병중)"라고 하여 서양의 실용적인 지식에 대해 경도되었음을 드러냈다.[1]

사람들 역시 '격치(格致)'의 내용을 분리시켜 중국인들이 '생활예절', 즉 쇄소응대(灑掃應對 : 집 안팎을 깨끗이 거두고 웃어른의 부름이나 물음에 응대함)에서 시작하는 '격치', 즉 문명 교육에 대해 회의를 갖기 시작하였다. 『신보(申報)』는 동치 3년(1874) 정월 28일(3월 16일)에 『의창건격치서원론(擬創建格致書院論)』을 발간하여 "중국의 이른바 격치는 성의(誠意), 정심(正心)과 치국평천하(治國平天下)가 되는 원인이다. 외국의 이른바 격치는 변화와 제조가 되는 원인이다. 중국의 격치는 그 공적이 공허한데, 공허하면 거짓이 된다. 외국의 격치는 그 공적이 사실로 증명되니, 실제는 모두 참된 것이다(中國之所謂格致, 所以誠正治平也, 外國之所謂格致, 所以變化制造也, 中國之格致, 功近於虛, 虛則僞, 外國之格致, 功證諸實, 實則皆眞也중국지소위격치, 소이성정치평야, 외국지소위격치, 소이변화제조야, 중국지격치, 공근어허, 허즉위, 외국지격치, 공증제실, 실즉개진야)"라고 하였다. 그리고 최국인은 『출사미일비일기(出使美日秘日記)』 권8에서 "외국에서 격치의 학문은 중국의 선비들이 과거에 힘쓰는 것과 약간 비슷하다. 그러

---

1) 『사서일기(使西日記)』, 주향세계총서(走向世界叢書), 악록서사, 1985, 62쪽.

나 과거시험의 학문은 오직 공허한 말에 의거하지만 격치의 학문은 실제 유용하니, 부강을 이루는 것이 당연하지 않겠는가?(外國於格致之學, 較之中國士子之用心擧業者, 略相同焉. 然擧業之學, 但托空言, 而格致之學, 實有實用, 宜其日致富强乎외국어격치지학, 교지중국사자지용심거업자, 략상동언. 연거업지학, 단탁공언, 이격치지학, 실유실용, 의기일치부강호)"[2]라고 하였다.

　　이러한 사고방식은 점차 발전하여 광서 21년(1895) 엄부의 '급박한 세계변화(世變之亟)' 논의와 '부강을 추구하는(追求富强)' 주장을 구성하게 되었다.[3] 지식에 관한 가치 판단의 역전이 나타난 것이다. 즉 중국의 구학문은 점차 '무용'한 지식이 되었으며, 서양의 신지식은 '유용'한 지식으로 간주되었다. 광서 22년(1896)에 송육인(宋育仁)은 진치(陳熾)의 『용서(庸書)』 서문을 지어주며 당시 유행하였던 관념 중 하나가 "세계의 설에 따르면, 오늘날의 병폐는 글을 숭상한 폐해에 있다(天下之說曰 : 今日之病在尙文之弊천하지설왈 : 금일지병재상문지폐)"라고 하였다. 여기에서 이른바 '글을 숭상함(尙文)'은 사실 중국 전통에서 유가 경전을 지식의 전부로 간주하였음을 가리킨다. 과거의 사람들은 모든 힘과 지혜를 인문 지식이었던 지식 세계에 허비하고 기타 모든 지식과 기술을 소홀히 여겼다. 이에 따라 실용적 지식과 기술은 낙후되었으며, 이 점이 중국의 '빈(貧)'과 '약(弱)'을 초래하게 되었다고 보았다.[4]

---

2) 『출사미일비일기』 권8, 331~332쪽. 옹정 연간에 진원룡(陳元龍)이 펴낸 『격치경원(格致鏡原)』은 전통적인 유서(類書)의 형식을 그대로 사용하여 기존 분류에 따라 고전을 발췌하여 수록하였다. 그는 서문에서도 이렇듯 암기에 쓰이는 고전 지식을 '격치'의 주요 내용이라고 하였다. 그는 "한 가지라도 모른다면 군자는 부끄럽게 생각하기 때문에 격치를 존숭한다(一物不知, 君子恥之, 故格致尙焉일물부지, 군자치지, 고격치상언)"라고 말하였다. 이렇게 볼 때 19세기 하반기의 '격치' 관념은 이미 크게 변화하였음을 알 수 있다. 타이베이, 상무인서관 영인본, 1972.

3) 엄부(嚴復)의 「논세변지극」과 「원강(原强)」(『엄부집』 제1책, 1~32쪽) 참조.

4) 『용서(庸書)』 권수(卷首), 『진치집(陳熾集)』, 중화서국, 1997, 1쪽.

5

19세기 후반의 각종 문헌을 살펴보면, 당시 다른 나라에서 온 신지식이 급속히 증가하였음을 알 수 있다. 현대인들은 현재의 지식 수준으로 그 당시를 평가하여 당시 사람들이 알고 있던 서양 지식이 천박하고 미흡하다고 생각할 것이다. 그러나 역사를 거슬러 올라가 보면, 그 이전 시기보다 신지식에 대한 이해는 이미 상당히 증가하였다. 1850년대부터 나타난 지식 증가의 단편들을 임의로 선택하여 들어보면 다음과 같다.[1]

다른 나라에서 온 신지식이 급속히 증가하다.

첫째, 서학(西學)을 소개하는 서적과 신문과 잡지들이 점차 증가하였다. 서적은 명나라 말, 청나라 초와 마찬가지로 선교사의 번역 소개와 보급에 의존하였다. 예컨대 미국의 교회가 설립한 미화서관(美華書館)은 잇따라 서양의 신지식을 소개하는 『지리전지(地理全志)』, 『격치질학(格致質學)』 등을 출판하였다. 영국의 선교사 메드허스트(W.H. Medhurst : 중국명 麥都思맥도사) 등은 상해(上海)에서 묵해서관(墨海書館)을 만들고, 1850년대부터 많은 서학 관련 서적을 출판하였다. 예컨대 1853년 『수학계몽(數學啓蒙)』, 1855년 홉슨(B.Hopson : 중국명 合信합신)의 『박물신편(博物新編)』을 출판하였다. 이에 따라 각종 번역 서적이 잇따라 출간되었다. 그중 1864년 마틴(W.A.P.Martin : 중국명 丁韙良정위량)이 번역한 『만국공법(萬國公法)』(즉 헨리 휘튼Henry Wheaton의 『Elements of International Law』)은 관방(官方)의 지원을 받아 출판된 것으로서 중국이 세계로 나아가는 중요한 사건이었다.[2]

첫째, 서학을 소개하는 서적과 신문과 잡지들이 점차 증가하였다.

이후 중국의 관방과 민간 차원에서 역서 출판 사업이 시작되었다. 1868년 강남제조총국(江南製造總局)은 상해에 번역관을 설립하고, 서수(徐壽)와 서건인(徐建寅) 부자의 주관하에 많은 전문가들 — 이선란(李善蘭), 가보위(賈步緯) 등 — 을 영입하였다. 짧은 5년 동안 37종의 서적을 출판하고, 1880년에 이르러서는 143종을

---

1) 이하 자료에서 출처가 명기된 것을 제외하면, 대부분 이장리(李長莉)가 펴낸 『근대중국사회문화변천록(近代中國社會文化變遷錄)』 제1권(유지금劉志琴 주편主編, 절강인민출판사浙江人民出版社, 1998)을 참조하였다. 비교적 간명한 서술은 곽정이(郭廷以)의 「근대문화지수입급기인식(近代文化之輸入及其認識)」(『근대중국의 변국近代中國的變局』, 27~49쪽) 참조.

2) 양백화(梁伯華), 『근대 중국 외교의 거대 변화 — 외교제도와 중국의 외교관계 변화의 연구(近代中國外交的巨變—外交制度與中外關係變化的研究)』, 상무인서관, 홍콩, 1990, 54쪽.

출판하였는데, 산학·공예·박물·기기·화학·의학·군사·지리역사 등 다방면의 서적을 포괄하고 있었다. 1873년 경사동문관(京師同文館)은 인서처(印書處)를 설립하여 서양 서적을 번역하였는데, 이것은 서학이 관방으로부터 인정을 받은 상징적인 사건이었다.

따라서 이후 서양의 과학기술 지식에 관한 서적은 더욱 많이 출판되었다. 신문과 잡지를 보면, 서양 언어의 신문과 잡지를 제외한 중문으로 된 신문과 잡지로는 1850년대에 『하이관진(遐邇貫珍)』(월간, 1853~1856년), 『육합총담(六合叢談)』(월간, 1857~1858년), 『중외신보(中外新報)』(반월간, 1858~1861년) 등이 있었고, 1860년대에 『상해신보(上海新報)』(1861년, 주간, 이후 매주 3회 발행으로 바뀜)가 있었다. 1870년대에는 유명한 『신보(申報)』가 창간되고, 2년 후(1874) 『중국교회신보(中國敎會新報)』가 『만국공보(萬國公報)』로 개명하여 종교 전파에서 시사, 과학, 문화의 전파로 방향을 전환하였다. 또한 2년 후(1876) 과학 지식 전파를 목적으로 한 『격치휘편(格致彙編)』(1876~1892년, 월간, 이후 계간으로 바뀜)이 창간되어 각종 신지식이 서적, 신문, 잡지를 통해 지속적으로 중국의 지식 세계에 유입되었다.

왕도(王韜)는 일찍이 『대상정중승서(代上丁中丞書)』에서 이러한 증가 추세를 설명하였다. "위원이 『해국도지』를 집필하였을 때 서양에 대한 책은 얻을 방법이 없었다. 심지어 이후 모리슨의 『매월통기전(每月統紀傳)』에 이르기까지 말이다. …… 오늘날 『하이관진』이 홍콩에서 발간되고, 『육합총담』이 상해에서 발간되며, 『중외신보』가 영파(寧波)에서 발간되고 있다. 이밖에도 『칠일록(七日錄)』, 『근사편(近事編)』과 같이 날마다 우편으로 전해지는 것이 수도 없이 많다. 비록 문장은 아름답지 않지만, 사실에 대해서는 확실하다(當魏默深撰『海國圖志』時, 西事之書, 無可采攝, 甚至下及馬禮遜之『每月統紀傳』……今日者, 『遐邇貫珍』刊於香港, 『六合叢談』刊於上海, 『中外新報』刊於寧波, 其他如『七日錄』, 『近事編』, 日報郵傳, 更僕難悉, 雖言非雅馴, 而事堪考核당위묵심찬『해국도지』시, 서사지서, 무가채힐, 심지하급마례손지『매월통기전』……금일자, 『하이관진』간어향항, 『륙합총담』간어상해, 『중외신보』간어녕파, 기타여『칠일록』, 『근사편』, 일보우전, 경복난실, 수언비아순, 이사감고핵)."[3] 신지식을 모르는 사람은 이미 낙오자가 되었다. 예를 들어 『신보』 1888년 7월 4일, 「식

---

3) 왕도(王韜), 「대상정중승서(代上丁中丞書)」, 『도원문신편』, 263쪽.

시무자위준걸론(識時務者爲俊杰論)」에서 "지금 세상은…… 시무의 학문을 배우지 않을 수 없으며, 서양의 번역서를 읽지 않을 수 없다(當今之世…… 時務之學不能不講, 泰西翻譯之書不能不看당금지세…… 시무지학불능불강, 태서번역지서불능불간)"[1]라고 하였다.

둘째, 중국인들은 세계로 진출하기 시작하였으며, 직접 서양의 문명을 체험하고 서양의 신학문을 이해하기 시작하였다. 동시에 서양의 기물(器物)이 대량으로 중국으로 유입되어 각종 서양 문화와 기물이 더욱 활발하게 수입되었다. 1847년에 용굉(容閎) 등 3명이 1차 유학생으로 미국으로 건너간 후, 동치 11년(1872) 1차 국가 파견 유학생 30명이 미국으로 유학을 떠났다. 이처럼 20여 년간 이미 많은 사람들이 해외로 나가 중국인들에게 신세계 풍경을 전해주었다. 만약 "그것은 모두 중국인들이 논한 서양이며, 이것은 서양인이 논한 서양이다(彼皆以中土人譚西洋, 此則以西洋人譚西洋也피개이중토인담서양, 차즉이서양인담서양야)"라고 하여 위원과 서계여가 서양을 풍문으로 이해하였던 풍조를 바꾸었다면, 19세기 후반에는 서양인을 통하지 않은 중국인들만의 서양에 대한 관찰이 등장하였다.

1849년 최초로 중국인의 서양 여행기—임재(林齋)의 『서해기유초(西海紀遊草)』—가 발행되고, 1866년 장덕이(張德彝)와 빈춘(斌椿) 등 5명이 유럽 방문 후 『승사필기(乘槎筆記)』, 『항해술기(航海述奇)』 등을 저술하여 서양에 대한 중국인의 체험과 묘사가 등장하였다.[2] 1844년에 서계여가 복주(福州)에서 고루(鼓樓)를 중건할 때 서양의 거대한 자명종을 설치하여 사람들의 호기심을 불러일으켰고, 1860년대에는 조계(租界)가 생겨 우편 업무와 보험 업무가 시작되고, 서양의 인쇄기, 재봉틀, 사진술, 박물관이 출현하였다. 또한 1870~80년대에 각종 서양의 지식과 기물이 중국에 유입되었고, 전보·전화·전등·성냥·수도·서양 직물·철못 등은

둘째, 중국인들이 세계로 진출하기 시작하였다.

---

1) 곽정이(郭廷以)의 「근대신학과 민주사상의 수입—만청역서와 서학 서적(近代新學與民主思想的輸入—晚清譯書與西書)」(『근대중국의 변국近代中國的變局』, 51~76쪽)에 매우 상세하게 연구되어 있다. 주진학(周振鶴)은 「만청상해서원서학과 유학교육의 진퇴(晚清上海書院西學與儒學教育的進退)」에서 『상해현지(上海縣志)』와 『상해현속지(上海縣續志)』에 수록된 '서원에 보존된 서목(存院書目)'의 차이가 동치 10년에서 청나라 말까지 지식의 변화를 반영하여 매우 흥미롭다고 말하였다. 『화동사범대학학보(華東師範大學學報)』 1999년 제5기, 37~40쪽.

2) 이 방면에 관해서는 종숙하(鍾叔河) 주편(主編)의 주향세계총서(악록서사, 1985)에 수록된 각종 청나라 말 서양 유람기(出洋遊記)를 참고할 수 있다. 이밖에 종숙하, 『근대중국지식분자고찰서방적력사(近代中國知識分子考察西方的歷史)』, 중화서국, 1985 참조.

중국인, 특히 연해 지역 주민들이 흔히 보는 물품이 되었다. 1880년대 창간하여 큰 영향을 끼쳤던 『점석재화보(點石齋畫報)』를 보면, 각종 서양인, 서양 물품, 서양 습관, 서양 지식은 이미 중국 사회생활의 내용이 되었다. 설복성(薛福成)이 말한대로 "중국과 오랑캐가 분명히 구분되던 천하가 크게 변하여 중국과 외국이 서로 연결된 천하가 된 것이다(華夷隔絶之天下, 一變而爲中外聯屬之天下화이격절지천하, 일변이위중외련속지천하)."[3] 이러한 맥락에서 더욱 많은 서양의 신지식이 중국 전통의 지식 세계에 유입되었다.[4] 명나라와 청나라 시대 이후 중국 사인(士人)들이 특히 관심을 가졌던 역산(曆算) 학문은 19세기 후반에도 여전히 번성하였다. 장작남(張作楠), 제언괴(齊彦槐) 이후 수학사에서 유명한 중국인 이선란(李善蘭)과 서양인 와일리(Alexander Wylie : 중국명 偉烈亞力위열아력)가 지속적인 연구와 함께 서양의 수학 지식을 소개하였다.[5] 그들은 과거 학자들의 사고방식을 발전시켰다. 예컨대 이선란은 초순의 '타원'에 대한 연구를 발전시켰을 뿐만 아니라 '타원'의 계산법을 간편하게 만들었다.[6] 그리고 와일리와 함께 『대수학(代數學)』, 『대미적습급(代微積拾

더욱 많은 서양의 신지식이 중국 전통의 지식 세계에 유입되다.

---

3) 『점석재화보』에 대해서는 이미 중국 안팎으로 매우 훌륭한 연구 성과들이 있다. 예컨대 헤럴드 콘(Harold Kohn : 중국명 康無爲강무위),「점중유화 : 점석재화보와 대중문화형성 전의 역사(點中有話 : 點石齋畫報與大衆文化形成之前的歷史)」(「Drawing Conclusions : Illustration and the Pre-history of mass culture」), 『독사우득 : 학술연강삼편(讀史偶得 : 學術演講三篇)』, 타이베이, 중앙연구원근대사연구소, 1993. 다케다 마사야(武田雅哉), 『청조회사오우여의 사건(淸朝繪師吳友如的事件)』, 작품사(作品社), 도쿄, 1998. 진평원(陳平原),「이도상위중심―『점석재보』(以圖像爲中心―『點石齋畫報』)」, 『21세기(二十一世紀)』, 2000년 6월호 총59기, 90~98쪽.「미사적지취여『점석재화보』적종지(美査的志趣與『點石齋畫報』的宗旨)」, 『문회독서주보(文滙讀書週報)』2000년 6월 3일, 상하이.

4) 이 문제를 잘 설명해 주는 또 하나의 사례가 있다. 도광 6년(1826) 『황조경세문편(皇朝經世文編)』이 출간되었는데, 이는 중국에서 위기의식이 생겨나기 시작하였음을 나타내 준다. 그러나 그 분류를 보면, 여전히 서양의 신지식의 막대한 영향을 직접적으로 확인할 수 없다. 이후 갈사예(葛士睿)가 광서 14년(1888)에 펴낸 『황조경세문속편(皇朝經世文續編)』에는 '양무(洋務)' 문(門) 20권이 추가되었고 '학술' 문(門)에 서양의 신지식을 가장 잘 체현해 주는 '산학(算學)' 목(目)이 배치되었다. 광서 23년(1897) 진충의(陳忠倚)가 펴낸 『황조경세문삼편(皇朝經世文三編)』의 '학술' 문(門)에는 '격치'와 '화학'이 추가되었다. 갈영진(葛榮晋) 편, 『중국실학사상사(中國實學思想史)』 하권, 수도사범대학출판사(首都師範大學出版社), 1994, 25~27쪽 참조.

5) 이선란(李善蘭)은 『칙고재산학십삼종(則古齋算學十三種)』(동치 6년 금릉 간본金陵刊本, 『속수사고전서』 영인본 1047책, 상해고적출판사)이 있다. 와일리의 수학 연구는 왕효근(汪曉勤)의 「위열아력 소개와 외국 수학사 지식(偉烈亞力所介紹的外國數學史知識)」(『중국과기사료中國科技史料』 제21권 제2기, 2000, 158~167쪽)참조.

6) 서유임(徐有壬) 저, 이선란 도해(圖解), 「타원정술해(橢圓正術解)」, 이선란, 「타원습유(橢圓拾遺)」, 동치 연간 간본, 『칙고석재산학십삼종(則古昔齋算學十三種)』, 『속수사고전서』 영인본 1047책 참조. 『속수사고전서제요고본(續修四庫全書提要稿本)』의 평론과 제요 참조(제31책, 제로서사 영인본, 1996, 522쪽).

級)』, 특히『기하원본(幾何原本)』의 후속 9권을 번역하였다. 당시 수학은 점차 인기 있는 지식이 되었다.『노잔유기(老殘遊記)』를 쓴 유악(劉鶚)조차 광서 5년(1879), 그의 나이 23살 때 "직각 삼각형과 제곱근 등의 수학 문제를 푸는 것에 전념하였다(窮心句股開方等數學問題궁심구고개방등수학문제)"[1]고 하였다.

예로부터 줄곧 관방의 중시를 받았던 천문에 관한 학문은 정치적인 합법성 도모와 농업을 위한 날짜 계산 영역에서 벗어나 점차 근대적 천문학에 가까워졌다. 19세기 후반 사람들은 차츰 우주의 생성 이론을 알게 되었고, 지구와 달이 '회전하는 형세로 구분되는(因旋之勢而分인선지세이분)' 학설을 알게 되었다. 그리고 태양계의 행성과 행성이 태양을 따라 운행하는 주기를 알게 되었고, 심지어 만유인력, 타원의 행성 궤도, 각 행성의 태양 일주 일수, 화성에 있는 얼음층, 목성의 위성, 천왕성, 해왕성, 일식, 월식 등을 알게 되었다.[2] 이러한 지식은 서양을 통해 소개 뿐만 아니라 이미 직접 체험한 사람도 있었다.[3] 이러한 경험은 이미 완원의『주인전(疇人傳)』중 서양의 천문학 이론이 다만 이론적 가설일 뿐 실제로는 존재하지 않는다는 주장을 변화시켰다. 동시에 지구 자체에 대한 학문 또한 이미 중국인의 시야에 들어왔다. 이것은 광산 개발과 제련이라는 실용적인 범위를 넘어

---

1) 유혜손(劉蕙孫),『철운선생년보장편(鐵云先生年譜長編)』, 제로서사, 1982, 11쪽.

2) 설복성(薛福成)은 일찍이『격치회편(格致滙編)』의 소개를 통해 적지 않은 천문학적 지식을 가지고 있었다. 왕욱(王煜),「설복성지천문, 생물, 생리 지식과 그 사회, 정치, 종교 사상 평술(薛福成之天文, 生物, 生理知識及其社會, 政治, 宗敎思想述評)」,『명청사상가논집(明淸思想家論集)』, 연경출판사업공사, 타이베이, 1981, 231~304쪽 참조. 왕도(王韜)의 자연과학의 지식은석택종(席澤宗)의「왕도와 자연과학(王韜與自然科學)」(『홍콩대학중문계집간香港大學中文系集刊』제1권 제2기, 1987, 265~272쪽) 참조.

3) 최국인(崔國因)의 광서 15년(1889) 9월 24일의 일기 중 미국 천문망원경을 참관한 감상(『출사미일비일기』권1, 황산서사, 14쪽)과 광서 16년 11월 28일의 일기 중 프랑스 해군의 기구(氣球)를 참관한 소감을 참조하였다(『출사미일비일기』권5, 203쪽). 진기원(陳其元)의 기록을 보면, 그는 천문망원경으로 달, 태양, 금성을 관측하여 달 (표면)은 울퉁불퉁하고 태양은 흑점이 있고 금성에는 상현(上弦)과 하현(下弦)이 있음을 발견하였고, "……이 모든 것을 옛 사람들은 보지 못하였다. 그러나 상해에서 서양인의 망원경으로 보지 않으면 또한 알 수 없다"고 하였다(『용한재필기庸閑齋筆記』권6의「태서측량법泰西測量法」과『용한재필기』권9의「측원경측遠鏡」, 중화서국, 1989, 128쪽, 207쪽). 이밖에 여서창(黎庶昌)은『서양잡지(西洋雜志)』권6「구주지형고(歐洲地形考)」와「담천회지(談天滙志)」에서 당시 유럽의 천문학 지식에 대해 매우 세밀하게 기록하였다. 그는 "이 모든 것은 내가 직접 보고 경험한 것이다. 그러나 지구가 하나의 행성이라는 설(一星一地球之說)은 비록 믿고 싶지 않지만 믿지 않을 수 없다. 서양인들은 예전에 태양이 지구 주위를 돈다고 말하였는데 백 수십 년 이래 기구가 날로 정밀해져 비로소 지구가 태양 주위를 돈다는 것을 깨달았다. 이것은 실로 지구를 행성 중 하나로 보는 것이다(是直以地爲行星之一)"라고 하였다(201~223, 220, 223쪽).

지구 자체에 대한 인식이었다. 예컨대 지각(地殼)은 더 이상 오행에 대한 비유라는 것에 그치지 않고, 서양인들의 주장을 받아들였다.[4] 대기(大氣)에 관한 인식 또한 과거에 음양으로 해석하였던 사고방식에서 벗어나 서양인의 대기 분석 결과를 수용하였다. 예를 들어 곽숭도는 여러 차례 '산소', '질소', '습기'와 '이산화탄소' 및 '수소', '질소', '염소'에 관한 지식을 기록하였다.[5]

인간 자체에 관해 중국인들은 더 이상 중국 전통의 "마음의 일은 생각하는 것이다(心之官則思)"의 주장을 고집하지 않았다. 곽숭도와 설복성은 대체로 인간의 사고가 대뇌에 의해 움직이고, 심장은 혈액 흐름을 관장한다는 서양의 생리학적 지식을 수용하였다. 물론 그들의 태도가 여전히 주저함이 있고 이해 정도에도 편차가 있는 것은 사실이다.[6] 국가 경제와 민생에 직접적으로 사용된 기물(器物)의 학문은 19세기 후반 이후 더욱 대규모로 중국의 지식 세계에 유입되었다. 이 방면은 관념상의 장애가 거의 없었다. 대다수 지식인들은 경탄과 흠모하는 마음으로 이러한 서양의 신지식과 신기술에 대해 감탄하였다. 예컨대 설복성의 『출사일기속각(出使日記續刻)』권2, 57쪽, 광서 17년 10월 6일(1891년 11월 7일)에서 서양의 각국이 최근 15년 이래로 "획득한 새로운 방법은 이용하는 사람이 특히 많았다. 예컨대 호생전기(互生電機)라고도 불리는 전기학 안의 다이너마이트, 전등, 말이 통하는 기계인 전화, 소리를 기록하는 기계 등이다. 또한 천문학에서 거대한 굴절 망원경, 증기기관차와 같은 기계, 신문 인쇄기, 사진 인쇄기, 조명과 금속 제조 기기, 병원에서 사용하는 코카인, 즉 마취제 심지어 새로운 인쇄기와 촬영 기술 등 이러

---

4) 예컨대 최국인(崔國因)의 광서 16년 8월 17일자 일기를 보면 "중국의 철로, 채광 등 이 두 가지 사업은 지관(풍수가)들이 싫어한다"며 서양인들의 지구에 관한 지식을 인용하여 그들을 반박하였다. 즉 "무릇 지구의 두께는 3만 리(里)이고 채광은 깊어야 1리(里)이다. 땅에 들어가는 깊이가 불과 3만분의 1인데 훼손이라고 말할 수 있겠는가?"라고 하였다. 더욱이 그 역시 이른바 음양생사(陰陽生死)의 '기(氣)'에 대한 설을 폐기하기 시작하였다. 그는 구미 각국에 "광산, 철로가 매우 많고 그 백성들도 매우 부유하지만 불길하다고 들은 바 없다"고 하였다(『출사미일비일기』 권4, 158쪽).

5) 『곽숭도일기』 제3권, 299쪽, 685쪽.

6) 『곽숭도일기』 제3권, 779쪽. 설복성, 『출사일기속각(出使日記續刻)』 권3, 50쪽, 『용암전집(庸盦全集)』, 1109쪽 참조. 물론 곽숭도의 경우 여전히 인간의 지력, 흥미, 운명에 따라 머리의 외형도 다르다고 믿고 골상학과 연결 지었다. 설복성은 이 두 가지의 차이를 조율하고자 하였다. 이로 인해 그는 "깨달음은 마음에서 하고, 기억은 뇌에서 한다(悟性在心, 記性在腦오성재심, 기성재뇌)", "마음과 뇌는 모두 인간의 몸을 주재한다(心與腦者, 皆人身之主宰也심여뇌자, 개인신지주재야)"고 하였다.

한 것들은 헤아릴 수 없이 많다(所得新法以利用者尤多, 若電學內之代拿模, 又名互生電機; 若電氣燈; 若德律風, 卽通言器; 若記聲器等. 又如天文學內之極大折光遠鏡, 火輪車之新式機器, 刊印新報機器, 照相印書器, 開礦制金器, 醫家所用之哥哥愛唔, 卽悶藥, 更有印寫機器照相新法, 此類不勝枚擧소득신법이리용자우다, 약전학내지대나모, 우명호생전기; 약전기등; 약덕률풍, 즉통언기; 약기성기등. 우여천문학내지극대절광원경, 화륜차지신식기기, 간인신보기기, 조상인서기, 개광제금기, 의가소용지가가애오, 즉민약, 경유인사기기조상신법, 차류불승매거)"라고 언급하였다.

한 가지 매우 상징적인 사건이 있다. 서양의 신지식을 중점적으로 전파하는 격치서원(格致書院)이 설립된 이후, 1886~1893년 간 다수의 저명한 관리—이홍장(李鴻章), 증국전(曾國筌), 유곤일(劉坤一), 설복성(薛福成), 정관응(鄭觀應) 등―는 모두 격치서원의 시험 출제를 맡았다. 그들이 출제한 문제에서도 당시 서양의 과학기술에 대한 조정 안팎의 지대한 관심을 알 수 있다. 이것은 1,000년간 지속적으로 전통 경전을 내용으로 하고 인문 지식을 중점적으로 다루는 시험에서는 매우 드문 일이다.[1] 예컨대 이홍장이 출제한 문제는 서양의 온도 측정, 열측정, 전기 측정의 방법을 물었으며, 서양의 구면, 평면삼각법과 『주비산경(周髀算經)』의 관계를 물었다. 또한 서양의 64종의 화학 물질에 대한 중국 명칭이 무엇이며, 서양의 과학기술 관념사에 관한 것도 물었다. 즉 서양의 격치학이 그리스의 아리스토텔레스에서 시작하여 영국의 베이컨에 이르러 "학문이 크게 변화하여 정밀해지기 시작하였다(盡變其說, 其學始精진변기설, 기학시정)"고 하였으며, 다윈과 스펜서에 이르면 "학문이 더욱 완비되었다(其學益備기학익비)"며, '그 원류를 상세히 고찰할 수 있는지(能詳溯其源流歟능상소기원류여)'를 문제로 출제하였다. 그는 아울러 『대학』의 '격치(格致)'에 대한 해석이 정현(鄭玄) 이후 많아졌는데, 고대의 '격치'와 당시 서양이 '우연히 일치(偶合)'하는 점이 있는지[2]에 대해 물었다. 이러한 시험 문제는 학생

한 가지 매우 상징적인 사건

---

1) 물론 명나라와 청나라 시대에도 일찍이 관원이 학생에게 자연과학 문제를 출제한 적이 있다. 예컨대 가정(嘉靖) 4년(1525)에 강서(江西) 지역 향시(鄕試) 책문(策問)에서 역법에 관한 문제가 있었다. 가정 40년(1561), 절강(浙江) 지역 향시 책문에서 천상(天象)에 관한 문제가 있었다. 엘먼(Benjamin Elman : 중국명 艾爾曼애이만), 「만명유학 과거 책문 중의 자연과학(晩明儒學科擧策問中的自然科學)」, 뢰이(雷頤) 역, 『중국문화(中國文化)』13기, 중국문화잡지사, 베이징, 1996, 132~148쪽. 가경(嘉慶) 25년(1820), 완원도 학해당(學海堂) 학생에게 서양, 회회역법(回回曆法)에 관한 각종 문제를 출제한 바 있다. 「학해당책문(學海堂策問)」, 『연경실속집』 권3, 『연경실집』, 1067~1068쪽. 그러나 이 모든 것은 우연이었다.

들을 시험하였던 것인가? 아니면 조정 안팎의 지식에 관심이 전환되었음을 나타낸 것인가?[3]

6

'부강'이 '문명'과 등치되던 시대, 뒤늦게 각성한 중국인들이 문득 단순히 서양의 부강에 도달하는 기술을 모방하는 것은 자강을 이룰 수 없다는 것을 인식하였을 때 많은 사람들은 더욱 깊이 파고들기 시작하였다. 그들은 전통 문명의 근본적인 재건이 필요하며, 이러한 생각은 사면초가식의 긴장된 마음 가운데 나날이 격렬해졌다. 도대체 무엇이 근본인가? 많은 사람들은 전통의 지식 체계가 새로워져야 하며, 지식 체계의 혁신은 교육 내용에서 출발해야 한다고 생각하였다. 이에 따라 전통의 교육 관념은 변화하기 시작하였다. 광서 7년(1881)에 출판된 『화도신보(花圖新報)』 제10권 「변통학교론(變通學校論)」에서는 교육을 논하는 한편, 국제 정세를 논하여 당시 이러한 긴장된 마음의 근원을 잘 나타내고 있는 듯하다.

전통의 지식 체계가 새로워져야 하며, 지식 체계의 혁신은 교육 내용에서 출발해야 한다.

오늘날 부강을 논하는 것은 대체로 광산을 개발하고 배를 만들고 병사를 훈련시키며, 기계·철로·전선 등을 제작하는 일을 가리키는데, 이것은 부강의 근본이 아니다. 그 근본이란 무엇인가? 즉 학교의 변화이다. ……오늘날 세계는 과거와 완전히 다르다. 예전에는 외부의 오랑캐가 복종하고 중국이 쉽게 그들을 다스렸다. 그때는 글을 짓고 담소를 즐길 수 있었다. 오늘날은 강한 이웃나라가 날마다 위협한다. 동쪽에는 일본이 있고, 남쪽에는 베트남의 프랑스와 미얀마의 영국이 있으며, 서북쪽에는 러시아가 있다. 이처럼 몇몇 나라들이 중국을 호시탐탐 노리고 있다(今之談富

---

2) 왕이민(王爾敏), 『상해격치서원지략(上海格致書院志略)』, 홍콩중문대학출판사(香港中文大學出版社), 1980, 56~57쪽.
3) 당시 사람들도 지식 풍조의 전이(轉移)에 있어서 시험의 중요성을 자각하고 있었다. 이동원(李東沅), 「논고시(論考試)」, 갈사준(葛士濬) 편, 『청경세문속편(清經世文續編)』 권120 『양무이십(洋務二十)』, 11쪽 A~B.

强者, 大抵皆開鑛造船練兵制械鐵路電線等事, 此非富强之本, 其所謂本者何? 卽變通學校是也
……方今天下, 迴非昔比, 昔者外夷賓服, 中國垂拱而治, 爾時可以舞文墨揮談笑, 今者强鄰日
逼, 東有日本, 南有安南之法, 緬甸之英, 西北則有俄, 此數國者, 虎視眈眈금지담부강자, 대저개개
광조선련병제계철로전선등사, 차비부강지본, 기소위본자하? 즉변통학교시야 ……방금천하, 형비석비,
석자외이빈복, 중국수공이치, 이시가이무문묵휘담소, 금자강린일핍, 동유일본, 남유안남지법, 면전지영,
서북즉유아, 차수국자, 호시탐탐).[1]

『화도신보(花圖新報)』의 이 글은 변화하는 정세에서 중국의 어려운 상황을 다
루고 있으며, 이러한 정세에 대응하기 위해 학교가 변해야 한다는 충분한 이유를
설명하였다. 그리고 서양의 학과 분류 제도에 대해 언급하였다. 그는 대학이 4가
지 영역으로 나뉘며, 소학은 '천문, 지리, 격치, 화학(天文地理格致化學)'을 배우는
곳이라고 말하였다. 그는 일본의 예를 들어 일본이 이미 "대학원을 8곳 세웠고,
소학원을 32곳 세웠다. ……중국은 왜 그것을 본받아 실행하지 않는가?(建大學院
八, 小學院三十二 ……我中土曷不倣而行之건대학원팔, 소학원삼십이 ……아중토갈불방이행지)"라
고 하였다. 같은 해 다른 호 『개묘여문(改廟餘聞)』에서 일본이 사원 700여 곳을 다
른 용도로 바꿨다는 소식을 소개하여 사찰을 학교로 바꿀 수 있음을 암시하였다.
이는 이후의 역사에서 볼 때 확실히 영향을 끼쳤음을 알 수 있다. 교육은 확실히
부강을 재건하는 근본이다. 교육의 변화는 이후에 큰 영향을 끼쳤는데, 이 내용
은 여기에서 모두 다룰 수는 없다. 여기에서 말하고자 하는 것은 변화하는 정세
에 대응하고 실질적인 효용을 추구하기 위해 교육이 더 이상 수양과 도덕 위주가
아닌 서양과 같은 과학기술을 위주로 하여 서양의 지식 교육 방식을 모방하기 시
작하였다는 것이다. 여기에서 직접적으로 가져온 지식사와 사상사의 결과 중 하
나는 전통의 지식 체계의 마지막 붕괴와 와해이다.[2]

---

1) 『화도신보(花圖新報)』 제10권, 광서 7년 신사(辛巳), 상해청심서관(上海淸心書館), 94~95쪽.
2) 의심할 것도 없이 전통의 지식 체계의 와해는 교육과 시험 제도의 변화와 관계가 있다. 교육과 시험 제도의
변화는 또한 서양식 교육이 점차 중국에 전해진 것과도 관계가 있다. 19세기 40~50년대부터 각종 외국의 교
회 학교가 설립되기 시작하였다. 그러나 지식 측면에 있어서 이러한 학교의 영향력은 크지 않았다. 오히려
주로 서양의 신지식을 전파하는 학교의 영향이 컸다. 예컨대 1874년 중국과 외국 인사들이 공동으로 설립한
격치서원(格致書院)은 명확하게 서양 학문과 지식을 전수하고자 하였다. 「의창격치서원사(擬創格致書院事)」를

중국 전통의 지식 체계는 서양과는 매우 다르게 경학을 중심으로 한다. 성현과 경전의 진리를 이해하고 사고하는 것을 방법으로 삼으며, 자각적인 도덕 수양의 배양을 목적으로 하며, 그 기점에 언어문자학이 있다. 이러한 전통적 지식은 일련의 자기 해석의 이유가 있다. 즉 조화로운 사회 질서 구축, 군주와 국가의 권위 옹호, 사인(士人)과 일반 백성의 도덕 배양을 최종 목표로 삼는다. 따라서 지식은 이러한 것을 중심으로 세워지고, 지식의 가치 등급 또한 이를 중심으로 삼는다. 그리고 천지우주의 전통적 이해를 중심으로 한 일련의 상호 연계된 지식은

또 하나의 방대한 체계를 갖추기 때문에 그 해석, 분류, 표현이 모두 근대 지식과 매우 다르다. 그것은 또 하나의 자급자족 세계에 속한 것이다. 그러나 서양의 지식은 이와 다르다. 서양이 근대에 접어들자, 지식은 점차 학과 제도화되었고, 이미 분명한 분류가 생겼다. 그것은 경계가 분명한 근대의 학과 분류표가 규정하는 지식 세계였다. 일찍이 명나라 말 줄리오 알레니(Giulio Alleni : 1582~1649년, 이탈리아 선교사)의 『서학범(西學凡)』은 중국인들에게 "극서 지역 여러 나라를 통틀어 유럽이라고 한다. 중국에서 9만 리 떨어져 있으며, 문자, 언어, 고전, 문헌들은 그 나라의 성현이 기록하였다. 시험 과목은 각 국가대로의 방법이 있지만 대동소이하며,

---

보면, 격치서원은 '서양 학문으로 중국인을 훈도하고자(欲以西學訓導華人)'하며, '중국의 서학이 장차 크게 번성할 것'임을 나타낸다고 하였다. 격치서원의 장정(章程)에는 '예술에 정통한' 선생님(院士)이 교대로 격치의 내용을 강의하며, 격치의 내용이 '천문, 산법(算法), 제조, 지도(輿圖), 화학, 지질 등'으로 나뉠 것이라고 명확히 하고 있다. 이는 중국의 전통 지식의 학과(學科) 분류와 완전히 다른 것이었다. 『신보(申報)』, 1874년 3월 16일, 11월 11일 참조. 「격치서원주비회의기록(格致書院籌備會議紀錄)」에는 "중국이 서양 국가의 격치학문을 고구하기 편하게 하기 위함이다(其意欲令中國便於考究西國格致之學기의욕령중국편어고구서국격치지학)"라고 하였다. 『만국공보(萬國公報)』 357권(광서 원년 9월 11일), 『만국공보문선(萬國公報文選)』, 중국근대학술명저총서, 삼련서점, 1998, 445쪽에서 재인용. 이밖에 1881년 앨런(Young John Allen : 중국명 林樂知임악지) 등이 창립한 중서서원(中西書院)도 마찬가지였다. 『만국공보』, 1881년 11월 26일에 게재된 「중서서원과정규조(中西書院課程規條)」의 교육 내용과 커리큘럼은 전통의 중국 서원 또는 학교의 지식 분류를 바꾸어 놓았으며, 나아가 서양 방식을 채택하였다. 1884년에는 5개 관(館)을 설립하였는데, 각각 중학(中學), 서학(西學), 산학(算學), 무역(貿易), 격치(格致)였다. 서양인이 설립한 학교 외에도 1862년 경사동문관(京師同文館)이 설립된 이후 관방에서 설립한 학교 역시 점차 그 지식 구도가 바뀌었다. 천문산학(天文算學)이 관방 학교 체제에 편제되기 시작하였다. 더욱이 1888년에는 과거시험에 처음으로 산학과(算學科)가 개설되어 전통 중국 지식 체계의 와해를 예견해 주었다. 동치 6년 1867년 장성조(張盛藻), 왜인(倭仁) 등은 '입국지본(立國之本)', 즉 이데올로기의 시각에서 동문관(同文館)의 천문산학 설치에 대해 강한 비판을 제기하였다. 이러한 강렬한 반응에서 지식 체계 변화의 중요성을 실감할 수 있다.

요컨대 모두 여섯 과목이다(極西諸國, 總名歐羅巴者, 隔於中華九萬里, 文字語言經傳書集, 自有本國聖賢所紀. 其科目考取, 雖國各有法, 小異大同, 要之盡於六科극서제국, 총명구라파자, 격어중화구만리, 문자어언경전서집, 자유본국성현소기. 기과목고취, 수국각유법, 소이대동, 요지진어육과)"고 알렸다. 여섯 과목은 무엇인가? 그것은 문(文 : Rhetorica), 이(理 : Philosophia), 의(醫 : Medicina), 법(法 : Leges), 교(敎 : Canones), 도(道 : Theologia)이다.[1] 이 여섯 과목은 중국의 경사자집(經史子集)의 지식 세계와는 완전 다른 것이다. 단순한 유추와 이식(移植)은 둥근 장부를 네모난 홈에 끼우는 것처럼 서로 부합하지 않기 때문에 장점을 취하고 단점을 보완하는 어떠한 일도 소용이 없었다.

그러나 사람들이 서양의 실용 학문에 대한 신봉과 모방에 따라 지식인들은 활발하게 서양 학문의 제도를 논하기 시작하였다. 그들은 "유럽 각국이 나날이 부강해지고 있다. 그 근원을 미루어보면 모두 학문의 공로이다(歐洲各國日趨富強, 推求其源, 皆學問考核之功구주각국일추부강, 추구기원, 개학문고핵지공)"[2]라고 믿었다. 따라서 광서 초기 서양으로 간 곽숭도와 여서창은 이러한 학과 제도에 대해 관심을 가졌던 것 같다. 곽숭도는 번거로움을 마다하지 않고 서양의 각종 학과 명칭과 영문 명칭을 일일이 일기에 기록하였다. 심지어 그는 일본 『개성학교일람(開成學校一覽)』의 학과 설치에 대해서도 일일이 기록하였다.[3] 여서창은 다른 사람의 말을 인용하여 영국의 교육 보급 방식에 대해 평론하였다. 그는 "처음에는 기독교 성서 읽는 것을 가르치고, 장성하면 글쓰기, 산수, 지도, 구고개방(勾股開方)의 방법을 익히는 것이 대학이다(初學敎誦耶蘇經, 旣長, 習書算地圖勾股開方之法, 是之謂大學초학교송야소경, 기장, 습서산지도구고개방지법, 시지위대학)"라고 하였다. 또한 그는 케임브리지 단과대학 10곳이 "광학, 화학, 전기학 위주(以光化電學爲主)"이며, 옥스퍼드 단과대학 30여 곳이 "각국의 언어와 문자를 위주로 한다(以各國語言文字爲主)", "기술은 공업과 상업을 가르치고, 규범은 예악을 가르친다. 영국의 민중들은 절반 정도가 근면하고 나태하지 않아 상인들이 세계로 두루 퍼졌다. 모든 장인들이 힘을 다해 그 물건을 충분히 생산하여 무역의 수요를 제공할 수 있다(其敎術則工商, 其敎規則禮

---

1) 『천학초함(天學初函)』 제1책, 학생서국, 중국사학총서(中國史學叢書) 영인본, 타이베이, 1986, 27쪽.
2) 『곽숭도일기』 제3권, 356쪽.
3) 『곽숭도일기』 제3권, 172쪽, 417쪽.

樂也. 英之衆庶, 强半勤勉, 不自懈廢, 商賈周於四海, 而百工竭作, 亦足繁生其物, 供懋遷之需기교술즉공상, 기교규즉례악야. 영지중서, 강반근면, 부자해폐, 상가주어사해, 이백공갈작, 역족번생기물, 공무천지수"라며 결론은 "나라가 풍요롭게 되는 길은 여기에 근본한다(國之致富, 蓋本於此)"라고 하였다.[4] 장력신(張力臣)은 『여측치언(蠡測巵言)』에서 서양 과학을 학과 제도에 따라 15가(家)로 분류하였다.

1 천문 수학, 2 역학과 기계학, 3 측량학, 4 식물학, 5 농학, 6 산술(이른바 화물이 출입하는 수를 대조하는 것), 7 정치학, 8 성학, 열과학, 광학, 전기학, 9 기상학, 10 지리학, 11 화학, 12 지내학(地內學 : 지방의 생산물을 변별하는 것), 13 광물학, 14 인간학(종족의 영양 상태와 수명에 관한 것), 15 의학(一 天文算學; 二 重學及機器之學; 三 測量家學; 四 植物學; 五 農務學; 六 數學, 謂考校貨物出入多寡之數也; 七 世務學; 八 聲學熱學光學電學; 九 天時風雨寒暑之學; 十 地理學; 十一 化學; 十二 地內學, 謂辨別方物也; 十三 金石學; 十四 人學, 謂族類肥瘠壽夭之別; 十五 醫學일 천문산학; 이 중학급기기지학; 삼 측량가학; 사 식물학; 오 농무학; 륙 수학, 위고교화물출입다과지수야; 칠 세무학; 팔 성학열학광학전학; 구 천시풍우한서지학; 십 지리학; 십일 화학; 십이 지내학, 위변별방물야; 십삼 금석학; 십사 인학, 위족류비척수요지별; 십오 의학).

이러한 분류는 사실 당시 서양에서 형성되고 있던 근대의 학과 제도이다. 이러한 제도에 따라 서양인들은 서양의 근대 이후의 지식을 온전하고 질서 있게 제도화 구축에 수용하였다. 지식 분과는 동양이나 서양에서 모두 긴 역사를 가지고 있다. 서양은 '철학의 고전적 구분(논리·윤리·물리), 중세의 3학과(어법·수사·변증)와 4학과(산술·기하·천문·음악)'로부터 변화하였으며, 중국은 '육부(六部)'에서 '사부(四部)'로 변화하였다. 이러한 분류의 배후에는 모두 지식에 대한 자기 이해와 해석을 내포하며 지식의 권력 형성을 포함하여 그것이 권력을 가진 지식이 되게 하였다.[5] 지식에 관한 학과 제도가 서양에서 동양으로 유입되면, 동양의 기존의 지식

_{분류의 배후에는 모두 지식에 대한 자기 이해와 해석을 내포하며 지식의 권력 형성을 포함하여 그것이 권력 있는 지식이 되게 하였다.}

---

4) 『서양잡지(西洋雜志)』 권3의 '영국인은 교양을 중시한다(英人講求教養영인강구교양)' 조(條)에서 『영초사기(英軺私記)』 인용. 『서양잡지』 권3, 1900년 각인(刻印), 담용중점교본(譚用中點校本), 귀주인민출판사, 1992, 67~68쪽.
5) 데이비드 섬웨이(David R. Shumway : 중국명 沈威침위), 「학과규훈제도도론(學科規訓制度導論)」, 『학과, 지식, 권력 (學科, 知識, 權力)』, 영남대학(嶺南大學)번역학과 중역본, 옥스포드대학출판, 홍콩, 1996, 1~22쪽 참조.

체계는 와해되고 새롭게 조직되는 것은 자명한 일이었다. 그러나 당시 중국인들은 이미 부강에 대한 절박한 기대 가운데 이러한 지식의 헤게모니를 내포한 제도를 신속하게 수용하였다. 최국인(崔國因)은 광서 17년(1891) 7월 17일 일기에서 콜롬비아대학 학술대회를 기록하며 "날마다 그 이치를 연구하여 그 정밀함을 탐구한다 하더라도 한 사람의 마음으로는 무궁한 이치를 연구하는 것이 충분하지 못하다. 때문에 박사들이 매년 한 번씩 모이기로 정하였다(日窮其理, 以求其精, 惟以一人之心, 究無窮之理, 恐有不到, 故約定各博士每年齊集一次일궁기리, 이구기정, 유이일인지심, 구무궁지리, 공유불도, 고약정각박사매년제집일차)"[1]라고 하였다. 설복성은 광서 18년(1892) 12월 11일 일기에서 그의 견해를 종합하여 서양인의 "화학, 광학, 중학(重學), 역학, 의학, 수학 등 중국에서 시작되지 않은 것이 없다. ……이른바 서구의 학문이란 중국이 수천 년 동안 창조한 것을 그들이 계승하고 정밀하게 탐구하여 분류하고 널리 확장한 것이다. 이에 따라 학문이 날로 흥성해지고 청출어람이 되었다(化學光學重學力學醫學算學, 亦莫不自中國開之 ……所謂西學者, 無非中國數千年來所創, 彼襲而精究之, 分門別類, 愈推愈廣, 所以蒸蒸日上, 靑出於藍也화학광학중학력학의학산학, 역막부자중국개지……소위서학자, 무비중국수천년래소창, 피습이정구지, 분문별류, 유추유광, 소이증증일상, 청출어람야)"라고 하였다. 그가 비록 혼자 말처럼 서양의 신지식을 중국의 구학문으로 삼았지만, "분류하고 널리 확장하였다(分門別類, 愈推愈廣분문별류, 유추유광)"라는 말에서 서양의 학과 분류와 지식 생성과 발전에 대한 어쩔 수 없는 신봉의 의미를 은연중 내포하였고, 신지식의 유입과 지식 증가는 중국 전통의 지식 체계에 대한 근본적인 조정과 정리로 이어질 것임을 보여주었다.[2]

---

1) 『출사미일비일기』 권8, 황산서사, 1988, 331~332쪽.
2) 설복성(薛福成), 『출사영법의일비사국일기(出使英法義日比四國日記)』과 유이기(劉爾圻)도 『과재일기(果齋日記)』 권6에서 "요즘 사람들은 세계 학술을 논할 때, 철학(哲), 윤리, 물리 등 크게 세 가지로 나누어 그 요체를 잘 파악하고 있다"고 말하였다. 을미동졸수산방장판(乙未冬拙修山房藏板), 30쪽 하(下). 장지동(張之洞)은 광서 17년(1891)에 설립한 양호서원(兩湖書院)은 비록 경학 등 전통 학과를 보존하였지만, 이미 경학, 사학, 이학 외에 별도로 산학(算學), 경제학을 설립하였다. 2년 이후(1893) 그는 '자강학당'을 세우고 '방언(언어), 격치(공과), 산학(이과), 상무(경제학)'등으로 나눠야 한다고 주장하였다. 설화원(薛化元), 『만청중체서용사상론, 1861~1900 : 관정의식형태적서화리론(晚淸中體西用思想論, 1861~1900 : 官定意識型態的西化理論)』, 도향출판사(稻鄕出版社), 타이베이, 1991, 171~172쪽. 이밖에 소운봉(蘇云峰), 『장지동과 호북교육개혁(張之洞與湖北敎育改革)』, 중연원근대사소(中硏院近代史所), 1976, 77쪽 참조.

서양의 신지식의 충격 아래 19세기 중국의 전통학과 체계는 이미 새로운 지식을 수용할 수 없었다.

확실히 서양의 신지식의 충격 아래 19세기 중국의 전통학과 체계는 이미 새로운 지식을 수용할 수 없었다. 이것은 4개의 칸과 여러 개의 작은 칸으로 구획된 상자처럼 과거 갑을병정과 경사자집의 구분법은 이미 잇따라 유입되는 신지식을 적절하게 배치할 수 없었으며, 그 칸은 이미 신지식이 전달되는 과정에서 신지식의 증가를 저해하였다. 신지식의 증가는 낡은 옷이 더 이상 몸에 맞지 않아 찢어지는 것과 같았다. 예컨대 과거의 인문 사상이 근거로 삼았던 천문지리는 하나의 독자적인 지식 영역이 된 듯하였으며, 물리와 화학은 별개의 공간에 배치되어야 하였다. 과거 이러한 지식들을 억지로 자부(子部)로 분류하였던 방법은 이미 불가능하게 되었다. 과거 『시경(詩經)』에서 '풀, 나무, 새, 짐승의 이름을 많이 배우는(多識草木鳥獸之名다식초목조수지명)' 생물학이 번성하여 심지어 진화론과 같은 역사를 뒤덮는 이론적 근거가 되었다. 과거의 전통에서 감히 소홀히 여기지 못하였던 경학(經學), 자학(子學), 사학(史學)조차도 과거의 좋은 결말을 유지하지 못하게 되었다. 경학의 경우, 그중 언어문자에 관한 학문은 독자적인 영역이 되어 '과학'이라는 존경스러운 의미가 부여되었으며, 나머지 내용은 장학성(章學誠)에 의해 '사학(史學)'으로 분류되었다. 이로써 경학은 당시 이미 산산조각 나서 '철학', '사학', '문학'으로 나뉘었다. 자학(子學)의 운명도 마찬가지였는데, 철학, 윤리학, 논리학과 물리학, 화학 같은 새로운 영역 때문에 존재의 완전성을 상실하였다. 가장 완전하게 보이는 사학(史學) 역시 과거 분류표의 정사(正史), 편년(編年), 기사본말(紀事本末)에 집착하지 않고 더 많은 내용을 수용하여 신속하게 그 모습을 변화시켜 나갔다.

경(經)·사(史)·자(子)·집(集)의 분류법이 신지식의 충격으로 문학·사학·철학·정치학·경제학·법학과 수학·이학·화학 등 서양의 학과 분류법으로 전환

경(經)·사(史)·자(子)·집(集)의 분류법이 신지식의 충격으로 문학·사학·철학·정치학·경제학·법학과 수학·이학·화학 등 서양의 학과 분류법으로 전환될 때 전통적 지식 체계는 이미 조용히 무너지고 말았다.

의심할 바 없이 마지막 학과 제도의 재건은 20세기 과거시험이 폐지된 이후 계속되었다. 시험은 더 이상 전통적인 내용에 따르지 않았으며, 지식의 전파와 지속을 책임지는 가르침에서 경사자집은 서양의 분류법에 따라 철저하게 붕괴되었다. 지식의 분류법이었던 도서분류법은 경사자집을 독립적인 영역으로 보지 않고 문(文)·사(史)·철(哲)로 구분하였다. 물론 이후의 일이지만 새로 생겨난 정치학, 경제학, 법학, 심지어 물리, 화학, 생물학 등은 더욱더 근대에서 전통 학

문—특히 경학(經學)—의 쇠락을 초래하였다. 그러나 지식 체계의 붕괴의 전조는 이미 존재하였다. 이러한 지식 체계의 붕괴가 초래한 정신적인 긴장은 말로 표현할 수 없을 정도였다. 즉 매일 보았던 것이 어디에 귀속되었는지도 알 수 없고, 어떻게 해석해야 할지도 알 수 없게 되었다. 지식 체계 자체는 역사가 만든 것이지만, 역사가 구축한 체계는 물리(物理), 인사(人事)를 설명해 준다. 그것은 마치 아득히 넓은 공간에서 단 하나의 좌표가 자신의 위치를 알려주는 것 같다. 전통적인 것을 지탱하던 이해와 해석 체계가 붕괴하자, 이러한 공황(panic)은 불가항력적인 것이 되었다. 따라서 지식 체계의 재건은 곧 보편적인 요구가 되었다.

청나라 말기 중국 전통 자원에 대한
재발견과 재해석(1) : 경학

19세기 후반 중국은 하늘이 무너지고 땅이 갈라지는 거대한 비상 국면을 맞았고, 이 거대한 변혁의 시대에 새로운 환경에 들어선 고대 중국의 지식과 사상, 그리고 신앙세계는 자신의 지식 체계를 재조직할 수밖에 없었다. 그리고 상당히 깊은 역사적, 전통적 자원을 가진 중국의 지식인은 신세계에 적응하려는 지식계의 재구성 작업 과정에서 통상적으로 고전의 재해석을 통해서 새로운 변화의 길을 모색하였다. 그리고 고전의 재해석 과정에서 가장 먼저 통로가 된 것은 당연히 유가 경전의 재해석이었다. 왜냐하면 유가 경전은 고대 중국에서 상당히 오랫동안 지식인들이 가장 잘 아는 텍스트였고, 유가의 경학은 독서인들에게 가장 익숙한 것이자 모든 지식과 사상, 그리고 신앙에 대한 해석 방식이었기 때문이다. '번역은 변형'이라는 은유를 구학문과 신지식의 전달, 해석, 이해의 관계에 적용한다면, 고대 중국의 독서인은 이해할 수 없는 신지식을 만났을 때 대체로 유년 시절의 독서와 성인이 된 후에 과거시험을 거치면서 마음속에 구축된 지식들을 가장 쉽게 번역 자원으로 끌어낼 수 있었고, 이 익숙한 기존 지식들을 통해 생소한 신지식들을 상상하고 재구성하고 오래전부터 이해해 온 기존 관념을 빌어 이해하기 어려운 새로운 관념을 해석하고 이런 전통적 자원들을 해석하면서 신지식과 신사상을 만났을 때의 심리적 동요를 가라앉혔다. 그래서 고대 중국의 고전과 경학은 실질적으로 각종 기존 지식을 보호하고 이어가는 동시에 새로운 지식과 사상, 그리고 신앙을 이해하고 합법성과 합리성을 부여하는 책임을 맡는 자원

중국의 지식인은 신세계에 적응하려는 지식계의 재구성 작업 과정에서 통상적으로 고전의 재해석을 통해서 새로운 변화의 길을 모색하였다.

이었다.

　하지만 경학이 여전히 권위를 가진 것처럼 보였던 시대에도 이런 권한 밖의 책임들 때문에 경학은 늘 '본분을 뛰어넘는 생각'도 하였다. '본분을 뛰어넘는 생각'이란 각종 지식과 사상, 그리고 신앙을 항상 해석을 통해 경학의 관계 안으로 끌어들인 다음 이 지식들의 타당성과 합리성을 재부여하여 이 시스템이 새로운 콘텐츠를 배치하고 포용할 수 있기만을 바라는 생각이다. 그렇지만 번역과 해석은 항상 쌍방향 활동임을 유념해야 한다. 신지식이 경학에 의해 해석되면서 늘 변형되고 왜곡되어 본래 모습을 잃었지만, 경학 해석도 늘 지식과 사상, 그리고 신앙세계의 변화에 따라 변하여 점점 경학 본래의 전통적 경계를 뛰어넘었던 것이다.[1] 특히 지식의 변화는 본래 아주 일반적인 일이지만 유가 경전은 진리에 독점성을 가진 경전을 근거로 삼았고 유가 경전은 중국 주류 이데올로기의 텍스트적 토대였으며 더욱이 모든 합법성과 합리성을 확립하는 근거였다. 『사고전서총목(四庫全書總目)』 경부(經部) 총서(總敍)에서 말하듯이 "무릇 경이란 것은 다름 아닌 천하의 공리였다(蓋經者非他, 卽天下之公理而已개경자비타, 즉천하지공리이이)"는 것이다. 따라서 경전이 어떻게 변하든 그 의미는 단순한 지식사의 범주를 벗어나 사상사에서 아주 중요한 콘텐츠가 된다. 달리 말해서 경전 해석의 지식 자원의 경계 개방은 전체의 지식 세계의 개방을 의미할 수 있고, 경전 해석의 진위와 시비를 가리는 원칙의 변화는 전체의 지식 관념의 변화를 의미할 수도 있다. 그 시대에 중심적 위치를 차지한 유가 경전이 지식 체계에서 위치가 어떻게 변하더라도 중국의 사상 세계 전체의 거대한 변화를 의미할 수 있다.[2]

---

1) 주유쟁(朱維錚), 「중국경학의 근대적 여정(中國經學的近代行程)」, 『참문명을 찾아서―청말 학술사론(求索眞文明
　―晚淸學術史論)』, 상해고적출판사, 1996, 11~12쪽.
2) 나지전(羅志田)은 경학과 사학의 관계, 즉 '정통의 쇠락과 주변의 상승'이라는 위치 변화에 대해 아주 깊게 논
　하였다. 나지전, 「청말 민초 경학의 주변화와 역사학의 중심화(淸季民初經學的邊緣化與史學的走向中心)」, 『권세
　의 이전 : 근대중국의 사상·사회·학술(權勢轉移 : 近代中國的思想·社會與學術)』, 호북인민출판사(湖北人民出版
　社), 1999 참조. 그렇지만 여기서 논하려는 것은 '정통', 즉 경학 내부에도 상당히 복잡한 변화가 존재한 것은
　서양의 신지식의 영향 속에서 경학을 비롯한 전통적 학술이 모두 이러한 새로운 지식의 충격에 대응하고 자
　신의 형태를 변형시켜 새로운 사상적 자원을 충당하였기 때문이라는 점이다. 따라서 이 책에서는 경학 서적
　해석의 목적, 각도, 방법의 변화에서 경학 자체에 사상적 계발과 역사 서술이라는 두 방향으로의 변형 추세
　가 있음을 살피려 한다.

1

근대 중국의 지식과 사상, 그리고 신앙세계가 전대미문의 위기를 맞아 경학에는 미묘한 변화가 일어날 수밖에 없었다.

근대 중국의 지식과 사상, 그리고 신앙세계가 전대미문의 위기를 맞은 19세기에 전통 중국에서 가장 주된 사상적 자원이었던 경학에는 미묘한 변화가 일어날 수밖에 없었다. 이런 측면에서 사상사와 학술사 연구자는 늘 금문경학(今文經學)의 흥성에 주목하였다. 예를 들면 주여동(周予同)이 해설하고 널리 유통시킨 피석서(皮錫瑞 : 1850~1908년)의 『경학역사(經學歷史)』 제10절 「경학부흥시대(經學復盛時代)」에서는 상당히 암시적으로 경학의 역사에 대한 서술을 금문경학의 흥성에서 끝마쳤다. 피석서는 옛 것의 개정, 누적된 쇠퇴, 부흥 그리고 청나라 초기의 송겸채(宋兼采)와 건륭과 가경 연간(1736~1820)의 전문 한학을 거친 후, 가경과 도광 연간(1736~1850) 이후에는 "허신(許愼), 정현(鄭玄)의 학문으로부터 발원하여…… 학문은 진행될수록 예스러워졌고 논의는 하면 할수록 고상해졌다"라고 말하였다. 이러한 열린 결말은 금문경학이 크게 성행하는 시기에 경학이 다시 소생하여 왕성이 일어나기를 바라는 피석서의 희망을 상징적으로 표현하였다.[3]

공양학 해석의 기풍을 열었을 때

희망은 결국 희망일 뿐이었다. 그렇지만 건륭과 도광 연간 이후 금문경학이 사람들의 이목을 상당히 집중시켰음은 틀린 말이 아니다. 장존여(莊存與 : 1719~1788년)와 공광삼(孔廣森 : 1753~1787년) 이후, 특히 유봉록(劉逢祿 : 1776~1829년) 등이 공양학 해석의 기풍을 열었을 때부터[4] 그들은 줄곧 몇몇 경전들을 재해석함으로써 사상 세계의 질서를 재조직하려 하였고 더 나아가 재조직된 사상 세계를 통해서 생활 세계의 질서를 재구축하고자 하였다.[5] 따라서 『춘추공양전(春秋公羊傳)』

---

3) 주여동(周予同) 주석, 『경학역사(經學歷史)』, 중화서국 재인쇄, 1981, 341쪽.

4) 상주금문학파(常州今文學派)에 관해서는 양향규(楊向奎), 「청대금문경학(淸代今文經學)」, 『역사재 학술문집(繹史齋學術文集)』, 상해인민출판사, 1983, 325~389쪽을 참조할 수 있다. 더 자세한 내용은 엘먼(Benjamin A. Elman), 『경학·정치·가족(經學·政治與家族)』(『Classcism, Politics, and Kinship : the Ch'ang-chou School of New Text Confucianism in Late Imperial China』), 조강(趙剛) 옮김, 중역본, 강소인민출판사, 1997. 진기태(陳其泰), 『청대공양학(淸代公羊學)』, 베이징, 동방출판사(東方出版社), 1997 참조.

5) 앤 청(Anne Cheng), 「19세기 후기 중국에서 민족주의, 시민과 신구경전 논쟁(Nationalism, Citizenship, and the Old Text / New Text Controversy in Late Nineteenth Century China)」, 『Imagining the people』, Edited by Joshua A. Fogel and Peter G. Zarrow, Armonk, New York, M.E. Sharpe, 1997, p.61~81 참조. 예를 들면 손해파(孫海波)의 「장방경학기(莊方耕學記)」에서는 장존여(莊存與)가 『관상해(觀象解)』라는 책에서 우주를 재해석함으로써 사

텍스트에는 원래 '3과(科) 9지(旨)'라는 것이 없었지만, '미언대의(微言大義)'를 잘도 발견하는 경학자들에 의해 이전의 해석의 행간에서 재발굴되었고, 다른 의도가 있는 이 학자들에 의해 해석되었다.[1] 특히 당시에 직면한 질서의 위기와 관련된 '군신의 의리', '화이의 구분'은 이러한 주석에서 더욱 반복적으로 의미부여 되었다.[2] 이런 해석 방식은 분명히 경학을 고전적 학문에서 근대적 사상으로 변형시켰고 역사 판독을 제도에 대한 상상으로 전환시켰다. 문파를 세우려는 학자들이 이런 학술 사상의 풍토를 극단으로 치닫고 이러한 학술적 경향을 건륭과 가경 연간의 고전 학문과 일부러 대립시켰을 때 이런 움직임은 어느 정도에서 청나라 때의 학술 지형을 진정으로 바꾸어 사상적, 학술적 변화를 상당히 깊숙하게 일으켰다. 이 때문에 아주 많은 학자가 고증에 대한 반발로 상주금문학파(常州今文學派)

경학을 고전적 학문에서 근대적 사상으로 변형시켰고 역사 판독을 제도에 대한 상상으로 전환시켰다.

회생활의 근거를 재구축하려고 하였음을 규명하였다. "이에 근거해서 추론해 보면 임금과 신하의 도를 밝히는 것, 부모와 자식의 은혜를 충실히 하는 것, 종족 간 친소의 의미를 두텁게 하는 것, 부부와 적서(嫡庶) 간의 반목을 바로 잡는 것, 안으로 천리 안의 땅(甸)과 천리 밖의 땅(采)에서 왕을 모시는 까닭, 밖으로 오랑캐가 복종하는 까닭, 그리고 용인(用人)·설교(說敎)·이재(理財)·치옥(治獄)·행사(行師)·명장(命將) 등 모든 일에서 선천적인 것은 어기지 않고 후천적인 것은 소중히 여기는 마음에 근거한다." 『중화월간(中和月刊)』 제1권, 『중국 최근 삼백년 학술사상논집(中國近三百年學術思想論集)』, 홍콩, 존수사(存粹社), 1978, 125~136쪽에 수록.

1) 3과 9지에 관해서는 전통적 견해가 있다. 신주(新周), 고송(故宋)하여 춘추를 새로운 왕으로 삼는 것이 1과 3지이다. 다른 단어를 보는 것, 다른 단어를 듣는 것, 다른 단어를 전해 듣는 것이 2과 6지이다. 안으로 나라가 있고 밖으로 제하(諸夏)가 있는 것, 안으로 제하가 있고 밖으로 사이가 있는 것이 3과 9지이다. 그러나 또 장삼세(張三世), 존삼통(存三統), 풍외내(風外內)가 3과이고, 시(時)·월(月)·일(日)·왕(王)·천(天)·천자(天子)·기(譏)·폄(貶)·절(絶)이 9지라는 견해도 있다. 유봉록(劉逢祿), 『춘추공양경하씨석례(春秋公羊經何氏釋例)』 권1, 권2의 배열 체계는 이 견해를 암시한다. 『청경해(淸經解)』 권1280~1281, 제7책, 상해서점 영인본, 370~386쪽. 진립(陳立), 『공양의소(公羊義疏)』 권1, 『청경해속편(淸經解續編)』 권1189, 제5책, 상해서점 영인본, 169쪽. 또 공광삼(孔廣森)의 『공양춘추경전통의(公羊春秋經傳通義)』에서는 천도(天道)·왕법(王法)·인정(人情)이 3과이고, 천도에 시(時)·월(月)·일(日)이 있고, 왕법에 양(讓)·폄(貶)·절(絶)이 있으며 인정에 존(尊)·친(親)·현(賢)이 있어 모두 9지가 있다고 한다. 공광삼의 책은 완원(阮元), 「춘추공양통의서(公羊春秋通義序)」, 『연경실 1집』 권11, 『연경실집』, 중화서국, 1993, 247쪽 참조.

2) 이신림(李新霖)은 『공양전』에서 가장 사람의 이목을 끈 강령은 바로 정통론과 화이 관념이고 내외의 구분과 복수·경권(經權 : 원칙과 융통) 등의 사상은 청나라 중엽 이후에 모두 지식인의 심리적 초조와 맞물렸다고 한다. 이신림(李新霖), 『춘추공양전요의(春秋公羊傳要義)』, 타이베이, 문진출판사, 1989. 이 때문에 그것은 다시 해석되고 해명될 수 있었다. 『공양하씨석례(公羊何氏釋例)』에서 유봉록이 '대일통'에 대해 논의할 때 강력한 황권에 대한 요구와 이적과 문명의 관계에 대한 견해, 당시 사이가 화하로 들어올 것에 대한 우려 등은 모두 고전 해석에서 분명히 드러날 뿐 아니라 당대의 일에 대한 암시도 있었다. 권4 「제9 주절례(誅絶例第九)」, 권6 「제11 왕로예(王魯例第十一)」, 권7 「제19 태초오진출표(泰楚吳進黜表第十九)」 등, 『청경해(淸經解)』 권1283, 1285, 1286, 상해서점 영인본 제7책, 391, 396, 402쪽.

가 형성되었고, 금문학이 흥성하여 청나라 때 학풍을 일신하였다고 보았다. 전목(錢穆 : 1895~1990년)은 이 점에 대해서 다음과 같이 말하였다. "청나라 때 한학 고증의 번성과 만연은 도(道)에 도달하기에는 부족하였다. 그래서 고증은 절망 상태에 빠진 데다 폐단을 감당하고 학문을 변화시킬 만한 큰 지혜까지 일시에 없어져서 길을 잃은 시기를 맞아 방황하였다. 이렇게 표류하던 중 우연히 정박하였는데 그 시작은 바로 『공양(公羊)』이었고 이것이 다시 금문이 되었다. 그리고 상주(常州)의 학문이 청나라 말기 백 년간의 풍토를 습격하고 위협하고 뒤흔들었다."[3]

그렇지만 관심의 초점이 연구자의 눈동자를 팽창시키고 시야를 점령하여 희미하고 모호해진 배경을 연구자가 소홀히 할 때면 늘 이 시기의 역사 중 초점이 맞추어진 과정·인물·사건들이—특히 이 초점들이 반복적으로 두드러진 후에—더욱 연구 시야를 점거하여 사실상 연구자가 무의식적으로 모호하고 희미하게 만든 배경들은 더욱 대수롭지 않은 것처럼 보인다. 사실 사람들은 초점이 연결되어 있는 이러한 '역사'가 지어지거나 만들어진 '역사'이고 본래의 역사적 과정에서는 초점과 배경이 절대적으로 나누어지지 않았음을 늘 망각하고, 연구자가 관심을 둔 대상과 연구자의 각도에 따라서 생각하고 관찰한 것만을 보게 된다. 사실상 청나라 중기 학술 지형의 변화에는 더 많은 내용이 포함되어 있다. 미언대의(微言大義)를 다시 발굴하는 데 편중된 한 계열을 고려해야 하면서도, 건륭과 가경 이후에 와서 경전 고증을 중심으로 한 기존 계열에서 생긴 변화도 보아야 한다. 미언대의에 편중되어 있는 학자도 결코 한 부류만 있는 것이 아니라 두 가지 경향을 내포하고 있었다. 한 쪽은 요평(廖平 : 1852~1932년), 강유위(康有爲 : 1858~1927년) 등이다. 이들은 경학의 '미언대의' 해석을 빌어 당시 정치의 모든 근심거리를 경전 해석학 속에 버무려 넣었다. 청나라 말기 금문경학 서적들은 사람들에게 잘 알려진 요평의 『방기신해(坊記新解)』, 서근(徐勤 : 1873~1945년)의 『춘추중국이적변(春秋中國夷狄辨)』 말고도[4] 강유위의 『논어주(論語注)』 등에서 반복적으로

당시 정치의 모든 근심거리를 경전 해석학 속에 버무려 넣었다.

---

3) 전목(錢穆), 『중국 최근 300년 학술사(中國近三百年學術史)』 제11장, 중화서국, 1986, 525쪽.

4) 요평의 『방기신해』의 경우는 진화론으로 경서를 해석하여 '전 지구의 혼란을 뿌리 뽑고 예교를 외국 사람에게 적용시킬 것'을 준비하였다. 『방기신해(坊記新解)』, 육역관총서본(六譯館叢書本), 『속수사고전서총목제요(續修四庫全書總目提要)』「경부(經部)」 상책, 황수기 제요(黃壽祺所撰提要), 579쪽에서 재인용. 또 강유위의 『맹자

진화론에 당시의 세계와 중국의 정치 상황을 대입하여 '삼통(三統)', '삼세(三世)'에 끼워 맞췄다. 그리고 당시 중국의 시야에서 이미 변한 세계적 구도를 관심의 초점으로 삼아 『공양(公羊)』의 '내'와 '외'를 재해석하였다.[1] 『맹자미(孟子微)』의 "공자 『춘추』의 심오한 뜻을 전하고 태평대동(太平大同)의 미언을 설명하며 평등동민(平等同民)의 공리를 밝히고 예천독립(隷天獨立)의 위대한 뜻을 드러낸다"에서는 '민권을 부여하고 의회 개원하는 제도', '입헌체제, 군주와 인민이 함께 주인이 되는 것'이라는 구절로 「양혜왕(梁惠王)」 하(下)의 "교목(喬木)이 있다고 고국(故國)이라고 말할 수는 없다……" 등을 해석하였다.[2] 현실 사안에 대한 이런 근심이 수시로 경학에 침투하면서 경학은 건륭과 가경 연간에 문자, 음운, 훈고에 의존하여 유지되던 '진실성'의 경계를 뛰어 넘어 현실적 책략의 제시와 시국에 대한 감상 표현을 돕는 텍스트가 되었고, 경전의 권위성은 이 시기에 합리성을 뒷받침하는 자원일 뿐이었다.[3]

미(孟子微)』에서는 그 자신의 말로 "태평대동의 미언을 분명히 하고 평등동민(平等同民)의 공리를 밝히며, 예천독립(隷天獨立)의 위대한 뜻을 드러냄으로써 낮은 곳에서 탄압받는 온 세계 백성들을 구한다." "입헌 정치는 군주와 백성이 공동으로 주인이 되는 법이다"라고 하였고, 강유위의 해석에는 늘 '상의원', '하의원', '민권공정지체(民權共政之體)', '나폴레옹', '루이 16세' 등이 있다. 강유위, 『맹자미(孟子微)』, 루우열 정리본(樓宇烈整理本), 중화서국, 1987, 5쪽. 서근은 일종의 세계주의를 제창하면서 일종의 강유위의 '대동' 관념을 고쳐 하였다. 『춘추중국이적변』, 상해대동역서국 석인본(上海大同譯書局石印本), 광서 33년(1907), 양계초 서문 참조. 비교적 이른 시기인 함풍과 동치 연간(1851~1874)의 종문증(鐘文烝), 『곡량보주(谷梁補注)』에서는 『춘추』에서 발굴되는 깊고 정밀하며 은은한 의미가 '역사가의 학문으로는 얻을 수 없음'을 강조하였다. 예를 들어 그가 『곡량전』에서 특히 부각시킨 것은 '내중국, 외이적'이라는 의미였다. 『청경해속편』권1321, 제5책, 상해서점 영인본, 833쪽 하.

1) 강유위의 『논어주』가 진화론 관념으로 견강부회된 사항에 관해서는 호초생(胡楚生), 『청대학술연구속편(清代學術研究續編)』8, 「강유위논어주 속의 진화사상(康有爲論語注中之進化思想)」, 타이베이, 학생서국, 1994, 131~144쪽. 청나라 말기 금문학자들의 '삼세'와 '내외'에 관한 새로운 해석은 손춘(孫春), 『청말 공양사상(晚清的公羊思想)』, 4장 「홍성기(興盛期)」, 타이베이, 대만상무인서관, 1985, 145~171쪽을 참조할 수 있다. 또한 이 책의 「결론」에서는 "청말 공양사상은 전통 '모델'의 서양 '소재'에 대한 응답이다. 소재라는 것은 인지되는 것 전부를 널리 지칭하며 모델은 곧 이 소재들을 조직하는 '구조'이다. 구조가 없다면 흩어진 경험이 체계로 모아질 도리가 없다." 손춘, 같은 책, 260쪽.

2) 『맹자미』는 1901년에 집필되었고, 1902년과 1913년에 『신민총보』와 『불인잡지(不忍雜誌)』에 연재되었으며 1916년에 단행본으로 출간되었다. 강유위는 『맹자』7권을 해체하여 주제에 따라 8권 18편으로 나누었다. 본문의 내용은 『맹자미』, 「자서2(自序二)」(1901), 루우열 정리본, 중화서국, 1987에서 보인다.

3) 금문학자 뿐 아니라 고문학자들에게서도 이와 유사한 현상이 나타났다. 유인희(劉人熙)의 『춘추공법내전(春秋公法內傳)』에서는 당시에 가장 유행한 '공법'과 '공리'를 『춘추』에 끼워 맞추고, 이에 따라 국제계약식 규칙과 인간 세상의 진리식(人世間眞理式) 통칙(通則)을 논하였다. 그리고 『춘추좌씨전』 환공(桓公) 6년에 있는 "자

그러나 더욱 주목할 만한 점은 다른 한편으로 그들이 줄곧 주변에 있던 금문 경학의 의미를 부각시켰을 때 금문경학의 진실성과 진리성을 강조, 보호, 확인하기 위해 점차 역사학의 방법을 끌어들일 수밖에 없었고, 그들이 고문경학(古文經學)을 위서라 공격하고 '근본주의'와 유사한 방식으로 공자의 제도 개혁 부류의 역사를 허구적으로 만들려고 하였을 때 그들도 일종의 역사학 고증 프로그램을 별도로 구축해야만 하였다는 사실이다. 이와 관련해서 위원은 『시고미(詩古微)』 「제시·노시·한시·모시 이동론(齊魯韓毛異同論)」 상(上)[4]에서 당시의 풍조가 "인정(人情)은 크게 흥성하나 억눌려 쇠퇴하였고, 맥이 끊긴 학문은 쉽게 버릴 수 있지만 채우기가 어려웠고(人情當盛而抑衰, 孤學易擯而難輔인정당성이억쇠, 고학이빈이난보)", 게다가 당시의 경학 전통은 "누락되고 결손이 있는 것을 고수하고 자신의 학설이 무너지는 데 대한 사사로운 두려움만 있지 완비된 학설을 따르고 진리에 복종하려는 공심(公心)이 없거나 질투하면서 실제 정황이 어떠한지 살피지도 않은 채 부화뇌동하여 패거리를 이루어 제멋대로 시비를 가린다. 혹은 굳게 닫고 완강히 거절한 채 시도하려 하지 않고 함부로 강송하지 않고 『좌전』의 맥을 끊으면서 모든 길들을 막아 버리고 쇠퇴하는 경학(微學)을 없애려 하였다"[5]라고 비판하였다.

따라서 상대적 약세에 놓였던 경학 풍토는 특히 역사학적 증거를 찾아 해석의 합법성을 쟁취하고자 하였다. 만약 그들 역시 고문경학에서 상용하는 역사학

점차 역사학의 방법을 끌어들일 수밖에 없었다.

동(子同)이 태어났다(子同生)"를 해석할 때도 영국 왕 에드워드와 일본 황태자의 사례를 들며 귀족 학교의 필요성을 설명하였고, 『좌전』 은공 2년의 "정나라 사람이 위(衛)를 정벌하였다(鄭人伐衛)"를 해석할 때도 중국의 당시 처지를 결부시키며 '아시아의 결속을 통해 태평양의 문호를 공고히 할 것'을 반복적으로 말하였다. 『춘추공법내전(春秋公法內傳)』, 「선통 을유년(1909) 황걸 서문(宣統乙酉黃杰序)」, 민국 2년 활자 재판본, 『속수사고전서총목제요((續修四庫全書總目提要)』「경부(經部)」하책, 707쪽. 그리고 청나라 말의 기타 경학 서적들, 예를 들면 남광책(藍光策), 『춘추공법비의발미(春秋公法比義發微)』, 왕원치(王元樨), 『독좌수필(讀左隨筆)』, 소덕화(蕭德驊), 『역설(易說)』에 모두 이런 기풍이 있다.

4) 제시·노시·한시·모시는 서한 시대 초기 『시경』을 각기 달리 편집하고 해석한 학파와 그들의 해석서를 가리킨다. 현재 통용되는 『시경』은 모시이고, 나머지는 전해지지 않는다(역자 주).

5) 위원(魏源), 「시고미(詩古微)」, 『청경해속편』 권1292, 상해서점 영인본, 제5책, 655쪽 상. 전고는 유흠(劉歆 : BC 53~AD 23)의 「태상박사를 책망하는 글(移書讓太常博士)」의 "猶欲保殘守缺, 挾恐見破之私意, 而亡從善服義之公心. 或懷疾妬, 不考情實, 雷同相從, 隨聲是非(유욕보잔수결, 협공견파지사의, 이망종선복의지공심. 혹회질투, 불고정실, 뢰동상종, 수성시비)"와 『한서』「유흠전」"深閉固距, 而不肯試, 猥以不誦絶之, 欲以杜塞餘道, 絶滅微學(심폐고거, 이불긍시, 외이불송절지, 욕이두새여도, 절멸미학)"이다. *번역은 『선집 한서열전(漢書列傳)』, 안대회 편역, 서울, 까치, 1997, 384~385쪽 참조(역자 주).

과 언어학의 기술과 방법을 끌어들여 금문경학의 신빙성과 정통성을 증명할 수 있으면 사상적 합리성을 보유할 수 있고, 이렇게 된다면 이러한 경학은 더 힘을 갖게 된다. 그래서 강유위가 지은 『신학위경고』와 『공자개제고』 등의 경우처럼 역사학적 고증 방법을 통해 금문경전의 진실성을 증명함으로써 금문경학의 진리성을 확보할 수밖에 없었다. 중국의 지식 세계에서 '참과 거짓'은 늘 '옳고 그름'과 연관되었고 옳고 그름을 논증할 때는 참과 거짓을 따져야만 하였으며,[1] 무의식중에 이러한 습관은 경학이 역사학으로 전환할 것도 필요로 하였다. 강유위부터 고힐강(顧頡剛 : 1893~1981년)의 『고사변(古史辨)』까지가 이러한 추세를 더욱 증명해 준다. 따라서 이런 의미에서 금문경학도 역사학을 동원해서 경학을 와해시키는 역할을 하였다.[2]

금문경학도 역사학을 동원해서 경학을 와해시키는 역할을 하였다.

광서제 말년(1908) 조원필(曹元弼 : 1867~1953년)이라는 사람이 있었다. 그는 경학의 와해에 대해 매우 분노하였다. 그는 역사를 돌이켜보며 그 원인을 다음과 같이 지적하였다. "도광과 함풍 연간(1821~1861)의 겉모습만 그럴듯하고 새로움을 표방하는 무리는 책 읽기를 싫어하고 이름 도둑질을 즐기며 정현 학문의 단정하고 정통함을 싫어하여 쉽게 천착할 수 없었다. ……그리고 금문을 좋아하는 이들의 학설은 문구를 잘게 쪼개어 거의 남기지 않아 억측에 기대는 일이 점점 확대되었다. 마침내 법도를 벗어나고 정도를 어기며 성현의 도를 훼손하고 법도가 사라지게 되었다."[3] 사실 그들의 말에서 편견을 찾아내려 하지 않고 그들의 말한 것이 사실이라고 인정한다면 그들 역시 절반 밖에 말하지 않은 것이다. 사상사의 각도에서 보면, 금문경학은 분명 상당한 충격력을 가진 이론이었다. 많은 사람들이 그것이 실제로 함축하고 있는 상반된 것 같으면서도 상호보완적인 원리를 간과하였을 뿐이다. 앞에서 말하였듯이 한편으로 그것은 새로운 경학으로 기존 경학에 반항하고 본래 주변에 있던 경전들을 중심으로 옮겨 놓고 본래 주류의 위치에 있던 몇몇 경전들을 주변으로 옮겨 놓았다. 그리고 기존에 배척되었고 정치에

---

1) 갈조광, 「옳고 그름과 참과 거짓의 사이(是非與眞僞之間)」, 『독서(讀書)』 1992년 제1기, 베이징, 삼련서점 참조.

2) 청나라 말 금문학의 상황에 대해서는 손춘재(孫春在), 『청말 공양사상(淸末의公羊思想)』, 대만상무인서관(臺灣商務印書館), 1985를 참조할 수 있다.

3) 『고문상서정씨주천석(古文尚書鄭氏注箋釋)』, 『속수사고전서』 53책, 복단대학소장본 영인, 454쪽.

빌붙었던 경학의 해석 방식을 다시 경학으로 끌어들여서 청나라 때 유행하였던 경전의 독해 방식을 개조하였다.

이 때문에 고전 지식으로서의 경전에 아주 깊은 변화가 생겼다. 따라서 그것의 해석 범위는 아주 개방적이었고 우선적인 몇몇 정치적 장치들이 해석의 전제가 되었고 몇몇 상상과 행동들은 진리를 보호한다는 전제 속에서 합리성을 갖게 되었다. 그러나 다른 한편으로 고문경학에 대한 금문경학의 비판과 회의는 진실한 진리 추구라는 원칙의 힘을 빌려 온 것이었다. 이렇게 되자 금문경학은 다시 역사학의 고증 방법을 청나라 때 건가학(乾嘉之學)으로부터 경학으로 끌어들여 경학을 더욱 역사학으로 변질시켰다. 유봉록은 『좌씨춘추고증(左氏春秋考證)』에서 "춘추로써 춘추를 되돌리고 좌씨로써 좌씨를 되돌린다"라고 말하였는데, 이 말은 언뜻 보기에는 쉬운 것 같지만 현실적으로는 아주 어려운 역사학 연구였다. '참과 거짓'에 대한 추구라고도 보이는 그들의 이런 원칙에서 텍스트는 고증과 판단을 거치지 않으면 경전이 될 자격을 갖지 못한다. 이 때문에 경학이 성립하는 전제는 역사학 지식에 의해 확정되었다.

2

또 다른 지식사적, 사상
사적 현상

그러나 19세기 후반 중국에서 건가학풍을 바꾼 금문경학의 경향 말고도 동일하게 언급해야만 하는 또 다른 지식사적, 사상사적 현상이 있다. 그것은 건가학풍의 경전고증학자들을 따라서 진실을 추구하는 해석 방식 속에도 상반되는 듯하지만 실질적으로는 같은 경향이 점차 자라났고,[4] 진실과 확실성을 추구하는

---

4) 필자가 여기서 한학이나 고문경학의 명칭을 사용하지 않는 것은 '송학'이나 '금문경학'과 대비되어 한나라와 송나라, 옛날과 오늘날의 다툼이라는 오해를 불러일으키지 않기 위함이다. 사실상 청나라 중엽 이래의 학술계는 공공장소와 관청의 배경 속에서, 송학 즉 정주이학이 여전히 모든 학자의 공통어였고 고증학자가 송학을 제대로 알지 못한다는 것 역시 소수의 개인적 견해이다. 강번(江藩)의 『한학연원기(漢學淵源記)』와 『송학연원기(宋學淵源記)』가 출간되고서야 대립 구도가 두드러지고 두 학파가 형성되었다. 고증 방법에 편향된 자들로는 금문경전을 위주로 하는 학자들 뿐 아니라 고문경전을 공격하는 학자들이 있었다. 이는 당시의 보편적인 학술적 풍토였다. 종파의 문호와 경계는 비교적 명확하였다. 다만 금문경학이 장존여와 유봉록 이하의

역사학의 방법을 사용할수록 경학은 점점 그 해석 영역을 개방해서 경학도 점차적으로 전통을 떠났다는 점이다.

어떤 학자는 다음과 같이 말하였다. 청나라 때 고증학의 의미가 음운, 문자, 훈고를 중심으로 하는 경전 해석의 연구 방법에 있고 이 방법은 경전 공부의 주요 방법이 되었으며, 이 때문에 경학에 견실한 기초를 가지게 되었다. 또한 이러한 새로운 해석 방법을 토대로 청나라 때 유학이 송나라 이후 학자들이 가졌던 경전의 해석 방식, 즉 주관적 이해와 객관적 필요에 따라서 경전의 의미를 해석하는 모델에서 탈피하여 경전 의미의 해석의 임의성과 모호성을 개선하였다. 청나라 시대 유학자들의 이해에 따르면, 이렇게 해야 경전이 본래 가지고 있는 성인의 뜻을 복원하고 부각시킬 수 있기 때문에 이러한 그들의 경전 해석에 대한 관점을 "훈고를 통해 경전을 이해하고 문자를 통해 도를 이해한다"라고 부를 수 있다.[1]

그렇지만 그들이 '경에 통달하여 도를 이해한다'라는 목표를 세우고 역시 늘 무의식적으로 성현의 사상을 해석의 경계이자 중심 사상으로 삼았다고 하더라도 진실성과 확실성을 추구하는 방식이 지고무상의 일단 원칙이 되자 경학은 다른 방향을 향하게 되었다. 즉 경학의 의미를 '진리'(gospel) 추구에서 '진실'(reality) 추구로 전향시켰던 것이다. 특히 학자들의 관심이 점점 경전의 역사적 진실에 대한 추구와 텍스트 본래 의미에 대한 고증으로 전향하였을 때 그들은 늘 현학적이고 고차원적인 이치를 내세우게 되었다. 예를 들면 진풍(陳澧 : 1810~1882년)은 황초망(黃楚望 : 1260~1346년)의 "허사를 잘 배치하고 그대로 둔 채 논하지 말라(好置虛辭, 存而勿論호치허사, 존이물론)"라는 말을 인용하여 다음과 같이 말하였다. 허사란 무엇인가? 바로 "군주를 높이고 신하를 낮추는 것, 왕을 귀하게 여기고 패자(覇)를 천하게 여기는 것, 주나라 왕실을 존중하고 제후를 낮추는 것, 이런 것들이다(尊君卑臣, 貴王賤覇, 崇周室抑諸侯, 若此之類존군비신, 귀왕천패, 숭주실억제후, 약차지류)." 왜냐하면 이 이치들은 '그 뜻이 바르더라도 사람들이 모두 알기' 때문이

경학의 의미를 '진리 추구에서 '진실' 추구로 전향

일부분 뿐이다. 이는 그 글이 보편 속에서 차이를 부각시키는 것이 필요하였기 때문이다.

1) 구위군(丘爲君), 「비판적 한학과 한학의 비판(批判的漢學與漢學的批判)」, 『청화학보(清華學報)』 제29권 제3기, 신죽(新竹), 1999, 321~364쪽 참조.

다.[2] 이 때문에 미언대의를 해석하기만 하였던 금문학자의 풍토와 상반되어 보이는 이런 경향에서도 경학 연구의 새로운 추세가 생겨났다. 진실과 확실성을 추구하면서 진리와 원칙을 파헤치고 드러내는 경학이 진실을 추구하는 역사학으로 전환하였기 때문에 경학 연구는 해석의 확실성과 지식의 전면성을 위해 상당수의 새로운 지식을 조금의 거리낌도 없이 끌어들였다. 그 결과 이러한 새로운 지식이 기존 체계 속에서 팽창하여 경학의 본래 경계를 깨뜨리고 경전의 권위성을 와해시켰다.

전형적인 사례

다음은 그 전형적인 사례들이다.

2000여 년 동안 법도처럼 떠받들어졌던 「요전(堯典)」의 "천체의 운행을 관측하고 계산하여 역법을 보급한다(曆象日月星辰, 敬授人時역상일월성신, 경수인시)"는 고대 천문학과 역법의 기점이었다. 그리고 고대 중국의 천문학과 역법은 정치권력의 합법성과 합리성의 중요한 근거이기도 하였다. 그렇지만 명나라 말 청나라 초에 서양의 천문학 지식이 유입되면서 경전에 있는 사중성(四重星)과 역시(曆時)에 관한 이론의 '단순성'과 '허점'이 명확히 드러났다. 19세기 후반에 경전의 기존 이론은 날로 정밀해지는 서양 지식 때문에 도처에서 위기에 빠졌다. 그래서 경전을 해석하는 학자는 타협하고 보충할 수밖에 없었다. 이들은 「요전」의 366일이 1년이 된다는 말은 두예(杜預 : 222~284년)가 말한 '모든 숫자를 말한 것'일 뿐이라고 말하였다. 또한 새로운 지식을 끌어들여 기존의 지식을 해석하고자 하면 하는 수 없이 서양 천문학의 정밀성을 인정하며 "명나라 전기에 서양 학문이 중국 땅에 들어오면서 역수(曆數)에 관한 학문이 비로소 완비되었다(至前明西法漸入中土, 曆數之學始稱美備지전명서법점입중토, 역수지학시칭미비)"라고 하였다.

경전의 기존 이론은 날로 정밀해지는 서양 지식 때문에 도처에서 위기에 빠졌다.

조원필(曹元弼)의 경우는 「요전」의 성상역법(星象曆法)에 관해서 논할 때 진풍과 완원의 견해를 인용하여 서양 역법의 지식 도입을 경계하였다. 그러나 그 역시 못이기는 채 강희황제의 초패(招牌)에 있는 "우리 왕조의 인황제(仁皇帝 : 강희제)는 천부적으로 총명하여 천문과 역법의 정수를 모두 이해하고 서양 역법도 겸용함으로써 최근의 오류를 바로잡았다. 그래서 선왕이 세운 원칙을 표준으로 삼았

---

2) 『동숙독서기(東塾讀書記)』 권10, 30쪽.

다"라는 구절을 거론하면서 「요전」의 원칙과 정신이 여전히 최고의 법전인 것처럼 말하였다.[1] 그러나 서양인 와일리(Alexander Wylie : 1815~1887년, 중국명 偉烈亞力위열아력)는 「요전」으로부터 이어져 내려온 중국의 천문과 역법을 비판하면서 이 전통적 천문학들에서는 "수(數)만을 말하였지 형상을 말하지는 않았다. 서양의 나라들은 예부터 지금까지 늘 형상에 따라 규칙을 만들었다"라고 말하였다. 그래서 서양 천문학의 배경 지식 중 프톨레마이오스(Claudius Ptolemaeus : 90~168년), 케플러(Johannes Kepler : 1571~1630년), 카시니(Giovanni Domenico Cassini : 1625~1712년)의 천문과 역법, 고대 로마의 누마(Pompilius Numa : 로마의 제2대 왕, 재위 : 기원전 715~673년)부터 카이사르, 그리고 알렉산더 제국의 천문역법학이 모두 「요전」을 해석하는 지식 자원이 되었다고 지적하였다.[2]

「요전」 뿐만 아니라 『대재례(大載禮)』, 『하소정(夏小正)』 등도 새로운 지식의 도전을 받았다. 19세기 전반기에 거의 한 세대 학술의 영수라 할 수 있는 완원은 가경 초기에 펴낸 『증자주석(曾子注釋)』에서 "하늘은 둥글고 땅은 네모지다"를 풀이할 때 경문에서 서양인의 지구에 관한 지식을 서술한 내용을 따랐다. 그리고 샌프란시스코, 런던, 상하이의 시차를 근거로 삼아 '땅은 하늘의 가운데에 있고 천체는 혼원이고 지구 역시 원'임을 규명하였다.[3] 정홍조(程鴻詔)는 『하소정집설(夏小正集說)』에서 경학의 원칙에 따르고 경학의 해석 범위를 지켜야 함을 여러 번 강조하면서 "하(夏)나라의 시법으로 하나라의 시상(時象)을 측정하고 『소정』으로 『소정』을 말하며 혼천(渾天)설로 개천(蓋天)설을 비판하지 않는다"—마지막 구절의 의미는 서양의 새로운 지식으로 전통적 학문에 반박하지 말라는 뜻을 암시하는 것 같다—라고 말하였지만, 도광 연간(1821~1850)의 고증학자 주준성(朱駿聖)은 서양의 망원경으로 본 은하계 성군(星群)을 인용해서 '은하수'는 사실 "작은 별이

1) 조원필(曹元弼), 「고문상서정씨주전석(古文尙書鄭氏注箋釋)」 권1, 『속수사고전서』 제53책, 복단대학도서관 소장본 영인, 498쪽.

2) 와일리(Alexander Wylie), 「담천서(談天序)」, 엽요원(葉耀元), 「중서역학원류이동론(中西曆學源流異同論)」, 갈사준(葛士濬) 편, 『청대경세문속편(淸代經世文續編)』 권7, 「학술7(學術七)」, 15쪽 B, 권8, 「학술8(學術八)」, 30쪽 A, 도서집성국 연인본(圖書集成局鉛印本), 광서14년(1888).

3) 『증자주석(曾子注釋)』, 가경 3년(1798) 양주연경실 간행본(揚州硏經室刊本), 『속수사고전서총목제요(續修四庫全書總目提要)』 상책, 오정섭(吳廷燮), 「『증자주석』 제요」, 591쪽.

세 수 없이 많고 모여서 빛을 낸다"라고 주장하였다.[4]

아마도 이런 풍토는 아주 일찍부터 있었던 것 같다. 사실 서양의 천문학은 청나라 시대 학술계에 아주 깊은 영향을 주었다. 강희제 등 청나라 황제가 이런 천문학을 어느 정도 알고 있었기 때문만은 아니다. 황제의 행위는 늘 일종의 암시에 불과하였다. 또 다른 원인은 중국 지식층이 서양 천문학의 확실성과 정확성을 진심으로 믿었고 특별히 주목하였으며, 당시 지식인이 천체와 역법을 논할 때 모두 "서력이 가장 좋다"고 인정하였다는 사실이다.[5] 특히 청나라 후기의 영향력 있는 학자 초순(焦循 : 1763~1820년)은 19세기 초에 분명히 서양의 수학과 천문학에서 영감을 얻어 『주역』을 해석할 때도 천문과 수학의 방법을 사용하였다. "하늘을 헤아리는 방법으로 역(易)을 헤아리고, 수의 비례를 통해서 역의 비례를 구명한다(以測天之法測易, 以數之比例求易之比例이측천지법측역, 이수지비례구역지비례)"라고 하면서 이러한 정확하고 보편성을 지닌 공리를 통해서 역수(易數)에 대한 최종적 해석을 찾아냈다.[6] 이 때문에 19세기 후반기에 서학이 점점 많이 중국의 지식 세계에 들어오고 경전 해석학에서도 지식의 팽창 현상이 점점 더 많이 나타나자 본래의 전통적 지식의 경계는 와해되었다.

광서 연간(1875~1908)에 소보화(邵寶華)는 『주역인단(周易引端)』 첫째 권에서 서양의 지식 체계에서 전래된 지구의 모습, 일식과 월식의 원리를 거리낌 없이 다

---

4) 주준성(朱駿聖), 『하소정보전(夏小正補傳)』, 광서 8년(1882) 임소각주씨 군서본(臨嘯閣朱氏群書本), 『속수사고전서총목제요』 상책, 603쪽.

5) 모기령(毛奇齡), 「역법천재서(曆法天在序)」, 『서하집(西河集)』 권30, 『사고전서(四庫全書)』 본, 2쪽 A. 비교적 이른 시기의 두 가지 사례를 들면, 남정원(藍鼎元)이 「역대역법고(歷代曆法考)」에서 서양의 역법이 "진실로 옛날부터 지극히 훌륭하고 결점이 없다"라고 인정하였다. 남정원, 『녹주초집(鹿州初集)』 권14, 『사고전서』 본, 19쪽 B. 전대흔(錢大昕) 역시 선교사 미셸 베누아(Michel Benoist : 1715~1774년, 중국명 蔣友仁장우인)에게 천학(天學)에 관한 번역서 『주인전(疇人傳)』을 윤색해 주었다. 『주인전』 권46 「미셸 베누아전(蔣友仁傳)」에 수록·윤색된 것은 「곤여도설(坤輿圖說)」이다. 『속수사고전서』 제516책, 청나라 가경과 도광 연간 완씨 판각본(淸嘉慶道光間阮氏刻本), 451쪽.

6) 그의 「역도략자서(易圖略自序)」에서는 이렇게 말한다. "역이란 하늘과 같다. 하늘은 알 수 없는 것이다. 실측을 하여 알게 되었다. 칠정항성(七政恒星)은 복잡하게 뒤섞여 있어서 360도의 경도 위도에서 나오지 않는다. 산택수화(山澤水火)는 복잡하게 뒤섞여서 384효의 변화를 낳지 않는다. 운행에 원리에 따라서 실측하니 하늘을 점차적으로 알게 되고, 경문(經文)에 따라 실측하니 역도 점차적으로 알게 되었다." 『초씨총서(焦氏叢書)』 판각본, 1쪽 A.

루었다.[1] 그리고 나열(羅烈)이라는 사람은 『주역시정』 서문에서 "그러나 후세 사람들이 나의 의견에 근거해서 중국과 서양의 천문학자의 말을 주역에서 하나하나 증명하기를 바란다"라고 공개적으로 선언하였다. 그리고 만약 이렇게 된다면 자신이 경전사에 오래도록 이름을 남길 것이라고 말하였다.[2]

　다음으로 『상서』 「우공」 편에 대해 보겠다. 「우공」에는 고대의 중국과 기타 주변에 관한 지식이 적혀 있다. 그리고 천백 년 동안 고대 중국인이 세계를 이해하는 상상적 자원이기도 하였다. 중국인이 세계의 실제를 어떻게 알고 있든지 간에 관념의 세계 속에서 「우공」 편은 여전히 고대 중국인이 '천하'를 상상하는 공간적 틀이었고 고대 중국 문명이 자신감을 가지는 중요한 자원이기도 하였다. 그래서 송나라 때의 『우공산천지리도(禹貢山川地理圖)』부터 명나라 때의 『우공회소(禹貢匯疏)』까지에서 모두 전통적으로 전해져 오는 '9주(九州)'가 실제 '중국'이라고 간주하였고, 고대에 상상했던 대우(大禹)가 포괄하는 범위를 실제 천하의 범위로 간주하였다. 그리고 외부에 대한 새로운 지식이 점점 늘었을 때는 관념 세계 속에서는 늘 이를 추연의 담천 혹은 『산해경』식의 재미있는 소식 정도로만 보았다. 분명 「우공」 시대 사람들에게 지리적 시야는 상당히 협소하였고 전설적 상상은 직접 재어보고 눈으로 본 것보다 컸다. 그렇지만 역대의 주석, 특히 서북과 서남 지방의 지리에 대한 주석은 늘 나중에 들어온 지리적 지식과 문헌 자료에 근거해서 옛 사람들의 마음속에 있는 '우(禹)의 행적이 포괄하는 곳'을 추측하고 증명하였다. 「우공」은 '경전'이고 이것에 대한 주석은 '경학'이었기 때문에 청나라 때 학자들이 말한 것처럼 '경을 해석할 뿐 경을 선뜻 반박하지 않았고', 주석은 갖은 수단을 동원해서 고대의 전설을 봉합해서 경전의 오류에 영합할 수밖에 없었다.

---

1) 소보화(邵寶華), 『주역인단(周易引端)』 권수, 광서신묘 동문당 간행본(光緒辛卯同文堂刊本).
2) 나열(羅烈), 『주역시정(周易是正)』 「서(序)」. 『속수사고전서총목제요』 「경부(經部)」 상책, 중화서국, 1993, 142쪽. 엄부(嚴復)도 서학 중 가장 선진적인 '논리학(名), 수학(數), 화학(質), 물리학(力) 네 분야의 학문'의 '명리공례(名理公例)'를 『주역』에 맞추려고 시도한 적 있다. 그는 『주역』이 "논리학과 수학을 씨줄(經)로 삼고, 화학과 수학을 날줄(緯)로 삼았다"고 해석하였고, "역을 볼 수 없으면 건곤의 작용이 거의 소멸할 것이다"를 "열에너지가 균형을 이루게 되면 세계가 소멸한다"를 상응하는 것으로 설명하였다. 『천연론 서문(天演論序)』 (『천연론』 서문 번역은 양일모·이종민·강중기 옮김, 『천연론』, 서울, 소명출판, 2008, 33~35쪽 참조. 역자 주)

그렇지만 명나라 말 청나라 초부터 연달아 전래된 대지(大地)에 관한 새로운 지식은 이미 경전 해석에 조용히 녹아들었고 청나라 초기의 이광지(李光地 : 1642~1718년)는 『주관필기(周官筆記)』에서 "땅은 하늘의 가운데에 있고 하나의 둥근 알에 지나지 않는다", "둘레의 땅 위아래가 모두 국토이다", "낮과 밤, 새벽과 저녁은 늘 상반된다"라는 관념을 이미 받아들였다.[3] 기존 지식을 와해시키기에 충분한 이 새로운 지식들은 그들의 시대에도 여전히 잠복하고 있었고, 사상적 변화를 가능하게 할 수 있는 자원으로 존재하였다. 경학은 현실, 역사, 전통이 공유하는 담론 권력의 뒷받침 속에서 잠시나마 여전히 해석 체계의 자기충족성과 원만성을 유지할 수 있었다.

그렇지만 도광과 함풍 연간(1821~1861) 이후에는 서북 지역의 지리에 대한 새로운 지식, 예를 들면 몽골·신강·티베트에 관한 현실적 지식이 유입되었으며, 영국과 프랑스 등의 세계와 아시아에 관한 지도 등 주변 지리에 관한 서양인의 고찰 결과가 유입되었으며,[4] 더욱이 지구에 관한 서양의 전체적 묘사가 지식 세계에 이미 있었다. 이 때문에 "소는 주를 깨지 않는다(疏不破注소불파주)", "주는 경을 반박하지 않는다(注不駁經주불박경)"라는 전통적 경학의 원칙이 점점 깨졌다. 위원이 「우공설(禹貢說)」에서 '경(經)'과 '사(史)', '고(古)'와 '금(今)'을 엄격히 구분하여 이후의 역사학 지식을 경학 해석에 침투시킬 수 없다고 강조하면서 경학 해석 경계의 신성불가침성을 보호하였고,[5] 양수경이 "옛날 사람들은 소박하다(古人簡質고인간질)"라는 말로 「우공」 편의 "땅은 전지(滇池 : 운남성의 곤명호)까지 뻗쳤고 바로 검은 눈(黑目)을 가졌다. 광울(廣鬱 : 지금의 광시성에 위치함)까지 퍼져갔으며 모두 울(鬱)이라 불렸다(地連滇池, 便有黑目, 流經廣鬱, 皆得鬱稱지련전지, 편유흑목, 유경광울, 개득울칭)"라는 문제를 가벼이 수식하면서 경전의 진실성과 진리성을 보호하였다.[6]

그렇지만 결국 역사학적 방법이 경학에 점점 더 많이 사용되어 경학의 진실

---

3) 『용촌집(榕村集)』 권5, 『주관필기(周官筆記)』, 사고전서 영인본, 12~13쪽.

4) 이신유(李愼儒), 『우공역지편(禹貢易知編)』 권11, 『속수사고전서』 제55책, 광서 25년(1899) 판각본, 553쪽.

5) 그는 그것이 "서양의 역상(曆象)으로 「요전」을 해석하고 평수(平水)의 관운(官韻)으로 「모시」에 운을 표시하고 [棄], 왕안석의 『자설(字說)』로 「이아(爾雅)」에 주석을 붙이는 것과 같다"고 말한다. 『우공설(禹貢說)』 권상, 『속수사고전서』 제55책, 258쪽.

6) 양수경(楊守敬), 『우공본의(禹貢本義)』 「자서(自序)」, 『속수사고전서』 제55책 광서 32년(1906) 판각본, 585쪽.

성을 뒷받침하고 경학의 진리성을 보호하였다. 예를 들면 유문기(劉文淇 : 1789~
1854년)는 성용경(成蓉鏡 : 1816~1883년)의 『우공반의술(禹貢班義術)』에 써준 서문에서
"이 책을 보는 사람은 당연히 경학에 대한 믿음이 더욱 깊어지고 역사학에 전통
하지 않은 자가 없다(觀此書者, 當益信於經學者, 未有不精于史學也관차서자, 당익신어경학자,
미유부정우사학야)"라고 강조하였다.[1] 동시에 경학은 점점 더 많이 각종 서양이 새로
운 지식을 끌어들여서 과거에 분명히 설명할 수 없었던 난제를 해석하였다. 진풍
에게 극찬을 받은 양무건(楊懋建 : 1807~?)은 서양의 천문 지리, 개방 수학 등의 지
식을 모조리 들어왔으며 막 알게 된 이역의 역사적 사실도 경학 해석에 도입해서
「우공」에는 결코 있지 않은 머나먼 이족 문명을 설명하였다.[2] 그리고 요명휘(姚
明輝)는 지구 양극, 오대륙, 대서양, 아랍, 사하라 사막 등에 관한 당시의 지식을
동원하여 「우공」을 상상적으로 해석하였으며, 고대인들이 "동쪽으로 점점 바다
로 나아갔고 서쪽으로는 사막으로 뒤덮였다"라고 설명하고 그곳들까지 멀리 가
보았을 것이라고 상상하였다.[3] 이 해석들은 분명 경학 전통을 위배하였고 더욱
이 위원이 말한 역사학으로 경학의 원칙을 깨지 말라는 원칙을 어겼다. 그리고
어떤 상상은 아주 황당하다고도 할 수 있다. 그러나 더욱 많은 역사학적 방법이
검증되면서 역외의 새로운 지식이 촉발시킨 각종 상상 속에서 본래 의심받지 않
던 경전의 권위성은 유래 없는 도전을 맞게 되었다.

경전의 권위성은 유래 없
는 도전을 맞게 되었다.

　　더욱 구체적인 하나의 사례로, 「우공」에서 아주 중요하면서 여러 해 동안 의
견 일치를 보지 못한 한 구절이 있었다. 바로 "흑수(黑水)를 이끌어 삼위에 이르고
남해로 들어간다(導黑水, 至於三危, 入於南海도흑수, 지어삼위, 입어남해)"라는 구절이 의견
일치를 보지 못하고 줄곧 논쟁 속에 있었다. 그런데 진풍은 「동숙독서기(東塾讀書
記)」에서 흑수가 운남성의 노강(怒江)이고 이 강의 상류는 티베트 라싸 북쪽 경계
이며, 과거에 오해가 있었던 이유는 바로 그들이 강희와 건륭 시기의 지도를 보

1) 성용경(成蓉鏡), 『우공반의술(禹貢班義術)』 권수, 함풍 신해년(1871), 「유문기 서문(劉文淇序)」, 『속수사고전서』
　　제55책, 광서 14년(1888) 광아서국 판각본(廣雅書局刻本), 390쪽.
2) 양무건(楊懋建), 『우공신도설(禹貢新圖說)』 권수, 동치 6년(1867) 벽령롱관 판각본(碧玲瓏館刻本), 광주(廣州), 『속
　　수사고전서총목제요』 「경부(經部)」 상책, 283쪽.
3) 요명휘(姚明輝), 『우공주해(禹貢注解)』, 『속수사고전서총목제요』 「경부(經部)」 상책, 289쪽.

지 못하였기 때문이라고 하였다. 그렇지만 강희와 건륭 시대의 지도는 사실상 서양으로부터 깊은 영향을 받아서 만들어진 것이고, 「우공」에서 상상하였던 천하 구주의 구도와 이미 상당히 달랐다. 이 지도의 묘사에 따르면, 「우공」은 더 이상 대우(大禹)가 물을 다스리고 구주를 나누어 생긴 것이 아니고 경전 역시 역사로부터 탈피해서 전설이 될 것이고 진실에서 상상으로 내려앉게 될 수 있다.[4] 그 결과 세계와 아시아 지리가 새로운 지식에 도전 받고 더 많은 실측과 고찰을 통해 검증되면서 본래 전통 시대에 절대적 권위를 가진 경전 텍스트가 새로이 해석될 수밖에 없었고, 상당수의 전통적 해석도 이때 무효함이 드러났다. 심지어 청나라 초기에 가장 권위 있는 고증학적 성과인 호위(胡渭: 1633~1714년)의 『우공추지(禹貢錐旨)』의 해석도 수정되었다. 새로운 세계에 대한 지식이 생기면서 그들은 「우공」에 적혀 있는 황복(荒服), 직방(職方), 번국(藩國)이 '중국에서 그리 멀리 떨어져 있지 않고 오늘날 서양인이 말하는 아시아'일 뿐이며, 현재의 세계는 실로 「우공」의 기록보다 훨씬 크며 "서양 사람이 중국 땅에 계속해서 오는 일은 우(虞)·하(夏)·상(商)·주(周)·한(漢)·진(晉)·당(唐)·송(宋) 4천여 년 동안 없던 일이다(泰西之人接踵於中土, 此夏商周漢晉唐宋四千余年來所未有也태서지인접종어중토, 차하상주한진당송사천여년래소미유야)"[5]라고 말할 수밖에 없었다. 이렇게 바라보고 생각하게 되면서 「우공」은 더 이상 전통적 의미에서 의심할 바 없는 경전적 진리가 아니라 각종 증거를 통해

세계와 아시아 지리가 새로운 지식에 도전 받고 더 많은 실측과 고찰을 통해 검증되면서 본래 전통 시대에 절대적 권위를 가진 경전 텍스트가 새로이 해석될 수밖에 없었다.

---

4) 진풍, 『동숙독서기』 권5, 사부비요본, 중화서국, 5쪽.

5) 예를 들어 이신유는 여러 가지 새로운 자료에 근거해서 '삼위(三危)'가 '강전장(康前藏)', '위후장(衛後藏)', '장(藏)'이라고 해석하였다. 이는 전통 시대 경전의 기존 학설과 완전히 다른 것이다. 『우공역지편(禹貢易知編)』 권11, 『속수사고전서』 제55책, 554쪽. 당연히 이런 견해는 사실상 강희제의 상유(上諭: 왕의 말)가 권력으로 뒷받침하였다. 강희 59년(1720) 11월 상유에서는 '삼위'가 바로 타전로(打箭爐) 서남쪽의 달뢰(達賴)가 속한 위지(危地), 랍리성(拉里城) 동남쪽의 객목지(喀木地), 반선(班禪)이 관할하는 장지(藏地)라고 하였다. 요영(姚瑩), 『강유기행(康輶紀行)』 권9 「성상유심지리(星相留心地理)」 조(條), 광문서국 영인 『사료삼편(史料三編)』 본, 타이베이, 282쪽 참조. 그리고 증렴(曾廉), 『우공구주금지고(禹貢九州今地考)』 권2, 광서 32년 호남 판각본(湖南刻本)도 참조할 수 있다. 광서 연간(1875~1908) 서양원(徐養原), 『완석려경설(頑石廬經說)』 권5 「흑수고(黑水考)」의 경우는 '흑수'가 어떻게 황하를 건너서 남해로 갈 수 있는가에 대해서 억지스럽게 해석하려고 한다. 이는 아주 드문 예이다. 『속수사고전서』 제173책, 광서 14년(1888) 황청경해속편본(黃清經解續編本) 영인, 362~366쪽. 청나라 때 「우공」에 관한 연구는 당연히 아주 많은 청나라 사람들의 기록을 보아야 한다. 다행스럽게도 다음 자료가 있다. 왕중민(王重民), 「청대 학자의 우공 관련 논문 목록(清代學者關於禹貢之論文目錄)」, 『우공(禹貢)』 반월간 제1권 제10기, 1934, 22~27쪽.

검증되어야 하는 역사 문헌이 되었다.[1]

3

"경전을 논하는 학문, 즉 소증(疏證)은 경전의 전장(典章)과 제도와 사적(事迹)을 고찰할 뿐이다(說經之學, 所謂疏證, 惟是考其典章, 制度與其事迹而已설경지학, 소위소증, 유시고기전장, 제도여기사적이이)"[2]라는 장태염의 견해에 따르면, 전통적 경학은 건륭과 가경 연간(1736~1820)까지 여전히 문자, 음운, 훈고 등 문헌학 기술을 통해 경전을 해석해 왔고, 경전의 진리에 대한 신앙을 부단히 이해해 왔다. 이러한 경학에는 어느 정도 종교적 성전에 대한 심리가 있었다. 특히 '경전의 주석을 달 뿐 경전에 반박하지 않고, 주석을 설명할 뿐 주석을 깨지 않는' 고대 시대의 전통은 더욱이 경학의 경계를 유지해서 경계를 넘어선 규칙 위반을 허용하지 않았다.

19세기에 들어선 후 경학은 겉으로 보기에는 여전히 생산과 재생산을 유지하여 19세기 중엽까지 경전에 대한 우수한 문헌학 연구 서적들이 등장하였다. 예를 들어 마서진(馬瑞辰 : 1775~1853년)의 『모시전 전통석(毛詩傳箋通釋)』, 진환(陳奐 : 1786~1863년)의 『시모씨전소(詩毛氏傳疏)』, 호배휘(胡培翬 : 1782~1849년)의 『의례정의(儀禮正義)』, 유보남(劉寶楠 : 1791~1855년)의 『논어정의(論語正義)』, 진립(陳立 : 1809~1869년)의 『공양의소(公羊義疏)』 등은 대체로 1830년대에서 1850년대에 완성된 것이다.

그러나 19세기 후반에 들어서 중국의 지식과 사상, 그리고 신앙을 뒤덮었던

그러나 19세기 후반에 들어서 경전학은 정말로 금이 가기 시작하였다.

---

1) 예를 들면 이후에 이전의 금문경학의 회의적 사유를 계승한 사람들은 「요전」과 「우공」을 매우 엄밀하게 역사적으로 고찰한 후 그것들이 한나라 사람의 작품이라고 생각하게 되었다. 이런 생각을 이어받은 사람들은 새로운 지식을 들여와서 「요전」과 「우공」을 보충, 비평, 개정하는 방식을 채택하였다. 역사 지리의 새로운 지식을 통해 해석되면서 그것들은 정말로 역사 문헌이 되었다. 고힐강(顧頡剛), 「지리적으로 현재 판본 요전이 한나라 사람이 지은 것임을 증명한다(從地理上證今本堯典爲漢人作)」와 왕광위(王光瑋), 「우공 토양 연구(禹貢土壤的探討)」와 마배당(馬培棠), 「우공과 우도(禹貢與禹都)」 및 노간(勞榦)의 요전에 관한 논의를 참조. 각각 『우공』 반월간 제2권 제5기, 2~14쪽, 14~23쪽, 제8기 21쪽, 제10기 43쪽 등 참조(1934~1936).

2) 장태염(章太炎), 「제자학약설(諸子學略說)」, 『장태염정치론선집(章太炎政論選集)』, 286쪽.

경전학은 정말로 금이 가기 시작하였다. 금문이든 고문이든 양측 학자들은 전통과 현실에 대한 이중적 근심과 긴장 속에서 경전을 새로이 해석하여 자신에게 속하는 지식과 사상의 자원을 새로이 발굴하여 나날이 밀려 들어오는 새로운 지식에 대응하려고 하였다. 그러나 '전 지구적 상황'에 대해 근심하고 긴장하면서 이루어진 해석은 사실상 오히려 고대 중국의 경전학을 돌이킬 수 없을 정도로 망가뜨렸다. 한편으로는 현실을 고려함으로써 전통적 경전의 경계를 끊임없이 와해시켰다. 그들은 마음속에서 생각한 것을 경전 해석 속에 뒤섞어 놓았고 경전의 이름을 빌어 당장의 권위 있는 담론을 형성하여 표면적으로 경전을 만병을 고칠 것을 보장하는 '성스러운 책(聖經)'으로 만들어 버렸다. 다른 한편으로 확실성 추구라는 명목하에 새로운 지식을 끊임없이 끌어들였는데, 새로운 지식은 경전의 신성성을 와해시켰다. 이 때문에 경전을 역사 문헌으로 만들었고 점점 경학을 역사학으로 변모시켰다.[3]

경학의 이중적 변형

　　바로 이러한 경학의 이중적 변형 때문에 어떤 의미에서 이후에 지식과 사상이 급속히 변하게 되었고 전통적 경학은 현대적 학문 분과 체제 속의 문학과 역사학, 철학으로 변형과 분화되었다. 특히 상승의 유일한 길이었던 과거제도가 폐지되면서 경학은 관직 진입이라는 의미를 잃었다. 지식을 전파하고 이어가는 역할을 담당하였던 교학은 서양의 학문 분과 제도에 근거해서 경학을 체제에서 퇴출시켰고, 지식을 분류하는 도서분류법이 경학을 더 이상 독립된 분야로 분류하지 않고 문학, 역사학, 철학으로 나누어 놓았을 때 경학을 중심으로 하는 전통적 학술은 근대에 들어서서 쇠락하게 되었다. 이는 당연히 나중에 나온 말이다. 하지만 당시의 지식과 사상, 그리고 신앙세계의 상황에 근거하면 이러한 변화의 의미는 구체적인 경전 지식의 해석 범위를 훨씬 뛰어넘으려 하였다. 바로 앞에서 말하였듯이 경학은 본래 고대 시대 중국의 주류 학문이었기 때문에 오경, 구경,

---

3) 어떤 연구자는 청나라 말기 경학과 역사학의 교체가 양계초, 장태염, 왕국유에서야 시작하였다고 본다. 예를 들면 이조진(李朝津)은 "근대 역사학에서 가장 중요한 특징의 하나는 경학의 족쇄에서 벗어났다는 점이다"라고 말한다. 이조진, 「청나라 말기 경학과 사학의 교체에 대하여 - 장태염 민족사학의 형성(論淸末經學與史學的交替 - 章太炎民族史學的形成)」, 『생각과 말(思與言)』 제36권 제1기, 타이베이, 1998, 1~37쪽. 그러나 그가 제시한 근거는 장태염의 작품으로서 경학의 내재적 원리에서 일어난 이러한 변화를 간과할 수 있다.

십삼경과 사서를 텍스트로 삼아 전통적 경전 주소(注疏)와 고증으로 지식을 표현하고 관에서 정한 해석 방식과 서술 방식으로 생각을 표현하는 시대에 경전 해석에는 모호한 것처럼 보이지만 사실은 분명한 경계가 있었다. 이러한 지식이 뒷받침해 준 것은 '질서'에 대한 사상이었고, 이 경계를 뛰어넘는 어떠한 사상도 이단이자 그릇된 생각이었다.

그렇지만 한편으로 장존여(莊存與 : 1719~1788년) 이후의 경학자들이 경전을 '미언대의'로 끊임없이 신성화시켰을 때 경학의 권위성은 텍스트에서 주석으로 옮겨 갔고 진리적 의의는 경전 자체에서 해석자의 해석으로 옮겨 갔으며 경전은 숭배의 대상이 되어 사실상 한쪽 구석에 놓여졌다. 다른 한편으로 건륭과 가경 연간의 "육경은 모두 역사다(六經皆史육경개사)"라는 사실적 해석 경향이 장학성의 한마디로 모습을 드러낸 뒤부터 사람들은 어렵사리 진실을 탐구하는 경전 고증 학문이 바로 새로운 생각과 새로운 지식을 부단히 끌어들여와 경학을 점점 역사학으로 변형시키고 있음을 볼 수 있었다. 본래 경학은 '진리'를 독점함으로써 권위성을 갖고, 역사학은 '진실'을 추구함으로써 권위성을 가진다. 그러나 경학이 부지불식간에 역사학으로 바뀌었을 때 '진리'는 '진실'에 의해 검증 받으면서 자기의 말을 둘러댈 수 없어 허점을 계속 드러냈고 '진실'은 지식의 경계를 계속 개방하였다. 왜냐하면 '진리'에는 배타성이 있지만, '진실'은 신구 지식 모두를 환영하였기 때문이다.

19세기 후반에 단복창(段復昌)이라는 그리 유명하지 않은 경학자가 있었는데, 그는 경학이 점점 쇠락하는 모습을 보고 크게 상심하여 후배들에게 "경전에 통달하여 현실에 응용하는 경학자가 만세의 모범이다. 세상에서 온통 오랑캐에 관한 사무(夷務)를 말하고 학자들은 구차하게 부귀를 추구하니 필연적으로 도를 왜곡시켜서 영합하고 도학(道術)은 무너질 것이다"라고 탄식하였다. 이런 상황에서 그는 한편으로 '혼란스런 상황을 오직 예(禮)로만 멈출 수 있고 여러 설들의 혼란을 유가경전(聖經)으로 바로잡기'를 희망하였다.[1] 그렇지만 이 시대의 지식 세 이 시대의 지식 세계는 이미 크게 변할 수밖에 없었다.

---

1) 단복창(段復昌), 『주역보주(周易補注)』 권수, 정숭신(程崇信), 「청고전선훈도단군전(淸故銓選訓導段君傳)」, 『속수 사고전서』 제39책 영인본, 479쪽.

계는 이미 크게 변할 수밖에 없었다. 사람들이 생활하고 생각하는 공간이 이미 '중국'이라는 한 구석에서 오대주가 함께 구성하는 '세계'로 확대되었기 때문에 전통적인 문명과 야만이라는 구도가 이제는 역전되어서, 경학에서 항상 거론되고 오랫동안 고대 중국의 자신감을 뒷받침하던 '오복(五服)'설과 '구복(九服)'설은 모두 영원한 진리가 아니게 되었다. 비록 수많은 사람들이 고전에 관한 역사적 기억을 발굴하여 눈앞의 신세계를 해석하려 애썼지만 전통적 고전이 새로운 세계를 만나자 그 해석은 앞뒤가 맞지 않았고 약점을 드러내었다.

그래서 옛 경전의 기억과 해석을 거치면서 새로운 세계의 상은 평평하지 않은 유리거울을 통과한 듯이 약간 일그러졌고 경전의 본래 함의도 마찬가지로 물을 먹은 종이책처럼 모호해졌다. 해석에 쓰이는 것과 해석된 것 모두 이 시대의 상황에서는 '변형기(變形記)'를 연출하였다. 예를 들면 최국인(崔國因 : 1831~1909년)은 외국에서 러시아, 독일, 영국 등의 군주가 상호 방문하는 것을 보고 저절로 『주례』를 떠올렸다. 그는 "매년 서로 문안 인사를 하고, 왕이 바뀌면 서로 만나는 것(歲相問, 世相朝세상문, 세상조)"이 정말 좋은 방법이라고 생각하였다. 그리고 서양의 다섯 주요 국가(영국·프랑스·독일·이탈리아·오스트리아)와 미국의 군수 공장을 보고도 『예기』「월령(月令)」편을 떠올렸고, 옛날 사람이 말한 "기술자에게 명령을 내리고 백공(百工)을 통솔하여 다섯 창고의 양을 헤아리는 것(命工師, 令百工, 審五庫之量명공사, 령백공, 심오고지량)"이 정말 맞으며, "평소에 꼼꼼히 살펴서 늘 돌발적인 일에 당황하지 않는다. 나라를 다스릴 수 있으면 누가 감히 모욕을 주겠는가?(熟審於平時, 庶不倉黃於臨事也, 能治其國家, 誰敢侮之숙심어평시, 서불창황어임사야, 능치기국가, 수감모지)"라고 생각하였다. 그는 경전을 새로운 세계를 이해하는 자원의 자리에 놓고 그것으로 새로운 지식을 해석하였고 이 새로운 지식의 합리성을 뒷받침하였다. 그리고 경전이 손상을 입지 않는 것으로 보이면 그것의 경계를 넓힐 뿐이었다.

그러나 어떤 때는 이런 연상이 경계를 넘어섰다. 그는 대해를 넘어서 항해하면서 남두성(南斗星)을 보고 대지가 구형이라는 것을 확실히 알고 나서야 "중국에서 해가 뜨면 미국에서는 해가 지고 미국에서 해가 뜨면 중국에서 해가 진다"라는 서양인의 견해를 철저히 믿었고 "지구의 앞과 뒤에 따라 숨었다가 나타난다"라는 원리도 믿었다. 이 때문에 중국 경전에 대한 신뢰성은 흔들릴 수밖에 없었다. 그는 '제자백가의 잡다한 학설은 말할 것도 없고'『이아』에서 말하는 "동쪽 끝에서는 해가 뜨고 서쪽 끝에서는 해가 진다(東至日所出, 西至日所入동지일소출, 서지일소입)", "제주(齊州)의 남쪽에 태양을 올려놓은 곳이 단혈(丹穴)이다. 북쪽으로는 북두칠성과 북극성을 올려놓은 곳이 공동(空桐)이다(岠齊州以南, 戴日爲丹穴, 北戴斗極爲空桐거제주이남, 대일위단혈, 북대두극위공동)"라는 견해와 『주비산경(周髀算經)』의 '달'과 '해'에 관한 여러 견해가 모두 잘못되었다고 지적하였다. 그리고 "옛날 사람들을 가볍게 믿지 말라(無輕信古人也무경신고인야)"라고까지 말하였다. 이 때문에 전통적 경전의 권위성과 진리성에는 '진실'의 도전을 받고 와해될 가능성이 생겼다.[1]

마찬가지로 광서 24년(1898)에 이신유(李愼儒)는 과거에 가장 얕보았던 '황복(荒服)'이라는 말을 논할 때 경전의 고대의 세계 문명 지도를 의심하였다. 그는 『상서』와 『주례』에 나오는 '황복'은 믿을 수 없는 것 같고, "요도(堯都)는 기주(冀州)이고 기주의 북쪽에 있는 지역은 운중(雲中)과 탁이(涿易)를 합쳐도 2천5백 리는 안 될 것이다. 설령 된다고 해도 모두 사막이거나 황무지일 것이다. 그리고 동남쪽의 재물과 부세, 특산물이 바로 요복(要服)과 황복으로 되돌려 보내졌음을 지세로 알 수 있다. 그러나 고금의 토지의 성쇠가 다름을 생각하면 요임금의 시대 기주의 북쪽 땅이 반드시 후세처럼 황폐하지는 않았을 것이다. 복건과 절강 사이에 예전에는 만이(蠻夷)가 모여 살았지만 오늘날에는 재물이 풍부하고 인구가 많아져서 결국 상국(上國)이 된 것과 같다. 토지의 성쇠는 한 시절만으로 판단할 수 없

---

1) 『출사미일비일기』 권5, 광서 16년(1890) 10월 16일, 권5 같은 해 11월 19일, 권6 광서 17년(1891) 정월 25일, 황산서사, 1988, 181쪽, 197쪽, 237쪽. 또한 이 일기에서는 적지 않은 예를 들고 있다. 예를 들면 권9 광서 17년 12월 24일에는 『주역』 「계사(系辭)」 '하(下)'의 "안전할 때 위기를 잊지 않고 치세에 난세를 잊지 않는다(安不忘危, 治不忘亂안불망위, 치불망란)"라는 구절을 읽고, 『주례』의 '수(蒐), 묘(苗), 선(獮), 수(狩)'라는 말을 떠올리고 "옛 성인의 의도가 깊다"라고 생각하였다. 그는 영국, 프랑스, 러시아, 미국 등의 분쟁의 발단을 보고 중국의 상황을 떠올렸다. 이에 옛날 사람의 교훈을 생각해 내서 중국이 전쟁에 대비하기를 희망하였다(388쪽). 권12에서는 영국과 러시아의 외교를 보고 『논어』 「헌문」 편의 "곧음으로 원한에 대처하고 덕으로 덕에 보답한다(以眞報怨, 以德報德이진보원, 이덕보덕)"를 생각하여, 선뜻 이 말이 틀리다고는 말하지 않았지만 "훗날의 해석이 타당하지 않을 수도 있다"라고 돌려 말하였던 것 같다. 그는 '보복'이라는 말이 성인의 뜻에 그리 가깝지 않고 '합종연횡과 이합집산 행위처럼 보이지만, "그렇지 않고 속절없이 당하는 것이 적국의 의도에 맞서서 백성을 스스로 구제하지 못하는 것이다. '내가 일을 해결해야 사람들을 평안하게 한다'라고 말하면서 어찌 송나라와 명나라 말기의 상황을 보지 않는가?'라고 말하였다. 471쪽.

다"라고 말하였다.[2] 문명 변천에 관한 이런 생각은 아마 세계 문명의 공간이 변하는 새로운 상황에서 비롯한 것 같다. 왜냐하면 이때 서양인은 더 이상 오랑캐가 아니었고, 서양은 더 이상 문명 천조(天朝)에 조공을 받치러 오던 '황복'이라고 이중 번역할 필요가 없었기 때문이다. 따라서 서양의 새로운 지식이 견고한 배와 예리한 대포 그리고 과학적 확실성을 가지고 19세기 후반기에 중국의 전통적 지식 세계에 정면으로 도전하였을 때 중국의 지식 세계는 개방하지 않을 수 없었고 줄곧 고대 중국의 이데올로기를 지탱해 주던 경학조차 재난을 면하는 행운을 누릴 수는 없었다.[3]

경학조차 재난을 면하는 행운을 누릴 수는 없었다.

---

2) 이신유(李慎儒), 『우공역지록』 권12 「총결(總結)」, 『속수사고전서』 제55책, 광서 25년(1899) 판각본, 581쪽.

3) 그렇지만 우리는 바로 경학이 이러한 전변(轉變)을 통해 어떤 의미에서 새로운 지식을 뒷받침하는 자원이 되었음도 보아야 한다. 유가 경학에서 경전 텍스트의 차이, 경전 텍스트에 대한 해석의 차이, 이해하고 해석하는 자원의 연원 및 경계의 차이가 때로는 지식과 사상의 경계 파괴를 유발해서 전통적 사상의 담론 질서 밖의 자원이 될 수도 있고, 시대가 변하고 사람들도 그것을 필요로 할 때 그것이 때로는 남모르는 기여를 해서 새로운 지식과 사상, 그리고 신앙을 더 잘 끌어들이는 계기가 될 수 있기 때문이다.

청나라 말기 중국 전통 자원에 대한 재발견과 재해석(2) : 제자학

19세기 후반에 들어서면서 중국의 지식과 사상, 그리고 신앙세계는 아주 복잡하고 미묘해진 듯하다. 고(古 : 전통), 금(今 : 현재), 중(中 : 중국), 외(外 : 세계)의 각종 지식과 사상, 그리고 신앙이 모두 이 한 세기에 겹겹이 뒤엉겼고 '새로움'과 '낡음'의 교체는 늘 사상사 지도의 구조를 바꾸었다. 이 때문에 대다수 사상사는 하는 수 없이 "약수(弱水)가 삼천 리라도 나는 다만 한 바가지의 물만 취할 뿐이다(任憑弱水三千, 我只取一瓢飲임빙약수삼천, 아지취일표음)"[1]라는 옛 말처럼 먼저 들어온 것을 위주로 서술되었다. 선입견으로 형성된 생각과 실마리가 역사 속에서 역사를 선별하는 것은 당연히 진화론이 주축이 된 사회 발전사의 양식이다. 이는 미리 만들어져 있고 단순한 것으로 복잡한 것을 다루는 가장 좋은 각본이다. 따라서 지금 볼 수 있는 여러 사상사 서적에서는 19세기 후반의 사상 세계를 사회사적 배경에 대한 서술에는 굴욕과 슬픔의 분위기가 가득 채워있지만 사상사의 진행은 도리어 대부분이 직선적 진화의 역사관에 따라서 서술한다. 그리고 경전 문헌에서 자료를 발굴하는 데 익숙한 학자들은 늘 그들의 시선을 소수 엘리트에 과도하게 집중한다. 따라서 사상사는 가장 슬기롭고 가장 민감한 사상가들을 독자에게 위안을 주듯이 서술하고 있다. 공자진(龔自珍 : 1792~1841년), 위원(魏源 : 1794~1857년), 풍

---

1) 이 말은 『홍루몽(紅樓夢)』에서 임대옥이 가보옥의 사랑을 확인하는 질문에 가보옥이 답할 때 쓴 말이다. 여기서 약수는 신선이 살았다는 전설 속의 강이다(역자 주).

계분(馮桂芬 : 1809~1874년), 설복성(薛福成 : 1838~1894년), 강유위(康有爲 : 1858~1927년), 담사동(譚嗣同 : 1865~1898년), 장태염(章太炎 : 1869~1936년), 양계초(梁啓超 : 1873~1929년) 등이 그 대상이다. 이런 서술들 때문에 독자들은 자기도 모르게 그때의 대다수 중국인, 특히 중국의 지식인들이 주변의 세계 변화를 아주 분명하게 의식하였고 '거대한 비상 국면'을 마음속으로 이미 준비하고 있었다고 생각하게 된다.

아마 당시의 현실은 그렇지만은 않았을 것이다. 이 시기의 역사적 상황은 여전히 다시 써야 하는 듯하다.[2]

1

우리는 의식 없는 사료들인 관청의 『실록』, 개인의 일기, 역사 기록이 아닌 시가 등의 문헌에서 당시 사회의 일반적 지식과 사상, 그리고 신앙세계의 보편적 풍경을 임의로 재구성할 때면 적지 않은 지식 엘리트가 이미 '눈을 부릅뜨고 세계를 보고' 점점 스며드는 서양의 비바람 속에서 형언하기조차 어려운 한기를 느꼈으며, 이 때문에 마음속으로 늘 조급함과 압력을 느꼈음을 발견할 수 있다. 그러나 당시의 대다수 사람들은 외부 세계에 대해서 여전히 어떤 특별한 반응을 보이지 않았다. 더욱이 변해야만 한다는 심리적 긴장이 있었다고 볼 수 없음은 당연하다. 적어도 1860년대와 70년대에는 대형 사변을 겪은 뒤였지만 사람들의 지식과 경험은 여전히 전통적인 궤도 속에서 느리게 미끄러져 나아갔던 것 같다.

광서(光緖 : 청나라 덕종의 연호, 1875~1908년) 3년(1877)의 경성을 사례로 들면, 정월에 옹동화(翁同龢 : 1830~1904년)는 평소대로 젊은 광서제에게 수업을 하였다. 이

당시의 대다수 사람들은 외부 세계에 대해서 여전히 어떤 특별한 반응을 보이지 않았다.

---

2) 최근 구미의 중국학 서적에서는 '서양의 충격─중국의 대응'이라는 단순한 모델을 바꾸기 위해서 '중국 자체의 역사 발전'의 입장에서 늘 18세기 중국에 전통 사상이 와해되고 붕괴되는 현상이 이미 있었다고 생각한다. 그래서 19세기 중국 사상계의 변화를 주로 18세기 사상사의 자연스런 연속이라고 본다. 이 책에서는 이런 관점에 동의하지 않는다. 엘먼, 『성리학에서 고증학으로(從理學到樸學)』, 조강 옮김, 중역본, 강소인민출판사, 1995 참조. 이 책에 대한 필자의 서평은 「19세기의 사상과 학술(十八世紀的思想與學術)」, 『독서(讀書)』 1996년 6기, 베이징, 삼련서점.

날 그가 가르친 내용은 '공안낙처(孔顔樂處)'였다.[1] 선생 노릇을 하는 사람은 황제가 앞으로 필요로 하는 것에는 처음부터 신경 쓰지 않았고, 오직 이학의 공식에 따라서만 '일단사일표음(一簞食一瓢飮 : 대나무로 만든 밥그릇에 담은 밥과 표주박에 든 물이라는 뜻으로 청빈하고 소박한 생활을 이르는 말. 단사표음이라고도 함)'을 강의할 뿐이었다. 황제는 본래 호사스런 생활을 하려고 생각하지 않았지만 아무래도 안회처럼 누추한 집에 살았을 리도 없었다. 그리고 황제는 또한 한 귀로 듣고 한 귀로 흘리면서 이 대학자가 그에게 가르치는 이론에 따라서 그의 감회를 표현하였다.[2] 세월은 여전했고 세상일도 여전했다. 매일매일 황제가 읽는 것은 늘 십삼경, 당시(唐詩), 명사(明史)에서 제자까지 잡다한 것들이었고, 황제가 공부해야 할 것은 여전히 경전과 역사, 즉 성인의 도덕적 유훈과 이전 왕조의 정치적 경험이었고 기껏해야 여기에 몇몇 문학적 소양들을 더하였다.

같은 해 2월 조정의 공무 역시 여전히 예전과 같았다. 관례대로 행하는 실제 사무 이외에 가장 바쁜 것은 바로 각종 신령에 각종 번호를 부여하거나 편액(匾額)을 만드는 일이었다. 강북에 신령이 출현하면 회독묘(淮瀆廟 : 하남성 남양시 동백현의 성 동쪽 관문)에 '보장전회(保障全淮)'라는 편액을 보내고 신명에 '영응(靈應)'이라는 칭호를 붙인다. 춘분 때에는 관원을 파견해서 황제 대신 북경에서 흑룡담(黑龍潭), 옥천산(玉泉山), 곤명호(昆明湖), 백룡담(白龍潭)의 용왕에 제사를 지내고 며칠 후에는 문창제군(文昌帝君)에 제사를 지내며, 다시 며칠 후에는 관제(關帝)에게 제사를 지내고 또 며칠 후에는 선농(先農)의 신에게 제사를 지내야 하였다. 그 밖에 이데올로기를 담당하는 관리는 망중한을 즐기면서도 간을 떼어내서 부모를 고친 사람이나 남편을 따라 죽은 사람을 표창하라는 조령(詔令)을 내려야 하였다. 한마디로 나라 전체의 문화와 사상이 여전히 전통적 궤도 속에서 정상적으로 작동하고 있었으며 심상치 않음을 느끼는 사람은 결코 없었다.[3]

---

1) 진의걸(陳義杰) 정리, 『옹동화일기(翁同龢日記)』 제3책, 중화서국, 1993, 1269쪽.

2) 광서 9년(1883) 강남도 감찰어사 도수인(屠守仁)도 다음과 같은 상소를 올려 황제가 순서에 따라 공부하여 먼저 여러 경전의 대의에 통달해야 할 것을 희망하였다. "시급히 읽어야 할 책으로 진덕수(眞德秀)의 『대학연의(大學衍義)』보다 중요한 것은 없습니다(所當亟講者, 莫要於眞德秀『大學衍義』一書소당극강자, 막요어진덕수『대학연의』일서)." 『광서조주비주접(光緖朝硃批奏摺)』 120집, 중화서국, 1996, 551쪽.

3) 『청덕종실록(淸德宗實錄)』 권47~48, 『청실록(淸實錄)』 52책, 중화서국 영인본, 656~669쪽.

그 다음으로 3월에는 북경성 남쪽의 도연정(陶然亭)에서 대신과 문인 그리고 몇몇 식객들이 여기 모여서 산보를 즐기면서 공무에서 벗어난 한가로움을 즐겼고 마음은 아주 가벼워 보였다. "그림을 보고 논하는 일도 야릇한 일이었고 청담을 즐기면서 잠시 동안의 한가로움을 얻었다(讀畫亦奇事, 淸談得暫閑독화역기사, 청담득잠한)." 오랜 시간 동안 황하가 항상 느릿느릿 흘러가는 동안 동요될 만한 일이 근본적으로 없던 중국인처럼 북경 도연정의 물결은 잔잔하였고, 중국 문화의 맥박을 모두 짚었다고 할 수 있는 문화인은 예전처럼 세 가지 일을 하고 있었다. 산과 물을 한가로이 거닐면서 스님이나 도사를 찾고, 시를 읊고 그림을 그리고 책을 교감하거나 서첩의 글씨를 모방하며, 손님을 맞아 응대하면서 공연을 보며 대화를 나누었다. 왕수(王樹)라는 평범한 문인은 일기 한 권을 남겼는데 이 일기를 보면 경사에서의 생활을 대체적으로 상상할 수 있다. 그는 서당을 열어 학생을 가르치는 데는 정말 흥미가 없었고 "글을 열 편 읽어도 마음은 다른 곳에 있었다." 문창관에 가서 공연을 보고 미재(美齋)에 가서 밥을 먹거나 기녀를 끼고 놀거나 모여서 술 마시고 교외로 놀러나가는 것에 오히려 더 많이 흥미를 가졌다.[4] 설령 어쩌다 머리를 내밀어 바깥세상을 보고 바깥세상의 근사함에 놀라더라도 곧바로 고개를 움츠려 자신을 한번 책망하고 남을 한번 책망한 후 흥분하여 한 차례 토론을 하고는 곧바로 또다시 이전의 생활을 이어갔다. 진심으로 '임금을 요순처럼 섬기는' 사람도 사상이나 의식상의 위기감을 별로 느끼지 않았다. 예를 들면 하서린(賀瑞麟 : 1824~1893년)이라는 이학자도 속으로는 과거, 신교(信敎), 서양 물건, 민간신앙을 생각하였지만 정주(程朱)의 학문을 말할 때면 여전히 자신만만하였고, 이것이 진정 믿을 만한 것이라 여기며 "사람이 정주보다 나중에 태어나면 모든 방법이 갖추어진다. 그들이 세운 법칙을 따라서 시행하기만 하면 자연히 달라질 수가 없다. 마치 차려진 밥을 먹는 것과 같다"라고 말하였다.[5]

광서 1년, 즉 1870년대 말의 상황 이는 바로 광서 1년, 즉 1870년대 말의 상황이다. 젊은 천자 역시 경전과 역사서 속에서 자신의 지식 구조를 구축하였다. 그는 장차 이러한 지식을 근거로 '사람을 기용하고 국정을 운영하며 청언(聽言)'하려 하였다. 장자정(莊子禎)의 말

---

4) 『계미일기(癸未日記)』 수고본, 학생서국 영인본, 『중국사학총서(中國史學叢書)』 3편, 타이베이, 1987, 50쪽.
5) 『청록유어(淸麓遺語)』 권1, 광서연간 정의서원 판각본(正誼書院刻本), 3쪽.

에 따르면 "청언은 치지(致知)에 있고, 치지는 궁리에 있으며 궁리는 독서에 있다 (聽言在致知, 致知在窮理, 窮理在讀書청언재치지, 치지재궁리, 궁리재독서)." 독서란 바로 경전과 역사서를 읽는 것이다. 그는 의리(義理)를 높은 누각에 띄워 두어서 현실에서는 이미 전혀 쓸모가 없어진 이 책들에 근거해서 천하에 군림하려 하였다. 낡은 관료 문화의 기구는 여전히 오래된 전통의 궤도에서 관성처럼 느릿느릿 굴러갔다. 이 기계를 바꿀 방법이 없었을 때 기름을 약간 칠 수는 있었어도 기계는 이미 낡아버렸다. 상당수 문화인은 여전히 전통적 생활 궤도에서 자신의 활동을 지속하고 있었다. "하늘은 변하지 않았다. 도 역시 변하지 않았다." 그들이 시골 서당에서 글을 처음 배운 때부터 습득한 지식은 관직을 얻고 정치를 하는 데 이미 충분하였고, 그들이 관리 사회에서 살면서 쌓은 경력과 경험은 신분을 유지하고 상황에 대처하기에 충분하였다. 그래서 멋들어지고 우아하게 시를 지어서 주고받거나 한가롭게 노닐면서 돈후한 시골의 정취를 느낄 수 있었다.

하층의 평민 백성, 사당의 제사, 사원의 참배, 절기마다의 풍속, 평생 동안 필요한 근면함 그리고 황력의 규범에 관한 것이 바로 그들의 문화 지식의 전부였다. 마음속으로 늘 긴장하였던 공자진은 『명량론(明良論)』2에서 가경과 도광 연간 초반에 대해 다음과 같이 묘사하였다. "오늘날 힘 있는 관리들은 수레와 말, 복식, 재빠른 말로 대응하는 것만 알고 그 밖의 것은 알지 못한다. 조용하고 한가한 관리들은 붓글씨 쓰고 시를 지어 화답하는 것만 알고 그 밖의 것은 묻지 않는다." 그리고 상류층에 있었지만 늘 근심하던 주석은(周錫恩 : 1852~1900년)은 「봉홍문경사서(奉洪文卿師書)」에서 광서 연간의 문화인에 대해 아직도 "존왕양이라는 낡은 견해에 사로잡혀서 스스로를 높이고 남을 비하한다. ……눈으로는 자동차와 전선이 좋다는 것을 보지 못하고 몸으로는 철선과 서양 대포가 해로움을 아직 겪지 않고 터무니없게도 먼 옛날에 대해 이야기하면서 인과 의를 말한다"[1]라고 말하였다. 당시 동쪽의 이웃나라 일본은 이미 '세계로 진출'하기 시작하였다. 황준헌(黃遵憲)이 『일본국지(日本國志)』 권10 「지리지」에서 하야시 시헤이(林子平 : 1738

---

[1] 주석은(周錫恩), 「전로당유서 8종(傳魯堂遺書八種)」, 『전로당문집(傳魯堂文集)』 권2, 나전왕씨 무창 간행본(羅田王氏武昌刊本), 1915, 12쪽.

~1793년)의 말을 인용해서 쓴 표현에 따르면 "일본 다리 어귀의 물은 직접 영국의 런던, 프랑스의 파리와 접해 있었다(日本橋頭之水, 直與英之倫敦法之巴黎相接일본교두지수, 직여영지륜돈법지파려상접)." 이 사실 때문에 사람들이 알 수 없는 슬픔에 잠겼지만 이는 그 시대의 전반적 상황을 설명해 주기도 한다. 당시의 사회적 심리는 결코 교과서에서 말하듯 아편전쟁 이후에 중국이 '근대'로 진입하였고, '근대'가 되자마자 중국인의 심경이 이 때문에 단번에 크게 변하였던 것이 아니다. 오히려 메리 라이트(Mary C. Wright)가 『중국보수주의 최후의 저항 : 동치중흥(中國保守主義的最後 抵抗 : 同治中興)』에서 거론하였듯이 적어도 변동의 시대에 속하는 중국의 3세대 유가 신봉자 중 제1세대(conservatives of the first generation)는 "마음이 평온하였고, 그들은 유학이 보편적 진리라고 굳게 믿었다."

　확실히 앞에서 말한 평온함과 자기만족이 이 시대 문화인의 보편적 심정이었다. 그러나 '모든 일을 남에게서 구하지 않고 자기 집 대문 앞의 눈을 쓰는' 식의 평온함은 19세기 말 중국에 아주 난처한 결과를 주었다. 즉 실용적인 기술과 국가의 부강이라는 사실을 등에 업고 서양 사상이 물밀듯이 들어올 때 중국의 문화인은 아무런 방비도 없는 심리에 놓여 있었던 것이다. 천자부터 문인까지, 향신(鄉紳 : 명나라와 청나라 때 향촌에 살던 과거 합격자나 퇴직한 벼슬아치)부터 백성까지 먼 옛날에서 유래한 책과 경험은 19세기 후반 그들이 외래 사상과 문화와 대면하였을 때의 지식의 저장고였다. 그들은 서양의 강한 힘을 등에 업고 들어온 실용과 이성 중심의 사상 문화에 맹렬히 맞섰지만 오히려 금세 어떻게 해야 할지를 몰랐다. 기존의 경험과 새로운 지식, 고대 경전과 근대적 세계는 금세 서로 맞지 않게 되었다.

　이 때문에 메리 라이트는 2세대 중국 전통의 유가 신봉자들의 심정은 그리 평안하지 않았다고 말한다. "그들은 의구심이 가득하였고 게다가 새로운 환경에 충격 받았다." 그리고 3세대는 더 나아가 "두려워하고 낙담하였다." 그들은 "생활과 자존을 잃어버리고 모든 도덕적 사회적 가치가 붕괴하는 상황을 맞을 수밖에 없었다."[2] 그리고 오래도록 신봉하던 사상적 원칙과 생활 방식, 우주 관념과

서양 사상이 물밀듯이 들어올 때 중국의 문화인은 아무런 방비도 없는 심리에 놓여있었다.

---

2) 메리 라이트(Mary C.Wright), 『*The Last Stand of Chinese Conservatism : The T'ung-Chi Restoration, 1862~ 1874*』, 「서론」, New York, Stanford University Press, 1967, p.5.

지금까지 들어보지는 못하였지만 아주 효과적으로 보이는 서양의 관념들 사이에서 그들의 마음은 흔들렸고 게다가 눈앞의 각종 현실에 부딪쳤으며, 금세 긴장상태에 빠졌다. 이 때문에 어떤 일에 대해서도 지나치게 민감하였다.

유이기(劉爾炘 : 1865~1931년)의『과재일기(果齋日記)』권2에 수록된 광서 17,8년 일기에는 "시국이 안전과 위험에 대한 느낌이 속에서 복잡하게 얽혀 있고, 평소에 유달리 마음이 뒤숭숭함을 느낀다(時局安危之感, 擾擾於中, 日用間殊覺心神慌亂시국안위지감, 요요어중, 일용간수각심신황란)"라고 적혀있다. 이는 대체로 민감한 편에 속하는 문인들의 심정이었다.[1] 진기룡(陳夔龍 : 1857~1948년)의『몽초정잡기(夢焦亭雜記)』에는 다음과 같은 일화가 적혀 있다. 광서 29년(1903) 6월에 한 무리의 대신들이 황제를 따라 이화원에서 공연을 보았는데,『오월춘추(吳越春秋)』에서 범려(范蠡)가 태재(太宰) 비(嚭)의 문지기에게 뇌물을 주자 문지기가 처음에는 거만하다가 나중에는 공손해지는 장면이 나오자, 청나라 말기의 정치와 문화 두 분야에서 모두 지도자적 인물로 불리던 장지동(張之洞 : 1837~1909년)이 결국 "갑자기 무심결에 미친 듯이 웃으며 '아주 나쁜 공연이구나! 요즘 경사의 현재 상태를 그대로 그렸을 뿐이다'라고 말하였고 그 소리가 전각(殿角)에 울려 퍼졌다." 옆 사람이 이 소리에 놀라 급하게 그를 피해 숨었다. 자신도 모르는 이러한 추태는 사실 바로 매사에 절망한 심정이 드러난 것이다.[2]

그리고 한림원 편수와 섬서학정(陝西學政)을 지냈던 섭이개(葉爾愷 : 1864~1937년)는 친구에게 보내는 편지에서 "나라 안팎의 상황을 보니 중국이 망하지 않는다고 단언하는 것이 반드시 옳은 것은 아니다(縱觀中外情形, 敢斷言日中國不忘, 必無天理종관중외정형, 감단언왈중국불망, 필무천리)"라고 분명히 말하였다.[3] 불과 1,20년 사이에 중국인들 특히 문화인의 심리 상태는 결국 이처럼 크게 변해서 어떤 사람이 '거대한 비상 국면'이라 부르는 것은 하나도 이상할 것 없다. 왜 '거대한 비상 국면'인가? 서양의 문물이 물밀듯이 들어온 데다 중국인의 모든 것이 제대로 조정되지

---

1) 유이기(劉爾炘),『과재일기(果齋日記)』권2, 졸수산방 소장판(拙修山房藏版), 광서 23년(1897) 서각본(序刻本), 4쪽 상.

2) 진기룡(陳夔龍),『몽초정잡기(夢焦亭雜記)』권2, 상해고적서점(上海古籍書店) 영인본, 1983.

3)『왕강년사우서찰(汪康年師友書札)』제3책, 상해고적출판사, 1986, 2487쪽.

유사 이래 보기 드문 문
화적 곤경에 빠지게 되었
다.

않아서 밀려들어온 새로운 지식과 새로운 경험에 의해 침몰당하였다. 이 때문에 망연자실하였고, 마치 송양공(宋襄公)의 일화처럼 아직 진용을 갖추고 북을 울리지도 않았는데 서양인이 오자 급하게 자기 고유의 문화 주머니를 찾고 황급히 옛 성현의 서적을 뒤졌다. 그러나 「감로사(甘露寺)」에서 제갈량이 남긴 비단 주머니처럼 긴급한 문제에 대응하는 데 사용할 수 없었다. 그래서 그들은 유사 이래 보기 드문 문화적 곤경에 빠지게 되었다.

곤경에 처하였으면 곧 출구를 찾아야 하였다. 그래서 1880~90년대 이후 중국의 문화인들은 점점 깨어나는 듯하였다. 달콤한 아름다운 꿈에서 헤어나서 눈을 자극하는 빛을 처음으로 보고 약간 현기증도 났고 상황 파악이 잘 안 되는 흐릿함도 약간 있었다. 따라서 "병이 급하면 아무 의사나 찾는다" 혹은 "임시로 부처의 발을 잡는다"라는 속담처럼 대처할 수밖에 없었다. 처음에는 출구가 아주 많은 것 같았다. 가장 간단한 방법은 바로 거절과 수용이었다. 많은 완고한 보수주의자가 거절의 방법을 취하였음은 두말할 나위도 없다. 그들은 서양 사상을 비판하고 막아섰으며 자신의 진영을 지키거나 눈을 감았다. 그러나 수용에는 다른 면도 있었다. 어떤 이는 전해져 온 서양 사상을 거부하지 않고 단순히 모두 받아들였다. 서양 서적도 번역하였고 서양의 양식(西法)도 들여와서 기계를 제조하고 학교도 건립하였으며, 제도를 모방하고 교과서도 도입하였다.

이후 19세기의 마지막 해에 왕국유는 허동린(許同藺)에게 보내는 편지에서 "중국에서 서양 서적 번역을 금지하면 생명은 이미 끊어진 것이고 만세토록 노예가 될 것이다(若今中國譯西書, 則生命已絶, 將萬世爲奴약금중국역서서, 즉생명이절, 장만세위노)"라고 말하였다.[4] 왕강년은 『중국자강책(中國自强策)』에서 세계에 발붙이고 서려면 "민권을 회복하고 공리를 따라야 할 수밖에 없다"라고 하였다.[5] 고명풍(顧鳴風)은 서양 종교에 관한 대책론에서 황제에게 아예 『신약성서』를 '전국에 배포하고 사고전서 집부에 편입시켜서 공자교와 충돌하지 않음을 보여줄 것'을 건의하였다.[6] 서화를 주장하는 사람은 결코 조금 나중의 사람들만이 아니었다. 서학

4) 『왕국유전집(王國維)』「서신(書信)」, 중화서국, 1984, 3쪽.

5) 『시무보(始務報)』 광서 22년(1896) 8월 1일, 『왕양경유저(汪穰卿遺著)』 권1, 민국(民國) 1년 조판 인쇄본.

6) 고명풍(顧鳴風), 「염훤지관문존(念護池館文存)」 문1, 「듣자니 최근 중화에 민교에 부합하지 않는 사건들이 겹겹

을 주장하는 근본적 의도는 사실상 곧 민족주의 정서에서 연원한 것이지 중국인이 '만세토록 노예가 되게' 하려고 한 것은 아니다. 어떤 사람은 여전히 과거 2,300년 중국인의 법보를 부렸다. 또 어떤 이는 외부의 새로운 지식을 단지 '기(器)' 즉 실용적 지식과 기술일 뿐이고 '도' 즉 입신양명 사상이나 신앙과는 근본적으로 무관하다고 말하였다. 이들은 "중국의 학문이 체(體)이고, 서양의 학문이 용(用)이다"라는 생각으로 심리적 평형을 쉽게 되찾았던 것이다.

또 다른 경우는 익숙한 틀에 따라서 각종 새로운 지식이 모두 중국에 예전부터 있던 것이며 현재는 단지 지식의 수출이 국내 판매로 전환하였고 서양인의 작업은 곧 중국 고유의 지식을 정밀하게 만든 것일 뿐이라고 말하였다. 이렇게 함으로써 수용하는 동시에 자신의 체면과 민족적 자존심을 유지하였다.[1]

그렇지만 오랜 시간이 흐르자 어떤 이는 거절이 불가능하고 수용도 어려운 점이 있음을 의식하였다. 서양의 새로운 지식을 '기'나 '용'으로 말하든 서양의 새로운 지식을 고대 중국의 '오래된 물건'으로 보든 간에 서양의 지식과 사상, 그리고 신앙이 중국에 전면적으로 들어오고 견고한 배와 예리한 대포를 앞세워 힘있는 담론이 되어서 중국인의 정신 생활을 장악한 후 사람들은 곧 다음과 같은 사실을 발견하였다. 서양 문명이 완전히 다른 '이질 문명'이고 인도의 불교보다 훨씬 생소한 문명 체계이며 이런 새로운 지식을 제대로 이해하고 파악하려면 단순한 번역으로는 결코 해결할 수 없고 문화의 수용 역시 단순한 이식은 아닌 것 같으며 문명은 뿌리의 진흙을 가져다 평면 공간에 옮겨 심을 수 있는 한 그루 식물처럼 수용하자고 말하면 바로 수용되는 것이 아니었다. 자신의 배경 지식에서 자원을 찾고 이 새로운 지식을 철저히 이해하고 해석해야만 진정으로 수용할 수 있다.

이 시기 사람들은 서양의 새로운 지식을 점점 더 많이 보았고 다른 문화를 이해하는 것이 중국 음식을 그만 먹고 서양 음식을 먹는 것처럼 쉽지 않음을 발

이 출현한다. ……상세한 내역을 조사해서 소개한다(間近年中華民敎不和之案層見疊出 ……試詳陳之)」,『눌암총고(訥盦叢稿)』, 선통 3년(1911) 판각본.

1) 이 책 「천붕지열」 상과 「천붕지열」 하편 참조. 이렇게 외래의 새로운 지식에 대응하는 방식은 역사 속에서 상당히 오래되었다.

견하였다. 사람이 자신의 피부에서 벗어날 수 없는 것처럼 사람은 자신의 언어, 문화, 풍속에서 빠져나올 수가 없다. 중국어로 말하고 중국의 문화적 습관에 젖어 있으며 중국적 사유 방식으로 문제를 생각하던 중국인이 서양의 담론을 수용하려면 늘 그것을 먼저 중국어로 번역해야만 전달할 수 있었고, 서양의 사상을 이해하려면 이해에 필요한 지식 자원이 더 있어야 하였다. 그러나 혈연적 정서를 사고의 기점으로 삼는 도덕 관념, 궁극적 의미의 체험을 최고 목표로 삼는 격물 관념, 질서의 수호를 기본 내용으로 삼는 우주 관념으로 구성된 유가 학설, 경사자집에 담긴 전통적인 인문 지식 등 중국의 지식 자원은 서양 사상을 완전하고 전면적으로 이해할 수 있는 토대를 제공하지 못하는 듯하였다. '상제'로 'God'를 풀이하고 '격물'로 'science'를 말하는 방법은 초기에는 '변리한 임시방편'이었다. 그렇지만 정도가 깊어지면서 우주와 성운, 혈액순환, 세균과 세포, 자동차와 전보 등은 불교에서 말하듯이 '불가사의'하였고, 의식과 심리, 본질과 현상, 형식 논리, 삼단논법 등을 언급할 때는 중국어 고유의 단어를 가지고 하나하나 따지고 들어가면 서로 맞지 않아 어떻게 해도 전혀 어울리지 않는 것 같았다. 이 때문에 사람들은 과거의 주류 사상과 학술이 아닌 중국 고전을 찾아내서 이해와 해석의 자원으로 충당할 수밖에 없었다.

따라서 경칩(驚蟄) 이후의 만물처럼 크게 놀란 사상이 새로운 자원을 재생하고 찾아 나섰을 때 사람들은 과거의 모든 고전을 뒤져보고 모든 고전을 새로이 말할 수 있었─단 사람들이 필요할 때─지만 그들이 새로이 말할 때 사람들은 그것이 본래 의미의 고전이 전혀 아니었을 뿐 아니라 사람들이 잘 알고 있는 상투적인 말도 아니며 본래 그것에도 새로운 의미가 있었음을 놀라며 발견할 수 있었다. 이는 고전에 대한 재해석이다. 앞에서는 이미 "19세기 후반 중국은 세상이 무너지는 식의 비상 국면에 직면하였고 새로운 세계적 환경에 들어선 전통적 중국의 지식과 사상, 그리고 신앙세계는 자신의 지식 체계를 재조직할 수밖에 없었다. 새로운 세계에 적응하려는 이러한 지식의 재구성 작업 속에서 상당히 깊고 풍부한 역사와 전통적 자원을 가지고 있는 중국의 지식인은 늘 고전을 재해석하여 새로운 변화에 대응하는 방법을 채택하였다"라고 말하였다.

그리고 이 고전의 재해석 과정에서 맨 먼저 공격당한 것은 당연히 유가 경전의 재해석이었다. 그러나 줄곧 주류 정치이데올로기의 텍스트로 출현하였기 때문에 경학 해석은 역사와 전통을 둘 다 떠안으면서 늘 어려운 길을 걸었다. 훗날의 역사로부터 보면 그것의 변형은 역사학을 경유하는 우회적 과정을 거쳤다. 그렇지만 본래 주변에 있었고 그 해석의 경계도 엄격하지 않았던 다른 고전 자원은 아주 빠르게 새로운 맥락 속에 들어가서 새로이 이해되고 새로운 지식으로 거듭날 수 있었다. 그중 당시에 발굴되었고 사람들을 놀라게 하였던 옛것처럼 보이지만 실은 새로웠던 '고전' 중에서 가장 사람들의 이목을 끈 것은 전통적 경학이 아니었고 중국의 사상 세계에서 줄곧 사상 담론의 주변에 있었던 제자학(諸子學)과 불학(佛學)이었다.[1] 그 원인은 물론 아주 복잡하지만 그 주된 배경은 몇몇 연구자가 지적하였듯이 시대적 상황이 격동한 결과이다. 청나라 말기에는 이들 주변 지식의 대두가 일종의 사조였다. "본래 주변에 흩어져 있거나 이단으로 취급받던 많은 문헌들이 이 시기에 갑자기 주목받았다. 이는 전통 사상 내부 자원을 재평가하면서 중심과 주변이 재배치되었음을 보여준다. 그리고 재평가와 재배치를 촉진한 중요한 동인은 사상과 사회가 서로를 격동시켰던 데 있다."[2]

그 원인은 시대적 상황이 격동한 결과이다.

2

이 절에서는 먼저 제자학(諸子學)이 점차 부상하는 과정을 살펴보겠다. 제자학의 점진적 흥성은 지식사와 사상사의 내재적 원리에서 보면 건륭과 가경 연간(1736~1820)부터 지식의 취향이 확장되고 사상적 입장이 바뀌었다는 두 가지 역사적 원인이 있다.

한편으로 고증의 풍토가 상당히 성행하였던 건륭과 가경 연간에 경학은 사

제자학(諸子學)이 점차 부상하는 과정

---

1) 장호(張灝)는 「청말사상 발전 시론―몇 가지 기본 논점의 제시(晚淸思想發展試論―幾個基本論點的提出)」에서 이 점을 지적하였고 "청나라 말 사상은 서양의 충격 뿐 아니라 전통의 충격도 받았다. 따라서 청나라 말 사상사를 연구할 때 아주 중요한 과제는 이 두 가지 충격의 관계이다"라고 하였다. 『근대중국사상인물론 : 청말사상(近代中國思想人物論 : 晚淸思想)』, 시보문화출판공사(時報文化出版公司), 1980, 22~23쪽.
2) 왕범삼(王汎森), 「왕회옹과 을병일기(汪悔翁與「乙丙日記」)」, 『동아시아 근대사상과 사회(東亞近代思想與社會)』, 타이베이, 월단출판사(月旦出版社), 1999, 294쪽.

실 이미 고증의 시험장이 되었다. 각종 전통적 학술 방법, 이를 테면 문자·음운·훈고·판본(版本)·목록·교감(校勘)·집일(輯佚)·변위(辨僞) 등은 사실 모두 이미 본래 아주 생소하지 않은 땅에서 여러 가지 기능을 다 발휘하였고 거의 경전 한 권마다 새로운 주석이 있었다. 그리고 거의 모든 기존의 주석에 새로운 의소(義疏)가 붙었다. 특히 경전 텍스트 자체의 의미에 대한 제한 때문에 유한한 자원이 무한히 탐구되었다. 그래서 훗날의 학자가 전통적 학술 속에서 자신이 능력을 발휘할 영역을 찾으려고 할 때는 눈을 경전 밖으로 돌려서 동일하게 문헌 작업을 할 수 있는 제자(諸子)를 찾을 수밖에 없었다.

전대흔(錢大昕 : 1728~1804년), 왕념손(王念孫 : 1744~1832년), 왕중(汪中 : 1744~1794년), 필원(畢沅 : 1730~1797년), 초순(焦循 : 1763~1820년) 등은 비록 대체로 경전을 다루는 방법으로 제자를 다뤘고 제자서를 문헌 기술을 훈련하는 텍스트로 간주하거나 제자서를 통해서 그들의 경전 해석의 통례를 증명하였으며 제자서를 동시대 자료로 삼아서 고대의 경전을 해석하였다. 그러나 결국 그들은 선진제자(先秦諸子)가 앞으로 주변에서 중심으로 탈바꿈할 수 있는 계기를 마련해 주었다. 연구자들이 늘 언급하는 왕중의 『묵자』, 『순자』, 『여씨춘추』에 대한 재평가 말고도,[3] 손성연은 제자도 모두 유가의 한 분파이고 다만 각자 역사적 연원이 있으며 각자 한쪽으로 편중되어 있고 "어떤 것은 하나라에 근본을 두었고 은나라에 근본을 두었다"라고 주장하였다. 묵자의 경우 하나라의 예를 따랐고 '유자의 학문을 배우고 공자의 방법을 배웠지만', 유가의 번거로운 형식과 예절, 거창한 장례와 낭비에 불만을 느껴서 주례를 따르는 유가를 따르지 않고 하나라의 정사를 차용하였다고 말하였다.[4]

---

3) 왕중(汪中)은 "순자의 「예론」과 「악론」은 왕이 공을 이루고 덕을 쌓을 수 있도록 다스리는 내용이고 묵자의 「절장」과 「비악」은 쇠퇴하는 세상의 폐단을 바로잡는 근거이다. 그 의미는 상반되지만 서로 잘 어울린다." 그는 후세 사람이 '매일 맹자의 학설을 익히고 묵자의 본서를 보지 않는 것'을 비판하였다. 「묵자서(墨子序)」, 「묵자후서(墨子後序)」, 「술학(述學)」 내편 3, 1쪽 A~2쪽 A 참조. 그리고 그는 필원 대신 편찬한 「여씨춘추서(呂氏春秋序)」에서도 "주관이 그 직책을 읽고 제자학이 흥하였다. 각자 하나의 방법으로 그 학문을 풀이하였다. 이유가 없는 것이 없으며 말하는 것은 이치에 맞는다"라고 말하였다. 그리고 『여씨춘추』는 더욱이 제자 학설을 모두 모아 집대성한 것이다. 『술학보유(述學補遺)』, 사부총간 영인본, 20쪽 B~21쪽 A 참조.

4) 손성연, 「묵자후서(墨子後序)」, 『문자당집(間子堂集)』 권3, 12쪽 A~13쪽 B 그리고 「문자서(文子序)」에서는 한나라 때에 "도가의 학문이 유술과 통하였다"라고 지적한다. 『문자당집』 권4, 3쪽 A. 또한 「석유(釋儒)」에서는 더

초순(焦循)은 『논어』의 "이단을 공격한다"에서 '공(攻)' 자를 새롭게 해석하였다. 그 본래 의미가 결코 '공격'이 아니라 '잘못을 공격하는 것'이라고 지적하였고, 쌍방이 공존해야 "서로 옳고 그름을 갖고 서로를 바라봄으로써 제대로 된다. ……요컨대 유자가 획일적으로 주도하면 안 된다. 따라서 각자가 한 부분이 되어 그것을 비난한다"라고 말하면서 사실상 사상적 일통 세계를 와해시키려는 의도를 드러냈다.[1] 이러한 재해석 속에서 제자와 주류로서의 유가 사이에는 상호 보완적이면서 상호 대립적인 관계가 맺어졌다. 18세기와 19세기 동안 이러한 새로운 견해는 사실상 이미 제자학이 합법성을 다시 획득하여 은연중에 어떤 일을 할 수 있는 기회를 가지게 하였다.[2]

다른 한편으로 '리(理)'와 '심(心)' 등 형이상학적 용어들을 부각시키고 초월적이고 막연한 주체를 모든 것을 포괄하는 그럴싸한 도덕주의로 상승시키는 송명이학(宋明理學)의 경향에 청나라의 몇몇 학자들은 줄곧 상당한 반감을 가지고 있었다. 그들은 처음에는 인간의 자연적 본성의 합리성을 긍정하는 데 근거해서 모든 것을 초월하는 '리'의 허구성을 비판하였고 유학을 일종의 사회 질서를 정비할 수 있는 제도화하고 규범화한 학설로 새롭게 회복시키고자 하였다. 그래서 대진(戴震 : 1723~1777년) 이후로 그들은 절대적으로 긍정되는 '리(理)'와 절대적으로 부정되는 '정(情)'의 대립 사이에서 공통적으로 인정하는 규범화하고 실현할 수 있는 사회 규칙을 찾아서 정언명령식의 '리'를 대체하고 이것을 사회생활의 상식과 사회도덕의 경계선으로 삼으려 하였다. 이것이 바로 능정감(凌廷堪 : 1755~1809년), 초순(焦循 : 1763~1820년), 완원(阮元 : 1764~1849년) 등의 "'예'로 '리'를 대체한다"라는 사유가 형성된 배경이다.[3]

욱이 "주나라 말기 제자는 오행 중 하나씩을 가져다가 그것으로 세상을 다스렸고 또한 효과가 있었다." 다만 "책을 쓰면서 유가보다 못함을 스스로 알았고 서로 비판한 끝에 유가가 아닌 저작을 가졌다"라고 말한다. 『평진관문고(平津館文庫)』 권상, 40쪽. 모두 『손연여시문집(孫淵如詩文集)』, 사부총간 영인본참조.

1) 초순(焦循), 『조고집(雕菰集)』 권9 「공호이단에 대한 해설(攻乎異端解) 상」, 「공호이단에 대한 해설(攻乎異端解) 하」, 총서집성초편본(叢書集成初編本), 135~136쪽.

2) 이 부분에 대한 상세한 연구는 나검추(羅檢秋), 『근대 제자학과 문화사조(近代諸子學與文化思潮)』, 중국사회과학출판사, 1998.

3) 이 책 3편 4절과 장수안(張壽安), 『예로 리를 대체한다—능정감과 청 중기 유학사상의 전변(以禮代理—凌廷堪與淸中葉儒學思想之轉變)』, 타이베이, 중앙연구원 근대사연구소(中央研究院 近代史研究所), 1994 참조.

이러한 생각 속에서 성정(性情)에 순응하고 적응하기를 주장한 도가 사상이 한 바퀴 빙 돌아서 유가의 뒷문으로부터 해석의 자원으로 진입하였다. 초순은 '성(性)'을 논할 때 『회남자』의 "백성에게는 색을 좋아하는 본성이 있다. 따라서 크게 어두운 혼란이 있다(民有好色之性, 故有大昏之禮민유호색지성, 고유대혼지례)"라는 주장을 끌어들여 "성을 즐겨 말하는 사람은 맹자 이후에 회남자 뿐이다"라고 주장하였다. 그리고 유학사에서 점차 압력을 받아 주변화한 인성의 '거짓됨[僞]' 때문에 '예'로 절제해야만 한다고 주장한 순자의 사상도 그들에 의해 맹자의 그늘에 덮여 있던 유가의 체계 속에서 발굴되어서 송명이학을 비판하고 더 나아가 이학이 근거로 삼는 맹자의 이론을 비판하는 자원이 되었다. 예를 들면 가경 8년(1803) 능정감이 전대흔에게 보낸 편지에서 맹자와 순자의 차이를 언급하였고,[4] 「순경송(荀卿頌)」에서는 순자의 "예에서 근본을 밝힌다(推本於禮추본어례)"라는 생각이 효과적이고도 실용적인 규범으로서 이는 "마치 [쇠를 다루는] 부씨(鳧氏)와 율씨(栗氏)에게 모형이 있고 [목공인] 윤인(輪人)과 재인(梓人)에게 먹줄이 있는 것과 같다(譬諸鳧栗氏之有模範焉, 輪梓之有繩墨焉비제부율씨지유모범언, 윤재지유승묵언)"[5]라고 주장하고 이를 근거로 순자가 묻혀버린 것에 크게 불만을 품었다.[6] 이 때문에 19세기 초반에 순자의 학문을 재이식할 수 있는 잠재적 계기가 생겼던 것이다.

시야를 넓히면 그들 주변에 지식사와 사상사를 재해석하고 학술적 자원을 확장하고자 하는 사람들이 더 있음을 볼 수 있다. 예를 들면 제자학을 새롭게 평가하여 후세에 큰 영향을 미친 장학성(章學誠 : 1738~1801년)의 『문사통의(文史通義)』, 왕중의 『술학(述學)』은 대체로 이 사조에 포함시킬 수 있다.[7] 그들과 완원, 초

---

4) 『교례당문집』 권24, 「복전효징선생서(復錢曉徵先生書)」, 중화서국, 1998, 221쪽.
5) 이들은 모두 고대 중국 장인의 명칭으로 『주례(周禮)』 「동관고공기(冬官考工記)」편에 나온다. 부씨(鳧氏)는 종을 만드는 사람이고, 율씨(栗氏)는 양을 재는 기구를 다루는 사람으로서 쇠를 다루는 장인에 속한다. 윤인(輪人)은 수레바퀴와 수레덮개를 만드는 사람이고 재인(梓人)은 악기틀을 만드는 사람으로서 목공에 속한다(역자 주).
6) 『교례당문집』 권10, 「순경송(荀卿頌)」, 76~77쪽.
7) 장학성은 역사의 각도에서 논증하였다. 그는 제자가 모두 육예에서 나왔음을 긍정하였다. "제자가 책을 쓸 때는 근거를 가지고 있으며 이치에 맞게 말하여 반드시 도체의 한 단면에서 얻는다. 그리고 후에 그 주장을 자유롭게 할 수 있음으로써 한 학파의 주장이 된다"라고 말하였다. 그리고 순자와 맹자가 모두 공자 학파의 전수자임을 긍정하면서 "누구는 성기고 누구는 세밀하여 경로가 다르더라도 똑같이 도에 속한다"라고 말하였다. 『문사통의(文史通義)』 내편 1, 「시교(詩敎) 상」, 60쪽, 내편 2, 「박약(博約) 하」, 166쪽 참조. 엽영(葉瑛) 교주본(校注本), 중화서국, 1985. 반면 왕중은 사상의 각도에서 논하였다. 그는 묵자와 순자 등이 모두 당시에 각자

순, 능정삼 등의 주장은 함께 19세기 초 지식사와 사상사의 새로운 경향을 만들었고, 이러한 새로운 경향은 사람들이 신경 쓰지 않는 상황에서 점점 발효되어 부풀어 올랐다. 예를 들면 왕사탁(汪士鐸 : 1814~1889년)은 동치 원년(1862)에 친구들과 대화를 나누던 중 유학이 관자, 상앙, 신불해, 한비자, 손자, 오자의 내용을 말할 가치가 없다고 여기는 것에 상당히 불만을 품고 이 지식들이 "오래도록 없어질 수 없고 유학자들도 남몰래 그 제자의 방법을 사용하면서 겉으로는 제자를 배척한다. 하나라와 은나라가 쇠퇴하는 시대에 이미 순전히 도덕만을 사용할 수 없었다. 바야흐로 지금 시대에 유림과 도학 두 계열의 사람을 등용해서 삼왕을 뛰어넘고 오제와 대등한 업적을 이룰 수 있고 난세를 끝내고 다시 치세로 돌려놓고 싶다고 말하는 것은 또한 잠꼬대가 아닌가?"라고 지적하였다.[1] 그는 공자 사상이 '쉽게 허무한 심성과 공허한 담론으로 빠져드는 것'을 매우 격렬히 비판하였고, 그런 유가의 사상이 정말로 '헛된 생각'이며 문덕을 닦는 것 역시 '정말로 꿈을 꾸는 것'이라고 말하였다. 또한 유가가 "걸핏하면 복고를 말하는데 이것은 정말 통하지 않는 것이다(動言復古, 眞不能通동언복고, 진불능통)"라고 주장하였으며, 문치교화에 힘쓰고 전쟁을 멈춘다는 생각은 "자신만 약한 데 안주하는 것이지 남이 강해지지 않도록 강제할 수는 없다(己安於弱, 不能禁人之不强기안어약, 불능금인지불강)"라고도 말하였다. 이와는 반대로 그는 제자학을 매우 추앙하였다. 심지어 "태공(太公)·주공·공자를 위에 세우고, 한비자·신불해·상앙 그리고 백기(白起)·왕전(王翦)·한신(韓信)으로 보좌하고, 관중(管仲)·제갈(諸葛)을 더하면 오래도록 태평하게 다스리는 길에 가까워진다"라고 주장하였다.[2]

이상의 두 경향은 모두 나중에 제자학이 새롭게 부상하는 데 잠재적 계기를

한 가지 방법을 가지고 있었고, "관청이 기능을 제대로 발휘하지 못하고 수많은 학파가 흥성하여 각자 한 가지 방법을 가지고 학문을 형성하였으며", 유가와 묵가와 도가의 논쟁은 단지 '서로 상의하지 않은 것일 뿐'이고 순자의 학문은 "공자에서 나왔지만 특히 여러 경서에 공로가 있다"라고 주장하였다. 「술학(述學)」 내편 3, 「묵자서(墨子序)」와 「묵자후서(墨子後序)」, 1쪽 A~4쪽 A. 「술학보유(述學補遺)」 중의 「순경자통론(荀卿子通論)」, 5쪽 B~8쪽 A, 사부총간 영인본. 이는 장학성의 견해와 비슷하다. 둘 다 제자학에 역사적 합리성을 쟁취해 주었고 이후 제자학이 부흥하는 계기와 제자학의 출발점을 남겼다.

1) 소목(蕭穆), 「왕매촌선생별전(汪梅村先生別傳)」, 『경부류고(敬孚類稿)』, 황산서사, 1992, 330~336쪽.
2) 왕범삼(王汎森), 「왕회옹과 『을병일기』(汪悔翁與『乙丙日記』)」, 『동아시아근대 사상과 문화(東亞近代思想與文化)』, 타이베이, 월단출판사, 1999, 294쪽.

19세기 중엽 이전에 제자
학은 궁극적으로 여전히
역사문헌학과 역사언어
학의 범위에 있었다.

제공하였다. 그러나 그래도 지적해야만 할 점은 가경과 도광 연간 시기 즉 19세기 중엽 이전에 제자학은 궁극적으로 여전히 역사문헌학과 역사언어학의 범위에 있었고, 그것의 출현은 후세에 일종의 활용할 수 있는 지식적, 사상적 자원을 제공하는 데 불과하였다는 사실이다.[3] 당연히 당시에는 제자의 학설로 새로운 지식을 이해하려는 시도가 있었고 이미 많은 학자들이 이점을 지적하였다.

여기서는 몇 가지 예를 들어보겠다. 요영(姚瑩 : 1785~1853년)은 새로운 지식 세계와 자연 세계를 만났을 때 돌연 "고서가 머나먼 곳까지 전해지는 일은 늘 있는 일은 아니다. 고리타분한 유생은 학식이 천박하고 고루하기 때문에 이 일이 급작스럽고 터무니없으며 황당하다고 여겼다. 그러나 수천 년 후 먼 곳에 가서 직접 그 지역을 경험하게 되었는데 언제나 고서의 내용에 부합하였다"라고 생각하였다. 이때 그가 가장 먼저 떠올린 것은 정통 경전이 아니라 『산해경』, 『목천자전』이었다. 이들은 과거에 유가 경전에서 배제되어 주변으로 밀려났으며 소설이나 상상의 고전이라고 해석되었다.[4]

당연히 명나라 말 청나라 초의 '서학중원(西學中源)'론을 계승하여 제자의 지식으로 새로운 지식의 도전에 대응한 사례도 있었다. 예를 들면 일찍이 중국에서 촬영술을 사용하였던 추백기(鄒伯奇 : 1819~1869년)는 비록 서양인에게 기술을 배웠지만 「서양의 양식은 모두 고대에 있었다」라는 글에서 『묵자』의 「경」과 「경설(經說)」로 서양 학술 중의 수학, 역학(力學), 시학(視學) 더 나아가 종교와 문자 등을 해석하였다.[5] 그리고 얼마 후에 진풍 역시 『기하원본』과 서양의 볼록렌즈와 오목렌

---

3) 공서탁(龔書鐸)은 "왕중은 '자(子)'로 경학의 정통적 지위에 대항하였고 장학성은 '사(史)'로 경학의 권위를 깎아내렸다"라고 하였다. 공서탁, 「건륭 연간 문화 단상(乾隆年間文化斷想)」, 『중국근대문화탐색(中國近代文化探索)』, 북경사범대학출판사(北京師大學出版社), 1988, 61쪽. 그러나 이것이 주류에 대한 의식적 항거였는지는 아직도 연구해 볼 만하다. 따라서 필자는 당시의 자와 사를 존중하는 사상이 후에 시국 변동 이후에야 비로소 사상적 자원으로서 주변에서 중심으로 진입하여 경학에 대항하는 의미를 만들었다는 생각에 더욱 기울어져 있다.

4) 『강유기행』 권9, 『사료삼편(史料三編)』 영인본, 광문서국, 272쪽.

5) 추백기(鄒伯奇), 『학계일득(學計一得)』 권하, 서세창(徐世昌) 편, 『청유학안(淸儒學案)』 권175, 세계서국본 7책, 42쪽 B~43쪽 A, 타이베이, 1966에서 재인용. 추백기는 근대 촬영술 도입에서 상당히 중요한 의의를 가지고 있다. 『청사고(淸史稿)』 권507 「주인(疇人)」 '추백기전(鄒伯奇傳)'과 '진풍 서문(陳灃序)」, 14011쪽. 대념조(戴念祖), 「추백기의 지도촬영과 유리판 촬영술(鄒伯奇的攝影地圖和玻板攝影術)」, 『중국과학기술사료(中國科技史料)』 21권 제2기, 2000, 168~174쪽.

즈로 『묵자』를 해석하였고, 서양식 계산법의 '점'과 '선'으로 묵자의 "단이란 같은 것이 없음이다(端是無同也단시무동야)"와 '생명체의 질서 없는 상태(體之無序체지무서)'를 해석하였다.[1] 이를 통해 '서양인의 것은 모두 묵자의 학문과 유사하고', 사실 뒤집어 말하면 묵자의 학문 곳곳이 서양 학문과 닮은 것이라고 생각하였다.[2]

황준헌은 『일본국지』에서 묵자의 '상동'과 '겸애'를 통해 서양의 정치 사회의 규칙을 이해하였다. "내가 서양의 양식을 고찰해 보니 서양의 교화 수립은 『묵자』에서 연원하였다. 나는 이미 이를 상세히 설명하였다. 그리고 서양의 법 집행은 신불해나 한신과 유사하고 서양의 관제 수립은 『주례』와 유사하며, 서양의 행정은 『관자』와 비슷한 부분이 십중팔구이다. 모든 격치의 학문은 주나라와 진나라의 제자에 흩어져서 나타난 것이 특히 많다."[3]

비록 이 견해는 여전히 서학중원이라는 낡은 논조를 벗어나지 않았지만 오히려 제자학 부흥을 활성화시켰다. 이와 관련하여 제자가 기록한 역사를 통해 전통을 해석하는 보기 드문 새로운 현상이 등장하였음을 언급할 수 있다. 그 예로 진풍은 『공총자(孔叢子)』「진대의편(陳大義編)」의 조왕(趙王)과 자순(子順)의 대화를 인용하여 '호시(互市 : 변경 지역에서 이루어지는 외부와의 통상 및 교역)'의 역사적 변화를 개탄하였고, 명나라 시대 이래 해외 무역의 병폐를 탄식하였다. 비록 여전히 일종의 단순한 유비(類比)이고 "무용한 재물을 취하지 말라(勿取其無用之貨物취기무용지화)"는 폐쇄적인 결론을 내놓았을 뿐이지만, 제자서에 대한 그의 독서와 해석은 옛날 사람들과는 다른 심리 상태에 이미 들어섰다. 이 때문에 제자는 아주 쉽게 다른 종류의 사상적 자원이 되었다. 왜냐하면 결국 제자 사상 해석의 경계가 유가 경전보다 훨씬 개방적이었기 때문이다.[4]

앞에서 거론한 왕사탁은 동치 1년(1862)에 이러한 변화에 대해 다음과 같이 언급하였다. "공자가 고대에 살았을 때부터 그때는 땅이 좁고 사람은 적었으며

---

1) 출처는 『묵자(墨子)』「경설(經說) 상」의 "端, 體之無序而最前者也(단, 체지무서이최전자야)"과 「경설(經說) 상」의 "端是無同也(단시무동야)." (역자 주)

2) 『동숙독서기(東塾讀書記)』권12, 사부비요본, 중화서국, 14쪽.

3) 『일본국지(日本國志)』권32, 「학술지(學術志) 1」, 광서 24년(1898) 판각본, 1쪽~3쪽.

4) 『동숙독서기』권11, 사부비요본, 2쪽.

풍속은 부박하고 일은 간단하였다. ……오늘날의 화기, 철기(鐵騎), 대박(大舶)의 해로움은 등장하지 않았고, 영국·프랑스·미국·러시아의 정예 군대, 강한 시장(强市), 사악한 종교(邪敎)가 있는 것도 알지 못하였으며, 회족·묘족·과족이 우리 백성과 대적하는 재난은 상상하지 않았다. 그래서 그처럼 말하였던 것이다. 오늘날 생존을 도모하려면 반드시 개탄하고 탄식하는 바가 있어서 오늘날의 학자들이 똑바로 세워야 한다." 영국·프랑스·미국·러시아 등 '만국'이 출현하는 상황 때문에 지식과 사상 세계를 다시 생각하게 되었던 것이다.[5]

영국·프랑스·미국·러시아 등 '만국'이 출현하는 상황 때문에 지식과 사상 세계를 다시 생각하게 되었던 것이다.

3

그러나 제자의 의미를 근대적으로 해석하려면 새로운 계기의 충동이 필요하고 새로운 심정적 지지도 필요하였다. 따라서 19세기 말, 즉 청나라 말 지식인이 제자학을 다시 거론하면서 진정한 새로운 심정과 새로운 배경이 생겨났다. 왕범삼이 말하는 '사상과 사회의 상호 격동'이 가리키는 것은 당시의 정치적 위기의 충격과 사상적 위기의 압박이었다. 이 때문에 청나라 말기 제자학은 더 이상 소수 선각자의 고전의 재발견에 불과한 것이 아니라 지식과 사상, 그리고 신앙세계 전체의 중요한 자원이며, 문헌학 범위 속에서의 지식적 화제에 불과한 것이 아니라 사상사에 속하는 새로운 문제의식과 새로운 사색의 방향이 되었다.[6] 즉

19세기 말, 즉 청나라 말 지식인이 제자학을 다시 거론하면서 진정한 새로운 심정과 새로운 배경이 생겨났다.

---

5) 소목(蕭穆), 「왕매촌선생별전(汪梅村先生別傳)」, 『경부류고(敬孚類稿)』, 331쪽. 왕범삼(王汎森), 「왕회옹과 『을병일기』(汪悔翁與『乙丙日記』)」, 『동아시아근대 사상과 문화(東亞近代思想與文化)』, 286쪽 참조.

6) 많은 연구자들은 제자학 부흥의 시작을 위원과 공자진으로 거슬러 올라가 설정한다. 이는 당연히 틀린 말은 아니다. 하지만 이런 견해들에서 분명히 말하지 않은 주요 근거는 대체로 근대 정치사의 관례에 따랐기 때문일 것이다. 통상 근대사는 늘 위원과 공자진을 발단으로 삼았다. 그러나 비록 위원의 저서에 『노자본의』가 있고 공자진의 평가 속에 "9경(經) 7위(緯)가 제자백가에서 나왔다"는 말이 있고, 그들과 동시대에 살았던 요영 등도 제자가 이단으로 여겨지는 것을 비판하며 "자에 통달해서 활용하자(通子致用)"라는 주장을 내놓았지만, 도광 말년(1850)에는 사람들이 지식과 사상의 위기를 진정으로 겪지 않았고 전통적 지식과 사상 자원의 시효 만료를 제대로 겪지 않았기 때문에 그들의 이런 주장은 전통적 제자 해석의 범위를 넘지 못하였다. 심지어 18, 19세기의 장학성, 왕중, 능정감 등의 수준에도 미치지 못하였다. 따라서 제자학의 부흥에는 모두가 특별하게 중요한 의의를 보여주지 못한 것 같다.

제자학의 부흥을 진정으로 자극한 계기는 중국 지식계의 자기 처지의 자각과 인식의 전환이었다.

첫째, 19세기 후반 지식인들은 자신이 '전 지구'라는 상황에 놓였음을 점차 의식하기 시작하였다. 이때 비로소 그들은 불가사의하지만 실제로 존재하는 신세계가 중국을 뒤흔들었음을 절감하였고 사람들은 어쩔 수 없이 새로운 지식을 받아들였다. 크게는 우주가 광활하고 무한하며 무수한 별이 지구와 같고, 지구는 둥글고 중국과 같은 강하고 더 발전하기까지 한 많은 나라가 존재함을 알았다. 작게는 물 한 방울에는 무수한 세균과 미생물이 있고 한 사람의 몸에는 무수한 세포와 혈관이 있음을 알았다. 문명에 대해 말하면, 중국 문명은 유일한 문명이 아니고 중국의 사회 질서 역시 완전한 질서가 아니었으며, 사회는 군신부자의 전통적 구조에서 세워지지 않아도 안정되고 효과적이며, 나라와 나라의 관계는 계약으로 성립되었다. 경제에 대해서 말하자면, 나라 간의 상업과 무역은 있어도 되고 없어도 되는 것이 결코 아니었다. 수차와 우경 이외에 각종 신기한 기계들이 많았고 마차와 역전 말고도 신속하고 편리한 성(聲)·광(光)·화(化)·전(電)이 있었다. 유가 경전에서는 찾아서 대응시킬 수 없는 이러한 것들이 중국인의 시야에 물밀듯이 들어왔고, 이 때문에 제자서 중 본래 각종 '이상하고 황당한 일'과 '불문명하고 터무니없는 말'들이 사람들의 역사적 기억에서 재발굴되어 한편으로는 새로운 지식을 상상하는 방법으로 사용되었고 다른 한편으로는 동요를 잠재우는 영약으로 사용되었다.[1]

둘째, 각종 위기가 압박하는 상황에서 많은 사람들은 지금까지 계속 중심의 자리를 차지하고 이상주의적 정치와 도덕 질서를 보호하였던 유가 학설과 계속 교육과 과거시험 권력을 독점하였던 인문 지식에 실효성을 결핍하는 병폐가 있는 것 같다고 느끼고 실용에 중점을 둔 지식을 탐구하기 시작하였다.[2] 과거에 제

사람들은 어쩔 수 없이 새로운 지식을 받아들였다.

실용에 중점을 둔 지식을 탐구하기 시작하였다.

---

1) 양계초는 『청대학술개론』에서 그가 1891년에 만목초당에서 공부할 때 교육 과정이 『공양전』 이외에는 『자치통감』, 『송원학안』, 『주자어류』 등을 읽는 것이었지만, 그들은 옛날식 예절을 좋아하지 않았기 때문에 "이들 말고도 주나라와 진나라 때의 제자와 불교 서적을 읽었고, 청나라의 유학 경전 주석과 서양 서적의 번역본을 읽었다"라고 말한다. 정문강(丁文江)과 조풍전(趙豐田), 『양계초연보장편(梁啓超年譜長編)』, 상해인민출판사, 1983, 25쪽.

자에서 병가(兵家) 부류로 분류되었던 군사 지식의 경우, 사람들은 현실 사회 속에서 기존의 정치권력과 질서를 보호하려면 도덕과 윤리만 필요한 것이 아니라 군사 지식도 필요하다는 것을 아주 빨리 깨달았다.

호림익(胡林翼 : 1812~1861년)이 편찬한 『독사병략(讀史兵略)』은 함풍 11년(1861)에 46권으로 출판된 후에 아주 빠르게 큰 영향을 주어 광서 26년(1900)에 『속편』 10권이 다시 출판되었다. 유명한 학자 유월(兪樾 : 1821~1907년)은 『속편(續編)』 권수 서문에서 "오늘날 나라가 밖으로 외교를 하고 안으로 통치를 할 때 군사 업무는 아주 필요하고 중요하다(今國家外交內治, 兵事亟須講求금국가외교내치, 병사극수강구)"라고 말하였다.[3] 그러나 이 책은 역사 속의 군사 지식을 종합하고 모아 놓은 책에 불과하여 얼마 지나지 않아 현실 변화에 관심을 가진 사람들로부터 비판을 받았다. 진용창(陳龍昌)은 광서 23년(1897)에 엮은 『중서병략지장(中西兵略指掌)』에서 "중국 번과 좌종당의 방법을 채택하여 고금을 아우르고 엮어서 논하였다. 그리고 그 근원을 한나라 제갈(諸葛), 명나라 척남당(戚南塘 : 1528~1588년, 명나라 말 장수 戚繼光척계광을 말함)에서 찾고 독일인 희리합(希里哈), 벨기에인 백리아망(伯里牙芒), 영국인 저의비(儲意比)·극리뢰(克利賴)·사리맹(史理孟)의 이론을 골라서[4] 중과 서를 합하여 엮었다"라고 말하였다. 마계(馬桂)는 서문에서 호림익의 책은 이미 시대에 맞지 않는다고 하며 "옛 것을 상세하게 고찰하였지만 오늘에 적용하기에는 부족하다(詳於考古而略於適今상어고고이약어적금)"[5]라고 지적하였다. 군사학(兵學)이 이미 사람들의 주목을 받기 시작하였고 군사학도 변하기 시작하였던 것이다.

이는 모두 위기에 의해 압박을 받았기 때문이다. 예를 들면 정일창(丁日昌 :

---

2) 예를 들어 좌종당은 이 새로운 지식과 기술에 상당한 관심을 가졌다. 어떤 연구자는 좌종당의 학문이 여지 (與地), 농학(農學), 시무(時務), 병학(兵學)에 중점을 두었고 이것이 당시에 영향을 주었다고까지 생각한다. 갈 영진(葛榮晉) 등, 『중국실학사상사(中國實學思想史)』 하권, 수도사범대학출판사, 1994, 222~223쪽.

3) 호림익, 『독사병략속편(讀史兵略續編)』 권수, 『속수사고전서』 968책, 상해도서집성서국본(上海圖書集成局本) 영 인, 635쪽.

4) 이들은 모두 청나라 말기에 소개된 서양 군사학 서적의 저자들이다. 각각 희리합은 『해방신론(海防新論)』, 백 리아망(伯里牙芒 혹은 百里牙芒)은 『영루도설(營壘圖說)』, 저의비는 『영성게요(營城揭要)』, 극리뢰는 『전적수지 (前敵須知)』, 사리맹은 『수뢰비요(水雷秘要)』의 저자이다. 정확한 원어명은 미상이다(역자 주).

5) 진용창(陳龍昌), 『중서병략지장(中西兵略指掌)』 권수, 「사원복서문(謝元福序)」과 「마계서문(馬桂序)」, 『속수사고 전서』 969책, 광서 23년(1897) 동산초당본(東山草堂本) 영인, 131~132쪽.

1823~1882년)은 『해방조의(海防條議)』에서 "오늘날 천하의 대세를 말하자면, 프랑스는 안남의 서강(胥江)과 남천성(南天省)을 점령하여 이미 우리나라의 광서·운남·귀주의 경계와 인접하였으며, 영국은 다섯 인도를 점령하여 이미 우리의 운남과 사천의 경계와 인접해 있으며, 러시아는 신강을 떼어 갔고 회교도 거주 지역(回部)은 이미 감숙과 섬서의 경계와 인접해 있다. 동남부 7성의 해안 지방은 서양 선박이 아침에 떠나면 저녁에 닿을 거리에 있음은 더 말할 필요도 없다."[1] 강적에 둘러싸인 상황에서 지식인은 군사학을 새롭게 정리해야 할 필요성을 절감하기 시작하였다.

이와 유사한 상황에 있는 것은 농가의 학문이었다. 과거의 유가적 전통 지식인은 농사를 관습적으로 경멸하였고 이 때문에 농가의 학문은 주변이 되었다. 그러나 이 시대에 '만국이 경쟁하는' 정세 속에서 지식인들은 이 실용적 기술에 관심을 가지기 시작할 수밖에 없었다. 일찍이 『중서기사(中西紀事)』를 쓴 하섭(夏燮 : 1800~1875년)은 동치 2년(1863)에 심련(沈練)의 『광잠상설(廣蠶桑說)』에 써준 서문에서 서양인이 펴낸 월보를 검토하면 잠사를 수출하는 양이 놀랄 만큼 많아 거의 찻잎과 같은 수라는 점을 발견하고 만약 기술 개발에 신경을 쓰지 않으면 무역 평형을 유지하는 산업은 장차 자신의 운행을 유지할 수 없게 될 것이라고 하였다.[2] 그리고 광서 23년(1897) 조용빈(趙用賓)이 진개지(陳開沚)의 『비농최요(裨農最要)』에 써준 서문에서 마찬가지로 유사한 문제를 지적하였다. "여러 외국들을 보면 중국의 이익을 차지할 때 거의 한 번에 다 가지려 한다. 적은 이권 확보에 의존하는 자는 작은 일에 연연한다." 그는 '요즘은 농사가 매우 어렵고 재원도 소진되었고, 뽕나무를 심고 누에를 길러서 결핍된 부분을 메우지 않으면 마을이 견딜 수 없음'을 보고 느낀 바가 커서 이러한 실용적 학문에 거듭 경의를 표하였다.[3] 다시 말해서 '위급한 상황'과 '장기적 쇠퇴'의 압력과 '부국'과 '강병'이라는 이

---

1) 『해방요람(海防要覽)』 권상, 『속수사고전서』 969책, 광서 10년(1884) 돈회서옥 판각본(敦懷書屋刻本), 106쪽.

2) 『광잠상설(廣蠶桑說)』 권수, 『속수사고전서』 978책, 광서 3년(1877) 종원한엄주부 판각본(宗源翰嚴州府刻本), 214쪽.

3) 진개지(陳開沚), 『비농최요(裨農最要)』 권수, 『속수사고전서』 978책, 광서 23년(1897) 동천문명당 판각본(潼川文明堂刻本) 영인, 490쪽.

상은 주변에 있던 제자학의 병가와 농가를 지식인이 관심을 두는 시야에 재진입시켰다.

셋째, 그들은 또 제자의 자유롭고 웅장한 상징적 비유와 우언에서 고대 중국의 주류 이데올로기와 유가 학설에는 없던 관념들과 비슷한 것 같으면서도 다른 대응 자원을 찾아냈던 것 같다. 이러한 자원에서 한편으로는 이해의 실마리를 찾았고 또 한편으로는 심리적 평형을 찾았던 것이다. 예를 들면 중국인을 가장 크게 뒤흔들었던 수학 체계와 민주 체제에 대해서 왕인준(王仁俊)이라는 사람은 염구가 "학문을 좋아하고 제주가 많다(好學博藝호학박예)"라는 『논어』의 구절에 근거해서 『기하원본』이 염구의 작품이라고 추측하였다. 또 『묵자』 「상동」 편의 "천하의 어진 사람을 뽑아 천자로 삼는다(選天下之賢者立以爲天子선천하지현자입이위천자)"라는 구절에 근거해서 "태서에 합중국이 있고 군주를 선출하며 만국공법이 있는 것은 모두 여기서 취한 것이다(泰西有合衆國, 擧民主, 有萬國公法, 皆取於此태서유합중국, 거민주, 유만국공법, 개취어차)"라고 말하였다.[4] 그리고 호남의 지식인 피가우(皮嘉祐)는 새로 들어온 '평등' 관념을 새롭게 해석하여 "평등이란 말은 묵자에서 나왔고 불교에서 의미를 분명히 하였으며 태서(泰西)에서 확립되었다. 묵자의 겸애와 상동, 불교의 평등, 태서의 '사람마다 자유와 권리가 있다. 너의 이웃을 나처럼 사랑하라'라는 말은 임금과 백성이 한 몸임을 표방하고 있으며 말하는 방식은 다르나 취지는 하나이다"라고 주장하였다.[5]

"도광 연간(1821~1850)부터 학인은 위서(緯書)를 좋아하였고, 광서 연간(1875~1908)부터 학인은 주나라와 진나라의 제자를 특히 좋아하였다. 그 폐단은 아마 학문을 좋아하는 군자들은 미처 생각할 수 없는 것이었다."[6] 이는 하나의 풍토였으며 새로운 지식을 들여올 때의 일시적 대책이기도 하였다. 마치 갑자기 전에 듣지 못하던 소식을 들으면 저절로 자신의 역사적 기억을 돌아보아 '번역'하는 것과 같았다. 전통적 지식 세계에 물들어 있던 사람 전부가 이러한 주변 지식이 중심으로 들어오는 것을 묵인한 것이 아님은 당연하다.

———————————

4) 『격치고미(格致古微)』 권3, 광서 22년(1896) 각본, 38쪽.

5) 『상보류찬(湘報類纂)』 갑집(甲集) 권상, 7쪽.

6) 장지동(張之洞), 『권학편(勸學篇)』 「제5 종경(宗經第五)」, 20쪽.

어떤 사람은 일관적으로 경전의 원위를 유지하고 제자를 계속 비판하였다. 예를 들면 주일신(朱一新)은 '서양인의 중학(中學)·화학·전기학·광학 등의 부류' 가 분명히 제자에서 나왔음을 인정하였지만, 여전히 "제자서가 자신의 의견을 진술하면서 자주 옛일을 가져다 자신의 주장을 피력하는데, 연대가 틀리고 사실이 뒤바뀌어서 모두 따져볼 수 없게 하거나 이야기를 만들어 냈다. ……육경과 제자의 체제는 아주 다르다. ……요즘 사람들은 제자의 황당무계함에 현혹되어 그것을 성인의 말이라 믿고 따르는 것이 이와 같다'라고 비판하였다.[1]

그리고 경학으로 출세한 사람은 더더욱 이러한 지식 세계의 이상한 움직임을 찬성하지 않은 것 같다. 하서린(賀瑞麟)은 "옛날의 학술은 공자와 맹자, 정호와 정이와 주자가 확실한 정설을 수립하였고, 우리는 그들의 발자취를 따라 움직이기만 하면 틀린 길을 갈 수가 없다"[2]라고 말하였다. 그 후에 피석서(皮錫瑞)도 "아마 대부분의 학문이 새로움 추구를 귀하게 여겼고 경학만 옛것을 고수하였다. 경서는 대성인의 손에서 만들어 지고 옛 현자로부터 전해져 왔다. ……여러 세대를 거치면서 전해 내려왔고 사승 관계를 이어가면서 전승되었으며 가르친 말을 엄수하여 바꾸지 않았다. 이와 같으면 경서의 뜻은 얼룩지지 않고 성인의 가르침은 쉽게 밝혀진다. 만약 반드시 각자 새로운 발견에 힘쓰고 함부로 선배 학자들과 다른 입장을 세우며 기괴한 것으로 명예를 추구하고 견강부회로 차별성을 표방한다면, 과거에 응시하는 방법과 책문에 나오는 문장이 성인의 말씀을 무시하고 경서의 원칙을 위반할 것이다"라고 말하였다.[3]

그렇지만 세상은 이미 변하였고 세계상도 이미 크게 변하였다. 기존 사상은 이미 새로운 지식을 해석할 수 없었고 전통 역시 흔들리고 놀란 마음을 달랠 수 없었다. 특히 신세계에 먼저 발을 들인 사람들은 아주 쉽게 기존의 역사적 기억에서 이 자원들을 검토해 보았다. 설복성이 「영국·프랑스·이탈리아·벨기에 4국 사절 파견 일기(出使英法意比四國日記)」에 썼듯이 그는 나라 밖으로 나섰을 때부터 천원지

---

1) 『무사당답문(無邪堂答問)』 권4, 전목(錢穆), 『중국 최근 300년 학술사(中國近三百年學術史)』 하책, 중화서국, 1989, 658쪽.

2) 「답왕손경서(答王遜卿書)」, 『청록문집(淸麓文集)』 권10, 민국 7년(1918) 청록총서 간행본(淸麓叢書刊本), 65쪽.

3) 『경학역사(經學歷史)』, 주여동(周予同) 주석본, 중화서국, 1981, 139쪽.

방설에 곧바로 의심을 품었고 '천하'에 대한 관념도 흔들리게 되었다. 이에 따라 역으로 추연의 대구주설을 새롭게 해석하여, "오늘날 지구를 일주한 사람은 추연을 폄하하지 않는다. 지구의 형세 만 리는 모두 실측하여 헤아릴 수 있다. 나는 비로소 추연의 말이 황당무계하지만은 않다는 것을 알았다"라고 말하였다. 그리고 육대주를 대구주로 해석함으로써 추연의 학설에 억지로 끼워 맞췄다.[4]

이 뿐만 아니라 설복성은 또한 『묵자』라는 책이 서학보다 앞선 점이 아주 많고', 이 책은 광학도 포함하여 '오늘날 천리경과 현미경을 만드는 것은 모두 이 말의 범위를 벗어나지 않으며' 심지어 예수교도 포함한다고 믿었다. 게다가 『여씨춘추』「별류(別類)」의 '칠뇨수뇨(漆淖水淖)' 부분이 바로 '화학의 출처'이고, 『회남자』「범론(氾論)」의 "늙은 홰나무에서 불이 생긴다(老槐生火노괴생화)"가 바로 "서양인이 말하는 원질 화합의 원리 즉 화학이다"라고 믿었다. 또한 『관자』의 부국강병과 『회남자』의 "여러 사람의 지혜로 일을 처리한다(衆智所爲중지소위)"도 모두 근대적 의원(議院)이나 치국의 방법을 의미하고, 『장자』「외물」과 「제물」 등에 있는 "나무와 불이 서로 마찰하면 열이 난다(木與火相摩則熱목여화상마즉열)", "하나에 하나를 더하면 둘이 되고 둘에 하나를 더하면 셋이 된다(一與一爲二, 二與一爲三일여일위이, 이여일위삼)", "사해는 하늘과 땅 사이에 있다(四海之在天地之間사해지재천지지간)" 등이 바로 '천문학과 지리학의 근원'이라고 하였다. 그리고 『장자』「천운(天運)」 편에 대해서도 "서양의 하늘을 논하는 선비들을 깨우친 전주곡이며, 장자는 당시에 책을 쓰면서 무한히 자유롭게 자신의 뜻에 따랐을 뿐이니 후세에 다른 나라에서 그 일을 실제로 체험할 것을 어떻게 알았겠는가? 따라서 『장자』를 읽고 어떻게 황당한 말로 치부하며 무시하겠는가?"라고 믿었다.[5]

---

4) 「영국·프랑스·이탈리아·벨기에 4국 사절 파견 일기(出使英法義比四國日記)」, 종숙하(鍾叔河) 주편, 세계를 향하여 총서(走向世界叢書), 악록서사, 1985, 11쪽. 이후 광서 19년(1893)에 왕도(王韜)는 『만국공보』에 「대지 구주 밖에 또 구주가 있다(論大地九州之外復有九州)」라는 글을 발표해서 이 주장을 부연하였다. 정봉린(丁鳳麟), 『설복성평전(薛福成評傳)』 제9장, 남경대학출판사, 1998, 343쪽 참조.

5) 『출사일기(出使日記)』 권5, 『전집(全集)』, 962~954쪽. 왕욱(王煜), 「설복성의 천문·생물·생리 지식과 그의 사회·정치·종교사상에 대한 비판적 고찰(薛福成之天文·生物·生理知識及其社會·政治·宗敎思想評述)」, 『명·청사상가논집(明淸思想家論集)』, 타이베이, 연경출판사업공사, 1981, 231~304쪽.

4

제자학의 진정한 부흥은 19세기 후반이나 20세기에 들어서서 이루어졌음은 당연하다. 이는 중국의 지식과 사상, 그리고 신앙세계의 진정한 대변화가 갑오전쟁의 진동과 불가분의 관계이기 때문이다. 1895년에 왕선겸(王先謙)은 바로 『장자집석(莊子集釋)』 서문을 쓰고자 할 때 장자의 심정을 아주 잘 이해할 수 있다고 생각하였다. 그리고 서문에 "무릇 그는 세상을 만나는 데 제약이 없었다. 정신은 드넓은 곳을 섭렵하고 모든 것을 제한 없이 조사하며 천지의 근본을 탐구하고는 두려워하며 다음과 같이 말하였다. 추연은 유자가 말하는 중국은 천하에서 팔십일분의 일에 불과하다고 말하였다. ……혜시는 내가 아는 천하의 중앙은 연나라의 북쪽이고 월나라의 남쪽이라고 말하였다. 그리고 장자는 그것을 말하면서 숙(儵)과 홀(忽)이 구멍을 뚫어 혼돈이 죽었다고 말하였다. 그 말은 앞날을 내다보고 결과를 유추한 것이다. 역시 비범한 사람이다"[1]라고 썼다. 이 말에는 천지가 크게 변해서 방황하여 어쩔 줄 모르는 긴장으로 가득하다. 그는 이 시대가 장자가 마주하였던 시대와 아주 비슷하다고 보았다. 이러한 학자적 은유 또한 심정의 토로일 뿐이라면 정치적 인물도 하나같이 제자로 눈을 돌려 자원을 찾았다. 이는 상당히 실용적인 고려였다. 이 해에 시모노세키조약에서 몹시 자극 받은 광서황제는 보화전에서 책시를 개최하여 천하공사(天下貢士)를 선발할 때 응시자들에게 다음과 같이 물었다.

손자의 병법, 오자의 군대 운영, 이정의 문답(李靖問對)에서 풀이한 손기술과 발기술, 명나라 왕기(王驥)와 척계광(戚繼光)이 말하는 군사훈련법 등 5~6개 항목을 모두 설명할 수 있는가? ……극히 세밀함을 추구해서 『육도(六韜)』, 『삼략(三略)』을 암송하며 회남자의 병략훈, 두목(杜牧)의 전론(戰論), 소식의 훈병여책을 보고 시행하면 과연 확실히 효과가 있는가?(孫子練兵, 吳子治軍, 李靖之問對, 所洋手法足法, 明王驥戚繼

1) 『허수재문집(虛受齋文集)』 권6 「장자집석서(莊子集釋序)」, 『근대중국사료총간(近代中國史料叢刊)』 681종, 을미 9월 간행본 영인, 문해출판사, 349쪽.

진정한 부흥은 19세기 후반이나 20세기에 들어서서 이루어졌음은 당연하다.

光所論練兵之法, 能備擧之歟? …… 究極精微, 諮求韜略, 若淮南子兵略訓杜牧戰論蘇軾訓兵
旅策, 見諸施行, 果能確有成效否?손자련병, 오자치군, 이정지문대, 소양수법족법, 명왕기척계광소론
련병지법, 능비거지여?……구극정미, 암구도략, 약회남자병략훈두목전론소식훈병려책, 견저시행, 과능
확유성효부?)[2]

　　이 문제는 분명 유가 경전에서 늘 답안을 찾지 못하는 상황에서 제자학에서
따로 자원을 찾고자 하였음을 보여준다. 그렇지만 통상적으로 유교 경전의 문제
를 시험 문제로 낸 책시에서 과거에 거의 이단으로 취급받았던 제자의 학설을 버
젓이 끌어들였다는 사실은 상징적 의미가 매우 크다. 무의식적일 뿐이었을지도
모르는 이러한 자원 이동은 훗날 지식의 중심과 주변의 역전을 초래하였다.[3]

---

2) 『대청덕종경황제실록(大淸德宗景皇帝實錄)』(영인본) 권366, 7쪽, 신문풍출판공사 제5책, 타이베이, 3322쪽.

3) 그래서 19세기 말 20세기 초에 제자학에 관한 논의는 갈수록 많아졌다. 그리고 더욱 깊이 있는 견해가 생겨
　 났다. 예를 들면 순자에 관한 논의로 하증우(夏曾佑)의 「송서에게(致宋恕)」와 1898년 손보선(孫寶瑄)과 대화 중
　 의 순자에 대한 비판이 있다. 송서(宋恕)는 「하수경에게 보내는 편지(致夏穗卿書)」(1896)에서 순자가 나라를 그
　 르친다는 주장에 반박하였다. 담사동의 순자 배척도 다음 문헌들에서 볼 수 있다. 주유쟁(朱維錚), 「발하증우
　 치송서함(跋夏曾佑致宋恕函)」 부(附), 『복단학보(復旦學報)』 1980년 제1기와 『망산려일기(忘山廬日記)』 상책, 상
　 해고적출판사, 1983, 120쪽과 『송서집(宋恕集)』 상책, 중화서국, 1993, 528~531쪽. 그리고 주유쟁(朱維錚), 「청
　 말한학 : '순자배척'과 '순자존숭'(晩淸漢學 : '排荀' 與 '尊荀'」, 『참문명을 찾아서(求索眞文明)』, 상해고적출판사,
　 1996, 333~350쪽. 또한 관자에 대한 재인식, 노자에 대한 재독해, 장자에 대한 새로운 이해는 장태염의 「제
　 물론석(齊物論釋)」을 참조할 수 있다. 특히 진담연(陳澹然)의 『원인(原人)』 후편의 「신관(申管)」, 「숭노(崇老)」,
　 「사맹(師孟)」 세 장을 참조할 수 있다. 본래 요양 육형 병오년 인쇄본(遼陽毓衡丙午印本)인데 여기서는 청화대
　 학 도서관에 소장된 계축년 수정재판본(癸丑年修訂重印本)에 근거하였다.

8절

청나라 말기 중국 전통 자원에 대한
재발견과 재해석(3) : 불학

청나라 말기 특히 19세기 말 20세기 초 중국의 지식과 사상, 그리고 신앙세계의 급변은 사람들의 눈을 혼란스럽게 하였다. 그러나 사상사의 각도에서 볼 때 사람들의 눈길을 끈 현상 중 하나는 장기적으로 쇠락해 왔던 불학이 어떤 계기로 인해 갑자기 부흥하였다는 사실이다.[1]

불학이 어떤 계기로 인해 갑자기 부흥하다.

본래 19세기 중엽 불교는 중국에 들어온 후 가장 쇠락하는 시기에 들어선 것처럼 보였다. 청나라 왕실은 라마를 신봉하고 도사에 빠져 있었으며 불도의 존엄을 상당히 보호하였지만,[2] '귀신이나 미신을 이용해서 백성을 우롱하는 것'에 불과하다고 보았다. "유가가 세상을 다스리고 불교가 마음을 다스리고 도교가 몸을 다스린다(儒家治世, 佛敎治心, 道敎治身유가치세, 불교치심, 도교치신)"라는 소위 삼분천하(三分天下)는 기껏해야 말로만 그럴 뿐이었고, 종교적 잠언과 도덕적 설교는 실용적 가치가 그리 많지 않았고 기껏해야 외관을 약간 꾸밀 뿐이었다. 민간 사회에 불교가 몸을 의탁할 곳이 있었던 이유는 그것이 의식(儀式)을 담당하는 역할을 해

---

1) 이하의 내용은 갈조광, 「청말 불학의 부흥에 대하여(論晚淸佛學復興)」, 『학인(學人)』 제10집, 강소문예출판사(江蘇文藝出版社), 1995의 내용을 요약 정리하였다.

2) 예를 들어 옹정 11년(1733) 3월 14일의 상유에서는 사인들 중 불학과 도교 배척을 '이학'의 방법으로 삼는 것에 대한 상당한 불만을 다음과 같이 표시하였다. "불학과 선교(仙敎)는 몸을 닦아 본성을 발견하고 선을 권하고 악을 없애며 사욕을 버리고 욕심을 없애고 굴욕을 참고 빛을 감추는 것을 근본으로 삼는다. 모두를 융합한다면 실로 이학에 도움이 된다." 제일역사문서관(第一歷史檔案館) 편, 『옹정조 한문유지 휘편(擁正朝漢文諭旨彙編)』 제2책, 184쪽.

서 사람들에게 속세의 구체적인 문제를 해결할 수 있었기 때문이고, 지식계에 불교의 영역이 있었던 이유는 그것을 시로 쓰면서 속세의 일을 하고 여유가 있을 때 기분을 표현할 수 있었기 때문이었다. 따라서 고아한 탈속을 나타내기 위한 것일 뿐이었지 결코 진실로 받아들여 질수는 없었다.

비록 나중에 사상사 연구자가 문헌에서 팽소승(彭紹昇), 왕진(汪縉), 나유고(羅有高) 등이 불학을 믿는 사대부였음을 불학의 맥이 끊어지지 않았다는 증거로 내세웠지만,[3] 유가 경전의 사서와 팔고 학문과 문헌 고증의 학문이 각각 문인 사대부의 출세를 위한 능력이자 명성 유지를 위한 학문이었고, 벼슬길에 나아가 정치에 참여하고 명예를 얻는 일이 모두 여기에서 나왔다. 자금성에 있는 사람은 비록 계속 바뀌었지만 모두 진심으로 불교를 치국의 이데올로기나 백성을 교화하는 종교적 신앙으로 믿은 적이 없다. 그 반대로 불교를 억압하라는 명령을 끊임없이 내렸다. "엄격이 금하고 제한하여 융성해지지 않도록 하라"라는 말은 명나라와 청나라 시대의 의식과 제도에 모두 적용되었다.[4] 불교의 상황은 이 때문에 점점 나빠졌다. 가경과 도광 연간(1796~1850)에는 정통 불학이라고 불리던 팽조승, 위원, 공자진의 불학 수양조차도 이런 상태에 불과하였으니 함풍과 동치 연간(1851~1874)에 이보다 못하였음은 말할 필요도 없다.

19세기 후반에 들어서자 불교에 속한 사람들조차 모두 불교의 쇠퇴를 느꼈다. 광서 5년(1879), 기선(寄禪 : 1852~1912년) 법사는 "최근 들어 종파의 기운이 쇠퇴함을 말하지 않을 수 없다." 13년 후에도 상황은 호전되지 않은 듯하였다. 그는 "가경과 도광 때부터 선하(禪河)가 점점 말랐고 법장(法幢)이 꺾이려 하였다. 함풍과 동치 때에는 어산(魚山)에 불경 외는 소리가 그쳤고, 사자상에 먼지가 뒤덮혔다"라고 또다시 탄식하였다.[5] 양계초가 「중국 불법의 홍성과 쇠퇴의 연혁(中國佛法興衰沿革說明)」을 썼을 때 그가 본래 가장 잘 아는 청나라 시대에 관해서 쓸 때 도

---

3) 육보천(陸寶千), 『청대사상사(清代思想史)』, 제5장 「건륭시대의 사림불학(乾隆時代之士林佛學)」, 광문서국, 197~222쪽.
4) 『대명회전(大明會典)』 권104, 「예부(禮部)」 '승도(僧道)'. 『청강희회전(清康熙會典)』 권71, 「승도(僧道)」. 츠카모토 센료(塚本善隆), 『중국 근세 불학의 문제들(中國近世佛教の諸問題)』, 제7「명·청 시대 정치의 불교 무력화(晚清政治の佛教去勢)」, 『쓰카모토 센료 저작집(塚本善隆著作集)』 제5권, 도쿄, 대동출판사(大東出版社), 1975 참조.
5) 『팔지두타시문집(八指頭陀詩文集)』 악록서사, 1984, 447쪽, 471쪽.

리어 맥이 탁 풀려서[1] 단 몇 문장으로 청나라 시대를 다루었음은 이상한 일이 아니다.

"이 나라 문인 사회는 가장 황량했다. 불법 전수는 더욱 일찍 끊겼고 독자적으로 새로운 양식을 만들 수밖에 없었다. 굳이 육조(六朝)와 당나라 때를 떠올릴 필요도 없다."[2]

당시 '속세를 떠나 선종에 귀의할 것을' 몇 번이나 고려하였던 하증우(夏曾佑 : 1863~1924년)의 시에는 이미 청나라 말 불교인의 자기 진작 의미가 은연중에 드러나 있다. 불교 진흥이 사실은 불교의 진흥을 통해 민족의 진흥을 꾀하고자 하는 것이었음은 당연하다. 불교의 시조가 서쪽에서 온 다음부터 본래 불교라고 말하면 서쪽 문화를 말하기도 하였다. 그러나 그것은 어쨌거나 들어온 시간이 일렀고 인도도 적당히 가까운 이웃으로 간주되었다.

한위(漢魏) 시대부터 명·청 시대까지 불교는 점점 중국인들에게 자기 집안사람처럼 인정되었다. 이 때문에 더 먼 서쪽의 먼 나라 오랑캐가 빛나는 칼과 창을 들고 더 어려운 말을 하면서 중국에 들어왔을 때 눈을 크게 뜨고 몹시 놀란 중국인은 불교의 출신을 잊고 불교를 곁으로 끌어와서 마치 참호 속의 동맹군처럼 생각하였다. 제일 먼저 양인산(楊仁山 : 1837~1911년)은 서양 사상의 침입을 목격하고 '서양의 철학자가 수천 년 동안 정밀하고 심오하게 생각한 것'이 모두 불교의 '심오한 이치'에 들어가지 못한다고 말하였다.[3] 그는 공격을 통해 방어해야 한다는 생각에서 불학의 원리를 풀이하였고, '이 원리가 밝혀져서 구미를 정토로 이끄는 것은 손바닥 뒤집기보다 쉬운 일'이라고 생각하였다.[4] 그리고 이를 병법의 '위나라를 포위하여 조나라를 구출하는 것'에 빗대었다. 그는 불법(佛法)이 흥성하기만 하면 서양인이 곧 철수하고 사상적인 면에서 고개를 숙이고 굴복할 것이라고 생각하였던 것이다.

불교 진흥이 사실은 불교의 진흥을 통해 민족의 진흥을 꾀하고자 하는 것이었다.

---

1) 『불학연구 18집(佛學研究十八篇)』, 재판본, 중화서국, 1989, 14쪽.
2) 「하증우시집교(夏曾佑詩集校)」, 『근대문학사료(近代文學史料)』 중국사회과학출판사, 1985, 48쪽.
3) 「불법대지(佛法大旨)」, 『등부등관잡록(等不等觀雜錄)』 권1, 『양인산유서(楊仁山遺書)』 7책, 금릉각경 외각본(金陵刻經外刻本).
4) 「난죠 분유에게 보내는 편지 2(與南條文雄書二)」, 『등부등관잡록(等不等觀雜錄)』 권7.

이는 당연히 환상이다. 대다수의 문화인은 좀 더 현실적으로 생각하였다. 그들은 결코 역으로 다른 사람을 정복하려고 생각하지 않았다. 오히려 자신들의 진영을 어떻게 숨길까만을 우선적으로 생각하였다. 많은 연구자들이 19세기가 곧 끝나려 할 즈음에 불교계 밖의 인사들이 갑자기 다시 불학에 흥미를 가지게 되었음에 주목하였다. 새로운 학문을 배운 몇몇 문인 사대부가 특히 그랬다. 예를 들면 광서 10년(1884)년 이후 문정식(文廷式 : 1856~1904년)은 일본인 아네사키 마사하루(姉崎正治 : 1873~1949년)의 『상세인도종교사(上世印度宗教史)』를 아주 꼼꼼히 읽었고, 그 다음 해에는 『출삼장기집(出三藏記集)』과 『종경록(宗鏡錄)』을 읽고 거의 매일 중요한 내용을 메모하였다.[5] 거의 같은 시기에 강유위도 "해당(海幢)과 화림(華林)에서 불교 경전을 아주 많이 읽었다."[6] 관련 정보에 의하면, 그는 '불교 경전에 심취하였고 아주 깊이 깨달은' 결과 "성리학은 육체 세계 뿐 아니라 영혼 세계에서도 근본을 깊이 탐구해야 한다"라고 깨달았다.[7]

그리고 당시에 '불법 번영의 최고 지도자'라고 불린 양인산은 더욱 이른 시기인 동치 3년(1864)에 『대승기신론(大乘起信論)』과 『능엄경(楞嚴經)』을 읽은 것을 계기로 '불교에 전념하게 되어, 학문을 하려는 그의 의향을 버리고' 거사 불학의 창시자가 되었다.[8] 19세기 말부터 그는 난죠 분유(南條文雄 : 1849~1927년)에게서 중국 불학의 일서(逸書) 특히 유식 분야의 서적을 수집해서 20세기 유식학 부흥을 직접 자극하였다. 그가 창시한 금릉각경처(金陵刻經處) 역시 20세기 불학 연구 활성화에 기여하였다. 그리고 그의 불학 선양은 청나라 말기의 수많은 지식인이 불학에 흥미를 갖도록 하였다. 이 때문에 그가 죽고 나서 곧바로 19세기 말 20세기 초 중국 불학 연구의 대표적 인물군이 출현하였다. 담사동, 양계초, 송서, 장태염

5) 『문정식집(文廷式集)』 하책, 「지과헌일초(知過軒日鈔)」, 900쪽. 「석전찰지(釋典札記)」 982~1020쪽, 중화서국, 1993.

6) 『강남해자편연보(康南海自編年譜)』 중화서국, 1992, 12쪽.

7) 양계초, 『강유위전(康有爲傳)』 제3장, 앞의 책 부록, 240~241쪽. 소공권은 강유위가 불학에 반쯤 기울어 있던 해는 1879년임이 틀림없다고 파악한다. 소공권(蕭公權 : HsiaoKung-chuan), 『근대 중국과 세계 : 강유위 변법의 대동사상연구(A Modern China and a New World : K'ang Yu-wei, Reformer and Utopian, 1858~1927)』, 왕영조(汪榮祖) 옮김, 중역본, 강소인민출판사, 1997.

8) 「양인산거사사략(楊仁山居士事略)」, 『양인산유서(楊仁山遺書)』 제1책.

이 그들이고 당연히 후의 구양점(歐陽漸 : 1871~1943년)과 태허(太虛 : 1890~1947년)도 이에 속한다.[1]

1

특히 주목할 만한 점은 청나라 말기에 불학을 좋아하였던 사람들은 거의 모두 새로움을 추구하는 사대부였고, 그들은 일본이 급속히 부상하게 된 배경에서 하나의 정보를 읽어내어 계시를 얻은 것 같다. 즉 불교 역시 그렇게 보수적이 아니고 불교를 믿는 것 역시 근대화이며 불교는 본래 서학과 통하는 면이 아주 많다고 생각하였다.[2] 그래서 서양 사상을 이해하려면 본래 잘 알지 못하였던 범전 (梵典) 불경이 오히려 좋은 매개가 될 수 있고 불교 시조의 천축이 원래 중국과 서양 사이에 있으므로 이미 이해한 불학으로 아직 이해하지 못한 서학을 이해하는 것이 분명 좋은 방법임을 문득 깨달았다. 예를 들면 서양의 복잡한 논리는 마찬가지로 복잡한 인명(因明)을 이해하면 견줄 수 있을 것이라 생각하였고, 인간 심리에 대한 서양인의 분석은 마찬가지로 인간의 의식을 분석한 유식학을 가져다 이해할 수 있으리라 생각하였다. 그리고 서양인은 우주의 광활함을 천체 망원경과 물리와 수학으로 계산하여 인식하는 데 반해 중국인에게는 이러한 지식과 도구가 없지만 불학의 자유롭고 풍부한 상상에 기대면 역시 이해할 수 있을 것이

청나라 말기에 불학을 좋아하였던 사람들은 거의 모두 새로움을 추구하는 사대부였다.

---

1) 이 시대 불학 부흥에 관해서는 기존에 이미 체계적으로 연구되었다. 마키타 타이료(牧田諦亮), 『중국근세불학사연구(中國近世佛敎史硏究)』(1957), 곽붕(郭朋) 등, 『중국근대불학사상사고(中國近代佛學思想史稿)』(1989) 등은 거사불학의 부흥과 청나라 말 공양학의 관계, 승려 불학의 쇠락과 청나라 말 묘산흥학(廟産興學)의 관계 등을 아주 잘 설명하였다. 최근에는 고진농(高振農), 『불교문화와 근대중국(佛敎文化與近代中國)』(1992)과 마천상(麻天祥), 『청말 불학과 근대 사회 사조(晚淸佛學與近代社會思潮)』(1992)도 불학 부흥과 사회 혁명, 불학 사상과 각종 신학의 관계를 개괄적으로 서술하였다. 그러나 이 책에서는 그들의 접근 방법과 달리 청나라 말 불학 부흥의 내재적 원리에서 시작해서 당시 지식계가 전통적 가치를 유지하면서 서양 사조에 대응할 자원을 어떻게 탐색하였는가를 논하고, 불학이 어떻게 서학을 이해하는 배경 지식이 되어서 '주변'으로부터 사상사의 '중심'으로 향하였는가를 논할 것이다. 또한 서학의 깊숙한 침투와 전통의 와해로 '중심'에서 '주변'으로 이전되는 양상 등을 논하려 한다.

2) 갈조광, 「서양의 물결은 일본에서 왔다—일본 동본원사와 중국 근대 불학의 인연(西潮却自東瀛來－日本東本愿寺與中國近代佛學的因緣)」, 『갈조광자선집(葛兆光自選集)』, 광서사범대학출판사(廣西範大學出版社), 1996 참조.

고, 서양인은 미세한 세계를 현미경과 생물학으로 관찰하는 데 반해 중국의 선조들은 이러한 지식을 남겨주지 않았으나 불경에서 발굴되는 상상과 비유가 바로 중국인이 이처럼 눈으로 볼 수 없는 현상을 해석하는 데 도움을 줄 것이라고 생각하였다.

어떤 사람은 '서학중원'을 비판하였는데 이는 당연히 맞는 말이다. 중국인에게는 확실히 서양의 발명이 모두 중국의 오랜 선조 때부터 일찌감치 있었다고 말하는 습관이 있다. 그러나 다른 각도에서 생각해 보면, 중국인이 그렇게 상상하지 않았더라면 또 어떻게 역사와 전통의 경험에 없던 것을 이해하였을까? 이는 분명 '견강부회'이지만 그 당시에 견강부회는 이해에 도움을 줄 수 있었다. 사실 이질적인 문화와 교류할 때마다 이러한 견강부회의 단계를 거쳐야 하였다. 위진 (魏晉) 시대 사람들이 현학으로 불학을 이해하는 방식은 '격의'였다. 당시 서쪽에서 온 불교는 이후의 서학처럼 중앙아시아 사람의 번역과 소개를 거쳤지만 '격의'도 거쳐야 하였다. 『고승전(高僧傳)』 권4에 수록된 「진고읍축법아(晉高邑竺法雅)」에는 "(불)경의 개념을 다른 책(노장)에 끼워 맞춰서 이해하는 것을 '격의'라고 한다(以[佛]經中事數, 擬配外書[老莊], 爲生解之例, 謂之 '格義' 이[불]경중사수, 의배외서[노장], 위생해지례, 위지 '격의')"[3]라고 적혀 있다. 노자와 장자의 이중 비유와 해석을 통해서 중국인들은 비로소 불교가 말하는 것이 무엇인지를 이해하였던 것이다.

19세기 말 20세기 초의 청나라 말 사람 역시 각종 자원을 찾아서 서학을 '격의(格義), 즉 중국적으로 해석하였고 앞에서 거론한 제자학 이외에 불교의 논법으로 서양 과학 역시 격의, 즉 중국적으로 해석하였다. 본래 중국에는 자체적으로 자연 현상을 이해하는 말들이 있었다. 이 말들은 당시에도 여전히 통용되었다. 예를 들면 광서 6년(1880) 하서린이라는 이학자는 '일식 월식'을 해석할 때도 "모두가 음이 왕성하기 때문이다. 금고(金鼓) 소리는 양기를 뛰어 넘어서 음을 돕는다"라고 말하였고, '지진'에 답할 때는 또 "음이 왕성해도 그것이 있는 곳을 안정시키지 못하였다"라고 말하였다.[4]

이질적인 문화와 교류할 때마다 이러한 견강부회의 단계를 거쳐야 하였다.

불교의 논법으로 서양 과학 역시 격의, 즉 중국적으로 해석하였다.

---

3) 탕용동 교감 주석, 『고승전(高僧傳)』, 중화서국, 1992, 152쪽. '격의'에 대해서는 진인각(陳寅恪), 「지민도학설고(支愍度學說考)」, 『금명관총고초편(金明館叢稿初編)』, 상해고적출판사, 1980 참조.

4) 『청록유어(淸麓遺語)』 권1, 2쪽.

그리고 우경황(虞景璜 : 1863~1894년)이라는 독서인도 뜻밖에 별을 언급하면서 "별은 반짝반짝 빛을 내다가 빛을 잃으면 내려온다. 사람이 그것을 받으면 다른 사람이 되고 사물이 그것을 받으면 다른 사물이 된다"[1]라고 말하였다. 생각이 새로웠고 적지 않은 서양 신명사(新名詞)를 공부한 고명풍(顧鳴風)마저 광서 26년 (1900) 즉 19세기의 마지막 1년에 동물은 이산화탄소를 배출할 수만 있고 식물은 산소를 배출하는 현상을 해석할 때 역시 『시경』의 "그 잎이 무성하다(其葉肺肺기엽 폐폐)"를 근거로 삼아 이는 동물의 폐가 안에 있고 식물의 폐가 밖에 있기 때문이다 "그 폐는 어디 있는가? 바로 힘줄의 결과 피부의 결이다(其肺何在. 卽筋紋肌理是也 기폐하재. 즉근문기리시야)"라고 말하였다.[2]

그러나 그 시기에 이런 사이비적인 말들은 점점 사람들을 설득시킬 수 없게 되었다. 그렇지만 이해를 위한 지식 자원은 또 어디서 찾을 수 있을까? 바로 이런 배경에서 불교가 사람들의 흥미를 불러일으켰다. 비교적 앞 시기의 위원과 요영 등은 불교 지식으로 새로운 지식을 해석하는 방법을 통해 사람들에게 영향을 주었던 것 같다.[3] 그래서 광서 10년 (1884) 강유위는 해당(海幢)과 화림(華林)에서 불교 경전을 읽고 현미경 속의 그림(圖景)이나 빛과 전기의 속도를 떠올렸고,[4] 광서

---

1) 「수여록(睡餘錄)」, 『담원잡저(澹園雜著)』 권6, 민국 조판인쇄본.

2) 『염훤지관문존』 문2 「식물이 이산화탄소를 흡수하고 산소를 배출할 수 있는 원리에 대하여(論植物能吸炭氣方 養氣之理)」, 『눌암총고』, 선통(宣統) 3년(1911) 각본.

3) 위원은 『해국도지』에서 불교 용어로 새로운 지식을 해석하였다. 이는 후세 사람들에게 재미있는 암시를 준 것 같다. 그는 불교의 사대부주 논법을 따라서 불교의 남섬부주(南贍部洲)가 바로 서양인들이 말하는 아시아, 유럽, 아프리카이고, 불교에서 말하는 서우하주(西牛賀洲)가 바로 남북 아메리카이며, 서양인은 불교에서 말하는 네 주 중 둘을 가졌다. 사실 불교에는 동승신주(東勝神洲)도 있는데 사실 이는 남극 대륙인데 남극해 때문에 떨어져 있어서 서양인도 알지 못한다고 지적하였다. 이처럼 새로운 지식을 억지로 끼워 맞춤으로써 중국 지식인이 스스로 믿는 절대 공간에 관한 논법을 남겨주었고 크게 영향을 미쳤다. 요영은 이러한 논법에 매우 흥미로워하였다. 그밖에 그는 『초세경(超世經)』과 『누탄경(樓炭經)』의 말을 인용해서 '서양인의 지체혼 원설(地體渾員說)'을 해석하였고 더 나아가 『누탄경』이 경서를 번역한 사람이 "산경(算經)에 근거해서 번역하였다"라고 의심하였다. 특히 언급할 만한 점은 위원은 불교의 논리를 끌어들이면서 중국 고대부터 내려온 상당히 완고한 중앙 국가 관념을 무의식중에 와해시켰다는 사실이다. 왜냐하면 불교는 북극과 남극을 위와 아래로 정하고 전후좌우의 사방이라는 상대주의적 사유로 "천정에 있는 것을 북(北)이라고 하면 중토 사람은 한쪽에서 흘겨본다. 사실 천정의 북극성이 어찌 북쪽에 치우쳐 있으며 어찌 남극을 남(南)이라고 할 수 있겠는가?"라며 중국을 중앙에 놓는 고집스런 관념을 와해시켰기 때문이다. 『강유기행』 권12, 광문서국 『사료삼편(史料三編)』 영인본, 384~385쪽.

4) 『강남해자편연보』, 중화서국, 1992, 12쪽.

15년(1889) 송서는 칠보사(七寶寺)에서 비가 많이 내리는 동안 『화엄경』과 『보적경』을 읽고 마음속에 깨달은 바가 있어서 불경과 유럽의 새로운 학설을 서로 맞추어 보고 2권짜리 『인도·유럽 학문 논증(印歐學證)』을 지었다. 이 책에서는 '불경의 말이 유럽의 새로운 학설과 내용이 서로 통하는 점'을 집중 탐구해서, 불학의 '무량일월(無量日月)', '풍륜지지륜(風輪持地輪)', '인신팔만충(人身八萬蟲)'이 바로 서양인이 망원경과 현미경으로 본 천체, 지구, 세균이라 설명하였고, 유럽의 학설이 동쪽으로 와서 오히려 불교의 학설이 홀로 빛나고 먼저 발생하였음을 증명한다고 주장하였다. 그는 이것이 대단한 발견이라고 여기고 다음 해에 친구에게 보내는 시에서 '수천 년 동안 내전(內典)을 해석하였는데 실제 원리와 많이 어긋났고', 그 자신이 비로소 불학의 참뜻을 진정으로 이해하였다고 설명하였다.[5]

거의 같은 시기에 문정식은 「지과헌일초(知過軒日鈔)」에 그가 『아비달마집이문족론(阿毗達磨集異門足論)』 「삼법품(三法品)」에서 '전광유심(電光喩心)'이라는 조목을 읽고 "내가 마음을 전기와 한 부류로 묶은 것이 이 말로 증명될 수 있다"라고 말하며 아주 기뻐하였다.[6] 그리고 담사동은 「상구양판강사서(上歐陽瓣薑師書)」 22에서 "격치가는 기(器)와 수(數)를 통해 여러 원리를 얻는다. 예를 들면 행성은 모두 지구이고 어떤 별은 몇 날을 일 년으로 삼는다. 아주 작은 세계와 물 한 방울에도 아주 작은 벌레가 수만으로 계산되는 것 등을 불교 서적에서 이미 말했다"라고 말하였다.[7] 이런 분위기는 점점 만연해 갔고 아주 널리 영향을 미쳤다.

얼마 후에 많은 사대부들이 모두 이러한 새로운 시각으로 불학을 보았다. 손보선(孫寶瑄 : 1874~1924년)의 경우는 1898년에 진예경(陳睿卿)의 말을 따라 열흘 동안 『화엄경』을 다 읽은 후, 본래 불교는 백보낭(百寶囊)처럼 안에 무엇이든 다 들어 있어 "기예(技藝)라는 것에 천문산법·격치·화학·질학(지地, 화火, 수水, 풍風 네 글자는 서학을 무한히 포함한다)·광학·성학·의학·농학·공학·광학·그리고 각종 기능까지 남김없이 들어있다"는 점을 발견하였다. 그가 쓴 「태극가(太極歌)」는 서양에

---

5) 『송서집(宋恕集)』 상책, 『육자과재진담 제11 구류백씨류(六字課齋津談 九流白氏類第十一)』, 중화서국, 1993, 85쪽. 『송서집』 하책, 「답종관찰(答宗觀察)」, 788~789쪽 참조.

6) 『문정식집(文廷式集)』 하책, 중화서국, 1979, 952쪽.

7) 『담사동전집(譚嗣同全集)』, 삼련서점, 1954, 324쪽.

서 온 많은 새로운 과학 이론에 근거해서 우주의 광활함을 노래하였고, "이 세상은 불교만 있으면 알 수 있다"라는 말로 끝맺었다. 되돌아와 불경으로부터 해석을 찾아 그는 다시 서학에서 말하는 성단(星團), 성기(星氣), 나선백운(螺旋白雲), 은하수의 별들이 바로 『화엄경』 「세계품(世界品)」에서 말하는 '강 모양을 이루거나 회전 모양을 이루는 것'이고, 서학에서 말하는 지구 밖에 대기층이 있는 것은 『화엄경』 「여래출현품(如來出現品)」의 '풍륜(風輪)이 수륜(水輪)을 지지하고, 수륜이 지륜(地輪)을 지지함'이며, 불교에서 말하는 지옥의 고열은 지각 속에 있는 열이 삼천도 아래로 내려가지 않는 지구의 중심이라고 생각하였다.[1] 이처럼 어떠한 환상도 모두 실측하였다.

2

청나라 말 사람들은 불학으로 서양 과학의 '원리'를 '풀이'하는 한편 불교 교리로 서양 철학도 격의, 즉 중국적으로 해석하였다. 우리는 오늘날 그 시대 지식층의 철학적 수준을 잘 이해할 수 없고 그들이 외부 지식을 흡수하려는 열정도 충분히 헤아릴 수도 없다. 사실 19세기 말 문화인들은 외부의 세계에 매우 관심 있었고, 외국의 각종 철학·문학·역사 지식도 상당히 많이 알고 있었다. 구정량(裘廷梁 : 1857~1943년)이 광서 24년(1898)에 『백화총서(白話叢書)』를 창간할 때 많은 서양의 인물과 사건을 소개하였다. 예를 들면 미국의 역사, 일본의 개혁, 더 나아

불교 교리로 서양 철학도 격의, 즉 중국적으로 해석하였다.

---

1) 『망산려일기(忘山廬日記)』, 상해고적출판사, 1983, 165쪽, 182쪽, 184쪽, 395쪽. 이런 예는 많다. 광서 23년(1898) 12월 7일, 그는 장태염과 교생수(蛟生水)를 논할 때 "물속에 있는 미생물이 변하기 때문에 화생(化生)이라고 한다." 난생(卵生)이나 습생(濕生)이 아니니, 즉 『능가경(楞加經)』에서 말하는 "습하여 합감(合感)하고 변해서 리응(離應)한다." 그리고 "리(離)는 곧 이것으로 다른 것을 변화시키는 것이고 합(合)이란 두 가지 질이 서로 어울려 이루어지는 것이다"라고 하였고, 이를 근거로 송나라 학자들이 "공허한 원리를 많이 말하였는데 공허하고 이치에 맞지 않았다"라고 비판하였다. 같은 책, 157쪽. 광서 28년(1902). 그는 또 일기에서 남녀가 정을 통하는 것에 대해서 "정(精)에는 미생물이 있어서 정충(精蟲)이라고 한다. 이는 최근 모두가 배워서 잘 알고 있고 사람들이 항상 말한다"라고 하였다. 그러나 곧바로 불교 서적을 떠올려서 "불서에는 이미 그 말이 있다. 『대론』에는 '몸속의 욕충(欲蟲)은 사람이 합할 때 남충은 하얀 정으로서 눈물처럼 밖으로 나가고 여충은 붉은 정으로서 토하듯 밖으로 나간다'라고 한다"라고 하였다. 『망산려일기』, 광서 28년(1902) 3월, 503쪽.

가 프랑스의 중국 학자 스타니슬라 줄리앙(Stanislas Aignan Julien : 1797~1873년)과 상득립(桑德立 : 미상) 등이다. 그의 소개가 너무 낡고 일반적이라고 싫어하는 사람도 있었다. 고명풍(顧鳴風)은 『태서인물지(泰西人物志)』를 편찬해서 서양의 '유명한 학자'인 몽테스키외·홉스·벤담·스펜서·칸트·피히테·헤겔 등을 소개하였을 뿐 아니라 『유럽 각국 인물고(歐洲各國人物考)』도 지었다.[2] 그러나 그는 결코 복잡한 서양의 철학 원리를 이해할 수는 없었던 것 같다. 그래서 그가 지은 『명유지(明儒志)』는 마치 인물의 일대기처럼 써졌을 뿐이고, 그들의 학설을 서술할 방법은 없었던 것 같다.

그러나 19세기 말의 선구적 인물들은 이미 서양의 인문 지식을 상당히 깊이 이해하고 있었다. 담사동의 경우는 이미 불교 사상으로 서양 철학의 우주론을 해석하고 불교의 학설로 서양의 의학과 심리학을 이해하였으며 불교적 상상으로 서양의 과학기술을 이해하면서 서양 이론과 불교 이론을 거의 전면적으로 혼합하였다. 『인학(仁學)』에서 그는 본래 오안주(吳雁舟)의 부탁을 받아 먼저 불교의 종풍(宗風)을 마음껏 서술한 다음 변법의 대의를 진술하였다고 스스로 밝혔다.[3] 그리고 「에테르설(以太說)」에서는 '에테르'로부터 낭(浪)·역(力)·질(質)·기(氣)를 중요하게 다루었고 다시 한 번 불교의 '법계'·'허공'·'중생'을 끌어들여서 불교 이론으로 서양 이론을 해석하는 취향을 드러냈다.[4] 세기가 교체될 무렵 문정식(文廷式)이 쓴 필기에서는 불타(佛陀)로 칸트를 이해하고 용수(龍樹 : 나가르주나)를 라이프니츠에 비유하였으며 마명(馬鳴 : 아슈바고샤)을 스피노자에 빗대어 상상하였으며 더 나아가 불교 경전으로 플라톤의 『대화편』을 해독하였다.[5]

이어서 20세기에 들어서는 장태염이 『유가사지론(瑜伽師地論)』과 『능가경(楞伽經)』을 읽고 '칸트와 쇼펜하우어의 책을 이해할 수 있었고',[6] 송서(宋恕)는 '인도의 인명론(因明論 : 논리학)의 3법칙'을 통해 '그리스 철학의 삼단논법'을 이해하였

---

2) 고명풍(顧鳴風), 『태서인물지(泰西人物志)』, 『눌암총고』, 선통 3년(1911) 각본.

3) 「왕강년에게 보내는 편지(致汪康年書)」 3, 『담사동전집(譚嗣同全集)』, 삼련서점, 1954.

4) 「에테르설(以太說)」, 같은 책, 119쪽.

5) 『문정식집(文廷式集)』 하책, 중화서국, 1993, 953~956쪽.

6) 『장태염연보장편(章太炎年譜長編)』 권2, 198쪽.

고, 그리스가 "원인(因)이 둘이고 결론[宗]이 하나이지만 사례[喩]는 없다"[1]라는 점에서 인명학(因明學)과는 다름을 발견하였다.[2] 더 늦은 시기에 양계초는 칸트의 학설을 번역하고 소개할 때 불교 유식학도 서술해서 중국인에게 불교의 '진여(眞如)'로 칸트의 '진아(眞我)'를 사유하고 불교의 '무명(無明)'으로 칸트의 '현상의 나'를 이해시키려 하였다. 왜냐하면 그는 "칸트의 철학이 불학과 아주 유사하다"라고 생각하였기 때문이다.[3] 1920년대에는 양수명(梁漱溟)의 「구원결의론(究元決疑論)」에서 불교 상종(相宗)의 학설이 서양의 칸트와 밀의 '가지론'과 '불가지론'과 유사하다고 말하였다.[4] 이 시대 지식층은 빈틈없고 상세하게 검토하면서도 그것들에 이치상으로 서로 비교할 수 있는 부분이 있는지를 반드시 자세하게 따지지는 않고 여전히 의미상의 근접성과 유사성만을 생각하였다.

　'불학을 가져다 서학을 이해한 내용'이 맞느냐 틀리느냐는 우선 논외로 하겠다. 19세기 말 중국에서는 불학으로 새로운 지식의 풍토가 점점 자라났고 이런 풍토는 또 본래 주변에 있던 불학을 점점 사상사의 중심으로 진입시켰다. 이는 당연히 앞뒤가 맞지 않고 견강부회일 수 있지만 문화가 접촉하는 과정에서 이런 현상은 필연적 과정이다. 적어도 이로써 서학의 많은 철학적, 과학적 지식이 분명히 이해된 것 같았다. 불학의 안내를 통해서 그들은 서양인이 말하는 것이 본래 이런 원리였음을 문득 깨달았다! 수구적 인사들은 물론 "저 서학은 불학의 후예일 뿐이다"라고 더욱 수구적인 태도로 말하였을 수도 있다. 그러나 새로움을 추구하는 사람들은 여기서 신지식의 깨달음을 얻었다. 본래 우리의 이 현상 세계는 몇 천 년 동안의 전통적 설명과 결코 같지 않다. 그와 반대로 서양 과학이 우주의 모습을 실측해 낸 점은 궁극적으로 불교의 불가사의의 방법과 공통점이 있다. 서양인이 자랑하는 정밀한 철학적 원리는 분명히 불교의 용어로 이러이러하게 이해하고 해석할 수 있었다. 이는 비록 '격의'였지만 도리어 효과적이기도 하였고, 불교

불학으로 새로운 지식의 풍토가 점점 자라났고 이런 풍토는 또 본래 주변에 있던 불학을 점점 사상사의 중심으로 진입시켰다.

---

1) 여기서 종(宗), 인(因), 유(喩)는 인도 논리학의 빠라아누마아나(Para-anumana)의 삼지작법(三支作法)을 이루는 세 요소이다. 송서는 삼단논법의 대전제와 소전제를 인, 결론을 종에 해당하는 것으로 보았다. 따라서 유에 해당하는 요소가 없다고 판단하여 위와 같이 말한 것으로 추정된다(역자 주).

2) 『송서집(宋恕集)』 상책, 「난죠 분유와의 필담 기록(和南條文雄筆談紀錄)」(1093), 360쪽.

3) 『음빙실합집(飮冰室合集)』 문집13, 「근세 최고의 철학자 칸트의 학설(近世第一大哲康德之學說)」.

4) 『중국 불교사상 자료선편(中國佛敎思想資料選編)』 3권 4책, 중화서국.

가 과거에 생각하였던 것처럼 '전혀 쓸모없는 것'이 아님을 알 수 있었다.

이 때문에 강유위, 문정식, 담사동, 오가서, 송서, 왕강년, 하증우, 양계초, 장태염, 호유지, 손보선, 심증식 등 당시 중국에서 가장 뛰어난 학자들이 모두 약속이나 한 듯 불교에 관심을 갖기 시작하였다.[5] 또 이로 인해 19세기 말 20세기 초중국의 불교에 결국 서양 바람이 들어오는 격동의 시기에 일대 부흥의 희망이 나타났던 것이다. 바로 장상(張相)이 사무량(謝無量 : 1884~1964년)의 『불학대강(佛學大綱)』서문에서 말한 것처럼 "청나라 말기에 객관적 상황은 극히 변하였고 사물의 본질을 탐구하는 사람들은 작은 것을 과장하여 공부가 모두 온전하지 않았다. 이는 교지(教旨)가 굳건하기 때문이다. ……10년 동안 손으로는 범문을 들고 입으로는 대승을 말하는 현상이 연이어 일어나서 뛰어난 학자가 계속 등장하여 쉼 없이노력하였고 모든 학술 풍토가 또 한 번 크게 변하였다."[6]

3

일본으로부터의 자극

청나라 말 중국 불교의 일시적 부흥은 중국 지식계가 몸을 돌려 사상적 자원을 찾았다는 내재적 원인 말고도 일본으로부터의 자극이라는 외재적 배경도 어느 정도 있었다. 사실 근대 중국의 사상사의 많은 문제는 모두 동쪽 바다의 섬나라(일본)와 불가분의 관계에 있다. 그것은 마치 늘 근대 중국의 사상사의 희미한

---

5) 유이기(劉爾炘)는 "최근 학문을 하는 자들은 걸핏하면 불교 서적을 끌어들인다. 마치 이렇게 하지 않으면 사람들의 마음을 움직일 수 없는 것 같다"라고 말하였다. 유이기, 『과재일기(果齋日記)』 권6, 을미졸수산방 소장판(乙未拙修山房藏版), 6쪽. 이 판본의 앞에는 광서 23년(1897) 자서가 있다.

6) 『불학대강(佛學大綱)』 권수, 중화서국, 1916, 1936년 제1판. 여기서는 자연스럽게 두 가지 예를 들 수 있다. "광서 26년(1900)에 왕소서(王小徐), 왕윤중(汪尤中), 포천소(包天笑)가 저명한 문인 괴광전(蒯光典)의 집에 갔다. 괴광전은 불학을 많이 연구하였고 항상 우리와 불학에 대해 이야기를 나누었다. 그는 불교가 아주 넓은 범위를 원용하고 있음에 항상 감탄하였다. ……그는 상대가 이해하는지와 무관하게 늘 흥미진진하게 이야기하였다." 포천소(包天笑), 『천영루회고록(釧影樓回憶錄)』, 홍콩대학출판사(香港大學出版社), 1971, 212쪽. 광서 30년(1904) 강남의 학당에서 '『법화경』과 『능엄경』을 과목으로 두는' 현상도 있었다. 홍일법사(弘一法師)의 「사범학교 감독에게 보내는 편지(致師範學校監督書)」, 『팔지두타시문집(八指頭陀詩文集)』, 악록서사, 1984, 481~482쪽.

배경과도 같았다. 중국이 '호랑이 여러 마리 사이에 한 마리 양이 있는 것'과 같은 위급한 상황에 처하였을 때[1] 바다 하나를 거리에 둔 동쪽의 이웃 일본은 반대로 약한 양에서 맹호로 변하였다. 청나라 말 광서 연간(1875~1908)은 대략 일본의 메이지시대(明治時代 : 1867~1912년)에 해당한다. 메이지시대의 일본은 유신이 매우 강렬히 실시되어서 옷도 바뀌고 심신도 바뀌었으며, 정신을 바짝 차렸고 활력도 격렬히 발휘하였다. 동쪽 바다에서 온 이 파도는 어느 때는 대청국의 제방에 충격을 주어 대제방 위에 있는 파수꾼들이 놀라 식은땀을 흘리기도 하였다. 광서 원년(1875)에 정일창은 황제에게 보고서를 올려서 "일본이 높은 모자를 쓰고 넓은 허리띠를 매는 낡은 관습을 바꾸고 윤선(輪船)과 비포(飛跑)를 새롭게 만드는 법을 배우는 것"을 경계해야 한다고 말하였다.

그러나 그들이 옷을 바꿔 입는 것만을 보고는 다른 사람의 정신이 바뀐 것을 알 수는 없었다. 옹동화 역시 일본인이 "은밀히 계책을 세워 늘 남의 근심거리가 됨(陰而有謀, 固屬可慮음이유모, 고속가려)"을 보았지만, 결국 일본은 그래도 작은 나라라고 여기고 "가난해도 남에 의지하지 않으면 더 걱정스럽다(窮而無賴, 則更可憂궁이무뢰, 즉갱가우)"라고 말하였다.[2] 그리고 동쪽의 이웃은 유신 이후에도 남의 집을 터는 '왜구'라고 생각하고 두 나라가 세계적 범위에서 지위가 바뀌고 실력의 측면에서 변화가 생긴 것을 결코 연관시키지 않았다. 광서 8년(1892) 정효서(鄭孝胥 : 1860~1938년)는 일본의 신정을 직접 목격하고도 대수롭지 않다는 듯이 일본인이 '겉으로는 좋은 듯 보이지만 나라 사정은 더 나쁘고' 도리어 '한학이 갈수록 쇠퇴해서' 일본인이 이전의 돈후한 기상을 잃었다고 한껏 폄훼하였다. 그래서 일본의 약간의 혼란을 보고 남의 재앙을 기뻐하듯 "하늘이 일본을 망가뜨린 것은 서양 학술을 배운 것에 대한 벌인지는 아직 알 수 없다……(天敗之以爲學西法者之戒, 未可知也……천패지이위학서법자지계, 미가지야……)"라고 말하였다.[3]

그러나 결국 19세기 말 중국인의 '천조대국(天朝大國)'은 위기가 점차 출현하고 있음을 느꼈다. 메이지유신(明治維新 : 1868년 일본 메이지 왕明治王 때 에도 막부를 무

---

1) 이는 왕강년의 『중국자강책(中國自强策)』에 나오는 비유이다.
2) 진의걸(陳義杰) 정리, 『옹동화일기』 제3책, 중화서국, 1993, 1113쪽.
3) 『정효서일기(鄭孝胥日記)』, 311쪽, 334쪽, 261쪽.

너뜨리고 왕정복고를 이룩한 변혁 과정) 이후 일본이 점점 강성해졌다는 사실 때문에 중국 문화인의 심리는 기울어졌다. 그들은 상황이 변한 동아시아의 구도와 대면할 수밖에 없었다. 말하자면 그때 일본에 대한 중국인의 심정은 아주 복잡하였다. 한편으로는 적지 않은 사람들이 여전히 일본을 '비좁고 작은 나라'로 여기고 일본의 탈아입구(脫亞入口)적 전환을 근본적으로 못마땅해 하였다. 마치 자신의 문하에 있는 학생이 갑자기 자신을 배반하고 다른 사람에게로 가는 것을 본 것처럼 마음속으로 집안이 텅 빈 듯한 처량함을 느꼈다. 이미 '모든 일이 뜻대로 되지 않는' 현실은 비통함과 굴욕을 더해주었던 것이다. 게다가 고개 숙이기를 달가워하지 않던 구식 지식인의 오만과 이미 쇠락하였다는 상실감이 더해질 수밖에 없었다. 그러나 다른 한편으로 일본의 신속한 부상을 많은 사람들은 흠모하였고 구식 지식인은 오늘날 일본을 배우는 학생이 될 수밖에 없었다. 1899년 송서(宋恕)는 그의 친구에게 보낸 편지에서 "지금의 일본은 문명의 수준이 중국보다 앞서는 정도가 억조 대 일의 비율을 넘어선다(今日之日本, 文明之度勝中國非但億兆之與一比例也금일지일본, 문명지도승중국비단억조지여일비례야)"라고 말하였다. 그가 이처럼 극단적이었던 이유는 일본이 한 해에 출간하는 신서가 2만5천 종인데 중국의 고서는 만여 종을 넘지 않아서 "일본이 1년에 출간하는 수보다 한참 못 미친다"라는 데 있었다.[4]

이보다 조금 앞선 시기에 구정량과 그의 누이동생이 구어체로 쓴 『일본지략(日本志略)』에서도 일본이 "앞으로…… 절대 다른 나라로부터 기만과 모욕을 당하지 않을 것이다"라고 말하였다. 그들이 이처럼 긍정했던 원인은 "유럽에서 읽는 모든 책이라면 일본인은 모조리 읽었다"라는 데 있었다.[5] 그래서 양무에 정통하였음을 자처하는 신파학자(新派學者) 고명풍(顧鳴風)은 중국이 일본을 본보기 삼아 자강을 도모할 것을 제안하였다. 그 이유로는 다음과 같이 제시하였다. 세상의 변화는 매우 빠르고 서양 학문도 끊임없이 진보하는데 중국인이 서양 언어를 배우려면 "오랫동안 혀가 굳어서 후음, 치음, 설음 등의 글자는 그 소리를 반 이상

---

4) 「손중개에게 보내는 편지(與孫仲愷書)」(1899년 12월 30일), 『송서집(宋恕集)』 하책, 695~697쪽.
5) 『백화총서(白話叢書)』, 청화대학도서관 소장 청말 간행본(淸華大學圖書館藏淸末刊本).

따라할 수 없다." 그러나 일본어는 그와 달리 "중일 양국의 언어가 같은 계열에 속해서 중국인이 일본 글자를 배우는 데는 서양의 언어문자를 배우는 것보다 힘을 반만 들이고도 두 배의 효과를 얻는다." 그리고 일본은 유신 이후로 서양의 유용한 서적을 "모두 일본어로 번역해서 훌륭하게 완비되어 있다." 그래서 먼 것을 버리고 가까운 곳에서 찾는 것이 여전히 더 낫다는 것이다.

고명풍의 이 제안에서 "서양 서적을 번역하는 것보다 일본 서적을 번역하는 것이 낫다"라는 생각이 결코 장지동과 양계초 개인의 의견이 아님을 알 수 있다.[1] 두 가지 심정에 한 가지 방법이 더해진 것이다. 그것은 바로 중국인의 머릿속에 "우리가 일본을 배우는 것은 일본을 배우는 것에 있지 않고 서양을 배우는 것에 있다"라는 아주 독특한 일본 관념이 생겨났다는 점이다. 간략히 말하면 일본을 서양 학습의 창구 정도로만 생각하였던 것이다. 따라서 당시 중국은 입으로는 일본에 굴복하지 않았지만 마음 깊숙한 곳에서는 일본에서 전해진 각종 소식을 아주 중요시 하였고 일본에 어떤 바람이 불어서 풀이 흔들리면 곰곰이 생각하는 것도 잊고 추측하였고, 일본에 어떤 수상한 낌새가 있다고 들으면 분석하고 연구하면서 제대로 배우지 못할까봐 몹시 두려워하는 사람도 있었다. 그래서 일본의 정치, 경제, 문화에 대한 많은 소식이 중국에서 모두 연쇄반응을 일으켰다. 심지어 길에서 주워들은 근거 없는 말들도 진실로 받아들이고 모방하였다. 비록 견강부회하는 뛰어난 효능이 있을 수도 있지만 간혹 사족을 붙이는 현상도 출현할 수 있었다. 그중 하나가 바로 불교에 대한 소식이었다.

사실 당시 일본 불교는 미묘한 상황에 처해 있었다. 많은 일본 학자가 지적하였듯이 에도시대(江戸時代 : 1603~1867년, 도쿠가와 이에야스德川家康가 권력을 장악하여 에도 막부를 설치하여 운영한 시기)에 불교가 종교를 모두 관할하는 국교가 된 후부터 일본 불교는 끊임없이 부패하였고 생기 있는 사상은 점점 사라져 갔다. 그리고 형식적이고 실용적인 종교로 타락하였다. 이 때문에 신도(神道)와 유교로부터 격렬하게 공격받았다. 메이지 1년 '제정일치'를 선포하고 '신불분리령'을 내린 후

사실 당시 일본 불교는 미묘한 상황에 처해 있었다.

---

1) 고명풍(顧鳴風), 『염훤지관문존』 문2, 「지난 30년 간 우리 중국인은 각종 서양 기술을 숭상하였다……(三十年來吾華人崇尙各種西藝……)」, 『눌암총고』, 선통 3년(1911) 판각본과 장지동(張之洞), 『권학편(勸學篇)』 참조.

에 일본 불교의 정신적 사상적 영향력은 더욱 축소되었다. 그래서 내외적인 압력 속에서 불교 내부에도 차츰 일종의 자기 개혁의 동력이 생겨났다. 이노우에 엔료(井上圓了 : 1858~1919년), 기요자와 만시(淸澤滿之 : 1863~1903년), 오오우치 세이란(大內靑巒), 이시카와 슌타이(石川舜台 : 1842~1931년), 무라카미 센조(村上專精 : 1851~1929년) 등으로 대표되는 신흥 불교 세력은 불교의 정신적 속죄와 사회 진흥의 역할에 더욱 주목하였다.

동시에 서양의 철학적 원리와 과학으로 불교 사상을 재해석해서 기독교와의 경쟁 속에서 자신의 위치를 부단히 조정하는 데 특히 관심을 가졌다.[2] 특히 불교가 극도의 곤경에 처하였을 때 그들은 한편으로는 극단적 민족주의의 방식으로 메이지 정부의 협조를 구하였다. 예를 들면 오오타이 코즈이(大谷光瑞 : 1876~1948년), 마에다 에운(前田慧雲 : 1855~1930년)은 메이지시대에 일본 군국주의와 전쟁 행위를 지지하였다.[3] 한편으로는 세속주의적 입장을 띠고 해외에서 불교의 영토를 넓혔다. 예를 들면 메이지시대에 유학승을 구미 지역으로 파견하여 과학 지식과 철학 사상을 배우게 하였고 선교 요원을 아시아 각국에 파견해서 일본 불교의 사상과 근본정신을 전파하였다.[4] 사실 이는 모두 일본 불교가 생존 공간을 쟁취

---

2) 메이지시대 일본 불교에 관해서는 츠지 젠노스케(辻善之助), 『일본불교사연구(日本佛敎史硏究)』 제4권, 「일본 불교사의 연구 속편(日本佛敎史の硏究續編)」 하, 도쿄, 암파서점, 27쪽. 미야모토 쇼손(宮本正尊), 『메이지 불교의 사조-이노우에 엔료의 사적(明治佛敎の思潮-井上圓了の事迹)』, 도쿄, 교성출판사(佼成出版社), 1975. 이에나가 사부로(家永三郎), 「일본의 근대화와 불교(日本の近代化と佛敎)」, 『강좌근대불교(講座近代佛敎)』 제2권 역사편, 도쿄, 법장관(法藏館), 1961, 11쪽. 사쿠라이 타다시(櫻井匡), 『메이지종교사연구(明治宗敎史硏究)』, 도쿄, 춘추사(春秋社), 1971.

3) 이에나가 사부로(家永三郎), 「일본의 근대화와 불교(日本の近代化と佛敎)」, 『강좌근대불교(講座近代佛敎)』 제2권 역사편, 16~17쪽.

4) 일본 불교가 메이지시대에 구미 지역에서 펼친 활동은 야마구키 세쓰산(天岫接三), 『선승유학사시(禪僧留學事始)』, 하나조노대학 선문화연구소(花園大學禪文化硏究所), 1990과 사쿠라이 타다시(櫻井匡), 『메이지종교사연구(明治宗敎史硏究)』, 89쪽 참조. 메이지시대 일본 불교의 아시아 정책에 대해서는 이케다 히데토시(池田英俊), 『메이지의 신불교 활동(明治の新佛敎運動)』, 도쿄, 길천홍문관(吉川弘文館, 요시카와코분칸), 1976과 미치하다 료슈(道端良秀), 「일본 불교의 해외포교 - 특히 중국 포교에 대해서(日本佛敎の海外布敎 - 特に中國布敎について)」, 『강좌근대불교(講座近代佛敎)』 제5권 생활편, 도쿄, 법장관(法藏館), 1961 등을 참조할 수 있다. 특히 혼바 아케시(本場明志)의 동본원사 해외 선교에 관한 시리즈 논문 「동본원사 중국 포교의 기초적 연구(東本愿寺中國布敎の基礎的硏究)」(케이카 아츠요시桂華淳祥 공저), 『오타니대학 진종종합연구소기요(大谷大學眞宗綜合硏究所紀要)』, 1987과 「동본원사 중국 포교에서 교육사업(東本愿寺中國布敎における敎育事業)」, 『진종연구(眞宗硏究)』, 제34집, 1990과 「근대에서 일본 불교의 아시아 전도(近代における日本佛敎のアジア傳道)」, 일본불교연구회(日本佛敎硏究

하기 위한 노력이었다.

4

    19세기 말에서 20세기 초까지 일본 불교계 특히 정토진종파(淨土眞宗派)는 중국에 아주 깊게 침투하였고 크게 영향을 끼쳤다. 허식암(許息庵), 심선등(沈善登 : 1830~1902년), 장상성(張常惺), 장문호(蔣文虎), 동전본(童傳本) 등 지방 명현이 동본원사파(東本願寺派)의 마츠바야시 코존(松林孝純)과 마쓰에 겐데스(松江賢哲)와 가깝게 지냈을 뿐 아니라 당시에 가장 유명하였던 일류 학자와 거사, 승려였던 유월, 양인산, 기선(寄禪)도 그들과 깊게 교류하였다.[1] 그리고 진종정토 계열의 책들이 널리 퍼졌을 뿐만 아니라 각종 일본의 불교 연구 서적인 아네사키 마사하루, 무라카미 센조, 이노우에 엔료, 다카쿠스 준지로(高楠順次郎 : 1866~1945년)의 저작도 지식층에 점차 유입되었다. 상해, 소주, 항주와 많은 지역에서 모두 일본 불교의 '별원(別院)' 혹은 '학당'이 등장하였다. 당연히 중국인이 일본 불교의 의도를 전혀 몰랐던 것은 결코 아니다. 일본에 대한 자연적인 경계심만으로도 몇몇 사람들은 일본 불교의 확장을 일본의 확장으로 여겼다.

    중국 문화인은 늘 민족주의의 입장에 서서 일본의 불교 조직이 중국에서 사원을 건립하고 교의를 선전하는 세속주의 전략에 결코 그리 찬성하지는 않았다. 제일 먼저 양인산은 일본 승려 환인(幻人)의 『법화경성리회해(法華經性理會解)』를 첨예하게 비판하고 그의 일본 친구인 난죠 분유에게 편지를 서서 일본 불교의 침투에 대한 자신의 생각을 완곡하게 드러냈다.[2]

    그보다 뒤에 항주 지식인 항조형(項藻馨 : 1873~1957년)도 왕강년에게 보내는

會) 편, 『일본의 불교(日本の佛敎)』 제2종, 법장관 등을 참조할 수 있다.

1) 『동본원사 상해 개교60년사(東本愿寺上海開敎六十年史)』, 일문본(日文本), 동본원사상해별원(東本愿寺上海別院), 1937.

2) 『등부등관잡록(等不等觀雜錄)』 권5 「승려 환인에게 보내는 편지(與釋幻人書)」 제1, 2 그리고 권8 「일본 난죠 분유에게 보내는 편지(與日本南條文雄書)」 제22.

편지에서 20세기 초 항주의 지식계가 일본의 동본원사의 이토 겐도(伊藤賢道)가 그곳에 별원과 학당을 설치하는 것에 저항한 일과 일본 불교가 강한 힘을 이용해서 중국 관청을 압박하고 중국 승려를 유혹하는 과정을 상세하게 기록하였다. 그는 "불교 학당을 세울 수는 있다. 그러나 결코 일본 승려가 주지가 되게 해서는 안 되고, 일본 불교 학당이 세워지도록 허락할 수는 있다. 그러나 또 중국 사원을 개조할 수는 없다. 외국 종교가 중국에 전파되어 여러 가지로 처리하기가 난처하게 되었는데 또 일본의 교도(敎徒)까지 더해지면 앞으로 어떻게 대책을 강구할 수 있겠는가?"라고 말하고, "우리들은 냉혈류가 아니다. 이런 일을 접하면 자기도 모르게 미쳐버린다(吾等非凉血類, 遇此等事, 不覺發狂오등비량혈류, 우차등사, 불각발광)"라고 아주 격하게 말하였다.[3]

 편지를 받은 왕강년(汪康年 : 1860~1911년)은 심리적 불만을 주체하지 못하고 광서 33년(1907) 6월 15일자 『경보(京報)』에 실린 「일본 승려가 중국에 와서 선교하는 것은 잘못되었다(論日本僧人至中國傳敎之非)」에서 "나는 일본이 수차례 우리나라에서 불교를 전파하면서 바라는 것이 과연 무엇인지 모르겠다(吾不知日本屢以在吾國宣傳佛敎爲要求오부지일본누이재오국선전불교위요구)"라는 날카로운 말로 자신의 의심과 근심 그리고 경계심을 드러냈다. 그는 만약 불교를 선전하는 것이라면 중국의 불교 사원이 많은데 꼭 일본인이 와서 여러 번 말할 필요가 없다. 다른 목적이 있다면 그 목적은 또 무엇인가? 일본인 승려는 늘 각지에 가서 지방관을 찾아 선교를 요구하고 또 늘 외무부를 찾아가 불교 전파를 요구한다. 왕강년은 일본 승려가 분명 못된 생각을 품고 있음을 은연중에 밝혔다.

 그러나 일본이 날로 강대해지고 흥성하는 상황 속에서 더 많은 중국의 문인은 일본 불교의 소식을 오독(誤讀)하였다. 일본의 부강을 흠모하고 중국의 장기적 쇠약을 우려하면서도 유교의 도리를 좋아하는 중국 지식인들의 눈에 불교에 대한 근대 일본의 존중과 관용, 일본 불교의 근대 사상의 입장 조정, 불교와 과학과 철학의 융통, 이 모두가 일본 근대화의 동력으로 오독되고 중국 불교의 진흥과 중국 사회 변혁을 위한 하나의 처방으로 여겨졌다. 그들은 중국도 불교를 부흥시

오독(誤讀)

---

3) 항조형(項藻馨), 「왕강년에게(致汪康年)」, 『왕강년사우서찰(汪康年師友書札)』 제3책, 2236쪽.

킬 수 있다면 반드시 일본처럼 빠르게 강대해 질 수 있다고 생각하였다. 예를 들어 양인산(楊仁山 : 1837~1911년)은 「미래를 본다(觀未來)」에서 다음과 같이 말하였다. "지나(支那 : 중국)의 쇠퇴가 극심하다." 불교만이 세상 사람을 깨우칠 수 있다. "이 꿈에서 깨어나게 하려면 불교가 아니면 할 수가 없다." 그래서 손보선(孫寶瑄 : 1874~1924년)은 『메이지신사(明治新史)』를 읽고 "일본의 유신 개혁은 불교를 폐기한 것이 결코 아니다. ……그 후 학교 규모가 대체로 정착되었고 내전(內典) 역시 한 과목을 설치해서 결국 불교를 크게 흥하게 하였다"라고 감탄하며 이 일이 공덕이 매우 큰 좋은 일이라 생각하였다.[1]

그리고 송서(宋恕)는 그의 스승 유월에게 보내는 편지에서 일본 불교가 크게 흥성하였고 불학이 대학의 강좌가 되어 어떤 사람은 범어를 정성껏 연구하고 각종 고본이 연이어 출간되었으며 강연이 아주 많고 학보도 아주 많기 때문에 아주 소수의 사람만 기독교에 귀의한다고 흥분하며 말하였다. 그는 "비록 정치 개혁(政修)이라 말하지만 또한 불교의 번창이 이렇게 만들었다(雖日政修, 抑亦佛敎之昌使然수왈정수, 억역불교지창사연)"고 말하였다. 그의 결론은 다음과 같다. "정치 개혁은 박애에 기초한다. 박애는 불교에 감화하는 것에 기초한다(政修基於博愛, 博愛基於感佛정수기어박애, 박애기어감불)." 왜냐하면 불교를 믿어야 사람이 잔인한 마음을 줄일 수 있고 사람에게 잔인한 마음이 없으면 정치가 번영할 수 있기 때문이다.[2] 그래서 일본 난죠 분유에게 보내는 편지에서 불교가 유교와 기독교보다 이상적 경지가 고명하다. 특히 화엄과 법상의 이상이 더 높아서 지론을 펴면 또 통한다. 중국 불교는 이미 끊어진 지 오래 되었다. "다행히 귀국의 명사들이 연이어 지금까지 이어오니 한 줄기 광명이 오늘날 점점 크게 퍼진다(幸得貴土名師相續至今, 一綫光明, 今漸大放행득귀토명사상속지금, 일선광명, 금점대방)"라고 말하였다.[3] 그래서 일본 불교의 한줄기 광명을 중국으로 끌어다가 화하를 넓게 비치고자 하였다.[4]

---

1) 『망산려일기(忘山廬日記)』, 1898년 10월 25일, 상책, 278쪽.

2) 「난죠 분유에게(致南條文雄)」 1903년 10월 23일, 『송서집(宋恕集)』 상책, 615쪽.

3) 「우상유사서(又上兪師書)」 1898년 7월 13일, 『송서집』 상책, 558쪽.

4) 이러한 생각은 20세기에 와서도 여전히 존재하였다. 태허는 그의 명문장 「중흥불교 기선 화상전(中興佛敎寄禪和尙傳)」에서 "일본이 크게 일어선 것은 사실 불교가 원동력이었다(日本勃興, 實佛敎爲原動力일본발흥, 실불교위원동력)"라고 말하였다. 1930년대 초까지도 어떤 사람은 일본 문부성에 불교도 4천1백여만 명이 등재되어

따라서 우리가 19세기 말 20세기 초 지식계 인사의 일기, 필기, 여행기를 읽으면 다음과 같은 사실을 알 수 있다. 문인 하나하나가 일본에 가서 모두 불교의 사정을 알아보려 하였고, 절반은 그곳에서 상실된 옛 꿈을 찾아 나섰고 절반은 그곳에서 진흥의 풍향을 탐색하였다. 일본에 가보지 않은 문인은 바다 건너에서 일본의 소식을 알아보고 때로는 일본 불교 서적을 읽고 때로는 일본에서 중국으로 온 승려들과 이야기를 나누었고, 바로 이 소식들이 중국 지식층에게 준 계시가 청나라 말 중국 불교의 부흥을 자극하였다.

이때 일본 불교가 중국 문화인에게 전해준 소식은 상당히 많다. 예를 들면 불교 역사의 새로운 정리, 불교 교의의 새로운 해석, 불교 연구 방법의 근대적 전환, 불교 사상의 철학적 해독 등이 그것이다. 그러나 중국의 당시 지식계에 가장 요긴한 것은 불교가 사회 변혁에 가지는 의미였다. 현재 사람들이 그 시대를 어떻게 보느냐와 관계없이 아마 모두가 19세기 말 20세기 초 사람들의 마음속에 만연하였던 매우 위급한 심정을 그냥 넘어가기란 어려울 것이다. 견고한 배와 예리한 대포는 아편을 끼고 들어왔고 서양 사상도 가지고 와서 중국의 사상 세계와 문화 세계가 모두를 당황에 빠뜨렸고 '천조대국'의 몽상은 서양과 일본의 부상 속에서 파멸하였고 이로 인해 민감한 지식인들은 전에 없던 위기감을 가졌다. 양인산은 「미래를 본다(觀未來)」에서 "지나는 상당히 망가졌다. 뜻있는 선비들은 열성적으로 움직이며 형세가 점점 악화되는 것에 가슴아파하였지만 상황을 역전시킬 수는 없었다"라고 비통해 하였다.[5] 일부 정계의 실용파(實用派) 인사들과 깨어있는 양무파(洋務派) 인사들이 기계, 화포, 법률, 제도 등 구체적인 제도 개혁과 혁신을 더욱 중시한 것 이외에 19세기 말부터 상당히 많은 문화인이 모두 사상과 문화적 차원의 자기 진작에 주목하기 시작하였다. 바로 이러한 이유 때문에 그들은 일본 불교라는 당시의 중요한 사상에 자못 관심을 가졌다. 그리고 불교가 '자

있는 것을 보고 "일본인이 부강할 수 있는 것은 일본인의 근로와 절약 때문이다. 그리고 이렇게 될 수 있는 까닭은 또한 그들이 모두 불교에 의해 길러졌고 그 교의가 검약에 적합하였기 때문이다"라고 판단하였다. 『해조음문고(海潮音文庫)』 병편, 『불학족론(佛學足論)』 제5종, 불학서국(佛學書局), 1931. 『증보손회고록(曾寶蓀回憶錄)』, 후부섭기걸부식이인곤산교육국장번음각문(後附聶其杰附識二引昆山敎育局長藩吟閣文), 악록서사, 1986, 참조.

5) 『등부등관잡록(等不等觀雜錄)』 권1, 『양인산유서(楊仁山遺書)』 제7책.

신감을 불러일으키고', '나라를 지키고 진리를 사랑하는' 의미를 강조하고 불교의 사회적 역할을 새롭게 규정하였다.

불교가 '자신감을 불러 일으키고', '나라를 지키고 진리를 사랑하는' 의미를 강조하고 불교의 사회적 역할을 새롭게 규정하였다.

일찍이 국교였던 일본 불교의 각 종파에는 본래 왕법(王法)을 근본으로 삼고 선을 일으켜 나라를 수호하며 불교의 교법으로 나라를 지키는 전통이 있었다. 메이지시대에 불교와 정권의 균열을 봉합하고 생존 공간을 쟁취하기 위해서 일본 불교는 더욱 영역을 넓혀서 공장과 광산에서 포교하고 자선 사업을 벌였으며 군대를 따라서 해외로 출정하는 등의 방법이 나타났다. 이로써 일본 불교가 빠르게 탈속에서 사회 참여로 전향하여 민족국가 건설 과정에서 일정한 자리를 점할 수 있게 되었다.

특히 이노우에 엔료(井上圓了) 등은 불교를 새롭게 해석하고 불교의 세속적 의미를 더욱 강화하였다. 메이지 18년(1885)부터 23년(1890)까지 그는 『철학신론(哲學新論)』, 『진리금침(眞理金針)』, 『종교신론(宗教新論)』, 『불교활론(佛教活論)』 등의 저작을 연이어 출판해서 한편으로는 지식 교육을 호소하면서 한편으로 종교 진흥을 호소하였다. 그는 '사람'이 한편으로는 육체가 있고 가족이 있고 국가가 있고 현실적 차별과 경계가 있는 존재이면서도 한편으로는 심령적이고 학문과 진리를 추구하며 이론상으로 평등한 존재라고 생각하였다. 그렇기 때문에 한 사람에게는 두 가지 교육이 필요한데 한 가지는 지식 교육이고 다른 한 가지는 정신 교육이며, 인간의 정신 교육은 종교에 의거해야 하고 종교의 진작은 국가에 의존해야 한다고 여기고 "종교의 성쇠는 국가의 흥망과 함께 한다. 따라서 우리는 반드시 국가를 위해 불교를 개량하고 그것이 융성하기를 바라야 한다"라고 주장하였다. 그래서 그는 불교계가 반드시 불교와 과학철학의 일치성을 규명하고 불교에 '나라를 지키고 진리를 사랑하는' 의의가 있음을 표방해야 한다고 생각하였다.[1]

이처럼 불교는 과거의 혼란스럽고 막연한 사유 방식과 세상사에 관심을 두지 않는 인생 태도를 근본적으로 바꾸었다. 20세기 초 이노우에 엔료, 아네사키

---

1) 이노우에 엔료(井上圓了), 「교육종교관계론(教育宗教關係論)」, 메이지 26년(1893), 16쪽. 이노우에의 저작은 중국에서 아주 많은 수가 번역되었고 영향력도 가장 컸다. 그의 저작은 1906년 이전에 10여 종이 중국어로 번역되었다고 한다. 웅월지(熊月之), 『서학동점과 청말사회(西學東漸與晚淸社會)』, 상해인민출판사, 1994, 657쪽 참조.

마사하루, 무라카미 센조, 오오우치 세이란 등이 지은 불교와 과학, 불교와 심리, 불교와 철학, 불교의 역사에 관한 저작들은 중국 지식층에서 아주 유행하였고 일본 불교의 이런 생각이 분명 일군의 중국 지식인을 일깨워주었다.[2] 예를 들면 줄곧 일본의 동향에 관심을 가졌고 일본 학계를 거치는 것에 익숙해 있던 양계초(梁啓超)는 「불교와 군치의 관계에 대해서(論佛敎與群治之關係)」에서 다음과 같이 말하였다. 공자교는 '교육의 교'이지만 불교는 '종교의 교'이다. 전자는 "실천에 주안점을 두고 신앙에 주안점을 두지 않지만", 후자는 "자비와 지혜 둘 다를 수련해서 처음 성불하겠다고 소원을 빈 때부터 항상 아득한 것을 깨달음으로 만드는 것을 큰 일로 삼는다." 불교의 신앙은 지혜로운 신앙이지 미신이 아니고 겸선이지 독선이 아니며 입세이지 염세가 아니고 무한이지 유한이 아니며 평등이지 차별이 아니고 자력이지 타력이 아니다.

일본에 가서도 적지 않은 불교 신서를 읽은 장태염(章太炎 : 1868~1936년, 호가 태염인 章炳麟장병린을 말함)도 「도쿄 유학생 환영회 연설사(東京留學生歡迎會演說辭)」에서 "불교의 이론은 위로는 지혜로운 사람이 믿을 수밖에 없도록 하고 아래로는 어리석은 사람이 믿을 수밖에 없도록 한다. 위아래를 아우르니 이것이 가장 유용하다"라고 말하였다. 그는 단순히 염불만 외우며 중생에게 설교하는 정토종을 제창할 수는 없지만, 화엄종의 '중생을 제도하는' 뜻이 도덕적으로 가장 유익하고 법상종이 말하는 "모든 법칙이 모두 마음이다"라는 취지는 자신감을 가장 잘 계발시키며 "이런 자신감이 있으면 용맹하고 두려움이 없어지고 많은 이들의 뜻을 모아 큰 힘을 할 수 있다"라고 생각하였다.[3] 그리고 '일본을 떠돌며 스승을 구한 후에 일을 하려고' 하였던 채원배(蔡元培 : 1868~1940년)는 이노우에 엔료의 책을 보고 큰 깨달음을 느껴서 이노우에의 생각을 모방해서 쓴 「불교호국론(佛教護國論)」에서 다음과 같이 말하였다. '나라에 종교가 없으면 사람들이 금수에 가까워

---

2) 소공권은 강유위가 1886년부터 1896년까지 이노우에 엔료의 소설 『성계상유기(星界想游記)』를 읽고 영향을 받아 천문학에 흥미를 갖게 되었다고 추측한다. 이 소설은 강유위의 『일본서목지(日本書目志)』 권14에 수록되었다. 소공권(蕭公權), 『근대 중국과 세계 : 강유위의 변법과 대동사상 연구(近代中國與世界 : 康有爲變法與大同思想研究)』, 왕영조(汪榮祖) 옮김, 중역본, 147쪽.
3) 양계초의 글은 『음빙실합집』 문집 제4책, 중화서국 재판본, 1992. 장태염의 1906년 강연과 글은 『불학논총(佛學論叢)』 제1집, 대법륜서국(大法輪書局), 민국 34년(1945).

져서 나라가 망한다." 중국이 쇠락한 이유는 부혁(傅奕)과 한유(韓愈) 등 어리석은 유학자가 반불교의 태도를 보인 데 있다. 송명(宋明) 시대의 유학자가 다시 천박한 식견으로 불교를 이해하였기 때문에 유교와 불교가 다 망하였다. 그래서 "우리나라가 종교 없는 나라가 되었고 날로 금수에 가까워졌다."[1]

5

그러나 불교를 사회 변혁에 끌어들인 것은 궁극적으로 소수 지식인의 환상에 불과하였다. 그들이 말하는 "자비의 종교를 먼저 진작시키지 않으면 정치 개혁은 기대할 수 없다(非先振慈悲之教, 則修政無期비선진자비지교, 즉수정무기)"라는 것은 불교를 통해 중국의 자강을 도모하는 생각이지만 사실 결코 현실적이지 않다. 첫째, 당시 중국의 사회적 배경의 측면에서 볼 때 서양의 충격을 받은 19세기 말 20세기 초 중국인이 직면한 급선무는 분명 실용적 차원의 제도, 법률, 과학기술이었지 정신적 차원의 종교와 신앙이 아니었다. 이익을 통제하는 정치가와 구원을 기다리는 일반 백성들 모두 권력으로 전화할 수도 없고 밥 먹는 문제를 해결할 수도 없는 불안한 정신에 흥미를 느낄 수는 없었을 것이다. 보편적인 실용 사조에서 실용적이지 않은 것은 모두 환상적인 문제가 될 수만 있을 뿐이지 활용할 수 있는 프로그램이 될 수는 없다. 둘째, 불교를 부흥시킨 사회 계층의 측면에서 볼 때 지식층에서 시작된 불학 부흥은 권력의 지지도 받지 못하였고 불교의 호응도 얻지 못하였으며 하층 백성의 기반도 없었다. 지식인의 자부심과 불교도에 대한 경멸 때문에 이때의 불교 부흥은 처음부터 소수 지식인의 활동일 수밖에 없었다. 불교의 화제는 늘 소수 지식 엘리트의 화제였다. 셋째, 불학 부흥의 구체적인 내용의 측면에서 볼 때 그들은 결코 사회에서 운용할 수 있는 실제적인 절차를 제시하지 않았다. 전통적 문인의 불학에 대한 관심을 답습해서 많은 사람이 여전히 불교 신앙을 일종의 정신 수련이나 경지 초월로 여겼다. 설령 담사동, 양계초,

불교를 통해 중국의 자강을 도모하는 생각이지만 사실 결코 현실적이지 않다.

1) 고평숙(高平叔) 편, 『채원배전집(蔡元培全集)』 제1권, 중화서국, 1984, 105쪽.

장태염, 송서 등 불학의 진흥을 외친 사람들에게 불교는 주로 의식에서는 생과 사의 차이를 없애고 사상에서는 이익과 손해의 분별을 초월하고 일류에 자비를 품고 사사로움과 두려움 없는 마음을 가진 정신적 역량이었지만, 불교적 구휼이나 교육은 없었고 불교 의식이나 활동도 없었다. 자신감을 일으키고 정신을 진작시킨다고 말하는 중국 종교의 부흥은 탁상공론일 뿐이었다.

불교의 잠깐 동안의 부흥이 다시 일으킨 것은 종교적 의미의 불교가 아니라 문화적 의미의 불학이었다.

그래서 청나라 말 불교의 잠깐 동안의 부흥이 다시 일으킨 것은 종교적 의미의 불교가 아니라 문화적 의미의 불학이었다. 그것이 중국의 사상 세계에서 가지는 주된 의의는 결코 그들 자신이 불교를 이데올로기화하려는 주관적인 바람과는 달리 앞에서 언급한 불교의 사상 자원의 발굴을 통해 서양의 계시를 이해하는 것이었다. 그중 첫째는 불교와 서양 과학과 철학이 서로 통한다는 점이다. 원래 중국 문화인이 서양 문화에 대응할 때는 이미 허점을 드러내는 곤란한 지경에 처해 있었다. 그러나 일본에서 불교는 과학과 철학을 융합하면서도 과학과 철학을 뛰어넘을 수 있는 종교도 철학도 아닌 사상이었다. 이노우에 엔료의『진리금침(眞理金針)』과『불교활론(佛敎活論)』에 담긴 불교와 철학과 과학의 일치성에 대한 서술과 불교 경전의 내용으로 서양의 과학과 철학을 해석하는 최신의 논법, 무라카미 센조의『불교일관론(佛敎一貫論)』에 담긴 불교가 과학이면서 또 철학이고 과학과 철학의 정수를 아우를 수 있다는 서술은 모두 중국의 사상계에 영감을 주었다.[2] 바로 이 때문에 청나라 말 지식계의 불학에 대한 관심은 유식학에 집중되어 있었다.

청나라 말 지식계의 불학에 대한 관심은 유식학에 집중되어 있었다.

그 원인 중 반은 유식학 서적을 잃었다가 다시 습득하였기 때문이다. 일본에서 되돌아온 유식학과 법상학의 일서는 사람들의 흥미를 신선하게 자극하였다. 나머지 반은 유식론과 법상론에서 의식을 분석하는 세밀한 사유와 세계를 이해하는 인명(因明)의 방법은 중국 문인의 마음속에서 서양의 과학과 철학 논리에 대응하는 지식 자원이 되었다.[3] 불교의 사상과 경전은 근대 중국에서 분명 임

---

2) 「서양 조류는 바로 일본에서 왔다－일본 동본원사와 중국 근대 불학의 인연(西潮却自東瀛來－日本東本愿寺與中國近代佛學的因緣)」, 『21세기(二十一世紀)』 33호, 홍콩, 1996년 2월.

3) 갈조광(葛兆光), 「10년 해조음－1920년대 불교 신운동의 내재적 원리와 외재적 방향(十年海潮音－二十世紀二十年代佛敎新運動的內在理路與外在走向)」, 『학인(學人)』 제2집, 강소문예출판사(江蘇文藝出版社), 1992.

시적 역할을 하였다. 중국 문화인은 본래 그것으로 물밀듯이 들어오는 서양 조류를 막으려고 하였지, 그것이 도리어 서양 조류 침입의 수로가 될 것이라고는 생각하지 못하였다. 본래 중국 문화인은 이 서쪽의 가까운 이웃을 자기 진영의 기존 상식으로 간주할 수 있다고 생각하였다. 누가 이 기존 상식이 결국 더 서쪽의 먼 친척에 의존하게 될 것이라고 생각하였겠는가? 불교도는 본래 이 기회를 통해 자신의 부상을 꾀하였다. 그러나 사정은 사람들의 예상을 벗어나 서양 사상과 지식이 빈틈을 타서 들어왔다. 이것 역시 '보통 사람은 생각할 수 없는 것'이라 할 수 있다.

"계속해서 옛 것과 새 것을 말하였고 모두 용을 잘 그리려고 하였으나 제대로 그릴 수 없었다."[1] 송서가 20세기 초에 쓴 시구는 본래 19세기 말 상황에 대한 느낌이었다. 그렇지만 시대가 그야말로 20세기로 진입하자 상황은 점점 변하였다. 20세기 처음의 10년과 19세기의 마지막 10년은 아주 달랐다. 번역된 책도 점점 많아졌고 사람들은 더 이상 안경과 사전을 빌리지 않아도 서학을 이해할 수 있었다. 일상생활에서의 서양 물건, 일상 언어에서의 서양말처럼 그야말로 일용(日用) 하나 알 수 없게 되었다. 나라밖으로 나가는 사람은 점점 많아졌고 서양 세계는 더 이상 그렇게 멀지 않았으며 더 이상 천축 불교의 중개 혹은 중간 역(驛)을 거칠 필요가 없어졌다. 사람들의 관념 속에서 '서학'은 '신학'으로 변하였다.[2] 공간적 거리를 시간적 차이에 따른 변화로 이해하게 되면 시대가 이미 달라졌음을 이해할 수 있다. 본래 서학은 궁극적으로 적대적인 학문이었고 "우리 종족이 아니면 그 마음은 반드시 다르다(非我族類其心必異비아족류기심필이)"라는 구절이 따라붙었다. 다른 종류의 마음을 이해하려면 하는 수 없이 '격의'에 의존해야 하였다. '격(格)'은 막아서 차단한다는 뜻과도 비슷하다. 차단해야 격을 바랄 수 있고, '마치 서로 모르는 두 사람이 만나면 한 사람이 소개를 해서 서로 만나고 국적이 다른 두 사람의 대화는 한 사람의 통역자가 있어야 통하듯이' '격'하려면 다른 것을 참조해야만 하였다. 그러나 신학은 미래의 학문이었고 어쨌든 사람들은 늘

---

1) 『송서집』 하책, 870쪽.
2) 웅월지(熊月之), 『서학동점과 청말사회(西學東漸與晚清社會)』, 729쪽.

미래를 향해 가려고 하기 때문에 자연스럽게 차단하고 막으려는 생각이 없어진다. 어떤 이는 당시 영어의 모더니즘(modernism)이 '새로움을 따르는 주의(從新主義)'로 번역되었음을 거론한다.[3] '따르다(從)'라는 글자는 자연히 근접하게 따르는 심리 상태를 분명히 보여주었다. 마치 '물이 위에서 아래로 흐르듯 정확한 것을 따르는 것' 같았다.

"하늘은 변하지 않고 도도 변하지 않는다"라는 법칙의 다른 한 면은 "하늘이 만약 변하면 곧바로 도는 그에 따라 변한다"라는 법칙이다. 시대의 변천에 따라 불교에 크게 호감을 가진 문화인들은 점점 이 가까운 이웃에서 멀어졌고 외국어를 잘 아는 사람이 번역서에 의존해서 서학을 보는 사람을 자연스럽게 경멸하듯이 지팡이를 빌린 사람 역시 지팡이를 짚은 사람을 점점 멸시하였다. 그들은 앞선 시기의 중국인들이 서양 문화를 어떻게 이해하였는지를 점점 잊어갔다.[4] 서학과 점점 친근해진 20세기에 불학은 또 점점 중국과 서양의 교류의 무대에서 물러섰다. 중국의 민간에는 아주 통속적이고도 현실적인 다음과 같은 속담이 있다. "새 사람이 집에 들어오자 중매쟁이를 담 밖으로 던져버렸다." 중국 문인에게는 아주 보기 좋으면서도 아주 현묘한 성어가 있다. "고기를 잡으면 통발을 잊는다(得魚忘筌득어망전)", "언덕에 오르려거든 뗏목을 버려라(舍筏登岸사벌등안)"가 그것이다. 본래 급작스럽게 싸움터로 나갔던 중국인은 병세가 위급해지면 아무렇게나 치료하였다. 가사를 가져다 우의로 삼았고 선장(禪杖)을 들어다 총으로 삼았다. 그리고 대장경을 서학사전으로 삼았고 불교의 교의를 서양인을 엿보는 안경으로 삼아서 사용하였다. 그들이 점점 서학을 뚜렷하게 이해하였을 때는 마치 비가 그치고 하늘이 맑아지면 우의를 벗어던지고 싸움이 끝나면 무기를 창고에 넣어

20세기에 불학은 또 점점 중국과 서양의 교류의 무대에서 물러섰다.

---

3) 나지전(羅志田), 「새로움의 숭배 : 서양의 충격 속에서 근대 중국의 사상적 권세의 이전(新的崇拜 : 西潮衝擊下近代中國思想權勢的轉移)」, 『권세의 이전 : 근대중국의 사상·사회·학술(權勢轉移 : 近代中國的思想·社會與學術)』 무한(武漢), 호북인민출판사, 1999, 63쪽.

4) 하나의 사례로 언론계에 몸담았던 왕강년이 1910년에 쓴 「우리나라 사람의 심리에 대하여(論吾國人之心態)」에서는 남이 하는 말만 듣고 서학을 그대로 믿는 사람들을 "서양인의 자유에 관한 말이 어떻게 왔고 자유의 경계가 어디부터 어디까지 인지를 살피지 않고", 노장의 사상을 가져다 자유를 이해하고 또한 불교의 '평등'의 의미를 자유에 갖다 붙이기 때문에 "결과적으로 무규칙, 무경계의 상태에 빠진다"라고 비판하였다. 『왕양경유서(汪穰卿遺書)』 권6, 민국 1년 조관인쇄본, 40쪽 상.

두는 것처럼 안경과 사전을 모두 한쪽 구석에 치워둘 수 있었다. 1911년 신해혁명(辛亥革命) 바로 전야에 '불법을 발전시킨 첫 번째 지도자'라고 불리는 양인산이 죽었다. 청나라 말 불학의 부흥은 조용히 퇴조하였다. 중국의 사상 세계는 크지도 작지도 않은 원을 돌다가 결국 그 빙빙 맴돌던 곳을 빠져나온 것처럼 새로운 지식의 시대로 분주히 향하여 과거의 모든 것은 역사의 기억이 되었을 뿐이다.

9절

1895년의 중국 : 사상사에서의 상징적 의미

　　1895년 4월 6일, 대만 할양 여부에 관한 일이 떠들썩하게 퍼진 뒤였다. 이 때문에 몇몇 사인(士人)들의 심기가 매우 격앙되어 있었다. 옹동화는 황제의 면전에서 대신들과 심하게 다투었고, 결국 "의견 일치를 보지 못하였다." 그러나 훗날 사람들이 생각만 해도 씁쓸해지는 이 '치욕적인 사건[1]'을 결코 막아내지는 못하였다. 4월 17일에 시모노세키조약(馬關條約 : 청일전쟁 후 4월 17일에 청국과 일본이 일본 시모노세키에서 체결한 강화조약으로 下關條約하관조약이라고도 함)을 체결한 다음날 정효서(鄭孝胥)는 일기에 "조약 소식을 들으니 속이 썩어 들어가는 것 같고, 조정에는 온통 나라를 망치는 신하들 뿐이니 천하의 사정을 어떻게 회복할지 물을 수 있을까? 참담하도다!(聞之[和議]心膽欲腐, 擧朝皆亡國之臣, 天下事豈復可問, 慘哉문지[화의]심담욕부, 거조개망국지신, 천하사기복가문, 참재)"라고 썼다. 그 다음날 당경숭(唐景崧 : 1841~1903년)이 대북(臺北)에서 정효서에게 보낸 전보에는 대만이 "남의 손에 넘어가니 백만 백성은 어떻게 할까. 외국이 마음먹지 않더라도 천하는 곧 해체될 것이다……. 이런 큰 잘못을 저질렀으니 어찌 통곡을 억누를 수 있으랴"[2]라고 쓰여 있다. 글의 행

---

1) 『옹동화일기』 제5책, 중화서국, 1997, 2792쪽. 갑오전쟁(甲午戰爭) 즈음에 옹동화는 "한 덩이 열기가 상초(上焦)에 있을 뿐이지만 널리 퍼져 들판을 태울 기세이다(一團熱火盡在上焦, 有燎原之勢일단열화진재상초, 유요원지세)", "평양(平壤)을 잃었다는 소식을 들으니 분통이 치밀어 오른다(聞平壤已失, 益覺肝火上炎문평양이실, 익각간화상염)"라고 격분하였다. 완고한 주전론자였던 그가 이 굴욕적인 조약에 특히 애통해하였던 것 같다. 같은 책, 2730~2731쪽.

2) 『정효서일기(鄭孝胥日記)』, 중화서국, 1993, 482쪽.

간은 비통해서 살고 싶지도 않을 정도의 느낌으로 가득하였다. 이런 느낌은 아마 이전에는 거의 없던 것이다.

바로 두 해 전에 정효서는 일본에서 일본이 구제도를 고쳐 신정을 시행하는 것을 "겉보기에는 좋을지 모르나 나랏일은 더욱 엉망이 되었다(外觀雖美而國事益壞 외관수미이국사익괴)"라고 아주 의기양양하게 비판하였고, "하늘이 이를 실패하게 하여 서양을 배우는 자에게 본보기로 삼았다"라며 남의 불행을 반기듯 말하였다. 청나라 조정이 구제도를 고수하며 약간의 개량만을 하는 것이 괜찮다고 생각하였던 것이다. 그러나 불과 1895년에 한 차례 전쟁을 겪고 시모노세키조약이 체결되자 심경이 크게 변해 갑자기 평정을 잃게 되었다. 당시에 이런 세상이 무너지는 듯한 느낌을 가졌던 사람은 결코 그만이 아니었다.

세상이 무너지는 듯한 느낌

바로 그 이틀 동안 섭창치(葉昌熾 : 1849~1931년)는 일기에 "나라에 나라로 여길 것이 없으니 나라를 도모하는 자의 육신은 먹어도 족한가?(國無爲國, 謀國者之肉, 其足食哉국무위국, 모국자지육, 기족식재)"[1]라고 썼고, 그전까지 일기가 아주 간단하였던 장건(張謇 : 1853~1926년)도 이 소식을 듣고는 이전과는 달리 일기 속에 차례로 조약의 내용을 적은 다음 "중국의 고혈을 거의 다 내놓았으니 국체의 득실은 논할 것이 없다(幾罄中國之膏血, 國體之得失無論矣기경중국지고혈, 국체지득실무론의)"[2]라며 애통하였다. 그리고 줄곧 황제의 곁에 있던 옹동화는 바로 진치(陳熾 : 1855~1900년)의 『용언(庸言)』과 탕진(湯震)의 『위언(危言)』을 황제에게 올렸다. 하지만 자신은 속으로 이런 행동이 물이 끓지 않게 하려고 뜨거운 물을 붓는 격일 뿐이라고 생각하였던 것 같다. 일기에서 그는 다음과 같이 썼다. 자신이 연일 다른 이들과 논쟁을 벌였고, 계속 황제의 앞에 가서도 격앙되는 것을 막지 못하였지만, "어쩔 도리가 없이 물러났다. 방략관(方略館)에서 고양(高陽)과 대화를 나누어도 눈물과 콧물만 고였다(無所補救, 退, 與高陽談於方略館, 不覺涕泗橫集也무소보구, 퇴, 여고양담어방략관, 불각제사횡집야)."[3]

---

1) 『연독려일기(緣督廬日記)』 광서(光緖) 을미년 3월 25일, 『중국근대문학대계(中國近代文學大系)』 「서신일기집(書信日記集) 2」, 상해서점, 1992, 338쪽에서 재인용.

2) 『장건전집(張謇全集)』 제6권, 강소고적출판사, 1994, 371쪽.

3) 『옹동화일기』 제5책, 2795쪽.

황제 자신 역시 비록 이 상황의 심각성과 잔혹함을 깨닫고 "땅을 버릴 수 없고 배상금을 지불할 수도 없으며 조약을 폐기하고 결전해야 한다"고 주장하는 사람들에게 공개 문서를 통해 "전면적으로 따져보고 처리하라"라고 말하였지만,[4] 사적으로는 대만을 말할 때면 역시 "대만을 할양하면 천하의 인심이 모두 떠나는데 짐은 어떻게 천하의 주인이 될까?(臺割則天下人心皆去, 朕何以爲天下主대할즉천하인심개거, 짐하이위천하주)"[5]라며 흥분하였다.

중국의 운명에 관심을 가졌던 이들은 그때 우울하고 격분된 심정과 치욕에도 어쩔 도리가 없다는 느낌에 휩싸였던 것 같다.

1

마음속 깊숙이 파고든 이러한 우울하고 격분된 심정과 치욕에도 어쩔 도리가 없다는 느낌을 가져보지 못하였을 것이다.

중국인은 아마 지난 몇 천 년 동안에는 마음속 깊숙이 파고든 이러한 우울하고 격분된 심정과 치욕에도 어쩔 도리가 없다는 느낌을 가져보지 못하였을 것이다. 이전에 중국의 상층 문화인 중 일본을 안중에 두었던 사람은 몇 명 되지 않았다. 섬나라 오랑캐에 대한 인상과 상상은 늘 그들의 역사적 기억 속에 머물러 있었고, 그들은 자만심과 오만함 속에서 더 나아가 터무니없이 일본을 얕보았다. 근세 중국인은 '동양'을 '서양'과 대등하게 여기지 않았다. 서양에 관해서는 진욱록(陳旭麓)이 "양(洋)과 이(夷) 두 글자의 정식 교차점은 1858년 6월 26일에 체결된 『중영톈진조약(中英天津條約)』이다"[6]라고 밝힌 바 있다. 이것이 처음에는 거만하던 중국 관방의 서양인에 대한 태도가 공손해지는 전환점이라고 할 수도 있지만, 그 후 몇 십 년 동안 중국인은 여전히 일본을 위에서 얕보는 관념을 바꾸지 않았다.

4) 『덕종경황제실록(德宗景皇帝實錄)』(영인본) 권366, 광서 21년 4월, 신문풍출판공사, 3220쪽.

5) 같은 책, 2797쪽. 1895년의 역사적 상황에 대해서는 곽정이(郭廷以) 편, 『근대중국사사일지(近代中國史事日誌)』 제2책, 타이베이, 중앙연구원 근대사연구소(中央研究院近代史研究所), 1963 참조.

6) 「변이·양(辨夷·洋)」, 진욱록(陳旭麓), 『근대사사변록(近代史思辨錄)』, 광동인민출판사(廣東人民出版社), 1984, 22~30쪽.

광서 1년(1875)에 옹동화는 일본인이 "은밀히 계책을 세워 늘 남의 근심거리가 된다"는 점을 간파하였지만, 결국 일본은 여전히 작은 나라라고 여겼기 때문에 콧방귀도 뀌지 않았고 "가난해도 남에게 의지하지 않아야 더욱 근심거리가 된다"[1]라는 구절을 덧붙였다. 광서 5년(1879), 상당히 개방적이었던 설복성(薛福成 : 1838~1894년)은 『주양추의(籌洋芻議)』에서 일본이 '서양을 모방하고' 아울러 "중국을 능가한다(勝於中國승어중국)"라고 자처하였음에 주목하였지만 경제적 능력, 기계물질, 인구 등 세 부분에서 일본이 아직 중국을 넘어서지 않는다고 생각하며 "자강의 위세는 중국에 있으니 일본의 위세를 굴복시키는 근거도 역시 중국에 있다. 더구나 중국의 재능과 물질적인 힘은 일본의 10배다"[2]라고 하였다. 아주 나중에야 일본을 '동양'이라고 부르면서 관념상으로 '서양'과 대칭시켰던 것 같다.[3] 그러나 이때 일본은 도리어 아주 일찍부터 스스로를 세계적 구도에 놓았고, 한편으로 점차 중국에 대한 우월 의식과 오만함을 기르면서 다른 한편으로 열강의 사이에 있다는 위기의식을 키웠다. 후쿠자와 유키치(福澤諭吉 : 1835~1901년)의 '탈아론(脫亞論)'은 아마 상당히 중요한 전환의 상징으로서 일본의 입장이 아시아가 연합해서 서양 열강에 대항해야 한다는 입장에서 아시아에서의 패권을 통해 서양을 이기려는 입장으로의 전환을 상징하고 있는 것으로 보인다. 따라서 이러한 방비와 무방비 사이 속에서 중국과 일본의 강약은 점차 역전되어 결국 '공세와 수세가 역전'[4]되었던 것이다.

1894년에 줄곧 천조대국(天朝大國)이자 문명 수출국임을 자처하였던 대청제국이 정말로 '아이누(蝦夷)'에게 패하자 1895년에 중국은 일본에게 땅을 할양하고

---

1) 진의걸(陳義杰) 정리, 『옹동화일기』 제3책, 중화서국, 1993, 1113쪽.

2) 『설복성선집(薛福成選集)』 상해인민출판사, 1987, 533쪽.

3) 아주 긴 청나라 시대에 몇몇 사람만이 일본을 '동양'이라고 불렀다. 예를 들면 청나라 중엽에 조익(趙翼)의 『천주교(天主敎)』, 강신영(姜宸英)의 『일본공시입구시말의고(日本貢市入寇始末擬稿)』, 남정원(藍鼎元)의 『조주해방도설(潮州海防圖說)』, 기윤(紀昀)의 『전문소실(傳聞少實)』에서 모두 '동양 일본'이라고 하였지만, 여기서의 동양은 그것이 동쪽에 있는 바다에 있음을 말한다. '양(洋)'은 '토(土)'와 대응되지 않고 다만 공간적 위치일 뿐이었다. 각각 『청경세문편(淸經世文編)』 권69, 5쪽 B와 권83, 9쪽 A, 4쪽 A와 권69, 11쪽 A 참조.

4) 이 부분에 관한 연구는 이토 유키오(伊藤之雄), 「일청전쟁 전의 중국과 조선 인식의 형성과 외교론(日淸戰前の中國朝鮮認識の形成と外交論)」, 후루야 데쓰오(古屋哲夫) 엮음, 『근대 일본의 아시아 인식(近代日本のアジア認識)』, 도쿄, 녹음서방(綠蔭書房), 1996, 103~171쪽 참조.

배상금을 지불하면서 대국이 소국의 포구 앞에서 굴욕적 조약을 체결할 수밖에 없게 되었다. 이러한 슬픔과 격분의 심정과 주체할 수 없는 치욕의 감정에 모든 중국인은 고통스러워하였다. 줄곧 변혁을 강하게 요구하였던 사람들 뿐만 아니라 오늘날에는 '보수'라고 볼 수 있는 관리와 지식인들에게도 그 상황에서 심적으로 받았던 큰 충격은 오늘날 사람들은 아주 느끼기 어려운 것이다.

그해 6월 19일에 절강학정(浙江學政) 서치상(徐致祥 : 1838~1899년)은 상소를 올려 "작금의 중국과 왜의 사건은 전쟁도 아니고 화친도 아닌 실로 예전에는 없던 새로운 형국입니다(今日中外之事, 戰不成戰, 和不成和, 實古來未有之創局금일중외지사, 전불성전, 화불성화, 실고래미유지창국)"라고 말하였다. 왜 그런가? 이는 바로 중국을 극도의 곤경에 몰아넣은 상대가 놀랍게도 과거에 '아이누'라 불리던 '좁디좁은 작은 나라' 일본이었기 때문이다. 그리고 "과거 영국과 프랑스의 군대가 조정을 침범한 일은 천여 만 량을 배상하고 통상 항구 두세 곳을 설치하면 되었지 땅을 떼어주고 화친을 요구하였다는 말은 듣지 못하였습니다. 왜라는 작은 섬나라 하나 때문에 중국의 모든 힘이 동쪽에서 곤욕을 치렀습니다. 나라가 장차 무엇을 근거로 나라가 될 수 있단 말입니까?"라고 하였다. 이 상소에서 그는 심지어 황태후와 황제가 "나라 안에서 왜인을 몹시 싫어하고 나랏일을 걱정하며 감정이 북받쳐 울분이 터져 나오는 것을…… 귀로 듣지 못하고 눈으로 보지 못합니다"라며 은연중에 질책하였다. "나라가 장차 무엇을 근거로 나라가 될 수 있단 말입니까?"라는 몇 글자의 배후에서는 그들의 주체할 수 없는 비통한 심정을 알 수 있다.[5]

'심정'은 감성을 표현하는 하나의 단어일 뿐이지만, '심정'이 사회에서 일종의 보편적으로 가득한 정서가 된다면 곧바로 이성적 사색을 촉발하는 계기가 되므로 사상사에서는 심정의 변화에 주의를 기울여야만 한다. 바로 이러한 보편적인 격분과 비통한 심정 속에서 보수적인 사람들도 모두 변화와 자강을 원하였고 자강을 생각하는 방식만 급진적 인사들과 달랐다. 시모노세키조약을 체결하고 얼마 지나지 않아서 한림원 장원학사(掌院學士) 종실(宗室) 인서(麟書 : 1829~1898년)는 황제에게 풍후(馮煦 : 1842~1927년)의 「자강사단(自强四端)」을 올려 실속 있는 정

5) 『광서조주비주접(光緒朝朱批奏摺)』 제120집, 영인본, 중화서국, 1996, 643쪽.

치를 펴고 인재를 모집하며 나라의 쓰임새를 운영하고 민생을 돌보아야 한다고 건의하였다. 그는 비록 급진적인 개혁가들이 "'서양식으로 바꿔야 한다. 의회를 설치해야 한다. 상무를 관리해야 한다. 공업 정책을 일으켜야 한다'라고 말하며 수천 년 간 선왕들이 이어온 것들을 일거에 없애버리고 오로지 서양만을 기준으로 삼는다"라고 비판하였지만, 그는 개혁을 하지 않는 것이 아니라 "외부의 것을 물리치려면 반드시 먼저 내부를 안정시켜야 하고 변화를 이끌려면 반드시 먼저 변하지 않는 것을 정해야 한다(攘外必先安內, 馭變必先貞常양외필선안내, 어변필선정상)"라고 생각하였으며, 우선 자국 내부를 강대하게 변화시키고 나서 질서를 잡기를 희망하였다. 따라서 "자강의 방법은 변방에서 싸워 이기는 데 있지 않고 사당에서 신앙으로 이기는 데 있다(自强之策不在戰勝乎邊圉, 而在敬勝乎廟堂자강지책부재전승호변어, 이재경승호묘당)"[1]라고 하였다.

그해 6월 6일, 광동순무(廣東巡撫) 마비요(馬丕瑤 : 1831~1896년)도 상소를 올려 "성현의 학문을 성실히 학습해야 한다(聖學宜懋修성학의무수)", "민심을 굳건히 결집시켜야 한다(民心宜固結민심의고결)", "언로를 널리 개방해야 한다(言路宜廣開언로의광개)", "정무는 실제를 최고 가치로 삼아야 한다(政務宜崇實정무의숭실)", "변방의 관리를 신중히 선발해야 한다(疆吏宜愼擇강리의신택)", "장래의 인재를 미리 양성해야 한다(將才宜豫儲장재의예저)", "해군은 바다를 순회해야 한다(水師宜巡洋수사의순양)", "육군은 정예군을 훈련시켜야 한다(陸師宜精練육사의정련)", "관리들이 넓은 지역을 돌며 자문을 구하도록 해야 한다(使臣宜博訪사신의박방)", "중국 상인을 보호해야 한다(華商宜保護화상의보호)"라는 내용의 10개조 건의안을 올렸다. 비록 그가 중국 자체의 사상과 학설 및 이데올로기를 여전히 자강의 필수 요건에서 으뜸의 자리에 놓았지만 여기에는 이미 상당히 개명된 생각이 들어 있다. 예를 들면 "언로를 널리 개방해야 한다"라는 조항에서 중국에 신문사(報館)를 널리 설치하여 사람들이 '각국의 소식'을 알아서 "집 밖으로 나가지 않고도 세상의 이해득실을 때에 맞게 쉽게 처리할 수 있을 것(不出庭而天下利弊時如指掌불출정이천하이폐시여지장)"을 건의하였다. 그 뿐 아니라 여론을 감독하고 "내외의 여러 관리들이 모두 정치에 대한 논평

---

1) 『광서조주비주접』 제120집, 영인본, 중화서국, 1996, 605~622쪽.

을 두려워하도록 만들어서 탐욕스럽고 잔혹한 풍토를 근절시켜야 한다(使內外臣工, 群畏淸議, 貪酷之風, 賴以稍戢사내외신공, 군외청의, 탐혹지풍, 뢰이초집)"라고 말하였다. 또한 "관리들이 넓은 지역을 돌며 자문을 구하도록 해야 한다"라는 조항에는 청나라 조정 관료가 사신으로 나갈 때 서양과 관련된 사무에 정통하지 못한 반면 외국 사절들은 '중국의 경서와 역사서를 읽을 줄 알고, 상소문, 지형, 민정에 대해서 흥미진진하게 이야기 함'[2]을 거론하였다. 이러한 보편적 심정 속에서 중국인은 누구나 '자강'을 생각하게 되었다. 비록 일찍이 누군가가 '자강'[3]을 반복적으로 말하였지만 이때가 되어서야 '자강'이 비로소 진정 중국의 조정과 재야, 상층과 하층의 보편적 관념이 되었던 것으로 보인다.

장익풍(蔣益灃)이 동치 5년(1866) 7월에 「자강의 책략에 관한 상소(奏陳自强之策)」[4]를 올리고, 왕도(王韜 : 1828~1897년)가 『변법자강(變法自强)』 상·중·하 세 편을 발표하였을 때부터[5] 30년 후인 1896년 8월에 『시무보(時務報)』에서 왕강년(汪康年)이 「중국자강책(中國自强策)」을 발표할 때까지 급진적 자강이든 보수적 자강이든 '자강'은 이미 중국 지식인의 생각에서 중심 용어가 되었다.

'자강'은 이미 중국 지식인의 생각에서 중심 용어가 되었다.

흥미롭게도 중국을 침입한 서양의 열강도 끊임없이 중국인에게 중국이 서양의 모델에 따라서 빠르게 부강해져야 함을 환기시켰다. 시모노세키조약 체결 전 이해 1월 20일에 선교사 길버트 리드(Gilbert Reid : 1857~1927년, 미국의 선교사 李佳白이가백)가 옹동화를 방문하였고, 2월 5일에는 티모시 리차드(Timothy Richard : 1845

---

2) 『광서조주비주접』 제120집, 영인본, 627~638쪽.

3) 조너선 스펜스(Jonathan D. Spence)가 언급하고 있듯이 사실 사대부들 사이에서는 '자강'이 19세기 중엽 태평천국운동 진압 이후부터 쓰이기 시작하였다. "저 노련하고 정직하고 강인한 유교 정치가의 지지 속에서 19세기 중역의 반란을 진압하였다. 이 현상은 중국이 새로운 도전에 대응할 수 있으며 비교적 낮은 보통 수준에서 청나라 제국의 질서를 재건할 수 있음을 분명히 보여 줄 수 있었다. 그들은 새로운 구조를 발전시켜서 대외관계를 장악할 방도를 모색하였고 정당한 관세, 근대적 선박과 무기 제조에 집중하였으며, 국제적 법률과 기초적인 근대 과학을 교육하기 시작하였다. '자강'(Self-strengthening)은 하나의 공허한 구호가 아니라 분명이 실현 가능한 미래로 향하는 안전한 통로임이 증명되었다. 조너선 스펜스, 『현대 중국을 찾아서(The Search for Modern China)』, Hutchinson, London, Sydney, Auckland, Johannesburg, 1988, p.216.

4) 장익풍, 「자강의 책략에 관한 상소(奏陳自强之策)」, 『주판이무시말 : 동치(籌辦夷務始末 : 同治)』 권43, 『근대 중국의 서양 열강에 대한 인식 자료 휘편(近代中國對西方列强認識資料彙編)』 제2집 2분책, 타이베이, 중앙연구원 근대사연구소(中央研究院近代史研究所), 915쪽.

5) 왕도(王韜), 『도원문신편(弢園文新編)』, 중국근대학술명저총서, 삼련서점 , 1998, 33~39쪽.

~1919년, 영국의 선교사 李提摩太(이제마태)가 다시 장지동을 만나서 변법을 고취하였으며, 2월 28일에는 장음환(張蔭桓 : 1837~1900년)을 만났고 정세의 안위와 개혁의 방책에 대해서 수차례 논의하였다. 조약 체결 이후에는 『옹동화일기』의 기록에 따르면, 1895년 4월 30일에 한 서양 변호사가 중국 상층 지식층에게 "우선 이상(李相)의 충성을 서술하고 그 다음에 국정을 말하라. 우선 군대를 훈련시키고 서양식 개혁을 시행하고 그 다음에 철도를 부설하고 그 다음에 세금을 부과하라. 이 말을 반복해서 깊이 새기면 그 결과 실력이 변모해서 10년 후 중국은 최강이 될 것이다. 아직 개혁하지 않았기 때문이라고 힐문할 수는 없다"[1]라고 말하며 자강을 선전하였다.

그리고 또 다른 영국 사절 오코너(Nicholas R. O'Conor)는 옹동화에게 중국이 분할될 위험에 처하였다고 말하였다. 이 뿐만 아니라 그 해 10월 말에 공왕(恭王)에게 직접 "지금 중국의 위기는 이미 확연해졌습니다. 각국이 모여서 계략을 짜고 있는데 중국은 지금까지 깊은 잠에서 깨어나지 못하고 있습니다. 어찌된 일입니까?(今中危亡已見端矣, 各國聚謀, 而中國至今熟睡未醒, 何也?금중위망이현단의, 각국취모, 이중국지금숙수미성, 하야?)"라고 직설적으로 말하였다. 더 나아가 공왕이 만약 병에 걸려서 힘이 모자란다면 속히 자리에서 물러나서 유능한 자에게 자리를 내주어야 한다고 노골적으로 책망하였다. 그리고 "충성스럽고 사사롭지 않으며 재능 있는 대신이 신정을 전적으로 도모한다면 반드시 성공할 것입니다(忠廉有才略之大臣專圖新政, 期於必成충렴유재략지대신전도신정, 기어필성)"라고 청하였다. 그가 중국의 변법자강을 촉진한 원인은 무엇인가? 그의 말에 따르면 영국에서 중국에 온 사업가들은 중국이 부강하고 안전하기를 희망하였고 중국에 아직 오지 않은 사업가들도 중국이 부강하고 안전하기를 희망하였다.[2]

그리고 그 해 9월 9일(10월 26일) 티모시 리처드는 다시 옹동화에게 "요·순·주공의 도는 전 세계에서 대체할 것이 없어 중국 땅의 학자들과 유럽에서 존경한다. 다만 백성을 부양하는 정치가 쇠하여 성인의 도가 행해지지 않을 것이다"라

---

1) 『옹동화일기』 제5책, 중화서국, 1997, 2799쪽.
2) 같은 책 제5책, 1895년 10월 31일, 2843쪽.

고 말하였다. 그는 다섯 강국이 다른 나라 일에 참견하고 있음을 말한 것이다. 따라서 "중국에서 백성을 부양하는 정치를 절실하게 말하지 않으면 안 되었다." 그 중 가장 중요한 것은 백성을 교화하는 것, 백성을 부양하는 것, 백성을 평안하게 하는 것, 백성을 새롭게 하는 것이었다. "가르치는 방법은 오상(五常)의 덕을 만국에서 시행하고 부양한다는 것은 만국과 이익을 공유하고 이익을 극대화하는 것이다. 평안하게 하는 것은 전쟁을 멈추는 것이다. 새롭게 함이란 변법이다." 변법은 중국인과 외국인 모두 지지하는 듯하였다. 다만 다른 점이 있다면 중국인은 변법을 말할 때는 마음속에 민족적 자강을 통해 외국에 대항한다는 의미가 앞서 있었던 데 비해 서양인은 보편주의가 작동한 서양의 길에 서서 중국이 전 지구적 정치와 경제에 편입한 다음에 규칙 안에서 게임하기를 희망하였다는 점이다. 따라서 서양인들은 중국의 변법에서 철도 부설이 최우선이고 군대 양성이 그 다음이었으며, '중국이 반드시 서양 관원을 임용하고 서양학과 설치도 병행할 것'[3]을 희망하였던 것이다.

2

앞에서 말한 바와 같이 갑오년(1894)과 을미년(1895)에는 낙담, 분노, 흥분 등의 복잡한 심정이 당시 중국의 운명에 관심 있는 지식인들을 휘감았다. 아편전쟁의 치욕과 비교하면, 이때의 심정 변화는 상당히 분명하고도 격렬하였다. 당시 하계(何啓 : 1858~1914년)와 호례원(胡禮垣 : 1874~1916년)은 『신정시기(新政始基)』에서

---

3) 같은 책 제5책, 1895년 10월 26일, 2844쪽. 곽정이가 밝혔듯이 1895년 이후 "개혁운동이 고조되었다." 우선 강유위, 양계초. 담사동 등 지식인과 그들이 설립한 강학회, 『시무보』는 지식인 그룹의 개혁적 성향을 상징하였다. 다음으로 광학회의 국내외 인사들인 티모시 리처드와 앨런(Young John Allen : 1876~1907년, 중국명 林樂知임락지) 등도 『만국공보』를 발행하고 서양 서적을 번역하는 등의 방법으로 사회에 영향을 끼쳤으며 조정 관리들의 변법 혁신을 부추겼다. 그 다음으로는 진보잠(陳寶箴), 황준헌, 장지동 등도 제도를 개혁하고 혁신하는 실질적 활동에 참여하고 주도하였다. 더 나아가 중앙의 주요 관리인 옹동화 등도 유사한 정치 활동을 지지하였다. 이에 "조정과 재야, 상층과 하층 모두가 새로운 길을 향해 매진하였다."「근대 서양문화의 수입과 그 인식(近代西洋文化之輸入及其認識)」, 『근대 중국의 비상사태(近代中國的變局)』, 타이베이, 연경출판사업공사, 1987, 43~44쪽.

다음과 같이 말하였다. 갑오년의 전쟁은 주권을 잃고 나라가 치욕을 당하였으며, "결국 23성(省)이 탁자 위의 고기처럼 아무렇게나 다른 나라에 강탈당하고 4억 명의 사람들은 감금된 포로처럼 외국인들의 조소와 욕설을 들었다."[1] 50여 년 후한 차례의 거대한 변화를 겪은 장원제(張元濟 : 1867~1959년)는 1898년의 무술변법(戊戌變法 : 청일전쟁 패배 후 절충적 개혁인 양무운동의 한계를 느끼고 정치, 교육, 법 등 청나라 사회 전반의 제도를 근본적으로 개혁하고자 한 변법자강운동變法自彊運動을 말함)을 회상하면서 여전히 갑오년의 전쟁을 떠올리며 "우리는 일본에 패하였다. 모두가 잠에서 깨어났고 개혁을 해야만 한다고 생각하였다. 병신년(1896) 즈음에 우리 일부 동료 관리들은 늘 도연정에서 모임을 갖고 국정을 논하였다"라고 말하였다. 그가 거론한 사람은 문정식(文廷式), 황소기(黃紹箕), 진치(陳熾), 왕대섭(王大燮), 서세창(徐世昌), 심증식(沈曾植), 심증동(沈曾桐) 등이었다.[2] 황제마저도 심정이 상당히 무겁고 복잡하였다. 굴욕적인 화의 이후에 민심이 용솟음치고, 백성의 원성이 들끓어도 어쩔 도리가 없던 광서제는 대학사·6부(部)·9경(卿)·한림(翰林)·첨사(詹事)·과도(科道) 등에 상유를 내려 원망스럽게 말하였다.

최근 조약을 체결한 후부터 조정의 신하들은 상소를 올려 땅을 버리고 배상금을 지불할 수 없으며 조약을 폐기하고 결전해야 하며 이로써 인심을 하나로 모으기를 기필하여 위기 상황을 버텨야 한다고들 말한다. 이 말 자체는 물론 모두 충정과 분노에서 나온 것이다. 그러나 짐이 이 일을 실제의 상황에 맞게 처리하기 위하자니 어쩔 수 없는 고충이 있고 꼭 생각대로만 할 수는 없는 점이 있다(近自和約定議以後, 廷臣交章論奏, 謂地不可棄, 費不可償, 仍應廢約決戰, 以期維系人心, 支撐危局, 其言固皆發於 忠憤, 而於朕辦理此事兼權審處萬不獲已之苦衷, 有未能深悉者근자화약정의이후, 정신교장논주, 위지불가기, 비불가상, 잉응폐약결전, 이기유계인심, 지탱위국, 기언고개발어충분, 이어짐판리차사겸권 심처만불획이지고충, 유미능심실자).

---

1) 정대화(鄭大華) 점교본(点校本), 『신정진전─하계·호례원집(新政眞詮─何啓·胡禮垣集)』, 요녕인민출판사(遼寧 人民出版社, 1994, 182쪽.
2) 「무술정변 회상(戊戌政變回憶)」, 『신건설(新建設)』 1권 3기, 베이징, 1949년 10월 6일, 18쪽.

그는 자신이 어려운 지경에 처하였음을 솔직하게 말하였다. "나랏일에 열중해도 갈팡질팡하고 국정에 임하면 울음이 나온다. ……이중 대단히 어려운 일은 이내 올라온 문서를 잘 모르겠으니 천하의 신민들이 모두 이해해야 한다."[3] 아마 역대 중국 황제의 유지(諭旨) 중 이 상유는 매우 특수할 것이다. 자금성에서 천하의 신민으로부터 떠받들어지던 천자가 이처럼 진솔하게 자신의 답답함을 털어놓을 수 있었던 경우는 아마 아주 드물 것이다. 중국의 최고 통치자인 한 번 부르면 수많은 사람이 대답하는 황제에게 뜻밖에도 이처럼 굴욕적 심정이 있었다는 사실은 아마 중국의 신민들을 특히 놀라게 하였을 것이다. 그러나 황상의 유지에 있는 온갖 방법이 무효하고 속수무책이라는 말은 도리어 민간의 급진적 정서를 자극하였고 이처럼 위아래가 하나같이 격동하는 심정 속에서 많은 사람들이 모두의 공감대를 찾아냈다. 그것은 바로 광서제(光緒帝 : 청나라의 제11대 황제, 재위 1874~1908년, 이 시기는 사실상 정권은 서태후가 장악하였고 서구 열강과 문제가 많은 시기였다. 강유위와 양계초의 주장대로 메이지유신을 본받은 변법자강책을 받아들여 무술변법을 시작하였으나 수구파 세력의 쿠데타로 실패함)의 상유에서 말하는 '힘겹고 고통스런 마음으로 오랜 폐단을 철저히 뿌리 뽑는 것'이었다.

도대체 무엇이 '오랜 폐단'인가?

그러나 도대체 무엇이 '오랜 폐단'인가? 이는 어떻게 '자강'을 도모할 것인가와 관련된다. 황제가 본 것은 약한 군사력과 쇠퇴한 경제였다. 따라서 격렬하게 자극받은 광서제가 보화전에서 그해에 과거를 개최하였을 때 책시(策試)를 통해 응시자들의 답안에서 해결책을 구하고 싶어 하였다. 그래서 출제된 문제가 군사 부분에 집중되었다. 응시자들에게는 "손자의 병법, 오자의 군대 운영, 이정의 문답(李靖問對)에서 풀이한 손기술과 발기술, 명나라 왕기(王驥), 척계광(戚繼光)이 말하는 군사훈련법 등 5~6개 항목을 모두 설명할 수 있는가? ……극히 세밀함을 추구해서 『육도(六韜)』, 『삼략(三略)』을 암송하며 회남자의 병략훈, 두목(杜牧)의 전론(戰論), 소식의 훈병여책을 보고 시행하면 과연 확실히 효과가 있는가?"라는 질문이 제시되었다. 그 다음으로는 재화와 부세에 관한 문제를 냈는데 "나라에서 살림살이에는 반드시 재무에 대한 관리 감독(會計)이 있다. 우임금이 순시하며 제

3) 『대청덕종경황제실록(大淸德宗景皇帝實錄)』(영인본) 권366, 3쪽, 신문풍출판공사 제5책, 타이베이, 3320쪽.

후들의 재무를 관리 감독하였다는 말은 어떻게 증명하는가? 『주례』「소재」편에 '한 해가 끝나면 모든 관리들에게 일을 보고하도록 명령한다'라는 구절이 있고, 정현(鄭玄)의 주석에는 '오늘날의 상계(上計 : 전국, 진한시대 지방관의 연말 업적보고서)와 같다'라고 적혀 있다. 「사회(司會)」에는 '여러 관리의 업적을 보고받고 그 회계를 듣는다'라는 구절이 있고, 정현의 주석에는 "받아서 검토하여 득실의 많고 적음을 알 수 있다'라고 적혀 있다. 어느 책에 나오는가?" [1]

이는 아주 대표적인 예이다. 그러나 이것 또한 분명 임시방편이다. 군사 훈련, 재정 축적은 오랫동안 부국강병을 위한 방안이었다. 사실 중국의 지식인 관료 중에서는 일찍이 이러한 선견지명을 가진 자가 있었다. 1861년에 풍계분(馮桂芬 : 1809~1874년)이 『교빈려항의(校邠廬抗議)』를 출판한 것을 기점으로 많은 사람들이 수차례 이런 종류의 책략을 내놓았다. 1880년, 즉 광서 6년에 일본이 류큐(琉球 : 류큐 왕국으로 불리며 독자적 문화를 유지하던 오키나와, 메이지 시대 때 본토에 편입되어 오키나와 현이 됨)를 점령한 다음 해에 정관응(鄭觀應)은 1870년대의 『구시게요(救時揭要)』에 이어서 『이언(易言)』(『성세위언』의 전본)을 간행하였다. 같은 해에 설복성은 『주양추의』를 집필하였으며 많은 이들이 이런 제안서들을 더없이 분명히 이해하였다. 그런데 당시 그들은 한편으로 위기를 심각하게 느끼고 있었지만 다른 한편으로는 중국의 운명에 아주 크게 기대하였다. 그리고 한편으로는 서양의 부강 방법을 우러러보았지만 다른 한편으로는 중국의 도덕적 문장에 아직도 믿음을 가지고 있었다.

그래서 후에 '중체서용(中體西用)'이라고 불리게 된 방안을 통해 위기에서 벗어날 수 있기를 희망하였다. 중국의 위기를 가장 먼저 느낀 증기택(曾紀澤 : 1839~1890년)이라는 지식인이 1887년 2월 홍콩에서 『덕신서자보(德臣西字報)』에 「중국은 먼저 잠들어 나중에 깨어난다(中國先睡後醒論)」라는 유명한 글을 발표하였다. 글에서는 여전히 '잠잔다(睡)'라는 글자를 씀으로써 중국이 위기에 처하였음을 인정하지만 중국이 전함을 사들이고 포대를 정비하며 속국을 보호하고 외적에 대항하였던 사례를 들며 중국이 이미 잠에서 깨어났다고 여겼다. 이 글은 증기택과

---

1) 『대청덕종경황제실록』(영인본) 권366, 7쪽, 신문풍출판공사 제5책, 타이베이, 3322쪽.

같은 뷰류의 지식인들이 어떻게 생각하였는지를 분명히 보여준다.

그들은 중국이 아주 빨리 서양의 자극으로 깨어나서 세계 속의 강국이자 대국으로 거듭날 것이라 믿었다. 즉 일본에 대한 놀라움은 사실 그들에게도 일찍부터 있었다. 동치 6년(1867), 즉 청일전쟁으로부터 약 30년 전에 왕문소(王文韶 : 1830~1908년)는 프랑스인의 말을 듣고 "동쪽 바다의 일본이 최근에 프랑스와 우호 관계를 맺고 윤선 제작, 병기 제작, 진법 등을 배웠는데 모두 프랑스에서 방법을 배웠다. 몇 년 후에 반드시 대국이 될 것이고 그 힘은 자강을 구할 것이다. ……동양(일본)과 중화가 최근 힘써 자강을 추구함이 이와 같으니 내가 우려하지 않을 수 없다. 이것을 인지하여 뜻 있는 선비들에게 알린다"라고 말하였다.[2] 정일창도 1875년에 조정에 보고서를 올려 "일본국이 관을 쓰고 띠를 차던 옛 풍습을 버리고 윤선과 비포(飛砲)를 새로이 제작하는 법을 배웠습니다. 장차 중국의 지극히 가까운 곳의 걱정거리가 될 것입니다(日本國變峨冠博帶之舊習, 師輪船飛炮之新制일본국변아관박대지구습, 사윤선비포지신제)"라고 말하였다. 하지만 이때는 자신감과 여유가 아직 있었다. 더구나 그들에게는 아마 여전히 고대 중국의 '천조'라는 상상이 남아 있었고 일본에 대해서 여전히 '지극히 가까운 곳의 걱정거리'라고 느꼈지 치명적인 큰 걱정거리라는 긴장감을 가지지는 않은 것 같다.

그렇지만 그로부터 10년도 안 지난 1895년, 즉 나라가 아직 부유해지지 않고 군사력도 아직 강해지지 않았지만 동쪽 바다 사람이 오히려 그야말로 크게 성장하였을 때 이러한 여유롭고 자신 있는 심리는 무너져 내렸다. 사람들은 중국이 실제로는 깨어나지 않았음을 발견하였고 그들이 진정으로 깨어난 때는 바로 중국인이 진정으로 가슴 아픈 일을 겪은 1895년이었다. 바로 양계초가 『무술정변기(戊戌政變記)』에서 말하였듯이 "우리나라를 사천 년의 미몽으로부터 깨워 일으킨 것은 사실 갑오년의 전쟁에서부터다(喚起吾國四天年之大夢, 實則甲午一役始也 환기오국사천년지대몽, 실즉갑오일역시야)."[3] 또한 하계와 호례원이 『신정시기(新政始基)』에서 말하였듯이 갑오년의 전쟁이 사실상 경계선이었다. "이 전쟁이 일어나기

이러한 여유롭고 자신 있는 심리는 무너져 내렸다.

---

2) 『왕문소일기(王文韶日記)』 동치 6년(1867) 정월 23일, 중화서국, 1989, 6쪽.

3) 정문강(丁文江)·조풍전, 『양계초연보장편(梁啟超年譜長編)』, 상해인민출판사, 1983, 38쪽.

전에 천 명은 취해 있고 한 사람만이 깨어 있었다. 깨어 있는 사람조차 술지게미를 먹고 단술을 마셔도 취해서 깨어 있을 때가 없었다(未之戰也, 千人醉而一人醒, 則其醒者亦將哺糟啜醴, 宜其醉醒無時也미지전야, 천인취이일인성, 즉기성자역장포조철례, 의기취성무시야)." 그러나 "전쟁이 일어나자 사람들은 모두 깨어 났고, 전쟁이 일어나자 사람들은 모두 알았다(一戰而人皆醒矣, 一戰而人皆明矣일전이인개성의, 일전이인개명의)." [1] 그렇지만 이렇게 깨어난 것은 저절로 깨어난 것이 아니고 어떤 놀라운 소리에 의해서 갑자기 꿈에서 놀라 깨어난 것이다. 갓 깨어난 사람은 약간 화도 났고 당황스러웠으며 약간은 멍하였다. 광서황제의 각성처럼 전체 중국을 상징하는 것 같은 일치된 반응은 당황하여 갈팡질팡한 이후의 긴장과 근심이었다. 이러한 긴장과 근심의 반응이 훗날 일련의 격렬한 개혁 더 나아가 혁명적 사유와 전술을 이끌어 냈다.

이러한 긴장과 근심의 반응이 훗날 일련의 격렬한 개혁 더 나아가 혁명적 사유와 전술을 이끌어 냈다.

3

철저한 개혁이 갑자기 모든 이들의 '공감대'가 되었고 급진적 정서가 갑자기 보편적 '심정'이 되었다. 우리가 앞에서 말한 것처럼 완고하고 보수적이었던 관리들, 중국에 압력을 주었던 서양인, 국가가 극도로 쇠약한 상태에 있음을 심각하고 절실하게 이해하지는 못하였으나 직접 느낀 평민들 그리고 늘 사명을 자각하고 짊어진 지식인 계층은 아마 1895년의 자극 속에서 단번에 모두 '개혁가'가 되었고 개혁의 방향은 모두 상당히 일치하여 서양을 지향하였다.

이 해에 왕동유(王同愈 : 1855~1941년)가 양촌(楊村)을 지나면서 원경손(袁敬孫)을 찾아가 인사하였고, 원경손은 그에게 정관응이 지은 『성세위언(盛世危言)』을 보여 주었다. 왕동유는 이 책이 "현재의 중대사에 대한 이해가 깊고, 좋은 점과 나쁜 점을 훤히 꿰뚫고 있다. 나라가 진정 부강을 추구한다면 이 책을 제외하면 무엇을 선택하겠는가?"라고 말하였다. 그래서 친구 섭창치에게 서신과 함께 이 책을

개혁의 방향은 모두 상당히 일치하여 서양을 지향하였다.

---

1) 정대화(鄭大華) 점교본, 『신정진전―하계·호례원집(新政眞詮―何啓·胡禮垣集)』, 요녕인민출판사, 1994, 183쪽.

함께 보내면서 "상숙사(常熟師)에 전하여 폐하께 올리시게 한 사람이 독보적으로 나서서 철저하게 이전의 관행을 크게 바꾸면 부강의 성과에 어렵지 않게 빨리 도달할 것일세"[2]라고 하였던 것이다. 사실 '성세'라는 단어는 당연히 자신도 속고 남도 속이는(自欺欺人) 수사법이다. 이렇게 하지 않으면 법령에 저촉될 수가 있었다. 그러나 '위언'은 반대로 사실 그대로이다. 깜짝 놀랄만한 큰 소리로 나라 사람들을 깨우치지 않으면 지식 계층의 근심은 효과를 보지 못한다. 이에 그 시대에 여러 가지 대담한 사유들이 모두 출현하기 시작하였고 전통에 대한 회의와 역사에 대한 비판도 갈수록 격렬해지기 시작하였다. 이러한 의식 변화의 토대는 말할 것도 없이 다음 두 가지 관념이다. 하나는 보편적 세계주의 관념이다. 약육강식의 현실이 뒷받침하고 성공하면 왕이 되고 실패하면 도적이 된다는 심리적 자극을 받으면서 사람들은 세상에는 필연적으로 서구 열강과 유사한 방향이 있으며, 중국도 예외는 아니라고 생각하였다. 다른 하나는 개별적 민족주의 관념이다. 사람들은 민족과 국가가 강대해져야 여러 나라들과 세계의 현대 질서 속에서 공존할 수 있으며 중국도 당연히 예외가 아니라고 믿었다.[3]

보편적 세계주의 관념과 개별적 민족주의 관념

본래 중국 지식인들은 여전히 자신의 전통에 희망을 가지고 있었다. 최소한의 민족적 자존심이 여전히 유지되고 있는 상황에서 그들은 여전히 선왕의 옛 방식으로 후세의 신정을 열기를 희망하였으며, '서학중원'이라는 명제가 줄곧 이러한 생각을 유지시켰으며, '중체서용'의 구호도 전통에 대한 이러한 희망을 줄곧 견지해 왔다. 예를 들면 아주 급진적인 송육인(宋育仁 : 1850~1931년)은 진치에게 써준 「용서서문(庸書序)」에서 지금 많은 사람들이 모두 법률을 개정하고 제도를 개혁하며 학교를 설립하고 의회를 운영하려는 모습을 보고 있지만 이는 모두 위기가 닥쳤을 때의 실용적 책략이라고 하였다. 그는 또 보통 정치의 자원에는 두 가

---

2) 「허연일기(栩緣日記)」, 『왕동유집(王同愈集)』, 상해고적출판사, 1998, 167쪽.

3) '민족주의란 무엇인가?'에 대해서는 한스 쿤(Hans Kuhn)의 정의를 참조할 만하다. "민족주의는 일종의 사상적 상태이다. 국가는 정치 조직의 이상적 형식이자 문화 창조와 경제 번영의 원천이다. 사람의 지고무상한 충성은 바로 국가에게 바쳐야 한다. 왜냐하면 사람의 생명은 국가가 존재하고 국가가 흥성해야 의미가 있기 때문이다." 한스 쿤(Hans Kuhn), 『민족주의 : 그 의미와 역사(Nationalism : its Meaning and History)』, New York : Van Nostrand Co., p.9. 에릭 홉스봄(Eric J. Hobsbawm), 『민족과 민족주의(民族與民族主義)』, 이금매(李金梅) 옮김, 중역본, 타이베이, 맥전출판(麥田出版), 1997, 8쪽, 13쪽.

지가 있는데 하나는 선왕의 옛 방식에서 오는 것이고, 다른 하나는 외국에서 오는 것이다. 이는 곧 역사 속에서 찾거나 세계에서 배워오는 것이라고 말하였다. 그 역시 서양을 배워야 한다고 생각하였지만 다음과 같은 것도 강조하였다. "외국의 좋은 성과가 선왕의 방식보다 낫다면 외국에서 배우는 것이 해롭지 않다. 선왕의 방식이 외국을 아우른다면 근본을 잊고 소홀히 한다면 어찌 되겠는가? 외국 정치의 좋은 사례를 배워도 선왕의 정치에 해를 주지 않는다면 해롭지 않다. 선왕의 정치에 해롭고 선왕의 교화를 방해하여 중국의 근본을 잊으면 또 어떻게 할 것인가?"[1]

그러나 1895년부터 사람들은 인정하는 쪽으로 돌아서기 시작하였다. 고통스럽지만 하는 수없이 인정하였을지도 모른다. 하지만 적어도 실용적 지식과 기술의 차원에서는 서양이 중국보다 강하였다. 심지어 일본도 중국보다 강하였다. 중국이 반드시 개혁을 해야 하고 개혁의 방향이 서양 학습 더 나아가 일본 모방이라는 사실을 인정할 수밖에 없었다. 청나라 조정을 대표해서 시모노세키조약에 서명하였던 이홍장(李鴻章 : 1823~1901년)은 회담 초기에 이토 히로부미를 처음 만났을 때 짧게 숨을 내쉬며 그에게 "귀 대신께서 풍습 변혁에 힘써 지금에 이르신 것에 몹시 감탄하였습니다. 저희 나라의 일은 풍속에 얽매여서 뜻대로 되지 않았습니다(深佩貴大臣力爲變革俗尙, 以至於此. 我國之事, 囿於習俗, 未能如願以償심패귀대신력위변혁속상, 이지어차. 아국지사, 유어습속, 미능여원이상)"라고 말하였다. 그리고 일본은 '군대가 서양을 잘 따라서 훈련을 잘 하고, 정치 각 분야가 날로 발전하여 적국을 맞을 수 있다고 힘없이 말하였다. 이는 훌륭한 태도를 보이는 인사치레가 아니라 어쩔 수 없는 고백이다. 그는 또 몇 년 전 이토 히로부미가 그에게 중국은 점점 변해야 한다고 말하였던 것을 떠올리며 스스로 송구스럽고 죄송하다고 생각하였다. "마음에는 여력이 있지만 힘이 부족하다"라는 말로 변명하였지만, "우리나라는 반드시 개혁을 해야만 자립할 수 있다"[2]라고 무의식중에 인정하기도 하였다.

그 다음 해, 즉 1896년에 한림학사 공심명(龔心銘)은 일본인 모리 아리노리(森

1) 『진치집(陳熾集)』, 중화서국, 1997, 2쪽.
2) 이홍장(李鴻章), 「중일화의기략(中日議和紀略)」 중 「제1차 문답 요약(第一次問答節略)」, 광서 21년(1895) 간행본, 이육주(李毓澍) 엮음, 『근대사료총서휘편(近代史料叢書彙編)』 제1집, 타이베이, 대통서국(大通書局), 7~8쪽.

有禮 : 1847~1889년)가 영어로 쓴 『문학흥국책(文學興國策)(Education in Japan)』을 중국어로 번역한 후 역시 서양의 교육 체제가 "규정과 제도가 엄정하고 완비되어 있으며 질서정연하다. 적절히 필요한 것을 취하고 쓸모없고 형식적인 것을 취하지 않는다. 중국인은 책을 소리 내어 읽고 덮어놓고 지식을 주입할 줄만 알아서는 넘을 수 없다"라고 저절로 탄식하였다. 또 일본은 "이를 배워서 몇몇 섬에서 시행하니 20여 년도 되기 전에 각국에서 차츰차츰 서로 존중한다"라고 탄식하였다. 이러한 탄식의 배후에는 바로 중국에 대한 근심이 깔려있다.[3]

역사를 되돌아보면, 하나의 깊은 곡절을 발견할 수 있다.

역사를 되돌아보면, 하나의 깊은 곡절을 발견할 수 있다. 명나라 말 청나라 초에 서양의 신학(新學)을 접하였을 때 지식인의 '서학중원'에 관한 역사 창작부터 완원의 『주인전』에서 표현된 천문과 산학의 현실 중시와 서양 학술에 대한 습관적 경멸과 이예(李銳 : 1811~1882년), 이선란(李善蘭) 등이 산학에서 시도하였던 서양 학문 초월 시도까지, 풍계분의 『채서학의(采西學議)』의 "중국의 윤상명교(倫常明教)를 근본으로 삼고 여러 나라의 부강 정책으로 보완한다(以中國之倫常名教爲本, 輔以諸國富强之術/이중국지윤상명교위본, 보이제국부강지술)"부터 장지동 등의 '중체서용'까지,[4] 서양 문명과 대면하였을 때 중국은 대체로 모두 크라크(Edward A. Kracke)가 말한 '전통 속에서의 변화(change within the tradition)'를 견지하였다.

전통적 구학을 버리고 서양의 새로운 지식을 추구하는 것으로 전향하였다.

그러나 1895년 이후 부강을 추구하는 심정에는 모두 서양 지향의 '근대'로 전환하여 '전통 밖으로의 변화(change beyond the tradition)'가 등장한 것 같다. 많은 이들이 전통적 구학을 버리고 서양의 새로운 지식을 추구하는 것으로 전향하였다. 두 가지 예를 들면, 하나는 서양인이 '하늘을 말하는 것', '의술을 행하는 것', '물리를 말하는 것'을 늘 경이롭게 느끼고 '그것으로 가르치려' 하였던 송육인은 중국인이 "서양인의 천문학을 높이 평가하는 자가 열 중 아홉, 서양 의학을 말하는 자가 열 중 다섯, 격물이 기계 제조의 본질이라 확신하는 자가 열 중 일곱·여

---

3) 『문학흥국책(文學興國策)』, 『중동전기본말(中東戰紀本末)』 부(附), 상해, 광학회(廣學會), 1897. 팽택주(彭澤周), 『중국의 근대화와 메이지유신(中國の近代化と明治維新)』, 제8장 「문학흥국책과 중국의 근대교육(文學興國策と中國の近代教育)」, 교토, 동붕사(同朋舍), 1976, 381~429쪽 참조.

4) 이러한 역사적 여정은 정위지(丁偉志)·진숭(陳崧), 『중서체용의 사이(中西體用之間)』, 중국사회과학출판사, 1995과 설화원(薛化元), 『청말중체서용사상론(1861~1900) : 관변이데올로기의 서화이론(滿清中體西用思想論(1861~1900) : 官定意識形態的西化理論)』, 타이베이, 도향출판사(稻鄉出版社), 1991을 참조할 수 있다.

덮이다"에 분노하였지만, 그 자신 역시 다급히 서양으로 향하였다. 또 하나 『채풍기(采風記)』에서는 서두부터 영국의 교육·인재 발탁·의회·정부·감옥·화폐 제도·군대·신문 등을 대대적으로 언급하고 서양의 제도를 채택할 것을 제안하였다. 그는 당시 세계의 권세가 강자로 넘어가는 대세를 뚜렷이 보고, '나라의 기운이 기울어 약해지면 공리를 일으켜 자구책을 찾지 않으면 안 된다. ……전 지구의 대세는 어떤 나라의 상업이 번창하면 그 나라의 말이 통용되고 편리하게 사용함에 따라 쉽게 이익을 도모하는 것이니" 정신문명의 자신감만으로는 버텨낼 수 없을 것이라고 말하였다.[1] 그리고 당재상(唐才常 : 1867~1900년) 역시 갑오년 이후에 시선을 중국에서 서양으로 돌렸다. 그래서 『원상통예록(沅湘通藝錄)』에 실린 11편의 글 중 1편만을 제외한 모든 편에서 '서양의 관념에서 중국이 당면한 문제를 논의'하였다. 그는 외국어를 몰랐고 서양에 가본 적도 없지만 당시에 번역되어 소개된 서양 지식의 관련 자료를 읽고 각종 서양 지식을 섭취하는 데 온 힘을 쏟았다. 당시 그가 읽었던 책은 『만국사기(萬國史記)』, 『태서신사람요(泰西新史攬要)』, 『대영국지(大英國志)』, 『만국공보(萬國公報)』, 『격치휘편(格致彙編)』 등이다. 이런 풍토는 아마 당시에 만들어졌던 것 같다.[2]

　　여기서 가장 영향력 있던 것은 당연히 강유위(康有爲 : 1858~1927년)의 '신정 (新政)'이다. 그해 5월 강유위는 세 번째로 광서제에게 상소를 올렸고 뒤이어 '공거상서(公擧上書 : 1895년 북경에 모인 과거 응시생 약 1,200명이 연서하여 청일강화조약을 거부하고 전면적인 국정 개혁을 요청함)' 사건이 발생하였다. 8월 강유위 등은 강학회를 조직하였고, 12월에는 불필요한 인원 정리, 과거제도 개혁, 학당 설립, 철도 부설, 은행 설립 등의 조치를 포함한 신정 조서 12도(道)를 입안하였다. 사실 여기서 무술변법이 이미 뿌리내렸고, 사고방식도 부지불식간에 서양 지향으로 전향하였다. 당시 지식인들은 서양의 의회 개설 주장과 여론을 중시하는 민주주의 형식마

---

[1] 송육인(宋育仁), 「태서각국채풍기(泰西各國采風記)」, 『곽숭도 등 서양사절 파견기 6종(郭嵩濤等使西記六種)』, 삼련서점, 1998, 402쪽. 337~372쪽, 375쪽도 참조.

[2] 당재상은 '당시 세상에 경전 해석, 문장, 팔고가 모두 쓸모없게 되었음'을 이미 알아차렸기 때문에 이처럼 전향할 수 있었다. 『당재상집(唐才常集)』, 242쪽. 진선위(陳善偉), 「번역과 정치 : 당재상의 서학지식과 정치사상 (飜譯與政治 : 唐才常的西學知識與政治思想)」, 『중국문화연구소학보(中國文化硏究所學報)』 신제8기, 홍콩중문대학, 1999 참조.

저도 금과옥조처럼 진지하게 들여왔다.

우리는 고대 중국에 본래 사대부가 정치를 논의하던 지방이 있었고 춘추시대의 향교부터 송나라 때의 태학까지가 모두 이런 기관이었음을 알고 있다. 그렇지만 이는 결코 민주주의 전통이 될 수 없다. 향교든 태학이든 모두 의견이 '위로 천자에게 전해지기'를 희망하였으면서도 다른 한편으로 그들은 마음속으로 "문관은 간언하다 죽는다"라는 것을 믿었고, 그들은 궁극적으로 사회 문제를 해결하는 중심은 여전히 황제라는 선입견을 가지고 있었다. 따라서 조정의 논의여야만 쓸모가 있었다.

그러나 1895년부터 사람들은 "풍조를 개방하고 지식을 꽃피우려면 무리를 모으고 무리를 모은 다음 힘을 길러야 한다. 단체를 결성하여 의회를 개설해야만 한다." 그리고 이 의회는 반드시 수도에 개설해야만 "권위 있고 힘 있게 서양에 대응할 수 있으며 수도의 잘 알려진 장소에서 개최하면 더욱 협의를 자백할 수 있다"[3]라고 생각하였다. 여기서는 이미 '모여서 강구하는' 목표와 이상을 '풍조를 개방하고 지식을 꽃피우는 것'으로 돌렸으며 풍조를 개방하고 지식을 꽃피우는 것에서 개방의 대상은 바로 서양의 풍조이고 배움의 대상은 바로 서양의 지식이었다. 이국기(李國祁)가 말하였듯이 1895년 이후 강유위, 양계초, 담사동 등은 이미 "자강운동 시기와는 아주 달랐다. 자강 시기에서 변혁과 혁신을 추구하였을 때는 여전히 중국의 도통, 중국의 문화가 변할 수 없다고 믿었기 때문에 변혁과 혁신을 추구하였지만 물질적 차원에만 머물렀다. 그러나 강유위 등은 정신문화의 차원 역시 반드시 변해야 한다고 생각하였다. ……그들은 자강운동파보다 훨씬 더 서학을 믿었고 서학이 국가와 민족이 부강을 추구하는 데 필요한 만병통치약으로 여겼다."[4]

1895년 이후 새로운 매체, 신식 학당, 새로운 학회 그리고 새로운 신문이 출현하였다.

연구자들은 모두 다음과 같은 현상에 주목하였다. 1895년 이후 새로운 매체, 신식 학당, 새로운 학회 그리고 새로운 신문이 출현하면서 '서양 문화가 전환 시

---

3) 『강남해자편연보(康南海自編年譜)』, 중화서국, 1992, 29~30쪽.

4) 「만주족 청나라의 인정과 부정 ─ 중국 근대 한민족주의사상의 변천(滿淸的認同與否定─中國近代漢民族主義思想的演變)」, 중앙연구원 근대사연구소 편, 『인정과 국가(認同與國家)』, 타이베이, 중앙연구원 근대사연구소, 1994, 91~130쪽.

대에 전례 없이 확산되었고'[1] 서양 지식과 사상 역시 이 매체들의 지원 아래 전에 없이 빠른 속도로 전파되었다. 1895년 이전의 지식인들, 특히 대학자 더 나아가 연해의 사대부들은 서학에 대해서 '일종의 보편적 경시'의 태도를 취하였고, "일반 사대부의 생각의 문은 여전히 굳게 닫혀 있었다." 그러나 "1895년 이후에는 아주 큰 변화가 일어나기 시작하였다."[2] 그리고 『만국공보』의 논조 역시 이러한 경향을 잘 보여준다. "갑오년 전쟁을 기점으로 『만국공보』의 논조가 현저하게 변하였다. 그 이전에는 대다수가 통상과 도로 건축, 과거제 개혁의 범위를 뛰어넘지 않았다. 그 이후에는 '변법을 하지 않으면 중국을 구할 수 없다'로 변하였다."[3]

하계와 호례원의 『신정논의(新政論議)』가 이를 보여준다. 1894년부터 1895년까지 쓰여 졌고 분명 갑오년 전쟁에서 느낀 바가 있는 이 글에서는 "바야흐로 유성이 출현하여 동요하고 국경이 흔들리는 때를 맞았다. 장차 천지에 다시 제사를 올리고 사직의 영원한 안녕을 꾀하려면 반드시 분발하여 개혁하고 정책과 법령을 새롭게 고쳐야 한다"라고 주장하였다. 그들은 이 개혁에 철도 부설, 선박 확장, 호적 정리, 신문 발행 등 뿐만 아니라 학교, 선거, 의회 등 정치 변혁도 포함된다고 생각하였다. 더 나아가 타협적인 입헌군주의 민주제도도 제시하였다.[4] 이와 관련하여 당시 사람들은 새로운 지식의 신속한 도입을 위한 첩경으로 즉 번역을 잘하는 일본에서 서학을 들여오는 방법을 생각하게 되었다. 일본이 빠르게 부상하였고 중국이 일본에 패하였기 때문에 이 방법은 성공을 바라는 대다수 사람들에게 아주 빠르게 받아들여졌다. 일본에 패한 사실 때문에 계속 깊은 굴욕감을 가졌던 중국은 갑자기 아주 빠르게 일본을 본보기로 삼았다. 이는 아주 이상한 현상이다. 또한 당시 사람들의 심리적 긴장과 초조를 보여준다. 학자의 연구에

1) 장호(張灝), 「무술유신의 역사적 의의에 대한 재론(再論戊戌維新的歷史意義)」, 『21세기(二十一世紀)』 45호, 홍콩 중문대학, 1998년 2월, 19쪽.

2) 장호(張灝), 「청나라 말기 사상 전개에 관한 시론―몇 가지 기본적 논점의 제시와 검토(晩清思想發展試論―幾個 基本論點的提出與檢討)」, 주양산(周陽山)·양숙헌(楊肅獻) 편, 『근대중국사상인물론―청나라 말기 사상(近代中國 思想人物論―晩清思想)』, 연경출판사업공사, 1980, 27쪽.

3) 주유쟁(朱維錚), 「도언(導言)」, 『만국공보문선(萬國公報文選)』, 삼련서점, 1998, 24쪽.

4) 정대화(鄭大華) 점교본, 『신정진전―하계·호례원집(新政眞詮―何啓·胡禮垣集)』, 요녕인민출판사, 1994, 104쪽.

따르면, 청일전쟁 이전의 300년 동안 일본이 번역한 중국책은 129여 종이고 중국에서 번역한 일본책은 반대로 고작 12종이었다. 그중 대다수가 일본인이 번역한 것이고 『류큐지리지(琉球地理志)』(요문동姚文棟 옮김, 1883), 『구미각국정교일기(歐美各國政敎日記)』(임정옥林廷玉 옮김, 1889)만이 중국인이 번역한 책이다.

그러나 갑오년 이후 10여 년 동안 상황은 역전되었다. 일본인이 번역한 중국책은 고작 16종이었고 이중에서도 대다수는 문학 서적이었다. 그렇지만 중국에서 번역한 일본책은 958종에 달하였으며, 그 내용에는 철학·법률·역사·지리·문학이 포함되고 지질·생물·화학·물리도 포함되어 거의 모든 근대 지식을 포괄하였다. 당시 번역에서 상당수가 일본의 손을 빌어 서양의 새로운 지식을 소개하는 것이었지만 이러한 역전은 이미 중국의 지식과 사상, 그리고 신앙세계의 대세가 이미 스스로가 자기를 갱신하고 완결성을 유지할 수 없게 되었음을 말해준다.[5] 1899년 양계초는 일본으로 망명하였을 때 「일본어 학습의 이익에 대하여(論學日本文之益)」를 썼는데, 여기에는 특히 "일본은 유신 30년 동안 전 세계에서 폭넓게 지식을 구하였고 여기서 번역하고 저술한 쓸모 있는 책은 수천 종이 넘는다. 그리고 특히 정치학, 자생학(資生學 : 즉 이재학理財學, 일본에서는 경제학이라고 한다), 지학(智學 : 일본에서는 철학이라고 한다), 군학(群學 : 일본에서는 사회학이라고 한다) 등을 잘 이해하는 것은 모두 민지(民智)를 열고 국가의 기틀을 강하게 하기 위한 급선무이다."[6] 중국의 사상계는 동양과 서양의 양면 협공 속에서 갈수록 촉박한 돌아올 수 없는 길을 가기 시작하였다.

장호(張灝)는 1895년부터 형성된 많은 사상에 하나의 공통된 면이 있다고 지적하였다. 그것은 바로 "이 사조들이 짙은 집단의식을 지니고 중국을 이 위기에서 구출하기를 바라고 미래의 중국을 바라보면서 그 목표에 도달하는 길을 찾고 있었다"는 점이다. 그리고 이러한 의식은 위기의식, 희망 목표, 실현 방법이라는

중국의 지식과 사상, 그리고 신앙세계의 대세가 이미 스스로가 자기를 갱신하고 완결성을 유지할 수 없게 되었다.

---

5) 담여겸(譚汝謙), 『중일 번역 사업의 과거·현재·미래(中日之間譯書事業的過去·現在與未來)』, 사네토 케이슈(實藤惠秀) 감수, 담여겸(譚汝謙) 주편, 오가와 히로이(小川博) 편집, 『중국 번역 일본서적 종합목록(中國譯日本書綜合目錄)』, 홍콩중문대학, 1980, 37~63쪽.

6) 『음빙실합집(陰冰室合集)』 문집4, 정문강(丁文江)·조풍전, 『양계초연보장편(梁啓超年譜長篇)』, 상해인민출판사, 1983, 81쪽 재인용.

3중 구조로 모습을 드러냈다.[1] 국가와 민족이 멸망한다는 위기의식 속에서 그들은 희망 목표를 서양 학습에 두었고 실현 방법을 급진적 변혁으로 확정하였다. 이 근본적 전향은 바로 1895년에 시작되었다. 강유위와 그 이후의 사람들에게는 이 점이 아주 분명히 나타난다.[2] 허관삼(許冠三)이 밝혔듯이 그들은 "'하늘은 변하지 않고 도도 변하지 않는다'라는 2000년 동안의 통념을 단번에 뒤집었다. 남해(南海 : 강유위, 광동성 남해현南海縣 태생이라 남해 선생이라 불림)와 그의 제자들은 모두 '변하는 것은 천도이다. 변화는 천하의 공리(公理)이다'라고 믿었다. ……담사동은 바로 '새로움은 여러 학문의 공리이다'라고 말하였다." 그 시대의 심정에서 모든 것은 변하고 모든 것은 새로움을 추구하였다.[3]

광서 24년(1898), 즉 무술변법이 일어나던 해에 번추(樊錐)라는 사람이 『상보(湘報)』에 실은 「개성편(開誠篇)」이라는 글에서 "낡은 습속을 씻어버리고 공도(公道)를 따르는 것을 말한다. 즉 모든 번잡한 형식과 자질구레한 일, 비천함과 존귀함, 문과와 무과 과거장, 나쁜 선례, 장부 선별, 규칙을 어지럽히는 일, 국가의 정무와 심오한 법칙, 법령의 보급, 사정학교(四政學校) 등 풍토와 인정과 습속에서 기존의 것을 모조리 바꾸고 남김없이 색출해서 서양을 기준으로 삼고 공자를 기준으로 연도를 헤아린다"라며 최초의 전반적인 서화론을 제기하였다. 또한 역정(易鼐)이라는 사람도 같은 해에 역시 『상보』에 「중국은 약함을 강함으로 여겨야 한다」라는 글을 발표해서 중국이 "의연히 다섯 대륙 사이에서 자립하여 협상의 자

---

1) 장호(張灝), 「중국공산주의 사상의 기원에 대한 재론(再論中國共産主義思想的起源)」, 『중국 역사전환시대의 지식인(中國歷史轉型時期的知識分子)』, 연경출판사업공사, 1992, 55~62쪽. 장호는 '의미의 위기(the crisis of meaning)'가 바로 19세기의 이 시기에 시작되었다고 밝힌다. 장호, 「신유가와 당대 중국의 사상적 위기(新儒家與當代中國的思想危機)」, 강의화(姜義華) 등 엮음, 『홍콩, 대만, 해외 학자의 근대중국문화론(港臺及海外學者論近代中國文化)』, 중경출판사(重慶出版社), 1987, 280쪽.

2) 이 점에 대해서 호사경은 "중국이 갑오년의 치욕을 겪지 않았더라면, 강유위와 양계초의 잘못된 주장이 대중을 현혹시킬 수는 없었고 무술년의 변을 막을 수 있었다. 무술정변이 일어나지 않았더라면 덕종이 힘을 잃고 단저(端邸)가 권력을 제멋대로 휘두르지 않아 경자년의 화를 막을 수 있었다"라고 말하였다. 호사경(胡思敬)의 「심국병서(審國病書)」, 『퇴려전서(退廬全書)』 계해남창 판각본(癸亥南昌刻本), 6쪽 참조.

3) 『강유위의 삼세진화사관(康南海的三世進化史觀)』, 주양산(周陽山)·양숙헌(楊肅獻) 엮음, 『근대중국사상인물론 - 청말사상(近代中國思想人物論-晩淸思想)』, 연경출판사업공사, 1980, 541쪽. 이에 따라 담사동의 『인학』에서는 일곱 가지 '타파'를 써서 결심을 보여주었다. 표면적으로는 모든 역사와 전통을 부정하는 것이지만 실제로는 반전통의 형식으로 일종의 혁명적 전통을 이어가는 것이다.

리에서 우리에게 평등하게 대하기를 바란다면, 역법을 개정하고 옷 색깔을 바꾸며 일체의 제도에서 모조리 서양을 따르고 만국공회에 가입하고 만국공법을 따라야 한다"[4]라고 주장하였다.

4

보편적 대세의 배후에는 상당히 깊은 민족주의적 경향이 숨어 있었다는 사실에도 주목해야 한다.

하지만 서양으로 시선을 돌리고 세계주의를 따르는 보편적 대세의 배후에는 상당히 깊은 민족주의적 경향이 숨어 있었다는 사실에도 주목해야 한다. 아주 긴 역사를 가진 민족은 내우외환의 위기를 맞았을 때 몇몇 사람들이 항상 어떻게 소위 '현대'에 '전통'을 보존하는가를 고민하였다. 왜냐하면 여기서 말하는 전통이란 몇몇 역사적 유적이나 민간 풍습, 민족의 관념에 그치는 것이 아니라 긴 역사를 가진 민족이 존재하는 데 초석이 되기 때문이다. 그것은 비록 상징이고 기억이자 언어적 기호이지만 바로 그 안에 대량의 '기억'을 저장하고 있다. 이 기억들이 불려나올 때 같은 기억을 가진 사람들은 서로 동질감을 느낀다. 그래서 이 전통들을 보존할 것인가 버릴 것인가는 민족에게 아주 중요하다.

전통의 연속 가능 여부는 다음 네 가지 요소에 달려있다.

보통 전통의 연속 가능 여부는 다음 네 가지 요소에 달려있다. 첫째, 공동의 생활 지역이다. 고향을 잃은 민족은 이 전통을 유지하기가 좀처럼 쉽지 않다. 따라서 '표류'하고 있는 민족은 생존을 위해서 그 전통이 늘 다른 문명에 흡수될 수 있다. 비록 이론적으로 사람들은 '유랑'을 통해서 두 가지 문명과 두 가지 전통을 보유하게 할 수 있지만, 두 개의 전통과 두 개의 문명이 서로 충돌하면 유랑자는 기본적으로 의지할 공간을 상실하게 되고 도리어 역사도 없고 전통도 없는 사람으로 변한다. 둘째, 공동 신앙이다. 공동 신앙을 잃은 민족은 강력한 유대를 잃고 뿔뿔이 흩어진 집단이 된다. 더 이상 동일한 가치를 믿지 않는 사람들은 사분오열하기가 쉬운 것이다. 비록 개개인은 자유를 필요로 하지만 가치와 관념의 공통적 속성이 상실된다면 개인은 사회에서 커다란 적막감과 고독을 느낀다. 셋째,

---

4) 각각 『상보류찬(湘報類纂)』 갑집, 상권, 37쪽, 4쪽 참조.

공동 언어다. 공동 언어를 통한 소통은 상호 공감의 중요한 토대이다. 어느 곳에서나 언어는 휘장과 같고 '고향 말투'는 통행증과 같은 것이다. 공동 언어는 늘 하나의 언어를 사용하는 사람이 안도감과 친근감을 획득하도록 하는 중요한 요소이다. 공동 언어를 잃은 집단은 더 이상 민족이 아니다. 특히 공동으로 보유한 언어의 배후에는 공동의 가치 지향이 있다. 따라서 '언어 상실'은 곧 전통의 붕괴를 의미한다. 넷째, 공동의 역사적 기억이다. 역사적 기억은 개개인의 마음 깊은 곳에 저장되어 있다. 상이한 역사적 기억에서는 상이한 뿌리가 만들어진다. 사람들이 마음 깊은 곳에서 그것을 발굴하려고 할 때 그 작업을 '뿌리 찾기'라고 한다. 공동의 뿌리를 찾을 때 사람들은 자신이 나무의 한 가지와 잎이라는 사실을 발견한다. 여러 방향에서 하늘로 뻗어 있지만 결국에 가서는 한 뿌리이다. '본래 같은 뿌리에서 났다'라는 사실의 상징적 의미는 여기에 있다. 따라서 뿌리 찾기는 아주 중요한 정체성 재확인이다.

19세기말, 특히 1895년 이후 중국인은 극도의 충격을 받은 후에 갑자기 스스로의 전통에 대한 자신감을 잃었다. 비록 공동의 생활 지역이 여전히 존재하고 공동으로 사용하는 언어가 아직 존재하였지만, 공동 신앙은 서양의 새로운 지식에 의해 동요되기 시작하였고 공동의 역사적 기억은 점차 소멸해가는 듯하였다.[1] 이 때문에 사람들은 민족과 국가의 자신감이 상실될까 우려하였다. 시모노세키조약이 아직 체결되지 않았을 때 장패륜(張佩綸 : 1848~1903년)은 "일본에 당한 이번 굴욕과 서양의 부상 때문에 중국은 자립할 길이 없다"라고 비통한 심정으로 말하였다. 당경숭(唐景崧 : 1841~1903년)은 "큰 변화가 눈앞에 있다"라며 더 크게 걱정하였다. 허각(許玨 : 1843~1916년)은 "땅이 무너지는 재난이 짧은 시간에 일어났다"라며 더욱 직설적으로 말하였다.[2] 조약이 채결된 후 당재상은 그의 부친에

공동 신앙은 서양의 새로운 지식에 의해 동요되기 시작하였고 공동의 역사적 기억은 점차 소멸해가는 듯하였다.

---

1) 양계초는 『신민설(新民說)』에서 근대 위기의 의미는 그것이 '같은 종족, 같은 종교, 같은 풍습'을 가진 중국 사람을 일깨웠다는 데 있으며 "서로를 동포처럼 대하고 자주 독립에 힘쓰며 완비된 정부를 조직하여 다른 민족과 더불어 잘 살고 그들을 이끌도록 해야 한다"라고 말하였다. 황진흥(黃進興), 「중국민족주의의 특징 1 : 양계초의 궁극적 관심(中國民族主義的特色之一 : 梁啓超的終極關懷)」, 『당대(當代)』 제17기, 타이베이, 1987년 9월.

2) 장패륜(張佩綸), 「왕렴생에게 보내는 답장(復王廉生函)」, 『간우집 · 澗于集』 「서독(書牘) 6」, 17쪽 상. 당경숭(唐景崧), 『중일전쟁문헌휘편(中日戰爭文獻彙編)』 제6책, 정문서국(鼎文書局), 389쪽. 허각(許玨), 『좌초독존(佐軺牘存)』 권2, 21쪽. 모두 이국기(李國祁), 「만주족 청나라에 대한 인정과 부정—중국 근대 민족주의 사상의 변천

게 보내는 편지에서 "조약에서 정한 것은 왜와 화친한 것이 아니라 왜에 항복한 것입니다. 간신이 나라를 팔아먹은 일은 고금에 걸쳐 없던 일입니다(所約條約, 非是 和倭, 直是降倭, 奸臣賣國, 古今所無소약조약, 비시화왜, 직시항왜, 간신매국, 고금소무)"³⁾라고 말하 였다.

이러한 처량한 말들에서 말로는 분명히 표현되지 않은 맥락은 민족과 국가 이다. 당시 상용되던 '보국(保國), 보종(保種), 보교(保敎)'라는 말 뒤에는 아주 깊은 우환과 처량함이 깃들어 있다. 그 후 우환과 초조, 처량함과 긴장은 하루가 다르 게 심해졌다. 강유위 등의 '공거상서'에는 이러한 오갈 데 없는 방황과 긴장이 가 장 집중적으로 드러났다. 천하의 기를 고무시키고 스스로의 잘못을 따져서 나라 의 치욕을 함께 설욕하며 성인의 가르침을 따라서 이단을 축출하라는 그들의 요 구는 언뜻 세계주의를 촉발시켜 중국이 부강을 통해서 보편적 근대성으로 진입 하게 하려는 것처럼 보인다. 그렇지만 이면에 담긴 국족(國族) 정체성과 전통 진 흥에 대한 희망은 가장 격렬한 정서적 뒷받침 속에서 때마침 가장 격렬한 민족주 의적 우환의식과 위기의식을 자극하였다.⁴⁾

어떤 이는 이미 가장 깊은 차원의 남모르는 근심을 가지고 있었다. 그 해에 송육인의 『태서각국채풍기(泰西各國采風記)』에서는 만약 서학과 서양 윤리의 영향 이 확대된다면 반드시 중국 전통의 기초를 동요시키고 중국 전통의 우주관과 가

(滿淸的認同與否定 — 中國近代民族主義思想的演變)」, 중앙연구원 근대사연구소(中央研究院 近代史研究所) 엮음, 『인 정과 국가(認同與國家)』, 타이베이, 중앙연구원 근대사연구소, 1994, 106쪽에서 재인용.

3)『당재상집(唐才常集)』, 중화서국, 1980, 223쪽. 진선위(陳善偉) 편, 『당재상연보장편(唐才常年譜長篇)』, 홍콩중문 대학, 1990 참조.

4) 관련 자료에 따르면 바로 1895년에 『강학보』에 이슬람 민족이 왜 쇠망하였는지를 논한 글이 실렸고, 이것이 중국인이 첫 번째로 근대적 의미로 '민족'이라는 어휘를 사용한 사례이다. 한금춘(韓錦春)·이의부(李毅夫), 「중국어에서 '민족'이라는 용어의 출현과 초기의 사용 상황(漢文 '民族' 一詞的出現及初期使用情況)」, 『민족연구 (民族研究)』 2호, 1984. 츠지타 사토코(辻田智子), 『중국어의 '민족'이라는 말의 출현과 초기의 사용 사례(中國 語の "民族" ということばの出現と初期の使用例)」, 『리쓰메이칸 언어문화연구(立命館言語文化研究)』 7권 4호, 교토, 1996. 이 서술의 사실성 여부는 더 검증해야 한다. 그렇지만 퍼스(Charlotte Furth)에 따르면, " '민족'은 일본인 가토 히로유키가 1873년에 블룬칠리(Johann Kasper Bluntschli)의 『국가론(Theory of the State)』를 번역할 때 독 일어의 'nation'을 번역하면서 사용하였고, 양계초(1901)가 이 번역에 따라서 블룬칠리에 관한 글을 썼고 이를 계기로 이 단어가 중국인들의 주목을 받게 되었다." 퍼스(Charlotte Furth), 「고독한 철학자 — 장병린의 내재적 세계(獨行孤見的哲人 — 章炳麟的內在世界)」, 강의화(姜義華) 등 엮음, 『홍콩, 대만, 해외 학자의 근대중국문화론 (港臺及海外學者論近代中國文化)』, 중경출판사, 1987, 423쪽.

치관도 동요시킬 상황이 된다고 주장하였다. 그는 특히 만약 서양 지식의 몇몇 근본적 가설들을 받아들이고 중국 전통의 근본적 준거를 버려서 "하늘은 아무것도 아니게 되고 땅은 오성(五星)과 함께 지구가 되며, 해와 달과 별은 삼광(三光)이 아니고 오성은 오행과 짝을 이루지 않고 칠요(七曜)가 성립되지 않으며, 하늘에 제사지내는 일(上祀)이 거짓되고 이치에 맞지 않으며, 육경은 모두 헛소리이고 성인은 허위로 날조된 것이 된다"면, 전통적 진리와 질서가 전복되고 "이것을 근본으로 삼으면 사람들에게는 위아래가 없고 더 나아가 가정에 위아래가 없고 나라에 위아래가 없을 것이다. 외부의 영향을 받아 천지의 존귀함을 없애버리면, 모든 것이 평등해져서 남성과 여성이 모두 자주의 권리를 갖고 아내는 남편을 따르지 않고 자식은 부모를 따르지 않으며, 족과 성은 구분이 없어져서 인륜이 뿌리 박고 서 있을 곳을 잃는다. 하늘과 땅을 본받고 음양을 따르며 오행의 모든 대의를 배열한 것이 단번에 사라진다"[1]라고 주장하였다.

5

그렇지만 근대 중국의 민족주의가 아주 복잡하다는 점도 간과해서는 안 된다. 통상 다른 문명에게 충격 받을 때 상당히 유구한 역사적 전통을 가진 문명은 두 가지 반응을 보일 수 있다. 하나는 보편주의적 태도로 의구심을 가질 필요 없는 이들의 사상, 지식, 기술을 기꺼이 받아들여 자신을 세계에 융합시키는 것이다. 다른 하나는 특수주의적 태도로 고유의 지식과 사상, 그리고 신앙을 와해시키고 동요시킬 수도 있는 것들을 거부하고 격렬한 민족주의와 보수주의가 격하게 발생하는 것이다. 하지만 중국과 중국의 지식계 그리고 거의 모든 중국 본토인의 마음에서는 이것 아니면 저것이라는 식의 민족주의나 세계주의가 존재하지 않았다. 서양의 충격이 중국에서 민족 존망의 우환의식과 민족주의의 열정을

중국과 중국의 지식계 그리고 거의 모든 중국 본토인의 마음에서는 이것 아니면 저것이라는 식의 민족주의나 세계주의가 존재하지 않았다.

---

1) 송육인(宋育仁), 「태서각국채풍기(泰西各國采風記)」, 『곽숭도 등 서양사절 파견기 6종(郭嵩燾等使西記六種), 삼련서점, 1998, 388쪽.

불러일으켰다고 말할 수는 있지만, 근대 중국의 민족주의의 배후에서는 곳곳에서 아주 독특한 세계주의적 배경을 볼 수 있다. 당연히 여기에는 역사적 원인이 있다. 왜냐하면 전통적으로 중국에서는 세계를 늘 '천하일가(天下一家)'로 상상하는 세계주의적 의식과 "마음이 같으면 원리도 같다"라는 보편적 진리 관념이 있기 때문이다.[2]

19세기 이후에 중국을 종주국으로 하던 '조공체제'와 전통적인 '천하'의 상은 점차 와해되고 소실되었음은 당연하다. 아편전쟁 이후 서양의 열강들이 중국에 들어왔을 뿐 아니라 이전에 중국을 둘러싸고 있던 것처럼 보였던 여러 나라들도 중국에서 멀어졌고 세계상은 사실상 이미 변하였다.[3] 1870년대 일본이 류큐의 청나라 제국에 대한 조공을 강제로 금지시키고 일본 메이지 연호를 따르고 일본의 법률을 시행하도록 한 것을 시작으로 월남, 조선, 미얀마, 샴의 종주권이 연달아 프랑스, 영국, 일본으로 넘어갔고, 중국은 새로운 세계 정세와 직접적으로 대면하기 시작하였다.[4] 그러나 신기한 점은 '천하'가 이미 '만국'으로 변하였지만 중국 지식계의 전통적인 '천하일가'라는 의식과 "마음이 같고 이치도 같다"라는 관념은 여전히 중국이 근대에 세계와 대변하였을 때 아주 복잡한 경향을 탄생시켰다. 그것은 진리와 가치에 대한 세계주의적 이해와 여기서 파생된 '서양'에 대한 애증이 교차하는 감정, 그리고 반전통적 민족주의다.

'서양'에 대한 애증이 교차하는 감정, 그리고 반전통적 민족주의다.

---

2) 1896년에 76세였던 학자 유월은 "서학이 동쪽을 날로 뒤덮는 양상이 매일 심해지는 것을 보고 느낀 바가 아주 많아 「고서토(告西土)」와 「영고(詠古)」라는 두 편의 시를 지었다." 시에서는 앞으로의 세계가 동문동속(同文同俗)의 천하로 크게 하나로 통합할 것이라는 등의 표현이 보인다. 정진모(鄭振謨), 『유곡원월선생연보(兪曲園樾先生年譜)』, 신편연보집성(新編年譜集成) 조판인쇄본, 타이베이, 상무인서관, 1982, 83쪽.

3) 심지어 국가의 대외 기관도 어쩔 수 없이 변화에 따랐다. 청나라 때 외교의 양대 기관은 이번원(理藩院)과 주객사(主客司)이다. 전자는 몽골, 티베트, 쿠르카 등 국내 각 지역을 담당하였다. 후자는 조선, 베트남, 미얀마, 소록(蘇祿), 네덜란드 등 조공국을 담당하였다. 이들 기관은 "친소(親疎)를 대략 판단해서 응대하는 예법이 같은 것끼리 귀속시켰다(親疎略判, 於禮同爲屬也विसोशि약판, 어례동위속야)." 서양의 각 국은 처음에는 모두 이번원 담당이었다. 하지만 "함풍과 동치 연간부터 유럽과 아시아의 침략에 기세가 눌려서 안부 인사가 왕래하고 대등한 관계를 맺었다. 그래서 대하는 예법도 적극이 되었다. 무릇 시가(詩歌)에는 '객(客)'이 있고 '교린'을 전하여, 속국이든 동맹국이든 오는 자는 모두 손님이다"라고 하였다. 태도가 크게 변한 것이다. 『청사고(淸史稿)』 권91 「예(禮) 10」 '빈례(賓禮)', 2673쪽.

4) 중국 외교의 변화에 대한 상세한 설명은 양백화(梁伯華), 『근대중국외교의 거대한 변화―외교제도와 중외관계변화 연구(近代中國外交的巨變―外交制度與中外關係變化的硏究)』, 홍콩, 상무인서관, 1990 참조.

임육생(林毓生)은 슈워츠(Benjamin I. Schwartz : 1916~1999년)와의 토론에서 근대 중국의 '반전통적 민족주의'(iconoclastic nationalism)[1]를 거론한 바 있다. 이 사상은 고전과 전통을 보호하는 '근본주의적 민족주의'와 대조되며 겉으로는 전통을 격렬히 버리는 것처럼 보인다. 사실은 이러한 생각을 뒷받침해 주는 시스템에는 일종의 전통도 있다. 먼저 대중화(大中華)의 천하 중심주의와 실질적인 동아시아의 문화적 중심이라는 지위 때문에 일종의 극단적 자부심이 형성되어 있었고 스스로가 대국의 위치에 있음을 증명하기에 급급하여 늘 침착한 마음가짐을 가지지 못하였다. 「곤여만국전도(坤輿萬國全圖)」는 중국이 여러 나라들 중 하나일 뿐이며 사이(四夷)는 조공국에서 빚 독촉자로 변하였고 우주 공간은 갈수록 커지고 중국은 갈수록 작아졌음을 증명하였다. 자신의 '천하'가 그렇게 크지 않음을 발견하였을 때 심리적 전복은 그야말로 대단하였다. 몇 십 년 전까지도 자신만만하게 서양과 동양(일본)인의 "오랑캐의 성품은 개나 양과 같다(夷性犬羊이성견양)"라고 비난하면서 화하와 오랑캐의 엄격한 구분을 주장하였지만, 나중에는 자신을 돌아보고 자신들의 역사에는 나라를 신속히 발전시킬만한 강력한 지식과 기술이 없고 과거에 의지하고 자랑스러워하던 인문학 지식과 기교에 실용적 의의가 없으며 역사도 사람들이 감격할 만큼 유구하지 않음 발견하였다.[2]

이때 사람들은 자신의 '전통'이 아무런 쓸모도 없음을 원망하였다. 그래서 이러한 심리적 균형 상실의 상태에 빠진 지식층은 모든 것을 버리는 방법을 아주 쉽게 채택하였다. 청나라 말기의 순자 비판과 한유 비판부터 5·4운동 시기의 공가점(孔家店) 비판까지가 바로 이러한 심정에서 비롯한 것이다. 또한 중국의 정치·종교·문화 권력은 본래 고도로 집중되고 서로 협력한다. 정치권력은 각종 의

---

1) 「슈워츠와 임육생 대화록─중국 근대와 현대 사상·문화·정치에 대한 몇 가지 감상(史華慈·林毓生對話錄──些關於中國近代和現代思想·文化與政治的感想)」, 임육생(林毓生), 『사상과 인물(思想與人物)』, 타이베이, 연경출판사업공사, 1994, 439~468쪽. 아마 두 사람 모두 중국 근대에는 "개인은 하나의 환원 불가능한(irreducible) 가치다"라는 보편적 자유주의의 토대로부터 개인의 가치를 보장하는 사회, 정치 제도가 형성되지 않았고 국가와 사회 질서 '전체'의 진보와 강화를 추구하고 과학적 방법의 보편적 실용성을 더 많이 따졌기 때문에 '반전통적 민족주의'의 합리성이 만들어졌다고 생각하였던 것으로 보인다.
2) 이국기(李國祁), 「만주족 청나라에 대한 인정과 부정─중국 근대 민족주의 사상의 변천(滿清的認同與否定─中國近代民族主義思想的演變)」, 중앙연구원 근대사연구소 엮음, 『인정과 국가(認同與國家)』, 타이베이, 중앙연구원 근대사연구소, 1994, 91~130쪽 참조.

식을 거치고 종교에 의존해서 합법성을 획득하며 지식 계층의 문화적 논증을 통해서 합리성을 획득한다. 그리고 종교와 지식은 정치권력의 보호 아래서 합법적 존재의 이유와 권력을 획득한다. 바로 소위 정통(政統), 도통(道統), 신통(神統)의 삼위일체에서 체와 용은 불가분의 관계이고 각자의 독립된 영역은 결코 존재하지 않는다.[3]

하지만 모두가 아는 "한 사람이 번영하면 모두가 번영하고 한 사람이 손해를 보면 모두가 손해를 본다(一榮俱榮, 一損俱損일영구영, 일손구손)"라는 『홍루몽(紅樓夢)』의 구절과 "형제가 7,8명이면 기둥을 둘러앉아 일어서기만 하면 옷이 뜯긴다(兄弟七八個, 圍着柱子坐, 一旦站起身, 衣服就撬破형제칠팔개, 위착주자좌, 일단참기신, 의복취차파)"라는 속담처럼 만주족이 수립하였기 때문에 한족 문명의 인정을 받지 못하는 결함 있는 정치권력이 '견고한 배와 예리한 대포' 아래서 하늘에서 부여한 합리성을 상실하였을 때, 본래 독립되지 않았던 종교가 세상이 뒤집히는 시대에 '인심을 모으는' 역할을 결코 할 수 없었을 때, 역사적 전통에서 인문학에 편향되어 기술 지식과 실용적 의미가 결핍된 지식이 '전 지구적 경쟁'의 시대에 국가와 민족의 자부심을 받쳐줄 수 없었을 때, 체와 용이 모두 없어졌음을 통감한 지식계는 아주 신속히 '반전통'의 사유를 끌어냈다.

그런데 이와 관련하여 다음과 같은 사실을 특히 유념해야 한다. 소위 '전통'은 결코 지속만을 강조하는 의미가 아니었고 중국의 전통에는 내재적 긴장이 있었으며 사람들은 항상 '전통'에서 본래 '복고', '혁명', '갱신' 등 반전통적 경향과 자원을 내포하고 있었다. 이 때문에 사람들이 전통의 의미를 상실한 것을 통감하였을 때는 전통의 또 다른 주머니에서 자원을 찾아낼 수 있었다. 바로 이런 이유 때문에 중국 근대의 반전통주의자는 바로 전통과 경전의 자원을 출발점으로 삼았다. 강유위와 양계초, 공양학(公羊學)과 대동론(大同論) 등의 경우처럼 이 사상들

---

3) 중국 전통의 국가 체제의 권력 지지 시스템은 몽테스키외의 『법의 정신(The Spirit of Law)』에서 말하는 덕성, 영예, 공포의 합일, 막스 베버의 『지배의 유형』에서 말하는 세 가지 지배 유형(법제형·전통형·카리스마)의 합일, 한나 아렌트의 『권위란 무엇인가(What is authority)』에서 논하는 세 가지 정치 형태(권위·전제·독재)의 합일을 당연히 포함한다. 베버, 『지배의 유형(支配的類型)』, 강락(康樂) 옮김, 중역본, 타이베이, 윤신출판사업공사(允晨出版事業公司), 1985, 29쪽. 한나 아렌트, 『전체주의(極權主義)』, 「역서(譯序)」, 채영문(蔡英文) 옮김, 중역본, 타이베이, 연경출판사업공사, 1982 참조.

에서 민족주의는 세계의 보편적 가치에 근거를 두었고 세계주의는 민족의 현실적 존재에서 보편적 의미를 획득하였다.

월 듀란트(Will Durant : 1885~1981년)는 근대 중국의 역사를 고찰한 후 "오늘날 중국인에게 가장 강한 감정은 외국인 증오이다. 마찬가지로 오늘날 중국에서 가장 유력한 행동은 외국인 숭배이다. 중국은 서양은 이처럼 숭배 받을 가치가 없음을 알지만 중국인은 어쩔 수 없이 그렇게 한다. 왜냐하면 산업화냐 식민화냐를 임의로 선택하는 현실이 눈앞에 펼쳐있기 때문이다."[1] 이러한 진퇴양난의 상황과 모순된 심리가 중국의 근대 사상사를 아주 복잡하게 변화시켰다. 바로 이런 상황에서 공동 지역, 공동 언어를 유지하고 있으며 잠시 동안 자주적 정치권력을 보유하였던 중국이 외재적 압력과 내재적 긴장에 의해 일종의 민족주의적 감정을 활성화시키는 동시에 보편주의 추구도 활성화시켰던 것이다. '뿌리'가 아직 끊어지지 않았기 때문에 '뿌리를 이으려는' 심정은 더욱 절박해졌다.

이러한 민족과 문화의 뿌리를 이으려는 생각은 민족주의 정서를 뒷받침하였고 '구망도강(救亡圖强)'의 구호 아래서 상당한 설득력을 지녔다. 시비곡직을 판단하는 '척도'가 이미 서양의 언어에 의해 통제되었기 때문에 '부강 추구'의 가치 관념과 '실용 추구'의 도구적 이성은 또한 전통적 가치 관념과 도덕과 이성을 대신하였다. 사람들은 마치 하나의 트랙에서 경주하듯이 서양을 따랐다. 이 때문에 세계주의는 또다시 인정받는 진리가 되었다. 그 이유에 대해 나지전(羅志田)은 『권세의 이전(權勢轉移)』에서 다음과 같이 말한다. "영토 주권의 토대의 기본적 완결성은 분명 지식인이 중학이 체가 될 수 있다고 확신하는 데 근본적 토대가 되었다. 식민지 정부의 직접적 탄압이 존재하지 않기 때문에 서양의 압력에 직면하였을 때 중국인에게는 분명 더욱 큰 선회의 여지, 더욱 많은 선택의 자유가 있었다. 동시에 외부에서 들어온 사상적 자원을 더욱 주동적으로 수용하고 선택할 수 있었다."[2] 그리고 이런 상황은 중국 사상계에서 나중에 '계몽'과 '구망', '민족주

민족주의는 세계의 보편적 가치에 근거를 두었고 세계주의는 민족의 현실적 존재에서 보편적 의미를 획득하였다.

'계몽'과 '구망', '민족주의'와 '세계주의', '급진주의'와 '보수주의' 사이의 긴장을 야기하였다.

1) 「혁명과 갱신(革命與更新)」, 강의화(姜義華) 등 엮음, 『홍콩, 대만, 해외 학자의 근대중국문화론(港臺及海外學者論近代中國文化)』, 중경출판사, 1987, 63~67쪽, 듀란트의 글 원문은 『중국과 극동(中國與遠東)』(중역본) 제4장, 유사번역센터(幼獅麟譯中心) 옮김, 유사문화사업공사(幼獅文化事業公司), 1978 참조.
2) 나지전(羅志田), 「새로움의 숭배 : 서양 물결의 충격 하의 근대 중국 사상 권력의 이전(新的崇拜 : 西潮衝擊下近代

의'와 '세계주의', '급진주의'와 '보수주의' 사이의 긴장을 야기하였다.

6

이 해에 엄부(嚴復)는 「세계 변화의 시급함에 대하여(論世變之亟)」라는 유명한 글을 썼다. 글의 제목은 지식인들의 중국의 처지에 대한 긴장과 초조를 보여준다. 같은 해에 그는 또한 『원강(原强)』을 썼다. 이 제목도 마찬가지로 지식인들이 중국을 위해 선택한 출구를 보여준다. 그것은 '부강'해야 이 거대한 '세상의 변화'에 대응할 수 있고 지난 2천 년 없었던 커다란 변화 국면에 대응해야 민족의 혈맥이 단절되지 않도록 보호할 수 있으며, 이러한 절대 우선의 목표를 위해 중국은 서양 근대화의 경로를 받아들일 수밖에 없다는 원리다. 그리고 그해 그는 헉슬리(Thomas Henry Huxley : 1825~1895년)의 『천연론(天演論)』(원제 『진화와 윤리Evolution and Ethics』) 번역을 완료하고 출판하지는 않았으나 얼마 지나지 않아 그 소식이 전해졌다. 섬서(陝西)성 미경수서처(味經售書處)에서 서둘러 이 책을 출판하였고 아주 빠르게 유행하였다. 특히 첫머리에 있는 '생존경쟁(物競)'과 '자연선택(天擇)'이라는 두 단어는 말 못할 심정에 처해 있던 19세기 말 중국인에게 긴장과 초조를 더해주었다. 그리고 결말부에 있는 "진화론은 앞으로 정치가들에게 부동의 원리가 될 것이다(天演之學, 將爲言治者不祧之宗천연지학, 장위언치자부조지종)"[3]라는 구절은 20세기 중국 사상사에 대한 예언이 된 듯하다.

中國思想權勢的轉移)」, 『권세의 이전 : 근대 중국의 사상(權勢轉移 : 近代中國的思想 社會與學術)』, 호북인민출판사, 1999, 23쪽.

3) 『천연론(天演論)』 상 「도언1 : 찰변(導言一 : 察變)」과 『천연론(天演論)』 하 「논17 : 진화(論十七 : 進化)」, 『엄부집(嚴復集)』 제5책, 중화서국, 1324, 1396쪽.

● 옮긴이의 글

저자 거자오광 교수가 본서 『중국사상사』를 기획한 후 자료를 준비하고 완성하기까지 10년, 그리고 역자들이 번역에 착수하여 『중국사상사』를 한국에서 번역서를 출간하기까지 10년, 비로소 20년 만에 책이 세상에 선보였다. 만남과 기다림, 그리고 오랜 열망에 대한 이야기를 다 하려면 그렇지 않아도 두꺼운 책에 부담을 더할 것만 같다. 이미 1권인 『중국사상사 : 7세기 이전 중국의 지식과 사상, 그리고 신앙세계』에서 후기(옮긴이의 글)를 쓴 바 있기에 2권인 『중국사상사 : 7세기에서 19세기까지 중국의 지식과 사상, 그리고 신앙세계』에서는 공동 번역에 관한 이야기만을 간단히 보고하는 것으로 마무리하고자 한다.

1권이 나온 후 번역에 참가했던 네 사람은 2권을 각 조대별 전문가에게 맡기는 것에 대해 진지하게 고민했으며, 마침내 적당한 전문가를 찾아 함께 번역할 수 있는 즐거운 기쁨을 누릴 수 있었다. 2권의 제1편은 이등연, 심규호, 오만종, 양충렬 교수가 맡았고, 제2편은 주광호, 김기현 교수, 그리고 제3편은 진성수, 송인재 교수가 맡았다. 각자 맡은 부분을 번역한 후 광주에서 만나 서로 돌려보고, 다시 각자 재교를 보았다. 문체가 각기 다른 사람들이 번역했으니 조금씩 문장의 맛이 다를 수 있다. 하지만 마지막으로 유중 선생이 전체적으로 살펴보면서 교정하여 나름 정제미가 있을 것이다. 이 점 지면을 통해 감사드린다.

2권이 세상에 나오면서 역자들과 마찬가지로 저자 역시 크게 기뻐했다. 지난 6월 제주포럼에 참가했을 때 저자는 『중국사상사』가 중국을 제외하고 유일하게 완역된 것에 대해 기쁨과 감사의 말을 역자와 출판사 측에 전했다. 그 기쁨과 감사의 일부는 오롯이 일빛 출판사의 이성우 사장에게 돌려야 한다. 너나할 것 없이 한국의 출판계를 걱정하는 요즘 전문서적, 그것도 무지하게 두터운 번역서

882 중국사상사

를 출간한다는 것이 얼마나 어려운 일인지 굳이 생각하지 않아도 알 수 있다. 그런데 마침내 책이 번역되어 나왔다. 결코 쉽지 않은 내용인지라 서툰 번역이나 오류도 있을 수 있다. 학계와 재야의 학인들께서 언제라도 질정해주시기 바란다.

이제 짐 하나를 내려놓는다. 무거웠고, 그만큼 힘들었다. 하지만 나름 학문하는 재미가 없었다고 말할 수 없다. 저자의 번뜩이는 애학(愛學)의 칼날이 우리 모든 학인들의 가슴 깊은 곳을 사정없이 찔러대기를 기대한다.

● 참고문헌

| 기본문헌(基本文獻) 부분

1. 가마다 시게오(鎌田茂雄), 『도장내불교사상자료집성(道藏內佛教思想資料集成)』, 대장출판주식회사 (大藏出版株式會社), 도쿄, 1986

2. 갈사준(葛士濬), 『청대경세문속편(淸代經世文續編)』, 도서집성국연인본(圖書集成局沿印本), 광서 14 년(1888)

3. 강유위(康有爲), 『맹자미(孟子微)』, 루우열 정리본(樓宇烈整理本), 중화서국, 1987

4. 『강희기가격물편(康熙幾暇格物編)』, 상해고적출판사(上海古籍出版社), 1993

5. 건륭(乾隆), 『어제문집(御製文集)』, 영인문연각사고전서본(影印文淵閣四庫全書本)

6. 『건염이래계년요록(建炎以來繫年要錄)』, 중화서국(中華書局), 1988

7. 고기원(顧起元), 『객좌췌어(客座贅語)』, 중화서국, 1997

8. 고명풍(顧鳴鳳), 『눌암총고(訥盦叢稿)』, 선통 3년(1911) 판각본

9. 고반룡(高攀龍), 『고자유서(高子遺書)』, 영인문연각사고전서본

10. 고염무(顧炎武), 『고정림시문집(顧亭林詩文集)』, 중화서국, 1976

11. 고염무, 『일지록(日知錄)』, 황여성(黃汝成), 「일지록집석(日知錄集釋)」, 악록서사(岳麓書社), 1994

12. 고젠 히로시(興膳宏)와 가와이 고조(川合康三), 『수서경적지상고(隋書經籍志詳考)』, 급고서원(汲古書院), 도쿄, 1995.

13. 고헌성(顧憲成), 『경고장고(經皐藏稿)』, 영인문연각사고전서본

14. 곽숭도(郭嵩燾), 『곽숭도일기(郭嵩燾日記)』, 호남인민출판사(湖南人民出版社), 1982

15. 『곽점초묘죽간(郭店楚墓竹簡)』, 문물출판사(文物出版社), 1998

16. 광서조주비주접(光緒朝硃批奏摺)』, 중화서국 영인본, 1996

17. 구양수(歐陽脩), 『구양수전집(歐陽脩全集)』, 중국서점 세계서국 1936년판 영인본, 1992

18. 구양수도(歐陽守道), 『손재문집(巽齋文集)』, 영인문연각사고전서본

19. 『근대중국대서방열강인식자료회편(近代中國對西方列强認識資料滙編)』, 중연원근대사연구소(中研院近代史研究所), 타이베이

20. 기선(寄禪), 『팔지두타시문집(八指頭陀詩文集)』, 악록서사, 1984

21. 나대경(羅大經), 『계림옥로(鷄林玉露)』, 중화서국, 1983

22. 노정(魯貞), 『동산노농집(桐山老農集)』, 영인문연각사고전서본

23. 능정감(凌廷堪), 『교례당문집(校禮堂文集)』, 중화서국, 1998

24. 단복창(段復昌), 『주역보주(周易補注)』, 『속수사고전서』 제39책 영인본

25. 담사동(譚嗣同), 『담사동전집(譚嗣同全集)』, 삼련서점, 1954

26. 담천(談遷), 『북유록(北游錄)』, 중화서국, 1960

27. 당감(唐鑒), 『청유학안소식(淸儒學案小識)』, 사부비요본

28. 『당대묘지휘편(唐代墓志彙編)』, 상해고적출판사, 1992

29. 당재상(唐才常), 『당재상집(唐才常集)』, 중화서국, 1980

30. 『당재자전교전(唐才子傳校箋)』, 중화서국, 1987

31. 『당회요(唐會要)』, 중화서국

32. 『대정신수대장경(大正新修大藏經)』, 신문풍출판공사(新文豊出版公司)

33. 대진(戴震), 『맹자자의소증(孟子字義疏證)』, 중화서국, 베이징, 1961,1990

34. 『대청덕종경황제실록(大淸德宗景皇帝實錄)』, 신문풍출판사업공사(新文豊出版事業公司) 영인본, 타이베이

35. 덕청(德淸), 『감산대사집(憨山大師集)』, 상해불학서국인본(上海佛學書局印本)

36. 『도장(道藏)』, 문물출판사, 상해서점, 천진고적출판사(天津古籍出版社) 영인본, 1988

37. 두목(杜牧), 『번천문집(樊川文集)』, 상해고적출판사, 1978

38. 『등과기고(登科記考)』, 중화서국, 1984

39. 마르코 폴로(Marco Polo), 『마르코 폴로 여행기(馬可·波羅行記)』, 풍승균(馮承均) 옮김, 중역본, 중화서국, 1954

40. 『마테오리치 중국 찰기(利馬竇中國札記)』, 중화서국, 1983

41. 마테오리치, 『건곤체의(乾坤體義)』, 문연각사고전서본(文淵閣四庫全書本)

42. 마테오리치, 『곤여만국전도(坤與萬國全圖)』, 우공학회 영인본(禹貢學會影印本), 1993

43. 『만국공보문선(萬國公報文選)』, 삼련서점(三聯書店), 1998

44. 『만력양주부지(萬曆揚州府志)』, 『북경도서관고적진본총간(北京圖書館古籍珍本叢刊)』 제25책, 서목문헌출판사(書目文獻出版社) 영인본, 베이징

45. 매문정(梅文鼎), 「적학당시문초(績學堂詩文鈔)」, 황산서사(黃山書社), 허페이(合肥), 1995

46. 『명실록(明實綠)』, 역사어언연구소(歷史語言硏究所) 축인(縮印) 영인본, 타이베이, 1968

47. 『명유학안(名儒學案)』, 중화서국, 베이징, 1985 & 세계서국 중인본(重印本), 타이베이, 1965

48. 모기령(毛奇齡), 『서하집(西河集)』, 영인문연각사고전서본

49. 문영(文瑩), 『상산야록(湘山野錄)』, 『옥호청화(玉壺淸話)』, 중화서국, 1984

50. 문정식(文廷式), 『문정식집(文廷式集)』, 중화서국, 1993

51. 『문헌통고(文獻通考)』, 상무인서관 만유문고본(萬有文庫本)

52. 박지원(朴趾源), 『열하일기(熱河日記)』, 북경도서관출판사 영인본(北京圖書館出版社影印本), 1996.

이마무라 요시오(今村與志熊) 역,『열하일기』, 평범사, 도쿄, 1978, 1995

53. 방동수(方東樹),『한학상태(漢學商兌)』, 대만상무인서관, 1968

54.『방산운거사석경(房山雲居寺石經)』, 문물출판사, 1987

55. 방이지(方以智),『통아(通雅)』,『방이지전집(方以智全集)』 1책, 상해고적출판사, 1988

56. 방중리(方中履),『고금석의(古今釋疑)』, 굴만리(屈萬里) 편,『잡저비적총간 (雜著秘籍叢刊)』영인본,
    학생서국, 1971

57. 방회(方回),『동강속집(桐江續集)』, 영인문연각사고전서본

58. 백거이(白居易),『백거이전집(白居易全集)』, 중화서국, 1979

59. 범문충(范文忠),『범문충공문집(范文忠公文集)』, 총서집성초편본(叢書集成初編本)

60. 범상옹(范祥雍) 교점본(校點本),『송고승전(宋高僧傳)』, 중화서국, 1987

61. 부산(傅山),『상홍암집(霜紅庵集)』, 선통(宣統) 2년 판본 영인본, 산서인민출판사, 타이위안(太原),
    1984

62.『불장요적선간(佛藏要籍選刊)』, 상해고적출판사, 1994

63.『사고전서총목(四庫全書總目)』, 중화서국 영인본, 1965, 1981

64. 사마광(司馬光),『사마광일기(司馬光日記)』, 이유민(李裕民) 교주본, 중국사회과학출판사, 1994

65. 서계여(徐繼畬),『영환지략(瀛環志略)』,『청대고본백종회간(淸代稿本百種滙刊)』제40책, 도광 24년
    수고본(手稿本) 영인본, 문해출판사, 타이베이

66. 서광계(徐光啓),『서광계집(徐光啓集)』, 왕중민(王重民) 편, 상해고적출판사, 1984

67. 서근(徐勤),『춘추중국이적변(春秋中國夷狄辨)』, 상대대동역서국 석인본(上海大同譯書局石印本), 광
    서 33년(1907)

68. 서송(徐松),『당양경성방고(唐兩京城坊考)』, 삼진출판사, 1966

69. 서양원(徐養原),『완석려경설(頑石廬經說)』,『속수사고전서』제173책, 광서 14년(1888) 황청경해속편
    본(黃淸經解續編本) 영인

70. 서창치(徐昌治) 편,『성조파사집(聖朝破邪集)』, 하괴기교본(夏瑰琦校本), 1996

71. 석개(石介),『조래석선생문집(徂徠石先生文集)』, 중화서국, 1986

72. 설복성(薛福成),『설복성선집(薛福成選集)』, 상해인민출판사, 1987

73. 섭적(葉適),『섭적집(葉適集)』, 중화서국, 1961

74.『성리대전(性理大全)』,『공자문화대전(孔子文化大全)』영인본, 산동우의서사(山東友誼書社), 지난
    (濟南), 1989

75. 성용경(成蓉鏡),『우공반의술(禹貢班義術)』,『속수사고전서』제55책, 광서 14년(1888) 광아서국 판각
    본(廣雅書局刻本)

76. 소목(蕭穆),『경부류고(敬孚類稿)』, 황산서사, 1992

77. 소백온(邵伯溫), 소박(邵博),『소씨문견록(邵氏聞見錄)』,『소씨문견후록』, 중화서국, 1983

78. 소보화(邵寶華), 『주역인단(周易引端)』, 광서신묘 동문당 간행본(光緖辛卯同文堂刊本)

79. 소옹(邵雍), 『황극경세(皇極經世)』, 『도장(道藏)』, 태현부(太玄部), 귀사(貴四), 제23책, 문물출판사, 상해서점, 천진고적출판사(天津古籍出版社) 영인본

80. 소옹, 『이천격양집(伊川擊壤集)』, 『도장(道藏)』, 태현부(太玄部), 천일(賤一), 제23책

81. 『속수사고전서총목제요 '고본' (續修四庫全書總目提要 '稿本')』, 제로서사(齊魯書社) 영인본, 1997

82. 『속자치통감장편(續資治通鑑長編)』, 중화서국, 1979

83. 『속장경(續藏經)』, 신문풍출판공사 영인본, 타이베이

84. 『속편양조강목비요(續編兩朝綱目備要)』, 중화서국, 1995

85. 손보선(孫寶瑄), 『망산려일기(忘山廬日記)』, 상해고적출판사, 1983

86. 손성연(孫星衍), 『손연여시문집(孫淵如詩文集)』, 사부총간 영인본

87. 『송대조령집(宋大詔令集)』, 중화서국, 1962

88. 『송문감(宋文鑒)』, 중화서국, 1992

89. 『송사신편(宋史新編)』, 상해대광서국(上海大光書局), 1936

90. 송서(宋恕), 『송서집(宋恕集)』, 중화서국, 1993

91. 송오증(宋吳曾), 『능개재만록(能改齋漫錄)』, 상해고적출판사, 1979

92. 『송원방지총간(宋元方志叢刊)』 영인본, 중화서국, 1990

93. 『송원학안(宋元學案)』, 세계서국(世界書局), 1936

94. 『송회요집고(宋會要輯稿)』, 중화서국 영인본

95. 시윤장(施潤章), 『학여당문집(學餘堂文集)』, 영인문연각사고전서본

96. 『신보(申報)』 영인본

97. 신청(神淸), 『북산록(北山錄)』, 영인송각본(影印宋刻本), 1921

98. 『신회화상유집(神會和尙遺集)』, 호적기념관(胡適紀念館), 타이베이, 1970

99. 심덕부(心德符), 『만력야획편(萬曆野獲編)』, 중화서국, 1997

100. 『십삼경주소(十三經注疏)』, 중화서국 영인본, 1980

101. 악순(樂純), 『설암청사(雪庵淸史)』, 『북경도서관고적진본총서(北京圖書館古籍珍本叢書)』 68책, 명서림이소천각본(明書林李少泉刻本) 영인본, 서목문헌출판사(書目文獻出版社), 베이징

102. 안원(顔元), 『안원집(顔元集)』, 중화서국, 1987

103. 야콥(Jacob d'Ancona), 『빛의 도시(The city of Lifght)』 중역본, 상해인민출판사(上海人民出版社), 1999

104. 양계초(梁啓超), 『음빙실합집(飮冰室合集)』, 중화서국 재판본, 1992

105. 양계초, 『양계초전집(梁啓超全集)』, 북경출판사(北京出版社), 1999

106. 양광선(楊光先), 『부득이(不得已)』, 중사 영인본(中社影印本)

107. 양문회(楊文會), 『양인산유서(楊仁山遺書)』, 금릉각경 외각본(金陵刻經外刻本)

108. 양수경(楊守敬), 『우공본의(禹貢本義)』, 『속수사고전서』 제55책 광서 32년(1906) 판각본

109. 양시(楊時), 『양시집(楊時集)』, 복건인민출판사, 1993

110. 양향규(楊向奎), 『청유학안신편(淸儒學案新編)』, 제로서사, 지난, 1985

111. 엄부(嚴復), 『엄부집(嚴復集)』, 중화서국, 1986

112. 여궐(余闕), 『청양선생문집(靑陽先生文集)』, 영인문연각사고전서본

113. 여서창(黎庶昌), 『서양잡지(西洋雜志)』, 담용중점교본(譚用中點校本), 귀주인민출판사(貴州人民出版社), 1992

114. 염약거(閻若璩), 『상서고문소증(尙書古文所證)』, 상해고적출판사 영인본, 1987

115. 엽몽득(葉夢得), 『석림연어(石林燕語)』, 중화서국, 1984

116. 옹동화(翁同龢), 『옹동화일기(翁同龢日記)』, 중화서국, 1997

117. 완원(阮元), 『연경실집(硏經室集)』, 중화서국, 1993

118. 완원, 『주인전(疇人傳)』, 『속수사고전서』 516책, 원씨랑환선관각본(元氏琅環仙館刻本) 영인본

119. 왕강년(汪康年), 『왕양경유저(汪穰卿遺著)』, 민국(民國) 1년 초판 인쇄본

120. 왕국유(王國維), 『왕국유전집(王國維全集)』 「서신(書信)」, 중화서국, 1984

121. 왕도(王韜), 『도원문신편(弢園文新編)』, 삼련서점, 1998

122. 왕도, 『만유수록(漫游隨錄), 부상유기(扶桑游記)』, 호남인민출판사

123. 왕동유(王同愈), 『왕동유집(王同愈集)』, 상해고적출판사, 1998

124. 왕문소(王文韶), 『왕문소일기(王文韶日記)』, 중화서국, 1989

125. 왕벽지(王闢之), 『승수연담록(澠水燕談錄)』, 중화서국, 1981

126. 왕부지(王夫之), 『독통감론(讀通鑒論)』, 중화서국, 1975

127. 왕부지, 『선산전집(船山全集)』, 악록서사, 창사(長沙), 1992

128. 왕삼경(王三慶), 『돈황유서(敦煌類書)』, 타이베이, 여문문화사업공사(麗文文化事業公司)

129. 왕수(王樹), 『계미일기(癸未日記)』 수고본, 학생서국 영인본, 『중국사학총서(中國史學叢書)』 3편, 타이베이

130. 왕안석(王安石), 『임천선생문집(臨川先生文集)』, 중화서국, 상하이, 1964

131. 왕양명(王陽明), 『왕문성공전서王文成公全書』, 사부총간영인명융경본(四部叢刊影印明隆慶本)

132. 왕염오(王炎午), 『오문고(吾汶稿)』, 영인문연각사고전서본

133. 왕정보(王定保), 『당척언(唐摭言)』, 상해고적출판사, 1978

134. 왕중(汪中), 「술학(述學)」, 「술학보유(述學補遺)」, 사부총간 영인본

135. 왕초(王樵), 『방록집(方麓集)』, 영인문연각사고전서본

136. 요면(姚勉), 『설파집(雪坡集)』, 영인문연각사고전서본

137. 요영(姚瑩), 『강유기행(康輶紀行)』 권수(卷首), 광문서국 『사료삼편(史料三編)』 영인본, 타이베이

138. 요제항(姚際恒), 『요제항저작집(姚際恒著作集)』, 중앙연구원문철연구소교감본(中央研究院文哲研

究所校勘本), 1994

139. 우집(虞集), 『도원학고록(道圓學古錄)』, 영인문연각사고전서본

140. 원가(袁珂), 『산해경교주(山海經校注)』, 상해고적출판사, 1990

141. 원섭(袁燮), 『혈재집(絜齋集)』, 총서집성본

142. 원인(圓仁), 『입당구법순례행기(入唐求法巡禮行記)』, 오노가쯔도시(小野勝年) 교주, 백화문등수정 (白化文等修訂)『입당구법순례행기교주(入唐求法巡禮行記校注)』, 화산문예출판사(花山文藝出版社), 석가장(石家莊), 1992

143. 위예개(魏裔介), 『겸제당문집(兼濟堂文集)』, 영인문연각사고전서본

144. 위원(魏源), 『우공설(禹貢說)』, 『속수사고전서』 제55책 영인본

145. 위원, 『해국도지(海國圖志)』, 진화등 교주본(陳華等校注本), 악록서사, 1998

146. 위종무(衛宗武), 『추성집(秋聲集)』, 영인문연각사고전서본(影印文淵閣四庫全書本)

147. 유관(柳貫), 『대제집(待制集)』, 영인문연각사고전서본

148. 유사배(劉師培), 『유신숙유서(劉申叔遺書)』, 강소고적출판사 영인본, 1997

149. 유숙(劉肅), 『대당신어(大唐新語)』, 중화서국, 1984

150. 유악신(劉岳申), 『신재집(申齋集)』, 영인문연각사고전서본

151. 유우석(劉禹錫), 『유우석집(劉禹錫集)』, 중화서국, 1990

152. 유이기(劉爾炘), 『과재일기(果齋日記)』, 졸수산방 소장판(拙修山房藏版), 광서 23년(1897) 서각본(序刻本)

153. 유종주(劉宗周), 『유자전서유편(劉子全書遺編)』, 중문출판사영인본, 교토, 1981

154. 유종주, 『유즙산집(劉蕺山集)』, 영인문연각사고전서본

155. 유훈(劉壎), 『수운촌고(水雲村稿)』, 영인문연각사고전서본

156. 육구연(陸九淵), 『육구연집(陸九淵集)』, 중화서국, 1980

157. 육롱기(陸隴其), 『삼어당문집(三魚堂文集)』, 영인문연각사고전서본

158. 육세의(陸世儀), 『사변록집요(思辨錄輯要)』, 영인문연각사고전서본

159. 육유(陸游), 『노학암필기(老學庵筆記)』, 중화서국, 1979

160. 의정(義淨), 『남해기귀내법전(南海寄歸內法傳)』, 왕방유(王邦維), 『남해기귀내법전교주(南海寄歸內法傳校注)』, 중화서국, 1995

161. 이광지(李光地), 『용촌집(榕村集)』, 영인문연각사고전서본

162. 이광지, 『용촌어록(榕村語錄)』 「용촌속어록(榕村續語錄)」, 중화서국, 1995

163. 이상은(李商隱), 『번남문집(樊南文集)』, 청풍호(淸馮浩) 상주(詳注), 전씨전주본(錢氏箋注本), 상해고적출판사, 1988

164. 이선란(李善蘭)은 『칙고재산학십삼종(則古齋算學十三種)』, 동치 6년 금릉 간본(金陵刊本), 『속수사고전서』 영인본 1047책

165. 이신유(李愼儒), 『우공역지편(禹貢易知編)』, 『속수사고전서(續修四庫全書)』 제55책, 광서 (光緒) 25
년(1899) 판각본

166. 『이십오사(二十五史)』, 중화서국 표점본(標点本)

167. 이옹(李顒), 『이곡집(二曲集)』, 중화서국, 1996

168. 『이학종전(理學宗傳)』, 『공자문화대전(孔子文化大全)』 영인절강서국본(影印浙江書局本), 지난,
1989

169. 장건(張謇), 『장건전집(張謇全集)』, 강소고적출판사, 1994

170. 장량기(蔣良驥) 찬, 왕선겸(王先謙) 수정, 『12조동화록(十二朝東華錄)』, 「옹정조(擁正朝)」, 대동서국
영인본(大東書局影印本), 타이난(臺南), 1968

171. 장이기(張爾岐), 『호암집(蒿庵集)』, 제로서사, 1991

172. 장작(張鷟), 『조야첨재(朝野僉載)』, 『수당가화(隋唐嘉話)』 「조야첨재」 합간본, 중화서국, 1979

173. 장재(張載), 『장재집(張載集)』, 중화서국, 1978

174. 장재, 『장자전서(張子全書)』, 사부비요본(四部備要本)

175. 장학성(章學誠), 『문사통의(文史通義)』, 엽영(葉瑛) 교주본(校注本), 중화서국, 1985

176. 장혜언(張惠言), 『명가문편(茗柯文編)』, 상해고적출판사, 1984

177. 장황(張潢), 『도서편(圖書編)』, 성문출판사유한공사((成文出版社有限公司), 타이베이

178. 저영(儲泳), 『거의설(袪疑說)』, 총서집성본, 상무인서관

179. 『전당문(全唐文)』, 상해고적출판사 영인본, 1990

180. 『전당문보편(全唐文補編)』 제1집, 삼진출판사(三秦出版社)

181. 전대흔(錢大昕), 『가정전대흔전집(嘉定錢大昕全集)』, 강소고적출판사, 1997

182. 전의길(錢儀吉) 편, 『비전집(碑傳集)』, 『중국명인전기총편(中國名人傳記叢編)』 영인본, 문해출판사
(文海出版社), 타이베이

183. 전조망(全祖望), 『길기정집(鮚埼亭集)』, 사부총간 영인본

184. 『정관정요(貞觀政要)』, 사부총간 속편본(四部叢刊續編本)

185. 정단례(程端禮), 『외재집(畏齋集)』, 영인문연각사고전서본

186. 정문해(程文海), 『설루집(雪樓集)』, 영인문연각사고전서본

187. 정이(程頤), 정호(程顥), 『이정집(二程集)』, 중화서국, 1981

188. 정헌보(鄭獻甫), 『보학헌문집(寶學軒文集)』, 함풍 11년 간본(咸豊11年間本) 영인본, 『근대중국사료
총간속집(近代中國史料叢刊續輯)』 212종, 문해출판사

189. 『조당집(祖堂集)』, 일본경도화원대학선문화연구소 영인본(日本京都花園大學禪文化研究所影印本)

190. 조맹부(趙孟頫), 『송설재집(松雪齋集)』, 영인문연각사고전서본

191. 조원필(曹元弼), 『고문상서정씨주천석(古文尚書鄭氏注箋釋)』, 『속수사고전서』 53책, 복단대학(復
旦大學) 소장본 영인

192. 주국정(朱國禎), 『용당소품(涌幢小品)』, 문화예술출판사, 베이징, 1998

193. 주돈이(周敦頤), 『주자통서(周子通書)』, 사부비요본

194. 주밀(周密), 『계신잡식(癸辛雜識)』, 중화서국, 1988

195. 주석은(周錫恩), 「전로당유서 8종(傳魯堂遺書八種)」, 나전왕씨 무창 간행본(羅田王氏武昌刊本), 1915

196. 주이존(朱彝尊), 『폭서정집(曝書亭集)』, 영인문연각사고전서본

197. 주진학(周振鶴) 편교(編校), 『왕사성지리서 3종(王士性地理書三種)』, 상해고적출판사, 1993

198. 주휘(周輝), 『청파잡지(淸波雜志)』, 유영상(劉永翔) 교주본, 중화서국, 1994

199. 주희(朱熹), 『주문공문집(朱文公文集)』, 사부총간본, 상무인서관

200. 주희, 『주자어류(朱子語類)』, 중화서국, 1988

201. 주희, 『사서장구집주(四書章句集注)』, 중화서국

202. 주희, 『이락연원록(伊洛淵源錄)』, 총서집성본(叢書集成本), 상무인서관(商務印書館)

203. 줄리오 알레니(Giulio Aleni), 『직방외기교석(職方外紀校釋)』, 사방교석(謝方校釋), 중화서국, 1996

204. 『중국 불교 사상 자료 선편(中國佛敎思想資料選編)』, 중화서국, 1981~1990

205. 『중국고대지도집 : 전국~원(中國古代地圖集 : 戰國之元)』, 문물출판사, 1990

206. 『중국근대문학대계(中國近代文學大系)』, 상해서점, 1993

207. 『중국철학문헌휘편(*A Source Book in Chinese Phinese Philosophy*)』, 거류도서공사(巨流圖書公司), 타이베이, 1993

208. 증기택(曾紀澤), 『증기택유집(曾紀澤遺集)』, 악록서사, 1983

209. 증렴(曾廉), 『우공구주금지고(禹貢九州今地考)』, 광서 32년 호남 판각본(湖南刻本)

210. 지강(志剛), 『초사태서기(初使泰西記)』, 주향세계총서본(走向世界叢書本), 악록서사, 1985

211. 진가(眞可), 『자백노인집(紫柏老人集)』, 북경대학도서관 소장의 청양주각경처각본(淸揚州刻經處刻本)

212. 진개지(陳開沚), 『비농최요(裨農最要)』, 『속수사고전서』 978책, 광서 23년(1897) 동천문명당 판각본 (潼川文明堂刻本) 영인

213. 진몽룡(陳夢龍), 『몽초정잡기(夢焦亭雜記)』, 상해고적서점(上海古籍書店) 영인본, 1983

214. 진기원(陳其元), 『용한재필기庸閑齋筆記』, 중화서국, 1989

215. 진담연(陳澹然), 『원인(原人)』, 요양 육형 병오년 인쇄본(遼陽毓衡丙午印本), 청화대학 도서관에 소장 계축년 수정재판본(癸丑年修訂重印本)

216. 진덕수(陳德秀), 『서산선생진문충공문집(西山先生陳文忠公文集)』, 사부총간 영인본

217. 진량(陳亮), 『진량집(陳亮集)』 증보판, 중화서국, 1987

218. 진순(陳淳), 『북계자의(北溪字義)』, 중화서국, 1983

219. 진영첩(陳榮捷), 『근사록상주집평(近思錄詳注集評)』, 학생서국, 타이베이, 1992

220. 진영첩, 『왕양명전습록상주집평(王陽明傳習錄詳注集評)』(修訂版) 학생서국, 타이베이, 1992

221. 진원룡(陳元龍), 『격치경원(格致鏡原)』, 대만상무인서관 영인본, 1972

222. 진충의(陳忠倚) 집(輯), 『황조경세문삼편(皇朝經世文三編)』, 문해출판사 영인사, 타이베이

223. 진치(陳熾), 『진치집(陳熾集)』, 중화서국, 1997

224. 진풍(陳澧), 『동숙독서기(東塾讀書記)』, 사부비요본, 중화서국

225. 채원배(蔡元培), 고평숙(高平叔) 편, 『채원배전집(蔡元培全集)』, 중화서국, 1984

226. 천주교동전문헌(天主教東傳文獻)』 초편, 3편, 학생서국중국사학총서 영인본(學生書局中國史學叢
書影印本), 타이베이, 1982, 1986

227. 『천학초함(天學初函)』, 중국사총서 영인본(中國史叢書影印本), 타이베이, 1086

228. 『청경세문편(淸經世文編)』, 중화서국

229. 『청경해(淸經解)』, 『청경해속편(淸經解續編)』, 상해서점(上海書店) 영인본

230. 『청궁서양의기(淸宮西洋儀器)』, 『고궁박물원장문물진품전집(古宮博物院藏文物珍品全集)』 본(本),
홍콩상무인서관(香港商務印書館), 1998

231. 『청성조실록(淸聖朝實錄)』, 신문풍출판사업공사 영인본, 타이베이

232. 『청세종실록(淸世宗實錄)』, 신문풍출판사업공사 영인본, 타이베이

233. 『청실록(淸實錄)』, 중화서국 영인본

234. 초순(焦循), 『조고집(雕菰集)』, 총서집성초편본(叢書集成初編本)

235. 최국인(崔國因), 『출사미일비일기(出使美日秘日記)』, 황산서사, 1988

236. 최선(崔銑), 『원사(洹詞)』, 영인문연각사고전서본

237. 탕빈(湯斌), 『탕자유서(湯子遺書)』, 영인문연각사고전서본

238. 탕용동(湯用彤) 교주본(校注本), 『고승전(高僧傳)』, 중화서국, 1992

239. 『통전(通典)』, 중화서국

240. 페르비스트(Verbiest), 『곤여도설(坤與圖說)』, 총서집성본(叢書集成本), 상무인서관

241. 포천소(包天笑), 『천영루회고록(釧影樓回憶錄)』, 홍콩대학출판사(香港大學出版社), 1971

242. 풍응경(馮應京) 집(輯), 『황명경세실용편(皇明經世實用編)』, 성문출판사(成文出版社) 영인본, 타이
베이, 1967

243. 하계(何啓), 호례원(胡禮垣), 『신정진전－하계·호례원집(新政眞詮－何啓·胡禮垣集)』, 정대화(鄭大
華) 점교본(点校本), 요녕인민출판사(遼寧人民出版社), 타이베이, 1994

244. 하량준(何良俊), 『사우재총설(四友齋叢說)』, 중화서국, 1997

245. 하서린(賀瑞麟), 『청록유어(淸麓遺語)』, 광서연간 정의서원 판각본(正誼書院刻本)

246. 하증우(夏曾佑), 「하증우시집교(夏曾佑詩集校)」, 『근대문학사료(近代文學史料)』 중국사회과학출판
사, 1985

247. 학경(郝經), 『능천문집(陵川文集)』, 영인문연각사고전서본

248. 한유(韓愈), 『한창려문집교주(韓昌黎文集校注)』, 상해고적출판사, 1986

249. 『해방요람(海防要覽)』, 『속수사고전서』 969책, 광서 10년(1884) 돈회서옥 판각본(敦懷書屋刻本)

250. 『해조음문고(海潮音文庫)』, 불학서국(佛學書局), 1931

251. 호림익(胡林翼), 『독사병략속편(讀史兵略續編)』, 『속수사고전서』 968책, 상해도서집성서국본(上海圖書集成局本) 영인

252. 호병문(胡炳文), 『운봉집(雲峰集)』, 영인문연각사고전서본

253. 호사경(胡思敬), 『퇴려전서(退廬全書)』, 계해남창 판각본(癸亥南昌刻本)

254. 홍매(洪邁), 『용재수필(容齋隨筆)』, 상해고적출판사, 1993

255. 『화도신보(花圖新報)』 제10권, 상해청심서관(上海淸心書館), 광서 7년 신사(辛巳)

256. 허유임(許有壬), 『지정집(至正集)』, 영인문연각사고전서본

257. 황영무(黃永武) 편, 『돈황보장(敦煌寶藏)』, 신문풍출판공사(新文豊出版公司), 타이베이

258. 황종희(黃宗羲), 『황종희전집(黃宗羲全集)』, 절강고적출판사(浙江古籍出版社), 항저우(杭州), 1984

259. 황준헌(黃遵憲), 『일본국지(日本國志)』, 광서 24년(1898) 판각본

II 현대인들의 저작 부분

1. 가진화(賈晉華), 「한유와 맹교 집단을 논하다(論韓孟集團)」, 『중화문사논총(中華文史論叢)』 51집, 상해고적출판사, 1993

2. 간금송(簡錦松), 『명대문학비평연구(明代文學批評研究)』, 학생서국, 타이베이, 1989

3. 갈영진(葛榮晉) 주편, 『중국실학사상사(中國實學思想史)』, 수도사범대학출판사(首都師大學出版社), 1994

4. 갈영진, 「호원과 안정학파의 '명체달용의 학문'(胡瑗及其安定學派的 '明體達用之學')」, 『중국철학』, 제16집, 악록서사, 1993

5. 갈조광(葛兆光), 『중국 선 사상사—6세기에서 9세기(中國禪思想史—從6世紀到9世紀)』, 북경대학출판사, 1995

6. 갈조광, 「18세기의 사상과 학술-엘먼의 『성리학에서 고증학으로』를 평한다(十八世紀的思想與學術-評艾爾曼『從理學到樸學』)」, 『독서(讀書)』 1996년 제6기, 삼련서점(三聯書店), 베이징

7. 갈조광, 「명·청 시대 중국 사상 사조의 변천(明淸之間中國思想思潮的變遷)」, 『북경대학학보(北京大學學報)』 1985년 제2기

8. 갈조광, 「옳고 그름과 참과 거짓의 사이(是非與眞僞之間)」, 『독서(讀書)』 1992년 제1기, 삼련서점, 베이징

9. 갈조광, 「요도와 요술—소설, 역사와 현실 속의 도교 비판(妖道與妖術—小說, 歷史與現實中的道教批判)」, 『중국문학보』 55책, 일본 경도대학, 1998

10. 갈조광, 「중묘지문(衆妙之門)」, 『중국문화(中國文化)』 제3기, 홍콩중화서국(香港中華書局), 1990

11. 갈조광, 「통감에서 강목까지(從通鑒到綱目)」, 『양주사범학원학보(揚州師範學院學報)』 1992년 제3기, 양저우(揚洲)

12. 갈조광, 「략담청대문사고거지학재방법상적결함(略談淸代文史考據之學在方法上的缺陷)」, 『고적정리와 연구(古籍整理與硏究)』, 1986년 제1기, 중화서국, 베이징

13. 갈조광, 「황서합기 및 기타―과도의의 사상사연구(黃書合氣及其他―過度儀的思想史硏究)」, 『고금논형(古今論衡)』 제2집, 타이베이, 1999

14. 갈조광, 「『수당도교사상사연구(隋唐道敎思想史硏究)』 논평」, 『당연구(唐硏究)』 제2집, 북경대학출판사, 1997

15. 갈조광, 『도교와 중국문화(道敎與中國文化)』, 상해인민출판사, 1987

16. 갈효음(葛曉音), 「개원 시단을 논함(論開元詩壇)」, 『당연구(唐硏究)』 제3권, 북경대학출판사, 1997

17. 강광휘(姜廣輝), 「송대 도학 명칭의 연원(宋代道學定名緣起)」, 『중국철학』 제15기, 악록서사, 1992

18. 강백근(姜伯勤), 「산서 개휴 천신루 고대건축 장식의 도상학 고찰(山西介休祆神樓古建築裝飾的圖像學考察)」, 『문물』 1999년 1기

19. 강백근, 『돈황의 예술 종교와 예악 문명(敦煌藝術宗敎與禮樂文明)』, 중국사회과학출판사, 1996

20. 강의화(姜義華) 등 엮음, 『홍콩, 대만, 해외 학자의 근대중국문화론(港臺及海外學者論近代中國文化)』, 중경출판사(重慶出版社), 1987

21. 강효원(江曉原), 『천학진원(天學眞原)』, 요녕교육출판사, 1991

22. 계문덕(計文德), 『종사고전서탐구명청간수입지서학(從四庫全書探究明淸間輸入之西學)』, 한미도서유한공사(漢美圖書有限公司), 타이베이, 1991

23. 고바야시 요시히로(小林義廣), 「송대의 권학문(宋代の勸學文)」, 『중국의 전통사회와 가족(中國の傳統社會と家族)』, 급고서원, 1993

24. 고젠 히로시(興膳宏), 기즈 유코(木津祐子), 사이토 마레시(齋藤希史) 공저, 「주자어류독서법편역주(朱子語類讀書法篇譯注)」 1~7, 『중국문학보(中國文學報)』 제48~54책, 교토, 1994~1997

25. 고지마 츠요시(小島毅), 「정사와 음사―복건의 지방지에 있어서 서술과 논리(正祠與淫祠―福建の地方志における記述と論理)」, 『동양문화연구소기요(東洋文化硏究所紀要)』 제114책, 도쿄, 1991

26. 고청미(古淸美), 『명대이학논문집(明代理學論文集)』, 대안출판사(大安出版社), 1990

27. 고풍진(賈豐臻), 『송학(宋學)』, 상무인서관, 1933

28. 고흠예(顧欽藝), 『사서장구집주연구(四書章句集註硏究)』 제4장 「사서의 수합(四書的彙合)」, 북경대학박사논문, 1999

29. 공서탁(龔書鐸), 『중국근대문화탐색(中國近代文化探索)』, 북경사범대학출판사(北京師範大學出版社), 1988

30. 곽보림(郭寶林), 「북송 주현의 학관(北宋州縣學官)」, 『문사』 제32집, 중화서국, 1990

31. 곽정이(郭廷以) 편, 『근대중국사사일지(近代中國史事日誌)』, 중앙연구원 근대사연구소(中央研究院 近代史研究所), 타이베이, 1963

32. 곽정이, 『근대중국의 변국(近代中國的變局)』, 연경출판사업공사, 타이베이, 1987

33. 구위군(丘爲君), 「청대사상사 '연구 본보기'의 형성, 특질과 함의(淸代思想史 '硏究典範'的形成, 特質 與義函)」, 『청화학보(淸華學報)』 신24권 제4기, 신죽, 1994

34. 구위군, 「비판적한학여한학적비판 : 장태염대고거학적반성급대대진한학적천석(批判的漢學與漢學 的批判 : 章太炎對考據學的反省及對戴震漢學的闡釋)」, 『청화학보(淸華學報)』 신29권 제3기, 신죽, 1999

35. 굿리치(L C Goodrich), 『건륭제의 문자의 옥(The Literary Inquisition of Ch'ien-Lung)』, Beltimore, Waverly Press, 1935

36. 그레이엄(A. C. Graham), 『두 명의 중국철학자 : 정명도(程明道)와 정이천(程伊川)』(『Two Chinese Philosophers : Ch'eng Ming-tao and Ch'eng Yi-ch'uan』, Longdon : Lund Humphries, 1958)

37. 길전인(吉田寅), 「19세기 중국과 일본에서의 해외사정섭취의 제자료(十九世紀中國, 日本における海 外事情攝取の諸資料)」, 『입정대학동양사연구자료(立正大學東洋史硏究資料)』 VI, 도쿄, 1995

38. 나광(羅光), 『중국철학사상사-청대편(中國哲學思想史-淸代編)』, 학생서국, 1990

39. 나검추(羅檢秋), 『근대 제자학과 문화사조(近代諸子學與文化思潮)』, 중국사회과학출판사, 1998

40. 나바 토시사다(那波利貞), 『당대사회문화사연구(唐代社會文化史硏究)』, 창문사(創文社), 도쿄, 1974, 1977

41. 나지전(羅志田), 『권세의 이전 : 근대중국의 사상·사회·학술(權勢轉移 : 近代中國的思想·社會與學 術)』, 호북인민출판사(湖北人民出版社), 1999

42. 나향림(羅香林), 「당조 세 이교에 관한 정책 약론(唐朝三夷敎政策略論)」, 『당연구(唐硏究)』 제4권, 북 경대학출판사, 1998

43. 나향림, 『당원 두 조대의 경교(唐元兩代之景敎)』, 홍콩, 1966

44. 노간(勞榦), 『6박과 박국의 변천(六博及博局的演變)』, 『역사언어연구소집간(歷史語言硏究所集刊)』 35본, 타이베이, 1964

45. 노건영(盧建榮), 「재실여묘지로 본 당송시대 성별의식의 전개(從在室女墓志看唐宋性別意識的演 變)」, 『대만사범대학역사학보(台灣師範大學歷史學報)』 제25기, 1997

46. 노국룡(盧國龍), 『중국중현학(中國重玄學)』, 인민중국출판사, 베이징, 1993

47. 뇌이(雷頤), 「화하중심과 새로운 세계 도식─서계여를 말한다(華夏中心與新的世界圖式─漫話徐繼 畲)」, 『동방(東方)』 1996년 5기

48. 니비슨(David S. Nivison), 『장학성의 생애와 사상 : 1738~1801(章學誠的生平與思想 : 1738~1801)』, 『The Life Thought of Chang Hseuh-Ch'eng(1738-1801)』, Stanford University Press, 1966

49. 니시 준조(西順藏)의 「북송 이후의 정통론(北宋その他の正統論)」, 『일교논총(一橋論叢)』, 도쿄, 1965

50. 다니엘 가드너(Daniel K. Gardner), 「송대 성리학 세계에서 귀신과 정신 : 주회의 귀신론宋代新儒學世界中的鬼神和精神 : 朱熹論鬼神(Ghosts and Spirits in the Sung Neo-Confucianism World : Chu Hsi on Kuei-shen)」, 『아시아와 극동아시아 연구잡지(亞洲與遠東研究雜誌)』(JAOS) 제115권 제4기, 1995

51. 다카세 다케지로(高瀨武次郎), 『지나철학사(支那哲學史)』, 조남평(趙南坪) 중역본 『중국철학사』, 기남학교출판부(曁南學校出版部), 1925

52. 다카하시 도우루(高橋撤), 「이덕유시론─그의 진사관을 중심으로(李德裕試論─その進士觀を中心に)」, 『중국의 전통사회와 가족(中國の傳統社會と家族)』, 급고서원, 도쿄, 1993

53. 다케다 마사야(武田雅哉), 『청조회사오우여의 사건(淸朝繪師吳友如の事件)』, 작품사(作品社), 도쿄, 1998

54. 다케우치 요시오(武內義雄), 『송학의 유래와 그 특수성(宋學の由來及び其特殊性)』, 『동양사조(東洋思潮)』, 암파서점, 1934(위수복魏守朴 중역본, 『국광잡지國光雜誌』 9~11기)

55. 단옥명(段玉明), 『중국사묘문화(中國寺廟文化)』, 상해인민출판사, 1994

56. 당군의(唐君毅), 「양명학과 주자학(陽明學與朱子學)」, 중화학술원 편, 『양명학논문집(陽明學論文集)』, 화강출판유한공사(華崗出版有限公司), 타이베이, 1972

57. 대군인(戴君仁), 「논강우왕문(論江右王門)」, 장기윤(張其昀) 편, 『양명학논문집』, 중화학술원, 타이베이, 1972, 1977

58. 대념조(戴念祖), 「추백기의 지도촬영과 유리판 촬영술(鄒伯奇的撮影地圖和玻板撮影術)」, 『중국과학기술사료(中國科技史料)』 21권 제2기, 2000

59. 대일(戴逸), 「건가사학대사전대흔(乾嘉史學大師錢大昕)」, 『문사철(文史哲)』 1997년 제3기, 지난

60. 대정농(臺靜農), 『정농논문집(靜農論文集)』, 연경출판사업공사, 타이베이, 1989

61. 데이비드 셤웨이(David R. Shumway), 「학과규훈제도도론(學科規訓制度導論)」, 영남대학(嶺南大學) 번역학과 중역본, 『학과, 지식, 권력(學科, 知識, 權力)』, 우진대학출판(牛津大學出版), 홍콩, 1996

62. 도진생(陶晉生), 「송대 부녀의 재가와 개가(宋代婦女的再嫁與改嫁)」, 『신사학(新史學)』 제6권 제3기, 1995

63. 도청(陶淸), 『명나라 유민 9대가의 철학사상 연구(明遺民九大家哲學思想研究)』, 홍업문화사업유한공사(洪業文化事業有限公司), 타이베이, 1997

64. 동방삭(東方朔), 『유즙산철학연구(劉蕺山哲學硏究)』, 상해인민출판사, 1997

65. 동본원사상해별원(東本愿寺上海別院), 『동본원사 상해 개교60년사(東本愿寺上海開教六十年史)』, 일문본(日文本), 1937

66. 드미에빌(Paul Demieville), 『토번승쟁기(吐蕃僧諍記)』, 중역본, 경승(耿升) 역, 감숙인민출판사(甘肅人民出版社), 1984

67. 등광명((鄧廣銘), 『등광명치사총고(鄧廣銘治史叢稿)』, 북경대학출판사, 1997

68. 등사우(鄧嗣禹), 「명의 대고와 명초의 정치사회(明大誥與明初之政治社會)」, 황배(黃培)와 도진생(陶

쭙生) 편,『등사우선생학술논문선집(鄧嗣禹先生學術論文選集)』, 식화출판사(食貨出版社), 타이베이, 1980

69. 로드니 테일러와 게리 아버클(Rodney L. taylor and Gary Arbuckle),「중국의 종교(Chinese Religions : The State of the Field(Part II) : Living Religious Traditions : Taoism, Confucianism, Buddhism, Islam and Popular Religion)」,『The Journal of Asian Studies』, VOL. 54, NO. 2, 1995

70. 로버트 머튼(Robert K. Merton),『17세기 영국의 과학과 기술과 사회(Science, Technology and Society in Seventeenth Century England)』, New york, Howard Fertig, 1970

71. 뢰귀삼(賴貴三),『초순년보신편(焦循年譜新編)』, 이인서국(里仁書局), 1994

72. 리처드 폰 글란(Richard von Glahn),「지역사회와 복지 : 주희의 공공전답의 이론과 실천(Community and Welfare : Chu His's Community Granary in Theory and Practice)」,『통치 : 중국 송나라의 국가와 사회(Ordering the World : Approaches to State and Society in Sung Dynasty China)』, edited by 로버트 하임즈와 콘라드 쉬로카우어(Robert. P. Hymes and Conrad Schirokauer), University of California Press, Berkeley, Los Angeles, Oxford, 1993

73. 마배당(馬培棠),「우공과 우도(禹貢與禹都)」,『우공(禹貢)』반월간 제2권 제5기, 1934~1935

74. 마키타 타이료(牧田諦亮),『중국 불교사 연구 제1(中國佛教史研究第一)』, 대동출판사, 도쿄, 1981

75. 메리 라이트(Mary C. Wright),『The Last Stand of Chinese Conservatism : The T'ung-Chi Restoration, 1862~1874』, New York, Stanford University Press, 1967

76. 모리 시카조(森鹿三),「릿쿄쿠안소장여지도해설(栗棘庵所藏輿地圖解說)」,『동방학보(東方學報)』11권 4기, 교토

77. 모우트(F. W. Mote),「원대 유가의 은둔 경향(Confucianism Eremitism in the Yuan Period)」, 아서 라이트(Arther F. Wright) 편『유가의 설득(The Confucian Persuasion)』, Stanford University Press, 1960

78. 모윤손(车潤孫),『주사재총고(注史齋叢稿)』, 중화서국, 1987

79. 모회신(冒懷辛),「소옹의 인생관과 역사철학(邵雍的人生觀與歷史哲學)」,『중국철학』, 제12집, 인민출판사, 1984

80. 몽문통(蒙文通),『고학견미(古學甄微)』, 파촉서사(巴蜀書社), 1987

81. 무기타니 구니오(麥谷邦夫),『남북조수당초 도교 교의학 관규(南北朝隋唐初道教教義學管窺)』, 중역본『일본학자의 중국철학사 논의(日本學者論中國哲學史)』, 중화서국, 1986

82. 문인군(閏人軍)·이뢰(李磊),「일행·남궁열의 천문대지 측량에 관한 새로운 고찰(一行, 南宮說天文大地測量新考)」,『문사(文史)』32집, 중화서국, 베이징, 1990

83. 미셸 데통베(Michel Destombes),「명·청 시대 중국 진출 예수회 선교사와 중국의 지도학(明清澗入華耶蘇會士與中國地圖學)」, 경승(耿昇) 중역본,『명·청 시대 중국 진출 예수회 선교사와 중국과 서양의 문화교류(明清澗入華耶蘇會士與中西文化交流)』, 파촉서사, 1993

84. 미야모토 쇼손(宮本正尊),『메이지 불교의 사조—이노우에 엔료의 사적(明治佛教の思潮—井上圓了

の事迹)』, 교성출판사(佼成出版社), 도쿄, 1975

85. 미야자키 이치사다(宮崎市定), 『중국사(中國史)』, 암파서점, 1978, 1995

86. 미야자키 이치사다, 『과거사(科擧史)』, 『궁기시정전집(宮崎市定全集)』 15권, 암파서점, 1993

87. 미조구치 유조(溝口雄三), 『중국전근대사상의 굴절과 전개(中國前近代思想的屈折與展開)』, 색개연(索介然), 공영(龔穎) 중역본(中譯本), 중화서국, 1997

88. 미조구치 유조, 『중국과 일본의 공사관념 비교(中國與日本公私觀念之比較)』, 『21세기(二十一世紀)』 1994년 2월호, 홍콩

89. 미조구치 유조, 「중국 민권 사상의 특쟁(中國民權思想的特色)」, 중앙연구원 근대사연구소(中硏院近代史硏究所) 편, 『중국현대화논문집(中國現代化論文集)』, 타이베이, 1991

90. 미치하다 료슈(道端良秀), 『당대 불교사 연구(唐代佛敎史の硏究)』 법장관(法藏館), 교토, 1957, 1981

91. 미치하다 료슈, 「일본 불교의 해외포교—특히 중국 포교에 대해서(日本佛敎の海外布敎—特に中國布敎について)」, 『강좌근대불교(講座近代佛敎)』 제5권 생활편, 법장관(法藏館), 도쿄, 1961

92. 방개(方介), 「한유의 '우임금에게 묻는다'는 글의 의미분석(韓愈 '對禹問' 析義)」, 『한학연구(漢學硏究)』 11권 1기, 타이베이, 1993

93. 방건신(方建新), 「송대 혼인 예식에 관한 고찰(宋代婚姻禮俗考述)」, 『문사』 제24기, 중화서국, 1985

94. 방덕신(龐德新), 『백화소설 및 유사 백화소설로 본 송대 양경의 시민생활(從話本及擬話本所見之宋代兩京市民生活)』, 용문서국(龍門書局), 홍콩, 1974

95. 방호(方豪), 방호문록(方豪文錄)』, 북평상지편역관(北平上智編譯館), 1948

96. 방호, 『중서교통사(中西交通史)』, 악록서사 중인본, 1987

97. 배화행(裵化行), 『마테오리치 평전(利瑪竇評傳)』, 상무인서관, 1993

98. 베버(Max Weber), 『지배의 유형(支配的類型)』, 『베버선집』 III, 강락(康樂) 중역본, 윤신출판사(允晨出版社), 타이베이, 1985

99. 벤자민 슈워츠(Benjamin Schwartz), 「중국 사상사에 관한 약간의 초보적 고찰(關於中國思想史的若干初步考察)」, 중역문, 장영당(張永堂) 역, 『중국 사상과 제도 논집(中國思想與制度論集)』, 연경출판사업공사, 타이베이, 1976, 1977

100. 벤저민 엘먼(Benjamin A. Elman), 「명나라 말기 유학 과거 책문 속의 '자연학'(晩明儒學科擧策問中的 '自然之學')」, 뇌이(雷頤) 옮김, 『중국문화(中國文化)』 제13기, 중국문화잡지사(中國文化雜誌社), 북경(北京), 1996

101. 벤저민 엘먼(Benjamin Elman), 『성리학에서 고증학으로(從理學到樸學)』, 조강(趙剛) 옮김, 강소인민출판사(江蘇人民出版社), 1995

102. 부락성(傅樂成), 『한당사논집(漢唐史論集)』, 연경출판사업공사, 타이베이, 1977, 1995

103. 부선종(傅璇琮), 『이덕유년보(李德裕年譜)』, 제로서사, 1984

104. 부선종, 『당대 과거와 문학(唐代科擧與文學)』, 섬서인민출판사(陝西人民出版社), 1986

105. 비성강(費成康) 주편(主編), 『중국의 가법족규(中國的家法族規)』, 상해사회과학원출판사, 1998

106. 비해기(費海璣), 『전죽정전기연구(錢竹汀傳記研究)』, 대만상무인서관(台灣商務印書館), 1971

107. 사국정(謝國禎), 『명·청 교체기 당사운동고(明淸之際黨社運動考)』, 대만상무인서관 재판본(臺灣商務印書館重印本)

108. 사념해(史念海), 「당대 전기 관동지구 무예 숭상 풍조의 근원 탐구(唐代前期關東地區尙武風氣的溯源)」, 『중화문사논총(中華文史論叢)』 1982년 제3집, 상해고적출판사

109. 사선원(謝善元), 『이구의 생애와 사상(李覯之生平及思想)』, 중화서국, 1988

110. 사예(史睿), 「북주 후기에서 당초까지 예제의 변천과 학술 문화의 통일(北周後期至唐初禮制的變遷與學術文化的統一)」, 『당연구(唐研究)』 제3권, 북경대학출판사, 1997

111. 사와다 미즈호(澤田瑞穗), 『중국의 민간신앙(中國的民間信仰)』, 공작사(工作舍), 도쿄, 1982

112. 사정광(謝正光), 「청초의 유민과 이신(淸初的遺民與貳臣)」, 『한학연구(漢學研究)』 제17권 제2기, 타이베이, 1999

113. 사카테 요시노부(坂出祥伸), 「방이지의 사상(方以智の思想)」, 야부우치 키요시(藪內淸) 등 편, 『명·청 시대의 과학기술사(明淸時代の科學技術史)』

114. 사쿠라이 타다시(櫻井匡), 『메이지종교사연구(明治宗敎史硏究)』, 춘추사(春秋社), 도쿄, 1971

115. 사화내(謝和耐), 『중국 5~10세기의 사원경제(中國五-十世紀的寺院經濟)』, 경승(耿升) 중역본, 10쪽, 감숙인민출판사, 1987

116. 상소명(尙小明), 『학자의 관직 진출과 청대 학술(學人遊幕與淸代學術)』, 사회과학문헌출판사(社會科學文獻出版社), 1999

117. 서광대(徐光臺), 「명나라 말기 서양의 4원소설의 유입(明末西方四要素說的傳入)」, 『청화학보(淸華學報)』 신27권 제3기, 신죽, 1997

118. 서광대, 「명말청초 중국 지식인의 4행설에 대한 반응 - 웅명우의 「격치장」의 경우(明末淸初中國士人對四行說的反應-以熊明遇「格致章」爲例)」, 『한학연구(漢學硏究)』 17권 2기, 타이베이, 1999

119. 서범징(徐梵澄), 『육왕학술(陸王學述)』, 상해원동출판사, 1994

120. 서원화(徐遠和), 『이학과 원대사회(理學與元代社會)』, 인민출판사, 베이징, 1992

121. 서자강(徐自强), 「대진경교유행중국비고(大秦景敎流行中國碑考)」, 『향달(向達)선생 기념 논문집』, 신강인민출판사(新疆人民出版社), 1986

122. 서종택(徐宗澤), 『명·청 시대 예수회 선교사 번역서 개요(明淸間耶蘇會士譯著提要)』, 중화서국, 1989

123. 서평방(徐苹芳), 「승가 조상의 발견과 승가 숭배(僧伽造像的發現和僧伽崇拜)」, 『문물(文物)』 1996년 5기

124. 서품유(徐稟愉), 「요금원 삼대의 열녀 사적 및 정절 관념의 발전(遼金元三代婦女節烈事迹與貞節觀念之發展)」, 『식화(食貨)』 복간 10권 6기, 1980

125. 서해송(徐海松), 『황종희여서학(黃宗羲與西學)』, 황시감(黃時鑒) 주편, 『동서교류논담(東西交流論譚)』, 상해문예출판사, 1998

126. 석운리(石雲理), 「천체운행의 진정한 근원과 중국에서 코페르니쿠스 천문학의 초기적 전파(天步眞原與哥白尼天文學在中國的早期傳播)」, 『중국과기사료(中國科技史料)』 제21권 1기, 2000

127. 석택종(席澤宗), 「왕도와 자연과학(王韜與自然科學)」, 『홍콩대학중문계집간(香港大學中文系集刊)』 제1권 제2기, 1987

128. 설문랑(薛文郎), 『청나라 초기 세 황제의 한족 민족주의 소멸 전략(淸初三帝消滅漢人民族思想之策略)』, 문사철출판사, 타이베이, 1991

129. 설화원(薛化元), 『만청중체서용사상론, 1861~1900 : 관정의식형태적서화리론(『中體西用思想論, 1861~1900 : 官定意識型態的西化理論』, 도향출판사(稻鄕出版社), 타이베이, 1991

130. 소계경(蘇啓慶), 『원조사신론(元朝史新論)』, 윤신문화실업공사, 타이베이, 1999

131. 소계경, 『원대사신탐(元代史新探)』, 신문풍출판공사, 타이베이, 1983

132. 소공권(蕭公權 : Hsiao Kung-chuan), 『근대 중국과 세계 : 강유위 변법의 대동사상연구(A Modern China and a New World : K'ang Yu-wei, Reformer and Utopian, 1858~1927)』, 왕영조(汪榮祖) 중역본, 강소인민출판사, 1997

133. 소공권, 『중국 정치사상사(中國政治思想史)』, 『소공권전집(蕭公權全集)』 권4, 연경출판사업공사, 타이베이, 1986

134. 소동방(邵東方), 「청 세종 '대의각미록'의 중요한 관념에 대한 연구(淸世宗 '大義覺迷錄' 重要觀念之探討)」, 『한학연구(漢學硏究)』 제17권 제2기, 타이베이, 1999

135. 소에지마 이치로(副島一郞), 「중당에 있어서 유학의 발전과 그 배경(中唐における儒學の演變とその背景)」, 『집간동양학(集刊東洋學)』 제77호, 동북대학(東北大學), 일본선대(日本仙臺), 1997

136. 소운봉(蘇云峰), 『장지동과 호북교육개혁(張之洞與湖北敎育改革)』, 중연원근대사소(中硏院近代史所), 1976

137. 손상양(孫尙揚), 「초기 중국과 서양의 문화 교류에서의 오독과 그 창조성(早期中西文化交流中的誤讀及其創造性)」, 『원학(原學)』 제1집, 중국방송출판사(中國廣播電視出版社), 1994

138. 손중증(孫中曾), 「증인회와 백마별회 그리고 유종주사상의 발전(證人會, 白馬別會及劉宗周思想的發展)」, 『유즙산학술사상논집(劉蕺山學術思想論執)』, 중연원중국문철소주비처(中硏院中國文哲所籌備處), 타이베이, 1998

139. 손창무(孫昌武), 「당장안불사고(唐長安佛寺考)」, 『당연구(唐硏究)』 제2권, 북경대학출판사, 1996

140. 손춘재(孫春在), 『청말 공양사상(淸末的公羊思想)』, 대만상무인서관, 1985

141. 손해파(孫海波), 「장방경학기(莊方耕學記)」, 『중화월간(中和月刊)』 제1권 & 『중국 최근 삼백년 학술사상논집(中國近三百年學術思想論集)』, 존수사(存粹社), 홍콩, 1978

142. 손해파, 「능차중학기(凌次仲學記)」, 『중화월간(中和月刊)』 제1권 & 『중국근대 300년 학술사상논집

(中國近三百年學術思想論集)』, 존수사, 1978

143. 송신강(宋新江), 「안록산의 종족과 종교 신앙(安祿山的種族與宗教信仰)」, 『제3회 중국 당대 문화학술세미나 논문집(第3屆中國唐代文化學術研討會論文集)』, 타이베이, 1997

144. 수나야마 미노루(砂山稔), 『수당 도교 사상사 연구』, 평하출판사(平河出版社), 1990

145. 쉐퍼(E. H. Schafer), 『사마르칸트의 황금복숭아―당왕조의 수입품 연구(撒馬尒汗的金桃―唐朝的舶來品研究)』(『The Golden Peaches of Samarkand―A study of Tang Exotics』), 오옥귀(吳玉貴) 중역본 『당대의 외래문명(唐代的外來文明)』, 중국사회과학출판사, 1995

146. 슈테그뮐러(Wolfgang Stegmuller), 『당대철학주류(當代哲學主流)』, 왕병문(王炳文) 등 중역본, 상권, 상무인서관, 1989

147. 스기모토 츠토무(杉本つとむ), 『에도양학사정(江戶洋學事情)』, 팔판서방(八坂書房), 도쿄, 1990

148. 스즈키 다이세쓰(鈴木大拙), 『선의 견방과 행우방식(禪の見方と行ゥ方)』, 대동출판사, 도쿄, 1941

149. 스즈키 다이세쓰, 『선 사상사 연구(禪思想史研究)』 제1~4, 『스즈키 다이세쓰전집(鈴木大拙全集)』 제1~4권, 암파서점, 도쿄 1968

150. 스즈키 다이세쓰, 『선의 사상(禪の思想)』, 『스즈키 다이세쓰전집(鈴木大拙全集)』 제13권, 암파서점, 도쿄, 1969

151. 스즈키 다이세쓰, 우이 하쿠주(宇井伯壽) 감수 『현대 선 강좌(現代禪講座)』 제1권 「사상과 행위(思想と行爲)」, 각천서점(角川書店), 도쿄, 1956

152. 스즈키 데츠오(鈴木哲雄), 『당오대선종사(唐五代禪宗史)』, 산희방불서림(山喜房佛書林), 도쿄, 1985

153. 시마다 겐지(島田虔次), 『주자학과 양명학(朱子學與陽明學)』, 장국보(蔣國保) 중역본, 섬서사범대학출판사(陝西師範大學出版社), 1986

154. 시미즈 시게루(清水茂), 「인쇄술의 보급과 송대의 학문(印刷術の普及と宋代の學問)」, 『동방학회창립오십주년기념(東方學會創立五十周年紀念) 동방학논집(東方學論集)』, 동방학회(東方學會), 도쿄, 1997

155. 시즈카 시게노이(滋野井恬), 『당대불교사론(唐代佛教史論)』, 평락사서점(平樂寺書店), 1973

156. 쓰에 타카시(須江隆), 「당송 시기에 있어서 사묘의 묘액·봉호에 관하여(唐宋期における祠廟の廟額·封號について)」, 『중국―사회와 문화(中國―社會と文化)』 제9호, 중국사회문화학회(中國社會與文化學會), 도쿄, 1994

157. 아라키 겐고(荒木見悟), 「양명학의 평가 문제(陽明學的評價問題)」, 중역본, 『일본학자가 말하는 중국철학사』, 중화서국, 1986

158. 아라키 켄고, 『명·청 사상 논고(明清思想論考)』, 연문출판(硏文出版), 도쿄, 1992

159. 아베 죠우이쯔(阿部肇一), 『중국 선종사의 연구(中國禪宗史の研究)』, 일문판(日文版), 성신서방(誠信書房), 1963

160. 아서 라이트(Arthur F. Wright), 『The Sui Dynasty : Unification of China, A. D. 581~617』, 일역본 『수대

사(隋代史)』, 누노메 쵸후(布目潮渢)와 나카야마 츠토무(中川努) 역, 법률문화사, 교토, 1982

161. 아오야마 사다오(靑山定雄), 「릿쿄쿠안소장여지도에 대해서(栗棘庵所藏輿地圖について)」, 『동양학
보(東洋學報)』 37권 4기, 도쿄

162. 아오야마 사다오, 「남송 순우의 석각지도에 대하여(南宋淳祐の石刻地理圖について)」, 『동양학보
(東洋學報)』 11권 1기, 도쿄

163. 아즈마 쥬지(吾妻重二), 「태극도의 형성-유불도 삼교와 관련한 재검토(太極圖の形成-儒佛道三敎
をめぐる再檢討)」, 『일본중국학회보日本中國學會報』 46집, 일본중국학회(日本中國學會), 도쿄,
1994

164. 야마노이 유(山井涌), 『명·청사상사의 연구(明淸思想史の硏究)』, 도쿄대학출판회(東京大學出版
會), 1980

165. 야마타슌(山田俊), 『본제의 사상 : 태현경-본제경과 그 주변(本際の思想 : 太玄經-本際經とその周
邊)』, 『집간동양학(集刊東洋學)』 60호

166. 야부치 키요시(藪內淸) 등 편, 『명·청 시대의 과학기술사(明淸時代の科學技術史)』, 경도대학인문과
학연구소(京都大學人文科學硏究所), 1970, 붕우서점재판본(朋友書店重印本), 교토, 1997

167. 야부치 키요시, 『중국의 천문역법(中國の天文曆法)』, 평범사, 도쿄, 1990

168. 양계초(楊啓樵), 『명청사결오(明淸史抉奧)』, 광각경출판사(廣角鏡出版社), 홍콩, 1984

169. 양계초(梁啓超), 주유쟁(朱維錚) 교주(校註), 『양계초 청학사론 2종(梁啓超論淸學史二種)』, 복단대
학출판사(復旦大學出版社), 1985

170. 양백화(梁伯華), 『근대 중국 외교의 거대 변화-외교제도와 중국의 외교관계 변화의 연구(近代中國
外交的巨變-外交制度與中外關係變化的硏究)』, 상무인서관, 홍콩, 1990

171. 양지강(楊志剛), 「주자가례 : 민간통용례(朱子家禮 : 民間通用禮)」, 『전통문화와현대화(傳統文化與
現代化)』, 1994년 4기, 베이징

172. 양향규(楊向奎), 『역사재 학술문집(繹史齋學術文集)』, 상해인민출판사, 1983

173. 양흠장(楊欽章), 「원대봉사파사비초고(元代奉使波斯碑初考)」, 『문사(文史)』 제30집, 중화서국, 1988

174. 엄경망(嚴耕望), 「당대 불교 지리 분포(唐代佛敎地理分布)」, 『중국 불교사 논집(中國佛敎史論集·隋
唐五代篇)』(수당오대편隋唐五代篇), 『현대 불교 학술 총간(現代佛敎學術叢刊)』 6, 대승문화출판사
(大乘文化出版社), 타이베이, 1977

175. 에노키 가즈오(榎一雄), 「직공도의 기원(職貢圖の起源)」, 일본 동방학회, 『동방학회창립 40주년기
념 동박학논집(東方學會創立四十周年紀念東方學論集)』, 도쿄, 1987

176. 엘먼(Benjamin A. Elman), 『경학·정치·가족(經學·政治與家族)』(『Classcism, Politics, and Kinship :
the Ch'ang-chou School of New Text Confucianism in Late Imperial China』), 조강(趙剛) 옮김, 중역본,
강소인민출판사, 1997

177. 여묘분(呂妙芬), 「양명학파의 형성과 발전(陽明學派的建構與發展)」, 『청화학보(淸華學報)』 신29권

제2기, 신죽, 1999

178. 여영시(余英時), 『대진과 장학성을 말한다(論戴震與章學誠)』, 동대도서공사, 1996

179. 여영시, 「명청 변천시기 사회와 문화의 전변(明淸變遷時期社會與文化的轉變)」, 『중국역사 전형시기의 지식인(中國歷史轉型時期的知識分子)』, 연경출판사업공사, 타이베이, 1992

180. 여영시, 『역사와 사상(歷史與思想)』, 연경출판사업공사, 타이베이, 1976, 1992

181. 여영시, 『역사적 인물과 문화의 위기(歷史人物與文化危機)』, 동대도서공사, 1985

182. 여영시, 『중국사상전통의 현대적 해석(中國思想傳統的現代詮釋)』, 연경출판사업공사, 타이베이, 1987, 1992

183. 여징(呂澂), 『중국 불교원류약강(中國佛敎源流略講)』, 중화서국, 1982

184. 염문유(閻文儒) 저, 염만균 교보(校補), 『당대 공거 제도(唐代貢擧制度)』, 섬서인민출판사, 1989

185. 예전명(芮傳明), 「송대 강남지역의 '흘채사마' 신앙을 논함(論宋代江南之 '吃菜事魔' 信仰)」, 『사림(史林)』1999년 3기, 상해

186. 오강(吳江), 「남송절동학술논고(南宋浙東學術論考)」, 『중국문화』 제8기, 홍콩중화서국, 1993

187. 오광(吳光), 「황종희 반청사상의 전화(黃宗羲反淸思想之轉化)」, 『문성(文星)』1987년 4월호

188. 오기와라 히로무(荻原擴), 『주렴계의 철학(周濂溪の哲學)』, 등정서점(藤井書店), 1935

189. 오다 다케오(織田武雄), 『지도의 역사—세계편(地圖の歷史—世界篇)』, 강담사(講談社), 1974, 1994

190. 오쓰키 노부요시(大槻信良), 『주자 「사서집주」의 전거에 대한 고찰(朱子四書集註典據考)』, 타이베이, 학생서국, 1976

191. 왕가검(王家儉), 『청사연구논총(淸史硏究論叢)』, 문사철출판사(文史哲出版社), 타이베이, 1994

192. 왕갱무(王賡武), 「오백년 전의 중국과 세계(五百年前的中國與世界)」, 『21세기(二十一世紀)』 제2호, 홍콩, 1990

193. 왕건문(王建文), 『봉천승운(奉天承運)—고대 중국의 '국가' 개념과 그 정당성 기초(古代中國的 '國家' 槪念及其正當性基礎)』, 동대도서공사, 타이베이, 1995

194. 왕계선(王繼先), 「진성과 그의 『서역답사기』와 『서역번국기』 연구(陳誠及其『西域行程記』與『西域番國志』硏究)」, 『중아학간(中亞學刊)』 제3집, 중화서국, 1990

195. 왕광위(王光瑋), 「우공 토양 연구(禹貢土壤的探討)」, 『우공』 반월간 제2권 제5기

196. 왕무굉(王懋竑), 『주희연보(朱熹年譜)』, 중화서국, 1998

197. 왕범삼(王汎森), 「명말청초의 도덕의 엄격주의(明末淸初的一種道德嚴格主義)」, 『근세중국의 전통과 태변 : 유광경원사칠십오세축수론문집(近世中國之傳統與蛻變: 劉廣京院士七十五歲祝壽論文集)』, 중앙연구원근대사연구소, 타이베이, 1998

198. 왕범삼, 「명말 청초 유학의 종교화—허삼례의 고천지학의 경우(明末淸初儒學的宗敎化—以許三禮的告天之學爲例)」, 『신사학(新史學)』 제9권 제2기, 1998

199. 왕범삼, 「왕회옹과 을병일기(汪悔翁與『乙丙日記』)」, 『동아시아 근대사상과 사회(東亞近代思想與社

會)』, 월단출판사, 타이베이, 1999

200. 왕범삼, 「청나라 초기의 하층 경세사상(淸初的下層經世思想)」, 『대륙잡지(大陸雜誌)』 98권 1기, 타이베이, 1999

201. 왕범삼, 「명말청초의 인보와 성과회(明末淸初的人譜與省過會)」, 『역사어언연구소집간(歷史語言研究所集刊)』 제63본 제3분, 타이베이, 1993

202. 왕범삼, 『명말청초 사상의 종지(明末淸初思想中之 '宗旨')』, 『대륙잡지(大陸雜誌)』 제94권 제4기, 타이베이, 1997

203. 왕부지(王夫之), 『송론(宋論)』, 중화서국, 1964, 1998

204. 왕선군(王善軍), 「송대 집안 학교의 흥성과 그 사회적 작용(宋代族塾義學的興盛及其社會作用)」, 『중국사연구』, 1999년 제3기, 베이징

205. 왕예생(王藝生), 「한유와 유종원(韓愈與柳宗元)」, 『신건설(新建設)』 1963년 제2기, 베이징

206. 왕용(王庸), 『중국지리학사(中國地理學史)』, 상무인서관, 『중국문화사총서(中國文化叢書)』, 1938

207. 왕욱(王煜), 『명청사상가논집(明淸思想家論集)』, 연경출판사업공사, 타이베이, 1981

208. 왕이민(王爾敏), 『상해격치서원지략(上海格致書院志略)』, 홍콩중문대학출판사, 1980

209. 왕중민(王重民), 「청대 학자의 우공 관련 논문 목록(淸代學者關於禹貢之論文目錄)」, 『우공』 반월간 제1권 제10기, 1934

210. 왕중민, 『돈황고적서록(敦煌古籍敍錄)』, 중화서국, 1979

211. 왕효근(汪曉勤), 「위열아력 소개와 외국 수학사 지식(偉烈亞力所介紹的外國數學史知識)」, 『중국과기사료(中國科技史料)』 제21권 제2기, 2000

212. 왕효전(王曉傳) 엮음, 『원·명·청 3대 금지 훼손 소설 희곡 사료(元明淸三代禁毁小說戲曲史料)』, 작가출판사(作家出版社), 베이징, 1958

213. 요대력(姚大力), 「역사학은 매력을 잃었는가?(歷史學失去魅力了?)」, 『학설중국(學說中國)』, 강서교육출판사, 1999

214. 요대력, 「금말원초 이학의 북방 전파(金末元初理學在北方的傳播)」, 『원사논총(元史論叢)』 제2집, 중화서국, 1983

215. 요시카와 타다오(吉川忠夫), 「사회와 사상(社會與と思想)」, 『위진남북조와 수당 시대사의 기본 문제(魏晉南北朝隋唐時代史の基本問題)』, 급고서원, 도쿄, 1997

216. 요종오(姚從吾), 「금원시기 몽고 신왕조 하에서 공원조와 연성공 직위의 지속(金元之際孔元措與衍聖公職位在蒙古新朝的繼續)」, 『역사어언연구소집간(歷史語言研究所集刊)』 제39책, 하책(下册), 타이베이, 1969

217. 요종이(饒宗頤), 『중국 사학에서의 정통론(中國史學上之正統論)』, 상해원동출판사(上海遠東出版社), 1996

218. 요종이, 「송학의 연원-후주의 복고와 송초 학술(宋學的淵源-後周復古與宋初學術)」, 북경대학 '탕용

동 학술강좌' 논문집 출력본, 1998

219. 우노 카즈타카(海野一隆), 「명·청 시대 마테오리치의 세계도-주로 새로운 사료의 검토를 중심으로 (明淸におけるマテオ·リチ系世界圖-主とって新史料の檢討)」, 『새로 발견된 중국과학사자료 연구 (新發現中國科學史資料の研究)』(논고편), 교토대학인문과학연구소(京都大學人文科學研究所), 1985

220. 우에야마 다이슌(上山大竣), 『돈황불교의 연구』, 법장관(法藏館), 교토, 1990

221. 우에야마 슌페(上山春平), 「주자의 인성론과 예론(朱子的人性論與禮論)」, 중역본, 『일본학자가 말하는 중국철학사(日本學者論中國哲學史)』, 중화서국, 1986

222. 우에야마 슌페, 「주자의 예학(朱子の禮學)」, 『인문학보(人文學報)』제41호, 교토, 1976

223. 우이 하쿠주(宇井伯壽), 『제2 선종사 연구(第二禪宗史研究)』, 일문판(日文版), 암파서점, 도쿄, 1941

224. 웅월지(熊月之), 『서학동점과 만청사회(西學東漸與『社會)』, 상해인민출판사, 1994

225. 웅월지, 「해국도지징인서서고석(海國圖志徵引西書考釋)」, 『중화문사논총(中華文史論叢)』제55집, 상해고적출판사, 1996

226. 원정(袁征), 「북송의 교육과 정치(北宋的教育與政治)」, 『송사연구집(宋史研究集)』제2집, 중화서국, 1991

227. 윌리엄 시어도어 드 배리(William Theodore de Bary), 『도학과 심학(Neo-Confucian orthodoxy and the Learning of the Mind-and-Heart)』, New York, Columbia University Press, 1981

228. 윌리엄 시어도어 드 배리(William Theodore de Bary), 『성리학에서 마음(心)의 의미(The Message of the Mind in Neo-Confucianism)』, Columbia University Press, 1989

229. 유립언(柳立言), 「송대 부녀의 수절과 개가 이야기(淺談宋代婦女的守節與改嫁)」, 『신사학(新史學)』 2기 4권, 1991

230. 유미숭(劉美崧), 『양당서 중 회흘전과 회골전 고증(兩唐書回紇傳回鶻傳疏證)』, 중앙민족학원출판 사, 베이징, 1989

231. 유보건(劉寶健), 「전교사여청궁의기제조(傳敎士與淸宮儀器制造)」, 중국중외관계사학회(中國中外 關係史學會) 편, 『중서초식(中西初識)』, 대상출판사(大象出版社), 1999

232. 유술선(劉術先), 『주자철학사상의 발전과 완성(朱子哲學思想的發展與完成)』, 학생서국, 타이베이, 1982

233. 유이징(柳詒徵), 「화장고(火葬考)」, 『사학잡지(史學雜誌)』 1권 3기, 1929

234. 유인골(劉人鵬), 「전석여고증 : 염약거변위론거분석(詮釋與考證 : 閻若璩辨僞論據分析)」, 『청대경 학국제연토회논문집(淸代經學國際研討會論文集)』, 중앙연구원근대사연구소, 타이베이, 1994

235. 유자건(劉子健), 『양송사연구휘편(兩宋史研究彙編)』, 연경출판사업공사, 타이베이, 1987

236. 유존인(柳存仁), 『화풍당문집(和風堂文集)』, 상해고적출판사, 1991

237. 유지금(劉志琴), 「만명성시풍상초탐(晚明城市風尙初探)」, 『중국문화연구집간(中國文化研究集刊)』 제1기, 복단대학출판사, 1983

238. 유혜손(劉蕙孫), 『철운선생년보장편(鐵云先生年譜長編)』, 제로서사, 1982

239. 육보천(陸寶千), 『청대사상사(淸代思想史)』, 광문서국, 1983

240. 이토 유키오(伊藤之雄), 「일청전쟁 전의 중국과 조선 인식의 형성과 외교론(日淸戰前の中國朝鮮認
識の形成と外交論)」, 후루야 데쓰오(古屋哲夫) 엮음, 『근대 일본의 아시아 인식(近代日本のアジア
認識)』, 도쿄, 녹음서방(綠蔭書房), 1996

241. 이국균(李國鈞) 등 편찬, 『중국서원사(中國書院史)』, 호남교육출판사, 1994

242. 이국기(李國祁), 「만주족 청나라에 대한 인정과 부정─중국 근대 민족주의 사상의 변천(滿淸的認同
與否定─中國近代民族主義思想的演變)」, 중앙연구원 근대사연구소(中央研究院 近代史研究所) 편,
『인정과 국가(認同與國家)』, 중앙연구원 근대사연구소, 타이베이, 1994

243. 이금수(李錦繡), 「당 예종과 현종의 지위선양에 관한 시론(試論唐睿宗·玄宗地位的嬗代)」, 『원학(原
學)』 제3집, 중국광파전시출판사(中國廣播電視出版社), 1995

244. 이기상(李紀祥), 『명나라 말기 청나라 초기 유학의 발전(明末淸初儒學之發展)』, 문진출판사, 타이베
이, 1992

245. 이노우에 스스무(井上進), 「한학의 성립(漢學の成立)」, 『동방학보(東方學報)』 제61호, 도쿄, 1989

246. 이빈성(李斌城), 「모산종초탐(茅山宗初探)」, 『중국사연구』 1983년 제2기, 베이징

247. 이성문(李晟文), 「명청시기법국야소회사재중국여북미적전교활동지비교연구(明淸時期法國耶蘇會
士在中國與北美的傳敎活動之比較硏究)」, 황시감(黃時鑒) 주편, 『동서교류논담(東西交流論譚)』, 상
해문예출판사(上海文藝出版社), 1998

248. 이세동(伊世同), 「강희천구의 : 동서양문화교류의 증거(康熙天球儀 : 東西方文化交流的證物)」, 『중
국문화(中國文化)』 제7기

249. 이시카와 시게오(石川重雄), 「송대 제사 사회와 관음신앙(宋代祭祀社會と觀音信仰)」, 『중국의 전통
사회와 가족(中國の傳統社會と家族)』, 급고서원, 도쿄, 1993

250. 이신(李申), 「태극도의 연원에 대한 분석(太極圖淵源辨)」, 『주역연구(周易硏究)』 1991년 제1기

251. 이신, 『태극도를 말하다─「역도명변」에 대한 보충(話說太極圖─「易道明辯」補)』, 지식출판사(知識
出版社), 1992

252. 이신림(李新霖), 『춘추공양전요의(春秋公羊傳要義)』, 문진출판사, 타이베이, 1989

253. 이약슬(李約瑟), 『중국의 과학과 문명(中國的科學與文明)』 제5책, 상무인서관, 타이베이, 1975

254. 이에나가 사부로(家永三郎), 「일본의 근대화와 불교(日本の近代化と佛敎)」, 『강좌근대불교(講座近
代佛敎)』 제2권 역사편, 법장관(法藏館), 도쿄, 1961

255. 이장리(李長莉) 편, 『근대중국사회문화변천록(近代中國社會文化變遷錄)』 제1권, 유지금(劉志琴) 주
편, 절강인민출판사(浙江人民出版社), 1998

256. 이장림(李長林), 「청말 중국과 희랍문명의 요해(淸末中國對古希臘文明的了解)」, 『역사월간(歷史月
刊)』 2000년 1호, 타이베이

257. 이조진(李朝津),「청나라 말기 경학과 사학의 교체에 대하여 - 장태염 민족사학의 형성(論淸末經學
     與史學的交替 - 章太炎民族史學的形成)」,『생각과 말(思與言)』제36권 제1기, 타이베이, 1998

258. 이천강(李天綱),『중국의 예의 논쟁 - 역사·문헌 그리고 의의(中國禮儀之爭 - 歷史·文獻和意義)』,
     상해고적출판사, 1998

259. 이치키 쓰유히코(市來津由彦),「주희의「잡학변」과 그 주변(朱熹の「雜學辯」とその周邊)」, 송대사
     연구회 보고 제2집(宋代史硏究會報告第二集)『송대의 사회와 종교(宋代の社會と宗敎)』, 급고서원,
     1985

260. 이케다 히데토시(池田英俊),『메이지의 신불교활동(明治の新佛敎運動)』, 길천홍문관(吉川弘文館),
     도쿄, 1976

261. 이탁연(李卓然),『명사산론(明史散論)』, 윤신문화사업출판공사(允晨文化事業出版公司), 타이베이,
     1991

262. 이택후(李澤厚),『중국 고대 사상사론(中國古代思想史論)』, 인민출판사, 베이징, 1985

263. 인순(印順),『중국선종사(中國禪宗史)』, 강서인민출판사(江西人民出版社), 1990

264. 임경창(林慶彰),『청초의 군경변위학(淸初的群經辨僞學)』, 문진출판사, 1990

265. 임계유(任繼愈) 주편,『중국 철학사(中國哲學史)』, 상해인민출판사, 1990

266. 임계유 주편,『중국 도교사(中國道敎史)』, 상해인민출판사, 1990

267. 임금수(林金水),『마테오리치와 중국(利瑪竇與中國)』, 중국사회과학출판사, 1996

268. 임동양(林東陽),「마테오리치의 세계지도와 그것의 명나라 말기 지식인 사회에 대한 영향(利瑪竇世
     界地圖及其對明末士人社會的影響)」,『마테오리치 중국 이주 400주년 중서문화교류국제회의 논문
     집(紀念利瑪竇來華四百周年中西文化交流國際會議論文集)』, 보인대학출판사(輔仁大學出版社), 타
     이베이, 1983

269. 임매촌(林梅村),「중국 내 출토 페르시아와 중앙아시아 명문 은그릇(中國境內出土帶銘文的波斯和
     中亞銀器)」,『문물』1997년 7기

270. 임오수(林悟殊),「당인봉화천교고변(唐人奉火祆敎考辯)」,『문사(文史)』30집, 중화서국, 1988

271. 임오수,「당조 세 이교에 관한 정책 약론(唐朝三夷敎政策略論)」,『당연구(唐硏究)』제4권, 북경대학
     출판사, 1998

272. 임육생(林毓生),『사상과 인물(思想與人物)』, 연경출판사업공사, 타이베이, 1983

273. 자크 제르네(Jacques Gernet),「중국에 진출한 예수회 선교사와 명나라 말기의 정치·문화의 상황(入
     華耶蘇會士與中國明末的政治和文化形勢)」, 경승(耿昇) 중역본,『명·청 시대 중국진출 예수회 선교
     사와 중국과 서양의 문화교류(明淸間入華耶蘇會士與中西文化交流)』, 파촉서사, 청두(成都), 1993

274. 자크 제르네,「17세기 기독교도와 중국인의 세계 관념 비교(17世紀基督徒與中國人世界觀念之比
     較)」,『명·청 시대 중국 진출 예수회 선교사와 중국과 서양의 문화교류(明淸間入華耶蘇會士與中西
     文化交流)』, 경승(耿昇) 중역본, 청두(成都), 파촉서사, 1993

275. 장강화(張江華), 「제언괴급소제천문의기(齊彦槐及所制天文儀器)」, 『문물(文物)』 1997년 제8기, 베이징

276. 장광직(長廣直), 『중국청동시대(中國靑銅時代)』 & 『중국청동시대(中國靑銅時代)』 2집, 삼련서점, 1983, 1990.

277. 장방위(張邦煒), 「송대 문화의 상대적 보급(宋代文化的相對普及), 『국제 송대 문화 학술대회 논문집(國際宋代文化硏討會論文集)』, 사천대학출판사(四川大學出版社), 1991

278. 장수안(張壽安), 『이례대례 : 능정감여청중엽유학사상지전변(以禮代禮 : 凌廷堪與淸中葉儒學思想之轉變)』, 중연원근대사연구소, 타이베이, 1994

279. 장영당(張永堂) 역, 『중국 사상과 제도 논집(中國思想與制度論集)』 3~4쪽, 연경출판사업공사, 타이베이(1976

280. 장원제(張元濟), 「무술정변 회상(戊戌政變回憶)」, 『신건설(新建設)』 1권 3기, 베이징, 1949년 10월 6일

281. 장음린(張蔭麟), 「명・청 시대 서학의 중국 유입에 대한 고찰(明淸之際西學輸入中國考略)」, 『청화학보(淸華學報)』 제1권 1기, 1924년 6월

282. 장인(蔣寅), 『대력시인연구(大曆詩人硏究)』, 중화서국, 1995

283. 장전(張箭), 「고대 중국인의 발자취와 지리학 지식의 북방 전파(古代中國人足迹和地理知識的北至)」, 『역사연구』 1999년 제6기

284. 장태염(章太炎), 『장태염정치론선집(章太炎政論選集)』

285. 장태염, 『장태염전집4(章太炎全集四)』, 상해인민출판사, 1985

286. 장호(張灝), 「무술유신의 역사적 의의에 대한 재론(再論戊戌維新的歷史意義)」, 『21세기(二十一世紀)』 45호, 홍콩중문대학, 1998년 2월

287. 장희청(張希淸), 「북송 과거 합격자 수 연구(北宋貢擧登科人數考)」, 『국학연구(國學硏究)』 제2권, 북경대학출판사, 1995

288. 적백서(狄百瑞), 「황종희 '명이대방록'의 현대적 의의(黃宗羲 '明夷大訪錄'之現代意義)」, 『전통 유학의 현대적 해석(傳統儒學的現代闡釋)』, 문진출판사(文津出版社), 타이베이, 1994

289. 전목(錢穆), 「주자 '논어집주'로부터 본 정이, 주희와 공자, 맹자 사상의 같은 점과 다른 점(從朱子論語集註論程朱孔孟思想之異同)」, 『청화학보』 신4권 2기, 대만신죽(臺灣新竹), 1964

290. 전목(錢穆), 『국학개론(國學槪論)』, 상무인서관, 타이베이, 1979

291. 전목, 「청유학안서(淸儒學案序)」, 『중국학술사상사논총(中國學術思想史論叢)』 제8집, 동대도서공사(東大圖書公司), 타이베이, 1980

292. 전목, 『주자신학안(朱子新學案)』, 파촉서사, 1986

293. 전목, 『최근 300년 중국학술사(中國近三百年學術史)』, 중화서국, 1986

294. 전신조(錢新祖), 「불도적어언관여모순어(佛道的語言觀與矛盾語)」, 『당대(當代)』 제11기, 제12기, 타이베이, 1987

295. 전종서(錢鍾書), 『송시선주(宋詩選注)』, 인민문학출판사, 1982

296. 정길웅(鄭吉雄), 「전조망의 거단집장의 치학방법을 논함(論全祖望去短集長的治學方法)」, 『대대중문학보(臺大中文學報)』제11기, 대만대학중국문학과(臺灣大學中國文學系), 1999

297. 정문강(丁文江), 조풍전(趙豐田), 『양계초년보장편(梁啓超年譜長編)』, 상해인민출판사, 1983

298. 정봉린(丁鳳麟), 『설복성평전(薛福成評傳)』, 남경대학출판사(南京大學出版社), 1998

299. 정아재(鄭阿財), 「돈황사권(敦煌寫卷) '신집문사구경초(新集文詞九經鈔)' 연구」, 『당대연구논집(唐代研究論集)』제4집, 신문풍출판공사, 타이베이, 1992

300. 정위지(丁偉志), 진숭(陳崧), 『중서체용지간(中西體用之間)』, 중국사회과학출판사, 1995

301. 정의중(程毅中), 「송대 무성왕묘 종사명단의 변혁(宋代武成王廟從祀名單的變革)」, 『서품(書品)』1999년 1기, 중화서국, 1999

302. 정조기(程兆奇), 「진동과 정강의 학술 경향(陳東與靖康學潮)」, 『중국연구』, 제35기, 도쿄, 1998

303. 정진모(鄭振謨), 『유곡원월선생연보(兪曲園樾先生年譜)』, 신편연보집성(新編年譜集成) 조판인쇄본, 상무인서관, 타이베이, 1982

304. 정천범((程千帆), 『정천범시론선집(程千帆詩論選集)』, 장백위(張伯偉) 편, 산서인민출판사(山西人民出版社), 1990

305. 제동방(齊東方), 「서안 사파촌에서 출토된 속특 사슴문양 은접시 고찰(西安沙坡村出土的粟特鹿紋銀碗考)」, 『문물(文物)』1996년 2기

306. 제임스(William James), 『종교 경험의 다양성(宗敎經驗種種)』(『Varieties of Religious Experience』), 당월(唐越) 중역본, 상무인서관, 1947

307. 조광화(趙匡華), 「중국연단술사상시론(中國煉丹術思想試析)」, 『국학연구(國學研究)』제1권, 북경대학출판사, 1992

308. 조너선 스펜스(Jonathan D. Spence), 『현대 중국을 찾아서(The Search for Modern China)』, Hutchinson, London, Sydney, Auckland, Johannesburg, 1988

309. 조수엄(趙守儼), 『조수엄 문집(趙守儼文存)』, 중화서국, 1998

310. 조원(趙園), 『명·청 시대 사대부 연구(明淸之際士大夫研究)』, 북경대학출판사, 1998

311. 조창평(趙昌平), 「개원 15년 전후(開元十五年前後)」, 『중국문화(中國文化)』1990년 2기

312. 조철한(趙鐵寒), 「송대의 주학(宋代的州學)」, 『송사연구집』제2집, 타이베이, 1964, 1983

313. 조초(趙超), 「묘지로 본 당대의 혼인상황(由墓志看唐代的婚姻狀況)」, 『중화문사논총中華文史論叢』1987년 제1기, 상해고적출판사

314. 존 솔로몬(Jon Solomon), 「일본의 이론과 세계(日本理論與世界)」, 『당대(當代)』제97기, 타이베이, 1994

315. 존 헨더슨(John B. Henderson), 『중국 우주론의 발전과 쇠퇴(The Development and Decline of Chinese Cosmology)』, New York : Columbia University Press, 1984

316. 종명단(鐘鳴旦), 「격물궁리 : 17세기 서양 예수회선교사와 중국학자 사이의 토론(格物窮理 : 十七世紀西方耶蘇會士與中國學者間的討論)」, 『철학과 문화(哲學與文化)』 제18권 제7기, 타이베이, 1991

317. 좌운붕(左雲鵬), 「사당, 족장, 가족 권력의 형성과 그 작용에 대한 시론(祠堂族長族權的形成及其作用試說)」, 『역사연구』, 1964년 제5기와 6기, 베이징

318. 죠셉 에셔릭(Joseph W. Esherick), 『의화단 운동의 기원(The Origins of the Boxer Uprising)』, 장준의(張俊義) 역, 강소인민출판사

319. 주금성(朱金城), 『백거이연보(白居易年譜)』, 상해고적출판사, 1982

320. 주서희(朱瑞熙) 등, 『요송서하금사회생활사(遼宋西夏金社會生活史)』, 중국사회과학출판사, 1998

321. 주서희, 「송조경연제도(宋朝經筵制度)」, 『중화문사논총中華文史論叢』 55집, 상해고적출판사, 1996

322. 주양산(周陽山), 양숙헌(楊肅獻) 편, 『근대중국사상인물론-만청사상(近代中國思想人物論-思想)』, 연경출판사업공사, 1980

323. 주유쟁(朱維錚) 편, 『주여동경학사논저선집(周予同經學史論著選集)』, 상해인민출판사, 1983

324. 주유쟁, 「발하증우치송서함(跋夏曾佑致宋恕函)」 부(附), 『복단학보(復旦學報)』 1980년 제1기

325. 주유쟁, 『구색진문명 : 만청학술사론(求索眞文明 : 學術史論)』, 상해고적출판사, 1996

326. 주유쟁, 『음조미정의 전통(音調未定的傳統)』, 요녕교육출판사, 1995

327. 주일량(周一良), 『당대밀종(唐代密宗)』, 중역본, 전문충(錢文忠) 역, 상해원동출판사, 1996

328. 주일량, 『주일량집(周一良集)』, 요녕교육출판사, 1998

329. 주일량, 조화평(趙和平), 『당오대 서의 연구(唐五代書儀研究)』, 중국사회과학출판사, 1995

330. 주지문(周志文), 『만명의 학술과 지식인 논총(晚明學術與知識分子論叢)』, 대안출판사, 타이베이, 1999

331. 주진학(周振鶴), 『학랍일십구(學臘一十九)』, 산동교육출판사, 1999

332. 주진학, 「필리핀에서 발생한 중국과 서양의 문화교류(發生在菲律賓的中西文化交流)」, 『만상(萬象)』 제1권 제6기

333. 주진학, 「만청상해서원서학과 유학교육의 진퇴(晚淸上海書院西學與儒學敎育的進退)」, 『화동사범대학학보(華東師範大學學報)』 1999년 제5기

334. 주진학, 「당대 안사지란 화북방 인민적 남천(唐代安史之亂和北方人民的南遷)」, 『중화문사논총(中華文史論叢)』 1987년, 2, 삼기합간(三期合刊), 상해고적출판사

335. 주한민(朱漢民), 「남송 이학과 서원 교육(南宋理學與書院敎育)」, 『중국철학』 제16집, 악록서사, 1993

336. 주희조(朱希助), 「굴대균저술고(屈大均著述考)」, 『문사잡지(文史雜誌)』 제2권 제7,8기 & 『중국 근200백 년 학술사상논집(中國近三百年學術思想論集)』, 영인본, 존수사(存粹社), 1978

337. 중앙연구원 근대사연구소 편, 『인정과 국가(認同與國家)』, 중앙연구원 근대사연구소, 타이베이, 1994

338. 진고화(陳高華), 「원대의 지방관학(元代的地方官學)」, 『원사논총(元史論叢)』 제5집, 중국사회과학

출판사, 1993

339. 진곡가(陳谷嘉), 「송대 서원과 송대 문화 교육의 전래(宋代書院與宋代文化教育的下移)」, 『중국철학』 제16집, 악록서사, 1993

340. 진기태(陳其泰), 『청대공양학(淸代公羊學)』, 동방출판사(東方出版社), 베이징, 1997

341. 진동원(陳東原), 『중국부녀생활사(中國婦女生活史)』, 상무인서관, 상해, 1928

342. 진래(陳來), 『주자서신계년고증(朱子書信系年考證)』, 상해인민출판사, 1989

343. 진래, 「주자 철학 중 '심'의 개념에 대해(關于朱子哲學中 '心' 的槪念)」, 『국학연구(國學研究)』 제4권, 북경대학출판사, 1997

344. 진래, 『송명이학((宋明理學)』, 요녕교육출판사(遼寧教育出版社), 1991

345. 진래, 『유무지경 : 양명철학의 정신(有無之境 : 陽明哲學的精神)』, 인민출판사, 1991

346. 진래, 『인문주의적 시야(人文主義的視野)』, 광서교육출판사(廣西教育出版社), 1997

347. 진미동(陳美東)과 진휘(陳暉), 『명말청초 시기 서양 지구 구형설의 중국에서의 전파와 반향(明末淸初西方地圓說在中國的傳播與反響)』, 『중국과학사료(中國科技史料)』 제21권 제1기, 2000

348. 진방정(陳方正), 「시론중국수학발전여황조성쇠이급외래영향지관계(試論中國數學發展與皇朝盛衰以及外來影響之關係)」, 『중국문화연구소학보』 신제8기(新第八期), 홍콩중문대학(香港中文大學), 1990

349. 진선위(陳善偉) 편, 『당재상연보장편(唐才常年譜長篇)』, 홍콩중문대학, 1990

350. 진선위, 「번역과 정치 : 당재상의 서학지식과 정치사상(飜譯與政治 : 唐才常的西學知識與政治思想)」, 『중국문화연구소학보(中國文化研究所學報)』 신제8기, 홍콩중문대학, 1999

351. 진수분(陳秀芬), 「청나라 중엽 이전의 정치 권력과 라교(淸中葉之前的政權與羅敎)」, 『동아시아의 근대사상과 사회(東亞近代思想與社會)』, 타이베이, 월단출판사(月旦出版社), 1999

352. 진수이(陳受頤), 「삼백년 전의 공교론 건립(三百年前的建立孔敎論)」, 『역사어언연구소집간(歷史語言研究所集刊)』 제6권 제2분, 1936

353. 진식악(陳植鍔), 『북송 문화사 논술(北宋文化史述論)』, 중국사회과학출판사, 1992

354. 진약수(陳弱水), 「유종원과 중당 유가의 부흥(柳宗元與中唐儒家復興)」, 『신사학(新史學)』 제5권 제1기, 타이베이, 1994

355. 진약수, 「복성서 사상 연원 재탐-한당 심성관념사의 한 장(復性書思想淵源再探-漢唐心性觀念史之一章)」, 『역사언어연구소집간(歷史言語研究所集刊)』 제69본 제3분, 타이베이, 1998

356. 진약수, 「사상사 속의 두보(思想史中的杜甫)」, 『역사어언연구소집간(歷史語言研究所集刊)』 제69본(本) 제1분(第一分), 타이베이, 1998

357. 진영첩(陳榮捷 Wing-tsit Chan), 「신유학 '리' 사상의 발전(新儒學 '理' 之思想之演進)」, 『왕양명과 선(王陽明與禪)』, 학생서국(學生書局), 1984

358. 진영첩, 『중국철학문헌휘편(A Source Book in Chinese Phinese Philosophy)』, Princeton University Press, 1963

359. 진영첩, 『근사록상주집평(近思錄詳註集評)』, 타이베이, 학생서국, 1992

360. 진영첩, 『왕양명전습록상주집평(王陽明傳習錄詳註集評)』, 학생서국, 1992

361. 진영첩, 『주회와 육구연 형제의 아호사에서의 만남에 대한 보충 설명(朱陸鵝湖之會補述)』, 『주자논집(朱子論集)』, 타이베이, 학생서국, 1982

362. 진옥선(陳玉嬋), 「청국서양의기약술(淸宮西洋儀器略述)」, 『고적정리출판정황간보(古籍整理出版情況簡報)』 1999年 5기, 베이징

363. 진욱록(陳旭麓), 『근대사사변록(近代史思辨錄)』, 광동인민출판사(廣東人民出版社), 1984

364. 진원(陳垣), 『진원학술논문집(陳垣學術論文集)』, 중화서국, 1986

365. 진의언(陳義彦), 「평민의 관료 진출로 본 북송 평민 계층의 사회 유동(從布衣入士論北宋布衣階層的社會流動)」, 『사여언(思與言)』, 제9권 제4호, 타이베이, 1972

366. 진인각(陳寅恪), 『금명관총고초편(金明館叢稿初編)』, 상해고적출판사, 1979

367. 진인각, 『당대정치사술론고(唐代政治史述論稿)』, 상해고적출판사, 1980

368. 진인각, 『당송 정치사 논집(唐宋政治史述論稿)』, 상해고적출판사, 1980

369. 진조무(陳祖武), 『청유학술자료(淸儒學術拾零)』, 호남인민출판사, 1999

370. 진조무, 「주회와 「이락연원록」(朱熹與「伊洛淵源錄」)」, 『문사(文史)』, 제39집, 중화서국, 1994

371. 진종범(陳鐘凡), 『양송사상평술(兩宋思想評述)』, 상무인서관, 1933

372. 진평원(陳平原), 「이도상위중심-『점석재서보』(以圖像爲中心-『點石齋書報』)」, 『21세기(二十一世紀)』, 2000년 6월호, 총59기

373. 채혜금(蔡惠琴), 「명중만기(가정~만력) 사인과거심태의 검토- '명대등과록'의 이치론에 나아가 살핌(明中晚期[嘉靖-萬曆]士人科擧心態之檢討-就 '明代登科錄' 的吏治論觀之)」, 『보인역사학보(輔仁歷史學報)』 제9기, 타이베이, 1998

374. 첨해운(詹海雲), 「청나라 초기 양명학(淸初陽明學)」, 『청초학술논문집』, 문진출판사, 타이베이, 1992

375. 체이공(蒂爾貢), 이성문(李晟文), 「명말청초래화야소회사여서양기기-여북미전교활동상비교(明末淸初來華耶蘇會士與西洋奇器-與北美傳敎活動相比較」, 『중국사연구(中國史硏究)』 1999년 제2기, 베이징

376. 쓰카모코 센용(塚本善隆), 『중국근세불교사의 제문제(中國近世佛敎史の諸問題)』, 『쓰카모코 센용 저작집(塚本善隆著作集)』 제5권, 대동출판사, 도쿄, 1975

377. 최서덕(崔瑞德), 『캠브리지 중국수당사(劍橋中國隋唐史):589~906』, 중국어본, 중국사회과학출판사, 1990

378. 추중화(鄒重華), 「향선생-간과된 송대 사학교육의 한 배역(鄕先生――個被忽略的宋代私學敎育角色)」, 『중국문화연구소학보(中國文化硏究所學報)』 신제8기, 홍콩중문대학, 1999

379. 추진환(鄒振環), 『중국의 만청 서방지리학(『西方地理學在中國』)』, 상해고적출판사, 2000

380. 추진환, 『중국의 근대 사회에 영향을 준 번역서 100권(影響中國近代社會的一白種譯作)』, 중국대외

출판번역공사(中國對外飜譯出版公司), 베이징, 1996

381. 축평일(祝平一), 「문화간 지식전파 사례 연구-명나라 말기 청나라 초기의 지구 구형설에 대한 논쟁, 1600~1800(跨文化知識傳播個案研究-明末淸初關於地圓說的爭議, 1600~1800)」, 『역사언어연구소집간(歷史語言硏究所集刊)』 Vol. 69 No.3, 타이베이, 1998

382. 축평차(祝平次), 『주자학과 명초 이학의 발전(朱子學與明初理學的發展)』, 학생서국, 타이베이, 1994

383. 충이거(衷爾鉅), 『즙산학파 철학사상(蕺山學派哲學思想)』, 산동교육출판사(山東敎育出版社), 지난, 1993

384. 칠영상(漆永祥), 『건가고거학연구(乾嘉考據學硏究)』, 중국사회과학출판사, 1998

385. 칠영상, 「서학동점과 건가학술의 관계(論西學東漸與乾嘉學術之關係)」, 『전통문화와 현대화(傳統文化與現代化)』 1998년 제2기, 베이징

386. 칸다 키이치로(神田喜一郞), 『칸다 키이치로전집(神田喜一郞全集)』 제1권 『동양학설림(東洋學說林)』, 동붕사(同朋舍), 교토, 1986

387. 커클런드(J. Russell Kirkland), 「당제국의 최후 도교 대사 : 이함광과 당나라 현종(The Last Taoist Grand Master at the T'ang Imperial Court : Li Han-kuang and T'ang Hsuan-tsung)」, 『당연구唐硏究 (T'ang Studies)』 4, 1986

388. 코헨(Paul A. Cohen), 『전통과 현대에서의 성(性)의 관계 : 왕도와 만청개혁(在傳統與現代性之間 : 王韜與晩淸改革)』, 뢰이(雷頤) 등 중역본, 강소인민출판사, 1995

389. 쿠와바라 지츠조(桑原), 「불교의 동점과 역사지리학에서 불교도의 공헌(佛敎の東漸と歷史地理學上に於ける佛敎徒の功勞)」, 『쿠와바라 지츠조 전집(桑原隲藏全集)』 제1권, 암파서점, 도쿄, 1968

390. 쿠와바라 지츠조, 『송나라 말기 제거시박사 서역인 포수경의 행적(宋末の提擧市舶西域人蒲壽庚の事蹟)』, 미야자키 이치사다(宮崎市定) 해설, 『포수경의 행적(蒲壽庚の事蹟)』, 동양문고본(東洋文庫本), 평범사(平凡社), 도쿄, 1989

391. 키노시타 테츠야(木下鐵矢), 『청조고증학과 그 시대-청대의 사상(淸朝考證學とその時代-淸代の思想)』, 창문사(創文社), 도쿄, 1996

392. 탈봇(John E. Talbott), 「사상사와 사회사 중의 교육 문제(思想史與社會史中的敎育問題)」, 『Historical Studies Today』, edited by Felix Gilbert and Stephen R. Graubard(중역 문, 이풍빈李豊斌 역 『당대사학연구當代史學硏究』, 명문서국明文書局, 타이베이, 1982)

393. 탕용동(湯用彤), 『수당불교사고(隋唐佛敎史稿)』, 중화서국, 1982

394. 틸만(Hoyt Cleveland Tillman), 『공리주의 유가 : 진량의 주희에 대한 도전(Utilitarian Confucianism : Ch'en Liang's Challenge to Chu Hsi)』, 강장소(姜長蘇) 중역본, 강소인민출판사, 1997

395. 팽택주(彭澤周), 『중국의 근대화와 메이지유신(中國の近代化と明治維新)』, 동붕사(同朋舍), 교토, 1976

396. 페트리샤 에브레이(Patricia Ebray), 『주자가례(Chu His's Family Rituals : A twelfth Century Manual for

the Performance of Cappings, Weddings, Funerals, and Ancestral Rites)』, Princeton University Press, 1991

397. 편집위원회, 『돈황과 중국도교(敦煌と中國道教)』, 돈황강좌 4, 대동출판사(大東出版社), 도쿄, 1983.

398. 푸코(Michel Foucault), 『감시와 처벌(規訓與懲罰)(Discipline and Punish—The Birth of Prison)』, 유북성(劉北成) 등 중역본, 계관도서고빈유한공사(桂冠圖書股彬有限公司), 타이베이, 1992

399. 풀리블란크(Edwin G. Pulleyblank), 「신유가와 신법가 및 당대 지식인의 생활(新儒家, 新法家和唐代知識分子的生活)」(「Neo-Confucianism and New-Legalism in T'ang Intellectual Life, 755~805」), 황보화(黃寶華) 중역본, 예호사(倪豪士) 편, 『미국 학자의 당대 문학론(美國學者論唐代文學)』, 상해고적출판사, 1994

400. 풍금영(馮錦榮), 「건가시기력산학가리예적생평급기관묘거일기(乾嘉時期曆算學家李銳的生平及其觀妙居日記)」, 『중국문화연구소학보(中國文化研究所學報)』 신제8기, 홍콩중문대학, 1999

401. 풍금영, 「명말청초 사대부의 『숭정역서』에 대한 연구(明末清初士大夫對『崇禎易書』之研究)」, 『명·청사집간(明清史集刊)』 제3권, 홍콩대학 중문과 편, 1997

402. 프란시스 우드(Frances Wood), 『마르코 폴로는 중국에 갔는가(Did Marco Polo go to China)』, 홍윤식(洪允息) 중역본, 신화출판사(新華出版社), 1997

403. 프리드만(Maurice Freedman), 『중국의 종족과 사회 : 복건과 광동(中國的宗族與社會 : 福建與廣東)』(『Chinese Lineage and Society : Fukien and Kwangtung』, London, 1966), 다무라 가즈미(田村克己)와 세가와 마사히사(瀬川昌久) 일역본, 『중국의 종족과 사회(中國の宗族と社會)』, 홍문당(弘文堂), 도쿄, 1995

404. 피석서(皮錫瑞), 『경학역사(經學歷史)』, 주여동(周予同) 주석본, 중화서국 재인쇄, 1981

405. 하관표(何冠彪), 『명·청 시대의 인물과 저술(明清人物與著述)』, 홍콩교육도서공사(香港教育圖書公司), 1996

406. 하관표, 『삶과 죽음 : 명나라 사대부의 선택(生與死 : 明際士大夫的抉擇)』, 연경출판사업공사, 타이베이, 1997

407. 하관표, 『명말청초 학설 사상 연구(明末清初思想研究)』, 학생서국, 1991

408. 하마구치 후지오(濱口富士雄), 『청대 고거학의 사상사적 연구(清代考據學の思想史的研究)』, 국서간행회(國書刊行會), 도쿄, 1994

409. 하문대학역사계(廈門大學歷史系) 편, 『이지연구참고자료(李贄研究參考資料)』 제1집, 복건인민출판사, 1975

410. 하버마스(J. Habermas), 『공론장의 구조 변동(The Strucural Transformation of the Public Sphere)』, First MTI paperback edition, 1991

411. 하약부(賀躍夫), 「갑오전쟁 전 중일 사계층의 근대 교육에 대한 대응(甲午戰爭前中日士階層對近代教育的回應)」, 『근대 중국과 아시아학술교류회 논문집(近代中國與亞洲學術交流會論文集)』 하권,

주해서원아시아연구센터(珠海書院亞洲研究中心), 홍콩, 1995

412. 하이데거(Martin Heidegger), 『면향사적사정(面向思的事情)』, 진소문(陳小文) 등 중역본, 상무인서관, 1996

413. 하충례(何忠禮), 「과거제도와 송대문화(科擧制度與宋代文化)」, 『역사연구(歷史研究)』, 1990년 제5기

414. 하충예, 「송대 사대부의 법률 관념에 대한 대략적 고찰(略論宋代士大夫的法制觀念)」, 『송사연구논문집(宋史研究論文集)』, 하북대학출판사, 1996

415. 하택항(何澤恒), 『초순연구(焦循研究)』, 대안출판사, 타이베이, 1990

416. 한금춘(韓錦春), 이의부(李毅夫), 「중국어에서 '민족'이라는 용어의 출현과 초기의 사용 상황(漢文 '民族'一詞的出現及初期使用情況)」, 『민족연구(民族研究)』 2호, 1984

417. 한기(韓琦), 「백진의 『역경』 연구와 강희시대의 '서학중원'설(白晉的『易經』研究和康熙時代的 '西學中源說')」, 『한학연구(漢學研究)』 제16권 제1기, 타이베이, 1998

418. 한기, 「군주와 포의의 사이 : 강희제 시대 이광지의 활동과 그의 과학에 대한 영향(君主與布衣之間 : 李光地在康熙時代的活動及其對科學的影響)」, 『청화학보(清華學報)』 신26권 4기, 신죽(新竹), 1996

419. 한나 아렌트(Hannah Arendt), 『권위란 무엇인가(What is authority)』, 채영문(蔡英文) 중역본, 타이베이, 연경출판사업공사(聯經出版事業公司), 1982, 1992

420. 한센(Valerie Hansen), 『신의 변천(變遷之神)』(『Changing Gods in Medieval China, 1127~1276』, Princeton University Press, 1990), 포위민(包偉民) 중역본(中譯本), 절강인민출판사(浙江人民出版社), 1999

421. 한스 쿤(Hans Kuhn), 『민족주의 : 그 의미와 역사(Nationalism : its Meaning and History)』, New York : Van Nostrand Co, 1965

422. 향달(向達), 『당대 장안과 서역문명(唐代長安與西域文明)』, 삼련서점, 1987

423. 허회림(許懷林), 「육구연의 가족 및 그 가규에 대한 술평(陸九淵家族及其家規述評)」, 『강서사범대학학보(江西師範大學學報)』 1989년 제2기, 남창(南昌)

424. 헤럴드 콘(Harold Kohn), 「점중유화 : 점석재화보와 대중문화형성 전의 역사(點中有話: 點石齋畫報 與大衆文化形成之前的歷史)」(「Drawing Conclusions : Illustration and the Pre-history of mass culture」), 『독사우득 : 학술연강삼편(讀史偶得 : 學術演講三篇)』, 중앙연구원근대사연구소(中央研究院 近代史研究所), 타이베이, 1993

425. 혜문보(嵇文甫), 「공안삼원과 좌파왕학(公安三袁與左派王學)」, 『문철월간(文哲月刊)』 1권 7기, 1936

426. 호적(胡適), 『호적학술문집-중국철학사(胡適學術文集-中國哲學史)』, 중화서국, 1991

427. 호초생(胡楚生), 『청대학술사연구(清代學術史研究)』, 학생서국, 1988

428. 호초생, 『청대학술연구속편(清代學術研究續編)』, 타이베이, 학생서국, 1994

429. 혼다 세이이치(本田精一), 「토원책고-수서의 연구(兎園策考-樹書の研究)」, 『규슈대학 동양사논집』 21집, 일본 후쿠오카, 1993

430. 홉스봄(Eric J. Hobsbawm), 『1780년 이후 국가와 민족주의(Nations and Nationalism Since 1780)』, 이

금매(李金梅) 중역본, 맥전출판(麥田出版), 타이베이, 1997

431. 홍외련(洪煨蓮), 『홍업논학집(洪業論學集)』, 중화서국, 1981

432. 황만기(黃萬機), 『여서창평전(黎庶昌評傳)』, 귀주인민출판사, 1989, 1992

433. 황시감(黃時鑒) 주편, 『삽화중서관계사연표해설(解說揷圖中西關係史年表)』, 절강인민출판사, 1994

434. 황시감, 『동서교류사논고(東西交流史論稿)』, 상해고적출판사, 1998

435. 황영년(黃永年), 「당 원화 후기 당쟁과 헌종의 일(唐元和後期黨爭與憲宗之事)」, 『중화문사논총(中華文史論叢)』 49집, 1992

436. 황준걸(黃俊杰), 「오래된 학문과 새로운 지식에 대한 관통—주자의 「맹자집주」로 본 중국 학술사에서의 주소 전통(舊學新知百貫通—從朱子孟子集註看中國學術史上的注疏傳統)」, 『넓고 넓은 학문의 바다(浩瀚的學海)』, 삼련서점, 베이징, 1991

437. 황진흥(黃進興), 『우입성역(優入聖域)』, 섬서사범대학출판사, 1998

438. 황진흥, 「중국민족주의의 특징 1 : 양계초의 궁극적 관심(中國民族主義的特色之一 : 梁啓超的終極關懷)」, 『당대(當代)』 제17기, 1987년 9월, 타이베이

439. 황현번(黃現璠), 『송대 태학생의 구국 운동(宋代太學生救國運動)』, 상무인서관, 1936

440. 후금랑(侯錦郎), 『돈황 용흥사의 기물력(敦煌龍興寺的器物歷)』, 중역문(中譯文), 경승(耿升) 역, 『프랑스학자 돈황학 논문 선집(法國學者敦煌學論文選粹)』, 중화서국, 1993

441. 후나코시 아키오(船越昭生), 「곤여만국전도쇄국일본(坤輿萬國全圖と鎖國日本)」, 『동방학보(東方學報)』 41책, 도쿄, 1970

442. 후외려(侯外廬) 등, 『송명이학사(宋明理學史)』, 인민출판사, 베이징, 1987, 1997

443. 후외려 주편, 「중국사상통사」, 인민출판사, 1959

444. 후외려, 「16세기 중국진보의 철학사조 개술(十六世紀中國進步的哲學思潮槪述)」, 『역사연구』 1959년 제10기

445. 후쿠나가 미쓰지(福英光司), 「중국종교사상사(中國宗教思想史)」, 『이와나미 강좌 : 동양사상(岩波講座 : 東洋思想)』 제14권, 1~158쪽, 암파서점(岩波書店), 1992

446. 후쿠나가 코오지(福永光司), 「봉선설의 형성(封禪說の形成)」, 『동방종교(東方宗教)』 제7호, 일본도교학회, 1955

447. 히구치 마사루(樋口勝), 「'문공가례'의 성립에 관한 고찰(「文公家禮」の成立についての一考察)」, 『동양의 사상과 종교(東洋の思想と宗教)』 4, 1987

448. 히라다 쇼오지(平田昌司), 「당송 과거제도 변화의 방언 배경 -과거제도와 한어사 6(唐宋科擧制度轉變的方言現象-科擧制度與漢語史之六)」, 『오어와 민어의 비교 연구(吳語和閩語的比較研究)』, 상해교육출판사, 1995

● 찾아보기

중국사상사 2
—7세기에서 19세기까지 중국의 지식과 사상, 그리고 신앙세계

2015년 9월 17일 초판 1쇄 발행
2015년 12월 28일 초판 2쇄 발행

지은이 | 거자오광(葛兆光)
옮긴이 | 이등연·심규호·양충렬·오만종·김기현·진성수·주광호·송인재

펴낸이 | 이성우
펴낸곳 | 도서출판 일빛
등록번호 | 제10-1424호(1990년 4월 6일)
주소 | 121-898 서울시 마포구 동교로27길 12 동교씨티빌 201호
전화 | 02) 3142-1703~4
팩스 | 02) 3142-1706
전자우편 | ilbit@naver.com

값 55,000원
ISBN 978-89-5645-176-3 (94150)
      978-89-5645-175-6 (전2권)